ISBN 978-0-265-14784-9
PIBN 10929493

1 MONTH OF
FREE
READING

at

www.ForgottenBooks.com

By purchasing this book you are eligible for one month membership to ForgottenBooks.com, giving you unlimited access to our entire collection of over 1,000,000 titles via our web site and mobile apps.

To claim your free month visit:

www.forgottenbooks.com/free929493

English
Français
Deutsche
Italiano
Español
Português

www.forgottenbooks.com

Mythology Photography **Fiction**
Fishing Christianity **Art** Cooking
Essays Buddhism Freemasonry
Medicine **Biology** Music **Ancient**
Egypt Evolution Carpentry Physics
Dance Geology **Mathematics** Fitness
Shakespeare **Folklore** Yoga Marketing
Confidence Immortality Biographies
Poetry **Psychology** Witchcraft
Electronics Chemistry History **Law**
Accounting **Philosophy** Anthropology
Alchemy Drama Quantum Mechanics
Atheism Sexual Health **Ancient History**
Entrepreneurship Languages Sport
Paleontology Needlework Islam
Metaphysics Investment Archaeology
Parenting Statistics Criminology
Motivational

HISTOIRE PARLEMENTAIRE

DE LA

RÉVOLUTION FRANÇAISE,

OU

JOURNAL DES ASSEMBLÉES NATIONALES,

DEPUIS 1789 JUSQU'EN 1815.

PARIS. — TYPOGRAPHIE D'ÉVERAT,
Rue du Cadran , n. 16

HISTOIRE PARLEMENTAIRE

DE LA

RÉVOLUTION

FRANÇAISE,

OU

JOURNAL DES ASSEMBLÉES NATIONALES,

DEPUIS 1789 JUSQU'EN 1815,

CONTENANT

La Narration des événemens; les Débats des Assemblées; les Discussions des principales Sociétés populaires, et particulièrement de la Société des Jacobins; les Procès-verbaux de la commune de Paris; les Séances du Tribunal révolutionnaire; le Compte-rendu des principaux procès politiques; le Détail des budgets annuels; le Tableau du mouvement moral, extrait des journaux de chaque époque, etc.; précédée d'une Introduction sur l'histoire de France jusqu'à la convocation des États-généraux,

PAR P.-J.-B. BUCHEZ ET P.-C. ROUX.

TOME TREIZIÈME.

PARIS.

PAULIN, LIBRAIRE,

RUE DE SEINE, N° 6, HÔTEL MIRABEAU.
—
M. DCCC XXXIV.

PRÉFACE.

———————

Quelques personnes ont cru remarquer que, dans nos annales, nous donnions la plus petite place à la presse royaliste, tandis qu'au contraire nous recueillions avec un soin minutieux tous les écrits révolutionnaires. Il leur a semblé que la cause du premier parti était moins bien défendue que celle du second; moins bien, s'il est possible, qu'elle n'avait droit à l'être : et elles ont attribué ce fait à une sorte de partialité à laquelle nous n'avions su échapper, et qui cependant, selon nous, serait une faute grave dans un ouvrage tel que celui-ci.

Il nous serait facile d'écarter cette observation par quelques mots auxquels nulle opinion, nous le croyons, ne trouverait une réfutation convaincante à opposer, et, à plus forte raison, ceux auxquels nous devons la remarque, et qui sont du nombre de nos lecteurs. dont la sympathie est le mieux acquie aux tendances de la civilisation moderne : il suffirait d'exposer notre profession de foi. Nous admettons que dans la révolution, les fautes, les erreurs, les crimes, quel que soit le nom qu'on leur donne, furent le fait des individus; et que la nation française en masse est à l'abri de toute accusation. Nous avons dû rechercher les causes qui déterminèrent et dirigèrent son activité, et mentionner les efforts de la presse, non en raison du parti dont ils émanaient, mais en raison de l'influence qu'ils avaient exercée. S'il en résulte, pour nos lecteurs, la conviction que tout ce que fit le peuple fut justement fait; cela sera la preuve que notre histoire est une représentation parfaitement exacte de cette importante et glorieuse période; et nous devons accepter la remarque comme le plus grand éloge que nous ayons jamais pu espérer.

Mais nous ne nous bornerons pas à cette réponse; nous profiterons au contraire de l'occasion qui nous est offerte, pour nous expliquer, et sur le caractère général des matériaux que nous consultons et sur la méthode que nous suivons.

Nous ne nous sommes pas proposé seulement d'exposer la progression révolutionnaire ; nous avons voulu en même temps faire apercevoir la raison morale des événemens, l'origine et le caractère des partis, de telle sorte qu'on y pût voir sous quel point de vue notre révolution diffère de ses analogues dans les autres nations et dans les autres temps, soit quant aux faits européens dont elle fut l'origine, soit quant à l'avenir qu'elle commande, et sous quel point de vue aussi elle leur ressemble.

Pour mettre en évidence la cause des faits, la raison morale de la progression, notre attention a dû s'enquérir surtout des écrits que la nation avait écoutés, et qu'elle avait traduits en actes. Ainsi, tant que le mouvement révolutionnaire sera en croissance, ce seront les publications qui offrent cette tendance, qui la devancent et qui la poussent, que nous aurons à recueillir ; aussitôt qu'il paraîtra s'arrêter, nous devrons rechercher, au contraire, les causes de cette halte momentanée ; et nous trouverons sans doute de grandes modifications dans la presse. Au reste, jusqu'à ce jour, cette méthode ne nous a pas manqué : elle nous a mis en exacte conformité avec les faits. Ainsi, de 1788 à 1792, le nombre et la valeur des écrits révolutionnaires l'emportèrent de beaucoup sur ceux de l'opposition, soit royaliste, soit constitutionnelle. Pour vérifier cette assertion, il suffit de compter et de comparer les journaux des deux partis.

Au moment où nous sommes, la presse révolutionnaire est presque la seule qui fournisse des citations d'un intérêt historique. Elle s'adressait à des croyances nationales ; elle était écrite avec des convictions sérieuses, des convictions de doctrine. Les écrivains partageaient les passions sociales qui remuaient les masses ; ils se croyaient appelés à les instruire et à les guider. L'opposition royaliste au contraire se sentait en minorité ; elle avait, en général, les mêmes croyances que ses adversaires ; car elle avait reçu la même éducation philosophique ; mais elle différait d'intérêts. Ne pouvant faire la guerre de doctrines, elle fit celle des personnes. Certaine de ne point trouver d'auditeurs en parlant l'ancienne langue de la foi monarchique ; elle crut en trouver par le scandale. Elle usa surtout du mode d'argumentation *ad hominem*. Elle pensa qu'elle aurait bon marché du peuple, si elle lui ôtait la confiance qu'il avait dans ses chefs ; et elle chercha à faire périr ceux-ci sous le poids du ridicule, des sarcasmes et des accusations de toute espèce. C'est dans ce sens que furent rédigés la plupart de ses premiers écrits, les actes des apôtres, les déjeûners du vicomte de Mirabeau, etc. ; c'est dans ce but qu'elle mit en vogue ce style ordurier qui a rendu fameux les *Père Duchêne*. Ne sachant du peuple que ce que Vadé et ses pareils lui en avaient appris, elle pensa se faire comprendre de lui en se servant d'un jargon dépravé qui n'était pas même celui des balles. Or, de ces choses, l'histoire n'a presque rien à recueillir. Ce ne sont certainement pas des monumens littéraires qui méritent d'être conservés; et ce furent aussi des œuvres sans influence. L'opposition royaliste eut des succès de tribune; mais elle agit plus , d'ailleurs, qu'elle ne parla. Et tel était son rôle; elle ne pouvait espérer de salut que de la discipline et du silence , tandis que ses adversaires attendaient tout de la publicité et du nombre.

Au reste, l'histoire de la presse patriote est celle des opinions qui gouvernèrent la France pendant toute la durée de la ferveur révolutionnaire. A ce titre seul elle méritait une attention particulière; mais de plus, c'est dans ses publications autant que dans les discours des clubs, qu'il faut chercher l'origine des divisions qui éclatèrent parmi les hommes qui présidaient aux destinées de notre patrie. Nos lecteurs verront que le 31 mai et ses suites étaient prévoyables long-temps à l'avance; ils verront comment, parce que la nécessité d'un renversement dominait toutes choses, des hommes séparés par les croyances , se trouvèrent unis par les actes. A cause de cela, le public les confondra dans une pareille faveur, comme défenseurs de la même opinion; et cette erreur sera fatale; car bientôt la différence des buts les armera les uns contre les autres, et les bons périront avec les méchans.

Notre manière de procéder n'est donc pas seulement en rapport assez exact avec les faits; elle nous paraît de plus particulièrement appropriée à faire connaître ce que le *Moniteur* lui-même ne contient pas , tous ces détails qui nous révèlent la physionomie d'une époque, et nous font acquérir, dans une lecture de quelques jours, l'expérience que nos devanciers ont achetée au prix de toute leur vie. Nous pouvons donc rendre témoignage de notre impartialité, quelque difficile qu'elle paraisse vis-à-vis des doctrines qui sont encore toutes vivantes de notre temps. Aussi, lorsque nous sommes impartiaux, ce n'est pas indifférence; mais, c'est parce que nos convictions scientifiques nous en font un devoir. Nous poursuivons en effet, dans cette histoire , un autre but que celui de simples annalistes; nous recherchons une fin plus philosophique et plus élevée.

L'histoire de nos quarante-cinq dernières années est une page impor-tante de l'histoire générale du monde. C'est une grande expérience qui peut servir puissamment à fixer le véritable caractère de la vie politique du genre humain. Car les révolutions sont des crises dans lesquelles doivent apparaître tous les ressorts de la progression sociale avec une énergie proportionnée à la puissance même du mouvement.

Il est une classe d'historiens qui ont avancé et se sont appliqués à prouver que les révolutions sociales étaient circulaires , ou , en termes plus explicites , qu'elles étaient composées d'un nombre à peu près semblable de périodes qui s'engendraient les unes les autres, et dont, par suite, chacune se trouvait toujours à la même place, produite par les mêmes causes , donnant lieu aux mêmes conséquences. Selon cette doctrine , chaque époque d'un mouvement révolutionnaire ou d'une durée

nationale est, en même temps, et toujours de la même manière, effet
et cause. Ce système est celui de *Machiavel*; il est également celui de
Vico. Le premier a dit que les sociétés humaines allaient du mauvais
au pire, et du pire au mauvais, changeant de gouvernement sans autre
motif que le désir d'éloigner une souffrance présente; et l'espérance
d'atteindre un mieux qui ne venait jamais. Le second a dit que les
hommes étaient, par leur nature, destinés à parcourir perpétuellement
le cercle des mêmes systèmes politiques, la théocratie, l'aristocratie, la
démocratie et la monarchie.

De la première opinion, on a conclu que l'art des gouvernans, et, ce
qui est bien plus, le devoir de tout homme auquel le pouvoir est échu,
était de résister autant qu'il était en lui, à ces tendances révolutionnaires,
à ces désirs modificateurs qui coûtent si cher, et dont le gain est, en
définitive, nul. De la seconde, on a conclu qu'il existait une combinaison
possible entre les diverses politiques absolues, sous lesquelles les peuples
avaient jusqu'à ce jour vécu; qu'il fallait chercher un système où les
causes de révolution propres à chacune d'elles, fussent mises en équa-
tion et balancées de telle sorte que l'on acquît la plus grande probabilité
de stabilité sociale que les hommes fussent en droit d'espérer.

Ces deux doctrines ont encore de nombreux partisans. Nous avons
quelque raison de croire que la cour de Rome fut, pendant un temps
bien important pour elle, conduite par la théorie de Machiavel, et que
ce fut, en partie, à cause de cette fausse idée qu'elle avait des choses
humaines, qu'elle adopta la marche politique qui lui fut si fatale alors
que la réforme était prêchée par Luther.

Quant à la seconde des doctrines, c'est celle de l'école qui gouverne
aujourd'hui la France. Nous nous souvenons très-bien que M. Cousin,
dans ses cours, a défendu précisément cette conclusion que nous pré-
sentions tout à l'heure comme ressortant directement de l'hypothèse de
Vico. Au reste, une telle théorie politique est en parfait rapport avec
le sens moral de la philosophie éclectique et protestante. Son principe
premier est, que toute vérité émane de la raison individuelle; elle
ajoute, avec Luther, qu'il appartient à cette raison individuelle de choisir
ce qui lui convient en toutes choses, convictions, sciences ou faits. La
conséquence directe de ces prémisses, la preuve de la foi en cette philosophie, c'est de ne croire qu'aux choses individuelles, et de douter de
tout le reste, surtout de l'avenir, qui est de toutes les conceptions la
moins personnelle. Douter, c'est hésiter; hésiter, c'est accepter tous les
faits comme étant d'égale valeur; c'est aller incessamment de l'un à
l'autre, pour les opposer incessamment l'un à l'autre. Dans cette alternative, on ne peut avoir de sympathie que pour les choses où l'égoïsme
trouve profit, de haine que pour celles où il faudrait un sacrifice. En un
mot, hésiter, c'est combiner les contraires dans les affaires gouvernementales; c'est unir la monarchie, l'aristocratie et la démocratie ensemble, etc.

Que la fin du protestantisme soit réclamée, que la fin de l'un et

de l'autre soit de n'admettre dans les affaires sociales de vrai et de possible que le fatalisme et l'aristocratie, ce sont des choses faciles à faire
comprendre. Car on sait déjà que tout homme qui pose son moi avant
toutes choses, celui-là n'appartient pas seulement à la philosophie que
nous poursuivons; il est de plus nécessairement aristocrate; il fait plus
cas de lui-même que de tous les autres; il trouve sa raison, ses œuvres,
supérieures à toutes les autres; il veut qu'on respecte tout ce qui vient
de lui. Il n'invente rien sans doute; mais, à cause de cela précisément,
il s'en estime davantage; il n'est pas, lui, du nombre de ces fous qui
croient à tout ce qu'ils trouvent; et quand il pille leurs idées, et fait
parade de leurs découvertes, il trouve encore là une occasion de se glorifier; il est fier et content du pouvoir qu'il croit appartenir à lui seul,
de choisir entre le bon et le mauvais.

Le protestantisme arrive aux mêmes conséquences, par une voie plus
détournée, mais non moins sûre; et ce qui paraîtra singulier, c'est de
sa théologie qu'il déduit de pareilles conséquences. Certains individus
ont la grâce; c'est un don gratuit de Dieu, et toujours *efficace*, sans
lequel il est impossible soit de connaître, soit de faire le bien. La possession de la grâce est en philosophie la condition du libre arbitre: selon
les protestans, elle constitue le droit de faire tout ce qui plaît, sans cesser d'être *agréable à Dieu*. Quant aux hommes, et c'est là très-grande
majorité, qui n'ont pas reçu ce bienfait, ils sont soumis à l'éternelle fatalité des choses. Quoi qu'ils fassent, ils sont condamnés. Les premiers,
au contraire, sont sauvés quelles que soient leurs œuvres. Ainsi, voilà
une aristocratie qui non-seulement est prédestinée à régner sur terre,
mais à laquelle l'éternelle félicité est promise; ainsi, voilà l'égoïsme
éclectique autorisé.

Quelque extraordinaire que paraisse la doctrine que nous venons
d'exposer, elle existe cependant. Les livres des théologiens en font foi.
Il y a aujourd'hui, sous le nom de méthodisme, une secte qui a poussé
ces principes à l'exagération. Elle a de nombreux adeptes en France;
et si nous citions les principaux, nos lecteurs seraient étonnés d'y trouver la plupart des notabilités qui ont le plus d'influence sur les destinées
actuelles de notre France bien-aimée.

Ces idées premières ont conduit naturellement aux principes professés
par Machiavel et Vico. Car l'égoïsme, quelle que soit son origine, ne
veut voir dans les choses que ce qui ne l'oblige pas, que ce qui ne
lui impose aucun frein moral, que ce qu'il peut toujours toucher et
saisir et faire servir à ses satisfactions. Cependant, selon la vérité, la
théorie de Machiavel, celle de Vico et toutes leurs conséquences sont
de pures hypothèses dont une vérification exacte démontre la fausseté.
Les révolutions n'ont rien de semblable entre elles, quant à leur signification morale, quant à l'avenir qu'elles annoncent et préparent, quelle que
soit d'ailleurs la similitude de formes qu'elles pourraient revêtir. S'il
en était ainsi que les deux auteurs italiens l'ont écrit, la doctrine du

progrès que la France a trouvée, pour laquelle nous luttons et nous travaillons, serait une erreur; et toute cette richesse de vérifications que nous possédons serait mensonge. Il ne nous aurait servi de rien d'avoir étudié les sciences avant la philosophie, et la philosophie avant l'histoire. Nous serions des produits de notre siècle, espèce de végétation donnant des idées comme un arbre donne des fruits, sans conscience de leur valeur, sans conscience de leur destinée, sans liberté. Notre foi, nos dévouemens seraient délire. Machiavel et Vico seraient plus que Bacon, Pascal, Turgot, saint Paul, l'Eglise toute entière, toute la France, toute l'Europe. Le doute stérile, la crainte de l'eunuque, seraient préférables à l'audace qui invente, à la confiance qui féconde; l'hésitation, la peur et l'ignorance, vaudraient mieux que la foi, le courage et la science. Non, certes, les rêves tristes de deux hommes malheureux ne peuvent prévaloir sur les sentimens de l'humanité entière; et nous allons voir que là où l'éclectisme a trouvé place, là est l'erreur.

Nous présenterons d'abord les raisons de ceux que nous prenons pour adversaires; nous exposerons l'idée philosophique de leur conduite. Nous ferons ensuite connaître nos objections, sans cependant sortir du terrain de cette histoire; si quelque partie de notre argumentation restait obscure, nous renverrions à nos préfaces précédentes.

Les révolutions sociales se ressemblent, dit-on, dans leurs formes; et, pour preuve, on cite la révolution anglaise de 1640, qui présente des périodes très-analogues à la nôtre. En effet, en Angleterre comme chez nous, après des difficultés sur les finances, il y eut une insurrection puritaine. Charles Ier perdit la tête sur l'échafaud; après, il y eut un semblant de république; puis un protectorat plus absolu que notre empire; plus tard, la famille déchue remonta sur le trône; enfin, sous le règne du second de ces monarques, une conspiration amena une nouvelle dynastie. Voici donc, à ce qu'il paraît, dans les deux révolutions, six époques qui, si elles ne sont pas absolument pareilles, sont au moins très-analogues.

Dès que l'on veut admettre que les choses sont ainsi, on put prévoir, lors de la proclamation de la constitution à Madrid, lors de cette révolution qu'une armée bourbonnienne fit avorter en Espagne, que le respect constitutionnel pour le roi, tournerait inévitablement en une haine démocratique qui le perdrait. On dut donc se hâter d'arrêter le mouvement. Il en fut de même à Naples. Aujourd'hui, on ne peut pas davantage hésiter à porter la même prédiction sur ce qui commence en Espagne. Aussi, l'école Machiavélique et Viconienne des cours du Nord, manquerait de logique si elle ne s'efforçait d'arrêter une marche politique dont elle croit connaître le dénoûment.

Quelle raison sérieuse nos éclectiques auraient-ils à opposer à ce raisonnement? la science qu'ils se sont faite, leur montre que la prévoyance est juste; et leur assure de plus que les résultats de la révolution seraient sans bénéfices réels et durables pour la nation elle-même et pour l'humanité.

Vous répondrez, vous, que le bénéfice ne fût-il que de mettre l'Espagne au niveau de la France, il serait déjà très-grand; mais vous ne savez pas que l'éclectisme, parmi les fragmens dont il a composé son dogme politique, a choisi la théorie de Montesquieu sur les climats; de telle sorte qu'il admet que l'état des nations est en harmonie parfaite avec certaines exigences attachées au sol. Nous ignorons si les maîtres de la doctrine avouent ce principe; mais nous savons qu'il est professé à l'école normale, et dans les ouvrages de ses adeptes les plus dévoués et les plus instruits. Ainsi, selon l'éclectisme, une révolution ne peut contrebalancer les effets du climat; elle ne peut pas changer l'état moral d'un peuple, pas plus en Espagne qu'ailleurs.

Si donc l'école éclectique se montre favorable au peuple espagnol, ce sera une affaire de calcul, dans laquelle elle mettra de côté toute sympathie, toute la pitié dont elle est capable pour les souffrances humaines, afin de s'acquérir un allié militaire, en le laissant s'engager dans les voies, stériles selon elle, où nous sommes entrés.

En effet, les élèves de Machiavel et de Vico, en regardant ainsi que nous l'avons dit, l'histoire de la révolution anglaise, ont dû conclure que le peuple n'y avait rien gagné. Ils peuvent voir que la hiérarchie ecclésiastique, l'aristocratie, la royauté, sont restées entières après comme avant. Et ne pourra-t-on pas dire, un jour, la même chose de la nôtre; ne remarque-t-on pas chez nous, tous les germes d'une aristocratie nouvelle. Arrière donc tout désir de changement par amour des hommes, évitons des secousses et des efforts qui ne sont que douloureux.

Rien, au reste, ne contredit cette conclusion dans la plupart des histoires que nous possédons sur la révolution de 1640, non plus que sur celle de 1789. Au contraire, on y retrouve à chaque page, une vérification des principes généraux de Machiavel et de Vico. Soit que l'écrivain ait préféré la forme dramatique, soit qu'il ait choisi celle plus explicative de la science, les événemens sont toujours présentés comme dominés par une sorte de fatalité qui prend origine tantôt dans le contact des passions individuelles, tantôt dans le contact des faits. Les mémoires nombreux publiés par les spectateurs et les acteurs de ces drames ne nous apprennent rien de plus. Les curiosités anecdotiques, les panégyriques, les justifications, les accusations et plus souvent les calomnies y abondent; mais tout cela est tellement marqué au cachet de la personnalité qu'il est difficile d'y voir autre chose. Or, dans les affaires humaines, ce qui ne varie pas c'est le mode personnel, ce sont les modes de l'amour de soi-même. Ce qui varie ce sont les conditions imposées à l'égoïsme, ce sont les occasions et les moyens qui lui sont donnés, ce sont ses conséquences.

Il est cependant faux que les sociétés humaines roulent dans un cercle perpétuel de causes et d'effets toujours les mêmes, toujours émanant du principe individuel et y retournant. Un coup d'œil moins borné sur l'histoire, un coup d'œil qui comprît en même temps tous les peuples et toutes les époques était assez pour en donner la preuve; le

sentiment seul de notre temps suffisait pour faire douter de pareilles
conséquences. Quant à nous, nous ne les avons jamais envisagées
qu'avec horreur. Nous avons donc conçu le projet de notre ouvrage
sur un tout autre plan que ceux suivis jusqu'à ce jour; nous avons voulu
faire vivre nos lecteurs dans notre passé révolutionnaire comme ils vivent
dans notre politique présente, afin qu'ils comprissent le sentiment moral
qui produisit tant et de si différentes choses. Nous avons fait là l'expérience de notre manière de procéder, qui est de juger et d'apprécier les
faits par leur motif moral, de montrer partout l'activité humaine présente et libre, ayant le pouvoir de choisir entre le bien et le mal, et
dans de telles limites, cependant, qu'en faisant le choix défendu il ne
lui est pas permis de reculer et de produire plus qu'un mal individuel,
local et momentané. Nous avons voulu montrer que derrière les hommes
et les assemblées dont les noms sont en quelque sorte la signature d'une
époque, il y a un principe moteur déposé dans les masses, un verbe
populaire qui commande et qui pousse. Certes, l'histoire que nous
avons choisie, était celle qui offrait le plus de difficultés sous ce rapport.
C'était un sujet bien scabreux pour une telle entreprise que celui dans
lequel tant de passions encore vivantes et tant d'intérêts présens sont
attachés Nous croyons néanmoins, que l'expérience réussira.

Mais il nous reste maintenant à rappeler en quelques mots, les raisons
que nous avons déjà données contre les théories de Machiavel et de Vico;
et d'où il résulte qu'elles sont en contradiction avec la majorité des faits.

Il faut d'abord, afin d'avoir une idée nette des formes des révolutions
sociales, distinguer l'histoire de l'Europe, (nous ne nous occuperons
que de celle-là), en deux époques : celle antérieure au christianisme qui
fut grecque et romaine; et celle qui est postérieure au christianisme et
qui en émane.

De l'une de ces époques à l'autre, le sentiment moral qui guide l'activité
progressive des hommes ne se ressemble pas. Dans la première, c'est
le sentiment de race; dans la seconde c'est le sentiment de fraternité
entre les hommes qui ont la même croyance.

Nous avons déjà défié nos adversaires, quels qu'ils fussent, de trouver,
dans les temps antérieurs à Jésus-Christ, un mot pareil à ceux-ci :
« Tous les hommes sont enfans d'un même père, qui est Dieu; les
» hommes et les femmes, les nobles et les esclaves sont également des
» anges de Dieu; hommes et femmes sont tous frères et sœurs;
» aimez donc votre prochain comme vous-même, et la loi de Dieu
» par-dessus tout; et que celui qui voudra être le premier parmi vous
» se fasse le serviteur de tous les autres. »

Il n'y a rien de semblable, rien qui ne soit absolument opposé à ces
principes, dans les ouvrages si souvent cités de Platon, d'Aristote et
de l'école d'Alexandrie. Les auteurs grecs ont matérialisé sous forme
d'axiomes philosophiques ou de principes de sagesse, les dogmes religieux d'où sortait la civilisation à laquelle ils appartenaient, et dont ils
occupaient la toute dernière période. Nous ne retrouvons dans leurs

livres rien de plus que dans les théologies de leurs ancêtres. En effet,
qu'était la Grèce ? tout le monde sait que sa population était en général
d'origine celtique, c'est-à-dire, selon nous, de cette civilisation qui était
fondée sur la pensée qu'il y avait sur terre des dieux mortels auxquels
appartenaient le commandement et l'immortalité de l'ame, et des
hommes, matière esclave, troupeau sans ame fait pour obéir et être
frappé. Tout le monde sait qu'au milieu de cette population furent
implantés sous forme de colonies ou d'enseignemens scientifiques, les
idées orientales importées de l'Asie et de l'Egypte. Là on disait que
tous les hommes étaient des anges déchus, et de ce prémisses on
déduisit la loi des races et des castes. Les livres de Platon et d'A-
ristote nous offrent la combinaison de ces deux doctrines ; c'est en réalité
une pensée sympathique qui a conduit leur esprit à tel point que, si
c'était ici le place, nous pourrions rapporter chaque mot de leurs
théories, à l'un des principes de l'une des deux théologies antérieures.
De tous ces emprunts, il n'en est qu'un dont la citation soit nécessaire
ici : c'est la doctrine des races. Platon l'admet implicitement dans sa
république, puisqu'il place en dehors de sa cité les artisans et les esclaves ;
son projet n'est qu'une copie inférieure de la réalisation opérée par
Lycurgue à Sparte. Aristote n'est pas moins précis ; il n'y a, dit-il,
société qu'entre les hommes de même origine (συγγενεῖς φυσει).

Il est très-vrai que le christianisme s'implanta dans une société où régnait la loi des races ; mais ce n'était pas lui qui l'avait ainsi faite, et,
dans son développement, il tendit directement à la faire disparaître et
à lui substituer la loi de la fraternité. Jamais même l'Eglise n'admit
le droit de naissance comme un principe de hiérarchie dans son sein ;
elle y substitua le droit du mérite et des œuvres.

Puisque les points de départ des civilisations des deux époques sont si
contradictoires, les révolutions particulières par lesquelles le progrès
s'accomplit dans chacune d'elles doivent revêtir des formes proportion-
nellement différentes ; et telle est en effet la réalité. Comparez par
exemple les révolutions romaines qui semblent avoir le plus d'analogie
dans le but, avec celles de notre temps, celle par laquelle la plèbe obtint
le droit de famille, les discussions sur la loi agraire, etc., avec une de
nos révolution modernes, vous ne trouverez pas le moindre rapport dans
les formes. Ainsi la raison morale, le principe moteur manifeste ses
différences jusque dans ses actions politiques.

Si la révolution de 1640 et celle de 1789, offrent des similitudes, c'est
surtout parce qu'elles ont été produites sur un fonds semblable d'institutions.
Si les Anglais avaient un parlement, nous avons eu nos états-généraux ;
dans les deux pays, il y avait un roi, une noblesse, un clergé, une
bourgeoisie, et, dans le peuple, une passion chrétienne qui s'appelait
puritanisme en 1640, et jacobinisme en 1790.

Le système général de l'organisation sociale française fut importé
en Angleterre par Guillaume-le-Conquérant. Quelques différences de
détail, quelques différences de mots ne peuvent dissimuler la similitude

du fond. Les cités s'appelèrent comtés du nom du préposé chargé de veiller
à leur administration. Le roi eut son plaid composé ainsi qu'en France ,
des hauts barons du royaume et des évêques. Ce fut en 1215 que la
grande Charte fut conquise par les nobles Bretons; c'est-à-dire ,
qu'ils acquirent le droit de voter annuellement les subsides. Ce fut en
1226 que les communes reçurent le droit d'envoyer leurs députés au
parlement.

La même chose se faisait en France vers le même temps. Les rois
cherchaient à s'appuyer des communes pour subalterniser la noblesse.
On peut voir, dans les lois de saint Louis, qu'il s'ouvrait annuellement un
plaid général où étaient tenus d'assister les pairs du royaume et du roi ,
certains dignitaires ecclésiastiques et les élus des communes. Si cette
institution n'acquit pas chez nous la continuité qu'elle présenta en Angleterre, il faut l'attribuer aux troubles funestes du règne de Charles VI,
et à la prédominance que reconquit alors la noblesse. Et ce fut une
chose heureuse pour l'avenir de notre nation, car le peuple apprit à
séparer à jamais sa cause de celle de l'aristocratie. Il fit pour toujours
divorce avec l'esprit de fédéralisme. Il n'en fut pas ainsi chez nos
voisins.

Le système gouvernemental Anglais n'avait pas éprouvé de modifications graves lorsque la réforme fit son apparition, et, pour prouver ce
fait, nous pourrions citer des usages parlementaires encore subsistans
sous le règne d'Élisabeth. Les rois et les nobles la favorisèrent par esprit
de pur égoïsme. Qui ne sait que ce fut une misérable question de divorce
qui détermina Henri VIII à rompre avec le saint-siége ? La réformation
religieuse fut donc réglée conformément aux intérêts royaux et à ceux
des grandes familles. La hiérarchie ecclésiastique fut conservée.

En France, la réforme fut aussi adoptée par une partie de la noblesse ;
elle y vit une occasion de reconquérir une puissance que le roi , avec
l'appui du peuple, réussissait à amoindrir chaque jour. Ses chefs se lièrent
par un pacte dans lequel ils s'engageaient à partager le pays en cercles ,
afin de constituer une fédération de petites souverainetés semblables à
celles d'Allemagne. Mais une énorme majorité se leva contre ce projet ;
les prétentions aristocratiques périrent dans la sanglante exécution de la
St-Barthélemy et dans les guerres de la Ligue. Le peuple français resta
catholique par sentiment de l'unité nationale ; ou, pour parler plus vrai,
se conserva un par sa foi catholique.

Ce fut plusieurs années après que la révolution éclata en Angleterre.
Ce serait une erreur de croire qu'elle fut une pure affaire religieuse. La
religion en fut la forme, le prétexte, le moyen ; mais le but fut tout
autre. Examinons en effet : La querelle s'éleva entre le parlement et la
royauté à l'occasion des subsides ; elle s'envenima par des empiétemens
réciproques, dans lesquels le roi fut obligé de reculer, et fut enfin poussé
jusqu'à prendre les armes. Sans doute, le parlement n'eût osé accepter
la guerre civile sans l'appui de l'insurrection religieuse ; il n'eût point
vaincu sans elle : mais cette insurrection n'était point anglaise; elle

venait d'Écosse. La fin particulière que cherchaient les meneurs anglais ne paraît pas avoir été autre qu'une pensée d'intérêts et de fédéralisme individuel en opposition avec la pensée de l'unité monarchique. Aussi après le triomphe, sans l'intervention de Cromwel, le corps de la Grande-Bretagne eût été rompu en morceaux; aussi, on ne s'occupa nullement de changer la législation civile; et le gain de la révolution fut de donner le gouvernement à l'aristocratie et à la bourgeoisie; ce fut une modification dans les formes gouvernementales qui mit au pouvoir un intérêt à la place d'un autre.

Telle ne fut pas notre révolution. Les nécessités financières furent l'intérêt principal qui poussa la cour à assembler les états-généraux; ceux-ci tinrent peu de compte de cet intérêt : dès leur première séance, ils manifestèrent le sentiment d'égalité qui devait présider à toutes les œuvres qui suivirent. La querelle ne roula pas sur des questions de finances ou de droit, mais sur des doctrines morales : et la fin de la révolution annonça devoir être la suppression de la noblesse et des droits féodaux, un changement complet dans la législation civile, administrative et pénale, un affermissement de l'unité nationale par l'éducation et l'administration, enfin une révolution européenne.

Si, d'ailleurs, on compare attentivement les périodes des deux révolutions, on trouve qu'elles ne se ressemblent pas. Autant elles diffèrent au début, autant elles diffèrent dans leur durée. Nous réservons cet examen pour une prochaine préface, car nous avons encore, sans sortir de ce sujet, une longue route à parcourir. Il nous faut en effet, afin de rendre notre démonstration complette, mettre sous les yeux de nos lecteurs, l'exemple des autres révolutions européennes.

DE LA

RÉVOLUTION

FRANÇAISE.

JANVIER 1792.

L'année qui commence est une des pages les plus extraordinaires que la France ait écrites de sa main dans les traditions de l'humanité. Quelle nation et quelles œuvres ! Jamais la foi du destin, jamais ce fatalisme sombre et intrépide, sous l'empire duquel les patriciens de Sparte et de Rome accomplirent de si grandes choses, jamais le devoir d'où était né le droit aristocratique, n'exaltèrent à ce point dans les âmes l'amour de la patrie. Il était réservé à la morale de Jésus-Christ, à la parole de la fraternité par le dévoûment, de montrer que l'activité humaine, mue par le sentiment du sacrifice, est infatigable et invincible. Et ici, nous parlons du peuple et de la spontanéité soudaine qui manifestait en lui le fils aîné de l'Évangile. La nationalité rendait

témoignage d'elle-même par le concours simultané de toutes les
énergies sociales que le christianisme y avait déposées. Un seul
caractère domine dans les actes de ce temps-là, c'est celui de la
volonté. Aussi les luttes que nous allons raconter présentent-elles
nettement le bien d'un côté et le mal de l'autre ; le bien et le mal
librement choisis, librement voulus ; les réalisateurs révolutionnaires ne furent point des panthéistes.

La déclaration de la patrie en danger, la pétition du 20 juin,
la fédération du 14 juillet, le 10 août, les journées de septembre,
l'ouverture de la convention nationale : tels sont les événemens
capitaux que la révolution jette, en courant, sur sa route. Le
terrain sur lequel s'engagent toutes les collisions, tous ces combats dans lesquels nous verrons succomber la royauté, et, après
elle, le fédéralisme, est un terrain purement national. La question principale, celle dont les conséquences seront sanctionnées
par l'émeute, par l'insurrection, par la guerre, par la loi, n'appartient, ni à une théorie, ni à une doctrine politique quelconque : la science et la logique doivent faire verser peut-être une
goutte de sang. Le dogme absolu, c'est la France s'affirmant
elle-même par ces mots : unité, égalité, liberté. La question se
pose toujours entre ceux qui croient à ce dogme et ceux qui n'y
croient pas, ou veulent l'examiner et y choisir ce qui leur convient, la liberté, par exemple. Ainsi, ce sera à titre d'incrédules
(on disait autrefois hérétiques) qu'il y aura d'abord des suspects ; et ce sera l'incrédulité se produisant par ses fruits, par
la trahison et par les conspirations, qui provoquera le régime de
la terreur. La philosophie spéculative n'est en cause dans aucune
des crises terribles où la France fut engagée. « Toutes nos querelles, disait Robespierre (*Défenseur de la Constitution*, n° IV),
ne sont que la lutte de l'intérêt privé contre l'intérêt général, de
la cupidité et de l'ambition contre la justice et contre l'humanité ;
pour savoir ce que chacun doit penser et faire dans notre révolution, il suffit d'adopter, dans les affaires publiques, les principes d'équité que tout homme probe suit dans les affaires privées
et domestiques. »

Nous entrevoyons dans l'année 1792 par une citation que nous empruntons à l'avant dernier numéro de l'*Ami du Peuple*. A la veille de suspendre son journal, Marat dévoilait *l'avenir*. L'article qu'il intitule ainsi, débute par un résumé de situation dans lequel sont signalés tous les symptômes d'un vaste complot. Il continue de la sorte :

« A cette conjuration formidable des représentans de la nation, des princes, des ministres, des fonctionnaires publics, des chefs de l'armée et des gardes nationaux, du corps des officiers et des suppôts du despotisme, quels défenseurs de la patrie aurons-nous à opposer ? Une cohue de clubistes, de bavards et de vaniteux pétitionnaires qui se cachent dans les momens de crise, laissent lâchement égorger leurs concitoyens, et viennent ensuite en bravache à la barre du sénat, assurer gravement les pères conscripts que bientôt la liberté rendra dans la prochaine tout les tyrans de l'univers. Peuple, voilà les héros qui doivent prendre votre défense et vous faire triompher ; comme s'il suffisait de quelques phrases ridicules pour écraser les armées innombrables des ennemis de la liberté. O nation insensée ! que n'as-tu renoncé à ton vain babil pour suivre les conseils de ton ami, t'armer de bons de sang, de poignards, et terminer les jours de ceux de tes ennemis abattus qui auraient eu l'audace de se relever.

« Oui, la liberté est perdue parmi nous, et perdue sans retour ; mais, en attendant que le despote soit rétabli dans toute sa puissance, jetons un coup d'œil sur les excès du despotisme qui amèneront bientôt la chute de nos tyrans.

« Il est certain que le despote se hâtera de rétablir la noblesse : mais il ne rétablira ni le clergé ni la robe, deux barrières redoutables qui limitaient son autorité. Tant que le trésor public, dont il a la clef, se remplira de la vente des biens nationaux, et tant que la confiance au papier-monnaie, dont il a le moule, ne sera pas détruite, Louis Capet aura à sa solde une armée innombrable de satellites, formée de tous les fripons, mouchards et coupe-jarrets prêts à se vendre, et de tous les intrigans jaloux de partager la puissance. Ce sont eux qui soutiendront quelque temps son tyrannique empire. Mais dès que ces ressources seront épuisées, et le terme n'en est point éloigné, une banqueroute honteuse lui enlèvera tous les créanciers de l'état qui se joindront aux nuées d'opprimés. Bientôt les impôts onéreux dont on accablera les citoyens pour satisfaire les satellites soudoyés, révolteront les artisans, les marchands, les cultivateurs qui grossiront d'une foule de mécontens le parti des citoyens opprimés et dépouillés. Ensuite se jetteront dans ce parti, tous les ambitieux dont la cour ne pourra plus satisfaire la cupidité, et tous les fonctionnaires publics qu'elle ne pourra plus corrompre. Les soulèvemens successifs seront suivis d'un soulèvement général; les satellites et les suppôts privilégiés du prince tomberont sous les coups des mécontens, lui-même sera précipité du trône et proscrit avec son indigne famille; le royaume sera déchiré par différentes factions; du feu des dissentions civiles naîtront plusieurs républiques fédérées; les citoyens les plus audacieux et les plus adroits usurperont l'empire, soumettront la multitude à un nouveau joug, et le gouvernement aura changé de forme sans avoir rétabli la liberté.

» O ma patrie! quel sort épouvantable l'avenir te réserve! un décret fatal de l'impitoyable destin tiendra donc toujours attaché sur ton front le bandeau de l'illusion et de l'erreur, pour t'empêcher de profiter de tes ressources, et te livrer sans défense entre les mains de tes cruels ennemis! Que n'ai-je pas fait pour te dessiller les yeux? Aujourd'hui, il ne reste aucun moyen de prévenir ta ruine; et ton fidèle ami n'a plus d'autres devoirs à te rendre que celui de déplorer tes tristes destinées, que celui de verser, sur tes trop longs désastres, des larmes de sang. » (*L'ami du Peuple*, du 14 décembre 1791.)

Le mois de janvier 1792 contient virtuellement tous les germes que nous allons voir grandir et se développer. La discussion sur la guerre s'aigrit à mesure qu'elle se personnalise. Malgré une apparence de rapprochement ménagée aux jacobins, entre Brissot et Robespierre, par Dussaulx, les deux adversaires ne renoncent à aucune de leurs opinions émises. Le club penche évidemment pour le système de Robespierre ; il s'y range de plus en plus, ainsi que l'atteste l'accueil unanime qu'il fait à tous les discours écrits pour la guerre défensive.

La presse la plus révolutionnaire, Prudhomme, *l'Orateur du peuple*, les dernières pages de Marat, et bientôt Desmoulins dans la *Tribune des Patriotes*, se déclarent également pour Robespierre, et parlent de Brissot, de ses projets et de ses adhérens, comme ils parlaient naguère de Barnave et des Lameth.

Marat s'expliquait ainsi sur Brissot dès le 10 décembre 1791 : « Vous fûtes toujours loin de mériter les éloges dont les badauds payèrent vos grimaces patriotiques ; ils peuvent donc à leur aise crier sur vous à l'apostat ; quant à moi, qui vous connais à fond, je m'attendais bien à voir un jour tomber votre masque, quoiqu'en prédisant votre défection dans mon numéro DCXII (Voir le tome XII de l'*Histoire parlementaire*, ÉLECTIONS.), je n'eusse pas cru être si près du terme. Vous voilà donc aujourd'hui un ministériel mitigé ; si vous avez plus d'énergie, au train dont vous y allez, je ne désespère pas de vous voir, sous quelques mois, une des plus viles créatures du cabinet des Tuileries. »

L'Orateur du peuple disait : « Si tous les Français étaient éclairés, s'ils étaient tous vertueux, M. Brissot se serait bien gardé de produire une opinion dangereuse. C'est parce qu'il y a des coquins, une infinité de coquins, et de coquins en crédit, que M. Brissot s'est hasardé à le faire. Quoi ! un homme que j'ai cru patriote, que j'ai préconisé comme tel, s'avise aujourd'hui, qu'il a tout ce qu'il désire, de nous ôter ce que nous avons de plus cher, l'honneur ! Après un faux exposé de la situation de l'Europe, il nous amène insensiblement à déclarer la guerre à nos voisins, sous prétexte de la faire à des brigands dont la France est purgée ; il entre dans les vues du ministère. Qu'on ne vienne pas me dire que chacun a son opinion ; quand un homme est aussi éclairé que l'est M. Brissot, on ne pèche pas par ignorance. Aussi est-il à mes yeux le plus criminel de nos assassins d'outre-Rhin. Je vais le lui prouver en peu de mots : » Suit une longue démonstration qui aboutit à ce dilemme : « De deux choses l'une, ou le crime de lèse-nation est avéré, ou il ne l'est pas : s'il l'est, vous êtes coupables de ne point faire des lois pour sauver la patrie. Sans avoir recours à la guerre, il est possible, et vous le savez bien, de nous tirer d'embarras. Vous savez bien qu'en saisissant leurs biens, qu'en les mettant en vente au profit de la nation, qu'en les exilant à jamais de nos murs, qu'en leur ôtant le nom de Français, qu'en armant purement et simplement tous les citoyens, et en dressant des échafauds autour du royaume pour tous ceux qui, fatigués d'errer, comme des vagabonds, chez les autres peuples, oseraient mettre les pieds sur notre terre sacrée ; vous savez.... mais non, vous voulez faire triompher la cause des rois ; vous voulez, en nous mettant en contradiction avec notre consti-tution, nous faire détester des peuples qui sont prêts à nous imiter. » — Nous avons transcrit ce morceau, parce que l'*Orateur du peuple* se tenant très-bien à la suite des hommes qui jouissaient de la confiance publique, répétait tout haut, en les exagérant, les argumens par lesquels ceux-ci appuyaient leurs vues, soit dans les conversations intimes, soit dans les clubs. Il y avait, nous n'en doutons pas, une bonne raison dite au peuple autrement que par la presse et par la tribune des clubs, pour qu'il eût déserté si vite les partisans de la guerre. Cette raison circula oralement avant de servir de base avouée aux discussions officielles des ja-cobins. Il nous paraît que l'article cité est le commentaire de cet argument : Si les émigrés étaient, à vos yeux, des traîtres, vous devriez d'abord confisquer leurs biens. La déclaration de guerre ne peut et ne doit venir qu'après certaines mesures que vous ne prenez pas.

L'*Orateur* finit en disant : « Je ne vous estime plus, monsieur Brissot. Dès aujourd'hui, je vous regarde comme un traître ; vous avez trop d'esprit pour que je vous pardonne. Des hommes comme vous, qui ne marchent pas dans la bonne route, on peut dire har-diment qu'ils sont nés avec toutes les dispositions de mal faire. Vous m'avez trompé, mais vous ne me tromperez plus. Je vous observerai, non plus comme autrefois avec l'indulgence et l'es-pérance de l'amitié, mais avec l'œil de l'indignation qui me fera

voir tous les replis de votre cœur. Pour sauver ma patrie... hélas ! je serais moi - même mon propre bourreau ! Oui,, si je
croyais qu'il pût jamais me venir dans l'idée de la trahir, je n'exis-
terais pas deux heures. Tout homme qui aime la liberté doit être
vertueux, et tout homme qui ment à sa conscience est un scélérat. Je vous donne la vôtre pour juge, et je vous condamne à la
consulter deux fois par jour, si vous préférez l'honneur de vos
concitoyens aux frivoles promesses de Louis Sanguinola. » (*L'O-
rateur du Peuple*, t. 9, n° XLVIII.)

Prudhomme publia de longs articles contre la guerre offensive.
Il inséra tout entiers quelques discours de Robespierre, et notamment celui prononcé le 11 janvier au club des jacobins. Il ne
garde déjà aucune mesure envers Brissot. A l'occasion d'un débat ouvert à la législative pour savoir si quelques articles, destinés à compléter l'organisation de la haute cour nationale, tombaient sous la sanction, il y eut, le 9 janvier, des rassemblemens
sur la terrasse des Feuillans, d'où l'on fit entendre le cri : *Point
de veto! Brissot (Patriote Français du 10 janvier,)* accusa ce mouvement de tenir à la liste civile. Là-dessus Prudhomme s'écrie :
« Nous avons lu avec indignation, dans la partie du journal de
M. Brissot, rédigée par lui, que les patriotes rassemblés sur la
terrasse des Feuillans pourraient bien être salariés par la liste civile. Ce langage n'expliquerait-il pas l'obstination du partisan ef-
fréné de la guerre? La liste civile dans les mains de ceux qui
criaient *point de veto*? Ah! M. Brissot, ceux qui ne voulaient
pas du veto ne veulent pas non plus de la guerre offensive. » (*Révolution de Paris*, n CXXXI) — Nous verrons que le moyen
nouveau mis en œuvre par Brissot et ses partisans pour démontrer la nécessité de la guerre d'attaque, consistait à soutenir que
la cour ne l'avait jamais voulue sérieusement.

Les faits principaux dont se compose l'histoire du mois, sont:

Les actes parlementaires, plusieurs émeutes à Paris provoquées
par des accapareurs de denrées coloniales, des troubles à Perpignan, où l'on voit figurer les acteurs d'une conspiration qui
ne tardera pas à ressusciter le camp de Jalès ».

Les actes parlementaires renferment : 1° la suite des délibérations sur la guerre ; 2° quelques articles complémentaires de la haute-cour nationale ; 3° une poursuite très-active dirigée contre Bertrand de Molleville, et dont la conclusion n'a lieu qu'en février ; 4° des pétitions contre les accapareurs de sucre, et diverses protestations y relatives ; 5° des nouvelles de provinces dont les plus importantes sont celles de Perpignan.—Nous ferons entrer dans le cadre même des travaux de l'assemblée les récits qui expliqueront ces derniers incidens. Nous terminerons par une analyse des séances du club des Jacobins.

SUITE DES DÉLIBÉRATIONS SUR LA GUERRE.

Le 25 décembre, J.-B. Louvet (l'auteur de *Faublas*), au nom de la section des Lombards, provoqua l'accusation contre les princes émigrés, et la guerre contre les ennemis de la France. Isnard convertit cette demande en motion. Guadet réclama l'ajournement jusqu'au 1er janvier. Le 27, Vergniaud présenta un projet d'adresse au peuple Français : l'assemblée ne l'adopta point.

Le 29, Brissot fit un discours sur les rapports des puissances étrangères avec la France, et sur la nécessité de déployer les forces nationales contre les ennemis extérieurs et intérieurs. Il discuta les intérêts respectifs des différens souverains de l'Europe, et s'attacha surtout à prouver qu'il n'y en avait aucun qui pût penser sérieusement à faire la guerre et qui eût les moyens de la soutenir. Condorcet parla sur le même objet ; il présenta une déclaration solennelle pour faire connaître aux rois les principes et la politique de la France régénérée. Elle fut unanimement adoptée ; on en demanda même l'envoi aux puissances, ce qui fut d'abord décrété, et ensuite ajourné sur la proposition de MM. Barrère, Condorcet, Reboul, Gensonné et Dumas. Le jour même elle fut envoyée à Louis XVI, et Condorcet rendit ainsi compte de la députation.

[*M. Condorcet monte à la tribune.* (La salle retentit d'applaudissemens.) La députation que vous avez envoyée près du roi a été reçue dans la salle du conseil; elle a présenté la déclaration qui vous a été lue ce matin. Le roi a répondu que l'assemblée nationale pouvait être sûre qu'il soutiendrait toujours la dignité de la nation. (On applaudit.)]

L'assemblée ordonna l'insertion au procès-verbal de la réponse du roi.

Le 31, le roi communiqua par un message un second office de l'empereur, daté de Vienne, le 21 décembre. Cet office portait en substance que le prince électeur de Trèves avait rendu compte à l'empereur de la déclaration que lui avait faite le roi des Français relativement aux rassemblemens des émigrés dans ses états; que l'électeur de Trèves avait répondu à cette déclaration qu'il avait suivi les réglemens mis en vigueur dans les Pays-Bas autrichiens; que l'électeur de Trèves, redoutant la réalisation des inquiétudes que lui donnait cette déclaration, avait réclamé l'assistance de l'empereur; que l'empereur, convaincu des intentions modérées de sa majesté très-chrétienne, mais n'étant point rassuré par son expérience journalière sur l'adoption générale de ses intentions modérées, et craignant que, malgré les principes du roi, il ne fût commis des voies de fait contre l'électeur de Trèves, avait cru devoir enjoindre au maréchal Bender de lui porter les secours les plus efficaces ; mais que sa majesté était trop sincèrement attachée à sa majesté très-chrétienne pour ne pas désirer que ces mesures fussent inutiles, par le maintien de la tranquillité publique et la continuation de la bonne intelligence entre les couronnes.

A cet office était joint une lettre de Louis XVI à l'assemblée, dont le ministre Duport fit lecture. En voici la teneur :

Paris, 31 *décembre*. — « J'ai chargé le ministre des affaires étrangères, messieurs, de vous communiquer l'office que l'empereur a fait remettre à l'ambassadeur de France à Vienne. Cet office, je dois le dire, m'a causé le plus grand étonnement. J'avais droit de compter sur les sentimens de l'empereur, et sur son désir de conserver avec la France la bonne intelligence et tous les rapports qui doivent régner entre deux alliés. Je ne peux pas croire encore que ses dispositions soient changées; j'aime à me persuader qu'il a été trompé sur la vérité des faits; qu'il a cru que l'électeur de Trèves avait satisfait aux devoirs de la justice et du bon voisinage; et que néanmoins ce prince avait à craindre que ses états ne fussent exposés à des violences et à des incursions particulières.

» Dans la réponse que je fais à l'empereur, je lui répète que je n'ai rien demandé que de juste à l'électeur de Trèves, rien dont l'empereur n'ait lui-même donné l'exemple. Je lui rappelle le soin que la nation française a pris de prévenir sur-le-champ les rassemblemens des Brabançons qui paraissaient vouloir se former dans le voisinage des Pays-Bas autrichiens; enfin je lui renouvelle le vœu de la France pour la conservation de la paix; mais en même temps je lui déclare que si, à l'époque que j'ai fixée, l'électeur de Trèves n'a pas effectivement et réellement dissipé les rassemblemens qui existent dans ses états, rien ne m'empêchera de proposer à l'assemblée nationale, comme je l'ai annoncé, d'employer la force des armes pour l'y contraindre. (On applaudit.)

» Si cette déclaration ne produit pas l'effet que je dois espérer, si la destinée de la France est d'avoir à combattre ses enfans et ses alliés, je ferai connaître à l'Europe la justice de notre cause; le peuple français la soutiendra par son courage, et la nation verra que je n'ai point d'autres intérêts que les siens, et que je regarderai toujours le maintien de sa dignité et de sa sûreté comme le plus essentiel de mes devoirs. » (On applaudit.)

Tels furent les actes qui précédèrent le rapport que Gensonné devait faire le 1er janvier. Avant de transcrire cette pièce, nous avons à mentionner une détermination de l'assemblée, relative au cérémonial du jour de l'an. Le 31 décembre Pastoret fit détruire l'usage des félicitations de vive voix ou par écrit au sujet du renouvellement de l'année. Goupilleau et Fauchet demandèrent par suite que l'assemblée n'allât point faire de félicitations, ce qui fut adopté.

SÉANCE DU 1ᵉʳ JANVIER 1792.

[*M. Gensonné*. Votre comité diplomatique, en adhérant à l'a-
mendement de M. Brissot (1), m'a chargé de vous présenter ses
vues à cet égard, et d'entrer dans quelques développemens. La
question se réduit à cette simple proposition : Y a-t-il lieu à accusation? Sur quelles personnes l'accusation doit-elle porter?
Déjà vous avez accusé des hommes comme complices. Pouvez-
vous garder le silence sur les principaux agens de la conjuration?
Quelle inégalité existerait donc encore parmi les hommes! Les
princes seraient-ils moins coupables, parce que la nation a plus
fait pour eux? Vous ne pouvez faire grace ; vous n'avez ni le droit
de punir ni celui d'absoudre ; vos fonctions se bornant à accuser ;
et quand la loi l'exige, quand l'opinion le commande, quand
l'existence du crime n'est pas douteuse, votre silence serait une
trahison. La sûreté de l'état est-elle compromise? C'est de la vérification de ce fait que dépend le décret d'accusation. Eh bien!
en fait, de concert avec le roi, vous l'avez déclaré à l'Europe entière. Vos armées sont prêtes à marcher contre les princes qui
protégent les rebelles. La rébellion est donc évidente; il y a donc
lieu à accusation.

Votre comité a pensé que dans les circonstances actuelles, vous
deviez vous borner à mettre en état d'accusation les deux frères
du roi, et MM. Condé, Calonne, Laqueille et Mirabeau. Le comité fera son rapport sur la question particulière à M. le cardinal
Rohan; quant à MM. Bouillé, Dautichamp, Breteuil et autres
principaux agens présumés de la conjuration, le comité n'a pu se
procurer des renseignemens assez positifs sur les faits postérieurs
à la loi de l'amnistie pour porter le décret d'accusation. Il proposera seulement une mesure accessoire tendante à faire demander à tous nos ministres chez les puissances étrangères toutes
les notes qu'ils pourront fournir sur les démarches officielles

(1) Cet amendement consistait en ce qu'un décret d'accusation fût porté contre
les chefs des émigrés, et que le roi réclamât, au nom de la nation, contre les
insultes qu'elle avait reçue. (*Note des auteurs*)

faites au nom des princes pour solliciter des secours contre leur patrie. Voici le projet de décret que je suis chargé de vous présenter.

« L'assemblée nationale, considérant que les représentans du peuple français, chargés de poursuivre en son nom les attentats contre la sûreté générale de l'état, n'ont pas la liberté de suspendre ou de modérer à leur gré l'exercice de ce droit; qu'il ne leur est permis de punir ni d'absoudre; que organe impassible de la volonté nationale, ils trahiraient la confiance publique, si, convaincus de l'existence du crime, ils n'appelaient pas sur tous les coupables indistinctement les regards sévères de la justice et la vengeance de la loi;

» Considérant que la notoriété publique et des actes extérieurs connus de l'Europe entière, ne permettent plus de douter que les Français fugitifs ne soient coupables du projet d'attaquer leur patrie; que les princes français sont déclarés les chefs de cette conspiration; qu'ils ont calomnié l'assemblée nationale, ses représentans et son roi; qu'ils ont tenté d'élever des doutes sur la sincérité de l'acceptation que Louis XVI a solennellement proclamée; qu'ils ont appelé autour d'eux une foule de Français, fait des préparatifs hostiles, suivi des négociations auprès des puissances étrangères, sollicité d'elles des secours en hommes, argent, ouvertement destinés contre la France; fomenté dans le sein du royaume des divisions funestes, tenté d'ébranler la fidélité des principaux agens de la force publique à qui la garde des frontières est confiée, fait enrôler et recruter jusque dans le sein de la France;

» Considérant que les mesures projetées par l'assemblée nationale au commencement du mois de novembre dernier, et le délai qu'elle avait accordé, n'ont fait qu'accroître l'audace des rebelles, provoqué des réponses insolentes aux invitations fraternelles du roi; que ces dispositions nécessitent des armemens considérables, entretiennent au milieu de l'empire des inquiétudes funestes au crédit, et une fermentation dangereuse à la tranquillité française;

» Considérant que cet état de choses ayant porté l'assemblée nationale et le roi à prendre de concert des mesures décisives pour faire enfin expliquer les princes étrangers qui favorisent ces dispositions hostiles ; que de plus longs ménagemens compromettraient la dignité de la nation et seraient regardés à juste titre comme une prévarication coupable ;

» Considérant enfin qu'il est de son devoir de prendre des précautions indispensables pour assurer l'effet de ces démarches ; que les agens du pouvoir exécutif lui doivent compte de tous les éclaircissemens qu'ils peuvent avoir sur les circonstances qui ont accompagné ce complot ; qu'ils lui doivent la désignation des principaux agens et de leurs complices ;

» Décrète qu'il y a lieu à accusation contre Louis-Stanislas-Xavier, Charles-Philippe et Louis-Joseph, ci-devant Condé, princes français ; les sieurs Calonne, ci-devant contrôleur-général, Laqueille l'aîné, ci-devant député à l'assemblée constituante, Riquetti cadet, comme prévenus d'attentat et de conjuration contre la sûreté générale de l'état et la constitution ; ordonne que, dans le délai de trois jours, les comités diplomatique et de législation réunis lui présenteront un projet d'acte d'accusation contre eux ;

» Ordonne que le ministre des affaires étrangères sera tenu, sous sa responsabilité, de remettre dans le même délai au comité diplomatique toutes les notes et éclaircissemens relatifs à l'existence et à la poursuite desdits complots ; que les agens de la nation auprès des puissances étrangères ont dû lui faire parvenir ; comme aussi de dénoncer à l'assemblée nationale ceux d'entre eux qui se seraient rendus coupables de connivence avec les révoltés, soit en les favorisant ouvertement, soit en gardant le silence sur les démarches criminelles qu'ils se sont permises sous leurs yeux, à peine d'en demeurer personnellement responsables. »

Grangeneuve, Lequinio et Jean Debry appuyèrent ce projet. Gentil, Hua, Moriceau réclamèrent l'ajournement. Le décret d'accusation fut prononcé contre les princes français, contre

Louqueille et Mirabeau cadet. Les autres mesures furent ajournées. A la séance du 2 janvier, Gensonné fit décréter que les comités présenteraient, sous trois jours, l'acte d'accusation.

Le 4, on afficha une proclamation du roi concernant le maintien du bon ordre sur les frontières.

Le 5, Isnard fit un discours sur les dangers de la patrie, sur les mesures les plus propres à les prévenir, et sur la nécessité de réunir dans un même esprit tous les citoyens de la France. L'assemblée ordonna l'impression de ce discours.

Brissot en rend compte en ces termes : « A des débats arides sur la dette publique a succédé un long discours de M. Isnard, où l'on a trouvé de bonnes idées, mais où l'on n'a pas retrouvé son talent. Le principal défaut, c'est de n'offrir aucun but bien décidé. M. Isnard exhorte ses confrères à l'union, au concert : il est impossible. — Il faut pour qu'un pareil concert existe, que tous les hommes soient ou des anges, ou des hommes corrompus; il a fait le tableau des divisions actuelles des esprits; il a bien caractérisé la guerre qui se fait; c'est celle du patriciat contre l'égalité. — Il a insisté sur la nécessité de chercher des alliances étrangères, si l'empereur rompt avec nous; il a proposé de mander le ministre pour savoir où en est cette partie de la diplomatie. On a demandé l'impression de ce discours, elle a été appuyée par le ci-devant côté droit (1), et combattue par le côté

. . . .

(1) Cette expression de Brissot, le ci-devant côté droit, est justifiée par une innovation récente dans la disposition de la salle. Voici ce que nous trouvons là-dessus dans le *Journal de Paris* du 20 décembre 1791 : « On n'écrira plus d'indécentes adresses, distinguer l'assemblée nationale en côté gauche et en côté droit, quand les élémens dont elle est composée ne doivent pas permettre de croire qu'un autre esprit que celui du patriotisme peut étable ses hiérarchies. Les commissaires de la salle ont anéanti le côté droit, dont on n'aurait dû conserver le souvenir, après l'assemblée nationale, que pour se rassurer contre la possibilité d'y voir jamais siéger des ennemis, ou même des amis froids de la liberté. La salle va changer de forme; entre les principales innovations qui s'y effectueront, on remarque celles qui placeront la tribune à l'extrémité du côté gauche, le bureau du président au milieu du côté droit à peu près, de telle manière que la salle sera raccourcie, et que le président et l'orateur, au lieu d'être placés vis à vis l'un de l'autre dans la largeur et au milieu, seront dans la même position respectivement, mais aux deux bouts de la salle, diminuée dans sa longueur. Puisse ce rapprochement nécessaire et forcé des individus ne faire

appel ; à beau dire, ce dernier entendait mieux les intérêts de l'évêque ; l'impression à cependant été ordonnée. M. Lacretelle, s'emparant aussitôt de la tribune, a observé qu'il manquait à ce discours patriotique une fin digne de lui. On attendait cette fin ; elle consistait à aller renouveler le serment au jeu de paume. Ce projet de pèlerinage à suscité les brouhahas, et on est passé à l'ordre du jour. — On ne conçoit pas comment ces superstitions politiques se glissent encore dans des esprits qui ont la réputation d'être justes, il est temps qu'on soit attaché à la constitution par la *tête* et non pas par l'imagination ; par la raison et non pas par les spectacles ». (*Patriote français du 6 janvier.*)

De 5 au soir, Girardot jeune fit un discours, sur un nouveau système d'organisation de gendarmerie nationale, qui fut renvoyé, à titre de mémoire, au comité militaire. Plusieurs membres proposèrent de fixer à vingt-quatre le nombre des brigades de chaque département, Isbée voulait pour la liberté l'augmentation de cette force armée. L'assemblée adopta le projet présenté par le comité militaire, pour la répartition de quinze cents brigades entre tous les départements, de manière qu'il n'y en eût pas moins de quinze, ni plus de vingt-une dans chaque département.

À la séance du 6, le ministre Delessart communiqua à l'assemblée par ordre du roi, le résultat des dépêches que lui adressait M. de Sainte-Croix envoyé auprès de l'électeur de Trèves. Il lui avait démenti le 1.er janvier, au nom de l'électeur, l'effet suivant :

bientôt régner qu'une seule opinion, et rallier au même objet, au désir de faire triompher la constitution et la liberté, l'immense majorité, ou plutôt la totalité des membres de l'Assemblée, qui ne peuvent être divisés que sur les moyens du succès. »

Dans le préambule de l'article qui donne occasion à cette note, Brissot répond ainsi à l'appel du *Journal de Paris*. « C'est une bien pauvre idée que d'imaginer faire cesser la division entre les patriotes et les modérés par un changement dans la salle de l'assemblée nationale. La division est et sera durable comme la constitution ; comme la tempête, tant que l'homme, et le parti appelle au peuple sera toujours honni, conspué, quelque côté qu'il habite. On ne doit donc que rire de la petite espièglerie qu'on a faite aux patriotes, en plaçant le fauteuil du président où était la tribune. Ainsi les patriotes sont à droite ; mais qu'importe ! La droite sera maintenant honorable. » (*Note des auteurs.*)

« Je soussigné, ministre de son altesse électorale, assure à son excellence M. de Sainte-Croix, que M. l'électeur est sensible aux marques de confiance manifestées dans l'office de sa majesté très-chrétienne. Comme son altesse électorale a l'assurance que l'empereur défendra l'électorat contre toute hostilité, la déclaration suivante est une marque de son désir sincère de conserver l'harmonie entre la France et l'électorat.

« 1° Son altesse s'engage à faire quitter dans huit jours, dans ses états, tout ce qui porte la dénomination de corps militaire.

« 2° Ceux qui dérogeront à cet ordre seront sommés de quitter dans trois jours les états de l'électeur.

« 3° Les recruteurs, autres que ceux de l'empereur, qui enrôleraient dans l'Électorat, seront arrêtés et condamnés aux travaux publics, et à la forteresse, pour deux ans.

« 4° Il sera défendu, sous peine de deux ans de travaux publics, de fournir aucunes munitions de guerre aux Français émigrés.

« 5° On défendra l'entrée, dans les états de l'électeur, aux chevaux de remonte pour les Français émigrés.

« 6° Les émigrés cantonnés près de Trèves, rentreront sous huit jours dans la ville ; on défendra les rassemblemens à quatre lieues de la ville.

« 7° Les émigrés seront traités suivant les réglemens de police publiés dans les états de l'empereur.

« Son altesse électorale se flatte que S. M. T. C. sera convaincue de son désir de conserver la bonne harmonie entre la France et l'Électorat, et elle se flatte en même temps d'avoir rempli ses vœux. »

L'assemblée ordonna le renvoi de cette pièce à son Comité diplomatique.

Le 8, Delessart transmit une note nouvelle de l'électeur de Trèves, datée du 3 janvier, elle portait que les réglemens rendus par l'empereur relativement aux Français émigrés étaient publiés dans les états de l'électeur.

Brissot commente ainsi l'office communiqué le 6 : « Les pa-

triotes qui ont cru que la cour voulait la guerre, et qu'on aurait la guerre, le croiront-ils encore, après avoir entendu les
communications faites par le ministre des affaires étrangères? —
Il veut être l'ami de la France. — Il a donné les ordres pour dissiper les rassemblemens, etc., etc. Comment a-t-on pu si long-
temps être dupe de cette farce diplomatique? on voulait nous faire
peur. — Mais l'assemblée ne s'arrêtera pas à ces démonstrations. » (*Patriote français du* 7 janvier.) Sur la note du 8,
Brissot répétait les mêmes réflexions. « Nous ne voulons pas la
guerre offensive, disaient quelques patriotes égarés, parce que
la cour la demande. — Oui la cour l'a demandée un instant, ou
plutôt a semblé la demander; mais jamais elle ne l'a désirée, mais
aujourd'hui elle la désire moins que jamais. Tel est le sens de ces
notifications adroitement ménagées qui sont venues tour à tour
adoucir ou effrayer l'assemblée nationale pour la détourner d'un
parti vigoureux ». (*Patriote français du* 9 janvier.)

SÉANCE DU 11 JANVIER.

RAPPORT *du ministre de la guerre, Louis de Narbonne, sur
l'état des frontières.*

Le ministre venait d'inspecter les frontières, par ordre du roi;
le 8, il informa l'assemblée de son retour; le 11, il se présenta à la barre et dit :

M. Narbonne. Messieurs, avant de vous parler des résultats de
mon voyage sur l'état des frontières et des dispositions de l'armée, j'ai besoin de rendre en présence des représentans de la nation un témoignage éclatant au courage et au patriotisme des
garnisons que j'ai visitées, et cette manière de commencer le
compte que je vous dois déjoue déjà bien des espérances.

J'ai été obligé de voyager rapidement; mais l'empressement
qu'ont mis tous les chefs militaires à me donner les éclaircissemens dont j'avais besoin a suppléé à l'indispensable célérité de
mon voyage. J'ai dû me concerter avec les élus du peuple dans
tout ce qui exigeait sa confiance : les corps administratifs m'ont

secondé avec une bienveillance dont je ne peux être trop reconnaissant, et j'ai pu remarquer que le ministre du roi de la constitution trouvait dans les agens du pouvoir exécutif les mêmes égards et plus de zèle que dans le temps où la faveur obtenait ce qu'aujourd'hui l'intérêt public commande. J'ai trouvé de grands secours aussi dans mes compagnons de voyage ; M. d'Arçon, un des plus habiles officiers du génie, et dont vous reconnaîtrez sans peine le travail dans les observations sur l'état des places frontières que je vais vous soumettre ; M. d'Arblay, officier d'artillerie, qui, déja connu dans ce corps d'une manière avantageuse, s'est distingué depuis par les services qu'il a rendus dans la révolution ; M. Desmottes, aide-de-camp et ami de M. de La Fayette, près de qui il est resté à Metz ; M. Dedelay d'Agier, dont l'assemblée constituante a connu et estimé le mérite, et M. Mathieu de Montmorency, qu'il était heureux pour moi de montrer aux officiers de l'armée, quand sa présence servait de réponse à tous les préjugés. J'avais donné ordre à M. de Tolozan, dont l'intégrité est connue, de se rendre à Metz et à Strasbourg pour nous éclairer de son expérience dans la partie des vivres.

Il m'était ordonné de restreindre l'objet de ma tournée pour la rendre plus utile : les affaires du département qui m'est confié ne me permettaient point de m'en éloigner long-temps : le but que je m'étais proposé, et que je crois avoir atteint, était de m'assurer des dispositions des troupes.

Le roi m'avait permis, m'avait ordonné d'employer son nom de toutes les manières que je croirais les plus utiles : j'ai ajouté au respect que l'armée doit à l'assemblée nationale et au roi, en protestant de la réunion de leurs intentions et de leurs desseins.

Je vais soumettre à l'assemblée tous les détails qui importent à la connaissance de l'exacte situation de nos forces, et je garantirai l'authenticité de ceux que je n'ai pu observer moi-même. Il serait aussi téméraire qu'inutile de vouloir faire sur les fortifications du royaume un travail différent de celui que Vauban et après lui les plus grands ingénieurs ont consacré.

Les fortifications des places dont j'ai pu juger par moi-même,

ainsi que celles dont j'ai recueilli et comparé les états de situation,
présentent généralement des dispositions satisfaisantes. Il m'a
été précieux de n'avoir sur cette partie intéressante de nos forces qu'à applaudir aux mesures qui ont été prises, et presque
toujours à confirmer celles qui n'étaient que projetées et dont le
roi m'avait expressément ordonné de presser l'exécution : j'ai
trouvé à cet égard de très-grands secours dans le résultat des
comptes rendus au mois d'octobre dernier par les commissaires-
inspecteurs de l'artillerie et du génie, nommés en vertu des décrets
de l'assemblée constituante. Ma confiance a dû se raffermir encore lorsqu'à mon retour j'ai reconnu que la plupart de ces vues
étaient confirmées dans l'excellent rapport qui vient de vous être
présenté par votre comité militaire sur l'état des frontières du
royaume.

Je me bornerai donc aux considérations relatives aux points capitaux qui, par leurs rapports avec les positions des armées, peuvent influer le plus puissamment dans la balance de nos forces.

La place de Lille, par exemple, nous a montré de plus grandes ressources que l'opinion ne lui en attribue communément :
c'est avec des monumens de ce genre que nous pourrons adopter la maxime *que les bons secrets en matière militaire sont ceux
dont on peut faire confidence à ses ennemis.* Nous ne craindrons
donc pas de dire que, malgré l'état de perfection et d'achèvement complet des ouvrages de cette place, il existe cependant
une partie faible, et il le faut bien lorsqu'on vient à les apprécier
comparativement ; mais cette partie faible.... (qu'un attaquant
pourrait bien ne pas saisir) est encore bien forte par l'obligation
de faire quatre opérations majeures et successives avant de parvenir au terme définitif de tous les siéges. La citadelle, qui n'est véritablement attaquable que du côté de la ville, servirait ensuite de
retraite, non pour capituler, mais pour donner le temps de recou-
vrer tous les avantages que la nature des choses aurait fait perdre
dans les attaques de la place. Cette observation doit écarter toute espèce d'ombrage sur les citadelles, que quelques-uns prétendent menacer la liberté des citoyens : j'en appelle à cet égard à la révolution ;

il n'est pas une citadelle, pas un seul réduit qui ait seulement essayé ni pu essayer d'opposer la plus légère résistance à la volonté prononcée des citoyens. Que produirait en effet le foudroiement supposé de quelques maisons qui se trouvent en butte au feu des citadelles ? La masse des habitans n'en serait pas moins en sûreté ; ils ne seraient... qu'avertis des mesures à prendre, et qui ne peuvent leur échapper : ces mesures consistent à n'approvisionner les citadelles en vivres que par les magasins de la ville, et au moment même où ces citadelles doivent commencer à être utiles.

Lille doit être aussi considérée sous les rapports offensifs, c'est dans ce vaste dépôt de nos forces qu'on trouvera les plus importantes ressources, la sûreté des magasins et des munitions de tout genre, un appui redoutable dans les positions d'attente, un asile dans les revers, qu'il faut prévoir, mais dont les suites seraient d'autant moins à craindre que les débris d'une armée battue y seraient encore invincibles; ils le seraient par la seule proportion numérique des assiégeans aux assiégés, proportion qui, comme on sait, dans une place de cet ordre doit être au moins de six à un ; ainsi vingt mille hommes dans Lille seraient encore forts contre cent vingt mille attaquans.

Ce que nous venons d'apercevoir sur les propriétés de la place de Lille est applicable avec plus ou moins d'avantage aux places de Douai, Valenciennes, Maubeuge, Charlemont, Sedan, Metz, Landau, Strasbourg, Besançon, et à une partie de celles dont le comité militaire vous a présenté le rapport : j'en adopte les résultats, et je ne fais ici que vous en rappeler les conséquences.

Sous ce point de vue le camp retranché sous Maubeuge, proposé par M. de Rochambeau et exécuté par les officiers du génie, m'a paru suppléer au défaut d'espace de cette place. Une armée occupée sur un grand développement doit avoir nécessairement des instans de faiblesse ; il faut donc lui ménager des moyens de les soutenir, de reprendre haleine, de se maintenir par des communications sûres, et d'attendre le moment de reprendre le ton offensif. Sur ce qui concerne la défense propre de la place de Maubeuge nous n'avons pu qu'en approuver les dispositions.

Charlemont est dans le meilleur état de défense; les Givet et le Mont-d'Haure, qui n'en sont que des accessoires ne paraissent pas répondre au point capital; mais en les considérant comme des extentions propres à divers établissemens nécessaires, ils prennent le caractère de camp retranché, et sous ce rapport on a pu se borner aux précautions qui y ont été prises.

Les projets sur Mézières sont excellens: on doit cependant les borner pour le moment à l'achèvement de la couronne de Champagne.

Le grand défaut de la place de Sedan est d'être obstruée par des maisons cumulées pour contenir des manufactures précieuses et une population proportionnée : j'ai été frappé de l'utilité d'un projet qui ferait disparaître ce défaut essentiel, en donnant à cette ville des emplacemens d'une grande étendue, par une extension de l'enceinte du côté de la prairie : cette partie, déjà garantie par une inondation sûre, exigerait peu de dépense et nous procurerait une place du grand ordre. Comme ce n'est pas ici le moment de s'occuper de ce projet, M. le maréchal de Rochambeau y a suppléé par l'adoption d'un camp retranché sur la hauteur de La Garenne. Cette position est un diminutif d'une autre beaucoup plus étendue en avant: celle-ci est fortifiée par la nature; mais comme elle exigerait de très-grandes forces, j'ai fait, d'après les ordres du roi, travailler sur-le-champ aux ouvrages du camp plus rapproché, sans renoncer à profiter de la grande position lorsque la proportion des forces à la disposition des généraux leur permettrait de l'occuper.

Je passe sur les places et postes intermédiaires sur lesquels on a fixé d'une manière fort exacte l'attention de l'assemblée.

La place de Metz est dans l'état le plus respectable par l'étendue des positions qu'embrassent de grands fronts d'une disposition savante et d'une exécution achevée; aussi cette place est-elle regardée comme l'un des boulevarts de l'empire, comme un centre de forces propre à fournir à tous les moyens d'une guerre offensive dans cette partie, et comme l'asile le plus sûr et le point le plus utile de réunion en cas de revers.

Ce grand appareil de moyens fortifians présente cependant encore un défaut d'équilibre sensible, les grands fronts de la Moselle et de Belle-Croix paraîtraient en effet d'une force surabondante, tant que l'ennemi aurait la liberté de se porter à son gré sur des parties faibles ou négligées; tel est le front de la place qui correspond à la hauteur de Montigny. C'est par cette raison qn'on avait projeté depuis long-temps de couronner cette hauteur par un grand ouvrage en avant de celui de Belle-Croix ; mais les dépenses considérables d'une pareille entreprise en ont toujours fait différer l'exécution. Il s'agit donc aujourd'hui de corriger ce défaut; il s'agit surtout d'en sauver les dépenses énormes ainsi que la perte de temps qu'exigerait un si grand étalage : cela est d'autant plus nécessaire encore que l'on s'est trouvé dans l'obligation de relever le corps de la place en cette partie, en le reprenant depuis ses fondations ; cette opération ne peut être que très-lente, et semble laisser une porte ouverte qui a déjà causé des inquiétudes. Il m'a paru qu'il ne suffisait pas de bonifier l'ouvrage à corne qui couvre cette partie défectueuse; outre que cette bonification ajouterait peu aux moyens de la défense, elle entraînerait des bouleversemens longs à réparer, et prêterait peut-être à l'espèce de scandale de défaire pour refaire; c'est donc ici le cas de s'emparer promptement de la hauteur de Montigny par un ouvrage tirant sa défense de lui-même : par cette position on découvre tous les points couverts qui pourraient favoriser les approches de l'ennemi daus cette partie. Quoique peu consistant en apparence, un ouvrage de ce genre forcerait l'assiégeant aux détails longs et meurtriers d'une attaque régulière; cette disposition imposerait d'ailleurs fortement à l'opinion; elle déroberait le faible actuel de la place, et en donnant le temps d'en relever les défectuosités elle remplirait le but d'une résistance réelle par le développement de toutes les ressources de la guerre souterraine, favorisant les retours offensifs pour lesquels ce genre d'ouvrage est surtout disposé.

La nécessité indispensable d'un prompt retour à Paris m'a forcé à me faire rendre compte de la place de Bitche. Ce

poste, considéré individuellement, est excellent, et il est dans
le meilleur état; mais les généraux m'ayant fait observer l'importance de sa situation relativement aux communications de la
Lorraine avec la première tête de nos frontières à Landau, nous
avons regretté que le temps ne permît pas d'y compléter les dispositions d'un camp retranché propre à couvrir des troupes, des
munitions et de grands magasins de tout genre; j'ai cependant ordonné aux officiers du génie de s'occuper promptement de cet
objet, et de proposer les moyens les plus rapides de perfectionner cette position.

Également condamné à ne pas voir Landau, je me suis assuré
que ce chef-d'œuvre de Vauban promet une résistance prolongée
au-delà du terme d'une campagne, et c'est bien plus que n'en
exige le temps de rassembler des forces suffisantes pour en faire
lever le siége.

On trouve de nouveaux motifs de confiance dans la place de
Strasbourg. On y voit une armée retranchée, et même si bien
fortifiée que l'attaquant serait ramené à concentrer ses dispositions sur la seule esplanade des fronts attaquables; on a renforcé
ces fronts par des galeries de mines et par différentes mesures;
on a proposé en outre de porter un ouvrage en avant pour attirer à lui seul tous les efforts de l'assiégeant, et pour éloigner
d'autant ses attaques : comme on hésitait à entreprendre cet ouvrage avancé, dans la crainte qu'il ne pût pas être prêt pour le
moment utile, j'ai cru devoir trancher cette question en adoptant des moyens d'industrie qui permettent la plus grande célérité, me fondant d'ailleurs sur les mesures offensives qui nous
occupent, et qui donnent aux opérations défensives tout le temps
qu'elles exigent.

Sur ce qui concerne les places de Lauterbourg, Fort-Louis,
Schelestadt, Brisach, Huningue, Béfort, Bélamont, Besançon, etc., je n'ai rien trouvé à changer aux mesures qui ont été
prises; on en va poursuivre l'exécution avec d'autant plus de
confiance qu'elles se trouvent en tout conformes à celles qui vous
ont été présentées dans le rapport de votre comité militaire,

Dans toutes les places que je viens de passer en revue l'artillerie est dans l'état le plus respectable. Je me suis assuré de l'exécution des ordres donnés par les commissaires du génie et de l'artillerie, et les comptes que je me suis fait rendre m'ont prouvé que ce qu'il reste à faire ne souffrira aucun retard.

Dans ces places , presque toutes les bouches à feu , déjà mises en batterie, sont exposées à toutes les injures de l'air : je m'occupe des moyens de rendre moins destructive pour les affûts cette mesure, uniquement commandée par le besoin de calmer des inquiétudes.

Les fonderies et les arsenaux sont en pleine activité, et de nouvelles découvertes ou des applications ingénieuses de celles dues aux puissances voisines sont la meilleure preuve du patriotisme éclairé d'un corps qui jusqu'à présent a servi de modèle à tous les autres.

Au nombre des inventions utiles est celle qui , sans avoir aucun des inconvéniens justement reprochés aux couvre-platines, réunit tous leurs avantages : j'ai donné l'ordre d'en envoyer sur-le-champ des modèles dans les manufactures d'armes à feu.

Je dois aussi les plus grands éloges à l'activité que le corps de l'artillerie a mise dans ses essais pour perfectionner le système d'une *artillerie volante*, déjà adoptée par les Prussiens et les Autrichiens. Ces essais, dont j'ai moi-même été témoin, ne laissent rien à désirer sur l'utilité dont peut être cette manière nouvelle de servir une arme dont la prodigieuse influence à la guerre est déjà si connue ; cette artillerie a d'ailleurs pour elle le suffrage imposant des généraux , qui la regardent comme indispensablement nécessaire dans les circonstances actuelles : soumise à une discussion éclairée, elle fera l'objet d'un mémoire particulier que je mettrai incessamment sous les yeux de l'assemblée, en lui proposant son organisation.

Je crois inutile d'entrer dans des détails sur les munitions de guerre ; je me bornerai donc à dire que l'exposé qu'en a fait votre comité est plutôt affaibli qu'exagéré.

A l'égard des vivres, effets de campemens et d'hôpital, et

autres objets de tout genre, les précautions ont été prises pour
que celles des places qui dans l'état actuel des choses pourraient
être investies soient approvisionnées complétement; on s'est
borné pour les autres à disposer tellement les grands dépôts
que l'on soit toujours en mesure de les pourvoir au moment
utile.

Vous voyez, messieurs, combien sont imposans nos moyens
de défense contre toute attaque étrangère, de quelque manière
qu'elle soit combinée; mais, en restant toujours fidèles au principe qui vous interdit toute conquête, à ce principe qui est un
des plus beaux titres de la constitution à l'amour des peuples, les
circonstances doivent nous forcer à porter nos troupes sur le
territoire ennemi si nous nous voyons condamnés à une guerre,
qui, provoqués comme nous le sommes, ne peut plus être depuis
long-temps pour nous qu'une guerre défensive ; et c'est d'après
cette idée que j'ai dirigé les observations de mon voyage.

L'armée du Nord, dans les garnisons dont il vient de vous
être rendu compte, est la première que j'ai vue, et je dois dire,
à l'honneur de M. de Rochambeau, qu'elle est dans un état bien
supérieur à celui qu'on pouvait attendre des circonstances ora-
geuses qui l'ont troublée, et que ce général a su trouver dans la
confiance qu'inspire son amour pour la liberté les moyens de
faire exécuter les ordres nécessaires au maintien de la discipline.

Parmi les officiers qui ont puissamment secondé ce général,
qu'il me soit permis de citer M. de Biron comme un des hommes
les plus dignes de l'amour des soldats et de l'estime des patriotes.

A Metz, l'élève de M. de Rochambeau, M. Berthier, au
zèle et aux services duquel j'aime à rendre ici un hommage public, m'a remis la lettre du roi et le décret de l'assemblée qui
permettait de nommer maréchaux de France MM. de Rochambeau et Luckner : je me félicite d'avoir désiré ce décret ; il associe
l'assemblée nationale à la faveur qu'accorde le roi, et lui donne
des droits personnels sur la reconnaissance des généraux de l'armée. Je les ai proclamés maréchaux de France à la tête de la
garnison, en présence des corps administratifs et de la garde na-

tionale : les troupes m'ont paru fières de la récompense de leurs chefs. C'est à Metz, dans une conférence que sa majesté m'avait ordonné d'avoir avec MM. Luckner, Rochambeau et La Fayette, que des plans de campagne, d'après différentes hypothèses, ont été proposés. Le secret est nécessaire à tous ces plans ; mais ce qui peut, ce qui doit être dit à l'assemblée nationale, c'est la force actuelle de nos trois armées, et la certitude de leurs approvisionnemens.

Depuis Dunkerque jusqu'à Besançon, l'armée présente une masse de deux cent quarante bataillons et cent soixante escadrons, avec l'artillerie nécessaire pour deux cent mille hommes : les magasins, tant en vivres qu'en fourrages, assurent la subsistance de deux cent trente mille hommes et vingt-deux mille chevaux pendant six mois ; on travaille avec la plus grande activité à les augmenter encore.

Indépendamment des effets de campement qui se trouvent dans les places frontières, il en sera incessamment rendu dans les magasins de seconde ligne pour cent mille hommes.

Six mille chevaux sont déjà rassemblés pour le service de l'artillerie et des vivres ; on travaille au rassemblement de six mille autres : j'ai pris des mesures pour compléter le nombre nécessaire aux différens services de l'armée, et la construction des caissons et attirails qu'ils entraînent est en grande partie terminée.

Le service des hôpitaux ambulans est également assuré pour cent cinquante mille hommes.

Enfin, tous les approvisionnemens ont été prévus, et les mesures ont été prises pour l'activité qu'exigeraient les campagnes.

Un des objets sur lesquels devait surtout porter mon attention était le dépôt des remontes générales. Ce nouvel établissement, qui doit préparer et fournir en tout temps à la cavalerie de promptes ressources pour la porter au complet, a déjà vaincu les principaux obstacles à sa parfaite organisation, celui de l'emplacement et celui, si délicat, d'une distribution impartiale des chevaux aux divers régimens : je me suis assuré que les règles établies au dépôt général pour cette répartition prévenaient jusqu'au soupçon de la plus légère faveur.

Lunéville, centre de ce dépôt, offre de vastes écuries pour deux mille chevaux ; des lieux très-rapprochés, et qu'un même chef surveille, peuvent ajouter une nouvelle ressource de douze cents places. A de si grands moyens pour les logemens se joignent encore l'abondance des fourrages à un prix très-modéré, et l'heureux avantage de se trouver tout à la fois à portée et des armées qui doivent s'y recruter et des pays où nous serons condamnés long-temps sans doute à acheter la majeure partie de nos remontes.

Ce n'est pas ici le lieu de vous présenter, messieurs, les encouragemens que vous devez à une mesure aussi économique que politique dont la Prusse éprouve l'utilité, et à laquelle elle doit en grande partie la supériorité de sa cavalerie ; mais je ne puis me dispenser de vous observer que si, sous le régime sévère de ce gouvernement, il a fallu une espèce de courage pour lutter avec succès contre tous les intérêts individuels, les combats de l'amour-propre, disons même l'excès du zèle de certains régimens, qui ne pouvaient plus se dessaisir du prétendu droit de faire partiellement leurs remontes, vous devez vous attendre dans les circonstances actuelles à des réclamations dont vous saurez apprécier les motifs. Mon objet en cet instant est de vous présenter les avantages que vous offre déjà cet établissement, dû aux soins de mon prédécesseur ; il a fourni les moyens d'acheter et de rassembler à la fois une très-grande quantité de chevaux. Déjà près de quatre mille sont entrés en France, malgré les obstacles de tout genre, de la concurrence d'achats faits en même temps par les autres puissances, et de la difficulté de les faire arriver.

La réception de ces chevaux s'accélère sous l'inspection d'un officier-général, de plusieurs officiers expérimentés, et d'un artiste vétérinaire depuis long-temps célèbre. Deux mille quatre cents chevaux sont déjà reçus ; près de sept cents sont distribués aux régimens des différentes armes, et neuf cents sont prêts à l'être, l'incomplet en hommes dans la cavalerie ayant nécessité quelque retard dans cette distribution.

Comme je partais de Metz pour me rendre à Longwy, j'ai reçu un courrier de M. Delessart, qui m'a apporté le dernier office de l'empereur. Cette nouvelle pouvant changer les plans de campagne politiques et militaires, je me suis hâté d'aller à Strasbourg pour revenir plus tôt à Paris ; j'ai chargé M. de La Fayette de visiter les places des départemens où il commande, et dans cette circonstance, comme dans toutes celles où il s'agira de guerre et de liberté, j'engagerai toujours ma responsabilité sur la parole de M. de La Fayette.

J'ai reconnu à Strasbourg que la place la plus importante du royaume était en même temps la plus redoutable par sa garnison et par la garde nationale, que le ministre de la guerre lui-même pouvait confondre avec des troupes de ligne. L'infatigable activité de M. de Luckner, sa surveillance continuelle sur toutes les parties de l'art militaire, le patriotisme et les talens de M. Diétrick, maire de la ville, donnent toutes les raisons possibles de sécurité sur cette place.

En quittant Strasbourg, j'ai pu me dispenser de voir Huningue et Neuw-Brisach, villes que j'ai habitées récemment comme colonel, et que je connais dans tous leurs détails.

Je suis arrivé à Béfort ; j'ai appris qu'on y retenait encore près de 500,000 liv. que des décrets de l'assemblée constituante et un de cette assemblée ordonnaient de rendre à l'état de Soleure. J'ai demandé qu'on donnât force à la loi ; et l'assemblée me pardonnera d'avoir oublié dans cette occasion l'ancienne gravité ministérielle pour me souvenir que j'avais été garde national depuis 1789, et pour en faire le service avec mes compagnons de voyage et les troupes de ligne. Comme ministre de la guerre j'ai dû jouir aussi de pouvoir faire rendre justice à l'un des cantons suisses ; car je ne dois pas méconnaître le prix de l'alliance d'une nation dont les troupes sont à la fois si courageuses et si fidèles.

De Béfort j'ai été à Besançon ; j'y étais appelé par l'affaire dont l'assemblée m'avait ordonné de lui rendre compte. M. de Montesquiou, commissaire nommé par le roi, l'avait terminée; car en la remettant entre les mains de la justice, il l'avait arrachée à la lutte de toutes les préventions. Il m'était nécessaire toutefois de revoir mes premiers amis dans la cause de la révolution, ceux à qui je dois peut-être le périlleux honneur auquel j'ai osé me dévouer.

Dans le cours du voyage que je viens de tracer rapidement à l'assemblée, je me suis arrêté partout pour parler aux officiers et aux soldats, ainsi qu'aux volontaires nationaux, au nom de la constitution et du roi; j'invoque à cet égard tous les témoignages sans en redouter aucun; j'ai donc le droit de parler avec sincérité sur les dispositions que j'ai rencontrées.

Les gardes nationales ont un sentiment si vif d'amour pour la liberté, une si grande ardeur pour la défendre, qu'il faut se commander, pour ainsi dire, d'écouter les plaintes qui ont été faites contre les désordres que quelques bataillons volontaires sont accusés d'avoir commis sur leur route et dans leurs garnisons. Il faut convenir aussi que la précipitation des mesures qui les ont portés sur les frontières n'avait pas permis de prendre toutes les précautions nécessaires pour soulager les habitans qui étaient tenus de les recevoir; les citoyens fatigués ont pu quelquefois les juger avec sévérité.

Autrefois nos jeunes officiers passaient pour aimer à se battre, à inquiéter leurs hôtes et à casser les vitres. Nos gardes nationales, jeunes militaires, ont à cet égard un peu trop adopté les manières anciennes. (On rit.) Je leur ai fortement demandé l'exemple du respect pour la loi, dont ils sont l'armée, et j'ose compter sur l'effet de mes discours.

Leur habillement étant confié, par les décrets de l'assemblée nationale, aux soins des directoires de département, je me suis empressé de faire passer à ces directoires les fonds qui leur étaient nécessaires, et j'ai lieu d'espérer que la totalité des bataillons sera incessamment habillée; quant à leur équipement, la rareté du buffle avait ralenti cette fabrication; mais les mesures que j'ai prises y ont suppléé: les gardes nationales n'éprouveront plus de retard sur cette partie.

Toutes les dispositions ont été faites pour leur armement; les réparations ordonnées aux fusils qui en ont besoin sont dans la plus grande activité : non-seulement j'ai donné ordre à cet effet aux directeurs de l'artillerie d'employer tous les moyens qui sont à leur disposition pour accélérer ces réparations, mais encore j'ai autorisé les commandans de bataillon à faire réparer les armes qui auraient pu éprouver quelques dégradations dans leur transport.

A l'égard des sabres, il avait été fait, en vertu de la loi du 10 septembre dernier, une adjudication au rabais de cette fourniture aux fourbisseurs de Paris; mais la trop grande concurrence les ayant fait adjuger à des prix fort au-dessous de la valeur du travail, les adjudicataires demandent aujourd'hui la résiliation de leur marché, et pour y suppléer j'ai donné sur-le-champ des ordres dans les principales villes qui présentent le plus de ressources pour cette fabrication; mais je ne puis encore déterminer à l'assemblée les époques auxquelles elle pourra être faite.

Le décret que vous venez de rendre préviendra pour l'avenir une grande partie des autres réclamations des gardes nationales; il est cependant un article de ce décret qui peut-être mérite de nouveau l'attention de l'assemblée : ne trouvera-t-elle pas, en y apportant un plus sévère examen, que c'est à ceux qui ont longtemps appris et pratiqué l'art difficile de la guerre à conduire, à commander les autres? Ce n'est ni la convenance des individus, ni celle de quelque troupe qui doit décerner le commandement; le courage vraiment patriotique est celui qui appelle l'expérience et qui demande qu'elle lui serve de guide.

J'ai recueilli avec la plus scrupuleuse attention toutes les plaintes que les bataillons de volontaires m'ont adressées; je dois m'en souvenir pour eux, car ils les ont complétement oubliées dès l'instant où je leur ai promis des coups de fusil.

Il faut donc regarder les volontaires comme donnant à l'armée le plus imposant des caractères, celui de la force et de la volonté nationale.

Les soldats savent trop bien qu'ils vont défendre leur propre cause pour qu'il ait été nécessaire d'affermir leurs résolutions. Je n'ai pu juger qu'imparfaitement de leur instruction; mais pour eux tout le secret de la guerre est dans la discipline, et, si elle fut quelques instans relâchée, mon opinion est que la confiance dans les chefs suffira pour la rétablir. Les insurrections excitées par des causes politiques, en éloignant les subordonnés de l'obéissance, avaient nécessairement dégoûté les officiers du commandement; j'ai cru voir dans les soldats un sincère désir de se soumettre désormais aux ordres de leurs chefs, et je ne doute pas des heureuses suites de ces dispositions si l'assemblée veut bien regarder, comme je l'ai annoncé, la désobéissance envers les officiers comme un crime de lèze-nation, puisqu'elle peut mettre en péril la cause de la liberté. Toutefois, je dois le dire, l'insubordination dans plusieurs régimens a été provoquée par les préventions que les circonstances semblaient quelquefois autoriser; les chefs dont les opinions sont les plus constitutionnelles sont en même temps ceux dont les régimens donnent l'exemple du plus grand ordre et de la plus exacte discipline. J'ai dû regarder comme le principal but de mon voyage d'interroger la loyauté des officiers; je leur ai cité jusqu'à l'exemple de leurs camarades absens. Il en est qui, ne partageant pas nos opinions, ont refusé de s'engager par le serment qui nous y attache; mais les sacrifices mêmes qu'ils ont faits à ce refus sont une preuve du mépris dont ils couvriraient ceux qui auraient prêté ce serment sans vouloir le tenir, et seulement pour ménager tous leurs intérêts jusqu'à la veille d'une trahison.

Il est une partie des officiers qui nous restent que leurs propres opinions et leurs propres sentimens lient à notre cause; il en est une autre que l'acceptation du roi a décidée à le servir. J'ai été utile auprès de ceux-ci en ajoutant à leur certitude sur la loyauté des intentions de sa majesté. Ces officiers méritent l'estime et toute la confiance de l'assemblée; ils respectent le serment qu'ils ont faits; ils n'ont pas craint de voir le nom du roi devenu garant de la sincérité de leur attachement à la constitution; ils ne forment plus de doute sur ses vrais sentimens.

Je voudrais maintenant répondre qu'il n'existe plus un seul officier dans l'armée dont on puisse craindre la défection; que ceux qui pensent encore que leur devoir ne les oblige pas de marcher sous les drapeaux de la nation et du roi, suivront dès ce moment l'exemple de quelques officiers qui m'ont donné ou envoyé leur démission, convaincus par moi, j'ose le dire, de l'impossibilité de rester honorablement à leur poste sans être résolus à respecter leur serment. Je le voudrais, je le garantirais sur la foi de l'honneur français si par cet acte de loyauté je ne compromettais que moi; mais je peux au moins répondre que s'il reste encore quelques désertions à craindre, elles n'entraîneront aucun corps, et que l'horreur même qu'elles inspireront redoublera le vrai courage. Je peux répondre que la très-grande majorité de l'armée est invariablement attachée à la constitution et au roi; que je surveillerai, que le roi repoussera par des refus constans, ceux dont on peut douter encore, et que les remplacemens n'introduiront dans l'armée que les meilleurs citoyens; mais pour lui donner toute sa force il faut, j'ose le dire, que l'assemblée nationale s'attache les officiers en encourageant ceux qui, restés fidèles, ont droit à la confiance des soldats, et ne la demandent que pour les conduire plus sûrement à la victoire.

Dans des temps orageux la défiance est peut-être le plus naturel, mais le plus dangereux des sentimens! Plus une nation a de rebelles à combattre, plus il lui importe d'engager par son estime tous ceux qui se rallient à sa cause; une nation qui veut la liberté n'aurait pas le sentiment de sa force si elle se livrait à des terreurs sur les intentions de quelques individus. Quand la volonté générale est aussi fortement prononcée qu'elle l'est en France, en arrêter l'effet n'est au pouvoir de personne. La confiance fût-elle même un acte de courage, il importerait au peuple comme aux individus de croire à la prudence de la hardiesse.

Voici dans l'état actuel le nombre de troupes que l'on peut porter hors des frontières sans exposer la sûreté des places.

Quatre-vingt-huit bataillons et quarante-huit escadrons étant nécessaires à la sûreté des places frontières et des différens postes, il nous reste pour entrer en campagne cent cinquante bataillons et cent treize escadrons, lesquels, en les comptant sur le pied de cinq cents hommes par bataillon et de cent vingt par escadron, nous donneront soixante-quinze mille hommes d'infanterie et treize mille cinq cents de cavalerie. Ces corps, portés au complet de guerre, présenteront un total de cent dix mille hommes d'infanterie, et de vingt mille de cavalerie.

Ce résultat doit prouver à l'assemblée que si l'intérêt national exige la guerre, elle peut être entreprise et soutenue avec honneur. Le roi et l'assemblée, d'après cet état de situation, voudront sans doute une paix éclatante autant qu'assurée, ou une guerre prochaine; il doit leur être démontré que tout nous est possible, excepté de supporter la honte d'un traité qui permettrait aux étrangers de s'immiscer dans nos débats politiques.

Il est des observations importantes que je vais soumettre à l'assemblée; il dépend d'elle de lever les difficultés que je lui présente. Si pour les décider je ne me sers jamais d'aucun motif de crainte, c'est que si j'ai pu espérer de lui offrir la démonstration de la raison, j'ai dû me croire dispensé d'y ajouter l'appui d'aucun genre de terreur.

Messieurs, il m'est pénible sans doute de vous annoncer que l'armée, qui par vos décrets doit être portée au complet de guerre, cette armée, à qui, dans la cause qu'elle va défendre, il n'est pas permis de compter le nombre de ses ennemis, présente un déficit de cinquante-un mille hommes; et vous concevrez facilement la presque impossibilité du recrutement depuis que la formation des volontaires nationaux a porté vers ce genre de service la classe précieuse d'hommes qui fournissait le plus généralement aux recrues. Je dois ajouter que l'établissement des auxiliaires n'offre par la même raison aucune ressource majeure, et que le travail du recrutement, suspendu partout, ne donne aucun espoir d'être ranimé avec succès, à moins de se soumettre à des conditions ruineuses pour nos finances par un prix excessif dans les engagemens.

Mon devoir me prescrit donc de mettre sous vos yeux le résultat de mes observations sur cet objet, aussi délicat qu'urgent.

J'ai remarqué dans tous les bataillons de volontaires nationaux
placés sur ma route un zèle si unanimement manifesté, que, profondément occupé des moyens de recruter les troupes, j'ai pres-
senti ces soldats de la liberté sur mon désir de les voir concourir
à renforcer les troupes de ligne et à accélérer l'instant qui doit
assurer à l'armée et sa force et sa gloire.

J'ai été rassuré, messieurs, sur la crainte qui s'est d'abord
présentée à mon esprit de voir s'affaiblir des corps en qui
réside à si juste titre l'espérance de la nation ; mais le décret
qui les organise ayant chargé les départemens des remplacemens,
pour qu'ils existent toujours sur le pied du complet, les ressources aussi promptes qu'heureuses qu'ils présenteraient à l'armée
de ligne assureraient encore à la patrie de nouveaux défenseurs par l'exactitude et le zèle des départemens à leur donner
des successeurs.

Cette mesure, je me plais à le croire, peut devenir l'objet de
vos délibérations, et peut-être même que, soumise à votre discussion et renfermée dans de justes bornes, vous la placerez au
rang de ces moyens, tout à la fois vastes et simples, de maintenir
toujours au complet et nos bataillons de volontaires et nos régimens de ligne.

Les volontaires nationaux, dont il m'est commandé par tant
de raisons de surveiller les intérêts, n'éprouveraient dans cette
destination momentanée qu'une différence bien légère ; par leur
dévouement ils sont engagés comme de véritables soldats de ligne
et soumis au même régime tant que la patrie réclamera leur
secours, et ceux qui seraient placés dans les régimens de ligne
devraient n'être soumis que pour le temps où les volontaires
nationaux seraient en activité.

Oui, messieurs, les gardes nationales, créées avec la liberté,
désireront avant tout le triomphe de sa cause : ce n'est pas pour
obtenir tels ou tels avantages qu'on les voit tout quitter pour la
défense de nos frontières ; la place la plus utile est leur poste de

gloire; elles doivent être avides des sacrifices que leurs ennemis redoutent, des sacrifices dont ils aiment à les défier, des sacrifices qui, n'appartenant pas à l'élan d'un moment, présentent à l'Europe le sentiment qui doit le plus imposer, la persévérance!

Soit que l'assemblée nationale daigne s'arrêter sur ce que je viens d'avoir l'honneur de lui soumettre, soit qu'elle préfère d'autres mesures pour rendre l'activité aux travaux des recrues, je la supplie de vouloir bien considérer que rien n'est plus urgent qu'une détermination quelconque, si elle veut rendre possible l'exécution de son décret sur le complet de l'armée.

La loi du 10 juillet dernier, qui fait passer le commandement des places à l'officier le plus ancien, a déchargé le trésor public d'une dépense onéreuse et perpétuelle. Les officiers pourvus immoviblement de ces emplois ne servaient jamais militairement; on était même obligé de les remplacer lorsqu'il s'agissait de servir; mais ce commandement sans choix, passant de droit au plus ancien, est tombé par le fait dans une sorte de nullité; ces commissions éventuelles existent sans considération, sans intérêt, et avec une si grande mobilité qu'il en résulte nécessairement, dans ceux qui les occupent passagèrement, une indifférence absolue. Ainsi donc, pour faire valoir la loi de suppression du 10 juillet, et pour remédier aux inconvéniens qu'elle produit en faisant languir le commandement des places entre des mains auxquelles il est toujours près d'échapper, ne serait-il pas à désirer, et seulement dans ce temps de crise, que ce commandement fût confié à des hommes choisis dans la partie active de l'armée, en leur donnant des lettres de commandement à temps, avec des traitemens qui seraient nécessairement modiques, puisqu'ils n'existeraient que pour le moment du besoin?

Je prépare les élémens nécessaires au remplacement des officiers, afin de le terminer aussitôt que le travail des revues municipales, ordonné par votre décret du 11 décembre, aura fourni l'état positif des places vacantes au 10 janvier, délai fixé par ce même décret.

Mais ce décret, en traitant du mode de ce remplacement, qui

exige un service dans la garde nationale, n'explique point assez clairement si les citoyens que leur zèle a placés comme volontaires dans la troupe de ligne sont compris dans cette disposition, de même que les frères et parens des officiers patriotes demeurés à leur poste, lesquels sont encore dans les diverses écoles, où les derniers instans de leur éducation militaire étaient autrefois considérés comme un véritable service.

Il devient indispensable, messieurs, que vous vouliez bien, par une décision prompte, éclairer mon travail, afin que je puisse me conformer à ce que vous aurez regardé comme le plus utile à son succès, et ne pas perdre un seul instant pour consommer une opération dont dépend la force de l'armée.

J'ai déjà demandé dans mes différens mémoires à l'assemblée nationale, une augmentation de huit lieutenans-généraux, douze maréchaux de camp, quatre adjudans-généraux, deux aides-de-camp généraux attachés au ministre, et huit commissaires des guerres : je renouvelle aujourd'hui la même demande, qui devient plus instante encore ; je n'en répéterai pas les motifs, qui sont développés dans mon dernier mémoire.

La difficulté que le soldat éprouve, surtout dans les garnisons frontières, à échanger les assignats de cinq livres qu'on lui donne sur son prêt, et la perte qui en résulte pour lui, me font un devoir de vous représenter combien il est instant que l'assemblée nationale vienne à son secours : je crois que le seul parti à prendre serait de lui procurer des moyens d'échange, soit par de la monnaie de cuivre, soit par des assignats au-dessous de cinq livres : l'assemblée sentira sûrement que rien n'est plus pressant que cette mesure.

Si l'assemblée nationale daigne avoir égard à ces considérations, j'ose lui répondre d'une armée redoutable, qui, si elle éprouvait des revers, saurait toujours s'en relever, et ne se croira jamais vaincue, parce que sa cause ne peut pas se perdre ! Cette armée n'est pas cependant le seul élément de force sur lequel reposent nos espérances ; c'est au sein de cette assemblée que sont les plus grandes ressources de la France : le décret sur les

Brabançons, grand exemple de la justice que la France réclame pour elle, le manifeste que vous avez adopté à l'unamité, voilà aussi de véritables armes, et si vous étiez condamnés à la guerre, c'est par des préjugés détruits que vous marqueriez votre passage !

Si la paix de l'Europe est troublée, il est fortement à désirer que nous formions des alliances : en rétablissant l'ordre vous deviendrez une puissance que tous les autres rechercheront : quoi qu'on en puisse dire, ce qui leur importe uniquement pour s'unir à vous, c'est de compter sur la force et la stabilité de notre gouvernement ; la cause de notre noblesse est étrangère aux rois comme aux peuples. L'assemblée constituante a renversé toutes les erreurs ; la gloire qui vous reste doit se composer de bienfaits réels : c'est vous qui pouvez par la sagesse de vos délibérations assurer d'avance tous les succès auxquels nous aspirons. Les soldats, les gardes nationales, les départemens que j'ai vus, tous m'ont paru animés du même esprit, tous sont attachés à la Constitution, tous deviendraient ennemis du pouvoir qui voudrait empiéter sur l'autre ; et si des esprits exagérés croyaient voir par-delà la Constitution des idées de liberté plus étendues, il importe qu'ils sachent que la Constitution seule peut rallier la France !

Ceux qui ont eu le bonheur de contribuer à la révolution, ceux dont les noms ont mérité depuis la proscription de vos ennemis, cette armée enfin qui va combattre pour l'inébranlable établissement de la Constitution tout entière, ont le droit de vous demander de consacrer tous vos momens et toutes vos lumières aux grandes mesures qu'exige le succès de notre cause.

Rejetons tous les moyens qui n'ont ni utilité ni grandeur ? et faisons perdre deux fois à la noblesse sa cause en nous emparant des vertus généreuses dont elle osait se croire la possession exclusive ! Toutefois ne pensez pas, messieurs, qu'en me livrant ainsi à vous exprimer ce que je crois nécessaire à notre triomphe, je puisse en douter un instant ; tous les efforts réunis l'assureront, et le plus insensé comme le plus coupable des ministres, serait celui qui croirait à la possibilité d'une gloire indépendante de la vôtre. Ne soyons donc point effrayés de la grandeur de la circonstance. L'assemblée nationale et le roi veulent marcher à l'affermissement de la Constitution : la paix ou la guerre se trouveront sur cette route : n'importe ; le but est marqué ; nous l'atteindrons ! Il n'est aucun moment depuis la révolution dans lequel on ait dû trouver autant de bonheur à la défendre : il a pu en coûter peut-être d'être d'un parti tout puissant, alors qu'il pouvait abuser de sa force ; mais on nous menace d'un assez grand nombre d'ennemis pour faire cesser ce scrupule de la fierté, et quand le danger ennoblit encore une cause elle n'a plus que des soutiens dignes d'elle !

Brissot, disait de ce rapport, dans sa feuille du 12 janvier : « Parmi les éloges trop nombreux que M. Narbonne a donnés à tous les partis, on a remarqué celui de M. La Fayette, pour lequel il s'est rendu responsable. La responsabilité d'un ministre n'est-elle donc pas assez grande, pour se charger si légèrement d'une responsabilité étrangère ? M. La Fayette, a répondu un jour sur sa tête de Bouillé et du roi. Il est impossible d'entrer aujourd'hui dans des détails sur ce rapport, qui mérite qu'on y revienne avec quelque attention. On y a distingué des traits brillans d'esprit, beaucoup trop d'adresse et de pente à flatter les passions des divers partis, et à provoquer les applaudissemens ; mais ces défauts doivent disparaître devant l'idée consolante pour des Français, qu'ils ont des forces capables de dompter les despotes, qui voudaient attaquer leur constitution. — On a ordonné l'impression de ce discours et l'envoi aux quatre-vingt-trois départemens. »

Les Révolutions de Paris publient deux articles sur le même objet. Nous en transcrivons quelques passages :

« Avant de parler des résultats de son voyage, M. de Narbonne a besoin de rendre un éclatant témoignage au patriotisme des garnisons qu'il a visitées ; et cette manière de commencer, dit-il, déjoue bien des espérances ; il déjoue spécialement celles du ministre. Mais écoutons-le : il n'a pas encore perdu tout espoir, et il le fonde sur les corps administratifs et sur ses compagnons de

voyage. Or, savez-vous quel est le corps administratif vanté par
M. de Narbonne? C'est le directoire du département de la Moselle, directoire influencé par Bouillé, directoire accusé vingt
fois de félonie, directoire qui n'existe encore que par l'éclatante
protection de la cour, dont il favorise tous les complots. Savez-
vous quels sont les compagnons de voyage de M. de Narbonne?
C'est le petit Montmorency, ce prétendu patriote de la minorité
de la noblesse, qui n'a plus dit un mot, dès que l'assemblée nationale constituante eût sérieusement proscrit l'aristocratie des
deux chambres; c'est un aide-de-camp de La Fayette, c'est Desmottes....

» Nous passerons sous silence tout ce que le ministre a dit de
l'état de nos places frontières ; il n'a fait que répéter le rapport
qui nous a été donné il y a quinze jours (le 27 décembre), par le
comité militaire, et cela est tout simple. Le comité militaire a
dit n'avoir fait ce rapport que sur les pièces communiquées par
le ministre de la guerre. Le ministre de la guerre pouvait-il démentir ce qu'il avait avoué par l'organe du comité militaire? Du
reste, il est bien affligeant pour la nation de n'avoir que de semblables attestations de ses forces. »

Ici le rédacteur cite l'endroit du rapport où le ministre, en
parlant du grade de maréchal conféré à MM. Luckner et Rochambeau, dit : *Je me félicite d'avoir désiré ce décret, il associe l'assemblée nationale à la faveur qu'accorde le roi.* « Valet insolent! que nous parles-tu d'associer l'assemblée nationale aux faveurs de ton maître? Connais-tu bien le degré de bassesse où tu
veux faire descendre les représentans du souverain? Apprends
que l'assemblée nationale serait à jamais déshonorée, si elle s'as-
sociait aux faveurs qu'accorde le roi. A elle seule appartient ce
droit d'en accorder des faveurs ; mais un roi ne doit qu'obéir et
les ministres se taire.

» Quel est l'homme qui lira encore sans indignation que le bâton de maréchal, délivré par le roi, donne à l'assemblée nationale *des droits personnels à la reconnaissance des généraux de
l'armée.* Pourquoi, au lieu des *droits à la reconnaissance,* ne pas

dire tout d'un coup *droits à la protection* des généraux ? Que ces
ministres, ces anciens guerriers, que tous ces hommes de cour
et de guerre sont loin des idées de la liberté! C'est outrager la nation, c'est offenser l'assemblée nationale, que de lui parler de la
reconnaissance de deux individus. Le sénat des Français, est au-
dessus de tout sentiment individuel; jamais il n'agit, jamais du
moins il n'est censé agir que pour la généralité des citoyens; et
celui qui lui exprime de la reconnaissance pour un décret particulier, suppose qu'il a fait une injustice; car s'il n'a fait que son
devoir, on ne lui doit pas de reconnaissance : *Les troupes m'ont
paru fières de la récompense de leurs chefs.* Cela ne peut pas
être vrai; l'homme libre n'est fier que de la gloire de la
patrie, ou des récompenses qu'il en obtient lui-même. Attacher
sa gloire à la gloire d'un autre, c'est tomber dans la dégradation.
Des plans de campagne ont été proposés à Metz entre les deux
maréchaux La Fayette et Narbonne, et le secret est nécessaire
à tous ces plans. Oui, voilà le véritable nœud gordien, voilà le
sujet du voyage de Narbonne, voilà ce qui a fait donner deux bâtons de maréchal de France, qui a fait nommer La Fayette général; c'est afin d'arriver à cette conférence à Metz, et pour que
tout le monde y soit d'accord. Qui ne voit que les plans adoptés
à Metz sont des plans de contre-révolution? La Fayette.... Narbonne.... et deux soldats de l'ancien despotisme.... dépositaires
d'un secret d'où dépendent les destinées de l'empire. Juste ciel!
cette idée fait frémir; et l'on parle encore de faire la guerre?
C'est pour l'obtenir que Narbonne promet à l'assemblée nationale la reconnaissance des généraux.

» Il annonce que les magasins, tant en vivres qu'en fourrages,
assurent la subsistance de l'armée pendant six mois; et il n'y a
pas vingt jours qu'on nous attestait qu'elle était assurée pour plus
d'une année. Jugez de la foi qu'on doit ajouter à tous ces rapports ministériels.

» Arrivé à Béfort, le ministre a joué la comédie; il s'est déguisé en garde national, et a fait le service avec ses compagnons
de voyage. Lecteurs! vous verrez dans tous les papiers qu'à ce

récit on a battu des mains et applaudi à plusieurs reprises; mais, ne vous y trompez pas, les applaudissemens ne sont partis que du ci-devant côté droit, et des mains de cette petite armée de mouchards salariés par la liste civile (1): quant au bon peuple des tribunes et à la majorité patriote de l'assemblée nationale, ils n'ont vu que l'histoire, et ils ont ri de pitié. » (*Révolutions de Paris*, n° CXXXI.)

(1) Il était de notoriété publique que la cour soldait une bande d'applaudisseurs, à qui le mot était donné, soit qu'il fallût se trouver sur le passage du roi, soit qu'il fallût aller au spectacle y applaudir la famille royale, soit enfin qu'il s'agît d'assister le ministère à l'heure de ses comparutions à la barre de l'assemblée. Voici les preuves acquises à l'époque même.

A la séance du 2 janvier, Bertrand de Molleville ayant achevé de lire un long mémoire en réponse aux accusations portées contre lui à l'occasion des nombreuses désertions parmi les officiers de marine, désertions qu'il avait dissimulées, de vigoureux applaudissemens partirent des tribunes. L'abbé Fauchet demanda aussitôt à communiquer une lettre par laquelle on l'avertissait et de la manœuvre qui devait avoir lieu, et des moyens mis en usage pour la préparer. Les murmures empêchèrent la communication de Fauchet; nous empruntons là-dessus un article du *Courrier* de Gorsas, numéro du 4 janvier. « Pendant la séance, un huissier de la salle remet à M. Fauchet une lettre, de la part d'un homme qui attendait la réponse à la porte. » — *Copie de la lettre.* — « Monsieur Fauchet, je suis invité de venir demain matin avec plusieurs de mes camarades, pour applaudir pour le ministre de la marine, et pour vous improuver. La coalition est faite d'ouvriers payés; je vous demande rendez-vous à l'instant; je vous donnerai la manière de connaître le signal : un patriote peut en avertir un autre. Je vous attends à la porte. Je suis, avec tout le respect possible, votre serviteur et fidèle à la patrie. » — « (Cette lettre est déposée au comité de surveillance; le signataire donne son adresse à la suite de son nom; il travaille dans un atelier très-connu.) — M. Fauchet va trouver l'auteur de cette lettre, qui lui confirme de vive voix les faits dénoncés par sa lettre, et qui ajoute que le signal des applaudissemens et des bravos devait être l'élévation d'un mouchoir blanc du milieu de la tribune. Cet honnête citoyen a confirmé qu'il avait touché sa quote-part, et demanda s'il devait y aller. Il s'y rendit sur l'avis de M. Fauchet. Tout s'est passé ainsi qu'il avait été convenu : le mouchoir s'est élevé, et les ouvriers payés ont gagné leur argent en conscience. »

Le même Gorsas, dans son *Courrier* du 8 janvier, dit : « Hier M. Cronier, ancien cultivateur, bon citoyen, a découvert un complot tramé pour garnir aujourd'hui les tribunes de gens payés afin d'applaudir au projet du comité tendant à donner au roi le droit de veto sur l'organisation de la haute cour nationale. Le sieur Cochin, maître d'écriture, rue des Ciseaux, faubourg Saint-Germain, était chargé de distribuer l'argent. On avait promis 3 liv. à chaque individu; la somme devait être reçue en prenant les numéros d'entrée. Au moment où nous écrivons ceci (dix heures du soir), plus de soixante personnes déposent de ce fait au bureau de police. »

Les preuves acquises aujourd'hui sont les aveux de Bertrand de Molleville, dans ses *Mémoires*. (*Note des auteurs.*)

Le même journal, n° CXXXII, attaque de nouveau le ministre, et dévoile en même temps un grand complot dont le comité de surveillance tenait tous les fils. Toutes les feuilles, y compris le *Moniteur*, racontent à peu près les mêmes faits. Le projet d'une seconde évasion du roi, projet que nous avons déjà vu généralement soupçonné, était aujourd'hui exposé par la presse dans ses moindres détails. Ce qui ne contribuait pas peu à donner de la vraisemblance à ce plan, c'était la manière dont le ministre Delessart composait la maison constitutionnelle de Louis XVI. Comme, sauf quelques circonstances tout-à-fait indifférentes, le récit de la conspiration est identique dans tous les journaux, Nous nous arrêtons à celui de Prudhomme.

« Avant de partir pour la frontière, Narbonne avait fait la confidence mystique à l'assemblée. J'ai, disait-il, formé un grand projet; je l'exécuterai, et l'on dira que je n'ai pas mal employé mon temps. Or, quel était le projet de Narbonne, ou plutôt de la cour, pour cette fois, sous les auspices de Narbonne? Ce projet était vaste, adroitement conçu, plus adroitement confié. Nous allons le dire dans tous ses détails.

» Le même noyau de contre-révolution qui a favorisé la fuite du 21 juin existe aujourd'hui à Paris. Une certaine partie de la garde nationale, des légions de mouchards sont toujours là qui n'attendent que le signal de la cour pour agir. Le roi vient enfin de composer sa garde; et comment l'est-elle? de quelques soldats patriotes; de quelques gardes nationaux de bonne foi, et de beaucoup d'intrigans qui ne se sont fait nommer que pour mériter les faveurs de la cour; voilà pour la partie de cette garde, extraite des quatre-vingt-trois départemens, des bataillons parisiens et de tous les régimens de l'armée de ligne; encore le département de Paris a-t-il choisi, parmi ceux qui lui ont été présentés, tous hommes non suspects de chaleur de patriotisme; mais ce n'est rien que cette première composition. La seconde partie des gardes-du-corps, la partie nommée par le roi, et c'est la plus nombreuse, ne compte que d'anciens gendarmes, tous les coryphées des orgies de Versailles, beaucoup de ci-devant gentilshommes , et une infinité de capitaines de cavalerie qui quittent leurs escadrons pour venir s'enrôler dans la valetaille armée du château des Tuileries. Fidèle à *la lettre* de la constitution, qui n'accorde que dix-huit cents hommes pour la garde du roi, Louis XVI n'a délivré en effet que dix-huit cents brevets et cartouches d'activité; mais il compte plus de dix mille surnuméraires qui ne lui sont pas moins dévoués que les premiers dix-huit cents. Et où veut-on caserner cette troupe de janissaires ? à l'École militaire, c'est-à-dire au Champ-de-Mars ; et à l'Arsenal, c'est-à-dire au dépôt des poudres. Et qu'on ne croie pas que la cour n'a pour elle que ces douze mille hommes ! Et les chasseurs soldés des barrières qui ont commis le massacre de La Chapelle, et une partie de la cavalerie parisienne soldée, qui s'est distinguée, le 17 juillet, par une férocité tout extraordinaire, et les deux mille hommes de gardes suisses , au commandement de d'Affry ; compte-t-on tout cela pour rien ? tout cela est cependant vendu à la cour. Ajoutons cette nuée de joueurs , de bandits, de gens sans aveu, à qui la police donne en vain la chasse depuis deux mois ; ajoutons les aristocrates réfugiés de toutes parts dans nos murs ; ajoutons la moitié de Coblentz, arrivée depuis quinze jours à Paris ; ajoutons les prêtres, les dévots, les dévotes et les fanatiques de toute espèce et de tout sexe ; voilà ce qui compose ici les forces de la cour, voilà ce qui servait de base principale aux vues de l'entreprenant Narbonne. Forts de ces moyens, les conjurés ont fait nommer La Fayette, commandant général... (Ici l'auteur résume l'article précédent et les circonstances du voyage de Narbonne,) Mais, ajoute-t-il, ce que nous ignorions tous, c'est qu'il ne devait pas revenir à Paris. Les choses étaient disposées de manière qu'à un certain jour donné, les hommes de la liste civile devaient s'emparer de toutes les tribunes de l'assemblée nationale, et de la terrasse des Feuillans : or, toutes les avenues étant prises par cette bande de scélérats, le poste de l'assemblée nationale eût été confié au plus vil rebut de la garde nationale ; les surnuméraires de la garde du roi eussent été apostés dans tous les cabarets qui avoisinent le manége, et le premier

député patriote qui passait sur la terrasse était insulté, hué, maltraité, assassiné. L'assemblée nationale apprenait cette horrible
nouvelle, prenait des mesures rigoureuses, lançait un décret
d'accusation ; les spadassins placés dans les tribunes se précipitaient au sein de l'assemblée, égorgeaient tous les députés que
n'a pu gagner la liste civile ; on criait *au meurtre! aux armes!*
les brigands sortaient des cabarets, se précipitaient en avant, et
contenaient le premier mouvement du peuple ; aussitôt se répandait dans Paris le bruit que c'était le peuple lui-même qui avait
assassiné ses députés ; la garde nationale prenait encore une fois
parti contre le peuple ; Pétion était appelé *factieux*, on en faisait
justice ; sa tête devait être le signal de la terreur ; le sang cou-
lait dans Paris ; le roi fuyait ; il allait à Pontoise, de Pontoise à
Dieppe, de Dieppe à Ostende, d'Ostende à Metz, où il rejoignait
enfin les trois généraux et le ministre de la guerre. Le département de Paris, c'est-à-dire Beaumetz, Desmeuniers, Garnier,
Talleyrand, etc. s'emparaient de toute l'autorité de la capitale, et
même de l'empire, rassemblaient les membres du corps législatif, qu'on eût avertis de ne pas se rendre à la séance, les membres de l'assemblée constituante qui sont restés à Paris, et cette
nouvelle assemblée s'investissait tout à coup d'un nouveau pouvoir constituant ; on se défaisait de tous les patriotes incommodes ;
on s'emparait de tous les magasins ; la poudre, les armes, toutes
les munitions tombaient entre les mains des royalistes, et, enfin,
le prétendu corps constituant faisait afficher, dans tous les lieux
de l'empire, une proclamation portant que la ville de Paris, séduite par des chefs perfides, par des *factieux*, des républicains,
était en insurrection contre la loi ; et La Fayette, accompagné du
roi, partait de Metz, à la tête de cinquante mille hommes, pour
venir rétablir le calme et le bon ordre, comme au Champ-de-Mars
le 17 juillet.

» Oui, Français! oui, Parisiens! telle a été votre position,
telle elle est encore, car les conjurés n'ont pas renoncé à leur
entreprise, ils n'en ont que différé l'exécution. Les succès sanglans d'Avignon, le petit massacre de Caen, la contrefaçon des

assignats , la fabrication de la fausse monnaie, l'agiotage de la rue Vivienne, l'inexécution des lois, l'inertie des ministres, le retard de l'installation de la nouvelle municipalité, le vol tenté au trésor national, les efforts du fanatisme, l'anarchie des tribunaux, la mauvaise répartition des impôts, les lettres de Coblentz, les offices de l'électeur de Trèves, le manifeste de l'empereur, la proposition du ministre de la guerre et du roi, l'ouverture des prisons aux plus grands coupables, les appositions réitérées des *veto*, tous ces faits particuliers ne sont que des ramifications du grand complot. — Ce qu'il y a peut-être de plus effrayant dans cette entreprise hardiment combinée, c'est qu'on assure que le parti du roi a dans Paris soixante canons tout prêts à opposer à ceux des anciens districts. Ces canons doivent avoir été coulés dans des caves, et fabriqués avec la matière des cloches qu'on est censé mettre en fusion aux Barnabites, faubourg Saint-Antoine, et que des contre-révolutionnaires, déguisés en paysans pour acheter, vont porter ensuite dans ces fonderies souterraines. »

Afin de ne pas revenir, dans notre narration du mois de janvier, sur le complot dont le but était l'enlèvement du roi et la ruine de la constitution, nous transcrirons sans nous interrompre une lettre adressée à tous les journaux par G. Feydel, le même qui rédigea d'abord l'*Observateur*, journal dont nous avons cité quelques articles (Il commence le 1er août 1789, et finit le 12 octobre 1790.), le même qui rédigea ensuite avec Laclos et après Laclos le *Journal de la correspondance des Amis de la constitution*. Voici cette lettre :

20 *janvier*. — « Hâtez-vous, je vous prie, d'informer le public, *et le roi lui-même*, que depuis quelques jours, il part tous les matins de la petite-écurie des voitures chargées d'équipages, comme il en partait l'année dernière dans les mois de février, d'avril et de *juin*. Tous les voisins s'en aperçurent alors, et ils s'en aperçoivent encore aujourd'hui. » A cette lettre que nous copions dans Gorsas, numéro du 21 janvier, celui-ci ajoute les deux notes suivantes : — « A l'époque de la fuite du roi, un des

principaux agens de la liste civile cherchait partout et prenait à
tout prix des *traites sur l'étranger*. Eh bien ! depuis quelques
jours (*et nous attestons ce fait*), le même agent cherche à se procurer, et se procure partout et à tout prix *des traites sur l'étranger*. — « A l'époque de la fuite de Louis XVI, la fabrication des
louis d'or, faits à la Monnaie, qui n'avait été en mars que de
1,200,000 livres, avait été portée en mai et juin à 8,709,000
(520 marcs). Nous en avons l'état sous les yeux. On invite les
curieux et les surveillans de s'informer de la fabrication qui s'est
faite à la même Monnaie depuis qu'il est question d'une nouvelle
fuite du *veto royal*. »

— Nous reprenons la suite des opérations parlementaires relatives à la guerre. A la séance du 14 janvier, Gensonné fit un
rapport sur la situation politique de la France à l'égard de l'empereur. Brissot analyse ainsi cette pièce :

« Le rapporteur a tracé un tableau rapide et fidèle de tous les
griefs de la France contre l'empereur ; protection ouverte accordée aux émigrans, faveurs à la cocarde des révoltés, tandis que
la couleur nationale était proscrite ; refus d'interposer ses bons
offices et d'employer ses troupes, suivant le traité de 1756, pour
faire cesser les rassemblemens dans les électorats, protection accordée à l'électeur de Trèves, traités faits avec diverses puissances contre la révolution française, et sous prétexte de défendre
la dignité du roi de France et le maintien de sa couronne. M. Gensonné n'a rien omis. Il a conclu de ce tableau qu'il était temps
que la nation française vengeât son indépendance outragée par
tant d'actes d'hostilité, et prévint surtout ce congrès ridicule
dont l'objet était de modifier la Constitution française.

» Après avoir peint la politique astucieuse de la maison d'Autriche, les intrigues de ses correspondans en France, la nécessité
de se préparer à une guerre vigoureuse ; le rapporteur a conclu
à ce que :

« 1° Le roi fût invité à demander à l'empereur une explication
nette sur ces deux points : s'il s'engage à ne rien entreprendre
contre la nation française, ni contre son indépendance ; s'il s'en-

gage à secourir la France dans le cas d'attaque, en conséquence
du traité de 1756 ;

» 2° A demander à l'empereur cette réponse avant le 11 février, faute de quoi, son silence, ou sa réponse si elle était peu
satisfaisante, serait regardée comme une hostilité.

» 3° A ce que le roi pressât les préparatifs, de manière à agir
dans le plus bref délai. » (*Patriote français* du 15 janvier.)

Après que le rapporteur du comité diplomatique eut quitté la
tribune, Guadet qui présidait l'assemblée en qualité de vice-président quitta le fauteuil pour faire une motion. Nous empruntons
à Royon, n° du 16 janvier, l'analyse suivante qui termina la
séance du 14 depuis l'endroit où nous avons fermé la citation du
Patriote français.

« On a essayé, dans cette séance, d'agiter les sens engourdis
de ce pauvre peuple qui périt de faim, de froid, de misères de
tout genre ; M. Guadet a imaginé une nouvelle parade. Déclarons, dit-il, infâmes et traîtres à la patrie tous ceux qui pourraient prendre part à un congrès (1) qui aurait pour objet de
modifier la Constitution, à une transaction avec les émigrés, ou
au rétablissement des droits que nous avons enlevés à des étrangers dans deux de nos provinces (les princes possessionnés). Que
ce dernier soit porté au roi, communiqué aux puissances étrangères, en leur déclarant que nous regarderons comme ennemies
toutes celles qui n'y obéiront pas. M. Guadet écumait, criait,
hurlait; oui, pour défendre la constitution nous mourrons tous ici.
Oui, s'écria M. Isnard, en levant la main vers le ciel indigné,

(1) Le bruit d'un futur congrès était public, depuis plusieurs jours, à Paris.
Une gazette allemande du 6 janvier y avait apporté cette nouvelle. Voici dans
quels termes elle s'exprimait : — « Le parti de Breteuil, qui veut deux chambres
à l'assemblée nationale, triomphe, et l'on procédera bientôt à raccommoder les
affaires par ce système, sur lequel sont d'accord toutes les personnes. Dans très-
peu de temps, il sera question d'un congrès, et si les Jacobins continuent à s'y
opposer, il y aura une guerre sanglante et des scènes de carnage. » — Nous empruntons cette citation à Carra. Gorsas attestait presque en même temps, d'a-
près une autre gazette allemande qu'il avait sous les yeux, « que pour aider ce
projet Louis XVI s'évaderait de Paris, et se rendrait dans une place frontière ; ce
départ ne devait être clandestin que pour la sortie de Paris; car on avait prévu
pour la route tous les inconvéniens. » (*Note des auteurs.*)

dont il fait profession de méconnaître le créateur. Aussitôt toutes les mains de la salle et des sans-culottes de la tribune sont en l'air. M. le garde des sceaux (Duport) fait l'effort de jurer foi et fidélité à une constitution qui l'a tiré d'une piètre posture, et d'un cabinet fort solitaire pour le placer dans un palais, avec cent mille francs de rente. Du matin au soir, le roi a sanctionné, sans la moindre objection, ce décret qui lui a été apporté en pompe par vingt-quatre ambassadeurs.

» La joie a été un peu troublée par un office de l'empereur que le ministre Cahier, surnommé Gerville, a fait connaître à l'assemblée (ce n'était pas Cahier Gerville, ministre de l'intérieur, mais Delessart, ministre des affaires étrangères qui fit cette communication. Voir *Moniteur* du 15 janvier). Et l'empereur qui ne fait pas de phrases, ou du moins qui n'en fait pas d'inutiles, a donné ordre au général Bender, la terreur des révolutionnaires, de marcher au secours de l'électeur de Trèves, si après qu'il a fait exécuter le réglement de sa majesté impériale dans ses états, et satisfait à toutes les lois du voisinage, les jacobins osent l'inquiétter. Voilà *un mauvais office*, a-t-on dit, et la joie qu'avait répandue dans les tribunes la petite singerie de la farce du jeu de paume s'est évanouie à l'instant. Cette misérable parodie n'a produit dans Paris aucune sensation, et ne sert qu'à déprécier de plus en plus nos pauvres constitutionnels. *Imitatores servum pecus!* disent les écoliers. Les aboyeurs de journaux du soir s'égosillent à crier : *Grand serment de l'assemblée nationale, tout comme celui du jeu de paume.* Personne ne s'arrête pour les écouter, et pour acheter la comédie du serment. Je conseillerais aux législateurs de relire un petit pamphlet de Voltaire, intitulé l'*a-propos*, ils verraient qu'en toute chose il faut prendre son temps».

Ce qui prouve et explique peut être l'erreur de personnes commise par Royon, que nous avons relevée dans son texte, c'est le passage suivant de Gorsas, n° du 17 janvier. — « M. Delessart a notifié, samedi 14, à l'assemblée nationale des dépêches *qu'il avait depuis huit jours.* M. Delessart électrisé, ou plutôt entraîné par l'enthousiasme universel qu'avait inspiré M. Guadet, s'est mis à crier : Oui ! oui ! oui ! *et moi aussi je jure !.... oui !* oui ! oui ! *la Constitution ou la mort!* M Delessart enfin s'est échauffé

> « Tant qu'à la fin, tombant en défaillance
> » Son teint pâlit et sa gorge s'enfla. »

»An point qu'il n'a pu dire que *la mort*. La nuit même un courrier de M. de Noailles lui avait apporté des dépêches extraordinaires auxquelles il avait répondu sur-le-champ. Nous nous empressons de consigner cette omission du ministre intègre qui avait protesté sur son honneur à l'assemblée nationale *qu'il ne savait pas cela.*»

A la séance du 16 l'assemblée renvoya au comité militaire une lettre adressée au député Loustalot, annonçant une attaque prochaine de la part des Espagnols. Immédiatement après, sur la proposition de Jean Debry, ou décreta que Louis-Stanislas-Xavier était déchu de son droit à la régence. A cette même séance Delessart communiqua des dépêches de Sainte-Croix, d'où il résultait que la dispersion des rassemblemens formés par les émigrés dans l'électorat de Trèves était positive. Le ministre de la guerre fit aussi de nouvelles demandes de fonds pour les besoins de l'armée. — Renvoi au comité militaire.

A la séance du 17, Koch, au nom du comité diplomatique, fit un rapport sur la déclaration pacifique de l'électeur de Trèves, et de quelques autres princes de l'empire. Il rendit compte de nouveaux ordres donnés par l'empereur à l'ancien évêque de Strasbourg de dissiper les rassemblemens des réfugiés.

A ce rapport succéda la lecture d'une lettre du roi, qui appelait l'attention de l'assemblée sur un nouveau mode de recrutement propre à mettre l'armée au complet, et sur la nomination de quelques officiers généraux.

Après cette lettre, le ministre de la guerre prit la parole pour faire quelques remarques sur divers objets. Relativement au craintes manifestées à l'égard de l'Espagne, il dit qu'il répondait de vingt-un mille hommes toujours prêts à se porter où le besoin les appellerait.

La discussion du projet de décret présenté par Gensonné, le

14, avait été mise à l'ordre du 17. Au moment où elle allait s'ouvrir, Delessart la fit précéder de quelques observations dont l'objet principal était d'engager les orateurs à de grands ménagemens parce que le défaut de ménagemens pourrait blesser l'amour-propre et rompre des traités ; il insista surtout contre *le terme fixe* porté par le projet, et finit par des réflexions sur les calamités qui suivent la guerre la plus heureuse.

Comme il cessait de parler, Brissot parut à la tribune ; on demanda que la discussion fût ajournée ; l'assemblée passa outre, et Brissot lut un discours d'une heure ; il occupe huit colonnes du *Moniteur*, numéro du 19 janvier. Dans cet immense mémoire, Brissot s'attache à prouver deux points principaux : d'abord, que l'empereur est en état d'hostilité ouverte avec la France, et qu'il faut l'attaquer, en lui fixant un délai convenable s'il veut donner la satisfaction que la France a droit d'exiger ; ensuite, que l'empereur a violé le traité de 1756, que d'ailleurs ce traité est inconstitutionnel, et qu'il faut le rompre.

Nous plaçons ici ce traité tel que nous le trouvons dans le discours de Brissot :

« Art. Ier S. M. l'impératrice reine, promet et s'engage de garantir et défendre tous les états, provinces et domaines actuellement possédés par Sa Majesté Très-Chrétienne en Europe, tant pour elle que pour ses successeurs et héritiers , sans exception , contre les attaques de quelque puissance que ce soit, et pour toujours......

L'article IV porte réciprocité de la France à l'empire.

» V. Par une suite de cette garantie réciproque, les deux hautes parties contractantes travailleront toujours de concert aux mesures qui leur paraîtront les plus propres au maintien de la paix, et emploieront, dans le cas où les états de l'une ou de l'autre d'entre elles seraient menacés d'une invasion, leurs bons offices les plus efficaces pour l'empêcher.

» VI. Mais comme les bons offices qu'elles se promettent pourraient ne point avoir l'effet désiré, Leurs Majestés s'obligent dès à présent à se secourir mutuellement avec un corps de 24,000

hommes, au cas que l'une ou l'autre d'entre elles vînt à être attaquée par qui que ce soit, et sous quelque prétexte que ce
puisse être.....

»VII. Le secours sera composé de 18,000 hommes d'infanterie,
et de 6,000 de cavalerie, et il se mettra en marche six semaines,
ou deux mois au plus tard, après la réquisition qui en sera faite
par celle des deux parties contractantes qui se trouvera attaquée
ou menacée d'une invasion dans ses possessions. »

Il proposait de remplacer le projet du comité diplomatique
par le décret suivant :

« Art. Ier Le roi sera invité à notifier à l'empereur, au nom de
la nation française, qu'elle regarde le traité du 1er mai 1756,
comme anéanti, et parce que l'empereur l'a violé, et parce qu'il
est incompatible avec la Constitution française ;

A lui notifier en même temps que la nation française lui offre,
s'il donne satisfaction sur les griefs ci-après, de conserver avec
lui la bonne intelligence, l'amitié, la fraternité qu'elle a juré de
maintenir avec tous les peuples.

» II. Le roi sera pareillement invité à notifier à l'empereur, au
nom de la nation française, qu'elle regarde comme acte d'hostilité son refus d'interposer ses bons offices, et d'employer ses
troupes pour faire cesser les rassemblemens dans les électorats,
la protection et les secours qu'il a accordés aux électeurs, son accession à la coalition formée entre diverses puissances contre la
nation française.

En conséquence, les mesures militaires vont être prises pour
être en état d'agir offensivement contre lui, au 10 février prochain, à moins qu'avant cette époque l'empereur n'ait donné à
la France une satisfaction qui lui ôte toute inquiétude.

» III. Le roi sera pareillement invité à donner les ordres les plus
précis pour que les troupes soient en état d'entrer en campagne
dans le plus bref délai possible. »

A la séance du 18, Dumas appelé le premier à la tribune demanda la question préalable sur le projet du comité diplomatique. Il voulait en outre que le message au roi n'eût d'autre ob-

jet que la manifestation de l'harmonie qui régnait entre les deux pouvoirs. Vergniaud déclara que la France était sans alliés ; il réclama la communication d'un travail de Condorcet sur les moyens de s'unir aux puissances les plus intéressées à conserver l'équilibre de l'Europe ; il finit en disant :

« Une pensée échappe dans ce moment à mon cœur, et je terminerai par elle. Il me semble que les mânes des générations passées viennent se presser dans ce temple pour vous conjurer au nom des maux que l'esclavage leur a fait éprouver, d'en préserver les générations futures dont les destinées sont entre vos mains. Exaucez cette prière ; soyez à l'avenir une nouvelle providence ; associez-vous à la justice éternelle qui protége les Français ; en méritant le titre de bienfaiteurs de votre patrie, vous mériterez aussi celui de bienfaiteurs du genre humain. (Vifs et nombreux applaudissemens qui se renouvellent à plusieurs reprises.) Je me borne à demander la priorité pour le projet de M. Brissot, sauf quelques amendemens que je proposerai dans la suite de la discussion. »

M. Ramond vint ensuite proposer de notifier aux puissances étrangères le principe de la souveraineté du peuple. Il examina les relations de la France avec l'Angleterre, et pensa qu'on n'avait rien de bon à espérer de ce côté-là ; il appuya le projet du comité. L'impression de tous ces discours fut ordonnée par l'assemblée. A la fin de la séance, Narbonne donna des détails de situation touchant la frontière des Pyrénées; il parla de la grande activité qu'il déployait dans son département, et pria l'assemblée d'y répondre en se hâtant de traiter la question du recrutement : elle fut ajournée au lendemain.

Le 19 au matin, fut communiquée une nouvelle dépêche de Sainte-Croix, ministre plénipotentiaire à Coblentz. Il annonçait la mise à exécution définitive du réglement de l'électeur de Trèves à l'égard des émigrés français. Le 19 au soir, Dumas, au nom du comité militaire, fit un rapport sur les moyens de porter l'armée au complet. Il proposa, pour faciliter les recrues, de fixer à deux ou trois ans au plus la durée des engagemens. Comme plusieurs membres réclamaient contre la grandeur des dépenses qu'entraîneraient les dispositions développées par Dumas, Lacombe s'écria : « N'épargnez rien ; avec de l'argent on obtient la victoire, avec la victoire on ramène l'argent ; ne marchandons pas avec la liberté ! » Le projet fut ajourné ainsi que celui fait immédiatement par Lacroix pour l'augmentation des lieutenans-généraux et des maréchaux-de-camp.

A la séance du 20, la discussion se rouvrit sur le projet du comité diplomatique. Quatre orateurs furent entendus : MM. Beugnot, Fauchet, Becquet et Isnard. — Beugnot combattit les vues de Brissot, et insista pour faire demander des explications à l'empereur. — Fauchet voulait que la France n'eût désormais pour alliés que les peuples libres, et ne s'alliât à l'avenir avec les autres, que lorsqu'ils auraient conquis la liberté ; il vota pour la déclaration de guerre. — Becquet, tout en craignant que si les troupes françaises entraient sur le territoire étranger, le contact de l'aristocratie ne leur fît perdre de leur amour pour la liberté, opina néanmoins pour le projet du comité. — Isnard redoutait la réunion de l'empereur et de la Prusse ; il termina ainsi :

« Trois choses peuvent mettre obstacle à nos succès ; l'une, si les citoyens étaient désunis ; l'autre si nos ministres nous trahissaient ; la troisième, si le roi se laisse égarer par des conseils perfides ; mais quant à la désunion, j'espère qu'au premier son de la trompette tous les Français se réuniront, et j'en ai pour augure le jour où soudain l'assemblée se leva tout entière pour jurer de mourir plutôt que d'effacer un mot de la Constitution, et pour déclarer infâme tout Français qui voudrait capituler avec nos ennemis ; et le jour encore où la garde nationale vint jurer dans ce temple la victoire ou la mort. Que n'étaient-ils présens à ce spectacle les rois qui veulent nous asservir ; une juste crainte eût détruit leurs vains projets !

» Pour ce qui est des ministres, il est des moyens pour les forcer au devoir. Il faut d'abord, par un code nouveau sur la responsabilité, bien aiguiser pour eux le glaive des lois : ensuite les rassembler tous dans ce lieu, et leur déclarer solennellement, au nom du peuple, que nous comblerons de gloire ceux qui feront bien, et que nous ferons décapiter celui qui voudra nous trahir. Car il ne faut pas qu'un seul individu s'avise de jouer toute une nation.

» Quant au roi, son cœur est bon, et je me persuade qu'il fera ce qu'il doit. Certes; il est le plus intéressé; il doit bien voir que la nation qui a déjà oublié deux fautes n'en oubliera pas trois. Enfin, que chacun apprenne que nul citoyen; prêtre; général; ministre; roi, ou autre, ne nous tromperait impunément. Le sort en est jeté; nous voulons l'égalité, dussions-nous ne la trouver que dans la tombe; mais avant d'y descendre, nous y précipiterons tous les traîtres. Il faut que l'égalité et la liberté triomphent en dépit de l'aristocratie, de la théocratie et du despotisme, parce que telle est la résolution du peuple Français, et que sa volonté ne reconnaît de volonté supérieure à la sienne, que celle de Dieu.

» Je conclus donc non-seulement à ce que l'assemblée adopte le projet de décret présenté par M. Brissot, mais encore que le roi soit prié de réclamer de l'empereur qu'il fasse retirer une partie des forces militaires qui menacent nos frontières, et qu'il ne laisse dans la Belgique que le nombre de troupes qu'il doit y avoir d'après les traités. (On applaudit). »

A la séance du 21, Lamarque fit une motion pour le séquestre des biens de tous les traîtres conjurés contre la Constitution et l'état. Ni le *Patriote Français*, ni le *Courrier de Gorsas*; ni aucun des journaux qui voulaient la guerre d'attaque, ne parlent de cette importante motion. Le silence absolu, à cet égard, des feuilles que nous désignerons bientôt sous le nom de Girondines, a dû être relevé par nous. Il prouve combien était fondé l'argument des Jacobins : « Si vous vouliez la guerre, vous confisque-riez préalablement les biens des émigrés. » — Voici la motion de Lamarque telle que nous la trouvons dans le *Moniteur* du 22.— Ce qui nous a le plus étonné, c'est que Royon lui-même, qui ne néglige aucune occasion de commenter les mesures révolution-naires, ait aussi entièrement omis celle-ci :

[*M. Lamarque.* Je demande à faire une motion d'ordre. La grande mesure que vous allez prendre, soit à l'égard de l'empereur, soit à l'égard des autres puissances, je parle de la guerre, vous est commandée pour ainsi dire par l'opinion publique. Il en est une cependant dont vous devez la faire précéder, c'est de séquestrer les biens de tous les traîtres conjurés contre la Constitution et l'état, et d'annoncer dans les départemens que ceux qui provoquent la guerre en supporteront les frais, et que les citoyens qui s'y dévouent en seront indemnisés. Alors vous verrez des milliers de défenseurs voler aux frontières. Dans le département de la Dordogne, il est un district qui seul vient de faire fabriquer 3,000 piques, et qui vous envoie une députation pour se plaindre de ce qu'on le laisse dans l'inaction. Dans le voisinage de ce district, les habitans des campagnes ont fait une liste de tous les émigrés de leurs cantons, et menacent de brûler leurs châteaux aux premiers mouvemens qu'ils feront contre la France. (Les tribunes applaudissent.)

Plusieurs membres réclament l'ordre du jour. — Il s'élève une vive agitation.

M. Dubayet. Je demande que les tribunes soient rappelées à l'ordre. (On murmure. — L'agitation redouble).

M. Lamarque. J'ai été fort mal entendu, et des membres qui ont demandé l'ordre du jour, et des tribunes qui ont applaudi. Ce serait calomnier mes principes que de croire que j'approuve l'intention qu'on manifeste ; mais c'est précisément parce qu'il peut se trouver des citoyens égarés par leur zèle, qu'il faut substituer aux mesures arbitraires qu'ils pourraient prendre une mesure juste et légale. Je demande donc que le comité de législation fasse mardi prochain son rapport sur le séquestre.

M. Bigot. Je fais aussi une motion d'ordre bien importante ; c'est que les propriétés des femmes et des enfans des rebelles soient mises sous la sauvegarde de la nation.

N..... Je demande que, sans s'arrêter à ces motions d'ordre, qui font perdre le temps de l'assemblée, on passe à la discussion du projet du comité militaire.

M. Dumas. Je crois que l'assemblée doit s'occuper de la motion de M. Lamarque. Il n'a parlé que des violateurs de la loi. (On murmure. — L'agitation recommence.)

M. Merlin. Monsieur le président, vous ne pouvez vous refuser au vœu de l'assemblée. On demande l'ordre du jour. Faites votre devoir.

Après quelques débats, l'assemblée ajourne à mardi matin (24) le rapport du comité de législation sur le séquestre des biens appartenant aux rebelles.]

A la suite de cette motion, le projet du comité militaire sur le mode de recrutement, fut mis en discussion. L'ordre du jour était bien la suite de la délibération sur la guerre; mais Narbonne était venu solliciter la priorité pour la loi de recrutement. « Nous n'avons, avait-il dit, que vingt jours d'ici au 10 février, et je vois avec douleur que le silence de l'assemblée sur mes propositions, me réduit à l'impuissance d'agir. » Cette réclamation fut admise; Dumas relut son projet, et Jean Debry monta à la tribune. Il combattit l'incorporation des gardes nationales dans les troupes de ligne; c'était là le grand point que Narbonne désirait emporter, et sur lequel la presse révolutionnaire lui adressait, parmi ses autres attaques, une rude polémique. Taillefer demanda la question préalable sur ce projet. — De tous ceux, dit Gorsas (n° du 22 janvier), qui ont mis à l'épreuve la patience du ministre, aucun n'a parlé avec plus d'énergie que M. Albite. Le portrait qu'il en fait n'est pas flatté; nous le trouvons au moins assez ressemblant. « Des paroles dorées ne m'en imposent pas, a-t-il dit, j'ai entendu ce ministre, qui, après avoir fait en poste un voyage de la plus grande importance, est accouru en poste nous dire, comme César, qu'il était allé, qu'il avait tout vu, et qu'il vaincrait. — Grand merci de la comparaison, » dit M. de Narbonne, avec ce ton grimacier d'un petit maître de l'OEil-de-Bœuf; on a beaucoup ri de la gaieté ministérielle; mais *plaisanter et saluer* n'est pas *répondre.* — « Non, reprend l'orateur, avec plus de force, M. Narbonne n'est point un franc patriote. Il n'a point le langage loyal qui convient au patriotisme, et qu'il ne fait que bégayer. » Cette phrase a été vivement applaudie. M. Albite a demandé que les remplacemens fussent faits par des volontaires fournis par les départemens qui n'ont pas envoyé des bataillons aux frontières. Jaucourt, Dubayet et Carnot jeune furent encore entendus. Le soir, l'assemblée se fit lire tous les projets présentés par les différens orateurs, mais aucun n'avait rempli ses vues et ne lui parut mériter la priorité. Pour sortir de cet embarras, un membre demanda qu'on décrétât pour principe, que l'infanterie, la cavalerie et l'artillerie de ligne ne pourraient se recruter dans les bataillons nationaux. Cette proposition fut divisée, et, après avoir successivement décrété que, ni l'infanterie, ni la cavalerie de ligne ne pourraient se recruter dans les bataillons de volontaires, l'assemblée alla aux voix sur la troisième partie. — « Elle ne pouvait, dit Brissot (P. F. du 23 janvier), souffrir de difficulté ; c'était une application du même principe ; il n'y avait pas de raison pour que l'artillerie, plutôt que les autres parties de l'armée, se recrutât parmi les volontaires. Cependant je ne sais par quelle manœuvre l'affirmative a été décrétée, après deux épreuves et au milieu du tumulte. Le tumulte a été croissant : le président lève la séance ; une partie de l'assemblée refuse de se retirer, et elle ne s'y résout qu'après être restée assez long-temps en place. »

Le lendemain, le côté gauche profita de la tactique dont les Feuillans avaient plusieurs fois usé en semblable rencontre ; à la lecture du procès-verbal, Rouyer demanda que la dernière partie du décret de la veille fût rapportée. Malgré une opposition très-vive, l'assemblée se rangea de cet avis ; elle décréta que *dans aucun cas, et sous aucun prétexte*, l'artillerie ne pourrait se recruter dans les bataillons de volontaires en activité de service.

Le 23, Narbonne vint exposer divers besoins de son département ; il lut ensuite quelques observations sur le plan de recrutement qui avait été proposé, et sur les objections qui avaient été faites. Il déclara que, si l'assemblée ne lui accordait pas les moyens de réunir le nombre d'hommes qu'il croyait indispensable pour soutenir la guerre, se refusant alors à attendre la honte comme ministre, il irait chercher la mort comme soldat de la Constitution. — « Certes, remarque Brissot (P. F., du 24), il y avait de la franchise dans sa déclaration, mais peut-être ne convenait-elle pas d'un autre côté; car elle avait l'air d'une menace imaginée pour intimider l'assemblée et la forcer à adopter la mesure proposée. Or, une assemblée ne peut se déterminer que par des raisons et non pas par des considérations semblables. » — La question du recrutement fut traitée dans cette séance par MM. Rouyer, Lacroix, Carnot jeune et quelques autres. La discussion ayant été fermée sur le fond du projet, on arrêta de le mettre aux voix article par article. Après la lecture du premier, Rouyer fit une motion vivement applaudie. Elle consistait à rappeler les soldats chassés de leurs corps par des ordres arbitraires. Il répondait de plus de vingt mille qui rentreraient si ce décret était rendu, et qui formeraient une armée formidable et bien exercée. — Lacroix voulait, de son côté, qu'on abolît les conseils de discipline, qui peuvent chasser un soldat sans aucun motif ; il observait avec raison qu'une armée ne pouvait subsister à côté d'une pareille loi. — Carnot, en appuyant la motion de Rouyer, croyait, qu'au lieu de rappeler les soldats dans leurs anciens corps, il valait mieux former de nouveaux corps sous le titre de légions. Il annonça un projet du comité militaire sur la formation de six légions, où l'on recevrait les déserteurs des autres nations. On arrêta d'entendre ce rapport le lendemain, et de renvoyer au comité la motion précédente.

Les articles qui excitèrent ensuite le plus de débats, concernaient l'enregistrement, le temps et le prix des engagemens. On décida que les engagemens pour l'infanterie seraient pour trois ans, et de quatre ans pour la cavalerie et l'artillerie ; que les enregistremens seraient faits dans chaque municipalité, et que le prix des engagemens serait de 80 livres pour l'infanterie et de 120 liv. pour la cavalerie. L'âge requis pour les enrôlemens volontaires était entre dix-huit et cinquante ans.

Le 24, à l'occasion de la désertion de plusieurs soldats de Rouergue par Saint-Malo et Jersey, Thuriot fit décréter la défense de sortir du royaume sans passeport. — Vers la fin de la séance, le président fit lecture d'une lettre que le ministre de la guerre lui remettait de la part du roi. Voici cette lettre :

« Occupé, monsieur le président, des moyens de concilier avec l'intérêt de l'ordre public celui des troupes, j'ai chargé le ministre de la guerre de proposer à l'assemblée une mesure qui, en attendant l'émission de petits billets, pourrait y suppléer. Je crois aussi que les circonstances rendent nécessaire l'établissement de huit légions, pour composer notre avant-garde et assurer le terrain à nos armées : cette mesure est concertée avec tous les généraux. Je crois aussi qu'il serait convenable d'établir un corps d'artillerie à cheval. Je vous prie de mettre sous les yeux de l'assemblée ces trois dispositions, qui seront développées par le ministre de la guerre. _Signé_, Louis. »

Le ministre de la guerre présenta à l'assemblée tous les détails de ces opérations. L'assemblée en renvoya l'examen à son comité militaire.

À la séance du 25, on reprit la discussion sur la guerre. Daverhout chercha à établir que ce n'était ni contre la France ni contre la constitution, mais contre la philosophie que Léopold dirigeait toutes ses mesures. « Soyons vrais, dit-il, les amis de la liberté voudraient venir au secours de la philosophie ; ils voudraient former une ligue pour répandre dans tous les états de l'Europe une sainte insurrection. Laissez à la philosophie le soin d'éclairer l'univers, et plaignez le sort de l'humanité souffrante s'il faut que la lumière sorte des malheurs et de la destruction des peuples. » Il vota pour le projet du comité diplomatique, avec quelques amendemens ; et demanda la question préalable sur celui de Brissot. — Condorcet lui succéda. « Aucun écrivain, dit le _Patriote Français_ du 26 janvier, ne connaît mieux que lui le secret d'appliquer avec finesse la philosophie à la politique. Il s'est attaché à poser les bases qui devaient soutenir la diplomatie d'un peuple libre ; il a prouvé surtout qu'il nous convenait de nous allier avec la Pologne, l'Angleterre et l'Amérique. » Pour compléter cette analyse du discours de Condorcet, nous

ajouterons qu'il signala la nullité de nos négociations comme la
cause des projets malveillans formés contre la France. « Annon-
çons à l'Europe, s'écria-t-il, que nous sommes toujours disposés
à la paix, toujours prêts à faire une alliance digne d'un peuple
libre; que la liberté et l'égalité, bases de notre constitution, le
soient aussi de nos traités; et qu'entre les peuples et nous, elles
deviennent les liens d'une éternelle fraternité. » Il demanda que
le roi fût prié d'envoyer auprès des puissances des hommes dignes de la confiance du peuple français, et de les charger de
proposer et de négocier des traités d'alliance, de commerce et
de garantie capables d'assurer la paix et la prospérité de l'empire. — Hérault-Séchelles prit la parole après Condorcet; il voulait qu'on interpellât positivement l'empereur pour qu'il déclarât
s'il entendait demeurer ami et allié de la nation française; que
le roi continuât de prendre les mesures les plus vigoureuses sur
la défense des frontières, et qu'il fût fait un rapport sur le traité
de 1756. Rouyer, Mailhe et Gensonné appuyèrent cette proposition. Varennes demanda qu'il y fût ajouté la protestation formelle de ne déposer les armes qu'après avoir donné la liberté à
tous les peuples. Les tribunes applaudirent avec transport. L'assemblée adopta en ces termes le projet d'Hérault-Séchelles :   ·

« L'assemblée nationale, considérant que l'empereur par sa
circulaire du 25 novembre 1791, par la conclusion d'un nouveau
traité arrêté entre lui et le roi de Prusse le 25 juillet 1791, et
notifié à la diète de Ratisbonne le 6 décembre, par sa réponse
au roi des Français sur la notification à lui faite de l'acceptation
de l'acte constitutionnel, et par l'office de son chancelier de cour
et d'état, en date du 21 décembre 1791, a enfreint le traité du
1er mai 1756, et cherché à exciter entre diverses puissances un
concert attentatoire à la souveraineté et à la sûreté de la nation ;

» Considérant que la nation française, après avoir manifesté
sa résolution de ne s'immiscer dans le gouvernement d'aucune
nation étrangère, a le droit d'attendre pour elle-même une juste
réciprocité, à laquelle elle ne souffrira jamais qu'il soit porté la
moindre atteinte ;

» Applaudissant à la fermeté avec laquelle le roi des Français a répondu à l'office de l'empereur ;

» Après avoir entendu le rapport de son comité diplomatique, décrète ce qui suit :

» Art. Ier. Le roi sera invité par une députation à déclarer à l'empereur qu'il ne peut traiter avec aucune puissance qu'au nom de la nation française, et en vertu des pouvoirs qui lui sont délégués par la constitution.

» II. Le roi sera invité de demander à l'empereur si, comme chef de la maison d'Autriche, il entend vivre en paix et bonne intelligence avec la nation française, et s'il renonce à tout traité et convention dirigés contre la souveraineté, l'indépendance et la sûreté de la nation.

» III. Le roi sera invité de déclarer à l'empereur qu'à défaut par lui de donner à la nation avant le 1er mars prochain pleine et entière satisfaction sur tous les points ci-dessus rapportés, son silence, ainsi que toute réponse évasive ou dilatoire, seront regardés comme une déclaration de guerre.

» IV. Le roi sera invité à continuer de prendre les mesures les plus promptes pour que les troupes françaises soient en état d'entrer en campagne au premier ordre qui leur en sera donné. »

Ce décret fut transmis le jour même au pouvoir exécutif. Louis XVI y répondit par le message suivant :

Paris, le 28 janvier 1792. — « J'ai examiné, messieurs, l'invitation en forme de décret que vous m'avez fait présenter le 25 de mois. Vous savez que par la constitution c'est à moi seul qu'il appartient d'entretenir les relations politiques au dehors, de conduire les négociations, et que le corps-législatif ne peut délibérer sur la guerre que sur ma proposition formelle et nécessaire. Sans doute vous pouvez me demander de prendre en considération tout ce qui intéresse la sûreté et la dignité nationale ; mais la forme que vous avez adoptée est susceptible d'observations importantes. Je ne les développerai point aujourd'hui : la gravité des circonstances exige que je m'occupe encore plus de maintenir l'accord de nos sentimens, que de discuter continuellement mes droits. Je dois donc vous faire connaître que j'ai demandé depuis quinze jours à l'empereur une explication positive sur les principaux articles qui font l'objet de votre invitation. J'ai conservé avec lui les égards que se doivent respectivement les puissances. Si nous avons la guerre, n'ayons à nous reprocher aucun tort qui l'ait provoquée; cette certitude peut seule nous aider à soutenir les maux inévitables qu'elle entraîne. Je sens qu'il est glorieux pour moi de parler au nom d'une nation qui montre un si grand courage, et je saurai faire valoir cet incalculable moyen de force.

» Quelle preuve plus sincère puis-je donner de mon attachement à la constitution que de mettre autant de mesure dans les négociations qui tendent à la paix, que de célérité dans les préparatifs qui permettront, s'il le faut, d'entrer en campagne avant six semaines. La plus inquiète méfiance ne peut trouver dans cette conduite que la conciliation de tous mes devoirs. Je le rappelle à l'assemblée, l'humanité défend de mêler aucun mouvement d'enthousiasme à la décision de la guerre; une telle détermination doit être l'acte le plus mûrement réfléchi; car c'est prononcer, au nom de la patrie, que son intérêt exige d'elle le sacrifice d'un grand nombre de ses enfans. Je veille cependant à l'honneur et à la sûreté de la nation, et je hâterai de tout mon pouvoir le moment de faire connaître à l'assemblée si elle peut compter sur la paix, ou s'il faut se résoudre à la guerre.   Signé, Louis. Et plus bas, Duport. »

Pendant la discussion du projet de Hérault-Séchelles, le maréchal Rochambeau, admis dans l'assemblée, présenta quelques observations sur l'état des frontières et sur les gardes nationales; il renouvela son serment civique. Son discours et la réponse du président furent envoyés aux armées.

Le 27, le même Rochambeau demanda par une lettre qu'il fût permis à Crublier, Daverhoult et Dumas de joindre l'armée du Nord. Là-dessus Beugnot fit observer qu'il n'y avait qu'un moyen pour les membres de l'assemblée de prendre du service dans l'armée, c'était de donner leur démission. Crublier s'en remit à la sagesse de l'assemblée. Lacuée rappela la loi du 11 juin qui s'opposait à ce que les membres de l'assemblée pussent quitter leurs fonctions. Dumas demanda un congé pour rejoindre Rochambeau. Daverhoult déclara qu'il croyait de son devoir de rester à son poste. La question fut soumise au comité militaire, qui, le 31 au soir, par l'organe de son rapporteur Choudieu, fit refuser le congé à Dumas, et au général Rochambeau, l'adjonction de trois membres pris dans le corps-législatif. — A la même séance du 27, l'assemblée répondit à l'une des propositions antérieures de Narbonne, en adoptant un projet présenté par Lacroix, pour l'augmentation de huit lieutenans-généraux et de douze maréchaux-de-camp.

Le 28 janvier, Narbonne présenta à l'assemblée législative les officiers des troupes de ligne formées de la garde nationale soldée de Paris. Ce fut en leur présence que Vaublanc, au nom du comité d'instruction, fit un rapport sur les récompenses militaires. Entre autres dispositions de ce projet, on y remarquait celle d'établir en France le triomphe des Romains. L'assemblée ajourna. —Nous venons d'exposer tout ce que renferment de relatif à la guerre les travaux parlementaires de janvier, soit directement, soit indirectement. Il faut ranger dans les incidences ce que nous avons mentionné touchant le recrutement et les passeports. Cette dernière question ne fut vidée qu'en février; posée par Thuriot le 24 janvier, rappelée par Duhem à la séance du 27, Codet, au nom du comité de législation, en fit le rapport séance tenante, et le justifia à celle du 30. Après lui Lemontey dénonça une bande d'aventuriers qui parcouraient l'Europe, et qui venaient se répandre en France; il combattit le projet du comité, et proposa d'attacher à la culture des terrains en friche les bras de la horde de brigands qu'il avait désignés. Broussonet demanda une loi sur la déportation. Lecoz répondit aux objections, et l'assemblée décréta ce qui suit :

‹ Art. Ier. Toute personne qui voudra voyager dans le royaume sera tenue, jusqu'à ce qu'il en ait été autrement ordonné, de se munir d'un passeport.

» II. Les passeports contiendront le nom des personnes à qui ils seront donnés, leur âge, leur profession, leur signalement, le lieu de leur domicile, et leur qualité de français ou d'étranger. Chaque passeport sera individuel.

L'article III était ainsi conçu :

» III. Ils contiendront en outre l'extrait de la déclaration faite aux municipalités par chaque habitant, en exécution de la loi municipale du 19 janvier 1791. »

[*M. Thuriot.* Voici la rédaction que je propose : « Les Français ou étrangers qui voudront sortir du royaume seront tenus de remplir les formalités prescrites par les articles précédens, *et si leur intention est de sortir du royaume, ils seront tenus de le faire énoncer sur leurs passeports*, etc. »

On demande la question préalable sur cet amendement.

L'assemblée décide qu'il y a lieu à délibérer.

L'amendement est mis aux voix. — Trois épreuves successives paraissent douteuses. — On procède à une quatrième épreuve. — M. le président déclare que l'assemblée adopte l'amendement. (Les tribunes applaudissent.)

Une grande partie de l'assemblée réclame contre l'épreuve.

On demande l'appel nominal.

M. Girardin. Je demande qu'on ne détruise ni le commerce ni la liberté......

· L'agitation continue.

M. le président (Guadet), s'adressant à M. Tarbé, placé à sa gauche. Monsieur, je vous rappelle à l'ordre, et au nom de l'assemblée j'ordonne à messieurs les secrétaires d'écrire votre nom sur le procès-verbal.

Une partie de l'assemblée et les tribunes applaudissent. — L'autre s'élève contre la censure prononcée par M. le président.

M. le président. J'ai ordonné d'inscrire le nom de monsieur sur le procès-verbal, parce que le réglement m'en donne le pouvoir. (On entend ces mots dans diverses parties de la salle : *Oui. — Non.*)

Un de messieurs les secrétaires fait lecture du réglement. — Il porte que si après trois interpellations successives, dont la dernière doit être faite nominativement, le membre interpellé persiste à ne pas vouloir rentrer dans l'ordre, M. le président ordonnera, au nom de l'assemblée, que son nom soit inscrit au procès-verbal.

M. le président. J'observe que j'ai rappelé trois fois Monsieur à l'ordre, et si je n'ai point prononcé son nom, c'est que je ne le sais pas. (Les murmures d'une partie de l'assemblée redoublent.)

M. Tarbé paraît à la tribune.

Plusieurs voix. Vous n'avez pas la parole.

M. Tarbé. Lorsque M. le président a déclaré que l'assemblée adoptait l'amendement de M. Thuriot, les tribunes se sont permis d'applaudir. Plusieurs fois j'ai interpellé M. le président de les rappeler à l'observation du décret qui a dû être affiché dans tous les lieux qui avoisinent cette enceinte : M. le président n'en a tenu aucun compte.... (Plusieurs voix : *Il a bien fait.*) Alors, avec son habitude ordinaire de rappeler à l'ordre.... (Les cris de *L'ordre du jour!* long-temps répétés dans une partie de la salle, empêchent l'opinant de se faire entendre. —Une voix s'élève : *Monsieur le président, faites donc faire silence !*)

M. Lacroix, désignant les membres placés à la gauche de M. le président : Il n'y a pas de décence dans cette partie de l'assemblée..... (Quelques membres et les tribunes applaudissent.) J'y ai entendu prononcer les mots de bourreau..... (L'agitation est très-vive. — M. Lacroix s'élance à la tribune. —Les galeries retentissent d'applaudissemens. — M. Calvet paraît à la tribune à côté de M. Lacroix.)

M. Calvet. C'est moi qui ai dit que la rédaction présentée par M. Thuriot était sanguinaire, et j'ai parlé d'après ma conscience ; j'ai demandé l'appel nominal, motivé sur ce que ceux qui n'étaient pas de l'avis de la rédaction ne voulaient pas passer pour des bourreaux.....

L'assemblée passe à l'ordre du jour.

N..... L'amendement de M. Thuriot est destructif de la liberté du commerce et de l'industrie, et contraire même aux intérêts du peuple.

M. Thuriot. Il est étonnant qu'on calomnie ainsi des personnes qui ont fait tous les sacrifices possibles pour la révolution. Je crois qu'il est nécessaire qu'un homme déjà suspect, et il y en a beaucoup (Quelques voix : Ici ?), soit soumis à une surveillance particulière.

L'assemblée adopte, après quelques minutes d'agitation, l'amendement de M. Thuriot.]

Le 31, on reprit la discussion sur les passe-ports. Daverhoult et Girardin ne voulaient pas qu'on imposât l'obligation des passe-ports aux étrangers entrant dans le royaume, parce que c'était entraver le commerce. Lacroix n'y trouva qu'un motif de sûreté et de recommandation. La mesure fut adoptée. Dumas fit décréter ensuite que les ordres des généraux équivaudraient aux passe-ports. — Là s'arrêta la délibération sur cette matière en janvier; afin de n'y pas revenir nous dirons que le 1er février, quelques dispositions ultérieures complétèrent cette loi.

Presse. Nous allons placer ici la polémique des journaux contre les décrets dont nous venons d'écrire l'histoire. La loi sur les passe-ports fut attaquée par la presse royaliste et par la presse révolutionnaire.—Nous lisons dans Royou, n° du 3 février : « On achève d'organiser notre liberté, en ajoutant quelques articles au décret qui nous permet d'aller de Paris dîner à Saint-Denis, moyennant un passe-port sur papier timbré. Si on s'avise, pour se soustraire à la rage jacobite, de prendre un faux nom, ou, ce qui est la même chose, si le maire de votre village écrit mal votre nom; ce qui vous sera imputé comme un faux commis à dessein, vous en serez quitte pour un an de prison au plus; et même si e maire n'est pas trop méchant, ou si son cœur est tendre aux assignats, vous pouvez en être quitte à meilleur marché, pourvu que cela aille au moins à trois mois. C'est le minimum; et cette réclusion se nommera police correctionnelle. Dans des temps calmes et ordinaires, celui qui cache son nom est suspect. Mais dans des tourbillons d'anarchie, dans les doux momens de la ligue, de la fronde, de la révolution, des *conventions*, des proscriptions, le nom d'un honnête homme est presque toujours un arrêt de mort; celui d'un scélérat un titre de recommandation. Si on ne peut sortir qu'avec un passe-port, il faudra faire son testament avant d'aller à la campagne, ou bien se faire affilier aux Jacobins. Elle est bien lâche, bien digne de son avilissement, la nation à laquelle on peut, je ne dis pas imposer, je dis proposer une loi si infame. Il est si naturel de cacher son nom pour soustraire sa personne à la persécution !

> » Que ce nom soit caché puisqu'on le persécute,

> » Dit Tancrède. Voilà le cri de la nature; c'est l'offenser, c'est l'outrager que de forcer qui que ce soit à conserver une enseigne de mort et de proscription. »

Nous lisons dans les *Révolutions de Paris*, n° 134 : « Sur une motion insidieuse de La Fayette, l'assemblée constituante décréta une amnistie et la liberté de voyager en France et d'en sortir à volonté. Cette loi, qu'on présenta comme d'un beau mouvement digne d'une grande nation qui a la conscience de sa force, ne fut alors qu'un acte d'imprudence insigne. Il est beau d'être généreux avec un ennemi loyal ; mais avec de lâches escrocs!... Ceux-ci en profitèrent pour nous enlever tout le numéraire, pour se communiquer avec promptitude, et presque à découvert, leurs plans divers de contre-révolution, que notre vigilance a successivement déjoués, et pour former des rassemblemens intérieurs qui ont troublé instantanément l'ordre et le repos public. Tout ce mal qu'ils pouvaient nous faire est fait, et c'est dans cet état de choses que le corps législatif s'avise de rétablir les passe-ports. Nos ennemis, en se soumettant aux nouvelles formes prescrites pour voyager, ne seront-ils pas tout aussi libres qu'auparavant? Ils pourront même se livrer, avec plus de sécurité et d'effronterie que jamais, à leurs criminelles spéculations. Qu'on se rappelle si ces entraves ont embarrassé un moment la cour dans sa fuite. » L'auteur discute tout le décret article par article, et finit ainsi : « C'est bien le cas d'appliquer le refrain de cette chanson moderne: *Voyage, voyage désormais qui voudra.*

» En nous résumant, nous estimons que ce nouveau décret sur les passe-ports est impolitique, en ce qu'il donne de l'importance à des gens qui se croyaient au bout de leur rôle; inutile, en ce que ceux contre lesquels il est principalement dirigé l'éluderont sans peine, et indigne d'un peuple dont la masse imposante doit reposer sur des bases proportionnées ; de petits réglemens prohibitifs ne sont plus de mesure. Le chêne robuste se ressent-il des rassemblemens de plusieurs milliers d'insectes qui rampent ou s'agitent le long de son écorce? »

Le même journal fait un article sur la loi du recrutement, qu'il approuve surtout en ce que sa propre doctrine sur la non-incorporation des gardes nationales avec les troupes de ligne y a été proclamée. Nous bornerons nos extraits aux passages suivans : « Le Washington de notre révolution, disait naguère un grand homme, est peut-être encore dans l'obscurité, peut-être est-il tambour en ce moment. Cette vérité est frappante ; notre révolution n'est pas faite, ceux qui l'achèveront sont encore inconnus ; tout ce qu'il y a de certain, c'est qu'elle ne peut s'achever que par des hommes du peuple. » — « J. P. Brissot nous dit qu'il veut la guerre, parce qu'il sait que le roi ne la veut pas. Mais J. P. Brissot n'a qu'à lire la constitution ; elle soumet toutes les décisions de guerre à l'empire tyrannique du *veto*, et si le roi ne veut pas la guerre, il est inutile de discuter plus long-temps, la constitution lui donne le droit extravagant de ne pas la faire, quand bien même les 25 millions d'individus qui composent la France eussent juré d'une voix unanime qu'ils veulent la guerre. » (*Révol. de Paris*, n° 133.)

Ce numéro de Prudhomme renferme aussi une critique très-amère du décret sur l'office de l'empereur. « Ce décret, rendu au milieu des applaudissemens des tribunes, ne nous a pas fait la même impression à la lecture. Nous l'avons trouvé insignifiant dans quelques articles, dangereux dans plusieurs, et partout inconséquent à la déclaration des droits de l'homme. Le comité diplomatique n'a pas touché la bonne corde. S'il voulait faire une réquisition, ce n'était pas tant à Léopold chef de la maison d'Autriche, qu'il fallait la faire, qu'à Léopold empereur d'Allemagne, et chef suprême de l'empire. Léopold chef de la maison d'Autriche va nous dire qu'il a dispersé les émigrés et qu'il a donné pleine satisfaction à la France. Mais il ne nous dira pas que comme chef de l'empire il veut maintenir les droits des princes possessionnés en *Alsace* et en *Lorraine,* et voilà sur quoi le comité diplomatique devait le faire expliquer. Cette question, maladroitement écartée, laisse subsister le germe de la guerre, tandis qu'un seul mot aurait pu le détruire. *Voulez-vous ou ne voulez-vous pas recevoir des indemnités en remplacement de vos droits féodaux supprimés?* Telle est la demande catégorique que l'assemblée nationale devait faire à l'empereur. Tant qu'ils n'auront pas fait une réponse précise à cet égard, la France ne sera pas sûre des intentions de ses voisins. »

Narbonne n'était pas oublié dans la controverse soutenue par la presse à l'égard de certaines mesures de l'assemblée. Le no de Gorsas du 24 janvier renferme un article que nous allons transcrire parce qu'il est confirmatif des faits énoncés plus haut dans notre citation des mémoires d'un homme d'état.

« On paraît encore douter du complot exécrable formé par le *club monarchique* pour faire assassiner les patriotes de l'assemblée et établir le *gouvernement britannique.* Voici de nouvelles preuves de ce projet consignées dans le paragraphe suivant, extrait d'un nouveau journal aristocratique. Il est heureux que les Clermont-Tonnerre, les Barnave, les Lameth soient aussi haïs, aussi méprisés par les *fous* de l'ancien régime que par les vrais amis de l'égalité. »

§. « L'arrivée de madame la princesse de Lamballe a tout changé; les intrigans ont remplacé les politiques, et madame de Staël a dirigé toute la machine du gouvernement depuis le mois

de décembre. C'est elle qui a porté M. Narbonne, son amant,
au ministère de la guerre. Le but de cette nomination était de se
servir de M. de Narbonne, de son esprit, de sa gentillesse pour
électriser l'armée *sous le masque du patriotisme*, et en faire un
instrument dont le roi aurait pu se servir pour renverser tous
les clubs du royaume : en faisant déclarer la guerre à l'empire,
en allant visiter nos frontières, en échauffant les esprits sur
nos moyens, on comptait au point, où les armées étant en présence, les patriotes se seraient aperçus de leur faiblesse, et la
crainte eût consenti à une médiation armée de toutes les puissances, qui auraient modifié la constitution au gré de notre gouvernement. La reine trouvait ce plan d'autant mieux conçu,
qu'elle y apercevait le moyen de conserver à Léopold l'influence
que l'Autriche a sur les affaires de France depuis plus de trente
ans. — Tel était le plan de la reine, de madame Lamballe et de
madame de Stael; tandis que le roi, tremblant à chaque instant
qu'on ne portât la moindre atteinte à la constitution, parce que la
mort lui paraissait inévitable si on l'attaquait, ne s'occupait qu'à faire
la cour à l'assemblée nationale, et que ses ministres bornaient leur
tactique à soudoyer de misérables journalistes pour crier qu'il
fallait renforcer le pouvoir exécutif et disserter sur la bonté et
la nécessité d'un *veto* suspensif. »

Nous lisons dans Carra : — « Il est temps et plus que temps de
déchirer, sur toute la figure de ce roué de cour (le ministre de la
guerre), le masque dont il veut se couvrir, et de le faire connaître sous tous les rapports. Déjà les patriotes de Besançon,
de Béfort et des départemens voisins, nous ont donné des
preuves nombreuses et suffisantes de son impudence, de son
faux patriotisme et de sa profonde perversité ; nous nous contenterons dans cet article de citer quelques-unes des mille et une
plaintes faites contre lui sur les frontières, nous réservant de
dévoiler, à la tribune des Jacobins (nous l'y trouverons en effet
le 4 février), et ensuite dans ces mêmes feuilles, tous les projets
et toutes les intrigues nouvelles de Miel de Narbonne, avec Mdu
de Stael, sa bonne amie, et autres personnages que nous nom-

merons en toutes lettres, sans rien cacher de leur système de corruption entrepris envers les députés et même les Jacobins, de toutes les manœuvres qu'ils préparent pour perdre la France et la livrer à des Cromwel et à des Monk.

« En attendant, voici ce que les volontaires nationaux des bataillons du Loiret, en garnison à Château-sur-Aisne et à Château-Porcien, nous écrivent. (Les lettres originales et signées sont dans nos mains). — « Vous avez bien raison de ne pas vous fier aux paroles doucereuses du ministre Narbonne; le miel qu'il fait couler avec profusion de ses lèvres, n'est qu'afin de mieux cacher le fiel que renferme son cœur corrompu. Voici de quelle manière il remplit avec fidélité à notre égard le poste qui lui est confié : les bataillons de volontaires qu'il dit être en bon état, sont, les uns sans gibernes et munis de cartouches; les autres avec des gibernes, sans cartouches; d'autres enfin ont ces deux objets et n'ont pas de pierres à fusil, et le nôtre est dans cette dernière position. Il semble même qu'elles ont été accaparées; car à Rhetel, chef-lieu de notre garnison, et qu'on a mis, dans un rapport fait à l'assemblée nationale, au nombre des villes fortifiées, il n'est pas même possible d'en trouver. Nous ne savons pas quels sont les forts de cette place; si nous en exceptons nos corps qui serviront toujours de rempart aux incursions des ennemis, il n'existe rien qui puisse en interdire l'entrée. Ce mielleux imposteur dit que tous les bataillons sont en bon état; mais leur bon état, selon son système, est celui où ils pourront être écharpés sans pouvoir se défendre, etc., etc. »

« N. B. Les deux lettres d'où nous tirons cet extrait seront déposées au comité militaire. »

« On nous écrit de Moyenvil, du 25 janvier dernier, que le ministre de la guerre s'est bien gardé de visiter Marsal, forteresse de seconde ligne, dont les fortifications sont entièrement délabrées et où l'on trouve cependant cent trente-trois mille livres pesant de poudre de la meilleure qualité, quoiqu'il n'y ait pas un seul fusil dans les magasins, et tout au plus trente-cinq citoyens armés, avec cent hommes du régiment ci-devant Rouergue. La

ville de Vic est dans le même cas; mais on sait, et nous en avons
des preuves, que le menteur Narbonne a évité toutes les places
délabrées, afin de n'avoir que de belles phrases à faire sur les places fortifiées, et aucune réclamation à essuyer dans celles qui
manquent de tout. Qu'on le suive partout, et on verra le plus
fourbe et le plus traître de tous les ministres passés, présens et
avenir. »

« Dans une adresse des braves citoyens de Lure à l'assemblée
nationale, on trouve ce paragraphe au sujet de Narbonne : « Ne
» vous fiez pas à ce nouvel enfant de la faveur, et à cet homme af-
» famé de réputation, qui se remue, s'agite, parcourt le royaume
» pour s'exposer aux regards du peuple; qui a fait une apparition
» à Béfort pour y commettre une injustice; qui a placé, contre la
» disposition de la loi et au préjudice de plusieurs officiers de chas-
» seurs, un protégé du sieur Cadignan, lieutenant-colonel distin-
» gué par sa seule ineptie et son aristocratie dégoûtante. » —Mais
tout cela n'est rien en comparaison des projets que nous dévoile-
rons bientôt. »   CARRA.

Pour n'omettre aucune des incidences parlementaires importantes comprises dans la question de la guerre, nous n'avons
plus qu'à dire en peu de mots ce qui précéda et ce qui suivit la mesure prise à l'égard des anciennes gardes françaises. On a vu plus
haut que Narbonne présenta à l'assemblée nationale les officiers
de ces troupes converties en régiment de ligne. Les sociétés populaires et les sections de la capitale firent de nombreuses démarches auprès du corps législatif pour conserver un corps dont le
patriotisme avait éclaté en tant de rencontres. Parmi les sections
qui montrèrent le plus d'empressement, nous citerons celle du
Palais-Royal, présidée alors par E. J. B. Maillard; depuis la pétition du Champ-de-Mars, nous retrouvons pour la première
fois ce personnage. Son nom est au bas d'un procès-verbal de la
section dont il s'agit, pièce datée du 31 janvier et insérée dans les
Annales patriotiques du 4 février. Le 26 janvier, l'assemblée législative reçut une députation des gardes françaises, se plaignant
des vexations que leur faisaient éprouver leurs officiers. Fauchet

les appuya fortement. Il dit que l'on voulait détruire la première armée de la liberté, et que l'on donnait à ces soldats des cartouches du 12 janvier, signées Bailly; il demanda que Bailly fût entendu à la barre. Rouyer parla dans le même sens, mais, sur la proposition de Thuriot, l'assemblée renvoya la pétition au comité militaire et le chargea de prendre des renseignemens sur ces cartouches.

La veille, le club des Jacobins avait témoigné à ces vétérans une sympathie unanime. Gorsas, n° du 28 janvier, résume ainsi cette séance : « Les gardes françaises, les premiers soldats de la liberté, sont, *à ce titre*, tourmentés, vilipendés par la canaille aristocratique *à doubles épaulettes*. Beaucoup de ces braves gens reçoivent des congés *qu'ils ne demandent pas*, *qu'on a même motif, de leur offrir.* Avant-hier, plusieurs se trouvaient sans gîte. Le patriote Collot peignit leur sort à la société des Jacobins, et il le peignit en traits de feu. La société, dans l'instant, et d'après une députation nombreuse de ces braves gens, qui prouvaient, pièces en main, la perfidie de leurs chefs vendus à la cour, ouvrit un registre pour inscrire les noms de ceux qui voudraient offrir l'hospitalité à ces victimes du despotisme. La liste fut aussitôt remplie, et les membres de la société qui ne purent point faire de soumission pour le logement, s'empressèrent au moins de contribuer. Les tribunes ne se contentèrent pas d'applaudissemens stériles. Enfin, le résultat de cette contribution, plus honorable encore pour ceux à qui elle était destinée que pour ceux qui l'ouvraient, s'est montée en un instant au-delà de 600 liv. » Le *Journal des Débats* des Jacobins, qui porte la date du mois depuis le 17 janvier seulement, ne diffère de ce récit que sur la somme, il dit (n° du 28 janvier, séance du 25) que le résultat de la contribution a été de 430 liv.

Notre dernier mot sur les gardes françaises sera l'insertion de la pièce suivante, extraite de Gorsas, n° du 30 janvier :

Adieu des gardes-françaises aux quarante-huit sections de Paris.

« Parisiens, les gardes françaises vous disent un éternel adieu.

Les actions qui leur méritent votre indifférence, sont en effet dans ce moment très-criminelles.

Premier crime. — « Nous avons refusé de tirer sur le peuple à Versailles.

Deuxième crime. — « Nous avons coopéré essentiellement à la prise de la Bastille. Nous avons maintenu la paix dans la capitale sans effusion de sang.

Troisième crime. — « Nous avons déterminé, pour ne pas dire forcé le général de La Fayette à partir pour Versailles.

Quatrième crime. — « Nous avons conduit le pouvoir exécutif à Paris.

Cinquième crime, — « Nous avons méprisé les offres séduisantes de l'aristocratie.

Sixième crime. — « Nous avons contribué à empêcher le fameux voyage de Saint-Cloud.

Septième crime. — « Nous avons fait avec vous le service avec la plus grande fraternité.

Huitième crime. — « Nous avons fait une police sévère dans votre corps.

» Aujourd'hui que la machine à *veto* se prépare à jouer, nous pourrions être de nuisibles acteurs ; on nous chasse du lieu de la scène. Cependant le même amour pour la patrie dominera nos sentimens, et notre dernier cri sera toujours : LIBERTÉ OU MORT.

» Jeunesse parisienne, ouvrez donc les yeux, et répondez à vos anciens amis que vous avez si long-temps traités de protecteurs : Qu'étiez-vous en juillet 1789 ? des femmelettes poudrées, musquées, fiers d'un habit et de vos bonnes fortunes, débauchés ou joueurs, singes des valets de cour, et vous faisant marquiser pour de l'argent : voilà vos qualités sous l'ancien régime. Quels sont les instructeurs qui ont ressuscité vos cadavres efféminés ? de qui tenez-vous l'art de manier les armes, qui a imbibé vos ames de l'énergie d'un soldat patriote ? qui a ouvert vos cœurs aux douceurs de l'amitié fraternelle ? enfin, qui vous a créés hommes ? Répondez : sans nous, vos bras ne seraient-ils pas encore chargés des chaines de l'esclavage ?

» Ecrivains pour ou contre la révolution, de qui tenez-vous la liberté de la presse ? Français patriotes, aristocrates, modérés, égoistes ou nuls, qui vous a donné le droit d'avoir une opinion ? Sans nous, le cachet du despotisme ne serait-il pas sur vos bouches pures ou impures ? Peuple, qui a épargné ton sang quand les conspirateurs en avaient une soif si dévorante ? Faubourg Saint-Antoine, surtout, qui, au moindre choc, seras le point de réunion de tous les patriotes, rappelle à ta mémoire la journée de Vincennes ; cette journée devait être pour toi la nuit du tombeau, mais les gardes françaises sont tes amis. Dans cette journée d'horreur et de sang, au Champ-de-Mars, qu'ont fait les gardes françaises ? Comme Caton, ils se sont enveloppé le visage, et ont versé des larmes sur leur malheureuse patrie.

» Parisiens, les tyrans français et étrangers n'apprendront pas, sans se livrer à la plus féroce joie, et les peuples qui se préparent à la liberté ne verront pas, sans l'indignation la plus amère, que *les hommes du 11 juillet*, pour prix des services rendus à la cause commune, sont forcés d'aller mendier le long d'un royaume que leur valeur a rendu libre. — Parisiens, écoutez pour la dernière fois les avis de l'amitié. — Si vous aimez vos propriétés, vos femmes, vos enfans, veillez, veillez ; l'heure du sommeil est à jamais perdue pour vous ; trois régimens de ligne vont se former au complet. Vous n'aurez au sein de la capitale que des hommes choisis par le despotisme, souples et obéissans à la voix du *veto*, tandis que l'injustice et la haine ont détruit le plus beau corps de France, ce corps qui, le 11 juillet, prit une attitude fière ; le 12, proclama à tout l'univers la liberté ; et depuis, n'a obéi qu'à la raison et aux lois constitutionnelles de l'état.

» Législateurs, l'univers crie : Représentans, souffrirez-vous que les besoins naissent sous les pas des hommes du 11 juillet, qui ont créé les hommes du 14 ? souffrirez-vous que la verge ministérielle les poursuive, les affame, les égorge jusque dans leurs chaumières ? Employez leurs bras à votre défense, à votre sûreté ; ils seront invincibles.

» Amis de la Constitution, l'univers crie : Vous, que l'on dit justes ; vous, dont nous aimons les principes sacrés ; vous, les défenseurs des citoyens vexés, ce n'est donc que pour les seules gardes françaises que l'humanité et l'énergie ont disparu de vos ames ? Pétion, Robespierre... vous gardez le silence ! — Quoi ! toute la France se tait pour nous, quand tout l'univers parle de nous (1) !

» O Louis XVI ! père du peuple, restaurateur de la liberté française, en vertu d'un décret de l'assemblée nationale consti- tuante, sur lequel les ministériels ne vous ont pas ordonné d'ap- poser votre *veto*, soyez content, les gardes françaises ne sont plus.

» Ministres, que la capitale vous remercie ; vous l'avez privée de quatre mille bras, de quatre mille bras du 11 juillet.

» Narbonne, toi qui, la baguette magique à la main, peux conduire à ton gré l'assemblée nationale, suis tes projets ; tu triomphes ; les gardes françaises, épars çà et là, ne pourront plus se rallier pour combattre avec leurs anciens amis.

» Municipalité de Paris, qui voulez, contre les décrets, rendre vos plans héréditaires ; les gardes françaises ne pourront plus vous faire les reproches mérités d'avoir passé à l'ordre du jour sur une motion tendante à présenter vos respects à l'assemblée nationale, au nom de tous les citoyens de Paris ; vous les avez abandonnés, parce qu'ils étaient trop patriotes.

» Etat-major de la garde nationale parisienne, les gardes fran- çaises ont toujours apprécié vos promesses mensongères ; et pour toute punition, ils vous ordonnent d'être aussi insatiables vau- tours de la liste civile, que vous étiez sangsues dévorantes des deniers de la commune.

» Chevaliers, barons, marquis entassés à Coblentz ou rentrés dans l'hôtel garni du Louvre, jadis le palais des rois, fabriquez à votre aise vos libelles incendiaires, colportez les faux assignats de la planche Calonne, méditez à loisir vos crimes et vos for-

---

(1) Depuis que ces adieux nous ont été adressés, la société des Amis de la Con- stitution a parlé. (*Note de Gorsas.*)

faits, nous ne pouvons plus dire aux commissaires de se faire
apporter le livre du logeur , et de faire une belle nuit l'appel nominal de tous ces brigands qui arrivent des quatre coins de l'empire pour faire égorger le peuple, et appuyer le système des
deux chambres par des assassinats.

» Section des Quinze-Vingts, — Faubourg Saint-Antoine, reçois tous nos remerciemens pour l'une de tes délibérations, par
laquelle tu demandais à l'assemblée nationale un mode d'imposition sur les habitans de Paris pour nous conserver ; tu demandais
à faire un fonds suffisant pour que, au déclin de l'âge, il y eût un
moyen sûr d'alimenter nos corps usés au service de la patrie :
que le Dieu des hommes libres te laisse jouir en paix de cette
liberté dont tu es si digne. — Adieu.... nous partons, en sou-
haitant à tous les aristocrates le tombeau qu'ils nous ont refusé
au sein de la capitale. »

Organisation de la haute cour nationale.

Le projet d'organisation de la haute cour nationale fut présenté par Delmas , le 30 décembre. Pastoret proposa de former
différentes hautes cours, d'après les différentes natures de délits. Le 3 janvier on ouvrit la discussion. — La haute cour serait-elle permanente comme la législature qui l'aurait convoquée,
et connaîtrait-elle de toutes les accusations qui seraient portées
pendant le temps de la session ? les quatre grands juges seraient-
ils renouvelés à chaque jugement ? les jurés qui auraient prononcé une fois , seraient-ils rayés de la liste du jury ? tel était
l'état de la question.

L'esprit de la Constitution, l'établissement des jurés paraissaient contraires à la permanence de la haute cour nationale.
Beaucoup de membres ne lui voyaient pas accorder sans effroi le
droit de toutes les affaires subséquentes à celle qui aurait provoqué sa formation. La liberté, demandaient-ils, n'aurait-elle rien
à craindre d'un corps revêtu d'un pouvoir immense , plaçant,
pour ainsi dire , au-dessus de toutes les autorités constituées ? —
Goujon vota pour que la haute cour ne pût connaître que d'une

seule accusation, et qu'à chaque jugement on changeât les procurateurs, les juges et tout le grand jury. Les adversaires de
Goujon s'appuyèrent principalement de ces deux réflexions :
L'humanité veut que les accusés ne gémissent pas long-temps
dans les cachots; le salut du peuple exige que l'on prévienne les
crimes. — Après quelques autres débats sans importance, le
projet du comité fut adopté en ces termes :

[L'assemblée nationale, après avoir entendu le rapport de son
comité de législation, et décrété l'urgence, décrète ce qui suit :

ART. Ier La haute cour nationale, formée et convoquée pour
juger une première accusation, connaîtra de toutes les accusations subséquentes qui seront portées par le corps législatif,
avant qu'elle se sépare, et tant qu'elle sera en activité.

II. Son existence ne pourra néanmoins être prolongée au-delà
de la session du corps législatif qui l'aura établie : aux cas et cependant si les accusations portées par le corps législatif n'ont pu
être jugées dans l'intervalle de la session, une nouvelle haute
cour nationale sera formée sans délai par la législature suivante,
et la première continuera ses fonctions jusqu'à son remplacement
effectif.

III. Dans chaque accusation, la composition du haut-juré se
fera par le tirage au sort sur les cent soixante-six membres for-
mant le tableau du haut-juré.

Ceux qui auraient déjà été employés en cette qualité, ne pourront, pendant le cours de la législature, s'excuser, par ce motif, d'entrer dans la composition de nouveaux jurés, si le sort
les y appelle.

IV. Il sera remis aux grands procurateurs, par les secrétaires
de l'assemblée nationale, et aux grands juges par la voie du ministre de la justice, des expéditions des actes respectifs consta-
tant leurs nominations.

V. Les grands procurateurs communiqueront directement
avec l'assemblée nationale, sans l'intermédiaire du pouvoir exécutif.

VI. Les fonctions de commissaires du roi auprès de la haute

cour nationale seront exercées par le commissaire du roi auprès du tribunal criminel du département dans le territoire duquel elle s'assemblera.

VII. Le ministre de la justice aura, avec le commissaire du roi auprès de la haute cour nationale, la même correspondance qu'avec les commissaires du roi auprès des autres tribunaux.

VIII. Les grands procurateurs pourront agir, concurremment ou séparément, dans le cas d'une suspension momentanée et forcée des fonctions de l'un d'eux.

Ils auront une place distinguée dans l'intérieur du parquet, à la droite du tribunal, en face de celle occupée par le commissaire du roi.

IX. Un greffier sera établi auprès de la haute cour nationale. Il sera âgé de vingt-cinq ans au moins. Les grands juges le nommeront au scrutin. Il pourra choisir les commis nécessaires pour le service du tribunal, et il en sera civilement responsable. Ils prêteront, ainsi que lui, entre les mains des juges, avant d'entrer en fonctions, le serment d'être fidèles à la nation, à la loi et au roi, et d'exercer avec exactitude leurs fonctions.

Le greffier ne sera révocable que pour prévarication jugée ; mais ses fonctions cesseront avec celles du tribunal.

Son traitement, indépendamment des frais de commis, dont le nombre sera fixé par les juges, sera de 100 écus par mois.

X. Quatre huissiers seront établis auprès de la haute cour nationale ; ils seront nommés par les grands juges, et prêteront devant eux le même serment que le greffier et ses commis ; le traitement de chacun des huissiers sera de 125 livres par mois.

XI. Les grands juges, le commissaire du roi, le greffier et les huissiers, auront le même costume que les juges, commissaire du roi, greffiers et huissiers des autres tribunaux. Les grands procurateurs n'auront aucun costume.

XII. Dès que la haute cour nationale se séparera, les pièces et procédures des affaires jugées et terminées, seront incessamment transférées, à la diligence des grands procurateurs, aux archives de l'assemblée nationale.

XIII. La loi du 15 mai, concernant la haute cour nationale, sera exécutée dans toutes les dispositions auxquelles il n'a pas été dérogé par le présent décret.]

A la séance du 7 janvier, Delmas fit un rapport sur la question de savoir si les décrets relatifs à la composition de la haute cour nationale, devaient être sanctionnés. Il soutint l'affirmative et demanda la question préalable sur l'opinion contraire. Le rapporteur du comité de législation raisonnait ainsi : « Pourquoi les décrets d'accusation sont-ils exempts de sanction ? C'est qu'alors l'assemblée exerce le pouvoir judiciaire et devient haut-juré. Elle reprend le pouvoir législatif lorsqu'elle organise un tribunal, et alors la sanction redevient nécessaire. » — Lecointre-Puyraveau et Couthon s'élevèrent avec force contre la proposition du comité. — « L'ajournement que vous avez prononcé, disait ce dernier, m'a donné le temps de me convaincre de plus en plus de l'immoralité de ce système, puisqu'il tend à établir tous les pouvoirs dans les mains d'un seul homme. De toutes les propositions qui auraient pu être faites, il me paraît la plus dangereuse, la plus attentoire aux droits du peuple et la plus favorable au despotisme. » (Il s'éleva des applaudissemens dans l'assemblée et dans les tribunes.)

Bigot-Préameneu et Navier appuyèrent l'opinion du comité; après eux, Vergniaud parut à la tribune. En demandant l'ajournement de la question qu'il jugeait digne du plus profond examen, il dénonça l'existence d'un système ministériel, dont le but était d'embarrasser la marche de la Constitution; système qui s'était montré dans cette proclamation du roi, où le corps législatif était accusé d'avoir méconnu la Constitution; système qui se dévoilait encore dans la négligence à expédier les décrets sur l'impôt, et dans une foule d'autres démarches et omissions du ministère; système qui préparait à ces modifications de la Constitution, dont les intrigans préchaient déjà ouvertement la nécessité. A la dénonciation de ce projet, Vergniaud joignit le développement de cette pensée, savoir : que la Constitution avait voulu rendre indépendant du pouvoir exécutif tout ce qui con-

cerait la haute cour nationale. Il exhorta l'assemblée à examiner
si la doctrine du *veto* sur la haute cour, n'était pas une des principales branches du système ministériel qu'il venait de dénoncer.
— « Ce *veto*, s'écria-t-il, absoudrait les accusés de Coblentz ; ce
veto donnerait au roi le droit de grace en faveur, non pas de
coupables obscurs, mais de grands scélérats. Non, entre le
crime et l'échafaud, il ne peut pas exister de puissance rivale de
la justice. » — La discussion fut continuée au 9.

Ce jour, il se forma sur la terrasse des feuillans, des groupes
très-animés, d'où partaient les cris : *Point de sanction !* Brissot,
comme nous le lui avons déjà vu reprocher par Prudhomme,
soupçonna dans cette démarche une manœuvre des stipendiés
de la liste civile. Gorsas affirme au contraire que les plus bruyans
étaient ceux qui venaient forcer l'assemblée à adopter les projets du comité. « Ce serait un crime, dit-il, de ne pas faire
mention d'une petite phrase jetée à dessein de la tribune par
l'auteur du *Chant du Coq*. « On veut, s'est écrié M. Ramond,
gêner la liberté des opinions. Oui, messieurs, il y a dans les
Tuileries des gens qui vous crient de porter atteinte au droit de
sanction ! » On ne peut mentir avec plus d'impudence. Le comité
de police poursuit les embaucheurs d'applaudissemens, et les
coquins en seront pour leurs frais. » (*Le Courrier des 83 départemens*, n° du 10 janvier.) L'assemblée entendit, dans la séance
du 9, Gohier pour l'affirmative, et de Lagraverole pour la négative. Girardin déclara cette discussion impolitique, et demanda
l'ajournement. Il fut appuyé par MM. Isnard, Gensonné, Cambon, Ducos, Merlin, Grangeneuve, Dubayet et Lasource ; combattu par MM. Becquet, Ducastel et Ramond. L'assemblée ajourna
et chargea le ministre de la justice, sur sa responsabilité, de
faire exécuter le décret, relatif à la haute-cour, porté les 15 et
17 mai 1791, par le corps constituant. — Le 17, les grands
procurateurs informèrent l'assemblée de leur installation à Orléans ; ils la prièrent également de leur envoyer les pièces relatives aux différens décrets d'accusation.

Dénonciations contre Bertrand de Molleville.

Le 29 décembre, Cavelier, au nom du comité de marine, présenta, à la suite d'un rapport, des conclusions tendantes à déclarer que le ministre Bertrand avait perdu la confiance de la nation. Les tribunes accueillirent cette proposition par de longs applaudissemens.

Le 2 janvier, le ministre inculpé vint lire à la barre un mémoire justificatif. Il divisa l'accusation portée contre lui en cinq chefs et le comité de marine, ne lui en opposait qu'un, celui d'avoir annoncé que pas un seul officier de marine n'était absent; tandis qu'il y en avait près de deux cents. Il entra dans de longs détails sur ce qui n'était pas en question, et répondit par une dissertation sur le *mensonge officieux*, en ce qui concernait l'absence des officiers de marine. « Il a prétendu, dit Brissot, *Patriote Français* du 3 janvier, que s'il avoit trompé c'était pour le bien public. Le murmure général lui a appris que c'était une idée étroite et insultante, que de faire reposer le salut de la France, sur un mensonge. Il s'est perdu ensuite dans des calculs pour prouver qu'il n'y avait pas deux cents officiers absens, puisqu'il n'avait entendu parler que d'une certaine époque, etc., etc. Pitoyables excuses qui ont prouvé son embarras ! Son ton soumis d'ailleurs était assez adroit pour porter à la clémence. Deux vérités résultent de son apologie; d'abord, c'est que ce ministre est bien novice dans la marine, comme il l'a avoué; ensuite, c'est qu'il ne savait ni les anciennes ordonnances, parce qu'il les croyait abrogées; ni les nouvelles, pour la commodité des officiers de Coblentz. — Cette étrange justification était à peine finie que du fond d'une galerie partit une nuée d'applaudissemens assez extraordinaires pour les galeries anti-ministérielles. M. l'abbé Fauchet a révélé à l'assemblée le secret de cette énigme. (Voir plus haut notre note sur un article de Prudhomme.) Il a présenté une lettre signée d'un particulier connu, qui attestait que le ministre de la marine, pour appuyer *sa conscience irréprochable*, avait loué des battoirs et caserné des ouvriers à sa dévotion dans cette tribune.

— Le *factum* du ministre a été envoyé au comité de la marine. »

A la séance du 15, le comité de la marine, discuta le mémoire justificatif du ministre, et persista dans ses conclusions. — Parmi les nombreux orateurs qui prirent part à la discussion subséquente, Rouyer et Vergniaud la réduisirent aux termes les plus simples. Vergniaud disait : « Le ministre est convaincu de mensonge ; or un ministre menteur est indigne de la confiance de la nation ; donc, etc. » Plusieurs défenseurs du ministre cherchèrent à réfuter la majeure de Vergniaud ; Serres, membre du comité de marine, la démontrait ainsi : « Le ministre n'est pas coupable parce qu'on l'accuse, mais parce qu'il s'accuse lui-même. Son délit est constaté par deux pièces sorties de sa main. Dans une proclamation contre-signée de lui, il convient que beaucoup d'officiers ne sont pas à leur poste ; et il a dit à l'assemblée nationale, et il a imprimé sous son nom, qu'aucun officier de marine n'a quitté son poste. Il a donc trompé l'assemblée nationale. » Rouyer, demandait le décret d'accusation ; il rappela la persécution récemment exercée contre Bonjour. (Voir l'*Histoire parlementaire*, avril 1781.) « Son prédécesseur, dit Rouyer, lui a légué sa haine contre un commis qui avait osé dénoncer un ministre fripon, et il lui a légué le soin de sa vengeance. Il faut convenir que M. Bertrand a bien rempli son attente, puisqu'il a osé ôter son état à un père de famille que l'assemblée constituante avait mis sous la sauve garde de la loi. » — « A peine l'orateur avait-il quitté la tribune, dit Gorsas, numéro du 14 janvier, que la salle se remplit d'une fumée épaisse........... Les ministériels profitent de cette circonstance..... « Nous étouffons, s'écrient-ils, nous étouffons.... Levez la séance... » Les patriotes, indignés d'un tel subterfuge, ont fait ouvrir les fenêtres. *Il n'est pas inutile d'observer qu'un des panégyristes de M. Bertrand, le sieur d'Haussy, est chargé de la direction des postes.* » — Brissot, *Patriote Français* du 14, remarque à ce sujet qu'il avait fallu décréter qu'on décréterait nonobstant la fumée. « Cependant, poursuit-il, avec ces manœuvres, on était arrivé à cinq heures et demie ; la faim pressait, et la faim est un mauvais conseiller, quand il

s'agit de prendre une décision vigoureuse ; on a épouvanté les
ames timorées de la crainte de rendre des décrets trop préci-
pités ; et l'ajournement proposé a été adopté.

A la séance du 19, le ministre lut un nouveau mémoire justificatif. Sa principale argumentation consistait dans une distinction,
dans *une pauvre petite chicane*, comme dit Brissot, sur le mot
poste. « Peu importe, ajoute-t-il, la manière dont M. Bertrand
entend les mots, car ce n'est pas ici une discussion grammaticale.
Toute la question se réduit à ceci : les officiers devaient-ils ou non
être à Brest ? S'ils devaient y être, Brest est leur *poste ;* s'ils n'y
étaient pas, ils n'étaient pas à leur *poste*, et le ministre est un
imposteur, quel que soit le sens qu'il attache à ce mot.—(*Patriote
Français* du 20 janvier).—Cette affaire fut terminée à la séance du
1er février ; nous la placerons ici, afin de ne pas revenir sur cette
première accusation.

SÉANCE DU 1er FÉVRIER.

[M. *Cavelier*, rapporteur. Votre comité de marine a lu avec
attention la dernière lettre du ministre ; il y a trouvé des motifs
de persister dans son opinion : il croit que le ministre est répréhensible de n'avoir pas mis plus tôt à exécution la loi sur l'organisation de la marine, et que c'est ce retard qui a été cause de la
défection d'un grand nombre d'officiers. Une copie en forme de
l'expédition de la dernière revue de Brest, prouve qu'à cette revue
il n'y avait qu'un capitaine, un major, treize lieutenans, tandis
qu'il y a plus de sept cents officiers attachés à ce département.
Soit ensuite que le ministre entende par poste la présence dans
le royaume, soit qu'il entende par ce mot l'exercice de fonctions
actives dans les ports et arsenaux, il en résulte toujours qu'il a
voulu dissimuler des désertions réellement existantes. Il est répréhensible encore d'avoir donné des congés dans des circonstances où son prédécesseur les avait suspendus, parce qu'en effet
il était nécessaire de les suspendre pour parvenir à effectuer l'organisation de la marine ; il est répréhensible surtout d'avoir accordé des congés pour des prétextes ridicules : par exemple

d'avoir donné un congé pour aller en Hollande à un inspecteur-général de la marine, qui, par la nature de ses fonctions, devrait toujours être en tournée ou à Paris, et cela parce qu'il ne pouvait vivre à Paris avec 50,000 liv.; d'avoir donné des congés à plusieurs autres, parce que les troubles de Brest ne leur permettaient pas de rester en fonctions, et il est prouvé qu'alors tout était rentré dans l'ordre.

Votre comité persiste donc à vous proposer de déclarer au roi que son ministre de la marine a perdu la confiance de la nation.

M. *Grangeneuve.* Je pense que ce n'est point une pareille décision qu'il convient à l'assemblée de rendre, mais bien un décret d'accusation. (Une partie de l'assemblée et les tribunes applaudissent.) Vous permettrez que l'on vous rappelle l'état de la question : vous aviez rendu un décret contre les émigrés rassemblés au-delà du Rhin; le roi a refusé son consentement à ce décret. Le ministre de la justice vint vous annoncer le *veto* du roi; à vouloir en expliquer les motifs. Sur le refus de l'assemblée d'entendre ces explications, le ministre se borna à dire que les mesures prises par le roi produiraient le même effet. Le ministre de la marine ajouta de son côté en propres termes, quant à son département, « que les mesures prises par sa majesté rendraient le décret inutile. » *Le Moniteur* rend compte de cette séance; il rapporte fidèlement ce qu'a dit le ministre. Sur cela le ministre de la marine écrivit au rédacteur une lettre dans laquelle il dit « qu'aucune mesure n'a été prise dans son département, parce qu'aucun officier de la marine n'avait quitté son poste. » On s'est étonné que le ministre ait pu attester qu'aucun officier n'avait quitté son poste, alors même que l'émigration des officiers de la marine était notoire. On a vu avec peine encore le ministre être réduit à chercher sa justification dans une discussion grammaticale sur le mot poste. J'avoue que je n'ai pas été satisfait de ces réponses.

Au mois d'octobre le roi écrivit une lettre à tous les commandans des ports; elle fut contresignée Bertrand. Par cette lettre le roi invite tous les officiers émigrés à rentrer, et leur dit qu'il

est de leur devoir de rester fidèlement à leur poste. Si aucun
n'eût quitté son poste, à quoi eût servi cette lettre? N'est-il pas
évident qu'alors le roi et le ministre lui-même entendaient par
le mot poste ce qu'entend la France entière, la résidence ordonnée par la loi? Il y a quelque chose de plus fort : dans son
premier discours à l'assemblée nationale, le ministre dit : « Je
sais trop bien qu'un grand nombre d'officiers ont abusé de leurs
congés ou de la faculté de s'absenter pour émigrer. » Or, comment un ministre qui sait très-bien que des officiers ont abusé de
leurs congés, dit-il qu'ils n'ont pas quitté leur poste?

Si je n'avais cependant que ces considérations à vous présenter, je ne me déterminerais pas à vous proposer un décret
d'accusation; mais en voici bien de plus importantes:

Le ministre a constamment éludé l'exécution du décret relatif
à la nouvelle organisation de la marine; le ministre n'est donc
pas excusable, parce qu'il vous a dit, le 31 octobre, qu'il était
bon d'ajouter à la loi quelques articles additionnels. Lorsque les
deux pouvoirs ont fait une loi, il est révoltant, il est scandaleux
qu'un ministre se croyant à lui seul plus de sagesse que n'en ont
mise dans la confection de la loi les deux autorités supérieures,
se mette au-dessus d'elles, et que, sous le prétexte de quelques
articles additionnels, il suspende l'exécution d'une loi que les
représentans de la nation et le roi ont jugée suffisante et indispensable. (On applaudit.)

Dans la lettre adressée au Moniteur, le ministre a dit : Qu'un
grand nombre d'officiers émigrés n'avaient quitté leur patrie que
parce qu'ils y avaient été forcés par les attentats commis contre
les personnes et les propriétés, et qu'ils n'y rentreraient que
lorsque l'ordre et la tranquillité seraient rétablis en France. »
Ainsi le 14 novembre il excusait les officiers émigrés; tandis
que, dans une proclamation du 12 novembre, le roi disait à ces
émigrés « qu'il voyait avec douleur une conduite qui seule pouvait contribuer à troubler la tranquillité publique; qu'on n'avait
plus le droit d'accuser les troubles de sa patrie, lorsqu'on en
était la seule cause; de gémir sur l'inexécution des lois, quand

soi-même on donnait l'exemple de la désobéissance; que lui-même leur *garantissait*, au nom de la loi, s'ils rentraient dans le royaume, *la tranquillité et la sûreté.* »

Croyez-vous encore que nous le jugeons par prévention? Non; car il vous a manifestement déclaré quelles sont ses intentions; il vous a dit : « J'ai fait la liste de la nouvelle organisation; j'y ai placé plusieurs des anciens officiers, tous ceux que j'ai cru pouvoir y être utiles. Je sais que l'opinion publique en désigne beaucoup comme émigrés; mais je n'en ai pas de preuves, et d'ailleurs j'ai espéré qu'ils rejoindraient leur poste quand ils sauraient qu'ils y sont appelés. » Voici donc une intention bien formelle du ministre que j'attaque, parce qu'elle est contraire à la loi.

Comment a-t-il l'audace de vous dire qu'il confiera le commandement de vos forces navales à tous les émigrés qui voudront revenir, lorsque la loi du 15 décembre 1790, confirmée par plusieurs subséquentes, ordonne précisément le contraire? Cette loi porte que « tous Français fonctionnaires publics, recevant une pension ou traitement quelconque de l'Etat, qui ne seront pas présens et résidens dans le royaume, et qui n'auront pas prêté le serment civique après la publication de cette loi, et qui ne seront pas retenus hors du royaume par une mission du gouvernement, seront, par le seul fait de leur absence, déchus *de tous grades et emplois.* » Bien loin d'exécuter cette loi, il est prouvé que le ministre a retardé l'organisation de la marine pour donner aux émigrés le temps de rentrer. Comment après une résistance à la loi si bien combinée, si publiquement avouée, le corps-législatif n'accuserait-il pas l'agent qui s'en est rendu coupable? S'il se déterminait à pardonner, je verrais dans cette détermination le découragement du peuple, qui toujours a été ruiné par les ministres, et à la vengeance duquel les ministres ont toujours su échapper par des subterfuges, par des acceptions à double sens, par des astuces. Si malheureusement ils avaient encore dans l'assemblée nationale les mêmes avantages, la nation perdrait tout espoir. (On applaudit.) Si un ministre peut impunément déclarer qu'il ne veut pas la loi, s'il peut calomnier le

peuple pour donner aux émigrés des excuses, aux puissances
étrangères le prétexte de dire que tout est bouleversé en France,
et l'occasion de prêter l'oreille aux insinuations de ces monstres
de Condé et d'Artois (les tribunes applaudissent), si, dis-je,
cette connivence entre les rebelles et l'un des agens du pouvoir
exécutif reste impunie, alors la confiance de la nation dans ses
représentans élus va disparaître, le peuple se livrera à l'abatte-
ment, ou peut-être, ce qui aurait des conséquences bien plus
funestes, son ressentiment le portera à des mouvemens d'insurrection...... (Les tribunes applaudissent. — Il s'élève de très-
grandes rumeurs dans l'assemblée. — M. le président rappelle
M. Grangeneuve à l'ordre. — Une partie de l'assemblée insiste
pour qu'il soit noté au procès-verbal. — Elle est très-agitée. —
Enfin la voix du président parvient à rétablir l'ordre.)

M. le président (Guadet). Puisqu'enfin, après une demi-heure
d'efforts, je parviens à me faire entendre, je dois, après avoir
rappelé l'orateur à l'ordre pour avoir pu croire que le peuple
français régénéré était capable de se porter à des mouvemens
d'insurrection, je dois, dis-je, rappeler enfin à l'ordre tous les
membres qui m'ont aussi long-temps et aussi indécemment interrompu. (Une grande partie de l'assemblée applaudit. — De
violens murmures éclatent dans la partie que M. le président a
désignée.) Si le président de l'assemblée nationale peut être menacé, si on peut lui porter le poing au nez, je ne sais ce que de-
viendront vos délibérations.

On remarque un soulèvement général.

Un grand nombre de voix: A l'Abbaye les ministériels! à l'Abbaye M. Genty!

M. le président. J'aime infiniment mieux que tous les membres
se pénètrent à la fois de leurs devoirs de représentans de la
nation et de la soumission qu'ils doivent à leur réglement, que de
voir donner une suite à cette affaire. Je les prie donc tous de
faire pour moi l'oubli absolu de tout ce qui s'est passé.

M. Grangeneuve. Je rends également hommage et à la dignité
de l'assemblée quand elle me rappelle à l'ordre, et à sa bienveil-

lance quand elle me conserve son attention. Si on ne m'eût pas interrompu, on aurait vu que j'entendais parler d'une insurrection de la nation entière. Je ne vois comme elle que désordre dans l'insurrection d'une portion du peuple; je vois un noble soulèvement dans l'insurrection de la nation entière.

J'ai donc pensé que c'était un décret d'accusation qu'il fallait porter contre le ministre de la marine, plutôt qu'une déclaration à faire au roi qu'il aurait perdu la confiance de la nation. La faculté de rendre des décrets d'accusation est un droit qui vous a été délégué par le peuple; il n'est en votre pouvoir de négliger l'exercice de ce droit pour suivre une mesure qui n'est pas indiquée par la constitution, et dont l'événement est incertain; car une démarche qui ne produit aucun effet tend toujours à diminuer la considération de l'autorité qui y a eu recours.]

Le discours de Grangeneuve fut suivi d'une longue dissertation de Daços en faveur du projet du comité. Quatre-Mère vint ensuite plaider pour le ministre. Nous ne pouvons trouver dans son discours une seule raison pour ou contre la question elle-même.

[*M. Isnard.* Je demande qu'on entende quelqu'un pour le ministre; car M. Quatre-Mère a parlé contre l'assemblée, contre ses comités, contre les tribunes, sans rien dire en faveur du ministre.

La proposition de M. Isnard est unanimement adoptée.

M. Lagrevole. Je ne parlerai point de la lettre au *Moniteur*, un ministre ne peut prévariquer que dans l'exercice de ses fonctions. Quant aux congés, pour pouvoir accuser le ministre, il faudrait désigner les lois d'après lesquelles chacun d'eux peut être regardé comme illégitime; on n'a fait à cet égard qu'une inculpation vague. Il a aussi communiqué à l'assemblée les motifs qui lui paraissaient devoir faire différer l'organisation de la marine, et le silence de l'assemblée me paraît l'avoir suffisamment autorisé à ce délai. Je demande donc que vous ne preniez pas une mesure qui pourrait n'avoir d'autre effet que de diffamer le ministre, ou même d'ôter la considération à l'assemblée.

On ferme la discussion.

La proposition du décret d'accusation est rejetée à une très grande majorité.

Sur le projet de décret du comité, deux délibérations successives ne donnent aucun résultat.

On passe à l'appel nominal.

L'assemblée décide, à une majorité de 208 voix contre 155, qu'il n'y a pas lieu à délibérer sur le projet du comité de marine.

La séance est levée à minuit.]

Il se manifesta en cette circonstance une tendance d'un caractère tout nouveau dans les habitudes de la presse révolutionnaire elle-même. On pouvait déjà prévoir à quelle responsabilité personnelle les mandataires du peuple seraient progressivement assujétis. Tous les journaux patriotes publièrent la liste des députés qui avaient voté pour et contre le ministre de la marine. Nous citerons là-dessus les *Annales patriotiques* du 5 février.

Les faux amis du peuple et de la justice, dans l'assemblée nationale, démasqués pour toujours par l'appel nominal.

" Ceux qui, dans cet appel, ont voté pour le ministre Bertrand et son impunité, sont à coup sûr pour la plupart des hommes corrompus, faux et menteurs comme le ministre lui-même, et susceptibles comme lui de trahir la cause du peuple à la moindre occasion; c'est parce qu'ils ont senti dans leur conscience qu'ils étoient capables de la même imposture et des mêmes trahisons, que leur indulgence s'est portée sur l'homme avec lequel ils avaient la même identité de principes. (Ce rapprochement est pris dans le fond du cœur humain.) La plupart d'entre eux ont regardé les délits du ministre contre la nation comme des peccadilles; les autres, vendus dès long-temps à la cour, n'ont pas daigné seulement raisonner avec eux-mêmes sur ce vote; et d'autres enfin, tremblant au seul nom de ministre, et n'ayant aucune idée de la dignité de représentant de la nation, ont craint s'ils votaient contre un ministre!!! Nous recommandons à leurs combettant tous ces votans ministériels, qui mèneraient la nation à sa ruine entière par leur lâcheté et leur indulgence criminelle, si nous n'avions pas lieu d'espérer que les députés absens, lors de la décision de cette affaire, au nombre de près de trois cents, seront plus exacts dorénavant. Voici le nom des lâches votans : chaque district et chaque département reconnaîtront le leur. Nous soulignerons les plus fourbes et les plus ministériels.

» Adam, Adam ; Amat, Anseaume, Aveline, Bûert, Baillие, Bigot, Belle, Belleroche, *Beugnot*, *Bigot-Préameneu*, de Paris, Blanchard, Bonnemère, Bosc, Boullenger, Rousquet, Bravet, Bremontier, Bruley, *Brunck*, créature du cardinal Collier, *Calvet*, Caminel, Carlier, Carlot le jeune, Caubère, Champion, Chaneau, Chazot, Cheron, Chevalier, Chiral, Claye, Codet, Colland, Consтаns, Coppens, Coube, Couget, Croichel, Croizat, Crublier d'Opterre, Cuel, Cumin, Dathourette, Danthon, Duchesteau, de Drangès, de la Foud, Detailhe, Dupere, Derrien, Deschamps, Desportes, Desprez, Destrem, Dongois, Dartаy, Douyet, Duchel, Dumas, Dumolard, Dupertuis, Duval de Vitré, Duvant, Duvoisin, Escanyé, Esperon, Fabre de Carcassonne, Faure, Fayolle, Ferrab, *Follsey*, *Forfait*, Fossart, Fouquet, François, François de Bonneville, Gastellier, Gausserand, Genty, Germain, Girard, Giraud, Golzard, Goubert, Goujon, Gouvion, Gros, Grégoire, *Guffaui*, Gaston-Morveau, Hamassem, Hebert de Plety, Heuret, Henry, Hochet, Hugau, Ilo, *Jahan*, Jouvial, Jouffret, *Jouneau*, Juglar, la Bastie, Ducépille, Lacrelelle, Lalande, Lafont-Saint-Didit, Lafont, Lagrévol, la Rochelle, Lambert de Lattrebeuil, Ramon, Longiou, Langlois, Lassubathie, Lasigny-le-Bœuf, le Coincre-Puyravaux, Leconte, le Gras, le Jeune, le Maître, Lemaître, *Lemenley*, le Pigeon, Leroi de Bayeux, Leroi de Flагу, Letailleur, Letellier, Lecavasseur, Loyeux, Lozeran, Lucas, Lucy, Maignen, Marzières, Marpraie, Matas, Marchand, Marie Deprades, Martinecour, Massart, Massey, Manuel de Strasbourg, Mayerne, Menaid, Menville, Meunier, Michel, Méthon, Moisner, Montia-Desilles ;

Moreau, Morel, Nogaret, Paillet, Petit, Philibert, Pierrot, Pieyre, Pillaut, Poitevin, Pomiers, Pouget, Prouveur, *Quatre-mère*, Quatresols, Quesnay, Rafin, Rameau, *Ramond*, Regnault, Rever, Ribes de Perpignan, Rivoalan, Rechoux, Regniat, Rouède, Rousseau, *Rubat*, de Belay, Ruet, Sage, Sancerre, Savoneau, Sedillez, Servière, Solomiac, Soret, *Tarbé*, Tavernel, *Térède*, Tesson, Theule, Thevenet, Thevenin, Triel-Pardaillan, Tronchon, Turpetin, Verneuilh, Vaublanc, Voysin, Waelterle, Brulley, Robecourt, Greau, Michaud. »

Accapareurs de sucre. — Incendie de la Force. — Réclamations sur le prix du pain. — Émeutes.

Tous les journaux, moins ceux des royalistes et des feuillans, s'accordent à rattacher les mouvemens qui éclatèrent vers la fin de janvier, à la conjuration dont nous avons parlé plus haut, et dont le but était d'enlever le roi. Le *Patriote-Français*, l'*Orateur du Peuple*, les *Annales Patriotiques*, les *Révolutions de Paris*, la *Courrier des quatre-vingt-trois Départemens*, le *Journal Universel*, tous crient à la provocation. La plupart insistent à peine sur les faits et dissertent. Carra et l'*Orateur du Peuple*, citent un article du *Moniteur*, et le commentent très-favorablement. Prudhomme, apprécie longuement cette tentative, et démontre l'identité du complot sous chaque incident de la semaine écoulée, avec une logique et une vraisemblance qui durent convaincre bien des gens. Brissot et Gorsas, sont ceux dont les feuilles renferment le plus de faits. Nous y puiserons nos extraits :

Du samedi 21 janvier. — « Hier, le peuple du faubourg Saint-Marceau, a enfoncé un magasin appartenant, dit-on, à M. Dandré, et le sucre qui y était accaparé, a été vendu 24 sous la livre. Tous ceux qui en ont pris l'ont fidèlement payé!

» Pendant la nuit, le feu a pris à la prison de la Force, et y a causé de grands ravages. Quoiqu'une partie considérable de la prison ait été détruite par les flammes, il ne s'est évadé aucun prisonnier. On accuse un ecclésiastique d'être l'auteur de l'incendie. » (*Patriote Français* du 22 janvier). — « On donne divers

motifs aux incendiaires ; les uns prétendent que l'abbé Bardi, condamné au supplice, était l'auteur de cet incendie. Le plus grand
nombre croit que quelque main puissante a voulu faire périr dans
les flammes le sieur Lamotte qui s'était constitué prisonnier. Il
paraît probable que ce mouvement était plus étendu puisqu'il y a
eu en même temps commotion à Bicêtre. » (*Gorsas*, numéro
du 22).

» Ces deux événemens arrivés le même jour dans les faubourgs
Saint-Antoine et Saint-Marceau, paraissent concertés. Le but
était sans doute de porter la force publique de ces deux côtés, et
de profiter de la diversion. Ainsi, au 28 février, on fit porter la
garde nationale à Vincennes, tandis que les conspirateurs étaient
rassemblés aux Tuileries. Il est impossible de douter que les desseins des ennemis de la révolution ne soient d'exciter un grand
mouvement dans Paris, pour exécuter le complot que nous avons
dénoncé, ou quelque autre du même genre. Nous allons rapprocher une foule de faits qui viennent à l'appui, et qui nous sont
communiqués par des correspondans sûrs.

» Il paraît certain que l'on fait fondre à grande hâte les vaisseaux d'or et d'argent, les bijoux même des Tuileries ; l'on y
manœuvre quelque grande entreprise. Nombre d'anciens serviteurs, après avoir manifesté qu'ils croyaient le roi ami sincère
de la Constitution ; n'ont pas tardé à recevoir leur retraite........
sans récompense, sans pension.

» La reine reçoit dans ses petits appartemens des gens obscurs. On a remarqué que ceux-ci en sortaient avec la contenance
de gens qui se croyaient devenus importans.

» De jeunes officiers attachés aux troupes de ligne maintenant sur la frontière, quittent leur poste pour venir prendre
place dans la garde du roi. On s'aperçoit d'autre part que des
militaires sans fortune, et servant au château, se répandent chez
les marchands de Paris, s'y impatronisent, piquent la table de
ces bonnes gens qu'ils flattent, entrent dans leurs secrets, et
font des emplettes en gros, qu'ils paient comptant.

« Un marchand a vendu dernièrement à un homme tenant au

château un reste de marchandise, branche qu'il tenait en magasin depuis vingt ans. La valeur de cet achat s'élève à plus de
150,000 liv.; sur quelques mots de l'acheteur, on a découvert
qu'il avait tiré du trésor national, les assignats qui ont servi à le
payer.

» Il y a un murmure au château qui se grossit et se forme.
Ce murmure est le prochain *enlèvement* du roi, qui ne sera
connu qu'après quarante heures de marche... Il est impossible
d'avoir l'idée des moyens qui assureront ce secret.

» On croit seulement qu'il est question de Metz; le nom de
Metz, revient à chaque minute, avec des signes de mystère et de
joie. Des hommes venant, allant à Metz, entrent, se cachent, parlent secrètement aux faiseurs.

» Voici un fait qu'on peut regarder comme constant : des hommes suspects et très-zélés partisans de l'ancien régime, se rendent en foule à Paris. Un de ces jadis nobles décorés de la croix
de Saint-Louis, descend chez M. Blondeau, rue Croix-des-Petits-Champs, à l'hôtel du Dauphin. Sa malle était à peine dans
une des chambres de cet hôtel, qu'arrive un autre chevalier, qui
lui glisse quelques mots à l'oreille, et qui ensuite lui dit, à haute
voix : je ne souffrirai pas que vous restiez ici, j'ai un logement
pour vous. Le chevalier voyageur prend sur-le-champ congé de
l'hôte, et dit au domestique de l'auberge de prendre sa malle et
de le suivre. Le domestique obéit, et est conduit, en quel endroit? au Louvre, dans de petits appartemens au-dessous du cadran ; et qu'y voit-il? — Quinze à vingt lits, quinze à vingt chevaliers entassés dans ce réduit... Nous laissons au lecteur le soin
de faire sur ces circonstances, les réflexions que le moment présent peut suggérer. » (*Patriote Français* du 22 janvier).

Nous lisons dans Gorsas, numéro du 25: « L'expédition du
faubourg Saint-Marceau, a jeté l'épouvante chez les accapareurs
et dans l'âme de ceux qui leur louaient des magasins. L'avant-der-
nière nuit, les patrouilles rencontraient de toute part des voitures chargées de sucre, de castonade (nous copions) et de caffé :
dans beaucoup de magasin, il n'est resté que la soude accaparée.

— Ce qui prouve que l'incendie de la Force est le résultat d'un complot, c'est qu'au même instant une foule de libelles ont été affichés dans tous les coins de la capitale ; l'un intitulé : le *journal du peuple*, ou plutôt *prospectus* dudit journal qui porte le nom de Boyer de Nîmes, que la crainte du supplice a chassé de cette ville, et qui s'est réfugié à Paris, dans les bras du méprisable Tessier se disant baron de Marguerites, complice de toutes les horreurs dont Tessier avait infecté Nîmes. L'autre libelle est intitulé : *adresse à l'assemblée nationale*, signée en apparence par des marchands et des artisans inconnus se disant membres de la *garde citoyenne*. — Cette adresse a pour but de soulever le peuple contre les sociétés patriotiques que l'on confond avec les brigands qui infectent la capitale, et qu'on accuse d'être les complices des voleurs et des assassins. — On nous assure que l'auteur de toutes ces infamies est ce *Teignerette*, se faisant appeler *Dubut-de-Long-Champ*, dont les princes colons se sont servis, il y a environ un mois, pour faire éclore ou pour étayer leurs détestables manœuvres. « (Il avait présenté, à la séance du 13 décembre 1791, une pétition dans laquelle il accusait les amis des noirs de tous les désastres des colonies.) Gorsas traite cet homme d'escroc, et annonce des pièces probantes que nous empruntons à son numéro du 24.

« TRIBUNAL CRIMINEL DU PREMIER ARRONDISSEMENT.

« Une des mille escroqueries commises par *Dubut-de-Long-Champ*, complice et organe des princes colons, et qui s'est présenté à la tête de l'une de leurs députations à l'assemblée nationale, qui lui a accordé les honneurs de la séance, après beaucoup d'applaudissemens (article inséré pour l'édification publique).

« *Dubud de Latteignerette*, se faisant appeler de Long-Champ, auteur de plusieurs libelles, couvert, accablé sous le poids de l'infamie, est, comme l'on sait, l'un de ceux que les planteurs blancs ont mis en évidence dans l'affaire des colonies, et pendant qu'Aupoix de Rouen signait des adresses et des placards que l'indignation publique traînait dans la fange, Dubut avait l'indécence de se présenter à l'assemblée nationale, et d'y prononcer un discours applaudi des feuillans. Enfin, il jouissait des honneurs de la séance pour prix des lâches impostures qu'il venait de débiter. A cette époque nous avons pris date pour arracher le masque à ce fripon effronté, qui est membre de la garde nationale, et y a même, dit-on, le grade d'officier. Voici l'une des plus légères peccadilles de ce libelliste, auquel on attribue la plus grande partie des horreurs qu'on voit afficher dans la capitale.

« FAITS. M. Soyez, marchand bijoutier, confie à Marie Poiret femme Pougin, couturière et bonne amie de Dubut-Latteignerette (se disant *Dubut-de-Long-Champ*), 1° un solitaire ; 2° un médaillon avec son anneau ; 3° une paire de boucles d'oreilles dites indiennes ; 4° une lettre majuscule T, le tout en brillans ; 5° une montre à répétition de grand modèle, avec des cercles de brillans ; 6° deux montres d'or émaillées en bleu, étoffées d'or, et enrichies de diamans et de perles ; 7° une chaîne d'or à barrette, enrichie de diamans, le tout montant à dix-sept mille cinquante livres. Ces objets sont remis pour être vendus dans le commerce, et la remise s'en fait le 24 novembre 1788. La bonne amie Pougin va trouver le bon ami Dubut, elle partage avec lui, mais avec cette probité dont les fripons se piquent. Ce point de justice distributive rempli, elle porte au Mont-de-Piété sa part desdits bijoux et en retire un peu moins de 3,000 liv. Observez que ces placemens se font le même jour où M. Soyez a remis lesdits bijoux, pour les placer dans le commerce.

« Et le lendemain, 25, l'organe de nos princes colons auprès de l'assemblée nationale, place audit Mont-de-Piété sa quote-part, qui consistait en la lettre T de diamans : *idem,* dans la paire de boucles d'oreilles : *idem,* dans le solitaire. Plus adroit ou plus fripon, il en retire 3,300 liv ; *donc* quelques centaines de livres de plus que sa bonne amie et associée Pougin. Ce *placement* se fait le 25 novembre, c'est-à-dire le lendemain de la remise faite par M. Soyez. Cicéron, dans son traité de l'*Amitié,* dit : *Un partage égal de sentimens, d'affections, de devoirs doit exister entre deux* amis. Dubut de Latteignerette, qui a lu son Cicéron, et qui sait par cœur ce *sublime Traité*, s'empresse de remettre à sa chère amie Pougin sa reconnaissance, sans doute à la suite de quelques baisers affectueux. La bonne amie l'accepte et la vend 600 fr. à un sieur Beg, qui devient par-là propriétaire des bijoux escroqués par Dubut et la femme Pougin. Tout va le mieux du monde : l'ami et l'amie n'ont plus qu'à se livrer aux doux épanchemens de leur mutuelle tendresse, lorsque M. Soyez a la dureté de les troubler, et demande compte de ses bijoux. La femme Pougin, poursuivie, offre quatre billets de Dubut de Latteignerette (1) avec son endos. La chicane s'en mêle; mais la remise des bijoux étant constante et l'escroquerie manifeste, le tribunal du troisième arrondissement condamne, vers la fin de l'année dernière, c'est-à-dire trois ans après le crime commis, la bonne amie Pougin à être attachée au carcan depuis midi jusqu'à deux heures, afin que le bon ami ait le temps de jouir de ses charmes, *rehaussés* par ce collier de quatre pouces, et par un écriteau portant ces mots :

Courtière infidèle et escroc.

> Le receleur est pire que le voleur : c'est un axiome; mais l'application est sujette à varier; il faut pour cela que les *conditions* des parties *volantes et recelantes* soient égales; or, le bon ami tenant à une famille honorable, dont il était le premier fripon (2), a subi un jugement moins rigoureux, mais *aussi déshonorant*. Convaincu de complicité et d'escroquerie, l'associé de la Pougin a été condamné à être mandé à l'audience, et là, à haute et intelligible voix, à être blâmé publiquement comme complice d'escroquerie, défense de récidiver, sous peines *corporelles*; amendé de trois liv., et solidaire avec sa bonne amie Pougin pour le paiement de 17,050 liv.; affiches qui constatent l'escroquerie, etc. *Ecce homo*, voilà.

(1) Deux étaient échus, et, ce qui prouvait la friponnerie de la Pougin-Dubut, c'est qu'aucune poursuite n'avait été dirigée contre le bon ami. D'ailleurs le bon ami était alors propriétaire d'un arrêt de surséance. (*Note de Gorsas.*)

(2) Pour se faire valoir, on assure que Dubut de Latteignerette se dit bâtard de Louis XVI; voilà pourquoi il dit : *Je suis royaliste; si cela était, on pourrait dire qu'il chasse de race.* (*Note de Gorsas.*)

l'homme que les princes colons se sont associés ; *voilà* l'**homme**
qu'ils ont invité à être l'organe de leurs intérêts ; *voilà* l'**homme**
dont le gouvernement se sert pour faire circuler ses placards et
ses libelles ; *voilà* l'homme que la garde nationale a souffert et
souffre encore, dit-on, dans son sein ; voilà enfin ce fameux *Dubut-de-Long-Champ*, AUQUEL NOUS DÉFENDONS DE NIER CE PETIT
ÉCHANTILLON DE SES GROSSES FRIPONNERIES.

; *Nota.* La bonne amie Pougin a appelé de la sentence au tribunal du troisième arrondissement ; quant au bon ami Dubut, il
se tient pour bien *blâmé*, bien *amendé* ; il dit, à l'instar d'un certain cocher de fiacre : *Cela m'empêchera-t-il de faire claquer mon
fouet, d'exercer mon métier de libelliste, d'escroc, de fripon ?.....*
Sur la négative, il continue. Ceux qui douteraient de ces échan-
tillons, sont invités à les vérifier aux tribunaux du troisième et
du premier arrondissement. »

Nous reprenons la suite des événemens. Gorsas, dans le numéro où nous avons pris les renseignemens précédens, inséra
un acte de garantie et d'assurance mutuelle que venaient de
faire placarder les épiciers. Après avoir distingué « entre l'homme
qu'on appelle l'*épicier des Tuileries* et les épiciers honnêtes, »
Gorsas loue la démarche qu'ils ont faite, et transcrit leur contrat. Voici cette pièce.

« Les négocians soussignés, considérant que, dans ces circonstances orageuses, le commerce pourrait éprouver de grands
dommages, ont arrêté, pour y remédier, de venir au secours
les uns des autres, soit pour la conservation de leur fortune,
soit pour celle de leur crédit ; en conséquence, les soussignés ont
arrêté de former une souscription pour la somme qu'ils sacri-
fient à *l'intérêt commun*, et en faire une masse telle que la fortune
et le crédit du négociant soit à l'abri de tout événement. Les négocians assemblés nommeront aussi entre eux six membres qui
se réuniront en comité pour seconder, autant qu'il sera en leur
pouvoir, ceux qui seraient embarrassés par le défaut de confiance, et les aider, si faire se peut, dans les négociations ; en
conséquence, les soussignés souscrivent de venir au secours de

ceux qui auraient supporté quelque perte pour cause d'insurrection, dans tels lieux de la France qu'ils soient établis, pourvu qu'ils justifient de leur propriété. *Paris, ce 21 janvier 1792.* »

Gorsas continue ainsi : « Au moment où nous émettons des idées de paix, et où nous transcrivons cet arrêté, l'appel bat par tout Paris ; le peuple s'est porté sur plusieurs magasins des faubourgs ; l'effervescence est générale, et la tranquillité publique est en danger. Partout la garde nationale prend les armes, et l'on voit avec plaisir les citoyens en habit bourgeois, et des braves gens du peuple se faire un devoir de se placer dans les rangs, de manière que la force publique se trouve doublée. On ne doute pas au surplus que cette effervescence ne soit *payée*, et n'ait pour but quelque complot des Tuileries.

» Aux faits incontestables qui démontrent la fuite prochaine de Louis XVI, nous ajouterons celui-ci, cité et attesté par M. Lebrun. — Madame de Tarente, favorite de la reine, est partie, il y a deux jours, pour Bruxelles, quoiqu'elle fût en activité de service ; et lors de la fuite de Montmédi, le 21 juin, madame de Tarente était partie quatre ou cinq jours auparavant pour Bruxelles. — Mais où est la possibilité que le roi puisse partir, en le supposant même investi de sa garde ? — Où est cette possibilité ? Eh ! hommes aveugles, faut-il donc vous rappeler mille et mille fois les exemples fameux de Pisistrate et du czar Pierre ? en voulez-vous un plus récent ? En 1772, sans émeutes, sans insurrection, sans tous ces moyens d'une politique infernale, le roi de Pologne a été enlevé (enlevé *de force*) par vingt conjurés, à l'instant où il sortait du spectacle ; et alors il y avait, indépendamment des autres troupes, quinze mille Russes à Varsovie.

— » Nous apprenons à l'instant qu'un magasin de sucre, sis à la Lavette, au coin de la rue Saint-Denis, a été enfoncé et pillé au moins en partie. Le maître de ce magasin est accusé d'être l'un des trois accapareurs qui ont des dépôts aux petites-écuries du roi. — Un autre a été aussi attaqué, et au moins endommagé, rue Beaubourg, dans la maison où le fameux scélérat *Desruêt* avait sa boutique et ses ateliers. On assure aussi que la même fermentation existe dans les faubourgs. Des malveillans se pressent dans la foule, et tâchent de suggérer au peuple que M. Pétion est intéressé dans ces accaparemens (1), et qu'il s'est rapproché des d'André, des Barnave, etc. Les personnes qui calculent et raisonnent, pensent que sa MAJESTÉ CONSTITUTIONNELLE pourrait bien disparaître l'une de ces nuits. La sixième division, qui était de garde la nuit du 21 juin, s'est trouvée de garde la nuit dernière, et exerce la vigilance la plus active....

» Paris a été éclairé la nuit dernière, tous les citoyens se sont portés dans les corps-de-garde, de nombreuses patrouilles ont circulé de toutes parts. »

Courrier des 83 Départemens du 25 janvier. — « L'alarme s'est répandue hier soir à Paris. Vers les cinq heures, la garde nationale avait été insultée dans le quartier Saint-Martin; on lui avait jeté des pots par les fenêtres; elle avait fait plusieurs décharges sur le peuple; il y avait tant d'hommes, tant de femmes de tués. Nous avons voulu vérifier nous-mêmes sur les lieux ce qui s'était passé, et ce qui se passait. Le voici aussi exactement que nous avons pu le recueillir :

« Les mouvemens de la veille avaient recommencé dès le ma-

---

(1) Les journaux insérèrent la lettre suivante de Pétion en réponse à ces calomnies :

« Depuis quinze jours, des hommes qui ne respirent que l'anarchie et le bouleversement de l'ordre actuel des choses, ne cessent de me lancer les traits les plus envenimés. Ils ont à leurs gages des journalistes, à la vérité très-diffamés; ils publient des lettres, ils affichent des placards, ils se répandent dans tous les lieux publics, et là il n'est point d'infamie qu'ils n'imaginent contre moi; ils dénaturent tous les faits, et ils empoisonnent les actions les plus louables; la confiance que je cherche chaque jour à mériter les fait trembler, parce qu'ils savent bien qu'avec la confiance, les magistrats amis du peuple déjoueront toujours leurs projets et leurs coupables et ridicules efforts.

» Ils viennent d'inventer une calomnie à laquelle j'avoue que je ne pouvais pas croire; mais elle m'a été répétée par tant de personnes dignes de foi, elle est même si publique, qu'il m'a bien fallu n'en pas douter. Le peuple murmure beaucoup de la cherté excessive des sucres et de plusieurs autres denrées : ils ont trouvé très-adroit de me transformer sur-le-champ en gros négociant, en grand spéculateur; et en conséquence ils ont l'effronterie de dire, de répéter tout haut, que j'ai des magasins considérables. Je prie ceux à qui ils tiendront ce langage imposteur et absurde de vouloir bien leur demander où sont ces magasins, et d'en citer un seul où j'aie pour une obole d'intérêt. » (*Note des auteurs.*)

tia ; le peuple, qui avait cassé avant-hier quelques vitres à la maison Chols et Boscary, s'y était reporté, et des pierres avaient été lancées de nouveau. M. Boscary, député de Paris, avait écrit à l'assemblée pour lui demander protection ; mais cette demande était une injure à la garde citoyenne, puisque cette garde, protectrice des propriétés, barrait déjà la rue du Cimetière-Saint-Nicolas, et que de nombreuses et imposantes patrouilles circulaient déjà dans les rues Saint-Martin et adjacentes. Quelques hommes payés s'étaient répandus dans les groupes et tenaient des propos faits pour indisposer les citoyens contre M. Pétion et la garde nationale.

« Un ouvrier, ivre de vin bu au prix du déshonneur, excita une rixe, mais qui n'eut aucune suite : la fermentation cependant était grande, et le devint bien plus lorsqu'on entendit un coup de feu dans la rue Saint-Nicolas. Une patrouille la traversait ; un jeune homme sort d'une allée, et, soit qu'il ait insulté la patrouille, où qu'il ait voulu essayer de forcer le passage, il a été arrêté : au même moment un pot de terre énorme, rempli de cendres mouillées, est lancé d'une fenêtre, et aurait infailliblement écrasé celui sur la tête duquel il fût tombé ; mais par bonheur il n'atteignit personne et se brisa contre le pavé. — Ce fut là l'époque où le coup de feu fut lâché imprudemment. Alors l'agitation devint en quelque sorte convulsive, par les patrouilles qui arrivaient de toutes parts, par la gendarmerie qui accourait à bride abattue. Alors, dit-on, un ou deux coups de feu furent encore tirés pendant qu'on visitait la maison ; mais il est probable que l'exaspération et la perfidie ont répandu cette nouvelle pour soulever le peuple, dans les groupes duquel on ne tarda pas à faire circuler le bruit de deux ou trois décharges, de femmes et d'hommes tués, etc., etc. — Sur les sept à huit heures, beaucoup de groupes, mais moins de fermentation. »

Assemblée nationale. — A la séance du 21 janvier, Fauchet prit la parole et dit :

[*M. Fauchet.* Le comité de surveillance doit vous rendre compte des mouvemens qui agitent en ce moment la ville de Paris. Hier

au soir, un magasin attenant l'hôtel de la Force a été incendié ;
un autre magasin, dans le faubourg Saint-Marceau, a été, non
pas pillé, mais le peuple s'y est porté en foule et s'est distribué
le sucre à 25 sous la livre. Le petit peuple voit avec beaucoup de
peine que les accapareurs de sucre et de café le privent d'une
consommation qui lui est devenue si nécessaire. Nous proposons
à l'assemblée d'enjoindre au comité de commerce de s'occuper sur-
le-champ d'un projet qui concilie avec la liberté du commerce, les
mesures propres à empêcher les accaparemens. (On applaudit.)

M. *Broussonnet*. Le renchérissement de ces denrées tient à
plusieurs causes, et surtout au ravage des colonies. Je crois
qu'il serait possible de s'adresser aux Anglais pour fournir, au
moins momentanément, nos ports de sucre et de café. J'appuie
cependant la proposition de charger le comité de commerce de
vous présenter ses vues.

L'assemblée ajourne à lundi le projet du comité de commerce
sur cette matière.]

Le rapport n'eut lieu qu'à la séance du mardi 24. Il fut précédé d'un compte des événemens, rendu par Pétion.

SÉANCE DU 24 JANVIER.

[La municipalité de Paris est introduite à la barre.

M. *le maire*. En nous conformant aux ordres de l'assemblée nationale, nous venons lui rendre compte de la situation
actuelle de Paris. Depuis quelques jours une fermentation
sourde l'agite, à l'occasion de la hausse extraordinaire du prix
du sucre. Le vendredi, les mouvemens allaient croissant. Dans la
nuit de ce jour au samedi, le feu prit à l'hôtel de la Force. On ne
peut donner trop d'éloges au zèle des pompiers et de la garde
nationale. Il est encore incertain si cet événement est l'effet du
hasard, ou d'un dessein prémédité. On soupçonne seulement que
le feu a été mis à l'appartement de M. l'abbé Bardy, d'où il s'est
communiqué avec une violente rapidité à toute la maison. Les officiers municipaux s'y sont transportés ; et nous nous empressons de rendre au commandant de la garde nationale la justice

que nous devons à son patriotisme. A l'instant où cet événement occupait toute notre attention, on semait à plaisir les bruits les plus désastreux. On répandait que les mêmes malheurs se manifestaient à Bicêtre, à la Conciergerie. Ce qui était plus réel, c'est un rassemblement au faubourg Saint-Marceau, autour d'un magasin, rempli de sucre. Nous nous y sommes transportés. Les citoyens que nous y avons trouvés, nous ont assurés qu'ils n'étaient point venus dans l'intention de piller; mais que le sucre étant porté à un prix extraordinaire auquel le pauvre ne pouvait plus atteindre, il fallait qu'il y eût quelque manœuvre cachée; que c'était sans doute l'effet des accaparemens. Nous leur avons répondu qu'il n'était pas en notre pouvoir de taxer les marchandises; nous les avons engagés à adresser leurs réclamations par écrit, en forme de pétition, et à se retirer paisiblement. Ils furent pénétrés de nos raisons. Le rassemblement se dissipa, et le sucre ne fut point distribué à vingt-deux sous la livre, comme on l'a dit. Mais le lendemain, un épicier du faubourg Saint-Denis, ayant des inquiétudes de quelques attroupemens, en distribua à vingt-quatre et vingt-six sous. Hier, nous croyions le calme entièrement rétabli. Quelle fut notre surprise, quelles furent nos alarmes, lorsque des lettres nous annoncèrent des rassemblemens dans différens quartiers de Paris. Un de ces attroupemens se porta à la mairie. Le maire se présenta, et dit aux personnes rassemblées que c'était des piéges qui leur étaient tendus ; elles se retirèrent. Le commandant de la garde nationale arriva pour instruire le maire de ce qui se passait dans Paris. Le conseil municipal est à l'instant convoqué, ainsi que le directoire du département. Deux heures s'écoulent sans nouvelles fâcheuses, mais bientôt on nous apprend qu'il existe des rassemblemens nombreux dans les quartiers Saint-Martin, de la rue des Lombards, des Gravilliers et de la rue aux Ours. Nous nous y transportons. Nous n'y trouvons plus que des curieux. La maison de M. Boscary n'avait pas été pillée, mais on en avait cassé les vitres. On en avait fait autant à celle de M. Glot, et dans un magasin, la cassonade avait été distribuée à dix sous la livre. Le corps municipal n'a rien négligé ; il ne négligera aucun des moyens qui sont en son pouvoir pour rétablir l'ordre et la tranquillité. Mais il sent combien il serait dangereux qu'on exagérât au-dehors les mouvemens qui ont agité Paris, et quels fruits pourraient s'en promettre les ennemis de notre liberté. (On applaudit).

M. le président. Magistrats du peuple, rien n'égale l'étendue de vos devoirs que le zèle avec lequel vous les remplissez. Continuez à mériter la confiance publique, c'est votre plus digne récompense. L'assemblée vous invite à sa séance. (On applaudit).

M. Thuriot. La municipalité de Paris a acquitté une dette sacrée en rendant hommage au zèle de la garde nationale. Je crois que l'assemblée a aussi une dette à payer; c'est de donner un témoignage de satisfaction à la municipalité. En conséquence, je demande l'insertion du discours de M. le maire, avec mention honorable au procès-verbal, et l'impression et la distribution de ce discours.

N..... Je demande qu'on fasse aussi mention honorable de la conduite de la garde nationale.

M. Bréard. On ne peut douter que les journalistes stipendiés par les malveillans n'aient fait parvenir aux départemens des récits exagérés de ces mouvemens populaires. Je demande l'envoi du discours de M. le maire aux quatre-vingt-trois départemens.

Ces diverses propositions sont décrétées.

Un de messieurs les secrétaires lit la lettre suivante :

Paris, 24 *janvier* 1792. — « M. le président, au nom du droit sacré de pétition, je vous conjure de lire à l'assemblée nationale la lettre que j'ai l'honneur de vous adresser. Hier matin, une section de la capitale est venue à la barre, la constitution à la main, réclamer une loi contre les accaparemens. Aujourd'hui, citoyen domicilié, père de famille, je suis dénoncé moi-même au peuple comme un homme odieux. Je suis un ci-devant propriétaire d'habitation considérable dans cette île malheureuse qui n'existe peut-être plus; mes récoltes, faites avant le désastre, me sont parvenues ; elles montent à deux millions de sucre, un million de café, deux cent mille livres d'indigo, et cinq cent mille de coton. Ces denrées sont à Paris, dans ma maison; je ne les ai jamais cachées. Ces marchandises valent actuellement dix millions, et par le concours des circonstances, en vaudront bientôt quinze. Je déclare à l'assemblée, à l'Europe entière, qui entend ma pétition, que ma volonté bien expresse est de ne vendre à aucun prix les denrées dont je suis propriétaire. (On murmure.) Elles sont à moi; elles sont la représentation des terres que je possédais sous un autre hémisphère. C'est pour faire un noble usage de la constitution, c'est pour connaître jusqu'à quel point elle me défendra, que j'adjure la force publique (les murmures redoublent; on demande l'ordre du jour) de protéger un citoyen qui ne contraint personne de lui donner son bien, mais qui veut garder le sien en nature. (On murmure.) Daignez donc, M. le président, donner des ordres à M. le maire..... (les murmures redoublent) pour entourer mes magasins d'une force suffisante.

Signé, Joseph-François DELBECQ, *Américain, citoyen actif de la section de Popincourt, et grenadier volontaire de la garde nationale.* ,

L'assemblée passe à l'ordre du jour.

M. Mosneron, au nom du comité de commerce et d'agriculture, fait un rapport relativement au moyen d'empêcher les accaparemens de sucre, et propose à l'assemblée de décréter qu'il n'y a pas lieu à délibérer sur la question qui a été renvoyée à ce comité.

N..... L'augmentation du prix des denrées coloniales a trois causes : 1° les malheurs de la colonie de Saint-Domingue; 2° la circulation prodigieuse de billets particuliers; 3° les accaparemens. Jusqu'à quand verrez-vous avec indifférence ces établissemens monétaires qui emploient leurs valeurs à faire des accaparemens odieux? Encore s'ils déposaient en assignats la valeur de la masse de petits billets qu'ils mettent en circulation, cette précaution pourrait rassurer les citoyens. Je ne vous proposerai point de fixer le prix des denrées : ce serait porter atteinte aux principes de la constitution, ce serait violer le droit de propriété. Je ne vous proposerai point d'ouvrir vos ports à l'entrée des den-

rées coloniales des puissances étrangères, puisque la suppression
du droit perçu sur elles ne serait qu'illusoire et n'apporterait
aucun profit, aucune diminution; mais je demande que vous
rappeliez de la circulation des valeurs qui n'auraient jamais dû
y entrer; que vous décrétiez que le ministre de l'intérieur se fera
rendre compte dans un mois du nombre de ces établissemens et
de la quantité de leurs émissions; qu'il ne pourra en être fait de
nouvelles sans une autorisation du département, et le dépôt
préalable de leur représentation en assignats. (On applaudit.)

Un de messieurs les secrétaires fait lecture de la lettre suivante:
« Le peuple, égaré par des malveillans, s'est porté hier en foule
chez moi, et m'a empêché de me rendre à mon poste. On a répandu que ma maison de commerce, sous la raison de Chols-
Boscary et compagnie, avait fait des accaparemens de sucre.
C'est une assertion calomnieuse : on a voulu entrer de force dans
ma maison; on a cassé toutes les vitres du premier étage avant
que la force publique ait pu m'accorder protection; je suis encore menacé dans ce moment : on jette des pierres contre mes
fenêtres. Je ne m'attendais pas à être l'objet de la fureur du
peuple. Je n'ai jamais fait de mal à personne; j'ai fait du bien
quand je l'ai pu; j'ai été constamment attaché à la révolution par
des places tant civiles que militaires.

» Signé, Boscary, député de Paris. »

On demande le renvoi de cette lettre au pouvoir exécutif.

M. Thuriot. Renvoyer au pouvoir exécutif, c'est vouloir admettre la possibilité d'un retard. Il n'y a pas un moment à perdre :
la municipalité vient de vous dire qu'elle s'était déjà occupée de
cet objet; elle va reprendre sa marche. C'est à elle qu'il faut
renvoyer.

M. Léonard-Robin. Je m'oppose au renvoi à la municipalité.
Nous ne devons pas nous départir des principes; l'assemblée ne
peut correspondre ainsi avec les corps administratifs. Je demande le renvoi au pouvoir exécutif. (On murmure.)

M. Hua. Je demande l'ordre du jour, et je le motive. M. Bel-
becq vous a fait la même plainte que M. Boscary : vous avez

passé à l'ordre du jour. Est-ce parce qu'il s'agit d'un député que vous prendriez actuellement une autre mesure? (Les tribunes applaudissent.) Ce n'est pas à l'assemblée à faire la police,

L'assemblée ordonne le renvoi au pouvoir exécutif.

M. Dorizy. J'interroge non-seulement l'assemblée, mais encore tous les assistans qui pourraient connaître M. Delbecq, et je les prie de déclarer s'il existe ou s'il n'existe pas. Quant à moi, je nie son existence.

L'assemblée passe à l'ordre du jour.

M. Ducastel. Je demande la parole pour une motion d'ordre. Voici un décret du 24 juin 1791 : L'assemblée nationale défend aux personnes qui sont ou seront admises dans les tribunes, de donner aucune marque d'approbation ou d'improbation......
(Les tribunes murmurent.)

Plusieurs voix. L'ordre du jour.

N..... La motion d'ordre de M. Ducastel est une vraie motion de désordre. La loi existe; il n'y a point de loi à faire.

Il s'élève une violente agitation, au milieu de laquelle se fait entendre l'improbation des tribunes.

M. le président. Je réclame le silence au nom de la patrie.

M. Ducastel. Je le réclame au nom de la loi.

Un grand nombre de membres. L'ordre du jour! l'ordre du jour!

M. le président. J'ai accordé la parole à M. Ducastel : je la lui maintiendrai. Vous pourrez passer à l'ordre du jour sur sa motion; mais ce ne sont ni des murmures ni des cris qui ménagent le temps de l'assemblée.

M. Ducastel. « L'assemblée défend aux personnes qui sont ou seront admises dans les tribunes, de donner aucune marque d'approbation ou d'improbation, et ceux qui la troubleront par des clameurs indécentes seront contraints d'en sortir. » Voilà ma motion. Je demande que ce décret soit lu à toutes les séances.
(Les murmures recommencent.)

On réclame l'ordre du jour.

Les tribunes. Oui, oui, l'ordre du jour.

M. Vaublanc. L'assemblée nationale saura toujours mettre de
la différence entre des marques d'approbation ou d'improbation
qui ne sont pas un manque de respect pour elle, et ces mouvemens, qui pour être blâmés n'ont pas besoin d'avoir d'autres
juges que la plus grande partie des tribunes elles-mêmes. (Les
tribunes applaudissent.) Je demande que la loi soit affichée dans
les tribunes et dans les corridors. (On applaudit.)

Cette proposition est décrétée à l'unanimité.]

Après cet incident, l'assemblée rentra dans la discussion sur
la hausse subite des denrées coloniales. Caminet en trouva la
cause dans la multiplication prodigieuse des billets de confiance.
Ducos prononça ensuite un long discours sur les moyens d'o-
pérer une réduction dans les prix des sucres ; il fit charger les
comités de présenter sans délai un projet de loi sur cet objet.

A la séance du 26 au soir, les habitans du faubourg Saint-
Antoine vinrent demander à l'assemblée des mesures contre l'a-
giotage et l'accaparement.

[*L'orateur de la députation.* Les citoyens du faubourg Saint-
Antoine laissent aux femmes, aux vieillards et aux enfans à crier
pour du sucre. Les hommes du 14 juillet ne se battent pas pour des
bonbons ; la nature agreste et sauvage dans notre canton n'aime que
le fer et la liberté...... Que les conspirateurs, que les accapareurs,
que les ennemis de l'ordre apprennent qu'à l'instant où leurs brigands soudoyés invitaient le peuple à la violation des propriétés,
nous forgions tranquillement les piques qui doivent les extermiuer ;
les scélérats ! ils voulaient mettre aux prises le peuple avec la
garde nationale ; qu'ils sachent que les trois bataillons du faubourg et le peuple ne font qu'un ; que le même sentiment les
anime, et que nous ne composons qu'une famille ! Qu'ils trem-
blent donc, ces perturbateurs du repos public ; la patience du
peuple semble s'épuiser !

Nous dénonçons ici tous les accapareurs en tout genre. Jusqu'aux denrées de première nécessité, tout est sous la main
avide des assassins du peuple. Ces brigands parlent propriété ;
cette propriété n'est-elle pas un crime de lèse-nation ? Au récit

de la misère publique le tocsin de l'indignation contre ces man-
geurs d'hommes ne sonne-t-il pas dans vos cœurs sensibles? Le
commerce languit; et s'il a donné quelque signe de vie, c'était
l'effet de l'accaparement. De tous les coins de l'empire, le peuple,
qui n'a d'autre nourriture qu'un pain trempé de ses sueurs et de
ses larmes, vous crie: Loi de mort contre les accapareurs! loi
de mort contre les fonctionnaires qui protégent l'accaparement!
Mort aux conspirateurs qui provoquent l'incendie, le pillage et
le meurtre! Mort à ces favoris du monopole qui, désespérés de
voir le peuple et le maire de Paris unis par le patriotisme et l'a-
mour de l'ordre, infestent la capitale de leurs placards bleus,
cherchent à flétrir de leur haleine impure la couronne des magistrats citoyens, et ne s'agitent avec tant de fureur que pour
voir une seconde fois le drapeau rouge annoncer ces jours d'horreur et de sang! Mort surtout à ces bandits gagés par les aristocrates, qui, sous la livrée honorable du peuple, insultent aux
lois, et demandent à grands cris le massacre et la guerre civile!

Nous venons ici jurer, au nom de quarante mille hommes armés,
un amour éternel pour la déclaration des droits de l'homme;
nous jurons fraternité et assistance aux patriotes, nous jurons de
laisser végéter en paix ces vils esclaves qui n'ont pas assez de
courage pour apprécier la dignité d'une homme libre; mais, qu'ils
ne s'y trompent pas, au moindre complot contre l'assemblée nationale, à la moindre lésion des droits du peuple, seul souverain, la nuit du tombeau engloutira leurs cadavres impurs, ou
la postérité dira: *Là fut jadis le faubourg Saint-Antoine.*

Les citoyens de ce faubourg, rassemblés au nombre de
dix mille, paisiblement et sans armes, dans leur église paroissiale et aux environs, nous ont chargés de vous demander:

1° De prendre toutes sortes de mesures pour étouffer l'agiotage, et rendre en conséquence un décret qui enjoigne aux corps
administratifs de surveiller toutes les caisses qui émettent des
billets de confiance, et s'assurer du dépôt des assignats échan-
gés. (On applaudit.)

2° Nous attendons de votre sagesse une loi répressive, et tel-

lement juste, qu'elle assure les propriétés du négociant honnête, et réprime l'avarice de ces marchands qui accapareraient
jusqu'aux ossemens des patriotes pour les vendre à l'aristocratie.
(On applaudit.)

3° Nous demandons que vous rappeliez à votre souvenir notre
pétition du 15 de ce mois, qui a pour épigraphe : *Les beaux esprits et les gens bêtes, tous veulent être libres*, et dont vous avez
ordonné l'impression. (On applaudit à plusieurs reprises.)

.. Le président accorde à la députation les honneurs de la séance.
Elle traverse la salle au milieu des applaudissemens de l'Assemblée et des tribunes.]

Cominet demanda qu'on arrêtât l'émission des caisses particulières. Sur la proposition de Dorisy, cette pétition fut envoyée
au comité de l'extraordinaire des finances.

Ce même jour le *Moniteur* publiait les réflexions suivantes,
que répétèrent un grand nombre de journaux :

.[Les ennemis de la chose publique changent maintenant de
tactique et de manœuvre. Ils craignent que le mouvement occasioné par la cherté des sucres ne s'apaise; ils veulent toujours entretenir une fermentation dangereuse, mais favorable à
leur dessein ; ils veulent la rendre plus active, et lui donner une
direction, en apparence, plus digne du peuple, qu'ils cherchent
à égarer ; ils font demander à grands cris la diminution du prix
du pain. Remarquez que le pain est à 11 sous les quatre livres;
qu'il a été dans certains hivers jusqu'à 14 et 16 sous; que dans
le surplus de la France il est généralement plus cher qu'à Paris;
qu'il est des départemens où le blé manque; que Paris est bien
approvisionné; que le seul moyen de l'affamer est de répandre le
trouble, parce qu'alors les négocians et les farinier's n'oseront
pas y envoyer leur marchandise, dans la crainte qu'elle ne soit
pillée.]

La veille (le 25 à neuf heures du soir). Pétion, et Desmousseaux, qui remplissait jusqu'à l'achèvement des nouvelles élections, les fonctions de procureur de la commune, se rendirent
chez le roi, d'après l'invitation qu'ils en avaient reçue. Ils lui

exposèrent l'état de Paris, et Peuchet, auteur de l'article que nous analysons (*Moniteur du 28 janvier*), continue ainsi leur conversation avec Louis XVI.

« Dit-on toujours que l'on veut m'enlever? a demandé ensuite le roi, en riant. — Sire, il n'est que trop vrai que vos ennemis et les nôtres verraient avec plaisir que votre majesté se laissât alarmer par des troubles dont ils seraient les moteurs, — Messieurs, Paris est-il suffisamment pourvu des choses nécessaires à la subsistance du peuple et à ses autres besoins? — Sire, les subsistances sont en bon état, l'approvisionnement suffit aux besoins de l'année entière. — J'ai entendu avec plaisir votre proclamation. — Sire, a dit M. Desmousseaux, en voilà deux exemplaires que je prie votre majesté d'accepter. — Le roi les a reçus avec plaisir, et a dit : Je vous invite à venir souvent me rendre compte de la situation de la capitale; je vous recevrai avec plaisir tous les jours où vous pourrez vous présenter, entre une et deux heures. Sa majesté était entourée de ses ministres. Elle a montré un grand contentement du bon rapport que lui ont fait les magistrats, et toutes ses paroles annonçaient le véritable amour du peuple, de l'ordre et de la paix. »

Les sections prirent presque unanimement la résolution de suspendre l'usage du sucre. Les femmes de la Halle donnèrent cet exemple les premières. Il y eut, au sujet de ce sacrifice, une séance aux Jacobins, dont Prudhomme se moque beaucoup. Nous renvoyons ces extraits au chapitre que nous devons consacrer aux débats du club.

Nous terminerons ce que nous avions à réunir ici, pour l'intelligence des accaparemens, de la fuite du roi, et des émeutes, par les deux passages du *Courrier des 83 Départemens*, dont la teneur suit :

Dans son numéro du 26 janvier, Gorsas revient sur le rassemblement et l'établissement, au Louvre, d'un grand nombre d'ex-gardes-du-corps. « Un article, dit-il, inséré dans le *Journal de la Cour et de la Ville*, et signé par un capitaine de cavalerie, que d'anciennes habitudes nous rendent cher, malgré des principes.

opposés à ceux que nous professons, expliquerait assez les motifs de ces rassemblemens. — « Tous les maux dont la France
est menacée, y est-il dit, lui viennent de PARIS ; et, comme l'étincelle électrique, ils se sont portés dans nos colonies avec une vivacité qui doit faire frémir *toutes les puissances amies de l'ordre et
de la paix* : c'est donc à *Paris* que tout homme qui a de *bons
principes* doit se transporter, afin d'*engager* cette même ville à re-
donner, par son exemple, la sérénité des beaux jours qu'elle a
seule ravis à la nation la plus infortunée. »

Dans son numéro du 28, il insère l'article suivant, sous le titre
de *Réclamation importante*. « MM. *Cinot*, Charlemagne et le bon
Dandré, ont écrit à C. L. Beaulieu, et *autres gens de lettres*, (rédacteurs du *Journal du soir*), qu'attendu l'impartialité qui carac-
térisait leur journal, ils voudraient réfuter une calomnie atroce,
dirigée entreautres contre M. Dandré, injustement désigné comme
chef d'accaparemens. Ils déclarent en leur ame et conscience,
qu'ils n'ont qu'un seul magasin, rue de la Verrerie, n° 27, et ils
offrent 100 louis à *quiconque qui* prouvera *qu'ils* possèdent pour
UNE *obole* de sucre ou marchandises coloniales ailleurs que dans
ledit magasin. Ils attestent en outre qu'ils n'ont encore qu'une
très-petite quantité de marchandises coloniales, et que, pour imposer silence à la *haine* et à la *calomnie*, les sieurs Dandré et associés ont réduit considérablement leurs achats ; ils invoquent
encore l'attestation des épiciers sur leur probité. « Au reste, disent-ils, des scélérats ont dit publiquement qu'ils n'en voulaient
pas au sucre de M. Dandré, mais à sa tête. » On conviendra que
la calomnie est atroce ; sans doute les misérables qui l'ont inventée
sont les mêmes qui ont peint l'honorable député d'Aix en pain
de sucre. »

PROVINCES.

Perpignan. — Caen.

Nous ferons précéder les deux affaires principales d'un sommaire des événemens moins importans dont les provinces occu-

pèrent l'assemblée. A la séance du 3 au soir, elle reçut deux lettres des citoyens actifs de Marseille ; par l'une, ils dénonçaient le directoire du département comme ayant cassé un arrêté de la municipalité contre les agioteurs ; par l'autre, ils communiquaient de nouvelles tentatives de contre-révolution faites à Avignon et dans le comtat, où, disaient-ils, son étendard était arboré, ainsi qu'à Arles. Ils accusaient les commissaires civils et le général Choisy d'être à la tête des complots ; ils annonçaient en outre que, le 18 décembre, trente officiers avaient quitté Toulon pour émigrer.

A la séance du 8, on lut le procès-verbal d'une émeute relative aux grains, qui avait eu lieu à Saint-Omer. Jaucourt s'opposa à la mention honorable de la conduite de la force armée, qui avait fait feu sans réquisition. A cette même séance, on dénonça le tribunal d'Uzerche pour avoir appliqué la loi d'amnistie à des assassins. Le 9, on renvoya au comité de surveillance une lettre de la municipalité de Saint-Servan, dénonçant des embaucheurs à Saint-Malo, Vannes et Saint-Brieux. Le 11, le président du tribunal de Longwi annonça l'arrestation d'un prêtre nommé Henry, prévenu d'embauchage. — Le 24, des députés de la ville d'Arles portèrent à la barre de l'assemblée des réclamations au nom de huit cent mille patriotes. Ils dénoncèrent un vaste système de contre-révolution qui embrassait tout le midi de la France, et dont les principaux foyers étaient dans les villes d'Arles et d'Avignon. Dans ces deux villes, disaient les pétitionnaires, le patriotisme est proscrit et l'aristocratie triomphante. Des commissaires, prétendus pacificateurs, n'y ont établi d'autre paix que celle de l'oppression. « Envoyés pour réprimer l'aristocratie et contenir le fanatisme, ils dînent chez l'aristocratie et soupent chez le fanatisme. » Le 26, on renvoya au comité de surveillance une lettre de la commune de Navarreins (Basses-Pyrénées), annonçant que tous les officiers du régiment ci-devant Champagne, à l'exception de deux, avaient déserté leurs drapeaux, et que Duchilleau, chef de division, n'avait la confiance ni des troupes, ni du département.

Affaire de Perpignan. (Séance du 3 janvier.)

[*M. Jouneau*, au nom du comité militaire, fait un rapport sur les événemens qui ont eu lieu à Perpignan, les 6 et 7 du mois dernier. Il lit plusieurs pièces qui contiennent des détails sur ces événemens: procès-verbaux de la municipalité, arrêté du directoire du département, adresse des soldats en garnison dans la ville, déclaration et correspondance de M. Chollet, lieutenant-général, commandant cette division ; tout se réunit pour dénoncer M. Dusaillant, commandant le 12e régiment de chasseurs, et un grand nombre d'officiers du 20e régiment d'infanterie, ci-devant Cambrésis, et quelques citoyens de Perpignan, comme ayant formé le complot de livrer Perpignan aux ennemis de la France.

Dans la nuit du 6 décembre, les officiers du 20e régiment se portent chez M. Chollet, le pressent de se rendre à la citadelle, sous prétexte qu'il n'est pas en sûreté chez lui ; le menacent, sur son refus, de l'y conduire de force, et parviennent à le faire céder à leurs instances. Ensuite ils vont travailler le 20e régiment, lui ordonnent de quitter le quartier Saint-Jacques pour se rendre à la citadelle et y défendre M. Chollet. Les soldats ne veulent partir que sur l'ordre de M. Chollet. Au bout de quelques instans, M. Desbordes, lieutenant-colonel, bon patriote, arrive avec cet ordre qu'il commence à lire avec émotion ; un sergent l'achève, et tous les soldats s'écrient qu'ils resteront à leur quartier, qu'ils veulent obéir aux réquisitions de la municipalité, qui les y avait fait consigner depuis les événemens du 15 novembre. Cependant M. Chollet va faire sa déclaration au conseil de département. Des patrouilles de gardes nationales sont commandées et sortent, ayant un officier municipal à leur tête. Les officiers se renferment dans la citadelle. Le 7, des membres du régiment se présentent devant la municipalité pour savoir si elle avait requis le régiment de se rendre à la citadelle. Des coups de fusil sont tirés de la citadelle sur la ville. Les gardes nationales, la gendarmerie nationale, les troupes de ligne, ayant M. Desbordes à leur tête, sur la réquisition des corps administratifs, montent

à la citadelle, parviennent à rétablir l'ordre. Un officier, saisi
par le peuple, allait éprouver sa vengeance ; ils l'arrachent à la
multitude, ainsi que quelques citoyens arrêtés à la citadelle ; les
uns et les autres sont conduits dans les prisons civiles, pour leur
sûreté. Un grand nombre de conspirateurs est arrêté. Le procureur-général-syndic dénonce M. Chollet à l'accusateur public,
pour avoir signé un ordre contraire à la réquisition légale, celui
de faire marcher les soldats à la citadelle. Le 20ᵉ régiment est
éloigné de la ville et envoyé à Collioure ; tous les officiers restans
disparaissent ; un d'eux se tue en Espagne d'un coup de pistolet.
M. Gillet, garde-magasin, dépose que M. Dusaillant lui a demandé des armes, de la poudre et 150 paquets de cartouches
de 20 balles chacun. M. Pierre Aubert, soldat du 20ᵉ régiment,
compagnie de Saint-Amand, a déposé à Toulouse qu'il a quitté,
avec quelques-uns de ses camarades, son régiment sans congé,
pour ne point prendre part aux complots que tramaient les
officiers.

Après cet exposé, le rapporteur conclut au décret d'accusation contre M. Chollet, parce que cet officier général n'a pas dû
céder à la crainte, et que d'ailleurs, s'il y a eu complot, comme
on n'en peut douter, il n'est pas possible qu'il n'en ait pas eu
quelque connaissance ; contre M. Dusaillant, officier au 12ᵉ régiment de chasseurs ; contre MM. Félix Adhémar, Bonjoux, Po-
verol, Darroul, Gérard, Siocham ; Blachet, Lardière, François
Adhémar, Lachesserie, Masclet, D. scoriat, Dalin, Lupé, Mon-
gon frères, François Mongugitat, Duroux, Adhémar l'ainé ;
Larivière, Pierrepont, Saint-Marcou, Barguin, Estosot, Dalsu,
Marchal, tous officiers du 20ᵉ régiment ; contre MM. Joseph
Bompôtre, homme de loi ; Pierre Gentillet, ci-devant procureur ;
Vincent Vauxalère, François Moligny, François Bertrand, François Comeil, Laurent Pragut, François Vauxalère ; tous citoyens
de Perpignan.

Il propose d'approuver la conduite de M. Desbordes, lieutenant-colonel, ainsi que celle des soldats du 20ᵉ régiment, de ceux
du détachement du régiment ci-devant La Fère ; d'approuver

enfin celle du directoire du département, de la municipalité et de tous les bons citoyens qui ont sauvé Perpignan de la conjuration. (On applaudit).]

Beugnol demanda l'ajournement. Carnot aîné fit la motion de démolir la citadelle de Perpignan (1). Aréna, Dumas et quelques autres, parlèrent en faveur de Chollet; ils furent réfutés par Albite, Lacroix et Delmas. Le projet du comité militaire fut adopté dans son entier.

Affaire de Caen. (Séances des 19 et 24 janvier.)

[*M. Guadet*, au nom du comité de législation. Quatre-vingt-quatre citoyens sont détenus depuis trois mois dans les prisons de Caen. Le directoire du département du Calvados, instruit des manœuvres des prêtres non assermentés, et justement alarmé des suites qu'elles pouvaient avoir, crut devoir prendre un arrêté, par lequel il exigeait d'eux des certificats. Cette mesure, à laquelle le salut public pouvait servir d'excuse, fut improuvée par le ministre de l'intérieur; et tel fut l'effet de cette improbation, que de l'excès du zèle on passa à l'excès de la tolérance. On on-

(1) Des murmures ayant accueilli la proposition de Carnot, il fit insérer dans le *Moniteur* du 7 janvier une lettre que nous croyons devoir reproduire. La question jugée ici par Carnot est la même que celle agitée dernièrement par la chambre des députés sous le titre de : *Forts détachés.*

Carnot l'aîné, député du département du Pas-de-Calais, et capitaine au corps du génie, à ses collègues.

«A la séance du soir, le 3 de ce mois, je vous proposai la destruction d'une citadelle qui avait menacé la liberté des citoyens; mais les murmures qui m'empêchèrent de développer mon opinion m'apprirent que ceux qui recherchent la vérité avec le plus d'ardeur ne sont pas toujours ceux qui savent le mieux la reconnaître quand elle se présente. Vous n'êtes pas obligés, mes collègues, de savoir ce que c'est qu'une citadelle; car il serait trop honteux pour des représentans de la nation de laisser sciemment subsister au milieu d'elle cinquante bastilles semblables à celle dont la chute a écrasé le despotisme et fixé l'ère de la liberté française. Une citadelle est un poste fortifié près d'une ville qu'il commande, qu'il peut foudroyer à chaque instant, et qui, bien loin de nuire aux ennemis du dehors, ne peut que favoriser leurs perfides projets; car, si vous m'eussiez permis d'expliquer ma proposition, vous auriez compris que je ne demandais pas le rasement total des citadelles, mais seulement de démanteler la partie de leurs remparts qui est tournée contre l'intérieur des villes; or cette partie ne peut nuire qu'aux villes mêmes, et nullement à ceux qui viennent l'attaquer.

» On objecte que la citadelle sert de retraite dans le cas où la ville serait prise

vit les églises aux prêtres non assermentés, cette démarche
accrut leur audace ; on les vit requérir, à main armée, les
curés de leur donner l'usage de leurs églises. Cet ordre de
choses pouvait ne pas être dangereux dans les paroisses de
campagne ; il pouvait l'être, et il le devint beaucoup dans la
ville de Caen, où une foule de ci-devant nobles et mécontens
s'étaient retirés. Il était naturel qu'ils profitassent de cette
circonstance pour exciter des troubles : en conséquence, ils invitent M. Busnel, ci-devant curé de la paroisse de Saint-Jean, à
Caen, à dire la messe dans son ancienne paroisse, le 4 novembre.
On s'attendait peut-être que le nouveau curé s'y refuserait ; mais
ce respectable pasteur se conduisit avec beaucoup de sagesse. Il
fait ouvrir l'église ; il s'y rend lui-même ; il offre à M. Busnel
tous les ornemens nécessaires ; et, voyant que l'auditoire était
composé de manière à faire craindre une scène, il monte en chaire
pour prêcher la tolérance et la paix ; il propose à M. Busnel de
lui servir la messe, et la lui sert en effet (On applaudit.), jusqu'au moment où il est remplacé par un prêtre affidé à M. Busnel : cette condescendance n'empêcha pourtant point les malheurs

avant elle. Cela est vrai, et j'ajoute qu'autant les citadelles sont traîtresses, autant les villes fortes sont utiles au salut de la liberté ; mais cela ne prouve pas
qu'il faille conserver en temps de paix les remparts qui les divisent. C'est pendant
le siége même de la ville qu'il faut les relever s'ils sont utiles à la défense ; et le
siége de la moindre bicoque donne quatre fois plus de temps qu'il n'en faut pour
cela. Je ne fais point ici un traité de fortifications, et ce que je viens de vous dire
suffit ; si vous voulez des autorités, si vous désirez en savoir davantage, lisez
Vauban, et plus vous vous éclairerez dans les ouvrages de ce grand homme,
plus vous apprendrez à chérir la liberté, et plus vous serez convaincus qu'une
citadelle est une monstruosité dans un pays libre, un repaire de tyrannie contre
lequel doit s'élever toute l'indignation des peuples et la colère des bons citoyens.
  » Songez, mes collègues, qu'une citadelle n'est et ne peut être bonne qu'à vous
remettre dans les fers ; que la plus florissante des cités peut être à chaque moment
réduite en cendres, au caprice d'un commandant de château pétri du limon féodal et empâté dans la plus stupide et la plus incorrigible aristocratie.
  » Voilà ce que c'est qu'une citadelle ; voilà ce que vous n'avez pas voulu entendre ! Eh ! comment aurais-je été appuyé ? Je suis militaire, je parle peu et je
ne suis d'aucun parti !
  » J'espère cependant, mes collègues, que vous ne renverrez pas à vos successeurs la gloire d'avoir affranchi votre pays de ces restes de barbarie. Puisse le
dû que vous y apporterez, à la veille d'une guerre où la trahison est l'armé
principale de vos ennemis, ne jamais exciter vos regrets ! » (Note des auteurs·)

qu'elle avait pour objet de prévenir. Il y avait dans l'église deux partis, celui des patriotes et celui des aristocrates. Ce jour-là, le parti de l'aristocratie fut le plus fort, les patriotes furent maltraités.

On entendit des valets crier contre eux : Il faut les pendre, puisqu'ils sont pour la constitution. Cet avantage enhardit les aristocrates à mettre dans leur conduite une indécence dont on ne se forme pas d'idée. Ils annoncent que le lendemain , M. Busnel doit chanter un *Te Deum* en action de grâces, et que la nation aura le dessous ; ils reconduisent en triomphe M. Busnel dans sa maison. La municipalité de Caen , instruite de ce qui venait de se passer, crut devoir prendre des précautions pour empêcher les événemens qu'on annonçait pour le lendemain : elle écrivit à M. Busnel de s'abstenir de dire la messe, il y consentit ; mais, soit affectation, soit ignorance des mesures de la municipalité, l'église de Saint-Jean se trouva pleine. On attendit long-temps M. Busnel. Ce furent les valets qui firent, comme la veille, les provocations. Bientôt, devant la porte de l'église, s'engage un combat dans lequel quatre personnes sont grièvement blessées. La municipalité envoie des commissaires ; ils rétablissent l'ordre: ils sont bientôt appelés par des coups de fusil qui se tirent dans un autre endroit ; ils y trouvent la municipalité, précédée du drapeau rouge , qu'elle n'avait pas eu besoin de déployer , parce que sa seule présence avait dissipé les séditieux. On bat la générale ; les citoyens se transportent chacun dans leur compagnie. Il s'en forme une particulière sur la place de Saint-Sauveur ; elle était composée de ci-devant nobles. Quelques citoyens , témoins de cette réunion suspecte , vont avertir la municipalité. Elle envoie des commissaires : ni l'information , ni les procès-verbaux ne nous apprennent ce que les commissaires firent auprès de cette compagnie ; il paraît seulement qu'elle se détermina à suivre M. Basset pour marcher à la municipalité ; elle s'y laissa désarmer. On soupçonne que les individus qui la composent ont des armes cachées : on les fouille, on leur trouve des pistolets et un projet de rassemblement dont je vais vous faire lecture.

Tous les citoyens suspectés furent pris et traduits en prison,

De ce nombre était M. d'Herici. Il était en voiture, il allait à la campagne; on lui demande comment, dans un moment de trouble, il peut sortir de la ville; il répond qu'il ignore ce qui se passe, et que des affaires indispensables l'appellent à sa campagne. La garde nationale l'arrête néanmoins et se disposait à le conduire chez lui, lorsqu'un de ses amis, M. Levaillant, vient pour l'en empêcher. Il tire de sa poche un pistolet, on le lui arrache; on le fouille, on lui trouve d'autres armes et une pièce dans laquelle il est dit qu'il ne faut pas attendre le moment de l'action pour nommer les chefs; que la meilleure démarche et la plus agréable aux bourgeois, c'est d'en choisir qui méritent une entière confiance. Avec cette pièce, on en saisit une autre aussi précédée d'un projet. En voici la substance :

» Dans tous les cas où les lois sont impuissantes, il faut écouter la voix de l'honneur. Elle se fait entendre à tous les vrais Français. Les gentilshommes soussignés, pour eux et pour un grand nombre d'autres, ne peuvent se lier à des chevaliers plus dignes d'eux que MM. d'Herici et Durozel. » Plusieurs autres citoyens, quoique ne faisant point partie de la compagnie qui s'était formée sur la place, furent également arrêtés, parce qu'ils étaient soupçonnés d'avoir tiré de leurs fenêtres des coups de fusil sur la garde nationale. Les témoins entendus sur les événements des 4 et 5 n'ont pu jeter aucun jour sur le projet de conjuration dont je vous ai donné lecture. M. d'Herici était porteur de plusieurs autres papiers, et entre autres d'une lettre signée Malvi, ainsi conçue :

« Vous avez fait, mon cher d'Herici, une petite apparition à Caen; si je l'avais su, j'aurais été vous embrasser, je vous aurais présenté M. Saint-Honorine, gendre de madame Laferté : il est bon gentilhomme, je puis vous assurer de son honnêteté. Il voulait aller chercher du service auprès des princes, on l'en a détourné en lui faisant entrevoir qu'il pourrait être plus utile en restant. Tâchez de lui donner de l'emploi. Ne me répondez pas, votre lettre serait au moins inutile. Présentez mes hommages à madame la vicomtesse d'Herici. »

On a trouvé encore sur M. d'Herici une lettre sans signature ni date ; en voici la teneur :

« Grand merci, mon cher frère, de la lettre que vous m'envoyez ; je la ferai mettre à la poste. Elle est signifiante ou insignifiante, à volonté. J'espère que Dieu bénira nos projets. Je voudrais que nos évêques émigrés rendissent à la religion un témoignage éclatant, en se mettant sous sa protection. Vous avez lu, sans doute, avec autant de plaisir que moi, la lettre des princes. La fin surtout promet des sentimens dignes de leur entreprise. Un homme qui arrive nous apprend que le curé Saint-Sulpice doit chanter la grand'messe à Paris, dans sa paroisse, le jour de la Toussaint. Tous nos jeunes gens s'en vont : Dieu veuille les ramener triomphans. Je vous reporterai lundi la lettre du comte. »]

— Guadet acheva la lecture de son rapport dans la séance du 24 janvier. Nous n'avons cru devoir insérer que les pièces que lui-même classe sous le nom de principales. Quant à la seconde partie du rapport, celle où il discute la valeur des pièces et de l'instruction commencée à Caen, il nous suffira d'en transcrire les conclusions. Elles forment les trois décrets suivans successivement adoptés par l'assemblée :

f. *Premier décret.* — « L'assemblée nationale décrète qu'il y a lieu à accusation contre François Emeri Gouet de Labigne, actuellement détenu au château de Caen, comme prévenu d'avoir pris part à une conjuration formée dans la ville de Caen contre la sûreté générale de l'état. L'assemblée nationale ordonne, en conséquence, que le pouvoir exécutif fera traduire M. Labigne, sous bonne et sûre garde, dans les prisons de la haute cour nationale, à Orléans. »

Deuxième décret. — « L'assemblée nationale décrète que M. Manneville, habitant sa maison de Manneville, près la ville de Caen, sera amené à la barre pour y être interrogé sur les faits résultant contre lui de diverses pièces saisies à Caen dans [la journée du 5 novembre dernier, et notamment une lettre signée Manneville, en date du 31 décembre 1791, et adressée à *M. le marquis d'Herici - lieutenant général des armées du roi, dans son*

château de Vaussieux. Le pouvoir exécutif demeure ; en conséquence, chargé de faire traduire M. Manneville, sous bonne et
sûre garde, à la barre de l'assemblée nationale. »

Troisième décret.— « L'assemblée nationale décrète qu'il n'y a
lieu à accusation contre les sieurs d'Herici-Vaussieux, de Sour-
deval, Jeanne de Bamont, deux frères ; Toustaingt, Blancmont,
Caignon des Acres, du Fay, de Barbières de Cairon, d'Aumont,
de Long-Champs, Garrat, Dumesnil de Saint-Denis, de Maurey,
Roussel, de Marescot, Jolivet de Colomby, quatre frères ; de La
Radière, Dagain, Le Moine, Vanembras, de La Boderie, deux
frères ; Guilbert, du Perré de l'Isle, deux frères ; Fresnay, Dubois, deux frères ; de Gonidec, Midy, Achard de Saint-Man-
vieu, Marie Greville, Achard de Vacogne, Léveillé, Brebisson,
Bonvoust-d'Aunay, Paysant, de Faydit de Ternac, de La Tour,
Beaval, de Try, ancien député à l'assemblée nationale constituante ; Varignac, de Saffray-Vimont, père et fils ; de Sainte-
Marie, Chandugué, de Labbey, père et fils ; du Rocher, deux
frères ; Besnard de Vaucouleurs, Yvonnet, Vauquelin de Sassy,
du Tailly, Lanjeaflay, père et deux fils ; Leziard de Ceriolet,
Bayeux, Le Harivel de Flagy, Bataille, de Lignery, père et
fils, de La Pallu, Billet, Dujardin, Le Vaillant, Lemaur père
et fils ; Duvivier, Lefebvre, Duhaussey, d'Alechamps, l'abbé
Blinière, Marmemars, Galignv. Godefroy de Boisjugan, Blanchard de Séville. »

CLUB DES JACOBINS.

Antonnelle présida la société du 2 au 11 janvier, et Guadet
du 11 janvier au 1er février. Ce dernier présidait à la fois la législative et les jacobins. Nous placerons ici une lettre qu'il reçut de
Rouen vers la fin de janvier, et que plusieurs journaux publièrent : c'était après sa fameuse motion du 15. — « J'ai trente ans,
je suis très-jolie, j'ai du courage ; ma fête se fera un lundi : vous
êtes trois cent mille qui périrez. *Signé* L. M. B. O. »

A la séance du 2 janvier, le club entendit un rapport d'Antoine sur l'état de la ville de Metz; il manifesta certaines craintes relatives à des déplacemens de troupes que La Fayette avait montré l'intention d'opérer. Il termina en disant : « Si jamais La Fayette, oubliant sa profonde nullité, voulait faire le César, il trouverait des Brutus : il en trouverait un dans celui qui vous parle. » — Pour paralyser l'influence de La Fayette dans les provinces du nord, on proposa divers moyens : il fut arrêté qu'on y répandrait le procès-verbal de la séance du 21 juin 1791, séance dans laquelle La Fayette fut interpellé par Danton d'une manière si précise sans qu'il fît aucune réponse. Desmoulins offrit à la société mille exemplaires de son numéro de ce temps-là, qui lui restaient encore, pour les distribuer dans le département de la Moselle. — Cette offre fut accueillie par des applaudissemens, et mentionnée au procès-verbal.

L'ordre du jour était la discussion sur la guerre. Robespierre monte à la tribune pour réfuter le dernier discours de Brissot.

M. Robespierre. « Les plus grandes questions qui agitent les hommes ont souvent pour base un malentendu ; il y en a, si je ne me trompe, même dans celle-ci. Il suffit de le faire cesser, et tous les bons citoyens se rallieront aux principes et à la vérité.

» Des deux opinions qui ont été balancées dans cette assemblée, l'une a pour elle toutes les idées qui flattent l'imagination, toutes les espérances brillantes qui animent l'enthousiasme, et même un sentiment généreux soutenu de tous les moyens que le gouvernement le plus actif et le plus puissant peut employer pour influer sur l'opinion ; l'autre n'est appuyée que sur la froide raison et sur la triste vérité. Pour plaire, il faut défendre la première ; pour être utile, il faut soutenir la seconde, avec la certitude de déplaire à tous ceux qui ont le pouvoir de nuire : c'est pour celle-ci que je me déclare.

» Ferons-nous la guerre ou ferons-nous la paix ? Attaquerons-nous nos ennemis, ou les attendrons-nous dans nos foyers ? Je crois que cet énoncé ne présente pas la question sous tous ses rapports et dans toute son étendue. Quel parti la nation et ses représentans doivent-ils prendre, dans les circonstances où nous

sommes, à l'égard de nos ennemis intérieurs ou extérieurs?
Voilà le véritable point de vue sous lequel on doit l'envisager, si
on veut l'embrasser tout entière et la discuter avec toute l'exactitude qu'elle exige. Ce qui importe par-dessus tout, quel que
puisse être le fruit de nos efforts, c'est d'éclairer la nation sur
ses véritables intérêts et sur ceux de ses ennemis ; c'est de ne pas
ôter à la liberté sa dernière ressource, en donnant le change à
l'esprit public dans ces circonstances critiques. Je tâcherai de
remplir cet objet en répondant principalement à l'opinion de
M. Brissot.

» Si des traits ingénieux, si la peinture brillante et prophétique
des succès d'une guerre terminée par les embrassemens fraternels de tous les peuples de l'Europe sont des raisons suffisantes
pour décider une question aussi sérieuse, je conviendrai que
M. Brissot l'a parfaitement résolue ; mais son discours m'a paru
présenter un vice qui n'est rien dans un discours académique, et
qui est de quelque importance dans la plus grande de toutes les
discussions politiques : c'est qu'il a sans cesse évité le point fondamental de la question, pour élever à côté tout son système
sur une base absolument ruineuse.

» Certes j'aime tout autant que M. Brissot une guerre entreprise pour étendre le règne de la liberté, et je pourrais me livrer aussi au plaisir d'en raconter d'avance toutes les merveilles.
Si j'étais maître des destinées de la France, si je pouvais à mon
gré diriger ses forces et ses ressources, j'aurais envoyé dès
long-temps une armée en Brabant, j'aurais secouru les Liégeois
et brisé les fers des Bataves : ces expéditions sont fort de mon
goût. Je n'aurais point, il est vrai, déclaré la guerre à des sujets rebelles ; je leur aurais ôté jusqu'à la volonté de se rassembler ; je n'aurais pas permis à des ennemis plus formidables
et plus près de nous de les protéger et de nous susciter au-dedans
des dangers plus sérieux.

» Mais, dans les circonstances où je trouve mon pays, je jette
un regard inquiet autour de moi, et je me demande si la guerre
que l'on fera sera celle que l'enthousiasme nous promet ; je me

demande qui la propose, comment, dans quelles circonstances et pourquoi?

» C'est là, c'est dans notre situation tout extraordinaire que réside toute la question. Vous en avez sans cesse détourné vos regards; mais j'ai prouvé ce qui était clair pour tout le monde, que la proposition de la guerre actuelle était le résultat d'un projet formé dès long-temps par les ennemis intérieurs de notre liberté. Je vous en ai montré le but; je vous ai indiqué les moyens d'exécution; d'autres vous ont prouvé qu'elle n'était qu'un piége visible : un orateur, membre de l'assemblée constituante, vous a dit à cet égard des vérités de fait très-importantes. Il n'est personne qui n'ait aperçu ce piége, en songeant que c'était après avoir constamment protégé les émigrations et les émigrans rebelles qu'on proposait de déclarer la guerre à leurs protecteurs, en même temps qu'on défendait encore les ennemis du dedans, confédérés avec eux. Vous êtes convenus vous-mêmes que la guerre plaisait aux émigrés, qu'elle plaisait au ministère, aux intrigans de la cour, à cette faction nombreuse dont les chefs, trop connus, dirigent depuis long-temps toutes les démarches du pouvoir exécutif; toutes les trompettes de l'aristocratie et du gouvernement en donnent à la fois le signal. Enfin, quiconque pourrait croire que la conduite de la cour, depuis le commencement de cette révolution, n'a pas été toujours en opposition avec les principes de l'égalité et le respect pour les droits du peuple, soit regardé comme un insensé s'il était de bonne foi; quiconque pourrait dire que la cour propose une mesure aussi décisive que la guerre sans la rapporter à son plan, ne donnerait pas une idée plus avantageuse de son jugement. Or, pouvez-vous dire qu'il soit indifférent au bien de l'État que l'entreprise de la guerre soit dirigée par l'amour de la liberté ou par l'esprit du despotisme, par la fidélité ou par la perfidie? Cependant qu'avez-vous répondu à tous ces faits décisifs? qu'avez-vous dit pour dissiper tant de justes soupçons? Votre réponse à ce principe fondamental de toute discussion fait juger tout votre système.

La défiance, avez-vous dit dans votre premier discours, *la dé-*

fiance est un état affreux : elle empêche les deux pouvoirs d'agir de concert, empêche le peuple de croire aux démonstrations du pouvoir exécutif, attiédit son attachement, relâche sa soumission.

« La défiance est un état affreux ! Est-ce là le langage d'un homme libre qui croit que la liberté ne peut être achetée à trop haut prix ? Elle empêche les deux pouvoirs d'agir de concert ! Est-ce encore vous qui parlez ici ? Quoi ! c'est la défiance du peuple qui empêche le pouvoir exécutif de marcher, et ce n'est pas sa volonté propre ? Quoi ! c'est le peuple qui doit croire aveuglément aux démonstrations du pouvoir exécutif, et ce n'est plus le pouvoir exécutif qui doit mériter la confiance du peuple, non par des démonstrations, mais par des faits ? La défiance attiédit son attachement ! Et à qui donc le peuple doit-il de l'attachement ? Est-ce à un homme ? est-ce à l'ouvrage de ses mains, ou bien à la liberté ? Elle relâche sa soumission ! à la loi, sans doute. En a-t-il manqué jusqu'ici ? Qui a le plus de reproche à se faire à cet égard, ou de lui, ou de ses oppresseurs ? Si ce texte a excité ma surprise, elle n'a pas diminué, je l'avoue, quand j'ai entendu le commentaire par lequel vous l'avez développé dans votre dernier discours.

« Vous nous avez appris qu'il fallait bannir la défiance, parce qu'il y avait eu un changement dans le ministère. Quoi ! c'est vous qui avez de la philosophie et de l'expérience ; c'est vous que j'ai entendu vingt fois dire sur la politique et l'esprit immoral des cours tout ce que pense là-dessus tout homme qui a la faculté de penser ; c'est vous qui prétendez que le ministère doit changer avec un ministre ? C'est à moi qu'il appartient de m'expliquer librement sur les ministres, 1° parce que je ne crains pas d'être soupçonné de spéculer sur leur changement, ni pour moi ni pour mes amis ; 2° parce que je ne désire pas de les voir remplacer par d'autres, convaincu que ceux qui aspirent à leurs places ne vaudraient pas mieux. Ce ne sont point les ministres que j'attaque, ce sont leurs principes et leurs actes. Qu'ils se convertissent s'ils le peuvent, et je combattrai leurs détracteurs. J'ai le droit, par conséquent, d'examiner les bases sur lesquelles repose la garantie que vous leur prêtez. Vous blâmez le ministre Montmorin, qui a cédé sa place, pour attirer la confiance sur le ministre Lessart qui s'est chargé de son rôle! A Dieu ne plaise que je perde des momens précieux à instituer un parallèle entre ces deux illustres défenseurs des droits du peuple! Vous avez expédié deux certificats de patriotisme à deux autres ministres, par la raison qu'ils avaient été tirés de la classe des plébéiens; et moi je le dis franchement, la présomption la plus raisonnable, à mon avis, est que, dans les circonstances où nous sommes, des plébéiens n'auraient point été appelés au ministère s'ils n'avaient été jugés dignes d'être nobles. Je m'étonne que la confiance d'un représentant du peuple porte sur un ministre que le peuple de la capitale a craint de voir arriver à une place municipale; je m'étonne de vous voir recommander à la bienveillance publique le ministre de la justice, qui a paralysé la cour provisoire d'Orléans en se dispensant de lui envoyer les principales procédures; le ministre qui a grossièrement calomnié, à la face de l'assemblée nationale, les sociétés patriotiques de l'État, pour provoquer leur destruction; le ministre qui, récemment encore, vient de demander à l'assemblée actuelle la suspension de l'établissement des nouveaux tribunaux criminels, sous le prétexte que la nation n'était pas mûre pour les jurés, sous le prétexte (qui le croirait!) que l'hiver est une saison trop rude pour réaliser cette institution, déclarée partie essentielle de notre constitution par l'acte constitutionnel, réclamée par les principes éternels de la justice, et par la tyrannie insupportable du système barbare qui pèse encore sur le patriotisme et sur l'humanité; ce ministre oppresseur du peuple avignonnais, entouré de tous les intrigans que vous avez vous-mêmes dénoncés dans vos écrits, et ennemi déclaré de tous les patriotes invariablement attachés à la cause publique. Vous avez encore pris sous votre sauvegarde le ministre actuel de la guerre. Ah! de grâce, épargnez-nous la peine de discuter la conduite, les relations et le personnel de tant d'individus, lorsqu'il ne doit être question que des principes et de la patrie. Ce n'est pas assez d'entreprendre l'apologie des minis-

tres, vous voulez encore les isoler des vues et de la société de
ceux qui sont notoirement leurs conseils et leurs coopérateurs.

» Personne ne doute aujourd'hui qu'il existe une ligue puissante
et dangereuse contre l'égalité et contre les principes de notre liberté; on sait que la coalition qui porte les mains sacriléges sur les
bases de la constitution s'occupe avec activité des moyens d'achever
son ouvrage, qu'elle domine à la cour, qu'elle gouverne les ministres : vous êtes convenu qu'elle avait le projet d'étendre encore la puissance ministérielle, et d'aristocratiser la représentation nationale ; vous nous avez priés de croire que les ministres
et la cour n'avaient rien de commun avec elle; vous avez démenti, à cet égard, les assertions positives de plusieurs orateurs
et l'opinion générale; vous vous êtes contenté d'alléguer que des
intrigans ne pouvaient porter atteinte à la liberté. Ignorez-vous
que ce sont des intrigans qui font le malheur des peuples? ignorez-vous que des intrigans, secondés par la force et par les trésors du gouvernement, ne sont pas à négliger? que vous-même
vous vous êtes fait une loi jadis de poursuivre avec chaleur une
partie de ceux dont il est ici question? Ignorez-vous que, depuis
le départ du roi, dont le mystère commence à s'éclaircir; ils ont
eu le pouvoir de faire rétrograder la révolution; et de commettre
impunément les plus coupables attentats contre la liberté? D'où
vous vient donc tout à coup tant d'indulgence ou de sécurité?

» Ne vous pressez pas, nous dit le même orateur; si cette faction veut la guerre; ne vous alarmez pas si, comme elle, la cour
et les ministres veulent la guerre; si les papiers que le ministère
soudoie prêchent la guerre : les ministres, à la vérité, se joindront toujours aux modérés contre les patriotes; mais ils se joindront aux patriotes et aux modérés contre les émigrans. Quelle
rassurante et lumineuse théorie! Les ministres, vous en conve-
nez, sont les ennemis des patriotes; les modérés, pour lesquels
ils se déclarent; veulent rendre notre constitution aristocratique; et vous voulez que nous adoptions leurs projets? Les ministres soudoient, et c'est vous qui le dites, des papiers dont
l'emploi est d'éteindre l'esprit public, d'effacer les principes de

la liberté, de vanter les plus dangereux de ses ennemis, de calomnier tous les citoyens, et vous voulez que je me fie aux vues
et aux principes des ministres?

» Vous croyez que les agens du pouvoir exécutif sont plus disposés à adopter les maximes de l'égalité, et à défendre les droits
du peuple dans toute leur pureté, qu'à transiger avec les membres
de la dynastie, avec les amis de la cour, aux dépens du peuple et
des patriotes, qu'ils appellent hautement des factieux? Mais les
aristocrates de toutes les nuances demandent la guerre; mais tous
les échos de l'aristocratie répètent aussi le cri de guerre; il ne
faut pas non plus se défier, sans doute, de leurs intentions. Pour
moi, j'admire votre bonheur et ne l'envie pas. Vous étiez destiné
à défendre la liberté sans défiance, sans déplaire à ses ennemis,
sans vous trouver en opposition ni avec la cour, ni avec les ministres, ni avec les modérés. Comme les routes du patriotisme
sont devenues pour vous faciles et riantes!

» Pour moi, j'ai trouvé que plus on avançait dans cette carrière,
plus on rencontrait d'obstacles et d'ennemis, plus on se trouvait
abandonné de ceux avec qui on y était entré; et j'avoue que si je
m'y voyais environné des courtisans, des aristocrates, des modérés, je serais au moins tenté de me croire en assez mauvaise
compagnie.

» Ou je me trompe, ou la faiblesse des motifs par lesquels vous
avez voulu nous rassurer sur les intentions de ceux qui nous poussent à la guerre est la plus frappante qui puisse les démontrer.
Loin d'aborder le véritable état de la question, vous l'avez toujours fui. Tout ce que vous avez dit est donc hors de la question.
Votre opinion n'est fondée que sur des hypothèses vagues et
étrangères.

» Que nous importent, par exemple, vos longues et pompeuses
dissertations sur la guerre américaine? Qu'y a-t-il de commun
entre la guerre ouverte qu'un peuple fait à ses tyrans, et un système d'intrigue conduit par le gouvernement même contre la liberté naissante? Si les Américains avaient triomphé de la tyrannie anglaise en combattant sous les drapeaux de l'Angleterre et

sous les ordres de ses généraux contre ses propres alliés, l'exemple des Américains serait bon à citer : on pourrait même y joindre celui des Hollandais et des Suisses, s'ils s'étaient reposés sur le duc d'Albe et sur les princes d'Autriche et de Bourgogne du soin de venger leurs outrages et d'assurer leur liberté. Que nous importent encore les victoires rapides que vous remportez à la tribune sur le despotisme et sur l'aristocratie de l'univers? Comme si la nature des choses se pliait si facilement à l'imagination d'un orateur! Est-ce le peuple ou le génie de la liberté qui dirigera le plan qu'on nous propose? c'est la cour, ce sont ses officiers, ce sont ses ministres. Vous oubliez toujours que cette donnée change toutes les combinaisons.

» Croyez-vous que le dessein de la cour soit d'ébranler le trône de Léopold et ceux de tous les rois qui, dans leurs réponses à ses messages, lui témoignent un attachement exclusif, elle qui ne cesse de vous prêcher *le respect pour les gouvernemens étrangers*, elle qui a troublé par ses menées la révolution de Brabant, elle qui vient de désigner à la nation, comme le sauveur de la patrie, comme le héros de la liberté, le général qui, dans l'Assemblée Constituante, s'était déclaré hautement contre la cause des Brabançons? Cette réflexion me fait naître une autre idée; elle me rappelle un fait qui prouve peut-être à quels piéges les représentans du peuple sont exposés. Peut-être est-il étonnant que, dans le temps où on parlait de guerre contre des princes allemands, pour dissiper les émigrans français, on se soit hâté de rassurer, par un décret, le chef du corps germanique contre la crainte de voir se rassembler sur nos frontières les Brabançons qui viennent chercher un asile parmi nous. Ce qu'il y a de certain, c'est que les plus zélés patriotes de la contrée française où ils se sont retirés ne paraissent pas en avoir une idée aussi défavorable que celle qu'on en a voulu répandre, et qu'ils ne sont pas, sur cette affaire, du même avis que le directoire du département du Nord. Pour moi, je crains, je l'avoue, que le patriotisme des représentans n'ait été trompé sur les faits. Je le dis, sans crainte que l'on me soupçonne de vouloir décréditer leur sagesse; je me serais

même épargné cette dernière réflexion, inutile pour mon propre
compte; si je ne désirais, depuis quelque temps, de trouver l'occasion de dissiper les préventions que des malentendus ont pu
faire naître, et qui pourraient relâcher les liens qui doivent unir
tous les amis de la liberté. On dit que l'on cherche à se prévaloir de certaines observations dictées sans doute par l'amour
du bien public, et qui, d'ailleurs, sont personnelles à leur auteur, pour éloigner de cette société des députés patriotes, et
mettre l'amour-propre des représentans du peuple en opposition avec leur civisme. Je crois le succès de cette entreprise
impossible; je crois, de plus, que nul membre de cette société
n'a eu l'intention d'abaisser les législateurs actuels par un parallèle injuste entre la première et la seconde assemblée. Pour
moi, je déclare hautement que, loin d'attacher mon intérêt personnel à l'Assemblée Constituante, je la regarde comme une
puissance qui n'est plus, et pour laquelle le jugement sévère de
la postérité doit déjà commencer.

Comment peut-on, sur des calculs aussi incertains que les vôtres, compromettre les destinées de la France et de tous les peuples?

Je ne connais rien d'aussi léger que l'opinion de M. Brissot
à cet égard, si ce n'est l'effervescence philanthropique *de M. Anacharsis Clools.* Je réfuterai en passant, et par un seul mot, le
discours étincelant de M. Anacharsis Clools; je me contenterai
de lui citer un trait de ce sage de la Grèce, de ce philosophe
voyageur dont il a emprunté le nom. C'est, je crois, cet Anacharsis grec qui se moquait d'un astronome qui, en considérant
le ciel avec trop d'attention, était tombé dans une fosse qu'il n'a-
vait point aperçue sur la terre. Eh bien! l'Anacharsis moderne,
en voyant dans le soleil *des taches pareilles à celles de notre constitution,* en voyant descendre du ciel l'ange de la liberté pour se
mettre à la tête de nos légions, et exterminer, par leur bras, tous
les tyrans de l'univers, n'a pas vu sous ses pieds un précipice où
l'on veut entraîner le peuple français. Puisque *l'orateur du genre
humain* pense que la destinée de l'univers est liée à celle de la
France, qu'il défende avec plus de réflexion les intérêts de ses

chens, ou qu'il craigne que le genre humain ne lui retire sa pro-
curation.

» Laissez donc, laissez toutes ces trompeuses déclamations; ne
nous présentez pas l'image touchante du bonheur, pour nous entraîner dans des maux réels; donnez-nous moins de descriptions
agréables et de plus sages conseils.

» Épargnez-vous donc au moins toutes les contradictions que
votre système présente à chaque instant: ne nous dites pas, tantôt qu'il ne s'agit que d'aller donner la chasse à vingt ou trente
lieues aux *chevaliers de Coblentz*, et de revenir triomphans; tantôt qu'il ne sagit de rien moins que de briser les fers des nations.
Ne nous dites pas, tantôt que tous les princes de l'Europe demeu-
reront spectateurs indifférens de nos démêlés avec les émigrés,
et de nos incursions sur le territoire germanique; tantôt que nous
renverserons le gouvernement de tous ces princes.

» Mais j'adopte votre hypothèse favorite, et j'en tire un raisonnement auquel je défie tous les partisans de votre système de
répondre d'une manière satisfaisante. Je leur propose ce dilemme:
ou bien nous pouvons craindre l'intervention des puissances
étrangères, et alors tous vos calculs sont en défaut; ou bien les
puissances étrangères ne se mêleront en aucune manière de votre
expédition; dans ce dernier cas, la France n'a donc d'autre ennemi à craindre que cette poignée d'aristocrates émigrés auxe-
quels elle faisait à peine attention il y a quelque temps: or,
prétendez-vous que cette puissance doive nous alarmer? Et si
elle était redoutable, ne serait-ce pas évidemment par l'appui
que lui prêteraient nos ennemis intérieurs, pour lesquels vous
n'avez nulle défiance? Tout vous prouve donc que cette guerre
ridicule est une intrigue de la cour et des factions qui nous déchirent; leur déclarer la guerre sur la foi de la cour, violer le territoire étranger, qu'est-ce autre chose que seconder leurs vues?
Traiter comme une puissance rivale des criminels qu'il suffit de
flétrir, de juger, de punir par contumace; nommer pour les
combattre des maréchaux de France extraordinaires, contre les
lois, affecter d'étaler aux yeux de l'univers la Fayette tout entier,

qu'est-ce autre chose que leur donner une illustration, une importance qu'ils désirent, et qui convient aux ennemis du dedans qui les favorisent? La cour et les factieux ont sans doute des raisons d'adopter ce plan : quelles peuvent être les nôtres ? *L'honneur du nom français*, dites-vous. Juste ciel ! la nation française déshonorée par cette tourbe de fugitifs aussi ridicules qu'impuissans, qu'elle peut dépouiller de leurs biens, et marquer, aux yeux de l'univers, du sceau du crime et de la trahison ! Ah ! la honte consiste à être trompé par les artifices grossiers des ennemis de notre liberté. La magnanimité, la sagesse, la liberté, le bonheur, la vertu, voilà notre honneur. Celui que vous voulez ressusciter est l'ami, le soutien du despotisme ; c'est l'honneur des héros de l'aristocratie, de tous les tyrans; c'est l'honneur du crime ; c'est un être bizarre que je croirais né de je ne sais quelle union monstrueuse du vice et de la vertu, mais qui s'est rangé du parti du premier pour égorger sa mère ; il est proscrit de la terre de la liberté; laissez cet honneur, ou reléguez-le au-delà du Rhin; qu'il aille chercher un asile dans le cœur ou dans la tête des princes et des chevaliers de Coblentz.

» Est-ce donc avec cette légèreté qu'il faut traiter des plus grands intérêts de l'état ?

» Avant de vous égarer dans la politique des états et des princes de l'Europe, commencez par ramener vos regards sur votre position intérieure : remettez l'ordre chez vous avant de porter la liberté ailleurs. Mais vous prétendez que ce soin ne doit pas même vous occuper, comme si les règles ordinaires du bon sens n'étaient pas faites pour les grands politiques. Remettre l'ordre dans les finances, en arrêter la déprédation, armer le peuple et les gardes nationales, faire tout ce que le gouvernement a voulu empêcher jusqu'ici, pour ne redouter ni les attaques de nos ennemis, ni les intrigues ministérielles ; ranimer par des lois bienfaisantes, par un caractère soutenu d'énergie, de dignité, de sagesse, l'esprit public et l'horreur de la tyrannie, qui seule peut nous rendre invincibles contre tous nos ennemis, tout cela n'est que des idées ridicules : la guerre, la guerre, dès que la cour la demande ; ce parti dispense de tout autre soin, on est quitte envers le peuple dès qu'on lui donne la guerre. La guerre contre les justiciables de la cour nationale, ou contre des princes allemands; confiance, idolâtrie pour les ennemis du dedans. Mais, que dis-je? En avons-nous, des ennemis du dedans? Non, vous n'en connaissez pas ; vous ne connaissez que Coblentz. N'avez-vous pas dit que le siége du mal est à Coblentz? Il n'est donc pas à Paris? Il n'y a donc aucune relation entre Coblentz et un autre lieu qui n'est pas loin de nous? Quoi! vous osez dire que ce qui a fait rétrograder la révolution c'est la peur qu'inspirent à la nation les aristocrates fugitifs qu'elle a toujours méprisés, et vous attendez de cette nation des prodiges de tous les genres! Apprenez donc qu'au jugement de tous les Français éclairés, le véritable Coblentz est en France ; que celui de l'évêque de Trèves n'est que l'un des ressorts d'une conspiration profonde tramée contre la liberté, dont le foyer, dont le centre, dont les chefs sont au milieu de nous. Si vous ignorez tout cela, vous êtes étrangers à tout ce qui se passe dans ce pays-ci. Si vous le savez, pourquoi le niez-vous? Pourquoi détourner l'attention publique de nos ennemis les plus redoutables, pour la fixer sur d'autres objets, pour nous conduire dans le piége où ils nous attendent?

» D'autres personnes, sentant vivement la profondeur de nos maux et connaissant leur véritable cause, se trompent évidemment sur le remède. Dans une espèce de désespoir, ils veulent se précipiter vers la guerre étrangère, comme s'ils espéraient que le mouvement seul de la guerre nous rendra la vie, ou que de la confusion générale sortiront enfin l'ordre et la liberté. Ils commettent la plus funeste des erreurs, parce qu'ils ne discernent pas les circonstances, et confondent des idées absolument distinctes. Il est dans les révolutions des mouvemens contraires et des mouvemens favorables à la liberté, comme il est dans les maladies des crises salutaires et des crises mortelles.

Les mouvemens favorables sont ceux qui sont dirigés directement contre les tyrans, comme l'insurrection des Américains, ou comme celle du 14 juillet ; mais la guerre au dehors, provoquée, dirigée par le gouvernement dans les circonstances où nous sommes, est un mouvement à contre-sens; c'est une crise qui peut conduire à la mort du corps politique. Une telle guerre ne peut que donner le change à l'opinion publique, faire diversion aux justes inquiétudes de la nation, et prévenir la crise favorable que les attentats des ennemis de la liberté auraient pu amener. C'est sous ce rapport que j'ai d'abord développé les inconvéniens de la guerre. Pendant la guerre étrangère, le peuple, comme je l'ai déjà dit, distrait par les événemens militaires des délibérations politiques qui intéressent les bases essentielles de sa liberté, prête une attention moins sérieuse aux sourdes manœuvres des intrigans qui les minent, du pouvoir exécutif qui les ébranle, à la faiblesse ou à la corruption des représentans qui ne les défendent pas. Cette politique fut connue de tout temps; et quoi qu'en ait dit M. Brissot, il est applicable et frappant, l'exemple des aristocrates de Rome, que j'ai cité. Quand le peuple réclamait ses droits contre les usurpations du sénat et des patriciens, le sénat déclarait la guerre; et le peuple, oubliant ses droits et ses outrages, ne s'occupait que de la guerre, laissant au sénat son empire, et préparant de nouveaux triomphes aux patriciens. La guerre est bonne pour les officiers militaires, pour les ambitieux, pour les agioteurs qui spéculent sur ces sortes d'événemens; elle est bonne pour les ministres, dont elle couvre les opérations d'un voile plus épais et presque sacré; elle est bonne pour la cour; elle est bonne pour le pouvoir exécutif, dont elle augmente l'autorité, la popularité, l'ascendant; elle est bonne pour la coalition des nobles, des intrigans, des modérés qui gouvernent la France. Cette faction peut placer ses héros et ses membres à la tête de l'armée; la cour peut confier les forces de l'état aux hommes qui peuvent la servir dans l'occasion avec d'autant plus de succès, qu'on leur aura travaillé une espèce de réputation de patriotisme; ils gagneront les cœurs et la confiance des soldats pour les attacher plus fortement à la cause du royalisme et du modérantisme: voilà la seule espèce de séduction que je crains pour les soldats; ce n'est pas sur une désertion ouverte et volontaire de la troupe publique qu'il faut me rassurer. Tel homme qui aurait horreur de trahir la patrie, peut être conduit par des chefs adroits à porter le fer dans le sein des meilleurs citoyens ; le mot perfide de républicain et de factieux, inventé par la secte des ennemis hypocrites de la constitution, peut armer l'ignorance trompée contre la cause du peuple. Or, la destruction du parti patriotique est le grand objet de tous leurs complots ; dès qu'une fois ils l'ont anéanti, que reste-t-il, si ce n'est la servitude ? Ce n'est pas une contre-révolution que je crains ; ce sont les progrès des faux principes de l'idolâtrie, et la perte de l'esprit public. Or, croyez-vous que ce soit un médiocre avantage pour la cour et pour le parti dont je parle, de cantonner les soldats, de les camper, de les diviser en corps d'armée, de les isoler des citoyens pour substituer insensiblement, sous les noms imposans de discipline militaire et d'honneur, l'esprit d'obéissance aveugle et absolue, l'ancien esprit militaire, enfin, à l'amour de la liberté, aux sentimens populaires qui étaient entretenus par leur communication avec le peuple ? Quoique l'esprit de l'armée soit encore bon en général, devez-vous vous dissimuler que l'intrigue et la suggestion ont obtenu des succès dans plusieurs corps, et qu'il n'est plus entièrement ce qu'il était dans les premiers jours de la révolution ? Ne craignez-vous pas le système, constamment suivi depuis si long-temps, de ramener l'armée au pur amour des rois, et de la purger de l'esprit patriotique qu'on a toujours paru regarder comme une peste qui la désolait ? Voyez-vous sans quelque inquiétude le voyage du ministre et la nomination de tel général fameux par les désastres des régimens les plus patriotes ? Comptez-vous pour rien le droit de vie et de mort arbitraire dont la loi va investir nos patriciens militaires dès le moment où la nation sera constituée en guerre ? Comptez-vous pour rien l'autorité de la police qu'elle remet aux chefs militaires dans toutes nos villes frontières ? A-t-on répondu à tous ces faits par la dissertation sur la dictature des Romains, et par le parallèle de César avec nos généraux ? On a dit que la guerre imposerait aux aristocrates du dedans et tarirait la source de leurs manœuvres ; il point du tout ; ils devinent trop bien les intentions de leurs amis secrets pour en redouter l'issue ; ils n'en seront que plus actifs à poursuivre la guerre sourde qu'ils peuvent nous faire impunément en semant la division, le fanatisme, et en dépravant l'opinion. C'est surtout alors que, revêtu des livrées du patriotisme, le parti modéré, dont les chefs sont des artisans de cette trame, déploiera toute sa sinistre influence; c'est alors qu'au nom du salut public il imposera silence à quiconque oserait élever quelques soupçons sur la conduite ou sur les intentions des agens du pouvoir exécutif, sur lequel il reposera, et des généraux qui seront devenus, comme lui, l'espoir et l'idole de la nation. Si l'un de ces généraux est destiné à remporter quelque succès apparent, qui, je crois, ne sera pas fort meurtrier pour les émigrans, ni fatal à leurs protecteurs, quel ascendant ne donnera-t-il pas à son parti! quels services ne pourra-t-il pas rendre à la cour! C'est alors qu'on fera une guerre plus sérieuse aux véritables amis de la liberté, et que le système perfide de l'égoïsme et de l'intrigue triomphera. L'esprit public une fois corrompu, alors jusqu'où le pouvoir exécutif et les factieux qui le serviront ne pourront-ils pas pousser leurs usurpations! Il n'aura pas besoin de compromettre le succès de ses projets par une précipitation imprudente; il ne se pressera pas peut-être de proposer le plan de transaction dont on a déjà parlé : soit qu'il s'en tienne à celui-là, soit qu'il en adopte un autre, que ne peut-il pas attendre du temps, de la langueur, de l'ignorance, des divisions intestines, des manœuvres de la nombreuse cohorte de ses affidés dans le corps législatif, de tous les ressorts enfin qu'il prépare depuis si longtemps!

«Nos généraux, dites-vous, ne nous trahiront pas; et si nous étions trahis, tant mieux! Je ne vous dirai pas que je trouve singulier ce goût pour la trahison; car je suis en cela parfaitement de votre avis. Oui, nos ennemis sont trop habiles pour nous trahir ouvertement, comme vous l'entendez; l'espèce de trahison que nous avons à redouter, je viens de vous la développer : celle-là n'avertit point la vigilance publique; elle prolonge le sommeil du peuple jusqu'au moment où on l'enchaîne ; celle-là ne laisse aucune ressource ; celle-là..... Tous ceux qui endorment le peuple en favorisent le succès ; et remarquez bien que, pour y parvenir, il n'est pas même nécessaire de faire sérieusement la guerre ; il suffit de nous constituer sur le pied de guerre ; il suffit de nous entretenir de l'idée d'une guerre étrangère : n'en recueillît-on d'autre avantage que les millions qu'on se fait compter d'avance, on n'aurait pas tout-à-fait perdu sa peine. Ces vingt millions, surtout dans le moment où nous sommes, ont au moins autant de valeur que les adresses patriotiques où l'on prêche au peuple la confiance et la guerre.

> Je décourage la nation, dites-vous : non, je l'éclaire ; éclairer des hommes libres, c'est réveiller leur courage, c'est empêcher que leur courage même ne devienne l'écueil de leur liberté ; et n'eussé-je fait autre chose que de dévoiler tant de piéges, que de réfuter tant de fausses idées et de mauvais principes, que d'arrêter les élans d'un enthousiasme dangereux, j'aurais avancé l'esprit public et servi la patrie.

> Vous avez dit encore que j'avais outragé les Français en doutant de leur courage et de leur amour pour la liberté. Non, ce n'est point le courage des Français dont je me défie, c'est la perfidie de leurs ennemis que je crains ; que la tyrannie les attaque ouvertement, ils seront invincibles, mais le courage est inutile contre l'intrigue.

> Vous avez été étonnés, avez-vous dit, d'entendre un défenseur du peuple calomnier et avilir le peuple. Certes, je ne m'attendais pas à un pareil reproche. D'abord, apprenez que je ne suis point le défenseur du peuple ; jamais je n'ai prétendu à ce titre fastueux ; je suis du peuple, je n'ai jamais été que cela, je ne veux être que cela ; je méprise quiconque a la prétention d'être quelque chose de plus. S'il faut dire plus, j'avouerai que je n'ai jamais compris pourquoi on donnait des noms pompeux à la fidélité constante de ceux qui n'ont point trahi sa cause ; serait-ce un moyen de ménager une excuse à ceux qui l'abandonnent, en présentant la conduite contraire comme un effort d'héroisme et

de vertu? Non, ce n'est rien de tout cela; ce n'est que le résultat naturel du caractère de tout homme qui n'est point dégradé. L'amour de la justice, de l'humanité, de la liberté, est une passion comme une autre; quand elle est dominante, on lui sacrifie tout; quand on a ouvert son ame à des passions d'une autre espèce, comme à la soif de l'or et des honneurs, on leur immole tout, et la gloire, et la justice, et l'humanité, et le peuple, et la patrie. Voilà le secret du cœur humain; voilà toute la différence qui existe entre le crime et la probité, entre les tyrans et les bienfaiteurs de leur pays.

» Que dois-je donc répondre au reproche d'avoir avili et calomnié le peuple? Non, on n'avilit point ce qu'on aime, on ne se calomnie pas soi-même.

» J'ai avili le peuple! Il est vrai que je ne sais point le flatter pour le perdre; que j'ignore l'art de le conduire au précipice par des routes semées de fleurs : mais en revanche, c'est moi qui sus déplaire à tous ceux qui ne sont pas du peuple, en défendant, presque seul, les droits des citoyens les plus pauvres et les plus malheureux, contre la majorité des législateurs; c'est moi qui opposai constamment la déclaration des droits à toutes ces distinctions calculées sur la quotité des impositions, qui laissaient une distance entre des citoyens et des citoyens; c'est moi qui défendis, non-seulement les droits du peuple, mais son caractère et ses vertus; qui soutins contre l'orgueil et les préjugés que les vices ennemis de l'humanité et de l'ordre social allaient toujours en décroissant, avec les besoins factices et l'égoïsme, depuis le trône jusqu'à la chaumière; c'est moi qui consentis à paraître exagéré, opiniâtre, orgueilleux même pour être juste.

» Le vrai moyen de témoigner son respect pour le peuple n'est point de l'endormir en lui vantant sa force et sa liberté, c'est de le défendre, c'est de le prémunir contre ses propres défauts; car le peuple même en a. *Le peuple est là*, est dans ce sens un mot très-dangereux. Personne ne nous a donné une plus juste idée du peuple que Rousseau, parce que personne ne l'a plus aimé. « Le peuple veut toujours le bien, mais il ne le voit pas toujours. » Pour compléter la théorie des principes du gouvernement, il suffirait d'ajouter : Les mandataires du peuple voient souvent le bien ; mais ils ne le veulent pas toujours. Le peuple veut le bien, parce que le bien public est son intérêt, parce que les bonnes lois sont sa sauvegarde : ses mandataires ne le veulent pas toujours, parce qu'ils se forment un intérêt séparé du sien, et qu'ils veulent tourner l'autorité qu'il leur confie au profit de leur orgueil. Lisez ce que Rousseau a écrit du gouvernement représentatif, et vous jugerez si le peuple peut dormir impunément. Le peuple cependant sent plus vivement et voit mieux tout ce qui tient aux premiers principes de la justice et de l'humanité que la plupart de ceux qui se séparent de lui ; et son bon sens à cet égard est souvent supérieur à l'esprit des habiles gens ; mais il n'a pas la même aptitude à démêler les détours de la politique artificieuse qu'ils emploient pour le tromper et pour l'asservir, et sa bonté naturelle le dispose à être la dupe des charlatans politiques. Ceux-ci le savent bien, et ils en profitent.

» Lorsqu'il s'éveille et déploie sa force et sa majesté, ce qui arrive une fois dans des siècles, tout plie devant lui ; le despotisme se prosterne contre terre et contrefait le mort, comme un animal lâche et féroce à l'aspect du lion ; mais bientôt il se relève ; il se rapproche du peuple d'un air caressant ; il substitue la ruse à la force : on le croit converti ; on a entendu sortir de sa bouche le mot de liberté ; le peuple s'abandonne à la joie, à l'enthousiasme ; on accumule entre ses mains des trésors immenses ; on lui livre la fortune publique ; on lui donne une puissance colossale ; il peut offrir des appâts irrésistibles à l'ambition et à la cupidité de ses partisans, quand le peuple ne peut payer ses serviteurs que de son estime. Bientôt quiconque a des talens avec des vices lui appartient ; il suit constamment un plan d'intrigue et de séduction ; il s'attache surtout à corrompre l'opinion publique ; il réveille les anciens préjugés, les anciennes habitudes qui ne sont point encore effacées ; il entretient la dépravation des mœurs qui ne sont point encore régénérées ; il étouffe le germe des vertus nouvelles ; la horde innombrable de ses esclaves ambitieux répand

partout de fausses maximes ; on ne prêche plus aux citoyens que
le repos et la confiance ; le mot de liberté passe presque pour
un cri de sédition ; on persécute, on calomnie ses plus zélés défenseurs ; on cherche à égarer, à séduire ou à maîtriser les délégués du peuple ; des hommes usurpent la confiance pour vendre ses droits, et jouissent en paix du fruit de leurs forfaits. Ils
auront des imitateurs qui, en les combattant, n'aspireront qu'à
les remplacer. Les intrigans et les partis se pressent comme
les flots de la mer. Le peuple ne reconnaît les traîtres que lorsqu'ils lui ont déjà fait assez de mal pour le braver impunément.
A chaque atteinte portée à sa liberté, on l'éblouit par des prétextes spécieux, on le séduit par des actes de patriotisme illusoire ; on trompe son zèle et on égare son opinion par le jeu de
tous les ressorts de l'intrigue et du gouvernement ; on le rassure
en lui rappelant sa force et sa puissance. Le moment arrive où
la division règne partout, où tous les piéges des tyrans sont
tendus, où la ligue de tous les ennemis de l'égalité est entièrement formée, où les dépositaires de l'autorité publique en sont
les chefs, où la portion des citoyens qui a le plus d'influence par
scs lumières et par sa fortune est prête à se ranger de leur parti.

» Voilà la nation placée entre la servitude et la guerre civile.
On avait montré au peuple l'insurrection comme un remède ;
mais ce remède extrême est-il même possible ? Il est impossible
que toutes les parties d'un empire, ainsi divisé, se soulèvent à
la fois ; et toute insurrection partielle est regardée comme un
acte de révolte ; la loi la punit, et la loi serait entre les mains
des conspirateurs. Si le peuple est souverain, il ne peut exercer
sa souveraineté ; il ne peut se réunir tout entier, et la loi déclare
qu'aucune section du peuple ne peut pas même délibérer. Que
dis-je ? Alors l'opinion, la pensée ne serait pas même libre. Les
écrivains seraient vendus au gouvernement ; les défenseurs de la
liberté qui oseraient encore élever la voix, ne seraient regardés
que comme des séditieux ; car la sédition est tout signe d'existence qui déplaît au plus fort ; ils boiraient la ciguë comme Socrate, ou ils expireraient sous le glaive de la tyrannie comme

Sidney, ou ils se déchireraient les entrailles comme Caton. Ce tableau effrayant peut-il s'appliquer exactement à notre situation? Non, nous ne sommes pas encore arrivés à ce dernier terme de l'opprobre et du malheur, où conduisent la crédulité des peuples et la perfidie des tyrans. On veut nous y mener; nous avons déjà fait peut-être d'assez grands pas vers ce but; mais nous en sommes encore à une assez grande distance; la liberté triomphera, je l'espère, je n'en doute pas même; mais c'est à condition que nous adopterons tôt ou tard , et le plus tôt possible, les principes et le caractère des hommes libres; que nous fermerons l'oreille à la voix des sirènes qui nous attirent vers les écueils du despotisme; que nous ne continuerons pas de courir , comme un troupeau stupide , dans la route par laquelle on cherche à nous conduire à l'esclavage ou à la mort.

» J'ai dévoilé une partie des projets de nos ennemis ; car je ne doute pas qu'ils ne recèlent encore des profondeurs que nous ne pouvons sonder ; j'ai indiqué nos véritables dangers et la véritable cause de nos maux : c'est dans la nature de cette cause qu'il faut puiser le remède, c'est elle qui doit déterminer la conduite des représentans du peuple.

» Il resterait bien des choses à dire sur cette matière, qui renferme tout ce qui peut intéresser la cause de la liberté; mais j'ai déjà occupé trop long-temps les momens de la société : si elle me l'ordonne, je remplirai cette tâche dans une autre séance.»

Carra succédait à Robespierre, et allait parler sur le même sujet, lorsque Broussonnet détourna la discussion sur le séquestre des biens des émigrés. Quelques orateurs furent entendus, mais le club, n'étant pas suffisamment éclairé, ajourna la délibération.

A la séance du 4 janvier, Carra prononça le discours qu'il avait préparé pour celle du 2. Cette lecture fut interrompue d'une manière violente ; il dut même y avoir du scandale dans le club, quoique le *Journal des Débats des Amis de la Constitution* soit muet à cet égard. Nous renouvelons ici les réflexions que nous avons déjà faites sur l'infériorité de cette feuille, non-seulement mal écrite, mal ordonnée, très-incomplète et souvent très-insignifiante, mais encore d'une partialité qui nous choque. Elle transcrit intégralement des discours, où une pauvre idée tout au plus est étendue dans une quantité de mots effrayante. Lorsque nous trouvons dans les autres journaux la mention de quelque *superbe harangue* de Robespierre, de quelque *vigoureuse sortie* de Danton, celui du club n'en renferme d'autre échantillon qu'une courte et vague banalité. Ainsi, par exemple, nous avons été obligés d'emprunter aux *Révolutions de Paris* les discours de Robespierre sur la guerre; celui qu'on vient de lire est dans le numéro CXXX. Il nous en reste un pour la séance du 11 janvier, que nous donnerons aussi tout entier; il est dans le numéro CXXXI du même Prudhomme.

Carra explique lui-même, dans les *Annales patriotiques* du 9 janvier, la scène à laquelle son discours avait donné lieu. Il développait à la tribune une idée qu'il avait déjà émise comme journaliste, à savoir : « Que si Louis XVI fuyait une seconde fois pour aller se joindre aux émigrés, ou si la trahison de ses ministres pouvait être soupçonnée dans la guerre proposée, il fallait placer un prince anglais sur le trône constitutionnel de France. » Cette étrange proposition fut brusquement interrompue par Danton; le club fit éclater une improbation bruyante, et Carra, sans qu'on voulût entendre une explication, fut rappelé à l'ordre.

A la séance du 6, il y eut une très-vive discussion relative aux Feuillans. Il s'agissait de savoir si un individu, ayant fait partie de cette société, pourrait être reçu aux Jacobins. Cette question fut ainsi posée, à l'occasion du député Girardin. La Société des Droits de l'Homme et du Citoyen (le club des Cordeliers) avait écrit aux Jacobins qu'elle venait d'effacer de ses registres le sieur Girardin, convaincu d'avoir été aux Feuillans. Celui qui avait remis la lettre en réclama la lecture, chose dont le secrétaire s'était dispensé, alléguant que cette dénonciation avait déjà été faite de vive voix, et que la société était passée à l'ordre du jour. Ricord, auteur de cette dénonciation, se leva et renouvela sa motion de rayer Girardin de la liste du club. On demandait l'ordre du jour, mais Collot-d'Herbois s'y opposa, et généralisant l'objet du débat, il conclut à ce que le comité de présentation pût, en prenant à leur égard toutes les précautions qu'il prenait envers les autres citoyens, proposer ceux mêmes qui avaient été aux Feuillans. —Robespierre combattit très-énergiquement cette opinion. Il insista avec force pour que les membres qui s'étaient présentés aux Feuillans fussent frappés d'une exclusion définitive. — Collot-d'Herbois amenda ainsi sa proposition : « Qu'il soit déterminé une époque après laquelle on ne recevra plus les membres qui auraient été aux Feuillans ; mais que jusque-là, on puisse les présenter, sauf à la société à rejeter ceux qu'elle jugera indignes. » Robespierre réfuta encore cet amendement; il demanda que la motion fût mise aux voix. — Lasource prit l'amendement de Collot, et le restreignit aux membres de l'assemblée nationale. Isnard appuya ce dernier avis. Robespierre et Danton parlèrent successivement pour l'exclusion absolue. Thuriot, Lasource, Lindenas et Isnard leur répondirent.

M. Guadet. « Je pense que l'exception qu'on vous demande serait très-dangereuse pour la société, car, messieurs, vous avez bien pu supporter une première défection, mais qui sait si vous pourriez survivre à une seconde? Quels sont les gens qu'on vous propose d'admettre? Ils ont tâché d'abolir le droit de pétition, le seul palladium peut-être de la liberté; ils ont poussé la rage au point de s'élever cinq fois pour l'empêcher. Je pense qu'il doit y avoir autant de distance entre les Jacobins et les Feuillans, qu'il y en a entre la liberté et l'esclavage. Je demande donc que l'on mette aux voix, sans aucun amendement, la proposition pure et simple de M. Robespierre. » — « Enfin, dit le *Journal du Club,* N° CXXIV, après un long tumulte, cette motion est mise aux voix et adoptée à l'unanimité. Les tribunes, que cette longue discussion avait vivement intéressées, se lèvent à la fois et font retentir la salle d'applaudissemens. »

« On passe ensuite à l'ordre du jour, qui était de savoir si les

décrets relatifs à la haute cour seraient ou non sujets à la sanction. Dubois de Crancé, Danton et Simonne parlèrent pour la
négative. — La séance du 8 fut consacrée au même objet. Antoine, Réal et Albite conclurent dans le sens des précédens orateurs. Rœderer proposa que, pour obvier à tous les inconvéniens
qui pouvaient résulter de la question sur la sanction royale, on
se contentât du décret du 15 mai 1791 ; nous avons vu la Législative adopter ce dernier parti.

A la séance du 9, « sur la motion de Lanthenas, la société
accorde à Carrier (Il y a Carnier dans le *Journal du Club*,
N° CXXVI.), journaliste de Lyon, 600 livres pour l'aider à sortir
du procès qu'il va terminer dans son pays. » Cet homme est bien
le fameux Carrier, rédacteur alors du *Journal de Lyon ou le
Moniteur du département du Rhône*. C'est du moins là le titre indiqué par Deschiens, dans sa *Bibliographie*, p. 218. Il dit que
cette feuille comprend les années 1792-1793. Un passage de
Gorsas que nous citons immédiatement, prouve que le titre fut
d'abord : *Journal de Rhône et Loire*. Quant à la date de son origine, il est certain, d'après ce même passage, qu'il existait
en 1791. — « *Lyon*. Dans un moment où la liberté de la presse
est sacrée, et où l'inviolabilité des citoyens n'a jamais été plus
reconnue, le directoire du département vient de se permettre la
plus tyrannique inquisition contre M. Carrier, rédacteur du *Journal de Rhône et Loire*, au point qu'il a été obligé d'abandonner
ses foyers. En attendant que nous offrions à nos lecteurs le résultat du système de persécution dirigé contre cet écrivain, nous
transcrirons ici une réponse de la municipalité au district et au
procureur-général syndic, sur le réquisitoire duquel un décret
de prise de corps vient d'être lancé contre M. Carrier. — Voici
cette réponse : « Nous avons reçu, avec votre lettre en date du
12 décembre, celle de M. le procureur syndic du département,
et nous nous empressons de l'assurer ainsi que vous, que tous
les moyens que la loi nous a confiés pour maintenir la tranquillité publique ont été et seront constamment mis en usage par la
municipalité. Ce n'est pas sans surprise que nous avons vu M. le

procureur-général-syndic nous parler de responsabilité, faute
par nous de réprimer les délits de la presse, *lorsque la tranquillité publique est menacée.* Nous serions, au contraire, responsables envers nos concitoyens, si, usurpant un pouvoir que la loi ne
nous a pas confié, nous nous occupions de la répression de ces
prétendus délits, dont la connaissance est d'ailleurs exclusivement
attribuée aux tribunaux par une loi formelle. — Nous ne doutons
pas que si M. le procureur-général-syndic eût consulté le directoire, il se serait abstenu de nous envoyer une pacotille de journaux ; lorsque nous sommes réunis en bureau ou en conseil municipal, nos momens sont trop précieux pour nous amuser à lire
la Gazette. » (*Courrier des quatre-vingt-trois départemens*, N° du
5 janvier.)

A cette même séance, Louvet prononça un discours sur la
guerre. Le *Journal du Club* en fait une simple mention. Brissot,
Patriote Français du 11 janvier, dit : « M. Louvet, auteur du
joli roman de FAUBLAS, a prononcé, sur la question de la guerre,
un discours dans lequel on a admiré une rare pureté de style,
une grande force de sentiment, une logique vigoureuse et un
usage sobre et bien placé des ornemens et des traits brillans
d'éloquence. L'auteur a prouvé la nécessité d'une guerre offensive. »

A la séance du 11, Robespierre prononça un nouveau discours
sur la guerre. — La société vota l'impression de ce discours,
l'envoi aux sociétés affiliées, et la distribution aux citoyens des
tribunes et aux sections de Paris. Un membre proposa de l'envoyer également aux troupes de ligne. Danton représenta qu'il
existait un décret qui défendait toute communication directe avec
les troupes de ligne, et que les sociétés des départemens pouvaient seules remplir ce devoir. — On passa à l'ordre du jour.
Tous les journaux révolutionnaires, à l'exception du *Patriote
Français*, qui n'en parle même pas, citent ce discours en tout ou
en partie avec des démonstrations et des éloges dont voici quelques exemples. « Hier au soir, aux Jacobins, M. Robespierre a
prononcé un discours de la plus sublime éloquence sur la guerre.

— Nous invitons d'avance et expressément les sociétés affiliées de le faire lire aux troupes de ligne. » (*Annales patriotiques* du 13 janvier.) L'*Orateur du Peuple* (1), t. 10, Nº XVIII, dit : « O toi, peuple ! qui n'as pas le moyen de te procurer le discours de Robespierre ; je te le promets tout entier ; garde bien précieusement les numéros qui vont suivre ; c'est un chef-d'œuvre d'éloquence qui doit rester dans toutes les familles ; pour apprendre à ceux qui naîtront après nous, que Robespierre a existé pour la félicité publique et le maintien de la liberté. » — Nous transcrirons maintenant ce discours.

M. Robespierre. « Est-il vrai qu'une nouvelle jonglerie ministérielle ait donné le change aux amis de la liberté, sur le véritable objet des projets de ses ennemis ? Est-il vrai qu'une proclamation illusoire, émanée du comité des Tuileries ; ait suffi pour renverser en un moment nos principes, et nous faire perdre de vue toutes les vérités dont l'évidence nous avait frappés ? Est-il vrai que les

(1) NOTE ESSENTIELLE. — Nous sommes tombés dans deux erreurs bibliographiques que nous nous empressons de rectifier. La première concerne Fréron, la seconde, Hébert. — Nous avons dit que pendant l'absence de Fréron, à la suite du 17 juillet 1791, Labenette rédigea l'*Orateur du peuple*, et cela est exact. Mais, sur l'autorité de Deschiens, page 412, nous avions pensé que Labenette était seulement le collaborateur de Fréron, et que ce dernier, après l'amnistie, avait repris la direction de son ex-journal ; or cela est tout-à-fait inexact. Dans la *Tribune des Patriotes*, commencée le 30 avril 1792 par Desmoulins et Fréron, celui-ci nous apprend , nº I, page 34, que depuis la fatale journée du Champ-de-Mars, il n'a pas écrit une seule ligne de l'*Orateur du Peuple* : « Mon travail, qui à duré deux ans, finit au Nº VII du tome 7 ; pendant mon absence, M. Labenette a continué l'*Orateur* sur sa responsabilité. Je lui dois la justice qu'à mon retour il s'empressa de me restituer mon ouvrage ; mais c'était me rendre un enfant rachitique. Mes souscripteurs m'avaient abandonné ; les satellites de la Fayette envoyés pour m'arrêter avaient traversé ma modeste demeure comme l'eût fait une troupe de hulans ; mes registres me furent enlevés, mes collections emportées, de manière que moi, auteur, je n'ai pas en ma propriété un seul exemplaire de mon journal. Témoin, en rentrant dans mes foyers, de cette dévastation, j'en offris le sacrifice à la patrie. Mais ma ruine était consommée : il m'était impossible de recommencer l'*Orateur* sur nouveaux frais. » — Nous avions négligé de citer l'*Orateur du peuple* pendant que nous le supposions rédigé par Labenette, et nous n'y avions repris des extraits que long-temps après l'amnistie, afin d'être bien sûrs que Fréron en était redevenu l'auteur. Comme un défaut d'exactitude ou un mensonge (le choix entre ces deux expressions appartient à nos lecteurs) a été dernièrement relevé par nous, dans l'*Orateur*, au sujet des subsistances, il n'est pas juste de le laisser sur le compte de Fréron. Au reste la partie

tyrans de la France aient en quelque raison de croire que les citoyens, dont ils feignent de redouter l'énergie, ne sont que des
êtres faibles et versatiles qui applaudissent tour-à-tour au mensonge et à la vérité ; qui, changeant, du jour au lendemain, de sentiment et de systèmes, leur laissent tous les moyens d'exécuter
impunément le plan de conspiration qu'ils suivent avec autant de
constance que d'activité ? Non ; je vais vous prouver, du moins,
que les nouvelles ruses de nos ennemis intérieurs confirment notre
système : on s'épargnerait à cet égard beaucoup de discussions,
si l'on voulait ne jamais sortir du véritable état de la question.

‹ Toute celle où je vais entrer n'aura d'autre but que d'y ramener encore une fois mes adversaires.

› Est-il question de savoir si la guerre doit être offensive ou
défensive ; si la guerre offensive a plus ou moins d'inconvéniens ;
si la guerre doit être faite dans quinze jours ou dans six mois ?
Point du tout ; il s'agit, comme nous l'avons prouvé, de connaître

de l'Orateur du peuple avouée par lui nous a fourni de telles preuves sur sa facilité à mentir, que nous n'avons certainement rien ajouté à sa mémoire en lui
attribuant un péché de plus ; de sorte que l'intérêt bibliographique nous a seul
déterminés à entrer dans cette explication, d'où il résultera en même temps,
pour nos lecteurs, que Labenette continuait dignement Fréron.

Notre erreur à l'égard d'Hébert consiste à lui avoir attribué un *Père Duchesne*
rédigé par Lemaire. Ceci n'infirme pas notre jugement sur la moralité de
l'homme ; nous donnerons prochainement à nos lecteurs un échantillon d'Hébert, et ils verront que Lemaire est bien loin derrière lui en style et en choses.

Les faits historiques étant renfermés dans une multitude de brochures et de
journaux qu'il faut lire très-minutieusement, il arrivera quelquefois que nous
serons de semblables rectifications à faire ; surtout lorsque, obligés de prendre
appui pour affirmer, sur l'autorité d'un historien quelconque, et non pas sur
une pièce, une recherche approfondie dans les monumens originaux nous fournira les moyens de rectifier un fait mal défini, mal daté ou mal imputé. — La
Tribune des patriotes, où nous avons trouvé le précédent renseignement, et où
nous puiserons bientôt de fort intéressans détails sur les intrigues de Brissot et
de Desmoulins, nous apprend que F. Robert, le même dont nous avons déjà
annoncé des brochures républicaines, le même qui signa, s'il ne la rédigea, la
pétition du 17 juillet, était depuis long-temps l'un des principaux rédacteurs des
Révolutions de Paris. Nous connaissons donc trois rédacteurs de ce journal ;
savoir : Loustalot, l'oratorien Rouyer, contre lequel se dispute Fauchet après la
mort de Loustalot, et F. Robert. Quant aux indications de Deschiens, qui
nomme comme rédacteurs Prudhomme, Tournon et Loustalot, elles sont fausses : Prudhomme ne rédigeait pas, il était l'imprimeur et le propriétaire ;
Tournon quitta les *Révolutions de Paris*, à partir du N° XVI, pour faire un
autre journal. (*Note des auteurs.*)

la trame ourdie par les ennemis intérieurs de notre liberté, qui nous suscitent la guerre, et de choisir les moyens les plus propres à les déjouer : Pourquoi jeter un voile sur cet objet essentiel? Pourquoi n'oser effleurer tant d'ennemis puissans, qu'il faut démasquer et combattre? Pourquoi prêcher la confiance lorsqu'elle est impossible? Je demande aussi la guerre; mais je dirai à qui et comment il faut la faire.

» Tout le monde paraît convenir qu'il existe en France une faction puissante qui dirige les démarches du pouvoir exécutif, pour relever la puissance ministérielle sur les ruines de la souveraineté nationale : on a nommé les chefs de cette cabale; on a développé leur projet; la France entière a connu, par une fatale expérience, leur caractère et leurs principes. J'ai aussi examiné leur système; j'ai vu, dans la conduite de la cour, un plan constamment suivi, d'anéantir les droits du peuple, et de renverser, autant qu'il était en elle, l'ouvrage de la révolution : elle a proposé la guerre, j'ai rapporté cette mesure à son système; je n'ai pas cru qu'elle voulût perdre les émigrés, détrôner leurs protecteurs, les princes étrangers qui faisaient cause commune avec elle, et professaient pour elle un attachement exclusif, au moment où elle était en guerre avec le peuple français; leur conduite, leur langage étaient trop grossièrement concertés avec elle; les rebelles étaient trop évidemment ses satellites et ses amis; elle avait trop constamment favorisé leurs efforts et leur insolence; elle venait au moment de leur accorder des preuves éclatantes de protection, en les dérobant au décret porté contre eux par l'assemblée nationale; elle avait accordé en même temps la même faveur à des ennemis intérieurs encore plus dangereux; tout annonçait aux yeux les moins clairvoyans le projet formé par elle, de troubler la France au-dedans en la faisant menacer au-dehors, pour reprendre, au sein du désordre et de la terreur, une puissance fatale à la liberté naissante.

» Les intentions de la cour étant évidemment suspectes, quel parti fallait-il prendre sur la proposition de la guerre? Applaudir, adorer, prêcher la confiance, et donner des millions? Non, il fallait l'examiner scrupuleusement, en pénétrer les motifs, en prévoir les conséquences, faire un retour sur soi-même, et prendre les mesures les plus propres à déconcerter les desseins des ennemis de la liberté, en assurant le salut de l'état.

» Tel est l'esprit que j'ai porté dans cette discussion : j'ai mieux aimé la traiter sous ce point de vue, que de présenter le tableau brillant des avantages et des merveilles d'une guerre terminée par une révolution universelle; la conduite de cette guerre était entre les mains de la cour; la cour ne pouvait la regarder que comme un moyen de parvenir à son but; j'ai prouvé que, pour atteindre ce but, elle n'avait pas même besoin de faire actuellement la guerre, et d'entrer en campagne; qu'il lui suffisait de la faire désirer, de la faire regarder comme nécessaire, et de se faire autoriser à en ordonner actuellement tous les préparatifs.

Rassembler une grande force sous les drapeaux, cantonner et camper les soldats, pour les ramener plus facilement à l'idolâtrie pour le chef suprême de l'armée, et à l'obéissance passive, en les séparant du peuple, et en les occupant uniquement d'idées militaires, donner une grande importance et une grande autorité aux généraux jugés les plus propres à exciter l'enthousiasme des citoyens armés, et à servir la cour; augmenter l'ascendant du pouvoir exécutif, qui se déploie particulièrement lorsqu'il paraît chargé de veiller à la défense de l'état; détourner le peuple du soin de ses affaires domestiques, pour l'occuper de la sûreté extérieure; faire triompher la cause du royaume, du modérantisme, du machiavélisme, dont les chefs sont des praticiens militaires; préparer ainsi au ministère et à sa faction les moyens d'étendre de jour en jour ses usurpations sur l'autorité nationale et sur la liberté, voilà l'intérêt suprême de la cour et du ministère. Or, cet intérêt, était satisfait; leur but était rempli dès le moment où l'on adoptait leurs propositions de guerre.

C'est dans cette situation, que l'on vient nous présenter je ne sais quelle proclamation affichée partout, où l'on défend toute incursion jusqu'au 15 janvier; des actes de certains princes allemands, qui assurent qu'ils ont pris les mesures nécessaires pour dissiper les rassemblemens qui pouvaient nous alarmer. Le roi, dit-on, va sans doute vous annoncer que les puissances ont fait cesser tous les prétextes de guerre ; donc la cour ne veut pas la guerre. Eh! quoi, nous sommes donc encore assez novices pour être toujours dupes de tous les subterfuges par lesquels une politique perfide cherche à nous tromper? Et quel que soit le motif qui l'ait déterminée à ces actes extérieurs, ne voulez-vous pas qu'ils prouvent la nécessité de se tenir en garde contre les piéges qu'elle vous a tendus? Quel est l'intérêt de la cour, si ce n'est de vous rassurer sur ses intentions perverses? Et ne suffit-il pas que l'empressement avec lequel elle avait ouvertement demandé la guerre, et fait prêcher la guerre par tous ses organes, ait excité la confiance des citoyens, pour qu'elle prenne aujourd'hui le parti de faire croire qu'elle ne veut pas la guerre? Que diriez-vous, vous qui faites dépendre vos opinions de toutes ces apparences trompeuses et contradictoires qu'on ne cesse de nous présenter pour tenir l'opinion en suspens ; que diriez-vous si elle n'avait d'autre but que de se faire envoyer par l'assemblée nationale un second message qui la presserait de faire, le plus tôt possible, cette guerre qu'elle désire, de manière qu'en la déclarant, elle ne parût que céder au vœu des représentans de la nation?

Il est vrai que cette conjecture vraisemblable peut être effacée par une autre qui ne l'est pas moins, mais qui ne serait pas plus favorable au système que je combats : c'est celle que mes adversaires adoptent eux-mêmes quand ils supposent que la cour ne veut pas actuellement commencer la guerre, et qu'elle a intérêt de la différer quelque temps. Cette intention est possible encore ; elle peut même se concilier naturellement avec celle que je viens de développer; mais cela même est un des inconvéniens attachés au parti que vous prenez de vous livrer à des projets de guerre avec un gouvernement tel que le vôtre. Cela prouve que vous devriez déconcerter ses vues pernicieuses par des mesures d'une nature différente, comme je le ferai voir dans la suite; c'est une nouvelle preuve que tous vos raisonnemens portent à faux; quand vous parlez toujours de la guerre, comme si elle devait être faite et conduite par le peuple français en personne, et comme si nos ennemis intérieurs n'étaient pour rien dans tout cela.

Au lieu de débiter avec emphase tant de lieux-communs sur les effets miraculeux de la déclaration des droits, et sur la conquête de la liberté du monde; au lieu de nous réciter les exploits des peuples qui ont conquis la leur en combattant contre leurs propres tyrans, il fallait calculer les circonstances où nous sommes, et les effets de notre constitution. N'est-ce pas au pouvoir exécutif seul qu'elle donne le droit de proposer la guerre, d'en faire les préparatifs, la diriger, de la suspendre, de la ralentir, de l'accélérer, de choisir le moment et de régler les moyens de la faire? Comment briserez-vous toutes ces entraves? renverserez-vous cette même constitution, lors même que jusqu'ici vous n'avez pu déployer assez d'énergie pour la faire exécuter; d'ailleurs qu'opposeriez-vous à tant de motifs spéciaux que le pouvoir exécutif vous présentera; que lui répondrez-vous quand il vous dira: quand les princes étrangers vous prouveront, par des actes authentiques, qu'ils auront dissipé les rassemblemens, qu'ils auront pris toutes les mesures nécessaires pour les mettre hors d'état de tenter contre vous aucun projet hostile? Quel prétexte légitime vous restera-t-il, lorsqu'ils vous auront donné la satisfaction que le pouvoir exécutif exigerait au nom de la nation? Il est vrai que bientôt on pourra recommencer sourdement les mêmes manœuvres; il est vrai que l'on pourra ménager un moment favorable pour renouveler vos alarmes, et pour entreprendre une guerre sérieuse ou simulée, dirigée par notre gouvernement même; mais avant que cette nouvelle intrigue éclate, comment la prouverez-vous? quels moyens aurez-vous d'agir? L'un veut attaquer les émigrés et les princes allemands; les autres veulent déclarer la guerre à Léopold; d'autres veulent qu'elle commence demain; d'autres consentent à attendre que les préparatifs soient faits, ou que l'hiver soit passé; d'autres enfin s'en rapportent au patriotisme du ministre, et à la sagesse du pouvoir exécutif, pour lesquels ils prétendent que nous devons avoir une pleine confiance. Mais, au milieu de toutes ces opinions diverses, ce sera toujours le pouvoir exécutif seul qui décidera ; c'est la nature de la chose qui le veut. C'était à vous à ne pas vous engager dans un système qui entraîne nécessairement tous ces inconvéniens, et qui nous met à la merci de la cour et du ministère. Mais quoi ! ne voyez-vous pas que le pouvoir exécutif recueille déjà les fruits de l'adresse avec laquelle il vous a attiré dans ses piéges ?

« Vous demandez s'il veut la guerre, quand il fera la guerre. Que lui importe ? que vous importe à vous-mêmes ? Il jouit déjà des avantages de la guerre, et il est vrai de dire, en ce sens, que la guerre est déjà commencée pour vous. N'a-t-il pas déjà rassemblé des armées dont il dispose ? N'a-t-il pas déjà reçu des preuves solennelles de confiance et d'idolâtrie de la part de nos représentans ? N'a-t-il pas obtenu des millions, dans le moment où la corruption est la plus dangereuse ennemie de la liberté ? N'a-t-il pas fait violer nos lois et remporté une victoire sur nos principes, en faisant donner à deux de ses généraux des honneurs extra-. ordinaires et anticipés, qui ne retracent que l'esprit et les pré-jugés de l'ancien régime ? Un autre n'a-t-il pas obtenu le commandement de nos armées, dont les fonctions sacrées et délicates qu'il venait de quitter, dont la constitution l'écartait ? N'a-t-on pas vu le président du corps-législatif prodiguant à cet individu des hommages que l'on pourrait à peine accorder impunément aux libérateurs de leur pays, donner à la nation le dangereux exemple du plus ridicule engouement ? N'a-t-on pas vu un homme destiné dès long-temps à l'exécution des destinées de la cour, célèbre par la pertinacité avec laquelle il a suivi le projet ambitieux d'attacher à sa personne la multitude des citoyens armés, provoquer et recevoir sur son passage des honneurs qui étaient autant d'insultes aux mânes des patriotes immolés au champ de la fédération, à ceux des soldats égorgés à Nancy, autant d'outrages à la liberté et à la patrie, autant de sinistres témoignages des erreurs de l'opinion et de la faiblesse de l'esprit public, autant d'effrayans pronostics des maux que nous pou-vons craindre de l'influence d'une coalition qui a déjà porté tant de coups mortels à notre constitution ? La violation des principes sur lesquels la liberté repose, la décadence de l'esprit public, sont des calamités plus terribles que la perte d'une bataille, et elles ont été le premier fruit du plan ministériel que j'ai combattu. Que peut-on attendre pour l'esprit public d'une guerre commencée sous de tels auspices? Les victoires mêmes de nos généraux seraient plus funestes que nos défaites mêmes. Oui, quelle que soit l'issue de ce plan, elle ne peut qu'être fatale. Les émigrés prennent-ils le parti de se dissiper sans retour, ce qui serait l'hypothèse la plus favorable et la moins vraisemblable, toute la gloire en appartient à la cour et à ses partisans; et dès-lors ils écrasent le corps-législatif de leur ascendant. Environnés des forces immenses qu'ils ont rassemblées, objets de l'enthousiasme et de la confiance universelle, ils peuvent poursuivre avec une incroyable facilité le projet de relever insensiblement leur puissance sur les débris de la liberté faible et mal affermie. Les apparences de paix qu'ils semblent nous présenter ne sont-elles qu'un jeu perfide concerté avec nos ennemis extérieurs, soit pour calmer les inquiétudes des patriotes, en cachant leur ardeur pour la guerre, soit pour la différer à une époque plus favorable?

» Leur faut-il encore quelque délai pour mieux préparer le succès de la grande conspiration qu'ils méditent? Enfin ne veulent-ils que sonder les esprits et épier l'occasion pour s'arrêter à celui de tous les plans contraires à la liberté que les circonstances leur permettront d'adopter avec plus de succès? Quel que puisse être le résultat de toutes ces combinaisons, il est un point incontestable; c'est qu'il tient au parti imprudent qu'on a pris, qu'on semble vouloir soutenir, au refus de vouloir reconnaître de bonne foi les desseins de nos ennemis, et de les déconcerter par les moyens convenables. Ces moyens, quels sont-ils?

» Avant de les indiquer, je veux m'armer de l'autorité de l'assemblée nationale, qui avait elle-même reconnu d'abord la nécessité de prendre des mesures d'une nature différente de celles qu'on a proposées depuis, parce que cette circonstance est propre à répandre une nouvelle lumière sur la question, et à mettre dans un jour plus grand la politique du parti contraire à la cause du peuple.

» Celles qu'elle avait adoptées tendaient non à faire la guerre, que les intrigues de la cour nous préparaient depuis long-temps, mais à la prévenir. Je parle du premier décret sur les émigrés, dont la sagesse et l'utilité ont été attestées par le *veto*. Le plan de la cour exigeait le *veto*, parce que la cour voulait la guerre : la même raison imposait à l'assemblée nationale la nécessité d'une résolution contraire, aussi sage et plus vigoureuse que le premier décret. Je dirai tout-à-l'heure quelle était cette résolution. L'assemblée nationale ne l'a point prise; elle s'est laissée engager dans les défilés où le pouvoir exécutif voulait l'amener. Un de ces hommes qui cachaient sous le voile du patriotisme les intentions les plus favorables pour la cause du pouvoir exécutif, l'a entraînée, par tous ces moyens plausibles et artificieux qui subjuguent la crédulité de beaucoup de patriotes, à proposer elle-même des mesures hostiles contre les petits princes d'Allemagne.

» La cour a saisi, comme de raison, cette ouverture avec avidité; l'ancien ministre de la guerre, trop décrié, s'est retiré; on en a montré un nouveau, qui a débuté par des démonstrations incroyables de patriotisme : ensuite on est venu annoncer des mesures de guerre; le *veto* a été oublié et même approuvé. Le seul parti sage que l'on pouvait prendre a été perdu de vue; on est tombé aux genoux du ministre et du roi : l'abandon, l'enthousiasme, l'engouement est devenu le sentiment dominant; tous les actes subséquens ont eu pour but de le faire passer dans l'ame de tous les Français. La guerre, la confiance dans les agens de la cour a été le mot de ralliement répété par tous les échos de la cour et du ministère; le ministre même avait osé se permettre des insinuations calomnieuses contre ceux qui démentiraient ce langage, et si nous avions eu la faiblesse de céder ici aux conseils timides qui nous imposaient le silence sur une si grande question, ce penchant funeste n'eût pas même été balancé par le plus léger contrepoids, et on eût été dispensé de prendre

les nouveaux détours qu'on emploie, qu'on emploiera encore
pour nous tromper.

« Cependant, voyez quels avantages cette conduite donnait à
la cour ; ce n'était point assez de paralyser le corps-législatif, de
contredire le vœu du peuple impunément, et de l'aveu du peuple
même, de prendre sur l'assemblée nationale un fatal ascendant,
et de paraître aux yeux de la nation l'arbitre des destinées de
l'état, elle parvenait à son but favori, de s'entourer d'une grande
force publique à ses ordres, et de nous constituer en état de
guerre sans exciter la défiance, sans trahir ses désirs et ses
secret, en paraissant se rendre au vœu de l'assemblée nationale.
La protection constante que le ministère avait accordée aux émigrations et aux émigrans, son attention à favoriser la sortie des
armes et de notre numéraire, son silence imperturbable sur tout
ce qui se passait depuis deux ans chez les princes étrangers, le
concert ardent qui régnait entre lui et les cours de l'Europe, le
refus constant de se rendre aux plaintes de tous les départemens
qui demandaient des armes pour les gardes nationales, tous les
faits qui annonçaient le projet de nous placer entre les craintes
d'une guerre extérieure et le sentiment de notre faiblesse intérieure, entre la guerre civile et une attaque étrangère, pour
nous amener à une honteuse capitulation sur la liberté; enfin, le
veto contre le décret qui rompait toutes ces mesures, et ensuite
la proposition des mesures de guerre contre ceux que l'on protégeait, c'est en vain que le concours de toutes ces circonstances
révélait aux hommes les moins clairvoyans le secret de la cour,
annonçait qu'elle était enfin parvenue, par des routes détournées,
au grand but de toutes ses manœuvres, qui était la guerre sti-
pulée ou sérieuse. On oubliait que c'était elle qui nous l'avait
suscitée; pour la remercier de son zèle à la proposer, on la félicitait du succès de ses propres perfidies, et on semblait craindre
que le peuple ne fût ni assez confiant, ni assez aveugle. Tels sont
les dangers auxquels la bonne foi des députés du peuple est exposés, que, guidée par le même sentiment de patriotisme, et
dans la même affaire; la majorité de nos représentans, après

avoir rendu un décret pour prévenir la guerre préparée par nos
ennemis du dedans, inclinait elle-même à la guerre lorsque
ceux-ci venaient la provoquer, et prenait des mains du pouvoir
exécutif le poison pour nous le présenter, parce que le pouvoir
exécutif ne lui avait pas permis d'appliquer le remède.

Que fallait-il donc faire, et que peut-on faire encore? Il fallait
persister dans la première mesure, puisque le salut de l'état l'exigeait et que le vœu de la nation la réclamait, puisque la conduite
contraire compromettait la liberté et l'autorité des représentans. Il
fallait maintenir la constitution, qui refuse formellement au pouvoir
exécutif le droit d'anéantir d'une manière absolue les décrets du
corps-législatif, et surtout de lui ôter le pouvoir de sauver l'état.
A qui appartient-il de défendre les principes de la constitution
attaqués? quel en est l'interprète légitime, si ce ne sont les représentans du peuple, à moins qu'on n'aime mieux dire que
c'est le peuple lui-même? Or, je pense que les intrigans de la
cour et tous les ennemis du peuple n'aimeraient pas mieux son
tribunal que celui de ses délégués. Le corps-législatif pouvait
donc, il devait déclarer le *veto* contraire au salut du peuple et à
la constitution : ce coup de vigueur eût étourdi la cour, il eût dé-
concerté la ligue de nos ennemis et épouvanté tous les tyrans;
vous auriez vu ceux qui veulent entraîner dans le même précipice et le peuple et le monarque, perdre ainsi toute leur audace
et toutes leurs ressources, qui ne sont fondées que sur l'influence
de leur parti dans l'assemblée nationale; ils n'auraient osé tenter
contre elle une lutte inutile et terrible, ou s'ils l'avaient osé, le
vœu public, hautement prononcé, l'intérêt public, l'indignation
qu'inspirait l'audace des rebelles et la protection qui leur était
donnée, le génie de la nation, enfin éveillé dans cette occasion
heureuse par la vertu des représentans autant que par l'intérêt
suprême du salut public, aurait assuré la victoire à l'assemblée
nationale, et cette victoire eût été celle de la raison et de la liberté. C'était là une de ces occasions uniques dans l'histoire des
révolutions que la Providence présente aux hommes, et qu'ils
ne peuvent négliger impunément, puisqu'enfin il faut que tôt ou

tard le combat s'engage entre la cour et l'assemblée nationale, ou plutôt puisque dès long-temps il s'est engagé entre l'une et l'autre un combat à mort, il fallait saisir ce moment, alors nous n'aurions pas eu à craindre de voir le pouvoir exécutif avilir et maîtriser nos représentans, les condamner à une honteuse inaction, ou ne leur délier les mains que pour augmenter sa puissance et favoriser ses vues secrètes; dès-lors nous n'aurions pas été menacés du malheur de voir tous les efforts du patriotisme échouer contre la puissance active de l'intrigue et contre la force d'inertie de l'ignorance, de la faiblesse et de la lâcheté.

» Ce qu'on a fait alors peut-on le faire encore? Peut-être avec moins d'avantage et de facilité : ce n'est pas que les représentans du peuple n'aient toujours le droit de le sauver, ce n'est pas qu'ils puissent jamais renoncer à ce droit; ce n'est pas que je ne pense encore qu'ils ont assez de crédit auprès de lui pour lui faire connaître son véritable intérêt, quand c'est de bonne foi qu'ils le défendent, et même que le bon sens du peuple, éclairé par cet intérêt sacré, n'aille quelquefois plus loin à cet égard que la sagacité même de ses représentans. Je pense même que l'opinion publique sur les causes et sur le but de la guerre proposée s'est déjà assez clairement manifestée pour faire pressentir que le peuple désire de voir l'assemblée nationale revenir à une résolution plus utile à ses intérêts et moins favorable aux projets criminels de ses ennemis. Cependant je ne me dissimule pas que ce parti pourrait rencontrer des difficultés d'un autre genre; que les hommes reviennent difficilement sur leurs premières démarches; que quelquefois même, à force d'avoir raison, on devient insupportable et presque suspect, et qu'en demeurant toujours invariablement attaché à la vérité et aux seuls principes qui puissent sauver la patrie, on s'expose aux attaques de tous les sages, de tous les modérés, de tous ces mortels privilégiés qui savent concilier la vérité avec le mensonge, la liberté avec la tyrannie, le vice avec la vertu.

» Je me garderai donc bien de proposer ce parti sévère, de déployer cette raideur inflexible; je transige, je demande à capituler.

« Je ne m'occuperai donc pas de ce *veto* lancé au nom du roi, par des hommes qui se soucient fort peu du roi, mais qui détestent le peuple, et voudraient se baigner dans le sang des patriotes pour régner.... Mais je dis que, dans la position où ce veto et les faits qui l'ont suivi ont mis l'assemblée nationale et la nation, il ne reste plus qu'un moyen de salut possible et constitutionnel : c'est que l'assemblée législative reprenne un caractère d'autant plus imposant, qu'elle a jusqu'ici laissé plus d'avantages aux ministres et à leurs valets ; c'est qu'elle comprenne que ses ennemis, comme ceux du peuple, sont les ennemis de l'égalité; que le seul ami, le seul soutien de la liberté, c'est le peuple ; c'est qu'elle soit fière et inexorable pour les ministres et pour la cour, sensible et respectueuse pour le peuple; c'est qu'elle se hâte de porter les lois que sollicite l'intérêt des citoyens les plus malheureux, et que repoussent l'orgueil et la cupidité de ceux que l'on appelait grands ; c'est qu'elle se hâte de faire droit sur les plaintes du peuple, que l'assemblée constituante a trop négligées ; c'est qu'elle oppose au pouvoir de l'intrigue, de l'or, de la force, de la corruption, la puissance de la justice, de l'humanité, de la vertu ; c'est qu'elle use des moyens immenses qui sont entre ses mains, de remonter l'esprit public et la chaleur du patriotisme au degré des premiers jours où la liberté fut conquise pour un moment ; l'esprit public, sans lequel la liberté n'est qu'un mot, avec lequel toutes les puissances étrangères et intérieures viendront se briser contre les bases de la Constitution française. Je ne citerai qu'un exemple : on travaille votre armée ; si vous êtes là-dessus dans une profonde sécurité, si tout ce qui se passe depuis quelque temps, si les voyages même et les enjoleries de votre nouveau ministre ne vous sont pas suspects, vous vous trompez cruellement; on lui donne des chefs propres à la ramener aux vils sentimens du royalisme et de l'idolâtrie, sous les spécieux prétextes de l'ordre, de l'honneur et de la monarchie. Eh bien! déployez votre autorité législative, pour rendre aux soldats des avantages que les principes de la Constitution, d'accord avec la discipline militaire, leur assuraient, et que l'intérêt des patriciens militaires de l'assemblée constituante leur a ravis ; consultez le code militaire et vos principes, et l'armée est au peuple et à vous... Je n'en dirai pas davantage... On sait assez, sans que je le dise, par quels moyens les représentans du peuple peuvent le servir, l'honorer, l'élever à la hauteur de la liberté, et forcer l'orgueil et tous les vices à baisser devant lui un front respectueux. Chacun sent que si l'assemblée nationale déploie ce caractère, nous n'aurons plus d'ennemis. Ce serait donc en vain que mes adversaires voudraient rejeter ces moyens-là, sous le prétexte qu'ils seraient trop simples, trop généreux : on ne le dispense pas de remplir un devoir sacré en cherchant à donner à la place un supplément illusoire et pernicieux. Lorsqu'un malade capricieux refuse un remède salutaire, et puis un autre, et qu'il dit : « Je veux guérir avec du poison, » s'il meurt, ce n'est point au remède qu'il faut s'en prendre, c'est au malade. Que, réveillé, encouragé par l'énergie de ses représentans, le peuple reprenne cette attitude qui fit un moment trembler tous ses oppresseurs ; domptons nos ennemis du dedans ; guerre aux conspirateurs et au despotisme, et ensuite marchons à Léopold ; marchons à tous les tyrans de la terre : c'est à cette condition qu'un nouvel orateur, qui, à la dernière séance, a soutenu mes principes, en prétendant qu'il les combattait, a demandé la guerre ; c'est à cette condition, et non au cri de guerre et aux lieux communs sur la guerre, dès long-temps appréciés par cette assemblée, qu'il a dû les applaudissemens dont il a été honoré.

» C'est à cette condition que moi-même je demande à grands cris la guerre. Que dis-je ? je vais bien plus loin que mes adversaires eux-mêmes ; car si cette condition n'est pas remplie, je demande encore la guerre, je la demande, non comme un acte de sagesse, non comme une résolution raisonnable, mais comme la ressource du désespoir ; je la demande à une autre condition, qui, sans doute, est convenue entre nous ; car je ne pense pas que les avocats de la guerre aient voulu nous tromper ; je la demande telle qu'ils nous la dépeignent ; je la demande telle que le génie de la liberté la déclarerait, telle que le peuple français la ferait lui-même, et non telle que de vils intrigans pourraient la désirer, et telle que des ministres et des généraux, même patriotes, pourraient nous la faire.

» Français! hommes du 14 juillet, qui sûtes conquérir la liberté sans guide et sans maître, venez, formons cette armée qui doit affranchir l'univers. Où est-il le général, qui imperturbable défenseur des droits du peuple, éternel ennemi des tyrans, ne respira jamais l'air empoisonné des cours, dont la vertu austère est attestée par la haine et par la disgrace de la cour; ce général, dont les mains pures du sang innocent et des dons honteux du despotisme, sont dignes de porter devant nous l'étendard sacré de la liberté? Où est-il ce nouveau Caton, ce troisième Brutus, ce héros encore inconnu? Qu'il se reconnaisse à ces traits : qu'il vienne; mettons-le à notre tête... Où est-il? Où sont-ils ces héros, qui, au 14 juillet, trompant l'espoir des tyrans, déposèrent leurs armes aux pieds de la patrie alarmée? Soldats de Château-Vieux, approchez, venez guider nos efforts victorieux.... Où êtes-vous? Hélas! on arracherait plutôt sa proie à la mort, qu'au despotisme ses victimes! Citoyens, qui, les premiers, signalâtes votre courage devant les murs de la Bastille, venez, la patrie, la liberté vous appellent aux premiers rangs! Hélas! on ne vous trouve nulle part; la misère, la persécution, la haine de nos despotes nouveaux vous ont dispersés. Venez, du moins, soldats de tous ces corps immortels qui ont déployé le plus ardent amour pour la cause du peuple. Quoi! le despotisme que vous aviez vaincu vous a punis de votre civisme et de votre victoire; quoi! frappés de cent mille ordres arbitraires et impies, cent mille soldats, l'espoir de la liberté, sans vengeance, sans état et sans pain, expient le tort d'avoir trahi le crime pour servir la vertu! Vous ne combattrez pas non plus avec nous, citoyens, victimes d'une loi sanguinaire, qui parut trop douce encore à tous ces tyrans qui se dispensèrent de l'observer pour vous égorger plus promptement. Ah! qu'avaient fait ces femmes, ces enfans massacrés? Les criminels tout-puissans ont-ils peur aussi des femmes et des enfans? Citoyens du Comtat, de cette cité malheu-

reuse, qui crut qu'on pouvait impunément réclamer le droit
d'être Français et libres ; vous qui pérîtes sous les coups des assassins encouragés par nos tyrans ; vous qui languissez dans les
fers où ils vous ont plongés, vous ne viendrez point avec nous :
vous ne viendrez pas non plus, citoyens infortunés et vertueux,
qui, dans tant de provinces, avez succombé sous les coups du
fanatisme, de l'aristocratie et de la perfidie ! Ah, Dieu ! que de
victimes, et toujours dans le peuple, toujours parmi les plus généreux patriotes, quand les conspirateurs puissans respirent et
triomphent !

 » Venez au moins, gardes nationales, qui vous êtes spécialement dévouées à la défense de nos frontières. Dans cette guerre,
dont une cour perfide nous menace, venez. Quoi ! vous n'êtes point
encore armées ? Quoi ! depuis deux ans vous demandez des armes, et vous n'en avez pas ? Que dis-je ? on vous a refusé des
habits, on vous condamne à errer sans but de contrées en contrées, objet des mépris du ministère et de la risée des patriciens
insolens, qui vous passent en revue pour jouir de votre détresse !
N'importe ! venez ; nous confondrons nos fortunes pour vous
acheter des armes ; nous combattrons tout nus, comme les Américains... Venez. Mais attendrons-nous pour renverser les trônes
des despotes de l'Europe, attendrons-nous les ordres du bureau
de la guerre ? Consulterons-nous, pour cette noble entreprise, le
génie de la liberté, ou l'esprit de la cour ? Serons-nous guidés par
ces mêmes patriciens, ses éternels favoris, dans la guerre déclarée au milieu de nous, entre la noblesse et le peuple ? Non.
Marchons nous-mêmes à Léopold ; ne prenons conseil que de
nous-mêmes. Mais quoi ! voilà tous les orateurs de la guerre qui
m'arrêtent ; voilà M. Brissot qui me dit qu'il faut que *M. le comte
de Narbonne* conduise toute cette affaire ; qu'il faut marcher sous
les ordres de *M. le marquis de La Fayette...* ; que c'est au pouvoir exécutif qu'il appartient de mener la nation à la victoire et à
la liberté ! Ah ! Français, ce seul mot a rompu tout le charme ; il
anéantit tous mes projets. Adieu la liberté des peuples ! Si tous
les sceptres des princes d'Allemagne sont brisés, ce ne sera point

par de telles mains. L'Espagne sera quelque temps encore l'esclave de la superstition, du royalisme et des préjugés ; le sta-
thouder et sa femme ne sont point encore détrônés ; Léopold continuera d'être le tyran de l'Autriche, du Milanais, de la Toscane,
et nous ne verrons point de si tôt Caton et Cicéron remplacer au
conclave le pape et les cardinaux. Je le dis avec franchise : si la
guerre, telle que je l'ai présentée, est impraticable ; si c'est la guerre
de la cour, des ministres, des patriciens, des intrigans, qu'il
nous faut accepter, loin de croire à la liberté universelle, je ne
crois pas même à la vôtre ; et tout ce que nous pouvons faire de
plus sage, c'est de la défendre contre la perfidie des ennemis intérieurs, qui vous bercent de ces douces illusions.

Je me résume donc froidement et tristement. J'ai prouvé que
la guerre n'était entre les mains du pouvoir exécutif qu'un moyen
de renverser la constitution, que le dénoûment d'une trame
profonde, ourdie pour perdre la liberté. Favoriser ce projet de
guerre, sous quelque prétexte que ce soit, c'est donc mal servir
la cause de la liberté. Tout le patriotisme du monde, tous les
lieux-communs de politique et de morale, ne changent point la
nature des choses, ni le résultat nécessaire de la démarche qu'on
propose. Prêcher la confiance dans les intentions du pouvoir
exécutif, justifier ses agens, appeler la faveur publique sur ses
généraux, représenter la défiance *comme un état affreux*, ou
comme un moyen *de troubler le concert des deux pouvoirs et l'ordre public*, c'était donc ôter à la liberté sa dernière ressource,
la vigilance et l'énergie de la nation. J'ai dû combattre ce système, je l'ai fait ; je n'ai voulu nuire à personne : j'ai voulu servir
ma patrie en réfutant une opinion dangereuse ; je l'aurais combattue de même, si elle eût été proposée par l'être qui m'est le
plus cher.

Dans l'horrible situation où vous ont conduits le despotisme,
la faiblesse, la légèreté et l'intrigue, je ne prends conseil que de
mon cœur et de ma conscience ; je ne veux avoir d'égard que
pour la vérité, de condescendance que pour l'infortune, de
respect que pour le peuple. Je sais que des patriotes ont blâmé

la franchise avec laquelle j'ai présenté le tableau décourageant;
à ce qu'ils prétendent, de notre situation. Je ne me dissimule pas
la nature de ma faute. La vérité n'a-t-elle pas déjà trop de torts
d'être la vérité? comment lui pardonner, lorsqu'elle vient, sous
des formes austères, en nous enlevant d'agréables erreurs, nous
reprocher tacitement l'incrédulité fatale avec laquelle on l'a trop
long-temps repoussée? Est-ce pour s'inquiéter et pour s'affliger
qu'on embrasse la cause du patriotisme et de la liberté? pourvu
que le sommeil soit doux et non interrompu, qu'importe qu'on
se réveille au bruit des chaînes de sa patrie, ou dans le calme plus
affreux de la servitude? Ne troublons donc pas le quiétisme politique de ces heureux patriotes; mais qu'ils apprennent que,
sans perdre la tête, nous pouvons mesurer toute la profondeur
de l'abime. Arborons la devise du palatin de Posnanie; elle est
sacrée, elle nous convient : *Je préfère les orages de la liberté au
repos de l'esclavage.* Prouvons aux tyrans de la terre que la grandeur des dangers ne fait que redoubler notre énergie, et qu'à
quelque degré que montent leur audace et leurs forfaits, le courage des hommes libres s'élève encore plus haut. Qu'il se forme
contre la vérité des ligues nouvelles, elles disparaîtront; la vérité aura seulement une plus grande multitude d'insectes à écraser sous sa massue. Si le moment de la liberté n'était pas encore
arrivé, nous aurions le courage patient de l'attendre; si cette
génération n'était destinée qu'à s'agiter dans la fange des vices où
le despotisme l'a plongée; si le théâtre de notre révolution ne
devait montrer aux yeux de l'univers que les préjugés aux prises
avec les préjugés, les passions avec les passions, l'orgueil avec
l'orgueil, l'égoïsme avec l'égoïsme, la perfidie avec la perfidie,
la génération naissante, plus pure, plus fidèle aux lois sacrées
de la nature, commencera à purifier cette terre souillée par le
crime; elle apportera non la paix du despotisme, ni les honteuses
agitations de l'intrigue, mais le feu sacré de la liberté, et le
glaive exterminateur des tyrans; c'est elle qui relèvera le trône
du peuple, dressera des autels à la vertu, brisera le piédestal du
charlatanisme, et renversera tous les monumens du vice et

de la servitude. Doux et tendre espoir de l'humanité, postérité naissante, tu ne nous es point étrangère, c'est pour toi que nous affrontons tous les coups de la tyrannie ; c'est ton bonheur qui est le prix de nos pénibles combats : découragés souvent par les objets qui nous environnent, nous sentons le besoin de nous élancer dans ton sein ; c'est à toi que nous confions le soin d'achever notre ouvrage, et la destinée de toutes les générations d'hommes qui doivent sortir du néant ! Que le mensonge et le vice s'écartent à ton aspect ; que les premières leçons de l'amour maternel te préparent aux vertus des hommes libres ; qu'au lieu des chants empoisonnés de la volupté, retentissent à tes oreilles les cris touchans et terribles des victimes du despotisme ; que les noms des martyrs de la liberté occupent dans ta mémoire la place qu'avait usurpée dans la nôtre ceux des héros de l'imposture et de l'aristocratie ; que tes premiers spectacles soient le champ de la fédération inondé du sang des plus vertueux citoyens ; que ton imagination ardente et sensible erre au milieu des cadavres des soldats de Château-Vieux, sur ces galères horribles où le despotisme s'obstine à retenir les malheureux que réclament le peuple et la liberté ; que ta première passion soit le mépris des traîtres et la haine des tyrans ; que ta devise soit : Protection, amour, bienveillance pour les malheureux ; guerre éternelle aux oppresseurs ! Postérité naissante, hâte-toi de croître et d'amener les jours de l'égalité, de la justice et du bonheur ! »

Après Robespierre, Antoine prononça, contre la guerre d'attaque, un discours qui réunit les suffrages de la société, et dont elle ordonna l'impression.

A la séance du 13, M. Bécourt prit la parole et dit : « Je demande à faire une motion d'ordre. C'est au sujet de M. Feuillant, rédacteur du journal du soir et membre de cette société. Ce journaliste s'est permis, dans un de ses derniers numéros, en parlant du bruit qui avait eu lieu aux Feuillans, de dire qu'il avait été occasioné par les Jacobins. Je demande, pour raison de cette insigne calomnie, que M. Feuillant soit rayé de la liste des membres de cette société. » (Grands applaudissemens.)

M. Réal. « Il est possible que M. Feuillant se soit rendu coupable de cette calomnie; elle paraît même prouvée, puisqu'il s'agit d'un délit matériel; cependant, comme il est de toute justice de ne pas condamner un coupable sans l'entendre, je demande que cette affaire soit renvoyée au comité de présentation. » Adopté.

M. Desmoulins. « Je demande la parole pour une motion d'ordre. J'ai l'honneur de vous prévenir, M. le président (Dubois-de-Crancé occupait le fauteuil en l'absence d'Antonnelle), que c'est contre vous que j'ai à parler, aussi le ferai-je avec tous les égards qui sont dus à une personne dont le patriotisme est aussi connu que le vôtre. On nous a distribué le discours que vous avez prononcé ici il y a quelques jours; j'y ai cherché avec impatience les passages énergiques où vous dépeigniez si bien les intrigues du cabinet des Tuileries; j'ai été également surpris et affligé de ne pas les y retrouver. Je demande qu'à l'avenir les personnes qui prononceront des discours dont la société ordonnera l'impression, soient tenues de les parapher avant de les remettre sur le bureau; et je vous prierai, M. le président, de nous expliquer les motifs qui vous ont déterminé au retranchement dont je me plains. » (Grands applaudissemens.)

M. Dubois-Crancé. « Vous retrouverez, messieurs, à la page 19, tout ce que j'ai dit sur La Fayette. Quant à ce que j'ai dit des différentes personnes que je désignais pour être du cabinet des Tuileries, comme je ne pouvais pas avoir de preuves matérielles de ce que j'avançais sur leur compte, et qu'un imprimé peut donner lieu à un procès criminel, je n'ai pas voulu m'y exposer. » (Brouhahas, murmures.)

M. Billaud-Varennes. « On ne doit pas prononcer à la tribune des choses que l'on ne croit pas pouvoir faire imprimer. »

(*Journal du club*, du 17 janvier.)

A la séance du 15, on reçut une députation des veuves des patriotes qui avaient été victimes de la malheureuse affaire de la Chapelle. — « M. Verrières, l'orateur de la députation, a témoigné la reconnaissance de ces dames, et fait part que le désir est que l'on grave sur une pierre de la Bastille cette malheureuse

époque, qu'elle soit placée sur les murs de la Chapelle; qu'un
évêque constitutionnel célèbre la messe à l'endroit du massacre;
et que M. Robespierre veuille bien y exprimer les regrets de la
patrie. » (*Journal du club*, *loc. cit.*) — La société des Jacobins,
réunie aux sociétés fraternelles, avait fait accorder, par la Législative, une pension aux veuves de ceux qui périrent dans cette
journée dont nous avons consigné le récit à sa date. Le premier
anniversaire fut célébré le 24 janvier ; Fauchet y prononça une
oraison funèbre.

A la séance du 16, Antoine, avant de partir pour Metz, prend
congé de la société ; il réclame un diplome de Jacobin, qui lui est
accordé par acclamation. — A la séance du 17, une lettre du
comtat d'Avignon vint renouveler la question de la guerre. Robespierre, parlant d'abord sur les affaires de ce pays, qualifie
Mulot d'oppresseur des Avignonnais. « Je n'ai jamais connu
M. l'abbé Mulot, je ne connais ni aucun de ses amis, ni aucun
de ses ennemis, mais je le comprends dans la classe des hommes
qui, avec le masque de l'hypocrisie et de la perfidie, ont porté
les plus grands coups aux droits du peuple. »

Robespierre reprend ensuite la question de la guerre, et finit
en disant : « Je veux toujours la guerre aux mêmes conditions
que j'ai indiquées. Ma surprise a été extrême, quand j'ai vu ce
matin, dans le *Patriote français*, une lettre qui dément le patriotisme des habitans de Metz, dans laquelle se trouve l'éloge
le plus pompeux de M. de La Fayette...»

Plusieurs voix. « Vous attaquez le patriotisme de M. Brissot. »

M. Brissot. « Je déclare à l'assemblée que je n'avais point connaissance de la lettre qui avait été insérée dans le *Patriote français*,
par mon collaborateur. M. Robespierre a paru jeter des doutes
sur l'authenticité de cette lettre. Je viens de voir à l'instant
M. Rœderer, qui m'a assuré avoir touché l'original. M. Robespierre paraît attaquer mon silence. La tâche pénible que je me
suis imposée m'empêche de venir assidûment ; j'ai encore parlé
hier pendant une heure à l'assemblée nationale, et le peuple
peut juger si j'abandonne sa cause. »

M. *Robespierre*. « Je déclare, en mon particulier, que je suis très-charmé de voir que M. Brissot ait ignoré que cette lettre eût été mise dans son journal. Je suis loin de penser qu'il l'ait imaginée, puisque le titre porte qu'elle était insérée dans le *Moniteur*. Seulement j'ai cru devoir exprimer mon étonnement de ce qu'un journal, qui jouit d'une grande réputation, donnât du crédit à de semblables apologies. »

Louvet monta ensuite à la tribune ; il parla longuement en faveur de la guerre d'attaque, et termina ainsi : « Robespierre, vous tenez maintenant l'opinion publique en suspens ; partager cet excès d'honneur vous était réservé sans doute ; vos discours appartiennent à la postérité, la postérité viendra entre vous et moi ; mais enfin vous attirez sur vous la plus grande responsabilité. En persistant dans votre opinion, vous êtes redevable aux contemporains et même à toute la postérité ; oui, la postérité viendrait se mettre entre vous et moi, quelque indigne que j'en sois ; elle dirait : Un homme a paru dans l'assemblée nationale constituante, inaccessible à toutes les passions, un des plus fidèles tribuns du peuple. Il fallait estimer et chérir ses vertus, admirer son courage ; il était aimé du peuple, qu'il avait constamment servi, et, ce qui est mieux encore ; il en était digne. Un précipice s'ouvrit : distrait par trop de soins, il crut apercevoir le péril où il n'était pas, et ne le vit pas où il était. Un homme obscur était là, uniquement occupé du moment présent ; éclairé par d'autres citoyens, il découvrit le danger ; ne put se résoudre à garder le silence ; il fut à Robespierre, il voulut le lui faire toucher du doigt ; Robespierre détourne les yeux, retire la main ; l'inconnu persiste et sauve son pays. » (*Journal du club*, du 20 janvier.)

La séance du 20 fut encore consacrée à la guerre. Brissot parla le premier. « Je supplie M. Robespierre, s'écria-t-il en finissant, de terminer une lutte si scandaleuse qui ne donne l'avantage qu'aux ennemis du bien public. » — Dussault monta aussitôt à la tribune, et, à la suite d'une touchante allocution, il fit embrasser les deux athlètes. Les journaux révolutionnaires racontèrent cette scène, en inférant la cessation de toute polémique ultérieure entre Robespierre et Brissot. Nous allons laisser Robespierre s'exprimer sur la scène elle-même et sur sa signification. Il écrivit à Gorsas la lettre suivante :

Maximilien Robespierre à l'auteur du Courrier.

« J'ai remarqué, dans votre numéro d'aujourd'hui (22), une erreur qui mérite d'être rectifiée ; en rendant compte de la dernière séance des amis de la constitution, l'article dont je parle suppose que j'ai abjuré mes principes sur la question importante qui agite aujourd'hui tous les esprits, parce qu'on sent qu'elle tient au salut public et au maintien de la liberté. Je me croirais peu digne de l'estime des bons citoyens, si j'avais joué le rôle qu'on m'a prêté dans cet article. Ce qu'il y a de vrai dans ce récit, c'est qu'après un discours de M. Brissot, sur l'invitation politique de M. Dussault, nous nous sommes embrassés cordialement aux applaudissemens de toute la société ; il est vrai aussi que j'ai fait cette démarche avec d'autant plus de plaisir, que la discussion importante où nous avions embrassé des opinions diverses, n'avait laissé aucune aigreur dans mon ame ; que je suis loin de regarder *comme des querelles particulières*, les débats qui intéressent la destinée du peuple, et où je n'ai jamais porté d'autre passion que celle du bien public. Aussi, loin de croire que le sort de la grande question qui occupe toute la France, ou que mon opinion particulière peut être subordonnée en aucune manière aux mouvemens de ma sensibilité et à mon affection personnelle pour M. Brissot, j'ai monté au même instant à la tribune pour manifester ce sentiment de la manière suivante :

» Je viens de remplir un devoir de fraternité et satisfaire mon cœur ; il me reste encore une dette plus sacrée à acquitter envers la patrie. Le sentiment profond qui m'attache à elle suppose nécessairement l'amour de mes concitoyens et de ceux avec lesquels j'ai des affections plus étroites ; mais toute affection individuelle doit céder à l'intérêt sacré de la liberté et de l'humanité ; je pourrai facilement le concilier ici, avec les égards que j'ai promis à tous ceux qui ont bien servi la patrie, et qui continueront à la bien servir. J'ai embrassé M. Brissot avec ce sentiment, et je continuerai de combattre son opinion dans les points qui me paraissent contraires à mes principes, en indiquant ceux où je suis d'accord avec lui. Que notre union repose sur la base sacrée du patriotisme et de la vertu ; combattons-nous comme des hommes libres, avec franchise, avec énergie même s'il le faut ; mais avec égards, avec amitié. » (*Courrier des 83 départemens*, n° du 23.)

A la séance du 29, Billaud-Varennes fit un long discours contre la guerre d'attaque ; nous en extrairons deux passages. Ici, il exprime le mécontentement de ceux que les partisans de Brissot affectaient de ne compter pour rien. « Il semble qu'on n'avait joué à guerre ouverte avec M. Robespierre, en lui prêtant des impulsions d'animosité, que pour amener le coup de théâtre de l'accolade, qui suppose une conciliation d'esprit et de cœur. Quand je désigne particulièrement un individu, dans une question qui, intéressant toute la nation, ne prête sans doute à aucune personnalité, c'est que nos adversaires ont affecté de ne voir que Robespierre sur la scène, en lui reprochant d'être le seul de son avis. Mais les Danton, les Antoine, les Camille Desmoulins, les Machenaud, les Santerre, les Panis, et tant d'autres membres de cette société, qui, sans monter à la tribune, ont manifesté le même sentiment, par des approbations assez énergiquement prononcées, sont autant de zéros pour ces messieurs. »

— Plus loin, Billaud juge La Fayette ; il finit par des paroles où l'on reconnaîtra, exprimée avec plus de mesure, la doctrine révolutionnaire de Marat ; on y entrevoit le futur terroriste. — « On va, dit-il, jusqu'à nous peindre comme des monstres altérés de sang, qui mettent le poignard à la main de tous les soldats de l'armée, contre un général, envers qui le soupçon est un sentiment bien répréhensible sans doute ! Comme si, avant de commander, il n'avait pas fait ses preuves, en se déshonorant par trois années consécutives d'intrigues, d'astuce et de perfidies révoltantes. Le Ciel, qui pénètre dans les replis les plus infractueux du cœur, est témoin, messieurs, si moi, moi qui ne tiens à rien qu'à la prospérité de ma patrie, j'ai eu d'autre but, en

venait ici vous rappeler les crimes de La Fayette, que celui de
vous apprendre à vous défier des projets infailliblement sinistrés
du pouvoir exécutif, puisque, au mépris de l'opinion, il ose appeler à une fonction capitale un homme que le peuple venait
de repousser. Si je hais La Fayette, hé! n'est-ce pas parce que
j'abhorre le sang, et que je le vois dégouttant de celui qu'il a fait
ruisseler au Champ-de-Mars! Il est donc dans les principes d'un
philantrope de penser, d'avouer même hautement que, dans
les violentes commotions, trop souvent communiquées aux empires par l'ambition et l'orgueil, le parti qui assure les droits et
le salut du peuple, est celui qui crée un Pélopidas ou un Thrasybule, qu'il adopte sans balancer. Certes, j'aimerai mieux, dans
un moment de crise, voir tomber quelques têtes proscrites, que
d'envoyer des milliers de nos frères se faire massacrer. A Dieu
ne plaise, messieurs, que je conseille jamais de précipiter les
événemens: L'heure n'en sera naturellement que trop rapide.
Je reconnais, avec les antagonistes de la révolution, que l'ordre
actuel des choses ne peut pas durer long-temps: Les gouvernemens ressemblent aux fleuves, dont il n'est possible d'arrêter le
cours que très-momentanément. Bientôt les eaux s'accumulent,
les débordemens surviennent, les digues se rompent et sont
entraînées. Enfin, après des ravages affreux, causés par l'inondation, tout rentre dans un état qui donne au fleuve une marche
plus ou moins dérangée. — C'est ainsi, ô ma patrie! que l'ambition et l'intrigue d'une part, que le civisme et l'amour de la
liberté d'une autre, te martyrisent en voulant t'entraîner en sens
contraire! J'en gémis de douleur; mais je suis tranquille. La
masse du peuple triomphera: Sa patience et son énergie ne permettent pas d'en douter. »

A la séance du 30, Manuel annonça que la section de la Croix-
Rouge avait pris « l'engagement, devant l'assemblée nationale,
de se sevrer de sucre. Si tous les citoyens voulaient envoyer faire
suc... tous les accapareurs, ils seraient bientôt obligés de vendre leur sucre à un prix raisonnable. » — Nous laissons ici le discours de Manuel, plein de quolibets de ce style.

M. Louvet. « Vous avez entendu la proposition de M. Manuel : les plus redoutables ennemis d'un peuple qui veut être libre, ce sont les habitudes molles et efféminées ; voulez-vous anéantir nos ennemis? accoutumez-vous à diminuer la somme de vos besoins. Je demande que nous prenions tous l'engagement formel de nous priver de sucre et de café ; et que demain toute la capitale en soit instruite. »

M. Manuel. « Comme nous ne sommes encore ni assez mûrs, ni assez forts de notre vertu pour nous passer du code pénal, je demande que tout patriote qui sera dénoncé par un jacobin, soit privé pour un mois de sa carte. »

M. Collot d'Herbois. « Je suis fort étonné que ce soit un homme de lettres qui ait fait cette proposition, car les personnes qui travaillent de cabinet ne peuvent passer la nuit qu'avec des tasses de café. Eh bien ! messieurs, j'en prendrai sans sucre. »

M. Louvet. « Assurément, messieurs, toutes les fois que l'infraction que M. Collot fera à notre loi nous vaudra un almanach du père Gérard, nous le remercierons de sa faute. »

La société adopta la motion de Louvet, et arrêta qu'elle serait signée individuellement par chacun de ses membres, et affichée dans tout Paris. (*Journal du Club*, numéro du 30 janvier).

Voici les réflexions des *Révolutions de Paris*, sur cette séance :

« La société des jacobins a traité l'affaire du sucre avec une importance et une gravité d'autant plus ridicules, que ce n'est pas elle qui proposa la première le non-usage de cette denrée. N'importe, elle suspendit ses plus importantes délibérations sur la guerre, pour s'abandonner à l'enthousiasme. Un étranger qui serait entré en ce moment dans la salle des Jacobins, à la vue de tous ces bras tendus, au bruit du trépignement des pieds, et surtout à ce mot solennel et qu'on ne devrait pas prodiguer : *je le jure*, prononcé par toutes les bouches ensemble, n'aurait jamais pu soupçonner qu'il ne s'agissait que de sucre!..... Citoyens! eh quoi! vous n'en êtes encore que-là ! Vous n'êtes pas plus avancés dans la carrière des vertus civiques !..... La plus mince des privations excite parmi vous tant de fracas ! Et que serait-ce donc si le

vaisseau de la république, battu par de longs et fréquens orages,
le pain venait à vous manquer pendant plusieurs jours? n'épuisez
pas votre courage et votre constance sur de petits sujets. Soyez
hommes, et craignez qu'on ne dise de vous : Les Français sont
des enfans qui ne peuvent se passer de sucre sans qu'il leur en
coûte de grands efforts ; c'est pour eux un si grand sacrifice,
qu'il leur faut un serment pour s'y résoudre. » (*Révolutions de
Paris*, n° CXXXIV).

Le même Manuel, auteur de la motion que l'on vient de lire,
écrivit une lettre au roi, sur laquelle nous trouvons dans le journal de Prudhomme, les observations suivantes : « Cette pièce
agréable a été récitée par P. Manuel, il y a quelques jours, aux
Jacobins. On y trouve ce qu'on trouve dans tous les autres petits
ouvrages de l'auteur, le sel de l'esprit et un grain de philosophie,
des saillies heureuses, de jolis madrigaux et de subtils épigram-
mes. Ce pamphlet aurait fait beaucoup d'honneur à P. Manuel du
temps qu'il écrivait sa *lettre d'un garde du roi*, au sujet du fameux collier Rohan-Antoinette ; mais un administrateur public,
un procureur-syndic de la commune de Paris, un magistrat du
peuple, n'écrit pas ainsi, de but en blanc, au roi. Si les circonstances le mettent en présence de *Sa Majesté*, l'homme du peuple saisit l'occasion de dire au roi face à face, de ces grandes et
fortes vérités qui laissent une longue impression. Quand le
sage Nathan apostrophait les rois de juda, il ne les gourmandait
pas avec des antithèses ; il ne descendait pas jusqu'au plagiat pour
leur dire (1) : l'*habit du pauvre a des trous, les habits du riche
ont des taches*. Mais il disait au roi David, avec le sang-froid d'un
juge qui condamne un coupable : « Vous avez commis un adul-
tère, vous êtes digne de mort. » — Nathan, le sage, disait à
Louis XVI : « D'intelligence avec les prêtres et les nobles, vous
conspirez lâchement sous le manteau contre votre patrie ; vous

(1) Cette pensée se trouve en toutes lettres dans une brochure qui parut quelques mois avant le 14 juillet 1789, intitulée : *Premières leçons du fils aîné d'un
roi*. Ce livre est encore à l'ordre du jour ; il en reste encore quelques exemplaires
chez Gueffier, rue de Hurepoix. (*Note de Prudhomme.*)

n'êtes plus digne d'en être le roi. » (*Journal des Révolutions de Paris*, loc. cit.)

Nous avons fait connaître à nos lecteurs tout ce qu'offrent d'intéressant les séances des Jacobins pendant le mois de janvier. —Avant de passer au mois de février, nous rapporterons un dernier fait : l'installation de Danton dans ses fonctions municipales. Le numéro de Prudhomme, que nous venons de citer, dit, p. 229 : « Vers la fin de janvier, M. Danton a pris sa place au conseil-général de la commune. Il a prononcé à cette occasion un discours un peu long peut-être ; mais on n'est jamais bref quand on parle de soi. M. Danton pouvait peut-être s'exempter de cette tâche. Le fait de son installation en disait assez à son avantage, et des phrases telles que la suivante purent paraître superflues pour ne pas dire déplacées : « La nature m'a donné en partage des formes athlétiques, et la physionomie âpre de la liberté. »

FÉVRIER. 1792.

Au quatrième mois de son existence, l'assemblée législative avait déjà vu se manifester en elle toutes les divisions qu'elle apportait à sa venue. Les différens partis émirent un vote spécial dans l'affaire de Bertrand de Molleville, et nous les trouvons classés sous leurs dénominations respectives, lors de la motion présentée par Mouysset, au nom de trois cents membres, à la séance du 23 février : il demandait qu'au jour où il n'y aurait pas de séance, les députés pussent se réunir dans la salle pour conférer. (*Voir plus bas.*) Pour la première fois, à cette occasion, la presse distingua, par leurs noms propres, les fractions de l'assemblée. Brissot (*Patriote Français* du 24 février), cite les *feuillans*, les *indépendans*, les *patriotes-jacobins* (son parti), et la *montagne*. Les débats qui suivirent la demande de Mouysset nous montreront, dans toute leur vivacité, les divergences ainsi désignées. Elles se révèlent d'ailleurs très-clairement dès l'accusation intentée au ministre de la marine. Les feuillans voulaient que le ministre fût absous; les patriotes-jacobins, selon Brissot, appuyaient le projet du comité de marine, tendant à déclarer au roi que le ministre avait perdu la confiance de la nation; les jacobins de la montagne voulaient qu'il fût traduit devant la cour nationale, comme coupable de haute trahison; les indépendans, qu'on adressât simplement au roi des observations sur la conduite de cet agent. Le premier février, les indépendans votèrent avec les feuillans, et le projet du comité de marine fut écarté. Le lendemain, ils exprimèrent leur propre vœu par l'organe de Brémontier; les deux fractions de l'ancienne gauche se réunirent à eux, et leur avis passa à une grande majorité.

Parmi les pouvoirs constitués, il n'y avait que le cabinet du roi, où se rencontrassent encore des royalistes purs. Ce parti y était représenté par Bertrand de Molleville et par Delessart. Narbonne, Duport-Dutertre et Cahier-Gerville étaient feuillans à divers degrés. Ce dernier, plus près des girondins que les deux autres, ne tardera pas à donner sa démission.

Le directoire de Paris était composé de feuillans en presque totalité. Nous n'en exceptons pas le procureur-général syndic Rœderer, dont les écrits et les actes, jusqu'au 10 août, seront ceux d'un royaliste constitutionnel, inclinant vers le système de La Fayette, à mesure que les jacobins marcheront vers la république.

La commune nouvelle achève d'être organisée durant le mois qui nous occupe. Les vingt-quatre membres du corps municipal, nommés par les sections, sont : MM. Dussault, Clavière, Chambon, Thomas, Sergent, Boucher, St-Sauveur, Bidermann, Patris, Boucher-Réné, Mouchette, Osselin, Leroi, Mollard, Hû, Jurie, Féral, Lefébure, Guyard, Guinot, Therein, Panis, Debourges, Dreue, Lemétayer. Ici, les jacobins-girondins dominaient, et la montagne était la minorité. Les uns comptaient, dans les chefs même de la municipalité, Pétion et Manuel, l'autre, Danton. Au sein du corps municipal, Sergent et Panis

étaient à peu près les seuls montagnards reconnus. Les *Révolu-*
tions de Paris, n° 135, p. 310, disaient, en parlant de l'élection
de Sergent ; « Ne vient-on pas de passer l'écharpe à un artiste
qui, il n'y a pas bien long-temps, publia une estampe représentant Louis XII, Henri IV et Louis XVI, avec ce calcul gravé
au bas de ces trois bustes rangés en triangle : XII et IV font
XVI ; c'est-à-dire, Louis XVI, à lui tout seul, renferme Louis XII
et Henri IV. Quand le prince royal en sera à l'arithmétique,
c'est sur cette image ingénieuse qu'on lui apprendra la règle de
l'addition. » Le rédacteur ajoute, dans une note, que Sergent a
expié depuis, par son patriotisme, cette misérable adulation.
La conduite à venir du révolutionnaire dont il s'agit nous imposait l'obligation de consigner ici le reproche qu'on vient de lire.

Le parti feuillant se vengeait de sa défaite dans les élections
municipales, en objectant à tout propos, le faible chiffre des
électeurs qui les avaient faites ; il y eut trois scrutins : le 11, le
nombre des votans fut de 3,787 ; le 15, de 3,389 ; le 20, de
3,390.

La société des jacobins était dans une fausse position : divisée
à l'intérieur entre les partisans de Brissot et ceux de Robespierre,
à l'extérieur elle était confondue dans les mêmes attaques par les
journaux et par les affiches des feuillans. Elle avait donc une
sorte d'unité négative ; l'unité que donne un ennemi commun.
Il est bien remarquable cependant que la polémique avec les
feuillans n'était entretenue que par les feuilles girondines. Si nous
n'avions que Prudhomme, *l'Orateur du Peuple*, Audoin, et le
Journal des Débats des jacobins, nous ne nous douterions
même pas qu'il y eût alors, à Paris, la *Gazette Universelle* de
Cerisier; *l'Argus Patriotique*, de Morande, *le Logographe*
de Barnave et des Lameth ; nous n'aurions jamais su qu'André
Chénier publiait dans le *Journal de Paris*, de véhémentes diatribes
contre le club des jacobins ; qu'un Boyer, de Nîmes, tapissait les
rues de placards ; que le chant du coq continuait ses agressions.
Les journaux de la nouvelle-montagne ne répondent pas un mot
à la presse feuillantine. *Le Patriote Français* ; *le Courrier* de

Gorsas, *les Annales Patriotiques* de Mercier et Carra, sont les seuls qui acceptent les batailles que leur proposent incessamment les adversaires dont nous parlions. Les révolutionnaires jugent sans importance les organes ministériels quelconques ; ils ne comptent plus pour rien les écrivains notoirement vendus, soit à la cour, soit au parti de La Fayette ; ils détournent leur vigilance de tout ce qui est réputé feuillant, pour la concentrer sur le girondinisme naissant, qu'ils regardent déjà comme la plus dangereuse réserve de La Fayette. Aux jacobins, la montagne est encore en minorité : le club des droits de l'homme, dont les membres étaient tous jacobins, le club des halles, les sociétés fraternelles lui donnent la majorité dans le peuple.

Avant d'exposer l'état du peuple, sa tendance actuelle et les formes que cette tendance revêt, nous transcrirons ici une lettre de Pétion à Buzot. Ce manifeste girondin, prôné pour tel par tous les organes de ce parti, et combattu à ce titre par les feuillans, met en évidence les plans politiques des amis de Pétion, et prouve de plus qu'il avait été l'un des premiers à les émettre : nous verrons tout à l'heure qu'il fut le premier à les appliquer. Cette pièce ne figure point dans le recueil intitulé : *la Mairie de Pétion*. L'éditeur de ce livre ayant eu pour but l'apologie de l'auteur, il n'est pas surprenant qu'il ait négligé la lettre à Buzot. Il était assez difficile en effet d'absoudre du point de vue bourgeois, les distinctions de Pétion entre la *bourgeoisie et le peuple*, distinctions qui lui valurent alors les plus furibondes invectives.

Cette lettre établit avec une clarté et une vigueur qui nous dispensent de tout commentaire, deux points capitaux, dont l'un est mille fois prouvé dans notre histoire, et dont l'autre, largement indiqué déjà, reçoit ici une confirmation à laquelle les luttes prochaines ajouteront de plus en plus. — Les feuillans et les girondins, unis dans l'intérêt commun de la bourgeoisie, différaient en ceci : les feuillans pensaient que la bourgeoisie ne triompherait qu'en s'alliant aux classes privilégiées contre le peuple ; les girondins faisaient dépendre ce triomphe d'une alliance avec le peuple contre les classes privilégiées : le but était le même, les moyens seuls ne l'étaient pas.

Voici maintenant la lettre de Pétion, telle que nous la trouvons dans le *Patriote Français*, du 10 février.

Paris, le 6 février 1791, l'an 4 de la liberté. — « Mon ami, vous m'observez que l'esprit public s'affaiblit, que les principes de la liberté s'altèrent, que parlant sans cesse de constitution on l'attaque sans cesse; vous me dites que ses plus zélés défenseurs n'embrassent ni ne suivent aucun système général pour la soutenir, que chacun s'arrête aux choses du moment et de détail, repousse des attaques particulières; qu'à peine nous songeons à l'avenir. Vous me demandez ce que je pense, quels sont les moyens que j'imagine pour prévenir la grande catastrophe qui paraît nous menacer; je me bornerai, pour le moment, à vous en exposer un seul.

» Je remonte à des idées qui semblent déjà loin de nous, et je vais me servir d'expressions que la constitution a rayées de notre vocabulaire; mais c'est le seul moyen de bien nous entendre. Ainsi, je vous parlerai de tiers-état, de noblesse et de clergé.

» Qu'était-ce que le tiers-état avant la révolution ? Tout ce qui n'était pas noblesse et clergé; le tiers-état avait une force irrésistible, la force de vingt contre un; aussi, tant qu'il a agi de concert, il a été impossible à la noblesse et au clergé de s'opposer à ce qu'il a voulu. Il a dit : « Je suis la nation, » et il a été la nation. Si le tiers-état était aujourd'hui ce qu'il était à cette époque, il n'y a pas de doute que la noblesse et le clergé seraient forcés de se soumettre à son vœu, et qu'ils ne concevraient même pas le projet insensé de se révolter; mais le tiers-état est divisé, et voilà la vraie cause de nos maux.

» La bourgeoisie, cette classe nombreuse et aisée, fait scission avec le peuple; elle se place au-dessus de lui; elle se croit de niveau avec la noblesse qui la dédaigne, et qui n'attend que le moment favorable pour l'humilier.

» Je demande à tout homme de bon sens et sans prévention, quels sont ceux qui veulent aujourd'hui nous faire la guerre ?

Ne sont-ce pas les privilégiés? car enfin, lorsqu'ils disent vaguement que la monarchie est renversée, que le roi est sans autorité, ces déclamations ne signifient-elles pas, en termes clairs, que les distinctions qui existaient, n'existent plus; et qu'on veut se battre pour les conquérir?

« Il faut que la bourgeoisie soit bien aveugle pour ne s'apercevoir une vérité de cette évidence; il faut qu'elle soit bien insensée pour ne pas faire cause commune avec le peuple. Il semble, dans son égarement, que la noblesse n'existe plus, qu'elle ne peut jamais exister; de sorte qu'elle n'en a aucun ombrage, qu'elle n'aperçoit pas même ses desseins. Le peuple est seul objet de sa défiance. On lui a tant répété que c'était la guerre de ceux qui avaient contre ceux qui n'avaient pas, que cette idée-là le poursuit partout. Le peuple, de son côté, s'irrite contre la bourgeoisie; il s'indigne de son ingratitude; il se rappelle les services qu'il lui a rendus; il se rappelle qu'ils étaient confrères, dans les beaux jours de la liberté. Les privilégiés fomentent sourdement cette guerre qui nous conduit insensiblement à notre ruine.

« La bourgeoisie et le peuple réunis ont fait la révolution; leur réunion seule peut la conserver.

« Cette vérité est très-simple; et c'est là sans doute pourquoi on n'y a pas fait d'attention. On parle d'aristocrates, de ministériels, de royalistes, de républicains, de jacobins, de feuillans; l'esprit s'embarrasse dans toutes ces dénominations, et il ne sait à quelle idée s'attacher, et il s'égare.

« Il est très-adroit, sans doute, de créer ainsi des partis sans nombre, de diviser les citoyens d'opinions et d'intérêts, de les mettre aux prises les uns avec les autres, d'en faire de petites corporations particulières; mais c'est aux hommes sages à dévoiler cette politique astucieuse et à faire revenir de leurs erreurs ceux qui se laissent entraîner sans s'en apercevoir.

« Il n'existe réellement que deux partis, et j'ajoute qu'ils sont les mêmes qu'ils étaient lors de la révolution : l'un veut la constitution, et c'est celui qui l'a faite; l'autre ne la veut pas, et

c'est celui qui s'y est opposé. Il est quelques individus qui sont
passés d'un parti dans l'autre; mais ce sont des exceptions. Il est
aussi quelques nuances dans les opinions.

» Ne vous y trompez pas: les choses n'ont point changé; les
préjugés ne s'effacent point en un jour. On veut aujourd'hui ce
qu'on voulait hier : des destructions et des privi éges. Que l'on
colore ces prétentions comme on voudra, la forme n'y fait rien :
voilà le fond.

» Il est donc temps que le tiers-état ouvre les yeux, qu'il se
rallie, ou bien il sera écrasé. Tous les bons citoyens doivent déposer leurs petits ressentimens personnels, faire taire leurs passions particulières, et tout sacrifier à l'intérêt commun. Nous ne
devons avoir qu'un cri : *Alliance de la bourgeoisie et du peuple*;
ou, si on aime mieux : *Union du tiers-état contre les priviléges*.

» Cette fédération sainte détruit à l'instant tous les projets de
l'orgueil et de la vengeance; cette fédération évite la guerre;
car il n'est point de forces à opposer à une si immense puissance.
C'est alors qu'il est vrai de dire que vingt-cinq millions d'hommes
qui veulent la liberté sont invincibles. Mais les rebelles, mais les
puissances qui les soutiennent ne comptent pas aujourd'hui sur
cette résistance imposante : ils croient ces vingt-cinq millions
d'hommes divisés, et ce schisme les enhardit.

» Je ne puis trop vous le répéter, union du tiers-état, et la
patrie est sauvée. Elle le sera, je n'en doute pas : la bourgeoisie
sentira la nécessité de ne faire qu'un avec le peuple, et le peuple
sentira la nécessité de ne faire qu'un avec la bourgeoisie. Leur
intérêt est indivisible, leur bonheur est commun.

» On a la perfidie de répéter sans cesse au peuple qu'il est plus
malheureux que sous l'ancien régime. Je ne prétends pas dire
que le peuple ne souffre pas; mais tous les citoyens souffrent,
et il est impossible qu'une révolution s'opère sans privations et
sans douleurs. Le passage du despotisme à la liberté est toujours
pénible. Eh! que n'ont pas souffert pendant six années entières
ces généraux américains manquant de tout, de vêtemens, de
subsistances; bravant l'intempérie des saisons, combattant sans

cesse avec courage, avec opiniâtreté ; rien n'a pu lasser leur persévérance : ils ont surmonté tous les obstacles, et ils sont aujour-
d'hui les hommes les plus libres et les plus heureux de la terre.
Imitons ce grand exemple, et comme eux nous obtiendrons un
bonheur solide et durable.

» Voulons fortement, et nous sommes plus formidables que
jamais. Ces ligues de puissances dont on veut nous menacer disparaîtront comme de vains fantômes ; le premier coup de canon
sera le signal de notre réunion et de la mort de nos ennemis.
— Je n'ai pas le temps de vous en dire davantage ; portez-vous
bien. *Vale.* PÉTION. »

On trouvera dans l'article d'André Chénier, contre la société
des Jacobins, une réfutation de cette doctrine. Nous transcrirons
cet article, ainsi que certains placards, en tête du chapitre destiné
à l'histoire du club pendant le mois actuel. Ici nous nous contenterons de citer les réflexions de la *Gazette universelle* du 11 février. — « Le maire de Paris prétend qu'il faut distinguer la
bourgeoisie d'avec le peuple ; il prétend que la bourgeoisie désire la noblesse et la contre-révolution. Si M. Pétion entend par
la bourgeoisie ce que tout le monde doit entendre, savoir, tous
les citoyens actifs, nous nions hautement sa distinction. Dans
notre constitution ainsi que dans tous les états plus ou moins républicains, on entend par peuple cette partie de la société d'où
émanent les élections populaires. Cette partie étant composée de
ceux qui, par une honnête industrie, sont admis au droit de citoyen, est certainement la plus nombreuse de la société ; c'est
celle qui, composant la garde nationale, veille au maintien des
lois et de l'ordre.

» C'est donc une dangereuse et insigne calomnie que de supposer que cette grande masse du peuple soit disposée à détruire
cette révolution, dont elle est le principal auteur. Si M. Pétion
ne veut honorer du beau nom de peuple que les citoyens non-
actifs, il était inutile de proposer une alliance entre eux et la
bourgeoisie. Que les agitateurs secrets d'une partie du peuple ne
s'y trompent pas : sont-ils bien assurés de pouvoir diriger l'ef-

fervescence qu'ils excitent? Qu'ils aillent prendre des leçons à la
tragédie de *Caïus Gracchus*. On dit qu'à la vue du cadavre sau-
glant de ce tribun, victime de son prétendu dévoûment pour le
peuple, on a vu frémir plusieurs spectateurs, entre autres
MM. Couthon, Danton et Manuel. »

Le peuple, avons-nous dit, et nous entendons par ce mot les
citoyens passifs, recevait l'impulsion des hommes récemment
connus sous le nom de montagnards. Il acceptait de confiance
leurs votes dans les débats parlementaires, et leurs conclusions à
la tribune des Jacobins; il partageait leurs craintes; il répondait
à leurs appels avec intelligence et énergie. — Il reparaissait sur la
scène révolutionnaire avec son premier titre, son premier costume
et les mêmes armes auxquels étaient attachés tous les grands souvenirs de 1789, objets de terreur pour les uns, beaux exemples
pour les autres, imposantes et sublimes leçons! Les hommes du
14 juillet, le bonnet de laine, les piques, tels étaient le titre, l'uniforme et l'arme du peuple. A la dénomination constitutionnelle
de citoyens passifs', laquelle n'était jamais passée d'ailleurs du
protocole légal dans les habitudes civiles, avait succédé celle de
sans-culottes, terme consacré par le mépris de ceux qui l'avaient
imposé, par la haine de ceux qui l'avaient reçu, vrai nom et vrai
signe de guerre, divisant par l'injure ceux qui allaient bientôt
être divisés par le sang.

Il s'agissait donc d'un nouveau 14 juillet. Nous verrons à l'article des piques en quoi la montagne et la gironde s'accordaient,
en quoi elles différaient à l'égard de l'armement général des
sans-culottes; nous verrons que la gironde, en accord avec les
feuillans, quant au but et non pas quant aux moyens, différait
précisément de la montagne en ce qu'elle adoptait ses moyens
sans adopter son but.

Les provinces étaient en proie aux mêmes dissentimens et aux
mêmes agitations. Lorsque La Fayette passa à Nancy, un grand
nombre de femmes prirent le deuil. A Strasbourg, le maire Diétrich, prôné jusqu'à ce jour comme un patriote jacobin, est dénoncé pour des manœuvres fayétistes, et le club de la ville,

déchiré par cette querelle, se sépare en feuillans et en jacobins.
A Metz, ces deux partis sont encore plus acharnés l'un contre
l'autre, parce que les feuillans y sont plus près du royalisme
pur. Pendant que les départemens de l'Ouest continuent ouvertement leurs préparatifs de guerre civile, Brest poursuit avec
chaleur l'accusation du ministre de la marine et la délivrance des
Suisses de Château-Vieux : le succès ne tardera pas à couronner
ses efforts. A Lyon, le directoire et la municipalité sont entre
eux comme le directoire et la municipalité de Paris. On se rappelle ce que nous avons dit à l'occasion du journaliste Carrier.
Les provinces méridionales, Perpignan, Arles, Avignon, Nîmes,
toujours livrées à de violentes collisions, toujours pleines de discordes, d'émeutes et d'assassinats, vont bientôt montrer à découvert la conspiration royaliste qu'on n'avait pas cessé d'y fomenter. — A tous ces désordres se joignaient des troubles à peu
près généraux relatifs à la circulation des grains, et dont les plus
graves éclatèrent dans le département de l'Oise.

Pendant que les conciliateurs girondins ménageaient l'alliance
entre la bourgeoisie et le peuple, et demandaient à cause de cela
que chacun mît en oubli tout prétexte personnel de scission, les
deux opinions sur la guerre ne persistaient pas moins face à face,
plus opiniâtres et plus contradictoires chaque jour. Malheur à
ceux des champions, de part et d'autre, dont la conduite privée
offrait quelque prise par où son adversaire pût le saisir, soit pour
le récuser, soit pour l'accuser ! A l'instant commençait un duel
dont l'issue était bien souvent la ruine mutuelle des deux antagonistes dont la probité périssait par un coup fourré. Nous devons en placer un exemple sous les yeux de nos lecteurs.

Desmoulins, avocat-consultant de la dame Beffroi et du sieur
Dithurbide, condamnés par la police correctionnelle à six mois de
prison, fit afficher un placard rouge dans lequel il dénonçait un
abus de pouvoir de la part du tribunal. Brissot attaqua ce placard
avec force; il accusa Desmoulins d'outrager les mœurs. Celui-ci
écrivit au *Patriote Français* et à Gorsas, lequel avait répété une
partie de l'accusation. Il demandait pour toute réponse qu'on

insère son affiche textuellement. Brissot s'y refuse, disant que sa feuille ne servirait jamais de *véhicule au poison*. Gorsas l'insère dans son numéro du 8 février. Nous allons transcrire cette affiche, la réfutation qu'en publia Girey-Dupré dans le *Patriote français*, et la brochure intitulée : *Brissot démasqué par Camille Desmoulins*, dernier coup porté dans cette querelle.

Violation de la loi.

» Citoyens ! on a violé la loi, et vous allez juger avec quelle iniquité.

» Les législateurs patriotes se sont récriés dans le temps contre le décret de police correctionnelle, rendu sur le rapport de Desmeuniers, dont maints articles décèlent, par leur sévérité, l'intention évidente de rendre le joug de la loi plus insupportable que celui du despotisme, de faire regretter les *Lenoir* et les *Sartines*, et de fortifier, du soulèvement auxiliaire de tous les vices, la révolte de tous les crimes et de tous les abus contre la Constitution.

» Eh bien ! ce sont ces lois si sévères, si monastiques, que le tribunal de police correctionnelle trouve trop douces ; et ce n'est pas contre leur exécution qu'elle réclame, mais contre leur infraction.

» L'article LXI du décret porte : *Les jugemens en matière de police correctionnelle pourront être attaqués par la voie de l'appel.*

» L'article XXXV concernant le plus grave de tous les délits soumis à la police correctionnelle, celui d'avoir *escroqué la totalité ou partie de la fortune* d'un citoyen, porte : *En cas d'appel, le condamné gardera prison, à moins que les juges ne trouvent convenable de le mettre en liberté sous une caution triple de l'amende.*

» On sait que par les lois anciennes, l'appel était suspensif de la peine infamante. Jamais, dans l'ancien régime, on n'envoya un homme à Bicêtre, ni une femme à l'Hôpital, lorsqu'il y avait appel. Jamais on n'a pendu ni carcané personne, provisoirement et sauf l'appel.

» La Constitution, favorable à la liberté individuelle, fait plus pour l'accusé. On voit que dans le cas même de l'article XXXV, celui qui est condamné par un premier jugement pour *crime d'escroquerie*, non-seulement suspend l'exécution par l'appel, mais même peut jouir de la liberté en donnant caution.

» Conçoit-on qu'un tribunal, dont tout le code se réduit à soixante-onze articles, et pour qui la loi a renfermé en quatre pages tout ce qu'il doit savoir de jurisprudence, conçoit-on que ce tribunal ait pu ignorer ces articles LXI et XXXV de la loi ? Conçoit-on que la dame Beffroi, par exemple, traduite devant lui en vertu d'un mandat d'amener, le 18 de ce mois à neuf heures du soir, ait été traduite quatre heures après à la Salpétrière, nonobstant son appel, malgré ses offres de la triple caution, malgré ses cris qui invoquaient la Constitution et la loi.

» Le sieur Dithurbide, négociant, condamné à six mois de police correctionelle à Bicêtre, y a de même été transféré, nonobstant son appel.

» Avec quelle audace des juges, installés d'hier, foulent déjà aux pieds la loi ! Je n'entre point dans le fond de l'affaire. On va dévoiler bientôt toute la monstruosité de cette procédure. On verra que la loi sur les jeux n'a été si sévère, que parce que, n'étant applicable qu'en flagrant délit, sa rigueur était en raison de la difficulté de surprendre le flagrant délit ; que dans cette affaire, loin qu'il y eût flagrant délit, il y avait si peu de preuves, qu'avec un tribunal aussi expéditif, il n'y a pas de citoyens qui soit sûr le matin de ne pas aller coucher à Bicêtre. On montrera l'innocence des deux accusés ; cette affiche n'est que pour montrer le crime des juges. On a publié dans les journaux qu'ils avaient sévi contre les tripots : mais y a-t-il un tripot plus odieux qu'un tribunal où on se joue de la liberté individuelle, et où l'on fait traîner arbitrairement à l'Hôpital et à Bicêtre des accusés qui invoquent la loi.

» Dans l'ancien régime, le lieutenant de police se faisait cent mille écus de rente sur les jeux. La police du nouveau, en montrant que ni le défaut de preuves, ni la loi ne peut arrêter sa verge correctionnelle , a-t-elle aussi spéculé sur la frayeur des coupables? Quoi qu'il en soit, citoyens , ne souffrez pas que la loi soit jamais invoquée en vain , même par le coupable, même lorsqu'il est revêtu de la chemise rouge.

» A ce que je viens de dire comme homme de loi, j'ajoute, comme citoyen, qu'on se plaint de toutes parts que le tribunal de police correctionnelle et les juges des sections semblent conspirer à appesantir, sur le pauvre comme sur le riche, le joug de la loi, et à remplir le but du code *Desmeuniers*. Gardons-nous d'attacher le salut de la chose publique à une régénération des mœurs, en ce moment impossible. Que les amis de la liberté ne donnent point les armes à ceux qui n'ont voulu se servir contre elle des efforts de la dépravation que comme de la religion, et à qui il est indifférent, pour multiplier nos ennemis, de nous en susciter dans les tripots ou dans les temples. C'en serait fait de notre liberté, si elle reposait sur les mœurs. Elle a une base plus solide: c'est l'intérêt général. Si par corruption on entend la soif de l'or, Rome n'était guerre plus corrompue que Paris, quand ce roi d'Afrique disait : « O ville vénale ! si je n'achète pas et ton sénat et ton peuple, c'est que je ne suis pas assez riche. » Ce sera aussi parce que nous n'avons personne assez riche pour acheter vingt-cinq millions d'hommes, que la cause de la liberté, de l'égalité, triomphera. Si, lorsque nos ancêtres n'étaient pas corrompus, lorsque Tacite les proposait aux Romains comme des modèles de vertu, c'est une vérité historique et incontestable que, dans les forêts de la Gaule et de la Germanie, nos pères jouaient, au *trente-et-un* et même au *biribi* leur liberté individuelle ; si ces hommes qui avaient la servitude en horreur, mettaient pourtant dans un cornet le bonnet de la liberté, *tant ils étaient*, disent les historiens, *observateurs religieux de leur parole* et gens d'honneur, est-il si étrange que cette passion pour les jeux de hasard se soit perpétuée jusqu'à nos jours, et soit renouvelée avec fureur depuis que la déclaration des droits a proclamé la liberté de faire tout ce qui ne nuit qu'à soi-même, sans nuire à autrui? N'est-ce pas, de la part des auteurs de ce code, une atrocité à dessein, pour faire redemander à grands cris plutôt l'ancienne police et l'inégalité des peines entre les vices et les crimes, que d'avoir ainsi égalisé le joueur au voleur, et de les avoir condamnés à tirer ensemble l'eau du puits de Bicêtre ? CAMILLE DESMOULINS, _homme de loi._ »

Le *Patriote Français*, dans un premier article, accuse le placard de Desmoulins de contenir une justification sophistique de quelques banquiers de tripot et de scandaleuses déclamations contre les mœurs. Le collaborateur de Brissot, Girey-Dupré, soutint cette accusation, et la démontra en deux lettres : par la première (*Patriote Français* du 6 février), il attaque l'homme de loi, disant que c'était pour le moins un sophisme que d'imputer à des juges une prétendue violation de la loi, parce qu'ils n'avaient pas fait ce que la loi ne les obligeait de faire que s'ils le trouvaient convenable. « Je dis plus, ajouta-t-il, je soutiens que les juges n'ont pas dû le trouver convenable, attendu qu'une caution pécuniaire n'est pas une caution pour un banquier de tripot, qui, pouvant gagner en un an une somme vingt fois plus considérable que sa caution, en fera volontiers le sacrifice, et ne se représentera pas quand on jugera l'appel. » — Voici la seconde lettre de Girey-Dupré, celle qu'il adressait au citoyen : elle est extraite du *Patriote Français* du 11 février.

Seconde lettre à Camille Desmoulins.

« Que comme homme de loi vous vous soyez chargé d'une mauvaise cause, que vous l'ayez défendue par de mauvaises raisons, c'est ce qui ne surprendra personne ; mais que comme citoyen, comme patriote, vous ayez tenté de prouver que les mœurs sont un superflu, à peu près comme Barnave le disait de la liberté, c'est ce qui a droit de surprendre, surtout ceux qui vous ont décoré de l'écharpe municipale.

» C'en serait fait de notre liberté, dites-vous, si elle reposait sur les mœurs. Vous pouvez avoir vos raisons pour parler ainsi ; souffrez que je vous expose celles qui me font parler autrement.

» Dans un régime libre, il existe une lutte continuelle entre l'intérêt général et les intérêts particuliers ; entre l'intérêt général, toujours fondé sur la justice, et les intérêts particuliers souvent égarés, souvent dépravés : or, moins il y a de mœurs chez une nation, plus il y a d'intérêts divergens de l'intérêt général, plus la liberté a d'ennemis.

» Dans un régime libre, il existe un germe de dissolution, d'autant plus vif, qu'il rencontre plus d'alimens ; c'est la corruption : or, il est évident que moins il y a de mœurs, plus le gouvernement trouve d'hommes à corrompre, plus il achète d'ennemis à la liberté.

» Un régime libre exige des citoyens de grands sacrifices. Tout citoyen étant soldat, tout citoyen participant aux élections, tout citoyen étant juge né de ses concitoyens, il faut sacrifier son repos, son plaisir, ses occupations, quelquefois sa fortune, quelquefois même sa vie. Eh bien ! s'il n'existe pas de mœurs, verra-t-on souvent de pareils sacrifices ? Quel est l'homme indolent qui, comme Pétion, travaillera des jours entiers, veillera des nuits entières pour que les habitans d'une grande ville puissent vivre en paix et dormir tranquilles ? Quel est le voluptueux qui, comme Régulus, ira reprendre ses fers et se remettre entre les mains des bourreaux ? Quel est l'avare, le spéculateur qui abandonnera un commerce lucratif pour suivre aux frontières nos braves volontaires ? Quel est le joueur, pour qui l'argent est tout, pour qui la vie est moins précieuse que l'argent, qui ira déposer sa fortune sur l'autel de la patrie ? Comment craindrait-il de trahir la patrie, l'homme toujours prêt à tourner contre lui-même un bras furieux ? » Le reste de la lettre est un développement de cette argumentation.

Voici maintenant le pamphlet de Desmoulins.

« Jean-Pierre Brissot, démasqué par Camille Desmoulins. » — « Factus sum in proverbium. » — « Je suis devenu proverbe »(1). — « Les lâches journalistes, qui m'ont attaqué depuis que j'ai quitté la carrière athlétique, n'oseraient le faire si je tenais

---

(1) Allusion au mot brissoter. (Note des auteurs.)

encore le ceste. Après les avoir tant de fois convaincus de mauvaise foi et d'incivisme, après les avoir fait pirouetter, comme
Lycas, sous le fouet de la censure, je ne m'étonne pas qu'ils
poursuivent de leurs cris le censeur devenu émérite; mais si j'ai
pris les invalides, je vais vous montrer que je ne suis pas encore
hors de combat. J'opposerai toujours le plus froid mépris aux
injures des journalistes feuillans. Comment pourrais-je être jaloux des suffrages de journaux diffamés par les éloges de Dandré,
Bailly, la Fayette, et de la pétition individuelle du directoire du
département de Paris, etc. etc. Il me suffira de répondre à ces
messieurs, comme j'ai fait par la voie du journal de Gorsas et du
vôtre : « Que la haine, la jalousie et les ressentimens person-
» nels, depuis si long-temps à l'affût s'il n'échappe rien de
» ma plume dont ils me puissent faire rougir, désespèrent
» qu'elle cesse d'être irréprochable et incorruptible. J'écris
» en présence de mes ennemis, et je ne leur donnerai pas
» cette joie. Pour réponse aux vagues déclamations de mes
» détracteurs, je n'aurai jamais besoin que de les renvoyer
» à l'ouvrage qu'ils calomnient, de leur faire le défi d'im-
» primer la page *si criminelle*, et de prendre pour juge entre eux
» et moi le public, le *juré* d'opinion. Mes concitoyens trouveront
» toujours dans mes écrits le même cachet de probité, de bonne
» foi et de haine pour les oppresseurs couronnés, enherminés ou
» empanachés. Je serai toujours Camille Desmoulins. » Il suffit
de cette réponse circulaire aux *Chroniqueur, Modérateur* et con-
sors; leur réputation est faite. Mais vous, J.-P. Brissot, vous
méritez des égards, et je ne vous tiens pas quitte pour l'amendement que vous avez inséré dans votre numéro du lendemain.
Aussi bien le sous-amendement que vous y avez joint a-t-il conservé à votre feuille de la veille tout son venin. Il ne vous sert de
rien de dire que la diatribe n'est pas de vous, qu'elle est avouée
et signée *Girey Dupré*. Le maître est responsable des délits du
domestique, et le régent de ceux qui sont sous sa férule. Il est
commode à un journaliste de prendre ainsi M. Girey en croupe,
pour couvrir son dos; mais je saute à la bride, parce que c'est

vous qui la tenez , et qui m'avez lâché cette ruade. Il y a long-
temps que j'ai remarqué cette malveillance pour moi. Avant d'é-
clater par des injures , elle transpirait encore, il y a quinze jours,
par un éloge perfide et des louanges amères , dans votre second
discours sur la guerre , à la séance des Jacobins. Je vous avertis
qu'on ne réussira pas à *brissotter* ma réputation : c'est moi qui
vais vous arracher le masque; mais je ne veux point me fâcher,
et vous rendre injures pour injures. Je vais vous dire seulement
quelques vérités. Je suis bien aise de vous faire voir *que cet hom-*
me, qui ne se dit patriote que pour calomnier le patriotisme , avait
ample matière à médire de votre patriotisme ; que vous lui aviez
quelque obligation de son silence, et qu'il eût été de votre sagesse
de ne pas provoquer la verge de notre tribunal correctionnel.

» Mais avant, pour ne pas paraître seulement récriminer, je
dois commencer par purger votre accusation et répondre à votre paragraphe insolent et calomnieux. Je vous passe le mot *salir*
les murailles. Mais, dites-moi, J.-P. Brissot, comment pouvez-
vous qualifier la première partie de l'affiche , de *sophistique?*
Qu'y fais-je autre chose que de citer mot à mot le texte de la
loi? Quoi ! citer les décrets c'est faire des *sophismes.* — *Les ju-*
ges ont fait leur devoir. — Quoi ! est-ce que l'article 35 ne dit
pas en cas d'appel, le condamné gardera prison? Donc l'appel est
suspensif de la peine; donc l'accusé n'a pu être envoyé dans une
maison de force , mais seulement dans une maison d'arrêt. Quelle
mauvaise foi insigne, de prétendre que les *juges ont fait leur de-*
voir, et que ce n'est pas violer la loi d'envoyer un accusé au gal-
banum? Où est votre logique, J.-P. Brissot? — Mais le condamné
est un *souteneur de tripots.* — D'abord, c'est la question. Une consultation, signée des plus célèbres jurisconsultes, le nie; et ensuite, fût-ce un souteneur de tripots , est-ce que la loi doit jamais être invoquée en vain, même par le coupable, même *lors-*
qu'il est revêtu de la chemise rouge, comme dit l'affiche?

» A la place du roi, la nation a mis la loi, et elle a fort bien fait :
mais comment ne pas voir que, si nous n'y prenons garde, la loi,
dans le nouveau régime, ne sera qu'un vain simulacre, comme le

roi dans l'ancien, avec cette différence que le roi n'avait qu'une demi-douzaine de ministres qui disposaient de sa griffe, au lieu que la loi a cinq à six mille ministres qui ne se servirent pas moins arbitrairement de son nom : témoin le tribunal de la police correctionnelle. Oh ! que nous sommes loin en cela des Anglais, et du respect religieux qu'ils ont pour les formes protectrices de la liberté individuelle ! Je ne sais quel citoyen avait été dénoncé, il n'y a pas bien des années, au ministre, comme auteur d'un écrit prétendu criminel. Sur cette dénonciation, le ministre l'envoie en prison. Il est reconnu effectivement pour l'auteur, et condamné par le tribunal à deux ans de prison; mais, par le même jugement, le ministre, pour l'y avoir envoyé prématurément et arbitrairement, est condamné envers lui à une réparation pécuniaire immense, et telle qu'il est ruiné par l'énormité de l'amende. Comment, vous, J.-P. Brissot, qui citez si souvent les lois et la jurisprudence anglaise, ne vous êtes-vous pas souvenu de cette cause célèbre ? Comment, et depuis quand avez-vous pu faire un crime à un homme de loi, à un conseil d'un accusé, de réclamer la loi en sa faveur ? Vous voyez d'abord que votre sortie contre ma consultation en placard, contre le délibéré de l'affiche, n'a pas le sens commun, et qu'il faut être bien aveuglé par la haine, pour appeler des sophismes la citation pure et simple des articles 53 et 64 du code correctionnel.

Je passe au considérant de mon affiche, à l'opinion politique que je me suis permis d'énoncer comme citoyen. Je voudrais bien savoir dans quelles phrases vous y découvrez une *invective inombrable contre les mœurs, et une apologie scandaleuse des jeux de hasard.* J'atteste le lecteur impartial, si l'affiche ne respire pas, d'un bout à l'autre, le respect des mœurs et le mépris pour les mauvais lieux dont vous me faites le patron. J'ai dit que les contre-révolutionnaires voulaient s'aider de la *dépravation* comme de la religion, pour arriver à leurs fins; qu'il leur était indifférent de nous susciter des ennemis dans les *tripots* ou dans les *temples*; qu'à tous les abus, tous les crimes soulevés contre la révolution, on veut joindre l'accession de *tous les vices*,

pour grossir le nombre des ennemis de la liberté ; que dans leur
repaire où, parfaitement neutres sur les affaires du temps, absorbés par la contemplation de la *rouge* et de la *noire*, les joueurs
n'entendaient pas plus les trois cents tambours de l'armée parisienne, qu'Archimède les cris de la prise de Syracuse, il semblait qu'on voulût les enfumer et les forcer à prendre parti contre
nous. J'ai dit que le code correctionnel me paraissait avoir évidemment pour but de rendre le joug de la loi plus insupportable
que celui du despotisme, que je ne pouvais prêter d'autre intention
au monarchien Desmeuniers, en appliquant à nos mœurs de Sy-
baris les lois de Sparte. D'ailleurs le mot seul de police correctionnelle a je ne sais quoi de monacal et de malsonnant à
l'oreille d'une nation libre. Le censeur notait les citoyens romains ; on ne corrige que des enfans ou des esclaves. J'ai dit que
l'intérêt général était la base inébranlable de notre liberté (heureusement) ; car Paris, ai-je ajouté, n'est guère moins corrompu
que Rome, du temps de Jugurtha ; cette vérité est incontestable,
puisque des plus grands symptômes de la corruption, c'est
lorsqu'il ne s'élève point de grands caractères, lorsque toutes
les têtes sont nivelées, sans physionomie, et comme des pièces
de monnaie effacées par le frottement. Or, tel est Paris, aussi
stérile aujourd'hui que Rome était alors féconde en grands caractères ; ce qui est encore très-heureux, car on peut s'en promettre un dénoûment moins sanglant de nos discordes que celui
des discordes de Marius et de Sylla.

» J'ai dit qu'il fallait d'abord consolider notre liberté, et ajourner à un temps plus calme la régénération des mœurs ; qu'en
ce moment la politique commandait de restreindre l'application
de la loi contre les jeux au flagrant délit ; que tel était d'ailleurs
le vœu de la loi. Je pensais que certaines personnes plus jalouses
de se faire une grande réputation de patriotisme, que de cimenter notre liberté, vous notamment, M. Brissot, vous nous
avez toujours perdus, en mettant trop tôt à l'ordre du jour des
questions délicates, en tranchant dans le vif, et que déjà vous
auriez fait la contre-révolution avec votre *patriotisme*, si la con-

tre-révolution était possible. Dans toutes ces considérations politiques, où voyez-vous *une invective abominable contre les mœurs,
et une scandaleuse apologie des jeux de hasard?* . . .

» J'ai suffisamment convaincu votre paragraphe de faux, d'un
bout à l'autre. Quant à la question sur les jeux de hasard, j'ai
évité de la discuter au coin des rues, et je m'en suis tenu au texte
de la loi et à des considérations politiques tirées des circonstances;
mais puisque vous provoquez l'examen du fond, quoique aucun
bénédictin ne vous ai jamais égalé en fécondité de volumes, je
suis curieux de voir, dom Brissot, votre dissertation, pour prouver que le joueur doit être envoyé à Bicêtre. · · · ; · · · :

» Pour moi, persuadé que celui qui a dit: *si j'avais la main
pleine de vérités, je me garderais bien de l'ouvrir,* a dit une sottise ;
persuadé que l'arbre de la raison et de la vérité ne saurait porter
de mauvais fruits, sûr de ne point m'égarer avec la boussole de
la déclaration des droits, je ne crains point d'aborder aucune de
ses conséquences. Je le déclare donc, je conclus fermement que,
puisqu'il est permis de risquer sa vie et même de se l'ôter, en un
mot de faire tout ce qui ne nuit qu'à soi, il doit être permis, à
plus forte raison, de hasarder sa fortune. J'ai suivi jusqu'à présent les principes de la déclaration des droits avec la meilleure
foi du monde ; c'est pour moi la loi et les prophètes, c'est ma
religion, c'est ma conscience ; mais ne voyez-vous pas que si
j'arrive à une conséquence nécessaire de ces principes, et que
vous me fassiez rétrograder, dès lors cette conscience que
vous m'avez faite, m'abandonne, toute ma foi s'évanouit, cette
nouvelle religion de la déclaration des droits est anéantie? En
effet, si une de ces conséquences est fausse, pourquoi une autre
serait-elle plus vraie? si je rejette un de ces dogmes, pourquoi
croirai-je les autres? dès lors il n'y a plus rien de certain à mes
yeux. Être démocrate ou aristocrate est une affaire d'opinion.
Les législateurs, les corps administratifs, les tribunaux, accom-
modent la déclaration des droits, comme un confesseur jésuite
faisait l'évangile, à tous leurs caprices; et la loi a des modes
comme les habillemens. . . . . , l . .. ..

» Personne n'a plus d'aversion que moi pour les maisons de jeux. De toutes les passions, le joueur a la plus ridicule sous le rapport de l'amusement ; car *tout cet argent s'est perdu sans vous divertir*, comme disait madame de Sévigné ; sous le rapport de l'intérêt, elle est la plus déplorable. Dussault a raison de tonner contre les académies et les tripots. Mais le joueur fût-il aussi odieux que Béverlay, tant qu'il ne fait tort qu'à lui-même, sa peine ne saurait être que les remords et l'infamie. Que sa femme obtienne divorce, à sa première demande ; que le bien de ses enfans soit soustrait à sa disposition ; c'est au tribunal de famille, et non au tribunal correctionnel, qu'il appartient de prononcer contre le joueur. Mais je ne vois pas comment la loi' peut le traiter plus sévèrement qu'un dissipateur, dont le châtiment est l'interdiction, mais non pas Bicêtre.

» Est-ce qu'on ne distinguera pas entre les vices et les crimes ? La peine du vice, encore une fois, c'est le remords ; une autre peine, c'est que le vice mène au crime, dont le châtiment est Bicêtre ou l'échafaud : mais, là seulement où le crime commence, doit commencer la sévérité de la police ; et puis tous les joueurs ne finissent pas par être fripons. Est-ce qu'on ne fera pas une distinction immense entre tel jeu et tel autre ? Y a-t-il plus monstrueuse contradiction que celle d'une nation qui, dans sa loterie, tient contre les citoyens une banque où elle a vingt chances contre une, et qui envoie à Bicêtre le citoyen qui tient la banque d'un jeu où les chances sont égales ? Enfin, est-ce qu'on ne fera pas une distinction immense entre telle maison de jeu et telle autre ? Qu'on sévisse, si l'on veut, contre les tripots où l'escroquerie attire l'inexpérience, contre ces maisons ouvertes au public, et domicile commun de tous les fripons, où le magistrat est suffisamment appelé à entrer et à réclamer force à la loi par l'invitation générale à tous les passans ; mais comment justifier la violation du domicile chez un citoyen qui n'a point appelé le'ministre de la loi ? Le mémoire à consulter du sieur Diturbide développe très-bien cette distinction. Avant de me charger, de me mêler de son procès, il m'est arrivé de mettre une fois les pieds dans une maison de jeu; j'y suis allé pour mieux observer et ne pas m'embarquer étourdiment dans l'affaire. J'avoue qu'en pensant que tout ce cercle nombreux de citoyens, libres de tuer le temps à hasarder une partie de leur fortune, était dans le cas d'aller coucher au galbanum, je n'ai pu comparer notre code Desmeuniers qu'au code de Dracon, qui punissait de mort l'oisiveté. La passion du jeu, dit J.-J., fruit de l'avarice et de l'ennui, ne prend que dans un cœur vide; mais avons-nous donc un si grand nombre de citoyens dont la tête et le cœur soient pleins? Combien y en a-t-il d'ailleurs pour qui le jeu est un commerce et une navigation! A midi, dit Steele, nous étions à 4000 sterling; nous étions, à trois heures, montés à 6000, et demi-heure après descendus à 1000; à quatre heures, il ne nous en restait que 200; à cinq heures, notre capital fut réduit à 50; à six, il le fut à 5; et, sur la première carte, nous perdîmes notre dernier sou: voilà un naufrage. Mais quelle foule immense hasarde tous les jours, sur la mer, corps et biens, sans que la police correctionnelle donne un mandat d'amener!

» Que la Sorbonne mette un embargo sur l'aérostat de Charles et Robert, elle se détermine d'après le principe qu'un homme n'a pas le droit de risquer sa vie; et, d'après les argumens de l'abbé Royou sur le suicide, on comprend qu'elle aurait de même mis son *veto* au départ de Jason faisant voile sur le premier navire Argo. Mais, d'après les articles IV et V de la déclaration des droits, j'avoue que j'en suis venu à douter parfois si nos lois correctionnelles contre les jeux n'étaient pas tout aussi ridicules et plus inconséquentes que le décret de la Sorbonne contre les aérostats: telles sont du moins les réflexions que j'ai faites, en voyant l'ignorance et le patriotisme déchirer mon affiche, et des barbouilleurs de papier y jeter leur encre. Je ne doute pas, dom Brissot, qu'il ne reste encore dans votre cornet pour faire la dépense d'un volume et d'un centième tome ajouté à vos *Politiques* en réponse à ces réflexions. Votre ambition demesurée a cru trouver l'occasion favorable de s'agrandir et de faire des conquêtes sur ma petite réputation. Fidèle à mon système, je suis resté

sur la défensive ; j'ai repoussé d'abord votre agression, et il me
semble que je me suis assez bien justifié de ce que j'avais dit, et
même de ce que je n'avais pas dit. Maintenant, je vais vous attaquer à mon tour : nous verrons comment vous soutiendrez la
guerre offensive que vous aimez tant.

» En vous entendant l'autre jour, à la tribune des Jacobins,
vous proclamer un Aristide, et vous appliquer le vers d'Horace :
Integer vitæ scelerisque purus, je me contentai de rire tout bas
avec mes voisins de votre patriotisme sans tâche et de l'immaculé
Brissot. Je dédaignai de relever le gant que vous jetiez si témé-
rairement au milieu de la société ; car, loin de chercher *à calomnier le patriotisme*, je suis plutôt las de médire de qui il appartient. Mais puisque, non content de vous préconiser à votre aise
et sans contradicteur à la tribune des Jacobins, vous me diffamez
dans votre journal, je vais remettre chacun de nous deux à sa place.

» Honnête Brissot, je ne veux pas me servir contre vous de
témoins que vous pourriez récuser comme notés d'aristocratie.
Ainsi, je ne produirai point l'envoyé extraordinaire de Russie,
M. le baron de Grimm, dont le témoignage a pourtant quelque
gravité, à cause du caractère dont il est revêtu, et qui, dans
une lettre qu'il a publiée, s'exprimait ainsi sur votre compte :
« Vous me dites que Brissot de Warville est un bon républicain ;
oui, mais il fut espion de M. Le Noir., à 150 liv. par mois. *Je le
défie de le nier*, et j'ajoute qu'il fut chassé de la police, parce que
La Fayette, qui dès-lors commençait à intriguer, l'avait corrompu et pris à son service. »

» Je ne vous citerai point non plus Morande, avec qui votre
procès criminel reste toujours pendant et indécis, et qui va disant partout assez plaisamment, à qui veut l'entendre : « Je conviens que je ne suis pas un honnête homme ; mais ce qui m'indigne, c'est de voir Brissot se donner pour un saint, et Ambroise de
Lamela, devenu le frère Antoine, méconnaître son frère d'armes,
et ne plus se souvenir de la caverne et de dame Léonarde. » En
vérité, J. P. Brissot, pour votre honneur et pour celui de vos

amis, vous devriez bien faire taire votre ancien collaborateur par
une sentence qui fixât enfin l'opinion.

» Je ne produirai pas même ici le témoignage de Duport Du-
tertre, que je trouvai l'autre jour furieusement en colère contre
vous, dans un moment où ma profession m'appelait chez lui. Il
ne vous traitait pas plus respectueusement que ne fait Morande,
et me disait « que vous et C.... étiez deux *coquins* (c'est le mot
dont j'atteste qu'il s'est servi), qui aviez grand tort, pour votre
compte, de le rappeler à son troisième de la rue Bailleul ; que,
s'il n'était pas ministre, il révélerait des choses..... » Il n'acheva
pas ; mais il me laissa entendre que ces choses n'étaient pas d'un
saint, ni surtout d'un jacobin.

» Dites que M. Duport est anti-jacobin, récusez son témoignage, j'y consens. Cependant, J. P. Brissot, pour prétendre
asservir tout le monde à vos opinions, pour décrier le civisme le
plus pur dans la personne de Robespierre, comme vous faites,
vous et votre cabale, depuis six semaines ; pour vous flatter de
déraciner, dans l'opinion publique, ses amis, de dépit de n'avoir
pu seulement l'y ébranler ; pour vous ériger en dominateur des
jacobins et de leurs comités ; vous m'avouerez que ce n'est pas
un titre suffisant que l'honneur d'être traité d'*espion*, de *fripon* et
de *coquin*, par des ambassadeurs et par le ministre de la justice,
et qu'il n'y a pas de quoi être si fier de voir votre nom devenu
proverbe.

» Je laisse de côté ces différens certificats ; je ne produirai
d'autre témoin contre vous, que vous-même. Je ne remonterai
pas non plus au-delà de l'ère de notre liberté ; j'accorde volontiers aux autres une amnistie (dont je n'ai pas besoin), pour les
temps antérieurs, où c'était une nécessité pour tout Français de
vivre enclume ou marteau. L'insurrection des enclumes, le 14
juillet, a fait refondre ensemble toute la masse de la nation ; et
je ne distingue plus l'ancienne forme du métal ; je ne connais que
celle qu'il a prise dans la refonte. C'est donc sur votre conduite
dans ces derniers temps, J. P. Brissot, que je vais jeter rapidement un coup d'œil : on verra que, parmi les écrivains révolu-

tionnaires; vous avez été de la plus mauvaise foi, un vrai Tartufe de patriotisme et un traître à la patrie, selon la définition qu'en donne Démosthène, comme nous le rapportait Pierre Manuel: *Un traître est celui qui ne pense pas comme il parle.* Je ne dirai pas que vous êtes tout-à-fait un *Sinon*, qui ne s'est glissé parmi les patriotes que pour les pousser à de fausses mesures, qui ne s'est rangé avec les jacobins que pour attaquer par derrière les plus redoutables et les plus clairvoyans défenseurs de la liberté; je ne le crois pas: ce caractère est trop odieux, et vous n'êtes pas capable d'un tel effort de crime. Entre la nécessité apparente de vous regarder cependant, d'après les faits, comme tel, ou comme le plus inepte de tous les conseillers du peuple, je ne choisirai pas même cette dernière alternative. Non, on ne peut supposer en vous ce comble de l'impéritie; on peut expliquer autrement votre conduite, et pour cela il n'est pas même besoin d'une grande sagacité. Ici j'exposerai les faits; je laisserai chacun tirer les conséquences; mais ce qu'il sera impossible à qui que ce soit de conclure, c'est que vous soyez un honnête homme : ce qu'il sera impossible de nier, c'est que vous, propriétaire en titre d'office du beau nom de *Patriote français*, vous n'ayez fait, à vous seul, plus de mal à la cause du patriotisme et de la révolution, que tous les aristocrates ensemble.

» Si Brissot n'est pas de la plus insigne mauvaise foi et un traître, qu'on m'explique donc, dans le même observateur, ce phénomène d'une vue si perçante, et qui lisait dans les replis du cœur de Barnave, un an avant que celui-ci eût montré son autre face, et de cette taie, de cette cataracte, de cette triple écaille sur les yeux de notre homme, quand il s'agissait de reconnaître les nombreuses perfidies de La Fayette, démasqué depuis deux ans.

» *Je n'ai jamais loué La Fayette*, nous a dit l'autre jour Brissot aux Jacobins, aussi lâchement qu'effrontément. Vous ne l'avez jamais loué! Niez donc que, peu de semaines encore avant le massacre du Champ-de-Mars, vous ne vous soyez écrié dans votre feuille : *La démission de M. La Fayette est une vraie calamité.*

Peut-on faire un plus pompeux éloge que d'employer l'expression magnifique de Fléchier déplorant la perte de Turenne, dans
une oraison funèbre? Niez que, dans ce même numéro de votre
journal, vous ayez ajouté : *M. La Fayette, malgré l'impopularité
que quelques faiblesses lui ont attirée, jouit d'une estime presque
universelle.* Il vous souvient comme, à cette occasion, je vous ap-
pliquai rudement les étrivières dans mon numéro LXXIV ; de
votre rancune... Vous qui êtes si verbeux, vous ne soufflâtes pas
un mot en réponse ; alors vous attendites prudemment que j'eusse
cessé d'écrire, pour épier le moment de prendre votre revanche
contre moi. C'est ici le lieu de répéter l'énumération que je fis
alors, et qui vous ferma la bouche si hermétiquement.

« Ainsi donc, vous disais-je, sa motion pour le *veto absolu*,
pour la loi martiale, pour le droit de paix et de guerre, pour
ne pas ouvrir les lettres du congrès belge, pour ne pas reconnaître l'indépendance des Belges, pour châtier la sainte insurrection des Marseillais, contre lesquels on sait qu'il a demandé
à marcher, afin de tirer une vengeance exemplaire de la conquête
de leurs bastilles ; et sa protestation contre la réunion des ordres,
d'abord secrète, mais révélée ensuite par ses co-députés indignés
de ses perfidies ; et les épaulettes, les habits bleus, le gouvernement militaire introduit à Paris, c'étaient peccadilles que cela !
Et le fameux ordre donné, le 31 juillet, aux soixante bataillons,
trois heures avant que Malouet eût fait passer son beau décret
contre la liberté de la presse ; et sa fameuse lettre à d'Estaing ; et
sa profession de foi qu'il était *royaliste* ; et ces fédérés qu'il
prosternait aux pieds du roi, qu'il précipitait dans son idolâtrie,
vous qui êtes si républicain, vous appeliez cela *des faiblesses!*
Et sa persécution contre M. d'Orléans, son espionnage auprès
de lui à Londres comme à Paris, et son plaisant refus de lui
donner main-levée de la lettre de cachet qui le retenait outre-
mer ; et sa persécution sourde ou déclarée contre Santerre,
contre les vainqueurs de la Bastille, contre les soldats du régiment du Roi, ceux de Royal-Champagne, etc., etc., etc.; ses
liaisons, celles qu'il cachait avec le Châtelet, Mirabeau ; et celles

qu'il ne cachait pas avec Bouillé, Latour-du-Pin, Montmorin, Chapelier, Dandré ; ses relations, sa commensalité, sa fraternité avec des mouchards, des escrocs, des coupe-jarrets ; sa clientèle des Pelletier, des Durosoy, des Royou ; ses sentinelles à la porte des Gauthier, tandis qu'il assiégeait Marat avec du canon ; et cette forge, qui ne cessait depuis dix-huit mois de vomir des libelles et des calomnies atroces contre M. d'Orléans, contre les jacobins, contre tous les meilleurs patriotes ; cette boutique de poisons et d'impostures ; son atelier de charité pour une meute enragée par la faim, et qu'il lâchait aux jambes des meilleurs citoyens ; et ses tentatives de faire partir le roi le 5 octobre 1789, le 28 février, le 18 avril 1791 ; et l'affaire de Vincennes, celle de La Chapelle, le massacre de Nancy, vous appeliez tout cela *quelques faiblesses !*

« C'est après cette longue série de crimes que vous vous êtes écrié : *La démission de M. La Fayette est une vraie calamité.* Et vous ne seriez pas de la plus insigne mauvaise foi, vous ne seriez pas un traître ! Vous seriez donc le plus stupide des hommes ? Je ne ferai pas l'injure à mes lecteurs de m'appesantir davantage sur cette démission de M. La Fayette, *si désastreuse,* et à laquelle le patriote Brissot a mis son *veto* suspensif, jusqu'après le massacre du Champ-de-Mars. Mais je ne saurais retenir une réflexion. Dans ce moment où La Fayette avait donné sa démission, où une partie de la capitale avait demandé son expulsion ; où des soldats avaient jeté leurs armes, et même les avaient tournées contre leur général, plutôt que d'obéir à ses ordres visiblement contre-révolutionnaires et parricides ; qui peut douter que nous fussions parvenus à renverser l'idole, si vous vous fussiez joint à nous pour saper le piédestal déjà ébranlé de toutes parts ? Si, au lieu de vous déshonorer à jamais par cette jérémiade sur la retraite du complice de Bouillé, vous aviez secondé nos efforts, pour dessiller les yeux de tous ceux qui ne contrefaisaient pas les aveugles ; si vous aviez expié deux ans de flagorneries, d'adulations, en vous réunissant enfin à Loustalot, à Robert, à *l'Orateur du Peuple,* à *l'Ami du Peuple* ; à Carra, à

Audouin, à moi et à tous les écrivains vraiment patriotes, qui peut croire que ces fragmens de légions parisiennes, qui se rendaient en procession chez La Fayette, ne voyant à leur tête que le *Journal de la Cour et de la Ville*, les Royou, les Duquesnoy, le *Postillon par Calais*, la *Chronique de Paris*, la *Gazette Universelle*, le mouchard Étienne, n'eussent pas rougi de n'être précédés que de semblables hérauts, de tels connaisseurs en patriotisme, et qu'un grand nombre eût si fort pressé La Fayette de se faire une feinte violence, et de reprendre ses épaulettes? C'est vous, Brissot, qui en vous faisant le paranymphe de ces cohortes égarées, c'est vous qui, avec vos cheveux plats, votre tête ronde (1), et toujours collé sur l'immense cornet d'où vous versez des flots d'encre dans le public, et volumes sur volumes; c'est vous qui, couvrant La Fayette de votre caution, de votre responsabilité, de la réputation dont vous environnait une vie si laborieuse, l'austérité de vos principes et votre puritanisme; c'est vous qui avez fourni un prétexte à ses satellites de le redemander à grands cris; c'est vous qui, lorsque l'éclat éblouissant de la vérité pénétrait de tous côtés dans les yeux les plus fermés jusqu'alors à sa lumière, avez rattaché et épaissi, sur ceux de la garde parisienne, le bandeau que la crédulité n'y pouvait plus soutenir. « C'est toi, disait Cicéron à Antoine, qui, en t'opposant à la démission que le sénat demandait à César, et que César offrait pourvu que Pompée désarmât; c'est toi qui, opposant ton *veto* comme tribun du peuple à cette démission, as été la cause de tous nos désastres. Vous pleurez, Romains, la perte de trois armées; c'est le *veto* d'Antoine à la démission de César qui les a détruites; vous pleurez la mort des plus grands personnages de la république; c'est le *veto* d'Antoine qui les a

_____

(1) Les puritains du temps de Cromwel portaient leurs cheveux coupés en rond. Quelques aides-de-camp de La Fayette avaient mis à la mode cette chevelure républicaine. Le nom de *têtes rondes* leur vint d'une exclamation de la femme de Charles Ier qui, dans le tumulte de Westminster, en 1640, voyant sous ses fenêtres, parmi les plus fougueux motionnaires, Samuel Barnardiston, s'écria : *Que voilà une belle tête ronde!* (*Note de Bessenvillss.*)

fait périr ; vous pleurez l'avilissement du sénat, c'est le *veto*
d'Antoine qui l'a jeté dans cet excès d'abaissement ; en un mot ,
tout ce que vous avez éprouvé de maux , vous les devez à cette
opposition fatale d'Antoine à la démission de César. » Et nous ,
nous pouvons dire ici avec non moins de vérité à Brissot : c'est à
votre opposition à la démission du dictateur. La Fayette que
nous devons toules les maux que nous avons essuyés depuis , et
qui sont près encore de fondre sur nous ; oui , c'est votre caution, ce sont vos louanges serviles ou vénales (que m'en fait le
motif) ?. qui ont séduit un grand nombre de bons citoyens, et qui
ont replacé La Fayette à la tête de la force publique. Si , à peine
rentré en place, il a chassé si arbitrairement, si ignominieusement, les grenadiers de l'Oratoire ; si l'assemblée nationale a été
avilie , si cette révision déplorable s'est opérée au milieu de ses
baïonnettes , si elle s'est terminée par égorger nos frères, si le
champ sacré de la fédération a été souillé, si l'autel de la patrie
s'est teint du sang le plus pur, c'est à vous qu'il faut nous en
prendre , c'est à vous que les pères doivent redemander leurs
enfans, les femmes leurs époux ; à vous qui, lorsque l'assassin
abdiquait, deux mois auparavant , vous prosterniez à ses pieds,
avec plus de bassesse qu'Antoine aux pieds de César qui du
moins était un grand homme , et le conjuriez comme un sauveur , comme l'homme unique, et par des louanges idolâtres ,
de reprendre la dictature. Voilà l'homme qui prend pour devise :
integer vitæ, sceleriseque purus ! Voilà l'homme qui, après avoir
décrié sourdement Robespierre, Danton et les meilleurs citoyens,
s'écrie : *Et moi aussi, je suis pur !* Voilà le citoyen irréprochable
qui dit , en parlant de moi : *Cet homme ne se dit donc patriote
que pour calomnier le patriotisme ;* tandis que je retenais ces vérités dans mon sein, dans la crainte de nuire à la cause du patriotisme ; tandis que je dédaignais de médire de Brissot ; tandis
que lui, Brissot, selon toutes les vraisemblances est un Tartufe ,
qui n'a pris le manteau de Zénon, les cheveux plats et la longue
barbe, qui n'a affiché le rigorisme et l'inflexibilité de principes,
que pour mieux servir le tyran ; en imposer aux imbéciles , en

se rangeant auprès de lui dans les momens désespérés ; comme
le jour de la démission de La Fayette.

» Et en effet, s'il y avait dans Brissot la moindre étincelle de
patriotisme, s'il était autre chose qu'un vil hypocrite, s'il était
vrai qu'il eût été trompé par La Fayette, La Fayette serait-il
un ennemi plus acharné que Brissot? Est-ce que ce journaliste, venant à penser que c'est sa garantie, que ce sont ses louanges qui
ont fasciné les yeux sur La Fayette, poursuivi par les remords
d'avoir trompé ses concitoyens, n'eût pas poursuivi sans cesse
leur meurtrier? Ne se serait-il pas attaché à ses pas comme les
furies à celles des parricides? Ne lui aurait-il pas crié sans cesse,
comme j'ai crié moi-même avec mille fois moins de sujet, à
Mirabeau et aux Lameth : rendez-moi mes louanges dont vous
étiez indignes ! rendez-moi la confiance publique dont je vous ai
environné ! Au lieu de cela, voyez avec quels ménagemens il
a toujours parlé de La Fayette. S'il l'a quelquefois improuvé,
on a vu que c'était légèrement, de concert avec lui, pour le
mieux servir, et comme ces Crispins qui flattent, dans la comédie,
leur maître déguisé en valet, pour mieux tromper un Orgon
imbécile; et faire réussir une intrigue. Voyez, par exemple,
dans le dernier discours de Brissot aux Jacobins, comme il mé-
nage encore La Fayette.

» Avant la *Saint-Barthélemy* du Champ-de-Mars, dit-il, je
voyais La Fayette une fois tous les mois, c'était pour recueillir en
lui *quelque souffle de liberté*. Il m'a trompé; depuis je ne l'ai
point revu. Il m'est étranger. Il me le sera toujours. — Quand il
s'est retiré, pourquoi aurais-je eu l'inhumanité de le poursuivre
dans la solitude? Il est nommé général ; je ne fais qu'un vœu ;
c'est qu'il efface les taches de sa vie. Il est vrai, j'avoue cette
cette faute, je n'ai pas envoyé dans son camp des brochures contre lui, je n'excite point ses soldats à la désobéissance, je ne les
arme point de poignards.

» Tartufe, en cet endroit, se démasque bien lui-même. Je ne
relève point ce mot, *il m'a trompé*. D'abord, après l'énumération
des crimes que j'ai retracés, il fallait être le plus stupide des

hommes, comme je l'ai dit, pour se laisser tromper ; mais Brissot nous fournit ici, sans y penser, la preuve qu'il n'était point
trompé par La Fayette sur son compte, mais que c'était lui-même
qui trompait ses concitoyens. « Je le voyais, dit-il, pour soutenir en lui quelque souffle de liberté. » Si tu voyais que la liberté
était expirante dans son cœur, pourquoi donc nous disais-tu que
sa démission était une *calamité* ? Traître ! pourquoi trompais-tu
la nation ? Pourquoi remettais-tu sa destinée entre des mains si
incertaines ? Je n'ai besoin que de tes écrits pour te confondre.
Quoi ! cet homme n'avait plus qu'un souffle de patriotisme, et tu
jurais que lui seul pouvait nous sauver ! Vil imposteur ! Et tu te
dis patriote !

» *Après la Saint-Barthélemy* du Champ-de-Mars, ajoutes-tu, j'ai
rompu avec lui. Après cette affaire du Champ-de-Mars, qui n'é-
tait qu'une *faiblesse* de plus, comme l'affaire de Nancy, celle de
La Chapelle, et tant d'autres ; la preuve que tu es encore un de
ses suppôts, je la tire de cet endroit même, et elle saute aux
yeux de tout lecteur tant soit peu attentif. En effet, tu es forcé
d'appeler l'affaire du 17 une *Saint-Barthélemy* ; et tu dis froidement, j'ai rompu avec le massacreur : il m'est étranger ; il le
sera toujours. Il est nommé général, je me garde bien d'inspirer
de la défiance à ses soldats. C'est donc un crime à Robespierre,
à Antoine, à Billaud et à moi d'avoir appelé la défiance sur un
traître que toi-même avoues être l'auteur d'une Saint-Barthélemy ? Grands dieux ! des ménagemens, de l'humanité, de la
confiance pour Charles IX, pour Catherine de Médicis ! Peut-on
être plus étranger à l'amour de la patrie et à l'humanité, que cet
hypocrite qui croit être quitte envers la patrie, en disant que le
bourreau de ses frères lui sera toujours *étranger* ? Mais c'est une
discussion déjà trop longue sur Brissot, considéré dans ses rapports avec La Fayette. L'examen de ses opinions politiques achè-
vera de donner la mesure de son patriotisme, de faire apprécier
les services éclatans qu'il a rendus à la liberté et à la révolution.

» C'est un beau sentiment, et digne d'un *Las Casas*, d'embrasser tout le genre humain dans ses affections ; c'est une grande

idée, et digne d'un Alexandre en philanthropie, de vouloir affranchir à la fois tous les peuples et toutes les castes ; mais ce
vœu ne peut être que le second dans un révolutionnaire politique et non aventurier ; qui médite, non pour sa gloire, ce qui
frappe l'imagination, mais pour le bonheur de ses concitoyens,
ce qui est faisable, qui reporte ses regards sur les siècles passés ;
qui considère que la liberté a été le partage de bien peu de peuples ; que, dans ce petit nombre, chez la plupart, elle n'a fait
que poser le pied et fuir pour jamais ; qu'elle a semblé jusqu'ici
se plaire sur des rochers et dans de petits états, et qui la voit
s'établir à ses côtés, au milieu de vingt-cinq millions d'hommes,
et dans un climat si beau que la France. Certes, le premier vœu,
l'unique vœu d'abord de ce citoyen doit être de l'y retenir et de
l'y fixer avant tout, et non de travailler à grossir sans cesse le
nombre de ses ennemis. Je demande maintenant s'il y a quelqu'un
qui se soit appliqué aussi constamment que Brissot à accroître le
nombre des ennemis de la révolution. Qu'on jette avec moi un
coup d'œil sur ses principales opinions politiques, celles auxquelles il s'est acharné, et j'interpelle la bonne foi de prononi-
cer si toutes les apparences ne sont pas contre la pureté de ses
intentions, et si cet écrivain, aussi médiocre qu'infatigable, et dans
les mille et un écrits duquel vous ne trouvés pas un seul trait qui
parte du cœur, et qui n'ait pu sortir aussi bien des lèvres d'un
charlatan ; si ce Soudéri politique ne semble pas visiblement
avoir été accrédité par un parti qui avait besoin de l'envoyer aux
Jacobins et à l'assemblée nationale, et de lui faire un trousseau de
réputation, pour y jouer le rôle qui convenait à ses vues. Je demande si on ne dirait pas qu'il a été aposté aux Jacobins pour
susciter de toutes parts des ennemis à la liberté, pour soulever
contre la société ses plus fermes soutiens, pour décrier ceux
qu'il ne pouvait séparer d'elle, et qui sacrifieront toujours leurs
ressentimens personnels au bien public ; pour fournir aux ennemis de la société des armes et des prétextes contre elle, pour
avancer toutes les privations de la liberté à une génération qui ne
pouvait pas connaître encore les douceurs qui les compensent,

et qu'on lui retardait ; pour lui faire regretter les ognons d'É-
gypte, enfin, pour faire avorter la liberté de l'univers par un
empressement insensé d'en faire accoucher la France avant terme.
Je demande si, pour réussir, *Simon* eût pu mieux s'y prendre.

» Ainsi, par exemple, lorsque les villes maritimes, toujours
plus indépendantes que les autres, comme si, placées à l'extrémité entre les royaumes qui ont un maître et des limites, et la
mer qui n'a ni roi ni frontières, elles participaient de l'indépendance des flots qui baignent leurs murs; lors, dis-je, que nos
villes maritimes étaient attachées plus encore à la liberté et à une
révolution qui s'était faite en faveur du commerce et de la classe
laborieuse, aux dépens de la classe paresseuse et privilégiée ;
était-il d'une bonne politique à J.-P. Brissot de refroidir l'ardeur
de leur patriotisme, de mécontenter ceux-là mêmes pour qui la
révolution avait mécontenté tant de monde, de mettre avec opiniâtreté à l'ordre du jour des questions sur lesquelles, sans doute,
il était impossible de nier qu'il n'eût raison, mais que l'intérêt
de la liberté elle-même lui faisait un devoir d'ajourner, à des
temps plus calmes, les questions d'état des hommes de couleur
et des noirs ? Je sais quelle part a eu le pouvoir exécutif et l'Espagne, et la contre-révolution aux incendies, aux massacres et
aux dévastations de Saint-Domingue; mais n'est-ce pas Brissot
qui a le premier incendié ces belles contrées ? Oui, Brissot, il
vous est impossible de le nier ; car nous vous avions prédit ces
maux avant qu'ils arrivassent ; nous vous avions demandé si vous
ne trembliez pas de l'affreuse responsabilité dont vous chargeait
votre précipitation. Nous vous avions montré les flammes du
Port-au-Prince et du Cap, et vous ne pouvez prétexter cause
d'ignorance. Oui, si tant d'habitations sont réduites en cendres,
si on a éventré les femmes, si un enfant, porté au bout d'une
pique, a servi d'étendard aux noirs, si les noirs eux-mêmes ont
péri par milliers, c'est toi, misérable, qui as été la première
cause de tant de maux ! Aurais-tu fait autrement, si tu avais été
d'intelligence avec Coblentz et le comité autrichien ? Coblentz
nous a-t-il fait autant de mal que ton patriotisme ? Crois-tu que

J.-J. Rousseau ! qui te valait bien en patriotisme ; calculant ces maux inévitables, n'eût pas ajourné à un autre temps la question des noirs, lui qui disait, « que la liberté était achetée trop cher avec le sang d'un seul homme. » Ne trouvais-tu donc pas autour de toi assez de sujets pour exercer ta sensibilité, muette sur les victimes de La Fayette, et qui se portait toute au-delà des mers ? Qui ne voit que tu pleurais sur les noirs, pour te dispenser de gémir sur les gardes françaises, Château-Vieux et tant d'autres ? Pareil à ce Mirabeau le fils, qui se passionnait le lendemain pour les noirs, afin de se faire pardonner ses décrets liberticides de la veille ; et à ce Mirabeau le père, qui se faisait l'*ami des hommes* pour se dispenser d'être l'ami de sa femme et de ses enfans, et se faire pardonner cinquante-sept lettres de cachet contre sa famille.

» Était-il encore d'une bonne politique de poursuivre avec tant d'acharnement Barnave et les Lameth, de les forcer presque à se jeter dans le parti de la cour, dans le temps qu'ils soutenaient presque seuls la société des jacobins contre tant d'ennemis, et lorsque la société leur devait tout ? Je sais qu'ils n'avaient pour guide que leur ambition, qu'ils voulaient gouverner, et qu'ils se servaient de la société comme d'un marchepied pour monter au ministère ; mais ils nous défendaient contre les satellites de La Fayette et contre le comité autrichien ; le massacre du Champ-de-Mars, la révision n'eussent point eu lieu. Que m'importe qu'ils voulussent être ministres ! cela ne pouvait importer qu'à d'autres ambitieux qui spéculaient, pour eux-mêmes ou pour leurs amis, sur le ministère, et qui le trouvaient sur leur chemin ; le citoyen passionné pour la liberté se sert de tous les instrumens pour la consolider ; il se sert de la tête d'Alexandre Lameth et de la langue de Barnave, comme un dévot curé fait sa vierge de Saint-Sulpice avec des pots de chambre.

» Était-ce encore d'une bonne politique, lorsque la France avait été décrétée une monarchie, lorsque le nom de république effarouchait les neuf dixièmes de la nation, lorsque ceux qui passaient pour les plus fougueux démocrates, Loustalot, Robes-

pierre, Carra; Fréron, Danton; moi; Marat lui-même; s'étaient
interdit de prononcer ce mot, était-il d'une bonne politique à
vous, Brissot; d'affecter de vous parer du nom de républicain,
de timbrer toutes vos feuilles de ce mot république, de faire
croire que telle était l'opinion des jacobins; et d'autoriser les calomnies et la haine de tous ses ennemis? Etait-il d'une saine politique, surtout peu de jours avant l'affaire du Champ-de-Mars,
de vous montrer avec ce Duchâtelet, aide-de-camp de Bouillé,
dans ce fameux journal intitulé le *Républicain*; d'annoncer avec
tant d'emphase ce journal qui ne parut que quelques jours; et qui
semble n'avoir été enfanté que pour exciter des troubles, pour
préparer le rassemblement des patriotes égarés, pour les rabattre,
comme un gibier, dans le Champ-de-Mars, sous les sabres et les
fusils des cannibales en écharpes. Comment? vous qui voyiez alors
La Fayette; qui de votre aveu ne lui trouviez plus qu'un souffle
de patriotisme; je dis plus, vous qui le saviez haletant de la soif
du sang des républicains (car vous ne ferez croire à personne que,
lorsque de loin vous sondiez si bien le cœur de Barnave, vous
n'ayez pu lire de si près dans celui de La Fayette), comment se
trouve-t-il que ce soit vous qui ayez rédigé cette fameuse pétition
du Champ-de-Mars? Que penser; lorsqu'on vient à réfléchir que
nous tous, poursuivis pour cause de républicanisme, et comme signataires de cette pétition, nous étions décrétés et obligés de fuir,
tandis que vous, rédacteur de la pétition, vous, le coryphée des
républicains, et qui seul preniez ce titre depuis six mois, qui
sembliez avoir pris des traîtres une permission de l'afficher, vous
vous promeniez tranquillement dans Paris?

» Enfin, lorsque nous ne pouvons nous dissimuler qu'à la différence des révolutions du quinzième siècle, qui tiraient leur force de
la vertu, et avaient leurs racines dans la conscience; à la différence
de ces révolutions que le protestantisme opérait dans l'Angleterre
et dans tout le Nord, qui étaient plutôt des réformes religieuses
que civiles, et soutenues par le fanatisme et par les espérances
d'une autre vie, notre révolution, purement politique, n'a ses
racines que dans l'égoïsme et dans les amours-propres de chacun,

de la combinaison desquels s'est composé l'intérêt général ; dans
une telle révolution, était-il d'une bonne politique, quand le
clergé et la noblesse, l'orgueil et l'oisiveté, tous les abus et tous
les priviléges, étaient déjà soulevés contre elle ; quand on avait
soulevé une partie du commerce par la ruine de la plus florissante de nos colonies, de chercher encore à cette révolution des
ennemis dans toutes les passions ; d'effaroucher la corruption ;
de pousser la sévérité contre les joueurs jusqu'à violer la loi
même ; de prêcher la réforme par l'envoi de sept cents personnes, en quinze jours, à Bicêtre ou à l'Hôpital ; de sévir contre les
vices, avant que l'éducation nous ait donné des mœurs et des
vertus, et de retirer les ognons d'Égypte, avant d'avoir fait pleuvoir la manne ? Croyez-vous avoir consolé le peuple du renchérissement du sucre, par un sermon sur la superfluité du sucre ?
Et ne voyez-vous pas qu'il n'y a que le prêtre, et celui qui promet aux hommes le ciel et les jouissances d'une autre vie, qui
ait le droit de leur faire supporter, sans se plaindre, les privations de celle-ci (1) ?

» Si je passe à l'examen des services de Brissot, depuis qu'il est
à l'assemblée nationale, qu'a-t-il fait pour la nation, qui réponde
à cette grande attente qu'il avait excitée ? *Il a allumé de la paille*,
répondait à cette question M. de Lauragais ; il n'a paru se donner
de mouvement que pour faire déclarer la guerre offensive. Il a
parlé au moins huit heures sur cette question, tant aux Jacobins
qu'à l'assemblée nationale. MM. Billaud de Varennes, Machenaud, Robespierre, Doppet et moi, avons discuté, dans des discours irréfutables, s'il était d'une bonne politique de prendre
ce moment pour rompre les traités, guerroyer avec toutes les

(1) On ne manquera pas de prouver encore, par ce paragraphe, que j'ai vendu
ma morale aux joueurs ; mais je la leur avais donc vendue il y a deux ans ? Car,
dans mon numéro XX, il y a un endroit remarquable où, au sujet de Mably et de
la loi de Lycurgue que *les Lacédémoniens n'auraient de meubles que ceux faits
avec la cognée et la scie*, je développais les mêmes principes sur notre liberté.
Je fus bien un peu grondé par Brissot, parce que je ne consentais pas à chasser
tous les pâtissiers et même les menuisiers de la république, pour n'y laisser que
des charpentiers. Il déplora mon aveuglement sur cette doctrine détestable ; mais
il n'alla point jusqu'à dire que j'étais vendu. (*Note de Desmoulins.*)

puissances, et *municipaliser* l'Europe. Brissot et Rœderer ont été vaincus en raison et en éloquence, comme l'a dit Danton. Le talent de Robespierre s'est élevé, en cette occasion, à une hauteur désespérante pour les ennemis de la liberté ; il a été sublime, il a arraché des larmes, il a levé un coin du masque que je viens d'arracher. La cabale déjouée, impuissante contre Robespierre, s'est tournée contre moi, qui n'ai cessé de le montrer depuis trois ans à mes concitoyens comme un Caton, et qui le montrais alors comme un Démosthène.

» *Le vrai patriote Rœderer*, ci-devant 89, quand les Lameth étaient jacobins, et qui n'est revenu aux jacobins que quand les Lameth se sont fait feuillans, en sorte qu'il a moins paru rechercher la société des amis de la constitution, que fuir celle des Lameth ; Rœderer, bien connu pour ne haïr pas moins Robespierre que les Lameth ; ce vrai patriote, qui n'a point encore installé les jurés, et qui, placé par nous électeurs au milieu du directoire de Paris, pour surveiller ses anciens camarades de 89, n'a pas encore eu l'occasion de révéler le plus léger trait d'incivisme de ce directoire, *vrai patriote aussi* ; le vrai patriote Rœderer, qu'il suffit de voir pour regarder cette tête comme la meilleure étude que la nature ait montrée aux peintres pour dessiner la haine, la jalousie et la méchanceté ; ce vrai patriote ne m'a point pardonné, lui et sa cabale, d'aimer Robespierre, mon ami de collége, vénérable, grand à mes yeux, quoiqu'on ait dit qu'il n'y avait point de grand homme pour son valet de chambre, ni pour son camarade de collége et le témoin de sa jeunesse. Il ne cesse depuis un mois de calomnier tout bas, le pseudo-patriote, Camille Desmoulins. La société des jacobins se souvient qu'instruit de l'atroce calomnie, qu'il allait chuchotant contre moi, que je lui avais offert les faveurs de ma plume, et le voyant à la tribune, je le sommai, il y a trois semaines, de publier hautement ce qu'il colportait à l'oreille de tout le monde. Le conseiller au parlement de Metz, Rœderer, fier d'avoir emporté la place de procureur-syndic sur Dandré, le conseiller d'Aix, répondit avec dignité qu'il ne venait pas entretenir la société de si minces objets »

que lorsqu'il aurait à m'accuser, il commencerait à m'en prévenir
par une lettre. Cependant il a continué à semer lâchement, dans
l'ombre, le grain de la calomnie.

» Aujourd'hui qu'il croit que ce grain est levé assez pour étouffer ma réputation, il me fait attaquer par les journaux. Un feuillant, le sieur Millin, valet de plume de Bailli, La Fayette, et du
directoire de Paris, a inséré cette phrase, dans la chronique de Paris, dont il est un des honorables rédacteurs :

» Que Camille Desmoulins, audacieux souteneur de tripots,
soit rayé de la liste des jacobins, que le vrai patriote Rœderer
soit invité à lire les notes qu'il a recueillies sur cet homme qui
s'est vendu à tout le monde, et n'a été acheté par personne. Elles sont vraiment curieuses, et pourront éclairer la société sur
tous les agens de la coalition. »

» J'ai écrit au rédacteur : « M. Millin, j'ai répondu à M. Brissot par un écrit; on répond à vous par un huissier. Je rends
plainte contre vous, si demain vous n'insérez dans votre journal,
que je somme M. Rœderer de publier les notes curieuses qu'il a
recueillies sur moi.　　　　Signé, CAMILLE DESMOULINS. »

» L'honnête chroniqueur n'a point inséré cette lettre, et M. Rœderer n'a point désavoué l'article. Je vais poursuivre M. Millin
au criminel. Déjà le commissaire de police a reçu ma plainte.
J'attends les preuves du rédacteur ou de son souffleur Rœderer,
que je me suis vendu à tout le monde, moi dont la plume a été re-
cherchée tour à tour par La Fayette, Mirabeau, les Lameth, dans
un temps où ils disposaient des places et de la fortune publique,
et où j'étais dépendant des besoins. Il m'était difficile de ne pas
soupçonner que c'était La Fayette qui, à l'expiration de mon
traité avec Garnery, m'avait envoyé quelqu'un mettre l'enchère
sur les offres de celui-ci, que c'était lui qui me donnait 10,000 liv.
par an, que c'était le bailleur de fonds et que j'avais l'honneur
d'avoir, pour entrepreneur de mon journal, le héros des Deux-
Mondes (1). Voyez si je me suis vendu à La Fayette, s'il a eu un
censeur plus sévère que moi.

(1) Voici le fait. A l'époque de mon renouvellement de bail avec Garnery, quel

» Mirabeau m'avait fait habiter avec lui sous le même toit à Versailles. Il me flattait par son estime, il me touchait par son amitié, il me maîtrisait par son génie et ses grandes qualités. Je l'aimais avec idolâtrie ; ses amis savaient combien il redoutait ma censure qui était lue de Marseille, et qui le serait de la postérité. On sait que, plus d'une fois, il envoya son secrétaire à une campagne éloignée de plus de deux lieues me conjurer de retrancher une page, de faire ce sacrifice à l'amitié, à ses grands services, à l'espérance de ceux qu'il pouvait rendre encore. Dites si je me suis vendu à Mirabeau. Je ne savais pas que des traîtres, à une distance si immense de lui pour les talens, bientôt nouveaux parvenus à la tribune, nous conduiraient avec plus de perfidie à la ruine de la liberté, et me réduiraient à demander pardon à sa grande ombre, et à regretter tous les jours les ressources pour la France dans son génie, et pour la liberté dans son amour pour la gloire.

» Les Lameth, sachant bien que j'étais incorruptible, avaient employé le seul moyen de corruption possible avec moi, celui de me jurer qu'ils ne se sépareraient jamais des jacobins, qu'ils

porteraient leur tête sur l'échafaud pour la cause de la liberté.
Voilà la séduction dont ils ont usé avec moi; voilà les espérances
qu'ils ont fait briller à mes yeux. Lorsque La Fayette, en vous
lâchant à leurs jambes, et la cour, en les faisant injurier aux
jacobins, les a comme forcés à se réunir à elle et à La Fayette,
lorsqu'ils ont ouvertement trahi les intérêts de la nation; dites
si je leur ai été vendu, s'ils ont eu de plus ardens ennemis que
moi? Tel est, tel sera toujours le *pseudo-patriote Camille Desmoulins, qui s'est vendu à tout le monde et n'a été acheté de personne.*
Si j'avais voulu me vendre, si ma conscience avait été sur la
place, à qui fera-t-on croire que le journaliste des *Révolutions de
France et de Brabant* eût manqué d'acheteurs? Lui, à qui il est
venu les témoignages les plus flatteurs, et des hommages du fond
de l'Asie et de l'Amérique. J'ai parlé dans mon numéro 31 de
l'épreuve la plus rude à laquelle puisse être mise la fragilité humaine. Je défiai alors, en justice et devant le Châtelet où j'étais
traduit, un député que je ne nommais pas, mais qui m'entendait, et Mirabeau que je nommais, de nier leurs sollicitations
et leurs offres de corruption. Le défi ne fut point relevé et l'affaire en resta là. Depuis, comme j'ai encore été circonvenu!
comme on avait pris la peine d'épier mes passions et d'étudier
l'endroit faible! Je n'ai pas succombé, et je n'en fais pas même
vanité. Est-ce qu'il m'était possible de varier, à peine d'être le
dernier des hommes? est-ce que je pouvais changer de langage, à
peine de me mettre sur le corps cinquante pieds de fumier? Mais
que je doive à la vertu ou à la crainte de l'infamie mon incorruptibilité, elle n'en est pas moins incontestable. On cite des fortunes
immenses qu'ont faites les principaux auteurs de la révolution,
les terres, les hôtels, les châteaux qu'ils ont achetés; on sait les
places auxquelles ils se sont poussés. Dans les grands débordemens de la révolution, je défie qu'on puisse dire que mon champ
se soit arrondi de la moindre alluvion, et agrandi d'un pouce
de terre. A l'époque de l'expiration de mon bail avec la personne
qui avait rétrocédé à M. Caillard, et que j'ai toujours regardé
comme le *prête-nom de La Fayette*; au n° 78, ayant voulu le con-

tinuer à mes frais, bien loin de m'enrichir, à dire la vérité, je
dépensai près de 3,000 liv. en huit numéros, ce qui, comme je
n'ai que 40,000. liv. de rentes, m'a mis dans l'impuissance de
tenir plus long-temps la campagne contre nos ennemis de toute
espèce. Sollicité depuis, par une foule de patriotes, et engagé, par M. Rœderer lui-même, à reprendre mon journal,
j'eus avec lui un entretien particulier qui a servi de prétexte à ses
calomnies. Je pourrais fermer la bouche par un seul mot à
M. Rœderer; je n'aurais qu'à nier cet entretien, ces confidences
qu'il dit que je lui ai faites; mais ma franchise me défendra toujours mieux que le mensonge; car ce caractère de franchise qu'on
me connaît, ne vient que de ce que je n'ai pas besoin de mentir.
Que ne publiez-vous, monsieur Rœderer, comme je vous en ai
sommé, il y a trois semaines, à la tribune des jacobins, cet entretien, tel que je l'ai eu? et on n'y verra qu'un trait de plus de patriotisme de ma part et la meilleure preuve de mon incorruptibilité.
Pourquoi cet acharnement à me ravir l'estime de mes concitoyens,
le seul bien que j'aie gagné à la révolution, le témoignage de mon
incorruptibilité? Je ne suis sur le chemin de l'ambition de personne; je n'envie point aux héros de la révolution, leur fortune,
leur avancement, votre chaise curule, qu'on dirait qui endort
le patriote, comme le fauteuil d'académicien assoupissait les auteurs. C'est ma fortune de ne m'être point enrichi dans la révolution. Voilà ce qui atteste ma bonne foi; voilà mes honneurs,
ma place, de n'être point arrivé aux places et aux honneurs. J'ai
pris le premier la cocarde; j'ai combattu trois ans pour la liberté
publique, j'ai écrit sept gros volumes révolutionnaires; dans
ces trois mille pages rapidement écrites, périodiques et obligées,
je défie mes ennemis de trouver une seule ligne que *la philosophie*, *l'humanité*, *la politique*, puissent désavouer. Je ne saurais
me plaindre de l'ingratitude de mes concitoyens; ils ne me doivent rien; car je ne leur ai rendu aucun service, puisqu'ils ne
m'ont jamais écouté; lors même que j'ai été le plus applaudi aux
jacobins, je n'ai recueilli que des applaudissemens stériles, et je
ressemblais alors même à une voix qui crie au secours dans le

désert, et qui est répondue par des échos inanimés. Souffrez
donc, J. Pierre Brissot, qu'inutile à la liberté publique je me
tourne vers la liberté individuelle. Permettez que, ne voulant
être ni mendiant ni fripon, démissionnaire d'un journal ruineux ,
et n'ayant point de fonction salariée, je me tourne vers la reconnaissance des opprimés. Pardonnez à un homme de loi de réclamer la loi en faveur des opprimés, fussent-ils même aristocrates.
Si votre substitut, M. Girey-Dupré, relève mes erreurs d'homme
de loi, qu'il ne m'isole pas, en tonnant contre moi seul, tandis
que mon affiche-consultation, est signée de MM. Regnaud-Dan-
gely, Henrion, Martineau , Blondel, de Bruge , Bonnet. Pour
vous , que l'espérance des patriotes a appelé au gouvernail ; vous
qui daignez qualifier *ingénieux* mon discours du mois d'octobre
sur notre situation politique, et qui , dans un de vos écrits (du
mois de septembre, je crois), placiez naïvement la tête de J. P.
Brissot entre le buste de J. J. Rousseau et de Mably ; c'est à vous
de remplir les deux tribunes de l'assemblée nationale et des jacobins. Je ne vous les dispute point ; mais j'ai cru devoir à mes concitoyens de leur présenter le tableau de vos opinions et leurs
résultats. J'ai dit les faits. En vous écrivant, le mépris a pris insensiblement la place de l'indignation. J'ai ri, me voilà désarmé;
et je doute si je dois conclure de tout ceci pour la perfidie ou
l'impéritie de votre part. Je ne conclus point ; mais je vous défie
de nier vous-même que, dans les deux cas et à coup sûr , vous
n'ayez été le plus grand tueur de tous nos médecins politiques.

————

Nous distribuerons les matériaux historiques du mois de février, dans le cadre suivant : — Mouvement révolutionnaire de
Paris. — Attaques dirigées contre le club des Jacobins, et analyse
des séances de ce club. — Actes parlementaires. — Mouvement
révolutionnaire des provinces.

MOUVEMENT RÉVOLUTIONNAIRE DE PARIS.

Les piques. Quand, sous la constituante, Marat prêchait l'insurrection et la dictature, Marat était un simple individu , jetant

dans le peuple sa passion du bien public, et ne s'adressant qu'au sentiment moral. Ainsi on ne trouve, dans ses pages les plus incendiaires, ni plan de campagne, ni indication de moyens matériels, rien en un mot de ce qui peut ressembler à l'ordonnance et aux instrumens d'une réalisation. Ici, un parti riche et puissant, le parti qui regarde la révolution comme sa propriété légitime, et qui veut la garantir et la conserver, pense d'abord aux moyens. On le voit les préparer avec une gradation dont les lenteurs dissimulaient aux contemporains la cause finale, de manière à ne leur laisser à cet égard que la possibilité des soupçons et de la méfiance. Quant à nous, qui opérons sur l'intégralité des faits accomplis, le but et la prévoyance du parti dont il s'agit, se manifestent clairement à nos yeux.

Lorsque l'alliance des citoyens actifs avec les citoyens passifs a été jugée par les Girondins, la seule ressource offerte pour en finir avec les classes privilégiées, leur première démarche a été, non pas d'agir nationalement, non pas de proclamer avec force le devoir social et d'en ouvrir la participation au peuple, mais de se ménager habilement l'exploitation des classes pauvres. Ainsi, ils continuent de les traiter comme des êtres purement passifs, qui ne peuvent ni ne doivent recevoir le mouvement que par des chocs, ou tout au plus comme des appétits physiques qu'il faut exciter, et dont il faut se servir à titre de forces brutes.

D'abord, ils commencent par s'emparer de tous les élémens que la vanité, que la forfanterie révolutionnaire mettent à leur disposition ; ils exagèrent maintenant les souvenirs du 14 juillet, après avoir gardé là-dessus un long silence, silence que nous les avons vus interrompre de loin en loin pour s'attribuer la meilleure part de cette gloire. Maintenant le peuple a tout fait. Le nom de sans-culottes, qu'ils n'ont pas relevé une seule fois pendant qu'il leur était indifférent, sinon utile, de laisser amoindrir et mépriser les citoyens passifs, aujourd'hui ils le glorifient ; peu s'en faut qu'ils ne s'en honorent eux-mêmes. Ce système flagorneur va jusqu'à louer, jusqu'à proposer le fameux bonnet de laine, comme le modèle achevé du goût et de l'élégance en mar-

tière de coiffure. Brissot découvre dans un certain philosophe
anglais, nommé Pigott, le panégyrique du bonnet; et il fait précéder la citation qu'il en donne (*Patriote Français* du 6 février),
de cette réflexion : « L'on ne peut disconvenir de la justesse des
raisons qui doivent porter à changer les chapeaux en bonnets. »
Voici les raisons du *philosophe pythagoricien* : « Ce sont les prêtres
et les despotes, dit M. Pigott, qui ont introduit le triste uniforme
des chapeaux, ainsi que la ridicule et servile cérémonie d'un salut
qui avilit l'homme, en lui faisant courber, devant son semblable,
un front nu et soumis. Remarquez, pour l'air de tête, la différence entre le bonnet et le chapeau. Celui-ci triste, sombre, mo-
notone, est l'emblème du deuil et de la morosité magistrale ; l'autre
égaie, dégage la physionomie, la rend plus ouverte, plus assurée, couvre la tête sans la cacher, en rehausse avec grace la dignité naturelle, et est susceptible de toutes sortes d'embellisse-
mens. » Ici Brissot reprend la parole et analyse. « M. Pigott remarque que l'usage du bonnet est de toute antiquité ; et qu'il a
été honoré chez toutes les grandes nations, et par les hommes
illustres. Les Grecs, les Romains, les Gaulois l'adoptèrent, pour
se distinguer des peuples barbares, et en signe de triomphe sur
leurs tyrans. Rousseau était le partisan du bonnet, comme le
symbole de la liberté ; Voltaire n'en était pas moins glorieux, et le
portait toujours. M. Pigott présente encore d'autres bonnes raisons
en faveur de son bonnet, et il faut avouer qu'il n'y a qu'une très-
longue habitude qui puisse nous attacher à la bizarrerie de notre
coiffure. » — Un mois après la publication de cet article, le bonnet
était en pleine vogue ; et parce que c'était à cause de sa gaité
que cette coiffure était recommandée, la couleur rouge fut choisie
comme la plus gaie. On pouvait cette fois se dispenser d'aller en
Angleterre pour y prendre l'apologie de la couleur, et la théorie
de sa convenance avec le système bonnet. Tout le monde sait que
Condillac, dans ses considérations sur l'analogie des sons et des
couleurs, établit que le rire éclatant et le son de la trompette
sont analogues à la couleur écarlate, et produisent une sensation
identique.

A côté de leurs flagorneries envers les citoyens passifs, les Girondins placèrent des conseils à suivre, des insinuations directes et flagrantes. Dès le mois de décembre 1791, le *Patriote Français* et les *Annales Patriotiques* publièrent un article sur les piques, avec le modèle gravé de celles qui avaient servi en 1789. Cet article renferme l'analyse de cette arme, les perfectionnemens dont elle est susceptible, et des avis sur son opportunité immédiate. — Le 16 janvier, à la séance du club des Jacobins, Manuel disait : « Je crois qu'il serait peut-être intéressant, pour ranimer l'opinion publique, que quelques patriotes voulussent ranimer ce feu presque éteint sous le drapeau rouge. » (*Journal du Club,* 18 *janvier.*) Or, ni Robespierre, ni Danton, ni aucun des opposans à la guerre d'attaque ne tenaient alors de semblables discours : c'étaient leurs adversaires qui se plaignaient des suites qu'avait eue, sur l'esprit du peuple, la terreur du 17 juillet 1791. La fabrication des piques commença en janvier ; et ce qui prouve que les instigateurs de la fabrication étaient les mêmes que les auteurs du conseil, c'est l'éclat que donna à cette affaire le club électoral de l'évêché, le même où la candidature de Brissot avait triomphé. On s'attendrait, par la nature même de la démarche, et par le souvenir qui s'attache aux piques de la révolution, que le *Club des cordeliers* en eût l'initiative ; en cela, comme les autres, il obéit à l'impulsion girondine. Voici la pièce démonstrative : elle est transcrite du *Courrier* des quatre-vingt-trois départemens, n° du 5 février.

« *Club électoral séant à l'évêché.* — Le 31 janvier dernier, séance tenante, une lettre a été déposée sur le bureau. Cette lettre, lue par le président, portait la signature d'une citoyenne, patriote et mère de famille. Cette dame, *animée de l'amour de la patrie, agitée de quelques craintes, mais soutenue par le courage, voyait, disait-elle, dans les dangers qui nous environnent, des besoins bien pressans.* Le but de sa lettre était de soumettre à l'assemblée s'il ne serait pas possible que la commune fût convoquée, afin de proposer une collecte, dont l'emploi serait destiné à la fabrication des piques dont on armerait des citoyens patriotes et bien connus•

Par ce moyen, ajoute cette dame patriote, je suis certaine que Paris serait armé en huit jours. Ces nouveaux soldats de la patrie passeraient en revue devant l'assemblée nationale ; elle verrait en eux de fiers soutiens de ses décrets, et la chute du veto. Cette dame enfin, joignant l'exemple au précepte, avait envoyé son offrande, et invitait l'assemblée à ouvrir sur-le-champ une souscription volontaire.

« Cette lettre a électrisé l'assemblée, et la plus grande partie des assistans se sont pressés autour du bureau pour faire leur offrande, qui s'est montée, en un instant, à 150 liv. Quand l'enthousiasme a permis de délibérer, l'assemblée, après avoir donné de justes éloges à la mère citoyenne, a arrêté que les journalistes patriotes seraient invités à propager l'extrait et le résultat de cette lettre. Nous ne doutons point, disent les électeurs dans le note qu'ils nous ont fait remettre, que les sections ne répondent au vœu de cette excellente citoyenne, et que, par ce moyen, on ne puisse compléter le nombre de 30,000 piques qui, ajoutées à celles qui sont déjà fabriquées dans les faubourgs St-Antoine et St-Marceau, achèveraient d'armer les braves citoyens pour qui la liberté est un besoin. Que seraient alors ces 3,500 surnuméraires très-inconstitutionnels dont le roi de la constitution veut s'environner ? que seraient-ils s'ils avaient jamais le projet d'agir contre la nation ? Hélas ! les galons de leur livrée, seraient une bien faible défense contre ces piques maniées par des bras vigoureux ; et dirigées par des cœurs honnêtes. » — L'Orateur du Peuple, le Journal Universel et les Révolutions de Paris ne citent point cette note ; ils ne parlent des piques qu'après l'arrêté de la commune, du 11 février, (voir plus bas) ; mais il n'est nullement question dans leurs feuilles, du club de l'évêché. Audoin, le rédacteur du Journal Universel, insère l'arrêté municipal dans son numéro du 17 février. Nous remarquons, dans celui du 18, un article signé G. Bouchotte, l'un des collaborateurs de Brissot, article finissant par ces mots : « Citoyens, fabriquons des piques d'un bout du royaume à l'autre. »

Le 8 février, Gorsas publie l'article suivant : « Club électoral sivet à l'infini. — Des piques! des piques! des piques! Le brave Gonchon, orateur des hommes du 14 juillet, s'est présenté hier à ce club à la tête d'une députation, pour offrir les flammes tricolores qui doivent voltiger au haut des piques qui se fabriquent dans tous les arsenaux de la capitale. Voici l'exorde et la péroraison de son discours : « La cocarde nationale doit faire le tour du globe; elle a pris racine sur un bonnet de laine; elle prendra racine sur le turban. — Des piques! des piques et les flammes nationales! voilà nos moyens; ils suffiront pour faire mordre la poussière aux traîtres, aux intrigans, et pour renverser tous les trônes des despotes. » (1) — Il ne fut question de piques à la société des jacobins qu'à la séance du 7 février. Doppet présenta un serrurier, qui désirait offrir au club quatre piques qu'il avait forgées; Réal ajouta quelques mots; un officier d'artillerie donna des avis sur la forme de ces armes, et la société nomma des commissaires pour arriver à la meilleure manière de les fabriquer. Le Journal du Club, numéro du 10 février, renferme ces quelques lignes.

Cependant les journaux feuillans et les feuilles royalistes exprimaient, dès le commencement de février, de vives inquiétudes. Lorsque la lettre de Pétion à Buzot fut connue, les feuillans annoncèrent à la garde nationale que les piques étaient destinées à les égorger.

« Depuis quelques jours on affecte de promener une pique-modèle sur la terrasse des Feuillans, comme pour menacer le château des Tuileries. Qui commande ces piques? — Qui en fait la distribution? À qui seront-elles livrées? — Quel sera l'effet de cette armature nouvelle? Voici quatre questions importantes qu'il aurait fallu résoudre, avant de prendre un parti extrême. Un propos seul, tenu lundi dernier (6 février) aux Tuileries, fera

---

(1) Nous retrouverons souvent le nom du motionnaire Gonchon. Une note du moniteur Godeul, trouvée dans les papiers de Roland, prouvera plus tard que cet homme était circonvenu par les girondins. Nous donnerons à sa date la brochure où ce document se trouve. Elle est intitulée : *Histoire des Brissotins, ou Fragmens de l'histoire secrète de la Révolution, et des six premiers mois de la république*, par Camille Desmoulins. (*Note des auteurs.*)

connaître les espérances que certaines gens fondent sur ce nouvel arsenal. « Ah f...., s'écriait-on dans le groupe nombreux et tout rayonnant de joie, qui entourait l'homme à la pique, si les bons patriotes du Champ-de-Mars en avaient eu de pareilles, les habits bleus n'auraient pas eu si beau jeu ! » Nous passons sur les commentaires plus ou moins patriotiques qui suivirent cette exclamation. Ce que mille gens peuvent attester, c'est que, dans la fureur belliqueuse à laquelle on se livre, les menaces ne s'adressent ni aux Allemands ni aux émigrés.... Ainsi, bientôt nous aurons, dans chaque ville, deux classes de citoyens armées différemment : c'est-à-dire, les gardes nationales et les hommes à piques, et la guerre civile, avec toutes ses horreurs, fera de la France une vaste boucherie. » (*Gazette Universelle du samedi 11 décembre.*) — Brissot, *Patriote Français* du 13, répond ainsi aux questions de la *Gazette* :

« Tandis que les ennemis du peuple se préparent contre lui, le peuple fait aussi ses préparatifs; mais il les fait franchement, ouvertement. Les piques ont commencé la révolution, les piques l'achèveront. Ce beau mouvement d'un peuple, prêt à se lever dans toute sa force, pour anéantir la diversion fatale qui devait précéder et accompagner la guerre extérieure, ce réveil du lion épouvante ceux qui comptaient sur son sommeil. — Où se porteront ces piques, disent-ils? — Partout où vous serez, ennemis du peuple! — On les promène sur la terrasse des Feuillans, comme pour menacer le château des Tuileries; oseraient-elles se porter-là? — Oui, sans doute, si vous y êtes, là! — Mais qui commande ces piques ? — La nécessité. — Qui en fera la distribution? — Le patriotisme. — A qui seront-elles livrées? — Au courage. — Quel sera l'effet de cette armature nouvelle? — L'anéantissement des ennemis du peuple. Je sais, ennemis du peuple, que vous voulez le diviser pour le vaincre; je sais que vous voulez inspirer vos craintes et vos fureurs à cette portion du peuple à qui ses moyens permettent de servir la patrie avec un uniforme et un fusil ; mais cette portion du peuple sait bien que ses frères, moins fortunés, ont le même intérêt qu'elle ; que, comme elle, ils veulent combattre pour la liberté, pour l'égalité; que leurs ennemis sont les mêmes ; que les baïonnettes doivent marcher sur la même ligne ; enfin que ces piques ne sont pas destinées contre les baïonnettes, mais contre des poignards. » *Le Courrier des quatre-vingt trois* départemens, *les Annales de Carra*, et *le Journal du Club des jacobins* alors sous l'influence des Girondins, répétèrent cet article. Les journaux, qui s'étaient prononcés contre la guerre d'attaque, ne le transcrivent pas.

Le roi, alarmé de ces mouvemens, manda Pétion aux Tuileries. Le même jour, la municipalité régularisa, par un arrêté, l'armement des citoyens passifs. Voici comment Peuchet raconte l'entrevue de Pétion et de Louis XVI : il rapporte à la suite l'arrêté municipal. (*Moniteur* du 13 février.)

[Des dispositions alarmantes et des préparatifs d'un armement extraordinaire étant venus à la connaissance du roi, son premier soin a été de s'assurer des faits et de la situation des esprits dans la capitale.

Le maire et le procureur de la commune (M. Desmousseaux), invités par le roi, se sont rendus aux Tuileries le 11, à neuf heures du soir. Sa majesté leur a témoigné son extrême étonnement sur les nouvelles qu'elle apprenait, sa sollicitude sur les effets nuisibles qu'elles pourraient produire en France et dans l'étranger ; elle leur a marqué beaucoup de sensibilité sur les maux que toute démarche étrangère aux pouvoirs constitués pourrait faire éprouver au peuple, sur l'inquiétude qui en résulte dans les affaires et les opérations du gouvernement; elle a engagé la municipalité, représentée par ces deux magistrats, à éclairer le peuple sur ses véritables intérêts, à employer tout le pouvoir que la loi a remis entre leurs mains pour réprimer les attentats contre la tranquillité publique et la sûreté qu'on doit à tous.

Le même jour, la municipalité a pris un arrêté conforme aux principes de la liberté publique, aux obligations des citoyens, au serment des gardes armés par la loi, et au maintien de la paix publique. Nous rapporterons en entier cet acte important.

PEUCHET.

Arrêté relatif aux piques, fusils et autres armes ostensibles, du samedi 11 février, l'an quatrième de la liberté.

Le corps municipal, informé qu'il se fabrique, se vend et se distribue dans Paris une nombreuse quantité de piques;

Considérant que ces armes, utiles entre les mains des bons citoyens, pourraient devenir les instrumens du désordre et du crime dans celles de ces hommes suspects qui affluent de toutes parts dans la capitale, et qui ne peuvent y être attirés que par l'espoir du pillage, ou à l'instigation de ceux qui ne respirent que le renversement de la constitution, le trouble et l'anarchie;

Considérant que, dans de semblables circonstances, où l'inquiétude publique se manifeste sous toutes les formes, ce serait, de la part des magistrats du peuple, une insouciance coupable que de négliger les précautions qui peuvent faire découvrir ces hommes dangereux et préserver les bons citoyens de leurs suggestions perfides;

Considérant que la raison et la prudence s'opposent également à ce que des particuliers suspects ou inconnus aux citoyens, parcourent en armes les rues, places et lieux publics, et qu'ils puissent à leur gré se mêler aux défenseurs de la liberté;

Considérant qu'il importe plus que jamais de distinguer les amis de la patrie d'avec ses ennemis; que tous les bons citoyens, armés pour la défense de la constitution et des lois, jurée par les Français; armés pour la conservation des personnes et des propriétés, et pour l'exécution des ordres émanés des autorités légitimes, ne doivent marcher que sous les mêmes chefs et les mêmes drapeaux;

Le premier substitut-adjoint du procureur de la commune entendu,

Arrête ce qui suit :

1° Les citoyens non inscrits sur les rôles des gardes nationales, et qui se sont pourvus de piques, fusils ou autres armes ostensibles, pour défendre la patrie dans les jours de danger, seront tenus d'en faire leur déclaration au comité de leur section ; sous huitaine pour tout délai, à compter de ce jour ;

2° Il sera à cet effet ouvert, dans chaque comité, un registre sur lequel seront inscrites lesdites déclarations, qui porteront en même temps le nom, la demeure et la profession des déclarans. Il en sera délivré un extrait à chacun d'eux ;

3° Seront également tenus de faire leur déclaration ceux qui auraient dans leurs maisons un nombre de fusils ou de piques qui surpasserait celui des individus en état de porter les armes ; seront exceptés néanmoins de cette disposition les marchands, fabricans et dépositaires publics ;

4° Tous ceux qui seront trouvés vaguans, soit de jour, soit de nuit, dans les rues, places et lieux publics, armés de piques ou de fusils, seront à l'instant désarmés et conduits, comme gens suspects, devant les officiers de la police correctionnelle ;

5° Toutes personnes inscrites ou non inscrites ne pourront se former en patrouilles ou compagnies particulières, marcher sous d'autres drapeaux, obéir à d'autres officiers que ceux de la garde nationale ou des troupes en activité, et même se réunir sous le commandement desdits officiers, sans leur consentement exprès.

6° Nul ne pourra porter aucun signe de ralliement autres que la cocarde et les couleurs nationales.

7° Ceux qui négligeraient ou refuseraient de se conformer aux défenses portées aux deux articles précédens, seront réputés former attroupement séditieux, et seront, au nom de la loi, et conformément à sa teneur, dissipés par les agens de la force publique.

Le corps municipal enjoint au procureur de la commune, aux administrateurs et commissaires de police, de surveiller les hommes suspects qui abondent dans Paris, et de faire exécuter ponctuellement les dispositions du présent arrêté.

Mande expressément au chef de la légion, commandant-général de la garde nationale, et à tous autres officiers, de veiller également, en ce qui les concerne, à l'exécution du présent arrêté,

qui sera imprimé, affiché, envoyé aux quarante-huit sections et
mis à l'ordre.

Signés, PÉTION, maire; ROYER (1), secrétaire-greffier-adjoint.]

Que le parti dirigé par Brissot ait mis à la mode le bonnet (2),
et donné le mot de la fabrication des piques, nul n'en peut
douter après la lecture de ce qui précède. Soit affectation, soit
un autre motif, tiré peut-être de ces distinctions fédéralistes
entre les piques et les baïonnettes, Robespierre et ses partisans
jacobins gardèrent à cet égard un silence que nous devons constater. A la séance du 10 février, il prononça un long discours
sur les moyens de sauver la patrie. Il traita la question nationalement et du point de vue de l'unité, sans dire un mot des piques.

Les autres faits qui compléteront notre tableau du mouvement
révolutionnaire de la capitale, sont une émeute du faubourg
Saint-Marceau et de vives mêlées dans un grand nombre de
théâtres.

Émeute.—Nous transcrivons là-dessus une notice du *Moniteur*
sur la séance du mercredi 15 au soir.

[Plusieurs députés ayant entendu battre la générale, et instruits que ce mouvement avait pour objet des attroupemens
formés à Paris dans le faubourg Saint-Marceau, à l'occasion du
surhaussement du prix du sucre, se sont réunis, conformément
au réglement, au lieu des séances de l'assemblée nationale.
A huit heures et demie, ils se sont trouvés au nombre de plus de
deux cents membres, et la séance s'est ouverte sous la présidence
de M. Condorcet.

Sur la proposition de M. Bréard, le ministre de l'intérieur et
les corps administratifs de Paris ont été mandés pour rendre
compte des causes des troubles, et des moyens employés pour
les dissiper, et l'assemblée a unanimement décidé qu'elle ne se
séparerait qu'avec la certitude du rétablissement de l'ordre.

(1) Ce M. ROYER, secrétaire-greffier de Pétion, est le même que M. ROYER-
COLLARD, l'un des principaux fondateurs de l'*école doctrinaire.*
(*Note des auteurs.*)

(2) Nous remarquerons que Pétion improuva cette coiffure. Il en écrivit à la
société des Jacobins une lettre que nous donnerons à sa date (19 mars 1792).
(*Note des auteurs.*)

Le ministre a fait part des ordres qu'il a transmis, au nom du roi, au département. — Le directoire de l'administration du département a fait un rapport dont voici la substance :

« Il y avait dans le faubourg Saint-Marceau un magasin considérable de sucre, destiné pour la ville de Lyon. Les propriétaires de ce sucre avaient depuis quelques jours changé sa destination.

» Ils l'avaient vendu à des marchands détaillans de Paris, en prévenant la municipalité du jour où se ferait le transport. Déjà le transport s'opérait, sept voitures chargées de sucre étaient parties.

» La huitième a été arrêtée par le peuple ; plusieurs tonnes ont été défoncées, et le sucre vendu à 20 sous la livre. La municipalité s'est transportée au lieu du désordre : deux cavaliers de la gendarmerie ont été grièvement blessés. Le commissaire de police de la section des Gobelins a reçu un coup de pierre à la tête ; il n'en est pas moins resté courageusement à son poste, et s'est fait panser sur la place. Aussitôt le canon d'alarme a été tiré, et la générale a été battue ; le trouble ne s'est propagé dans aucun autre quartier de la ville. Ce soir, à sept heures, le maire et la municipalité ont fait parvenir les sucres à leur destination.]

Les journaux n'ajoutent à ce rapport aucun détail particulier. Brissot dit : « Il est essentiel de remarquer que cette émeute arrive précisément pendant que le peuple s'arme de piques ; quelques jours après que les feuilles aristocratiques conseillaient à la garde nationale et à la gendarmerie de s'opposer à cette fabrication, et leur faisaient entendre que c'était contre elles qu'elle était dirigée. N'est-il pas évident qu'on a voulu appuyer d'un fait ces fallacieuses insinuations ? Gardes nationales! ces piques ne sont destinées qu'à servir de renfort à vos baïonnettes. Peuple! jamais ces baïonnettes ne seront tournées contre vos piques. » (*Patriote français* du 17 février.)

Théâtres. — « La tragédie de *Caïus Gracchus* a eu beaucoup de succès ; ce spectacle a produit quelques scènes où l'aristocratie n'a pas brillé. Le patriotisme a distingué M. Couthon à l'amphithéâtre ; on a su gré à l'un des plus chauds défenseurs du peuple

d'être venu verser des pleurs sur le corps sanglant du dernier des
Gracques. On a aussi distingué à cette représentation le nouveau
procureur de la commune et son substitut (Manuel et Danton),
qui ont été vivement applaudis. » (*Courrier des quatre-vingt-trois
départemens*, 10 février.)

Paris, 21 février. — « Hier, la reine était aux Italiens; on donnait *Renaud d'Art*, précédé des *Événemens imprévus*. Ce n'était
pas un événement imprévu pour les laquais, valets, pages, satellites de la cour, et pour les prostituées de tout rang et de tout
prix ; car les loges et galeries étaient chargées de toute la canaille qui remplit ordinairement les antichambres de la cour et
de Paris. On avait même posté dans le parterre quelques hommes
à grosse voix, à fortes poitrines et à larges mains. A peine
virent-ils paraître la reine, que des cris de : *Vive la reine!* partirent de tous les côtés, et furent répétés avec fureur; à un signal,
un homme à grosse voix cria : *A bas les Jacobins! qu'il n'y ait ici
que d'honnêtes gens!* Et tous les *honnêtes gens* d'applaudir et de
faire chorus. Les *Événemens imprévus* leur fournirent les allusions les plus abjectes, et toutes furent relevées avec une lâche affectation. Dans un *duo* entre un valet et une suivante, l'un chantait:
J'aime mon maître, l'autre : *J'aime ma maîtresse.* Leur maîtresse
savourait à longs traits ces hommages grossiers; mais le triomphe
ne fut pas long : l'affectation était trop choquante, et les patriotes, qui d'abord n'avaient pas daigné lutter contre ce torrent
de bassesses, crièrent, à la fin de la première pièce : *Vive la
nation!* Cette exclamation civique fut répétée par la presque
unanimité du parterre, et accompagnée d'apostrophes un peu
vives, lancées un peu vivement à ces messieurs des loges. Cependant deux hommes à grosse voix osèrent crier : *A bas la nation!*
Tomber sur ces deux honnêtes gens, faire pleuvoir sur eux une
grêle de gourmades patriotiques et les expulser du parterre, ce
fut l'ouvrage d'un moment. Cette correction salutaire en imposa
aux loges, et elles n'osèrent souffler un mot pendant toute la seconde pièce. Nous ne devons pas oublier de dire que quelques
patriotes du parterre se trouvèrent dépouillés de leurs montres:

c'était encore une petite espièglerie aristocratique; c'étaient des à-comptes pris sur la contre-révolution par quelques amis de la cour. Quand elle sortit, les cris de *vive la reine!* d'un côté, et de l'autre ceux de *vive la nation!* recommencèrent; mais la place était remplie de tous les cochers et laquais des valets qui remplissaient les loges, et leurs voix formèrent le concert harmonieux au milieu duquel la reine monta dans sa voiture. » (*Patriote français* du 22 février.)

Nous lisons dans *Gorsas*, N° du 24 février: « Le désordre des spectacles est à l'ordre du jour. Avant-hier, il y a eu la plus grande fermentation à celui de Monsieur, où l'on donnait la pièce à *Deux Faces*, ou le *Club des bonnes gens*, du cousin Jacques. Les patriotes, outrés de l'indécence avec laquelle les loges accueillaient ordinairement les applications aristocratiques, ont demandé à grand cris qu'on jouât l'air: *Ça ira.* Malgré les réclamations contraires et l'indifférence, pour ne pas dire le refus, d'une partie de l'orchestre, cet air a été joué et répété deux fois. »

Spectacles (des Tuileries). — « Comment! un spectacle aux Tuileries? Eh! oui, aux Tuileries! *Là où les valets ont plus d'esprit que les maîtres.* Le carnaval en a créé un très-joli: coulisses, orchestre, acteurs, pièce et billets rouges pour entrer; tout cela s'est fait d'un coup de baguette... Quelle était donc cette pièce? Mais des *factieux*, des *complots*, des *Jacobins*, des *enragés*, des *ogres*; et puis tout à coup Coblentz et le club des Feuillans, qui arrivent tambour battant, le plumet au chapeau; puis un trône d'or; puis les héros d'outre-Rhin qui se prosternent aux pieds de Louis XVI; puis un bal. — Et quel jour tout cela? — La nuit du lundi au Mardi-Gras. — Mais cependant la municipalité avait défendu les chiantelits. — Bon pour l'intérieur de la ville; mais à la cour! » (*Gorsas*, N° du 25 février.)

Théâtre du Vaudeville. — « C'est à regret que nous allons entrer dans les détails de la scène affreuse qui a eu lieu avant-hier au soir (24) à ce théâtre. Avant tout, il convient de dire un mot de la pièce de M. Léger, intitulée: *l'Auteur d'un moment.*

» Certain Damis, auteur fort entêté de son mérite, a pour
ami, pour protecteur, M. Baliveau. Ce Baliveau, vieilllard satirique, s'est permis de lancer des traits contre plus d'un grand
homme, et particulièrement contre J.-J. Rousseau. Il y a eu un
arrangement entre ces messieurs d'accaparer à eux deux Mel-
pomène et Thalie. Damis accepte pour lui la première, et Baliveau veut encore caresser Thalie, et, comme de raison, il fait le
partage :

> Nous ferons partout la loi
> Dans notre carrière ;
> Tu seras Racine, et moi
> Je serai Molière.

» Le but de l'auteur de cette pièce était évidemment de jeter
sur ce couple le ridicule à pleines mains. Une jeune veuve, madame de Volnange, que Damis croit éprise de lui, dispose tout
pour punir ce fat, et en cela est très-bien secondée par une soubrette qui lui chante ce couplet, qui a été la cause essentielle de
l'horrible tapage qui vient d'avoir lieu.

> AIR : *Regrets vifs et joli maintien*.
>
> Je suis au comble de mes vœux ;
> Enfin, madame, je respire ;
> Il faut que *ce fat* à vos yeux
> De honte et de fureur expire ;
> Se voir berné par un *pédant*
> Est bien fâcheux, sur ma parole ;
> *Des rois quoiqu'il soit le régent*,
> Sans respect pour son rudiment,
> Il faut l'envoyer (*Bis*) à l'école.

» Dans le jardin de madame de Volnange sont rangés les bustes
de nos plus célèbres auteurs. Un seul piédestal semble attendre
son grand homme, et le fat Damis ne doute pas que ce grand
homme ne soit lui. Son lourdaud de valet vient niaisement le ber-
cer dans son erreur, et lui dire que *tout de bon* on va lui rendre
les mêmes honneurs qu'à Mirabeau, et qu'une troupe de poètes
veulent décorer une rue du beau nom de Damis. — Damis,
enivré de lui-même, écoute avec attention son valet ; mais, hélas !
il lui chante :

Air : *Tout roule aujourd'hui dans le monde.*

Mais hélas : ils venaient vous dire
Que, malgré leur peine et leur vin,
Ils n'avaient pu pour vous inscrire
Trouver de rue un *petit coin* :
Tout était occupé d'avance.
Mais si ça peut vous convenir,
Ils ont encor pour récompense
Un *cul-de-sac à vous offrir.*

» Il est bien dur pour Damis d'occuper une pareille place ; mais le bienheureux piédestal le vengera. En ce moment, on y place un buste qui est celui de Jean-Jacques. Telle est la catastrophe dernière où périssent Damis et son ami Baliveau.

» Cette pièce n'eût été qu'agréable et piquante, si tout ce public n'eût été prévenu qu'elle était dirigée contre deux auteurs très-connus, MM. Palissot et Chénier (l'auteur de *Caius Gracchus*). — Les trois premières représentations avaient été assez tranquilles, mais la quatrième avait été agitée et semblait présager des troubles pour la représentation suivante. Un appel *du public en tumulte au public attentif*, inséré, par l'auteur de la pièce, dans le *Logographe*, et répandu avec profusion avant que la toile se levât, a achevé de tout brouiller. M. Léger a beau dire qu'il a voulu venger l'auteur du *Contrat social*, sans cesser d'estimer deux hommes de mérite, deux grands écrivains tels que MM. Chénier et Palissot. « Personne, disait-il dans cet appel, ne rend plus que moi justice à leur mérite, et je n'ai pas cru même en pouvoir donner une preuve plus frappante qu'en empruntant à l'un d'eux les vers suivans, qui seuls pourtant ont fait suspecter ma façon de penser :

Je ris de ces pédans qui pensent à la fois
Éclairer l'univers *et régenter les rois* (1),
Fanatiques d'orgueil, etc. (*L'Homme dangereux*, de Palissot.)

» Ces explications ont paru une ironie sanglante. Au reste, il est constant qu'il y avait un coup de monté, et que l'aristocratie s'était fait appuyer de ses soldés. Nous tenons d'une personne sûre qu'il y avait dans le parterre plusieurs souteneurs de tri-

(1) Palissot était du nombre de ceux qu'on avait désignés pour être gouverneurs du dauphin. (*Note des auteurs.*)

pots, connus sous le nom d'*arsouilles*. Enfin, dès quatre heures et
demie, il n'était plus possible de se procurer des billets. Ce fut
entre la première et la seconde pièce que l'orage commença à
gronder. Comme pour essayer les esprits, ces *arsouilles* chas-
sèrent l'un d'eux, sous prétexte qu'il était *jacobin et ivre*. Celui-
ci ne se le fit pas dire deux fois. Au mot (*escarpin*), terme d'ar-
got de ces messieurs, pour signifier qu'il *faut décamper*, le *prétendu
Jacobin se retire aux grands applaudissemens des loges*. — La
pièce qui précédait fut entendue avec tranquillité; mais *l'Auteur
d'un moment*, aux premières allusions, fut assez tumultueuse
pour que le commissaire Prestat vint réclamer la paix et l'ordre
au nom de la loi... Le calme se rétablit un instant. Lorsque la
soubrette chanta : *Des rois quoiqu'il soit le régent*, les sifflets d'un
côté, les applaudissemens de l'autre recommencèrent avec fureur. Les loges demandent que l'actrice chante de nouveau;
une partie du parterre crie : *A bas la toile !* — Les loges : *A la
porte les Jacobins !* Le tumulte était effroyable. — Un particulier,
ayant les cheveux coupés en rond (Voir plus haut une note de
la brochure de Desmoulins), et portant des conserves, monte
sur une banquette et demande la parole : c'était une imprudence
peut-être, mais ce n'était pas un crime. Un cri presque universel
s'élève contre lui : *C'est un Jacobin ! c'est un Jacobin ! Assommez le
Jacobin !* — Le particulier, Jacobin ou non, insiste; des gestes
menaçans se dirigent contre lui; et une canne qu'il voit ou qu'il
croit voir levée sur sa tête, la lui fait perdre. Il agita sa canne;
ce fut le signal. Tous ces hommes, dont nous venons de parler,
se jettent sur lui, le traînent par les cheveux, le frappent de
mille coups; enfin, lorsqu'il est hors du théâtre, l'un d'eux le
poussé avec violence contre le mur où il va se briser la tête; pendant ce temps-là, les autres menaçaient et du geste et de la voix
le petit nombre de patriotes de l'intérieur, dont plusieurs furent
maltraités aux grands applaudissemens des loges.

On va croire sans doute que le commissaire Prestat va mettre
fin à cette scène affreuse : point du tout; il avait reparu pour réclamer de nouveau la paix et l'ordre, et pour faire recommencer

la pièce, et en cela il fut très-bien secondé par l'officier de garde qui s'écria : *Nous l'entendrons tout entière ou nous périrons ici !*

» Enfin, il était évident qu'aux quatre coins tout était disposé pour être d'accord, car un sieur Mauguet, ci-devant architecte et officier du 105ᵉ régiment (et ce fait, on nous l'assure), fit un appel à lui, et se mit à crier: *Vive le roi ! vive la loi !... grands applaudissemens, bravos éternels.* A ce nouveau signal, et de toutes parts, les cris de Vive le roi ! mais sans l'intention, de percer les voûtes de la salle. On doit juger de ce qui s'est passé pendant le cours de cette tumultueuse représentation.

» Cependant le bruit s'était répandu dans Paris qu'on avait massacré un, deux, trois patriotes au théâtre du Vaudeville ; ce bruit en circulant avait été accompagné des circonstances les plus graves : on disait, entre autres choses, que les femmes criaient des loges: *Assommez ! tuez tous ces gueux-là !...* de sorte que le peuple s'était rendu en foule à la porte du spectacle, où il exerça à son tour une police un peu dure. Plusieurs particuliers furent traînés dans la boue et violemment maltraités. Les femmes même ne furent point exemptes de cette vengeance, à laquelle nous sommes bien loin d'applaudir, et que nous trouverions inexcusable, si elle n'avait pas été le résultat de l'opinion bien accréditée dans le public, qu'elles s'étaient écriées : *Assommez ! tuez !* etc. » (*Gorsas,* Nᵒ du 26 février.)

Le lendemain, le directeur du Vaudeville afficha avec intention : *la Revanche forcée.* Les patriotes s'y rendirent en foule. « A peine la toile était levée qu'un grenadier de la garde nationale monta sur une banquette et demanda, au nom des patriotes, que le directeur parût. M. Barré paraît et le grenadier lui dit: « Un de nos camarades, chasseur de la garde nationale, a été blessé grièvement à la suite du tapage d'hier. Nous vous demandons, nous vous sommons, monsieur, de rayer de votre répertoire la pièce qui a donné occasion à cet accident. » M. Barré s'engage à ne plus faire jouer l'*Auteur d'un moment.* Tout à coup plusieurs voix s'élèvent et demandent que le manuscrit de l'auteur soit apporté et brûlé publiquement. Le grenadier dit : « Res-

pect à la propriété. Bornons-nous à en lacérer et à en brûler un exemplaire imprimé. » Cet avis était à peine ouvert qu'un musicien de l'orchestre s'empresse d'en offrir un, et sur-le-champ, à la demande des spectateurs, la musique joue l'air : *Ça ira*, et on ne discontinue point jusqu'à ce que la pièce fût brûlée en cadence, dans la forme d'un chapeau, malgré l'opposition des loges, auxquelles on commande le plus imposant silence. A la fin du spectacle a paru le commissaire Prestat. Il parla de *gens payés*, de *factieux*, d'*excès répréhensibles*. A ce discours, quelques applaudissemens partent des loges, où l'on a cru reconnaître la *couturière Rolland, très-connue* du *très-moral* Prestat, et de toute la section des Tuileries, qui lui défend de réclamer. Les patriotes, après avoir commandé de nouveau le silence à la *couturière Rolland*, et à toutes les *servantes et serviteurs* des loges, ont exposé leur conduite par respect pour l'écharpe et point du tout pour la stupide personne du commissaire. Le Prestat insiste : il *dit qu'on lui a dit qu'il était dit* qu'on voulait mettre le feu à la salle. (Nous nous servons de ses expressions.) Alors un cri s'élève : Qui vous a *dit*, qu'on avait *dit*, qu'il était *dit*, etc. ? On le somme de dresser procès-verbal et de *dire* qu'il n'a rien vu que des citoyens remplis de respect pour la loi. Prestat ne sachant que dire, s'est retiré en balbutiant des excuses sur ce qu'il avait été mal instruit..... et il *s'est retiré* sans qu'on le huât, grace à son caractère. Mais aujourd'hui, qu'il n'est pas en fonctions, moi je le *hue*, et l'invite à profiter de la leçon que je daigne lui donner..... Et vous, section des Tuileries, profitez-en pour chercher à l'avenir dans la classe des respectables citoyens les hommes purs qui doivent être chargés des fonctions publiques de *censeurs*, et non pas dans celle de ces êtres dont l'immoralité est aussi connue que celle d'un *Prestat*, aussi mauvais époux qu'il est mauvais citoyen, et *je signe*, A.-J. GORSAS. » (N° du *27 février*) — « *Supplément à nos deux articles.* Il paraît constant que le particulier qui a été assassiné au Vaudeville est mort de ses blessures ; il est très-constant qu'il a été assassiné sous prétexte qu'il était Jacobin, et qu'il n'appartenait pas du tout à cette société.

—Voici encore d'autres faits qu'on nous atteste. MM. Gouy et Clermont-Tonnerre ont assisté au spectacle, où ils ont été reconnus par M. Curtius, capitaine de la garde nationale. — Deux Pages de la reine sont au nombre de ceux qui ont trouvé, en sortant, le peuple et le dégel. » (*Courrier du 28*).

Nous terminerons le récit de ces scènes par la motion faite à ce sujet dans l'assemblée nationale,, à la séance du 25, par Henri Larivière.

[*M. Larivière.* Je ne crois pas abuser des momens de l'assemblée, en l'invitant à fixer son attention sur un des moyens employés dans cette capitale, pour égarer l'opinion publique; je veux parler des spectacles. Des scènes scandaleuses s'y multiplient tous les jours. On affecte de donner des pièces où respire l'incivisme. Il semble que les acteurs ne peuvent se relever de l'avilissement où ils étaient tombés, et qu'ils sont incapables de sentir la dignité de l'homme.. Plusieurs bons citoyens ont été maltraités pour s'être révoltés contre toutes ces platitudes, débitées, répétées avec affectation, et applaudies avec transport par tous les valets des cours. Toujours braves à leur manière, ils accaparent les billets, et, maîtres du local, ils accablent par le nombre ceux que le hasard a placés en si mauvaise compagnie. Hier, au théâtre du Vaudeville, il s'est passé une scène de cette nature, et un bon citoyen pensa en être la victime. Je n'ignore pas qu'il est du ressort de la police municipale de réprimer ce scandale; mais c'est à vous qu'il appartient d'examiner l'influence des spectacles sur l'opinion publique; c'est à vous qu'il appartient de les purger de ces pièces immorales qui la corrompent, et je demande que cet objet soit renvoyé au comité d'instruction publique.

L'assemblée ordonne le renvoi à son comité d'instruction.]

CLUB DES JACOBINS.

Nous exposerons d'abord les séances de l'assemblée nationale où la société des Jacobins fut en cause : nous transcrirons ensuite l'article d'André Chénier, et la partie intéressante de la polémique qu'il souleva; nous ferons suivre ces pièces de l'analyse des séances de la société elle-même.

Législative. À la séance du 4 février, Gorguereau, au nom du comité de législation, fit le rapport d'une adresse signée Robespierre, et adoptée par une *société célèbre*, et des autres pétitions de la capitale ou des provinces dénonçant le directoire du département de Paris; il se plaignit de l'avilissement des administrateurs, et soutint que le droit de censure ne pouvait appartenir à une section du peuple; il observa, d'ailleurs, qu'un grand nombre de signataires n'étaient pas citoyens actifs. Goupilleau, Jagot, Gossuin et Mailhe accusèrent le rapporteur de faire le procès au peuple. (Agitation.) Gorguereau proposa de déclarer illégale la pétition présentée au roi par le département de Paris; le rejet de toutes les pétitions collectives, et la traduction aux tribunaux criminels des individus qui en signeraient comme fonctionnaires publics. On demanda que le rapporteur fût censuré. (Vifs applaudissemens des tribunes; long tumulte dans l'assemblée; appel nominal interrompu par Boulanger.) « On croirait, s'écria Vergniaud, que le Rhin coule au milieu de cette salle, et je ne dirai pas de quel côté sont les conspirateurs. Non-seulement je demande que M. Boulanger soit censuré; mais qu'au moment où le président mettra aux voix une proposition, celui des membres qui arrêtera la délibération soit sur-le-champ conduit à l'Abbaye. » (On applaudit.) — La censure fut prononcée contre Boulanger, et après de vifs débats, l'assemblée renvoya le projet à une autre section du comité de législation.

« Qu'on lise, dit Prudhomme, numéro 137, qu'on lise; et on en a le courage, le rapport de M. Gorguereau, et l'on verra que le but de cet *honorable* membre à moins été de mettre l'assemblée en état de prononcer sur la pétition qui provoquait le *veto* appliqué à la loi des prêtres séditieux, que de décrier les sociétés populaires. »

Patriote Français, du 7. — « Il paraît que les ministériels n'ont pas perdu l'espoir de dissoudre les sociétés patriotiques. C'est surtout contre les Jacobins qu'ils dirigent leur batteries. Ils veulent en écarter tous les membres de l'assemblée nationale, et en les faisant insulter par quelques aboyeurs qui cachent leur perfidie sous le masque de l'extravagance, et en criant qu'aucun député, ne peut être affilié à aucun club. Samedi soir, nous avons eu le très-volumineux plaidoyer de M. Gorguéreau, et le matin, M. Treilh-Pardaillan, aussi député de Paris, a fait distribuer un discours où il tâche de prouver l'incompatibilité du titre de député et de celui de membre d'une société patriotique. »

Législative (séance du 20). — « M. Vaublanc, en demandant le renvoi d'une adresse de Marseille, au comité de législation, s'est étendu sur les désordres intérieurs qui déchirent le royaume. Il a cru qu'ils devaient en partie leur origine à l'influence des sociétés populaires sur l'opinion publique, et sur les corps administratifs. Ceux qui connaissent M. Vaublanc rendront toujours justice à la pureté de ses vues ; mais ils verront aussi qu'il se laisse souvent égarer par sa prévention contre les sociétés des amis de la constitution. — Le trait contre les Jacobins était porté ; le président (Dumas), qui aimait à le laisser dans la plaie, a fermé tout à coup la discussion au milieu du tumulte, et lorsque M. Guadet était à la tribune. — On a réclamé contre cette partialité : la discussion a été rouverte ; et M. Guadet, avec son énergie ordinaire, a vengé les sociétés populaires des reproches qu'on leur faisait. Il a rappelé les services qu'elles avaient rendu, qu'elles rendraient à la chose publique. Il a fait voir que tous les désordres ne tenaient qu'à l'inaction du pouvoir exécutif, qu'à la défiance dont il s'entoure ; qu'à ses manœuvres pour discréditer le corps législatif. » (*Patriote Français* du 21 février). Brissot, expose ensuite que Ramond, *l'ennemi juré des Jacobins*, est monté à la tribune, pour dénoncer un écrit de Machenaud, imprimé avec autorisation de la société, et que Rouyer lui a opposé l'*Ami du roi* et *Mallet du Pan* ; mais nous laissons ici parler l'*Ami du roi* lui-même, numéro du 22 : « M. Rouyer a accolé les libelles de l'*infâme abbé Royon, au ministre de la justice, qui sans doute les paie, puisqu'il les souffre.* Ma foi ! si ce ministre me soudoie, il oblige un ingrat, et je ne gagne pas mon argent, car je crois

n'avoir pas ménagé ce vil esclave de la fortune, qui, rampant auprès d'audacieux tyrans, osa, lors du départ du roi, prendre de
leurs mains les sceaux que Sa Majesté lui redemandait, s'asseoir
pour ainsi dire sur le trône, et river les fers de son maître, en
signant l'arrêt de sa captivité. — Quant au brevet d'*infamie*,
dont M. Rouyer me gratifie, j'appelle comme de juge incompé-
pétent en fait d'honneur, et, pour la dénonciation, c'est une sin-
gularité assez remarquable de ma vie, que je sois toujours enveloppé dans la proscription de tous les patriotes incendiaires qu'on
est obligé de sacrifier. Lorsque après la journée du Champ-de-
Mars, on fut contraint de paraître vouloir sévir contre les chefs
et les instigateurs des séditieux, assassins de cette brave garde
nationale, émule des gardes du corps, et dont la patience héroïque à endurer les outrages et les excès des mutins, tant
qu'elle n'a pas reçu ordre de les réprimer, m'étonne toujours plus
encore que le courage, quand il lui est permis de le déployer;
alors, dis-je, je fus associé à Marat, à Desmoulins; et pour consoler les patriotes de la perte simulée de ces martyrs du patriotisme, on voulut m'immoler avec eux, moi, qui avais tonné contre leurs excès. Aujourd'hui, parce qu'on reconnaît enfin que
les clubs dont j'ai toujours blâmé les violences, sont les causes de
tous nos maux, on veut encore me sacrifier pour apaiser leurs
mânes, et il faut que le censeur des crimes périsse avec les coupables. — Cependant ce bizarre arrêt de M. Rouyer n'est pas
encore mis à exécution, l'assemblée est passée à l'ordre du jour
sur sa dénonciation, ainsi que sur celle de M. Ramond, et les
clubs et moi, sommes mis pour cette fois hors de cour et de
procès. »

La séance du 25 est celle où la société des Jacobins fut attaquée de la manière la plus insidieuse et la plus grave pour elle,
si la motion de Mourysset eût été décrétée. Nous ferons précéder cette séance des placards et des articles de journaux qui la
préparèrent.

Gazette Universelle du 22. — « Ces démonstrations vagues de

factieux ou de républicains sont inventées par la prévention et
la haine, et cette prévention et cette haine sont également injustes ; ce qu'on appelle factieux, ne sont que des patriotes ardens
qui, alarmés sur l'état actuel de la patrie, croient que les
moyens de rigueur et les résolutions courageuses peuvent seuls la
sauver. Ils seraient à l'abri de tout reproche, s'ils écartaient d'eux
quelques hommes sans esprit et sans lumières ; des criailleurs indécens, et des orateurs pleins de talent, mais profondément pervers, qui attaquent la constitution en feignant de vouloir la défendre, comme pour faire l'essai d'un plan plus vaste. » — Quant
à ceux qui veulent la constitution et rien que la constitution (les
Feuillans), « s'ils méritent quelque reproche, c'est de ne pas
montrer assez d'énergie. En cela ils vous ressemblent, citoyens
de Paris, qui avez fait la révolution, et qui êtes le véritable peuple, quoi qu'en dise votre maire. *Indépendans*, c'est vous qui, par
votre versatilité, par votre nullité systématique, par la crainte
que vous avez d'être nommés par de vils folliculaires, forcez l'assemblée à n'avoir jamais une volonté générale, un système fixe
et suivi. Hommes faibles, qui craignez la responsabilité des événemens, qui trahissez la cause du peuple, abdiquez vos fonctions si vous n'avez pas le courage de les remplir; la sentinelle qui
s'endort à son poste est aussi coupable que celle qui déserte. »

Cosmopolite du 22. — « Hier au soir, un assez grand nombre
de députés, parmi lesquels on a remarqué MM. Charlier,
Lamarque, Jean Debry et Maille, membres de la société des Jacobins, et MM. Hua, Chéron et Lagrévole, membres de celle
des Feuillans, se sont réunis dans la salle de l'assemblée, et de là
dans celle du comité de division. M. Maille portant la parole, a
invité tous les députés présens à mettre fin aux divisions qui se
formaient dans le sein même du comité législatif, et il a proposé
de se réunir dans la salle de l'assemblée, tous les jours qu'il n'y
aurait pas de séance le soir. Cette réunion aura la dénomination
de *conférence*; on y discutera les matières importantes qui doivent être débattues dans l'assemblée, mais on n'y prendra aucune délibération. Il n'y aura point de procès-verbal; les mem-

bres du corps législatif y seront seuls admis, et le doyen d'âge présidera. — La proposition de M. Maille a été adoptée. »

Courrier de Gorsas du 22. — « *Arrêtez-vous, passans !* Tel est le titre d'un nouveau placard, dont l'objet, suivant les expressions dans lesquelles il est conçu, tendent à la *judicieuse destruction de toutes les corporations.* Cette affiche ou pétition à l'assemblée nationale est rédigée contre les *frères jacobins,* dignes émules des *frères jésuites;* contre ces disciples du *vieux de la montagne;* contre cette *peste,* contre ce *fléau* de l'ordre social, qui égare un peuple *aimable et recommandable;* contre ces *gouffres plus terribles* que *Caribde et Sylla;* contre ces *ogres,* qui veulent manger les rois, les ministres, jusqu'aux comme, M. Delessart; contre ces *loups-cerviers,* ces *hyènes,* ces *tygres* qui veulent même manger les morts. »

Chroniques de Paris du 23. — « Où allons nous ? Les Jacobins ont-ils un plan ? Que veut cette société qui se serait couverte de gloire, si elle avait mis la sienne à soutenir la constitution ? Depuis l'époque où le club des Cordeliers s'impatronisa dans cette société, les prétendus amis de la liberté en furent les plus odieux tyrans. Un Camille Desmoulins en devint l'orateur, alors la raison fut bannie de la tribune, alors on ne souffrit plus, on n'entendit plus que des exagérations, des propositions inconstitutionnelles, que des démonstrations vagues, que des propos incendiaires. Tel est encore aujourd'hui l'état de cette société, qui ne fera qu'empirer, si l'on n'en chasse pas un Camille Desmoulins, etc., etc. — Où nous conduiront les Jacobins ! Nous sommes fâchés de le dire ; à en juger par leur journal, et par les phrases très-prononcées de leurs chefs, dont quelques-uns se trouvent *magistrats du peuple,* ce doit être au mépris de la constitution, des autorités constituées, au soulèvement du peuple contre les propriétés. » — La fin de cet article est employée à paraphraser la *Gazette Universelle* de la veille, à regenter, comme dit Gorsas (numéro du 24), l'assemblée nationale, à raccommoder le côté droit avec le côté gauche, à réunir Feuillans et

Jacobins, c'est-à-dire, à anéantir les sociétés, en ayant l'air de
vouloir rapprocher tous les partis. »

Législative. (Séance du 23). — [*M. Mouysset.* Je demande à
faire une motion d'ordre.

M. Vergnaud. Je demande à présenter une observation sur les
motions d'ordre.

L'assemblée décide que M. Mouysset sera entendu.

M. Mouysset. Trois cents membres de cette assemblée, qui ne
sont pas occupés dans les comités, désireraient se rassembler
pour conférer entré eux les jours où il n'y aurait pas de séance
du soir, et s'éclairer sur les objets à traiter dans l'assemblée, et
sur la situation des différens départemens du royaume. Pour
effectuer cette réunion, ils ont cru qu'il n'y avait pas de local
plus commode que la salle même de l'assemblée ; en conséquence,
je propose le projet de décret suivant :

« L'assemblée nationale décrète que tous les jours où elle ne
tiendra pas sa séance du soir, sa salle sera ouverte à tous les
députés qui voudront s'y rassembler. »

On réclame l'ordre du jour.

M. Bazire. Je demande la question préalable sur le projet du
décret, et je propose de la motiver.

Plusieurs voix : Fermez la discussion.

M. Ducos. Le projet de réunion proposé semble présenter la
plus grande utilité, le projet de réunion dans cette salle paraît,
d'un autre côté, susceptible des plus grands inconvéniens ; cette
question est donc très-importante, et veut être mûrement approfondie. Je demande que la discussion ne soit pas fermée.

M. Vergnaud. C'était avec une grande raison que je demandais
à donner une explication avant que M. Mouysset présentât sa
motion d'ordre, afin qu'on fût bien d'accord sur les principes de
la motion d'ordre en général, il ne peut y avoir de motions d'ordre que celles qui intéressent les travaux intérieurs de l'assemblée, toutes celles qui n'intéressent que les députés hors du sein
de l'assemblée, sont de véritables motions de désordre ; or, la
motion de M. Mouysset est dans ce dernier cas. Ceux qui ne vont

pas aux comités, sont bien aises d'avoir un lieu pour se rassembler ; si c'est comme individus, dès-lors cette demande ne peut être portée à l'assemblée, qui n'a de police sur ses membres que comme représentans de la nation ; ils ne sont donc plus sous les lois de la police de l'assemblée, mais sous les lois de la police ordinaire ; s'ils veulent faire une association particulière, ils doivent être obligés d'en prévenir la municipalité. (On applaudit.)

Je suppose encore les représentans de la nation réunis ici au nombre de plus de deux cents ; comme ils portent partout leur caractère, ils pourront, s'ils veulent, former l'assemblée. Je rends justice à la pureté des membres qui demandent cette réunion ; mais ils ne peuvent être garans des propositions qui leur seront faites, quand ils seront ainsi réunis ; ils ne peuvent prévoir ce que l'enthousiasme est capable de leur faire décider. (On applaudit. — *Plusieurs voix* : L'ordre du jour.) Je crois qu'il est évident, pour ceux qui sont de bonne foi, que cette réunion présente des dangers ; que l'assemblée n'a point de police sur ses membres hors de son sein. Je lui ferai observer que l'affaire des colonies est à l'ordre du jour ; que les rapports les plus intéressans sont à l'ordre du jour, dont on les écarte par des motions incidentes ; enfin, que la patrie est en danger ; ainsi, pour l'honneur de l'assemblée, au nom de la patrie, je demande que l'on passe à l'ordre du jour. (On applaudit.)

L'ordre du jour mis aux voix est rejeté. — On demande l'appel nominal.

M. Vaublanc. Je suis convaincu qu'en examinant avec tranquillité la question qui partage en ce moment cette assemblée, nous parviendrons sûrement à nous éclairer. Tout le monde convient de la nécessité d'une réunion fraternelle. (*Plusieurs voix* : Non, non.) Et moi je déclare à ceux qui m'ont interrompu, que c'est un besoin pressant pour moi, un besoin pressant pour la majorité de cette assemblée. (*Plusieurs voix* : Oui, oui.) Je déclare que la France entière désire cette réunion fraternelle. (On applaudit.) J'appuie la proposition de M. Mouysset.

M. Grangeneuve. La proposition a successivement changé de

face dans le cours de la discussion. D'abord on a demandé que trois cents membres, ceux qui ne sont pas des comités, pussent se réunir dans la salle de l'assemblée nationale ; ensuite on a fait la proposition générale de conférences secrètes.

Les membres qui désirent lui donner, par le moyen de ces réunions, un nouveau degré d'intérêt, se trompent singulièrement, et rendent au contraire l'assemblée nationale infiniment moins intéressante pour le peuple. Croyez-vous que par toute la France on ne dira pas : L'assemblée nationale ne porte dans ses séances publiques que des avis déjà convenus, des décrets déjà délibérés dans des séances secrètes ? (Les tribunes applaudissent. — Des murmures s'élèvent dans une partie de l'assemblée.) Je vous prie, M. le président, de rappeler à l'ordre quelques personnes qui me troublent dans mon opinion, malgré la modération que je mets dans mes paroles, en me disant que j'apporte ici un esprit de parti, et que mon avis a été fait aux Jacobins. Permettez que j'observe à ces messieurs que les séances des Jacobins sont publiques. (Les tribunes applaudissent.)

Aux termes de la constitution, les séances de l'assemblée nationale doivent être publiques, et une seule forme vous est indiquée pour les séances secrètes ; cette forme doit être très-rarement employée ; c'est celle du comité général. Je vous prie de ne pas éluder la constitution, de consacrer votre temps à des délibérations légales et constitutionnelles, et de passer à l'ordre du jour. (On applaudit dans une partie de l'assemblée et des tribunes.)

M. Merlin. Je fais une proposition, c'est que l'assemblée décrète qu'elle tiendra séance tous les jours matin et soir. (Une partie de l'assemblée et les tribunes applaudissent.)

M. Albite. Je demande à rapporter un fait important. Nos ennemis d'outre-Rhin répandent avec profusion des pamphlets, par lesquels ils annoncent qu'ils ont trouvé le moyen.... (Il s'élève quelques murmures.)... Écoutez bien ceci : qu'ils ont trouvé le moyen de gagner quelques membres de l'assemblée nationale... (Il se fait un grand silence.) C'est sans doute une imposture infâme. (*Plusieurs voix* : Oui, oui.) Pour les convaincre de leur imposture, de leur noirceur, de leur crime, je demande que nous tenions séance tous les jours, et que tous nos momens soient donnés à la chose publique. (On applaudit.)

M. Mouysset. Je m'oppose à ce qu'il y ait des séances obligatoires et publiques tous les jours ; je demande qu'il y ait, trois fois par semaine, des conférences amicales, où ne viendront que ceux qui voudront en profiter. Les uns iront aux Jacobins, les autres aux Feuillans. Mais je viendrai ici contempler Mirabeau... (On rit, on murmure. — On rit.) me pénétrer de ses grands principes, me pénétrer de la nécessité de combattre les factieux... (Quelques membres applaudissent.) jusqu'à la mort.

Plusieurs voix : Les factieux ministériels.

Plusieurs membres demandent la parole pour des motions d'ordre. L'assemblée décide qu'ils ne seront pas entendus. Les débats s'élèvent sur les questions de priorité. La proposition de M. Merlin, appuyée par M. Lacroix, est mise aux voix. — L'épreuve paraît douteuse.

M. Merlin. Je réclame l'appel nominal, afin que tous les oiseaux de nuit soient mis à découvert.

Une grande partie de l'assemblée appuie la demande de l'appel nominal. Plusieurs membres demandent la parole pour des motions d'ordre. — Il s'élève un violent tumulte. — Après de longs débats, l'assemblée décide qu'ils ne seront pas entendus. M. le président lit l'article du réglement qui porte qu'en cas de doute on procédera à l'appel nominal. L'appel nominal a lieu sur la question de savoir si la priorité doit être accordée à la proposition de M. Merlin.

M. le président. Voici le résultat de l'appel nominal : sur 634 votans, 271 ont voté pour le oui, et 263 pour le non. Ainsi, la priorité est accordée à la motion de M. Merlin, c'est-à-dire que je dois mettre aux voix s'il y aura séance tous les soirs.... Un moment.... sur cette proposition on demande la question préalable, et on demande encore l'ajournement de la proposition de M. Mouysset. (Il s'élève de violens murmures.) La motion que je viens de résumer m'a été remise signée : cependant je conviens que, puisque la priorité a été accordée à la motion de M. Merlin, cette proposition seule doit être mise aux voix.

L'assemblée décide qu'il y a lieu à délibérer sur la proposition de M. Merlin. (Les tribunes applaudissent.) M. le président se dispose à mettre aux voix la proposition de M. Merlin. M. Bazire interrompt la délibération pour demander l'ajournement.

M. Léopold. Je demande à faire un autre amendement. Il consiste à ce que tous les membres qui seront convaincus d'avoir présidé des assemblées populaires, soient censurés et inscrits au procès-verbal.

Il s'élève de vifs applaudissemens dans une partie de l'assemblée, et de violens murmures dans l'autre. Un grand nombre de membres se présentent en foule, soit pour appuyer, soit pour combattre l'amendement de M. Léopold. M. le président se dispose à mettre cet amendement aux voix.

M. Grangeneuve. Monsieur le président, je demande à parler contre vous, si vous ne me laissez jouir du droit qu'a tout membre lorsqu'il a obtenu la parole. Le décret que l'on propose est, en d'autres termes, une défense faite par l'assemblée à un député d'être, tel ou tel jour, dans un endroit déterminé. Vos pouvoirs sont limités par la constitution ; je ne reconnaîtrai jamais d'autre autorité, dans mes habitudes privées, que les lois communes à tous les citoyens. Vous pouvez faire des réglemens pour l'intérieur de vos séances, mais au-delà, vous n'avez pas plus de juridiction sur un de vos membres que sur tout autre citoyen.

M. Lacroix. Je répondrai à ce que le préopinant vous a dit pour éluder l'autorité de l'assemblée nationale. J'ai entendu dire souvent par M. Grangeneuve, que le devoir de tout fonctionnaire public était de rester à son poste : or, je demande à M. Grangeneuve quel est son poste, si ce n'est le lieu des séances de l'assemblée. Si un député manque à son devoir de député, je demande si l'assemblée n'a pas le droit de faire un décret pour l'y assujettir. (Il s'élève quelques murmures. — M. Thuriot demande à faire une motion d'ordre.) Je ne parle point pour vous,

monsieur Thuriot, je parle pour la saine partie de l'assemblée.
(Il s'élève de violens murmures.)

M. Grangeneuve. Je demande que M. Lacroix soit rappelé à
l'ordre. (Il s'élève de violens murmures dans une partie de l'assemblée, et des applaudissemens dans l'autre.) Il n'y a pas de
partie saine, ni de partie malsaine dans l'assemblée.

M. Lacroix. Je dis que nos commettans nous ont envoyés ici
pour faire des lois, pour employer tout notre temps à la chose
publique, et nous devons tous être réunis ici lorsque l'on tient
séance. On ne nous a pas envoyés ici pour être aux Jacobins ou
aux Feuillans. (Il s'élève des murmures. — *Plusieurs voix :* Ni
dans les antichambres des ministres.) Je dis, et je répète, que
toutes les fois qu'un membre s'arrache à ses fonctions propres
pour se livrer à des fonctions étrangères, il tombe, pour ainsi
dire, en forfaiture avec ses commettans : d'après cela, je dis que
l'assemblée a incontestablement le droit de rappeler à leurs devoirs ceux de ses membres qui s'en écartent ; et pour cela, il faut
qu'elle fasse un réglement. Ne serait-il pas bien extraordinaire
d'entendre plusieurs membres demander qu'il y ait des séances
du soir tous les jours, et cependant refuser indirectement de s'y
trouver? (On applaudit.) J'appuie donc l'amendement de M. Léopold, et je demande que ceux qui ne se trouveront pas aux
séances ne soient pas payés.

M. Ramond. Lorsque les membres ne se trouvent pas à la
séance de l'assemblée nationale, la présomption naturelle, la
seule présomption légale qui puisse les justifier, c'est celle d'une
maladie. La présomption cesse lorsqu'il est prouvé que les membres absens se sont trouvés dans des sociétés particulières. Je
propose donc la rédaction suivante :

« Tout membre qui, pendant la durée des séances, sera convaincu d'avoir été dans quelque lieu public que ce puisse être,
sera inscrit au procès-verbal avec censure. »

M. Guadet et plusieurs autres membres demandent la parole
pour des amendemens. — L'assemblée ferme la discussion sur
les amendemens.

M. le président. Je vais mettre aux voix la proposition de M. Léopold, sauf rédaction. (Il s'élève des murmures. — On demande que la discussion soit continuée.)

N..... Je demande que l'assemblée déclare que M. Mouysset a mis le désordre dans l'assemblée.

L'assemblée décide qu'il y a lieu à délibérer sur l'amendement de M. Léopold. Des discussions s'élèvent sur la rédaction de cet amendement.

M. Léopold. Je propose de rédiger mon amendement en ces termes :

« Tous membres de l'assemblée qui, au lieu d'assister aux séances, seront convaincus d'avoir présidé, siégé ou assisté aux sociétés publiques, seront inscrits au procès-verbal avec censure. »

N...... Les Feuillans ne sont point publics ; on pourra donc aller aux Feuillans ?

M. le président. On demande qu'aux mots *sociétés publiques*, il soit ajouté *et particulières* ; je vais donc consulter l'assemblée sur les amendemens et sous-amendemens.

Plusieurs membres se lèvent dans différentes parties de la salle pour faire de nouvelles propositions. — Un décret accorde la parole à M. Isnard.

M. Isnard. Je demande que la proposition soit rédigée en ces termes :

« Tous ceux qui seront convaincus d'avoir manqué aux séances de l'assemblée nationale, sans causes légitimes, seront censurés. » (On applaudit.)

La priorité demandée pour la rédaction de M. Léopold est mise aux voix. — Deux épreuves sont douteuses. — On demande avec chaleur l'appel nominal.

M. Girardin. Je demande qu'après six heures de débats scandaleux nous passions enfin à l'ordre du jour. (On applaudit.)

Une grande partie de l'assemblée se lève, et appuie la proposition de passer à l'ordre du jour. Un long intervalle se passe dans une très-grande agitation. — La voix du président est étouffée par le tumulte des altercations particulières. **M. Mouysset** paraît à la tribune. Le tumulte redouble.

Un grand nombre de voix. A bas, à bas, à bas! à l'**Abbaye**. — M. Mouysset quitte la tribune.

M. le président. Il n'est pas un membre qui ne sente combien il est important que cette séance finisse avec calme. **M. Mouysset** demande la parole, et il me fait dire que c'est pour retirer sa motion. (Il se fait un grand silence.)

M. Mouysset. L'objet de la motion que j'avais faite était de resserrer de plus en plus les liens d'union et de fraternité qui doivent exister, et par sentiment et par nécessité, entre tous les membres de l'assemblée. Je vois avec peine que, par des motions incidentes, on a éloigné le bon effet de ma motion. Puisqu'on veut se décider à tenir des séances tous les soirs, j'augure trop bien de mes collègues pour croire qu'ils n'y seront pas très-assidus. Je demande donc que l'on passe à l'ordre du jour.

L'assemblée passe à l'ordre du jour.]

Le numéro CXXXVII des *Révolutions de Paris*, renferme un article intitulé: *Coalition d'un côté de l'assemblée avec le pouvoir exécutif,* article dont nous placerons ici quelques extraits curieux, relatifs à certains des orateurs qui figurent dans la séance qu'on vient de lire. On verra de plus que l'opinion représentée par ce journal exprimait les divisions de l'assemblée autrement que par les dénominations parlementaires que nous avons notées en commençant le mois.

« L'expérience nous prouve de plus en plus que la cause du peuple est trahie par un parti nombreux de l'assemblée nationale; parti qui s'accroît tous les jours; parti qui, pour peu qu'il grossisse encore, va exposer l'empire à des convulsions affreuses et déchirantes.

» Voici quels ont été les progrès du mal. Dès le moment de son installation, le corps législatif a jeté une première écume. Théodore Lameth, Jaucourt, Pastoret, Ramond, Ducastel et une centaine d'individus de la même trempe, se déclarèrent ouvertement les champions de la cour. Peu à peu ils firent des partisans : les

Girardin, les Lemontey, les Davheroult, les Vaublanc, ne tardè-
rent pas à se joindre à eux; au point que le *côté du roi*, d'abord
composé de cent membres, le fut ensuite de plus de deux cent
cinquante.

» Le pouvoir exécutif ne s'arrêta pas en si beau chemin; sûr
de deux cent cinquante membres, il tâcha d'en accaparer d'autres, et il y réussit. Le *côté du roi*, tout couvert de son infamie,
était devenu impuissant : on le réhabilita en *achetant* quelques
orateurs du *côté du peuple*, qui se vendirent suivant les proportions de l'ascendant qu'ils avaient acquis sur les *bonnes* gens de
l'assemblée nationale. M. Isnard, qui avait été président des jacobins, qui avait appris par cœur et débité avec emphase quelques
beaux discours, M. Isnard fut le premier marchandé; tout le
monde se souvient de l'accident qui lui est arrivé dans le commencement du mois de décembre. Un émissaire de la cour, trompé
par une fausse adresse, aborde un matin chez un incorruptible
Breton, qu'il prit pour M. Isnard. L'envoyé du roi fit de beaux
complimens, vanta les talens de M. Isnard, témoigna le désir
qu'on avait de faire particulièrement sa connaissance, et enfin s'en
alla, laissant, comme par inattention, une poignée d'assignats sur
la cheminée du faux Isnard. Le député breton ne put se contenir,
donna le mot du *quiproquo*, et aussitôt le proxénète politique ren-
gaîna son compliment et ses assignats. La députation de Bordeaux,
forte en talens et en patriotisme, fut attaquée ensuite. MM. Ducos
et Vergniaud reçurent aussi des envoyés. C'est dans ce moment
qu'on a vu avec regret ce dernier lire un projet d'adresse aux
Français, qui se ressentait furieusement du royalisme et de la
liste civile; cependant, soit honte, soit remords, soit que l'instinct
de la liberté ait été le plus fort, nous devons dire que M. Vergniaud, qui avait dévié un instant, est rentré dans le bon chemin,

» La cour a été plus heureuse auprès de M. Lacroix. Supérieur
à la honte, ce député de Chartres n'a pas craint de voter publiquement pour les ministres; et lui, qui n'était pas content qu'il n'eût
fait entendre vingt fois dans chaque séance sa voix de stentor, le
voilà à son tour devenu muet, aussi muet que M. Isnard. » Ici le

rédacteur fait la note suivante. — « Avis aux curieux. Voici l'histoire de M. Lacroix : cet homme était avocat de campagne avant
la révolution ; il rançonnait les plaideurs, et désolait tous les environs de Chartres. L'ancien ordre judiciaire supprimé , M. Lacroix, qui avait partagé ses concussions avec les officiers des justices seigneuriales, se fit nommer par eux procureur-syndic du département ; de là juge du tribunal de cassation. Sa *bonne fortune*
lui fit faire connaissance d'une belle dame à dix-huit mille livres de
rente viagère. On sent quelle doit être la délicatesse et la moralité
de cet homme ainsi jeté dans le grand monde ; il a fait ses affaires,
celles de ses frères, de ses parens, de ses amis. M. Lacroix a disposé de places et d'emplois ; il a fait des commissaires du roi, des
officiers, et il continuera probablement d'en faire sur terre et sur
mer, car il est constant qu'il reçoit tous les jours chez lui le ministre de la guerre et celui de la marine. » —Le rédacteur finit par
un sommaire critique des séances que nous venons de rapporter.
Il dit de celle du 23, qu'elle était destinée à abolir les Jacobins.
Il remarque que M. Lacroix s'est déchaîné contre eux , « lui qui
disait naguère à Camille Desmoulins qu'il se ferait jacobin aussitôt qu'il aurait été président de l'assemblée nationale. Le fourbe ! »
C e Lacroix est le même que le conventionnel.

Polémique d'André Chénier. Cet écrivain était attaché depuis
quelque temps au journal de Paris, où il donnait des articles anonymes. Il se fit connaître à l'occasion d'une critique du discours
préliminaire , placé par Manuel en tête des *Lettres de Mirabeau
à Sophie*, ouvrage récemment édité par lui. Le procureur de
la commune, jugé comme écrivain et comme moraliste, sort des
mains de Chénier aussi ridicule et aussi méprisable que pouvait l'être un homme pensant et écrivant comme cite son adversaire : « Sans lui (Manuel) nous ne saurions pas que *Sophie était
presque belle ; mais que Gabriel ne s'était rendu qu'à ses vertus ,
et qu'il tenait encore plus à son ame de feu qu'à son corps d'albâtre. Bien différente de ces prudes ennuyeuses qui déguisent de leur
mieux leurs aventures, elle était cependant toujours décente, même
lorsqu'il l'entraînait vers le trône de l'amour. Elle avait sans cesse*

quelque malice à lui faire; et rien n'est plus piquant que l'ingénieux détail de ces malices *qu'elle lui faisait, jusqu'à ce que l'envie de lui en faire se passât peu à peu,* comme il est dit agréable-
ment p. 15. Mais rien n'est plus touchant que le récit de la mort
de cette Sophie, *qui descendit au tombeau lorsque Mirabeau montait
à la tribune, d'où il devait tomber sur le lit de mort, qui fut pour
lui celui de la gloire. Sophie, suicide, trouva sur le sopha même des
Graces, dans la vapeur du charbon, le sommeil éternel de Pauline.* »

Chénier, parlant ensuite des commentaires de Manuel sur le
commerce enchanteur de Gabriel et de Sophie, dit : « J'ai regret
de ne pouvoir suivre l'auteur dans le voluptueux délire où le
jettent de si belles imaginations. Mais je suis contraint ici de supprimer les citations ; car ceux qui ont perdu quelques instans de
leur jeunesse à feuilleter ces honteuses productions de la débauche
et de la cupidité qui inondent aujourd'hui nos places publiques,
assurent retrouver dans cette préface le ton, l'esprit, le sel,
l'urbanité qui distinguent ces nobles ouvrages, et croient lire un
écrit composé dans et pour un de ces lieux que l'auteur nomme
à la page 37. — L'illustre éditeur et sa nombreuse cohorte ne
manqueront pas de dire que cet extrait est l'ouvrage d'un aristocrate, notoirement stipendié par la liste civile, et en relation
évidente avec les émigrés de Coblentz ; car,

Qui siffle Manuel est un valet du roi,
Et n'a, dit Manuel, ni Dieu, ni foi, ni loi. »

Cet article, inséré sans nom d'auteur dans le *Journal de Paris,*
supplément du 12 février, est attribué à Suard, par Prudhomme,
n° 137, p. 375. Prudhomme prouve qu'on pouvait siffler Manuel
sans être taxé d'aristocratie ; car il le traite plus durement
encore que ne l'avait fait Chénier. Il cite textuellement le fameux passage de la page 37, passage d'un cynisme tellement direct
par les choses et par les mots, qu'il nous est impossible de le
transcrire. Là-dessus, Prudhomme fait ainsi apostropher Manuel
par Mirabeau : « Comment as-tu pu répéter de sang-froid dans
ton cabinet d'études des expressions que rien ne justifie ? Res-

pecte les morts, et ne fais point tes ordures sur leur cendre encore tiède. Les pamphlets de Voltaire te tournent la tête, et tu te rappelles les petits succès des petits sarcasmes de Dalembert,

Qui se crut un grand homme et fit une préface.

« Ministre des mœurs publiques dans une grande ville, que veux-tu qu'on pense de toi, et du choix que le peuple a fait de ta personne ? Quelle foi veux-tu qu'on ait dans les dénonciations que ta place te chargera de faire ? »

Chénier avoua son article en signant le suivant dirigé contre les Jacobins : il est emprunté par nous au supplément du *Journal de Paris* du 26 février.

« *De la cause des désordres qui troublent la France et empêchent l'établissement de la liberté.*

» La société des amis de la constitution s'est souvent occupée, comme on le voit par le journal de ses séances, des moyens de ramener et d'assurer le calme dans Paris et dans le royaume. Quoique je n'aie jamais été membre de cette société, et que je ne l'aie même jamais vue, je me joins cette fois à elle du fond du cœur pour adhérer à ce vœu qu'elle prononce, et qui est celui de tout bon citoyen. Et comme il faut connaître la véritable source des maux pour en découvrir le remède, je vais, sans m'arrêter à quelques causes particulières et momentanées de dissensions, inséparables de tout nouvel ordre de choses, indiquer ce que je crois être la cause féconde et universelle des troubles et des désordres qui nous agitent, à la suite d'une révolution pour laquelle le genre humain votera un jour des remerciements à la France.

» Il existe à Paris une association nombreuse qui s'assemble fréquemment, ouverte à tous ceux qui sont ou passent pour être patriotes, toujours gouvernée par des chefs visibles ou invisibles qui changent souvent et se détruisent mutuellement, mais qui ont tous le même but, de régner, et le même esprit, de régner par tous les moyens. Cette société s'étant formée dans un moment où la liberté, quoique sa victoire en fût plus incertaine, n'était pourtant pas encore affermie, attira nécessairement un grand nombre de citoyens alarmés et pleins d'un ardent amour pour la bonne cause. Plusieurs avaient plus de zèle que de lumières. Beaucoup d'hypocrites s'y glissèrent avec eux, ainsi que beaucoup de personnages endettés, sans industrie, pauvres par fainéantise, et qui voyaient de quoi espérer dans un changement quelconque. Plusieurs hommes justes et sages, qui savent que dans un état bien administré tous les citoyens ne font pas les affaires publiques, mais que tous doivent faire leurs affaires domestiques, s'en sont retirés depuis. D'où il suit que cette association doit être composée, en grande partie, de quelques joueurs adroits qui réparent les hasards et qui en profitent, d'autres intrigans subalternes à qui l'avidité et l'habitude de malfaire tiennent lieu d'esprit, et d'un grand nombre d'oisifs honnêtes, mais ignorans et bornés, incapables d'aucune mauvaise intention, mais très-capables de servir, sans le savoir, les intentions d'autrui.

» Cette société en a produit une infinité d'autres : villes, bourgs, villages, en sont pleins. Presque toutes sont soumises aux ordres de la société mère, et entretiennent avec elle une correspondance très-active. Elle est un corps dans Paris ; elle est la tête d'un corps plus vaste qui s'etend sur la France. C'est ainsi que l'église de Rome *plantait la foi* et gouvernait le monde par des congrégations de moines.

» Cette congrégation fut imaginée et exécutée, par des hommes très-populaires, il y a deux ans, et qui virent fort bien que c'était un moyen d'augmenter leur pouvoir et de tirer un grand parti de leur popularité, mais qui ne virent point combien un pareil instrument était redoutable et dangereux. Tant qu'ils les gouvernèrent, toutes les erreurs de ces sociétés leur parurent admirables ; depuis qu'ils ont eux-mêmes été détruits par cette mine qu'ils avaient allumée, ils detestent des excès qui ne sont plus à leur profit ; et disant plus vrai, sans être plus sages, ils se réunissent aux gens de bien pour maudire leur ancien chef-d'œuvre ; mais les gens de bien ne se réunissent point à eux.

» Ces sociétés delibèrent devant un auditoire qui fait leur force : et si l'on considère que les hommes occupés ne négligent point leurs affaires pour être témoins des débats d'un club, et que les hommes éclairés cherchent le silence du cabinet ou les conversations paisibles, et non le tumulte et les clameurs de ces bruyantes mêlées, on jugera facilement quels doivent être les habitués qui composent cet auditoire. On jugera de même quel langage doit être propre à s'assurer leur bienveillance.

> Une simple équivoque a suffi à tout. La constitution étant fondée sur cette éternelle vérité, la *souveraineté du peuple*, il n'a fallu que persuader aux tribunes du club qu'elles sont le *peuple*.

> Cette définition est presque généralement adoptée par les publicistes, faiseurs de journaux. Et quelques centaines d'oisifs réunis dans un jardin ou dans un spectacle, ou quelques troupes de bandits qui pillent des boutiques, sont effrontément appelés le *peuple*; et les plus insolens despotes n'ont jamais reçu des courtisans les plus avides un encens plus vil et plus fastidieux que l'adulation impure dont deux ou trois mille usurpateurs de la souveraineté nationale sont enivrés chaque jour par les écrivains et les orateurs de ces sociétés qui agitent la France.

> Comme l'apparence du patriotisme est la seule vertu qui leur soit utile, quelques hommes, qu'une vie honteuse a flétris, courent y faire foi de patriotisme par l'emportement de leurs discours, fondant l'oubli du passé et l'espérance de l'avenir sur des déclamations turbulentes et sur les passions de la multitude, et se rachetant de l'opprobre par l'impudence.

> Là se manifestent journellement des sentimens et même des principes qui menacent toutes les fortunes et toutes les propriétés. Sous le nom d'*accaparemens*, de *monopoles*, l'industrie et le commerce sont représentés comme des délits. Tout homme riche y passe pour un ennemi public. L'ambition et l'avarice n'épargnent ni honneur, ni réputation; les soupçons les plus odieux, la diffamation effrénée, s'appellent *liberté d'opinions*. Qui demande des preuves d'une accusation, est un homme suspect, un ennemi du peuple.

> Là, toute absurdité est admirée, pourvu qu'elle soit homicide; tout mensonge est accueilli, pourvu qu'il soit atroce. Des

femmes y vont faire applaudir les convulsions d'une démence sanguinaire.

» La doctrine que toute délation , vraie ou fausse , est toujours une chose louable et utile , y est non-seulement pratiquée, mais enseignée au moins comme ce que les jésuites appelaient une *opinion probable*. Un homme fait un discours rempli d'invectives et d'imputations diffamantes; dans l'allégresse générale, on en décide l'impression ; puis , interrogé pourquoi il ne l'a pas publié tel qu'il l'avait prononcé, et pourquoi il a supprimé quelques-unes de ces brillantes délations qui en avaient fait le succès , il répond , avec une franchise qui ne l'honore pas moins que ceux dont il était alors le président , qu'au fond, il n'était pas sûr que tout ce qu'il avait dit fût bien vrai, et qu'il a mieux aimé ne pas s'exposer à un procès criminel (1).

» On y attaque aussi quelquefois des coupables, et on les y attaque avec une férocité , un acharnement, une mauvaise foi qui les font paraître innocens.

» Là se distribuent les brevets du patriotisme. Tous les membres , tous les amis de ces congrégations sont de bons citoyens ; tous les autres sont des perfides. La seule admission dans ce corps, comme le baptême de Constantin, lave tous les crimes , efface le sang et les meurtres. Les monstres d'Avignon ont trouvé là des amis , des défenseurs , des jaloux.

» Ces sociétés , se tenant toutes par la main , forment une espèce de chaîne électrique autour de la France. Au même instant, dans tous les recoins de l'empire , elles s'agitent ensemble, poussent les mêmes cris, impriment les mêmes mouvemens, qu'elles n'avaient certes pas grand' peine à prévoir d'avance.

» Leur turbulente activité a plongé le gouvernement dans une effrayante inertie : dans les assemblées primaires ou électorales, leurs intrigues , leurs trames obscures, leurs tumultes scandaleux ont fait fuir beaucoup de gens de bien, dont toutefois la faiblesse

---

(1) Nos lecteurs reconnaissent ici la scène entre Desmoulins et Dubois-de-Crancé, rapportée par nous dans le mois de janvier. — Analyse des séances du club. (*Note des auteurs.*)

est très-condamnable, et ont sali de notes infames quelques listes de magistrats populaires. Partout, les juges, les administrateurs, tous les officiers publics qui ne sont pas leurs agens et leurs créatures, sont leurs ennemis, et en butte à leurs persécutions. Usurpateurs même des formes de la puissance publique, ici, ils se transportent à un tribunal et en suspendent l'action; là, ils forcent des municipalités à venir chez eux recevoir leurs ordres; dans plus d'un lieu, ils ont osé entrer de force chez les citoyens, les fouiller, les juger, les condamner, les absoudre. La rébellion aux autorités légitimes trouve chez eux protection et appui. Tout homme se disant patriote, et qui a outragé les lois et leurs organes, vient s'en vanter parmi eux. On en a vu se faire gloire, non-seulement de leurs délits, mais des actes judiciaires qui les avaient justement flétris. Tout subalterne renvoyé et calomniateur est une victime de son patriotisme; tout soldat séditieux et révolté peut leur demander la couronne civique; tout chef insulté et assassiné a eu tort. Au moment où une horde de rebelles fugitifs, secondés de la malveillance des étrangers, semble nous annoncer la guerre, ils désignent les généraux à l'armée comme des traîtres dont elle doit se défier. Quiconque veut exécuter les lois est dénoncé chez eux, et par eux dans les places publiques, et par eux à la barre même de l'assemblée nationale, comme un mauvais citoyen et contre-révolutionnaire (1).

» Ils ne laissent pas de se plaindre aussi eux-mêmes de l'inexécution des lois. Ce gouvernement, dont chaque jour ils embar-

(1) Ces allusions de Chénier s'adressent aux jacobins de Caen, de Strasbourg, d'Arles, sauf ce qui regarde les soldats *factieux* et les soupçons émis contre La Fayette : ceci s'adresse à la société mère. Quant au membre qu'il désigne par ces mots : *justement flétri par des actes judiciaires*, il veut parler de CARRA. Ce journaliste, long-temps menacé par la *Gazette Universelle* d'une révélation qui le couvrirait de honte, venait enfin d'en être frappé. Elle avait imprimé l'ampliation d'un arrêt du tribunal de Mâcon qui condamnait Carra à deux ans de prison pour *vol avec effraction*. Celui-ci répondit dans les *Annales patriotiques*, il avoua qu'il avait passé deux ans en prison, par suite de cet arrêt; mais qu'il n'était pas coupable; qu'il était d'ailleurs trop jeune alors.—Toute sa justification consiste à alléguer un *alibi* qui ne fut pas accepté—parce qu'il fallait un coupable au *magistrat, amant de la marchande de modes* qui avait été volée.

(*Note des auteurs.*)

rasent la marche, ils l'accusent chaque jour de ne point marcher. Chaque jour ils invoquent la Constitution; chaque jour leurs discours et leur conduite l'outragent; et chaque jour s'élancent du milieu d'eux des essaims de pétitionnaires qui vont faire retentir de violentes inepties contre la Constitution les voûtes mêmes sous lesquelles la Constitution a été faite.

» Ils reçoivent, à la face de la France entière, des députations qui, comme s'il n'existait ni assemblée législative, ni tribunaux, ni pouvoir exécutif, s'adressent à eux pour obtenir ou une loi, ou la réparation de quelque tort, ou un changement d'officiers publics.

» Et quand l'indignation et la douleur soulèvent tous les esprits, ils crient eux-mêmes plus que personne contre les désordres qu'ils ont faits et qu'ils entretiennent; ils accusent de leur ouvrage tous ceux qu'ils oppriment; et, levant tout-à-fait le masque, ils arment au milieu de Paris, sans dissimuler leurs préparatifs de guerre.

» Les procès-verbaux de toutes les administrations, ceux de l'assemblée nationale, tous les journaux, et ceux principalement qui sortent du sein même de toutes ces sociétés, la notoriété publique, les yeux et la conscience de la France entière, attesteront que ce tableau hideux n'est que fidèle. Voilà dans quel chaos ils ont jeté cet empire qui a une constitution; voilà comment, soit par la terreur, soit par le découragement, ils ont réduit les talens et la probité au silence; et l'homme dont le cœur est juste et droit (car celui-là seul est libre), étonné entre ce qu'on lui annonçait et ce qu'il voit, entre la constitution et ceux qui se nomment ses amis, entre la loi qui lui promet protection et des hommes qui parlent plus haut que la loi, rentre en gémissant dans sa retraite, et s'efforce d'espérer encore que le règne des lois et de la raison viendra enfin réjouir une terre où l'on opprime au nom de l'égalité, et où l'effigie de la liberté n'est qu'une empreinte employée à sceller la liberté de quelques tyrans.

» Il a paru sous le nom d'un magistrat (Pétion) une lettre qui m'a semblé bien niaise; d'autres l'ont jugée pernicieuse. Ils ont cru y voir le désir de servir les factions les plus ennemies du bien public, de justifier les passions les plus iniques et les plus anti-sociales; et d'armer tous ceux qui n'ont rien contre ceux qui ont quelque chose. Mais, quoique je ne connaisse point ce magistrat, et que je l'entende prôner par des gens que je n'aime pas, et pour qui je n'ai aucune estime, je n'ai rien vu ni dans sa conduite, ni dans son écrit qui m'autorise à adopter de pareils soupçons. Quoi qu'il en soit, cette lettre assure en différens endroits, et de différentes manières, *que la bourgeoisie n'est plus aussi attachée à la révolution*. Si ce fait important est vrai, il me semble qu'il aurait dû inspirer à ce magistrat d'autres réflexions que celles qu'on lit dans sa lettre. Il aurait dû considérer que cette classe, qu'il désigne par ce mot de bourgeoisie, étant celle qui est placée à distance égale entre les vices de l'opulence et ceux de la misère, entre les prodigalités du luxe et les extrêmes besoins, fait essentiellement la masse du vrai *peuple*, dans tous les lieux et dans tous les temps où l'on donne un sens aux mots qu'on emploie ; que cette classe est la plus sobre, la plus sage, la plus active, la plus remplie de tout ce qu'une honnête industrie enfante de louable et de bon ; que lorsque cette classe entière est mécontente, il en faut accuser quelque vice secret dans les lois ou dans le gouvernement. Des lois qui rétablissent l'égalité parmi les hommes ; des lois qui ouvrent le champ le plus vaste et le plus libre à toute espèce de travaux, des lois qui, malgré les imperfections dont nul ouvrage humain n'est exempt, sont au moins évidemment destinées à fonder la concorde et le bonheur de tous sur les intérêts de tous, ne peuvent assurément pas être la cause de leur mécontentement. Si ensuite ce magistrat eût regardé autour de lui, s'il eût vu les tribunaux sans force, les administrateurs sans pouvoir et sans considération, la France entière alarmée sur l'état de ses finances, sur celui de sa dette, sur les contributions, sur la fortune publique, et par conséquent les particuliers inquiets sur leur fortune privée ; la défiance et l'effroi arrêtant ou précipitant les transactions commerciales, les spéculations les plus légitimes devenues dangereuses, vingt tentatives pour taxer le prix des denrées, le discrédit de nos papiers, effet infaillible de toutes ces causes ; il n'aurait pas été embarrassé de rendre raison de ce grand nombre des mécontens qui grossit tous les jours. Il eût cherché ensuite d'où peut naître un relâchement si incroyable dans toutes les parties du gouvernement, et cette terreur des bons, et cette audace des méchans : je doute que ses yeux eussent trouvé à se fixer ailleurs que sur ces sociétés, où un infiniment petit nombre de Français paraissent un grand nombre parce qu'ils sont réunis et qu'ils crient.

» Et alors comparant leur action et leur organisation avec les idées qu'il doit s'être faites d'un état libre et bien ordonné, il aurait, je pense, conclu avec moi et avec tout lecteur qui n'est pas un des fripons intéressés à tant de désordres, où d'une imbécillité à qui tout raisonnement soit interdit, qu'il est absolument impossible d'établir et d'obtenir un gouvernement à côté de sociétés pareilles; que ces clubs sont et seront funestes à la liberté; qu'ils anéantiront la constitution ; que la horde énergumène de Coblentz n'a pas de plus sûrs auxiliaires ; que leur destruction est le seul remède aux maux de la France ; et que le jour de leur mort sera un jour de fête et d'allégresse publique. Ils crient partout que la patrie est en danger, Cela est malheureusement bien vrai; et cela sera vrai tant qu'ils existeront. — ANDRÉ CHÉNIER. »

Les journaux révolutionnaires ne répondirent pas à cet article. Nous avons déjà fait remarquer que les feuilles du parti à qui l'on commençait de donner le nom de Montagne, avaient cessé depuis quelques mois toute controverse avec les amis prononcés de La Fayette. Les feuilles girondines elles-mêmes qui combattent encore et avec beaucoup de chaleur, *la Gazette Universelle*, *la Chronique de Paris*, etc., se taisent en cette occasion. Nous trouvons seulement dans Gorsas, numéro du 29 février, une réplique d'une nullité parfaite, signée, G. Boisguyon : Audoin la transcrit le lendemain.

Le Journal de Paris du 28 renferme la lettre suivante : « On a publié dans le supplément de votre journal d'hier dimanche, une opinion sur les sociétés des amis de la constitution : elle est signée

André Chénier. Beaucoup de personnes ont cru qu'elle était de l'auteur de *Charles IX* et de *Caïus Gracchus.* Je déclare que je n'ai point eu de part à cet article, qu'il renferme une opinion directement contraire à la mienne, et que je me ferai toujours honneur d'être membre de la société des amis de la constitution séante aux Jacobins de Paris. — Le 27. *Marie-Joseph* CHÉNIER. »

Au numéro du 29 février de ce même journal, nous trouvons le premier numéro du *Cabinet de lecture*, journal rédigé, à ce que nous y lisons, « par cinq honnêtes citoyens de Paris, de différens âges et de différens états. » C'est un journal incorporé à celui de Paris, ou, pour mieux dire, c'est un titre courant choisi pour une suite d'articles rédigés dans le même esprit et par les mêmes auteurs. Le numéro 2 (*Journal de Paris* du 1er mars) répond ainsi à la lettre de Chénier : « M. Joseph-Marie Chénier s'est donné la peine de publier qu'il n'était pas l'auteur des *Réflexions contre les excès des clubs jacobites*. Quel est l'homme ayant appris à lire qui ait pu l'en soupçonner? Quel rapport y a-t-il entre l'éloquence nerveuse des Réflexions d'André et la triviale verbosité des préfaces de Joseph-Marie? M. Joseph-Marie Chénier prétend qu'il a une opinion directement contraire à celle de M. André Chénier. M Joseph-Marie est-il bien sûr d'avoir une opinion sur ces matières? — M. Joseph-Marie se fait gloire d'être membre de la société des Amis de la constitution ; cela est tout simple, il y a dans cette société des hommes de mérite et de bons citoyens, dont l'association ne peut que faire honneur à M. Joseph-Marie. » — Marie-Joseph Chénier répond à cet article par une lettre que publia tout e tière le *Journal de Paris* du 3 mars. Le fond de la lettre se réduit à ceci : qu'il a une opinion, qu'il le prouvera; qu'il est un littérateur patriote, auteur de *Charles IX, Henri VIII, Calas* et *Caïus Gracchus*. Il finit en disant : « Je vous remercie sincèrement de m'avoir épargné l'opprobre de votre estime, et je suis fâché qu'un homme de mérite comme mon frère soit insulté par vos éloges. »

Le silence des Girondins sur l'article de Chénier ne nous surprend nullement. Nous voyons très-bien ce que Robespierre aurait pu y répondre; mais Brissot et Pétion étaient battus de main de maître sur leur propre terrain. — Nous analyserons maintenant les séances du club.

Séances des Jacobins. Les présidens en février sont MM. Broussonnet du 2 au 14, et Bazire du 17 février au 2 mars.

1er *Février.* — « Mademoiselle Théroigne de Méricourt, que son amour pour la liberté et son dévouement à la révolution française, avaient rendue célèbre avant les persécutions qu'elle a essuyées dans les états et sous le nom de l'empereur, de la part de l'aristocratie émigrée, a lu à la tribune un précis de ce qui lui est arrivé depuis son départ de Paris, après le décret lancé contre elle par le Châtelet, à l'occasion de l'affaire des 5 et 6 octobre, jusqu'à son retour dans la capitale. Elle se propose de publier ses Mémoires, qui ne manqueront pas d'intéresser les nombreux ennemis de l'aristocratie et du despotisme. » — Lanthenas, président à la place de Guadet, répond à mademoiselle Théroigne. Manuel dit : « Vous venez d'entendre une des premières amazones de la liberté; je demande que, présidente de son sexe, assise aujourd'hui à côté de notre président, elle jouisse des honneurs de la séance. » — La société passa à l'ordre du jour, qui était l'affaire d'Avignon. — Carra prononce un long discours sur la guerre. — La société fraternelle de l'un et de l'autre sexes, séante à la bibliothèque des Jacobins-Saint-Honoré, communique, par une députation, une pétition signée individuellement, sur la publicité des séances des corps administratifs. — Réponse de Lanthenas. — La section du Palais-Royal communique son arrêté en faveur des gardes-françaises, arrêté mentionné par nous dans le mois précédent. (*Journal du club* du 4 février.)

2 *Février.* — Goupy (de l'Oise) se plaint de ce qu'on a oublié son nom sur la liste de ceux qui ont voté contre le ministre de la marine. Il dit qu'il cesserait plutôt de vivre que de ne pas voir, dans toutes les circonstances, son nom parmi ceux des bons patriotes. — Plusieurs députés se lèvent pour rendre justice à son civisme. — Legendre demande que Girardin, qui a voté pour le

ministre, soit exclu de la société. La société arrête qu'il n'y a
pas lieu à délibérer. — Dubois-Crancé fait la motion d'envoyer
aux sociétés affiliées : 1° le discours de Grangeneuve; 2° la liste,
en deux colonnes, des députés qui ont voté pour ou contre Bertrand de Molleville. — Bellegarde demande qu'on fasse une troisième colonne pour ceux qui se sont retirés au moment de
l'appel nominal. — Dubois-Crancé propose de désigner les absens en note. Sa motion est intégralement adoptée au milieu des
applaudissemens. (*Journal du club*, 5 février.)

3 *Février*. — MM. Bazire et Chabot témoignent leurs regrets
de ne s'être pas trouvés à l'assemblée nationale pour l'affaire
du ministre, et protestent que leur mauvaise santé en a été la
cause.

M. Legendre. « Personne ne peut se dissimuler que MM. Bazire et Chabot ne fussent malades; car ils n'ont qu'à se montrer,
leur physionomie prouve leur véracité. Ils disent qu'ils étaient
malades, ils n'avaient qu'à se faire transporter à l'assemblée nationale; je me serais chargé du fardeau. Un patriote serait bien
lotti, si se trouvant persécuté, il réclamait votre secours, et que
vous lui répondissiez : Je suis malade! Je demande que l'arrêté
de la société soit pleinement exécuté à l'égard de ces messieurs,
dont au reste personne n'estime le patriotisme autant que moi.
Qu'ils envoient leurs excuses à leurs commettans. » (Nous ferons observer que l'appel nominal avait eu lieu entre onze heures
et minuit. Quant à la maladie de Bazire et de Chabot, personne
n'y crut.)

M. Manuel. « Messieurs, Cérutti est mort. » (Une voix : *Tant
mieux!*)

• *M. le président.* « J'observe à la personne qui vient de faire
une réflexion aussi indécente, que Cérutti était l'auteur de la
Feuille villageoise. »

Manuel demande que la société envoie quatre commissaires
a ses obsèques, et dit qu'il sera remplacé à la législative par le
suppléant Alleaume, ancien notaire.

M. Robespierre. « Messieurs, c'est à regret que je suis obligé

de dire quelques mots sur M. Cérutti ; mais puisqu'on fait une
motion à cet égard, l'idée de la mort impose toujours quelques
regrets et quelque respect. Il est des morts qui méritent indulgence ; et d'ailleurs la mort seule la réclame pour tous ceux
qu'elle a frappés. C'est pour cette raison que je crois que la société me dispensera de développer ce que je pense à cet égard.
Je crois d'abord que, comme société, nous ne devons rien à
celui qui n'était pas de la nôtre ; et comme il faut attendre que
le temps ait justifié celui à qui on nous offre de rendre des
hommages, la société des Amis de la constitution ne lui en doit
pas. Je demande que l'on passe à l'ordre du jour ». — La société
passe à l'ordre du jour (1). (*Journal du club*, 7 février.)

8 *Février.* — M. Duplain, membre de la société, lui fait hommage d'un ouvrage intitulé : *La chasteté du clergé dévoilée.* —
Nous transcrivons sur le reste de cette séance un article des *Révolutions de Paris*, n° CXXXV.

Bonne fortune de M. Carra. — « Un orateur qui harangue
comme nos missionnaires prêchaient jadis, se présenta lundi
dernier à la tribune des Amis de la constitution pour y dénoncer
un fait connu de tous ceux qui ont des yeux et des oreilles.
Tantôt se couvrant la face de ses deux mains, tantôt levant les

(1) Cérutti mourut le 2 février. A la veille de sa mort il publiait un poème intitulé : les *Jardins de Betz*. Le *Patriote Français* du 1ᵉʳ février fait un pompeux
éloge de ce poème. — « Rarement lira-t-on des ouvrages aussi remarquables. —
C'est un morceau que Voltaire aurait admiré, car Voltaire ne pouvait rien en-
vier. — Enfin, un intérêt bien touchant augmentera peut-être, ou peut-être
troublera le charme de cette lecture. Ce génie rare, ce citoyen vertueux, ce philosophe patriote, l'infortuné Cérutti, après un an de douleurs, est, hélas ! en ce
moment même, gisant et prêt à s'éteindre victime de son zèle dévorant pour la
liberté, pour le peuple et pour la raison universelle. » — Dans son numéro du
4, Brissot invite aux funérailles de Cérutti « les gens de lettres, les philosophes,
tous les amis de la révolution. »

Le *Moniteur* du 27 mars nous apprend, dans un article nécrologique composé
dans d'excellentes intentions pour Cérutti, qu'il était né à Turin, et qu'il avait
été élevé par les jésuites ; qu'il débuta dans les lettres par un discours qui rem-
porta le prix aux jeux floraux ; qu'il vint ensuite à Nancy y composer l'*Apologie
des jésuites*, ouvrage qui lui valut les faveurs de Stanislas ; qu'il se défroqua et
vint à la cour ; qu'une passion violente et malheureuse lui fit perdre beaucoup de
temps et usa son génie et son talent ; qu'il aima ensuite madame Duchâtelet, puis
la duchesse de Brancas, avec laquelle on le croyait marié secrètement ; qu'il

yeux au ciel, d'autres fois essayant de quelques sanglots patriotiques, il dénonça la cour comme atteinte et convaincue de corrompre toutes les autorités constituées, depuis la législative
jusqu'aux journalistes, les administrations de département et de
district, les juges de tous les tribunaux et les principales municipalités de l'empire. L'orateur n'eut pas de peine à persuader
son auditoire : on savait d'avance que tant qu'il y aura des hommes et une liste civile de 25 à 30 millions, il y aura un encan de
conscience et de probité.

» Pour preuves justificatives de son discours, en forme de
philippique, le Démosthène Carra ajouta avec confiance que la
cour salariait deux cent trente députés pour le moins, les uns
à raison de 500 liv. par mois; d'autres à raison de 1,000 liv.;
quelques-uns se vendent pour la somme de 2,000 liv.; un plus
petit nombre ne veulent pas moins de 3,000 l. par mois; deux ou
trois au plus coûtent 5,000 l. Calcul fait, somme totale, la cour,
avec moins de 10 millions par chaque année, accapare les suffrages de nos représentans, la conscience de nos administrateurs,
le franc-parler de nos journalistes; et ce n'est pas de la poudre
jetée aux moineaux. Le côté du roi à l'assemblée nationale gagne
de la force et du nombre de jour en jour; la plupart des admi-

---

passa avec elle les quinze plus belles années de sa vie; qu'en 1788 il publia le
Mémoire pour le peuple français, l'un des ouvrages qui ont le plus avancé l'opinion. — Le même article commente le testament de Cérutti. « Le sage Cérutti
se trouvait pauvre avec une fortune considérable pour un célibataire. Il répète
plusieurs fois dans son testament : *Le peu que je possède*; il y dit en parlant de
lui-même : *Un philosophe qui a peu d'argent*; et dans ce même testament il déclare qu'il avait un peu plus de 11,000 *liv. de rente viagère!* Et il laisse plus de
100 louis en espèces sonnantes! et il y parle de son *valet de chambre et de plusieurs domestiques!* Qu'aurait dit de ce langage le bon Jean-Jacques, qui avait
donné le *Discours sur l'inégalité* pour 50 pistoles, qui n'eut jamais de domestiques, et qui ne laissa rien. » — Grouvelle et Ginguené continuèrent la *Feuille
villageoise*. Grouvelle répondit à cet article dans le *Moniteur* du 17 avril. L'ami,
le collaborateur, l'exécuteur testamentaire, l'héritier de la bibliothèque du jésuite
Cérutti, lui devait une oraison funèbre. — Pour nous, nous avons fait cette note
afin d'expliquer la sévérité de Robespierre sur cet homme; nous laissons à d'autres le soin d'expliquer les éloges que lui donnait Brissot. Nous terminerons en
disant que le chevalier de Parny a versifié, dans un poème infâme, quelques-
unes des apologies dont Cérutti avait orné son *admirable poème des Jardins de
Bets.* (*Note des auteurs.*)

nistrations sont détestables; quant aux journaux réellement patriotes, on en compte à peine autant que Boileau comptait de
femmes vertueuses à la Cour en son temps.

› Passant à la manière dont on s'y prend pour adresser à
chacun son *petit paquet*, au commencement de chaque mois,
M. Carra dit qu'on détache à l'individu qu'on veut séduire un
limier de bonne encolure et bien dressé, qui entre poliment dans
l'appartement, qui parle d'abord des affaires publiques en général, ensuite d'ordre et de tranquillité publique, et puis le lendemain on reçoit un assignat proportionné à l'opinion que le
visiteur s'est formée du visité. — Ce fait, quoique raconté à la
façon de M. Carra, n'étonna personne; tous ces détails ne pi-
quèrent nullement la curiosité, parce qu'ils étaient prévus. L'o-
rateur apparemment s'y attendait, et il avait mis en réserve une
preuve matérielle bien plus éloquente que tout son discours.
« S'il pouvait encore y avoir des incrédules dans cette assemblée,
dit-il, eh bien! qu'ils lèvent les yeux sur ce papier : c'est un assignat de 1,000 liv. qui m'a été envoyé par la cour, et dont je
fais hommage à l'assemblée. Je désire seulement que la moitié
soit consacrée aux besoins des gardes-françaises; l'autre moitié
est destinée à la fabrication des piques de bon aloi. »

› Et le geste suivit, ou plutôt accompagna les paroles. M. Carra
exhiba en effet un billet-assignat de cent pistoles, et l'exposa
long-temps à la vue des curieux.

› Ce n'est là que le devant de la scène : sur les côtés était un
sieur Lemaire, auteur trop fameux des *Lettres du père Duchêne*.
Une salutaire confusion couvrait ses joues; personne ne pensait
à lui; mais ses voisins s'aperçurent à son embarras que sa conscience était à l'encan de la cour.

› D'une autre part, un sieur Millin, l'un des rédacteurs du
second feuillet de la *Chronique de Paris*, voulut adresser quelques mots fraternels à quelqu'un qui se trouvait près de lui, au
sujet de l'orateur Carra; mais il tomba entre des mains qui n'é-
taient pas miséricordieuses : c'était Santerre, le frère du commandant. « Allez, monsieur, ne me parlez pas; je ne veux pas vous

entendre. Vous êtes vendu aussi. » Le sieur Millin, voulant payer d'assurance ou d'effronterie, répliqua : « Monsieur, pourriez-vous me dire combien? — Pas cher, lui dit M. Santerre. » Et la conversation en resta là.

» Mais comment s'y prit-on pour aborder M. Carra? Le voici: Il avait connu jadis un aristocrate de haut parage. Les premiers jours de décembre 1791, ce ci-devant comte monte au quatrième étage où loge l'auteur des *Annales patriotiques*; et après les préliminaires, il proposa au journaliste des relations avec la cour, et alla jusqu'à lui demander un plan de conduite à l'usage du roi et des ministres. M. Carra se met à l'ouvrage, et trace son plan, qu'il confie à l'aristocrate. Celui-ci, quelques jours après, lui renvoya ses notes dans une enveloppe, accompagnées de l'assignat en question. Le lendemain, il retourna chez le journaliste, le priant de fournir tous les mois un travail semblable, dont on renverrait exactement l'original de la même manière, et ainsi de suite tous les mois.

» Ce récit n'a pas été sans quelque louche pour tout le monde. On voudrait savoir pourquoi M. Carra, qui embouche la trompette pour annoncer sa bonne fortune, ne s'est avisé de la publier que six semaines après l'aventure? Pourquoi encore taire le nom de cet embaucheur littéraire : cet aristocrate était bon à connaître. (Dans l'article cité par nous en janvier, où Carra annonce cette scène, il promet des noms propres.)

» Et puis comment n'est-il pas venu à l'esprit de M. Carra, le lendemain même de la réception de l'assignat, de se présenter à la barre de l'assemblée nationale, et son billet à la main, d'y dire sans emphase, et dans le style simple de la vérité : Pères conscrits, la nation accorde-t-elle une liste civile de 25 millions au roi pour corrompre? Cet assignat m'a été envoyé hier pour éprouver mon patriotisme, et me faire tomber la plume des mains.

» Un plaisant qui assista à la dénonciation, s'avisa d'une singulière réflexion. Mais, nous dit-il, a-t-il bien examiné l'assignat en question? Si par hasard il se trouvait faux, s'il était un de ceux avec lesquels on paya au roi le mois de novembre de sa liste civile?—Quoi qu'il en soit, M. Carra n'a fait encore qu'une demi-confidence. Nous ne le tiendrons quitte que quand il aura déclaré le nom de l'aristocrate qu'on a lâché sur lui. »

Carra ne répond point à cette interpellation; *la Chronique de Paris* du 9 février, lui en avait adressé une semblable. Le supplément des *Annales Patriotiques* du 16, renferme le discours prononcé par Carra aux Jacobins, avec un *postscriptum*, où il dit que Lessart était le ministre à qui ses notes avaient été remises : « c'est à M. Lessart maintenant, ajoute Carra, à voir s'il est nécessaire pour confirmer mon assertion, que l'intermédiaire entre lui et moi, ou du moins celui qui lui a remis mes notes, et qui me les a rendues avec l'assignat, soit nommé.» Ceci est une réponse à la *Chronique* : quant à M. Prudhomme, dont l'article avait paru le 12, Carra ne le mentionne même pas.

7 février. Un membre demande l'exclusion de M. Millin, motivée sur un article de la *Chronique de Paris*, concernant le ministre de la guerre. Rhéal pense que l'article n'étant pas signé, il faut attendre une explication de M. Millin, et fixer un délai de trois séances.—Legendre appuie cette proposition; elle est adoptée. (*Journal du club*, *du* 10 *février.*)

Voici l'article incriminé. « Les Journaux vraiment populaires, sont étonnés de trouver dans quelques feuilles qui prennent ce nom, des sorties contre M. de Narbonne ; cependant toutes les lettres des provinces attestent qu'on a la plus grande confiance en lui, et tout ce qu'il y a de bons citoyens à Paris, pensent qu'il est heureux pour la cause de la liberté, que le département de la guerre soit confié à un homme d'une loyauté antique et d'une activité sans exemple, et qui joint à plus d'esprit que personne, une simplicité de caractère qui désarme toutes les défiances. » — Le rédacteur fait un éloge non moins pompeux de Delessart, et qualifie d'aristocrates déguisés, les écrivains qui ne pensent pas comme lui. (*Chronique du VI.*) — *Le Patriote Français* se tait complétement là-dessus.

Le reste de la séance se passa à entendre Bancal proposant divers moyens pour surveiller les ennemis de la patrie ; il fut combattu par Rhéal, qui repoussait entre autres moyens indiqués, un désarmement à domicile de tous les hommes suspects d'aristocratie.

10 *février*. Robespierre fait un long discours sur les moyens qui lui paraissent nécessaires pour sauver la patrie. Il demandait, 1° « que les gardes-françaises dispersées si adroitement par une politique perfide, fussent rappelées au sein de la capitale; 2° la vigilance, et pour cela, la permanence des sections; 3° une confédération générale civique et fraternelle, sans idoles, *sans bottes*, *sans cheval de Caligula*, sans autres emblèmes que ceux de la liberté, de l'égalité et de la patrie; 4° que la haute cour nationale fût transportée d'Orléans à Paris; 5° que l'assemblée nationale punisse les traîtres, soulage les victimes, fasse des décrets avantageux aux peuples, détourne pour l'humanité épuisée et haletante quelque parcelle des trésors absorbés par la cour, remplace par des soldats plébéiens et amis de la révolution, les officiers qui manquent, propagent l'esprit public par l'éducation, dont les grands moyens sont les spectacles et les fêtes publiques. » Robespierre proposait enfin, qu'une adresse digne du peuple français animât en lui l'énergie qui devait opérer le salut du monde. « Que sur les ruines de la Bastille ou ailleurs, ajouta-t-il en terminant, on élève un palais à l'assemblée nationale afin qu'une foule nombreuse puisse toujours augmenter par sa présence la majesté de ses délibérations. Qu'on ne m'allègue point l'économie lorsqu'il s'agit d'un temple national, et qu'il s'élève avec la célérité qu'on employait naguère à construire une salle d'opéra, ou un édifice consacré aux plaisirs ou aux caprices d'une femme corrompue. » — La société ordonne l'impression. (*Journal du club*, 12 *février*),

12 *février*. Discussion sur les ministres. Legendre renouvelle sa motion tendante à engager l'assemblée nationale à s'assurer par des commissaires tirés de son propre sein, de l'état des frontières. — Loustalot accuse Narbonne de mensonge dans tous les renseignemens qu'il a donnés sur les frontières d'Espagne. — Albite pense que le seul moyen de mettre un terme aux perfidies ministérielles, c'est de donner la plus grande extension possible à

la loi de responsabilité et d'en rendre l'application facile. —Collot d'Herbois rend compte d'une lettre de Brest, par laquelle on annonce que le ministre de la justice a déclaré que le décret rendu en faveur des soldats de Château-Vieux ne serait pas sanctionné. Cette lettre annonce de plus, que le même ministre vient d'appeler au bénéfice de l'amnistie cinquante forçats.

M. Manuel. « Le moment est venu, où il est absolument nécessaire qu'un homme périsse pour le salut de tous, et cet homme doit être un ministre. Ils me paraissent tous si coupables, que je crois fermément que l'assemblée nationale se rendrait moins coupable qu'eux en les faisant tirer au sort, pour envoyer l'un d'eux à l'échafaud. »

Une voix des tribunes. « Tous, tous. »

A la fin de la séance, Sillery qui faisait exécuter aux Champs-Élysées une manœuvre militaire proposée aux Jacobins par un officier anglais, et qui avait recruté pour cela jusqu'aux curieux, se plaint d'avoir été désigné par les papiers aristocratiques, comme faisant faire l'exercice aux piques. « Je ne me soucie point, dit-il, de cette réputation. Je prie donc les écrivains patriotes de rétablir la vérité de ce fait, et de motiver l'objet de ma démarche. » (*Journal du club,* 15 *février.*)

14 *février.* « M. Collot d'Herbois monte à la tribune. A peine il y paraît, que la salle retentit des plus vifs applaudissemens.

M. Collot d'Herbois. « Messieurs, la satisfaction que vous faites éclater, me fait connaître que vous êtes déjà instruits de ce que j'avais à vous annoncer.

Une voix des tribunes des dames : Oui! oui!

M. Collot d'Herbois. « Avant-hier au soir, le pouvoir exécutif a sanctionné le décret qui rend à la liberté les malheureuses victimes de Nancy, les soldats de Château-Vieux. Il ne manque à mon bonheur que de vous les présenter moi-même, et ce bonheur n'est pas éloigné. » (On applaudit.)—Manuel annonce que le directoire de Limoges vient de souscrire pour soixante exemplaires, du livre de M. A. Demov, curé de Saint-Laurent (le quatrième signataire de la pétition du 17 juillet), intitulé : *Accord de la religion et des cultes chez une nation libre.*

Un membre annonce à la société, que l'assemblée nationale vient de décréter à l'instant que les gardes-françaises, arbitrairement licenciées, jouiraient de leur solde jusqu'à ce que leur destination fût de nouveau fixée. — Une députation des gardes-françaises est admise et témoigne leur reconnaissance. — Louvet lui répond (*Journal du club*, 17 février).

15 *Février.* — Thuriot, rend compte de ce qui s'est passé à l'assemblée nationale, à la séance du matin. (Il s'agissait de l'arrestation de Pelleport, agent secret des affaires étrangères, et des troubles de Noyon. Voir l'analyse des actes parlementaires). — Robespierre annonce l'installation du tribunal criminel, et qu'il va prendre ses fonctions d'accusateur public. Il donnera le jour à sa place, et une partie de la nuit à la révolution. « Si ma santé ne me permettait pas de remplir cette double tâche, je choisirais celle de défendre parmi les citoyens la sainte cause du peuple. Chaque homme doit servir son pays dans l'état qui lui convient le mieux; chaque homme a sa destinée sociale; si la mienne est de mourir pour le salut commun, je m'empresse de l'accepter. »

La société arrête l'impression de ce discours. (*Journal du club.* — Ib.)

17 *Février.* — Chabot lit une lettre de Perpignan, où l'on se plaint de la léthargie ministérielle, pendant que les Espagnols travaillent sans relâche à des préparatifs de guerre. — Un membre expose les bonnes dispositions des Pays-Bas en faveur de la France. — L'ordre du jour était la responsabilité des ministres. Sillery prononce un long discours, et lit un projet de décret qui n'est pas généralement accueilli. — Dufourny assure que les mêmes hommes qui se déchaînent contre les piques, font fabriquer des poignards. Il dit qu'on vient d'arrêter chez un taillandier « un particulier d'une haute stature, qui commandait une grande quantité de poignards. Cet homme est à la mairie; il a déclaré entre

autres choses, être frère d'un suisse de *Monsieur*. » (*Journal du club* , du 19 février.)

19 *Février*. — Des citoyens entrent armés de piques. — Le président leur fait observer que la loi ne permet pas d'entrer en armes dans la séance. — Manuel demande que , « pour concilier les principes avec les procédés , » les piques soient déposées à côté de M. le président. (Oui ! oui ! Non ! non !) — Danton appuie la proposition de Manuel. Il fait remarquer que les drapeaux suspendus à la voûte sont surmontés de lances , et que personne n'a songé à réclamer. Il ajoute à la motion déjà faite , qu'une pique soit attachée à chaque drapeau , et que ce soit le signe de l'alliance entre les baïonnettes et les piques. — Adopté.

Les députés de Marseille sont introduits. Ils étaient venus auprès de l'assemblée nationale, pour l'éclairer sur l'état du Midi, et ils se présentaient aux Jacobins, dans le but d'y renouveler leurs récits. L'orateur de la députation dit en parlant des troubles de la ville d'Arles : « Là un homme rampant , ami de l'aristocratie , est parvenu à force d'intrigues et de cabales, à se faire nommer maire de cette ville ; et cet homme est mon frère. » (On applaudit). — Barbaroux , membre de la députation , donne aussi quelques renseignemens. Il dit que sur trente mille Marseillais en état de porter les armes , il y en a à peine six mille d'armés. — « On craint d'armer le peuple , s'écrie Barbaroux , parce qu'on veut encore l'opprimer ; mais malheur aux tyrans ! car le jour n'est pas loin , où la France entière va se soulever tout hérissée de piques , et ce jour leur sera fatal. Quant à nous, s'il faut que Marseille combatte Arles , pour effacer la honte de l'avoir fondée, elle le fera ; les Marseillais feront voir qu'ils sont dignes de mourir pour la liberté. » — Fauchet propose le décret d'accusation contre le ministre Delessart. (*Journal du club* , du 21 février).

20 *Février*. — Les patriotes du café des Prêcheurs , offrent une souscription de 100 liv. 10 sols pour les soldats de Château-Vieux.

M. *Mendouze*. « Ce matin , notre société a été attaquée au sein de l'assemblée nationale. On dit même que parmi ceux qui ont déclamé contre nous, se trouvent quelques faux frères. Il est bon que nous connaissions nos amis et nos ennemis ; je demande que M. le président nous informe des détails,

M. Rouyer. « Aucun membre de cette société n'a parlé contre elle. »

Une voix. « M. Crétin. »

M. Rouyer. « Cela est vrai ; mais je ne croyais pas que M. Crétin fût des nôtres. »

M. Merlin. « Amis de la patrie, quand on a l'ame affectée, on n'a pas besoin de préparation. Où en est l'assemblée nationale ! où en est la chose publique ! Dumas est président ; MM. Bigot et Quatremère, secrétaires ! Et des patriotes, quel en est le nombre ? je n'ose le demander. D'où vient un tel opprobre ? c'est qu'il n'y a pas assez d'ensemble parmi les patriotes, et que le grand art des tyrans est de semer la division. »

M. Loustalot. « Hier, il n'y a eu que quatre cents votans pour l'élection du président, sur sept cent quarante-deux députés. A qui peut-on imputer cette froideur ? je ne sais ; mais tous les bons citoyens doivent gémir de ce succès. »

M. Chabot. « De deux choses l'une : ou les Ramond, les Cahier-Gerville, les infames Duport et tous les agens du ministère, et tous ceux qui boivent dans la coupe empoisonnée de la liste civile, succomberont, ou ils aboliront les sociétés ; et dans ce cas la contre-révolution est faite. *Aux armes ! citoyens !* (Bravo!) — J'insiste pour que la société passe à un scrutin épuratoire, et que quiconque sera convaincu (qu'il soit député à l'assemblée nationale ou non) de vivre avec les aristocrates soit chassé honteusement. »

La société ajourne le scrutin épuratoire à quinze jours avant le renouvellement du trimestre. (*Journal du Club*, du 23.)

22 février. — Collot d'Herbois fait part de l'allégresse avec laquelle on a accueilli à Brest la nouvelle que le décret en faveur des soldats de Château-Vieux avait été sanctionné. — Baumier demande qu'une partie des fers qu'ont honorés ces victimes, soit

suspendue à la voûte de la salle des séances , et que cet *ex-voto*
soit entrelacé de guirlandes et couvert d'une couronne civique.
— Cette proposition est adoptée. — Chabot et Grangeneuve rendent compte de ce qui s'est passé dans l'assemblée nationale. Ils
critiquent l'un et l'autre le discours de Vaublanc sur la responsabilité. — Longue agitation au sujet du nouveau coup que les
Feuillans, réunis aux Indépendans, se disposent à porter, le
lendemain 23, à la société des Jacobins. (Voir plus haut ce qui
est relatif à la motion de Mouysset.) Chabot et Merlin jurent,
au nom de la déclaration des droits et de la liberté, de rester
fidèles aux Jacobins. — Tous les chapeaux se lèvent en signe
d'union à ce serment ; les tribunes font éclater le même transport.

Robespierre s'indigne des craintes qu'on ose manifester. « Les
ennemis de la liberté sont essentiellement par caractère des hommes lâches et vils. — On se plaint des dangers de la patrie ; on
se plaint de l'avilissement de l'assemblée nationale ; on se plaint
de la faiblesse des sociétés patriotiques, et de la dissolution prochaine à laquelle elles sont exposées ; et de la part de qui ? Eh
bien ! voulez-vous savoir le secret de ne plus craindre ces hommes que le peuple a ramassés dans la boue ? Que les citoyens
soient ce qu'ils doivent être ; qu'ils ne soient ni vils, ni intrigans ;
qu'ils soient tous décidés à mourir. — Vous craignez la dissolution des sociétés patriotiques !... Je donne le défi aux Feuillans,
aux aristocrates du Manège et des tripots conspirateurs de porter une telle loi. — Quelle est donc la conclusion de tout ceci ?
C'est que la délibération qui vous occupe est indigne de vous.
Fermez ce sanctuaire à la bassesse et à l'intrigue, et vous serez
invincibles. La vertu incorruptible des citoyens, le sentiment de
l'intérêt général, tels sont vos moyens de triompher. Méprisez
donc les dénonciations qui vous présentent vos ennemis sous un
aspect redoutable. Vous deviez passer à l'ordre du jour, et je
conclus par cette demande. » (*Journal du Club*, du 24.)

24 *février*. — Grangeneuve fait le récit de ce qui s'est passé la
veille à l'assemblée nationale, à l'occasion de la proposition de

Mouysset. Il demande que la société imprime la liste de ceux qui voulaient que la salle leur fut accordée pour des conférences, et de ceux qui s'y sont opposés. « Encore une liste, messieurs. Vous aurez plus d'ennemis, mais vous les connaîtrez bien. » — La société adopte, et nomme MM. Chabot et Grangeneuve pour diriger l'impression de cette liste.

Robespierre s'élève contre le comité de correspondance qu'il accuse d'avoir, dans une adresse, sans que rien l'y autorisât, avancé que l'opinion de la société était en faveur de la guerre, et que ceux du parti contraire avaient abjuré leur erreur. « Je demande, ajoute-t-il, qu'aucun comité n'envoie ni adresses, ni lettres, sans que la société en ait entendu la lecture; quant à moi, il me reste à prouver que je n'ai point renoncé à mon opinion en faveur d'un parti que je regarde comme le plus dangereux pour la patrie et la liberté. »

— Plusieurs personnes viennent offrir des dons pour les soldats de Château-Vieux. — Deux orphelins, âgés de sept ans, apportent à la société une contribution pour les armes. (*Journal du Club*, 26.)

26 *février.* — Bancal, au nom du comité de correspondance, lit la circulaire de quinzaine destinée aux sociétés affiliées, et qui doit être envoyée le 1er mars. — Robespierre demande que le titre de *jacobin*, placé seul dans cette adresse, soit précédé, comme à l'ordinaire, des mots : Société des Amis de la Constitution, séant aux *Jacobins*. Collot d'Herbois et Rhéal combattent cette motion. Ce dernier cite l'exemple des Brabançons qui s'honorèrent du nom de *gueux*, que leur donnaient les contre-révolutionnaires. « Gardons celui de fiers Jacobins, avec lequel nous avons fait notre révolution, et soyons toujours dignes de le porter. » — La discussion de la circulaire est ajournée. — Le président annonce que le club électoral de l'Évêché a ouvert une souscription pour les soldats de Château-Vieux, dont le produit s'élève déjà à 523 liv.; et qu'on n'est pas dans l'intention de la fermer de sitôt. (Applaudissemens.)

Santonax lit la lettre dénoncée par Robespierre à la séance

précédente. Il s'engage une vive discussion sur la question de savoir si cette adresse, dans laquelle on assure que le vœu de la société est pour la guerre offensive, sera ou non envoyée. Louvet, Coroller, Deppet, Dufourny, Robespierre et Broussonnet sont entendus. — Louvet remonte à la tribune pour réfuter Robespierre. Son discours est à la fois couvert de huées, de bravos, de murmures et d'applaudissemens. Enfin, une phrase, qu'il termine par la formule triviale : *mariez-vous, ne vous mariez pas*, soulève une partie de l'assemblée, et la parole est retirée à Louvet. (Le journal ne dit pas ce que la société décida à l'égard de l'adresse.)

— Amende honorable de Sillery, touchant son rapport sur l'affaire de Nancy. Une attaque de Legendre provoque cette explication. Sillery avoue être tombé à cette époque dans une erreur qu'il déplorera toute sa vie, et dont, au reste, personne ne le punira mieux qu'il ne se punit lui-même dans une histoire de la révolution qu'il écrit en ce moment. — Legendre monte à la tribune et l'embrasse. (*Journal du Club*, 28.)

27 *février*. —On annonce qu'Antoine a été nommé, le matin, juge suppléant du troisième arrondissement. —Carra et Bourdon parlent contre Narbonne. — Bancal fait adopter la circulaire qui avait été ajournée la veille. — Loustalot fait un rapport sur les affaires d'Avignon. (*Journal du Club*.)

29 *février*. — Daudibert-Caille monte à la tribune pour faire à la société un rapport de ce qu'elle doit, et de ce qu'elle a actuellement en caisse. Ce rapport excite beaucoup de tumulte. — Collot d'Herbois demande la parole pour une motion d'ordre : il a la plus grande peine à se faire entendre. — « Les toux que j'entends autour de moi ne m'en imposent pas. Est-ce pour savoir ce que vous devez à votre imprimeur que les citoyens des tribunes sont ici? (Applaudissemens, tumulte, brouhahas.) — Il faut rejeter nos affaires particulières, et nous occuper du bien public. Eh ! messieurs, donnons un peu d'argent à ceux qui nous en demandent, et nous serons trop heureux à ce prix, de sauver la patrie. » (Applaudissemens universels.) — L'ordre du

jour est l'affaire d'Avignon. Collot d'Herbois, Bourdon et Chabot parlent dans le même sens; ils s'accordent à improuver la conduite de l'abbé Mulot et celle des derniers commissaires civils. — Un membre présente à la société une arme de nouvelle invention, commandée par des aristocrates au serrurier Boucherot, qui la portera à l'assemblée nationale. Cette arme est une espèce de ceste, muni d'un gland avec lequel on assomme sans laisser de traces. — (Indignation générale.) — Une députation de la société fraternelle du faubourg Saint-Antoine vient faire part à la société de l'arrêté qu'elle a pris, de consacrer les matinées des dimanches à l'instruction du peuple; elle demande que la société envoie des commissaires à la première séance qui aura lieu dimanche 4 mars. Les commissaires nommés sont: MM. Robespierre, Chabot, Lanthenas et Bancal. (*Journal du Club*, 2 mars.)

ACTES PARLEMENTAIRES.

Les actes parlementaires du mois de février, ne présentent point le caractère un et systématique que la question de la guerre imprime aux débats de l'assemblée nationale, pendant les mois antérieurs. Aujourd'hui, que l'on attend à terme fixe le dernier mot de Léopold, il ne s'agit plus que des détails relatifs à l'armement, selon que des plaintes, des dénonciations ou des demandes, les placent sous les yeux et les proposent à la discussion de l'assemblée. La continuité particulière au mois qui nous occupe, résulte de la pensée qui anime les Feuillans contre les sociétés populaires, pensée qu'ils manifestent sous toutes les formes, et qu'ils rattachent à tous les hasards nés des chocs extérieurs. Nous avons exposé plus haut les séances où l'intention formelle d'abattre les Jacobins se manifesta par des efforts directs. Nous avons vu que le centre de l'assemblée, dont les membres se donnaient à eux-mêmes le nom d'*indépendans*, tenta d'un seul coup la ruine des clubs, y compris celui des Feuillans, et que ceux-ci, trop heureux de se dissoudre, pourvu que les

Jacobins cessassent d'exister, votèrent pour la motion de Mouysset. Ce qui prouve cependant que la majorité appartenait au côté
du peuple, comme parlaient les feuilles démocratiques, c'est
que les deux échecs éprouvés par ce dernier, l'un dans l'affaire
du ministre de la marine, l'autre dans le renouvellement de la
présidence, furent attribués à l'absence de quelques députés patriotes. La motion des trois cents allait évidemment être rejetée,
lorsque son auteur la retira.

La division des matières, telle que les travaux eux-mêmes nous
l'indiquent, est contenue dans le sommaire suivant : actes diplomatiques. — Rapports de l'assemblée avec le roi ; — Rapports
de l'assemblée avec les ministres ; — Incidens administratifs et
révolutionnaires. — Mouvement des provinces.

ACTES DIPLOMATIQUES.

A la séance du 1ᵉʳ février, Koch, au nom du comité diplomatique, proposa de décréter que les lois relatives au régime
féodal recevraient une pleine et entière exécution à l'égard des
princes de l'empire, possessionnés dans les ci-devant provinces
d'Alsace et de Lorraine, et que le roi serait chargé de faire suivre
les négociations, et de pourvoir aux indemnités qui leur étaient
dues par tous les moyens compatibles avec la justice et la Constitution. Dumas demanda la traduction du rapport dans toutes les
langues ; Lecointe-Puyraveau fit ajourner,

[A la séance du 25, M. Koch présente la rédaction définitive
du décret rendu sur l'affaire des Basques :

«L'assemblée nationale, vu la lettre du département des Basses-
Pyrénées, copie de celle du directoire du district de Saint-Palais,
écrite audit directoire du département, et de celle des municipalités d'Ascarat, d'Aunaux, d'Izonlègues, de Lasse et de Saint-
Etienne en Bagorry, adressée audit directoire de district, toutes
relatives à des violences commises par des Espagnols de Ronce-
vaux, sur le territoire français et sur la montagne appelée Our-
din-Sarroja, où ils enlevèrent, le 6 du présent mois, sous la
conduite de l'alcade dudit lieu, trois pasteurs baigorriens et

cinq cents brebis, moutons et chèvres, appartenant à des habitans de Lasse, district de Saint-Palais ; considérant que des excès aussi graves portant l'empreinte d'une violation du territoire français par les Espagnols, ne sauraient être tolérés, et qu'il ne serait pas juste que des citoyens français, habitans paisibles des frontières, en fussent les victimes, décrète qu'il y a urgence :

« L'assemblée nationale, après avoir décrété l'urgence, décrète ce qui suit :

Art. Ier. Le pouvoir exécutif est chargé de prendre des informations exactes sur la nature des plaintes adressées au corps législatif par le directoire du département des Basses-Pyrénées, ainsi que sur les pertes et dommages que les habitans de Lasse ont essuyés de la part des Espagnols, pour, sur le compte qui en sera rendu, être statué par l'assemblée nationale, ce qui sera dû en indemnité auxdits habitans.

II. Le roi est invité à faire faire, près du gouvernement espagnol, les démarches convenables pour obtenir l'élargissement des trois pasteurs baïgoriens détenus prisonniers en Espagne, ainsi que la réparation de l'outrage fait à la nation, et des dommages causés aux habitans de Lasse, et à en faire rendre compte à l'assemblée nationale. » — L'assemblée adopte cette rédaction.]

La diplomatie ne sera définitivement à la guerre qu'après la communication de l'office de l'empereur, office adressée de Vienne, sous la date du 17 février, à M. de Blumendorf, ambassadeur d'Autriche à Paris, et que Delessart transmit à l'assemblée nationale, le 1er mars seulement, jour où Léopold lui-même succombait dans sa capitale à une dysenterie opiniâtre selon les uns, et, selon les autres, à un empoisonnement.

Les faits qui complètent la diplomatie de février, se bornent à quelques dépêches de Sainte-Croix, confirmant la dispersion des émigrés dans les états de l'électeur de Trèves ; à une lettre de Lagravière, ministre de France à Bruxelles, annonçant (séance du 13 février) qu'il s'est plaint au gouvernement général du rassemblement des émigrés ; ensuite à l'arrestation de Pelleport, courrier du cabinet, par la municipalité de Stenay. Ce Pelleport est le fameux libelliste dont il est parlé dans notre douzième volume (élections) : il était chargé d'une mission pour l'Allemagne. Le 14, l'assemblée reçut la nouvelle de son arrestation ; le 15, elle manda le ministre des affaires étrangères, et décida qu'il s'expliquerait devant le comité diplomatique ; le 17, Koch fit un rapport sur cette affaire. Il proposa l'élargissement de Pelleport et de l'Emblé arrêté avec lui, déclarant que leur mission était utile à la France. Saladin, Rouyère et Bazire demandèrent la question préalable ; Mouysset combattit cet avis; et, sur la proposition de Dumas, l'assemblée passa à l'ordre du jour. Dans cette séance, Fauchet renouvela sa dénonciation contre Delessart ; il présenta cinq nouveaux chefs : 1° une action directe sur la cherté des grains ; 2° une faveur marquée pour les prêtres réfractaires ; 3° la complicité dans les troubles du Calvados; 4° une responsabilité imminente pour les massacres d'Avignon ; 5° une complicité au moins passive dans tous les troubles publics. — Il cita des faits et des pièces : après de nombreuses interruptions, sa dénonciation fut renvoyée au comité de législation.

Rapports de l'assemblée avec le roi.

Cérémonial.—A la séance du 4 février, Rhéal se plaignit du peu de dignité des réceptions des députations de l'assemblée au château des Tuileries, et de ce qu'on avilissait la nation dans ses représentans. Labergerie demanda qu'on présentât un mode qui fut indépendant de la timidité des membres de l'assemblée nationale et de l'insolence des agens du pouvoir exécutif. Renvoi au comité de législation. — A la séance du 6, Thuriot, au nom des commissaires de la sanction, expose la dernière réception qui leur avait été faite aux Tuileries. Les ministres, distinguant entre les grandes et les petites députations, n'avaient voulu ouvrir qu'un battant ; Couthon invoqua la loi du 17 juin 1791, et demanda que les ministres fussent appelés à l'instant pour être interpellés à la barre sur la violation de cette loi. Grangeneuve pensait qu'ils devaient être punis. Au moment où l'assemblée allait prononcer, elle reçut la lettre suivante du roi, contre-signée DUPORT.

Lettre du roi à l'assemblée nationale.

Paris, le 6 février 1792.

« Il s'est élevé, messieurs, une difficulté sur la manière dont les commissaires que l'assemblée nationale charge de m'apporter ses décrets, doivent être reçus chez moi. J'ai fait observer jusqu'à présent l'usage qui avait été constamment suivi dans mes rapports avec l'assemblée constituante, et j'ai pensé qu'il était convenable de marquer, par une distinction, les occasions où le corps législatif juge lui-même devoir mettre plus de solennité par le nombre des députés qu'il m'envoie. En conséquence, j'ai fait ouvrir les deux battans aux députations de soixante, et j'ai ordonné qu'on les ouvrît également aux députations de vingt-quatre, lorsque l'assemblée nationale jugerait à propos de m'en envoyer. Les commissaires qui sont venus vendredi pour me présenter les décrets, ont demandé que les deux battans leur fussent ouverts. Mais ces commissaires n'ayant point insisté sur cette prétention, d'après les observations qui leur ont été faites, je n'y avais donné aucune attention. J'ai su qu'ils en avaient rendu compte à l'assemblée nationale, et qu'elle avait renvoyé cet objet à l'examen d'un de ses comités. N'attachant aucune importance à une chose de cette nature, j'étais résolu d'attendre que l'assemblée me présentât son vœu, si elle croyait devoir s'en occuper : mais j'ai été surpris qu'avant qu'elle l'eût manifesté, les commissaires qui sont venus hier, pour présenter les décrets à ma sanction, aient renouvelé cette prétention, et se soient retirés, parce que, jusqu'à ce que l'assemblée se fût expliquée, j'ai cru devoir maintenir l'usage invariablement observé. L'assemblée jugera, sans doute, qu'il est important que les rapports nécessaires qui existent entre elle et moi, ne soient jamais interrompus, et elle se pressera sûrement de se concerter avec moi à cet égard. »

L'assemblée rendit le décret suivant :

« L'assemblée nationale, considérant que le roi, par sa lettre
de ce jour, exprime le désir de connaître le vœu du corps législatif sur la manière dont seront reçus les commissaires chargés de
lui présenter les décrets;

» Considérant que toutes les députations du corps législatif
au roi, sont revêtues du même caractère, de quelque nombre
qu'elles soient composées, charge son président d'écrire au roi,
que le vœu du corps législatif est que la loi du 17 juin 1791 soit
exécutée, et qu'en toute occasion, les membres de l'assemblée
qui se présenteront en son nom, soient reçus sans aucune différence. »

Condorcet demanda quel protocole il devait suivre pour transmettre au roi ce décret. Rouyer fait observer que le mot
messieurs se trouvant le quatrième dans la lettre du roi, le président de l'assemblée devait donner, dans la séance, la même
place au mot *sire.* Cette formule fut décrétée pour l'avenir. —
Parmi les réflexions aigres ou railleuses que les journaux renferment sur ces misères de l'étiquette, nous citerons Royou et
Gorsas. Le premier (l'*Ami du Roi*, 8 *février*) termine ainsi sa
narration : « On semble dire à ce malheureux prince : Comme
vous ferez je ferai. Et les démagogues, après cela, ne cesseront
de répéter que le roi de France est libre, qu'il est heureux, que
la constitution l'a rendu le plus puissant monarque de l'univers,
et que, par reconnaissance, il doit bien aimer la constitution! Mais
si le roi ne jugeait pas à propos d'obéir à cet ordre que lui intime
l'assemblée, juge en sa propre cause; s'il ne sanctionnait pas ce
décret injurieux, qu'en arriverait-il? » — *Gorsas,* n° du 7, disait que l'assemblée nationale aurait dû *constitutionnellement* et
très-sérieusement décréter ce qui suit : 1° Quand il y aura
soixante membres, les deux battans. — 2° Quand il y en aura
vingt-quatre, un battant. — 3° Quand il y en aura douze ou six,
ils passeront par le trou de la serrure.

Maison militaire du roi.

Le 11, Louis XVI écrivit à l'assemblée, pour demander que

la solde du régiment des gardes suisses fût payée par le département de la guerre jusqu'au renouvellement des capitulations. Le 13, un décret relatif à la garde soldée du roi, fut adopté en ces termes :

[« L'assemblée nationale, voulant déterminer le mode et la formule du serment à prêter par la garde soldée du roi, et faire cesser les difficultés qui se sont élevées ou pourraient naître à ce sujet, décrète qu'il y a urgence.

» L'assemblée nationale, après avoir décrété l'urgence, décrète ce qui suit :

Art. 1er. Tous ceux qui composeront la garde soldée du roi, *prêteront serment d'être fidèles à la nation, à la loi et au roi ; de maintenir de tout leur pouvoir la Constitution du royaume, décrétée par l'assemblée nationale constituante aux années 1789, 1790 et 1791 ; de veiller avec fidélité à la sûreté de la personne du roi, et de n'obéir à aucunes réquisitions ni ordres étrangers au service de sa garde.*

II. Ce serment sera public, et prêté en présence des officiers municipaux de la ville où réside le roi.

III. La formule du serment sera lue à haute voix, par l'officier commandant, qui jurera le premier, et recevra le serment individuel de chaque officier : ensuite chacun des gardes le prêtera en levant la main, et en prononçant : *je le jure.*

IV. Ce serment sera renouvelé chaque année, le même jour que celui où il aura été prêté. Cette année seulement, les divisions pourront prêter séparément le serment, à mesure de leur formation.

V. Lorsque le corps législatif sera assemblé, la garde soldée du roi ne pourra le suivre, s'il établit sa résidence à plus de vingt lieues de distance de la ville où l'assemblée nationale tiendra ses séances. Dans aucun cas, elle ne pourra le suivre hors du royaume.

VI. La garde soldée du roi ne pourra être admise à prêter le serment relatif à ses fonctions, que lorsque les membres qui la composent auront justifié à la municipalité du lieu où réside le roi , de la prestation antérieure de leur serment civique , aux termes de l'art. XII du chapitre II du titre IV de l'acte constitutionnel.]

Rapports de l'assemblée avec les ministres.

A peine le ministre de la marine échappait-il à la poursuite assidue dont nous avons énoncé ailleurs les conséquences , que de nouveaux griefs contre lui étaient adressés à l'assemblée nationale. Le 4 février, elle reçut une lettre des officiers municipaux de Brest , dans laquelle ils disaient : « Le port de cette ville , le plus important de la France , puisqu'il contient les cinq-neuvièmes des forces navales de France, se trouve actuellement sans officiers de marine. Il ne reste que huit chefs et quelques subalternes. Tous les autres se sont éloignés avec leurs femmes , leurs enfans , leurs domestiques. La municipalité de Brest réclame la prompte sollicitude de l'assemblée, et l'assure que , quels que soient les desseins de ces officiers déserteurs , son dernier cri sera celui des représentans de la nation : *La Constitution ou la mort!*

Le 6 , Narbonne vint presser l'assemblée de terminer divers objets nécessaires pour mettre l'armée en campagne , tels que la fourniture de viande à faire aux troupes, l'organisation des hôpitaux militaires , la nécessité de fixer les dépenses pour 1792. « On n'aurait pu que louer son zèle , dit Brissot (*Patriote Français* du 8,) s'il n'y avait pas mêlé des plaintes assez amères sur les deux décrets de l'assemblée, dont l'un a rejeté la création de deux aides-de-camp pour le ministre , et dont l'autre a ajourné indéfiniment la création de six nouveaux adjudans. Un ministre doit toujours se souvenir qu'il n'a pas le droit de censurer les décrets de l'assemblée , et qu'il est inconstitutionnel de l'inviter à revenir sur ses pas. » — Le 7, le comité militaire présenta plusieurs projets de décrets sur les demandes du ministre ; on en ordonna l'impression et l'ajournement. Le même comité fit lecture d'un autre décret sur la résiliation du traité fait avec la compagnie Baudoin, pour le transport des convois militaires. — « Le ministre de la guerre s'est opposé à cette résiliation. Il a dit, d'un ton très-leste, que, si elle avait lieu, il ne se chargerait pas, sur responsabilité, de faire arriver les convois à temps. M. Narbonne oublie qu'un tel langage est plus propre à irriter les esprits qu'à les lui concilier. Il oublie qu'un ministre manque à la nation, lorsqu'il se présente devant les représentans, en bottes et le fouet à la main. Si trop de réserve inspire des défiances, trop de familiarité a droit de déplaire. — Le projet du comité a été ajourné. » (*Patriote Français*, du 9.) — Le 11, Narbonne représenta à l'assemblée la nécessité de conserver l'alliance avec les Suisses, en maintenant les priviléges de leurs troupes. Sur l'interpellation de Loustalot, il convient de la désertion des officiers des régimens ci-devant Soissonnais et Champagne.

Le 18, Cahier-Gerville, ministre de l'intérieur, fit un rapport à l'assemblée sur l'état du royaume. Voici la substance de ce rapport :

[*Le ministre de l'intérieur.* J'ai promis à l'assemblée nationale un tableau de la situation du royaume, en tout ce qui concerne mon administration. Je viens lui soumettre ce travail. Les causes premières et directes des troubles qui agitent depuis quelques temps le royaume, viennent de la rareté du numéraire et de celles des subsistances, de la différence des opinions politiques et de celle des opinions religieuses.

La rareté du numéraire, qui se manifeste chaque jour de plus en plus, prend sa source dans la quantité trop considérable de papier-monnaie, dans l'exportation qu'en ont faite les émigrés, dans les remboursemens considérables faits aux créanciers étrangers, dans l'esprit d'agiotage, dans la lenteur du recouvrement des impositions, dans les troubles intérieurs, dans le situation du royaume à l'égard des émigrés et des puissances étrangères, enfin dans le nuage qui faisait entrevoir dans l'avenir la possibilité d'un événement que repousse la loyauté française. Le mal est dans l'opinion, le remède est dans les mains de l'assemblée nationale.

Secours publics. On ne peut se dissimuler que beaucoup d'hôpitaux ne soient dans une situation alarmante. L'assemblée constituante leur a affecté quatre millions à titre d'avances; l'assemblée actuelle leur a affecté une nouvelle somme de neuf cent mille li-

vres : ce fonds suffira jusqu'au premier avril, d'autant plus que
sur les quatre millions cinq cent mille livres, il reste encore huit
cent mille livres. Les hôpitaux ont un très-grand besoin que ces
secours leur soient promptement délivrés, et on ne peut attribuer
le retard qu'ils ont éprouvé, qu'à la négligence des municipalités
à remplir les formalités prescrites.

Commerce. Jamais les manufactures ne travaillèrent avec plus
d'activité et n'occupèrent plus de bras. Mais il ne faut pas se dissimuler que cette activité même est due à la défaveur de nos
changes, et que nous devons des avantages particuliers à un vrai
dommage général.

M. Delessart avait fait faire, pendant son ministère, des états à
colonnes, qu'il envoya à tous les départemens pour connaître
leur situation sur les subsistances. Dix départemens seulement
renvoyèrent, avec des notes, les états qui leur avaient été adressés;
dans ce nombre, quatre, par le rapprochement de leur consommation et de leur récolte, mettaient à même de calculer un déficit.
Cinq annonçaient un excédant effectif; un seul paraissait avoir de
quoi suffire à sa consommation; les autres n'avaient point répondu.
L'effet de cette mesure, dont on devait attendre des succès, dut
donc être regardé comme nul. Des secours furent accordés par le
corps constituant. M. Delessart, qui voulait qu'une distribution
équitable fût faite, invita les départemens à charger un de leurs
députés au corps constituant, de se concerter avec lui, pour fixer
la quotité des secours. Quatorze départemens cédèrent à cette invitation. Cette seconde mesure manqua donc encore, et M. Delessart devint l'unique juge de la quotité des portions; il distribua
une somme; j'en ai distribué une autre: elles forment un total de
6,440,000 liv. Vingt-six départemens y ont eu part; 5,560,000 liv.
restent à distribuer. Peu de départemens ont obtenu ce qu'ils demandaient, et un grand nombre attendent un supplément.

J'ai suivi dans cette disette des subsistances, plus causée par la
défiance que par la défaveur du sol, la marche qu'avait tracée
mon prédécesseur : j'ai constamment invité les départemens à se
pourvoir hors du royaume; quatre grands avantages m'ont paru

s'ensuivre : une augmentation considérable de la masse des subsistances, une certitude plus grande de ne pas craindre la famine
dans l'intérieur, un moyen de ne pas agiter les esprits par une
trop grande circulation, et une plus grande liberté assurée au
commerce.

M. Delessart avait conçu le projet d'une administration centrale pour les subsistances. On aurait environné les administrateurs d'une confiance que l'on aurait redouté d'altérer ; on ne les
aurait point regardés comme seul chargés du soin d'approvisionner le royaume, mais ils auraient disposé des secours en grains ou
en farine, et la loi aurait donné une mesure à leurs fonctions.
Cette proposition ne fut pas adoptée..... Des achats se font au-
dehors. La concurrence de plusieurs agens et préposés des départemens, a fait hausser considérablement les grains à Ham-
bourg ; peut-être est-il temps encore d'examiner et d'apprécier
les vues de M. Delessart sur les subsistances ; seulement cela aurait été beaucoup plus facile, lorsque les circonstances avaient appelé moins d'inquiétudes sur cette partie de l'administration de
l'état. M. Cahier offre des détails sur les arrestations nombreuses des grains, faites par le peuple dans divers départemens, et
sur la défection d'une partie des troupes envoyées pour lever ces
obstacles.

On n'obtiendra jamais la circulation libre des subsistances, tant
que l'on n'aura pas inculqué dans l'esprit du peuple quatre grandes vérités : 1° les administrateurs doivent du pain, mais ils n'en
doivent jamais à tel ou tel prix ; 2° le blé est, pour ainsi dire, une
propriété nationale, qui n'appartient point à tel district, à telle
municipalité, mais à la nation toute entière ; 3° les subsistances
étant, comme tous les objets des besoins de l'homme, la base du
commerce, il tend toujours à s'établir dans leur distribution sur
la surface de l'empire, un équilibre qu'il n'est point au pouvoir
humain de détruire ou d'altérer ; 4° si la rareté produit la cherté,
la cherté ramène l'abondance. Il ne faut pas toujours compter sur
la force donnée à la loi, mais il faut insister sur la régénération des
mœurs de la vraie liberté ; il faut faire sentir au peuple français

que l'isolement et l'égoïsme sont des crimes de lèze-nation. Je dois fixer particulièrement les regards de l'assemblée sur les départemens du Nord et du Pas-de-Calais.

Des mouvemens ont eu lieu, pour le même sujet, à Arques et à Saint-Omer. Le 14, le magasin des vivres a été pillé à Dunkerque. Tel est, messieurs, la vraie situation des départemens. Les dépêches d'hier annoncent encore des nouvelles profondément affligeantes, et telles que si l'on n'y remédie, il ne m'est plus possible de calculer la suite des événemens. Quelques personnes ont pensé que, dans de pareilles circonstances, on pourrait provisoirement défendre la fabrication de l'amidon et la navigation du canal de Saint-Omer. Cette mesure a besoin d'être mûrement examinée. On pourrait aussi avoir recours à la Pologne, où les grains sont à un prix modéré ; et à Rome, d'où le consul de France m'écrit qu'on pourrait s'en procurer. Je vais maintenant parler de nos dissentimens politiques et religieux ; je dirai tout, persuadé que la nation n'a qu'à vouloir sincèrement la guérison du corps politique pour l'opérer. Depuis long-temps les prêtres avaient réuni leurs intérêts à ceux de l'aristocratie. Quelques-uns ont refusé de bonne foi de prêter le serment ; d'autres ont été dirigés par une autre impression que par celle de leur conscience. Quoi qu'il en soit, le décret qui le prescrit, produisit cet étrange effet de rappeler à la religion beaucoup de personnes qui l'avaient oubliée, et jusque-là ne s'étaient pas mises fort en peine de prouver qu'elles avaient de la morale. La religion qu'on n'attaquait pas, trouva des défenseurs qu'elle n'avait pas appelés, et sur lesquels elle n'avait pas le droit de compter. Plusieurs habitans des campagnes ont été séduits par les manœuvres des nouveaux fanatiques.

Dans les départemens du Finistère, quatre à cinq prêtres non assermentés, ont été emprisonnés par ordre d'une municipalité, sans aucune forme de procès. Plusieurs départemens ont fait fermer les églises non paroissiales, en s'accordant à reprocher aux prêtres non assermentés de troubler les consciences, de prêcher l'insurrection, de soulever la religion contre la loi. Dans les dé-

partemens de l'Aube et de la Haute-Vienne, deux curés se sont
mariés, et ont publié eux-mêmes leur bancs. Ils ont été expulsés
par le peuple et les officiers municipaux. Dans le département du
Haut-Rhin, les curés conformistes sont publiquement insultés ;
dans d'autres, on demande qu'ils soient chassés. A Alençon, des
citoyens obligés d'employer les prêtres assermentés pour donner
la sépulture, ont refusé de fournir les noms patronimiques de
ceux qu'ils faisaient enterrer.

Le département du Nord, du Pas-de-Calais, de l'Ille-et-Vi-
laine, des Côtes-du-Nord, de la Loire-Inférieure, du Gard, du
Cantal, sont ceux qui sont le plus agités par des troubles religieux. Si d'un côté l'on voit des fanatiques, de l'autre on voit des
persécuteurs, et il semble que la tolérance soit exilée de ce
royaume. Des officiers municipaux ont ordonné l'enlèvement
d'enfans qui n'avaient point été baptisés par des prêtres assermentés. Plusieurs particuliers avaient été condamnés à des amendes par le tribunal de police correctionnelle, pour n'avoir pas
présenté leurs enfans au baptême, dans l'église paroissiale. Le cadavre de M....., a été exhumé et enterré dans la place publique,
parce que, dit-on, il n'allait pas à la messe des prêtres assermentés. Tous ces faits appartiennent au fanatisme ou à la persécution; il en est d'autres qui tiennent au dissentiment politique.
Dans le département de la Meuse, on s'est attroupé au domicile
des ci-devant seigneurs, pour y chercher des armes. Dans le département du Lot, des citoyens soupçonnés de favoriser les émigrés, ont été persécutés dans leurs propriétés. Je dois surtout
engager l'assemblée à fixer les yeux sur les départemens de l'Ardèche et de la Lozère ; les dissentimens politiques sont prêts à
porter les citoyens aux plus affreux excès. La voix de la patrie
est étouffée par celle du fanatisme, et l'on redoute une funeste explosion.

. Dans le département de la Lozère, les prêtres non assermentés n'ont pu être remplacés. Je dois des éloges à la vigilance des
corps administratifs. Le roi, pour encourager leur zèle, m'a ordonné de leur écrire qu'à quelque prix que ce fût, il maintien-

droit la Constitution et soumettrait les rebelles. J'ajouterai encore
un fait : à Granvière , département de l'Ardèche , une brigade de
gendarmerie a été maltraitée pour avoir voulu arrêter un homme
soupçonné d'embaucher pour la contre-révolution. Quant au ci-
devant Comtat , l'assemblée connaît, par le rapport des commissaires, l'incivisme de la plupart de ses habitans. Je dirai peu de
choses sur les sociétés politiques ; je me bornerai à des observations générales , dont l'assemblée reconnaîtra la justesse. Elles se
sont formées dans le moment où le gothique édifice s'écroulait ,
et où l'esprit public était de tout détruire. Aujourd'hui , le véritable esprit est de tout conserver. On craint qu'elles ne soient
pas assez convaincues de cette vérité , et qu'elles n'aient pas
changé avec les circonstances. Quelquefois elles ont entraîné les
administrateurs dans des démarches dangereuses ; quelquefois
elles se sont montrées rivales des autorités constituées. (Une partie de l'assemblée applaudit.)

M. Merlin. A bas !

M. le ministre de l'intérieur. Sans doute on doit favoriser les
élans du patriotisme ; mais, si je ne me trompe, l'intérêt de la
nation est de conserver la Constitution telle qu'elle est décrétée,
de la défendre, et de ne pas souffrir qu'il lui soit porté la moindre
atteinte. (Les applaudissemens recommencent.) Le salut public
est là ; il n'est que là, et le chercher ailleurs serait un crime. On
ne peut que s'affliger de ces lettres que l'assemblée et le roi ont
été obligés d'entendre, où la Constitution est traitée d'œuvre abominable de l'assemblée constituante. On ne parlerait pas autrement à Coblentz. Rangeons-nous plutôt autour d'elle; garantis-
sons-la de la violence des passions. Laissons se développer les ra-
meaux de cet arbre, et empêchons qu'un souffle violent ne le
renverse, avant qu'il ait pu s'attacher à notre sol par de profondes racines. Ce n'est pas à moi à rendre compte de l'administration de la justice ; j'observerai seulement qu'il n'y a encore que
45 tribunaux criminels institués.

On demande l'impression du rapport du ministre de l'intérieur.

M. Chabry. J'appuie l'impression de ce rapport, parce qu'il est capable de disséminer le bon esprit public, et que nous le devons à monsieur, qui nous présente l'alliage précieux d'un ministre instruit et honnête homme.

M. Bazire. Je demande la question préalable sur cette question, parce que ce mémoire contient plusieurs hérésies politiques.

M. Albitte. J'appuie l'impression, parce que les ministres n'ont point l'initiative.

M. Lecointre et trois ou quatre autres membres appuient la question préalable.

M. Merlin. Je demande l'impression du rapport, parce qu'il prouve que le décret contre les prêtres réfractaires ne devait pas être anéanti.

L'assemblée ordonne à l'unanimité l'impression du rapport.]

Le 19, la trésorerie nationale envoie les bordereaux de ses recettes et de ses dépenses du 1er au 15 courant. Il en résulte qu'il reste en caisse, tant en assignats qu'en argent, 60,418,733 liv.

Le 20, le ministre des contributions publiques envoie la note de la fabrication des monnaies. Celle des pièces de 15 et de 30 sous s'élève à 12,000,000 ; celle des monnaies de cuivre, à 5,662,000 liv. — Le bronze des églises a produit 202,009 liv.; et le métal des cloches, 2,444,000 liv.

Le 22, Hérault-Séchelles fit un rapport sur le mode d'exercer la responsabilité des ministres. Vaublanc établit que la responsabilité dépendait de la confection des lois ; il examina ensuite comment le corps législatif devait exercer sa surveillance ; il proposa une commission de douze membres, chargée d'examiner les délits des administrations inférieures, et les dénonciations contre les ministres.

Le 25, on renvoya à la commission centrale une dénonciation de Charles Duval contre le ministre de la marine.

Le 25, Narbonne annonça l'insurrection du 14e régiment, en garnison à Béthune, contre le nouveau réglement de police. Le lendemain, Thuriot, revenant sur ce fait, s'écria que le ministre devait être puni de mort pour avoir adressé aux troupes, de son propre chef ; une loi réglementaire. Un membre proposa de faire examiner ce réglement ministériel par le comité militaire : l'assemblée passa à l'ordre du jour. « Son motif, et il était sage, a sans doute été de ne pas arrêter le cours de la discipline dans la crise où nous sommes ; mais il serait sage aussi, en le faisant exécuter provisoirement, d'examiner s'il ne contient pas des articles propres à dégoûter les soldats. » (*Patriote Français* du 27.)

Affaire des douze soldats du régiment d'Alsace. Voici à quoi se borne cette affaire dont retentissent tous les journaux, à la fin de février. — Le 24, Narbonne dit à l'assemblée : « Hier, douze soldats du régiment d'Alsace se sont présentés à la municipalité de Paris, où ils n'ont pas été reçus. De là, ils devaient se présenter au comité militaire. J'ai cru de mon devoir de les regarder comme déserteurs, puisqu'ils ont quitté leurs régimens sans permission, et j'ai donné des ordres pour qu'ils fussent arrêtés et conduits en prison. » — Le 25, il informa l'assemblée de ce qui était survenu : « Les douze soldats du régiment d'Alsace, dit le ministre, n'ont pas été mis en prison, parce que le maire de Paris n'a pas cru devoir déférer à la réquisition de M. Daffry ; mais ils sont venus chez moi me déclarer qu'ils se constituaient prisonniers ; en conséquence, le roi m'a ordonné d'écrire à leur régiment pour qu'ils ne soient pas regardés comme déserteurs. »

Le 28, Pétion écrivit à l'assemblée la lettre suivante :

» M. le président, je viens d'apprendre que M. le ministre de la guerre avait avancé à l'assemblée que, dans l'affaire des douze soldats du régiment d'Alsace, j'avais cru ne pas devoir faire droit à la réquisition d'ordres légitimes. Comme cette manière vague de s'exprimer pourrait laisser du louche sur ma conduite, et qu'il importe au magistrat du peuple de n'être pas soupçonné d'avoir manqué à ses devoirs, je prends la liberté de joindre ici des pièces qui établiront, je pense, que la marche que j'ai tenue est sage et mesurée.

» Vous y verrez que M. le ministre de la guerre n'a pas cru d'abord qu'il fût besoin de recourir à l'autorité civile pour l'arrestation des douze soldats ; qu'il a recommandé à M. Daffry de

faire cette arrestation sur-le-champ; que M. Daffry, plus circonspect, a pensé devoir s'adresser au chef de la municipalité, et
que je pensai à mon tour que les circonstances étaient telles,
que je ne pouvais pas me dispenser d'en référer au corps municipal.

» On ne devait pas craindre assurément que ces soldats s'en
allassent, puisqu'ils venaient d'eux-mêmes se remettre entre les
mains des autorités légitimes, et qu'ils étaient sous la surveillance d'un inspecteur militaire; d'ailleurs, je dois dire, à leur
louange, qu'il est impossible de trouver des hommes plus dociles, plus soumis et plus résignés.

» M. le ministre de la guerre a fait de nouveau connaître combien l'intervention de l'autorité civile était peu nécessaire dans
cette affaire, et combien il était facile de s'en passer; car il a fait
conduire les douze soldats à l'Abbaye. Il est vrai qu'il prétend
qu'ils y ont été de leur plein gré; mais on comprend sans peine
ce que cela signifie; il a réglé lui-même le temps de la détention;
il a mesuré le degré de peine, et il a été jusqu'à promettre leur
grace au nom du roi; ainsi il n'a plus rien laissé à faire.

» Tout cela a paru si simple à M. le ministre de la guerre, que
je ne sais pas comment il est venu avec empressement, et deux
fois de suite à l'assemblée, faire part de sa conduite, et comment,
surtout, il a cru utile à son éloge de jeter de la défaveur sur le
maire de Paris.

» L'assemblée connaît maintenant les faits, et elle jugera facilement que si quelqu'un a des torts, ce n'est pas le maire de
Paris. PÉTION. »

. Là se bornent les relations des ministres avec l'assemblée, du
moins en ce qu'elles offrent d'important. Cahier - Gerville fit un
nouveau rapport, le 27, sur l'état intérieur du royaume; mais
cette pièce n'est que le commentaire du premier compte-rendu.
Le ministre y laissa entrevoir un mécontentement qui accrédita
le bruit de sa démission, déjà annoncée par plusieurs journaux.
Il termina son discours en disant qu'il ne fallait pas attaquer légèrement la réputation d'un fonctionnaire public, même quand

il serait ministre, lorsque ce fonctionnaire était notoirement irréprochable. Toutefois, sa démission sera encore retardée de quelques jours ; elle n'aura lieu qu'en mars.

Narbonne, Bertrand de Molleville, Delessart surtout, étaient
bien autrement harcelés que Cahier-Gerville. Nous assisterons
bientôt au dénouement de cette lutte acharnée; le premier sera
forcé à se démettre ; l'assemblée déclarera au roi que le second a
perdu la confiance publique ; elle traduira le troisième devant la
cour d'Orléans.

Parmi les attaques dirigées contre Narbonne, et qui n'eurent
aucun retentissement parlementaire, nous devons mentionner
les lettres que lui adressa Lecointre, député de Versailles, au
commencement de février. Ces lettres avaient pour objet de rendre publique une découverte que la municipalité de Seine-et-
Oise venait de faire dans l'hôtel de la guerre. Elle avait surpris,
dans les souterrains de l'hôtel, une fabrication clandestine de cartouches destinées à la nouvelle garde du roi. Cette précaution du
pouvoir exécutif avait été prise, au moment même où le conseil
de faire des piques était en pleine exécution. Lorsqu'elle fut connue, le peuple entra dans cette verve de préparatifs que nous
avons plus haut décrite. Nous extrairons de la seconde lettre de
Laurent Lecointre (3 février) une note qui renferme les faits
essentiels. — « La nouvelle garde du roi est armée avec des fusils de la première qualité ; on vient de lui faire 3,146 cartouches
avec la poudre la *plus fine*... Comment s'y est-on pris pour faire
ces cartouches ? on les fabrique furtivement. *Où ?* Dans des souterrains de l'hôtel de la guerre. *Où ?* A quatre lieues de Paris.
Pourquoi la municipalité n'est-elle pas prévenue ? Pourquoi les
personnes chargées de ce travail clandestin varient-elles sur la
destination des cartouches ? Pourquoi faut-il leur arracher la
vérité ? Tous ces actes de duplicité sont-ils bien propres à rassurer les citoyens ? Est-ce là la conduite que doit tenir le gouvernement, dans les momens de la plus juste défiance ? Enfin, o
voit avec quelle attention, avec quelle célérité on munit la gard
royale. Que l'on compare cela à l'état d'abandon et au dénû

ment de nos volontaires , et que l'on juge et le roi , et les ministres, et ses agens ! »

Actes administratifs et révolutionnaires.

Le 3 février , l'assemblée décréta l'organisation du bureau de
comptabilité. Condorcet fit sentir l'importance que les commissaires de ce bureau fussent à la nomination du peuple. Robecourt et Gensonné appuyèrent ce projet : il fut ajourné. — Une
lettre du commandant du troisième bataillon des volontaires de
Paris , en garnison à Laon , annonce que les braves soldats qui
le composent renoncent au prêt en argent , et ne veulent recevoir que des assignats.

4 février. — Décret d'accusation contre les nommés Gauthier, Marc et Malvoisin , prévenus d'enrôlemens pour les émigrés. — On prononce un ajournement indéfini sur une lettre du
roi qui demande la création de deux aides-de-camp généraux
attachés au ministre de la guerre, et une augmentation de six adjudans-généraux. — Décret sur la forme des assignats de petite
valeur.

5 février. — Diverses pétitions entre lesquelles on distingue
celle de Périgeux et sa *cocarde fédérative*. Trois auteurs drama-
tiques plus qu'octogénaires, Laplace , Favart et Goldoni , se
plaignent de l'inexécution de la loi sur les *propriétés du génie*.
Divers membres s'empressent de guider les pas chancelans de
ces vieillards admis aux honneurs de la séance.

7 février. — Amelot annonce que le total des biens nationaux,
estimés pour cinq cent six districts , se porte à 2,225,940 liv.
Trente-huit districts sont en retard d'envoyer l'évaluation des domaines qu'ils renferment. — Linguet paraît à la barre avec les
citoyens Gallet et Labadie , ci-devant employés dans l'Inde : ils
viennent se plaindre des vexations du pouvoir exécutif. Linguet
portant la parole , et fâché d'être souvent interrompu , déchire
son mémoire et se retire. L'assemblée , indignée de ce procédé ,
a cependant accordé les honneurs de la séance aux deux pétitionnaires. — Décret en faveur des soldats du ci-devant régiment

d'Annis, expulsés , pour leur patriotisme , par le général Béhague. — Décret d'amnistie en faveur des déserteurs chez l'étranger , avant le 1er juin 1789.

9 *février*. — Rapport sur la fixation de l'imposition foncière pour 1792 ; d'après ce rapport, la contribution serait du sixième du revenu foncier. — Décret qui met les biens des émigrés sous la main de la nation et sous la surveillance des corps administratifs ; le comité de législation présentera un mode d'exécuter ce décret. — Décret relatif au tribunal chargé des procédures des faux assignats. Le tribunal du premier arrondissement est autorisé à s'adjoindre des juges-suppléans , pour coopérer à l'instruction de ces sortes de procédures. Ce tribunal pourra en outre nommer quatre commis-greffiers pour vaquer à ces instructions.

10 *février*. — Lettre des volontaires du Morbihan, qui se plaignent amèrement d'être placés loin du poste de l'honneur et du péril. Renvoyée au comité militaire. — On adopte l'acte d'accusation contre les sieurs Loyauté, Desilly et Mayer, conspirateurs de Strasbourg.—Rapport du comité colonial ; Brissot observe qu'il faut examiner attentivement ce rapport, qui prouve que tous les bons principes ne sont pas étrangers au comité colonial. « Mais nous nous occuperions en vain de secourir les colonies, si nous ne cherchions en même temps à faire cesser les troubles qui les désolent. Leur source est dans la vanité, dans la mauvaise foi des blancs. Trois fois ils ont violé un concordat , que quatre fois ils avaient juré de maintenir » Il demande et il obtient l'ajournement de la discussion sur la rectification des concordats. — Lettre de N. Puy-Monbrun , riche colon de St-Domingue. Il attribue les troubles de cette colonie à l'orgueil de quelques blancs qui veulent le maintien de la loi du 24 septembre. Il annonce que l'Espagne envoie plusieurs régimens à *Santo-Domingo*, et que le bruit court que cette puissance veut s'emparer de la partie française de cette île. — N. Gaudin, au nom du comité d'instruction publique, fait un rapport sur les corporations religieuses qui ont survécu à la suppression des monastères. L'orateur présente la nomenclature de toutes les maisons d'éducation, depuis la Sor-

bonne jusqu'à l'association des sœurs grises et celles des frères de la charité. Il discute l'origine et le but de chacun de ces éta- blissemens, s'attachant à démontrer que tous n'ont tendu qu'à perpétuer l'ignorance, la superstition et l'imposture. — N. Pon- tard, dénonce la cupidité des bedeaux, des fossoyeurs et des son- neurs de cloches, les corporations des pénitens de toutes les couleurs qui imposent des taxes exorbitantes. Outre 5 liv. exigées pour chaque cadavre, il faut encore payer pour l'encensoir, pour le drap mortuaire, pour les chandeliers, pour le goupillon, etc., etc., etc. — Le comité d'instruction publique est chargé de remédier à ces abus.

11 *février*. — Une députation de la république de *Mulhausen*, admise dans l'intérieur de la salle, vient demander la ratification du traité de commerce stipulé entre la république et le roi. — Décret pour l'organisation des jurés dans le département de Paris.

12 *février*. — Jacques Wikson, irlandais, a fait hommage d'un fusil à sept canons, approuvé par l'académie des sciences. Cette arme était déjà en usage dans la marine anglaise. — Une nom- breuse députation de citoyens vient offrir ses bras et ses piques pour le maintien de la liberté et des principes constitutionnels; elle est reçue au milieu des applaudissemens les plus vifs. « Veil- lez, a dit l'orateur, veillez sur les Tuileries : c'est là que sont nos plus grands ennemis. » — Armand-Guy Kersaint, au nom du département de Paris, est venu représenter à l'assemblée na- tionale que l'emplacement occupé par elle et ses comités était d'une valeur de 25 millions, et lui proposer de transporter ses séances dans un édifice destiné à former l'église de la Madeleine, dont la construction ne coûtera pas 3 millions.

14 *février*. — Décret qui ordonne que les ci-devant gardes- françaises, congédiées arbitrairement, continueront de recevoir leur solde. — Muraire, au nom du comité de législation, fait un rapport sur les moyens de faire constater par les officiers civils, les naissances, les mariages et les décès.

16 *février*. — Condorcet propose une adresse au peuple dont l'assemblée décrète sur-le-champ l'impression, l'envoi aux dépar-

tenans et la lecture dans toutes les municipalités. Voici cette
adresse :

L'Assemblée nationale aux Français.

« Une conjuration de rois, suscitée par les ennemis de l'égalité, les complots des conspirateurs, les trames du fanatisme,
les intrigues des ambitieux, les ruses de la corruption, ont entouré d'orages et de dangers le berceau de la liberté française.
Les représentans du peuple, forcés de donner aux soins toujours
renaissans d'une surveillance pénible les heures qu'ils auraient
voulu consacrer à contempler, à consolider la nouvelle organisation sociale, doivent à leurs commettans un compte fidèle de
leurs efforts, de l'état où ils ont trouvé la chose publique, de
celui où elle est aujourd'hui, des obstacles qu'ils ont éprouvés,
et de ce qu'ils ont fait pour les vaincre.

» Quatre grands objets semblaient devoir appeler leurs premiers regards : la nécessité d'établir enfin dans les finances un
ordre simple et rigoureux ; la destruction d'un droit civil incohé-
rent et barbare, qu'il faut remplacer par un code uniforme pour
tout l'empire, et fondé, comme la Constitution même, sur les
droits que l'homme tient de la nature, et que la société lui doit
garantir ; une instruction nationale digne de la France libre et
des lumières du dix-huitième siècle; enfin l'organisation d'un
système fraternel de secours publics, où le malheureux soit consolé sans être avili, et l'indigence secourue sans que l'oisiveté
soit encouragée ; où l'enfant abandonné soit élevé pour la patrie;
où des maisons de force, des moyens répressifs, malheureusement nécessaires encore, servent moins à punir les fautes qu'à
punir les vices.

» Les finances exigeaient à la fois et des mesures promptes
et des travaux longs et difficiles.

» Un papier fondé sur l'hypothèque certaine des biens nationaux et sur la foi d'une nation libre, était devenu la seule monnaie ; mais l'organisation de cette monnaie n'était pas complète ;

le nombre des billets de cinq livres, répandus dans la circulation, ne suffisait pas aux besoins journaliers des citoyens.

» Vos représentans en ont augmenté la masse et diminué d'une somme égale celle des billets de 2,000, 1,000 et 500 livres, dont la contrefaçon, encouragée par de plus grands intérêts, était plus dangereuse, dont l'échange contre les monnaies métalliques était plus onéreux.

» Ils ont arrêté, entre les départemens, une distribution proportionnelle de cette monnaie nouvelle, devenue nécessaire au commerce, aux dépenses les plus indispensables de la vie commune.

» Mais cette mesure ne suffisait pas : des billets d'une valeur inférieure à celle des assignats les plus faibles, avaient été répandus par les municipalités et par des caisses particulières ; la masse de ces derniers billets augmentait celle du papier-monnaie, puisque ces sociétés n'avaient formé leurs établissemens que pour employer en opérations de commerce les assignats qu'elles avaient reçus en échange.

» Ainsi, à une monnaie qui avait une hypothèque territoriale et la sauvegarde de la bonne foi publique, on avait substitué une monnaie sans hypothèque, et garantie par la seule bonne foi particulière.

» Vos représentans ont donc senti l'utilité de remplacer ces billets par un papier national plus sûr, aussi commode pour le commerce : par là ils diminuaient la masse du papier-monnaie, et compensaient, du moins en partie, les nouvelles émissions que les besoins de l'état pouvaient rendre encore nécessaires.

» Les plus petites monnaies de papier ont été fixées à dix sous, et par conséquent il a fallu accélérer la fabrication des sous de cuivre ou de métal de cloche, destinés aux derniers échanges, afin d'avoir un système monétaire complet, de pouvoir se passer de monnaies d'or ou d'argent pour la presque universalité des transactions formées entre les citoyens sur le territoire français, de rendre moins onéreuse la différence entre la monnaie de papier et même celle d'argent, et d'anéantir une des causes de cette différence en faisant cesser le besoin réel des monnaies de métaux précieux.

» Ces opérations, simples en elles-mêmes, exigent des détails minutieux, des combinaisons multipliées, et il a fallu plusieurs mois pour les terminer.

» Convaincue de la nécessité de fixer à seize cents millions la limite des assignats en circulation, que l'assemblée constituante avait portée à douze cents, et qu'elle avait été forcée d'augmenter de cent millions dans ses dernières séances, l'assemblée nationale s'est occupée des moyens de prévenir toute augmentation ultérieure qui ne serait pas commandée par l'intérêt de la sûreté publique et de la défense de la patrie ; elle a cherché si même il ne serait pas possible de diminuer cette masse, afin de se tenir toujours au-dessous de celle que la circulation peut souffrir, et de se ménager des ressources plus étendues pour les besoins extraordinaires.

» Mais ces questions étaient nécessairement liées aux moyens à prendre pour l'acquittement de la dette et la perception plus régulière des contributions publiques.

» L'assemblée a cru qu'il n'était plus temps de fonder des opérations si importantes sur de simples aperçus ; qu'il fallait d'un côté établir une balance rigoureuse entre la valeur des biens nationaux à vendre et la masse des assignats qu'ils doivent éteindre ; comparer d'un autre le montant de la dette exigible avec la valeur des biens dont la vente est réservée ; hypothèque non moins solide, et sur laquelle il est possible de fonder le système d'une liquidation certaine et complète.

» La confiance du patriotisme a suffi long-temps ; mais le moment est venu où il faut que l'enthousiasme fasse place à la raison et au calcul, où l'on a besoin de cette confiance paisible et durable qui ne s'appuie que sur des faits.

» Ainsi l'assemblée s'est procuré des états exacts de la valeur de tous les biens dont la vente est décrétée, de ceux dont par différens motifs la vente avait été suspendue, de ceux enfin dont

la conservation pouvait paraître utile : telles sont les forêts
nationales.

» Pour connaître ensuite le montant de la dette, elle a fixé
aux créanciers un terme où ils sont tenus de présenter les titres
sur lesquels ils fondent leurs prétentions : en effet, alors on
connaîtra quelle sera la masse des créances ; en supposant que
toutes les demandes sont légitimes, on aura une limite qu'elle
ne peut excéder, et, en faisant ainsi le calcul sur des bases
nécessairement défavorables, on sera certain d'agir avec une
sûreté plus entière.

» Mais il faut beaucoup de temps pour rassembler ces faits ; il
en faut pour les apprécier, pour en déduire des résultats ; il en
faut encore pour fonder sur ces résultats un système général d'o-
pérations liées entre elles, dont le succès soit à l'abri de toutes
les ruses de l'avidité, de toutes les noirceurs de la trahison ; il
serait donc injuste de regarder comme une inaction coupable
un travail obscur, mais pénible, mais nécessaire, dans lequel
une portion considérable de députés a consommé toutes les heures que le devoir d'assister aux séances leur permettait d'y consacrer.

» Le déficit des impositions de 1791 avait porté un coup fatal
au crédit, et parce qu'il forçait d'augmenter la masse des assignats monnaie existans à la fois dans la circulation, et parce
qu'il fournissait aux ennemis de la patrie un prétexte de calomnier la révolution. L'état de la nation, appuyé sur des preuves
authentiques, offre encore une sûreté entière ; mais cette sûreté
s'anéantirait si l'on pouvait croire qu'il fallût encore long-temps
suppléer par la consommation des capitaux aux dépenses qui
doivent chaque année être acquittées par les impôts : la confiance ne peut donc exister tant qu'on regardera leur recouvrement comme incertain ; la défiance doit augmenter à mesure que
les retards, en s'accumulant, semblent annoncer que le moment
d'une perception exacte est encore éloigné.

» L'assemblée constituante a fixé la forme et le montant des
impôts : tout changement à cet égard serait une imprudence.

» La confection des rôles arrête seule le recouvrement, et cette confection est confiée aux corps administratifs.

» L'assemblée s'est occupée de compléter les lois relatives à la perception, d'en préparer de nouvelles qui puissent l'accélérer ; de choisir entre les mesures qui lui ont été présentées, celles qui lui paraîtraient à la fois les plus efficaces et les plus douces.

» Nous ne ferons pas aux citoyens l'outrage de leur rappeler que le paiement des contributions consenties par les représentans de la nation est pour eux un véritable devoir ; nous n'exhorterons pas à un sacrifice pécuniaire des hommes qui volent avec ardeur sur les frontières, pour défendre au prix de leur sang la cause de la liberté.

» Nous ne leur ferons point observer que la gêne dans la circulation, la baisse du change, le défaut du numéraire ; le renchérissement des denrées sont pour chacun d'eux une charge plus onéreuse, et qu'en payant la contribution réclamée par la patrie, ils seront encore soulagés.

» Mais nous leur dirons : ne croyez pas aux insinuations perfides des prêtres non sermentés, des anciens privilégiés, des ennemis de la révolution, qui vous persuadent que la masse des nouveaux impôts est plus pesante que celle des anciens : des calculs rigoureux ont prouvé qu'elle était moindre de près d'un tiers. Si pour tel département, tel district, tel individu, cette diminution est plus faible, si même vous pouvez croire payer davantage, défiez-vous d'abord de l'exactitude de ces calculs particuliers dans lesquels les erreurs sont si faciles ; examinez si l'on n'a pas atténué vos charges anciennes ; voyez ensuite si votre département, votre canton, si tel genre de propriété ne payait pas autrefois moins qu'il ne devait payer : alors si cette perte, ou plutôt cette diminution d'avantages est réelle, si elle est injuste, que faut-il en conclure? Qu'il s'est glissé des erreurs dans la répartition, et que vous devez non acquitter avec répugnance l'impôt nécessaire à la défense de la liberté, mais solliciter, suivant les formes que la loi vous offre, les moyens de réparer une inexactitude commise dans son application. Avez-vous donc oublié que la justice souveraine de la nation a détruit pour toujours ces priviléges humilians , cette inégalité onéreuse , ces violations de vos domiciles, ces amendes ruineuses, ces vexations fiscales , ces supplices prodigués avec tant de barbarie, infligés avec tant de légèreté, ces dîmes si nuisibles à l'industrie, ces droits féodaux personnels , monumens odieux de l'antique servitude ?

» Nous dirons aux administrateurs : votre vigilance , votre activité pour le recouvrement de l'impôt ne sont pas en ce moment une simple obligation de votre place , une fonction que la loi vous confie ; c'est un devoir impérieusement imposé par le salut public , par l'amour de la liberté.

» Chaque heure que vous consacrerez à ce travail, chaque ligne que vous inscrirez sur ce registre est un pas que vous ferez faire à la révolution ; chaque obstacle que vous lèverez est une victoire remportée sur les ennemis de la patrie. Que ces fonctions minutieuses et pénibles prennent à vos yeux un plus grand caractère ; qu'elles s'ennoblissent par l'idée que les circonstances y ont été attaché le sort de la liberté française , et peut-être de celle du genre humain.

» Mais en pressant le recouvrement des impositions , les représentans du peuple ont veillé sur leur emploi. Les dépenses publiques doivent être fixées par l'assemblée nationale, et les ministres étaient obligés par la loi de lui en présenter le tableau au commencement de sa session : trois mois se sont écoulés , et c'est au moment même où l'examen devait être terminé que les aperçus nécessaires ont été remis à l'assemblée. Cependant jamais ces dépenses n'avaient été soumises à une discussion sévère et détaillée ; la rouille de tous les abus les infectait encore : devions-nous donc nous contenter d'un établissement provisoire? Devions-nous , pour acquérir l'honneur d'une fausse activité , laisser les anciens désordres s'identifier avec le nouveau régime , et leurs racines meurtrières s'étendre sur le sol de la liberté? Non , sans doute : il faut enfin au peuple français un système

de dépenses publiques lié à celui de la Constitution, fondé sur
les mêmes principes d'égalité, combiné pour la conservation de
nos droits, et qui, par sa sagesse comme par sa justice, fasse
reconnaître une nation libre et souveraine. L'assemblée, conduite
malgré elle à l'inaction jusqu'à la fin du mois de décembre, n'a
donc voulu abandonner à la routine que les premiers mois de
cette année; elle a fixé au premier mars le terme de son travail,
au premier avril l'époque de cette révolution dans les finances.

» Des épargnes importantes en seront la suite, et les représentans du peuple lui montreront par une économie sévère que,
fidèles à leur devoir, ils ont également cherché à ménager le
trésor du pauvre, et à éloigner de la liberté les dangers de la
corruption. On ne laissera subsister que les places nécessaires ;
on ne donnera pour chacune que le juste salaire des talens indispensables pour la bien remplir ; et, sans flatter jamais la cupidité par une libéralité coupable, une parcimonie non moins
funeste n'éloignera point des emplois la pauvreté éclairée et laborieuse.

» L'assemblée nationale n'ignore pas que les portions de l'impôt les moins nécessaires au service public sont précisément
celles qui coûtent le plus aux citoyens indigens, celles qui obligent d'étendre jusque sur eux le fardeau des impositions, et que
les derniers vingt millions sont une charge plus pénible que les
deux cents premiers.

» La crainte arrache l'impôt aux peuples esclaves ; l'homme
libre acquitte volontairement la contribution employée pour lui-
même : elle ne souffrirait aucun obstacle dans un pays où tous
les citoyens pourraient dire, pour chacune des dépenses générales,
ce que les habitans d'un village disent tous les jours pour une
dépense locale : voilà ce qu'on me demande ; mais voilà l'utilité
que je dois en retirer.

» Tel est le but que l'assemblée nationale s'efforcera d'atteindre.

» Ainsi, sur ces objets importans, sur cet ensemble des finances, malgré le travail assidu qu'exigeaient une foule de lois de

détails, rien n'a été négligé de ce qui devait conduire à des opérations plus vastes, appuyées sur des bases certaines, et propres
à rappeler enfin le crédit et la prospérité. Déjà presque tout ce
qui tient à la perfection du système monétaire est terminé, et
dans l'organisation du bureau de comptabilité, dans le refus
d'augmenter le nombre des visiteurs de rôles, on voit l'assurance précieuse d'une rigide économie, et d'une volonté ferme
de ne confier le trésor du peuple qu'à des mains indépendantes
et pures.

» La réforme du Code civil, l'établissement de l'instruction nationale demandaient de longues préparations, et les membres
de l'assemblée qui ont été chargés de ces travaux ont préféré d'entendre inculper leur lenteur, et de ne pas s'exposer aux reproches
que les imperfections d'un ouvrage trop précipité leur auraient
justement attirés.

» Aucune grande nation n'avait jamais été appelée à une régénération totale des lois civiles et de l'instruction publique; jamais
le système entier de ces deux parties essentielles de l'ordre social n'avait été soumis à l'examen de la raison, et une foule
de questions qu'on n'avait jamais examinées, parce qu'on les
trouvait partout décidées par le fait, naissaient de toute part,
exigeaient qu'une discussion approfondie réunît et fixât les opinions.

» Cependant une partie importante du travail sur l'instruction
publique, celle dont l'exécution exige le plus de temps, celle
dont la nécessité est la plus pressante, est déjà rédigée; c'est la
distribution et l'organisation des établissemens consacrés à une
instruction qui doit être offerte à tous les citoyens, embrasser
toute l'étendue des connaissances humaines, rendre la génération
qui s'élève digne de la liberté; préparer, assurer enfin le perfec-
tionnement des générations futures.

» La constitution, en déclarant le mariage un contrat civil,
en plaçant la liberté du culte au rang des droits de l'homme, rendait indispensable une loi nouvelle sur les moyens de constater les
mariages, les naissances et les sépultures.

« Les efforts des prêtres fanatiques pour écarter les citoyens des ministres, seuls dépositaires des registres publics, ne permettaient pas de retarder : il a donc fallu, sans nuire à l'ensemble du plan général, en détacher cette loi importante ; ce travail difficile est terminé, et va bientôt enlever à la superstition une de ses armes les plus dangereuses.

« Le comité des secours publics, chargé en même temps et des soins nécessaires pour subvenir aux besoins présens, pour maintenir les établissemens actuels, et du travail de préparer les établissemens nouveaux, a profité des matériaux précieux que l'assemblée constituante nous a légués, des lumières que les citoyens se sont empressés d'offrir, y a réuni les connaissances nouvelles que lui-même a rassemblées, et touche enfin au terme si long-temps attendu : après quatre mois seulement de travaux continuels et pénibles, il est sur le point de présenter à l'assemblée le système complet des encouragemens, des secours qu'une nation riche et libre doit à cette portion de citoyens qui, nés avec des droits égaux, mais privés des avantages de l'association commune par des malheurs imprévus, par l'effet de l'inégalité nécessaire des fortunes, par le défaut d'instruction, qui appauvrit encore l'indigence, par la grossièreté des mœurs qui suit l'ignorance, ont droit d'exiger que la société répare l'ouvrage de la nécessité et de la nature, rétablisse l'égalité que le sort avait altérée, et conserve ou rende à l'indigence abattue la dignité de l'homme, le caractère imposant et sacré de la liberté.

« Mais le soin de rétablir la paix dans l'intérieur, de veiller à la sûreté de l'État, a surtout occupé tous nos momens.

« A l'ouverture de nos séances, de nombreux rassemblemens de Français rebelles menaçaient nos frontières ; une longue et inexplicable indulgence avait augmenté leur audace ; l'Europe retentissait du bruit de leurs préparatifs de guerre : toutes les cours étaient agitées de leurs intrigues, ils avaient des ambassadeurs auprès des rois et des émissaires dans nos régimens, dans nos villes, dans nos campagnes. En même temps le clergé, dépouillé des biens usurpés sur la crédulité de nos ancêtres,

profitait, pour se venger, des restes d'une ignorance et d'un
fanatisme que les lumières ont démasqué et avili, mais qu'elles
n'ont pas éteint : ces mouvemens, d'abord faibles et isolés,
prenaient, par l'influence de quelques chefs, toute l'importance d'une conspiration religieuse ; le paisible habitant des
campagnes, qui d'abord n'avait pensé qu'à conserver son prêtre malgré le refus du serment, osait parler de le substituer à
celui qui avait été élu suivant les formes légales ; on avait d'abord
fait quelque scrupule de le reconnaître comme ministre du
culte ; bientôt on fit un crime d'avoir contribué au maintien de
la loi ; on s'occupa d'éloigner des fonctions publiques, les ames
timorées, sous prétexte qu'une de ces fonctions était de faire
exécuter le décret sur l'organisation du clergé ; on arma contre
les citoyens, les femmes et leurs enfans ; on jeta dans les familles
des semences de discorde ; enfin on opposa toutes les honteuses
passions de la terreur religieuse, tous les sentimens féroces du
fanatisme à la noble passion de la liberté ; on essaya de placer
le peuple entre Dieu et la patrie, et on lui offrit le ciel pour prix
de la trahison, pour récompense de la servitude !

» L'assemblée nationale voulut opposer des lois sévères à des
hommes que l'impunité enhardissait, et qui, par le caractère de
bassesse et d'atrocité imprimés à leurs complots, avaient perdu
tout droit à l'indulgence.

» Le refus de sanction a rendu ces mesures inutiles : le roi
prouva, par ce refus, cette liberté dont les courtisans de quelques
princes affectaient encore de douter. L'assemblée nationale,
respectant la Constitution, ne répondit que par son silence, et
redoubla de vigilance et de zèle. Un décret d'accusation porté
contre les chefs des rebelles donna un grand exemple de l'égalité
des citoyens aux yeux de la loi, et les biens des émigrés ont été
mis sous la main de la nation.

» L'assemblée a espéré que les lumières répandues par les
patriotes éclairés suffiraient contre le fanatisme ; que les Français
libres du dix-huitième siècle ne recevraient pas ce joug étranger,
rejeté par eux dans les temps de leur ignorance et de leur servi-

tade; qu'ils ne verraient qu'avec le mépris de l'indignation employer contre leur raison les ridicules prestiges, les ruses honteuses de la vieille superstition; qu'ils sentiraient combien est hypocrite ce zèle qui attend toujours, pour déployer son vain appareil
que l'intrigue lui ait promis d'ajouter des moyens humains à ses
moyens célestes.

» Cependant un orage se formait en Europe contre la France.
Depuis les premiers jours de la révolution, ses agens extérieurs
semblaient lui être devenus étrangers : le roi d'Espagne avait
refusé de recevoir un autre ambassadeur français que M. de la
Vauguyon, révoqué par le roi, et ce refus, contraire à tous les
égards observés entre les nations, avait continué même lorsque
le besoin qu'avait eu l'Espagne du secours de la France, aurait pu
répondre du succès d'une réclamation nécessaire au maintien de
la dignité nationale.

» Tandis que des sociétés anglaises se réunissaient pour célébrer le jour de la fédération, et consacraient par des fêtes cette
époque glorieuse, l'ambassadeur de France laissait à un simple
citoyen l'honneur de réunir ses compatriotes. L'amour de la paix
avait déterminé l'assemblée constituante à suspendre l'exécution
de ses décrets sur l'organisation du clergé, à souffrir que le
roi traitât avec Rome; et on laissa chargé de la négociation
un cardinal dont cette organisation détruisait la fortune et
blessait les préjugés : telle a été la première cause de ces troubles religieux, qu'une conduite plus ferme eût étouffés dans leur
naissance.

» L'ambassadeur en Suisse avait donné sa démission; et au
moment de renouveler les capitulations, au moment où les intrigues des émigrés français remplissaient ce pays de préjugés contre la France, où l'Espagne y entretenait un envoyé extraordinaire
dont les desseins étaient au moins suspects, cet ambassadeur n'é-
tait pas remplacé!

» Plusieurs des places les plus importantes n'étaient point remplies; les autres étaient occupées ici par des ennemis déclarés de
l'égalité, là par des hommes qu'on pouvait soupçonner de n'avoir

fait que céder à la nécessité ; on se conduisait comme s'il y eût
en France non une révolution , mais de simples agitations, après
lesquelles on devait rentrer dans les formes anciennes, et qui
n'avaient pas mérité que l'on changeât, même provisoirement,
nos agens auprès des puissances étrangères.

» Et pendant que les négociations pour renouveler l'alliance
des Suisses, que les mesures pour régler les dédommagemens
des princes allemands dont la déclaration des droits avait supprimé les droits féodaux, étaient ou totalement oubliées ou livrées
à une inactivité plus dangereuse encore; tandis qu'on laissait
aux Français ennemis de leur patrie, le temps d'exciter les
réclamations de ces princes, dont le bruit avait retenti parmi
nous, long-temps avant que les intéressés eussent songé à se plain-
ter de cette prétendue violation des traités , aucune mesure politique ne s'opposait à la ligue que les rois préparaient contre la
nation française.

» Les cours étrangères étaient assiégées par des émissaires
connus des princes rebelles, par des hommes qui, nouvellement
sortis du ministère, qui employés comme ambassadeurs quelques mois auparavant, ou revêtus de titres autrefois honorables
qu'ils conservaient malgré la constitution, ne pouvaient être traités
comme ces agens obscurs dont on feint quelquefois de méconnaître l'existence.

» Au moment où le roi avait solennellement adopté la
Constitution , une simple notification l'annonça aux princes de
l'Europe.

» Aucune réquisition pour la dispersion des rassemblemens,
aucun changement des agens suspects, aucun désaveu de ces
conjurés qui allaient solliciter en son nom des secours qu'il ne
demandait pas, n'avertit les puissances étrangères et de la vraie
situation de la France et des intentions réelles du roi.

» Tel était l'état de nos relations extérieures. Deux années de
cette conduite lâche et perfide nous présentaient aux nations
comme un peuple divisé en partis, agité par des factions, dont
la faiblesse offrait un succès facile à tous les projets d'une poli-

que ennemie. Ainsi, avant même que nous fussions assemblés ;
tous les piéges étaient tendus , toutes les combinaisons étaient
formées. Nous n'avons pas craint d'envisager des périls dont il
n'était pas permis aux représentans du peuple de détourner les
yeux plus long-temps : forcéa de choisir entre des mesures faibles, qui n'eussent retardé la guerre que pour la rendre plus ha-
sardeuse en laissant à nos ennemis l'avantage d'en fixer l'époque ,
et une conduite courageuse qui diminuait le danger, quand
même elle aurait pu en accélérer le moment, nous n'avons pas
hésité.

» Nous avons invité le roi à menacer de la justice de la nation
française les princes qui souffraient sur leurs territoires, et des
rassemblemens d'hommes armés et des magasins d'armes et de
munitions. Des monarques puissans s'étaient ligués pour défen
dre, disaient-ils, l'honneur des couronnes, comme si le sang
des nations devait couler au gré de l'orgueil des rois; pour maintenir la paix générale , comme si les élans d'un peuple généreux
vers la liberté pouvaient troubler une autre paix que celle de l'esclavage ! L'assemblée nationale , profondément indignée de ce
aveu d'une conspiration contre les droits des hommes, mais plu
économe du sang des peuples étrangers que leurs princes mêmes , a cherché tous les moyens honorables d'épargner une
guerre à l'humanité et d'en diminuer les fléaux ; elle a invité le
roi à déclarer à l'empereur son allié , qui avait signé ces traités,
que, s'il n'y renonçait la, France ne pourrait plus voir en lui qu'un
ennemi.

» Elle a désiré que le roi cherchât à réunir, dans une fraternité
commune, toutes les nations qui comme nous aimeront la liberté ,
tous les princes qui ne voudront que la tranquillité et le bonheur
de leurs états.

» Elle a déclaré aux peuples que, même au milieu de la guerre,
elle respecterait les lois de l'humanité et de la justice, et que jamais le soldat français ne verrait un ennemi dans un cultivateur
paisible, dans un citoyen désarmé.

» Elle a vu que le désir d'altérer une constitution où l'unité du

corps législatif, où l'égalité absolue des droits opposaient aux intrigues du despotisme d'invincibles obstacles, était le mobile secret de toutes les ligues, de toutes les conspirations ; que l'idée
de rendre un conseil de rois juge souverain du degré de liberté
qu'ils daigneraient accorder à chaque nation, avait ranimé en eux
l'espoir d'éterniser la servitude sur la terre ; et par un acte solennel, elle a déclaré traître à la patrie quiconque consentirait à la
moindre atteinte portée à l'égalité, quiconque prendrait part à
ces honteuses transactions ; elle a déclaré que la nation française
regarderait comme un ennemi tout prince qui voudrait porter atteinte aux droits du peuple français, à l'indépendance absolue de
sa constitution et de ses lois.

» Amis de l'humanité, si nous sommes forcés à la guerre, nous
aurons du moins la consolation de sentir qu'elle ne sera pas notre
ouvrage, mais le crime de ceux qui l'ont préparée, et dont la
conduite coupable nous a placés entre la victoire et l'esclavage.

» Cependant il fallait pourvoir à la sûreté de la nation ; et quel
était l'état de l'armée ? »

» Des mouvemens que des motifs différens semblaient exciter,
et qui paraisaient néanmoins tenir à une cause unique mais in-
connue, en avaient successivement agité, désorganisé presque
tous les corps ; les officiers, qui d'abord ne les quittaient qu'en
cédant à ce qu'ils appelaient des violences, avaient, depuis quelques mois, levé presque ouvertement le masque, et prouvé que
les soldats, en présentant la haine de leurs officiers contre la révolution comme l'excuse de toutes leurs fautes, n'avaient dit
qu'une vérité d'abord trop peu sentie.

» Et ces officiers, qui déjà grossissaient l'armée des rebelles,
n'étaient pas remplacés ! Il semblait qu'on attendît le moment où
un traité fait aux dépens des droits des hommes, leur permettrait
de reprendre leur place, où ils daigneraient pardonner au peuple français d'avoir voulu l'égalité ; il semblait qu'on craignît que
des officiers patriotes ne rétablissent la discipline, et ne défen-
dissent les soldats des piéges dont l'adresse des conspirateurs se
plaisait à les environner !

» Cent mille gardes nationaux avaient volé aux frontières, et les mesures nécessaires pour les mettre en état d'agir, se prenaient avec une lenteur qui eût refroidi un zèle moins énergique. Il fallait réparer les dangers de cette négligence du dernier ministre de la guerre, examiner la situation de l'armée, chercher par quelles lois on devait ou compléter son organisation ou détruire les obstacles qui auraient pu ralentir son activité : combien d'heures n'avons-nous pas employées à préparer ces lois de détail, formées de dispositions dont chacune est minutieuse, mais dont l'ensemble est si important ! Et combien de difficultés n'offrent pas ces lois, où il est si nécessaire de concilier l'intérêt de la défense de l'état et celui de la liberté, la discipline militaire et l'égalité sociale !

» La marine est une partie essentielle de la force publique ; et une lettre du roi adressée aux commandans, avait appris que l'émigration des officiers y faisait des progrès funestes : les mêmes causes y avaient produit les mêmes effets que dans l'armée, et une négligence plus grande y a plus long-temps retardé, y retarde encore les remplacemens.

» Le moment approche sans doute où ces désordres vont être réparés ; mais pour en sonder l'étendue, pour en saisir les remèdes, pour ôter tout prétexte aux retards, il a fallu du temps et une surveillance active et soutenue.

» De grands mouvemens ont été excités dans des colonies placées à deux mille lieues de la France, et cette distance augmentait également la difficulté de connaître les faits avec exactitude, et d'en pénétrer les causes.

» Les remèdes ne pouvant être appliqués que plusieurs mois après l'époque où le mal qu'on veut guérir est arrivé, tout peut avoir changé dans l'intervalle, et le moyen le plus salutaire peut n'être qu'inutile et dangereux.

» Mais dans tous les troubles de l'empire français, il est une cause toujours agissante : la lutte de ceux qui veulent la liberté contre ceux qui la craignent ; et dans toutes les affaires il est des principes dont l'application est toujours sûre : l'humanité, le respect pour la justice, pour les droits essentiels de l'espèce humaine; ces principes ont seuls guidé nos résolutions; secourir les victimes des troubles, n'employer la force que pour conserver ou ramener la paix, telles ont été nos seules mesures. Une conduite chancelante, des ménagemens pour les préjugés, la crainte d'attaquer de front des questions qui mettaient en mouvement des passions si ardentes et de si grands intérêts n'avaient fait qu'aggraver les maux : nous osons croire qu'un attachement sévère aux règles de la justice en marquera le terme, en arrêtera les progrès.

» Dans une année où quelques parties de la France souffraient des effets d'une mauvaise récolte, combien n'était-il point facile d'exciter parmi les citoyens des terreurs dangereuses! Cent mille ennemis implacables, indifférens sur les moyens comme sur les suites de leurs complots, employant sans relâche contre la tranquillité publique leurs discours, leurs écrits, leurs intrigues et leur or, devaient sans doute réussir dans ce funeste projet; et tout en gémissant sur les excès auxquels le peuple s'est porté, sur le mal qu'il s'est fait à lui-même en écartant, par la crainte, les secours que le commerce lui eût préparés, peut-être faut-il se féliciter encore de ce qu'il a si bien résisté à ses perfides insinuations, de ce que son amour pour la liberté, son zèle pour la constitution n'ont point été altérés; de ce que le respect pour la loi a si rarement cessé de modérer ses mouvemens.

» Des secours accordés aux départemens qui éprouvent des besoins étaient le seul moyen actif que l'assemblée pût employer; elle a dû se borner à maintenir la liberté entière de la circulation intérieure, établie par l'assemblée constituante, et conséquence nécessaire de l'égalité prononcée par la constitution, comme par la nature entre toutes les parties de l'empire français. En même temps, elle a cru pouvoir ajouter des dispositions plus sévères à la loi contre les exportations, et aux précautions destinées à empêcher que les transports dans le voisinage des frontières, les envois par mer d'un département dans un autre, ne pussent se transformer en de véritables exportations; elle a voulu sartout que ces précautions fussent confiées aux magistrats du peuple ; que chaque citoyen pût vérifier si les formalités avaient été remplies : elle a reconnu par là cette vérité fondamentale dans toute constitution populaire, que le peuple délègue bien ses pouvoirs, mais ne délègue pas sa raison ; qu'il remet le droit d'agir; mais qu'il se réserve celui de voir si les hommes qui agissent pour lui et en son nom exécutent les lois et veillent à ses intérêts.

» Tel est l'exposé fidèle de nos travaux et des mesures que nous avons prises pour assurer la liberté de la nation et le salut de l'empire. Nous ne vous parlons pas de cette lutte entre les pouvoirs établis par la loi, dont peut-être les ennemis de la liberté ont cherché à vous effrayer.

» Nous savons que le succès des lois constitutionnelles dépend du concert entre ces pouvoirs, mais que ce concert doit avoir pour base la fidélité du ministère à faire exécuter les lois, et non la soumission des législateurs aux propositions des ministres; nous savons que nous devons assurer au pouvoir exécutif toute son activité, mais aussi ne pas souffrir que cette activité le porte au-delà des bornes prescrites par la loi, et qu'une rigoureuse surveillance est une de nos obligations sacrées, dont ses plaintes, ses vains appels au peuple ne nous détourneront jamais; il ne parviendra ni à nous irriter ni à nous séduire. Trop convaincus de la dignité de la représentation nationale, pour que les manœuvres de quelques-uns de ses agens puissent nous atteindre, nous leur pardonnerons tout, hors la négligence de leurs devoirs, la violation des lois, la trahison contre la patrie, les conspirations contre la liberté.

» Français, nous ne vous avons pas dissimulé vos dangers, parce que nous connaissons votre courage. Il s'agit, entre vous et vos ennemis, de la plus grande cause qui ait jamais été agitée parmi les hommes, de la liberté universelle de l'espèce humaine, de ces droits éternels que l'instinct a souvent disputés contre la tyrannie, que la raison a reconnus, que vos généreux efforts ont rétablis, et que rien ne peut plus ébranler. Ces droits sont la

base unique sur laquelle puisse reposer le bonheur durable des
nations. Si les orages inséparables d'une révolution ne vous ont
pas encore permis de le sentir dans toute son étendue, déjà vous
éprouvez celui que la nature attache au sentiment si pur et si
touchant de ne voir autour de soi que des égaux, de ne dépendre
que des lois; bientôt vous jouirez de cet autre bonheur qui doit
naître d'une législation sage et juste, et des progrès rapides que
le règne de la liberté assure au commerce, à l'industrie, aux
arts, aux lumières.

« Voudriez-vous renoncer à ces biens, abandonner vos espérances, vous livrer encore à cette politique incertaine qui a si
long-temps agité les hommes entre la liberté et la servitude?
Sacrifierez-vous les générations futures à l'avantage d'une fausse
paix, dont même vous ne jouirez pas; car les tyrans que vous
avez fait trembler ne vous épargneraient qu'après avoir cessé de
vous craindre, et des chaînes que vous avez pu rompre un fois
ne suffiraient plus à leur sûreté.

» Mais en même temps nous ne vous verrons pas, égarés par
l'espoir incertain d'une liberté plus grande, vous diviser et vous
perdre : vous resterez attachés à votre constitution, parce que
vous voulez rester libres; et, reunis autour d'elle, vous triom-
pherez de cette ligue puissante qui s'était flattée d'anéantir d'un
seul coup, avec la constitution française, la liberté et les droits
du genre humain. »

17 *Février*. — L'assemblée ordonne l'arrestation d'un individu
qui se permet de crier du haut des tribunes, alors qu'on délibère
sur le nombre des chevaux à la suite des officiers : *qu'ils n'en
aient que deux*. Les tribunes font la police elles-mêmes. — Décret
sur le traitement des troupes en campagne. — Conduite exemplaire des braves chasseurs du douzième bataillon, et décret
d'accusation contre un monsieur Fabrain, qui les avait excités à
déserter leurs drapeaux. L'extrait du procès-verbal sera adressé
à ces braves militaires.

19 *Février*. — Renvoi au comité des décrets et d'instruction
publique d'une motion de Lequinio, tendante à établir un comité

particulier, chargé de rédiger chaque semaine, en style clair et précis, un journal des travaux de l'assemblée, et des événemens les plus propres à intéresser le peuple français.

20 *Février*. — Décret d'accusation contre le nommé Dubry, prévenu de conspiration contre la sûreté de l'état.

21 *Février*. — Dussaulx vient réclamer la justice de l'assemblée en faveur de Laurent Gouy de Valois, l'un des vainqueurs de la Bastille, blessé de plusieurs coups de feu au siége de cette forteresse; il fut transporté du champ de bataille à l'Hôtel-Dieu, et lorsque la liste des premiers conquérans de la liberté fut faite, il n'y fut point compris : on le croyait mort. L'assemblée lui accorde une gratification de 600 liv., et lui attribue le droit à la pension de 200 liv., aux armes et habillement.

24 *Février*. — Décret prohibitif de l'exportation des matières premières. — La sortie du royaume, par terre ou par mer, des cotons et laines, en rames ou en graines des colonies, des laines filées ou non filées, des chanvres en masse, en filasse, rayés ou apprêtés, des peaux en vert, ou salées et en vert, et des retailles de peaux et de parchemins, est provisoirement défendue. — Cambon soutient que, dans ce moment, la France a plus de numéraire effectif en caisse qu'aucune autre puissance de l'Europe. — Le maire de Paris et la municipalité, nouvellement installés, sont admis à la barre. Applaudissemens au discours de Pétion, qui assure à l'assemblée que le peuple est là pour confondre ses ennemis et les conspirateurs. — *Ibid.* (*séance du soir.*) Décret pour la découverte et la poursuite des fabricateurs et distributeurs de faux assignats. — Au nom du comité d'instruction publique, Pastoret propose de supprimer le tribunal universitaire. Ce tribunal, depuis long-temps déchu de son origine, depuis long-temps sans but et sans signification, retenait encore les formes qui en faisaient, au moyen-âge, une institution vraiment européenne : il y avait toujours les *quatre procureurs des nations*.

25 *Février*. — Plusieurs femmes des émigrés sollicitent, au nom de leurs enfans et de la liberté, les moyens de faire exécuter la loi constitutionnelle qui déclare le mariage un simple contrat

rivil. Quelques membres de l'assemblée soutiennent que la constitution a permis le divorce, et ils demandent le renvoi de ces diverses pétitions au comité de législation. — Sur la proposition du comité d'instruction publique, pour continuer les secours accordés par le gouvernement, avant la révolution, pour l'impression du *Recueil des diplômes de France, lois saliques*, par Brétigny, les Feuillans pensent qu'il serait à désirer que l'histoire de France, jusqu'à la révolution, fût effacée de la mémoire des Français; les Jacobins affirment qu'il faut conserver sous les yeux du peuple les annales de l'esclavage, afin qu'en rougissant de la faiblesse de ses ancêtres, il nourrisse et perpétue, de génération en génération, l'horreur de la tyrannie et le noble enthousiasme de la liberté. — Le projet du comité est ajourné.

26 Février. — Rapport de Cambon sur les moyens de délivrer la capitale du brigandage des caisses soi-disant patriotiques. Indépendamment de la surveillance plus que nécessaire des corps administratifs, il propose de révoquer la loi du 15 mai, qui exempte du timbre les billets de confiance de 25 liv. et au-dessous, et de les assujétir dès à présent à ce droit, à l'exception des billets de 10 sous jusqu'à 5 liv., qui n'y seraient soumis qu'au 1er avril prochain.

29 Février. — Nouveau rapport de Tarbé sur les colonies. — J. Ph. Garran de Coulon, député de Paris, et grand procurateur de la nation, par l'organe de M. E. Guadet, après avoir dans son discours censuré l'assemblée constituante, veut que l'on abroge le décret du 24 septembre, comme inconstitutionnel et rendu *dans la vieillesse de cette assemblée.* Il rejette tous les malheurs des colonies sur l'orgueil, la mauvaise foi, le despotisme des colons blancs; il a même adopté le système de ceux qui voudraient que l'on abandonnât les colonies. — (*Séance du soir.*) La municipalité de Paris implore des secours en faveur des pauvres de la capitale. L'assemblée ordonne un rapport général sur les secours à accorder aux pauvres de tous les départemens. — Décret sur la consécration de l'hôtel des Invalides, conservé sous le titre d'Hôtel national des militaires invalides.

À la séance du 5 février, Duphénieux annonça des troubles survenus à Figeac (Lot), relativement à la circulation des grains et surtout aux disputes religieuses. Pagahel déclara que dans plusieurs départemens, les prêtres réfractaires, pleins d'espérance et d'audace, faisaient les menaces les plus criminelles; que les patriotes irrités avaient déjà marqué les maisons, et que tout présageait des catastrophes sanglantes. Il invita tous les bons esprits à se rallier pour sauver la chose publique.

À la séance du 6, on lut le procès-verbal d'une émeute arrivée à Auch, le 21 janvier, à la suite d'une querelle entre la municipalité et le directoire du département. Le procureur-syndic Lafiteau avait suspendu l'effet d'un arrêté de la commune, qui ordonnait aux couvens de la ville de tenir leurs églises fermées pendant les offices des paroisses. C'était au nom de la tolérance religieuse, que la mesure de la municipalité avait été paralysée. Il en résulta une fermentation générale dans laquelle Lafiteau allait perdre la vie, lorsque les officiers municipaux eux-mêmes vinrent le délivrer.

Le 9, Bréard fit un rapport sur les affaires d'Avignon. Il commença par le récit rapide de la guerre civile qui avait si longtemps désolé le Comtat. Deux partis s'y étaient spontanément manifestés dès 1789 : l'un voulant la réunion de la province à la France; l'autre soutenant les intérêts du pape. Bientôt la division éclata entre les révolutionnaires eux-mêmes. Il s'était formé à Carpentras, une association sous le titre d'assemblée représentative du Comtat : Avignon ne consentit point à la reconnaître. Les papistes profitèrent de cette mésintelligence pour organiser à Sainte-Cécile, un centre d'opérations qui attaqua d'abord l'assemblée électorale d'Avignon, rivale de celle de Carpentras. Ces trois factions s'entr'égorgèrent à Savignan, au siége de Carpentras; et enfin de la guerre elles passèrent à l'assassinat. Les médiateurs envoyés par la Constituante, firent signer, le 14 juin 1791, un traité de paix entre les deux parties qui voulaient la

réunion. Le rapporteur examina la conduite des commissaires-
médiateurs à partir de cette époque. Il les justifia de plusieurs
reproches, mais il blâma en général leur conduite, et les accusa
de partialité, d'imprudence et de despotisme. — De partialité,
lorsque toujours prêts à accueillir les plaintes d'un parti, à le satisfaire, à le venger, ils repoussaient les justes sollicitations de
l'autre : — de despotisme, lorsqu'ils suspendaient le corps unique qui représentât le souverain dans le Comtat ; — d'imprudence, lorsqu'ils portaient pendant la nuit des troupes à Sorgues,
au risque d'engager un combat. entre elles et les habitans. Ce
dernier reproche est particulier à l'abbé Mulot, ainsi que l'élargissement des assassins de Caromb, ainsi que le titre d'*assassinat vengeur* donné au meurtre de l'Escuyer. — Le rapporteur
adressa les mêmes inculpations aux commissaires civils envoyés
depuis la réunion.

Passant ensuite à l'examen de l'état actuel du Comtat, le rapporteur y vit les patriotes dispersés ou dans les fers, un prétendu modérantisme triomphant, et partout les germes de
contre-révolution prêts à éclater.

A ces maux, à ces dangers, il proposa d'appliquer plusieurs
remèdes : les uns généraux, tels que la prompte fusion du Comtat
avec les départemens limitrophes ; la prompte organisation des deux
districts ; la limitation du pouvoir despotique des commissaires
civils ; l'envoi de secours pécuniaires pour distribuer aux habitans qui avaient le plus souffert de la révolution ; les autres
particuliers, tels que le transport du tribunal et des prisonniers
hors d'Avignon, et l'extension de l'amnistie à tous ceux qui ne
seraient pas convaincus d'assassinats prémédités. — Quant aux
commissaires médiateurs et civils, le rapporteur demanda l'a-
journement pour acquérir de plus grandes lumières sur les
griefs qui leur étaient imputés. — La discussion du projet fut
ajournée.

Le 11, Dumolard fit lecture d'une lettre du département de
l'Isère qui annonçait la désertion des officiers du 40ᵉ régiment,
ci-devant Soissonnais, à l'exception de cinq. — Le 13, la mu-

nicipalité de Lyon dénonça la conduite aristocratique du directoire du département; nous avons déjà vu les deux corps en hostilité, à l'occasion du journaliste Carrier : l'assemblée passa à
l'ordre du jour.

Le 14, Coupé instruisit l'assemblée d'une émeute arrivée à
Noyon, au sujet d'enlèvemens excessifs de grains; il lut la lettre
suivante :

« Ce matin, à notre réveil, nous avons été avertis que le tocsin sonnait de toute part; ce mouvement était occasioné par le
bruit répandu dans la ville et les environs, qu'il allait arriver
des troupes pour faire partir les chargemens de blé arrêtés par
le peuple. A deux heures après-midi, dix mille hommes étaient
rassemblés dans le camp. Sur le soir, il y en eut plus de trente
mille. Nous avons donné ordre aux gardes nationales de se rendre au lieu de ce rassemblement; ils ont voulu avoir aussi les
officiers municipaux de Noyon. Nous leur avons envoyé un réquisitoire pour qu'ils eussent à s'y transporter avec les citoyens.
Au moment où la ville de Noyon parut, tout le monde fut satisfait, et l'air retentit des cris de *vive Noyon!* Sans cette démarche,
le rassemblement formé entre Noyon et Saint-Quentin eût pu
avoir des suites funestes. Ce rassemblement est maintenant divisé; mais on est prêt à se réunir au premier moment. M. Gui-
baut, de Compiègne, nous a fait part de l'arrivée de M. Gouy
d'Arcy, chargé du commandement des troupes. Lorsque cet
officier est arrivé au bac, et à quelques pas plus loin, le rassemblement était si considérable et si effrayant, que, dans la
crainte de manquer sa mission, il prit le parti d'aller à Paris,
avec un arrêté du directoire du département, etc., etc. »

L'assemblée renvoya cette affaire au comité de surveillance.
Le lendemain, elle nomma quatre commissaires choisis dans
son sein, pour aller pacifier le département de l'Oise. Ces commissaires étaient MM. Labergerie, Jacob Dupont, Romme et
Vaublanc. — Le 18, Vaublanc rendit compte de leur mission.
Il résulta de leur rapport qu'il fallait distinguer deux époques
dans l'insurrection. Elle avait été occasionée parce que les con-

ducteurs des bateaux chargés de blé n'avaient pas de lettres de voitures. Ce qui rendit le mouvement général, ce fut la nouvelle que Gouy d'Arci, connu par ses opinions peu favorables à la liberté dans les affaires des colonies, était chargé par la cour de rétablir le calme. Au reste, l'insurrection était avec ordre sous les armes, et d'autant plus à craindre, dans ses suites, qu'elle était, pour ainsi dire, froide et raisonnée.

Le 18 au soir, Delpierre fit un rapport sur les troubles d'Arles : cette ville était déchirée par deux partis rivaux, les Chiffonistes et les Monnayers ; des voies de fait avaient été commises ; deux officiers municipaux arrêtés ; 1,400 fusils destinés aux troupes de ligne saisis, et Giraud, père de l'Oratoire, forcé de sortir de la ville. Il proposa la poursuite de tout individu qui appellerait un citoyen du nom de *Chiffoniste* ou *Monnayer*, la démolition des ouvrages extérieurs, aux frais de la commune, et le réarmement des citoyens désarmés par l'arrêté du département des Bouches-du-Rhône. Ajournement.

Le 21, Gouy-d'Arcy rendit compte à l'assemblée de la manière dont il avait exécuté la mission qui lui avait été confiée par le pouvoir exécutif, pour apaiser les troubles de Noyon. « Il résulte de son long narré, que M. Gouy a vaillamment fait deux voyages pour apporter deux lettres au ministre de la guerre. » (*Patriote Français* du 22.) A cette même séance, Narbonne annonça qu'il était nécessaire d'employer la force pour réprimer l'insurrection. — Le 24 il lut les lettres suivantes : La première est du directoire du département de l'Oise.

« *Beauvais, 28 février.* « En exécution de notre arrêté du 19, les trois commissaires que nous avons nommés pour faire les réquisitions, sont partis ce matin ; les troupes vont arriver ; il a été pourvu convenablement à leur logement et à leur subsistance.

» Nous avons conféré avec le général ; nous apprenons que le tocsin a été sonné dans plusieurs communes ; mais que dans d'autres, on s'est opposé à ce qu'il le fût. Il y a lieu de croire que la loi du 18 et l'instruction que nous avons publiée, produiront leur effet : nous joignons ici la copie d'une lettre adressée par le procureur-syndic de Noyon, à M. Dauchy, président du directoire, et l'un des commissaires.

> Le directoire du district, monsieur, se conformera à l'arrêté pris par le directoire du département. La disposition des esprits est telle qu'on ne veut pas laisser partir les grains, et que la force seule pourra faire partir ce qui n'a pas encore été distribué. Les officiers municipaux des différentes paroisses rassemblées se font payer leurs vacations, savoir : 100 sous par jour pour les maires, 3 liv. pour les officiers municipaux , 2 liv. 10 sous pour les gardes, 2 liv. pour les porteurs ; ils ont arrêté que ces sommes seraient payées en grains, et ils taxent, dit-on, les grains à 15 liv. le sac ; ce qu'il y a de certain, c'est qu'ils se les partagent, et qu'il y a déjà 1,400 sacs de distribués. Nous veillons nuit et jour, etc. »

Lettre du commandant des troupes, le baron Witenkoff.

, Les troupes sont arrivées ce soir ; elles sont très-fatiguées : après demain je compte attaquer les mutins à Ourcan. Ils paraissent décidés à faire une bonne défense, et ils se trouvent dans un poste très-avantageux : je compte beaucoup sur les deux bataillons de Paris, et sur un régiment de chasseurs commandés par M. Lameth. Le second bataillon des volontaires de l'Yonne est ici, et montre le patriotisme le plus éclairé. »

M. Labergerie prit la parole après Narbonne, et dit : « Je viens de recevoir une lettre de M. Dauchy, qui m'annonce qu'il a reçu des députations des communes rassemblées, que les esprits lui paraissent bien disposés, qu'il commence à croire qu'il n'y aura pas un seul coup de fusil de tiré. Le rassemblement d'Attichy paraît dans les mêmes dispositions. »

Le 25, Narbonne communique la nouvelle que l'ordre était rétabli dans l'Oise, et que les insurgés d'Ourcan avaient été désarmés. Le lendemain, l'abbé Ichon fit une motion contre ce désarmement arbitraire. Thuriot et Romme demandèrent que le ministre fût mandé à la barre. Il y parut séance tenante, et déclara que le baron Witenkoff n'avait agi qu'en vertu des réquisitions des corps administratifs.

Le 29 février, une dépêche du département de Loir-et-Cher, communiquait un arrêté contenant des mesures coërcitives contre les prêtres non assermentés, qui, dans un délai donné, ne se rendraient pas au chef-lieu de l'administration. Chéron, Bigot-Préameneu et Calvel en demandèrent l'improbation comme empiétant sur le pouvoir législatif. Ordre du jour. — A cette même séance, la municipalité de Nancy dénonça une *adresse des émigrés à l'armée française*, repoussée avec indignation par le 38ᵉ régiment ; elle fut renvoyée au comité de surveillance.

MARS 1792.

Nous voici parvenus au moment de l'anarchie. En tous lieux, à la même heure, l'entière désorganisation de la société monarchique se témoigne par de tels désordres et par de telles frayeurs, qu'il nous faut remonter jusqu'à la démence de Charles VI pour trouver dans nos annales quelque chose de semblable.

Tout ce qui précède et accompagne la dissolution des corps politiques, les vagues inquiétudes, la confusion, les alarmes subites, le sentiment de la conservation personnelle, livrant les uns à la dispersion et à la fuite, exagérant chez les autres la préoccupation de la défense, tous les caractères, en un mot, qui distinguent les époques de fin dans les traditions humaines, apparaissent maintenant.

Interrogez les vieillards sur les plus effrayans de leurs souvenirs révolutionnaires ; ils vous répondront que le régime des terroristes n'a rien de comparable à l'anarchie qui désola le royaume pendant les mois de février et de mars 1792. Le manque absolu de sécurité, suite nécessaire de la ruine du pouvoir, abandonna un instant nos pères à cette peur mystérieuse et fatale qui s'emparait autrefois des peuples dans le passage d'un état social à un autre, entre deux civilisations consécutive.

Mais cette terreur panique n'eut lieu que dans les provinces. Le centre actif de la France, la capitale, où résidait en quelque sorte l'esprit national, ne participa que faiblement aux troubles dont on ressentait partout ailleurs les profondes atteintes. Paris seul ne fut point engagé dans l'éclipse ; seul, il conserva la faculté de la prévoyance et celle de l'ordre. Si l'unité n'eût pas offert, sur ce point, une résistance invincible, c'en était fait de la patrie.

Il est vrai qu'en prédisant la fin du monde romain, Jésus-Christ avait déclaré à ses disciples que c'était là la dernière grande détresse, les dernières ténèbres qui couvriraient le globe : « il n'y aura plus une telle affliction. » Il savait qu'en donnant le libre arbitre à tous les hommes, qu'en proposant indistinctement à tous le devoir du but social, cette lumière ne permettrait plus ni au destin, ni au désespoir, d'obscurcir les voies humaines. Il savait que la foi et bientôt la science du progrès, jetteraient une espérance immortelle par-dessus toutes les solutions de continuité, par-dessus tous les abîmes que le monde chrétien devait rencontrer sur la route de son but.

Aussi, l'alarme dont il s'agit ne dura-t-elle qu'un instant. Du 15 février au 15 mars tout était fini ; et encore le centre, qui pensait et qui voulait, n'en avait-il pas été ému. Cependant on vit se répéter, dans ce court intervalle, selon des proportions amoindries par la force dont le christianisme avait doué l'esprit français, les légendes et les fantômes des superstitions antiques. Les journaux de ce temps recueillent, entre autres rumeurs populaires, des prédictions de fin du monde. Chaque ville et chaque hameau furent saisis à jour fixe des mêmes pressentimens et du même vertige. Partout, et partout avec une coïncidence qui inspira plus tard de bizarres commentaires, on attendait les *brigands* : on les avait vus, ils approchaient, ils étaient là.

Pour bien comprendre cette fâcheuse extrémité, il n'est besoin que de connoître les dispositions préétablies et la cause occasionelle qui les mit en jeu.

Depuis quatre mois on n'entretenait le peuple que de l'im-

minence d'une guerre européenne. Les querelles religieuses
étaient devenues irréconciliables. Sauf quelques exceptions bien
rares, le nouveau clergé affichait des mœurs soi-disant philosophiques, mais en réalité impures et scandaleuses aux yeux des
honnêtes gens. Ces prêtres enseignaient, par leurs exemples, que
la révolution était une œuvre d'égoïsme, et qu'eux en particulier
y avaient cherché le droit du mariage, ou celui d'un célibat libre,
désormais, non-seulement de toute contrainte réelle mais encore
de toute contrainte apparente. Les membres de l'ancien clergé, qui
avaient d'abord prêté serment à la Constitution civile, parce qu'ils
la regardaient comme une réforme destinée à purifier l'église et à
la ramener au dévouement évangélique, s'étaient presque tous
rétractés. Ainsi, les populations des campagnes et les dernières
classes des villes, la masse nationale, voyant les prêtres vertueux,
ceux en qui elle avait toujours reconnu la foi et les œuvres, se
retirer de la révolution ou la combattre, tandis que les prêtres
incrédules la soutenaient en proportion de leur incrédulité même,
il en résulta, pour cette masse encore foncièrement chrétienne,
au moins du doute et de l'hésitation. Le peuple n'était pas dans
le même état à l'égard des nobles : ici la proposition était nette ;
aucun élément contradictoire ne mêlait ni embarras ni indécision
au sentiment national, et le mot France était opposé plus énergiquement chaque jour aux mots royauté, noblesse, émigration,
tous contenus dans ce cri du temps : Trahison !

C'était là le seul côté de la question révolutionnaire bien clair
aux yeux du peuple, bien aperçu et bien jugé par lui : la nation
d'un côté et des traîtres de l'autre : voilà l'unique formule qui lui
fournissait une certitude ; et il est bien remarquable qu'il en fût
ainsi jusqu'à la fin. Jamais le peuple ne comprit d'autres adversaires de la révolution que les hommes convaincus de trahir la
patrie.

Dans les circonstances difficiles qui font le sujet de cette introduction, il ne servait de rien que l'on sût à quoi s'en tenir sur les
intentions de la noblesse et sur celles du roi. Craindre des traîtres,
et ne pouvoir recourir, pour les atteindre, à ce concours et à cette

nité que donnerait seul un pouvoir nouveau, compliquait, au
lieu de la simplifier, la situation équivoque née des querelles religieuses. Les motifs de méfiance augmentaient en raison de la
nécessité d'agir ; car, pour agir, il fallait connaître les siens, séparer ses amis de ses ennemis, et comment y parvenir au milieu
de l'ébranlement général. En même temps que les volontaires
joignaient les drapeaux, les émigrés partaient aussi en grand
nombre. Souvent ils prenaient le titre de volontaires, et se mêlaient à eux pour arriver plus sûrement aux frontières, et de là
fuir vers Coblentz. D'autres hommes, qui n'étaient ni volontaires
ni émigrans, abondaient également sur les routes; l'attention,
détournée depuis trois ans des délits privés, et occupée tout entière des affaires publiques, laissait une grande liberté à ce que
la France renfermait de malfaiteurs; les voleurs, les faussaires,
les assassins, les forçats libérés, vaguaient sans être ni surveillés
ni assujétis à aucune formalité de résidence. C'était principalement,
comme précaution contre ces bandes, que la loi sur les passeports
avait été demandée. Depuis quelque temps on n'en parlait qu'avec
effroi, et le mot de *brigands,* par lequel on les désignait, avait
retenti dans tous les journaux, et même dans la tribune nationale. Ces brigands semblaient agir de concert : les uns fabri-
quaient à Paris de faux assignats, les autres les colportaient dans
les provinces. On n'a pas oublié que les contrefaçons se multipliaient à tel point, qu'on fût obligé d'instituer des juges spéciaux pour connaître de ces sortes de crimes. Des ateliers de
faussaires avaient été découverts dans les prisons, et dernièrement on venait d'éventer à Passy le plus considérable de tous.
La police municipale, un peu mieux entendue à Paris qu'ailleurs,
avait même surpris des correspondances de prison à prison, et
des prisons avec la classe vagabonde, au parcours de laquelle le
royaume était ouvert.

Le pouvoir exécutif, fidèle à la tactique qu'il avait calculée
pour dégoûter la France du système représentatif, gouvernait
aussi constitutionnellement que possible, c'est-à-dire qu'il tolérait
tout ce qui ne l'attaquait pas directement lui-même. S'il interve-

nait, c'était pour blâmer ou pour réprimer les actes d'intolérance
que se permettaient quelquefois les autorités locales, sous l'influence et sous l'inspiration des sociétés populaires. Il employait
son zèle à rendre complet le laisser-faire et le laisser-aller, afin que
l'anarchie donnât une leçon prompte et sévère, et afin que l'ancien despotisme fût désiré comme un bienfait. Ce plan n'était pas
ignoré. Les feuilles révolutionnaires y rapportaient les nombreuses lettres de grace, par lesquelles le ministre de la justice délivrait des bagnes les scélérats, tandis qu'il entravait de toute sa
mauvaise volonté l'application de la loi d'amnistie aux condamnés
politiques. Elles attribuaient encore à ce système de conduite le
veto dont Louis XVI avait frappé la loi des passeports.

Au plus fort de ces discussions, pendant que l'assemblée nationale était divisée sur de graves questions, pendant que la société des Jacobins se scindait de nouveau, au moment où les
frontières du nord, menacées par une coalition naissante, étaient
confiées à la garde d'un général suspect, et où les frontières
du midi étaient à la merci des conspirateurs, au moment où
pas une nouvelle ne circulait en France qui ne fût alarmante
pour la sûreté publique, tout à coup le mot de disette, tombant au sein de ce désastre, vint mettre en péril la sûreté individuelle.

Les provinces méridionales avaient eu de mauvaises récoltes ;
aussi l'alerte y fut-elle plus vive et plus longue que dans le nord,
où cependant eurent lieu des attroupemens considérables, de
sanglantes émeutes : Noyon, Dunkerque, Évreux, Nantes,
Rouen, Melun, furent agités par des séditions relatives à la circulation des grains. A Étampes, le maire Simonneau fut massacré sur la place publique, dans une mêlée de ce genre, par des
inconnus, disaient les Jacobins, par des Jacobins, disaient les
Feuillans. Nos lecteurs jugeront sur pièces la valeur de cette
imputation.

Grace au voisinage de Paris, les départemens du nord rentrèrent presque aussitôt dans l'ordre et dans le calme. Il n'en
fut pas ainsi des départemens situés au-delà de la Loire ; la peur

des brigands et de la famine y prolongea jusqu'à la fin de mars les mouvemens désordonnés dont les premières secousses étaient fait sentir dans la France entière vers la mi-février. Brissot (P. F. du 10 mars) compare la rapidité et la simultanéité de ces secousses à une commotion électrique. Le Cantal, le Lot, la Lozère, l'Aveyron, la Corrèze, tout le pays du centre se mit sur pied. On barricada l'entrée des villes, on monta des pierres dans les maisons, les femmes préparaient de l'eau bouillante, car d'un instant à l'autre l'ennemi allait attaquer. Dans les campagnes, le tocsin ne discontinuait pas ; des troupes de paysans, accourus à ce signal, battaient l'estrade et cherchaient jusqu'aux portes des villes un ennemi imaginaire. La plupart étaient armés de faux emmanchées au rebours, arme effrayante qui les fit prendre en certains endroits pour les véritables brigands. La Lozère, le Gard, la Haute-Garonne, l'Ardèche et les Pyrénées-Orientales, déchirés par des haines politiques toutes prêtes à se déchaîner, furent en proie à des collisions et à des violences sans nombre. Marseille entra en campagne avec une armée et des canons, et marcha contre la ville d'Arles. On trouvera plus bas les détails les plus intéressans des scènes que nous indiquons ici.

La société des Jacobins, à cause des affiliations dont elle avait couvert la France, fut accusée par les royalistes d'être le centre d'ébranlement d'où la commotion était partie; mais pour réfuter victorieusement ce soupçon, elle n'eut qu'un mot à dire : partout où les patriotes étaient en majorité, la minorité royaliste n'avait rien souffert des désordres; là au contraire où les patriotes étaient en minorité, ils avaient été poursuivis, assassinés, obligés de se cacher ou de fuir. Au reste, sans nous arrêter à discuter la vraisemblance d'une conspiration faite, soit par les royalistes, soit par les Jacobins, conspiration nullement établie d'ailleurs, nous dirons que le résultat de cette peur, dont personne n'avait le secret et que nous pensons avoir suffisamment expliquée, fut de mettre encore une fois toute la France sous les armes.

Avant d'entrer dans l'histoire du mois, nous ajouterons à notre coup d'œil sur l'intérieur une analyse de la politique ex-

térieure. Nous empruntons aux Mémoires du prince Hardemberg l'exposé suivant. Il se compose des dernières opérations des
cabinets de Vienne et de Berlin avec celui des Tuileries, et de la
mort de Léopold.

« Ces dépêches (la motion de Guadet du 14 janvier) firent dans
les deux cours, et surtout dans les conseils de l'empereur, une
sensation profonde. Convaincu depuis le mois de décembre que
le parti dominant voulait la guerre, le cabinet de Vienne avait
pris la ferme résolution de ne pas la déclarer, d'éviter même tout
ce qui pouvait y donner lieu, mais en conservant toutefois les
moyens de la soutenir avec avantage. Sa politique sur ce point
ne pouvait convenir aux deux partis extrêmes : les émigrés et
les Jacobins ne respiraient que la guerre, qui pouvait seule amener
les chances d'un triomphe complet. On ne pouvait plus douter,
d'après les nouvelles de Paris, que le parti constitutionnel, regardé par Léopold comme le dernier asile de la royauté, ne fût
désormais sans force et sans influence dans l'intérieur. L'empereur et le prince de Kaunitz en éprouvaient une sorte de dépit.
Léopold dit même tout haut à table : « Les Français veulent la
» guerre; ils l'auront, et ils verront que Léopold le pacifique
» sait faire la guerre quand il le faut. »

» D'un autre côté l'empereur était persuadé que les ministres
de Louis XVI n'avaient pas encore perdu l'espoir d'éviter ou
d'éloigner les dangers d'une rupture : la voie des négociations
restait toujours ouverte. Le ministre de France, marquis de
Noailles, tout en conservant la dignité de son caractère, loin
d'irriter la cour impériale, se servait toujours dans ses communications des expressions les plus modérées, qui contrastaient avec
les fougueuses déclamations de quelques membres de l'assemblée
nationale. Plusieurs fois il avait mandé à son cabinet qu'on était
extrêmement frappé à la cour de Vienne du désordre de l'administration en France, de l'insubordination des pouvoirs, du peu
de respect qu'on témoignait à la personne du roi. Il avait ajouté
qu'une des choses dont le ministère autrichien se montrait le plus
choqué, était la licence des discours et des écrits. « Ce cabinet,

» mandait-il, prétend qu'un gouvernement où de pareils excès
» sont tolérés, est lui-même intolérable. » A cette communication
le ministre des affaires étrangères Delessart répondait : « Il faut
» considérer que notre organisation ne fait que de naître ; que
» les ressorts de notre gouvernement ne sont pas tous encore en
» activité ; qu'au milieu des inquiétudes qui nous viennent en
» partie du dehors, il est impossible que les lois exercent au de-
» dans tout leur empire. Que l'on cesse de nous inquiéter,
» de nous menacer, de fournir des prétextes à ceux qui ne
» veulent que le désordre, et bientôt l'ordre renaîtra. Quelle
» est au surplus la cause de cette fermentation intérieure dont
» la cour de Vienne paraît si blessée? C'est la consistance qu'ont
» prise les émigrés, ce sont leurs préparatifs, leurs projets,
» leurs menaces ; c'est l'appui plus ou moins réel qu'ils ont
» trouvé dans la plupart des cours de l'Europe..... »

» Depuis que les premiers cris de guerre s'étaient fait entendre
à Paris, les dépêches qui en étaient arrivées successivement au
cabinet d'Autriche avaient donné lieu à différens conseils d'état ;
Léopold y assistait presque toujours ; mais il n'en sortait encore
aucune solution sur la grave question de la paix ou de la guerre.
Ce cabinet était divisé, c'est-à-dire que les hommes d'état qui le
composaient différaient sur la manière d'envisager non-seulement
la question de la guerre, mais la situation intérieure de la France.
Il restait donc toujours à décider si l'on fixerait une époque quelconque pour l'attaque militaire du royaume, ou si l'on attendrait
pour y pénétrer l'explosion d'une guerre intestine dont on ne
doutait pas. Le prince de Kaunitz et les ministres du roi de
Prusse étaient de ce dernier sentiment, vivement combattu par
l'impatience des princes français et de la noblesse du royaume.
Ce parti affirmait que ce n'était qu'en y entrant à l'improviste
qu'on déterminerait le soulèvement en faveur du roi. La diète de
Ratisbonne tenait pour l'avis du prince de Kaunitz, à l'exception
de l'électeur de Mayence, qui, par l'organe du cardinal prince
de Rohan, pressait de tout son pouvoir l'empereur, comme chef
du corps germanique, de faire le plus promptement possible une

invasion dans la Haute-Alsace, où étaient préparés tous les élémens de la contre-révolution. De même que le conseil de l'empereur, la cour d'Autriche était divisée en deux partis qui in-
fluaient plus ou moins sur les déterminations générales. L'un,
séduit ou entraîné par l'émigration française, mettait en jeu
tous les mobiles qui pouvaient décider l'empereur à brusquer la
guerre et à la faire porter sur-le-champ en Alsace; l'autre, et
c'était le parti temporiseur, se croyait le plus fort parce qu'il s'appuyait sur les intentions personnelles de Léopold, et qu'il était
soutenu par des relations directes avec la reine de France et quelques-uns des ministres de Louis XVI, dirigés eux-mêmes par un
comité clandestin (1). Ce comité, toujours dans l'espoir qu'il surviendrait quelque chance plus favorable qui ne se présentait
jamais, ne demandait qu'une guerre politique et d'observation qui
amenât le renversement d'une Constitution dont l'action régulière
leur paraissait impossible, ou qui permît enfin d'y apporter des
modifications essentielles, dont l'expérience faisait sentir tous les
jours davantage l'impérieuse nécessité.

» Mais depuis l'arrivée du dernier courrier, le chancelier de
cour et d'état prince de Kaunitz commençait à croire une guerre
ouverte inévitable. Le baron de Spielmann pensait qu'il ne fallait pas s'y engager tant que la voie des négociations resterait accessible. La Russie d'ailleurs tenait encore en suspens les deux
cours de Vienne et de Berlin. Ces deux cours attendaient d'un
moment à l'autre des nouvelles d'Yassy et de Saint-Pétersbourg,
qui devaient annoncer la conclusion de la paix entre la Russie
et la Porte-Ottomane. Enfin le traité arriva : il venait d'être conclu à Yassy le 9 janvier, et en vertu de ses stipulations, le Dnies-
ter devenait la limite des deux empires. Catherine donnait là un
gage de sa modération. Exempts désormais de toute appréhen-
sion sur les affaires d'Orient, et sûrs que la Russie pourrait faire
face à la fermentation de la Pologne, Léopold et Frédéric-Guillaume pouvaient enfin agir, et ne plus se borner à un concert de
négociations infructueuses.

(1) Barnave et Duport, de l'assemblée constituante, en étaient réputés les chefs.

» Les demandes d'explications renfermées dans les dépêches de M. Delessart, du 21 janvier, ayant été communiquées par l'ambassadeur de France au cabinet de Vienne, un conseil extraordinaire fut convoqué dans les appartemens de l'empereur. A ce conseil assistèrent, comme ministres d'état et de conférences, les princes de Colloredo, Stabremberg et Rosemberg, les comtes de Lascy et de Hatzfeld, et le baron de Reischach. En outre, le baron de Spielmann y assista comme référendaire ou rapporteur, et le baron de Kollenbach comme actuaire ou greffier. Le chancelier de cour et d'état, prince de Kaunitz, présidait le conseil, l'empereur présent.

» Le rapport entendu, il ne resta plus aucun doute dans les esprits sur l'état des relations politiques avec la France, le seul énoncé de la séance du 14 janvier indiquant assez que le comité diplomatique, c'est-à-dire l'assemblée elle-même, s'était emparé de la direction des affaires étrangères, et que par conséquent la guerre était inévitable. Venaient à l'appui les demandes d'explications présentées par l'ambassadeur de France dans sa dernière note. N'y voyait-on pas le ministre des affaires étrangères, et par conséquent Louis XVI lui-même, entraînés l'un et l'autre, contre leur gré, dans les voies d'une rupture imminente?

» Le résultat du conseil donna lieu à différentes dispositions; voici en résumé les principales :

» 1° Que dans toute l'étendue des États héréditaires des préparatifs militaires seraient ordonnés et activés;

» 2° Que l'ordre immédiat de filer dans le Brisgaw serait donné à un corps de six mille hommes, et qu'on formerait des troupes réunies en Bohême un corps de trente mille hommes prêt à marcher au premier signal;

» 3° Que le traité préliminaire d'alliance et de concert, signé le 25 juillet précédent entre l'Autriche et la Prusse, serait converti, le plus promptement possible, en un traité définitif;

» 4° Qu'on ne donnerait les explications demandées par la note de M. l'ambassadeur de France, qu'après la signature du traité définitif, et que d'ici là les deux cours alliées s'entendraient sur le plan offensif ou défensif qu'il conviendrait d'arrêter en cas de rupture.

» Dans l'intervalle, le décret par lequel l'assemblée nationale termina, le 25 janvier, la discussion sur la note officielle du prince de Kaunitz fut porté à la connaissance de l'empereur, et confirma ce prince dans ses précédentes résolutions.

» Presque en même temps que ce décret parvenait à la connaissance des cabinets de Vienne et de Berlin, le traité définitif d'alliance et de concert entre les deux cours recevait, le 7 février 1792, sa signature à Berlin même. Le maintien de la constitution germanique, tel était, d'après l'article 8, l'un des principaux objets de l'alliance. Déjà les ministres d'Autriche et de Brandebourg en avaient fait la déclaration officielle aux ministres de la diète à Ratisbonne : il importait aux deux cours que le traité qui les unissait fût censé avoir pour base la conservation et la garantie du corps germanique et de sa constitution. Pendant un demi-siècle n'avait-on pas cru la trouver cette garantie dans la rivalité des deux puissances maintenant réunies contre la révolution française ? Or c'était l'explosion de la révolution que Vienne et Berlin devaient s'attacher à représenter comme menaçant l'ordre public et l'indépendance de l'Allemagne. Mais la plupart des petits souverains du corps germanique ne voyaient dans la révolution qu'un danger chimérique ou éloigné. Les seuls princes ecclésiastiques, inspirés par l'instinct de leur conservation, redoutaient la révolution française, et désiraient la guerre comme moyen d'arriver à la stabilité par la contre-révolution. L'électeur de Mayence, éclairé par ses relations intimes avec Vienne, disait au marquis de Bouillé à cette époque : « Vous êtes bienheureux que les » Français soient les agresseurs, car sans cela la guerre n'aurait » pas lieu. »

» En effet, Léopold ne sembla se réveiller qu'au bruit des harangues et des décrets hostiles de l'assemblée nationale. « Aujourd'hui, mandait-il à Frédéric-Guillaume (1), c'est elle qui » menace, qui arme, qui nous provoque de toute manière ; ces

(1) Correspondance directe des premiers jours de février.

» motifs produisent naturellement l'occasion, le droit et l'objet
» principal d'une intervention armée. Les principaux points de
» réclamation et d'exigence doivent avoir pour but : 1° que les
» armemens extraordinaires et les préparatifs de guerre que
» vient d'entreprendre la France soient discontinués et dis-
» sous ; 2° que le gouvernement fasse cesser et réprimer, par les
» mesures les plus énergiques et les plus suivies, les menées au-
» dacieuses et criminelles des associations et des individus ten-
» dantes à propager dans d'autres pays des principes capables
» d'y altérer la tranquillité intérieure ; 3° qu'il reconnaisse et
» maintienne l'obligation et la foi des traités publics, et qu'en
» conséquence il satisfasse les griefs des princes de l'empire ;
» 4° qu'il soit adopté des moyens vigoureux et suffisans pour ré-
» primer, punir et prévenir efficacement, par la suite, toutes les
» entreprises et tentatives d'associations ou d'individus tendantes
» à renverser en France les fondemens essentiels du gouverne-
» ment monarchique. »

» L'empereur examinait ensuite la nature des moyens qu'il
convenait de déterminer, conformément au traité définitif d'alliance. D'après son avis, il y avait urgence à rassembler des forces très-considérables pour être à même non-seulement de prévenir, de repousser les hostilités et les violences que la France
entreprendrait au-dehors, mais aussi pour la contraindre à satisfaire complétement le concert des puissances sur les points de
réclamation et d'exigence déduits ci-dessus.

» Enfin l'empereur annonçait comme prochaine une démarche
formelle de sa part à l'effet d'amener les puissances à passer d'un
concert éventuel à un concert actif de déclarations et de mesures
communes, fondées sur les mêmes principes qui avaient concilié
les suffrages à ses premières propositions, en les adaptant cette
fois à l'état actuel des rapports internes et externes de la France.

» Le roi de Prusse donna son entière approbation à ce nouveau
plan, et les deux souverains prirent la résolution de s'entendre
pour concourir à son exécution le plus promptement possible.

D'un autre côté, le chancelier de cour et d'état, prince de Kau-

nitz, adressa, sous la date de Vienne, le 17 février, à M. de
Blumendorf, chargé d'affaires de l'empereur à Paris, sa réponse
aux explications demandées par le ministre des affaires étrangères
Delessart (1). Le chargé d'affaires avait ordre de lui en remettre
une copie, en le priant de la placer sous les yeux du roi. Cette
dépêche est un document d'autant plus précieux pour l'histoire,
qu'on peut la considérer comme le manifeste de Léopold contre
le parti des républicains ou des Jacobins. On croit que ce qui concerne l'état intérieur de la France fut minuté par l'empereur lui-
même après s'être concerté avec Louis XVI et ses conseillers intimes. »

Ici l'auteur analyse l'office de l'empereur et la séance du
1er mars, où Delessart vint en faire lecture à l'assemblée nationale. Nous quittons les mémoires du prince Hardemberg pour
laisser parler le *Moniteur*.

SÉANCE DU 1er MARS.

[*Le ministre des affaires étrangères*. Le roi m'a chargé de communiquer à l'assemblée nationale la réponse de l'empereur aux
explications demandées sur l'office du 21 décembre. Pour sa
parfaite intelligence, il est important que l'assemblée entende la
lecture de cet office même, et de celui du 4 janvier 1792, ainsi
que d'une lettre écrite par moi à M. Noailles, le 17 février.

Pour soulager ma poitrine, je prie l'assemblée de permettre
qu'un de messieurs les secrétaires fasse lecture de quelques-unes
des pièces.

M. le secrétaire fait lecture des pièces suivantes :

Extrait de la lettre de M! Delessart à M. Noailles, communiquée
confidentiellement.

Paris, 21 janvier 1792.

« Je vous ai déjà parlé, monsieur, de la note officielle qui
vous a été remise par M. le prince de Kaunitz, le 21 décembre.
Je vous en reparlerai encore. Cette déclaration inattendue a causé,
dans le premier moment, la plus grande agitation, parce que

(1) Par sa note du 21 janvier 1792.

l'on a cru remarquer dans le langage de la cour de Vienne le ton
de la menace. Pour justifier cette opinion, il faut entrer dans
quelques détails.

» C'est au mois de novembre que vous avez fait part au ministre autrichien de l'invitation formelle que le roi venait de renouveler auprès de l'électeur de Trèves, pour obtenir de lui la
dispersion des rassemblemens formés dans ses États ; et c'est en
même temps que vous avez demandé, au nom du roi, que l'empereur voulût bien interposer ses bons offices et son autorité
pour engager l'électeur à remplir cet acte de justice. Les rassemblemens, les préparatifs hostiles, les formations de corps militaires étaient de la notoriété la plus incontestable ; les démarches
des émigrés, pour susciter partout des ennemis à la France, n'é-
taient pas moins connues. La cour de Vienne, plus qu'aucune
autre peut-être, en avait la preuve. Cependant, au lieu de déterminer l'électeur de Trèves à faire cesser cette cause de fermentation et d'inquiétude, on a paru indifférent à Vienne à tous
ces mouvemens, et on leur a donné par là plus de force et d'importance.

» Il était impossible que la nation vît avec la même indifférence l'agression dont elle était menacée. L'assemblée nationale
s'est adressée au roi pour lui indiquer le vœu qui se manifestait
de toutes parts, et pour l'inviter à prendre les précautions
qu'exigeait la sûreté de l'État. C'est alors que l'électeur de
Trèves, effrayé de cette démarche, a réclamé la protection de
l'empereur, et que, sans aucune communication, sans aucuns
éclaircissemens préalables, M. le prince de Kaunitz vous a déclaré que l'empereur avait donné ordre à M. le maréchal de
Bender de marcher au secours de l'électeur de Trèves, s'il était
attaqué.

» Il est vrai que cet ordre paraît se rapporter à quelques violences, à quelques incursions commises par des municipalités,
contre l'intention de la nation et du roi ; mais, dans cette supposition même, des actes de cette nature n'auraient jamais dû
être considérés que comme des voies de fait particulières, dont

l'électeur pouvait aisément se défendre avec ses propres moyens,
et qui, au surplus, étaient susceptibles d'un arrangement amiable,
et qui certainement n'exigeaient pas que M. le maréchal de Bender
se mit en mouvement pour les réprimer. Nous savons, à la vérité, qu'en même temps que l'empereur donnait cet ordre, il
faisait dire à l'électeur de Trèves de se mettre en règle à l'égard
des émigrés, et de suivre en tout l'exemple de ce qui s'était
passé à leur égard dans les Pays-Bas. Nous savons également
que c'était à l'accomplissement préalable de cette condition qu'é-
taient subordonnés les secours que le général Bender devait
porter à l'électeur, dans le cas d'une attaque ultérieure de notre
part. Pourquoi cette disposition n'a-t-elle pas été exprimée dans
la note qui vous a été remise? Je n'ai pas besoin de vous dire
combien l'exposé que l'électeur a fait à l'empereur est dénué de
vérité. Tout ce qu'il est obligé de faire pour se conformer à
l'ordre qui est établi dans les Pays-Bas, dément les assertions
qu'il s'était permises, et prouve, d'une manière bien manifeste,
l'état vraiment hostile dans lequel les émigrés se trouvent dans
ses états.

» Mais ce que je ne saurais passer sous silence, c'est le passage
de la note officielle où l'électeur de Trèves articule qu'il est aisé
de reconnaître que le roi n'était pas libre lorsqu'il a souscrit
l'office qui lui a été remis de la part de sa majesté. Cette manière
de s'exprimer n'aurait pas dû faire obtenir si facilement à l'électeur de Trèves la protection qu'il réclamait.

» Je passe, monsieur, au dernier paragraphe du 21 décembre.
C'est l'article qui, à la lecture, a fait naître le plus de réflexions
et a laissé de plus profondes impressions. Il y est dit que l'empereur est trop sincèrement attaché à sa majesté très-chrétienne,
et prend trop de part au bien-être de la France et au repos général, pour ne pas vivement désirer d'éloigner cette extrémité et
les suites infaillibles qu'elle entraînerait, tant de la part du chef
des états de l'empire germanique, que de la part des autres souverains, réunis en concert pour le maintien de la tranquillité publique, et pour la sûreté et l'honneur des couronnes.

» 1° On ne conçoit pas bien comment des voies de fait particulières, commises peut-être par quelques municipalités, devraient intéresser toute l'Europe, tandis, comme on l'a déjà
observé, qu'avec un peu de bienveillance, ces sortes d'événemens se terminent toujours à l'amiable.

2° On a été extrêmement frappé de ces expressions : *Les souverains réunis en concert pour le maintien de la tranquillité publique, et pour la sûreté et l'honneur des couronnes.* On a cru voir
l'indice d'une ligue formée à l'insu de la France, et peut-être
contre elle ; on a été étonné que l'empereur, beau-frère et allié
du roi, ne lui ait point fait part de ce concert formé entre les
souverains de l'Europe, et à la tête duquel sa majesté impériale
paraît être placée. Cette observation, monsieur, me conduit naturellement à vous parler d'une inquiétude qui occupait déjà les
esprits, et à laquelle les paroles que je viens de vous citer ont
donné beaucoup de force. On craint qu'il n'existe en effet une
espèce de ligue formée entre les principales puissances de l'Europe, dans la vue d'apporter quelque changement dans la constitution française ; on prétend que ces puissances ont dessein de
provoquer l'établissement d'un congrès où cet objet serait traité
entre elles ; enfin, on suppose que, réunissant leurs forces et
leurs moyens, elles voudraient contraindre le roi et la nation à
accepter les lois qu'elles auraient faites.

» Je ne doute pas que les émigrés n'aient souvent présenté ce
projet comme la chose du monde la plus pacifique et la plus facile à exécuter ; mais je ne saurais me persuader qu'il ait été si
facilement accepté ; je ne peux croire surtout que l'empereur,
animé comme il est par des vues de sagesse et de justice, ait pu
se prêter à de semblables idées. Ce serait vainement que l'on entreprendrait de changer par la force des armes notre nouvelle
constitution ; elle est devenue, pour la grande majorité de la nation, une espèce de religion qu'elle a embrassée avec enthousiasme
et qu'elle défendrait avec l'énergie qui appartient aux sentimens
les plus exaltés. (On applaudit.)

» Ceux qui voudraient entraîner les puissances étrangères à des mesures violentes, ne cessent de répéter que la France est pleine de mécontens qui n'attendent que l'occasion pour se déclarer.

» Il y a beaucoup de gens qui souffrent et qui se plaignent ; mais ce que je crois fermement, et ce qu'attesteront avec moi tous ceux qui connaissent la disposition actuelle des esprits, c'est qu'au premier moment où la constitution serait attaquée, il n'y aurait plus qu'un seul sentiment, qu'un seul intérêt, et la plupart des mécontens, se réunissant à la cause commune, en deviendraient les plus ardens défenseurs. (Nouveaux applaudissemens.)

» En même temps qu'on parle des mécontens, on exagère l'indiscipline de notre armée, la pénurie de nos finances, nos troubles intérieurs, en un mot, on nous représente comme étant dans une impuissance absolue. Je ne dissimule pas que nos embarras ne soient grands ; mais le fussent-ils davantage, on se tromperait beaucoup si on croyait pouvoir dédaigner la France et la menacer sans inconvéniens.

» Vous m'avez mandé plusieurs fois, monsieur, qu'on était extrêmement frappé à Vienne du désordre apparent de notre administration, de l'insubordination des pouvoirs, du peu de respect que l'on témoignait quelquefois pour le roi. Il faut considérer que nous sortons à peine d'une des plus grandes révolutions qui se soient jamais opérées ; que cette révolution, dans ce qui la caractérise essentiellement, s'étant d'abord faite avec une extrême rapidité, s'est ensuite prolongée par les divisions qui sont nées dans les différens partis, et par la lutte qui s'est établie entre les passions et les intérêts divers. Il était impossible que tant d'oppositions et tant d'effets, tant d'innovations et tant de secousses ne laissassent pas après elles de longues agitations, et l'on a bien dû s'attendre que le retour de l'ordre ne pouvait être que le fruit du temps.

» Quelle est au surplus la cause de cette fermentation intérieure dont la cour de Vienne paraît si blessée ? C'est la consistance qu'ont pris les émigrés ; ce sont leurs préparatifs, leurs projets, leurs menaces ; c'est l'appui plus ou moins considérable qu'ils ont trouvé dans la plupart des cours de l'Europe. Il a été une époque, sans doute, où leur cause, qui paraissait liée à celle du roi, a pu exciter l'intérêt des souverains, et plus particulièrement celui de l'empereur; mais une fois que le roi, par l'acceptation de la Constitution, s'est mis à la tête du nouveau gouvernement, les émigrés n'ont plus dû intéresser que par leurs malheurs, et il a été facile de juger que leurs prétentions et leurs mouvemens, en donnant des espérances aux uns et des inquiétudes aux autres, entretiendraient le trouble dans le royaume et finiraient peut-être par le répandre dans une grande partie de l'Europe. Voilà pourquoi l'office du 21 décembre, qui semblait annoncer l'intention de les protéger, a produit une sorte d'explosion, et a donné lieu à tant de soupçons et de reproches. Et sur qui tout cela retombe-t-il? Sur le roi, parce que la malveillance cherche à persuader qu'il existe entre sa majesté impériale et le roi une intimité parfaite; que toutes leurs démarches sont concertées, et qu'ainsi c'est le roi qui protége les émigrés et guide la coalition de toutes les puissances de l'Europe. Ce serait donc un grand moyen de calmer les esprits et de ramener l'ordre et la tranquillité dans le royaume, que de faire cesser partout le scandale de ces rassemblemens d'émigrés, qui, sans titre et sans territoire, cherchent à s'ériger en puissance, et ne pensent qu'à venger leurs injures particulières, et à faire triompher leurs prétentions.

» Il paraît, monsieur, qu'une des choses dont le ministre autrichien est le plus choqué, est la licence des discours et des écrits, et qu'il prétend qu'un gouvernement où de pareils excès sont tolérés, est lui-même intolérable.

» Sur cet objet, nous avons posé des principes sages et établi des lois justes; mais il faut considérer que notre organisation ne fait que de naître, que les ressorts de notre gouvernement ne sont pas tous encore en activité, qu'au milieu des inquiétudes qui nous viennent en partie du dehors, il est impossible que les lois exercent au-dedans tout leur empire. Que l'on cesse de nous inquiéter, de nous menacer, de fournir des prétextes à ceux qui ne veulent que le désordre, et bientôt l'ordre renaîtra. (Nouveaux applaudissemens.)

» Au reste, ce déluge de libelles dont nous avons été si complétement inondés, est considérablement diminué et diminue encore tous les jours. L'indifférence et le mépris sont les armes avec lesquelles il convient de combattre cette espèce de fléau. L'Europe pourrait-elle s'égarer et s'en prendre à la nation française, parce qu'elle récèle dans son sein quelques déclamateurs et quelques folliculaires, et voudrait-on leur faire l'honneur de leur répondre à coups de canons? (Quelques applaudissemens.)

» Je dirai plus: s'il était possible qu'une si misérable cause entraînât les puissances étrangères dans une mesure aussi terrible que la guerre, cette guerre, quel que fût l'événement, ne détruirait point la cause pour laquelle elle aurait été entreprise; elle ne ferait au contraire que l'accroître et lui donner plus d'activité.

» Je viens, monsieur, de prononcer un grand mot, un mot qui occupe actuellement tous les esprits, un mot qui est l'objet des inquiétudes des uns et du désir des autres: ce mot est la guerre. Vous croyez bien que le roi est à la tête de ceux qui y répugnent; son excellent esprit, d'accord avec son cœur, cherche à en repousser l'idée. Je la regarde, dût-elle être heureuse, comme une calamité pour le royaume et comme un fléau pour l'humanité. Mais en même temps je peux vous l'assurer, le roi a été vivement affecté de l'office du 21 décembre. Tout ce qu'on a appris depuis, soit de Bruxelles, soit de Coblentz, l'a rassuré sur les véritables dispositions de l'empereur; et Sa Majesté désirant faire partager ce sentiment à l'assemblée nationale, m'a chargé successivement de lui communiquer tout ce qui pouvait tendre à ce but. Mais cet ordre donné si brusquement à M. le maréchal de Bender, cette apparente intention de secourir l'électeur de Trèves, tandis que ce prince tenait à notre égard la conduite la plus hostile, cette annonce d'un concert inconnu entre toutes les puissances de l'Europe, la tournure et le ton de l'office, ont fait une impression dont les gens les plus sages n'ont pu se défendre, et qu'il n'a pas été au pouvoir du roi d'effacer.

« » Je reviens à l'objet essentiel de la guerre. Est-il de l'intérêt de l'empereur de se laisser entraîner à cette fatale mesure ? Je supposerai, si l'on veut, tout ce qu'il y a de plus favorable pour ses armées ; eh bien ! qu'en résultera-t-il ? que l'empereur finira peut-être par être plus embarrassé de ses succès qu'il ne l'eût été de ses revers ; et que le seul fruit qu'il retirera de cette guerre sera le triste avantage d'avoir détruit son allié, et d'avoir augmenté la puissance de ses ennemis et de ses rivaux.

» Je crois donc de la dernière évidence que la paix convient autant à l'empereur qu'à la France ; je crois qu'il lui convient de conserver une alliance qui désormais ne peut avoir aucun inconvénient pour lui, et qui peut lui devenir utile. Je crois qu'au lieu de prendre part à des mesures qui tendraient à bouleverser le royaume, il doit au contraire désirer sa force et sa prospérité.

» Vous devez, monsieur, chercher des explications sur trois points : 1° sur l'office du 21 décembre ; 2° sur l'intervention de l'empereur dans nos affaires ultérieures ; 3° sur ce que Sa Majesté impériale entend par *les souverains réunis en concert pour la sûreté et l'honneur des couronnes.*

» Chacune de ces explications demandées à sa justice, peut être donnée avec la dignité qui convient à sa personne et à sa puissance.

» Une chose peut-être embarrassera la cour impériale dans l'explication que je la suppose disposée à vous donner, c'est l'affaire des princes possessionnés, dans laquelle l'empereur s'est cru obligé d'intervenir comme chef de l'empire. Mais j'observerai d'abord que c'est une affaire à part, et qui doit être traitée différemment que celle dont il s'agit actuellement. J'ajouterai que le décret du 14 donne à cette négociation beaucoup plus de latitude qu'elle n'en avait précédemment ; car, à l'exception de tout ce qui pourrait tendre à rétablir les droits féodaux sur le territoire de la France, ce qui était et qui sera toujours impossible, tout le reste devient permis ; et certainement le roi ne se refusera jamais à aucun arrangement raisonnable, et je crois pouvoir espérer que l'assemblée nationale sera disposée à adopter ce que Sa Majesté proposera sur cet objet.

» Je me résume, monsieur, et je vais vous exprimer en un mot le vœu du roi, celui de son conseil, et, je ne crains pas de le dire, celui de la saine partie de la nation. C'est la paix que nous voulons. Nous demandons à faire cesser cet état dispendieux de guerre dans lequel on nous a entraînés : nous demandons à revenir à l'état de paix ; mais on nous a donné de trop justes sujets d'inquiétudes, pour que nous n'ayons pas besoin d'être pleinement rassurés. »

M. le ministre des affaires étrangères. L'assemblée a bien voulu donner quelque approbation à ma dépêche ; cette dépêche n'était point destinée à voir le jour ; elle avait été communiquée confidentiellement au ministre de l'empereur : c'est contre l'ordre des procédés et par une sorte d'abus de confiance qu'il en a été fait usage de manière à en forcer la publicité. Mais enfin cette dépêche contient le secret de ma pensée, et plût au Ciel que tout ce que je pense pût être également révélé ! on ne se permettrait plus alors d'abuser, comme on ne le fait que trop, de la situation désavantageuse où me met la nature de mon département, pour diriger contre moi des soupçons, des imputations, des reproches également contraires à la justice, à la raison et à la vérité. (On applaudit dans une partie de la salle.)

M. le secrétaire continue la lecture.

Copie d'une dépêche du chancelier de cour et d'état, prince de Kaunitz-Rittberg, à M. de Blumendorf, conseiller d'ambassade, et chargé d'affaires de Sa Majesté impériale, à Paris. De Vienne, le 17 février 1792.

« M. l'ambassadeur de France en cette cour a eu ordre de demander des explications au sujet de la note que je lui avais remise le 21 décembre ; il s'en est acquitté en me communiquant l'extrait suivant de la dépêche qui lui a été adressée à cet effet par M. Delessart, le 21 janvier dernier.

» Il pourrait suffire de me rapporter, sur l'objet des éclaircissemens demandés, tant à la notoriété des frais qu'à une note postérieure remise de ma part à M. l'ambassadeur de France, le 5 janvier, et sans doute connue à Paris seize jours après, à la date de la dépêche de M. Delessart; néanmoins les sentimens et les intentions de l'empereur vis-à-vis de la France, sont si purs et si sincères, qu'il se prête volontiers aux éclaircissemens réitérés, les plus francs, convaincu qu'il importe infiniment de les faire connaître tels qu'ils sont, et de dissiper complétement le faux jour sur lequel on s'efforce de les représenter, pour compromettre la tranquillité mutuelle.

» Les explications que M. l'ambassadeur a été chargé de demander, se réduisent promptement aux deux chefs d'objets suivans : les ordres donnés au maréchal de Bender, et le concert qui existe entre l'empereur et plusieurs autres puissances, pour le maintien de la tranquillité publique, et pour la sûreté et l'honneur des couronnes. »

Premier éclaircissement relatif aux ordres donnés au maréchal de Bender.

« L'empereur, sans attendre qu'il en fût requis par la France, a soumis le premier, dans ses états, la réception des émigrés français aux règles les plus strictes de l'asile innocent; et ce n'est aussi plus un secret dans toute l'Europe, que, depuis les rassemblemens des émigrés, l'empereur n'a cessé d'employer les conseils et les discours les plus énergiques, pour les détourner de tout éclat propre à troubler la tranquillité publique. Sur quel fondement, à quel dessein M. Delessart reproche-t-il donc à la cour de Vienne d'*avoir paru indifférente sur les mouvemens des émigrés ?*

» Les ordres au maréchal Bender, dont il s'agit, ont été liés, comme une condition absolue, à ce que la promesse de M. l'électeur de Trèves, de faire exécuter chez lui les mêmes règles qui sont en vigueur aux Pays-Bas, relativement aux émigrés, fût pleinement remplie. M. Delessart avoue qu'on le fait en France; ce point ne demandait donc pas un éclaircissement, car

je ne sais que penser du reproche que nous fait ce ministre de ce
que cette disposition n'avait pas été exprimée dans la note du
21 décembre, tandis que l'assistance demandée par l'électeur y
est rapportée en propres termes, au cas que la tranquillité de
ses frontières et états fût troublée, nonobstant la sage mesure de
ce prince d'adopter les principes qui ont été mis en vigueur
dans les Pays-Bas autrichiens ; tandis que, dans ma seconde
note du 5 janvier, la déclaration d'assistance de notre part est
positivement limitée au cas d'invasion qui surviendrait, malgré
les dispositions modérées et prudentes des princes de l'empire,
de faire observer les mêmes réglemens qui sont en vigueur aux
Pays-Bas. Si des indications si précises ne suffisaient pas pour
dissiper tous les doutes, si en soi-même il était possible de se
figurer que l'empereur voulût soutenir ailleurs des armemens
qu'il a proscrits chez lui-même, que pouvait-il rester à désirer
après la lettre que M. le comte de Mercy vous adressa le 7 janvier, et dont vous me mandez, monsieur, avoir aussitôt communiqué les propres termes à M. Delessart, par laquelle cet ambassadeur nous enjoignait de communiquer au ministre français,
que l'empereur n'avait promis du secours à l'électeur, qu'autant
qu'il aura pleinement satisfait à la demande de la France, de ne
permettre chez lui ni rassemblement d'émigrés, ni aucun pré-
paratif, ni mesures hostiles, de quelque genre que ce soit, et
qu'il n'adopte en tout point la conduite impartiale que l'on a
enue dans les Pays-Bas relativement aux émigrés français ?
Cette explication officielle, jointe aux indications ci-dessus, est
confirmée par le fait et par les propres rapports de M. Sainte-
Croix, sur l'exécution des ordres donnés pour faire cesser les
rassemblemens ; ne mettait-elle pas entre les mains du ministère
des moyens suffisans de calmer et d'anéantir les doutes des plus
opiniâtres et des plus malveillans ?

 Comment enfin, M. Delessart peut-il borner les motifs des
ordres donnés à M. le maréchal de Bender, à la supposition de
quelques violences et de quelques incursions commises par des
municipalités ? Pourquoi passe-t-il sous silence les autres motifs

que ma note du 21 décembre annonce, en disant que l'expérience journalière ne rassurait pas assez sur la stabilité et la prépondérance des principes modérés en France, et sur la subordination des pouvoirs, et surtout des provinces et des municipalité ? De tout ce passage, le dernier mot est seul relevé : est-ce que les autres motifs qu'il exprime, et qui se trouvent encore plus détaillés dans ma note du 5 janvier, sur laquelle on garde également le silence, ne sont pas aussi vrais qu'importans : il est sûrement plus facile de les dissimuler que d'en combattre l'existence et la réalité.

» Il était donc plus clair que le jour, que l'empereur, loin de vouloir menacer la France, n'a voulu que lui rappeler l'obligation où il se trouvait, comme chef de l'empire, co-état et voisin, de secourir un autre état d'empire contre d'injustes attaques, dont menaçait évidemment la violence extrême qui se manifestait dans les dispositions de l'assemblée nationale, ainsi que des départemens et municipalités les plus voisines, joint à une telle précipitation, les disproportions de mesure qui ne permettent aucun délai dans les ordres du secours éventuel ; et comme il est d'une égale évidence, qu'il n'était pas resté un doute à la France sur les véritables intentions de l'empereur; il s'ensuit, en résultat, que le premier chef des explications demandées ne fournissait pas le moindre objet d'éclaircissemens, si on n'avait voulu absolument en faire naître.

Deuxième éclaircissement sur le concours des puissances.

« Il a été une époque, sans doute, dit M. Delessart, où leur cause, où celle des émigrés qui paraissait liée à celle du roi, a pu exciter l'intérêt des souverains, et plus particulièrement celui de l'empereur.

» À cette époque, que le ministre fixe avant le temps où le roi, par l'acceptation de la constitution, s'est mis à la tête d'un nouveau gouvernement, la France offrait à l'Europe le spectacle d'un roi légitime, forcé par des violences atroces à s'enfuir, protestant solennellement contre les acquiescemens qu'on lui avait extorqués, et peu après, arrêté et détenu prisonnier avec sa famille par son peuple. (On murmure.)

» Oui, c'était alors au beau-frère et à l'allié du roi à inviter les autres puissances de l'Europe à se concerter avec lui pour déclarer à la France :

» Qu'ils regardent tous la cause du roi très-chrétien comme la leur propre ;

» Qu'ils demandent que ce prince et sa famille soient mis sur-le-champ en liberté entière, en leur accordant de pouvoir se porter partout où il croira convenable, et réclament, pour toutes ces personnes royales l'inviolabilité et le respect auxquels le droit de nature et des gens obligent les sujets envers leurs princes (Nouveaux murmures);

» Qu'ils se réuniraient pour venger, avec le plus grand éclat, tous les attentats ultérieurs quelconques que l'on commettrait ou se permettrait de commettre contre la liberté, l'honneur et la sûreté du roi, de la reine et de la famille royale ;

» Qu'enfin, ils ne reconnaîtront comme lois constitutionnelles, légitimement établies en France, que celles qui seront munies du consentement volontaire du roi, jouissant d'une liberté parfaite ; mais qu'au cas contraire, ils emploîront, de concert, tous les moyens qui sont en leur puissance pour faire cesser le scandale d'une usurpation de pouvoir qui porterait le caractère d'une révolte ouverte, et dont il importerait à tous les gouvernemens de l'Europe de réprimer le funeste exemple.

» Tels sont les termes de la déclaration que l'empereur proposa, au mois de juillet 1791, aux principaux souverains de l'Europe, de faire à la France, et d'adopter pour base d'un concert général.

» On défie d'y trouver une syllabe qui ne fût avouée par ce que tous les principes du droit des gens ont de plus sacré ; et prétendît-on que la nation française, par sa nouvelle Constitution, se soit élevée au-dessus de la jurisprudence universelle de tous les siècles et de tous les peuples, encore ne saurait-on, sans contredire la Constitution elle-même, caractériser de ligue contre la France la réunion des puissances pour contraindre le roi et la nation à accepter les lois qu'ils auront faites, un concert dont le seul but était de venir à l'appui de cette inviolabilité du roi et de la monarchie française, que la nouvelle Constitution reconnaît et sanctionne comme une base immuable.

» A cette époque de la détention du roi et de sa famille, se rapporte la stipulation d'une alliance préliminaire, d'une alliance défensive entre les cours de Vienne et de Berlin, signée le 25 juillet de la même année, portant que les deux cours s'entendront et s'emploîront pour effectuer incessamment le concert auquel Sa Majesté impériale vient d'inviter les principales puissances de l'Europe sur les affaires de la France, stipulation qui repose entièrement, comme on le voit, sur les principes et le but du concert, ainsi que la déclaration signée en commun par les souverains de l'Autriche et de la Prusse, lors de leur entrevue à Pilnitz, le 27 août.

» Ce concert était près de se consolider, lorsque le roi et sa famille furent relâchés, l'autorité royale réintégrée, le maintien du gouvernement monarchique adopté comme loi fondamentale de la Constitution, et que Sa Majesté très-chrétienne déclara, par sa lettre à l'assemblée nationale, du 13 septembre, qu'elle acceptait la Constitution ; qu'à la vérité elle n'apercevait point, dans les moyens d'administration, toute l'énergie qui serait nécessaire pour imprimer le mouvement, et pour conserver l'unité dans toutes les parties d'un si vaste empire ; mais qu'elle consentait que l'expérience seule en demeurât juge. Alors l'empereur s'adressa une seconde fois aux puissances qu'il avait invitées au concert, pour leur proposer d'en suspendre l'effet, suivant le témoignage de la dépêche circulaire que reçurent à cette fin les ministres officieux impériaux respectifs, dans le courant du mois de novembre. Cette proposition suspensive fut motivée par l'acceptation du roi, par la vraisemblance qu'elle avait été volontaire, et par l'espoir que les périls qui menaçaient la liberté, l'honneur et la sûreté du roi et de la famille royale,

ainsi que la conservation du gouvernement monarchique en
France, cesseraient à l'avenir. Ce n'est que pour les cas où ces
périls se reproduiraient, que la reprise active du concert y est
insérée.

» Au lieu donc que cette dépêche circulaire serve à constater,
ainsi qu'on l'avance sans preuve, par l'invitation en forme de
décret que l'assemblée a présentée au roi, le 25 janvier, que
l'empereur a cherché à exciter entre diverses puissances un
concert attentatoire à la souveraineté, à la sûreté de la France,
elle atteste tout au contraire, que Sa Majesté impériale a cherché
à tranquilliser les autres puissances, en les engageant à partager
avec lui les espérances qui motivent l'acceptation du roi très-
chrétien.

» Depuis lors, le concert de l'empereur avec ces puissances n'a
plus subsisté qu'éventuellement, à raison des inquiétudes qu'il
était naturel de conserver après une révolution qui, pour me servir des termes de M. Delessart, s'étant d'abord faite avec une
extrême rapidité, s'est ensuite prolongée par les divisions, étant
impossible que tant d'oppositions, tant d'efforts et tant de secousses violentes ne laissassent pas après elles de longues agitations. Ces inquiétudes, et le concert d'observations qui en résulte, ont un double motif aussi fondé qu'inséparable dans ses
objets.

» Tant que l'état intérieur de la France, au lieu d'inviter à
partager l'augure favorable de M. Delessart sur la renaissance de
l'ordre, l'activité du gouvernement et l'exercice des lois, mani-
festera au contraire des symptômes journellement croissans d'in-
s'stance et de fermentation, les puissances amies de la France
auront les plus justes sujets de craindre, pour le roi et la
famille royale, le retour des mêmes extrémités qu'ils ont éprouvées plusieurs fois, et, pour la France, de la voir plongée dans
le plus grand des maux dont un grand état puisse être attaqué,
l'anarchie populaire; mais c'est aussi des maux le plus contagieux pour les autres peuples; et tandis que plus d'un état étranger a déjà fourni les plus funestes exemples des mêmes progrès,

il faudrait aussi contester aux autres puissances le même droit
de maintenir leur constitution, que la France réclame pour la
sienne, pour ne pas convenir que jamais il n'a existé de motifs
d'alarmes, et de concert général plus légitime, plus urgent et
plus essentiel à la tranquillité de l'Europe.

» Il faudrait pareillement vouloir refuser le témoignage des
événemens journaliers les plus authentiques, pour attribuer à la
cause principale de cette fermentation intérieure de la France,
à la consistance qu'ont prise les émigrés, à leurs préparatifs,
leurs projets, leurs menaces, à l'appui qu'ils ont trouvé. Les
faibles armemens des émigrés ne demandaient pas une présence
de forces vingt, trente fois plus nombreuses ; les armemens des
émigrés sont dissous ; ceux de la France continuent; et l'empereur, bien loin d'approuver leurs projets ou leurs prétentions,
insiste sur leur tranquillité. Les princes de l'empire suivent son
exemple, aucune puissance ne les soutient par des troupes, et
les secours pécuniaires qu'elles peuvent avoir accordés à l'intérêt
dû à leur malheur, suffisent à peine à leur entretien.

» Non ; la vraie cause de cette fermentation, et de toutes les
conséquences qui en dérivent, n'est que trop manifeste aux yeux
de la France et de l'Europe entière : c'est l'influence et la violence
du parti républicain (Violens murmures), condamné par les
principes de la Constitution, proscrit par l'assemblée constituante;
parti dont l'ascendant sur la législature présente a été vu avec
effroi et douleur, par tous ceux qui ont le salut de la France à
cœur.

» C'est la fureur de ce parti, qui produisit les scènes d'horreur,
de crimes dont furent souillées les prémices d'une réforme de la
Constitution française, appelée et secondée par le roi lui-même,
et que l'Europe entière eût vu tranquillement se consommer, si
des attentats réprimés par toutes les lois divines et humaines,
n'eussent forcé les puissances étrangères à se réunir en concert
pour le maintien de la tranquillité publique et pour la sûreté et
l'honneur des couronnes.

» Ce sont des moteurs de ce parti qui, depuis que la nouvelle constitution a prononcé l'inviolabilité du gouvernemeut monarchique, cherchent sans relâche d'en saper et d'en renverser les fondemens, soit par des motions et des attaques immédiates, soit par un plan suivi de l'anéantir dans le fait, en entraînant l'assemblée législative à s'attribuer les fonctions exclusives du pouvoir, ou en forçant le roi de céder à leurs désirs par des explosions qu'ils excitent, et par les soupçons et les reproches que leurs manœuvres font retourner sur le roi.

» Comme ils ont été convaincus que la majeure partie de la nation répugne à l'adoption de leur système de république, ou pour mieux dire d'anarchie, et comme ils désespèrent de réussir à l'y entraîner, si le calme se rétablit dans l'intérieur, et que la paix se maintienne au dehors, ils dirigent tous leurs efforts à l'entretien des troubles intérieurs, et à susciter une guerre étrangère.

» C'est dans le premier de ces desseins qu'ils nourrissent avec soin les dissensions relgieuses, comme le ferment le plus actif des troubles civils, anéantissant l'effet des vues tolérantes de la Constitution, par l'alliage d'une intolérance d'exécution directement contraire. C'est à ce but qu'ils tâchent de rendre impossible la réconciliation des partis opposés, et le moyen de ramener une classe qu'on s'est aliénée par les plus rndes épreuves auxquelles le cœur humain puisse être soumis, en lui enlevant tout espoir d'adoucissement et de voie conciliante; et tandis qu'on les voit eux-mêmes attaquer ou violer impunément la nouvelle Constitution dans les principes essentiels, ils provoquent l'enthousiasme public sur son infaillibilité, sur son immutabilité dans les sens les plus accessoires, lorsqu'ils veulent prévenir que le désir de la rendre stable *et le jugement de l'expérience* ne disposent la nation à y ramener des tempéramens non moins considérables vers son but essentiel, l'établissement d'une monarchie libre, que propre à rapprocher les esprits, à restituer l'ordre et l'énergie qui manquent à l'administration interne.

» Mais sentant que leur crédit et le succès de leurs vues dépendent uniquement du degré d'enthousiasme qu'ils réussissent à exciter et à entretenir dans la nation, ils ont provoqué la crise actuelle de la France avec les puissances étrangères. Voilà pourquoi ils ont entraîné le gouvernement à prodiguer les revenus publics, insuffisans pour les dépenses courantes et pour le soutien du crédit de l'état, à l'armement en guerre.

» Sous le prétexte de faire face au rassemblement de quatre mille émigrés en Allemagne, dans l'attente évidente que les armemens soutenus d'un langage provoquant, provoqueraient infailliblement des voies de fait, des contre-armemens, et finalement une rupture ouverte avec l'empereur et l'empire, au lieu d'apaiser les justes inquiétudes que les puissances étrangères ont conçues depuis trop long-temps sur les menées sourdes, mais constatées, pour séduire d'autres peuples à l'insubordination et à la révolte, ils les trament aujourd'hui avec une publicité d'aveux et de mesures sans exemples dans l'histoire d'aucun gouvernement policé sur la terre. Ils comptaient bien que les souverains pourraient cesser d'opposer *l'indifférence et le mépris* à leurs déclamations outrageantes et calomnieuses, lorsqu'ils verraient que l'assemblée nationale les tolère dans son sein, les accueille et en ordonne elle-même l'impression. (Nouveaux murmures.)

» Ils comptaient surtout pousser à bout l'empereur, et le forcer à des mesures sérieuses qui pussent ensuite tourner à l'entretien des alarmes de la nation, ne protégeant et soutenant le nouveau complot de révolte qui vient d'être découvert aux Pays-Bas, et dont on sait, à n'en pouvoir douter, que le foyer existe à Douai, et que le plan est fondé sur l'appui du parti républicain en France! C'est en général contre l'empereur, et à profiter de l'état non préparé de ses forces dans les provinces voisines, que paraissent être dirigés leurs principes, ou du moins leur premier moyen, espérant sans doute de prévenir les conséquences d'une attaque qui deviendrait la cause commune des puissances, en parvenant, par des négociations et des offres simultanées, à les désunir et à leur inspirer en sens contraire les mêmes mouvemens de jalousie et de rivalité, d'ailleurs, qu'ils ne réussiront nulle part d'exciter, à une époque où tout conspire sincèrement à fonder un système de repos et de modération générale sur des bases inébranlables.

›Ce n'est enfin qu'à la funeste influence de ce même parti qui veut précipiter la guerre avec sa majesté impériale, que peut être attribué ce décret incompétent du 25 janvier (nouveaux murmures), par lequel, empiétant sur l'initiative réservée au roi par la Constitution, on s'est permis de reprocher à l'empereur d'avoir violé le traité d'union et d'alliance de 1756, parce qu'il voulut secourir le roi de France prisonnier, et la monarchie française détruite, à l'époque du 21 juin, tandis que depuis il s'est empressé de ramener les autres souverains à l'unisson de la détermination et des espérances de sa majesté très-chrétienne. Par ce décret, on invite le roi à demander raison, au nom de la France qui arme en guerre, sur les desseins hostiles de l'empereur qui n'a point armé, qui a fait cesser les armemens d'autrui, qu'elle force aujourd'hui de s'armer en défense; par lequel décret, ajoutant l'offense à l'injustice, on s'arroge de prescrire, sur des reproches sans preuve, à un souverain respectable, l'allié de la France, un terme péremptoire de satisfaction, comme si les règles et les usages consacrés par les droits publics des nations, fussent soumis à l arbitrage d'une législature française. (On rit.)

» Malgré des procédés aussi provoquans, l'empereur donnera à la France la preuve la plus évidente de la constante sévérité de son attachement, en conservant de son côté le calme et la modération que son intérêt amical pour la situation de ce royaume lui inspire. Il rend justice aux sentimens personnels du roi son beau-frère; il est loin d'attribuer de tels procédés à la majeure partie de la nation qui, ou gémit elle-même des maux que lui cause un parti frénétique, ou participe involontairement aux erreurs et aux préventions dans lesquelles on travaille à l'entretenir sur la conduite de sa majesté impériale.

» Découvrir les détails et les desseins véritables de sa conduite vis-à-vis de la France, sans réticence, sans déguisement aux yeux du roi et de la nation entière, voilà la seule arme à laquelle l'empereur souhaite pouvoir se borner de recourir, pour déjouer les artifices d'une cabale qui, faisant état dans l'état, et fondant son ascendant, réprouvé par la loi, sur le trouble et la confusion, n'a d'autre ressource, pour se soustraire aux embarras inextricables qu'elle a déjà préparés à la nation, que de la précipiter dans des embarras et des calamités plus grandes encore, à la faveur desquels elle parvienne à consommer son plan, de renverser le gouvernement monarchique confirmé par la Constitution.

» C'est dans cette intention amicale et salutaire, que l'empereur, dans le même temps qu'il cherchait à détruire, non en paroles mais par des faits, les inquiétudes que donnaient les émigrés à la France, crut devoir lui rappeler l'existence du concert des puissances, et lui déclarer sa résolution de secourir ses états en cas d'attaque, afin de rendre responsables, devant le roi et la nation, ceux qui provoqueraient les hostilités ; et sans doute que le ministère français ne leur aura pas laissé ignorer une déclaration mot pour mot semblable, qui lui a été faite officiellement par l'envoyé de S. M. prussienne, à pareille intention.

» Enfin, c'est dans la même vue que l'empereur oppose aujourd'hui le langage de la vérité aux traits de la malveillance, persuadé que S. M. T. C. et la partie saine et majeure de la nation, démêleront le caractère et les devoirs d'une sincère amitié, et lui sauront gré de dissiper sans ménagement des illusions dont on voudrait le rendre victime. Vous remettrez à cet effet une copie de cette dépêche au ministre des affaires étrangères, en le priant de la mettre sous les yeux du roi. »

Copie d'une dépêche circulaire du chancelier de cour et d'état, prince de Kaunitz-Ritzberg, aux ambassadeurs et ministres de sa majesté impériale et royale, en plusieurs cours étrangères.

Vienne, 1er novembre 1791.

« Monsieur, l'état de détention dans lequel se trouvait le roi et la famille royale de France ayant cessé, l'empereur n'a pas fait de difficulté d'accorder à l'ambassadeur de France en cette cour, l'audience qu'il lui demanda à son retour de Prague. Il y reçut de sa main la lettre ci-jointe, par laquelle le roi lui annonce son acceptation de la nouvelle Constitution française ; sa majesté impériale vous ordonne, monsieur, d'en faire part à la cour où vous êtes, ainsi que de sa réponse à cette lettre ci-jointe, et croyant devoir exposer sans réserve à S. M. ce qu'elle pense de ce nouvel état de choses et de rapports qu'offrent en ce moment la situation de la France, et la détermination du roi T. C. ; elle vous charge d'accompagner ces communications des ouvertures suivantes.

» Lorsque l'empereur proposa une déclaration et des mesures communes pour empêcher les suites fâcheuses de la révolution française, des périls imminens menaçaient la liberté, l'honneur et la sûreté du roi et de la famille royale, ainsi que la conservation du gouvernement monarchique en France, attaqué, dans ses principes essentiels, par les progrès d'une anarchie populaire qui devenait dangereuse pour tous les gouvernemens de l'Europe.

» Ces périls ne sont plus instans ; les derniers événemens donnent des espérances sur l'avenir. Il paraît que la partie majeure de la nation française, frappée elle-même des maux qu'elle se préparait, revient à des principes plus modérés, reconnaît la nécessité de maintenir la seule forme de gouvernement propre à un grand état, et tend à rendre au trône la dignité et l'influence qui tiennent à l'essence du gouvernement monarchique. Il paraît enfin que le roi se livre avec confiance à cette perspective, et que son acceptation, fondée sur cette confiance, a été volontaire.

» On ne peut se cacher d'autre part, que des apparences si récentes, incomplètes même à plusieurs égards, ne sauraient encore tranquilliser suffisamment sur la solidité et la durée des événemens qu'elles annoncent, et dissiper entièrement des appréhensions que la violence et l'extrémité des événemens précédens ne justifient que trop. L'empereur ne dissimule pas que, dans l'incertitude qui provient de cette opposition d'espérances et de craintes, il ne saurait encore former un avis déterminé sur la question, si la situation du roi et du royaume de France continuera ou non d'être un objet de cause commune pour les autres puissances. Mais ce qui paraît à S. M. I. résulter évidemment de cette incertitude même, c'est qu'aussi long-temps qu'elle subsistera, toutes les puissances auront un intérêt commun, permanent, à ce que les bonnes apparences actuelles, dont l'inaccomplissement reproduirait immédiatement la nécessité et les droits d'une intervention commune, se réalisent et se consolident. L'empereur a cru utile de ne point déguiser cette façon de penser dans sa réponse à la lettre du roi T. C., et comme il est persuadé que si les autres puissances témoignaient des sentimens analogues, cela ne pourrait que contribuer avantageusement à l'encouragement et au succès du parti modéré qui prévaut en ce moment en France, S. M. I. propose à S. M. d'autoriser ses ministres à des insinuations occasionelles du même genre.

Note adressée à M. l'ambassadeur de France à Vienne, en lui envoyant copie de la dépêche de M. le prince de Kaunitz à M. de Blumendorff.

« Le chancelier de cour et d'état, prince de Kaunitz, Riezberg, ne peut dissimuler à M. l'ambassadeur de France que l'empereur a été extrêmement surpris des demandes d'explications renfermées dans la dépêche de M. Delessart, du 21 janvier, ainsi que des reproches et des insinuations sur les conséquences dont elles sont accompagnées. En réfléchissant que jamais intention impartiale et pacifique n'a été plus clairement énoncée et constatée que celle de Sa Majesté impériale dans l'affaire des rassemblemens au pays de Trèves; que la nature et le but légitime des propositions de concert faites par l'empereur au mois de juillet 1791, aussi bien que la modération et l'intention amicale de celle qu'il fit au mois de novembre suivant, n'ont pu échapper à la connaissance du gouvernement français, après que les unes et les autres ont depuis long-temps transpiré, et que même les nouvelles publiques en ont rapporté la substance et les termes essentiels, Sa Majesté s'est demandé quel est donc le but de cet éclaircissement sur des objets connus de ceux qui les demandent? Deux faits contraires à tous les faits et à toutes les nations.

» Mais elle trouvera facilement la solution du problème dans la considération des circonstances d'effervescence et d'explosion qui nécessitèrent cette démarche du ministère français, dans les principes et les desseins avoués des gens qui amenèrent ces circonstances violentes; toute l'Europe est convaincue avec l'empereur que ces gens notés par la dénomination du parti jacobin (on rit) , voulant exciter la nation d'abord à des armemens, et puis à la rupture avec l'empereur, après avoir fait servir les rassemblemens dans les états de Trèves, de prétexte au premier, cherchent maintenant d'amener ces prétextes de guerre par des explications qu'ils ont provoquées avec Sa Majesté impériale d'une manière, et accompagnées de circonstances calculées visiblement à rendre difficile à ce prince de concilier dans ses réponses les intentions pacifiques et amicales qui l'animent avec le sentiment de sa dignité blessée et de son repos compromis par les fruits de leur manœuvres. Le chancelier de cour et d'état ne doute pas toutefois que la réponse qu'il vient de transmettre par ses ordres au chargé d'affaires impériales à Paris, et dont M. l'ambassadeur verra le contenu par la copie ci-jointe, sera jugée par la France, ou du moins par le reste de l'Europe, convenir parfaitement à l'état des choses.

» D'un côté, les explications demandées y sont fournies avec la plus grande ouverture; les démarches de l'empereur y sont motivées par des faits incontestables et mis en évidence par les propres termes de ses transactions qu'il se voit forcé de produire, afin de convaincre la nation française combien sont calomnieuses les imputations qu'on s'est permises, en les taxant d'avoir attenté à la souveraineté, à l'indépendance et à la sûreté de la France par des concerts et des alliances qui tendaient à s'immiscer dans son gouvernement et à renverser et changer violemment sa constitution, mais que bien au contraire Sa Majesté impériale n'a pas outrepassé d'une ligne la marche de conduite que lui traçaient les qualités d'allié, d'ami et de voisin, et que lui imposait la sollicitude la plus légitime pour le maintien de la tranquillité publique ; d'un autre côté l'empereur croit devoir au

bien-être de la France et de l'Europe entière, ainsi qu'il y est
autorisé par les provocations et les dangereuses menées du parti
des Jacobins (on rit), de démasquer et de dénoncer publiquement une secte pernicieuse comme les ennemis du roi très-chré-
tien et des principes fondamentaux de la constitution actuelle, et
comme les perturbateurs de la paix et du repos public. L'ascendant illégal de cette secte l'emportera-t-il en France sur la justice, la vérité, le salut de la nation? Voilà la question à laquelle
se réduisent maintenant toutes les autres. Quel que soit le résultat, la cause de l'empereur est celle de toutes les puissances ;
et s'il s'est peiné de l'état actuel dé choses, ce n'est uniquement
que par suite de ses sentimens et de son intérêt pour sa majesté
très-chrétienne, et pour un royaume et une nation amie de l'Autriche, que le chancelier de cour et d'état se prête volontiers à
s'abstenir d'entrer en matière sur les démêlés de la France avec
l'empire germanique, qui ne sont pas de son ressort immédiat.
Il souhaiterait en général de rencontrer une occasion plus agréable pour réitérer à M. l'ambassadeur de France les assurances
de la considération la plus distinguée. Vienne, ce 19 février.
Signé KAUNITZ. »

*Copie d'une lettre de M. le comte de Goltz, envoyé extraor-
dinaire du roi de Prusse en France, adressée à M. Delessart,
le 23 février.*

« Le soussigné, envoyé extraordinaire et ministre plénipoten-
taire du roi de Prusse près S. M. T. C., a l'honneur de rappeler
à son excellence M. Delessart (On rit.), que réitérativement il
lui a fait connaître qu'une invasion de troupes françaises sur le
territoire de l'empire ne pourrait être regardée que comme une
déclaration de guerre par le corps germanique, et qu'en conséquence Sa Majesté prussienne ne pourrait s'empêcher, conjointement avec Sa Majesté impériale, de s'y opposer de toutes ses
forces. Il a surtout donné cette connaissance au ministre de
France à l'occasion de l'office que la cour impériale fit parvenir
à M. l'ambassadeur de France, en date du 5 janvier dernier. »

l'a réitérée aujourd'hui à l'occasion d'une dépéche, en date du
17 de ce mois, de M. le chancelier d'état et de cour, prince de
Kaunitz, à M. de Blumendorff, chargé des affaires de Sa Majesté
l'empereur, et remise par celui-ci au ministre de S. M. T. C.,
laquelle dépéche reunferme les principes sur lesquels les cours de
Berlin et de Vienne sont parfaitement concertées. A Paris, le
28 février 1792. *Signé* le comte de GOLTZ. »

Le ministre des affaires étrangères. Il est de mon devoir, et le
roi m'a ordonné de donner connaissance à l'assemblée de ce qui
est venu à la connaissance de Sa Majesté des forces militaires de
l'empereur dans les Pays-Bas, et des dispositions qu'il a faites
depuis quelque temps. Il savait que les forces impériales étaient,
au mois de janvier, d'environ 50 à 55 mille hommes tout au plus.
Depuis ce temps-là l'empereur a fait marcher 6,000 hommes dans
le Brisgaw ; il en a prévenu l'ambassadeur de France, il lui a fait
connaître que ces six mille hommes étaient destinés à la police et
à la sûreté de ce pays ; il a pris pour occasion de cet envoi l'asile
qui a été accordé aux émigrés dans cette province ; en même
temps néanmoins il a donné des ordres en Bohême pour que
30 mille hommes soient prêts à marcher. Mais jusqu'à présent
on n'a aucune connaissance que ces troupes soient en marche,
ni même qu'il ait été fait aucune réquisition pour leur passage :
tel est l'état des choses. Il en résulte que ces 30 mille hommes,
s'ils descendaient dans les Pays-Bas, joints aux 6,000 qui y sont
déjà arrivés en partie, ou qui s'y rendront incessamment, et aux
55 mille, présentent un total de 90 mille hommes ; mais à cet
égard, on a des notions assez certaines qu'il s'en faut de beaucoup
que les troupes dans les Pays-Bas soient sur le pied du complet,
de manière qu'on ne peut pas les regarder précisément comme
montant au nombre que je viens de numérer.

Le roi n'a pas cru devoir différer de faire connaître à l'empereur l'impression que lui avait faite sa réponse, et le parti auquel
S. M. avait jugé à propos de s'arrêter : en conséquence, l'ambassadeur de France est chargé de déclarer à la cour de Vienne
que le roi n'avait pas pensé qu'il convînt à la dignité ni à l'indé-

pendance de la nation d'entrer en discussion sur des objets qui ne concernent que la situation intérieure du royaume. (On applaudit.)

L'ambassadeur doit ajouter que Sa Majesté ayant néanmoins remarqué l'assurance donnée au nom de l'empereur, *que ce prince, bien loin d'appuyer les projets ou les prétentions des émigrés, insiste sur leur tranquillité;*

Que Sa Majesté, voyant que l'empereur désire de convaincre la nation française combien *sont calomnieuses les imputations qu'on s'est permises en le taxant d'avoir attenté à l'indépendance et à la sûreté de la France,* par des concerts et des alliances qui tendaient à s'immiscer dans son gouvernement, et à renverser ou changer sa Constitution;

Que Sa Majesté enfin, trouvant dans la réponse de l'empereur des ouvertures pacifiques et amicales, elle les a saisies avec empressement; mais comme il importe de mettre un terme à des inquiétudes depuis trop long-temps prolongées, le roi déclare que, mettant sa confiance dans son attachement et dans celui de la nation à la Constitution, que se confiant également à l'amour du peuple français, il ne peut voir qu'avec peine un concert qui n'a point d'objet, et qui paraît être un sujet d'inquiétude : le roi demande donc à l'empereur de faire cesser ce concert; il lui offre, ou plutôt il lui renouvelle l'assurance de l'union et de la paix; il lui demande une pareille manifestation de ses sentimens et de ses intentions; il la lui demande prompte, franche et catégorique.

Pour gage d'une fidélité réciproque, le roi promet qu'aussitôt que l'empereur aura pris l'engagement de faire cesser tous préparatifs de guerre dans ses états, et de remettre ses forces militaires dans les Pays-Bas et dans le Brisgaw sur le pied où elles étaient à l'époque du premier avril 1791, Sa Majesté fera également cesser tous préparatifs, et réduira les troupes françaises, dans les départemens frontières, à l'état ordinaire des garnisons. C'est à cette détermination, la seule qui convienne à la dignité de deux grandes puissances et à leurs intérêts respectifs, que le roi reconnaîtra les sentimens qu'il a droit d'attendre de son beau-

frère et de l'ancien allié de la France. Enfin, l'ambassadeur est
chargé d'observer, qu'après une invitation aussi loyale et aussi
formelle, le roi ne pourrait voir, dans une réponse qui ne porterait pas les mêmes caractères, que la volonté de prolonger une
situation dans laquelle la France ne veut ni ne peut rester plus
long-temps. (On applaudit.)

On demande l'impression de toutes les pièces, et le renvoi au
comité diplomatique.

M. Basire. Je demande l'impression du pamphlet de l'empereur.

L'assemblée ordonne l'impression des pièces, et le renvoi au
comité diplomatique.]

— « Dès le lendemain de cette séance, disent les mémoires plus
haut cités, dans tous les journaux réputés les organes de la révolution, l'office de l'empereur fut commenté de la manière la
plus irritante et la plus fâcheuse, ce qui ne pouvait manquer de
rendre impossible toute espèce de rapprochement et de conciliation. En général, on fut persuadé que la rédaction solennelle de
cette pièce avait été réellement concertée entre le roi de France,
l'empereur et leurs conseillers intimes; on désigna même quelques-uns des députés de l'assemblée constituante, tels que Barnave et Duport, comme l'ayant composée. On ajouta que le modèle en avait été envoyé, par la reine, à Bruxelles, au comte de
Mercy-Argenteau, qui l'avait fait passer à l'empereur (1), assertion hasardée d'après un fait grossi ou altéré par l'esprit du
temps. L'office de l'empereur porte évidemment le cachet du
style de la chancellerie impériale ; mais d'un autre côté nous
sommes très-fondés à croire que l'empereur, ayant sous les yeux
le dernier mémoire (2) que lui adressa la reine de France sur l'é-

(1) Madame de Staël le dit positivement dans ses *Considérations sur la révolution française*, tom II.

(2) Ce mémoire provenait des ex-constituans du parti constitutionnel, qui formaient alors le comité secret et dirigeant dont l'existence est historiquement
prouvée par la pièce trouvée dans l'armoire de fer, aux Tuileries, sous ce titre :
Projet du comité des ministres, concerté avec MM. Lameth (Alex.) et Barnave.

tat des différens partis contre lesquels la cour avait à lutter, mi-
nuta réellement lui-même les passages de cet office dirigé contre
les Jacobins, et que son chancelier de cour et d'état donna ensuite à la rédaction la forme diplomatique et officielle. Quoi qu'il
en soit, les constitutionnels eux-mêmes, qui formaient alors le
seul parti en état de balancer l'ascendant des révolutionnaires
exagérés, désapprouvèrent l'office de l'empereur, tout en partageant l'opinion qui y était exprimée sur la conduite et les excès
de leurs adversaires, compris sous la dénomination de Jacobins.
Ils trouvèrent peu convenable que l'empereur entrât dans de si
grands détails sur l'état intérieur des partis en France ; en un
mot, la fierté nationale se révolta contre les conseils menaçans
que donnait à la France un monarque étranger.

» Mais ce monarque avait tout à coup cessé de vivre, au moment même où son dernier office occasionait toute cette irritation
en France, et où il changeait en une alliance active son concert
éventuel avec la cour de Berlin. Cette mort si subite, et qui eut
une si grande influence sur la marche ultérieure des événemens,
demande qu'on en révèle les particularités.

» Résolus enfin d'agir militairement contre la France, Léopold et Frédéric-Guillaume s'étaient décidés à concourir à un
nouveau plan de concert par l'emploi d'une armée de cinquante
mille hommes chacun au-delà des forces qui se trouvaient déjà
réunies en Westphalie et dans les Pays-Bas. Il s'agissait de répar-
tir cent quatre-vingt mille combattans sur l'immense ligne qui
s'étend depuis Bâle jusqu'à l'embouchure de l'Escaut. A la mi-
février, ce plan n'était encore qu'ébauché entre les deux souverains ; mais, d'accord sur les bases, Léopold avait ordonné au
conseil aulique de guerre de hâter les préparatifs ; de son côté,
Frédéric-Guillaume venait d'appeler à Berlin le duc de Brunswick, à l'effet de conférer avec ce prince, auquel il destinait le
commandement général de ses troupes. Le 16 février, le roi eut
avec le duc, à Potzdam, une longue conférence, à l'issue de laquelle fut tenu un conseil secret, en présence même du roi : le
duc de Brunswick, le ministre d'état Schulenburg et le baron de

Bischoffswerder furent les seuls qui y assistèrent. On y agita les points suivans : mettre les troupes sur le pied de guerre, négocier avec la Saxe pour l'entraîner dans la coalition, et arrêter avec la cour de Vienne un plan de campagne approprié aux circonstances politiques. Le même jour, un courrier extraordinaire fut expédié pour cette capitale, et des circulaires furent adressées à tous les régimens. Des dispositions relatives aux approvisionnemens et à l'artillerie ayant été immédiatement ordonnées, il fallut toucher au trésor.

» Le surlendemain, le général-major Bischoffswerder partit pour Dresde, porteur des ouvertures du roi destinées à la cour électorale; de là il devait se rendre à Vienne. Il trouva l'électeur de Saxe peu disposé à faire cause commune autrement qu'en sa qualité de prince d'empire. Poursuivant sa route, l'envoyé extraordinaire de Prusse arriva, dans la nuit du 27 au 28 février, à Vienne, espérant obtenir dès le lendemain une audience de l'empereur. S'étant présenté à l'hôtel du chancelier de cour et d'état, de bonne heure, le prince de Kaunitz vint à sa rencontre, l'accueillit par des embrassemens, mais avec l'accent que donnent l'inquiétude et le trouble : il lui apprit que l'empereur, tombé malade inopinément, était hors d'état de le recevoir en audience. Le prince de Collorédo lui fit la même réception, et lui parla avec anxiété de l'indisposition subite de l'empereur. Mais on était loin de soupçonner Léopold en danger; et hors de l'enceinte de la cour son état de maladie était à peine connu. On l'avait vu deux jours auparavant donner audience à l'envoyé turc, et jouir en apparence d'une santé parfaite. C'était le 27 seulement que le mal s'était déclaré; mais en proie dès le 28, le jour même de l'arrivée de l'envoyé extraordinaire de Prusse, à de vives douleurs d'entrailles, ses médecins, croyant avoir à combattre une pleurésie, eurent recours aux saignées pour éteindre l'inflammation. Pendant la nuit ses entrailles se gonflent; il ne peut jouir d'aucun repos, les forces l'abandonnent, les vomissemens convulsifs se déclarent. Réunis en consultation, les médecins, baron de Stœrck, Lagusius et Schreibers, changeant d'opinion sur la nature du

mal, et se disposant à essayer d'autres remèdes, s'abusent sur
le danger; ils quittent l'empereur à deux heures après midi.
A trois heures des symptômes plus alarmans surviennent; et ce
malheureux prince, dans une crise de vomissemens convulsifs
et inutiles, n'ayant autour de lui que deux valets de chambre,
expire, le 1er mars, pour ainsi dire dans les bras de l'impératrice
accourue éplorée et toute tremblante.

   » A l'instant même les cris *l'empereur est mort! l'empereur est*
mort! retentissent dans les appartemens du palais, et y jettent
le désordre et le désespoir. Quel spectacle que celui de toute cette
famille impériale, éperdue, plongée dans la désolation! Tout le
reste du jour à peine distingue-t-on les augustes maîtres de leurs
serviteurs également au désespoir; tant les sentimens de surprise
et de douleur se confondent. Le bruit de la mort de l'empereur
ne trouve d'abord que des incrédules dans toute la ville de Vienne,
où l'on était à peine instruit de sa maladie. Tous les grands, faisant atteler leurs carrosses, accourent au palais qu'ils trouvent
rempli de lamentations et d'effroi. A ce moment apparaît l'impératrice, entourée de ses nombreux enfans baignés de larmes;
et, les conduisant ainsi devant le nouveau roi, elle vient implorer
sa protection pour ses augustes orphelins. François Ier, fils aîné
de Léopold, confondant ses sanglots avec ceux de sa mère et de
ses frères, dont le plus jeune avait à peine quatre ans, leur fait
la promesse sacrée d'en agir avec eux comme un père.

   » Mais que penser de ce genre de mort qui, frappant Léopold
comme d'un coup de foudre, devenait un si grand événement
dans l'état où se trouvait l'Europe? La face des affaires pouvait
en être changée. Même aux hommes de l'art, cette catastrophe
semblait inexplicable : « Ou la gangrène, disaient-ils, était déjà
» dans les entrailles, ou le monarque a été frappé d'un coup d'a-
» poplexie séreuse. »

   » L'ouverture du cadavre, le lendemain, mit à découvert les
entrailles tuméfiées par la gangrène, et l'estomac saturé de matières séreuses. Le corps, embaumé immédiatement, fut exposé
au public dans la chapelle de la cour. Des bruits d'empoisonne-

ment se répandirent, s'accréditèrent même sans que l'histoire
contemporaine les ait depuis confirmés ni victorieusement démentis. Les investigateurs sont restés partagés ou dans le doute
sur les causes réelles de cette mort inopinée : les uns soutiennent
qu'elle a été l'effet d'une dyssenterie opiniâtre dont Léopold re-
célait le germe depuis son couronnement à Prague ; et ils ajoutent que, trop adonné aux voluptés, ce prince avait fait un usage
immodéré d'excitans connus en Italie sous le nom de *diavolini*,
et préparés dans son propre laboratoire, car il aimait à s'occuper
de chimie. D'autres, n'hésitant pas d'attribuer la catastrophe au
poison, citent en témoignage Lagusius, son médecin ordinaire,
qui, disent-ils, a déclaré n'en pas douter après avoir assisté à
l'autopsie du cadavre. Mais d'où serait parti le crime? Telles
étaient alors les animosités politiques que les Jacobins et les émigrés firent de cet événement l'objet d'accusations mutuelles.
Ceux-là se seraient débarrassés, par le poison, d'un potentat
puissant, leur ennemi déclaré, et qui enfin allait agir en armes
pour abattre leur propagande ; ceux-ci auraient excité à commettre le crime, en haine des principes philosophiques de Léopold, de ses répugnances et de ses lenteurs à se jeter dans l'entreprise de la contre-révolution. Mais par quelle voie, par quels
moyens l'aurait-on commis, ce crime? Selon les uns, ce fut
dans un bal masqué qu'une dame, remarquée par Léopold, et
à la faveur de son déguisement, lui aurait présenté des bonbons
empoisonnés. Selon d'autres, le fanatisme et la perfidie se seraient servis, pour ce noir attentat, de la main même de la *belle
Italienne*, tendrement aimée de Léopold. Cette femme, assure-
t-on, aurait joui depuis, en Italie, au sein des richesses et du
luxe, de la récompense de son crime.

   Mais laissons là des anecdotes sans preuves. Toutefois il est
hors de doute que Léopold aima les femmes avec passion ; qu'il
était très-attaché à Dona Livia, à la Prohaska, à la comtesse de
Wolkenstein, et à d'autres encore d'un rang inférieur : toutes
s'éclipsèrent immédiatement après sa mort, redoutant l'animadversion publique ou les sévérités du nouveau règne. Le com-

tesse de Wolkenstein était la seule maîtresse déclarée depuis le séjour de Léopold à Vienne ; il l'avait même présentée à l'impératrice qui, s'élevant à une noble résignation, avait daigné lui dire qu'elle la préférait à toute autre, pourvu qu'elle ne se mêlât point des affaires du gouvernement. Léopold lui avait fait le don magnifique de deux cent mille florins en obligations de la banque. On croit que la mort ne lui laissa pas le temps de pourvoir au sort des autres femmes qu'il avait aimées. On trouva dans son cabinet une collection d'étoffes précieuses, de bagues, d'éventails, et même jusqu'à cent livres de fard superfin. Les traces de ses galanteries étaient si frappantes, que l'impératrice dit au nouveau roi ces paroles remarquables : « Mon fils, vous avez » devant vous deux grands exemples, celui de votre oncle et celui » de votre père ; imitez leurs vertus, mais gardez-vous de tomber » dans leurs vices (t. Iᵉʳ, p 204 à 243). »

Histoire du mois. — Titre et ordre des faits. L'analyse des séances de l'assemblée se divise en deux chapitres : l'un renferme les actes diplomatiques et le mouvement ministériel ; l'autre, les pièces officielles sur les troubles des provinces. — Presse. — Club des Jacobins.

SÉANCES DE L'ASSEMBLÉE. — ACTES DIPLOMATIQUES ET MOUVEMENT MINISTÉRIEL.

Le 1ᵉʳ mars, l'assemblée discutait la question des princes possessionnés en Alsace, lorsque le ministre Delessart était venu communiquer les dépêches que nous avons rapportées. Cette discussion n'ayant pas eu d'aboutissement, nous la passons tout entière.

Le 1ᵉʳ au soir, Rouyer fit une motion contre Delessart : « Dût ma tête, dit-il, être le prix de la dénonciation que je fais en ce moment, je ne cesserai jamais de le poursuivre. » Il l'accusa d'a-

voir imputé son propre ouvrage à une puissance étrangère. Goupillau , Ducos et Lacroix demandèrent le renouvellement du
comité diplomatique. La motion de Rouyer, dont le but était de
déclarer au roi que son ministre des affaires étrangères justifiait
de graves soupçons, fut violemment appuyée par Chabot. L'assemblée adopta toutes ces propositions.

Le 2, Bruat parla contre la dernière lettre de l'empereur ; il
demanda un rapport exprès sur les avantages ou les désavantages
de son alliance par le traité de 1756. — Renvoyé au comité diplomatique. — Le ministre de la guerre annonça ensuite qu'il
avait remplacé dans l'armée six ex-députés qui avaient protesté
contre la Constitution. Il fut autorisé à employer le mode provisoire de remplacement jusqu'au 1er avril.

Le 5 au soir, l'assemblée renvoya au comité militaire une dénonciation de la garnison de Lille contre le ministre Narbonne et
son réglement de discipline. A la même séance, ce dernier fit
un rapport sur une émeute causée à Rennes, dans le quarante-
huitième régiment, par un motif semblable. La municipalité avait
pris le parti des soldats, et opéré l'arrestation du colonel Savi-
gnac et de quatre officiers. Le ministre s'en plaignit amèrement :
il déclara que le roi avait donné des ordres très-sévères pour
punir l'insubordination du régiment. Comme on demandait le
renvoi de son discours au comité militaire, « Moi, s'écria Merlin,
je demande le renvoi au comité de surveillance. » L'assemblée
passa à l'ordre du jour.

Luckner, Rochambeau et La Fayette avaient été appelés au
conseil du roi pour y donner leur avis sur les mesures à prendre
dans les circonstances présentes. Le 6, Narbonne lut à l'assemblée un mémoire contenant les observations des trois généraux
pour assurer le succès de la guerre, si elle avait lieu. Ils propo-
saient les moyens suivans :

« 1° Assurer le prêt en monnaie, et celui pour l'argent de la
poche du garde national et du soldat, indépendamment de leur
ration de pain et de viande.

» 2° Augmentation de traitement demandée en proportion de

la perte des assignats, et secours à accorder aux officiers, en pain et viande, avec retenue.

» 3° Former des bataillons francs pour y recevoir tous les déserteurs, et où ils seraient assujétis à un régime et à une discipline particulière.

» 4° Décret qui enjoigne aux départemens et districts de nommer des commissaires qui soient responsables de l'exécution des réquisitions du commissaire du roi pour le service à l'armée, dans tous les besoins urgens, quand elle fait des mouvemens qu'on n'a pu annoncer sans indiscrétion, ou forcés enfin par les manœuvres de l'ennemi ; autoriser lesdits commissaires à régler tous les dédommagemens des terrains que l'armée occupera, de celui qu'elle peut gâter dans sa marche, enfin des fourrages, pailles, avoines et autres denrées que nécessite le besoin de prendre dans toute position inopinément occupée.

» 5° Décret qui décharge les généraux d'armée de toute responsabilité dans les opérations des trésoriers et payeurs, et dans toutes celles de l'administration dont les commissaires du roi et les ordonnateurs doivent avoir seuls la surveillance, la partie militaire de l'armée étant la seule qui doive occuper la pensée du général, sans qu'il puisse être responsable des événemens malheureux qu'il n'aura pas attirés par trahison, concussion ou malveillance prouvée.

» 6° Pouvoir donné au général de faire des réglemens de police et discipline correctionnelle, à l'infraction desquels toute peine pourra être attachée, en les classant suivant les différens délits, et les proclamant pour leur exécution. Ce pouvoir est déjà accordé aux généraux par le code pénal, mais la nécessité des exemples prompts exige une application plus rapide de la loi, conséquemment l'institution d'un tribunal suivant l'armée, pareil à ceux en usage dans les pays les plus libres. »

L'assemblée ordonna l'impression du mémoire. Au moment où Narbonne le présentait, le ministére était à la veille d'une dissolution. « Les divisions du conseil, dit Brissot (*Patriote Français du 6 mars*), sont bien réelles : M. Narbonne a eu des discus-

sions très-vives relativement à la guerre et au ministre Bertrand.
Que diront maintenant les hommes qui nous prêchent la confiance dans le pouvoir exécutif ? Comment se fier à lui lorsqu'il
s'obstine à braver le vœu de la nation, en conservant un ministre
qui a laissé désorganiser toute la marine ? On assure que ces
scènes ont tellement dégoûté M. Narbonne qu'il voudrait donner
sa démission, et que la place est déjà promise à M. Rochambeau. M. Cahier de Gerville paraît toujours disposé à quitter la
sienne ; il n'attend, à ce qu'on assure, que la nomination d'un
successeur. En quittant ce poste difficile, il doit à la nation un
compte des motifs qui l'empêchent de le garder ; si c'est le spectacle de l'intrigue qui lui répugne, il faut qu'il révèle au public
ces intrigues. »

À la séance du 8, Hérault-Séchelles fit adopter des observations adressées à Louis XVI sur la conduite du ministre de la
marine, et l'assemblée nomma une députation de vingt-quatre
membres, qui les lui présenteraient immédiatement. Ces observations étaient le développement des trois griefs suivans :

« Premier grief. Il a laissé ignorer au corps législatif l'état d'a-
bandon où se trouve le port de Brest, par la défection des officiers de la marine, défection dont l'assemblée nationale n'aurait
eu aucune connaissance sans la vigilance des corps administratifs
de cette ville.

» Deuxième grief. Il a publié, le 14 novembre dernier, qu'aucun officier de marine n'avait quitté son poste, tandis qu'il est
notoire qu'à cette époque un grand nombre de ces officiers avait
passé, sans permission, en pays étranger.

» Troisième grief. Il accorde un nombre excessif de congés sans
cause légitime, dans un temps d'émigration, et à la veille d'une
nouvelle formation. »

Le message se terminait ainsi : « Sire, il ne peut exister pour
vous de grandeur véritable que dans la détermination invariable
et solennelle de seconder le vœu du peuple, par tous les moyens
de puissance qu'il a mis entre vos mains : le repos même, dont
vous avez plus d'une fois éprouvé et exprimé le besoin, vous

n'en jouirez que le jour où les ministres entreront dans vos sentimens, et où, rejetant loin d'eux avec loyauté ces réserves, ces subterfuges, sources éternelles d'une défiance qui entrave tous les ressorts de l'administration, ils feront, en quelque sorte, la conquête de la confiance nationale. »

Le 8 au soir, Narbonne rendit compte de l'affaire du régiment d'Ernest, désarmé à Aix par les citoyens de Marseille. Il accusa l'officier-général Barbantane d'avoir favorisé les séditieux, et annonça que le roi venait de le renvoyer devant une cour martiale, d'ordonner son remplacement par Charton, ainsi que la restitution des armes au régiment suisse.

« [La sûreté publique, continua le ministre, exige qu'on réprime les désordres qui éclatent de toutes parts. J'appelle, à ce sujet, l'attention des membres les plus distingués de cette assemblée... (Il s'élève de violens murmures; on crie de toutes parts que le ministre soit rappelé à l'ordre. Il règne dans l'assemblée une assez longue agitation.)

» M. le président. Il s'est élevé une réclamation pour que je rappelle le ministre à l'ordre, parce que tous les membres sont également distingués. (Un grand nombre de voix : Oui, oui. — Les tribunes applaudissent. Le ministre demande à parler avant d'être rappelé à l'ordre. — Plusieurs membres : Non, non.) L'assemblée accorde la parole au ministre.

» Le ministre de la guerre. Je n'ai pas été compris. A Dieu ne plaise que je croie que tous les membres ne soient pas également distingués par le patriotisme et la pureté de leurs intentions; mais j'ai voulu parler des membres les plus influens, soit par le degré de confiance, soit par les connaissances locales. (On murmure, on réclame l'ordre du jour. L'agitation recommence.)

» M. Charlier. Si l'assemblée se décide à passer à l'ordre du jour, je demande qu'il soit fait mention dans le procès-verbal de l'amende honorable que vient de faire le ministre. (Plusieurs voix : Oui, oui. Les tribunes applaudissent.)

» M. Rouyer. Je suis loin d'excuser le ministre : je conviens qu'il a eu tort, et je ne crois pas qu'il se trouve un membre qui

prenne la parole pour le justifier. Mais quand j'entends proposer
de faire mention dans le procès-verbal de l'amende honorable
faite par le ministre, je dis que c'est le moyen de le relever ; car
il est un principe certain, c'est qu'un homme qui reconnaît ses
torts doit en obtenir le pardon. Je demande donc que l'assemblée, sur les explications données par le ministre de la guerre,
passe à l'ordre du jour. (On murmure.)

 » *M. Chabot.* Je demande la parole...

 . » L'assemblée ferme la discussion, et passe à l'ordre du jour.

 » *M. Girardin.* J'ai demandé la parole pour justifier M. Barbantane, dont l'extrême prudence a empêché des flots de sang
de couler dans la ville d'Aix. Je ne m'attendais pas qu'on lui en
ferait des reproches. Les torts de M. Barbantane sont graves ; il
était patriote avant la révolution. Mais le plus grand de ses torts,
c'est d'appartenir à une société persécutée même par les puissances étrangères. (On applaudit.) Au reste, je suis loin de m'opposer à son jugement : je le provoque au contraire ; je suis sûr
qu'il en sortira avec l'estime de ses concitoyens. Il servira de
preuve qu'alors même qu'on est obligé de donner des places à
des patriotes, on aime à les y conserver long-temps. (On applaudit. »)] .

Au milieu de cette discussion, l'assemblée avait entendu une
adresse du quarante-cinquième régiment, lue à la barre par un
soldat. Il s'agissait encore du réglement de discipline. Narbonne
lui-même en provoqua le plus sévère examen. A la fin de la
séance, l'assemblée décréta qu'il serait nommé, au choix du roi,
douze officiers généraux.

Le lendemain, Narbonne n'était plus ministre, et Cahier-Gerville avait donné sa démission. Nous trouvons dans le *Moniteur*,
à la date du 9, la nouvelle suivante :

[Il y a eu conseil ce matin. M. Narbonne n'y a pas été appelé,
et dans la matinée, on lui a fait demander sa démission.

Il y a long-temps que nous soupçonnons que sa présence gênait
certains ministres et certains plans. Hier, une de ses phrases
ayant excité quelque tumulte dans l'assemblée nationale, il est

probable que l'on a profité de cette apparence de discrédit pour faire décider son renvoi.

D'ailleurs M. Cahier de Gerville a décidément donné sa démission ; il restera jusqu'au 15 de ce mois.

On prétend que M. Degrave doit succéder à M. de Narbonne, et que M. Dietrich pourra être le successeur de M. Cahier.]

Brissot rapporte ainsi les divers bruits sur la destitution du ministre de la guerre : — « *Vendredi 9 mars*. Le roi a retiré ce matin le portefeuille à M. Narbonne. Les motifs de renvoi ne sont pas bien certains : les uns l'attribuent aux intrigues du ministre Bertrand et de ses confrères qui le soutiennent ; d'autres croient que la cour haïssait M. Narbonne, parce que, dans son opinion, il devenait trop populaire ; d'autres enfin, donnent pour prétexte les lettres des généraux à M. Narbonne, imprimées dans les journaux. MM. Rochambeau et La Fayette écrivent à ce ministre de ne pas quitter sa place dans un moment où il peut rendre de si grands services, et ils assurent que sa démission serait une calamité publique. On ne pouvait prendre de meilleurs moyens pour perdre M. Narbonne. Il a cependant un tort à se reprocher ; il dit, dans sa réponse, qu'il avait voulu se retirer parce qu'il n'était pas d'accord avec un de ses collègues (M. Bertrand), dont il *estime* le caractère personnel, mais dont il n'approuve pas également la conduite ministérielle. Comment M. Narbonne peut-il estimer le caractère personnel d'un homme qui a menti à la face de l'Europe, qui a donné un démenti au roi dont il est le ministre, qui n'a cessé de montrer la mauvaise foi la plus effrontée ! » (*Patriote Français du 10 mars.*)

SÉANCE DU 10 MARS.

On lut, au commencement de la séance, une lettre du roi, annonçant la nomination de Degrave au ministère de la guerre, à la place de Narbonne. Lesage demanda qu'il fût déclaré que l'ex-ministre emportait les regrets de l'assemblée ; et Charlier, qu'il ne pourrait quitter Paris qu'après la reddition de ses comptes. — Ramond : « L'intrigue a prévalu, le ministère ne marche pas ; il faut déclarer qu'il a perdu la confiance de la nation. » — Rouget appuya l'avis de Charlier : « On a renvoyé, dit-il, le ministre dont la conduite n'était pas improuvée, et l'on ne remplace pas celui contre lequel vous avez prononcé votre improbation. » Ici la discussion fut interrompue par la lecture d'une lettre de Narbonne : il écrivait qu'il avait demandé au roi de se rendre à son poste militaire à Metz, d'où il enverrait ses comptes à l'assemblée. — Gamben insista pour la déclaration de Ramond, et pour qu'il fût dit au roi que son conseil lui avait donné un mauvais avis, en l'empêchant d'éloigner Bertrand, ministre de la marine. — En ce moment une seconde lettre du roi annonça la continuation de sa confiance en ce ministre. — Girardin : « L'inertie combinée du ministère est la cause des troubles des départemens : je demande l'accusation contre les ministres ; les rapports prouveront que l'un d'eux est plutôt ministre de Léopold que de Louis XVI. » — Tarbé vote pour qu'il fût fait un rapport par le comité des douze. — Gensonné soutint que tous les ministres étaient coupables de trahison envers la nation et le roi.

§ M. Guadet. Enfin il est arrivé le jour où l'incrédulité même devait être forcée d'avouer le complot tramé par le ministère contre la liberté de la France ; il est arrivé ce jour où le bandeau fatal devait tomber, et il eût été difficile qu'il tînt plus long-temps. Je demande que M. Brissot soit entendu à l'instant. (On applaudit.)

M. Brissot. Vous avez renvoyé à votre comité diplomatique l'examen de la note confidentielle de M. Delessart à M. Noailles, du 21 janvier, et la réponse du prince de Kaunitz à cette note, et de différentes autres dépêches ; et enfin, de la réponse de M. Delessart, au nom du roi, à ces dépêches, en date du 28 février. J'examinerai d'abord la conduite que vous devez tenir à l'égard de l'empereur, et ensuite et séparément le parti que vous devez prendre relativement au ministre des affaires étrangères. Pour vous mettre à portée de prendre une détermination convenable, il est nécessaire de vous rappeler ici les faits principaux qui ont précédé ces dépêches. Vous avez vu, par la circulaire de l'empereur aux diverses puissances de l'Europe, en date du 12 novembre

dernier, par son traité conclu avec le roi de Prusse, le 25 juillet
1791, par son office du 21 décembre, qu'il existait un concert
formé entre lui et diverses puissances contre la sûreté et la Constitution de la France, sous le prétexte de maintenir l'honneur et
la dignité des couronnes.

Frappés des dangers qu'un pareil concert pouvait entraîner
pour la France, et désirant les prévenir, vous rendîtes, le 25 janvier dernier, un décret par lequel vous invitiez le roi à demander à l'empereur s'il entendait renoncer à tout traité dirigé contre
la souveraineté, l'indépendance, et la sûreté de la nation française,
et de lui déclarer qu'à défaut par lui de donner pleine et entière satisfaction sur tous les points, le premier mars, son silence,
ainsi que toute réponse évasive et dilatoire, serait regardé comme
une déclaration de guerre. Ce décret a été applaudi par la France
entière. Il a prouvé que l'assemblée nationale ne se trompera jamais lorsqu'elle prendra pour guide les sentimens élevés, les résolutions fermes qu'inspire l'état d'hommes libres, lorsqu'elle se
montrera jalouse de l'indépendance de notre patrie et de l'honneur du nom français. On avait tout lieu d'espérer qu'il serait
accueilli de même par le pouvoir exécutif; il n'y a répondu qu'a-
vec humeur, en insinuant que vous empiétiez sur son initiative,
en vous reprochant votre enthousiasme, en vous disant enfin que,
depuis plus de quinze jours, il avait demandé à l'empereur des
explications conformes à celles de votre invitation. Qui de vous
n'a pas été affligé d'un pareil message? Vous avez rendu un décret d'invitation, parce que vous pensiez n'avoir qu'un même
sentiment avec le roi, parce que vous vouliez convaincre l'Europe entière de la bonne harmonie qui régnait entre les deux
pouvoirs; et au lieu d'un retour amical, on ne vous donne qu'une
leçon déplacée, où l'aigreur et la dureté se montrent à la place du
concert sur lequel vous aviez compté. On vous reproche d'avoir
mis une invitation en forme de décret, comme si la Constitution
vous défendait cette forme pour les invitations; comme si cette
forme de division par articles, n'était pas une manière naturelle
de classer les objets. On vous insinue que vous avez empiété sur

l'initiative du roi, et violé la Constitution puisque le corps législatif ne peut délibérer sur la guerre que sur la proposition formelle du roi, puisqu'à lui seul appartient le droit d'entretenir les relations extérieures. Et le ministère, qui prétend vous régenter quand il devrait s'occuper des moyens de faire naître et d'entretenir une harmonie salutaire entre les deux pouvoirs, oublie lui-même et la Constitution et ses propositions; il oublie que si au roi seul appartient de diriger les relations extérieures, à l'assemblée nationale appartient aussi le droit d'inviter le roi à des mesures militaires ou diplomatiques qui lui paraissent nécessaires pour la dignité et la sûreté de la nation, lorsqu'il trouve que le pouvoir exécutif les néglige; il oublie que, d'après la Constitution, le corps législatif a le droit, sur la notification qui lui est faite d'hostilités imminentes, de délibérer s'il convient de provoquer la guerre ou la cessation des hostilités ; il oublie que, depuis cette notification, la marche devient nécessairement commune entre les deux pouvoirs; il oublie qu'il avait fait deux fois cette notification. Eh ! pourquoi ? Si l'assemblée nationale ne pouvait pas délibérer, pourquoi lui a-t-on notifié l'office du 21 décembre? Quelle singulière prétention que d'avertir les représentans de la nation des dangers qui la menacent, et de vouloir qu'elle s'interdise de manifester ses opinions sur les mesures qu'exige le péril commun? — Mais je dois vous révéler ici un fait qui vous prouvera la duplicité du ministre.

M. Delessart, après la communication de l'office du 21 décembre, provoqua lui-même des conférences du comité diplomatique sur cette office, et il y assista. Il eut communication du projet de décret qui vous fut proposé par votre comité. Au milieu de ces discussions, il lui échappa de dire qu'il avait écrit à l'empereur dans le sens de ce message. Si vous avez écrit, lui observai-je, il est inutile que l'assemblée invite le roi à faire ce qu'il a déjà fait. Non, répond M Delessart, cette invitation ne sera point inutile. Il importe de convaincre les puissances européennes, par une démarche d'éclat, que les deux pouvoirs agissent de concert. Ce fut d'après cette sage réflexion, que le projet de décret fut pro-

posé ; et ce ministre, qui l'avait provoqué lui-même, le fait censurer avec amertume par-le roi ! Il censure le prétendu enthousiasme de l'assemblée, lorsque lui-même, par son discours du 14
juillet, l'avait allumé ! Il le censure, lorsqu'il ne pouvait ignorer
que le décret de l'assemblée avait été le fruit d'une longue discussion, et le résultat de la presque unanimité des suffrages ! Oui,
l'ennemi le plus cruel de la révolution n'aurait pas dicté au roi
un message plus perfide, plus propre à encourager les menaces
et l'insolence des puissances étrangères ; et c'est, n'en doutez pas,
c'est à ce message que vous devez les outrages contenus dans les
diverses dépêches du ministre de l'empereur.

J'écarte, quant à présent, les conséquences qu'on doit tirer de
cette conduite, relativement au ministre des affaires étrangères.
Je me borne à examiner ici ce qui vous a été communiqué de la
part du ministre de l'empereur, et ce que vous devez faire. Le
roi vous a dit, dans son message du 28 février, qu'il avait demandé à l'empereur, depuis plus de quinze jours, des explications *conformes à celles de votre invitation*. Il est étrange qu'on
mette dans la bouche du roi un triple mensonge : d'abord le roi
n'a point écrit à l'empereur, car on ne nous a communiqué
qu'une lettre de M. Delessart, qui n'est pourtant pas le roi ; ensuite la lettre de M. Delessart est du 21 janvier, c'est-à-dire de
sept jours seulement antérieure au message du roi ; enfin la
lettre à M. Kaunitz n'était point conforme à votre invitation. Je
n'examine pas ici tout ce qu'il y a d'irrégulier dans la dépêche ;
je me borne à suivre la marche qu'il a suivie relativement à l'empereur. Le ministre y rappelle et blâme la conduite de l'empereur vis-à-vis des émigrés et de l'électeur de Trèves ; il s'étonne
de ce que, par frayeur de l'insubordination de quelques municipalités, l'empereur ait pu donner des ordres pour protéger l'é-
lecteur de Trèves qui était en état d'hostilité. Il expose les justes
inquiétudes de la France sur le concert formé entre l'empereur
et diverses autres puissances, sur le fameux congrès projeté
pour modifier notre Constitution. Il observe qu'il n'existe aucune
raison pour motiver un pareil concert ; il convient qu'il a été une

époque où la cause des émigrés, qui paraissait liée à celle du roi,
a pu exciter l'intérêt des souverains, et particulièrement celui de
l'empereur; mais que, depuis l'acceptation de la Constitution
par le roi, ce motif ne peut plus intéresser l'empereur. Il lui
déclare que le roi désire la paix, veut la paix, mais qu'il désire
d'être complétement rassuré. Enfin, M. Delessart enjoint à l'ambassadeur de provoquer des explications sur trois points: 1° sur
l'office du 21 décembre; 2° sur l'intervention de l'empereur dans
nos affaires ultérieures; 3° sur ce que sa majesté impériale entend par les souverains réunis en concert pour la sûreté et l'honneur des couronnes. Assurément ce langage n'est pas celui de votre
décret du 25 janvier; vous n'y demandez pas la paix bassement.

Le langage que vous invitiez le roi à tenir, était digne d'hommes qui sentent leur grandeur, et qui cependant veulent être
constamment justes. Vous ne vouliez pas qu'on y fît des dissertations pour attirer d'autres dissertations; vous ne vouliez pas des
explications, mais une déclaration précise; vous fixiez un terme,
parce que vous craigniez, avec raison, qu'on ne vous entraînât
dans une négociation interminable. Vous avez insisté sur la circulaire du 22 novembre, la convention de Pilnitz, sur le traité
du 25 juillet, parce que ces traités étaient contraires à l'alliance,
parce qu'ils en étaient la rupture, parce que vous vouliez en convaincre l'empereur par ses propres actes, et le ministre des affaires étrangères garde un profond silence sur ces pièces importantes! Vous avez bien annoncé votre projet d'examiner à fond
le traité de 1756, dont les inconvéniens vous avaient frappé, et
tel était l'objet du renvoi que vous en aviez fait au comité diplomatique, et cependant le ministre des affaires étrangères, malgré ce vœu, cherche dans sa lettre à convaincre l'empereur qu'il
lui convient de maintenir ce traité... Ainsi, loin que le ministre
des affaires étrangères eût écrit à l'empereur dans le sens de
votre invitation du 25 janvier, il a précisément écrit tout le contraire, excepté sur un seul point, sur celui du concert entre les
puissances; mais ce point est si froidement, si lâchement discuté,
on y oublie tellement et la dignité nationale, et les convenances

politiques, qu'il ne pouvait remplir vos intentions. M. Delessart
a peut-être cru les mieux remplir, en envoyant à l'empereur vos
décrets des 14 et 25 janvier ; car l'un y est cité et discuté, et
pour l'autre il y a une allusion frappante. Quoi qu'il en soit,
examinons maintenant les réponses du ministre de l'empereur ,
et voyons si elles doivent vous satisfaire.

Le concert des puissances a-t-il existé ? Quel en était l'objet ?
Existe-t-il encore ? Peut-il être funeste à la France ? Telles sont
les questions dont il faut chercher la solution dans la lettre du
ministre de l'empereur , solution qui doit déterminer votre résolution. Ce concert a existé , le ministre l'avoue. Quel en a été
l'objet ? Il l'explique clairement , et le justifie en empruntant les
paroles mêmes de M. Delessart. Il a été une époque sans doute ,
a dit ce ministre ; où la cause des émigrés , qui paraissait liée à
celle du roi , a pu exciter, et l'intérêt des souverains , et plus
particulièrement celui de l'empereur. Le sens de ces paroles n'est
pas douteux ; M. Delessart , le ministre qui veut mourir pour
la Constitution , qui se plaint qu'on le calomnie , qui n'a pas pu
oublier qu'avant cette époque la Constitution avait été solennellement jurée par le roi , par tous les Français , qui n'a pas pu
oublier la lettre écrite au mois de septembre , par M. Montmorin,
au nom du roi , à toutes les puissances étrangères ; M. Delessart,
qui n'était lui-même qu'un traître , ou envers le roi , ou envers
la nation , s'il a été une époque où la cause des émigrés était liée
à celle du roi , crut très-légitimes toutes les conspirations qui ont
précédé la dernière acceptation de la royauté constitutionnelle ,
par Louis XVI ; et cette opinion , qui paraît avoir été celle de
tout le ministère, donne la clef de la conduite, autrement inexplicable, du ministère jusqu'à ce moment. Faut-il être surpris si le
ministre de l'empereur a entendu le sens de cette confidence,
s'il s'est emparé de cette opinion pour justifier ce qui ne peut
l'être aucunement aux yeux de la nation française , la ligue qu'il
a formée avec les diverses puissances. Il copie ici ses paroles :
Oui, dit-il, c'était alors au beau-frère et à l'allié du roi à inviter
les autres princes de l'Europe de se concerter avec lui pour ré-

clarer à la France qu'ils regardent tous la cause du roi Très-Chré-tien, comme la leur propre;

Qu'ils demandent que ce prince et sa famille soient mis sur-le-champ en entière liberté, en leur accordant de pouvoir se porter où ils le jugeront convenable, et réclamant, pour toutes ces personnes royales, l'inviolabilité et le respect auxquels le droit de la nature et des gens obligent les sujets envers leurs princes;

Qu'ils se réuniront pour venger, avec le plus grand éclat, tous les attentats ultérieurs quelconques que l'on commettrait ou se permet-trait de commettre contre la sûreté, la personne et l'honneur du roi, de la reine et de la famille royale; qu'enfin, ils ne reconnaîtront comme lois et constitutions légitimement établies en France; que celles qui se trouveront munies du consentement volontaire du roi jouissant d'une liberté parfaite; mais, qu'au cas contraire, ils em-ploieront de concert tous les moyens placés en leur puissance, pour faire cesser le scandale d'une usurpation de pouvoir qui porterait les caractères d'une révolte ouverte, et dont il importerait à tous les gouvernemens de réprimer le funeste exemple.

Tels sont, ajoute M. Kaunitz, les termes de la déclaration que l'empereur proposa, au mois de juillet 1791, aux principaux souverains de l'Europe de faire à la France, et d'adopter pour base d'un concert général. On défie d'y trouver une syllabe qui ne fût avouée par ce que les principes du droit des gens ont de plus sacré. Comment le ministre autrichien peut-il soutenir que cette déclaration ne contient rien d'attentatoire à la dignité, à la sûreté, à l'indépendance de la France? Ainsi l'empereur n'atten-tait pas à l'indépendance nationale en s'immisçant dans les affaires de la France, en soutenant contre elle le chef du pouvoir exécutif!

Il n'attentait pas à la souveraineté du peuple français, en s'avi-lissant jusqu'à traiter ses membres de sujets d'une famille, en voulant les contraindre à une inviolabilité envers ceux qui vio-laient sa propre souveraineté, en faisant dériver de la nature et du droit des gens une inviolabilité qui n'est qu'une faveur de la nation! Il n'attentait pas à la sûreté de la nation, en la menaçant de sa vengeance et de celle de toutes les puissances européennes,

si elle voulait continuer ses changemens à l'égard de la royauté,
en qualifiant ces changemens de révolte et d'usurpation!

Il ne reconnaissait donc, comme lois constitutionnelles légitimement établies en France, que celles qui seraient munies d'un
consentement volontaire du roi, jouissant d'une liberté parfaite...

C'est-à-dire, qu'il violait ici tous les principes de liberté et de
souveraineté; car, d'après ces principes, tout pouvoir vient du
peuple. Le peuple a le droit de changer sa constitution, et d'y
faire telles innovations que bon lui semble, et pour faire ces innovations, il n'a besoin du consentement de personne; et c'est
en conséquence de ce principe que l'acceptation du roi pour la
constitution était indifférente, inutile à son complément; elle n'é-
tait nécessaire que pour lui, que pour constater qu'il acceptait
la royauté constitutionnelle.....

Telle est cependant la déclaration que le ministre de Léopold
prétend justifier par tout ce que les principes *du droit des gens*
ont de plus sacré. Quel est donc ce prétendu droit des gens devant lequel doit se plier le droit que la nature donne aux hommes?
C'est le droit des despotes, ce n'est pas même celui que le ministre prétend citer; car ce droit des gens ne concerne que les
rapports des nations entre elles, et non pas les rapports des membres d'une société avec ceux qui les gouvernent; et c'est en vertu
d'un droit tyrannique, aussi visiblement usurpé, c'est en vertu
d'un sophisme sur notre Constitution, que le ministre autrichien
s'appuie pour justifier sa ligue. Comment, dit-il, peut-on le caractériser de ligue contre la France, lorsque son seul but était
de venir à l'appui de cette inviolabilité du roi et de la monarchie
française, reconnue par la Constitution?

Eh! qui peut être dupe d'un subterfuge aussi misérable? Je l'a-
dopte pour un instant, et je demande qui a donné à Léopold la
mission de défendre, de protéger, les armes à la main, cette inviolabilité? Est-ce le peuple? Non, le peuple français n'a pas besoin de secours étrangers pour soutenir sa Constitution; son bras
suffira. Est-ce le roi lui-même? mais il n'aurait pu, sans crime,
invoquer l'appui de l'empereur contre la France.

Le ministre autrichien avoue, il est vrai, que d'après l'acceptation du roi, Léopold propose lui-même aux diverses puissances,
par sa circulaire du 12 novembre, de suspendre le concert; par
la vraisemblance, ajoute-t-il, que cette acceptation avait été volontaire, et par l'espoir que les périls, qui menaçaient la liberté,
l'honneur et la sûreté du roi et de la famille royale; ainsi que
la conservation du gouvernement monarchique en France, cesseront à l'avenir. Ce n'est, ajoute-t-il, que dans le cas où ces périls
se reproduiraient, que la reprise active du concert est insérée
dans la note du 12 novembre.

Observez, messieurs, que Léopold ne croit pas à la vérité,
mais à la vraisemblance de l'acceptation du roi, et ce mot doit
vous donner un grand trait de lumière, en le rapprochant de la
déclaration du 6 juillet 1791, où il dit ne reconnaître pour lois
constitutionnelles, que celles munies du consentement libre et
volontaire du roi. Avec ce mot, on se réserve la facilité de revenir sur le passé, et d'avoir un prétexte de guerre à volonté, et
cette lettre même en offre la preuve.

Malgré les phrases longues et entortillées dont l'empereur s'enveloppe, il est évident que le concert entre lui et les puissances
existe toujours. Le seul passage suivant doit vous en convaincre :

Tant que l'état intérieur de la France, au lieu d'inviter à partager l'augure favorable de M. Delessart sur la renaissance de
l'ordre, l'activité du gouvernement et l'exercice des lois, manifes-
tera au contraire des symptômes journellement croissans d'in-
consistance et de fermentation, les puissances amies de la France
auront les plus justes sujets de craindre, pour le roi et la famille
royale, le retour des mêmes extrémités qu'ils ont éprouvées plus
d'une fois ; et pour la France, de la voir replongée dans le plus
grand des maux dont un grand état puisse être attaqué, l'anarchie populaire ; mais c'est aussi des maux le plus contagieux pour
les autres peuples ; et tandis que plus d'un état étranger a déjà
fourni les plus funestes exemples de ses progrès, il faudrait pouvoir contester aux autres puissances le même droit de maintenir
leurs constitutions, que la France réclame pour la sienne, pour

ne pas convenir que jamais il n'a existé de motif d'alarme et de concert général plus légitime , plus urgent et plus essentiel à la tranquillité de l'Europe.

Il est donc évident, d'un côté, que l'empereur avait, au mois de juillet 1791 , formé une ligue pour défendre la cause du roi des Français, lui maintenir la couronne, empêcher les innovations, s'immiscer dans la Constitution et dans les affaires de la France.

Il est évident, d'un autre côté, de l'aveu même du ministre autrichien, que ce concert existe encore, et en pleine activité.

Il est évident que l'empereur, loin de le faire cesser, permet que son ministre nous déclare positivement qu'il se croit obligé, tant pour son intérêt personnel que pour celui du roi des Français , d'y persévérer.

Ainsi , loin que l'empereur vous ait donné la satisfaction , vous ait fait la déclaration que vous aviez invité le roi à lui demander , il repousse au contraire , s'il faut en croire son ministre , toute idée de satisfaction ; il adhère plus fermement que jamais à cette ligue qui vous paraissait si alarmante et contraire à votre sûreté , à votre dignité et à votre indépendance.

Donc, d'après votre article 4 du décret du 25 janvier , l'empereur tombé dans le cas de la guerre , ou vous tomberiez en contradiction avec vous-mêmes ; car rappelez-vous que vous avez annoncé que vous regarderiez comme une déclaration de guerre toute réponse évasive et dilatoire : et ici il n'y a pas même de réponse évasive et dilatoire ; la réponse est claire et donnée à temps, et cette réponse est un refus joint à des menaces et à des outrages.

Voulez-vous une dernière preuve de l'opiniâtreté de l'empereur à persévérer dans sa ligue avec les autres puissances? Il vient de conclure un nouveau traité défensif avec le roi de Prusse, traité qui a été signé le 7 février dernier, dont on a annoncé la prochaine notification officielle à votre ministère. Ce traité repose sur les mêmes bases que les précédens. Les princes , dit-on, ne cherchent qu'à se garantir des effets de votre révolution et d'une attaque de la France. Mais comment peut-on croire que ces princes craignent sérieusement les attaques d'une nation qui ne veut que la justice, qui ne veut point de conquêtes, point d'agression, et à qui sa propre situation commande la tranquillité? Ce prétexte de défense n'est donc invoqué par les princes que pour couvrir un projet réel d'attaque. Une ligue pour se défendre de qui ne veut pas attaquer est par trop absurde. C'est donc une véritable ligue offensive, ou elle n'aurait pas d'objet.

Ces faits et ces raisonnemens me paraissent suffisans pour vous convaincre des intentions hostiles de l'empereur.

Je ne parle pas ici de ses diatribes contre les républicains et les Jacobins : ces déclamations appartiennent plus à un esprit de parti français, qu'à l'esprit et aux intérêts de l'empereur ; et si des traits d'ignorance prouvent que le ministre autrichien est étranger aux détails de notre intérieur, des traits satiriques et son opiniâtreté à poursuivre nos sociétés populaires prouvent qu'il n'est pas étranger aux vues et aux haines de certains partis. Enfin, ces déclamations prouvent que Léopold est trompé sur notre situation, et qu'il sert peut-être, sans le savoir, d'instrument à des hommes méprisables qui veulent plutôt se venger que le servir.

Descendre à une justification serait indigne de vous. D'un côté, tous vos actes prouvent la fidélité religieuse avec laquelle vous avez maintenu la Constitution ; et de l'autre, vous n'êtes point les vengeurs des sociétés populaires; sont-elles utiles à la liberté? vous devez les protéger; s'écartent-elles de la loi? vous saurez les y ramener ; veut-on vous forcer à les détruire? le piége est trop grossier. Vous connaissez les droits du peuple, ils sont avant la loi ; vous pouvez en punir l'abus, vous ne pouvez pas en ôter l'usage, ou vous ne seriez que des tyrans.

La terreur que le ministre de Léopold montre sur les manœuvres des républicains et des jacobins, n'est qu'un prétexte pour perpétuer sa ligue avec les autres puissances, et continuer ses armemens. Vous devez renverser ce prétexte. Quand bien même il existerait, dans le sein de la France, des hommes qui auraient conçu le dessein criminel de changer la Constitution avant le terme prescrit par la loi ; quand bien même ces hommes et les sociétés populaires seraient coupables de tous les délits dont on les accuse, serait-ce une raison suffisante pour autoriser Léopold à s'armer contre vous, à se préparer à intervenir dans les dissentions qui pourraient diviser les Français ? Vous seuls avec les tribunaux, êtes juges de ces délits contre la patrie ; vous seuls avez le droit de frapper les conspirateurs ; vous seuls avez le droit de prendre toutes les mesures pour empêcher le renversement ou le changement de la Constitution. Toute puissance étrangère, qui usurpe un pareil droit, qui veut intervenir dans vos querelles intérieures, porte par-là même atteinte à l'indépendance et à la souveraineté de la nation.

Puis donc que le ministre autrichien nous déclare que le concert formé entre les puissances et l'empereur existe toujours ; puisqu'il ne peut avoir d'objet que de menacer la Constitution et la tranquillité de la France, sous prétexte de la défendre, comment pourrait-on approuver, dans toutes ses parties, la réponse faite par M. Delessart, au nom du roi, à l'empereur.

Il met de côté tout ce que son confrère Kaunitz expose de la part de l'empereur sur ce concert, tout ce qui peut le rendre inquiétant et même redoutable.

Il ne s'arrête qu'à une phrase de la note du ministre autrichien, où il prétend que l'empereur se plaint *de la calomnie qui lui impute d'avoir attenté à la souveraineté de la nation française par des concerts et des alliances,* parce que cette phrase, contradictoire avec celles que renferme la dépêche, est un prétexte pour la temporisation funeste, nécessaire aux ennemis de la liberté.

Il ferme les yeux sur les menaces et les outrages, et ne s'attache qu'à quelques protestations pacifiques et amicales.

Il se borne à lui demander la cessation d'un concert qui n'a point d'objet, et qui est un sujet d'inquiétude.

C'est demander ce qui a déjà été refusé ; c'est le demander sans réfuter les sophismes sur lesquels on a appuyé la nécessité de ce concert.

C'est le demander sans fixer un terme qui empêche d'autres délais encore plus funestes ; en un mot, c'est rester au même état où l'on était au 21 décembre, après avoir perdu un temps précieux dans de vaines explications.

Il est vrai que le roi offre de prendre l'engagement de faire cesser tous préparatifs de guerre, et de réduire les troupes sur les frontières, aussitôt que l'empereur aura fait la même chose.

Mais n'y a-t-il pas plus que de la mollesse dans cette offre? N'est-elle pas de nature à faire croire que nous redoutons la guerre, que nous avons besoin de la paix? Ou plutôt l'empereur n'en est-il pas persuadé, puisque M. Delessart lui en a fait ingénument la confidence? Et comment, d'après cette confidence, nous aurait-il épargné les menaces et les injures?

Il est encore vrai que le roi déclare, qu'après une invitation aussi loyale, il ne pourrait voir, dans une réponse qui ne porterait pas le même caractère, que la volonté de prolonger une situation dans laquelle la France ne peut ni ne veut rester...

Mais qu'est-ce que signifie une phrase aussi vague? On y répondra par d'autres phrases, et nous achèverons d'épuiser les restes d'un temps précieux et irréparable.

Il fallait emprunter la noble brièveté des Spartiates, tracer un cercle étroit autour de l'empereur; lui fixer un terme, ne pas sacrifier à une étiquette ridicule la sûreté et la liberté de la France.

Mais que doit faire l'assemblée nationale?

Si le roi avait notifié à l'empereur son décret du 25 janvier, ou plutôt s'il l'avait suivi formellement, la marche serait bien simple. L'empereur ayant répondu sur l'article du concert, qu'il se croit nécessité à le maintenir, il est évident que nous devrions prendre cette réponse comme une déclaration de guerre, et que le roi devrait la proposer aussitôt.

Mais le roi n'a pas suivi notre invitation; il n'a point demandé d'explication nette et précise sur ce traité; il n'a point fixé un terme pour la donner; il n'a point déclaré que toute réponse évasive ou dilatoire serait regardée comme une déclaration de guerre. Il paraît au contraire que l'empereur croit ce décret sans exécution, parce que, ignorant nos formes, il imagine que ce décret a besoin de sanction, et qu'il sait qu'on ne la lui a pas donnée.

Il y auroit donc de l'injustice et de la déloyauté d'attaquer sur-le-champ l'empereur, en conséquence d'une notification qui ne lui a point été faite.

Si la loyauté vous ordonne de ne pas songer à attaquer sur-le-champ l'empereur, la prudence et vos dangers vous commandent d'exiger enfin de lui une déclaration positive qui vous autorise, ou à attaquer, ou à poser les armes. Or, celle qu'a faite le pouvoir exécutif est loin d'avoir ce caractère. L'assemblée nationale doit donc réitérer son invitation du 25 janvier, insister sur la nécessité d'exiger une déclaration précise, de fixer un terme fatal et bref, de presser les préparatifs de guerre, et sur-tout d'appeler la responsabilité la plus sévère sur les ministres, s'ils ne se conforment pas à votre invitation. Car enfin, il s'agit ici du salut ou de la perte de la patrie.

Cette idée m'amène naturellement à la dénonciation contre M. Delessart. En vous le dénonçant, je viens remplir une de ces fonctions redoutables, que des législateurs ne doivent point entreprendre légèrement. Le salut de la France me l'ordonne, et je croirais trahir mes sermens si, convaincu qu'un ministre a compromis la sûreté et la dignité de la nation, si, convaincu que le laisser à son poste c'est préparer les plus grandes calamités à la patrie, je n'exposais pas à vos regards tous les faits et tous les motifs qui ont gravé cette double conviction dans mon ame.

On a cherché à décourager les dénonciateurs, il ne faut en décourager que l'abus; mais lorsqu'un citoyen se présente avec des preuves, lorsque le plus grand intérêt provoque cette dénonciation, il a droit à l'attention des représentans du peuple français.

Le ministre des affaires étrangères n'est pas, pour la responsabilité, dans la classe des autres départemens. On demande pour tous une confiance entière : elle n'est nécessaire que pour la conduite des affaires étrangères. Dans les autres départemens, la loi seule doit diriger les ministres et leurs surveillans. Ont-ils suivi ou non la loi? Voilà le point où peuvent se ramener presque toutes les questions que fait naître la responsabilité. Dans les affaires étrangères, il n'y a point de loi à suivre; c'est l'intérêt

national qu'il faut défendre au-dehors; c'est lui qui doit servir
de règle, soit pour diriger le ministre, soit pour l'accuser. A-t-il
trahi ou négligé cet intérêt ? Tel est le point où peuvent se réduire les questions relatives à la responsabilité de ce département. Mais il y a tant de manières d'envisager cet intérêt extérieur; il peut y avoir tant de variations dans les opinions sur la
bonté des mesures politiques, que la responsabilité devient difficile et presque impossible à exercer, qu'un ministre coupable
ou inepte peut toujours échapper avec la plus grande facilité.
L'intérêt national est-il évidemment blessé, le crime peut toujours se couvrir du voile de l'incapacité, et le coupable se dérobe
à la peine. Le ministre des affaires étrangères ne communique de
sa correspondance que ce qu'il veut; et, fût-il obligé de la communiquer entière, il a la ressource de la double correspondance,
l'une ostensible, l'autre chiffrée. Il a vingt manières pour soustraire sa véritable marche aux regards de ses surveillans. Que
conclure de ces réflexions? que le législateur doit être sévère
quand un pareil coupable est découvert; car la sévérité doit être
en raison de la facilité de l'impunité.

Elle doit être encore en raison de la confiance que la nature
des choses force d'accorder à un ministre. Ici cette confiance doit
être entière; car on ne peut surveiller à chaque instant un ministre des affaires étrangères, ou l'on dérangerait ses opérations.
Ce n'est presque toujours que lorsqu'elles sont consommées
qu'on peut juger et l'intention du ministre, et la bonté de sa démarche. Jusque-là, une confiance entière doit l'environner, et
la sévérité de la poursuite doit être encore en raison de la grandeur de la confiance dont on a revêtu le ministre.

Enfin, observez que ce ministre peut, par sa nature, attirer
sur un État les plus grands périls. Supposez un ministre inepte
ou pervers; il peut, par incapacité ou à dessein, aliéner les puissances étrangères, exciter une guerre, compromettre la dignité
ou la sûreté de l'État.

Telles sont les considérations que vous ne devez pas perdre de
vue dans l'examen de cette dénonciation. Vous devez être justes;

mais n'oubliez jamais aussi que l'indulgence peut compromettre le sort de vingt-cinq millions d'hommes; n'oubliez jamais que nous sommes dans des circonstances critiques où la perversité et l'incapacité peuvent causer à la France des maux incalculables, et où conséquemment l'incapacité seule devient, dans un ministre, un véritable crime; car, s'opiniâtrer à tenir le gouvernail dans une tempête, lorsqu'on n'a ni la force, ni la tête, ni le courage nécessaire, c'est s'exposer à être l'assassin de ses frères qu'un homme plus habile pourrait sauver.

Pour juger la conduite du ministre des affaires étrangères, il faudrait se porter à l'époque où M. Delessart est entré dans ce département.

Qu'avait à faire en entrant dans ce département un homme qui eût voulu sincèrement exécuter la constitution, et préserver son pays des dangers extérieurs? Il aurait exposé à l'assemblée nationale sa situation extérieure, il lui aurait révélé les traités de diverses puissances dirigés contre la France; il aurait fait voir, d'après la circulaire même du 1er novembre, qu'il existe un concert entre elles, dont le prétexte était de défendre l'honneur des couronnes, dont le véritable objet était d'alimenter la division entre le peuple français et le roi qu'il avait choisi, de fomenter les désordres afin de pouvoir rétablir un ordre de choses plus conforme au despotisme. Il aurait chargé l'ambassadeur de France à la cour de Vienne de demander une explication sur ces conventions secrètes; en un mot, il aurait pris toutes les mesures pour prévenir les effets de ce concert menaçant. Aucune époque ne pouvait être plus favorable, en commençant cette marche dès le mois de novembre: ou l'empereur aurait répondu d'une manière satisfaisante, ou il aurait déclaré persévérer dans ce concert.

Dans le dernier cas, tous les avantages possibles favorisaient l'attaque des Français; ils pouvaient être facilement rassemblés, et nos ennemis n'étaient pas prêts à nous recevoir. En un mot, une paix honorable ou une guerre prompte, tel était le but où l'on devait tendre dès le mois de novembre. Il fallait donc tenir un langage ferme et clair, offrir la paix et l'union si l'on voulait rompre le concert en ce qui blessait la France, et la guerre, si on ne le voulait pas; il fallait surtout se garder des négociations; car le succès ne pouvait être que dans la célérité de l'attaque.

Voilà ce qu'aurait dû faire un ministre patriote et éclairé; voici ce qu'a fait M. Delessart :

D'abord il n'a point donné connaissance, ni à l'assemblée nationale ni même au comité diplomatique, des circulaires de juillet, du traité avec la Prusse, de la convention de Pilnitz, ni même de la déclaration du mois de novembre. Il a donc caché à l'assemblée nationale des pièces importantes qui auraient pu l'instruire des dangers dont on la menaçait au-dehors, des pièces qui auraient pu la déterminer à prendre des mesures vigoureuses. Premier délit, et délit très-grave; car ces traités devaient être regardés comme hostiles, puisque je vous ai démontré qu'ils étaient attentatoires à l'indépendance, à la souveraineté, à la sûreté de la nation française. M. Delessart a donc ici compromis par son silence et la sûreté et la constitution de la France.

Dira-t-il qu'il n'a pas eu connaissance de ces pièces? Mais quel est donc le devoir d'un ministre des affaires étrangères? N'est-ce pas de se procurer toutes les pièces, secrètes ou publiques, qui peuvent intéresser la sûreté ou les relations extérieures de sa patrie? Pourquoi entretient-on à grands frais tant d'ambassadeurs, envoyés, chargés d'affaires, espions de toutes les couleurs dans toutes les cours de l'Europe? Pourquoi consacre-t-on des millions à des dépenses secrètes? N'est-ce pas pour se procurer la connaissance des manœuvres secrètes des cabinets de l'Europe? Par quelle fatalité se fait-il donc qu'avec tant de moyens de connaître les secrets les plus cachés de ces cabinets, notre ministère n'ait pas pu se procurer même ce qui était public? Car la circulaire de Padoue, la convention de Pilnitz, la circulaire du mois de novembre, n'ont pas tardé à être rendues publiques, et il était impossible qu'elles ne le fussent pas, puisque, par leur nature, elles devaient tomber dans une foule de mains. Telle en a été enfin la publicité, que toutes les gazettes les ont copiées, et cependant le ministre n'en a donné aucune connaissance à l'assemblée nationale.

Dira-t-il qu'il ne devait pas lui présenter des pièces qui n'avaient d'autre authenticité que la publicité des gazettes ? Mais son devoir ne lui ordonnait-il pas de prendre des renseignemens dans les diverses cours de l'Europe, et n'aurait-il pas facilement appris ce qu'il en devait penser ?

Ainsi, ou M. Delessart a connu ces pièces, et il est coupable et il a trahi son devoir en ne les communiquant pas à l'assemblée nationale, en ne provoquant pas les mesures nécessaires pour le salut public ; ou il ne les a pas connues, et il est encore coupable de négligence en n'ayant pas pris tous les moyens pour se les procurer, en n'ayant pas rappelé et remplacé les envoyés de France à Vienne, à Berlin, à Ratisbonne, qui lui cachaient des faits aussi importans.

Non-seulement M. Delessart nous laissait ignorer cette coalition des princes, dont l'empereur était l'âme, mais il cherchait encore à nous persuader que cet empereur était à notre égard dans les intentions les plus pacifiques. Rappelez-vous en effet ce que le roi vous disait ici dans son discours du 14 décembre : « L'empereur a rempli ce qu'on devait attendre d'un allié fidèle, en défendant et en dispersant tous rassemblemens dans ses États. » Il proférait ces mots dans le temps même où l'empereur violait, de la manière la plus scandaleuse, le traité de 1756, dans le temps où il refusait ses bons offices et ses troupes à la France, et les prêtait à l'électeur de Trèves.

Quinze jours après, le roi, dans sa lettre du 31 décembre, a commencé à s'apercevoir de son erreur ; l'office de l'empereur du 21 décembre, lui a ouvert les yeux.... « Cet office, vous écrivait-il, m'a causé le plus grand étonnement ; j'avais droit de compter sur les sentimens de l'empereur et sur son désir de conserver avec la France la bonne intelligence et tous les rapports qui doivent régner entre deux alliés.

Cet office du 21 décembre annonçait clairement le concert formé entre l'empereur et les diverses puissances.

L'empereur, y lisait-on, est trop vivement attaché à sa majesté très-chrétienne pour ne pas désirer d'éloigner cette extrémité (c'est-à-dire l'exécution de l'ordre donné au général Bender de repousser l'attaque des Français) et les suites infaillibles qu'elle entraînerait, tant de la part du chef et des États de l'empire germanique, que de *la part des autres souverains réunis en concert pour le maintien de la tranquillité publique, et pour la sûreté et l'honneur des couronnes.*

Cè langage était clair. Le croirez-vous? le ministre des affaires étrangères n'a cependant encore demandé aucuns éclaircissemens sur ce concert; car, dans la réponse que le roi vous annonçait, dans sa lettre du 31 décembre, avoir faite à l'empereur, il n'est aucunement question de ce concert; on ne parle que de l'électeur de Trèves et du désir de conserver la paix.

Il semblait que M. Delessart voulait en dérober la connaissance, ou ne la donner que le plus tard possible; il semblait se réserver cette matière nouvelle à des explications, à des négociations pour tempérer l'ardeur de la nation française, qui brûlait d'attaquer, et de se venger des outrages qu'elle avait reçus.

Rappelez-vous l'ardeur qui régnait au mois de décembre dernier, dans tous les esprits : on désirait que le ministre ne perdît aucun moment pour avoir une déclaration positive afin d'entrer en campagne, et cependant tout semblait concerté pour nous épuiser par des lenteurs perfides.

M. Delessart reçoit, le 12 ou 13 janvier, une réponse de l'empereur, du 5; il la cache avec soin au comité. On savait l'arrivée de ce courrier. Instruit par un patriote digne de foi, qu'il avait reçu des dépêches importantes, qu'on y annonçait un armement de vingt-huit mille hommes, je le presse de communiquer ces dépêches. Il dit qu'il n'en a reçu aucune, et cependant il avait reçu un office du 5 janvier; il ne l'a communiqué que le 1ᵉʳ mars, en balbutiant une justification ridicule, si elle n'est pas de mauvaise foi.

Un ministre dévoué aux intérêts de l'empereur aurait-il autrement agi? L'empereur n'était point préparé à la guerre : une invasion subite lui causait des pertes irréparables; on arrêtait cette invasion en mettant une grande distance dans les communications des dépêches.

Je ne relèverai point les petits traits qui marquent l'influence de l'ancien système diplomatique ; trois points essentiels frappent mon attention :

1° La faiblesse coupable avec laquelle M. Delessart parle du concert des puissances ;

2° La perfidie des communications sur l'état de notre intérieur ;

3° L'affectation coupable de demander la paix.

Et d'abord, avec quelle faiblesse le ministre parle de ce concert, dont l'existence était si bien démontrée, dont l'objet était si contraire aux intérêts de la France ? Il a l'air de douter de son existence. On a été, dit-il, extrêmement frappé de ces expressions : *Ces souverains réunis en concert pour le maintien de la tranquillité publique et pour la sûreté et l'honneur des couronnes.* On a cru voir *l'indice* d'une ligue formée à l'insu de la France, et peut-être contre elle..... L'indice ! comment une expression aussi lâche, aussi criminelle, est-elle échappée au ministre ? Les preuves les plus frappantes de cette conjuration n'étaient-elles pas écrites dans la circulaire et dans le traité du mois de juillet, dans la convention de Pilnitz, dans la déclaration du mois de novembre ?... Comment l'empereur n'aurait-il pas vu dans cette mollesse la preuve qu'on redoutait ses armes, la preuve de l'impuissance de la France ? et comment n'aurait-il pas montré la résolution la plus ferme de persévérer dans ce concert ?

On a été étonné, ajoute le ministre, que l'empereur, beau-frère et *allié du roi*, ne lui ait point fait part de ce concert formé entre les souverains de l'Europe.

L'empereur allié du roi ! Le roi des Français a-t-il donc des alliés ? J'imaginais avec tous les patriotes que la nation seule en avait maintenant. Cette expression a-t-elle été réfléchie, ou bien ne serait-elle que l'effet de cette habitude incurable des ministres de confondre la nation avec le roi, de subordonner celle-ci à un individu ? On serait tenté de le croire lorsqu'on voit, dans le même paragraphe, le ministre placer encore le roi avant la nation, ne voir en tout que le roi, ne citer que ses sentimens et ses dispositions, comme si la nation ne comptait pour rien ! Lors-

qu'on voit enfin M. Delessart n'être affligé du concert des puissances, que parce qu'il entraînait de nouveaux chagrins pour le
roi ; devant un si grand intérêt, tout autre intérêt individuel ne
devait-il pas s'évanouir? Cependant on oublie le premier, on ne
cite que le second ; on le cite avec une chaleur plus propre à confirmer les soupçons qu'à les diminuer.

Ce n'était pas assez de dégrader la nation en élevant le roi seul;
M. Delessart la trahissait manifestement en demandant des explications sur ce concert de souverains. Les explications étaient
inutiles ; le ministre avait sous les yeux les deux circulaires du
6 juillet et du 1er novembre, qui contenaient les divers objets de
ce concert. C'était donc demander ce qu'on savait bien, ce qu'on
savait déjà ; c'était donc faire une démarche ridicule, inutile;
mais on voulait gagner du temps, en donner à l'empereur; il y
avait donc, encore une fois, ou ineptie ou trahison.

On a beaucoup applaudi l'éloge que le ministre a fait, dans ce
paragraphe, de notre constitution ; mais analysez cet éloge avec
soin, et vous y trouverez des traits de perfidie. On y lit que la
constitution est devenue, pour la grande majorité de la nation,
une espèce de religion qu'elle a embrassée avec enthousiasme.

La grande majorité de la nation! Je l'avoue, j'ai été souvent
inquiet sur cette expression, que j'ai vue constamment employée
par le pouvoir exécutif. Lisez la lettre du roi et ses discours, il
n'y parle jamais que de cette grande majorité. N'a-t-on pas voulu
réserver par ces mots un argument à la minorité dans des temps
plus heureux ? Je l'ignore ; mais ce que je sais, c'est que cette
expression est un outrage pour la nation ; car, je le demande, et
je mets ici de côté les émigrans, quel est le Français qui n'a pas
souscrit à cette constitution, qui ne sent pas la nécessité de la
maintenir pour sa propre sûreté ?

Eh! pourquoi encore ne parler que de l'enthousiasme avec
lequel le peuple français a embrassé sa constitution ? Employer
ce mot vis-à-vis des rois étrangers, n'est-ce pas leur donner une
petite mesure du sentiment qui nous attache à la constitution?
car les rois ne sont-ils pas accoutumés à regarder l'enthousiasme

comme une flamme légère , comme un feu follet qui peut se dissiper aisément?

Le ministre n'est-il pas encore plus coupable en communiquant confidentiellement au prince Kaunitz ses idées sur l'état intérieur de la France?... Méditez cette phrase...., « On parle de mécontens ; on exagère l'indiscipline de notre armée, la pénurie de nos finances, nos troubles intérieurs ; en un mot, on nous représente comme étant dans une impuissance absolue. »

Qui de vous n'a pas été révolté de voir un ministre français faire des aveux aussi contraires à nos intérêts, au ministre d'une puissance étrangère, et dont la malveillance était prouvée ? N'est-ce pas un véritable crime de haute-trahison ?

« Il a été, dit-il encore, une époque sans doute où la cause des émigrans, qui paraissait liée à celle du roi, a pu exciter l'intérêt des souverains, et plus particulièrement celui de l'empereur; mais une fois que le roi, par l'acceptation de la constitution, s'est mis à la tête du gouvernement, les émigrés n'ont plus dû intéresser que par leur malheur.... »

Il résulterait de là, d'abord que le roi n'était point sincèrement à la tête du gouvernement avant son acceptation ; il en résulterait. qu'il s'était volontairement parjuré aux mois de janvier et d'avril 1790, lorsqu'il protestait de son attachement à la constitution ; il en résulte encore que, dans l'opinion de M. Delessart, le roi, avant son acceptation, pouvait *exciter l'intérêt des souverains*, c'est-à-dire qu'ils pouvaient légalement conspirer contre la constitution.

Il en résulte enfin que, si l'avenir amenait de nouveaux événemens, ceux par exemple de l'époque citée par M. Delessart; si, ce que je suis loin de croire , un retour sur cette même acceptation était praticable, la constitution pourrait être changée. N'en doutons pas , telle est la conséquence secrète que l'empereur a tirée de cet aveu.

Lui dire, en effet, qu'il a été une époque où la situation du roi devait exciter l'intérêt des souverains, c'est-à-dire où ils pouvaient s'armer pour lui, n'est-ce pas lui dire que si cette époque reparaît, ils peuvent, ils doivent prendre les armes pour lui ?

Cette conséquence est si évidente, que le ministère autrichien l'a saisie, s'en est emparé pour justifier le concert des puissances. C'est précisément parce qu'il craint le retour de cette époque, qu'il déclare persévérer dans ce concert.

Il faut être aveugle pour ne pas voir ici que le ministère français l'encourage par ses aveux, et cet encouragement n'est-il pas une vraie trahison ?

Mais il l'encourage bien plus fortement par la lâcheté avec laquelle il expose ses craintes sur la guerre.

Il croit que le vœu de la *saine partie de la nation* est pour la paix. Sans doute il est pour la paix, si elle n'est pas humiliante, si elle nous procure une satisfaction convenable et une tranquillité durable ; mais s'il faut l'acheter par l'opprobre ou par des sacrifices incompatibles avec nos principes, j'ose dire, avec plus de raison, que le vœu de la saine partie de la nation, que dis-je, de la nation entière, est pour la guerre....

Comment enfin M. Delessart n'a-t-il pas senti qu'il avilissait la nation en substituant ses craintes à notre ardeur ?

N'y a-t-il pas tout à la fois lâcheté et perfidie dans cette manière de présenter la question ? Lâcheté, en ne présageant que des défaites ; perfidie, en ne présentant pour contre-poids à la guerre que l'embarras des succès.

Ce n'est pas tout : un autre trait de perfidie doit encore soulever vos esprits d'indignation. Vous vous rappelez tous les raisonnemens présentés dans cette tribune sur les inconvéniens frappans du traité de 1756 ; vous vous rappelez que les partisans les plus déclarés de la maison d'Autriche n'ont pas osé nier ces inconvéniens ; qu'ils se sont bornés à dire qu'on pouvait en faire disparaître les principaux. Vous vous rappelez que, frappés de ces inconvéniens, vous avez soumis ce traité à l'examen de votre comité.

M. Delessart adopte précisément un système contraire :

« Je crois, dit-il, qu'il convient à l'empereur de conserver une alliance qui désormais ne peut avoir aucun inconvénient pour lui, et qui peut lui devenir utile. » Un ministre français convient que cette alliance avait eu des inconvéniens pour l'empereur ! Il convient qu'elle ne lui avait pas toujours été utile. Eh quoi! un ministre de l'empereur aurait-il tenu un autre langage? Il fallait avoir une profonde ignorance ou une profonde mauvaise foi pour méconnaître tous les avantages que ce traité avait apportés à la maison d'Autriche, tous les maux dont il avait écrasé la France.

Je ne sais si je m'abuse, mais une idée me saisit fortement après avoir analysé cette lettre : les intérêts de la France y sont si visiblement sacrifiés partout, on y avilit tellement la France (car elle y est partout aux pieds de l'empereur), que je suis tenté de m'écrier : Non, ce n'est pas un ministre français qui a écrit cette lettre; elle sort de la plume de l'ambassadeur autrichien; tandis que l'on est tenté d'attribuer à l'ambassadeur français la réponse de l'empereur. (On applaudit.)

M. Brissot résume les griefs qu'il dénonce contre Léopold, et propose un décret d'accusation contre M. Delessart.

Une grande partie de l'assemblée demande à aller aux voix.

M. Mailhe appuie la proposition de M. Brissot.

M. Dubayet en demande l'ajournement.

M. Lacroix propose que le ministre soit à l'instant amené à la barre.

M. Larivière appuie le décret d'accusation.

M. *Isnard.* Tandis que nous délibérons, le ministre fuit peutêtre. Je demande donc que l'assemblée s'empresse de rendre sa décision.

Plusieurs membres sollicitent encore la parole.

On demande qu'elle ne soit accordée qu'à ceux qui déclareront vouloir parler pour le ministre.

M. *Robecourt.* Je veux parler pour l'assemblée.... Il est impossible qu'on ait assez suivi treize chefs d'accusation.... Je crois le ministre coupable..... (Les murmures empêchent M. Robecourt de continuer.)

On demande que la discussion soit fermée.

M. *Boulanger.* L'assemblée veut-elle m'entendre? Ma con-

science ne me dit point que le ministre ait mérité d'être mis en
état d'accusation. Aux termes de la loi, il faudrait qu'il eût
commis des crimes assez graves pour mériter une peine capitale.
(On murmure.) J'ai été six ans juge, et je n'ai jamais décrété
aussi légèrement.

Je conclus à l'impression du discours et du projet de M. Brissot, et à l'ajournement de la discussion.

M. Aréna insiste pour que le décret d'accusation soit mis aux
voix. — On demande de nouveau que la discussion soit fermée.

M. *Guadet.* Lorsqu'il s'agit de porter un décret d'accusation, il
faut surtout se garantir de ces élans qu'excuse le patriotisme, mais
qui affligent la justice; c'est donc le langage de la raison froide
que je vais vous parler. Toutes les présomptions sont contre le
ministre : c'est lui qui est soupçonné d'avoir prolongé l'état alarmant dans lequel se trouve la France, d'avoir excité des ennemis
au dehors pour fomenter des troubles au dedans. Il n'a qu'un
seul moyen de faire éclater son innocence, c'est de paraître devant les juges. Je crois donc parler en faveur de M. Delessart
en demandant contre lui le décret d'accusation. (On applaudit
et on veut aller aux voix.)

M. *Vergniaud.* Je demande la parole pour ajouter un fait grave
à ceux de M. Brissot ; mais j'observe à l'assemblée que lorsqu'elle se prépare à faire un acte aussi solennel de justice, elle
doit s'abstenir de tout ce qui ressemble à la passion. M. Becquet
veut parler pour le ministre. Je demande qu'il soit entendu, et
je me réserve la parole pour lui répondre.

M. *Becquet.* Comme les premières règles de la morale m'ont
appris que l'innocence doit être présumée jusqu'à la conviction
du crime, ce n'est pas pour le ministre que je parle, mais
pour ce que je crois être son innocence. La base de l'accusation
portée contre lui repose sur une lettre écrite à M. Noailles, pour
être communiquée au prince Kaunitz. Quand je me rappelle que
lorsque le ministre lui-même en a fait lecture à l'assemblée, elle
a été interrompue par des applaudissemens, je me dis que nous
devons être défians. Si nous avons eu tort de l'applaudir, ne

pourrions-nous pas avoir tort aujourd'hui de le condamner. Le comité diplomatique, chargé d'examiner la dénonciation faite contre M. Delessart, ne s'est pas cru en état de prononcer.

M. Brissot. Tous les membres du comité ont déclaré qu'ils désapprouvaient le ministre.

MM. Jaucourt et Britche montent précipitamment à la tribune.

M. Jaucourt. Je dois à la vérité de dire que le comité diplomatique s'est occupé pendant plusieurs séances de l'examen de la conduite du ministre. Souvent il a eu des raisons de le soupçonner; mais il n'a pu acquérir de preuves. Il a pensé qu'il devait séparer tout ce qui est personnel au ministre de ce qui est relatif aux négociations. M. Brissot, qui a constamment refusé de communiquer au comité son accusation.....

M. Brissot. Ce n'est pas vrai.

M. Dumas. Que l'assemblée souffre enfin qu'on l'éclaire.....

Plusieurs membres parlent au milieu du tumulte dans diverses parties de la salle.

M. Mailhe. C'est la tactique de ceux qui défendent le ministre, de chercher à faire perdre de vue le véritable état de la question.....

M. Jaucourt. Je suis loin de vouloir éloigner l'attention de l'assemblée; je l'appelle au contraire sur un fait important. M. Brissot ayant fait un rapport qui n'a point été communiqué au comité, je demande que l'examen lui en soit renvoyé, et que l'assemblée fixe un jour où il lui en sera rendu compte, ne fût-ce que pour prouver que le comité diplomatique mérite sa confiance.

M. Mailhe. On ne cherche point à éclairer l'assemblée qui n'en a pas de besoin, mais, je le répète, à faire perdre de vue la question. On a demandé si quelqu'un voulait parler en faveur du ministre, et personne ne s'est levé. Il n'a pas trouvé dans cette assemblée un seul homme qui le crût innocent. Je ne vois donc pas ce qui pourrait nous empêcher d'aller aux voix.

On renouvelle à grands cris la demande de fermer la discussion.

MM. Vergniaud et Gensonné demandent la parole pour des faits.

L'assemblée décide que la discussion sera continuée.

M. Becquet. Je reprends mon opinion qui avait été interrompue. Il n'y a pas dans cette assemblée dix membres qui puissent récapituler par ordre les chefs d'accusation contenus dans le projet de M. Brissot. Le premier devoir du juré, c'est de méditer long-temps. Donnons à ceux qui exerceront cette auguste fonction, un grand exemple de calme et d'impartialité. M. Brissot a disséqué la lettre du ministre, et l'a présentée sous le point de vue le plus défavorable : je demande, pour la dignité de l'assemblée et la sûreté de nos consciences, le renvoi au comité et l'ajournement.

M. Vergniaud. On demande d'une part le renvoi au comité diplomatique, pour qu'il vous fasse un rapport; de l'autre, l'ajournement, pour que les membres de l'assemblée puissent s'éclairer sur les faits contenus dans la dénonciation de M. Brissot.

Sur le renvoi au comité diplomatique, j'observerai que lorsque l'assemblée nationale a formé des comités, ce n'est pas qu'elle ait pensé qu'il lui fût impossible de délibérer sans leurs rapports, mais pour faciliter ses travaux et s'en assurer la préparation. L'assemblée nationale est-elle suffisamment éclairée par l'opinion d'un membre de l'assemblée, alors le renvoi à un comité devient superflu, et ne peut aboutir qu'à une perte de temps.

Quant à l'ajournement, je demande si M. Brissot a argumenté de faits incertains et vagues. Dans ce cas, il faudrait ajourner pour acquérir, non des preuves, car vous savez que pour rendre un décret d'accusation, des présomptions vous suffisent (on applaudit); les preuves ne sont nécessaires que pour prononcer le jugement de condamnation; mais il faudra ajourner pour se procurer les présomptions dont on a besoin pour motiver le décret d'accusation; mais ce n'est pas là le cas où se

trouve l'assemblée nationale. M. Brissot a parlé d'après des pièces écrites; il a parlé d'après la négligence prouvée de M. Delessart à nous donner communication des pièces dont il importait au salut de la France que nous eussions connaissance. Il a
parlé de son refus obstiné de donner des communications prescrites par les décrets de l'assemblée nationale. Il a parlé surtout de la lettre confidentielle de M. Delessart; il n'est aucun
de nous dans le cœur duquel, par la perfidie et la lâcheté qui
la caractérisent, elle n'ait produit la plus vive indignation.

J'ajouterai un fait qui est échappé à la mémoire de M. Brissot.

Et ici ce n'est plus moi que vous allez entendre, c'est une voix
plaintive qui sort de l'épouvantable glacière d'Avignon. Elle vous
crie : Le décret de réunion du Comtat à la France a été rendu au
mois de septembre dernier; s'il nous eût été envoyé sur-le-champ,
peut-être qu'il nous eût apporté la paix et éteint nos funestes divisions.

» Peut-être que le moment où nous aurions connu légalement
notre réunion à la France, nous aurait tous réunis au même sentiment : peut-être qu'en devenant Français nous aurions abjuré
l'esprit de haine, et serions devenus tous frères; peut-être enfin
que nous n'aurions pas été victimes d'un massacre abominable,
et que notre sol n'eût pas été déshonoré par le plus atroce des
forfaits. Mais M. Delessart, alors ministre de l'intérieur, a gardé
pendant plus de deux mois ce décret dans son portefeuille; et
dans cet intervalle, nos dissensions ont continué; dans cet intervalle de nouveaux crimes ont souillé notre déplorable patrie;
c'est notre sang, ce sont nos cadavres mutilés qui demandent
vengeance contre votre ministre. (On applaudit à plusieurs reprises.)

Permettez-moi une réflexion. Lorsqu'on proposa à l'assemblée
constituante de décréter le despotisme de la religion chrétienne,
Mirabeau prononça ces paroles : « De cette tribune où je vous parle,
on aperçoit la fenêtre d'où la main d'un monarque français, armée
contre ses sujets par d'exécrables factieux qui mêlaient des intérêts personnels aux intérêts sacrés de la religion, tira l'arquebuse

qui fut le signal de la Saint-Barthélemi. »Et moi aussi je m'écrie: De cette tribune où je vous parle, on aperçoit le palais où des conseillers pervers égarent et trompent le roi que la Constitution nous a donné, forgent les fers dont ils veulent nous enchaîner, et préparent les manœuvres qui doivent nous livrer à la maison d'Autriche. Je vois les fenêtres du palais où l'on trame la contre-révolution, où l'on combine les moyens de nous replonger dans les horreurs de l'esclavage, après nous avoir fait passer par tous les désordres de l'anarchie, et par toutes les fureurs de la guerre civile. (La salle retentit d'applaudissemens.)

Le jour est arrivé, où vous pouvez mettre un terme à tant d'audace, à tant d'insolence, et confondre enfin les conspirateurs. L'épouvante et la terreur sont souvent sorties dans les temps antiques, et au nom du despotisme, de ce palais fameux. Qu'elles y rentrent aujourd'hui au nom de la loi. (Les applaudissemens redoublent et se prolongent.) Qu'elles y pénètrent tous les cœurs. Que tous ceux qui l'habitent sachent que notre Constitution n'accorde l'inviolabilité qu'au roi. Qu'ils sachent que la loi y atteindra sans distinction tous les coupables, et qu'il n'y sera pas une seule tête, convaincue d'être criminelle, qui puisse échapper à son glaive. Je demande qu'on mette aux voix le décret d'accusation.

M. Vergniaud descend de la tribune au milieu des plus vifs applaudissemens.

M. Vaublanc. Je dois à ma conscience de relever un seul fait; je le ferai sans réflexion. On a accusé le ministre de n'avoir point cherché à procurer à la France des alliés. Hier, le comité diplomatique a entendu une longue dépêche, qui prouve que le ministre s'occupe d'obtenir à la France un allié redoutable, qui est décidé en ce moment à rester neutre, quels que soient les événemens.

L'assemblée décide que la discussion est fermée.

On demande la question préalable sur le renvoi au comité, et l'ajournement du projet présenté par M. Brissot.

La question préalable est adoptée.

L'assemblée, consultée, rend, à une très-grande majorité, le décret d'accusation.]

— L'acte d'accusation fut présenté par Brissot, au nom du comité diplomatique, à la séance du 14. En voici la teneur :

Acte d'accusation contre Claude Delessart, ministre des affaires étrangères, prévenu d'avoir négligé et trahi ses devoirs, d'avoir compromis l'indépendance, la dignité, la sûreté et la constitution de la France.

1° En n'ayant pas donné connaissance à l'assemblée nationale des différens traités, conventions, circulaires, qui tendaient à prouver le concert formé dès le mois de juillet 1791, entre l'empereur et diverses puissances contre la France, et ayant au contraire inspiré de la sécurité à l'assemblée par les assurances sur les dispositions pacifiques de l'empereur.

2° En n'ayant pas pressé la cour de Vienne, dans l'intervalle du premier novembre au 21 janvier, de renoncer à la partie de ses traités qui blessât la souveraineté et la sûreté de la France.

3° En ayant dérobé à la connaissance de l'assemblée l'office de l'empereur, du 5 janvier 1792.

4° En n'ayant pas, dans sa note confidentielle du 21 janvier 1792, enjoint à l'ambassadeur de France de remontrer à l'empereur combien le concert de ces puissances était contraire à la souveraineté et à la sûreté de la France, et d'en demander formellement la rupture.

5° En ayant communiqué au ministre autrichien, par la note confidentielle écrite à M. Noailles, des détails faux ou dangereux sur la situation de la France, propres à provoquer plus tôt ce concert des puissances étrangères contre la France, et à compromettre ses intérêts.

6° En ayant avancé une doctrine inconstitutionnelle et dangereuse sur l'époque qui a précédé l'acceptation de la royauté constitutionnelle.

7° En ayant demandé, dans sa note du 21 janvier, d'une manière indigne d'un ministre de la nation française, la paix et la continuation de l'alliance avec une maison qui outrageait la France; en ayant, sur cette alliance, fait des aveux contraires à la dignité et aux intérêts de la nation.

8° En ayant trompé l'assemblée nationale, dans le message du roi, du 29 janvier, à l'assemblée nationale, lorsqu'il a assuré qu'il s'était conformé, depuis plus de quinze jours, aux bases de l'invitation du 25 janvier, tandis qu'il avait suivi des dispositions précisément contraires.

9° En ayant porté tant de lenteur dans la demande des déclarations sur ce concert, que la France s'est trouvée, au mois de mars 1792, précisément au même état d'incertitude où elle était en décembre, et en ayant donné aux puissances étrangères le temps de consolider leur concert, de faire des préparatifs de guerre, de fortifier leurs places, de faire marcher des troupes.

10° En ayant trahi la confiance du roi, en l'ayant, par sa conduite et par le langage qu'il a tenu en son nom, exposé au soupçon d'avoir voulu favoriser le concert des puissances étrangères, et contribué ainsi à aliéner de lui la confiance publique.

11° En n'ayant pas pris et continué les mesures nécessaires pour dissiper, d'une manière réelle et efficace, les rassemblemens des émigrés, les priver de leurs moyens hostiles et de leurs approvisionnemens.

12° En n'ayant pas instruit l'assemblée nationale du concert coupable qui existait entre plusieurs envoyés de France dans les pays étrangers et les émigrés, et en ne s'étant pas pressé de rappeler ces chargés d'affaires.

13° En n'ayant pris aucune mesure efficace, digne de la nation française, pour faire respecter et venger les Français qui ont été outragés, emprisonnés, dépouillés de leurs biens, et même exécutés dans différens pays étrangers, en Espagne, en Portugal, à Florence et dans les Pays-Bas; en n'ayant pris aucune mesure pour faire respecter le pavillon national dans tous les pays où il a été outragé, comme en Portugal et en Hollande; en n'ayant pas provoqué l'assemblée nationale à prendre des mesures vigoureuses sur ces divers outrages, en ne lui ayant pas même communiqué les faits y relatifs.

14° En ayant négligé les intérêts de la France dans ses relations extérieures avec la Porte, la Pologne et l'Angleterre.

15° En ayant refusé d'obéir aux décrets de l'assemblée nationale, qui lui enjoignent de communiquer les pièces de sa correspondance qui pouvaient être relatives à la conjuration des émigrés, et d'indiquer les agens du pouvoir exécutif qui pouvaient y tremper.

16° En ayant, comme ministre de l'intérieur, différé pendant plus d'un mois d'expédier officiellement le décret relatif aux troubles d'Avignon, et en ayant par-là contribué à la continuation de ces troubles.

L'assemblée nationale a, dans sa séance du 10 mars, décrété qu'il y avait lieu à accusation contre Claude Delessart, et en conséquence accuse, par le présent acte, devant la Cour nationale, Claude Delessart, ministre des affaires étrangères, comme prévenu d'avoir négligé et trahi ses devoirs, compromis l'indépendance, la dignité, la sûreté et la Constitution de la nation française.]

La motion faite par Charlier, dans la séance du 10, à l'égard de Narbonne, fut généralisée et adoptée. L'assemblée décréta qu'aucun ministre démissionnaire, depuis l'acceptation de la Constitution, ne pourrait quitter Paris avant d'avoir rendu ses comptes. — Le 12 au soir, Narbonne communiqua par écrit l'état des paiemens qu'il avait ordonnés pendant son ministère.

A la séance du 13, Duport-Dutertre fut admis à réfuter les griefs présentés la veille contre lui par Guadet et Lacroix. L'assemblée renvoya ses réponses au comité de législation. Le rapport définitif sur la conduite de ce ministre n'arrivera que longtemps après sa sortie de fonctions. Le 5 juin, il sera décrété que, non-seulement il n'y a pas lieu à l'accuser, mais pas même à l'improuver.

Composition d'un nouveau ministère. « Dans l'instant où presque tout le ministère est ou va devenir vacant, les prétendans se

montrent en assez grand nombre, et cela doit être, la Cour étant
divisée en plusieurs partis.

» Pour les affaires étrangères, les uns ne veulent point qu'on
remplace M. Delessart, parce qu'ils imaginent que le tribunal voudra bien renvoyer le ministre sous quinzaine. Le comité autrichien
y porte, dit-on, M. Bigot-Sainte-Croix. Les hommes qui veulent
de la vigueur, des lumières et du patriotisme, désireraient y voir
M. Dumouriez.— Le plus fortuné sera peut-être l'abbé Louis!!!

» On assure que la marine doit-être dirigée par *M. Brasseur*,
premier commis de M. Bertrand : ce serait un pont assez commode, jusqu'au moment où la contre-révolution *ramènera* dans
le ministère M. Bertrand et *son honneur*; les patriotes qui veulent
enfin voir réorganiser la marine, y appellent M. Kersaint ou
M. Lacoste. » (*Patriote Français* du 14.)

» On assure que le patriote Dumouriez est nommé ministre
des affaires étrangères. Jamais ministre ne se trouva dans des
circonstances aussi favorables au développement de ses talens et
de ses vertus civiques. M. Dumouriez n'oubliera pas sans doute
qu'il est cher aux patriotes, et il ne s'en souviendra que pour
penser qu'ils seront pour lui des juges d'autant plus sévères, que
leurs vœux l'appelaient à la place qu'il va occuper; et il se souviendra que la rigueur de la responsabilité à laquelle il va être
soumis, sera en raison du patriotisme qu'il a montré.

» M. Lacoste succède à M. Bertrand. M. Lacoste, dans sa mission à la Martinique, a lutté avec courage contre le contre-révolutionnaire Béhague ; il va être entouré d'ennemis plus dangereux; puisse-t-il déployer la même vigueur et la même intégrité !

» Les ennemis du bien public on fait courir le bruit, aujourd'hui, que le roi avait abdiqué, et que la reine allait être dénoncée. — On ne veut que diviser et troubler; la ruse est trop
grossière. » (*Patriote Français* du 16.)

« On assure que M. Duport a donné sa démission. On ne
nomme pas encore son successeur. M. Diétrich paraît remplacer
M. Cahier. » (*Patriote Français* du 17.)

Le 19 mars, le nouveau ministre des affaires étrangères vint assister à la séance des Jacobins. Indépendamment de la profession de foi de Dumouriez et de la discussion qui s'en suivit, cette séance est encore intéressante par la lettre de Pétion sur les bonnets rouges. Robespierre y traita aussi la même question. L'avis de ces deux hommes prévalut ce jour-là d'une manière si subite et si absolue, qu'on regardait la mode du bonnet rouge comme anéantie pour toujours. Nous transcrivons tout entière la séance dont il s'agit.

Séance des jacobins du 19 mars. — « En l'absence de M. Mailhe, M. Doppet, secrétaire, occupe le fauteuil. Après la lecture du procès-verbal de la dernière séance, un citoyen, dont la mise annonce la plus grande pauvreté, vient remettre au bureau un portefeuille qu'il vient de trouver à la porte, et que l'on reconnaît, par la carte qu'il contient, appartenir à un membre de la société. Après plusieurs motions, toutes tendantes à témoigner à ce citoyen l'approbation que la société donne à sa conduite, on se fixe à celle de M. Santerre: une contribution volontaire dont le produit sera employé à lui procurer sur-le-champ de meilleurs vêtemens.

» M. Réal fait lecture de l'extrait de la correspondance. Pendant cette lecture, quelques applaudissemens étouffés aussitôt ont fait remarquer M. Dumouriez, ministre des affaires étrangères, entrant dans la salle; il a été s'inscrire pour prendre la parole après M. Réal.

» Il monte à la tribune, et se conforme à l'usage adopté depuis quelques jours par les orateurs de la société: il se coiffe du bonnet rouge. Cette action excite les plus vifs applaudissemens de toutes les parties de la salle.

· *M. Dumouriez.* « Frères et amis, tous les momens de ma vie vont être consacrés à remplir la volonté de la nation, et le choix du roi constitutionnel. Je porterai dans les négociations toutes les forces d'un peuple libre, et ces négociations produiront sous peu une paix solide ou une guerre décisive (applaudi); et, dans ce dernier cas, je briserai ma plume politique, et je prendrai mon rang dans l'armée pour venir triompher ou mourir libre

avec mes frères. J'ai un fort grand fardeau et très-difficile à
soutenir. Mes frères, j'ai besoin de conseils : vous me les ferez
passer par vos journaux. Je vous prie de me dire la vérité, les
vérités les plus dures ; mais repoussez la calomnie et ne rebutez
pas un zélé citoyen que vous avez toujours connu tel. » (Applaudissemens universels.)

M. le président. « Des nuages obscurcissaient notre horizon
politique ; mais la liberté a porté ses rayons lumineux jusque
dans les antres où l'intrigue tramait ses manœuvres funestes. En
vous voyant à la tête du département qui traite de nos relations
avec les autres peuples, la nation française se flatte d'avance que
les temps où on voulut l'humilier sont passés. Homme libre, ministre nommé dans un instant où il s'agit de montrer à l'univers
trompé la sublimité de notre Constitution, le peuple français
compte sur un frère aussi plein de talens et de civisme que vous
l'étés, pour faire reconnaître la souveraineté du peuple : la société
se félicite de vous voir dans son sein, et se fera toujours gloire
de vous compter parmi ses membres. »

« L'impression du discours du ministre, et la réponse du président, est demandée avec énergie. M. Legendre demande à parler contre l'impression. Il a peine à obtenir la parole, et lorsque,
pour raison de s'opposer à cette mesure, il objecte la dépense
qu'elle occasionerait, des cris horribles partent (toujours du côté
de la porte), l'empêchent de motiver cette opinion, et il descend
de la tribune. »

M. Collot-d'Herbois. « J'avais demandé la parole pour une réflexion bien simple. J'applaudis de tout mon cœur aux sentimens
énoncés par le ministre et à la réponse de M. le président ; mais
je dis à M. le président qu'il n'y avait pas de réponse à faire. Ou
le ministre est monté à la tribune comme membre de la société,
ou il y est monté comme un individu étranger. Si c'est comme
membre, car je crois que le ministre s'honorera toujours d'être
membre de cette société, il n'y avait rien à lui répondre. Certes
la chose publique serait dans une situation bien alarmante, s'il
fallait répondre à tous ceux qui parlent à cette tribune avec quel-

que patriotisme. — Si c'est à un ministre que l'on a répondu, un ministre ne doit pas venir ici pour s'entendre dire qu'on se fera gloire de le compter au nombre de la société. Dans tout ce qu'a fait le ministre, ou plutôt dans ce qu'a dit M. Dumouriez, il a agi comme tout membre de la société doit agir, il s'est mis au niveau de vos opinions. Il n'y avait qu'une réponse à faire, et lui-même devait se la faire : « J'agirai comme j'ai » parlé. » Pour moi je l'espère. »

« M. Dumouriez lève la main. »

M. Robespierre. « S'il n'avait été question que de la première demande à laquelle a donné lieu le discours de M. Dumouriez et la réponse de M. le président, je n'aurais point élevé la voix. Maintenant ce sont les principes de la société qui se trouvent en cause. Je ne suis point de ceux qui croient qu'il est absolument impossible qu'un ministre soit patriote, et même j'accepte avec plaisir les présages heureux que nous offre M. Dumouriez. Quand il aura rempli ces présages, quand il aura dissipé les ennemis armés contre nous par ses prédécesseurs, et les conjurés qui dirigent notre gouvernement, malgré l'expulsion de quelques ministres, alors, seulement alors, je serai disposé à lui décerner tous les éloges dont il sera digne ; alors néanmoins je ne penserai point qu'un bon citoyen de cette société ne soit pas son égal, et que tout membre qui montera à cette tribune pour s'élever contre l'impression du discours d'un ministre quel qu'il soit, puisse être réduit à la quitter par des cris et des clameurs confuses. C'est par amour pour la liberté, c'est par respect pour les droits du peuple, qui seul est grand, qui seul est respectable à mes yeux , et devant lequel s'évanouissent les hochets des puissances ministérielles, que je rappelle la société à ses principes. C'est pour la société, c'est pour le ministre même, que je demande que l'on n'annonce pas à son arrivée la décadence de l'esprit public. Que des ministres viennent ici pour unir leurs efforts à ceux de tous les bons citoyens qui composent cette société, qu'ils viennent demander des conseils , qu'ils en reçoivent et qu'ils les pratiquent, qu'ils méritent l'amour de la nation; c'est à ces conditions seulement que leur présence peut être utile dans cette société, et s'il faut des conseils aux ministres, je promets pour ma part de leur en donner qui seront avantageux et pour eux et pour la chose publique.

» J'ai rempli mon objet, puisque ces principes sont gravés dans les cœurs de tous les membres de cette société, puisque rien ne pourra jamais en altérer la pureté. Aussi long-temps que M. Dumouriez par des preuves éclatantes de patriotisme et surtout par des services réels rendus à la patrie, prouvera qu'il est le frère des bons citoyens et le zélé défenseur du peuple, il ne trouvera parmi nous que des appuis.

» Je ne redoute pour cette société la présence d'aucun ministre, mais je déclare qu'à l'instant où un fonctionnaire semblable y aurait plus d'influence qu'un bon citoyen qui s'est constamment distingué par son patriotisme, il nuirait à la société, et je jure au nom de la liberté qu'il n'en sera jamais ainsi. Cette société sera toujours l'effroi de la tyrannie et l'appui de la liberté. »

— « M. Dumourier se précipite dans les bras de M. Robespierre. La société et les tribunes regardant ces embrassemens comme le présage de l'accord du ministre avec l'amour du peuple, accompagnent ce spectacle des plus vifs applaudissemens. »

M. Réal. « En approuvant de tout mon cœur les excellentes raisons qu'a données M. Collot-d'Herbois, pour prouver qu'il ne devait point être fait de réponse à M. Dumouriez, je pense qu'il faut ordonner l'impression du discours du ministre; voici mes motifs : J'ai toujours vu les ministres promettre beaucoup et tenir peu. Si jamais M. Dumouriez manquait à son devoir, je n'aurais alors qu'une réponse à lui faire : ce serait de lui envoyer chaque fois un exemplaire du discours qu'il a prononcé parmi nous. »

— « M. Doppet, le bonnet rouge sur la tête, lit une lettre que M. Pétion adresse à la société pour lui présenter quelques réflexions sur cette nouvelle mode. Au milieu de la lecture de cette lettre, le bonnet de M. le président était rentré dans sa poche, et à la fin de la lettre il n'en restait plus dans la salle. »

— Le journal des Jacobins ne donne point le texte de la lettre de Pétion. Nous empruntons cette pièce à la *Mairie de Pétion*, page 75.

« FRÈRES ET AMIS,

» Permettez-moi de vous faire part de quelques observation. sur un objet qui me paraît important.

» Je n'ai pas besoin de vous dire que j'aime, que je respecte autant que personne, tous les emblêmes qui retracent les idées de liberté et d'égalité ; mais je doute que la décoration nouvelle atteigne le véritable but que le patriotisme se propose. A portée d'observer la marche de l'esprit public, voici ce que j'ai recueilli.

» La pureté de vos principes, la fermeté inébranlable de votre conduite, vous ramenaient d'une manière sensible une multitude de citoyens honnêtes, mais trompés. La société prenait cet ascendant que donnent tôt ou tard la raison et la justice. Eh bien ! le signe que vous arborez effarouche les esprits, les éloigne de vous, et sert de prétexte à la malignité de vos détracteurs.

» Un grand nombre d'excellens citoyens, d'amis sincères de la liberté, désirent que les défenseurs des droits de l'homme et de la Constitution, prennent l'attitude fière qui leur convient, mettent dans toutes leurs démarches, dans toutes leurs actions, de la dignité et de la grandeur. Vous trouverez sans doute vous-mêmes que la liberté est quelque chose d'assez sérieux, que les circonstances qui nous environnent sont assez graves, pour nous prescrire une marche tout à la fois courageuse et imposante.

» Le but des ennemis de la Constitution est de nous faire perdre ce grand caractère, cette énergie calme, si nécessaire à un peuple qui veut conserver sa liberté, en cherchant à vous distraire par des objets inutiles et frivoles. Ils voudraient bien nous faire paraître légers, pour nous persuader que la nature nous a condamnés à toujours l'être. Ils voudraient bien présenter les sociétés patriotiques comme un parti, comme une faction ; et ne serait-ce pas en quelque sorte les seconder que de séparer par des signes extérieurs les citoyens qu'il faut rallier aux mêmes principes et à l'intérêt général ? Quelque vogue que ces signes puissent avoir, ils ne seront jamais adoptés par tous les patriotes ; et tel homme passionné pour le bien public, sera très-indifférent pour un bonnet rouge. Sous cette forme, la liberté ne paraît ni plus belle, ni plus majestueuse : une telle forme n'ajoutera rien à l'amour naturel que le Français a pour la Constitution. Le peuple, beaucoup plus sérieux, beaucoup plus raisonnable qu'on ne pense vulgairement, ne se contente plus des images stériles de la liberté ; il veut la liberté même. Il ne veut plus de hochets, mais des lois sages et des institutions bienfaisantes.

» Je termine par des réflexions qui fixeront sans doute votre attention. Si le torrent de la mode nouvelle n'est arrêté, qu'arrivera-t-il ? Les hommes qui paraîtront en public avec des bonnets rouges, seront désignés sous le nom de jacobins ; les ennemis de cette société seront les premiers à prendre ce costume pour là compromettre ; ils exciteront du trouble, des désordres, et on les imputera à la société.

» Nous avons le bonheur d'avoir un signe général consacré par l'opinion. Les ennemis de la liberté n'osent pas en prendre un différent ; n'y aurait-il pas dès-lors une souveraine imprudence à donner l'exemple d'un signe nouveau ? Bientôt vous verriez des bonnets verts, des bonnets blancs ; que ces bonnets de couleurs diverses se rencontrent, alors une guerre ridicule et sanglante s'engage ; l'ordre public est troublé, la paix intérieure est altérée, et peut-être la liberté compromise.

» J'abandonne ces idées à votre méditation, et avec d'autant plus de confiance, que si elles ne vous paraissent pas fondées, mes intentions vous paraîtront toujours pures et fraternelles. »

Signé, PÉTION.

Après la lecture de cette lettre, Robespierre monta à la tribune.

M. Robespierre. « Je respecte, comme le maire de Paris, tout ce qui est l'image de la liberté ; mais nous avons un signe qui nous rappelle sans cesse le serment de vivre libres ou de mourir, et ce signe, le voilà ! (Il montre sa cocarde.) En déposant le bonnet rouge, les citoyens qui l'avaient pris par un patriotisme louable, ne perdront rien. Les amis de la liberté continueront à se reconnaître sans peine au même langage, au signe de la raison et de la vertu, tandis que tous les autres emblêmes peuvent être adoptés par les aristocrates et les traîtres.

» Il faut, dit-on, employer de nouveaux moyens pour ranimer le peuple. Non, car il a conservé le sentiment le plus profond de la patrie. C'est lui qui attend constamment le jour du bonheur commun, retardé par les perfides intrigues de ceux qui ont voulu le mettre dans les fers. Le peuple n'a pas besoin d'être excité, il faut seulement qu'il soit bien défendu. C'est le dégrader que de croire qu'il est sensible à des marques extérieures. Elles ne pourraient que le détourner de l'attention qu'il donne aux principes de liberté et aux actes des mandataires auxquels il a confié sa destinée.

» Je vous rappelle, au nom de la France, à l'étendard qui seul en imposé à ses ennemis, le seul qui puisse rallier à vous tous ceux que l'intrigue a trompés. Ils voudraient, vos ennemis, vous faire oublier votre dignité, pour vous montrer comme des hommes frivoles et livrés à un esprit de faction. Vous devez donc vous décider à ne conserver que la cocarde et le drapeau, sous les auspices desquels est née la Constitution. — J'appuie les propositions de M. Pétion, et je demande que la société ordonne l'impression et l'envoi de sa lettre à toutes les sociétés affiliées, comme exprimant nos vrais principes. »

— « La société adopte cette proposition, en y ajoutant que M. Tallien sera invité à en faire le sujet d'une de ses affiches. »

(*Journal des Débats des Jacobins*, numéro du 21.)

Tous les journaux parlèrent de cette séance. Nous lisons dans le *Moniteur* du 23 :

[Dans les premiers jours de la semaine dernière, l'usage du *bonnet rouge* s'était introduit parmi les membres de la société des amis de la Constitution. Le président, les secrétaires; les orateurs à la tribune, en étaient coiffés. Ce signe éclatant de l'égalité se répandait déjà dans les promenades et aux spectacles ; mardi 20, au Théâtre-Français, ou de la Nation, après la représentation de la *Mort de César*, on apporta sur la scène le buste de Voltaire, on lui mit sur la tête le *bonnet rouge*, et il resta exposé ainsi aux yeux des spectateurs pendant l'entr'acte et la seconde pièce ; mais une lettre de M. Pétion, lue à la société, le lundi 19 de ce mois, et dans laquelle il prouvait non-seulement l'inutilité, mais le danger de cette innovation, l'a fait disparaître en un instant. Tel est le pouvoir de la confiance en un magistrat estimé et chéri, qu'avant la fin même de la lecture de sa lettre, tous les bonnets étaient rentrés dans la poche de ceux des membres de la société qui avaient été les plus empressés à le porter. M. Dumouriez, ministre des affaires étrangères, et M. Degrave, ministre de la guerre, assistaient à cette séance.]

Carra, qui disait, le jour même, dans les *Annales patriotiques* (« hier dimanche, des milliers de patriotes se sont promenés dans les rues, dans les jardins publics et dans celui des Tuileries, avec le bonnet de la liberté et de l'égalité sur la tête. Les bonnets et les piques, cet appareil imposant sera utile à nos ennemis mêmes, s'il peut les rendre assez sages pour se soumettre enfin à la volonté générale. »), disait le lendemain : « La lettre du vertueux Pétion, le discours de M. Robespierre et l'arrêté des amis de la Constitution, supprimant le bonnet rouge, seront imprimés et envoyés à toutes les sociétés correspondantes. »

Brissot (*Patriote Français* du 21) rend compte de la séance des Jacobins, de manière à nous rappeler son article sur le philosophe Pigott et son apologie du bonnet. « Depuis quelques jours plusieurs patriotes avaient paru avec des bonnets rouges. Cette coiffure symbolique, outre qu'elle rappelait une idée bien chère, celle de la liberté, leur plaisait encore, parce que, abandonnée jusqu'ici à la partie la moins fortunée du peuple, et adoptée ensuite par des patriotes de tout état et de toute fortune, elle semblait détruire la plus injuste, la plus avilissante des aristocraties, celle des richesses. Ce que n'ont pu, ni les plaisanteries fades des bouffons aristocrates, ni les graves raisonnemens des philosophes ministériels, une simple lettre de M. Pétion aux Jacobins, et quelques observations de M. Robespierre, l'ont opéré. Ces deux patriotes ont fait sentir qu'il y aurait quelque inconvénient à adopter un nouveau signe de patriotisme ; ils ont pensé que la cocarde nationale, et la devise *Vivre libre ou mourir*, devaient suffire aux amis de la Constitution. Ces réflexions ont été vivement applaudies, et la société a invité ses membres à s'abstenir de porter le bonnet rouge en public.

. » Tandis que la froide raison proscrivait ainsi le bonnet rouge aux Jacobins, l'ardent enthousiasme le faisait triompher au Théâtre de la Nation ; on donnait la *Mort de César*. Le délire le plus touchant transportait toutes les ames. Après la représentation, le buste de Voltaire a été couronné du bonnet rouge ; c'est sans doute la plus glorieuse de ses couronnes. »

Du mercredi 21 mars. — » Point encore de ministre nommé. — On parle de M. Clavière pour les contributions publiques ; de MM. Diétrich, Rolland de Laplatrière, Collot-d'Herbois, pour les affaires intérieures. Quant à la justice, on cite M. Garnier, avocat et auteur d'ouvrages féodaux ; Abrial, commissaire du roi ; Loyseau, Chauveau, etc. — Quel que soit le choix, il paraît que le ministère actuel ne veut pour collègues que de vrais patriotes. Nous devons donc tout espérer. » (*Patriote Français du 22.*)

Vendredi 23. — » Le roi a nommé M. Clavière au ministère des contributions publiques, et M. Rolland de Laplatrière à celui de l'intérieur. Les noms de ces deux ministres doivent faire concevoir les plus heureux augures pour la restauration de la prospérité et pour le maintien du gouvernement populaire. Ce sont deux fervens Jacobins qui, tous deux, réunissent lumières, activité, patriotisme et caractère bien prononcé. — Il ne faut pas confondre M. Rolland-Laplatrière avec M. Laplatrière, auteur d'une galerie de grands hommes. Le premier est un officier municipal de Lyon, écrivain connu par des ouvrages intéressans, ingénieux et utiles, et entre autres, par le dictionnaire des arts et métiers de l'encyclopédie. Il a depuis long-temps fait

ses preuves de patriotisme, et ce journal en a cité quelques-unes.
Il a été employé pendant plus de trois ans dans l'inspection des
manufactures, et à voyager dans les états étrangers, de sorte
que les détails de ce qui contribue à la prospérité des empires
lui sont très-familiers.' — Les patriotes doivent espérer que ces
deux ministres suivront invariablement la ligne de la liberté, et
qu'il sauront quitter le ministère au moment où il faudra s'en
écarter; différens de ces hypocrites qui ne singent le patriotisme
que pour parvenir et rester dans leurs places malgré le peuple. »
(*Patriote Français du 24.*)

Nous avons pris dans le journal de Brissot le bulletin des can-
didatures ministérielles, parce qu'elles appartenaient toutes à
son parti. Le nom seul de Collot-d'Herbois 'devrait peut-être
en être excepté, quoique, à cette époque; Collot fut plus rapproché des Brissotins que des Robespierristes. Il était l'un des rédacteurs de la chronique du mois; son almanach du père Gérard
lui avait attiré de nombreux éloges de la part de toutes les notabilités girondines, et il s'y était montré sensible à l'excès. On
se rappelle les complimens que lui adresse Louvet,'en lui accordant une dispense spéciale de l'obligation que s'imposèrent les
Jacobins, relativement au sucre et au café. De plus, Collot avait
embrassé l'opinion de la guerre d'attaque.

Maintenant que les nouveaux ministres étaient nommés, les
Montagnards faisaient remarquer dans le club et dans leurs journaux, combien avait frappé juste cette allusion de Robespierre
discutant contre Brissot, au moment où son parti battait en ruines l'ancien cabinet : « Pour moi, avait-il dit, qui ne spécule le
ministère, ni pour moi ni pour mes amis, etc. » — Nous avons
transcrit ailleurs ce discours. Au reste, l'influence de Brissot sur
la composition du cabinet de mars 1792, est si peu douteuse,
que nous allons bientôt la voir disposer de toutes les places et
distribuer toutes les faveurs. Il faudra, comme titre de recommandation à un emploi quelconque, avoir écrit ou parlé contre
Robespierre. Les charges lucratives seront partagées entre ceux
qui auront péroré aux Jacobins pour la guerre d'attaque. De ce

nombre sera Chépy fils qui écrivait ainsi à Dumourier dans le
Patriote Français du 18.

« P. Chépy à.,... *Dumourier*, *ministre des affaires étrangères*.
Vous avez lu dans le temps, à la Tribune des Jacobins, un excellent plan d'organisation pour le corps diplomatique. Le choix
du roi vous met dans l'heureuse possibilité de réduire votre
théorie en pratique. — Je vous somme de le faire. » L'auteur de
cette lettre eut une des meilleures parts dans les promotions
nouvelles. *La Tribune des Patriotes* nous fournira de curieux
détails le mois prochain ; Desmoulins y appelle Brissot, *Le Père
Joseph* de Dumourier.

La chronique du mois célèbre avec une emphase particulière
à N. Bonneville, les œuvres et le triomphe des Girondins. Dans
son compte rendu des séances de l'assemblée, il dit, au sujet
de l'acte d'accusation contre Delessart : « O QUATORZE, *ô grand
jour !* Dies sortium ! LE SERMENT-GUADET (14 janvier), et le DÉ-
CRET BRISSOT (14 mars), sont d'éternels monumens qui déposent
contre une poignée de calomniateurs et de petits tyrans qui seraient vraiment à craindre s'ils avaient le courage de Claudius
et de Catilina, comme ils en ont les mœurs impures et la soif
sanguinaire. » Son article sur la séance du 25 mars renferme
ces mots à l'adresse de l'auteur de Faublas : « Jean-Baptiste
Louvet, dont le talent finira par couvrir d'opprobre les saltim-
banques de la révolution, qui se croient des hommes importans
pour avoir dansé quelques instans sur la corde lâché, conjure
l'assemblée de porter un décret efficace qui assure la propriété
des auteurs. » Il résume ainsi les discours prononcés le 26
dans l'assemblée, par Dumouriez et ses collègues : « Les nouveaux ministres se déclarent, *les hommes du peuple*, les défenseurs de ses droits, et toujours dévoués *à la majorité* de l'assemblée nationale : que le souvenir de ces applaudissemens sinistres
que vous avez reçus en ce beau jour, ministres du peuple, vous
préserve à jamais de l'air empoisonné que la cour exhale ! Craignez les rois, ne soyez jamais sans alarmes ; l'ombre du trône
est vraiment l'ombre du *Bohon-Upas !* »

Le *Journal de Prudhomme* s'exprime bien différemment sur cette même séance. Il commente l'un après l'autre les discours des ministres, et trouve chez tous beaucoup plus à blâmer qu'à louer. Il attache cette note à son examen de celui de Rolland : « M. Rolland occupait, avant sa promotion, un petit appartement garni, rue Guénégaud. Le jour où il apprit qu'il était ministre de l'intérieur, madame Rolland descendit au premier, apparemment pour y recevoir ses visites; car on assure qu'elle n'a pas donné congé du troisième. » (*Révolution de Paris*, n° 142.)

Nous terminerons le chapitre du mouvement ministériel par la lettre de Louis XVI à l'assemblée nationale. En lui annonçant ses nouveaux choix, le roi dit explicitement qu'ils lui sont imposés, et il confirme ainsi aux yeux de l'Europe, par une démarche authentique, ce qui avait été jusqu'à ce jour l'objet de sa diplomatie secrète. Il se plaint avec beaucoup d'amertume de l'opposition qu'il est enfin obligé de subir, et déclare aussi littéralement que possible qu'il n'a plus ni liberté ni volonté. Nous placerons à la suite de la lettre du roi, la liste complète des nouveaux ministres.

Paris, 24 mars. J'ai l'honneur de vous envoyer, M. le président, une lettre que le roi m'a chargé de vous faire passer.

Signé DEGRAVE.

Paris 24 mars. Je vous envoie, M. le président, une note dont je vous prie de faire part à l'assemblée. *Signé* LOUIS.

» Profondément touché des désordres qui affligent la France, et du devoir que m'impose la Constitution de veiller au maintien de l'ordre et de la tranquillité publique, je n'ai cessé d'employer tous les moyens qu'elle met en mon pouvoir pour faire exécuter les lois. J'avais choisi pour mes premiers agens des hommes que l'honnêteté de leurs principes et de leur opinion rendait recommandables. Ils ont quitté le ministère; j'ai cru devoir les remplacer par des hommes accrédités par leurs opinions populaires. Vous m'avez si souvent répété que ce parti était le

seul moyen de parvenir au rétablissement de l'ordre et à l'exécution des lois, j'ai cru devoir m'y livrer, afin qu'il ne reste
plus de prétexte à la malveillance de douter de mon désir sincère de concourir à la prospérité et au bonheur de mon pays.
J'ai nommé au ministère des contributions M. Clavière, et au
ministère de l'intérieur M. Rolland. La personne que j'avais
choisie pour ministre de la justice m'ayant demandé de faire un
autre choix, lorsque je l'aurai fait, j'aurai soin d'en informer
l'assemblée nationale. » *Signé* Louis.

Nouveau ministère. MM. Dumouriez, aux affaires étrangères.
— Rolland, à l'intérieur. — Duranton, à la justice; (ce dernier ne fut nommé que le 14 avril; Rolland occupa par intérieur
ce portefeuille.) — Degrave, à la guerre. — Lacoste, à la marine. — Clavière, aux contributions.

Le dernier fait important, relatif à l'histoire de l'ancien ministère pendant le mois de mars, concerne Narbonne. Dans sa
séance du 31, l'assemblée reçut une dénonciation, signée Dubois-
Crancé, et certifiée véritable par le prince de Hesse, commandant la dixième division, contre la municipalité de Perpignan et
les administrateurs du département des Pyrénées-Orientales,
ayant pour objet le dénûment des moyens de défense dans lequel
le ministre Narbonne avait laissé les départemens méridionaux.
Hua et Dumas demandèrent que les pièces fussent communiquées
aux ministres. Mailhe et Goupillau voulaient qu'il fût mandé à
la barre. Quinette et Fauchet firent arrêter un prompt rapport
des comités. Duhem demanda qu'en attendant Narbonne fût
gardé à vue. (Applaudissemens des tribunes, et murmures de
l'assemblée qui ne prend pas de décision.)

— Voici les seuls actes diplomatiques que nous ayons à
ajouter à ceux plus haut mentionnés. « *Séance du 27.* M. Ramond a présenté un assez bon rapport et un très-mauvais projet
de décret sur notre situation à l'égard de l'Espagne. Il a développé l'ingratitude et la perfidie de ce gouvernement despotique,
ses démarches hostiles, les persécutions qu'il a fait essuyer à

une foule de citoyens français ; aussi a-t-il été vivement applaudi lorsqu'il a appelé notre attention et notre vengeance sur ces outrages. Mais le projet de décret a présenté précisément. le revers du rapport ;. la mollesse y a succédé à l'énergie : on y sollicite l'exécution du pacte de famille, comme s'il n'était pas impolitique, dangereux, inconstitutionnel... L'assemblée a ordonné l'impression et l'ajournement. » (*Patriote Français* du 28.)

A la séance du 29, Dumouriez vint communiquer des dépêches de Vienne, en date du 17 mars ; elles contenaient une lettre de l'ambassadeur français, et une réplique de Kaunitz à la réponse faite par Delessart au dernier office de Léopold. Le ministre autrichien y disait que la mort de l'empereur n'avait rien changé aux intentions de son cabinet ; il déclarait qu'il ne serait apporté aucun retard aux préparatifs et aux marches de troupes que nécessitaient les armemens de la France et les menées du parti jacobin dans les provinces de la Belgique ; il déclarait que les. princes confédérés ne pouvaient renoncer. à leur concert sur les affaires de France, tant que dureraient les circonstances qui l'avaient occasioné ; il se flattait que la partie principale et saine du royaume adhérerait à ce concours dont l'objet était d'assurer le salut de la monarchie française. Après cette lecture, l'assemblée passa immédiatement à l'ordre du jour.

PROVINCES.

« A l'ouverture de la séance du 3, une foule de membres se lèvent pour attester l'ardeur avec laquelle on s'enrôle de toutes parts pour aller aux frontières. Parmi les départemens et les villes qui se distinguent, on cite les départemens de Mayenne et Loire, de Lot-et-Garonne, les villes de Puy et de Lille. Le 4, on annonce que la Loire-Inférieure fournira 2,000 hommes, et que les femmes veulent se charger de la défense des villes.

» *Même séance.* Les officiers municipaux de Dunkerque écrivent que toutes les précautions prises, soit pour empêcher le débarquement des grains à l'étranger, soit pour persuader au peuple qu'ils ne sont réellement destinés qu'à l'approvisionne- ment des départemens du Midi, n'empêchent pas que de nou- veaux rassemblemens ne menacent la tranquillité publique ; que les chefs des troupes de ligne ne répondent plus des soldats ; que les propriétaires prennent la fuite; qu'on menace ouverte- ment d'incendier le port, etc.; ils sollicitent la présence de com- missaires envoyés du sein de l'assemblée nationale pour être témoins de leur conduite. Il sera fait un rapport sur cet objet. »

Même séance. « On apprend la nouvelle d'une émeute à Étam- pes, dans laquelle a été massacré le maire de cette ville. — Nous empruntons au *Moniteur* du 9 mars, les détails de cette affaire.

» Samedi 5, jour du meurtre, douze ou quinze hommes armés de fusils, sont entrés à cinq heures du matin dans Boissy sous- Saint-Yon, à quatre lieues d'Étampes, y ont battu la générale, réveillé le curé et sonné le tocsin. Les habitans effrayés, et les municipaux étant accourus, ces étrangers ont proclamé leur projet d'aller à Étampes faire taxer le prix du blé. Pendant que les municipaux étaient allés délibérer dans la maison commune, les instigateurs ont menacé, si l'on balançait à les suivre, d'in- cendier la ville à l'heure même... et l'on s'est mis à leur suite. Même manœuvre et même succès sur toute la route, jusqu'à la ville d'Étampes, où la troupe grossie a paru vers sept heures du matin....

» M. Simoneau revenu à la maison commune après sept heures d'agitations et de tumulte, et se disposant à retourner avec la municipalité sur la place du marché, malgré l'opposition et les instances de ses amis, a demandé, pour la dernière fois, à l'offi- cier qui commandait le détachement composé de quatre-vingts hommes du 18e régiment de cavalerie, ci-devant Berri : *Si lui, officier, il pouvait compter sur sa troupe,* à quoi l'officier a ré- pondu : *Comme sur soi-même.*

» Cet officier avait demandé des cartouches dès la veille, et Monsieur le maire lui en avait fait donner. Ce fait doit être remarqué.

» Vers quatre heures donc le détachement de cavalerie, ayant le maire et la municipalité dans son centre, s'avance sur la place du marché, et *il n'y avait pas un seul cavalier qui eût sa carabine*; qu'étaient donc devenues les cartouches distribuées la veille?

» Arrivé sur la place du marché, le détachement ayant toujours dans son centre le maire et la municipalité, est tourné par le peuple et tellement rompu en queue, par évolution, que des scélérats armés de bâtons, viennent frapper le maire de plusieurs coups au milieu des rangs. C'est là que le premier et le second coup de fusil ont été tirés sur le maire d'Étampes : et soudain du détachement de quatre-vingts hommes, *dont pas un n'avait un mousqueton*, malgré les cartouches données la veille, il n'est resté que les deux cavaliers, dont le malheureux maire expirant avait saisi la bride des chevaux, en criant : *A moi, mes amis!* Le dernier de ces cavaliers s'est dégagé par un coup de sabre qui a abattu le bras du maire déjà expiré. Tout le détachement de cavalerie, dont l'officier venait de répondre au maire et à ses amis, armé de sabres *et sans carabines*, a donc tourné le dos à la fois, après avoir été rompu en queue, comme nous venons de le dire, d'une manière si inconcevable, qu'il importe à l'assemblée nationale même que cette affaire soit éclaircie.

» Le meurtre commis, la troupe retirée, les scélérats sont restés maîtres de la place. Plus de vingt coups de fusils ont été tirés sur le cadavre du maire infortuné, et toutes les horreurs de cannibales ont été exercées sur ces restes défigurés et palpitans. Nul marchand n'a été pillé; on n'a pas enlevé un grain de blé. Mais les quinze scélérats ayant fait défiler leur troupe au son du tambour, sur le cadavre, seul objet de leur complot, et après avoir délibéré s'ils lui couperaient la tête; se sont retirés et sont sortis d'Étampes, tambour battant et criant : *Vive la nation!*

» Ces cannibales sont venus boire à trois quarts de lieues d'Étampes, à un village qu'on appelle *Saint-Michel*. Là, ils se sont enivrés; et, en payant une dépense assez forte, ils ont laissé voir *quantité d'assignats*. Ce fait est incontestable.

» Autre remarque essentielle. Pendant que la ville d'Étampes était occupée par ces bandits, plusieurs d'entre eux se sont présentés chez des marchands de blé, demandant qu'on le leur vendît à 24 livres. Un des marchands (M. Hamouy), le leur a, de lui-même, offert à 22 livres; et n'en a pas vendu un seul sac.

» N'oublions pas de dire que M. Simoneau, tanneur à Étampes, ayant plus de soixante ouvriers à ses ordres, et chéri d'eux tous comme un bon père, leur avait, au milieu de tant de périls, arraché la promesse qu'aucun d'eux ne se montrerait dans la ville de tout le jour, et qu'aucun d'eux surtout ne paraîtrait sur la place du marché.... Hélas ! si ces braves gens eussent accompagné leur maître et leur ami, l'auraient-ils abandonné comme ces quatre-vingts cavaliers, escorte militaire accordée par la loi à l'homme de la loi; et au milieu de laquelle le généreux maire d'Étampes a été lâchement massacré? »

Note du rédacteur. « Tous ces faits nous sont envoyés par des personnes dont nous garantissons à nos lecteurs la probité et la véracité. Nous les imprimons tels qu'ils nous sont parvenus.

» En cette occasion, il est de notre devoir de remarquer que la nature de l'attentat commis à Étampes contraste étrangement avec la manière fausse et singulière dont la *Gazette Universelle*, n° 66, l'a annoncé. Voici ses expressions : « Le maire d'Étampes vient d'être massacré par une *troupe armée de piques, de sabres et d'instrumens de labourage, et qui étaient entrés dans la ville pour faire taxer le grain.* C'est là tout l'article. »

» Certes, les chefs infâmes des manœuvres que nous voyons, regretteront sans doute de n'avoir pas eu l'idée de faire armer de *piques* les quinze scélérats dont nous venons de parler; car alors eût prévalu ce déchaînement de quelques gazetiers contre le besoin que tout le peuple soit armé; alors eût prévalu cette absurde horreur que l'on inspire à d'honnêtes gens qui ont des fusils, contre d'autres honnêtes gens qui auront des *piques*. Mais nous pouvons assurer, d'après tous les renseignemens que nous avons pris, qu'il ne s'est pas montré, dans cette journée fatale d'Étampes, *un seul homme à pique*; et nous persistons à penser que le peuple français, agité, tourmenté, excité par tous les genres de trahisons et de perfidies, ne sauvera la Constitution et le royaume des coups que l'on veut leur porter, et au patriotisme et à l'ordre public, que par l'universel armement de tous les citoyens. Nous persistons donc à croire que le rempart des *piques*, joint à celui des gardes nationales du royaume, et marchant toujours de concert, est un moyen sûr, et le seul qui puisse sauver le patriotisme en France, et par conséquent, maintenir *la liberté et l'égalité* constitutionnelles. »

La société des jacobins écrivit à Simoneau fils une lettre de condoléance. « Les amis de la Constitution, dit-elle dans cette lettre, partagent vivement votre juste douleur : ils n'y trouvent d'adoucissement que dans la pensée qu'il est honorable pour eux d'avoir pu compter votre père au nombre des membres qui composent leur association patriotique. Puissions-nous faire entrer la consolation dans votre ame, en vous présentant la vertu héroïque de l'auteur de vos jours comme le modèle de tous ceux qui marcheront après lui dans la carrière des emplois publics, et comme le fondement d'une gloire impérissable pour son nom, qui laissera dans votre mémoire un souvenir propre, dans tous les temps, à adoucir l'amertume de vos regrets! » — A la séance du 18, Jean Debry, au nom du comité d'instruction publique, fit décréter l'érection d'un monument à la mémoire de Simoneau; ce décret porte : « Il sera élevé dans la place du marché d'Étampes, une pyramide triangulaire; sur la première face seront gravés ces mots : *Guillaume Simoneau, maire d'É-tampes, mort le 3 mars* 1792; sur la seconde face : *La nation française à la mémoire d'un magistrat français qui mourut pour la loi : décret du 18 mars* 1792; sur la troisième face, on lira les dernières paroles de l'infortuné maire : *Vous pouvez me tuer, mais je mourrai à mon poste.* »

Séance du 5. Le directoire du département de l'Eure annonce un attroupement de cinq à six mille individus : celui de l'Ardèche, des rassemblemens séditieux, des amas d'armes et des enrôlemens pour les émigrés. Les mêmes troubles désolent le département du Gard. Toutes ces pièces sont renvoyées au comité de surveillance.

Séance du 6. La municipalié d'Aix écrit que les Marseillais allant à Arles pour y délivrer les patriotes, sont entrés dans la ville d'Aix avec six pièces de canon, et y ont désarmé le régiment suisse d'Ernest. — D'après la demande du ministre de la guerre, et malgré l'opposition de Bazire et Lecointre, décret qui autorise le pouvoir exécutif à placer à Versailles, Rambouillet et lieux circonvoisins, où ils seront nécessaires, un régiment de troupes à cheval et un bataillon de gardes nationales volontaires, avec quatre pièces de canon, pour servir au rétablissement de l'ordre.

Séance du 7. Le procureur-syndic du département de l'Eure annonce que sept à huit mille révoltés se sont portés au marché de Verneuil, et y ont taxé les grains.

Séance du 8. L'assemblée reçoit la nouvelle de troubles à Angoulême, dans la Loire-Inférieure, dans l'Aisne. Ce dernier département a été apaisé par les administrateurs et la gendarmerie nationale. — Le 8 au soir, on apprend la taxation des blés, faite au marché de Melun par deux cents séditieux.

Séance du 9. Tartanas, à la suite d'un rapport, propose de décréter que le ministre de l'intérieur mettra 5,760,000 livres à la disposition des directoires de département, pour subvenir aux besoins de la classe indigente du peuple. — Ajournement.

Séance du 13. Après avoir entendu Charlier, Chabot, Rouyer, Archier, Richard, Antonelle, Mulot, Mailhe et Guadet, l'assemblée, sur la proposition de Fauchet, décrète, comme mesures provisoires, que le directoire des Bouches-du-Rhône et du district d'Arles, la municipalité de cette ville et les commissaires que le

roi y a envoyés, seront mandés à la barre ; que ces trois corps
seront remplacés par les conseils-généraux ; que le pouvoir exécutif fera marcher vers Arles des volontaires nationaux, et ras-
semblera, dans la plaine de Beaucaire, un corps de troupes,
pour se porter partout où la sûreté de l'État et la tranquillité publique l'appelleront.

Séance du 17 au soir. Blanc-Pascal, accusateur public du département du Gard, annonce à l'assemblée que les citoyens de
Marseilles partent avec dix-huit pièces de canon pour aller attaquer la ville d'Arles ; il accuse les commissaires civils d'avoir
trompé le ministre de l'intérieur. Une députation des Bouches-
du-Rhône rend compte de la situation de la ville d'Arles. « Les
chefs de la Chiffonne, dit l'orateur, viennent de combler la mesure de leurs iniquités, en faisant emprisonner environ soixante
personnes de tout sexe et de tout âge. Depuis long-temps ils recrutent pour leur propre compte, et vomissent des horreurs
contre la Constitution. Les rues de cette ville sont dépavées ; ses
remparts, hérissés de canon, ont été renforcés par quelques ouvrages, ainsi que par des fossés qui en défendent l'approche. »
— Le vice-président du directoire du département de l'Hérault
écrit que les villes d'Arles, d'Avignon et de Carpentras sont en
plein état de contre-révolution. — Le lendemain, les commissaires envoyés dans les Bouches-du-Rhône se présentèrent à la
barre, et Debourges porta la parole en leur nom. Antonelle taxa
leur rapport de perfidie et d'imposture ; et, sur la proposition de
Lacroix, le président leur ordonna de se retirer.

Séance du 19. La discussion relative aux prisonniers d'Avignon
fut terminée dans cette séance. Thuriot et Lasource demandèrent
l'amnistie ; Gentil et Vaublanc, la poursuite des délits. Vergniaud
prononça un discours très-animé en faveur de la première opinion.
« Terminer une guerre civile par des supplices, dit-il, c'est la
justice de la victoire ; c'est immoler le vaincu au vainqueur, c'est
couvrir du voile de la loi les proscriptions des Marius, des Sylla
et des César. » François de Neufchâteau explique, au milieu des
éclats de rire, l'origine du mot *amnistie* ; il remonte à l'amnistie

de Thrasybule, et vote pour qu'elle soit appliquée à la ville d'Avignon. Sur la proposition de Lacroix, l'assemblée décrète qu'il y aurait amnistie jusqu'à l'époque du 23 novembre.

Royou (*l'Ami du roi* du 21) raconte ainsi l'incident occasioné par François de Neufchâteau : — « Le petit François, né ou trouvé à Neufchâteau, a donné la comédie aux pères conscrits. « Je vais rappeler, s'est-il écrié, l'origine du mot *amnistie*. (On » rit.) La première amnistie dans les annales du monde... (On » rit aux éclats.) — C'est pour un fait de l'histoire ancienne que » je demande la parole ; qu'on ne m'interrompe pas à la virgule, » et qu'on me laisse aller jusqu'au point. (On n'y tient plus.) La » première amnistie fut proclamée par Thrasybule, lorsqu'il ra- » mena *la paix* dans Athènes, après l'expulsion des trente tyrans. » Je demande qu'on l'applique à la ville d'Avignon, après l'expul- » de son gouvernement despotique. »

» Cette érudition a été trouvée d'une gaucherie, d'une bêtise qui a décontenancé l'auditoire. Elle a rappelé que nous n'avons point de paix et que nous avons des tyrans ; que si trente ont mis Athènes en combustion, cent mille, répartis dans le Manége et les clubs, peuvent dissoudre la France. Enfin il a été impossible de trouver aucune ressemblance entre les rapines de trente ty-rans et le gouvernement doux et modéré d'un légitime souverain (le pape), dépossédé par un coupe-tête (Jourdan) et ses soute-neurs. L'amnistie a été décrétée ; on ne sait si c'est à la majorité des voix ; car ceux qui n'étaient pas d'avis ont réclamé un ap-pel nominal que le président a refusé. »

Séance du 20. Deux députés extraordinaires des Bouches-du-Rhône annoncent que la ville d'Arles fait des dispositions de dé-fense. Le ministre de l'intérieur fait passer le signe de ralliement du parti artésien connu sous le nom de *chiffonistes*. C'est un billet portant ces mots :

> L'honneur, Chiffon, tu soutiendras,
> Et de ton sang le scelleras.

Despierre fait adopter un décret pour le rétablissement de l'ordre dans cette ville. Ses travaux de défense seront démolis, ses munitions, ses canons et ses armes de toute espèce enlevées et transportées dans les arsenaux les plus voisins et les plus sûrs. — *Le 20 au soir,* la municipalité d'Épernon fait part de la conduite énergique qu'elle a tenue contre les séditieux attroupés pour taxer arbitrairement les grains. — Les administrateurs du Cantal dénoncent le meurtre commis à Aurillac, contre Colinet, père de deux émigrés. — Une députation de Poitiers donne des détails sur la révolte des ouvriers de cette ville, à l'occasion d'une surtaxe des grains. Plusieurs personnes ont été tuées dans le premier mouvement; mais la loi martiale a été proclamée, et force est restée à la loi. La députation demande, au nom de l'humanité, une avance de 30,000 livres, pour subvenir aux besoins de la classe indigente.

Séance du 23. Le maire de Paris transmet une lettre de la municipalité de Brie-Comte-Robert, qui témoigne des inquiétudes sur les troubles près d'éclater dans le district de Corbeil. — Sur le rapport de Tardiveau : le pouvoir exécutif est autorisé à faire séjourner deux bataillons dans le département de Seine-et-Oise.

Séance du 26. Couthon fait connaître les troubles du département de la Lozère, où la Constitution est entièrement méconnue. Les chefs des rebelles sont le ci-devant évêque Castellane, Borel, Dusaillant et Servières. — Le 28 au soir, sur le rapport de Rougier de la Bergerie, un décret d'accusation fut lancé contre Borel, Bardon et Retz, officiers de la garde-nationale de Mende ; contre Dusaillant, se disant page du roi (le même que nous avons déjà vu décrété d'accusation comme complice d'une conspiration tendante à livrer Perpignan); contre l'ex-constituant Charrier, Castellane, évêque, et Jourdain-Combet, maire de Mendes.

Séance du 29. L'assemblée reçoit une nouvelle lettre des administrateurs du Cantal sur les troubles qui règnent dans ce département.

[*M. Laureau.* Les brigandages effrayans qu'on exerce dans le département du Cantal exigent enfin que vous attaquiez le mal dans sa source ; jusqu'ici vous n'avez usé que de palliatifs ; vous n'avez employé que des demi-mesures. On vous dit que ces troubles sont l'effet de la haine et des complots aristocratiques et sacerdotaux ; mais réfléchissez un moment, et voyez s'il est dans la nature que ces aristocrates fassent brûler leurs châteaux et ruiner leurs possessions ; s'il est de l'intérêt des prêtres d'armer des brigands qui veulent les égorger. Il est donc d'autres ennemis que ceux qu'on vous indique, et ces ennemis sont la licence, le brigandage, la dépravation, qui se sont emparés des mauvais citoyens ; car les bons citoyens ne ravagent pas leur patrie : or, des mauvais citoyens pillant et brûlant, sont les ennemis de l'État. Que devez-vous faire contre ces ennemis publics ? Déployer la force publique, rassurer, par sa protection, non-seulement les habitans du département du Cantal, mais ceux de tout le royaume. Il faut attaquer les séditieux, les traiter en ennemis, les poursuivre partout où ils seront, les livrer au glaive des lois, et effrayer leurs imitateurs par leur prompte punition. Pour y parvenir, je demande que cette affaire, renvoyée au Comité des douze, soit rapportée demain au matin, afin qu'on puisse apporter de prompts remèdes au mal.]

Note complémentaire.

Nous allons tracer une courte analyse des actes parlementaires que nous n'avons pas rencontrés sur la ligne des deux précédens chapitres.

1er *Mars*. — Bazire rappelle à l'assemblée une motion qu'il renouvelle inutilement, depuis quatre mois, en faveur des fils de famille qui ne peuvent jouir de leur propriétés : il propose qu'on décrète, comme principe, que les fils de famille jouiront du droit de citoyens dans toute sa latitude ; acte de justice qui attacherait une foule de jeunes gens à la Constitution. Il désirerait qu'on décernât une couronne civique à celui qui s'occuperait du code civil, et qui terminerait ce grand ouvrage pendant cette législature.

6 *Mars*. — Des citoyennes demandent à s'armer de piques pour la défense de la Constitution ; elles supplient qu'on leur permette de faire l'exercice des piques au Champ-de-Mars. — Des

citoyens du faubourg Saint-Antoine viennent à la barre : confondre des calomniateurs. Leur civisme, disent-ils, est gravé sur les débris des murs de la Bastille et sur le fer de leurs piques. Ces piques ne doivent être redoutées que des brigands et des conspirateurs. Les ministres, la liste civile, etc., périront ; mais on verra toujours triompher la Constitution, la liberté et les piques. »

9 *Mars.* — Il y aura une commission de douze membres pour aviser aux moyens de remédier aux troubles de l'intérieur.

20 *Mars.* — Le mode de décollation sera uniforme dans tout l'empire. Le corps du criminel sera couché sur le ventre entre deux poteaux barrés par le haut d'une traverse, d'où l'on fera tomber sur le col une hache convexe au moyen d'une déclique ; le dos de l'instrument sera assez fort et assez lourd pour agir efficacement, comme le mouton qui sert à enfoncer des pilotis et dont la force augmente en raison de la hauteur dont il tombe. — Ceci est l'extrait d'une consultation de l'académie de chirurgie, signé ; Louis, secrétaire perpétuel.

22 *Mars.* — L'abbé Chappe a fait hommage à l'assemblée de l'invention du télégraphe.

24 *Mars.* — L'assemblée nationale adopte le décret sur les colonies, présenté par Gensonné dans la séance du 22, et appuyé par Guadet dans celle du 23. L'article 2 de ce décret était ainsi conçu :

« Les personnes de couleur, mulâtres et nègres libres, jouiront, ainsi que les colons blancs, de l'égalité des droits politiques ; ils seront admis à voter, dans toutes les assemblées primaires et électorales, et seront éligibles à toutes les places lorsqu'ils réuniront d'ailleurs les conditions prescrites par l'instruction du 28 mars 1790. »

Les autres articles déterminent les pouvoirs des trois commissaires civils envoyés dans les colonies, et la forme des élections d'où procéderont de nouvelles assemblées coloniales et de nouvelles municipalités.

28 *mars.* — Le pouvoir exécutif est chargé de faire mettre en liberté les citoyens détenus par des ordres arbitraires. — Décret sur les caisses dites patriotiques :

« 1° Toutes les caisses dites patriotiques ou de secours, qui ont émis des billets de confiance, feront à la municipalité la déclaration de la somme qu'elles ont émise.

» 2° Toute nouvelle émission leur est interdite.

» 3° A l'effet de constater l'état des sommes émises par les caisses de confiance, les commissaires nommés par les municipalités, pour cet objet, après avoir visité et paraphé les registres d'émission, se feront représenter le papier préparé pour la fabrication, les planches, gravures, timbres, etc. Ces objets seront déposés dans un coffre scellé, dont la garde sera confiée à un commissaire de la municipalité et à un agent des caisses de confiance.

» 4° Les commissaires se feront aussi représenter le numéraire et les assignats qui servent de gage à l'émission. Ces sommes seront également déposées à la municipalité, dans une caisse à trois clefs. Les billets de confiance, émis par les corps administratifs eux-mêmes, seront exceptés des présentes dispositions. »

30 Mars. « A peine le décret sur les billets patriotiques a-t-il été rendu que l'inquiétude s'est manifestée sur ceux de la *maison de secours* ; on s'y est porté en foule ; un des directeurs s'est sauvé. La municipalité s'est transportée à la caisse, y a passé la nuit dans des vérifications, et voyant que les fonds ne pouvaient pas satisfaire aux remboursemens, en attendant le recouvrement de l'actif, elle s'est adressée aux comités des finances et de surveillance, qui ont proposé à l'assemblée nationale un projet de décret pour donner des secours à la municipalité. Une discussion vive, longue, tumultueuse, s'est élevée. La question se réduisait à deux points : Prêtera-t-on des secours ? Presque tout le monde disait oui. Quelle sera la responsabilité ? On variait sur cette question. Les uns voulaient la municipalité, d'autres le département ; d'autres, et c'était l'avis de MM. Bigot et Lasource, voulaient qu'on décrétât les secours, en ajournant la question de la responsabilité. Enfin on a décrété qu'il serait mis, par la caisse de l'extraordinaire, trois millions à la disposition du ministre de l'intérieur, pour être remis au directoire du département et par lui à la municipalité, sauf le remboursement. L'inquiétude pu-

blique doit donc maintenant se calmer. — Nous avons vu avec
douleur se manifester, dans cette discussion, une jalousie étroite
du département, que l'esprit de fraternité devrait bannir, et une
tendance à favoriser les départemens aux dépens des municipalités ; mais le génie du peuple triomphera de ces deux vices,
ainsi que des malveillans qui excitent ces troubles, et sourient
à leurs ravages. » (*Patriote Français* du 31.)

30 *au soir*. « De longs, de tumultueux débats sur le décret
rendu le matin, relativement à la maison de secours, ont ouvert
la séance. Il s'agissait de la rédaction du *considérant*. Les uns
voulaient que l'on n'y fît mention que de la connaissance des
besoins du département, d'autres que l'on y parlât de la notification de ces besoins faite au comité par les corps administratifs,
et par le ministre de l'intérieur ; après bien des discussions,
bien du bruit ; après plusieurs épreuves, après la demande de
l'appel nominal, on s'est décidé pour la seconde rédaction.

» On a admis sur ces objets, deux députations : l'une du département, l'autre de la municipalité. Le département a demandé que, sur les 3 millions accordés le matin, 500 mille livres
fussent délivrées dans le jour, et que l'établissement de la maison
de secours fût mis sous la main de la municipalité, et sous la
surveillance du directoire de département.

» La municipalité a représenté combien il était urgent de
verser des fonds dans la caisse de la maison de secours. « On s'y
porte en foule, a dit M. Pétion, et si demain on ne rembourse
pas, il y aura commotion ; des gens, qui croient sans doute que
la loi martiale est la loi suprême, et qu'elle dispense de recourir
à d'autres mesures, ont murmuré de la franchise du maire patriote. — Messieurs, s'est-il écrié, nous venons de parler en
hommes libres, sûrs de ne point déplaire à des législateurs justes
et généreux. » Ces paroles ont été couvertes d'applaudissemens.
— Après des débats, l'assemblée a décrété que, sur les 3 millions
accordés le matin, il sera délivré dans le jour une somme de
500,000 livres. » (*Patriote Français* du 1er avril.)

· *N. B.* Les séances du 5, du 8, du 11, du 12, du 22 et du 23,

furent consacrées, en partie, à discuter et à décréter le mode
d'exécution pour le séquestre des biens des émigrés. — Presque
toutes les séances du mois renferment quelque preuve de l'activité et du grand nombre des enrôlemens volontaires.

PRESSE.

Royalistes. Le journal de l'abbé Royon n'est plus maintenant
qu'une suite d'injures adressées à la législative à l'occasion de
chacun de ses actes. A chaque page, il menace, il maudit, il appelle « une prompte et terrible vengeance sur la tête de ces forcenés qui ont changé la salle du manége en la caverne des furies. »
Dans son compte rendu de la séance du 10 mars, il dit : « M. Delessart est accusé; par qui? par Brissot! quel préjugé pour son
innocence ! il est accusé de ne pas aimer les jacobins : c'est un
crime dont l'univers est coupable. Cette faction est devenue
l'exécration du genre humain. » — Dans la séance du 11, en
parlant de la nouvelle famine à laquelle le royaume allait se trouver en proie, il accuse « le perfide Necker et Philippe d'Orléans
d'avoir suscité celle de 1789. » — Il ouvre ainsi la séance du 15 :
« Le temps est venu, dit M. Reboul, de faire *main-basse* sur
tous les clochers. C'est avec cette bassesse que s'expriment nos
modernes Lycurgues; des brigands qui se donnent rendez-vous
pour détrousser les voyageurs ne parlent pas autrement. » — A
la séance du 20, il résume en une phrase les travaux des législateurs depuis deux mois : « ils consument le temps à des discussions scandaleuses, à des opérations tyranniques, et négligent
les premiers besoins de l'État; ils ont vexé les prêtres, dépouillé
les émigrés, tourmenté les ministres, tracassé et contrarié le
pouvoir exécutif : quelles mesures ont-ils prises pour soulager
la misère du peuple, pour prévenir les séditions et les attroupemens, pour faire baisser le prix des denrées par la concurrence et par l'abondance? Ils s'amusent à entendre raconter des
malheurs et des désastres, et ne songent pas même à y remédier. » — Nous pourrions ajouter à ces citations, la nomenclature des formules récemment adoptées par Royon, et dont les

plus douces sont : « Le nommé Gensonné, président de la
bande; » mais il nous faudrait consacrer une trop grande place
à ce vocabulaire. — Les nouvelles qu'il donne se composent de
rétractations des prêtres assermentés, et de lettres d'émigrés où
sont décrits les préparatifs de l'invasion, où sont circonstanciés
les armemens des puissances étrangères, où l'on dit que « bientôt les trompettes de la noblesse française entonneront à leur
tour, l'air ça ira. »

On peut juger de ce que devait être le ton des feuilles moins
graves que celles de l'abbé Royon. Dans les derniers jours de
février, la municipalité avait dénoncé à l'accusateur public le
Journal de la Cour et de la Ville, pour une provocation directe
au meurtre et à l'assassinat. Gautier s'écriait en parlant à la
garde nationale. « Qu'attendez-vous ? faut-il que le sang ruis-
sèle de toutes parts! ne perdez pas de temps! mettez double
charge dans vos fusils! faites marcher vos canons! volez à l'affreux repaire des jacobins! et exterminez-les tous jusqu'au dernier. »

Feuillans. Les journaux de ce parti continuent d'imputer les
désordres aux sociétés populaires et aux conspirations royalistes.
Lorsque la division éclate dans le conseil de Louis XVI, entre
les ministres constitutionnels et les ministres de la cour, ils remplissent leurs colonnes de chaudes apologies en faveur de Narbonne, de Cahier et de Duport-Dutertre. Aussitôt que la retraite
de ceux-ci est assurée, leur colère contre Delessart et Bertrand
ne le cède pas à celle des Jacobins. On se rappelle qu'à la
séance du 10, Ramond fait la motion d'accuser le ministère en
masse. Cette étrange démarche du député feuillant est très-bien
expliquée par les ouvertures et les propositions de la presse
dont il s'agit; elle demandait que les agens du pouvoir fussent interpellés et même accusés, persuadé qu'à la première question et
à la première réponse, toutes les fausses mesures qu'on pouvait
leur reprocher tomberaient sur les deux ministres de la contre-
révolution.

Lorsque le nouveau ministère est composé, pendant même

qu'il se compose ; les journaux feuillans gardent presque le
silence ; ils ne font aucune réflexion sur la lettre du roi, du 24 ;
ils ne relèvent ni sa plainte si formelle de subir le despotisme de
l'assemblée, ni les termes douloureux par lesquels il se décharge
de toute responsabilité sur les hommes qui lui font la loi.

La polémique des Feuillans se borne à de violentes attaques
contre la personne des meneurs les plus influens. Brissot est
particulièrement dévoué à toute espèce de récriminations ; on
fouille à pleines mains dans son passé, et on y trouve souvent
des doctrines et des actes qui ne laissent, en effet, de choix
qu'entre le mépris et l'invective. De Pange, Roucher et André
Chénier, donneront à cette guerre de nombreux supplémens
du *Journal de Paris*. Nous allons dire les accusations et les réponses.

Le supplément du *Journal de Paris*, du 6 mars, contient un
article de huit colonnes intitulé : *De la doctrine de J. P. Brissot
sur les droits de l'homme*. Le rédacteur puise ses extraits dans
un ouvrage de Brissot qui traite de la propriété et du vol, et
qui fait partie d'un recueil imprimé en 1782, sous le titre de
Bibliothèque du Législateur.

Voici les définitions de Brissot : « La propriété est la faculté
qu'a l'animal de se servir de toute la matière pour conserver son
mouvement. Cette conservation est le point central de ses besoins. Ses besoins sont donc en même temps le but et le titre de
sa propriété. » (Page 274.)

« Le besoin étant le seul titre de notre propriété, il en résulte que lorsqu'il est satisfait, l'homme n'est plus propriétaire. » (Page 326.)

« Deux besoins essentiels résultent de la constitution de l'a-
nimal ; la nutrition et l'évacuation. » (Page 280.)

Le droit de propriété, fondé sur le besoin de nutrition, s'étend
à tout. « La faim, voilà le titre : Citoyens dépravés, montrez-
en un plus puissant ! vous avez achetez, payé, dites-vous....
malheureux ! qui avait droit de vous vendre ? » (Page 322.)

« Les hommes peuvent-ils se nourrir de leurs semblables ?

Un seul mot résout cette question, et ce mot est dicté par la nature même : les êtres ont droit de se nourrir de toute matière propre à satisfaire leurs besoins. — Si le mouton a droit d'avaler des milliers d'insectes qui peuplent les herbes des prairies ; si le loup peut dévorer le mouton, si l'homme a la faculté de se nourrir d'autres animaux, pourquoi le mouton, le loup et l'homme n'auraient-ils pas également le droit de faire servir leurs semblables à leurs appétits ? » (Page 513.)

Théorie du besoin d'évacuation. — « C'est dans l'animal une fois développé que naît ce besoin terrible : l'amour, besoin de l'homme comme le sommeil et la faim, que la nature lui ordonne impérieusement de satisfaire. » (Page 282.) — « Le taureau vieux et usé, qui ne sent plus l'aiguillon de l'amour, combat-il encore pour des génisses qu'il ne saurait satisfaire? Non. La nature dit à ces animaux comme à l'homme sauvage : ta propriété finit avec ton besoin ; mais l'homme social n'écoute point la nature, il étend sa propriété au-delà de ses besoins, il se cantonne, il s'isole, et il a l'audace d'appeler cette propriété sacrée. » (Page 322.)

« Homme de la nature, suis son vœu, écoute ton besoin : c'est ton seul maître, ton seul guide. Sens-tu s'allumer dans tes veines un feu secret à l'aspect d'un objet charmant? éprouves-tu ces heureux symptômes qui t'annoncent que tu es homme? La nature a parlé, cet objet est à toi, jouis ; tes caresses sont innocentes, tes baisers sont purs. L'amour est le seul titre de la jouissance, comme la faim l'est de la propriété. » (Page 284.)

Conclusion. — « La société civile ne peut forcer ses membres à renoncer à la propriété primitive naturelle, à moins, ou qu'elle ne supprime les besoins de l'homme, ou qu'elle ne lui donne un moyen d'y satisfaire, aussi sacré, aussi invariable que sa propriété primitive. Une pareille renonciation est nulle, anti-naturelle, et personne n'est tenu de l'observer. » (Page 531.)

Nous laissons à penser le parti qu'à dû tirer de ces textes le rédacteur du *Journal de Paris*. Encore avons-nous dû restreindre nos emprunts aux aphorismes de Brissot, et négliger plu-

sieurs de ses corollaires transcrits et commentés par le critique.
— Ce supplément n'est pas signé.

Brissot (*Patriote Français* du 8 mars) répond à cette attaque ;
il dit : « La scélératesse de l'anonyme perce dans quatre points
principaux : 1° en appliquant à l'état social ce que j'ai dit de
l'état naturel ; 2° en écartant des citations qui auraient pu prouver que loin de justifier le vol, je le condamnais. » (Là-dessus
Brissot cite un passage de son ouvrage, p. 333. « Sans doute,
il faut que celui qui a travaillé jouisse du fruit de son travail ;
sans cette faveur attachée à la culture, point de denrées, point de
commerce, point de richesses. Défendons, protégeons donc la
propriété civile, mais ne disons pas qu'elle ait son fondement
dans le droit naturel ; mais, sous le prétexte que c'est un droit
sacré, n'outrageons pas la nature, ne punissons pas si cruellement les voleurs). » 3° En concluant d'un pamphlet imprimé en
1778 et peu connu, que je veux bouleverser la société en 1792 ;
4° en imprimant cet article dans un moment où les malinten-
tionnés ne cessent d'alarmer les Français sur le respect des propriétés, et où l'on cherche à accumuler les haines sur les amis
de la liberté, parce qu'en voulant ce respect, ils veulent pourtant aussi qu'on ne prodigue pas avec tant de légèreté le sang
de millions de français qui n'ont aucune propriété et qui ont
des besoins. » — Brissot finit en disant : « Si je voulais soulever
le voile de l'anonyme, ou je me trompe fort, ou je trouverais
un lâche courtisan des Lenoir et des Vergennes, homme dont le
nom seul annonce la bassesse ; je trouverais un agent du pouvoir exécutif qui, si justice se faisait, mériterait l'échafaud. »

L'anonyme (cet article n'étant ni de Chénier, ni de F. de Pange,
nous pensons qu'il est du poète Roucher) ; insère une réplique
dans le supplément du *Journal de Paris*, numéro du 16 mars. Il
débute par cette épigraphe : *Interest reipublicæ cognosci malos.*
Ce sont huit nouvelles colonnes écrites avec autant de verve et
de mordante raillerie que les précédentes. Les quatre points de
Brissot y sont disséqués d'une manière accablante. Sur le 1°, le
critique dit : « J'avais ôté d'avance au sieur Brissot le subter-

fuge qu'il cherche dans la distinction de l'état de nature et de
l'état de société, en observant que sa propriété *primitive naturelle*, manifestement incompatible avec la propriété dè l'état
civil, est selon lui *inaliénable*; que la renonciation qu'en ferait
l'homme dans l'état de société, serait *nulle, et que personne ne serait tenu de l'observer.* » Le critique passant au second point
de Brissot, fait remarquer qu'il peut y avoir des incohérences et
des contradictions dans les ouvrages de ce *philosophe*, ce qui
ajoute une qualité de plus à l'extravagance et à l'absurdité qu'il
y avait déjà relevée. « Eh ! mon ami, si tu n'as voulu que me
dire que mon blé, ma maison, mon champ, sont à moi, par
quel travers étrange d'esprit as-tu fait, si longuement et avec
tant d'emphase, et sous tant de formes différentes, l'apologie
du vol et la satire de la propriété? Pourquoi me dis-tu que
mes portes, mes serrures, mes murs ne prouvent que ma tyrannie; que ma propriété finit avec mon besoin, et tant d'autres
maximes de Rolando dans la caverne de Gil-Blas?

» M. Brissot me reproche, en troisième lieu, d'avoir cité un
pamphlet imprimé, dit-il, pour la première fois en 1778, et peu
connu, pour en conclure qu'il veut bouleverser la société en 1792.
J'observerai d'abord que M. Brissot, en rapportant la première
publication de son traité en 1778, ne dit pas la vérité, puisque
lui-même nous apprend expressément, dans la préface de l'édition de 1782 : « Cet essai a paru en 1780. » — Ensuite, quel
avantage peut-il tirer de cette infidélité? Il ne peut avoir eu pour
but, en cela, que de faire mettre au nombre des péchés et des
ignorances de sa jeunesse un ouvrage extravagant et immoral.
Mais pour cela l'époque n'est pas assez reculée; car M. Brissot,
étant aujourd'hui âgé de 46 à 48 ans, en avait 34 ou 36 en 1778
ou en 1780, et à cet âge on n'est plus enfant. »

Le critique répond au quatrième point par une peinture de
l'anarchie sociale, et demande « s'il était possible de choisir une
époque plus opportune pour signaler les doctrines de ceux qui
tiennent le timon, doctrines d'ailleurs si conformes aux faits que
déplorent, à l'heure même, les honnêtes gens. »

— Dans l'intervalle de la réponse de Brissot à la réplique que nous venons d'analyser, le *Journal de Paris* (supplément du 15 mars) publia un article signé F. D. P., qui fut, pour l'auteur du *Patriote Français*, un second sujet de colère. L'examen portait cette fois sur un discours couronné en 1780, par l'académie de Châlons, et imprimé en 1781 chez Seneuse, à Châlons-sur-Marne. La question proposée était celle-ci : Quels sont les moyens de prévenir les crimes? Le critique prouve, par des extraits, que Brissot se montre dans cet ouvrage le flagorneur des ministres, l'apologiste de la police, l'ami des rois en général, et de Louis XVI en particulier, et surtout l'ennemi des révolutions. Voici les preuves :

« La philosophie préside aux conseils, elle échauffe de son feu sacré l'ame des ministres. Que d'actions de graces ne devons-nous pas au Sully de notre siècle (Necker), dont la sage administration a valu à la France plus que des conquêtes et des victoires ! Nos ennemis mêmes admirent ses sublimes opérations. » (P. 93.) — Ici le critique fait observer que Necker, après sa disgrace, fut outragé sans mesure dans la feuille de Brissot.

« La philosophie gouverne dans presque tous les cabinets de l'Europe ; elle en a banni l'absurde machiavélisme pour y substituer une politique plus douce et mieux raisonnée. » (P. 33.)

« La police est une institution admirable, dont on a pu quelquefois déplorer les abus ; mais aujourd'hui, entre les mains d'un ministre ami de l'humanité, elle est une arme dirigée avec des précautions scrupuleuses sur le coupable dont le crime l'attire. » — Ce ministre, ami de l'humanité, était M. Lenoir. Le rédacteur offre ce passage à ceux qui ont avancé que M. Brissot avait appartenu à la police.

« A la tête des crimes publics on doit placer ceux qui tendent à la subversion de la forme du gouvernement. — S'il est une contrée sur la terre où les mœurs du peuple et la bonté du gouvernement puissent facilement prévenir ces crimes énormes, c'est sans doute l'heureux pays que nous habitons. Renommée par la douceur de son caractère, la nation française l'est encore plus par son amour inaltérable pour ses rois, par sa persévérance à porter les chaînes légères de la monarchie tempérée. » (P. 54.)

Le critique finit ainsi : « Ceux que les prestiges du sieur Brissot avaient séduits, savent enfin quel chef ils ont l'humilité de suivre. Ce n'est point un républicain, ce n'est point un royaliste; c'est un trafiquant de pensées, qui toujours a consulté le goût public pour n'étaler que celles dont le débit est avantageux.

Brissot (*Patriote Français* du 16 mars.) répond à F. D. P., qu'il ne s'amusera pas à réfuter les dissections ministérielles qu'on fait de ses premiers écrits ; qu'avant la révolution il écrivait contre les despotes avec autant d'énergie qu'à présent; qu'il n'a jamais flagorné les ministres, et pour preuve, il renvoie ses lecteurs à la théorie des lois criminelles, à son traité de la vérité, à son examen critique de Chatellux, à sa lettre à l'empereur sur le droit de révolte des peuples. — Il ne dit pas un mot du discours allégué par F. D. P. Quant à l'insinuation relative à ses services dans l'ancienne police, il porte à son adversaire le défi qu'il a porté dans le temps à Théodore Lameth et à Gouy, celui de citer un seul fait et de le signer de son nom.

Le numéro du 18 mars, du *Journal de Paris*, renferme la note suivante de l'adversaire de Brissot.

« J'ai publié, dans un supplément de ce journal, quelques opinions professées par J. P. Brissot, lorsqu'il était royaliste. Je les avais trouvées dans son discours couronné par l'académie de Châlons, en 1780; il répond qu'elles ne sont pas dans son traité de la vérité, ni dans sa théorie des lois criminelles, ni dans son examen critique de Chatellux, ni dans sa lettre à l'empereur. J'ai extrait de son livre l'éloge de tous les ministres en général, et de deux en particulier. Il répond que, loin d'avoir encensé les ministres, il les a constamment poursuivis. J'ai copié, dans ce volume de ses œuvres, deux pages de lâches et serviles déclamations. Il répond qu'il a toujours été libre et indépendant. C'est me réfuter d'une manière que je puis appeler satisfaisante.

» Il me défie de soutenir ce que j'ai avancé dans le dernier supplément. Je n'ai rien avancé que je n'avoue et ne répète. —

Il me défie encore de signer mon nom ; je me nomme *François
DE PANGE. »* — Cette note fut suivie d'un article d'André Chénier,
inséré dans le supplément du lendemain. « Je vois aujourd'hui
(16 mars), dans le *Patriote Français*, que « le sang de Brissot
bouillonne, et qu'il défie F. D. P. de prouver qu'il ait été au
service de l'ancienne police. ». — F. D. P. n'a pas dit cela ; il a
dit que la lecture du livre du sieur Brissot rendait plus vraisemblable ce bruit vrai ou faux, et il a dit une chose évidente.
Le sieur Brissot a dit que l'on fait de ses écrits des *dissections
ministérielles*. Que signifie *ministérielles* ? Cela veut-il dire qu'elles
sont infidèles et fausses ? voilà ce qu'il faudrait prouver. Au nom
de Dieu, monsieur Brissot, avez-vous ou n'avez-vous pas écrit
les infamies qu'on vous attribue ? OUI, ou NON ! Si vous ne les
avez pas écrites, alors vous avez raison de vous plaindre, et ceux
qui vous attaquent sont en effet des *calomniateurs*. Si vous les
avez écrites, alors vous *mentez* effrontément quand vous assurez
que de tout temps vous écriviez contre les despotes avec la
même énergie qu'à présent, et vous seul êtes un calomniateur.
De grace, monsieur Brissot, un mot de réponse à ce dilemme,
et ne faites plus bouillonner votre sang ; cessez de nous impor-
tuner de votre éloge auquel personne ne répond que par le
silence du mépris et de l'indignation ; et épargnez-vous tout ce
plat pathos qui vous rend aussi ridicule que vous vous êtes déjà
rendu odieux. »

Brissot (*Patriote Français* du 20 mars.) répond à de Pange,
sans relever le dilemme d'André Chénier. Voici sa réponse :

« François Pange a déclaré son nom. Son petit acharnement
n'a rien qui m'étonne ; il se souvient du comité des recherches
qui dérangeait si cruellement les combinaisons patriotiques de
ses protégés. *Castigantem remordet.* Sans m'amuser à ses malices
innocentes sur mon royalisme auquel on ne croira pas plus qu'à
son patriotisme, sans m'amuser à feuilleter mes ouvrages, pour
prouver ma haine éternelle contre les despotes, je viens droit
au fait, et je vais prouver à François Pange qu'il n'est qu'un
calomniateur. Il a insinué que j'étais aux gages de l'ancienne

police. Je l'ai sommé : 1° de se signer ; 2° de répéter ; 3° de fournir ses preuves. Or, il signe, ne dit pas un mot de la calomnie, ne cite aucune preuve : donc il est constitué par son silence même un calomniateur.

» François Pange et compagnie veulent venger sur mes ouvrages de jeunesse l'opprobre dont j'ai couvert leurs amis, les ministres, les intrigans, les modérés ; mais ce n'est pas avec des piqûres d'épingle que l'on répond à de profonds coups de sabre. — Non, ces petites fureurs, ces misérables coalitions ne m'arrêteront pas dans ma carrière. LE PEUPLE TRIOMPHE, et sous un régime populaire, l'homme du peuple qui joint au talent une ame brûlante et une austérité inflexible, cet homme est au-dessus des calomnies. Qu'il daigne se lever, et les scélérats disparaissent. Un seul de ses beaux jours dissipe tous les nuages... Le 10 mars m'a vengé d'une foule de libelles, et l'*homme du 10 mars* ne s'éteindra dans moi qu'avec la vie. J. P. BRISSOT. »

Ici finit la polémique de Brissot. Il n'a pas tenu à nous de lui voir faire une meilleure figure entre les mains de ses adversaires du *Journal de Paris*. Nous avons produit son argumentation avec un soin scrupuleux. Nous n'avons négligé de ses réponses que les déclamations et les injures.

Pour terminer l'histoire de cette querelle, nous aurions encore à analyser un dernier article de F. de Pange. (*Journal de Paris* du 25 mars.) Nous nous bornerons à en extraire les passages suivans :

« Cessez de citer votre haine éternelle contre les despotes, ou je ne cesserai de vous répéter ; cette haine n'est pas éternelle, puisque j'ai montré l'époque où elle n'existait pas. — J'ai insinué, dites-vous, que vous avez été aux gages de l'ancienne police ; telle est la base de votre reproche. Or, ce n'est pas moi qui l'ai insinué, J.-P. Brissot, c'est vous-même, vous, qui avez appelé la police régnante *une institution admirable*, la police détruite une institution exécrable ; vous qui admiriez la philosophie des ministres quand ils pouvaient vous faire du bien, et qui les poursuivez avec un vil acharnement quand c'est un autre moyen de fortune ; vous qui avez érigé en vertu, tantôt *notre persévérance à porter des chaînes*, tantôt notre ardeur à les briser ; vous enfin qui, ayant montré dans tous vos principes une versatilité si méprisable, insinuez assez par vos écrits ce qu'ont pu être vos œuvres. Ce sont donc vos seules paroles qui vous accusent, et je me suis borné à en remarquer l'effet. — Mais pourquoi repoussez-vous si vivement un simple soupçon, tandis que vous supportez sans murmures des accusations formelles ? Vous prenez la peine de démontrer que ce que j'ai donné pour vraisemblable n'est pas prouvé, et ce que j'ai prouvé, vous n'en parlez pas. Croyez-vous ces derniers reproches moins flétrissans que les bruits dont vous vous plaignez, et trouvez-vous de l'avantage à persuader que vous n'avez pas appartenu à l'ancienne police, si l'on reste convaincu que vous avez été digne de lui appartenir ? — Je vous ai accusé d'une honteuse versatilité ; j'ai dit que vous n'étiez qu'un trafiquant de pensées ; j'ai prouvé que l'ancien régime a eu en vous un vil adulateur ; j'ai cité vos textes à l'appui de mes assertions. Niez la fidélité de mes citations, ou la justesse des conséquences que j'en tire ! M. André Chénier vous a déjà porté le même défi ; mais j'avais prévu que vous ne lui répondriez pas. — Vous terminez votre diatribe par l'énumération des talens et des vertus que vous vous connaissez. *Le peuple triomphe*, dites-vous, et vous êtes l'*homme du peuple*. Ce dévouement à la cause victorieuse n'étonne point ceux qui vous connaissent ; ils vous attendent toujours à la suite du char de triomphe, quel que soit le nom du triomphateur. »

CLUB DES JACOBINS.

Thuriot et Mailhe sont les deux présidens du mois.

La séance du 2 mars fut très-agitée. Il s'agissait d'une adresse proposée par Grangeneuve à l'occasion de l'office de l'empereur lu la veille à l'assemblée nationale. Collot d'Herbois, parlant des attaques dirigées par Léopold contre les Jacobins, s'écria : « N'oublions jamais, messieurs, que nous fûmes les premières recrues

de cette phalange redoutable et sacrée. Jurons d'en être les vétérans ; jurons que le dernier de nous qui sera frappé par les tyrans
mourra en s'enveloppant dans les débris du drapeau de la liberté. » A ces mots, la société tout entière et les tribunes se
levèrent ensemble, et répétèrent le serment parmi les démonstrations du plus vif enthousiasme. Collot d'Herbois termina son
discours par l'éloge des peuples républicains. Robespierre parla
ensuite : « Ne jurons pas de mourir, mais de vaincre. Je n'ai
entendu parler ici que de Léopold. Léopold n'est que l'instrument et le prête-nom d'une autre puissance ; et cette puissance
quelle est-elle ? le roi ? non ; les ministres ? non ; les aristocrates
de Coblentz ? non : — tout ce qui existe en France d'ennemis de
l'égalité, d'ennemis de la révolution, d'ennemis du peuple, voilà
ceux qui déclarent la guerre aux Jacobins. — Gardez-vous bien,
dans ce moment où l'on cherche à ranimer contre vous tous les
ennemis de l'égalité, gardez-vous bien de donner prise par quelque imprudence ! écartez ce qui pourrait blesser d'honnêtes
gens, mais peu éclairés ; écartons ce mot de républicains (Bravos) ; le mot républicain n'est rien, ne nous donne rien des
avantages que présente la chose, que nous assure notre Constitution ; je crois qu'il nous convient, dans les circonstances actuelles, de déclarer tout haut que nous sommes les amis décidés de la Constitution, jusqu'à ce que la volonté générale, éclairée par une plus mûre expérience, se prononce pour un bonheur plus grand. Je déclare, moi, et je le fais au nom de la
société, qui ne me démentira pas, que je préfère l'individu que
le hasard, la naissance, les circonstances nous ont donné pour
roi à tous les rois que l'on voudrait nous donner. » (Applaudissemens universels.) (*Journal du club* du 4 mars.)

A la séance du 4, le duc de Chartres (le roi actuel) prit la
parole et dit : « Je viens de recevoir une lettre du département
du Nord qui m'apprend qu'à Maubeuge M. Rochambeau fils a
découvert que M. de Guini, lieutenant-colonel du dixième régiment, enrôlait pour Coblentz. Sur la dénonciation de M. Rochambeau, il a été arrêté, le scellé mis sur ses papiers, et les

juges de ce district sont en possession des informations. » —
Collot d'Herbois dit que les mauvaises nouvelles d'une partie de
la correspondance disparaissent sous le grand nombre de celles
qui annoncent la levée volontaire de la jeunesse française. —
Théroigne de Méricourt, à la tête d'une députation de la société
fraternelle séante aux Jacobins, présente un plan de fête nationale. Broussonet et Restout sont chargés de l'examiner. — La
société fraternelle des Minimes vient témoigner aux Jacobins
l'attachement le plus inviolable : «Avant qu'on détruise les sociétés
patriotiques, il faudra qu'on passe par-dessus nos cadavres ;
nous en ferons, jusqu'au dernier soupir, un rempart pour vous
défendre. » — Un membre de la société fraternelle des Jacobins
annonce que Buot, juge de paix de la section Poissonnière, a
arrêté Hébert et Tremblay, auteurs du *Père Duchêne* et du *Journal du soir,* pour avoir invité, dans un de leurs numéros, les
femmes à s'armer et à prendre la défense des sociétés patriotiques. Il demande que la société donne des défenseurs officieux
à ces deux citoyens ; elle nomme MM. Collot d'Herbois, Réal et
Polverel père. (*Journal du club* du 6 mars.) — Les détenus ayant
été relaxés presque immédiatement, l'entremise des défenseurs
fut inutile.

A la séance du 5, le citoyen *Barbarousse* (Barbaroux) donna
des détails sur Marseille : « Les Marseillais sont en marche (applaudi); lorsqu'on veut écraser le peuple, le peuple se lève et il
écrase les tyrans (applaudi). » — Le 6, un député de Marseille
parut encore à la tribune des Jacobins. Il accusa le pouvoir exécutif et la majorité de l'assemblée nationale. — « Vous trouverez
toujours, dit-il en finissant, les Marseillais prêts à se lever. Ils
espèrent que les Parisiens de 1792 seront bientôt les Parisiens
dé 1789. »

— Les séances qui se succèdent jusqu'à celle du 26 mars sont
consacrées à des discussions sur l'office de l'empereur, sur les affaires d'Avignon, sur les ministres. On y recueille de nombreuses
souscriptions pour les Suisses de Château-Vieux, auxquels on prépare une fête qui aura lieu en avril. Nous remarquons, parmi

les souscripteurs, la famille royale elle-même. A la séance du 4 mars, le bataillon des Feuillans, section des Tuileries, déposa sur le bureau quatorze cents livres, et annonça que la famille royale avait contribué à la quête pour la somme de cent dix livres. Danton s'opposait à ce que le don royal fût reçu. Sur cette réflexion de Robespierre : « ce que la famille royale fait comme individu, ne nous regarde pas, » la société passa à l'ordre du jour. Cette offrande du Château est d'autant plus extraordinaire que les royalistes et les Feuillans ne cessaient de ridiculiser et même de condamner le soin que les Jacobins se donnaient pour les victimes de Nancy. Royou ne les appelle jamais autrement que les galériens de Château-Vieux. Nous rapporterons avec le récit de la fête, les opinions émises à ce sujet par André Chénier et Roucher. — Nous n'avons qu'à emprunter un dernier fait aux séances dont nous parlons. Ce fut à celle du 14 que le bonnet rouge parut pour la première fois à la tribune des Jacobins. Graingeneuve y monta avec cette coiffure, et le président Thuriot en tira en même temps une de sa poche et s'en couvrit la tête. (*Journal du club* ; numéro du 16.)

Nous passons à la séance du 26. — Ce dut être une grande et terrible séance, si nous en jugeons par ce que nous en a conservé la feuille grossière où les débats des Jacobins sont si pauvrement et si gauchement racontés. Une adresse présentée par Robespierre et attaquée par Guadet ; souleva la question de Dieu. Le choc entre les matérialistes et les spiritualistes du club fut violent et brutal. Un intérêt extrêmement grave s'attache à la profession de foi improvisée en cette occasion par Robespierre. Il défend avec une telle chaleur d'âme et une telle force de volonté les principes éternels de la morale sociale, et cela en 1792, et cela sans autre but que celui d'expliquer le bien qui s'est fait et d'augmenter celui qui doit se faire, il confesse Dieu avec un désintéressement politique si manifeste, qu'il faut à coup sûr ou ignorer cet acte, ou être thermidorien, pour oser dire que Robespierre ne croyait pas, et qu'il commit plus tard, en proclamant l'Être suprême, une imposture qu'il jugeait politiquement utile.

Le journal des débats des Jacobins ne contient que la première partie de l'adresse lue par Robespierre. Voici les fragmens qui donnèrent lieu aux objections de Guadet.

« Frères et amis, une conspiration formidable se tramait dès long-temps contre notre liberté et était prête à éclater. La guerre civile s'allumait, la guerre étrangère menaçait l'empire. Les prêtres secouaient les torches du fanatisme et de la discorde ; des directoires perfides soutenaient les complots de tous les ennemis de la révolution ; des traîtres occupaient dans l'armée les grades les plus considérables ; la cour nous trahissait. Des cris de guerre se faisaient entendre, mais on n'avait pris aucune mesure certaine, soit pour la faire avec succès, soit pour la prévenir. On ne songeait, ni à soulager le peuple, ni à protéger les soldats patriotes, chassés, persécutés par le ministre de Narbonne, ni à forcer ce ministre audacieux à donner des armes aux gardes nationales, ni à pourvoir à la sûreté des frontières. D'un côté la faiblesse et l'ignorance, de l'autre, le despotisme, l'hypocrisie et la haine de la vérité, semblaient obscurcir le génie de la France.

» Sans le courage inébranlable des citoyens, sans la patience invincible du sublime caractère du peuple, il était permis à l'homme le plus ferme de désespérer du salut public, lorsque la Providence, qui veille toujours sur nous beaucoup mieux que notre propre sagesse, en frappant Léopold, paraît déconcerter pour quelque temps les projets de nos ennemis. Ce délai suffit pour que la liberté puisse écarter à jamais les fléaux dont elle est menacée.

» Nous tenons dans la main la paix ou la guerre ; nous sommes les maîtres de notre destinée et de celle du monde, pourvu que nous ne retombions pas encore une fois dans notre léthargie ordinaire ; pourvu que nous ne nous lassions pas d'entendre la voix de la prudence et de la raison ; que, mettant à profit l'occasion unique qui nous est offerte, nous forcions les choses à prendre une tournure franche et plus sincère que la politique de nos tyrans ; que nous mettions dans l'impuissance de nous insulter à l'avenir ceux qui nous trompent. Craignons, sans cela, de lasser la bonté céleste, qui jusqu'ici s'est obstinée à nous sauver malgré nous.

» ..... On répète que les nouveaux ministres sont Jacobins. A Dieu ne plaise que j'attende de quelques hommes la destinée de la nation, qui est immortelle. La liberté repose sur des bases plus fermes et plus élevées : elle repose sur la justice et la sagesse des lois, sur l'opinion publique, la force souveraine parce qu'elle est la lumière du peuple ; sur la défiance même des amis de la Constitution, justifiée dès long-temps par ce qui s'est passé ; sur la défiance, seule égide de la liberté jusqu'à ce que la révolution soit terminée, jusqu'à ce que tous vos ennemis soient confondus. Au reste, louer le nouveau ministère serait une flagornerie d'autant plus maladroite, que bientôt leurs actions pourront les mettre au-dessus de tout éloge. Nous verrons si ce changement est, de la part de la cour, l'effet de la peur ou de la vertu ; s'il est le triomphe de l'intrigue ou celui de la liberté !... »

— L'impression et l'envoi de cette adresse sont demandés à grand cris, dit le *Journal du club*, et repoussés de même, au milieu d'un tumulte impossible à décrire. L'évêque de Paris, qui occupe le fauteuil, se couvre ; enfin le calme renaît, et Guadet paraît à la tribune ; il demande, et fonde sur trois motifs, le renvoi de l'impression à trois commissaires.

» *M. Guadet.* Premièrement, dire, comme l'a fait M. Robespierre, que l'on demande la guerre sans but et sans préparatifs, me paraît être une critique amère de toutes les sociétés patriotiques qui ont été de l'avis de la guerre, et de celle-ci en particulier. Comment pourrait-on douter que le vœu général de la nation soit pour la guerre, lorsque, en dépouillant les registres des départemens, on trouve plus de six cent mille citoyens inscrits pour marcher à l'ennemi.

» Secondement, j'ai entendu souvent, dans cette adresse, répéter le mot Providence, je crois même qu'il y est dit que la Providence nous a sauvés malgré nous. J'avoue que, ne voyant aucun sens à cette idée, je n'aurais jamais pensé qu'un homme qui a travaillé avec tant de courage, pendant trois ans, pour tirer le peuple de l'esclavage du despotisme, pût concourir à le remettre ensuite sous l'esclavage de la superstition. (Brouhahas, murmures, applaudissemens.)

» En troisième lieu, il me semble que dire, comme l'a fait M. Robespierre, que nous sommes maîtres de la paix et de la guerre, c'est en quelque sorte donner d'avance un tort au ministère, dans le cas où nous serions forcés à faire la guerre, et cependant il serait possible que nous fussions dans cette position. N'est-ce point élever la défiance des sociétés contre un ministère patriote, et semer le découragement parmi elles en leur montrant la paix comme le seul moyen de salut ; enfin j'avoue que je n'attendais rien de pareil de M. Robespierre.

» *M. Robespierre.* Je ne viens pas combattre un législateur distingué..... (*Plusieurs voix :* Il n'y en a pas.) Je veux dire un législateur distingué par ses talens ; mais je viens prouver à M. Guadet qu'il m'a mal compris. Je viens combattre pour des principes communs à M. Guadet et à moi ; car je soutiens que tous les patriotes ont mes principes : il est impossible qu'ils n'admettent les principes éternels que j'ai énoncés. Quand j'aurai terminé ma courte réponse, je suis sûr que M. Guadet se rendra lui-même à mon opinion ; j'en atteste et son patriotisme et sa gloire, choses vaines et sans fondement si elles ne s'appuyaient sur les vérités immuables que je viens de proposer.

» L'objection qu'il m'a faite tient trop à mon honneur, à mes sentimens et aux principes reconnus par tous les peuples du monde, et par les assemblées de tous les peuples et de tous les temps, pour que je ne croie pas mon honneur engagé à les soutenir de toutes mes forces.

» La première objection sur ce que j'aurais commis la faute d'induire les citoyens dans la superstition après avoir combattu le despotisme. La superstition, il est vrai, est un des appuis du despotisme, mais ce n'est pas induire les citoyens dans la superstition que de prononcer le nom de la Divinité. J'abhorre, autant que personne, toutes ces sectes impies qui se sont répandues dans l'univers pour favoriser l'ambition, le fanatisme et toutes les pas-

sions, en se couvrant du pouvoir sacré de l'Éternel qui a créé la
nature et l'humanité ; mais je suis bien loin de la confondre avec
ces imbéciles dont le despotisme s'est armé.

» Je soutiens, moi, ces éternels principes sur lesquels s'é-
taie la faiblesse humaine pour s'élancer à la vertu. Ce n'est point
un vain langage dans ma bouche, pas plus que dans celle de
tous les hommes illustres qui n'en avaient pas moins de morale,
pour croire à l'existence de Dieu. (Plusieurs voix : — A l'ordre du jour ! — Brouhahas.)

» Non, messieurs, vous n'étoufferez pas ma voix, il n'y a
pas d'ordre du jour qui puisse étouffer cette vérité : je vais continuer de développer un des principes puisés dans mon cœur,
et avoués par tous les défenseurs de la liberté ; je ne crois pas
qu'il puisse jamais déplaire à aucun membre de l'assemblée nationale d'entendre ces principes, et ceux qui ont défendu la liberté
à l'assemblée constituante ne doivent pas trouver d'oppositions
au sein des amis de la Constitution. Loin de moi d'entamer ici
aucune discussion religieuse qui pourrait jeter de la division
parmi ceux qui aiment le bien public, mais je dois justifier tout
ce qui est attaché sous ce rapport à l'adresse présentée à la
Société.

» Oui, invoquer la Providence et omettre l'idée de l'Être éternel qui influe essentiellement sur les destins des nations, qui
me paraît à moi veiller d'une manière toute particulière sur la
révolution française, n'est point une idée trop hasardée, mais
un sentiment de mon cœur, un sentiment qui m'est nécessaire à
moi, qui, livré dans l'assemblée constituante à toutes les passions
et à toutes les viles intrigues, et environné de si nombreux
ennemis, me suis toujours soutenu. Seul avec mon ame, comment aurais-je pu suffire à des luttes qui sont au-dessus de la
force humaine, si je n'avais point élevé mon ame à Dieu. Sans
trop approfondir cette idée encourageante, ce sentiment divin
m'a bien dédommagé de tous les avantages offerts à ceux qui
voulaient trahir le peuple.

» Qu'y a-t-il dans cette adresse, une réflexion noble et touchante, adoptée par ceux qui ont écrit avec l'inspiration de ce sentiment sublime : je nomme Providence ce que d'autres aimeront peut-être mieux appeler hasard, mais ce mot Providence convient mieux à mes sentimens.

» On a dit que j'avais fait une injure aux sociétés populaires. Ah! certes, messieurs, je vous en atteste tous, s'il est un reproche auquel je sois inaccessible, c'est celui qui me prête des injures au peuple, et cette injure consiste en ce que j'ai cité aux sociétés la Providence et la Divinité. Certes, je l'avoue, le peuple français est bien pour quelque chose dans la révolution : sans lui nous serions encore sous le joug du despotisme. J'avoue que tous ceux qui étaient au-dessus du peuple auraient volontiers renoncé pour cet avantage à toute idée de la Divinité, mais est-ce faire injure au peuple et aux sociétés affiliées que de leur parler de la protection de Dieu, qui, selon mon sentiment, nous sert si heureusement.

» Oui, j'en demande pardon à tous ceux qui sont plus éclairés que moi, quand j'ai vu tant d'ennemis avancer contre le peuple, tant d'hommes perfides employés pour renverser l'ouvrage du peuple, quand j'ai vu que le peuple lui-même ne pouvait agir et qu'il était obligé de s'abandonner à des traîtres, alors plus que jamais j'ai cru à la Providence, et je n'ai pu insulter ni le peuple, ni les sociétés populaires, soit en parlant, comme je l'ai fait, des mesures qu'il faut prendre pour la guerre ou pour la paix ; soit dans le retour que j'ai fait sur ce qui s'est passé.

» En disant que la demande de la guerre ne me semblait avoir ni place, ni objet déterminé, je n'ai point insulté les sociétés populaires, car on n'a pas recueilli leur vœu : Celle-ci même n'a pas émis une opinion positive. Je n'ai point insulté le peuple. — J'ai demandé la guerre, s'il faut avoir la guerre ; et la paix, si on peut l'avoir, et je crois qu'il est possible d'avoir la paix. Je n'ai insulté personne quand j'ai dit que l'on parlait plus de guerre que des moyens de la faire avec succès. Serait-ce les patriotes de l'assemblée nationale, seraient-ce les législateurs patriotes! en est-il un qui puisse nier qu'avant la mort de Léopold,

Narbonne et La Fayette, étaient présentés comme les héros qui devaient sauver la nation? en est-il un qui puisse nier que de toutes les parties de la France, s'adressaient ici des plaintes que les gardes nationales n'étaient point armées, que les officiers aristocrates commandaient, qu'on demandait en vain leur expulsion? En est-il un qui puisse dire qu'un général qui, les mains teintes du sang de ses concitoyens, devait les mener au combat, pût inspirer la confiance? En est-il un qui puisse dire qu'ils avaient pris des mesures nécessaires pour déjouer les conspirations ourdies par nos ennemis communs. Oui, c'est la Providence qui a fait tomber leurs correspondances en nos mains; j'applaudis à ce qu'a fait l'assemblée nationale, à condition que sa démarche sera soutenue, et que la paix et le bonheur du peuple en seront le résultat. Est-il quelqu'un qui puisse me reprocher d'avoir offensé les patriotes et les députés, qui ont la preuve personnelle que je les estime; et quand j'étais investi du caractère sacré de représentant du peuple, m'a-t-on vu trouver mauvais que des citoyens courageux présentassent à l'assemblée constituante des observations rigoureuses sur les fautes où elle était tombée?

» J'atteste que je n'ai pas trouvé de plaisir plus doux que lorsque au milieu de ces plates flagorneries qui inondaient la salle, je voyais percer quelques pétitions qui montraient le véritable vœu du peuple français, trop long-temps outragé, trop long-temps oublié. Comment y aurait-il un citoyen qui pût adopter d'autres sentimens que ceux que je viens d'exprimer?

» Je passe à la troisième objection. Je n'ai point loué d'avance le ministère nouveau; je n'estime que ce que je connais, et je n'applaudis qu'au bien qui est fait. Parmi les ministres, il en est tel que je ne nomme pas, qui a les intentions les plus droites: je souhaite qu'il ne soit contredit par aucun obstacle. Mais comme il leur est très-facile de prouver tout cela, je ne veux point les louer. Les circonstances et le bien public les mettront au-dessus de tout éloge. Sur les intrigues de la cour, rien ne nous permet de jeter des idées anticipées. Je ne veux en parler ni

en bien ni en mal. J'ai dit que les ministres étaient jacobins , et
que cela ne nous en imposait aucunement ; j'ai dit que le ministère s'annonçait avec des circonstances heureuses ; voilà ce
que j'ai dit. Je ne pourrais rien dire de plus ; ma conscience y
répugne.

» Rien de ce que j'ai dit ne peut décourager le peuple ; le
peuple a triomphé jusqu'ici des plus grands dangers , et il triompherait encore des plus grands obstacles, s'il s'en présentait.
Est-ce décourager les sociétés que de présenter le tableau civique des vertus ; n'est-ce pas du patriotisme que dépend le succès
des révolutions? Le patriotisme n'est point une convenance , ce
n'est point un sentiment qui se ploie aux intérêts , mais c'est
un sentiment aussi pur que la nature , aussi inaltérable que la
vérité.

« Je conclus et je dis que c'était pour l'établissement de la
morale de la politique que j'avais écrit l'adresse que j'ai lue
à la Société. Je demande qu'elle décide si les principes que j'annonce sont les siens. »

— « Les cris les plus violens, dit le journal, empêchent
long-temps M. le président de mettre aux voix l'impression de
l'adresse de M. Robespierre. M. Sillery propose par amendement d'en arrêter l'impression comme d'une opinion de M. Robespierre et non comme d'une adresse de la société. — La question préalable sur cet amendement est demandée. L'épreuve paraît douteuse à quelques membres qui en demandent une seconde.
— Le plus grand tumulte succède à cette demande. M. le président est obligé de se couvrir. Enfin , il explique une seconde fois
la délibération, et la question préalable est rejetée. Il veut mettre
l'amendement aux voix et se donne la peine d'en rappeler le
sujet, lorsqu'une voix partie du côté de la porte s'écrie : Point de
capucinade, monsieur le président ! — A ces mots toute l'assemblée
indignée veut savoir le nom de l'indiscret qui a lâché ce propos ;
il reste inconnu. Le plus grand désordre règne dans la société
et M. le président lève la séance. » (*Journal des Débats des Jacobins*, numéro du 28.)

A la séance du 28, Santonax fut signalé comme étant celui qui avait si grossièrement apostrophé le président à la fin de la précédente séance. Le rapporteur du comité de présentation proposa la radiation et l'exclusion de ce membre. Chépy fils sollicita l'indulgence de la société pour un patriote, dit-il, connu par ses talens, et Santonax parut ensuite à la tribune, où il fit ses excuses publiques. — La société les accepta et passa à l'ordre du jour. — A la séance du 30, comme il s'agissait de faire une seconde lecture de l'adresse de Robespierre, un membre tint contre lui un. propos injurieux qui fut relevé par Santerre. Il s'ensuivit un violent tumulte. Robespierre profita du premier moment de tranquillité pour annoncer qu'il ne pouvait se résoudre à voir l'assemblée ainsi troublée à son. occasion, et qu'en conséquence il retirait son projet d'adresse, ayant en ses mains d'autres moyens de produire sur l'esprit public le bon effet qu'il en attendait : — Robespierre voulait parler de son *défenseur de la Constitution*, qu'il ne tarda pas en effet à publier.

Un incident de la séance du 25 sera le dernier fait que nous fournira l'histoire du club des Jacobins. — « Hier, dit le *Patriote Français*, sous la rubrique du 26, il y eut un banquet civique, auquel se trouvèrent un grand nombre de vainqueurs de la Bastille, d'habitans du faubourg Saint-Antoine, de forts de la Halle, de membres de l'assemblée nationale et de la société des amis de la Constitution. Le rendez-vous était à la *Halle-Neuve* : on s'est rendu de là aux Champs-Élysées, lieu du repas, au son des tambours et de la musique, et précédés du bonnet de la liberté, porté sur une pique aux couleurs nationales. Une gaieté franche et vive, un abandon fraternel, ont présidé à cette fête, qu'aucun désordre n'a troublée. Un grand nombre de toasts patriotiques ont été portés, et l'on n'y a pas oublié les *citoyens de couleur*, dont l'assemblée nationale venait de reconnaître les droits. *Les forts pour la patrie* (c'est le nom qu'ont pris les forts de la halle, et qu'ils soutiendront toujours avec gloire), les forts pour la patrie ont lu un discours où respirait le civisme le plus pur et le plus ardent. La présence de M. Pétion a jeté un nouvel intérêt sur la fin du repas ; il a été reçu comme un bon père à un banquet de famille. Un vainqueur de la Bastille, se livrant à son enthousiasme, a juré, au nom de ses camarades, *fidélité* au maire chéri. « Citoyens, s'est écrié M. Pétion, ce n'est pas à un homme que vous devez jurer fidélité, c'est à la nation, c'est à la Constitution. » Il s'est ensuite retiré au milieu des applaudissemens et des bénédictions d'un peuple immense. Après le repas on a été à la société des amis de la Constitution. » — Nous interrompons ici le récit du *Patriote Français*, pour insérer un passage du *Journal des Jacobins*, n° du 27.

« On annonce le faubourg Saint-Antoine réuni aux forts de la Halle. La musique qui précède leur marche se fait entendre. Toute la société, chapeau bas, témoigne, par des applaudissemens cadencés, le plaisir de voir ses frères au milieu d'elle, marcher au son de l'air favori, *Ça ira*.

» M. Santerre est à leur tête ; arrivé en face du bureau, il prononce le discours suivant : « Les vainqueurs de la Bastille et les forts de la halle se sont réunis aujourd'hui pour la première fois. Leur fête était incomplète : il leur manquait la présence de la société des Jacobins. Nous sommes fâchés de vous avoir interrompus, mais notre plaisir est au comble. »

» L'air, *Où peut-on être mieux qu'au sein de sa famille*, joué par la musique, exprime le sentiment de la société et des membres qui composent cette marche civique, qui défilent au milieu des acclamations universelles. On remarque, parmi les forts de la Halle, M. de Saint-Huruges, avec un chapeau blanc ; et parmi les vainqueurs de la Bastille, on applaudit à M. l'évêque du Calvados et à M. le procureur de la commune de Paris, qui en font partie. »

Nous reprenons le récit de Brissot. — « La femme d'un tambour du faubourg Saint-Antoine était accouchée la veille. Le mari se trouvait à la fête ; on n'a cru pouvoir mieux la terminer qu'en assistant au baptême de l'enfant. C'était une fille ; elle a été baptisée par M. Fauchet ; elle a été tenue sur les fonts baptismaux par M. Thuriot, député, l'un des vainqueurs de la Bastille, et

par mademoiselle Calon, fille de M. Calon, député. La petite
fille a été nommée Pétion-Nationale-Pique; et son père a prêté
le serment civique en son nom. Un drapeau de la Bastille et le
bonnet de la liberté étaient sur les fonts, et des airs patriotiques
ont été joués pendant toute la cérémonie, qui a fini par un repas
fraternel, donné par M. Santerre, président de la fête, au père,
au parrain, à la marraine et à plusieurs autres patriotes. »

Pour ne rien omettre d'essentiel parmi les matériaux historiques qui appartiennent au mois de mars 1792, nous devons
mentionner la prestation de serment de la garde constitutionnelle
du roi, la publicité des séances du corps municipal, les nombreuses lettres du procureur-syndic Rœderer sur les contribuables retardataires (presque tous sont riches ou nobles), et la
formation de la première liste du jury.

*N.B. L'abondance des matières nous force à remettre au vo-
lume prochain la publication de la liste de la société des Jacobins.*

FIN DU TREIZIÈME VOLUME.

TABLE DES MATIÈRES

FIN DE LA TABLE DES MATIÈRES.

HISTOIRE PARLEMENTAIRE

DE LA

RÉVOLUTION FRANÇAISE,

OU l

JOURNAL DES ASSEMBLÉES NATIONALES,

DEPUIS 1789 JUSQU'EN 1815.

PARIS. — TYPOGRAPHIE D'ÉVERAT,
Rue du Cadran, n. 16.

HISTOIRE PARLEMENTAIRE

DE LA

RÉVOLUTION

FRANÇAISE,

OU

JOURNAL DES ASSEMBLÉES NATIONALES,

DEPUIS 1789 JUSQU'EN 1815,

CONTENANT

La Narration des événemens; les Débats des Assemblées; les Discussions des principales Sociétés populaires, et particulièrement de la Société des Jacobins; les Procès-verbaux de la commune de Paris; les Séances du Tribunal révolutionnaire; le Compte-rendu des principaux procès politiques; le Détail des budgets annuels; le Tableau du mouvement moral, extrait des journaux de chaque époque, etc.; précédée d'une Introduction sur l'histoire de France jusqu'à la convocation des États-généraux,

PAR P.-J.-B. BUCHEZ ET P.-C. ROUX.

TOME QUATORZIÈME.

PARIS.

PAULIN, LIBRAIRE,

RUE DE SEINE, N° 6, HÔTEL MIRABEAU.

—

M. DCCC XXXV.

PRÉFACE.

———

Dans notre préface précédente, nous avons essayé d'exposer le but qui nous sert de méthode pour la collection des matériaux dont se compose cet ouvrage. A cet effet, il nous a fallu entrer dans la question fondamentale de toute science historique dans la philosophie sociale elle-même ; et nous avons en conséquence commencé la critique des théories aujourd'hui régnantes sur le mouvement politique des nations. Nous craignons d'avoir laissé quelque obscurité sur ce sujet difficile et abstrait ; nous croyons donc devoir reprendre notre examen sous une autre forme. Ici nous n'avons à redouter ni les répétitions, ni l'ennui qui les accompagne. C'est une question immense que l'on peut manier de mille manières, sans jamais l'épuiser et sans cesser d'y trouver des aspects nouveaux. Ce sera, d'ailleurs le moyen le plus sûr de rattacher ce qui nous reste à dire à ce que nous avons déjà dit.

Ainsi que nous l'avons vu, deux écoles sont aujourd'hui en présence, se disputant le domaine de l'histoire, et celui de la politique. L'une est émanée de la réforme prêchée par Luther ; elle est fille de ses doctrines. L'autre sort de la Révolution française, et, ainsi que nous avons essayé de le démontrer dans notre introduction sur l'histoire de France, elle tire directement son origine des doctrines catholiques. L'une et l'autre ont leur philosophie. C'est particulièrement sous ce dernier rapport que nous allons maintenant les examiner et les comparer.

Afin de pouvoir reconnaître d'une manière certaine quelle est, parmi es philosophies enseignées aujourd'hui, celle qui répond au protestan-

tisme Luthérien, ou plutôt quelle philosophie celui-ci devait produire dans
son développement, il faut l'étudier lui-même et dans ses principes et dans
son mode d'établissement, c'est-à-dire dans sa théorie et dans sa pratique.

Le protestantisme ne prit point naissance d'un vif mouvement de sympathie pour les souffrances des classes inférieures ; il ne se posa point
non plus *a priori*. Ce fut une *négation* qui fut avancée d'abord sur l'un
des actes du saint-siége qui paraissait le plus appartenir à l'ordre temporel, et qui semblait le plus étranger aux bases du dogme catholique.
Attaquée et défendue des deux parts avec une égale vigueur, elle fut
de conséquences en conséquences poussée jusqu'au degré où nous la
voyons parvenue. Elle prit origine à l'occasion des indulgences que l'on
prêchait et vendait alors en Allemagne et en Suisse, et dont le produit
était destiné à l'achèvement de St-Pierre de Rome. Ainsi l'on peut dire
que les papes ont payé la magnificence de ce lourd monument d'une
partie de leur empire, d'une partie de la chrétienté. Encore la discussion
n'eût point commencé, sans une misérable rivalité d'ordres monastiques
qui fut en réalité le motif déterminant de la première opposition de
Luther. Ce docteur n'était pas seulement professeur de l'université de
Wittemberg ; il appartenait de plus à l'ordre des moines augustins. Or
la cour de Rome avait donné aux dominicains le soin fructueux de la
perception des indulgences ; c'était une faveur qui devait enrichir
tout ceux qui y prenaient part, et dont on ne pouvait qu'être jaloux.
Luther fut choisi par son supérieur autant pour prêcher contre les
dominicains que pour parler contre les indulgences. Le pouvoir temporel
vit avec plaisir les premiers efforts du futur réformateur ; il accueillit et
favorisa des prédications dont la conséquence évidente était d'arrêter un
trafic qui appauvrissait ses états, et de lui conserver intacte la matière des
impôts. La protection qu'il accorda à Luther ne paraît pas avoir eu d'autre
but ; car rien ne pouvait encore lui montrer les conséquences théologiques
de l'opposition qui commençait. D'ailleurs la critique des indulgences
fut accueillie favorablement par la jeunesse des écoles, par toutes les
classes supérieures de la société, par une partie même de la bourgeoisie.
Depuis près de deux cents ans le public se plaignait des abus qui s'é-
taient introduits dans l'Église. Depuis près de deux cents ans le mot de
réforme était dans toutes les bouches. On l'avait entendu prononcer
même par les papes dans le siècle précédent. La richesse du clergé était
un scandale qu'accroissait celui du commerce contre lequel s'élevait le
docteur Augustin. Il enrichissait autant les collecteurs que l'église, et
servait souvent à payer de sales débauches ; c'est au moins ce qu'affir-
mèrent les premiers protestans. Luther fut donc applaudi et suivi dans
l'université de Wittemberg. Mais la discussion marcha, et la question
avec elle. Il fallut débattre le droit des papes à publier des indulgences.
Ce fut à cette occasion que Luther commença à rompre avec le dogme
catholique. Mais c'était une question de théologie que le pouvoir temporel ne comprenait pas ; et l'électeur, apercevant toujours l'intérêt financier, continua son appui. Ainsi le docteur de Wittemberg et ses

protecteurs s'engagèrent successivement, pied à pied, poussés presque en aveugles, dans un défilé qui se termina par une rupture complète.

Dans le même temps, Zwingle protestait à Zurich, en Suisse, contre les indulgences. C'est une question parmi les protestans de savoir quel est, de Luther ou de Zwingle, celui qui conçut le premier le projet de la réforme ; mais elle nous semble facile à résoudre dès que l'on examine le mode d'origine. Les deux doctrines naquirent également *a posteriori*, et de la même occasion ; elles conclurent, ainsi que nous allons le voir, au même principe général, celui de la souveraineté de la raison individuelle ; et comme elles n'avaient l'une et l'autre d'autre but que la négation, elles poussèrent celle-ci jusqu'au degré que leur permirent le milieu social où vivaient leurs auteurs. Zwingle habitait, dans un pays plus libre que l'Allemagne, et aussi il alla plus loin que Luther ; il rejeta des croyances que celui-ci fut obligé de conserver, autant, sans doute, parce que c'étaient les siennes, que parce qu'elles étaient celles de ses protecteurs ; telle fut entr'autres celle de la présence réelle.

Nous n'avons point ici à raconter la péripétie de ce drame théologique et politique qui amena pour dénoûment la déclaration faite à la diète d'Augsbourg, en Allemagne, et qui fut appelée la confession d'Augsbourg ; l'on n'y trouverait d'ailleurs rien de plus que la logique ordinaire que suivent les passions individuelles lorsqu'une fois elles sont engagées. Nous passerons de suite aux points capitaux de la doctrine luthérienne, à sa théorie de l'autorité individuelle, et à sa théorie de la grace ou de la prédestination.

L'Église catholique admet que l'autorité spirituelle, c'est-à-dire le droit d'interpréter les saintes écritures, appartient à l'Église assemblée, c'est-à-dire réside dans le Pape et le Concile réunis. Luther au contraire déclara que la raison individuelle était juge souveraine de l'interprétation des écritures. C'était en effet l'unique principe sur lequel il pût appuyer la réforme ; s'il avait fait autrement, un Concile eût pu, de son aveu, mettre à néant tous ses efforts. Pour soutenir que l'Église était faillible, il fallait trouver un juge qui ne fût pas elle. Hors d'elle, il n'y avait plus que des individus ; ce fut donc aux individus qu'il s'adressa. Ce principe fut aussi celui de Zwingle. Examinons maintenant la question de la grace.

L'Église catholique ne prononça sur ce sujet qu'à l'occasion de diverses hérésies. Sous le nom de grace, elle comprend tous les secours qui peuvent porter l'homme à faire le bien, ou, en d'autres termes, son salut, comme l'éducation, l'exhortation, les exemples, etc. ; elle entend aussi cette puissance supérieure de facultés, que, dans le langage vulgaire, on appelle génie. Avec la grace, nous sommes libres d'agir dans la voie qui nous est indiquée, ou d'en sortir ; libres d'user de nos facultés pour le bien ou le mal : ainsi, selon elle, le *libre arbitre*, ce *sine qua non* du mérite et du démérite, reste entier. L'opinion de Luther est directe-

ment le contraire de ce que nous venons d'exposer. Nous n'entrerons
pas dans le détail théologique et métaphysique dont il a composé sa définition ou plutôt ses définitions. Elles sont si embarrassées de réticences
et d'additions, qu'il faudrait pour les expliquer plus d'espace qu'elles n'en
occuperaient elles-mêmes. Nous nous bornerons aux points saillans et à
leur signification. Il ne faut pas oublier ici que le réformateur trouva sa
doctrine en discutant sur les indulgences. Il fut amené à être obligé de
prouver que Dieu ne tint compte aux hommes ni des intentions, ni de la
volonté qu'ils mettent dans leurs actes, ni même des œuvres. Il trancha
la question en soutenant que Dieu ne tenait compte que de la grace ;
qu'elle était un *don gratuit* qui émanait de lui seul, qu'elle était toujours
efficace en ce qu'elle assurait le salut et constituait une prédestination ;
que, par l'effet du péché originel, la volonté avait perdu sa liberté et
par suite était livrée aux impulsions venant du dehors ; qu'elle n'en re-
couvrait la valeur, c'est-à-dire le pouvoir d'agir indépendamment du
monde extérieur et par des raisons prises en elle-même, qu'à l'aide de
la grace ; enfin, que, sans celle-ci, le libre arbitre n'était qu'un mot
sans réalité (*esse duntaxat vacuum sine re titulum*). Luther dit enfin
que l'on était certain de posséder la grace lorsque l'on sentait *en soi* la
ferme croyance de faire son salut. Il ajouta par correctif à ces principes,
et sans doute pour ne point écarter ses puissans protecteurs, qu'il y
avait beaucoup d'appelés, et peu d'élus ; et que l'homme devait cependant être considéré comme libre vis-à-vis des devoirs que lui imposait la
vie civile. Si en effet cette addition n'eût été faite, on aurait pu conclure que l'homme n'étant pas libre, il ne pouvait aussi être coupable ;
et tous pouvant affirmer en eux la présence de cette grace singulière,
tous auraient pu se soustraire aux devoirs sociaux.

Les hommes du pouvoir ne virent pas la portée de cette doctrine monstrueuse, ou plutôt ils en comprirent seulement ce qui était favorable à
leurs prétentions. Pour avoir une idée de son succès, il faut se rappeler
le rude enseignement du dogmatisme chrétien resté encore menaçant et
plein de vie malgré les faiblesses du clergé, et le comparer à l'indulgence
de ce nouveau dogmatisme plein de consolations et propre à rassurer les
plus coupables. En effet, la possession de la grace ne garantissait-elle pas
inévitablement le salut ? et sa présence n'était-elle pas certaine pour ceux
dans lesquels le pouvoir de tout faire accusait celle du libre arbitre ? Les
princes se trouvaient donc, par cet enseignement, libres dans cette vie
et rassurés pour l'autre.

Depuis long-temps, d'ailleurs, l'Allemagne avait été dressée à lutter
contre le saint-siége. Il suffira de rappeler cette longue guerre soutenue
par l'empire contre les Papes qui commença entre Henri IV et Grégoire
VII, et ne se termina en réalité qu'au concile de Constance par le triomphe de Sigismond. Il faut en outre se rappeler que, dans le temps
même de Luther, à une question d'indépendance personnelle de la part
des princes contre l'empereur Charles-Quint, se trouva uni l'intérêt de

se séparer du saint-siége; et la France aussi ne vint-elle pas agir avec énergie pour encourager cette résistance qui créa un redoutable empêchement aux projets de monarchie universelle poursuivis par le fier roi d'Espagne? En Suède et en Danemarck le protestantisme fut adopté par la noblesse comme une garantie contre le retour du tyran Christiern. En Angleterre, Henri VIII en fut le promoteur; et ses motifs furent des colères personnelles. Ainsi en beaucoup de lieux, le luthéranisme fut avant tout un intérêt princier soit d'indépendance, soit de pouvoir.

Une circonstance imprévue vint montrer le véritable caractère religieux de cette doctrine ; elle vint donner la preuve de ce que nous avons avancé, savoir que c'était une religion de noblesse et de gens riches, qui n'avait eu, dans son origine, aucune pensée sortie de la morale chrétienne.

Des élèves de Luther, moins éclairés que leur maître, et ne voyant dans une réforme que le côté moral, sympathique et populaire, prêchèrent l'affranchissement des classes inférieures. Leur enseignement fut rapidement suivi de ces redoutables insurrections de paysans, connues sous le nom de guerre des Anabaptistes. Luther écrivit contre eux : il arbora le drapeau de la croisade que les nobles dirigèrent contre ces malheureux, et bientôt ce mouvement fut éteint dans le sang et les supplices. Ce fut là le puritanisme de l'Allemagne : il n'eut pas plus de succès, il eut moins de durée qu'en Écosse.

Ainsi, en théorie, le protestantisme luthérien enseigna la souveraineté de la raison individuelle, et l'inutilité des œuvres pour le salut. En pratique, son règne fut établi par la volonté des rois, des princes, des seigneurs, qui y trouvèrent et une doctrine d'indépendance personnelle, et la confirmation du droit qu'ils tiraient de leur naissance et de leur position. Ce fut, pour eux tous, et toujours, une question d'intérêt particulier.

Maintenant, il nous faut chercher quelle est la philosophie dont les principes répondent le plus directement aux dogmes monstrueux que nous venons d'exposer.

S'il est une philosophie qui pose le *moi* avant toutes choses, qui fasse tout émaner de lui, aussi bien la morale que la science; qui enferme le *moi* de Dieu même dans les proportions assignées au *moi* de l'homme; qui conclue à l'aristocratie, c'est-à-dire, à la supériorité de l'individu sur tous; qui admette pour les peuples la fatalité des climats et des races; qui, en affirmant le libre arbitre, le nie cependant, graces aux conditions qu'il lui impose; une telle philosophie sera certainement celle qui répondra le mieux en théorie au prostestantisme luthérien; et, s'il se trouve que cette philosophie soit née dans des têtes protestantes, ait été propagée par des protestans, conclue à une aristocratie dont le fait seul est juge, nous pourrons prononcer avec une certitude presque entière.

Or cette philosophie existe: c'est celle qui se nomme *eclectisme*, ou, parmi les adeptes, *doctrinarisme*. On peut juger, par ce qu'elle fait en France, à quel point elle est, en pratique, conforme au protestantisme de la noblesse germanique et anglaise.

Mais dans une population telle que celle de France, l'éclectisme ne ne pouvait prendre. Il y a ici un corps de nation qui existe depuis quatorze siècles, et vit d'un sentiment d'unité traditionnelle qui ne lui a jamais failli, et dont il vient de donner les plus puissantes preuves. Notre nation a repoussé le protestantisme parce qu'il lui était présenté par des aristocrates, et qu'il attaquait sa vieille unité. Cette nation croit à elle-même et non à quelqu'un s'il n'est elle. Pour soumettre cette nation rebelle à la foi de l'égoïsme, ennemie des choses mesquines, où chaque génération avait toujours préféré la grande destinée de tous à son propre bonheur, à son intérêt temporel, il fallait l'attaquer par l'exemple et par les traditions. Par l'histoire on a essayé de lui prouver qu'il n'y avait pas pour elle d'avenir national; par l'exemple, on a essayé de lui montrer que la grandeur des peuples était celle de quelques familles. Voici comment on s'y est pris pour atteindre ce but. Cependant pour cela on n'a pas eu besoin de sortir du protestantisme; mais on a quitté le luthéranisme germanique, et l'on a emprunté quelques pages au protestantisme d'Italie. En cela, on n'a fait qu'imiter certains docteurs de la moderne Allemagne.

Depuis long-temps l'église romaine, il faut le dire, et puissent ces observations la changer, depuis long-temps, disons-nous, cette église n'a plus de catholique que le titre, les prétentions, et les espérances qui reposent sur elle. Si l'on entend par catholicisme, non-seulement l'universalité dans le présent, mais encore l'unité d'un dogme toujours conforme à lui-même dans le passé, dans le présent, dans l'avenir, l'église romaine n'est plus que l'ombre d'elle-même. Qu'elle voie son enseignement! Elle n'apprend plus aux hommes que le soin de leur salut individuel; elle s'est retirée des affaires sociales, ou lorsqu'elle s'y mêle, c'est pour obéir aux injonctions de princes qui ne doivent être que des hérétiques à ses yeux, tels que l'empereur de Russie, ou c'est encore pour appuyer les doctrines qui immobilisent les sociétés humaines, le riche dans sa liberté et son bonheur héréditaire, le pauvre dans la fatalité de ses souffrances et de ses tentations. Rien de grand, rien de généreux, rien d'impulsif n'est, depuis des siècles, sorti de son sein. Ses prêtres sont riches et heureux; ils ne souffrent plus ni la prison, ni l'exil comme le peuple. Si Grégoire VII revenait sur terre, ils l'excommunieraient; ils crucifieraient peut-être le fils de Dieu lui-même, s'il reparaissait au milieu de nous pour expliquer son Évangile. Depuis bientôt cinq siècles les papes marchent dans cette voie. Ils y étaient déjà; Alexandre VI, le Borgia, régnait, lorsque Machiavel vint exposer la désespérante politique de son temps et la réduire en théorie. Ces mœurs mauvaises existaient lorsque le philologue Vico, épuisant une direction où les papes eux-mêmes avaient poussé, tirant la quintessence des doctrines politiques de l'antiquité, vint remettre au jour cette pensée d'Ocellus Lucanus : les nations, comme les individus, naissent, croissent et meurent, pour être remplacées par d'autres nations qui subiront les mêmes destinées.

Il faut reconnaître cependant qu'il y a, dans les doctrines des deux savans italiens, un caractère d'universalité qu'était incapable de trouver l'individualisme luthérien. On y reconnaît le cachet des habitudes catholiques qu'avait imposées aux deux auteurs leur éducation première. Quoi qu'il en soit, nos éclectiques se sont emparés de ces systématisations historiques, et en ont fait l'usage que nous avons vu dans la préface précédente.

Ainsi le doctrinarisme est le produit de la combinaison des divers protestantismes. Nous n'avons donc plus droit de nous étonner des singuliers mélanges de religion et d'irréligion, de superstition et d'incrédulité, de libéralisme et d'aristocratie, de sympathie pour les individus et de froide et impassible cruauté pour les masses, d'égoïsme et de prétentions socialisantes, de doute et de certitude, que nous trouvons dans les têtes de ces hommes. Il ne faudrait pas croire cependant que tous les protestans soient éclectiques ; un grand nombre se sont révoltés contre ces absurdités immorales : ils sont inconséquens peut-être, mais au moins ils pensent comme nous, et sont restés nos frères.

Il nous reste maintenant à exposer la doctrine qui leur dispute le terrain en France. Nous nous comporterons, à l'égard de celle-ci, comme nous l'avons fait dans l'examen de la précédente.

La révolution française n'offre rien de semblable à ce que nous venons de voir en décrivant les actes politiques du protestantisme. Elle procéda d'une manière complétement inverse de la reforme. Elle commença par affirmer la souveraineté du peuple, et le dogme de la fraternité universelle. Sa force n'émanait point de la volonté du pouvoir ou de l'intérêt des hautes classes, mais des fermes croyances des masses. Elle n'employa le mode par négation qu'alors qu'on lui résista ; ce fut ainsi qu'elle fut conduite à renverser la royauté, qu'elle chassa la noblesse, qu'elle persécuta les prêtres ; qu'à ses yeux l'égoïsme qui s'isole, ou le fédéralisme, fut un crime dont le seul soupçon suffisait pour appeler la mort. Il fut libre aux nobles, aux prêtres, aux fédéralistes, d'accepter l'égalité et une part dans le dévouement qu'elle s'était fait ; ils refusèrent, et elle les traita en ennemis. Jamais il n'y avait eu une pareille unité dans tant d'hommes et avec des chefs si peu nombreux et si peu influens. On peut dire que dans ses mains les individus furent des instrumens qu'elle brisa aussitôt qu'ils cessaient de la servir. Aussi, le catholique de Maistre, étonné à la vue de cette action toujours intelligente, toujours ordonnée, quel que fût son chef apparent, disait que c'était encore une fois Dieu qui créait une nouvelle société par la main des Francs.

Nous ne trouvons dans l'histoire de la réforme que le mouvement pu-

ritain et anabaptiste qui promit d'être semblable , s'il n'avait été écrasé.
Là il y avait aussi de la foi, du dévouement, une volonté de bien pour
tous. Mais, ce qui prouve incontestablement que le protestantisme luthérien ou calviniste ne comportait pas ces sentimens, c'est qu'il les combattit et les mit à mort. Si nous succombons, nous autres, ce ne sera
pas au moins par la main de ceux qui se disent nos frères ; mais ce sera
sous le poids de nos ennemis, l'aristocratie européenne et le protestantisme.

Étudions les principes dont nos pères ont poursuivi le triomphe au profit de tous, par le sacrifice de leur sang, et nous apercevrons que la
politique française devait différer de la politique protestante de toute la
distance qui sépare le catholicisme de la réforme luthérienne.

Mettons d'abord en regard le principe de la *souveraineté du peuple*
avec celui de la *souveraineté de la raison individuelle*. Un ministre du
roi , qui est né protestant et s'est fait l'un des docteurs de l'éclectisme,
déclarait dernièrement à la tribune de la chambre des députés, qu'il ré-
sisterait toute sa vie, sans relâche et sans pitié, à ce dogme absurde de
la souveraineté du peuple. Cela fut entendu , et personne ne sut rompre
le silence ! « C'est-à-dire , fallait-il répondre, que votre égoïsme ne
consentira jamais à se soumettre à une loi de dévouement, et ne la comprendra jamais ; c'est-à-dire que vous vous placez au-dessus de tous les
hommes réunis, soit comme moraliste, soit comme savant, soit comme
politique habile ; c'est-à-dire que tous les hommes sont faits pour vous,
et que vous n'êtes fait pour en servir aucun. Sachez que Socrate, le plus
sage des hommes , disait que ce qu'il savait le mieux , c'est qu'il ne savait rien. Sachez que celui qui croit tout savoir est incapable de jamais
rien apprendre. Sachez enfin que le maître , le créateur de la civilisation
moderne, Jésus-Christ, a enseigné que celui-là serait le premier parmi
nous qui se ferait le serviteur de tous les autres. »

En effet, le principe de la souveraineté du peuple est d'abord catholique, en cela qu'il commande à chacun l'obéissance à tous. Il suppose
qu'il existe une doctrine à laquelle on doit se dévouer, soit les générations, soit les individus. Et quelle est cette doctrine? La révolution s'est
expliquée clairement sur cette question ; elle a répondu que c'était le
dogme de la fraternité.

Le principe dont il s'agit est encore catholique, en cela qu'il comprend
tout le passé, tout le présent, et tout l'avenir. En effet, sa signification
dépend entièrement, ainsi que nous l'avons vu dans une préface précédente, de la définition du mot peuple. Or, nous répéterons ici quelques mots de notre conclusion d'alors. On ne peut pas entendre par ce
mot la souveraineté du présent ; car celui-ci passe toujours ; on ne peut
entendre en réalité que le but commun que poursuivait la société, but
qui appartient autant à l'avenir et au passé, qu'au présent lui-même.
Ainsi, souveraineté du peuple ne signifie autre chose que souveraineté
du but d'activité commune qui fait une nation.

Quant au dogme de la fraternité, il est catholique en ce qu'il tend à faire de toutes les sociétés humaines une seule nation soumise à l'égalité des devoirs ; à supprimer pour tous la fatalité de la mauvaise éducation et de la misère ; à donner à tous la possession du libre arbitre, c'est-à-dire, le pouvoir de choisir entre le bien et le mal, entre le dévouement et l'égoisme, entre la récompense et la peine. Il est catholique enfin en ce qu'il émane directement de l'enseignement de l'église en ce qu'il repousse l'égoisme auquel conclut le protestantisme, etc.

Nous avons maintenant à rechercher, parmi les philosophies existantes, celle qui répond le plus directement au sens de la révolution française.

Or, ce n'est pas la philosophie matérialiste. Celle-ci, en effet, est aussi une des filles du protestantisme. Elle pose le *moi* individuel avant toutes choses ; elle est forcée de faire tout commencer par le *moi*, sciences, morale, société. Elle ne peut donner d'autre sanction à la morale que l'égoisme ; elle a été mise en vogue par la noblesse ainsi que le luthéranisme, et c'est de là qu'elle est descendue dans la bourgeoisie ; elle constitua toujours la croyance d'une très-petite minorité, et encore dans une certaine classe. Les plus purs et les plus énergiques promoteurs de la révolution l'avaient en horreur. Enfin, en histoire, elle conclut au même système qu'ont adopté les éclectiques, c'est-à-dire, au système circulaire. Nous avons, au reste, assez souvent remué cette question dans les préfaces précédentes, pour être dispensés de nous y arrêter davantage. Il nous suffira de dire que si l'on veut comparer, partie par partie, la philosophie éclectique avec celle des matérialistes, on sera étonné de la similitude. La logique, la métaphysique, l'éthique sont les mêmes. Il n'y a de différence que les appellations, qui sont franches de la part des derniers, fausses et trompeuses de la part des seconds. Aussi n'hésitons-nous pas à ranger les matérialistes modernes parmi les protestans. Selon nous ils auraient la même portée politique ; et, pour le dire en passant, le pouvoir qui règne et gouverne actuellement en France en offre une preuve remarquable.

Mais, peut-on objecter, nous avons sous les yeux des hommes qui font preuve de dévouement et qui cependant professent les doctrines matérialistes. Cela est vrai, sans doute ; mais ce sont des hommes inconséquens, chez lesquels les sentimens et les habitudes de devoir que leur a inspirés leur première éducation, ont été plus puissans que la science qu'ils ont apprise dans les écoles. Il faut remarquer que chez ces hommes le sentiment est contradictoire à la science : le sentiment affirme, la science nie ou doute ; le sentiment leur commande de se dévouer, la science leur dit qu'ils doivent se conserver et agir pour eux-mêmes seulement. Le sentiment est maintenant le plus puissant ; la logique est la moins forte. Lorsque le feu de la jeunesse sera passé, disent les hommes chagrins, lorsqu'ils craindront moins le qu'en dira-t-on, et que par plénitude d'eux-mêmes ils seront arrivés à mépriser le public, lorsqu'ils ne se livreront plus à leur premier mouvement et réfléchiront avant d'agir, alors vous verrez ces hommes faire comme tant d'autres que nous avons connus, et s'enfermer dans quelque intérêt particulier. Quant à nous, nous espérons que la réflexion les changera.

Nous ne connaissons qu'une philosophie qui réponde à tout ce qui fit la gloire et la fécondité de la révolution, qui explique et enseigne tout ce qu'elle a réellement voulu : c'est la philosophie du progrès. Elle est rigoureusement, au mouvement scientifique des temps antérieurs, ce que les intentions révolutionnaires furent aux tendances politiques des siècles précédens. Ainsi que le protestantisme et le matérialisme systématique, elle ne rompt pas avec la continuité humaine, pour faire toujours tout recommencer par chaque *moi* qui se pose. Elle a un but uniquement social comme notre révolution même. Nous allons rendre compte en peu de mots des raisons de cette concordance.

Il y avait, dans le dernier siècle, en France, deux écoles qui toutes deux ont joué un rôle dans nos troubles depuis 1789 jusqu'à ce jour, deux lignes de travaux qu'il est important d'apprécier.

L'une est celle des économistes ; et par ce nom, alors, on n'entendait pas quelque chose d'aussi étroit que devint la science de la conservation lorsque des écrivains protestans y eurent porté la main ; on comprenait la science de l'organisation sociale elle-même dans toute son étendue. Cette ligne de travaux succédait à celle des légistes du *droit des gens*. C'est dans cette école que le mot progrès commença à acquérir toute son importance historique et politique : le catholique Turgot voulut l'appliquer à l'histoire ; mais il eut seulement le temps de tracer le plan de l'œuvre qu'il méditait. Ce sera un travail toujours regrettable, car personne n'ignore que ce grand économiste avait en projet la plupart des améliorations que la révolution a réalisées ; et l'on ne sait quelle influence un tel ouvrage eut pu exercer sur la direction des affaires en 1789, surtout lorsque l'on voit quelle circonstance lui en avait inspiré la pensée. Turgot, en lisant l'histoire universelle de Bossuet, avait aperçu que le véritable sentiment du christianisme avait manqué à ce grand écrivain ; il trouvait qu'il ne montrait nullement comment la foi poussait les hommes dans la voie de créer un meilleur avenir pour leurs enfans ; qu'en un mot le christianisme avait été envisagé par lui comme une doctrine immobile, et non comme un germe que l'espèce humaine était appelée à faire fructifier. Nul doute qu'une œuvre traitée dans cette direction n'eût eu une influence incalculable, et sur la jeunesse et sur le clergé lui-même ; car elle eût donné le secret révolutionnaire du christianisme. Quoi qu'il en soit, c'est à la même école qu'appartenaient tous les hommes qui traitèrent la question d'amélioration sociale ; et Rousseau doit en être considéré comme l'artiste et le vulgarisateur.

A côté de cette première ligne, il en existait une autre : c'était celle

des hommes qui poursuivaient les conséquences de la philosophie de
l'anglais Locke, et qui, par Condillac, aboutirent au matérialisme. Ceux-
là ne s'occupèrent guère que de ce que l'on appelle, en scolastique, logique, métaphysique et ontologie. Ils eurent de grands succès de salon,
et furent de mode chez les nobles de Versailles ; et cela devait être
ainsi, car si leurs hypothèses ne paraissaient guère toucher au réel de
la vie sociale, elles rendaient excusables toutes les faiblesses naturelles
aux hommes riches et puissans. L'incrédulité semblait un titre, une distinction de plus, qui élevait son propriétaire bien au-dessus du peuple
superstitieux.

Lorsque la révolution éclata, ces deux directions se trouvèrent mêlées
dans les assemblées et dans tous les actes politiques. La première donna sa science et ses bonnes œuvres ; la seconde son dévergondage d'incrédulité et son savoir-faire égoïste. Sans doute les hommes de cette
seconde ligne sont à peu près les seuls qui aient survécu à la révolution ;
mais tout le monde sait à quel prix ! Et ce sont eux aussi qui ont souillé
les pages de notre histoire, et qui ont détourné le char de la route. Quant
aux autres, ils sont presque tous morts flétris des crimes qu'avaient commis ceux qui les tuèrent. L'histoire du rôle que joua le matérialisme dans
nos quarante-cinq dernières années doit servir d'enseignement à tous ceux
qui aujourd'hui ont le malheur d'y tenir, et d'y voir une doctrine de
probité.

L'idée générale philosophique qui est restée après la révolution, c'est
l'idée progrès ; comme celle qui est restée du protestantisme est la souveraineté de la raison individuelle. Nous reviendrons, dans une prochaine préface, à l'étude comparée de l'application de ces deux principes
à l'histoire.

RÉVOLUTION

FRANÇAISE.

AVRIL 1792.

Depuis que le ministère girondin a pris la conduite des affaires, les divers partis réagissent avec force les uns contre les autres. Tous sont convaincus que la révolution est maintenant saisie par des chefs, que les événemens vont être rapides, et qu'il n'y a pas un moment à perdre, de quelque volonté d'ailleurs que l'on soit animé.

Aussi, partout on fait diligence pour arriver en temps utile, soit comme agresseur, soit comme obstacle, soit comme auxiliaire. L'heure d'agir est venue. Pendant que les meneurs girondins épuisent à la hâte le protocole diplomatique, pour aboutir à la déclaration de guerre, les royalistes deviennent de plus en plus provocateurs. Entre eux et les révolutionnaires de toute couleur,

monarchiens, c'est-à-dire partisans des deux chambres, constitutionnels, ou partisans d'une seule chambre, républicains, etc.,
il n'y a désormais qu'une question de sang, et les amis de l'ancienne royauté ne sont pas ceux qui appellent une lutte décisive
avec le moins d'impatience.

Cinq avis sont en présence, cinq avis opiniâtres, résolus,
exclusifs. Les dernières conclusions sont affirmées de part et
d'autre avec une égale colère, et les chocs commencent aussitôt.
C'est sur le thème habituel de la guerre que se heurtent les opinions dont nous allons indiquer sommairement les différences
radicales. La fête préparée et donnée aux soldats de Château-
Vieux, par les Jacobins et les Girondins réunis, aigrit incidentelle-
ment toutes les haines, et la discussion principale y prend feu
brusquement.

Tant que la fête où l'on doit réhabiliter les victimes de Nancy
n'est qu'un événement probable, la presse des Feuillans se contente
de rappeler « le meurtre de Désilles aux panégyristes des Suisses
de Château-Vieux. » A mesure que l'exécution de ce projet devient certaine, les sarcasmes des journalistes dont il s'agit croissent en amertume. Enfin, à la veille même de l'espèce de pompe
triomphale que le peuple va décerner « aux cliens de Collot-
d'Herbois, » comme les appelle André Chénier, l'indignation des
Feuillans éclate avec une témérité inouïe jusqu'ici dans leur
histoire.

Ce parti est vraiment exaspéré. Roucher, A. Chénier, de
Pange, Bayard commandant de la garde nationale, se signalent
par des écrits pleins d'audace. Ils gourmandent la pusillanimité
de la classe bourgeoise, montent devant elle sur la brèche, et la
sollicitent hardiment à l'extermination des clubs. L'état-major
de la garde nationale, le directoire du département, la majorité
du conseil-général de la commune, répondent à ces appels. La
Fayette lui-même, le chef de cette opinion, quitte l'armée et
vient furtivement à Paris.

Alors les Feuillans concertent leur opposition, et ne négligent
aucune des ressources dont ils peuvent disposer pour empêcher

la fête annoncée. Ils disent à la garde nationale qu'on veut humilier par « cette apothéose de galériens » ceux qui, en septembre 1790, honorèrent au Champ-de-Mars la mémoire de Désilles
et la défaite de ses meurtriers. Dupont de Nemours publie contre
Pétion des libelles sanglans. Le directoire en masse résiste au
corps municipal qui, cédant au vœu des sections, venait d'autoriser la solennité arrêtée pour le 15 d'avril. Rœderer seul se
ménageait doucement un rôle équivoque. Mais il est aperçu à la
fenêtre du monarchien Jaucourt, et l'on sait qu'il y a eu ce jour-
là, chez ce député, un dîner d'ultra-feuillans. Collot-d'Herbois
dénonce Rœderer à la tribune des Jacobins. Celui-ci vient se
justifier, avoue qu'en effet il a dîné avec des aristocrates, et demande ce que cela prouve. Les Montagnards le huent, et les
Girondins l'applaudissent.

Cependant les Jacobins discutent, au sein de leur société, l'ordonnance de la fête. La Fayette y est attaqué chaque jour ; chaque jour quelque grief nouveau grossit l'acte d'accusation. On
va jusqu'à proposer que « le nom du héros des deux mondes soit
attaché au même écriteau que celui de l'infâme Bouillé. » Les
Girondins écartent cette proposition.

Au conseil général de la commune, on fait la motion d'enlever
de la salle des séances les bustes de La Fayette et de Bailly.
Une forte majorité s'y oppose. La discussion s'engage, et la minorité, au milieu d'un épouvantable tumulte, essaie de généra-
liser la question : elle demande qu'on ne puisse élever des statues
à des hommes vivans. Ce moyen détourné provoque une véritable mêlée. D'Herminigy, le même commandant que nous avons
déjà vu menacer Goupilleau, s'approche de Danton comme pour
le frapper. Danton proteste contre la violence, et se retire.

On trouvera plus bas les pièces de cette polémique. Les Feuillans, obligés de subir la réception glorieuse faite aux soldats de
Château-Vieux, s'en vengèrent par une cérémonie funèbre en
l'honneur de Simoneau, maire d'Étampes. Cette représaille ne
leur attira de la part des Jacobins aucune récrimination sérieuse ;
seulement ils scrutèrent plus attentivement, qu'au moment de sa

mort, la vie de Simoneau. Marat dressa une enquête d'où « le prétendu martyr de la loi sortit atteint et convaincu de nombreux accaparemens. »

Au milieu de ces querelles, les partis ne perdaient point de vue le mouvement diplomatique. Lorsque la déclaration de guerre fut décrété, les séances des Jacobins ne furent plus qu'un long orage. Les partisans de Brissot étaient en majorité dans le clube ; mais les tribunes étaient unanimes pour Robespierre et ses amis.

Voici les cinq opinions qui divisaient la capitale :

Les monarchiens, le parti de Malouet, Clermont-Tonnerre, Mounier, etc., représenté par Mallet-du-Pan, voulait qu'on réalisât franchement le gouvernement anglais, et disait qu'à ce prix on n'aurait pas la guerre.

Les Feuillans avaient, au fond, le même système ; mais une seule chambre était à leurs yeux un mode transitoire encore nécessaire. Ils ne s'opposaient pas directement à la guerre : ils disaient « qu'il fallait épuiser tous les moyens de conciliation ; que les Jacobins étaient l'unique prétexte de la coalition dont la France était menacée, et que, pour conserver la paix, il suffisait de la destruction des sociétés populaires. »

Les Girondins, persuadés qu'ils ne se délivreraient de la noblesse et du papisme que par l'abolition de la royauté, voulaient la guerre, afin d'amener plus vite un changement dans la forme du gouvernement : la république leur semblait inévitable dès l'entrée en campagne.

Robespierre et ses partisans ne voulaient la guerre que lorsqu'il serait bien démontré qu'elle était imposée par le salut du peuple et de la révolution. Ils dirent d'abord aux Girondins qu'ils devaient user de leur position ministérielle pour obtenir la sanction des décrets contre les prêtres et contre les émigrés ; que la guerre serait inutile si ces deux décrets étaient enfin sanctionnés. Ensuite ils leur reprochèrent de conserver le commandement de l'armée à des généraux nommés par la faction qu'ils remplaçaient au pouvoir ; ils ne pouvaient assez admirer leur obstination et leur aveuglement sur le compte de La Fayette. Ce nom mêlé

à toutes les plaintes , à tous les soupçons , irrita progressivement
la méfiance des Jacobins. Quand Fauchet, à la séance du 2 avril,
vint absoudre Narbonne au nom du comité de surveillance, Narbonne, justifié d'ailleurs par Condorcet, dans la *Chronique de
Paris*, et par Brissot, dans le *Patriote Français*; quand Guadet
lui-même prit la parole en faveur de l'ex-ministre, alors il se fit
aux Jacobins une clameur de dénonciation telle qu'on n'en avait
pas encore entendu de semblable. Les partisans de Brissot et la
députation de la Gironde, Grangeneuve seul excepté, furent accusés de trahir. Chabot, Merlin, la minorité du comité de surveillance, articulèrent contre Fauchet de graves inculpations. Chabot
déclara que c'était dans les soirées de madame Canon (sobriquet
par lequel on désignait à cette époque madame de Staël , à
cause sans doute de ses opinions très-prononcées pour la guerre),
où l'évêque du Calvados allait dormir , que le panégyrique de
Narbonne avait été préparé ; de plus , il affirma que Fauchet,
en plein comité de surveillance, parlait naguère d'une espèce de
protectorat à confier à Narbonne, dans le cas d'une seconde fuite
du roi ; que Fauchet y disait en outre avoir sondé Narbonne à ce
sujet, et en avoir obtenu un consentement formel. La connaissance
de ce fait ne fut qu'une voie plus large et plus sûre ouverte aux
hommes qui cherchaient La Fayette partout où ils saisissaient
une intrigue : ce fil les conduisit et ils s'acharnèrent aussitôt ,
sans désemparer, à rompre le nœud auquel tenaient de près
ou de loin toutes les variétés contre-révolutionnaires. Narbonne
n'était qu'un degré qui montait à La Fayette. Ce détour était
digne de ceux qui', comme Fauchet et Brissot, avaient si puissamment contribué à faire de La Fayette le généralissime de l'armée parisienne, en 1789; qui, jusqu'au 17 juillet 1791, n'avaient
cessé d'être ses prôneurs en titre; qui, depuis le massacre du
Champ-de-Mars, avaient eu la prudence de se taire, travaillant,
désormais sous le couvert, à la fortune politique du soi-disant
héros auquel ils avaient attaché la leur. Les Jacobins résumaient
ainsi le passé. Venant à la circonstance présente, ils disaient à
leurs adversaires : « Vous êtes républicains, vous êtes préoccupés

d'une question de forme, le fond vous importe peu. Or, choisir le moment d'une conflagration universelle pour changer la forme sociale, c'est, ou trahir, ou divaguer, ce qui revient au même. Vous espérez que La Fayette sera votre Washington, d'autres espèrent qu'il sera le Monk que leurs vœux appellent; qui vous assure que lui-même ne se réserve pas le rôle de Cromwel? Par La Fayette, vous tenez aux Feuillans et aux monarchiens, par les monarchiens aux royalistes. Pour nous, ce ne sont pas les usurpations de La Fayette que nous craignons. Nous craignons tout ce que laissera faire sa profonde nullité, et les royalistes sont la seule réalité dangereuse au-devant de laquelle jouent des vanités éphémères. Jugez vous-même un homme obsédé de flagorneurs subalternes, et distribuant à sa domesticité les postes militaires à sa nomination. N'a-t-il pas fait son aide-de-camp de son mouchard favori, de cet Étienne qui écrivit pour son maître tant d'infâmes libelles, qui assomma Rotondo, parce que Rotondo avait fait contre son maître le calembourg *moitié l'un, moitié l'autre?* Tout vous y invite, séparez-vous de La Fayette. Vous le devez constitutionnellement, car sa promotion est un attentat constitutionnel. Il est dit dans la Constitution, chap. II, section IV, article 2. « Les membres de l'assemblée nationale actuelle.... ne pourront être promus au ministère, ni recevoir aucunes places, dons, pensions, traitemens ou commissions du pouvoir exécutif ou de ses agens, pendant la durée de leurs fonctions, ni pendant deux ans après en avoir cessé l'exercice. » Il est dit dans l'article 2 du chapitre : IV « Le roi confère le commandement des armées, des flottes, etc.; il nomme les deux tiers des contre-amiraux; il nomme le tiers des colonels, etc... en se conformant aux lois sur l'avancement. » — Là-dessus, voici notre dilemme : ou le généralat est un grade soumis comme tous les autres aux lois de l'avancement, ou il n'y est pas soumis; s'il y est soumis, il est évident que La Fayette, n'ayant pas rang d'ancienneté, ne pouvait être général; si ce grade n'est pas soumis aux lois sur l'avancement, c'est donc une de ces places, de ces commissions à la disposition du pouvoir exécutif, auquel cas La Fayette, membre de la Constituante, s'est rendu complice d'une forfaiture, en acceptant, contre la lettre même de la Constitution, un emploi conféré par le pouvoir exécutif. Héritiers de Delessart, après avoir été ses accusateurs, révoquez la nomination de La Fayette, ou bien vous êtes aussi coupables et plus dangereux que ceux qui l'ont nommé. » (*Journal des Jacobins,* du 3 avril.)

Tel est le résumé des attaques dirigées par les amis de Robesbierre contre les amis de Brissot. Quant à Robespierre, il était si fermement convaincu que la révolution courait un péril imminent, qu'il donna soudain sa démission d'accusateur public, et, prenant appui sur le terrain de la Constitution, il y appela tous les patriotes de bonne foi, négligeant les nouveautés républicaines, qu'il estimait actuellement funestes. Il parla dans ce sens aux Jacobins, et publia son *Défenseur de la Constitution.* Nous verrons ceux qui se séparèrent de lui, et leurs motifs. Nous aurons à exposer des luttes violentes et des ressentimens implacables.

Les Girondins essayèrent de la calomnie pour détruire l'influence de Robespierre ; ils l'accusèrent maladroitement de tenir au comité autrichien, d'aller chez la Lamballe, etc. ; et le mensonge était si gratuit, qu'il tourna immédiatement à la plus grande gloire de *l'incorruptible* Robespierre.

Lorsque Marat, qui venait de reprendre son journal, dénonça les Brissotins, et jugea ce parti dans un article que Desmoulins regardait comme le meilleur morceau sorti de la plume de l'ami du peuple ; lorsque, après avoir accusé tous les généraux d'être partisans du système Mounier, il conseilla aux soldats d'égorger tous ces traîtres et de se nommer des chefs, les amis de Brissot firent lancer le décret d'accusation contre Marat, A la même époque, *la Feuille du jour,* journal feuillant, affirmait aussi que les généraux étaient tous partisans des deux chambres. Les amis de Marat relevèrent cet aveu contre-révolutionnaire, et firent remarquer que les Girondins en laissaient les auteurs en paix.

Le cinquième avis était celui des royalistes. Ils voulaient l'in-

vasion et la restauration, confondant dans la même réprobation
Mallet-du-Pan le monarchien et Brissot le fédéraliste. Royou fut
décrété d'accusation en même temps que Marat.

Nous aborderons maintenant les détails compris dans le sommaire qu'on vient de lire. Nous transcrirons en premier lieu les
actes diplomatiques jusques et y compris la déclaration de
guerre, nous ferons précéder ce chapitre de la séance où Fauchet présenta sur Narbonne les conclusions du comité de surveillance. Notre second chapitre sera composé des extraits les
plus intéressans de la presse à l'occasion des soldats de Château-
Vieux. Le troisième comprendra une analyse des séances des
Jacobins ; nous terminerons par l'histoire des actes parlementaires, étrangers à la question de la guerre.

RAPPORT SUR NARBONNE.—SÉANCE DU 2 AVRIL.

[*M. Fauchet, au nom des comités militaire et de surveillance.*
Vos comités réunis ont examiné soigneusement la dénonciation
faite contre M. Narbonne, par M. Dubois-Crancé, M. de Hesse,
et les corps administratifs du département des Basses-Pyrénées.
Cette dénonciation, qui avait paru très-grave à l'assemblée, lors
de sa lecture, a fixé toute l'attention de vos comités ; ils se sont
entourés de personnes qui connaissent les localités, et de membres experts dans l'art des fortifications. Le résultat de leurs
opinions n'a laissé aucun doute dans nos esprits, et nous espérons qu'il fera sur l'assemblée la même impression. Les preuves
que M. Narbonne a données des soins qu'il a pris pour fortifier
Perpignan, ne permettent pas de croire qu'il ait rien négligé
pour fortifier les autres postes de cette frontière. La ville de
Perpignan est à l'abri d'un coup de main ; les constructions que
M. Narbonne y a fait faire pour placer de l'artillerie, la défen-
draient contre une invasion des Espagnols. D'ailleurs, cette invasion n'est pas aussi facile que les dénonciateurs voudraient le
faire entendre. Ils avouent eux-mêmes que Bellegarde, qui est

en avant de Perpignan, défend cette ville d'une manière sûre, à moins que le gouverneur ne fût un traître. Il est vrai qu'ils l'accusent de l'être; mais ce n'est pas M. Narbonne qui l'a placé; et, d'un autre côté, un chef aurait beau être un traître, il ne réussirai pas, s'il ne trouvait des soldats qui partageassent sa trahison et de pareils soldats sont rares dans l'armée française. (On applaudit.)

Les militaires n'ont point compris comment les dénonciateurs prétendent que, dans une ville bastionnée, on pourra faire sauter une porte avec une bombe. Ce n'est pas le patriote Dubois-Crancé qui doit craindre sérieusement qu'une ville où il se trouve avec des soldats français, soit prise à la main par les Espagnols. (On applaudit.)

M. Narbonne a fait, pour la défense de cette frontière, tout ce qui dépendait de lui, dans un aussi court intervalle que celui de son ministère. Il est hors de tout reproche à cet égard. Les ouvrages commencés, et déjà en partie exécutés, pour la défense de Perpignan, ne sont pas approuvés par M. de Hesse; mais le conseil de fortification, qui doit s'y connaître aussi, les a jugés nécessaires. Quand on réfléchit que M. Narbonne n'a pas été ministre plus de trois mois, que de tous côtés il était obligé de porter ses soins et de faire face à tout à la fois, on doit convenir que, loin de mériter des reproches, il est digne d'éloges. (On applaudit.) Le pouvoir exécutif n'était pas mort entre ses mains; il était plein de mouvement et de vie. Si les bataillons de gardes nationales n'ont pas été organisés, habillés, équipés, payés, ce n'a pas été de sa part faute de démarches auprès des corps administratifs et de la trésorerie nationale. On le blâme à l'égard de M. Choisy; mais M. Choisy avait une très-grande réputation militaire. Élevé de la classe du peuple aux premiers emplois de l'armée, on pouvait raisonnablement compter sur son civisme.

On voudrait trouver partout des Luckner : mais où sont-ils? montrez-les; et si M. Narbonne ne les a pas employés, lancez contre lui le décret d'accusation. On s'est plaint beaucoup de ce que le ministre ne donnait pas des fusils neufs à toutes les gardes nationales ; mais fallait-il dégarnir à la fois tous les magasins de fusils de rechange, et n'est-il pas sage de leur donner d'abord des fusils moins bons, quoique suffisans pour se façonner aux manœuvres. Nous ajouterons à la décharge de M. Narbonne, relativement à ses marchés pour des armes, qu'il avait établi à Moulins une manufacture au succès de laquelle il a mis la plus grande sollicitude.

Enfin, un ministre que la cour a obligé de quitter, lorsqu'elle en gardait d'autres qui avaient perdu la confiance publique, ne marchait pas sur la même ligne. La surveillance est utile à l'égard des principaux agens d'un pouvoir qui aura long-temps encore de la peine à se familiariser avec la souveraineté nationale; mais elle ne doit pas être exagérée. (On applaudit.) Nous devons rendre justice à un ministre qui a déplu aux courtisans par sa franchise, par l'accent de la liberté; qui s'est montré actif quand nul autre ne voulait l'être, et qui a plus fait en deux mois que les autres en un an. Étranger à M. Narbonne, ami de M. Dubois-Crancé, il convenait au président du comité de surveillance de prononcer des paroles justificatives à l'égard d'un ministre. (On applaudit.) Voici le projet de décret que vos comités m'ont chargé de vous proposer.

L'assemblée nationale, après avoir entendu la dénonciation faite contre M. Narbonne par MM. Dubois-Crancé, de Hesse, et par les corps administratifs du département des Basses-Pyrénées, etc., et après avoir entendu le rapport de ses comités militaire et de surveillance, décrète qu'il n'y a pas lieu à accusation contre M. Narbonne. (On applaudit.)

M. le président annonce que M. Dorizy a réuni la majorité des suffrages pour la présidence.

M. Dorizy prend le fauteuil.

On demande l'impression du rapport de M. Fauchet. Quelques membres réclament la question préalable sur cette proposition.

M. Merlin. J'appuie la question préalable, et je demande l'ajournement de la discussion jusqu'après le rapport du compte général de l'administration de M. Narbonne. (On murmure.) Il y a encore mille raisons à opposer à M. Narbonne. (Nouveaux murmures.)

M. Dumas. L'assemblée a décidé que M. Narbonne serait entendu ; je demande qu'il le soit sur-le-champ.

M. le président. Je préviens l'assemblée que M. Narbonne est ici, et qu'il attend, pour paraître, les ordres de l'assemblée.

L'assemblée décide que M. Narbonne sera introduit.]

M. Narbonne paraît à la barre. — La grande majorité de l'assemblée applaudit. — Il prononce une longue apologie que les conclusions de Fauchet nous dispensent de transcrire. Il se retire au milieu de nouveaux · applaudissemens.

[*M. Duhem.* Je sais que je ne serai point entendu avec faveur en ce moment, l'assemblée s'étant avilie jusqu'à applaudir M. Narbonne... (Deux ou trois membres de l'assemblée, et quatre ou cinq personnes des tribunes applaudissent.)

Des cris à *l'Abbaye! à l'Abbaye!* se font entendre dans une grande partie de la salle.

M...,... L'assemblée ne se serait avilie que dans le cas où elle aurait applaudi à la proposition de M. Duhem, de garder M. Narbonne à vue.

Les cris continuent : *A l'Abbaye! à l'Abbaye!*

M. Duhem monte précipitamment à la tribune. — Quelques membres de l'assemblée, et les tribunes publiques placées aux extrémités de la salle, applaudissent.

Une agitation violente se manifeste dans l'assemblée.

M. Dumoslard. Je demande la parole pour une motion d'ordre. Vous avez entendu avec quelle indécence les tribunes viennent d'applaudir le membre qui s'est permis de manquer à l'assemblée nationale; et quand je dis les tribunes, je ne veux pas confondre les personnes qui sont peut-être soudoyées par l'aristocratie, les personnes à qui l'on indique, du geste, la contenance qu'elles doivent tenir, et les paisibles citoyens qui assistent à nos délibérations. Je fais donc la motion que l'on fasse sortir sur-le-champ les tribunes placées aux extrémités de la salle. (Les murmures sont mêlés de cris tumultueux.) Nos prédécesseurs ont sauvé la nation française du despotisme. (*Une voix s'élève* : Par la révision.) Sauvons-la d'un mal non moins dangereux. Mirabeau disait à cette tribune : « Le néant est là, il attend la noblesse ou la Constitution. » Et moi, je vous dis : « Le néant est là, il attend le règne des lois ou l'anarchie. » (On applaudit.)

M. Dubayet. Je demande que l'assemblée se fasse respecter par toutes les tribunes qui sont prêtes à lui manquer.

L'agitation continue.

MM. Merlin, Larivière et Taillefer occupent la tribune, et se disputent la parole.

M. Merlin. Je suis loin d'approuver ceux qui manquent au respect dû aux représentans du peuple, assemblés à l'assemblée nationale. (On rit, on murmure, on demande l'ordre du jour.) Mais lorsque ces représentans ont pu applaudir un homme qu'ils allaient juger, les tribunes ont pu applaudir... (Les deux tribunes placées à l'extrémité de la salle retentissent d'applaudissemens. — Quelques personnes ; placées dans les tribunes latérales, applaudissent.)

Tous les membres placés à la gauche de M. le président quittent leurs places, se répandent dans la salle, et demandent à grands cris un comité général. L'assemblée est dans la plus violente agitation.

M. le président se couvre.

Les membres qui avaient quitté leurs places les reprennent ; le calme se rétablit.

M. le président rappelle l'assemblée au respect qu'elle se doit à elle-même.

M. Lagrevole. Plusieurs membres, poussés par une juste indignation, ont demandé un comité général ; un instant de réflexion leur fera sentir que l'assemblée doit en ce moment prendre une mesure qui aille plus directement au but qu'elle doit se proposer. M. Duhem a paru manquer à l'assemblée. (Une voix s'élève : *dites qu'il y a manqué.*) Il montait à la tribune sans doute pour se justifier ; et c'est en ce moment que les tribunes vous disent, par leurs applaudissemens : « Le membre

que vous improuvez, nous l'approuvons et nous le soutenons. »
Si l'assemblée était insensible à cette conduite, on ne sait à quel
point pourrait s'arrêter l'indécence. Je demande donc que les
deux tribunes qui ont applaudi sortent à l'instant. (On applaudit
dans une grande partie de la salle.)

Quelques membres réclament l'ordre du jour.

On demande que la proposition de faire sortir les deux tribunes placées aux extrémités de la salle soit mise aux voix.

M. Merlin. Je m'oppose à ce qu'on viole la Constitution.

M. Grangeneuve demande la parole.

M. le président veut consulter l'assemblée.

M. Ducos. Je demande à prouver......; entendez-vous monsieur le président ?...

M. Lasource fait aussi des efforts inutiles pour se faire entendre.

M. Grangeneuve insiste pour avoir la parole.

L'assemblée décide qu'elle lui sera accordée.

M. Grangeneuve. Si l'on a voulu me refuser la parole parce
qu'on me soupçonnait de n'être pas autant jaloux qu'un autre
de conserver la dignité qui convient aux représentans du peuple,
on ne m'a pas rendu justice. Mais s'il est possible d'allier avec
l'équité une proposition moins rigoureuse que celle de M. Lagrevole, on me pardonnera les efforts que j'ai faits pour être
entendu. Au moment où les tribunes ont applaudi, il n'y avait
point encore de loi qui statuât sur le compte du ministre. (On
murmure.) Je ne fais pas cette réflexion pour les disculper entièrement, mais pour marquer la différence qu'il y a entre la
volonté présumée de l'assemblée et celle qu'elle a déclarée par
un décret. M. Lagrevole ne propose pas de faire sortir toutes les
tribunes, mais seulement celles....

Une voix s'élève des bas côtés : *Oui, celles du peuple.* (Les cris
recommencent dans une partie de la salle. *A l'ordre ! à l'ordre!*)

M. le président. Je rappelle à l'opinant qu'il n'y a point de distinction entre les personnes qui assistent à nos séances, et que
toutes les tribunes sont celles du peuple.

M. Grangeneuve. Quand j'ai dit les tribunes du peuple, je n'ai voulu que distinguer les tribunes publiques de celles où l'on n'entre qu'avec des billets.

M. Lagrevole, en proposant de les faire sortir, exclut de nos délibérations ce qui est essentiellement le peuple. (Les applaudissemens sont couverts par les murmures.)

L'agitation de l'assemblée empêche M. Lagrevole de se faire entendre.

M. Vergniaud paraît à la tribune.

L'assemblée ferme la discussion.

M. le président. Je rappelle à l'assemblée l'ordre de la délibération. D'une part, on demande que les tribunes sortent à l'instant; de l'autre, on demande qu'elles soient simplement rappelées au respect qn'elles doivent à l'assemblée, et qu'on passe de suite à l'ordre du jour; enfin on demande l'ordre du jour pur et simple. D'après le réglement, je mets d'abord aux voix cette dernière proposition.

L'assemblée consultée, décide à une très-grande majorité, qu'elle ne passera point à l'ordre du jour.

On demande la priorité pour la motion de M. Lagrevole.

La question préalable est réclamée sur cette proposition.

M. Vergniaud insiste pour être entendu.

M. le président veut consulter l'assemblée sur la question de priorité.

MM. Archier et Merlin crient : *Cela ne se peut pas, monsieur le président!*

Plusieurs membres demandent que M. Vergniaud soit entendu.

L'assemblée lui accorde la parole.

M. Vergniaud. Avec une courte explication, peut-être l'assemblée sortira-t-elle de l'embarras où elle se trouve. M. Duhem, dans un moment d'irréflexion, a employé une expression injurieuse; aussitôt il a senti sa faute, et il s'est précipité à la tribune pour faire part à l'assemblée de son repentir. (On rit.) Les tribunes, qui ont deviné l'intention de M. Duhem.... (On rit aux éclats.) ont applaudi, non à l'injure, mais aux mouvemens de repentir... (Les rires recommencent.) Je demande que M. Duhem, qui venait pour se rappeler lui-même à l'ordre, y soit en effet rappelé par l'assemblée.

La discussion est fermée.

M. le président. Je mets aux voix la priorité pour la motion de M. Lagrevole. (Le tumulte recommence; plusieurs voix : *Cela ne se peut pas!*)

M. Girardin. Suivez le réglement, monsieur le président : deux motions ont été faites, mettez aux voix la priorité.

M. Charlier. Je demande que M. Lagrevole soit rappelé à l'ordre, pour avoir fait une motion inconstitutionnelle.

M. le président. Je vais mettre aux voix la priorité.

M. Goupilleau. Vous ne le pouvez pas.

N..... Si vous le faites, je demande la parole contre vous, et que vous soyez rappelé à l'ordre.

On entend dans les tribunes placées aux extrémités de la salle ces cris : *Allons-nous-en! allons-nous-en!* — Plusieurs des personnes qui s'y trouvent, invitent du geste leurs voisins à sortir. — Quelques-unes paraissent menacer l'assemblée.

M. le président est couvert.

M. Lecointe-Puyravau. On a perdu de vue les principes, quand on soutient que l'assemblée n'a pas le droit de faire sortir les tribunes; elle ne porte point par-là atteinte à la loi qui exige la publicité de ses séances : seulement elle punit des personnes qui lui ont manqué de respect; j'ajoute qu'une loi positive lui accorde ce droit; mais je dois à la vérité de dire que j'ai remarqué dans les tribunes des extrémités, des personnes qui n'applaudissaient pas, et dans les tribunes latérales, des personnes qui applaudissaient; ainsi, en adoptant la proposition de M. Lagrevole, vous puniriez des innocens, et vous laisseriez impunis des coupables. Je fais donc la motion que le président rappelle à l'ordre les citoyens des tribunes qui ont applaudi.

L'assemblée adopte la proposition de M. Lecointe-Puyravau.

M. le président. Au nom de l'assemblée, je rappelle à l'ordre les citoyens des tribunes qui ont applaudi.

M. Duhem. Je prie l'assemblée de me juger avec rigueur, mais avec impartialité; si on le croit nécessaire, je suis le premier à demander à être rappelé à l'ordre; mais je prie aussi l'assemblée de me permettre de développer l'idée que je voulais lui soumettre lorsque j'ai été interrompu.

L'assemblée passe à l'ordre du jour.

M. Dumas. Le rapporteur de vos comités réunis a discuté les différens chefs d'accusation articulés contre le ministre de la guerre, de manière, je crois, à ne plus rien laisser à éclaircir, et le discours du ministre se rapporte si parfaitement avec ce rapport, que je ne crois pas qu'il soit nécessaire d'entrer dans une nouvelle discussion; je demande qu'il soit déclaré, non pas qu'il n'y a pas lieu à accusation contre le ministre, mais qu'il n'y a pas à délibérer sur la dénonciation; je me réserve de demander ensuite l'impression du rapport et du discours du ministre, afin d'effrayer enfin, par une justice éclatante, les dénonciateurs indiscrets ou coupables.

M. Rouyer. Je demande, pour l'intérêt même du ministre comme pour celui de l'assemblée, l'impression et l'ajournement du rapport.

M. Crublier-Opler. Je m'oppose à l'ajournement. Il est étonnant que, lorsqu'il s'agit d'absoudre, on invoque les ajournemens, que jamais on n'a pu obtenir lorsqu'il s'est agi d'accuser. Pour connaître, dans cette affaire-ci, le caractère des dénonciateurs, il suffit de se rappeler que déjà le prince de Hesse s'était rendu au comité militaire pour dénoncer M. Wittenkoff; mais qu'ayant été sommé d'apporter les pièces qui pouvaient appuyer sa dénonciation, et s'étant même engagé à le faire, il n'a plus reparu. Il fit une autre dénonciation qui avait pour objet le retard des travaux des fortifications de Nancy, de Toul, etc. Nous lui observâmes que ces villes étant en troisième et en quatrième ligne, un décret de l'assemblée nationale s'opposait à ce qu'elles fussent mises sur le pied de guerre. D'après cela, on peut juger les talens militaires et les intentions des dénonciateurs.

M. Bazire. Je réclame l'ajournement d'un rapport dans lequel on ne propose rien moins que de mettre un *veto* sur l'opinion publique.

M. Daverhoult. La dénonciation faite contre le ci-devant ministre de la guerre consistait, partie dans des faits, partie dans des raisonnemens militaires. Il résulte évidemment du rapport, que les faits sont controuvés. Les raisonnemens décèlent la profonde ignorance du dénonciateur. Je crois qu'il serait absolument impolitique d'ordonner un ajournement. Quelle est en effet l'origine de cette dénonciation? Elle a été faite dans ce même comité secret que M. Narbonne a poursuivi lorsqu'il était dans le ministère, pour l'empêcher d'influencer le pouvoir exécutif; il ne faut pas que l'assemblée soit le jouet de ces viles intrigues de cour.

L'assemblée ferme la discussion.

M. Vaublanc. Votre comité vous propose de délibérer qu'il n'y a pas lieu à accusation. Comme la proposition d'accuser le ministre n'a été convertie en motion par aucun membre de l'assemblée, je demande qu'il soit décidé qu'il n'y a pas lieu à délibérer sur la dénonciation.

M. Reboul. Lorsqu'une fois l'assemblée nationale s'est nantie d'une dénonciation, elle exerce les fonctions de jurés, et par conséquent elle ne peut prononcer que par cette simple formule : il y a, ou il n'y a pas lieu à accusation. Je demande donc la question préalable sur la proposition de M. Vaublanc.

L'assemblée accorde la priorité au projet de décret des comités militaire et de surveillance.

Ce projet de décret est unanimement adopté ainsi qu'il suit :

« L'assemblée nationale, après avoir entendu la dénonciation faite contre M. Narbonne, ex-ministre de la guerre, par M. Dubois-Crancé, et appuyée par la municipalité et le directoire du département des Pyrénées-Orientales, et M. de Hesse, commandant général de la 10ᵉ division; après avoir ouï le rapport de ses comités militaire et de surveillance réunis, décrète qu'il n'y a pas lieu à accusation contre M. Narbonne. »]

ACTES DIPLOMATIQUES.

Séance du 5 avril.

[*M. le ministre des affaires étrangères.* Le courrier que j'avais envoyé à Turin, par l'ordre du roi, est arrivé avec la réponse à la dépêche dont je l'avais chargé pour M..., ministre de France auprès de la cour de Sardaigne. Comme notre politique ne doit plus rien avoir de mystérieux, je demande à l'assemblée la permission de lui lire d'abord la dépêche, ensuite la réponse.

A M...., chargé *des affaires de France auprès de la cour de Turin, le* 21 mars.

« J'aurais désiré, monsieur, trouver plus d'intérêt dans votre correspondance, mais je ne puis m'en prendre à vous, puisque depuis le départ de M. Choiseul vous n'avez reçu aucun ordre sur les démarches que vous aviez à faire auprès de la cour de Turin. Le roi veut que vous consultiez le ministre sur les dispositions de cette cour, parce que la nation française ne doit plus être incertaine sur le nombre de ses ennemis. Les intentions du roi, à l'égard de sa majesté sarde, sont très-amicales ; mais les rassemblemens de troupes qui se font dans le Piémont, dans le Milanais, le transport d'un gros train d'artillerie en Savoie, sont des circonstances sur lesquelles vous pouvez demander des explications franches et promptes. Il n'est pas possible que la France voie sans inquiétude un train d'artillerie aussi considérable aux portes de Lyon. Ce train est inutile pour contenir les habitans, quelle que soit l'agitation des esprits, puisque des garnisons sont entretenues dans les villes. Il ne peut donc annoncer, de la part du gouvernement de Sardaigne que des intentions hostiles, surtout lorsque l'on voit que les émigrés français se rassemblent à Nice, non pas comme dans un asile, mais comme dans un cantonnement, où ils font des enrôlemens, achètent des armes, forment des magasins, et qu'ils sont soutenus par la cour de Turin. Le roi a déjà fait expliquer les électeurs de Trèves et de Mayence sur des dispositions semblables, et ces deux princes lui ont fait des réponses satisfaisantes. Il doit à la confiance de la nation de prendre les mêmes mesures à l'égard de sa majesté sarde, et de lui demander les mêmes explications.

» Vous déclarerez au ministre, 1° que la nation française désire de conserver la paix avec tous ses voisins, et surtout avec la Sardaigne, son alliée; 2° qu'elle espère la même réciprocité de sentimens de la part de sa majesté sarde; 3° que le roi, chargé particulièrement de veiller sur la sûreté extérieure du royaume, demande à sa majesté sarde des explications brèves sur le bruit qui s'est répandu que des troupes étaient disposées à entrer dans le Piémont; ce qui exigerait, de la part de la France, un rassemblement de forces équivalent; 4° le roi espère que, pour la sécurité de la France, sa majesté sarde s'empressera de faire repasser dans le Piémont le gros train d'artillerie qui a été envoyé en Savoie, où il est inutile : à moins qu'on ne médite une invasion; qu'elle ordonnera que les attroupemens des émigrés français du côté de Nice et près des frontières, seront dissipés; que leurs magasins seront éloignés, et que tout rassemblement hostile leur sera interdit, que pour cela il leur sera ordonné de s'éloigner à une distance telle qu'ils ne puissent plus porter le trouble dans les départemens méridionaux, ni menacer la sûreté des frontières. Le roi vous charge de demander, sur tous ces points, des réponses promptes et catégoriques. Il n'est pas possible qu'un roi qui est regardé comme le père de son peuple veuille entreprendre une guerre sanglante, dans le dessein de soutenir des émigrés qui n'invoquent son secours que pour porter le fer et la flamme dans leur patrie. C'est au cœur du roi que s'adressent ces demandes, qui n'ont toutes pour objet que de maintenir l'harmonie qui a subsisté jusqu'ici entre les deux nations. »

Réponse du chargé des affaires de France près la Cour de Turin,
au ministre des affaires étrangères.

« Les dépêches dont vous m'avez honoré, datées du 21 mars,
et qui m'ont été remises, le 27, par un courrier extraordinaire,
exigent de moi une si prompte exécution des ordres du roi,
que je ne me suis permis aucun retard. Je me suis rendu, le lendemain 28, chez le ministre à qui j'ai lu ces dépêches ; mais l'événement fâcheux dont j'ai eu l'honneur de vous faire un récit
succinct, et qui est arrivé ce même jour, a nécessairement interrompu la marche des affaires, et le cœur paternel de sa majesté sarde en a été profondément affligé, sans cependant en
être abattu. Le lendemain, le calme ayant été rétabli, j'ai sollicité une réponse ; le ministre m'a dit qu'il n'avait pas encore
pris les ordres du roi. Dans la discussion que j'ai eue avec lui,
je ne me suis jamais écarté de l'esprit de la dépêche. J'ai demandé une réponse pour le vendredi suivant ; mais le conseil
s'étant ce jour-là prolongé fort tard, je n'ai pu l'obtenir que le
lendemain. Le 31 au matin, le ministre m'a dit qu'il était autorisé par le roi son maître, à me donner les réponses suivantes
sur les quatre articles contenus dans la dépêche, réponses, a-t-il
ajouté, qu'on doit d'autant plus regarder comme franches,
loyales et catégoriques, qu'elles portent sur des faits connus.

Réponses.

1° Le roi ne peut que recevoir avec plaisir les assurances que
sa majesté très-chrétienne lui a fait remettre de son désir de
concourir à tout ce qui peut assurer la prospérité des deux États,
et le bon voisinage qui doit régner entre eux.

2° Sa majesté se flatte d'avoir donné assez de preuves de la
réciprocité de ses sentimens, pour qu'on ne puisse douter de
sa sincérité ; elle désire qu'on prenne en France les mêmes
soins qu'elle a pris dans ses États pour le maintien de la paix.

3° Quoique le roi de Sardaigne ne puisse être tenu de donner
des explications sur des demandes qui ne sont fondées que sur

des bruits faussement répandus de rassemblemens prétendus, formés à Nice et dans les États voisins, elle s'empresse de donner les explications demandées sur tous les faits qui sont à sa connaissance. Les troupes du Milanais sont beaucoup au-dessous du pied de paix ; sa majesté ne leur a donné d'autre destination que celle de la garde de ses États. Il est notoire et public qu'il n'existe et n'a jamais été envoyé dans la Savoie aucun train d'artillerie, que même les bataillons qui y ont été envoyés en garnison n'ont pas emmené avec eux leur contingent de petites pièces de canon.

4o Sa majesté sarde s'étant constamment conformée au principe de ne souffrir aucun rassemblement d'émigrés dans ses États, et ayant eu le soin de dissiper ces rassemblemens, sans attendre aucune réquisition, ayant même récemment donné des ordres pour que les émigrés se retirassent dans l'intérieur du pays, loin des frontières, et pour qu'ils s'y tinssent même en petit nombre, il n'y avait pas lieu à donner de nouveaux ordres à cet égard ; que le fait des enrôlemens n'était pas plus fondé, puisqu'on n'a jamais toléré rien de semblable ; que les ordres donnés antérieurement ayant été loyalement exécutés, il ne peut donc plus y avoir de nouvelles dispositions.

D'après ces explications franches et catégoriques, le roi voudra bien faire aussi que, de sa part, il ne soit porté aucune atteinte aux lois du bon voisinage par des moyens ouverts ou cachés....

Tel est le résumé des réponses que m'a données le ministre..... Dans les conférences que j'ai eues avec lui, il m'a paru que le roi son maître fut faussement soupçonné de vouloir rompre l'harmonie qui existe entre les deux États ; il m'a rappelé les achats de grains autorisés en Savoie et en Piémont pour la France, et il m'a paru que le roi de Sardaigne était uniquement occupé de la conservation de la paix dans l'intérieur de ses États.]

SÉANCE DU 14 AVRIL.

[Tous les ministres du roi entrent dans la salle.

Le ministre des affaires étrangères. Monsieur le président, le

roi m'ordonne de faire part à l'assemblée des dépêches de
Vienne, arrivées cette nuit par un courrier extraordinaire.

Le ministre des affaires étrangères fait lecture, 1º de la lettre
qu'il a écrite dans la nuit du 18 au 19 mars, à M. Noailles, ambassadeur de France auprès de la cour de Vienne. — Après lui
avoir donné connaissance de son avénement au ministère, il lui
ordonne, au nom du roi, de requérir la diminution des troupes
dans les provinces belgiques, et la dispersion des français émigrés ; 2º de deux lettres de M. Noailles, en réponse à celle du
ministre ; il y sollicite son rappel, déclare que sa présence et son
intervention sont désormais inutiles, et qu'il croit devoir suspendre la remise de ses lettres de créance ; 3º d'une seconde
lettre en date du 27 mars, par laquelle le ministre des affaires
étrangères charge M. Noailles de déclarer que s'il n'obtient pas
de la cour de Vienne une réponse catégorique et positive, au
retour du courrier le roi se regardera comme en état de guerre.
Enfin, il prévient l'assemblée que le roi vient de charger
M. Mault de porter au roi de Bohême et de Hongrie une lettre
écrite de sa main, dont voici la teneur ;

Lettre du roi, écrite de sa main au roi de Hongrie et de Bohême.

Monsieur mon frère et neveu, la tranquillité de l'Europe dépend de la réponse que fera votre majesté à la démarche que je
dois aux grands intérêts de la nation française, à ma gloire et
au salut des malheureuses victimes de la guerre, dont le concert
des puissances menace la France. Votre majesté ne peut pas
douter que c'est de ma propre volonté, et librement, que j'ai
accepté la Constitution française ; j'ai juré de la maintenir ; mon
repos et mon honneur y sont attachés : mon sort est lié à celui
de la nation dont je suis le représentant héréditaire, et qui,
malgré les calomnies qu'on se plaît à répandre contre elle, mérite et aura toujours l'estime de tous les peuples. Les Français
ont juré de vivre libres ou de mourir ; j'ai fait le même serment
qu'eux. Le sieur de Mault que j'envoie, mon ambassadeur extraordinaire auprès de Votre Majesté, lui expliquera les moyens

qui nous restent pour empêcher et prévenir les calamités de la guerre qui menace l'Europe. C'est dans ces sentimens, etc. (On appplaudit.)   *Signé* Louis.

M. *Britch.* L'assemblée a dû voir dans la conduite de M. Noailles une désobéissance formelle aux ordres du roi. Je la regarde comme une trahison, et je propose de le mettre en état d'accusation. (On applaudit.)

M. *Mailhe.* La conduite de M. Noailles me paraît aussi très-suspecte; mais elle mérite cependant d'être examinée. Je demande donc que les pièces soient renvoyées au comité diplomatique.

M. *Kersaint.* L'examen des pièces me paraît d'autant plus nécessaire, qu'il est impossible que la conduite de M. de Noailles soit spontanée; on connaît trop son dévouement à la personne du roi.

M. *Guadet.* Je ne m'oppose point au renvoi au comité diplomatique, si l'on entend par-là le renvoi des dépêches qui pourront mettre l'assemblée à même de découvrir les traîtres qui ont dirigé la conduite de M. Noailles; mais je m'y oppose, si l'on entend par-là retarder le décret d'accusation. Il n'y a rien à examiner : la désobéissance formelle à l'ordre du roi est constatée. Il est bon que la cour de Vienne, en recevant la preuve de l'énergie du roi, reçoive aussi celle de votre justice. (On applaudit.)

M. *Merlin.* C'est pour l'intérêt de la France et non pas pour celui de M. Noailles que je prends la parole. Je pense qu'on doit lui accorder la faculté de venir se justifier à la barre.... (On murmure.)

On demande que le décret d'accusation soit mis aux voix. — Quelques membres sollicitent le renvoi au comité.

Cette proposition est rejetée par la question préalable.

L'assemblée décrète qu'il y a lieu à accusation contre M. Noailles, ambassadeur de France auprès de la cour de Vienne.

L'assemblée ordonne l'impression des pièces dont le ministre des affaires étrangères a donné connaissance, et leur renvoi au comité diplomatique.

La séance est levée à quatre heures et demie.]

SÉANCE DU 19 AVRIL.

[*Le ministre des affaires étrangères.* J'ai l'honneur d'apporter à l'assemblée nationale une lettre du roi.

Lettre du roi.

« Je vous prie, monsieur le président, de prévenir l'assemblée que je compte m'y rendre demain à midi. »   *Signé* LOUIS.

Le ministre des affaires étrangères. Je vais maintenant vous donner connaissance de deux que j'ai reçues de M. Noailles, notre ambassadeur à la cour de Vienne.

Lettre de M. Noailles à M. Dumourier, en date du 5 avril.

« Votre expédition, monsieur, du 27 mars m'a été remise par le courrier Dotville, le 4 avril au matin. J'ai rempli sur-le-champ les instructions qu'elle portait, en allant trouver le vice-chancelier de cour et d'état comte de Cobentzel. J'ai préféré de m'adresser à lui, parce qu'il est plus accessible que M. le prince de Kaunitz, et que j'étais sûr, par cette voie, de faire parvenir promptement au souverain ce que je désirais qui vînt à sa connaissance.

» J'ai dit au vice-chancelier tout ce qui pouvait conduire à une explication définitive telle que vous la souhaitez. Je lui ai représenté combien les inquiétudes devenaient de jour en jour plus fondées, à la vue des préparatifs hostiles qui se faisaient de tous côtés contre nous ; qu'en vain on nous objecterait nos propres armemens ; qu'on n'ignorait pas qu'ils avaient été provoqués ; que nous désirerions pouvoir prendre autant de confiance dans la conduite à notre égard des puissances étrangères, qu'elles avaient lieu d'être tranquilles sur nos dispositions ; que si la malveillance se fût moins exercée contre nous, nous aurions achevé pacifiquement l'ouvrage de notre régénération ; que la cour de Vienne avait commencé par former une ligue contre nous, par accorder asile et protection aux émigrés, par témoigner toute sorte d'intérêt à leurs agens : qu'aujourd'hui elle rassemblait dans le Brisgaw des forces qui nous étaient d'autant plus suspectes que la tranquillité des Pays-Bas n'exigeait rien de semblable; que nous avions besoin d'être rassurés autrement que par des paroles; que de simples assurances pacifiques ne nous paraîtraient actuellement avoir pour but que de gagner du temps; qu'enfin les choses en étaient venues au point que j'avais reçu l'ordre positif de demander une déclaration par laquelle la cour de Vienne renoncerait à ses armemens et à la coalition, ou d'annoncer qu'au défaut de cette déclaration le roi se regarderait comme en état de guerre avec l'Autriche, et qu'il serait fortement soutenu par la nation entière, qui ne soupirait qu'après une prompte décision.

› Le comte de Cobentzel a entrepris de justifier sa cour sur les vues hostiles qu'on lui supposait. Il m'a protesté que le roi de Hongrie et de Bohême était très-éloigné de vouloir se mêler de nos affaires intérieures, et ne pensait nullement à appuyer les intérêts des émigrés. Il m'a répété ce qu'il m'avait déjà dit plusieurs fois, qu'on avait envoyé des renforts dans le Brisgaw, parce qu'on les avait jugés nécessaires au pays pour y maintenir l'ordre et la justice, et pour être à portée de donner du secours aux états de l'empire qui requerraient assistance dans le voisinage. J'ai observé que tant de précautions, d'après le concert qui nous était connu, ne justifiaient que trop nos alarmes. J'ai insisté particulièrement sur la cessation de ce concert, si contraire à ce que nous aurions dû attendre de notre allié.

› La réplique du comte de Cobentzel m'a confirmé dans l'opinion où j'ai toujours été qu'on ne voulait pas nous attaquer, mais qu'on se préparait à nous faire des demandes sur lesquelles il serait peut-être difficile de s'entendre avant d'avoir essayé la force des armes. Le ministre autrichien m'a dit que le concert n'était plus une affaire personnelle au roi de Hongrie et de Bohême; qu'il ne pouvait s'en retirer qu'avec les autres cours, et que ce concert continuerait d'avoir le même objet, aussi long-temps qu'on n'aurait pas terminé ce qui restait à régler avec la France. Il m'a spécifié ces trois points :

» 1° La satisfaction des princes possessionnés ;

» 2° La satisfaction du pape pour le comtat d'Avignon; (On rit.)

» 3° Les mesures que nous jugerions à propos de prendre, mais qui fussent telles que notre gouvernement eût une force suffisante pour réprimer ce qui pouvait inquiéter les autres états.

» Tous les raisonnemens sur ces différens objets étant épuisés de notre part, et le système qui est établi ici ne paraissant pas près de changer, j'ai demandé au comte de Cobentzel si, pour réponse aux représentations que je venais de lui faire, je pouvais mander que sa cour s'en tenait à la note officielle du 10 mars. Le vice-chancelier, se trouvant gêné dans le cercle où je le renfermais, m'a répondu qu'il prendrait les ordres du roi, et qu'il ne tarderait pas à m'informer de ce que Sa Majesté le chargerait de me dire.

» M. de Bischoffswerder est parti le 5 de ce mois, monsieur, pour retourner à Berlin. Il se serait mis plus tôt en route, mais il a attendu pendant quelques jours, m'a-t-on dit, la rédaction d'une circulaire qui doit être adressée aux cours coalisées, et vraisemblablement aux états de l'empire, comme co-états, pour demander à chacun les secours qu'il se propose de fournir en cas de guerre, soit en hommes, soit en argent. Je n'ai cependant aucune certitude sur le fait de cette circulaire. M. de Bischoffswerder s'arrêtera à Prague pour voir le prince de Hohenlohe, et convenir avec lui du jour et du lieu où le général autrichien pourra avoir une entrevue avec M. le duc de Brunswick. On croit que cette entrevue aura lieu à Leipsick, dans le courant du mois. Suivant toutes mes notions, la cour de Vienne a adopté un plan purement défensif, malgré les instances de la cour de Berlin pour lui en faire admettre un autre. »

Dépêche de M. Noailles à M. Dumourier en date du 7 avril.

« J'attendais, monsieur, pour faire partir le courrier, la réponse du vice-chancelier, comte de Cobentzel. Il vient de me dire, de la part du roi de Hongrie, que la note en date du 18 mars contenait la réponse aux demandes que j'avais été chargé de renouveler ; qu'on pouvait d'autant moins changer les dispositions exprimées dans cette note, qu'elle renfermait aussi l'opinion du roi de Prusse sur les affaires de France, opinion conforme en tous points à celle du roi de Hongrie. M. le comte de Cobentzel m'a également prévenu qu'il avait reçu l'ordre de sa majesté de faire le même rapport à M. de Blumendorf, à Paris.

M. Lérembourg. M. Noailles n'est pas plus coupable pour avoir gardé pendant quelques heures les dépêches de M. Dumourier, que M. Dumourier pour avoir gardé pendant cinq jours les dépêches de M. Noailles, sans en avoir donné connaissance à l'assemblée. Je demande donc que le décret d'accusation rendu contre M. Noailles soit rapporté sur-le-champ.

M. Mayern. Quand l'assemblée a cru M. Noailles coupable, elle n'a pas hésité à le mettre en accusation ; aujourd'hui qu'elle le sait innocent, elle ne doit pas hésiter à retirer son décret.

Quelques membres réclament l'ordre du jour.

L'assemblée décide qu'elle ne passera pas à l'ordre du jour.

Le décret d'accusation rendu contre M. Noailles, ambassadeur de France à la cour de Vienne, est rapporté à la presque unanimité.]

SÉANCE DU 20 AVRIL.

[*Un huissier.* — Messieurs, voilà le roi.

Le roi entre accompagné de tous ses ministres.—Tous les membres sont debout et découverts.— Le roi va prendre la place assignée par le réglement.—Il s'assied.— Les députés s'asseyent.— Les ministres restent debout autour du roi.

Le roi. Je viens au milieu de l'Assemblée nationale, pour l'entretenir d'un des objets les plus importans dont elle puisse s'occuper. Mon ministre des affaires étrangères va vous lire le rapport qu'il a fait à mon conseil sur notre situation politique.

Le ministre des affaires étrangères fait lecture de ce rapport.

Rapport fait au conseil, le 18 avril 1792, l'an IV de la liberté.

« Sire, lorsque vous avez juré de maintenir la Constitution qui a

assuré votre couronne, lorsque votre cœur s'est sincèrement
réuni à la volonté d'une grande nation libre et souveraine, vous
êtes devenu l'objet de la haine des ennemis de la liberté. L'orgueil
et la tyrannie ont agité toutes les cours ; aucun lien naturel, aucun
traité n'a pu arrêter leur injustice. Vos anciens alliés vous ont ef-
facé du rang des despotes ; mais les Français vous ont élevé à la
dignité glorieuse et solide de chef suprême d'une nation régénérée.
Vos devoirs sont tracés par la loi que vous avez acceptée, et vous
les remplirez tous. La nation française est calomniée ; sa souveraineté est méconnue ; des émigrés rebelles trouvent un asile chez nos
voisins ; ils s'assemblent sur nos frontières ; ils menacent ouvertement de pénétrer dans leur patrie, d'y porter le fer et la flamme.
Leur rage serait impuissante, ou peut-être elle aurait déjà fait
place au repentir, s'ils n'avaient pas trouvé l'appui d'une puissance qui a brisé tous ses liens avec nous dès qu'elle a vu que notre
régénération changerait la forme de notre alliance avec elle, et
la rendrait nécessairement plus égale.

» Depuis 1756, l'Autriche avait abusé d'un traité d'alliance que la
France avait toujours trop respecté. Ce traité avait épuisé depuis
cette époque notre sang et nos trésors, dans des guerres injustes
que l'ambition suscitait, et qui se terminaient par des traités dictés
par une politique tortueuse et mensongère, qui laissait toujours
subsister des moyens d'exciter de nouvelles guerres. Depuis cette
fatale époque de 1756, la France s'avilissait au point de jouer un
rôle subalterne dans les sanglantes tragédies du despotisme ; elle
était asservie à l'ambition toujours inquiète, toujours agissante de
la maison d'Autriche, à qui elle avait sacrifié ses alliances naturelles.

» Dès que la maison d'Autriche a vu dans notre Constitution que
la France ne pourrait plus être le servile instrument de son ambition, elle a juré la destruction de cette œuvre de la raison ; elle
a oublié tous les services que la France lui avait rendus ; enfin,
ne pouvant plus dominer la nation française, elle est devenue son
ennemie implacable.

» La mort de Joseph II semblait présager plus de tranquillité de la part de son successeur Léopold qui, ayant appelé la philosophie dans son gouvernement de Toscane, paraissait ne devoir s'occuper que de réparer les calamités que l'ambition démesurée de son prédécesseur avait attirées sur ses États. Léopold n'a fait que paraître sur le trône impérial, et cependant c'est lui qui a cherché à exciter sans cesse toutes les puissances de l'Europe. C'est lui qui a tracé dans les conférences de Padoue, de Reichenbach, de La Haye et de Pilnitz, les projets les plus funestes contre nous ; projets qu'il a couverts, Sire, du prétexte avilissant d'une fausse compassion pour votre majesté, pendant que vous déclariez à tout l'univers que vous étiez libre ; pendant que vous déclariez que vous aviez accepté franchement et que vous soutiendriez de tout votre pouvoir la Constitution.

» C'est alors que, calomniant la nation dont vous êtes le représentant héréditaire, et vous fesant l'outrage de feindre de ne pas croire à votre liberté et à la pureté de vos intentions, ce prince employait tous les ressorts d'une politique sombre et astucieuse, pour grossir le nombre des ennemis de la France, sous les prétextes les moins faits pour autoriser une ligue aussi menaçante. C'est Léopold qui, lié depuis long-temps avec la Russie pour partager les dépouilles de la Pologne et de la Turquie, a détaché de notre alliance ce roi du nord dont l'inquiète activité n'a pu être arrêtée que par la mort, au moment où il allait devenir l'instrument de la fureur de la maison d'Autriche.

» C'est Léopold qui a animé contre la France le successeur de l'immortel Frédéric, contre lequel, par une fidélité à des traités imprudens, nous avions, depuis près de quarante ans, defendu la maison d'Autriche. C'est Léopold qui s'est déclaré le chef d'une ligue qui tend au renversement de notre Constitution. C'est lui qui, dans des pièces officielles que l'Europe jugera, invite une partie de la nation française à s'armer contre l'autre, cherchant à réunir sur la France les horreurs de la guerre civile aux calamités de la guerre extérieure.

» Tels sont les attentats de l'empereur Léopold contre une nation généreuse qui, même depuis sa régénération, respectait ses

traités, quelque désavantageux et quelque funestes qu'ils lui
fussent.

» Il est nécessaire de rapporter à votre majesté une note officielle, du 18 février, du prince de Kaunitz, parce que cette note
est la dernière pièce de négociation entre l'empereur Léopold et
votre majesté.

» C'est dans cette note officielle du 18 février surtout, que ses
projets hostiles sont à découvert. Cette note, qui est une véritable déclaration de guerre, mérite un examen réfléchi. Le prince
de Kaunitz, qui est l'organe de son maître, commence par dire
que « jamais intention partiale et pacifique n'a été plus clairement
énoncée et constatée que celle de S. M. I., dans l'affaire des rassemblemens au pays de Trèves. » A la vérité, la cour de Vienne
avait fait sortir des Pays-Bas les émigrés armés, de peur que le
ressentiment des Français ne les portât à entrer dans les provinces
Belgiques, où s'étaient faits les premiers rassemblemens, où les
rebelles tiennent encore un état-major d'officiers-généraux en
uniforme et avec la cocarde blanche ; à la cour même de Bruxelles,
où, contre les capitulations et cartels, on recevait et on reçoit
encore journellement des bandes nombreuses, et même des corps
entiers avec armes, bagages, officiers, drapeaux et caisse militaire ; donnant ainsi une injuste protection à la désertion la plus
criminelle, accompagnée de vol et de trahison. Dans le même
temps, la cour de Vienne, sur la demande irrégulière de l'évêque
de Bâle, établissait une garnison dans le pays de Porentruy, pour
s'ouvrir une entrée facile dans le département du Doubs, vio'ant,
par l'établissement de cette garnison, le territoire du canton de
Bâle, violant les traités qui mettent le pays de Porentruy sous la
garantie de ce canton et de la France.

» Dans le même temps, la cour de Vienne augmentait considérablement ses garnisons dans le Brisgaw. Dans le même temps, la
cour de Vienne donnait des ordres au maréchal de Bender de se
porter avec ses troupes dans l'électorat de Trèves, au cas où les
Français s'y porteraient pour dissiper les rassemblemens de leurs
rebelles émigrés. A la vérité, la cour de Vienne semblait prescrire

à l'électeur de Trèves de ne plus tolérer ces rassemblemens : à la
vérité aussi, ce prince ecclésiastique semblait, pour un moment,
dans l'intention de dissiper ces attroupemens ; mais tout cela n'é-
tait qu'illusoire ; on cherchait à abuser votre ministre à Trèves par
des mensonges et à l'intimider par des outrages. Les attroupemens ont recommencé à Coblentz en plus grand nombre, leurs
magasins sont restés dans le même état, et la France n'a vu,
dans toute cette affaire, qu'un jeu perfide, des menaces et de la
violence.

» M. de Kaunitz ajoute, « que la nature et le but légitime des
propositions de concert faites par l'empereur au mois de juillet
1791, aussi bien que la modération et l'intention amicale de celle
qu'il fit au mois de novembre suivant, n'ont pu échapper à la
connaissance du gouvernement français. » Cet aveu du prince
Kaunitz confirme les desseins hostiles de la cour de Vienne; il
prouve qu'au mépris de son alliance, il provoquait les autres
puissances de l'Europe à former contre la France une ligue offensive, qui n'est que suspendue par la lettre circulaire du prince de
Kaunitz, au 12 novembre.

» M. de Kaunitz dit ensuite « que toute l'Europe est convaincue
avec l'empereur, que ces *gens* notés par la dénomination du parti
Jacobin voulant d'abord exciter la nation à des armemens et puis à
sa rupture avec l'empereur, après avoir fait servir des rassemblemens dans les États de Trèves de prétextes au premier, cherchent
maintenant à amener des prétextes de guerre par les explications
qu'ils ont provoquées avec sa majesté impériale d'une manière astucieuse et accompagnées de circonstances calculées visiblement à
rendre difficile à ce prince de concilier dans ses réponses les intentions pacifiques et amicales qui l'animent, avec le sentiment de
sa dignité blessée et de son repos compromis par les fruits de leur
manœuvre. »

» Cette phrase obscure contient une fausseté, une injure. Ce
que M. de Kaunitz désigne par des *gens*, c'est l'Assemblée, c'est
la nation entière exprimant son vœu par ses représentans ; ce n'est
point un club qui a demandé des explications catégoriques ; et

on voit, dans la distinction que fait le ministre autrichien , le projet perfide de représenter la France comme en proie à des factions qui ôtent tout moyen de négocier avec elle. Le reste de cette note est une explosion de son humeur contre ce qu'il nomme le parti des Jacobins, qu'il qualifie de *secte pernicieuse.*

» La mort de l'empereur Léopold aurait dû amener d'autres principes de négociations; mais le système de la maison d'Autriche est toujours le même, et le changement des princes qui gouvernent n'y apporte aucune variation.

» Le roi de Bohême et de Hongrie, sollicité de répondre catégoriquement pour faire cesser les inquiétudes des deux nations et pour opérer la tranquillité de l'Europe, a fait connaître ses dernières résolutions à votre majesté, par une dernière note du prince Kaunitz, datée du 18 mars.

» Comme cette note est l'*ultimatum* de la cour de Vienne, comme elle est encore plus provocante que toutes les autres pièces de cette négociation, elle mérite aussi un examen réfléchi. Le premier mot de cette note est une injure artificieuse : *Le gouvernement français ayant demandé des éclaircissemens catégoriques , etc. , etc.* Sire, il n'est donc plus question du roi des Français. M. de Kaunitz vous sépare de la nation pour faire croire que vous n'êtes pas libre, que vous n'êtes pour rien dans les négociations et que vous n'y prenez aucun intérêt. L'honneur de votre majesté est engagé à démentir cette perfide insinuation.

» M. de Kaunitz dit ensuite : « Mais à plus forte raison convenait-il à la dignité de grandes puissances de réfuter avec franchise et de ne point traiter d'*insinuations confidentielles,* qui puissent être dissimulées dans la réponse à des imputations et des interprétations auxquelles se trouvaient mêlés les mots de *paix* ou de *guerre* et accompagnées de provocations de tous genres.»

» Certainement, le ministre des affaires étrangères doit regretter d'avoir placé dans une telle négociation des insinuations confidentielles; mais il ne pouvait pas imaginer que le prince Kaunitz aurait la perfidie de les tronquer et de les dénaturer pour en abuser. Et si la négociation reprenait une tournure pacifique, la première démarche de votre majesté serait de demander au roi de Bohême et de Hongrie la punition d'un premier ministre infidèle, qui, par des abus de confiance, s'est efforcé d'aliéner le cœur de ce jeune monarque, et de rendre irréconciliables deux nations faites pour s'estimer.

» Le prince de Kaunitz parle ensuite « de la justice des motifs sur lesquels se fondent les explications données par ordre de feu l'empereur ; » et il ajoute, « que le roi de Hongrie adopte complétement sur ce point les sentimens de son père. » Il dit ensuite, «'qu'on ne connaît point-d'armement et de mesures dans les États autrichiens qui puissent être qualifiés de préparatifs de guerre. »

» Le contraire est prouvé, le concert des puissances est connu, les armées autrichiennes s'assemblent, les places fortes s'élèvent, les camps sont tracés, les généraux et les armées sont désignés et le prince de Kaunitz oppose à tant de faits une dénégation dénuée de toute vraisemblance. C'est à nous qu'il dit « que les troubles des Pays-Bas sont suscités par les exemples de la France et par les coupables menées des Jacobins. » Comme si les troubles des Pays-Bas n'avaient pas précédé la révolution française ; comme s'il avait pu oublier que l'assemblée constituante avait refusé de prendre aucune part à ces troubles.

» M. de Kaunitz ajoute : « Quant au concert dans lequel feu sa majesté impériale s'est engagée avec les plus respectables puissances de l'Europe, le roi de Hongrie et de Bohême ne saurait anticiper sur leurs opinions et sur leur détermination commune ; mais toutefois il ne croit point qu'elles jugeront convenable ou possible de faire cesser ce concert, avant que la France ne fasse cesser les motifs graves qui en ont provoqué ou nécessité l'ouverture. » Voilà donc le roi de Bohême et de Hongrie accédant à la ligue formée par son père contre la France, déclarant que cette ligue doit durer jusqu'à ce que nous ayons soumis notre Constitution à son jugement et à sa révision ; le voilà donc avouant un traité qui rompt formellement celui de 1756.

» Mais, dussent leurs desseins et leurs artifices prévaloir, sa majesté se flatte que du moins la partie saine et principale de la nation envisagera alors, comme une perspective consolante d'appui, l'existence d'un concert dont les vues sont dignes de sa confiance et de la crise la plus importante qui ait jamais affecté les intérêts communs de l'Europe. » On ne dissimule pas même, dans ces perfides expressions, le projet d'armer les citoyens ; c'est ainsi que ce ministre octogénaire lance au milieu de nous, d'une main débile, le tison de la guerre civile.

» Non, sire, les Français ne se désuniront pas lorsque la France sera en danger. Beaucoup d'émigrés quitteront les étendards criminels qu'ils ont suivis ; ils rougiront de leurs erreurs et viendront les expier en combattant pour la patrie. Votre majesté donnera l'exemple du civisme en ressentant les injures qui sont faites à la nation.

» Lorsque vous m'avez chargé du ministère des affaires étrangères, j'ai dû remplir la confiance de la nation et la vôtre en employant en votre nom le langage énergique de la raison et de la vérité. Le ministre de Vienne se voyant trop pressé par une négociation pleine de franchise, s'est renfermé en lui-même et s'est référé à cette note du 18 mars, dont je viens de vous présenter l'analyse ; cette note est une véritable déclaration de guerre. Les hostilités n'en sont que la conséquence ; car l'état de guerre ne consiste pas seulement dans les coups de canon, mais dans les provocations, les préparatifs et les insultes.

» Sire, de cet exposé, il résulte, 1° que le traité de 1756 est rompu par le fait de la maison d'Autriche ; 2° que le concert entre les puissances, provoqué par l'empereur Léopold, au mois de juillet 1791, confirmé par le roi de Hongrie et de Bohême, d'après la note du prince de Kaunitz, du 18 mars 1792, qui est l'*ultimatum* des négociations, étant dirigé contre la France, est un acte d'hostilité formel ; 3° Qu'ayant mandé par ordre de votre majesté *qu'elle se regarderait décidément comme en état de guerre, si le retour du courrier n'apportait pas une déclaration prompte et franche, en réponse aux deux dépêches des 19 et 27 mars,* cet *ultimatum,* qui n'y répond point, équivaut à une déclaration de guerre ; 4° Que dès ce moment il faut ordonner à M. de Noailles de revenir en France sans prendre congé, et cesser toute correspondance avec la cour de Vienne.

» Après toutes les réflexions qu'entraîne une détermination aussi importante, dans laquelle il s'agit de peser, dans la balance de l'équité la plus rigoureuse, d'un côté le danger de ne pas soutenir et venger la souveraineté méconnue de la nation française, de l'autre les calamités que peut entraîner la guerre :

» Considérant que les circonstances impérieuses où nous nous trouvons, et qui deviennent de jour en jour plus instantes par l'approche de différens corps de troupes autrichiennes qui s'assemblent de toutes parts sur nos frontières, nous ont amenés au point de prendre un parti décisif. — Résumons le passé :

» Le 29 novembre, députation de l'assemblée nationale au roi pour l'inviter à prendre les mesures les plus fermes, pour mettre fin aux attroupemens et enrôlemens qui se faisaient sur les frontières, et pour exiger une réparation en faveur des citoyens français qui avaient reçu des outrages.

» Le 14 décembre, le roi témoigne à l'assemblée nationale la confiance qu'il avait encore à cette époque dans les bonnes dispositions de l'empereur, en ajoutant qu'il prenait en même temps les mesures militaires les plus propres à faire respecter ses déclarations; et que, si elles n'étaient point écoutées, il ne lui resterait qu'à proposer la guerre. C'est alors que l'assemblée nationale décrète le développement des forces qui garnissent les frontières de l'empire.

» Le 14 janvier, l'assemblée nationale invite le roi à demander à l'empereur, au nom de la nation française, des explications claires et précises sur ses dispositions; elle fixe le terme du 10 février pour les réponses, et à défaut de réponse, *ce procédé de l'empereur sera envisagé par la nation comme une rupture du traité de 1756, et comme une hostilité.*

» Le 25 janvier, l'assemblée nationale donne un décret en cinq articles, dont le troisième prolonge le terme fatal donné à l'empereur, jusqu'au 1er mars, et ajoute que *son silence*, ainsi que *toutes réponses évasives ou dilatoires seront regardées comme une déclaration de guerre;*

» Considérant que l'honneur du roi des Français et sa bonne foi sont perfidement attaquées par l'affectation marquée de le séparer de la nation, dans la note officielle du 18 mars, qui répond *au gouvernement français*, au lieu de répondre *au roi des Français*.

» Considérant que, depuis l'époque de la régénération, la nation française est provoquée par la cour de Vienne et ses agens, de la manière la plus intolérable ; qu'elle a continuellement essuyé des outrages en la personne de M. Duveyrier, envoyé par le roi, et retenu indignement en état d'arrestation ; dans celle d'un grand nombre de citoyens français outragés ou emprisonnés dans les différentes provinces de la domination autrichienne, par haine pour notre Constitution, pour notre uniforme national et pour les couleurs distinctives de notre liberté.

» Considérant que dans toute la Constitution il ne se trouve aucun article qui autorise le roi à déclarer que la nation est en état de guerre, qu'au contraire, dans l'art. II, section Ire du chap. III : *De l'exercice du pouvoir législatif,* il est dit ce qui suit : « La guerre ne peut être décidée que par un décret du corps législatif, rendu sur la proposition formelle et nécessaire du roi, et sanctionné par lui. » Qu'ainsi ce n'est pas un conseil que le roi peut demander, mais une proposition formelle qu'il doit nécessairement faire à l'assemblée nationale.

» Considérant enfin que le vœu prononcé de la nation française est de ne souffrir aucun outrage, ni aucune altération dans la constitution qu'elle s'est donnée ; que le roi, par le serment qu'il a fait de maintenir cette Constitution, est devenu dépositaire de la dignité et de la sûreté de la nation française. Je conclus à ce que, forte de la justice de ces motifs, et de l'énergie du peuple français et de ses représentans, sa majesté, accompagnée de ses ministres, se rende à l'assemblée nationale pour lui proposer la guerre contre l'Autriche.

Le roi. Vous venez d'entendre le rapport qui a été fait à mon conseil. Les conclusions y ont été adoptées unanimement. J'en ai

moi-même adopté la détermination. Elle est conforme au vœu
plusieurs fois exprimé de l'assemblée nationale et à celui qui m'a
été exprimé par plusieurs citoyens de divers départemens. J'ai
dû épuiser tous les moyens de maintenir la paix. Maintenant
je viens, aux termes de la Constitution, vous proposer formellement la guerre contre le roi d'Hongrie et de Bohême.

   M. le président. Sire, l'assemblée nationale prendra en très-
grande considération la proposition formelle que vous lui faites.
Votre majesté sera instruite par un message du résultat de sa délibération.

   Le roi sort de la salle.—On entend quelques applaudissemens
et des cris de : *vive le roi.*

   L'assemblée s'ajourne à cinq heures du soir.]

SÉNCE DU 20 AU SOIR.

   M. Lasource. L'assemblée s'est ajournée pour examiner la
proposition du roi ; mais je crois que pour donner à la délibération plus de solennité, elle doit renvoyer la proposition du roi à
son comité diplomatique, pour qu'il lui en soit fait un rapport
dans la séance de demain. (Il s'élève quelques applaudissemens
et des murmures.)

   M. Daverhoult. La détermination que vous allez prendre est
de la nature de celles où la prudence du législateur doit s'allier
avec le courage et l'impétuosité du caractère national. Je pense
que la guerre doit être décrétée, mais seulement après de mûres
délibérations. Il importe que la discussion qui précédera votre
décret répande dans tous les esprits la conviction qu'elle est devenue inévitable. Je demande donc qu'il soit fait un rapport par
le comité diplomatique, et que la discussion ne s'ouvre que dans
la séance de demain.

   N.... Je crois qu'il est d'autant plus important que vous enten-
diez un rapport de votre comité, que l'une des bases essentielles
de votre délibération vous manque, je veux dire la connaissance
des communications politiques entretenues par le ministre des affaires étrangères avec la Prusse. (Il s'élève de violens murmures.

M. Hua. Je dis qu'il est une motion d'ordre à faire, qui paraîtra sans doute bien juste à ceux qui ont à cœur que l'assemblée prenne le ton de gravité qui lui convient; c'est que la
discussion ne soit pas ouverte sur-le-champ, et surtout qu'elle
ne soit pas terminée dans cette séance. En effet, il est de principe qu'il faut que la guerre, avant d'être déclarée, soit démontrée inévitable, et par conséquent il est de notre devoir rigoureux de convaincre tous les individus de la nation.... (Il s'élève
des murmures et quelques éclats de rire.) Oui, tous les individus
de la nation, que la guerre est le seul parti qu'il nous reste à
prendre. On est allé précipitamment aux voix sur la question de
savoir si l'on ouvrirait sur-le-champ la discussion. Il paraît que
l'affirmative a été décrétée; eh bien! moi, je dis que je n'ai rien
entendu de tout ce que M. le président a mis aux voix, et que
le tumulte ayant empêché un grand nombre de membres de participer à la délibération, ils ont le droit de demander qu'elle soit
recommencée.

— Il se fait une nouvelle épreuve sur la proposition d'ouvrir
sur-le-champ la discussion; elle est redécrétée presqu'à l'unanimité et au bruit des applaudissemens des tribunes.

Les ministres entrent dans la salle, pour assister à la discussion.

M. Pastoret. Sans doute, nous ne devons pas nous laisser entraîner aux mouvemens exagérés de l'enthousiasme : cette passion ne doit pas, plus que toutes les autres, atteindre les législateurs d'un grand empire; mais est-ce donc d'aujourd'hui que
nous sommes provoqués, et doute-t-on encore de notre longue
patience, pour oser nous accuser d'enthousiasme? Le ministre
des affaires étrangères nous a présenté aujourd'hui le tableau
des griefs de la nation française envers la maison d'Autriche. Je
n'entreprendrai pas de vous le retracer; mais enfin ces armemens
de concert provoqués par l'empereur, et maintenus, au prix de
toutes sortes de sacrifices, par le roi de Hongrie et de Bohême;
la violation répétée des traités faits avec la France depuis 400
ans.... voilà, sans doute, des motifs suffisans pour autoriser la

France menacée, attaquée, à se mettre enfin en état de guerre pour sa propre défense. (On applaudit.) Il est temps de s'arracher enfin à la longue incertitude qui, depuis long-temps, tourmente tous les vœux et toutes les pensées ; il est temps que l'on voie une grande nation déployer tout son courage et toute la force de sa volonté pour défendre sa liberté, c'est-à-dire la cause universelle des peuples.... Oui, la liberté va triompher, ou le despotisme va nous détruire. Jamais le peuple français ne fut appelé à de plus hautes destinées. Nous ne pouvons douter, quand nous connaissons le courage des gardes nationales, le zèle qu'elles ont montré pour la défense de la patrie, nous ne pouvons douter du succès d'une guerre entreprise sous de si généreux auspices. La victoire sera fidèle à la liberté ; (On applaudit.) et les soldats citoyens et les citoyens soldats s'empresseront à la défendre d'une ardeur égale, et à l'affermir par des triomphes. Les défenseurs de la Constitution ne sont pas tous aux frontières : ils existent dans nos villes, ils font prospérer nos campagnes, ils travaillent dans nos ateliers ; enfin, partout où il y a des Français libres, il y a des défenseurs de la liberté ; et si nos ennemis pouvaient avoir un moment de succès, l'on verrait aussitôt se réunir, de toutes les parties de l'empire, des citoyens pour repeupler nos armées, y ranimer l'énergie et leur assurer des triomphes.... Jamais la nation française n'a mieux senti le besoin de la gloire, de la sûreté, de l'indépendance.

Je propose le projet de décret suivant :

« L'assemblée nationale, délibérant sur la proposition formelle du roi, décrète qu'il y a lieu à déclarer la guerre au roi de Bohême et de Hongrie, ordonne qu'une députation de 24 de ses membres portera ce décret au roi. (On applaudit.)

N..... Je demande que la discussion soit fermée, à moins que quelqu'un ne se présente pour parler contre.

M. Becquet. Si l'assemblée veut m'entendre, j'espère lui démontrer qu'elle ne peut pas accepter la proposition du roi.

Un grand nombre de voix. Oui, oui ; parlez.

Il se fait un grand silence.

M. Becquet. Lorsque le roi propose de faire la guerre au nom de la nation, les représentans du peuple doivent se recueillir profondément sur une déclaration dont les conséquences peuvent si puissamment influer sur le sort des empires. Jamais délibération n'a dû être précédée d'un plus mûr, d'un plus sérieux examen ; et, soit que vous adoptiez ou non la proposition du roi, il importe que votre délibération présente le tableau des dangers de l'un et l'autre parti ; il importe que l'opinion publique, éclairée par votre discussion, en reçoive une vive impulsion vers le but où vous voulez la diriger. Je vais donc entrer dans tous les développemens dont cette question me paraît susceptible.

Dans un pays libre, on ne fait la guerre que pour mettre la Constitution à l'abri des atteintes extérieures, ou pour venger des injures faites à la dignité nationale. Je vais examiner si, en entreprenant une guerre, dont vous ne pouvez calculer la durée, vous n'exposeriez pas, au contraire, cette même Constitution que vous voulez défendre, et si, d'ailleurs, le ministère autrichien vous y a effectivement provoqués ; enfin, j'oserai combattre cette généreuse ardeur du peuple français, et j'ai la confiance de croire qu'en énonçant, dans l'Assemblée nationale, une opinion qui a pour objet de garantir la nation du plus cruel des fléaux, après l'esclavage, je serai entendu avec quelque faveur.

S'il est un moment où la nation ait besoin de calme, c'est sans doute celui qui succède aux secousses d'une grande révolution. Le mouvement toujours violent qui accompagne la destruction des abus anciens cause, toujours et inévitablement, un grand nombre de maux particuliers qui ne peuvent se réparer qu'au sein de la paix. Vouloir la guerre dans de telles circonstances, c'est vouloir prolonger les désastres et les malheurs particuliers, et retarder l'époque de la prospérité nationale. Des institutions nouvelles ne peuvent s'essayer et prospérer qu'à la faveur de la tranquillité publique. La guerre, au contraire, étant un état de crise, s'oppose aux mouvemens réguliers du corps politique ; d'où il résulte qu'une nation qui vient de régénérer ses institutions, doit éviter soigneusement la guerre. (Il s'élève des murmures.)

Plusieurs voix. Patience!

M. Becquet. Ce principe me paraît impérieux lorsque je l'applique aux circonstances où nous nous trouvons. Notre Constitution n'est pas encore bien affermie ; les pouvoirs constitués n'ont pas encore une marche bien assurée; la loi n'obtient pas partout l'obéissance qu'elle obtiendra sans doute par la suite, quand on s'en sera fait une espèce d'habitude et de religion ; des dissentions intestines agitent nos départemens, et exigent l'emploi de la force pour réprimer les troubles sans cesse renaissans. Si nos armées combattent au-dehors, qui pourra contenir les séditieux au-dedans? (Les murmures redoublent.) Si le défaut de la force publique leur assure l'impunité, croyez qu'ils se livreront à plus d'audace.... Mais les finances surtout sont le nerf de l'État; les nôtres ont encore besoin de quelques années de repos pour que l'ordre puisse s'y rétablir.

M. Cambon. Vous ne les connaissez pas, monsieur; nous avons de l'argent plus qu'il n'en faut.

M. Becquet. Je sais combien est puissante la force morale qui résulte de la volonté de la nation entière ; je sais quels prodiges de valeur on doit attendre des Français combattant pour la liberté ; mais l'on sait aussi ce que nos armées de terre et de mer doivent inspirer d'inquiétudes; si nous avons à soutenir une guerre générale. (Une nouvelle irruption de murmures interrompt M. Becquet. — On demande qu'il soit rappelé à l'ordre.)

M. Dumas. Je demande qu'on ne viole pas ici la liberté des opinions.

M. le président. Messieurs, je vous prie de faire trève aux murmures et aux conversations particulières, et de laisser le président rappeler l'opinant à l'ordre de la question, s'il s'en écarte.

M. Becquet. Il faut donc, avant d'entreprendre une guerre, examiner s'il ne nous reste aucun moyen de la prévenir, puisqu'elle peut avoir de si funestes effets, même dans le cas où nous serions victorieux. J'ajoute que la guerre que l'on vous propose peut devenir d'autant plus dangereuse qu'elle deviendrait une guerre générale, surtout si vous attaquez le Brabant. Les dernières dépêches de M. Noailles vous annoncent que la Prusse et la Bohême se préparent à un concert, c'est-à-dire, qu'elles réuniront leurs forces contre vous ; la plus grande partie de l'Allemagne épousera sur-le-champ la querelle de ces deux puissances, qui sont les régulatrices suprêmes de la conduite des électeurs. Je suppose que la diplomatie mystérieuse des puissances du midi ne recèle rien de contraire à vos espérances, du moins est-il certain que nous ne pouvons pas douter de la malveillance de celles du nord. Mais la puissance qui doit principalement fixer votre attention, c'est l'Angleterre ; nous ne devons pas beaucoup compter sur les assurances de neutralité que nous a données son ministère ; et surtout , comme je viens de le dire, si nous attaquons le Brabant. Depuis long-temps l'Angleterre regarde ce pays comme une barrière insurmontable, nécessaire à la sûreté et à la prospérité de son commerce, et qu'elle a acheté au prix de son sang ; elle regarde le maintien du gouvernment actuel du Brabant comme un intérêt national ; elle craindra que si le commerce des Pays-Bas franchit ses limites actuelles et s'étend au-delà de l'Escaut, il ne parvienne à rivaliser avec celui d'Angleterre. En effet, les Brabançons, une fois rendus à la liberté politique, ne voudront-ils pas aussi jouir de la liberté du commerce ? (On applaudit.)

Enfin, l'Angleterre craindra aussi, pour la Hollande, une révolution nouvelle qui nuirait essentiellement à ses intérêts. Le parti stadhoudérien, pour lequel elle a prodigué ses secours, peut à peine contenir celui qui est attaché à la France. Tout mouvement qui ferait pencher la balance en faveur de la France, lui serait nuisible ; elle se réunirait donc à la Prusse, pour soutenir le parti stadhoudérien ? N'en doutons pas, le motif des assurances amicales du ministère anglais, c'est que cette nation aime la liberté que vous avez conquise ; mais s'il présente à ce même peuple, dans la rupture qu'il médite avec la France, un grand

intérêt commercial, bientôt vous aurez et la nation anglaise et
l'Europe entière contre vous. Et quelle est la puissance qui pourrait résister à tant de forces réunies? La sagesse ne prescrit-
elle pas de peser de si importantes considérations? Certes, si la
justice décidait toujours du sort des armes, la victoire n'abandonnerait pas la cause de la liberté; mais comme la fortune n'accompagne pas toujours la justice et le courage, ne devons-nous
pas réunir nos efforts pour préserver la patrie des grandes calamités qui la menacent?....

Si j'ai peint avec énergie les dangers de la guerre (Des ris et
des murmures éclatent dans une grande partie de la salle.), c'est
parce que j'ai tenu le langage de la vérité, et qu'il faut toujours
la dire, surtout quand il s'agit d'arrêter les mouvemens impé-
tueux d'une ardeur imprudente. Je me serais tû, s'il m'avait
paru impossible d'éviter la guerre; mais nous pouvons parvenir
au redressement des griefs par la voie des négociations. (Il s'élève
des murmures.) Loin de vouloir la guerre, la cour de Vienne
déclare au contraire, dans sa dernière dépêche, ne vouloir donner aucun appui aux émigrés...

Plusieurs voix. Cela n'est pas vrai.

M. le président. Messieurs, n'interrompez pas l'orateur.

M. Becquet. Le roi de Bohême et de Hongrie annonce, à la
vérité, qu'il prend un grand intérêt aux réclamations des princes
possessionnés en Alsace; mais en commençant par donner des
indemnités à ceux qui ont ouvert des négociations, en adoptant,
à l'égard de ces indemnités, le projet si sage de M. Kooch, qui
tend à y intéresser la diète et à séparer la maison d'Autriche du
chef de l'Empire, on ne peut douter que cette affaire ne se termine à la satisfaction des deux partis. L'autre point de la dépêche concerne la prise de possession d'Avignon. Il paraît que le
pape a réclamé protection auprès de la cour de Vienne; mais le
roi a été chargé de proposer des indemnités; elles peuvent être
l'objet d'une négociation très-facile à entamer. Il faut croire que
les puissances étrangères ne se refuseront pas à des conventions
et à des explications amicales, parce qu'elles ont intérêt à res-

pecter notre repos. L'Autriche, qui a le centre de ses forces à deux cents lieux d'ici, ne peut nous faire la guerre qu'avec des efforts ruineux ; et ne croyez pas qu'au lieu de détourner ses regards de la révolution de la Pologne, qu'au lieu de se concerter avec Catherine sur cet objet principal de son traité avec la Prusse, elle consente à vous attaquer, si vous ne l'y contraignez. En effet, elle n'a pris, depuis que les négociations sont entamées, que des mesures défensives ; trois armées formidables bordaient vos frontières ; elle n'y a opposé qu'un nombre de troupes très-inférieur. Vous le savez, et sans doute vous ne voulez l'attaquer en ce moment, que parce que vous êtes certains d'être plus préparés qu'elle dans vos mesures. (Il s'élève un violent tumulte.) — On demande que l'opinant soit rappelé à l'ordre.)

M. Rouyer. Je demande qu'on entende tout ce que dira M. Becquet, sauf les calomnies.

M. Becquet. Je vous le demande donc, pourquoi vouloir engager une guerre ? pourquoi surtout dire qu'elle est inévitable, puisque toutes les puissances ont un intérêt contraire, et qu'elles déclarent qu'elles ne veulent pas nous attaquer? On oppose le concert entre l'Autriche et la Prusse. Sans doute la nation a de justes raisons de se plaindre de cette coalition de rois qui, pour être momentanée, n'en est pas moins dirigée contre la Constitution française ; sans doute la cour de Vienne a des torts, et nous ne devons pas souffrir qu'elle usurpe notre souveraineté en intervenant dans nos affaires intérieures ; mais en supposant même que ces puissances refusassent à renoncer à ce concert, serait-ce une raison suffisante pour leur déclarer la guerre? Doit-on la déclarer pour un simple soupçon, pour une menace non fondée ? Ce concert n'est qu'un système défensif qu'elles ont adopté plutôt pour elles que contre nous. Eût-on pu exiger, au milieu de l'effervescence générale qui se manifestait en France, et lorsque des bruits de guerre avaient déjà plusieurs fois retenti dans cette enceinte, que les puissances étrangères se reposassent sur notre déclaration de renoncer aux conquêtes, et qu'elles ne prissent aucune mesure défensive, lorsque l'ardeur et la juste indignation de nos gardes nationales semblaient les menacer d'une invasion ? Si après cela nous attaquions l'Autriche, nous forcerions tous les rois du monde à se liguer contre nous; car ils verraient leurs trônes ébranlés et une cause commune à soutenir dans cette lutte de la liberté contre le despotisme. Une nation libre aura-t-elle l'immoralité d'appeler sur une nation voisine les calamités de la guerre, pour se venger des insultes d'un ministre ? Elle serait bien fausse, la gloire qui consisterait à se venger d'un outrage qui ne peut jamais atteindre une nation libre.

Renonçons donc à une entreprise qui n'a aucun objet réel ; bornons-nous à nous défendre si quelque puissance nous attaque ; et probablement nous n'aurons pas de guerre ; car aucune puissance n'a intérêt à nous attaquer. En les provoquant, au contraire, nous jetterons sur notre cause la plus grande défaveur aux yeux des peuples voisins. On nous prêtera le caractère d'agresseurs, on nous représentera comme un peuple inquiet, qui trouble le repos de l'Europe, au mépris des traités et de ses propres lois. Vous aurez donc à combattre, non-seulement les despotes, mais les peuples eux-mêmes, armés contre vous par la haine naturelle qu'inspire à tout homme celui qui vient troubler le repos de son pays. Enfin cette guerre, j'ose le dire encore, relève déjà les espérances de tous les ennemis de la révolution ; c'est après la guerre qu'ils soupirent. Les émigrés, actuellement sans appui, dirigeront les armées des puissances étrangères ; les ennemis intérieurs en auront plus d'audace.

Je conclus à ce que l'assemblée nationale décrète qu'il n'y a pas lieu à délibérer sur la proposition du roi ; que le pouvoir exécutif demeure chargé de défendre le royaume contre toute attaque, et le roi invité à entamer de nouvelles négociations pour dissoudre tout concert attentatoire à la souveraineté nationale, et prévenir toute rupture.

M. Lasource. Je demande à suivre M. Becquet d'un bout à

l'autre de son discours, si toutefois l'assemblée juge que ses sophismes méritent une réponse.

M. Daverhoult. Je demande que ceux qui prennent la parole
soient tenus de se renfermer dans les points suivans : qu'ils prouvent, premièrement que le peuple français eût, s'il veut soutenir la liberté et l'égalité dont il jouit, consenti à ce que des
cours étrangères forment des concerts pour porter atteinte à sa
Constitution ; qu'il déclare s'il entend qu'Avignon soit rendu au
pape, et que les princes possessionnés soient réintégrés dans la
jouissance de leurs droits féodaux ; 2° qu'ils soient tenus aussi
de ne pas compter les peuples pour rien ; 3° qu'ils ne discutent
pas *la manière* de faire la guerre, car ce n'est pas de cela qu'il
s'agit maintenant ; ce n'est pas à l'assemblée à décider si l'on
attaquera ou si l'on n'attaquera pas. (Il s'élève quelques murmures.) La question soumise à l'assemblée nationale se réduit
seulement à examiner si notre situation nous permet de faire la
guerre : or, je dis qu'elle nous le permet, car nous avons le courage de la faire ; je dis même que quand même elle ne nous le
permettrait pas, il faudrait la faire encore, parce que notre liberté est menacée, et que nous avons juré de vivre libres ou de
mourir. (On applaudit.)

M. Guadet. Je demande la parole pour une motion d'ordre, et
je la réduis à deux mots. Comme M. Becquet a parfaitement bien
prouvé que la nation française ne pourrait, sans lâcheté et sans
compromettre sa sûreté et sa Constitution, refuser la guerre qu'on
lui a déclarée ; comme d'ailleurs le tableau infidèle qu'il a fait de
notre situation ne peut anéantir les faits ; comme il n'est pas au
pouvoir de M. Becquet de prouver que le bilan de nos finances n'est
pas dans un beaucoup meilleur état que celui de toutes les puissances armées contre nous, ni de persuader qu'il soit une puissance au monde qui, à la seule voix du souverain, ait créé cent
mille gardes nationaux, et qui présente dans son intérieur une
force de quatre millions de citoyens libres armés ; comme, en
un mot, il résulte du discours de M. Becquet que les représentans de la nation ne peuvent pas balancer à adopter la proposi-

tion du roi ; je demande qu'on aille sur-le-champ aux voix. (On applaudit.).

M. Bazire. Je m'étonne, et toute la France, et l'univers entier s'étonnerait avec moi.... (Il se fait un grand silence.)..... et l'univers entier, dis-je, s'étonnerait avec moi de voir discuter aussi légèrement une mesure aussi grave. (Il s'élève des murmures. — Une partie de l'assemblée applaudit.) Lorsque vous allez faire couler des flots de sang, et créer des dépenses énormes ; lorsque vous allez prendre une détermination qui peut compromettre votre liberté et celle du genre humain , je crois qu'il faut au moins discuter, et entendre tous les orateurs qui veulent parler pour et contre..... Je sais que le tableau des forces de toutes les puissances de l'Europe n'a rien qui doive nous intimider, et que cette considération serait au-dessous de la dignité de la nation que vous représentez ; mais il est une considération bien plus importante que je vous prie de saisir. S'il faut entreprendre la guerre, il faut la faire de manière qu'elle ne soit point accompagnée de trahisons. (Deux ou trois membres de l'assemblée et quelques personnes des tribunes applaudissent.) Je demande que tous les orateurs qui voudront parler sur cet objet soient entendus, et que la discussion dure au moins trois séances.

M. Mailhe. Je ne suivrai M. Becquet ni dans les frivoles alarmes , ni dans les vains raisonnemens auxquels il s'est livré. Il ne s'agit plus de discuter la question de savoir si vous décréterez la guerre ; il s'agit de la décréter , ou de vous résoudre à vous avilir aux yeux de l'Europe, et à compromettre la liberté de la nation que vous représentez ; il s'agit de déconcerter les projets d'un roi qui ne s'est permis d'insulter à la France , que parce que des rebelles lui ont donné une fausse idée de sa situation intérieure et de ses forces publiques ; il s'agit de déployer la contenance fière que vous avez tant de fois annoncée ; il s'agit de soutenir par votre confiance le peuple français sur la hauteur de courage où il s'est élevé : faites voir à ce grand peuple, par une délibération prompte, unanime (On applaudit.), que vous méprisez ses ennemis, et il les méprisera ; faites-lui voir que vous le croyez invincible, et il le sera.

Que dis-je? Combien de fois ne vous a-t-il pas lui-même dit et répété que tous les despotes réunis parviendraient plutôt à réduire
la France entière en une vaste solitude qu'à y faire rétrograder la
liberté d'un seul pas ? (De nombreux applaudissemens s'élèvent
dans l'assemblée et dans les tribunes.) Combien de fois ce peuple
bon et loyal, mais fortement sensible à une injure nationale, ami
de la paix, parce que sa Constitution le veut ainsi, mais avide de
combattre quand le besoin de sauver cette même Constitution lui
en fait un devoir, ne vous a-t-il pas sollicité d'accorder un libre
cours aux mouvemens d'indignation et de vengeance dont il est
animé contre ceux qui osent menacer sa souveraineté ?

Hâtez-vous donc de céder à sa juste, à sa généreuse impatience. L'humanité souffre sans doute lorsqu'on considère qu'en
décrétant la guerre vous allez décréter la mort de plusieurs milliers d'hommes; mais considérez aussi que vous allez décréter
peut-être la liberté du monde entier. (On applaudit.) Considérez la crise politique qui travaille l'Europe. Considérez les lâches, les coupables espérances qu'on donne en France aux traîtres, et les inquiétudes meurtrières dont on y agite les bons
citoyens. Considérez qu'au dehors le despotisme est dans ses
dernières convulsions, qu'une prompte attaque précipitera son
agonie; mais qu'il pourrait devenir plus redoutable que jamais,
si vous lui donniez le temps de rappeler autour de lui toutes ses
ressources. (Les applaudissemens recommencent et se prolongent.) Considérez qu'au dedans la liberté présente une masse
de forces qu'elle n'avait encore eu chez aucun peuple, mais
qu'elle y est comprimée par une foule de contradictions qui menacent de l'étouffer, et qu'elle ne cessera d'être en danger que
lorsque vous aurez permis à ses défenseurs de renverser les obstacles qui arrêtent sa marche et son extension. Considérez enfin
que le sort de cette grande lutte entre la liberté et le despotisme
dépend peut-être de l'accélération du décret que vous allez porter. Une guerre entreprise pour une telle cause, et dans de pareilles circonstances, ne doit pas être regardée comme le fléau,
mais comme le triomphe de l'humanité.

Je demande que l'assemblée ne désempare pas sans avoir décrété la guerre.

— Les acclamations des spectateurs se reproduisent avec plus
de force encore.

Une grande partie de l'assemblée demande à aller aux voix.

M. Dubayet. Je partage l'impatience de l'assemblée........ (Les
cris redoublent pour aller aux voix.) Je partage votre impatience..... (Les murmures continuent. — On demande que la délibération soit prise sans désemparer.) Sans doute s'il existé une
grande question c'est celle-ci ; elle est parfaitement digne des pères
de la patrie. Daignez m'entendre ; je parle pour l'honneur national. J'observe, 1° que l'assemblée ne peut, sans lâcheté, ne pas
décréter la guerre. (On applaudit.) Nous sommes tous Français,
et le même sang bouillonne dans nos veines. Lorsque des puissances
coalisées, j'ose dire le mot, ont l'*audace* de prétendre à nous donner un gouvernement... (*Un grand nombre de voix s'élèvent*: Non,
non, elles n'y parviendront pas.), non, non, sans doute nous ne
le souffrirons jamais, nous voulons la guerre, puisqu'elle est
nécessaire pour défendre notre liberté; et dussions-nous tous
périr, le dernier de nous prononcerait le décret. (De nombreux
applaudissemens retentissent dans toutes les parties de la salle.)

Ainsi, en entrant ce soir à l'assemblée, j'étais loin de penser
qu'il pût entrer dans les combinaisons politiques d'aucun de nous,
qu'il ne fallût pas faire la guerre; j'étais bien loin de croire que
les arrière-pensées de quelques membres vous feraient prolonger
cette discussion; car il ne vous est pas plus possible de ne pas la
prononcer, qu'il vous serait possible de détruire la Constitution...
Ne craignez pas de précipiter votre décision; elle ne saurait être
trop prompte; car dès l'instant que vous aurez décrété la guerre,
dès-lors tous les citoyens seront obligés de se prononcer; tous
les partis rentreront dans le néant; les torches de la discorde
s'éteindront pour n'être remplacées que par le feu des canons et
les baïonnettes. Je conclus au décret pour la guerre.

— On renouvelle la demande de fermer la discussion.

M. le président se dispose à mettre aux voix la motion de

M. Bazire. — De violens murmures repoussent cette proposition.

MM. Thuriot, Albite et Chabot observent *qu'elle n'est pas appuyée.*

MM. Jaucourt et Hua la reproduisent. — M. le président consulte l'assemblée.

Elle décide presqu'unanimement qu'il n'y a pas lieu à délibérer sur la prolongation de la discussion à trois jours.

M. Jaucourt. L'opinion de l'assemblée n'a été suspendue par notre opposition que parce que nous avons cru qu'il convenait de donner à la France entière une preuve de la maturité de nos délibérations. Nos cœurs partagent les sentimens de tous ceux qui ont parlé à cette tribune; mais M. Bazire vient de lancer ici un trait empoisonné. Il a dit qu'il était important de prévenir les trahisons, de dévoiler les traîtres. Je demande qu'avant que la discussion soit fermée, M. Bazire soit entendu.

N..... Je demande que, pour ne pas entrer dans ces scandaleuses discussions, on mette, sur-le-champ, aux voix la proposition de M. Mailhe. (On applaudit.)

M. le président. Il y a deux propositions pour lesquelles la priorité est demandée; celle de M. Guadet et celle de M. Mailhe. Je les prie de les répéter.

M. Guadet. Ma proposition, à laquelle M. Mailhe se réfère, consiste à ce que l'assemblée décrète la proposition du roi et le renvoi de la rédaction à son comité diplomatique.

M. Brissot. Je demande, par amendement, que le rapport de la rédaction soit fait séance tenante.

M. le président. Avant de mettre les propositions aux voix, il faut savoir si la discussion doit être fermée.

M. Dumas. C'est précisément contre cette proposition, M. le président, que je demande la parole.

M. Quinette. Je la demande pour un fait. Le 25 janvier, vous avez décrété qu'à défaut par l'empereur de vous donner une pleine et entière satisfaction au 1er mars, vous regarderiez son silence ou toute réponse évasive ou dilatoire comme une déclaration de guerre. Vous êtes au 1er avril et vous discutez!..... Oui, ces délais ne sont que des ruses de guerre sous le voile de la paix, et il est impossible que vous délibériez plus long-temps sans devenir les jouets de nouvelles ruses politiques. (On applaudit.)

M. Dumas insiste pour avoir la parole contre la proposition de fermer la discussion, et contre les motions tendantes à précipiter les délibérations.

M. *Rouyer.* M. le président, sauvez-nous donc de ces misérables débats, en mettant aux voix la clôture de la discussion.

M. *Dumas.* Consultez l'assemblée pour savoir si j'aurai la parole.

L'assemblée décide que M. Dumas ne sera pas entendu.

M. Merlin se présente à la tribune. — On persiste à demander que la discussion soit fermée.

On en décrète la clôture.

M. *Merlin.* Ce que je voulais dire, c'est qu'il faut déclarer la guerre aux rois et la paix aux nations. (Les tribunes applaudissent.)

L'assemblée entre en délibération. Il se fait un profond silence.

Le décret d'urgence est porté.

M. le président met aux voix la proposition du roi.

Elle est adoptée par une délibération unanime, et au bruit des applaudissemens de tous les spectateurs.

MM. Théodore Lameth, Jaucourt, Dumas, Gentil, Baert, Hua et Becquet, s'élèvent seuls contre le décret.

M. *Condorcet.* J'ai cru qu'il était important qu'après avoir pris une détermination aussi grave, l'assemblée publiât une déclaration politique de ses principes. Voici le projet de manifeste que j'ai rédigé, pour le soumettre à sa délibération :

« Forcée de consentir à la guerre par la plus impérieuse nécessité, l'assemblée nationale n'ignore pas qu'on l'accusera de l'avoir volontairement accélérée ou provoquée. Elle sait que la marche insidieuse de la cour de Vienne n'a eu d'autre objet que de donner une ombre de vraisemblance à cette imputation, dont les puissances étrangères ont besoin pour cacher à leurs peuples les motifs réels

de l'attaque injuste préparée contre la France ; qu'elle sera répétée
par les ennemis intérieurs de notre Constitution et de nos lois,
dans l'espérance criminelle de ravir la bienveillance publique aux
représentans de la nation. Une simple exposition de leur conduite
sera leur unique réponse, et ils l'adressent avec une confiance
égale aux étrangers comme aux Français, puisque la nature a
mis au fond du cœur de tous les hommes le sentiment de la même
justice. (On applaudit.) Chaque nation a seule le pouvoir de se
donner des lois et le droit inaliénable de les changer à son gré.
Ce droit n'appartient à aucune, ou leur appartient à toutes avec
une entière égalité ; l'attaquer dans une seule c'est déclarer qu'on
ne le reconnaît dans aucune autre. Vouloir le ravir à un peuple
étranger, c'est annoncer qu'on ne le respecte pas dans celui dont
on est le concitoyen ou le chef; c'est trahir sa patrie, c'est se proclamer l'ennemi du genre humain.

» La nation française devait croire que des vérités si simples
seraient senties par tous les princes, et que, dans le dix-huitième
siècle, personne n'oserait leur opposer les vieilles maximes de la
tyrannie. Son espérance a été trompée, une ligue s'est formée
contre son indépendance ; et elle n'avait que le choix d'éclairer
ses ennemis sur la justice de sa cause, ou de leur opposer la force
des armes. Instruite de cette ligue menaçante, mais jalouse de
conserver la paix, l'assemblée nationale a d'abord demandé quel
était l'objet de ce concert entre des puissances si long-temps rivales ; et on lui a répondu qu'il avait pour motif le maintien de la
tranquillité générale, la sûreté et l'honneur des couronnes, la
crainte de voir se renouveler les événemens qu'ont présentés
quelques époques de la révolution française. Mais comment la
France menacerait-elle la tranquillité générale puisqu'elle a pris
la résolution solennelle de n'entreprendre aucune conquête, de
n'attaquer la liberté d'aucun peuple, puisqu'au milieu de cette
lutte longue et sanglante, qui s'est élevée dans les Pays-Bas et
dans les États de Liége, entre le gouvernement et les citoyens,
elle a gardé la neutralité la plus rigoureuse?

» Sans doute la nation française a prononcé hautement que la souveraineté du peuple n'appartient qu'au peuple qui, borné dans l'exercice de sa volonté suprême par les droits de la postérité, ne peut déléguer de pouvoir irrévocable ; elle a hautement reconnu qu'aucun usage, aucune loi expresse, aucun consentement, aucune convention ne peuvent soumettre une société d'hommes à une autorité qu'ils n'auraient pas conservé le droit de reprendre. Mais quelle idée les princes se feraient-ils donc de la légitimité de leur pouvoir ou de la justice avec laquelle ils l'exercent, s'ils regardaient l'énonciation de ces maximes comme une entreprise contre la tranquillité de leurs États? Diront-ils que cette tranquillité pourrait être troublée par les ouvrages, les discours de quelques Français? Ce serait alors exiger, à main armée, une loi contre la liberté de la presse; ce serait déclarer la guerre aux progrès de la raison; et quand on sait que partout la nation française a été impunément outragée, que les presses des pays voisins n'ont cessé d'inonder nos départemens d'ouvrages destinés à solliciter la trahison, à conseiller la révolte : quand on se rappelle les marques de protection ou d'intérêt prodiguées à leurs auteurs, croira-t-on qu'un amour sincère de la paix, et non la haine de la liberté ait dicté ces hypocrites reproches? On a parlé des tentatives faites par des Français pour exciter les peuples voisins à reprendre leur liberté, à réclamer leurs droits. Mais les ministres qui ont répété ces imputations, sans oser citer un seul fait qui les appuyât, savaient-ils combien elles étaient chimériques? Et ces tentatives eussent-elles été réelles, les puissances qui ont souffert le rassemblement de nos émigrés, qui leur ont donné des secours, qui ont reçu leurs ambassadeurs, qui les ont publiquement admis dans leurs conférences, n'auraient pas conservé le droit de se plaindre, ou bien il faudrait dire que tout est légitime contre les peuples, que les rois seuls ont de véritables droits, et jamais l'orgueil du trône n'aurait insulté avec plus d'audace à la majesté des nations. (On applaudit.)

» Le peuple français, libre de fixer ia forme de sa Constitution, n'a pu blesser, en usant de ce pouvoir, ni la sûreté, ni l'honneur des couronnes étrangères. Les chefs des autres pays mettraient-ils donc au nombre de leurs prérogatives le droit d'obliger la nation française à donner au chef de son gouvernement un pouvoir égal à celui qu'eux-mêmes exercent dans leurs États? Voudraient-ils, parce qu'ils ont des sujets, empêcher qu'il n'existât ailleurs des citoyens libres? Et comment ne s'apercevraient-ils pas qu'en se croyant tout permis pour maintenir ce qu'ils appellent la sûreté des personnes, ils déclarent légitime tout ce qu'on pourrait entreprendre pour la restauration de la liberté des autres peuples. Si des violences, si des crimes ont accompagné quelques époques de la révolution française, c'était aux seuls dépositaires de la volonté nationale qu'appartenait le pouvoir de les punir ou de les ensevelir dans l'oubli. Tout citoyen, tout magistrat, quel que soit son titre, ne doit demander justice qu'aux lois de son pays, ne peut l'attendre que d'elles. Les puissances étrangères, tant que leurs sujets n'ont pas souffert de ces événemens, ne peuvent avoir le droit ni de s'en plaindre, ni de prendre des mesures hostiles pour en empêcher le retour. La parenté, l'alliance personnelle entre les rois n'est rien pour les nations; esclaves ou libres, des intérêts communs les unissent; la nature a placé leur bonheur dans la paix, dans les secours mutuels d'une douce fraternité : elle s'indignerait qu'on osât mettre dans une même balance le sort de vingt millions d'hommes et les affections ou l'orgueil de quelques individus? Sommes-nous donc condamnés à voir encore la servitude volontaire des peuples entourer de victimes humaines les autels des faux dieux de la terre? (On applaudit à plusieurs reprises.)

» Ainsi, ces prétendus motifs d'une ligue contre la France n'étaient tous qu'un nouvel outrage à son indépendance. Elle avait droit d'exiger une renonciation à des préparatifs injurieux, et d'en regarder le refus comme une hostilité. Tels ont été les principes qui ont dirigé les démarches de l'assemblée nationale; elle a continué de vouloir la paix, mais elle devait préférer la guerre à une patience dangereuse pour la liberté. Elle a juré de périr plutôt que de souffrir que l'on portât atteinte à la souveraineté du peuple, ni surtout à cette égalité sans laquelle il n'existe, pour les sociétés humaines, ni justice, ni bonheur. (On applaudit.)

Reprocherait-on aux Français de n'avoir pas respecté les droits des autres peuples, en n'offrant que des indemnités pécuniaires, soit aux Allemands possessionnés en Alsace, soit au pape? Les traités avaient reconnu la souveraineté de la France sur l'Alsace, et elle y était paisiblement exercée depuis plus d'un siècle. Les droits que ces traités avaient réservés, sont des priviléges. La nation devait un dédommagement aux possesseurs pour les avan-. tages réels qui en étaient la suite ; c'est là tout ce que peut exiger le droit de propriété quand il se trouve en opposition avec la loi, en contradiction avec l'intérêt public.

» Dira-t-on qu'on peut, pour dédommager ces princes, leur abandonner une portion du territoire? Non, une nation généreuse et libre ne vend point les hommes, elle ne condamne point à l'esclavage, elle ne livre point à des maîtres ceux qu'elle a une fois admis au partage de sa liberté.

» Les citoyens du Comtat étaient maîtres de se donner une Constitution, ils pouvaient se déclarer indépendans ; ils ont préféré d'être Français et la France ne les abandonnera point après les avoir adoptés. Eût-elle refusé d'accéder à leurs désirs? Leur pays est enclavé dans son territoire, et elle n'aurait pu permettre à leurs oppresseurs de traverser la terre de la liberté, pour aller punir des hommes d'avoir osé se rendre indépendans et reprendre leurs droits. (On applaudit.) Ce que le pape possédait dans ce pays était le salaire des fonctions du gouvernement; le peuple, en lui ôtant ses fonctions, a fait usage d'un pouvoir qu'une longue servitude avait suspendu, mais n'avait pu lui ravir, et l'indemnité proposée par la France n'était pas même exigée par la justice.

» On a fait entendre que le vœu du peuple français pour le maintien de son égalité et de son indépendance, était celui d'une faction ; mais la nation française a une Constitution ; cette Constitution a été reconnue, adoptée par la généralité des citoyens; elle ne veut être changée que par le vœu du peuple, et suivant des formes qu'elle-même a prescrites. Tant qu'elle subsiste, les pou-

voirs établis par elle ont seuls le droit de manifester la volonté
nationale ; et c'est par eux que cette volonté a été déclarée aux
puissances étrangères. C'est le roi qui, sur l'invitation de l'assemblée nationale, et en remplissant les fonctions que la Constitution
lui attribue, s'est plaint de la protection accordée aux émigrés, a
demandé inutilement qu'elle leur fût retirée ; et l'on doit s'étonner,
sans doute, d'entendre annoncer, comme le cri de quelques factieux, le vœu solennel du peuple, publiquement exprimé par ses
représentans légitimes.

» Quel titre aussi respectable pourraient donc invoquer les rois
qui forcent des nations égarées à combattre contre les intérêts de
leur propre liberté, à s'armer contre des droits qui sont aussi
les leurs, à étouffer, sur les débris de la Constitution française,
les germes de leur propre félicité et les communes espérances du
genre humain?..... Et d'ailleurs, qu'est-ce qu'une faction qu'on
accuse d'avoir conspiré pour la liberté universelle du genre humain?...... C'est donc l'humanité tout entière que des ministres
esclaves osent flétrir de ce nom odieux!..... Mais, disent-ils, le
roi des Français n'est pas libre. Eh! n'est-ce donc pas être libre
que de ne dépendre que des lois de son pays? La liberté de les
contrarier, de s'y soustraire, d'y opposer une force étrangère, ne
serait pas un droit, mais un crime.

» Mérite-t-on le nom d'agresseur lorsque menacé, provoqué par
un ennemi injuste et perfide, on lui enlève l'avantage de porter
les premiers coups? Ainsi, loin d'appeler la guerre, l'assemblée
nationale a tout fait pour la prévenir. En demandant des explications nouvelles sur des intentions qui ne pouvaient être douteuses,
elle a montré que si l'orgueil des rois est prodigue du sang de leurs
sujets, l'humanité des représentans d'une nation libre est avare
du sang de ses ennemis.

» Cet insultant orgueil, loin de l'intimider, ne peut qu'exciter
son courage. Il faut du temps pour discipliner les esclaves du despotisme. Tout homme est soldat, quand il combat la tyrannie. Et
la France, dans sa vaste étendue, n'offrira plus à nos ennemis
qu'une volonté unique, celle de vaincre ou de périr toute en-

tière avec sa liberté et ses lois. » (On applaudit à plusieurs reprises.)

L'assemblée ordonne l'impression du travail de M. Condorcet, et ajourne à trois jours sa délibération sur cet objet.

M. Vergniaud. Vous devez à la nation, à sa gloire, à son bonheur, de prendre tous les moyens pour assurer le succès de la grande et terrible détermination par laquelle vous avez signalé cette mémorable journée : or, il en est un qui est simple, et qui cependant me paraît devoir être très-efficace. Rappelez-vous le jour de cette fédération générale, où tous les Français dévouèrent leur vie à la défense de la liberté, à celle de la Constitution. Rappelez-vous le serment que vous-mêmes avez prêté le 14 janvier, de vous ensevelir sous les ruines de cet emple, plutôt que de consentir à la moindre capitulation, de souffrir qu'il soit fait une seule modification à la Constitution. Quel est le cœur glacé qui ne palpite pas dans ces momens augustes ! l'ame froide qui ne s'élève pas, j'ose dire, jusqu'au ciel, avec les acclamations de la joie universelle ! l'homme apathique qui ne sent pas son être s'agrandir et ses forces s'élever par un noble enthousiasme, au-dessus des forces de l'humanité ! Eh bien ! donnez encore à la France, à l'Europe, le spectacle imposant de ces fêtes nationales. Ranimez cette énergie devant laquelle tombent les Bastilles. Donnez une nouvelle activité au sentiment brûlant qui nous attache à la liberté et à la patrie. Faites retentir toutes les parties de l'Empire de ces mots sublimes : *Vivre libre ou mourir! la Constitution tout entière, sans modification, ou la mort!* Que ces cris se fassent entendre auprès des trônes coalisés contre vous ; qu'ils leur apprennent que les vœux de conserver la Constitution, ou de faire la guerre pour la défendre, ne sont pas seulement les vœux de la majorité de la nation, mais les vœux unanimes de tous les Français ; qu'en vain on a compté sur nos divisions intérieures ; que, lorsque la patrie est en danger, nous ne sommes plus animés que d'une seule passion, celle de la sauver ou de mourir pour elle ; qu'enfin, si la fortune trahissait dans les combats une cause aussi juste que la nôtre, nos ennemis pourraient bien insulter à nos cadavres, mais que jamais ils n'auront un seul Français dans leurs fers.

Je propose de décréter que les gardes nationales et les troupes de ligne prêteront, le 10 du mois prochain, le serment du 14 janvier. (Il s'élève quelques murmures.)

Plusieurs voix : Point de serment.... L'ordre du jour.

L'assemblée passe à l'ordre du jour.

M. Journu propose la suppression des corsaires. — Il est interrompu dans le développement de cette proposition, par M. Kersaint, qui observe que le comité de marine s'occupe de cet objet, et que des mesures ont été prises par le ministre pour la sûreté du commerce français.

M. Forfaix rend compte du succès des mesures prises par la trésorerie nationale pour l'approvisionnement du numéraire effectif nécessaire au succès de la guerre. — Il propose un projet de décret adopté en ces termes :

Les sous-officiers et soldats faisant partie des trois grandes armées, seront payés de la totalité de leur solde en argent, à la réserve, pour les volontaires nationaux, des retenues ordonnées pour leur habillement, linge et chaussure.

Quant aux régimens en garnison dans les places de Givet, Huningue, Landau, Philippeville, Marienbourg, Bouillonet, Monaco, ils continueront à toucher les deux tiers de leurs appointemens en numéraire, sans aucune plus value pour les assignats qu'ils recevront.

—On lit une lettre par laquelle l'administration du département des Bouches-du-Rhône dénonce le général Wittgenstein comme ayant refusé de déférer à ses réquisitions. — Cette dénonciation est renvoyée au comité de surveillance.

M. Gensonné présente, au nom du comité diplomatique, la rédaction du décret rendu sur la proposition du roi. — Cette rédaction est décrétée ainsi qu'elle suit :

» L'assemblée nationale, délibérant sur la proposition formelle du roi, considérant que la cour de Vienne, au mépris des traités, n'a cessé d'accorder une protection ouverte aux Français rebelles, qu'elle a provoqué et formé un concert avec plusieurs puissances de l'Europe contre l'indépendance et la sûreté de la nation française ;

» Que François 1ᵉʳ, roi de Hongrie et de Bohême, a, par ses notes des 18 mars et 7 avril dernier, refusé à renoncer à ce concert;

» Que malgré la proposition qui lui a été faite par la note du 11 mars 1792, de réduire, de part et d'autre, à l'état de paix, les troupes sur les frontières, il a continué et augmenté des préparatifs hostiles ;

Qu'il a formellement attenté à la souveraineté de la nation française, en déclarant vouloir soutenir les prétentions des princes allemands possessionnés en France, auxquels la nation française n'a cessé d'offrir des indemnités;

» Qu'il a cherché à diviser les citoyens français, et à les armer les uns contre les autres, en offrant aux mécontens un appui dans le concert des puissances;

» Considérant enfin que ce refus de répondre aux dernières dépêches du roi des Français ne lui laisse plus d'espoir d'obtenir, par la voie d'une négociation amicale, le redressement de ces différens griefs, et équivaut à une déclaration de guerre;

» Décrète qu'il y a urgence.

» L'assemblée nationale déclare que la nation française, fidèle aux principes consacrés par sa Constitution, *de n'entreprendre aucune guerre dans la vue de faire des conquêtes, et de n'employer jamais ses forces contre la liberté d'aucun peuple*, ne prend les armes que pour la défense de sa liberté et de son indépendance; que la guerre qu'elle est obligée de soutenir n'est point une guerre de nation à nation, mais la juste défense d'un peuple libre contre l'injuste agression d'un roi;

» Que les Français ne confondront jamais leurs frères avec leurs véritables ennemis; qu'ils ne négligeront rien pour adoucir le fléau de la guerre, pour ménager et conserver les propriétés, et pour faire retomber, sur ceux-là seuls qui se ligueront contre sa liberté tous les malheurs inséparables de la guerre;

» Qu'elle adopte d'avance tous les étrangers qui, abjurant la

cause de ses ennemis, viendront se ranger sous ses drapeaux et
consacrer leurs efforts à la défense de sa liberté; qu'elle favori-
sera même, par tous les moyens qui sont en son pouvoir, leur
établissement en France;

» Délibérant sur la proposition formelle du roi, et après avoir
décrété l'urgence, décrète la guerre contre le roi de Hongrie et
de Bohême. »

Un de messieurs les secrétaires fait l'appel de vingt-quatre
commissaires chargés de porter sur-le-champ le décret à la sanction du roi.]

Polémique à l'occasion des soldats de Château-Vieux.

Le 29 mars, la section de Sainte-Geneviève nomma Roucher
au nombre des députés qui devaient assister à la fête destinée
aux soldats de Château-Vieux. « J'accepte la députation, répondit Roucher, mais à la condition que le buste du généreux Désilles
sera sur le char de triomphe, afin que le peuple contemple l'assassiné au milieu de ses assassins. (*Journal de Paris*, numéros
du 51 mars et du 1er avril.)

Aux auteurs des Annales patriotiques. — « Quiconque connaît
M. Roucher, a dû sentir que la fête que nous préparons aux soldats de Château-Vieux lui déplairait, à raison du bien qu'elle
peut produire. — Quiconque connaît le patriotisme de la section
de Sainte-Geneviève, a bien présumé qu'il n'était pas possible
qu'elle eût choisi, pour la représenter dans une fête civique, un
homme qui pue d'aristocratie et qui bâille depuis deux ans
après une contre-révolution. — Il faut, pour comprendre quelque
chose au bruit que le sieur Roucher a fait pour cette affaire, savoir que, dans le nombre des commissaires à choisir, un plaisant
proposa de le nommer, ce qui fit beaucoup rire tous les autres.
C'est en faveur de la plaisanterie qu'on s'était permise à son
égard que l'assemblée lui a pardonné le propos qu'il a tenu, propos trop bête pour être insolent, mais qui, dans une autre occasion, lui aurait vraisemblablement attiré quelque désagrément.

Signé MÉHÉE DE LA TOUCHE , *l'un des commissaires pour la fête de Château-Vieux.*»

L'auteur de cette lettre ajoutait en note : « Cet ex-président du club de la Sainte-Chapelle dit à l'assemblée qui venait d'approuver la fête et de nommer vingt-quatre commissaires, qu'il se croirait déshonoré s'il se joignait à eux. Déshonoré! Eh où en sommes-nous donc, monsieur l'ex-président?.... Nous savons qu'il y a de par le monde une certaine madame de Bussy et une certaine caisse financière qui, *de pleine, un jour se trouva vide.* »

Réponse de Roucher. — « *Aux auteurs du Journal de Paris.* — Messieurs, un quidam, qui signe *Méhée de la Touche,* vient, dans les *Annales patriotiques et littéraires,* n. XCVII, p. 4, col. Iʳᵉ, d'insérer contre moi, au sujet de la *grande fête civique,* une lettre que tous ceux qui se connaissent en décence pourraient bien avoir trouvé écrite en style de laquais; mais je ne me plains pas de ce style : c'est sans doute la propriété du quidam, et il ne faut troubler personne dans sa propriété. Je ne me plains pas davantage du fond des choses; on me dénonce comme un homme sans patriotisme, comme un homme qui depuis deux ans bâille après une contre-révolution, en un mot comme un aristocrate. Permis à tous les *Méhée* des Jacobins, du club central, des sociétés fraternelles, de s'élever à force de génie jusqu'à l'invention de cette injure. D'ailleurs le ciel n'a pas mis pour rien au cœur de l'homme sensé et de l'honnête homme la pitié pour les sots et le mépris pour les fripons. Mais au bas de cette lettre on lit une note dont je suis encore le sujet. (Ici Roucher transcrit la note que nous avons citée.) Voilà, messieurs, ajoute-t-il, la calomnie avec ses caractères les plus hideux. Ceux dont je suis connu personnellement par un long commerce doivent être bien sûrs que je n'imiterai pas certain journaliste (Carra), certain législateur même (Brissot), qui, accusés, l'un de vol par la voie des papiers publics, l'autre de manutention infidèle par affiches aux coins des rues, après un premier cri jeté par décence, se sont endormis au bruit de l'infamie qu'on a fait pleuvoir sur eux. Le jour même j'ai porté plainte pour connaître le lâche auteur de cette note.

On dit, mais je ne puis le croire, que c'est le libraire Buisson lui-même (le propriétaire-éditeur des *Annales*); puisse-t-on m'avoir dit faux ! Mais quel que soit celui qui s'est fait de la liberté de la presse un poignard pour assassiner l'honneur d'autrui, je lui déclare, et j'en prends un engagement public auquel je ne manquerai pas, je lui déclare que je le poursuivrai jusqu'à jugement définitif. Il est temps qu'un homme probe outragé obtienne une justice qui, par un juste effroi, purge enfin la société de ce qu'elle a de plus impur : des libellistes, de leurs fauteurs, complices et adhérens. » (*Journal de Paris* du 8 avril.)

Les *Annales patriotiques* publièrent coup sur coup (numéros XCVIII et XCIX) les deux rétractations suivantes :

« Ce n'est pas sans la plus grande surprise que, dans le numéro d'hier (XCVII), page 432, au bas de la note qui termine la première colonne, nous avons aperçu une faute typographique qui pourrait induire en erreur quelques-uns de nos lecteurs. Les trois dernières lignes de cette note, ne doivent avoir et n'ont aucun rapport avec les lignes précédentes; mais comme il serait rigoureusement possible que quelqu'un y aperçût une application injurieuse à la probité de M. Roucher, nous déclarons ici que telle n'a point été notre intention; et que, sans partager sa façon de penser sur la chose publique, nous n'entendons porter aucune atteinte à son honneur. »

Seconde rétractation. « Sur l'erreur typographique malheureusement échappée dans nos annales (n° XVII), et que nous avons volontairement désavouée dans le numéro suivant, nous savons que M. Roucher a manifesté cette vive sensibilité qui caractérise l'homme d'honneur qui se croit outragé. Nous nous faisons un devoir de lui renouveler la réparation la plus solennelle : sa probité, bien connue, le met au-dessus de l'atteinte fortuite d'une phrase totalement étrangère à la note qui la précède, puisque cette note n'a d'autre objet que la diversité d'opinion, sur laquelle chacun est parfaitement libre. Personne ne rend plus de justice que nous à la pureté et à la délicatesse de M. Roucher ; et nous ne nous consolerions pas d'avoir pu fournir occasion à la moindre interprétation qui lui fût injurieuse, si nous n'étions bien sûrs que son excellente réputation éloignera toujours de lui, aux yeux de tous les gens de bien, l'ombre même du soupçon. »

Roucher adressa les deux rétractations des *Annales* au *Journal de Paris* du 11 avril, en y ajoutant ces réflexions : « Il y a long-temps que je ne demande aux bons citoyens que d'avoir le courage de leur vertu. Ces factieux, ces calomniateurs, ces brigands qui nous agitent, nous diffament et nous égorgent, ne sont forts que de notre faiblesse ; essayons de leur faire tête, et l'audace à l'instant ne sera plus que de la lâcheté.— Encore une fois, je répète mon cri de guerre : hommes de probité, vous seuls, les vrais amis de la patrie et de la liberté, montrez-vous avec courage, et vos propriétés, vos vies, votre honneur sont sauvés. »

Le 30 mars, Collot-d'Herbois lut aux Jacobins un factum rédigé par lui, intitulé : *La vérité sur les soldats de Château-Vieux*. Ce factum remplit les quatre dernières colonnes du Journal de la Société, n° CLXIX. Il fut imprimé et affiché par ordre du club. Les Feuillans attaquèrent Collot-d'Herbois, et il leur fit une réponse générale dont *le Moniteur* du 10 avril nous a conservé la meilleure partie. Comme cette réplique contient et fortifie l'argumentation de l'affiche, nous n'avons pas à nous occuper de celle-ci. En conséquence nous transcrivons de suite l'attaque d'André Chénier, la réponse de Collot, et le jugement de Marat sur la manière dont celui-ci avait présenté la défense des Suisses.

Journal de Paris du 4 avril. « Quelques hommes toujours habiles à prouver que, qui peut tout a raison, même sans nier les faits que l'on allègue contre la fête triomphale des soldats de Château-Vieux, ne l'attribuent qu'à un enthousiasme général, auquel, selon eux, l'honneur de la nation ou de la ville de Paris n'est nullement intéressé.

» D'abord j'avoue que cet enthousiasme général ne m'a point frappé ; j'ai même été frappé du contraire. J'ai vu un petit nombre d'hommes s'agiter, se démener, déclamer de pompeuses amplifications. Tout le reste des citoyens m'a semblé voir ce projet les uns avec une juste aversion, les autres, et c'est le plus grand nombre, avec la plus froide indifférence. Quant à ce que l'honneur de la ville de Paris est entièrement désintéressé dans cette affaire, j'ai quelque peine à le concevoir, car il est bien évident que, ou la garde nationale de Metz, ou le régiment de Château-Vieux, ont été des meurtriers et des ennemis publics. Si c'est la garde nationale de Metz, commandée au nom de la loi, et en vertu des décrets de l'assemblée nationale, par un général qui depuis s'est montré parjure et traître, qui s'est montrée elle-même aussi patriote que courageuse et intrépide; alors les soldats de Château-Vieux ont été des rebelles et des meurtriers; et je ne comprends guère comment la ville de Paris ne se déshonorerait pas un peu lorsque ses citoyens, sa municipalité, ses magistrats, se réunissent à fêter des rebelles et des meurtriers.

» D'autres profonds politiques vous disent, d'un ton capable, que l'on veut, par le triomphe de ces soldats, humilier et faire rougir ceux qui voulurent jadis se servir d'eux pour tenir et remettre la nation dans les fers.

» Certes, l'on n'a jamais entendu rien d'aussi insensé que ce raisonnement. Pour faire pièce à un mauvais gouvernement qu'on détruit, inventer des extravagances capables de détruire toute espèce de gouvernement! récompenser l'insurrection contre la tyrannie par des honneurs accordés à la rébellion contre les lois! et célébrer le refus que firent des soldats de fusiller des citoyens français de Paris, en couronnant ces mêmes soldats qui ont fusillé les citoyens français de Metz! Je ne crois pas que la folie elle-même puisse atteindre à un plus haut degré de déraison, d'absurdité, de délire.

» On dit que dans toutes les places publiques où passera cette pompe, les statues seront voilées. Et, sans m'arrêter à demander de quel droit des particuliers qui donnent une fête à leurs amis s'avisent de voiler les monumens publics, je dirai en effet que si cette misérable orgie a lieu, ce ne sera point les images des despotes qui doivent être couverts d'un crêpe funèbre; c'est le visage de tous les hommes de bien, de tous les Français soumis aux lois; insultés par les succès des soldats qui s'arment contre les décrets, et pillent leur caisse militaire. C'est à toute la jeunesse

du royaume, à toutes les gardes nationales, de prendre les couleurs
du deuil lorsque l'assassinat de leurs frères est parmi nous un
titre de gloire pour les étrangers. C'est l'armée dont il faut voiler
les yeux pour qu'elle ne voie pas quel prix obtiennent l'indiscipline et la révolte ; c'est à l'assemblée nationale, c'est au roi, c'est
à tous les administrateurs, c'est à la patrie entière à s'envelopper
la tête pour n'être pas de complaisans ou de silencieux témoins
d'un outrage fait à toutes les autorités et à la patrie entière. C'est
le livre de la loi qu'il faut couvrir, lorsque ceux qui en ont déchiré
les pages à coups de fusil reçoivent des honneurs civiques.

» On dit que cette procession ira *purifier* le Champ-de-Mars,
où le sang des patriotes a coulé. Il est vrai que le sang des patriotes a coulé au Champ-de-Mars. Il est vrai que de braves citoyens se rendant à leur poste et à leurs drapeaux pour faire
triompher la loi et défendre la liberté de Paris et de l'assemblée
nationale, furent lâchement assassinés par des scélérats furieux.
Si c'est à ce sang qu'on offre des sacrifices expiatoires, je n'y vois
rien de répréhensible que le choix des sacrificateurs, et la mémoire
des gardes nationaux parisiens tués au Champ-de-Mars sera mal
honorée par la présence de ceux qui ont tué les gardes nationales
de Metz. Mais ce sont les gardes nationaux parisiens eux-mêmes que
l'on nous représente ici comme des ennemis et des meurtriers,
pour avoir retardé au moins de quelques mois le règne des fanatiques et des fripons ; pour avoir, au nom de la loi, appelés par
leurs chefs et par leurs magistrats, repoussé les violences d'éner-
gumènes qui, le matin, s'étaient souillés de deux meurtres ; et
qui, interprètes des volontés d'un Brissot et d'autres personnages
semblables, avaient affiché, avec menace, le dessein de changer
la Constitution et la forme du gouvernement, et de soumettre
l'assemblée nationale et la France à l'empire des clubs et de cinq
ou six Démosthènes des halles. Quel est le citoyen qui n'est pas
imbécille, et qui peut avoir oublié tout cela? (1) »

_____

(1) André Chénier expose ici l'affaire du Champ-de-Mars (17 juillet 1791)
d'une manière complétement fausse. Il n'y a pas une seule de ses allégations qui
ne soit controuvée, ainsi que nos lecteurs le reconnaîtront, pour peu qu'ils se

» Si c'était véritablement une juste et louable horreur pour l'effusion du sang humain qui excitât cet enthousiasme, d'autres soldats suisses offraient une occasion de le manifester d'une manière non équivoque. Les soldats de Château-Vieux, révoltés contre leurs chefs, rebelles à toutes les lois, ont fait feu sur les citoyens français armés par et pour la loi. Les soldats d'Ernest ont été observateurs de la discipline et soumis à leurs chefs, jusqu'à déposer leurs armes dès qu'ils en ont reçu l'ordre, devant des agresseurs armés malgré la loi. N'eût-il pas été plus sage et plus utile de consoler ces braves militaires d'un injuste affront, et de les récompenser de leur civique et douloureuse obéissance par des honneurs qui seraient à la fois un hommage à l'humanité, et une leçon à tous les citoyens armés, de savoir quelquefois sacrifier même une sorte de gloire, pour en chercher une plus belle dans la soumission aux lois?

» Citoyens de Paris, qui formez le plus grand nombre, hommes honnêtes, mais faibles, il n'en est pas un de vous, qui, interrogeant son ame et la raison, ne sente la force de ces vérités, ne sente combien la patrie, et combien lui, son fils, son frère sont insultés par ces outrages faits aux lois, et à ceux qui les exécutent, et à ceux qui meurent pour elles. Comment donc ne rougissez-vous pas qu'une poignée d'hommes turbulens, qui semblent nombreux parce qu'ils sont unis et qu'ils crient, vous fassent faire leur volonté, en vous disant que c'est la vôtre, et en amusant

rappellent les documens authentiques que nous avons produits à ce sujet. Il est prouvé que les meurtriers du perruquier et de l'invalide ne furent point les signataires de la pétition; il est prouvé que ceux-ci n'obéissaient ni à Brissot, ni à d'autres personnages, mais au sentiment justifié par la fuite du roi et par la conduite de l'assemblée nationale; il est prouvé qu'ils n'affichèrent rien, qu'ils ne menacèrent personne; qu'ils signaient paisiblement, et sans armes, une pétition dans laquelle ils demandaient à l'assemblée nationale de ne pas prononcer sur Louis XVI avant d'avoir consulté les quatre-vingt-trois départemens, et que les gardes nationaux, conduits par La Fayette et par Bailly, fusillèrent, sans sommation, des hommes, des femmes et des enfans, réunis sur l'autel de la patrie. Nous fa'sons cette note parce que Collot-d'Herbois, répondant à André Chénier, se contenta là-dessus de lui dire qu'il était un hypocrite, et qu'il ne croyait pas à ce qu'il écrivait. André (*Journal de Paris* du 10 avril) répliqua simplement : COLLOT-D'HERBOIS EN A MENTI. (*Note des auteurs.*)

par d'indignes spectacles' cette curiosité puérile et vaine qu'on vous reproche justement?

» Dans une ville où un patriotisme sage et un véritable esprit public auraient donné aux citoyens le juste sentiment de leur dignité, une pareille fête ne trouverait partout devant elle que silence et que solitude; partout les rues et les places publiques abandonnées, les maisons fermées, les fenêtres désertes; partout le mépris et la fuite des passans feraient du moins connaître à l'histoire quelle part les hommes de bien auraient prise à cette scandaleuse bacchanale.

» En lisant, en écoutant quelques-unes des apologies de cette fête, je n'ai pu m'empêcher de plaindre leurs auteurs, et de me dire à moi-même : Heureux l'homme droit et sage qui, méprisant tout esprit de corps, repoussant toute association à un parti quelconque, ne connaît d'autre lien parmi les hommes que la justice et les lois! Ne voulant arriver aux emplois et aux honneurs que par l'étude de la vertu, il n'aura jamais à servir l'ambition de personne pour satisfaire la sienne. La reconnaissance ou l'espoir ne lui imposeront jamais le sacrifice de sa conscience, et la nécessité de soutenir des absurdités par des mensonges, et des turpitudes par des sophismes. ANDRÉ CHÉNIER. »

La réponse de Collot s'adresse à tous les journalistes feuillans. Les objections principales de cette presse y sont relevées et réfutées. Voici ce qu'en renferme *le Moniteur* du 10 avril.

« Les ambitieux, les intrigans qui, dans le temps, ont préparé, combiné, amené à point l'éternellement horrible affaire de Nancy, ne se sont pas servis de petits moyens.

» Ceux qui voulurent ensuite entraîner la majorité de la garde nationale parisienne à se préparer d'éternels remords, en votant des remerciemens à Bouillé, firent agir de violentes, d'empoisonnées séductions.

» Les mêmes moyens, les mêmes séductions sont employés aujourd'hui qu'il s'agit de l'arrivée des soldats de Château-Vieux, échappés à leurs bourreaux.

» Il y a des gens pour qui une seconde affaire de Nancy serait une excellente affaire.

» Citoyens! voyez comme on cherche à troubler notre joie , notre fête! la joie, la fête du peuple, et à terminer celle qu'il prépare aux soldats de Château-Vieux par une sanglante catastrophe.

» Je sais bien que ce ne sont pas cette fois-ci des libellistes à la douzaine que l'on a mis en avant. J'ai dit qu'il s'agissait d'une seconde affaire de Nancy, de faire massacrer les citoyens par les citoyens ; *C'est un grand coup* : on ne ménagera pas les frais ; en de telles occasions, on fait les choses largement....

» Je répondrai tout à l'heure, pour les soldats de Château-Vieux, aux *gens de bien* qui les attaquent. Mais je veux d'abord parler aux hommes dont le cœur est bon, et l'ame élevée et sensible , parce que ce sont ceux-là dont je recherche l'estime.

» On m'a dit que je montrais trop de passion contre Bouillé, dans l'écrit intitulé : *la Vérité sur les soldats de Château-Vieux.* Eh bien ! oui : j'ai Bouillé en exécration , en horreur. On m'a dit que j'aimais les soldats de Château-Vieux. Ah ! on a bien dit : oui, je les aime et je les aimerai tant que je vivrai, parce qu'ils seront toujours ce qu'ils ont été, et ce qu'ils sont.

» Mais puisque mon amitié est suspecte, ce n'est plus moi; c'est un homme qui ne les aime pas, c'est leur plus sévère accusateur , leur major, M. Salis-Samade , qui va les défendre lui-même.

» Je vais citer mot à mot ce que ce major a dit dans un mémoire qu'il fit imprimer incontinent après l'affaire de Nancy.

» Remarquez qu'on renouvelle aujourd'hui, contre les soldats de Château-Vieux , précisément les mêmes imputations qui ont égaré l'assemblée constituante , et qui ont causé tant de meurtres; on affecte de dire, de publier que ces braves soldats ont été révoltés, dilapidateurs de la caisse du régiment, assassins des gardes nationales de Metz, etc. Voyons ce que dit là-dessus l'homme qui leur est le plus contraire, leur major.

» Il dit, page 2 du mémoire : « Que les soldats réclamèrent, le

10 août, un compte de bois qui leur était dû depuis six mois, et
reconnu si légitime, que l'état-major n'eut d'excuse, pour avoir
retardé le remboursement, qu'en taxant le commissaire des
guerres de négligence. IL DIT : que les nommés Emery et Delisle,
grenadiers, ayant été soupçonnés d'avoir rédigé, par écrit,
d'autres réclamations pécuniaires, ils furent condamnés, le
10 août, à passer dix tours par les courroies, dans une rangée
de cent hommes, à avoir les cheveux coupés, et à être chassés du
régiment. IL DIT : qu'après cette exécution, tous les individus
du régiment, officiers et soldats, furent poursuivis par le peuple
courroucé, et que la municipalité ne put calmer cette indignation, n'ayant aucun moyen contre le peuple et la garnison
réunis.

» Veut-on savoir comment l'écrit qui attirait une peine si dure
aux grenadiers était rédigé? En voici le préambule, qu'on
trouve à la fin du mémoire du major. « Inspirés par des sentimens
d'honneur, et animés par cette confiance qu'un bon et fidèle soldat doit toujours avoir dans des chefs équitables et généreux,
les sous-officiers, caporaux et soldats de Château-Vieux observent, etc. » C'est pour avoir tenu ce langage que deux grenadiers
ont été passés par les courroies.

» Veut-on savoir comment l'état-major a répondu aux plus
légitimes réclamations? Je vais citer l'article 4. Les soldats ob-
servaient : que depuis long-temps, l'état-major avait imposé illi-
citement un louis par mois sur chaque vivandier, ce qui forçait
ces vivandiers à renchérir leurs boissons et alimens, et tournait
au désavantage du soldat.

» L'état-major répondit : que le droit de l'état-major, à cet
égard, provenait d'un ancien droit que les seigneurs en Suisse
font payer à leurs vassaux, qui doivent leur donner la langue
des bêtes mortes.

» Souvenez-vous, citoyens, que c'est en 1789 qu'un état-major de l'armée française faisait cette réponse à des soldats forcés
de se fournir aux vivandiers, puisqu'ils étaient en garnison et consignés dans une citadelle.

» Venons à l'accusation d'avoir dilapidé la caisse. Je vois,

p. 11 , qu'après avoir long-temps disputé sur les réclamations ,
l'état-major finit par donner un à-compte de vingt-sept mille livres,
que les soldats acceptèrent, quoique cela ne fît pas la dixième
partie de ce qu'ils réclamaient. La caisse ne fut donc pas pillée.

» Il est dit ensuite, à la page 12, que les soldats, après avoir dé-
pensé libéralement ces 27,000 liv. , vinrent prier eux-mêmes leur
commandant de tout oublier, et de reprendre son autorité ; que
le corps entier prit les armes; qu'il jura fidélité à la nation, à la
loi et au roi. Il faut croire que ce serment avait été négligé par
l'état-major jusqu'alors : et c'est à cet instant où il était prêté,
qu'on disait, dans le sein de l'assemblée constituante, que tout
était en combustion à Nancy, et qu'on surprit le décret du
16 août.

» Enfin je vois, page 12 , que ce fatal décret du 16, ayant été
proclamé à Nancy le 18, toute la garnison obéit, et que la garde
nationale concilia tous les esprits par sa médiation.

« Voyez ensuite les pages 14, 15, 16. Le major convient que
tout étant apaisé , l'arrivée de Malseigne excita de nouveaux
orages. On lit , page 19, que Malseigne blessa légèrement trois
soldats (et non pas deux comme j'avais dit d'abord), et qu'un
d'entre eux, pâle et défaillant, montrait le tronçon ensanglanté
de l'épée du général, brisée sur une de ses côtes (parce qu'il avait
été blessé légèrement), en demandant vengeance.

» Dans les pages suivantes , l'événement de Lunéville est décrit
comme je l'ai décrit moi-même. Le major ajoute seulement ,
qu'en rentrant à Nancy , les troupes furent couvertes d'applaudissemens , et que les citoyennes surtout se distinguèrent par la
manière d'exprimer leur approbation.

» Je demande si ce sont là des caractères de révolte, comme
le dit André Chénier ? Je demande si j'ai été partial en défendant
ces malheureux soldats ? Ah ! bien au contraire ! je suis honteux
de n'avoir pas dit à leur avantage tout ce que dit le major ! Oui,
si j'avais dit que les citoyennes les embrassaient, leur donnaient
des couronnes civiques , on aurait bien compris , par cette seule
citation, qu'ils étaient innocens.

» Enfin nous arrivons en face de Bouillé, à la journée du 31. Le major dit, page 23, que Bouillé étant arrivé à l'improviste, c'est-à-dire sans proclamation, il redemanda Malseigne, avec menace de passer tout au fil de l'épée, si on ne le lui rendait pas à l'instant. Il dit qu'une erreur fatale, reconnue par Bouillé lui-même, dans les ordres portés au régiment y causa une grande irritation. Il dit que, pendant qu'on prenait des éclaircissemens à cet égard, le régiment de Château-Vieux se mit en marche pour sortir de la ville, ayant le régiment du roi en tête de la colonne ; que cette colonne fit halte au moment où on rendait Malseigne à un détachement des troupes de Bouillé ; qu'à peine Malseigne eut dépassé la colonne, on entendit derrière elle une fusillade très-vive, et quelques coups de canon ; que ce bruit était l'effet d'une décharge que les gardes nationaux, bourgeois et soldats de la garnison, venaient de faire sur les troupes de Bouillé, au moment où elles s'étaient présentées ; qu'aussitôt plusieurs bourgeois et soldats de la colonne s'ébranlèrent en criant : *Nous sommes trahis ; on nous attaque en queue : rentrons à Nancy, allons venger nos frères que l'on égorge.*

» Qu'ensuite le régiment du roi et Mestre-de-camp rentrèrent dans leur quartier, et Château-Vieux à la citadelle où l'on eut peine à le retenir, parce qu'il brûlait d'aller aux coups de fusil qu'on entendait de tous les côtés ; qu'enfin un gros peloton ne put pas y tenir ; et, emporté par la fureur, courut s'unir à des bourgeois poursuivis et massacrés par les troupes de Bouillé. (Ces troupes étaient les hussards et Royal-Allemand, et non pas les gardes nationales de Metz.)

» Je le demande à tous les dignes soldats de l'armée française, quel est celui qui n'aurait pas fait ce que fit le gros peloton des soldats de Château-Vieux ?

» Ai-je dit autre chose, encore une fois, que ce que dit le major lui-même ?

» Hommes sincères ! hommes de probité ! dites-moi actuellement si les soldats de Château-Vieux ont pillé la caisse du régiment, s'ils ont assassiné Desilles, s'ils ont assassiné les gardes nationales de Metz? Dites-moi s'ils ne sont pas au contraire les plus sûrs vengeurs de la cause de la liberté?

» Enfin, à la page 29, le major dit qu'à la fin de cette journée et le lendemain, en arrivant à Vic, il manquait deux cent quatre-vingt-quatorze hommes au régiment. C'est encore la triste vérité que j'ai annoncée. Il en était resté deux cents sur le champ de bataille, et soixante-quatre avaient été ou roués, ou pendus, ou envoyés aux galères; les autres avaient déserté.

» Que direz-vous à tout cela, vous qui irritez encore les esprits contre les soldats de Château-Vieux? etc. »

Marat (*Ami du Peuple* (1) du 22 avril) jugea sévèrement l'affiche de Collot-d'Herbois. Il trouva évasives ses réponses à Chénier et à Roucher. Il disait de ce dernier que la perte d'une place de

---

(1) Nous avons annoncé, au moment où Marat suspend son journal (15 décembre 1792), qu'il le reprit le 12 avril 1792. Il y fut invité par un arrêté des Cordeliers. Voici cet arrêté, imprimé en tête des six premiers numéros de la reprise.

Club des Cordeliers. — Société des amis des droits de l'Homme et du Citoyen. —
Extrait du procès-verbal du 7 avril 1792, l'an IV de la liberté.

La société des droits de l'homme et du citoyen a témoigné à l'*Ami du Peuple*, au sévère et courageux Marat, le désir qu'elle avait qu'il reprît son journal.

Toujours dévoué à sa patrie, cet écrivain s'est décidé à reprendre la plume, fortement acérée par les nouvelles manœuvres du crime et de la tyrannie. Plus que jamais Marat va percer le vice au cœur, soutenir les amis de la liberté, encourager, éclairer le peuple, étonner les esclaves, faire pâlir les méchans.

Qu'il fut douloureux pour l'ami du peuple de fuir sur une terre étrangère, lorsque, ses jours proscrits, sa perte jurée par les assassins de la cour et de La Fayette, il laissait sans défenseur des milliers de victimes, frappées du même coup que lui! Mais qu'eût-il pu faire dans ce temps d'horreur, quand la plupart des écrivains populaires étaient lâches ou vendus? Eût-il servi la cause de l'humanité en continuant son journal, lorsque le plus tranquille citoyen ne pouvait proférer le nom de l'*Ami du Peuple* sans être traîné dans les cachots?

Aujourd'hui que les Catilina n'infestent plus que par intervalle cette cité..... Aujourd'hui que d'autres se forment peut-être.... mais qu'il est encore temps de conjurer l'orage..... Marat va reprendre la plume !.... Chez un peuple récemment libre, les écrivains patriotes ne doivent point laisser de masque aux ambitieux. Ils doivent verser à pleines mains l'infamie sur les traîtres; ils doivent dénoncer impitoyablement tous les mandataires déhontés, qui se prostituent sans pudeur au pouvoir exécutif, ou qui insultent à la majesté du peuple en méconnaissant ses droits.

Le club des Cordeliers s'empresse de faire connaître aux sociétés patriotiques les intentions de l'*Ami du Peuple*, afin qu'elles le secondent et l'aident à affermir la Constitution sur les bases indestructibles de la déclaration des droits de l'homme et du citoyen.

regrattier qu'il avait obtenue du roi, à la recommandation d'un
valet de garde-robe, était le motif qui lui faisait répandre son
venin sur les amis de la révolution. Après avoir cité quelques
phrases de Collot, il ajoute :

« A ce verbiage d'un rhéteur pusillanime, substituons les aveux
ingénus d'un citoyen éclairé, et les vérités lumineuses d'un politique hardi et profond.

» Oui, les soldats de Château-Vieux étaient insubordonnés à
des officiers fripons qui les opprimaient, pour les piller plus à
leur aise, et à des chefs atroces qui les poignardaient pour les
punir de ce qu'ils ne voulaient être ni volés ni opprimés.

» Oui, les soldats de Château-Vieux ont résisté à un décret barbare qui allait les livrer au fer d'une armée d'assassins, s'ils refu-
saient de se soumettre à leurs chefs tyranniques.

» Oui, les soldats de Château-Vieux se sont mis en défense contre les aveugles satellites qui s'avançaient sous les ordres d'un
conspirateur sanguinaire, pour les asservir ou les massacrer.

» Oui, les soldats de Château-Vieux ont fait mordre la poussière
à quinze cents assassins féroces, satellites soudoyés, et volontaires nationaux, qui accouraient pour les égorger.

» Que leur reproche-t-on? D'avoir violé quelques décrets iniques
d'un législateur corrompu. Mais c'était pour obéir aux plus saintes lois de la nature et de la société, devant lesquelles toute autre doit fléchir.

» Pour l'homme, la première des lois de la nature, est le soin
de sa propre conservation ; et la première des lois de la société
est le salut public ; toute loi qui leur est opposée est, par cela
même, folle, injuste, barbare, tyrannique, et le premier devoir du citoyen est de la fouler aux pieds. C'est ce qu'ont fait
les soldats de Château-Vieux. Loin de leur faire un crime de leur
courageuse résistance à leurs oppresseurs, à leurs assassins, on

Tous les citoyens sont donc prévenus que c'est véritablement Marat qui reprend la plume.

Le club des Cordeliers a nommé, pour porter le présent arrêté dans les sociétés, MM. Vincent, Dubois, Salbert, Baron, Berger et Machaut.

Signé HÉBERT, *président.*   NAUD, *secrétaire.*

doit leur en faire un mérite. Toutes les lois naturelles et humaines les y autorisaient. L'assemblée constituante avait consacré ce
droit fondamental de la Constitution : et même après les avoir
fait barbarement périr par le fer des assassins et par le fer des
bourreaux, elle n'a pu se dispenser de faire amende honorable
de sa lâche cruauté, quelque prostituée qu'elle fût d'ailleurs au
despote (1).

» C'est ce qu'ont fait pareillement les gardes nationaux de Metz,
blessés à Nancy par les soldats de Château-Vieux, en venant reconnaître leur erreur (2), et en sollicitant l'honneur d'être admis
à la fête donnée à ces victimes de l'amour de la patrie. Après cela,
quel lâche scélérat aurait encore l'audace de faire un crime à ces
braves soldats de leur résistance à l'oppression? L'*Ami du Peuple*, qui le premier éleva la voix pour plaider leur cause contre
la tyrannie, devant le public abusé, fonda toujours leur défense
sur ces principes d'éternelle vérité. Seul encore contre tous, il
ose préconiser les soldats de Château-Vieux comme les citoyens
les plus judicieux, et les patriotes les plus courageux qui se soient
montrés depuis la prise de la Bastille.

» Aux yeux de tout homme de cœur, ils méritent les éloges
dus aux héros de la liberté. Non, je ne leur reprocherai jamais
d'avoir fait couler le sang des assassins; mon seul regret est qu'ils
aient versé le leur.

» Combien il est douloureux que les régimens du roi et de
Mestre-de-Camp ne se soient pas réunis à eux pour soutenir le
siége, après avoir député à toutes les garnisons voisines, pour
demander secours! Combien il est fâcheux qu'ils n'aient pas passé
au fil de l'épée l'exécrable Bouillé, avec tous ses officiers et tous
ses satellites qui auraient refusé de mettre bas les armes! Combien il est malheureux qu'ensuite ils ne soient pas venus dans la
capitale, punir de mort le despote et tous les pères conscrits qui

_____

(1) C'est ce qu'elle a fait, en arrêtant toute poursuite ultérieure contre la garnison de Nancy, et en jetant un voile sur tout ce qui s'était passé.

(2) Ils ont déclaré hautement qu'ils avaient été indignement trompés par Bouillé
et par Mottié.

avaient trempé dans l'horrible conspiration! Une conduite aussi
héroïque en aurait fait les sauveurs de la France.

» Ici j'entends crier à la barbarie ; mais c'est par humanité que
je forme ces regrets. Calculez et voyez s'il n'eût pas été à désirer que la garnison de Nancy eût pensé comme moi ; cinq à six
mille scélérats auraient été retranchés du nombre des vivans,
soit ; mais cent mille patriotes, dès-lors égorgés traîtreusement,
seraient encore pleins de vie ; et la France entière ne serait pas
depuis si long-temps en proie aux désordres de l'anarchie, aux
horreurs des dissensions civiles ; elle ne serait pas épuisée de
misère, menacée de famine, et prête à être livrée aux fureurs
de la guerre civile.

» La sainte doctrine de la résistance aux mauvais décrets peut
seule sauver l'état ; l'*Ami du Peuple* la préchera-t-il donc à des
sourds ? » (N° 637.)

On pourrait composer un volume de tout ce qui fut écrit pour
et contre la réhabilitation des Suisses. Le *Journal de Paris* seul
nous fournirait plus de vingt articles, les uns anonymes, les
autres pseudonymes, les autres signés Bayard, Roucher, Chéron,
Naudeville, Gudin, Chénier. La capitale fut tapissée des injures
que se renvoyèrent les Feuillans et les Jacobins. Il y eut de nombreuses altercations pour des affiches arrachées ; les citoyens
armés de piques et la garde nationale furent bien souvent à la
veille d'en venir aux mains. Le Palais-Royal était le lieu où ces
scènes offrirent le plus de tumulte et d'animosité. Collot-d'Herbois
qui, dans la réponse qu'on vient de lire, s'était appuyé principalement du rapport fait sur les événemens de Nancy, par le major
de Château-Vieux, l'un des plus ardens ennemis des soldats,
avait pris l'engagement, à la tribune des Jacobins, de poursuivre
devant des juges, le poète Roucher. Celui-ci répondit (*Journal de
Paris* du 14 avril) par une lettre pleine de sarcasmes, dans laquelle il rappelait à Collot-d'Herbois sa pièce du *Bon Angevin :*
« Ce personnage de roman comique, qui des tréteaux de Polichi-
nelle, va sauter sur un char de victoire, s'est élancé vers moi
comme pour me frapper de la rame que ses Suisses lui ont rap-

portée des galères. » Roucher dit ensuite dans une note ce que c'était que le *Bon Angevin*. « C'est le titre d'une pièce de théâtre de la façon de Collot-d'Herbois, histrion de son métier, à Angers, 1775. A cette époque l'Anjou faisait partie de l'apanage de *Monsieur*; et Collot, à qui rien ne disait alors qu'il pourrait y avoir un jour des patriotes en France, usait sa vie à parler, à penser, à écrire comme un esclave, qui, pour être aperçu du frère de son maître, se prosterne devant lui et rampe. »

Nous passons maintenant aux actes de la garde nationale, du directoire et de la municipalité.

Le 3 avril, Aclocque, commandant-général du mois, transmit au directoire une lettre de Bayard, commandant du 5ᵉ bataillon de la 2ᵉ légion, lettre dans laquelle Bayard dénonçait un plan de la fête de Château-Vieux, parlant de tableaux allégoriques destinés à humilier la garde nationale. Aclocque et lui déclaraient au procureur-syndic Rœderer que l'honneur était plus cher à la garde nationale que la vie, et ils le priaient « de vouloir bien peser cette observation. » Il leur fut répondu par les administrateurs du directoire : « Nous ne pouvons croire que ce projet existe ; mais si quelque entreprise contre-révolutionnaire allait attaquer cet honneur si précieux, la répression de cette entreprise serait à la fois, pour nous, un besoin et un devoir. » (*Journal de Paris* du 3 avril.)

Pétion publia à ce sujet la lettre suivante, imprimée, affichée et envoyée aux quarante-huit comités des sections et aux soixante bataillons, par ordre du corps municipal.

Lettre du maire de Paris à ses concitoyens.

« Je crois de mon devoir de m'expliquer en peu de mots sur la fête qui se prépare à l'occasion de l'arrivée des soldats de Château-Vieux.

» Les esprits s'échauffent, les passions fermentent, les citoyens se divisent; tout semble présager le désordre. On veut changer un jour de fête en un jour de deuil. Les ennemis du bien public s'applaudissent; mais les amis de la patrie et de la paix se rallieront toujours, et l'espoir des intrigans sera trompé.

» De quoi s'agit-il ? Des soldats qui, les premiers, avec les gardes-françaises, ont brisé nos fers, qui ensuite en ont été surchargés, arrivent dans nos murs; des citoyens projettent d'aller à leur rencontre, de les recevoir avec fraternité : ces citoyens suivent un mouvement naturel ; ils usent d'un droit qui appartient à tous; ils invitent leurs concitoyens, ils invitent les magistrats du peuple à s'y trouver. Les magistrats ne voient rien là que de simple, que d'innocent; ils voient des citoyens qui s'abandonnent à la joie, à l'allégresse; chacun est libre de participer ou ne pas participer à cette fête. Ce n'est pas l'autorité qui la provoque, c'est le vœu des citoyens qui la donne. Si personne n'eût vu que ce qui est, tout se serait passé sans bruit ; tout se serait fait à Paris comme dans les villes que les soldats de Château-Vieux ont traversées, et où ils ont été bien accueillis.

» Au lieu de cela, de grands spéculateurs ont tiré de grandes conséquences, et ont mis en jeu jusqu'à nos intérêts politiques.

» Des esprits sombres ont rêvé des malheurs.

» Des mal-intentionnés, qui s'emparent de toutes les circonstances pour occasioner des désordres et pour créer des partis, ont soufflé le feu de la discorde.

» On a trompé, on a aigri de bons citoyens par des faits faux. On leur a dit : 1° qu'il y aurait des inscriptions injurieuses pour nos frères d'armes ; 2° que les couleurs nationales seraient couvertes d'un voile funèbre; 5° qu'on ferait la purification du Champ-de-Mars. Eh bien ! d'après le plan communiqué à la municipalité, il n'y a pas un mot de vrai dans tout cela.

» C'est cependant sur ces allégations mensongères et perfides que l'opinion d'un grand nombre de personnes s'est formée, que des libelles, que des placards incendiaires ont paru, et que de bons patriotes, faute de s'entendre, sont divisés.

» Le département de Paris lui-même, dans une lettre où il annonce le désir qu'il a de maintenir la tranquillité publique, dit « que si les bruits qu'on répand sont vrais, que si l'on attaque l'honneur de la garde nationale, la répression de cette entreprise est tout à la fois pour lui un besoin et un devoir. »

» Des hommes qui ne respirent que le trouble ont cru apercevoir de l'opposition entre le département et la municipalité. L'instant leur a paru favorable; ils se sont empressés de faire présenter au département des pétitions contre la fête. Imaginant, d'une part trouver un point d'appui, de l'autre mettre deux autorités aux prises, ranger autour de chacune d'elles un parti, ils se sont promis et se promettent le plus affreux succès.

» Ils ont bien senti en effet que si cette fête n'eût rencontré aucun obstacle, il était impossible qu'il en résultât aucun mal; qu'il en résulterait au contraire un avantage sensible; c'est que l'esprit public s'élève, et prend un nouveau degré d'énergie au milieu des amusemens civiques.

» Mais nous l'espérons, les faits bien éclaircis, toutes ces trop importantes tracasseries disparaîtront. Le département et la municipalité seront toujours d'accord dans les momens où le bien public exigera leur sollicitude, et il ne restera aux ennemis de la liberté et de l'ordre, que la honte de voir échouer leurs sinistres projets. »   *Signé* PÉTION.

Pitra, officier municipal de l'ancienne commune, répondit à l'une des assertions de la précédente lettre. — « *Aux auteurs du Journal de Paris.* Messieurs, il est faux que les soldats de Château-Vieux aient, les premiers, avec les gardes-françaises, brisé nos fers, ainsi que le dit M. le maire, dans sa lettre à ses concitoyens, affichée aujourd'hui. Les soldats de Château-Vieux, ainsi que ceux de Salis-Samade et d'un autre régiment étranger, restèrent le 12 et le 13 de juillet 1789, renfermés dans le Champ-de-Mars, pendant que les gardes-françaises, réunis aux citoyens de Paris, prenaient la Bastille. Ils ne sont sortis du Champ-de-Mars que la nuit du 14, lorsqu'ils surent que les districts de l'Oratoire, de Saint-Roch, de Saint-Honoré et de Saint-Germain-l'Auxerrois allaient les attaquer, et ils prirent la fuite en abandonnant leurs bagages dont les districts s'emparèrent. J'invoque à l'appui du démenti que je donne à cette assertion de la lettre de M. Pétion,

le témoignage de nos braves gardes-françaises et de tous les citoyens rassemblés dans leurs districts en ces grands jours de la
révolution. J'invoque le témoignage de tous les électeurs de 1789;
j'invoque enfin leurs procès-verbaux qui constatent que Paris
et la France doivent beaucoup aux gardes-françaises, mais qui
constatent aussi que les soldats de Château-Vieux ont pris la fuite
la nuit du 14 juillet, lorsque quelques districts marchaient pour
les attaquer. — PITRA, électeur de 1789. Ce 8 avril. »

André Chénier réfuta aussi Pétion. Il termine son long article
par ces apostrophes : « J'aurais tort d'oublier l'affectation qui
règne dans cette lettre, comme dans tous *leurs* écrits, de désigner
quiconque s'est soulevé contre la turpitude de cette fête, comme un
artisan de manœuvres et un *intrigant*. Monsieur Pétion, les *intrigans* sont ceux qui se dévouent aux intérêts d'un parti pour obtenir
des applaudissemens et des dignités. Les *intrigans* sont ceux qui
font plier, ou qui laissent plier les lois sous les volontés des gens
à qui ils se croient redevables. Les *intrigans* sont ceux qui, étant
magistrats publics, flattent lâchement les passions de la multitude
qui règne et les fait régner, et injurient, et outragent, et appellent *intrigans* les citoyens courageux qui ne veulent ni régner, ni
obéir à d'autres lois que les lois mêmes. Voilà quels sont les *intrigans.* » (*Journal de Paris* du 13 avril.)

La plus rude attaque fut celle de Dupont de Nemours. Nous
prenons sa lettre dans un recueil de pièces inscrit à la Bibliothèque Royale, sous la lettre Z. 2284. *z. d.* 429.

Lettre de Dupont de Nemours à Pétion.

« MONSIEUR,

» Lorsque le péril public est très-grand, c'est le devoir de tous
les citoyens de le dire, et surtout de le dire aux hommes en
place; bien plus encore lorsque c'est par ces hommes en place
qu'il est excité, qu'il est accru.

» Ayant coopéré à la Constitution, ayant, comme tous les
Français, juré de la maintenir, étant particulièrement chargé de

faire régner les lois, l'ordre et la paix dans la capitale, vous vous êtes fait l'avocat des Suisses de Château-Vieux.

» Vous avez, pour eux, manqué à la vérité une fois, en disant qu'ils avaient été utiles à la révolution, qu'ils avaient refusé de combattre le peuple de Paris. Vous avez été justement relevé de cette erreur par M. Pitra, un des citoyens qui a le plus tôt, le plus réellement servi la révolution, et auquel vous n'avez pas répondu. Il est faux que ces Suisses aient refusé de combattre le peuple de Paris; il est trop vrai qu'ils ont combattu les gardes nationales de la Meurthe et de la Moselle.

» Vous avez, pour eux, manqué à la vérité deux fois, en disant qu'il n'était pas question, dans leur fête, de voiler les monumens publics, de couvrir d'un crêpe les couleurs nationales, de purifier le champ de la fédération; tandis que c'est sur la présentation du plan qui contenait tous ces détails, et qui a été imprimé et affiché avec profusion, que vous avez, par votre in-fluence, déterminé la municipalité à faire cortége dans la fête proposée.

» Vous avez, pour eux, manqué à la vérité trois fois, en disant qu'il n'y avait rien de pareil à l'ancien plan dans le second, tan-dis que dans celui-ci il n'y a rien de changé au fond du premier, et qu'on s'est seulement borné à le détailler moins, à annoncer moins clairement l'intention perverse qu'on avait d'abord trop manifestée; vous avez cru que pour tromper les Parisiens, il suf-fisait de substituer au mot *purifier*, celui de *brûler des parfums*, et au lieu de l'indication de *tels bas-reliefs et de telles inscriptions*, l'annonce plus vague de *peintures*, de *sculptures*, d'*inscriptions*.

» Dans ce second plan que vous citez avec complaisance, que vous avez envoyé comme justification à un de nos ancienscollègues, l'estimable Schwendt, l'insolence est même poussée plus haut que dans le premier, en ce qu'on assigne une place où se trou-vera, dit-on, une députation de l'assemblée nationale, à qui on n'a demandé aucune permission, à qui on n'a même fait encore aucune invitation. On paraît se croire assuré de la commander, et de lui dire la veille ou le matin : *Corps législatif, obéissez à vos maîtres et aux nôtres, les inventeurs et les ordonnateurs de la fête de Château-Vieux; envoyez-y une députation, sa place est marquée.* Non pas, dites-vous aujourd'hui; les invitations seront individuelles; c'est-à-dire que le discours se borne à celui-ci : *Corps législatif, suspendez vos travaux pour la fête de Château-Vieux. Si vous ne le voulez pas, nous sommes certains que plusieurs de vos membres quitteront leur devoir et votre séance pour figurer avec des rebelles et des assassins. Ils ne seront peut-être pas en grand nombre; mais enfin, nous croyons en connaître qui sont dignes d'honorer les Suisses de Château-Vieux.*

» Et les gens qui se permettent de traiter ainsi les représentans de la nation, vous les appelez patriotes! Ce sont eux que vous prenez pour compagnons! C'est avec eux que vous allez dîner en bonne fortune à la Rapée : tellement que le général mandé par vous est obligé de galoper deux heures dans Paris pour prendre vos ordres, et de deviner enfin où vous pouvez être.

» Vous avez, pour eux, manqué à la vérité quatre fois, en disant au département que la majorité des citoyens et de la garde nationale de Paris voulaient absolument cette fête; et vous saviez si bien que vous manquiez à la vérité, que vous n'avez pas osé convoquer les sections, qui vous auraient forcé de la reconnaître.

» Monsieur, ces subterfuges ne sont plus de saison, le moment presse : vous ne tromperez ni les sections, ni l'armée, ni les quatre-vingt-trois départemens. Il faut vous expliquer et parler net.

» La fête de *Château-Vieux*, que vous cachez après coup sous la phrase péniblement traînante *de fête en l'honneur de la liberté à l'occasion des Suisses de Château-Vieux*, et que je vous montrerai bientôt qui est la fête d'un intolérable despotisme, est-elle une fête publique ou une fête privée? Répondez.

» Si elle est une fête publique, si elle est un honneur public rendu aux assassins de Désilles désarmé et prêchant la paix, rendu aux meurtriers de trente-huit gardes nationales porteurs d'une loi, pourquoi n'avertissez-vous pas ceux qui sont assez insensés et assez corrompus pour vouloir décerner un honneur public à de telles actions, que la Constitution a remis au pouvoir législatif exclusivement le droit d'accorder des honneurs publics? Pourquoi autorisez-vous leur méprise par votre concours, par votre présence, par celle de la municipalité?

» Vous dites, monsieur, que cette fête est donnée par le peuple. Qu'appelez-vous le peuple? Avez-vous recréé, par votre autorité, les ordres que la Constitution a détruits pour jamais? Y a-t-il un autre peuple en France que la collection de tous les citoyens? A-t-il une autre manière d'exprimer sa volonté que par l'organe de ses représentans? Peut-il dans un gouvernement représentatif, retenir l'autorité qu'il leur a confiée? Hors de l'assemblée nationale, il n'y a que des individus qui n'ont le droit de s'exprimer que par des pétitions. Le peuple est souverain quand il élit; il jouit de sa souveraineté quand ses représentans décrètent.

Mais croyez-vous, monsieur, que nous ignorions, que la nation entière ignore l'abus honteux que vous faites du mot de peuple, soit quand vous parlez de la fête de Château-Vieux, soit quand vous écrivez que vous êtes entre le peuple et la loi. Tout Paris l'a vu, sept cent mille citoyens l'ont vu, ce peuple à qui vous transmettez le plus beau droit que la Constitution ait remis à l'assemblé nationale.

» Il a, lundi dernier, promené dans Paris les Suisses de Château-Vieux.

» Il les a conduits au faubourg Saint-Antoine. Vingt hommes de tous costumes les précédaient; quarante, dont une partie seulement vêtus en gardes nationales, les suivaient. C'était tout, c'étaient cent personnes, y compris les femmes et les triomphateurs. Je crois bien que le directoire secret n'y était pas, et il y manquait encore la municipalité. On marchait en criant : Vive Château-Vieux! Pendez La Fayette et Bailly. Les citoyens détournaient la tête avec horreur. Vous savez ce qu'ordonnent les lois sur ces motions d'assassinats qui ont été répétées pendant la journée entière. Vous savez combien elles sont plus exécrables quand elles portent sur des hommes qui ont tant contribué à la liberté française.

» Qui avez-vous réprimé? Qui avez-vous fait punir? Contre qui avez-vous réveillé la vigilance de l'accusateur public?

» On était venu de Versailles, en forçant, le pistolet sur la gorge, ceux que l'on rencontrait à grossir la troupe, ou à se mettre à genoux et à crier : *Vive Château-Vieux!* Ignorez-vous ces choses, monsieur? vous ne faites pas votre devoir. Les savez-vous? vous le trahissez.

» La fête de Château-Vieux n'est-elle qu'une fête privée? Pourquoi le premier magistrat du peuple et la municipalité lui laissent-ils prendre et lui donnent-ils, autant qu'il est en eux, le caractère d'une fête publique, de la plus solennelle des fêtes publiques? Pourquoi le dernier arrêté de la municipalité interdit-il, à cause de cette fête, l'usage des voitures? Le plaisir privé de quelques personnes doit-il attenter à la liberté des autres, et condamner à la prison ceux que leurs affaires, ou la seule beauté de la saison appellent hors de chez eux, mais à qui la faiblesse de leur santé ne permet pas d'aller à pied? Pourquoi interdisez-vous les voitures dans l'intérieur de Paris, et au midi de la rivière, tandis que le cortége ne doit passer que sur les boulevarts et au nord?

» Vos amis disent que vous ne faites, en cela, que ce qui est d'usage pour un spectacle ordinaire; mais, pour aucun spectacle, on ne prohibe les voitures. On règle seulement l'ordre dans lequel elles doivent défiler, la place où elles doivent se ranger.

» Pourquoi permettez-vous aux personnes qui donnent cette fête privée, de s'emparer, de disposer pour leurs orgies de la plus sainte des propriétés publiques, du champ de la fédération, de l'autel de la patrie, des lieux consacrés aux plus augustes fêtes nationales?

» Le champ de la fédération, l'autel de la patrie vous appartiennent-ils, monsieur? Sont-ils la propriété privée de ce petit nombre de citoyens qui veulent honorer l'assassinat et la rebellion aux décrets du corps législatif, légalement sanctionnés, qui entreprennent de forcer leurs compatriotes à se mettre à genoux devant les Suisses de Château-Vieux; et auxquels vous avez l'audace, coupable dans les deux sens, de donner le nom de *peuple*, pour les avilir d'un côté, en renouvelant les distinctions, pour leur attribuer, de l'autre, la souveraineté sur la France entière ?

» Le champ de la fédération, l'autel de la patrie, le Panthéon, la salle de l'assemblée nationale, le palais du roi sont la propriété commune des quatre-vingt-trois départemens, confiés par la totalité des citoyens du royaume, à la garde de leurs frères d'armes de Paris. Si les citoyens des quatre-vingt-trois départemens eussent pu croire que le premier venu, que la municipalité de Paris disposeraient arbitrairement de ces propriétés nationales ; que les mânes de ceux qui ont péri pour la loi seraient insultées sur l'autel même de la patrie, par des parfums brûlés *en l'honneur* ou à *l'occasion de leurs assassins* qu'on mènerait en triomphe ; que les membres de l'assemblée nationale seraient journellement injuriés dans le sanctuaire même des lois ; que le roi ne serait pas en paix et en sûreté dans le palais que la nation lui donne ; les quatre-vingt-trois départemens auraient envoyé chacun une garde à l'assemblée nationale, au château des Tuileries, au champ de la fédération. Leurs citoyens étaient, et sont en droit de le faire ; et s'ils ne l'ont pas fait, c'est qu'ils ont compté sur l'honneur, sur le courage, sur l'amour pour la Constitution, qui caractérisent si éminemment l'armée parisienne.

» Monsieur, ne vous flattez point que l'armée parisienne manque à leur confiance et à son devoir. Vous pouvez oublier tous ceux de votre place ; vous et ceux qui vous conseillent, ceux qui, avec votre secours, s'efforcent d'usurper la souveraineté nationale, vous pouvez pousser le délit et le délire jusqu'à tenter de mettre l'armée parisienne hors d'état de *résister à l'oppression* et de justifier l'estime du véritable peuple de France, qui, des Alpes aux Pyrénées, et de la Méditerranée à l'Océan, a cru bien faire en remettant à la garde de l'armée parisienne ses plus précieuses propriétés nationales. Mais là finit votre autorité ; mais là finira le despotisme des coupables, dont vous n'avez pas honte de vous constituer le ministre, et qui se font un jeu perpétuel de violer

les droits de leurs concitoyens et ceux des représentans de la
nation.

» Quoi, monsieur, il s'agit, dites-vous, d'une fête privée, à
l'occasion de quelques assassins, et vous, magistrat du peuple de
Paris, vous osez, à *l'occasion* de cette fête, défendre au peuple
de Paris, à l'armée nationale parisienne de porter ses armes ac-
coutumées. Vous en avez pris l'arrêt municipal hier 12 avril; ainsi
faisaient, monsieur, les ministres du 12 juillet 1789; on leur a répondu le 14.

» Quoi, monsieur, vous insultez le peuple de Paris, l'armée parisienne, au point de paraître redouter pour la sûreté publique de
la voir sous les armes, lorsque pour la sûreté publique, votre
devoir est de l'y appeler! Quoi, pour honorer mieux les *assassins*, vous voulez désarmer tous les frères d'armes des *assassinés*.
Vous voulez que Paris soit pendant un jour, et pendant un jour
consacré à des orgies en faveur du crime, à peu près privé de
force publique ! A qui, monsieur, prétendez-vous donc livrer,
non-seulement le champ de la fédération et l'autel de la patrie,
mais la capitale, l'assemblée nationale, le roi, nos femmes, nos
enfans, nos propriétés? Vous ne le direz pas. Je vais le dire, et
peut-être en le disant, aurai-je encore une fois le bonheur de dé-
ranger les complots dont je suis porté à croire que vous n'êtes que
la dupe; en dévoilant le crime, on suspend ses coups; il rougit
de sa propre laideur; il tremble devant la punition qui l'attend; il s'arrête, nie, s'enveloppe et se cache jusqu'à meilleure
occasion.

» Ceux qui vous mènent comme un enfant, ont entendu livrer
Paris à dix mille piques, qui, lundi dernier, n'avaient point de
porteurs, et pour lesquelles un seul homme, avouant qu'il n'était
autorisé par aucune signature, a néanmoins obtenu de l'assemblée
nationale qu'elles seraient reçues dimanche 15, à la barre, le
jour même où les Suisses de Château-Vieux et leurs dignes amis
seraient maîtres de Paris, le jour où vous vous proposiez de défendre à la garde nationale de porter les armes.

» Les bras qui doivent employer les dix milles piques au gré des

ennemis de la Constitution, au gré des amis de Château-Vieux,
sont arrivés et arrivent tous les jours : tous les jours de cette semaine, douze ou quinze cents inconnus sont entrés dans Paris,
venant de toutes les parties du royaume et même des pays étrangers ; les routes en sont couvertes. Il mendient dans les rues en
toutes sortes de patois, malgré les secours bénins de leurs amis,
qui peuvent n'avoir pas pourvu à tout ; car il est difficile de compter
combien de corbeaux attirera le carnage, combien de brigands
l'espoir du pillage pourra réunir.

» Je n'ai pas tout dit. A cette horrible armée, digne de l'*occasion*,
les généraux sont préparés. Les papiers publics, les lettres particulières nous annoncent que les amis de Jourdan, qui ont tant
sollicité pour lui l'amnistie, voyant que la sagesse de l'assemblée
nationale n'y comprenait pas les assassinats de la Glacière, ont
forcé sa prison : déjà on l'a fait recevoir en triomphe dans quelques villes comme les Suisses de Château-Vieux. Il arrive à Paris
demain ; il sera dimanche à la fête, avec ses compagnons, avec
les deux Mainvielle, avec Peytavin, avec tous les scélérats qui
de sang-froid ont tué dans une nuit soixante-huit personnes
sans défense, et qui ont violé les femmes avant de les égorger.

» Catilina, Céthégus, marchez : les soldats de Sylla sont dans la
ville ; Manlius est aux portes ; et le consul lui-même entreprendra
de désarmer les Romains.

» Consul, dans les jours de périls, Cicéron fut maître à Rome ;
mais c'est qu'il était vertueux et qu'à la tête de ses amis on nommait Caton.

» Ces grands événemens éclairent les peuples, ils arrachent
les masques. Il n'est pas un homme à présent, pas une femme,
pas un enfant de huit ans qui ne voie parfaitement de quoi il est
question.

» Il s'agit de la souveraineté du peuple français ; il s'agit de savoir s'il se maintiendra dans la liberté qu'il a conquise ; s'il maintiendra, conformément à la Constitution, ceux qu'il a librement
choisis dans les fonctions publiques qu'il leur a confiées ; ou s'il
se laissera maîtriser, s'il laissera usurper tous les pouvoirs par

des hommes qu'il n'a pas choisis, par un petit nombre de factieux qui se recrutent eux-mêmes, et qui asservissent, d'un bout
du royaume à l'autre la nation, ses délégués et ses représentans,
en employant, selon les circonstances, la calomnie, le pillage,
l'incendie et l'assassinat.

» Dieu a donné à ces tyrans l'insolence et la bêtise, comme à
tous les tyrans. Ce sont des fruits de l'abus du pouvoir qui détruisent nécessairement tout pouvoir abusif. C'est

> » Grace à cet esprit de vertige et d'erreur,
> » De la chute des rois funeste avant-coureur,

que ces têtes perdues ont été chercher, dans toute l'armée de
ligne, pour les présenter comme des patriotes à qui la garde
nationale doit de la reconnaissance et des honneurs, les seuls
soldats de ligne qui aient osé opposer la force à la loi ; les seuls
qui aient tué des gardes nationales, exécuteurs de la loi ; les seuls
qui aient assassiné un homme parce qu'il les suppliait de ne pas
tirer sur la garde nationale.

» Ils ne sont pas, ni vous non plus, monsieur, à concevoir combien est énorme une telle sottise. Mais comme les autres tyrans,
ils ont cru la couvrir en outrant les moyens de force, en agitant
leurs satellites, en appelant leurs auxiliaires, en vomissant l'injure, en allumant les flambeaux, en aiguisant les piques et les
poignards. Vains efforts, qui comme ceux que tous les tyrans
font pour conserver le pouvoir qui leur échappe, ne font que
creuser l'abîme où ils vont être englontis. Le peuple de France
n'a pas quitté un maître pour en prendre mille. Il y avait une
bastille du despotisme, nous l'avons détruite ; il y a visiblement
une bastille de l'anarchie ; elle ne peut subsister.

« Les nouvelles lettres-de-cachet, autant arbitraires, bien plus
multipliées, plus cruelles, bien plus redoutables que les anciennes,
et qui frappent à la fois sur l'honneur, sur les biens, sur la vie,
ne seront pas plus tolérées que les autres ne l'ont été.

» Je ne suis point prophète, je ne suis qu'un citoyen à la fois intrépide et paisible ; mais j'ai lu l'histoire et je connais le cœur

presses de l'imprimerie nationale ; vous fûtes démasqué et couvert de confusion.

» Ainsi, dans deux circonstances remarquables, vous aiguisez les poignards ; vous les présentez au peuple, vous l'excitez à frapper ; et vous voulez rendre ensuite responsables ceux qui sont à l'écart, ceux qui, non-seulement sont étrangers au délit, mais qui veillent pour le prévenir.

» Ici ce ne sont pas seulement les citoyens de Paris que vous cherchez à aigrir et à porter à des excès ; ce sont tous les Français. Vous dites, page 10, « que les membres de l'assemblée na-
» tionale sont insultés dans le sanctuaire des lois ; que le roi n'est
» pas en sûreté dans son palais ; vous engagez chaque départe-
» ment à envoyer des gardes pour défendre et conserver leurs
» représentans. »

» Les plus implacables ennemis de la liberté et de l'ordre parlent-ils autrement ? Si c'est ainsi que vous aimez la Constitution, vous l'aimez comme les autres la trahissent.

» Mais nous ne sommes plus dupes des mots. Celui de Constitution est dans toutes les bouches ; c'est le manteau dont l'hypocrite s'enveloppe pour contrefaire l'homme de bien, et pour persécuter avec impunité les vrais défenseurs de nos droits.

» Ma profession de foi sur la Constitution est claire et précise. Je lui trouve des défauts, et ce ne sont probablement pas ceux que vous apercevez. Mais, avec ses imperfections, je la maintiendrai jusqu'à la mort, et je lui serai plus fidèle que ceux qui en paraissent idolâtres.

» Vous pouvez répéter tant que vous voudrez que le maire de Paris et ceux qui l'entourent veulent une autre forme de gouvernement. Ces lieux communs sont usés, et ne peuvent plus séduire que les ignorans et les sots. Je déclare très-positivement que les personnes que je vois avec le plus d'intimité, que mes amis, que moi, nous voulons la Constitution telle qu'elle est ; et, pour me servir de vos expressions, sans y changer une virgule.

» Ne confondez pas éternellement l'opinion que chacun peut avoir sur tel ou tel article de la Constitution qu'il trouve mauvais, mais que néanmoins il défend et maintient comme inhérent à l'ensemble, avec la volonté d'une autre Constitution et la violation de celle qui est jurée par la nation.

» Je ne conçois même pas comment on peut supposer que le magistrat qui s'est engagé de faire exécuter la loi de son pays se propose de la détruire.

» Vous avez voulu affaiblir les torts dont vous me gratifiez, en les rejetant sur la condescendance que j'ai pour mes amis.

» Laissez-moi, je vous prie, mes fautes tout entières. Ceux qui me connaissent savent bien que j'ai le caractère bon, mais non pas faible; que je n'adopte pas légèrement une opinion, mais que je la suis avec constance et fermeté; que je tiens à mes principes d'une manière inébranlable, et qu'il n'est pas de considération humaine qui puisse m'en écarter; je dirai plus : c'est qu'il n'est peut-être pas d'homme en place qui agisse plus d'après lui que je ne fais. Certes, je suis loin de négliger les avis qu'on veut bien me donner; mais je n'ai le plus souvent ni le temps ni l'occasion de consulter, et il faut que je prenne conseil de moi-même.

» J'arrive aux faits qui concernent les Suisses de Château-Vieux. Je ne parlerai pas des services qu'ils ont rendus à la patrie, lorsqu'ils ont refusé les secours de leurs armes au despotisme; nous ne nous entendrions jamais sur ce point. Vous ne connaissez ces braves militaires que d'après les plates rapsodies et les récits infidèles et calomnieux de quelques gazetiers à gage, et vous niez jusqu'à l'évidence. Vous repoussez les faits qui se sont passés sous les yeux de tout Paris.

» Je ne vous parlerai pas de la fatale affaire de Nancy, où les citoyens-soldats et les soldats-citoyens, également innocens, également égarés, se combattirent, croyant combattre pour leur pays, pour la loi, pour la liberté. Il est démontré pour tout homme non prévenu que les ordonnateurs de cette cruelle boucherie furent seuls coupables. Cette vérité a été défigurée avec effronterie par des écrivains mercenaires... Et ce sont là les oracles que vous consultez!

» Vous traitez ces soldats de brigands, d'assassins! Comment

osez-vous, avec cette légèreté, hasarder des imputations aussi .
odieuses? Car enfin, si l'on vous demandait des preuves, où les
trouveriez-vous ? Il ne suffirait pas de recourir à ces journaux
imposteurs ou de se livrer à des déclamations vagues ; il faudrait
des faits solidement établis, des pièces authentiques. Où sont-ils?
ou sont-elles ? Je vous défie d'en produire.

» L'arrivée des Suisses ● Château-Vieux dans nos murs était
annoncée depuis long-temps ; on ne parlait que des fêtes qu'ils
recevaient sur leur passage. Une députation nombreuse de citoyens se présenta au conseil-général de la commune, pour le
prier d'assister à la cérémonie qu'on préparait à ces victimes de
la liberté.

» J'avais si peu dirigé les pétitionnaires, ainsi que vous l'insinuez, que je ne savais pas qu'ils fussent présens à la séance, que
je ne connaissais pas un mot de leur pétition. Elle fit une impression très-vive sur le conseil-général qui, à l'instant même, arrêta
de se rendre à la fête. Il arrêta aussi de faire imprimer la pétition et de l'envoyer aux sections.

» C'est moi encore qui, suivant vous, ai déterminé la municipalité à faire cette démarche. Je ne relève pas ce fait, parce qu'il
me blesse, mais parce qu'il blesse une vérité que le public présent
peut attester , parce qu'aussi vous tendez sans cesse à m'isoler de
la municipalité. C'est le plan constamment suivi par tous les
journalistes qui m'attaquent ; comme si les arrêtés d'un corps n'é-
taient que les arrêtés du chef ; comme si toute une assemblée
était dans son président.

» Le conseil-général crut faire là une action très-simple et très-
louable, satisfaire aux devoirs de la reconnaissance, et imiter
l'exemple des autres villes.

» Les esprits n'étaient pas encore exaltés, la fermentation n'a-
vait pas pris un caractère de malignité, les progrès de l'intrigue
étaient peu sensibles ; on parlait diversement de la fête, mais
sans animosité ; on n'était pas ennemis pour être d'un avis opposé.

» Un premier placard, qui rendait compte du cérémonial,

échauffa beaucoup les têtes, et devint une arme dangereuse entre les mains des malveillans et des chefs de parti ; et à l'instant des pamphlets furent commandés, des supplémens payés, des écrits incendiaires distribués avec profusion ; on remua toutes les passions, on fit jouer tous les ressorts.

» On dit aux uns : Ce sont les Jacobins qui sont à la tête de la fête. — Elle eut pour opposition tous les ennemis des Jacobins.

» On dit aux autres : La municipalité la favorise. — Elle eut pour opposans tous ceux qui ne voient cette municipalité qu'avec ombrage.

» On dit à ceux-ci : la fête est dirigée contre M. de La Fayette, et pour le perdre. — Elle eut pour opposans tous les partisans de M. de La Fayette.

» On dit à ceux-là : la fête est une insulte faite à la garde nationale. — Elle eut pour opposans tous ceux des citoyens en uniforme qui crurent légèrement à cette insinuation perfide.

» Sans compter les nombreux ennemis de la Constitution, qui saisissent toujours avec empressement les occasions de troubles pour se réunir aux perturbateurs.

» Sans compter encore une multitude de citoyens paisibles qui ne sont d'aucun parti, mais qui redoutent tout ce qui peut altérer leur tranquillité.

» Ainsi, la masse des citoyens égarés, réunie à celle des citoyens agitateurs, était assez considérable.

» Eh bien ! monsieur, je n'avais jamais lu, et je n'ai pas encore lu le placard qui, dites-vous, m'a servi de base : je ne le connais que par des fragmens.

» Je fis alors ce qui est d'un magistrat qui aime sincèrement la paix et qui cherche à concilier les esprits. Je vis M. Tallien, citoyen estimable, l'un des ordonnateurs de la fête, et je le priai de mettre dans le cérémonial toute la décence et toute la simplicité dont il était susceptible, et de faire disparaître toutes les allusions qui pourraient offenser quelques citoyens, et les aigrir les uns contre les autres.

» M. Tallien et ses co-associés publièrent un autre projet de fête ; et lorsque vous prétendez , monsieur, qu'il ressemble au premier, qu'il n'y a rien de changé au fond, on est étonné de vous voir avancer un fait aussi contraire à la vérité, et si facile à démentir par le rapprochement des deux écrits.

» Vous faites beaucoup de bruit de ce que, dans ce projet, on a désigné une place pour les juges, pour les magistrats, pour les membres de l'assemblée-nationale. Vous remarquez, non sans dessein, que c'est un ordre intimé à ces fonctionnaires publics ; et vous vous écriez : *Corps législatif! obéissez à vos maitres et aux nôtres.*

» Est-il un homme de bon sens qui puisse penser que les citoyens ordonnateurs de la fête aient jamais pu vouloir autre chose que d'émettre un vœu, que de manifester un désir? Car enfin, à quel titre, de quel droit auraient-ils commandé aux autorités constituées l'acte le plus libre pour le plus simple citoyen? Mais il était bon et utile à vos vues de chercher à les rendre odieux, d'exciter contre eux l'animadversion des autorités constituées ; et vous l'avez fait.

» C'est après les avoir ainsi environnés du soupçon , que vous me faites dîner avec eux à la Rapée , pour établir entre nous une coalition dangereuse.

» Je ne dirai pas que cet épisode est déplacé ; mais je dirai qu'il manque de vérité. Il est très-vrai que j'ai assisté à un banquet de famille, à la Rapée; mais avec qui? Avec les officiers municipaux , et uniquement avec les officiers municipaux. Et vous travestissez en une sorte de conjuration un repas fraternel fait entre les magistrats du peuple.

» Je suis honteux de me traîner dans ces détails ; et pour m'attacher à quelque chose de plus sérieux , j'observerai que la municipalité était convenue de ne pas se rendre en corps à la fête : ce n'était point elle qui l'ordonnait, qui la dirigeait; elle n'avait dès lors qu'une surveillance de police à exercer.

» Plus nous avancions , plus les esprits s'échauffaient; plus les préventions étaient fortes, et moins on s'entendait. Je crus qu'il était prudent de publier une lettre très-simple , propre à répandre le calme et à dissiper les préjugés. J'en donnai lecture au corps municipal qui l'accueillit. J'ose dire qu'elle ne fut pas sans effet dans le public; ce qui irrita beaucoup les chefs de conspiration et les ennemis de l'ordre.

» Ce qui accrut aussi, pendant quelque temps, l'espoir' des mécontens, c'est qu'ils crurent le département opposé à la municipalité. Les petites querelles de compétence entre ces deux corps, favorisaient cette opinion. Ceux qui s'opposaient à la fête s'adressaient donc au département; tandis que les partisans de cette fête se présentaient à la municipalité.

» Mais les premiers étaient bien inférieurs en nombre aux seconds; et les papiers qui répétaient sans cesse que la majorité des citoyens était contre la fête, ou étaient mal instruits, ou étaient de mauvaise foi.

» Ce qu'il y avait de plus alarmant, c'est qu'une partie de la force armée s'assemblait ; c'est qu'elle croyait son honneur intéressé à ce que la fête n'eût pas lieu; c'est qu'elle s'isolait des autres citoyens. C'est vous, monsieur, ce sont vos semblables qui l'entreteniez dans ce funeste égarement : vous, qui faites sans cesse de la garde nationale une corporation particulière, et ce que vous appelez l'*armée parisienne*.

» Ceux qui m'ont suivi dans ces circonstances savent combien de soins je pris pour dissiper ces malentendus et ces erreurs, pour réconcilier les citoyens entre eux, pour substituer le langage calme de la raison aux emportemens des passions.

» Enfin, les soldats de Château-Vieux arrivèrent à Paris. Vous faites de leur marche, depuis Versailles, un roman aussi contraire à la vérité qu'à la vraisemblance. A qui persuaderez-vous jamais que des citoyens qui arrivent en chantant, en dansant, aient commis toutes les violences que vous leur prêtez; qu'ils aient mis le pistolet sur la gorge de tous les passans, pour les forcer, ou à grossir le cortége, ou à crier : *vive Château-Vieux !*

» Au surplus, n'est-il pas trop étrange que vous me demandiez sérieusement pourquoi je n'ai pas fait réprimer, pourquoi je n'ai pas fas fait punir, pourquoi je n'ai pas livré à l'accusateur public ces prétendus perturbateurs, ces motionnaires assassins.

» Mais vous, qui êtes bien instruit des plus petits détails, voudriez-vous me dire quels sont les coupables, me donner leurs noms; car vous ne prétendez pas sans doute que je doive faire des dénonciations vagues.

» Les soldats de Château-Vieux furent introduits dans l'assemblée nationale pour lui rendre leurs hommages. On sait l'opposition qu'éprouva leur admission aux honneurs de la séance. Mais enfin, le décret devait préparer les esprits à la fête, et faire tomber beaucoup de clameurs.

» Ces soldats vinrent aussi saluer le conseil général de la commune, et je fis à leur discours une réponse qui, je crois, portait avec elle un caractère de sagesse et de vérité qui, dans d'autres temps, eût sans doute réuni tous les suffrages. Je ne concevais pas quelle difficulté on trouvait à allier les honneurs décernés aux braves gardes nationales de Nancy, avec ceux qu'on se disposait à rendre aux soldats de Château-Vieux.

» C'etait cette sagesse même qui redoublait la rage des ennemis de la liberté. Ils voyaient que les illusions étaient sur le point de se dissiper; ils multipliaient leurs efforts pour les maintenir. Séductions, menaces, calomnies, toute la perversité des cœurs corrompus fut mise en usage.

» J'en atteste tous ceux qui m'ont vu dans ces momens difficiles; j'étais impassible au milieu de toutes ces agitations; j'écoutais tout avec une grande tranquillité; je faisais en sorte de dégager mon ame de toute espèce d'affection personnelle; et je devais paraître d'autant plus prévenu aux yeux des hommes hors de toute mesure, que j'avais moins de prévention.

» Tandis que j'étais injurié, diffamé; tandis qu'insultant avec audace à mon caractère de magistrat, on avait l'indignité de me représenter comme l'instigateur des troubles, je m'occupais sans relâche à les apaiser; je ne cessais de faire des observations pour que la fête n'eût que des formes simples, grandes, et dignes d'un peuple libre.

» C'est moi qui ai mis en avant l'idée de ne pas placer les soldats de Château-Vieux dans le char, parce que je pense qu'il ne faut pas idolâtrer les hommes, quels qu'ils soient; que faire les uns trop grands, c'est rendre les autres trop petits. Je ne crains pas de le dire ici, cette idée était fortement combattue, et c'est à la confiance que les citoyens ont eue en moi, que l'on doit, en partie, un succès que la force n'eût jamais obtenu.

» Une autre idée, d'un plus grand intérêt encore, à été celle d'abandonner le peuple à sa propre raison, au sentiment de sa dignité, de faire disparaître tout signe de contrainte, et de se reposer de sa garde sur lui-même.

» Cette idée avait un but sage pour les circonstances ; elle à un but moral pour tous les temps.

» Il était dangereux sans doute, au milieu d'une pareille effervescence, de laisser armée une masse aussi considérable d'hommes, qui, rapprochés les uns des autres, pouvaient, au plus léger différend, devenir ennemis, arroser la terre de leur sang, et en faire un vaste champ de carnage.

» Rien ne peut inspirer au peuple des sentimens plus nobles et plus généreux que la confiance qu'on lui témoigne. C'est le rendre jaloux de la mériter. C'est en estimant les hommes qu'on les rend bons et dignes de leur nature. Voilà la manière de les former à la vertu, à l'amour de leurs devoirs, à l'obéissance aux lois.

» O vous qui manifestez toujours de la défiance au peuple, qui le croyez sans cesse capable de tous les excès et de tous les désordres ; c'est ainsi que vous le dépravez, que vous le rendez méchant. Il est bien peu d'hommes qui aient le courage de n'être pas méprisables, lorsqu'ils sont méprisés.

» Eh bien! monsieur, vous blâmez jusqu'à cette mesure. Que dis-je ? vous voulez la faire regarder comme injurieuse à la garde nationale. Vous allez plus loin encore, vous avez la lâcheté coupable de supposer que j'ai voulu désarmer ces braves citoyens, pour diriger contre eux, contre la sûreté publique et contre les propriétés, dix mille piques portées par des scélérats. Est-ce l'amour de l'humanité, est-ce l'amour de la paix, est-ce l'amour de la vérité qui vous ont suggéré ces noires pensées? Il est facile d'en juger.

» Je l'ai proposée cette mesure, avec l'intime conviction qu'elle était voulue par la prudence, et qu'elle était du plus honorable, comme du plus grand exemple. J'ai eu la satisfaction de la voir favorablement accueillie par le corps municipal.

» Chaque jour, des avis particuliers et des feuilles publiques demandaient à la municipalité que la fête n'eût pas lieu. On lui faisait les reproches les plus amers de ne pas s'y opposer; on la rendait responsable des événemens, et de pareilles inepties acquéraient du crédit.

» Nous demandons à tout homme raisonnable, de quel droit la municipalité aurait empêché des citoyens de se réjouir, de se livrer à tous les sentimens du plaisir et de l'allégresse. La loi leur permettait de s'assembler paisiblement et sans armes; et nulle autorité ne peut défendre ce que la loi permet. Il y avait donc ou ignorance ou méchanceté, à exiger de la municipalité ce qu'elle n'avait pas le pouvoir de faire.

» Et en supposant même qu'elle eût eu ce pouvoir, était-il juste, était-il prudent qu'elle en fît usage? On apercevait des inconvéniens à laisser faire cette fête. Mais n'y en avait-il pas de plus grands à prétendre l'arrêter?

» Elle était annoncée; un grand nombre de citoyens la voulait; des contributions volontaires étaient fournies; des préparatifs étaient faits. Ou il fallait obtenir qu'au jour indiqué, nul citoyen ne sortît de chez lui, ce qui était impossible; ou il n'y avait pas de moyen pour prévenir une réunion considérable de personnes. Cette réunion opérée, comment empêcher des chants d'allégresse, des danses, des festins, une fête enfin? Et si cependant on eût été assez insensé et assez injuste pour ordonner qu'il n'y aurait pas de fête, il aurait donc fallu se transporter avec des baïonnettes et du canon, pour dissiper un rassemblement très-innocent, et le traiter comme séditieux!

» Quand de sang-froid on se livre à des réflexions aussi simples, on ne conçoit pas comment on a pu se permettre de blâmer la conduite de la municipalité. C'est que l'esprit de parti défigure tous les objets, c'est qu'il est des momens où les illusions ont toute la force de la vérité.

» Le directoire du département témoigna le désir de conférer avec la munieipalité, sur la fête qui se préparait, et plusieurs officiers municipaux s'empressèrent de s'y rendre. On discuta successivement différens points, et l'on s'arrêta particulièrement à cette idée : qu'il y avait beaucoup plus de danger de s'opposer à la fête, qu'à la laisser aller à son cours paisible et naturel.

» Le département prit un arrêté qui n'était que le résultat de la conférence ; il produisit un assez bon effet, et il déconcerta les projets d'un grand nombre de malveillans.

» J'étais pleinement rassuré sur les dispositions du peuple..... J'avais la conviction qu'il se conduirait avec sagesse et dignité ; mais je craignais un peu plus que vous, monsieur, que les gens sans aveu, que les mauvais sujets dont Paris est infecté, et que les ennemis de la chose publique y attirent, ne se mêlassent dans les groupes, n'excitassent des querelles, ne commissent des désordres, pour ensuite les imputer au peuple et le calomnier.

» Vous saviez, dites-vous, par des lettres particulières, que des brigands devaient arriver dans Paris pour la fête ; vous désignez nommément plusieurs individus. Je ne révoquerai pas en doute votre correspondance ; je ne vous demanderai pas à la voir, mais, en la supposant vraie, il était d'un bon citoyen de la communiquer à la police qui n'était certainement pas aussi bien informée que vous.

» Je n'avais cessé, depuis quinze jours, de recevoir une multitude d'avis particuliers qui me menaçaient du poignard et de la mort ; la veille même j'en reçus encore de semblables : je reçus le vôtre. Mais, tranquille avec moi-même, et ne croyant pas facilement aux assassins, je fis peu d'attention à toutes ces menaces.

» Enfin il parut, ce jour si long-temps attendu. Qu'il était beau ! qu'il était serein ! la fête fut de même. C'était sans doute un bien

étonnant spectacle , que celui où trois à quatre cent mille
hommes se livraient , en toute liberté , aux sentimens vrais de la
joie et de l'allégresse, où nul homme armé ne faisait la police , et
où cependant régnaient l'ordre le plus parfait et l'harmonie la
plus touchante. Quand on rapproche ce tableau de celui qu'offraient les fêtes du despotisme, où quelques milliers d'individus,
entassés, comprimés dans leurs mouvemens, alignés par des
baïonnettes, attendaient , avec l'impatience de la faim , des morceaux de pain et de viande qu'on jetait sur leurs têtes; où des
hommes payés et ivres sautaient autour de quelques pièces de
vin ; il ne faut pas avoir une ame, il ne faut pas aimer la liberté,
pour ne pas sentir avec délices que nous ne sommes plus les
mêmes hommes, que nous nous élevons sensiblement à la hauteur de notre destinée ; ici, le peuple a mis de la grandeur et de
la simplicité dans ses plaisirs.

» Il suffit de jeter les yeux sur les emblêmes et sur les ornemens de la fête ; ils nous rappellent, malgré nous, les amusemens
civiques des anciens peuples libres. Pourquoi faut-il que de malheureuses divisions d'opinions , excitées par des intrigans , devenues d'autant plus actives que l'on s'entendait moins , aient empêché tous nos frères de prendre part à cette fête de la liberté ,
de l'égalité , et la leur ait fait envisager avec une aveugle prévention? Quand le bandeau sera tombé, quand le prestige du moment sera dissipé, on verra que cette fête est une des époques les
plus remarquables dans les progrès de l'esprit public et dans
l'élévation du peuple, qu'il est si intéressant d'instruire et de
former à toutes les vertus. On la jugera comme je l'ai entendu
juger par des étrangers, qui , témoins de ce spectacle, en sont
sortis pleins d'enthousiasme et d'une nouvelle estime pour le
peuple. »

Le 11 avril, le corps municipal prit l'arrêté suivant , transcrit
par nous du *Patriote Français* du 15 avril :

« Le corps municipal instruit qu'un grand nombre de citoyens,
satisfaits de posséder les soldats de Château-Vieux dans nos

murs, doit se réunir dimanche prochain pour se livrer aux sentimens purs de la joie et de l'allégresse ;

» Convaincu que nul signe de contrainte ne doit comprimer
ces épanchemens généreux ; que l'abandon de la confiance doit
prendre la place de l'appareil de la force, que les fêtes de la liberté doivent être libres comme elle ; qu'il est temps de montrer
au peuple qu'on l'estime, qu'on croit à sa raison et à sa vertu,
qu'on croit qu'il n'a pas de meilleur gardien que lui-même ;

» Ne pouvant se rappeler sans attendrissement, que, dans ses
beaux jours de la liberté il se rendait en foule, et pourtant avec
ordre, au Champ-de-Mars, pour élever un temple majestueux à
la Constitution ; qu'il travaillait avec allégresse au bruit des instrumens et de cet air fameux qui réjouit les hommes libres et fait
trembler les despotes ; que nulle baïonnette ne prescrivait sa
marche, ne dirigeait ses mouvemens et que jamais un aussi grand
rassemblement d'hommes n'a été et plus paisible et plus imposant,
et n'a laissé après lui de traces plus heureuses ;

» Persuadé qu'il est aussi sage que moral de renouveler ce bel
exemple, d'abandonner le peuple au sentiment de sa dignité ;
assuré que ce sentiment lui tracera des règles d'ordre et d'harmonie tout aussi bonnes que celles de la police la plus clairvoyante
et la plus exacte ; qu'il lui inspirera le respect qu'il se doit à lui-
même ;

» Considérant en outre que les amusemens civiques qui se préparent, ne sont commandés par aucune autorité constituée, et
que les citoyens qui se rassemblent ne peuvent, suivant les lois,
que le faire paisiblement et sans armes ;

» Le procureur de la commune entendu,

» Arrête ce qui suit :

» 1° Aucun citoyen, s'il n'est de service, ne pourra, sans
réquisition légale, paraître en armes, dimanche prochain, 15 du
présent mois ; toute espèce d'armes est comprise dans la présente prohibition ;

« 2° Les voitures, à l'exception de celles destinées à l'approvisionnement et au nettoiement de Paris, ne pourront rôuler

le même jour, depuis dix heures du matin jusqu'à huit heures du soir.

» Le présent arrêté sera imprimé, affiché, mis à l'ordre, envoyé aux quarante-huit sections et aux soixante batailons. »
Signé, PÉTION, maire; DEJOLY, secrétaire-greffier. »

Pétion transmit cet arrêté au directoire avec une lettre ainsi conçue :

» J'ai l'honneur, messieurs, de vous adresser l'arrêté que le corps municipal a pris dans la séance d'hier, et que vous m'avez témoigné le désir d'avoir sous les yeux. Vous verrez, messieurs, que cet arrêté est conforme aux principes, propre à rassurer tous les amis de la tranquillité publique, et à éviter les inconvéniens dont on prend plaisir à alarmer les citoyens.

» Vous savez, messieurs, que la loi leur permet de s'assembler paisiblement et sans armes, que nulle autorité ne peut les empêcher de profiter de ce droit.

» Je vous répète, messieurs, ce que mes collègues et moi nous avons dit dans la conférence de ce matin, et dont je suis intimement pénétré : c'est qu'il y aurait mille fois plus de danger à empêcher la fête qui se prépare, que de la laisser aller à son cours naturel et paisible.

» Je pense, messieurs, que l'intérêt public et le bien de la paix exigent que le département se réunisse à la municipalité dans cette circonstance. Les opposans ne trouvant plus de point d'appui, alors toutes les petites passions particulières se tairont, et l'espoir de ceux qui ne respirent que le trouble sera encore une fois trompé.   PÉTION. »

Le directoire avait reçu de nombreuses pétitions de l'état-major de la garde nationale, qui le sollicitaient de s'opposer à la fête. Les officiers du bataillon des Filles-Saint-Thomas s'étaient fait remarquer par une adresse menaçante, et le directoire ainsi appuyé se refusait obstinément à donner son adhésion. Or, elle était nécessaire pour que la ville agît en cette circonstance. Le corps municipal commença par déclarer qu'on n'entendait pas

que la fête fût un acte municipal; qu'elle était donnée individuellement par les citoyens; que c'était un acte privé. Malgré cette
explication et tant que les soldats de Château-Vieux furent désignés comme l'unique objet de la fête, le directoire montra une
mauvaise volonté qui pouvait amener une collision funeste. Le
6 avril (*Journal du club des Jacobins*, n. CLXXIII), Tallien, en
annonçant au club des Jacobins qu'il était impossible que la fête
dont il était un des ordonnateurs fût préparée pour le lundi 10,
jour où arrivaient les soldats de Château-Vieux, dit qu'il ne fallait pas tant la considérer comme décernée aux victimes de
Bouillé, que comme une pompe célébrée pour glorifier la liberté,
à l'occasion de leur délivrance. Collot-d'Herbois s'empara du
mot de Tallien et en fit l'objet d'une proposition qui, disait-il,
concilierait enfin tout le monde. Le club arrêta, au milieu des
applaudissemens universels, que la fête serait dédiée à la liberté.
Au même instant Robespierre parut à la tribune, et y fit une
sortie terrible contre l'instigateur de toutes les tracasseries susci-
tées depuis quelques jours aux patriotes.

« Dans tous les événemens, s'écria-t-il, c'est aux causes précises qu'il faut s'attacher, et dans la question qui s'élève, savez-
vous quelle est la cause qui s'oppose au triomphe de la liberté
du peuple et du patriotisme opprimé? Contre qui croyez-vous
avoir à lutter? Contre l'aristocratie? non. Contre la cour? non :
c'est contre un général destiné depuis long-temps par la cour
à de grands desseins (Applaudissemens.); qui après avoir trompé
le peuple, trompe encore la cour elle-même; qui ne connaît ni
les principes de la liberté, ni ceux de l'égalité dont il est le plus
grand ennemi. Or, messieurs, à des hommes exercés dans
toutes les manœuvres de l'intrigue pour renverser les plus utiles
projets et pour semer la discorde, il faut opposer la célérité.

» Il suffit de rapprocher les circonstances présentes de tout
ce qui s'est passé, des menées que nous avons reprochées au
même agent dans d'autres circonstances, pour se convaincre
que c'est sa seule résistance que nous avons à combattre. Ce
n'est pas la garde nationale qui voit les préparatifs de cette fête

avec inquiétude, c'est dans l'état-major que le génie de La
Fayette conspire contre la liberté et les soldats de Château-
Vieux. C'est le génie de La Fayette qui conspire au directoire du
département de Paris, et qui prend des conclusions contre le vœu
du peuple ; c'est le génie de La Fayette qui égare dans la capitale et dans les départemens une foule de bons citoyens, qui,
si cet hypocrite n'eût point existé, seraient avec nous les amis
de la liberté. C'est La Fayette qui, dans le moment où les amis
de la Constitution se réunissent contre les ennemis, forme un
parti redoutable contre la Constitution, et qui divise les amis de
la Constitution eux-mêmes. Partout où il y a des ennemis de la
liberté, La Fayette est le plus dangereux de tous, parce qu'il conserve encore un masque de patriotisme suffisant pour retenir sous
ses drapeaux un nombre considérable de citoyens peu éclairés.
C'est lui qui, joint à tous les ennemis de la liberté, soit aristocrates, soit feuillans, se met en état, dans les momens de troubles ou de crise, de renverser la liberté ou de nous la faire acheter par des torrens de sang et par des calamités incalculables.

» C'est La Fayette que nous avons ici à combattre; c'est La
Fayette qui, après avoir fait, dans l'assemblée constituante tout
le mal que le plus grand ennemi pouvait faire à la patrie, c'est
lui qui, après avoir feint de se retirer dans ses terres, est revenu
briguer la place de maire, non pour l'accepter, mais pour la
refuser, afin de se donner par là un air de patriotisme ; c'est lui
qui a été promu au généralat de l'armée française pour que les
complots ourdis depuis trois ans atteignissent enfin le but. Oui,
c'est La Fayette que nous avons à combattre.

» Il faut ici faire une observation bien importante sur le projet
présenté par le comité central des sociétés patriotiques : c'est sans
le savoir et sans son intention qu'il a proposé une devise équivoque, qu'il a entendue certainement dans un bon sens, mais
que l'on doit rejeter par cela seul qu'elle est équivoque, par cela
seul qu'il faut porter devant le peuple des inscriptions simples et
claires. La devise : *Bouillé seul est coupable*, n'a été sans doute
appliquée qu'aux bons citoyens trompés, mais elle pourrait pa-

raître une absolution de La Fayette. Bouillé seul est-il en effet coupable ? Non certes ; ils sont innocens, tous ceux qui ont agi pour la loi, qui ont cru l'exécuter et défendre la liberté. C'est toujours sous ce point de vue que j'ai présenté cette affaire à l'assemblée constituante ; j'ai toujours soutenu que les tyrans, et leurs chefs seuls étaient coupables. Bouillé n'était que l'instrument de ceux qui le dirigeaient ; l'agent de la cour et surtout l'agent de La Fayette. Les gardes nationales de Metz étaient innocentes ; comme celles de Paris, elles ne peuvent être que patriotes ; l'une et l'autre a été trompée par La Fayette. Et comment pourrions-nous dire à la face de la nation, dans la fête de la liberté, que Bouillé seul est coupable ? A-t-il osé agir sans ordres ? N'a-t-il pas toujours marché avec un décret à la main ? Et qui sont ceux qui ont sollicité ce décret ? Sur quels rapports a-t-il été rendu ? D'abord sur le rapport des officiers en garnison à Nancy, qui avaient intention de jeter de la défaveur sur les soldats ; sur le rapport du ministre de la guerre, M. Latour-Dupin. Quels étaient les intermédiaires de La Fayette? ceux qui circulaient dans le sein de l'assemblée constituante, la veille du décret fatal. Qui répandait le fiel de la calomnie? La Fayette. Quels étaient ceux qui excitaient les clameurs, qui ne permettaient pas une seule réflexion dans une discussion dont on voulait que le résultat fût d'égorger nos frères? Qui m'a empêché moi-même de parler? La Fayette. Qui sont ceux qui me lançaient des regards foudroyans? La Fayette et ses complices. Qui sont ceux qui ne voulurent pas donner un seul moment à l'assemblée nationale? Qu'est-ce qui précipita le fatal décret qui immola les plus chers amis du peuple? La Fayette et ses complices. Qui voulut étouffer ce grand attentat en le couvrant d'un voile impénétrable, et qui demanda une couronne pour les assassins des soldats de Château-Vieux? La Fayette. Enfin, quel est celui qui pour mieux insulter à la mémoire des infortunés que notre zèle et nos regrets ne ressusciteront pas, fit donner des fêtes dans tout le Royaume aux infâmes qui les avaient égorgés! Quel est celui qui excitait ces fêtes? La Fayette. Et dans un triomphe populaire consacré à la liberté et à ses soutiens, on verrait une inscription qui absoudrait La Fayette; qui ferait tomber le coup sur un ennemi impuissant, pour sauver celui qui tient encore, dans ses mains ensanglantées, les moyens d'assassiner notre liberté. Non. (Applaudissemens universels.) »

Collot d'Herbois. « M. Robespierre oublie un fait : qu'est-ce qui fait faire tous les jours ces libelles infâmans? La Fayette. (Applaudissemens.) »

Robespierre. « Cette fête qu'on prépare peut être vraiment utile à la liberté, et devenir le triomphe du peuple long-temps outragé, parce qu'elle terrasse les oppresseurs de la vertu et fait luire le jour de la vérité sur les attentats des tyrans. Il faut donc que cette fête remplisse cet objet; or, ce n'est point par de vaines décorations, ce n'est point par des devises brillantes, c'est par l'esprit patriotique qui y présidera, c'est par la présence des victimes du despotisme que ce but sera rempli; c'est pour cela que je demande l'exécution de l'arrêté de la société, par lequel elle ordonne qu'il sera fait une pétition individuelle à la municipalité pour demander que les bustes de La Fayette et de Bailly disparaissent de la maison commune.

» Je demande aussi que la devise, *Bouillé seul est coupable*, soit changée en celle-ci : *Les tyrans seuls sont coupables.* Quand les bons citoyens verront que La Fayette est le seul moteur de ces intrigues, tout se ralliera. » — Ces propositions furent adoptées.

Le nouveau titre donné à la fête ne laissa plus de prétexte à la résistance du directoire. Il répondit à Pétion par l'arrêté suivant, dans lequel il envisagea la question comme une affaire de simple police, laissant au maire toute la responsabilité, et ordonnant, pour le constater, l'impression de la lettre que nous avons citée.

Extrait des registres du directoire du département de Paris, du 12 avril 1792, l'an IV de la liberté.

« Le directoire du département, sur les pétitions qui lui ont été présentées, relativement à une fête projetée dans la ville de Paris, dont le jour paraît définitivement indiqué pour le 15 de ce mois;

» Considérant que l'exercice immédiat de la police, en ce qui concerne la tranquillité publique, est spécialement confié à la vigilance des officiers municipaux ; qu'ils sont avantageusement pourvus de tous les moyens d'exercer cette vigilance, de connaître la situation des esprits, d'éclairer l'opinion, de la diriger dans le sens de la loi, et de l'y ramener, toujours par des moyens doux et paternels;

» Que le devoir des administrateurs du département, en ce qui concerne la police municipale, n'est pas de l'exercer, mais d'avertir et de surveiller ceux qui l'exercent;

» A pensé que son premier devoir était de conférer avec la municipalité de Paris, de lui communiquer les pétitions qu'il avait reçues, et de s'assurer des mesures qu'elle avait prises pour que le rassemblement annoncé ne fût point une occasion de désordre;

» De ce concert et des explications fraternelles qui ont eu lieu entre la municipalité et le directoire, sont résultés, sous la foi des assurances les plus positives, des renseignemens propres à satisfaire les bons citoyens : la municipalité a formellement annoncé au directoire que la fête projetée pour le 15 de ce mois ne porte aucun caractère de force publique, qu'elle n'est ordonnée par aucune autorité constituée ; qu'aucune municipalité, aucun corps administratif, aucun corps de troupes, aucune partie de la force armée n'y assistera collectivement, ni avec le cérémonial et les marques distinctives qui conviennent aux solennités publiques; que les particuliers qui donnent cette fête la consacrent directement à la liberté, qu'elle est annoncée maintenant sous ce titre ; que la municipalité, sans en ordonner les détails, s'est assurée, autant qu'il est possible, que rien n'y blesserait ni la décence publique, ni la dignité des citoyens d'une nation libre, ni le respect dû aux lois; enfin, que le rassemblement indiqué aura lieu paisiblement et sans armes, et que cette disposition, conforme à la loi, est spécialement ordonnée par l'arrêté de la municipalité, du 11 de ce mois.

» La déclaration des officiers municipaux, confirmée par la lettre de M. le maire, en date d'aujourd'hui 12 avril, atteste en outre que la paix publique ne sera pas troublée par le rassemblement annoncé, et pourrait l'être au contraire par des précautions prohibitives.

» D'après ces considérations, le procureur-général-syndic entendu :

» Le directoire arrête que la lettre de M. le maire au directoire du département, en date d'aujourd'hui, sera publiée et imprimée à la suite du présent arrêté; charge la municipalité de Paris de continuer à veiller avec la plus grande attention à ce que, dans le rassemblement projeté pour le 15 de ce mois, il ne se passe rien qui puisse blesser le respect dû aux lois, aux autorités constituées, à la dignité et à la sûreté des citoyens.

» *Signé* LAROCHEFOUCAULT, *président*; BLONDEL, *secrétaire*. »

Les soldats de Château-Vieux arrivèrent à Paris le 9 avril. Voici la séance de l'assemblée nationale où fut discutée et décrétée leur admission à la barre.

SÉANCE DU 9 AVRIL.

[Une lettre du maire de Versailles annonce que les quarante soldats de Château-Vieux, mis en liberté par la faveur d'une amnistie, ont porté, en arrivant à Paris, leurs premiers pas vers l'assemblée nationale, et qu'ils désirent lui présenter leurs hommages. (De nombreux applaudissemens s'élèvent dans l'assemblée et dans les tribunes.)

On demande que les soldats soient admis à l'instant.

M. Jaucourt. Si les soldats de Château-Vieux ne se présentent que pour témoigner à l'assemblée leur reconnaissance, j'appuie avec plaisir la demande qu'ils font d'être admis à la barre; mais je demande expressément qu'après avoir été entendus, ils ne soient point admis à la séance; et je demande à énoncer les motifs qui me paraissent devoir les exclure de cet honneur. (De violens murmures interrompent l'orateur. — Des cris : *à bas ! à bas !* partent de l'une des tribunes. — Une partie de l'assemblée demande l'ordre du jour. M. Jaucourt veut continuer : les cris et les huées des tribunes l'interrompent encore. — Enfin la voix du président rétablit le silence.)

L'assemblée recevra sans doute avec satisfaction les infortunés dont elle a brisé les fers ; elle doit entendre avec plaisir l'expression de leur reconnaissance. Mais l'intérêt qu'inspire leur présence ne peut pas faire oublier l'esprit du décret qui a prononcé leur liberté. Une amnistie n'est ni un triomphe ni une couronne civique. Je veux croire que les soldats de Château-Vieux ont été égarés; mais les gardes nationales, mais les soldats de la troupe de ligne qu'ils ont combattus aux portes de Nancy se sont dévoués à la défense de la loi, et eux seulement sont morts pour la patrie. Et lorsqu'on a honoré leur mort d'un deuil public porté par toutes les gardes nationales françaises, était-ce pour que l'on décernât, un an après, les mêmes honneurs à ceux-là mêmes sous les coups de qui sont tombées tant d'infortunées victimes de la loi?

Si cela était juste, il faudrait recréer les régimens de Château-Vieux et de Royal-Allemand, les honorer du triomphe; il faudrait apprendre aux régimens de ligne et aux gardes nationales qui ont marché vers Nancy, sous les drapeaux de la loi, qu'ils ont été les instrumens d'un grand crime. Avant cet acte solennel, vous ne pouvez déshonorer les mânes de Désilles, et celles des citoyens-soldats qui se sont sacrifiés pour la loi; vous ne pouvez faire une aussi cruelle censure de l'assemblée constituante, ni déchirer, par ce triomphe, le cœur sensible de tous ceux qui ont pris part à l'expédition de Nancy, et outrager la nation suisse au moment d'un renouvellement de capitulation. (De nouveaux murmures s'élèvent dans une partie de l'assemblée. — Des applaudissemens de la partie opposée sont couverts par les clameurs des tribunes.)

Qu'il soit permis à un militaire qui fut, avec son régiment, commandé pour cette expédition, de vous représenter que votre décision peut faire une grande impression sur l'armée. (Les murmures redoublent.) Les honneurs que vous rendrez aux soldats de Château-Vieux feront croire que vous les regardez non pas comme des hommes qui ont été trop punis, mais comme des victimes innocentes. (*Plusieurs voix*. Oui, oui.) Croyez que l'armée verra dans votre conduite l'encouragement à l'insubordination; et craignez que toutes les fois qu'on lui commandera d'exécuter quelques ordres rigoureux, elle ne croie avoir acquis le droit de s'y refuser, sous prétexte que tout ordre sévère est injuste. Je demande que les soldats de Château-Vieux soient admis à la barre, que l'assemblée leur permette de lui présenter les témoignages de leur reconnaissance, mais que les honneurs de la séance ne leur soient pas accordés.

M. Jaucourt quitte la tribune au bruit des applaudissemens d'une petite partie de l'assembée, des murmures de la partie opposée, et des huées des galeries.

M. Gouvion se présente à la tribune; il paraît très-agité. — Plusieurs membres demandent qu'il ne soit point entendu. Après quelques débats, il obtient la parole.

M. Gouvion. J'avais un frère, bon patriote, qui, par l'estime de ses concitoyens, avait été successivement commandant de la garde nationale et membre du département. Toujours prêt à se sacrifier pour la loi, c'est au nom de la loi qu'il a été requis de marcher à Nancy avec les braves gardes nationales. Là, il est tombé percé de cinq coups de fusils. Je demande si je puis voir tranquillement les assassins de mon frère.... (De violentes clameurs s'élèvent dans les tribunes.)

Une voix s'élève dans l'assemblée : Eh bien, monsieur, sortez. (Les tribunes applaudissent.)

M. Gouvion veut continuer. — Les murmures redoublent. On distingue plusieurs personnes dans les tribunes, criant avec violence : *A bas ! à bas !*

L'assemblée presque entière se soulève, et manifeste son indignation, en rappelant elle-même les tribunes à l'ordre. — Le président leur réitère, au nom de l'assemblée, l'injonction de rester en silence.

MM. Dumas, Foissey, Jaucourt et plusieurs autres membres parlent au milieu du tumulte, pour demander que le membre qui vient d'interrompre M. Gouvion soit censuré.

M. Gouvion. Je traite avec tout le mépris qu'il mérite, et avec.. je dirais le mot, si je ne respectais l'assemblée, le lâche qui a été assez bas... (De violentes rumeurs éclatent dans une partie de l'assemblée et dans les tribunes. *Plusieurs voix* : A la question ! à l'ordre ! à bas !)

M. Choudieu. Je me nomme: c'est moi qui ai interrompu M. Gouvion. (Les tribunes applaudissent.)

Une partie de l'assemblée demande que la discussion soit fermée.

M. le président. M. Gouvion n'a pas terminé; je dois lui maintenir la parole.

M. Gouvion. J'ai applaudi à la clémence de l'assemblée nationale, lorsqu'elle a rompu les fers de ces malheureux soldats qui avaient peut-être été égarés; mais il n'en est pas moins vrai qu'ils se sont rendus coupables en n'obéissant pas à la loi.

Une voix s'élève : C'est parce qu'ils n'ont pas obéi à Bouillé. (Il s'élève des murmures. — L'interlocuteur est rappelé à l'ordre.)

M. Gouvion. Les décrets de l'assemblée constituante ont été impuissans sur eux. Sans provocation de la part de la garde nationale de deux départemens, ils ont fait feu sur ces gardes nationales. Mon frère est tombé, et ce ne sera jamais tranquillement que je verrai flétrir la mémoire de ces gardes nationales par des honneurs accordés aux hommes sous les coups desquels sont tombées tant de malheureuses victimes de la loi.

M. Foissey. Ils ont tout sacrifié à un vil intérêt, à la passion de l'or. (Il s'élève des murmures.) C'est pour de l'or qu'ils se sont soulevés...

M. le président. C'est M. Couthon qui a la parole.

M. Couthon. J'ai reconnu depuis très-long-temps que les malheureux soldats de Château-Vieux ont été victimes de leur patriotisme, immolés par les fureurs d'un homme dont l'éloge a retenti dans cette enceinte. Je demande, d'après cela, s'il n'est pas digne de l'assemblée, s'il n'est pas de son devoir de faire oublier, autant qu'il est en elle, à ces malheureux les maux qu'ils ont soufferts, et d'honorer en eux le triomphe de la liberté. Quand on aurait quelques reproches à leur faire, il faudrait être bien esclave des vieux préjugés pour vouloir déshonorer des hommes que la loi a innocentés... (On applaudit. — On murmure.)

M. le président. J'exhorte les membres de l'assemblée à entendre en silence les opinans, et je rappelle les tribunes aux égards qu'elles leur doivent.

M. Couthon. L'assemblée a rompu leurs fers ; elle les a rendus à la société, elles les a rétablis dans tous les droits de citoyen ; ils viennent donc ici avec tous leurs droits, et conséquemment, puisqu'il est vrai que l'usage s'est introduit d'admettre tous les pétitionnaires aux honneurs de la séance ; ils ne doivent pas être distingués, à cet égard, des autres citoyens. Il faut être esclave de tous les vieux préjugés pour ne pas sentir ces vérités. Ma motion est que les soldats de Château-Vieux soient admis aux honneurs de la séance. Je demande même que la discussion soit fermée ; car il est inouï qu'une aussi longue discussion se soit jamais élevée pour savoir si l'on établirait entre des citoyens des différences qu'aucune loi n'autorise.

— Une partie de l'assemblée applaudit ; l'autre s'oppose avec force à la proposition de fermer la discussion.

On lit la liste des membres inscrits pour la parole ; ce sont MM. Mailhe, Merlin, Grangeneuve, Guadet, Fauchet, Bazire, etc.

L'assemblée décide, presque à l'unanimité, que la discussion est fermée.

On demande la division des deux propositions.

La première, ayant pour objet l'admission à la barre, est unanimement adoptée.

La seconde est mise aux voix en ces termes : Les soldats de Château-Vieux seront-ils admis aux honneurs de la séance?

La majorité paraît se lever pour l'affirmative.

M. le président. L'opinion de la majorité des secrétaires est que les soldats de Château-Vieux sont admis aux honneurs de la séance. (On applaudit. — Des *bravos* prolongés partent de toutes les galeries.)

Un grand nombre de membres élèvent des réclamations contre la décision du bureau ; ils se répandent tumultueusement dans la salle, en demandant l'appel nominal.

Une grande agitation se manifeste dans toutes les parties de la salle.

M. le président. Une partie de l'assemblée se lève contre l'opinion du bureau, et demande l'appel nominal. — L'assemblée veut-elle que l'on procède à l'appel nominal?

Un grand nombre de voix avec force : Non, non.

M. Lacroix. Je demande qu'on passe à l'ordre du jour sur la proposition de l'appel nominal, parce que, au terme du réglement, il ne doit avoir lieu que dans le cas de doute. Or, ici il n'y a point de doute, puisque, d'après l'avis du président et celui du bureau, le décret est prononcé. Je ne vois dans cette proposition qu'un moyen employé pour faire perdre la séance ou pour empêcher l'exécution du décret qui vient d'être rendu. (Les tribunes applaudissent.)

M. Daverhoult. Le raisonnement du préopinant serait concluant, s'il avait pu prouver que l'opinion des secrétaires est une loi contre laquelle l'assemblée ne puisse réclamer. Nous avons déjà eu des exemples d'appels nominaux qui ont eu des résultats tout-à-fait contraires à l'avis des secrétaires.

— Un long intervalle se passe dans l'agitation et dans le tumulte des altercations particulières.

M. Lacombe. Puisqu'on ne peut obtenir le silence à d'autre prix que celui d'un appel nominal, nous vous sommons, M. le président, d'y faire procéder sur-le-champ.

Plusieurs voix. Oui, oui, nous demandons tous l'appel nominal.

On procède à l'appel nominal. — Il donne pour résultat, 281 voix sur 546 pour le *oui*, et 265 pour le *non*.

En conséquence, M. le président prononce que les soldats de Château-Vieux, qui ont demandé à se présenter à l'assemblée, seront admis aux honneurs de la séance. (De nombreux applaudissemens et des cris de *bravo* s'élèvent à triple reprise dans l'assemblée et dans les tribunes.)

M. le président annonce que la garde nationale, qui a escorté ces soldats, demande à défiler devant l'assemblée. (On applaudit.)

Les quarante soldats de Château-Vieux sont introduits à la barre. — M. Collot d'Herbois, leur défenseur officieux, porte la parole.

M. Collot. Législateurs, vous voyez devant vous les soldats de Château-Vieux, dont vous avez brisé les fers. C'est pour eux un besoin pressant que de déposer dans votre sein leur reconnaissance. Leur cœur en est devenu plus impatient à mesure qu'ils approchaient du lieu de vos séances. Dans tous les départemens qu'ils ont traversés, ils ont trouvé le plus vif intérêt pour leur patriotisme, et j'ose le dire, pour leur innocence. (On applaudit.) Ils ont recueilli sur toute la route des tributs qui doivent vous être bien précieux. Ce sont les bénédictions sincères, vives et prolongées du peuple français pour tous les décrets que vous avez rendus; car la sanction du peuple sur vos décrets n'a jamais été retardée. (On applaudit à plusieurs reprises.)

Le décret qui donne la liberté aux soldats de Château-Vieux, qui les a rendus à la patrie, a été regardé comme un bienfait par la grande majorité des citoyens français. (On applaudit.) Cela suffit sans doute pour répondre à leurs ennemis; car ces infortunés soldats ont encore des ennemis : les plus cruels peut-être, je le dis avec douleur, ont siégé avec vous dans cette enceinte, et il doit nous être bien doux de voir, que de là même qu'étaient partis les foudres, les condamnations, les fers et la mort, de là aussi leur viennent aujourd'hui, quoique peut-être avec moins de rapidité, l'espérance, la consolation et la justice. (On applaudit.) Les chaînes qu'ils ont portées étaient pesantes;

leurs corps en ont été souvent douloureusement affectés ; mais leurs ames sont toujours restées libres, et vouées à jamais au sentiment et à la défense de la liberté. En prenant l'uniforme de garde national, ils en ont renouvelé le serment, et ils le renouvellent ici devant vous. Puissent leurs fers, que vous avez brisés, législateurs, être les derniers dont le despotisme puisse jamais enchaîner les ardens amis, les plus déterminé défenseurs de la liberté. (On applaudit.)

M. le président. L'assemblée a prononcé en votre faveur une amnistie, elle a ajouté à ce premier bienfait la permission de paraître à la barre, pour recevoir les témoignages de votre reconnaissance, elle s'est empressée de briser vos fers. Jouissez de sa bienfaisance, et qu'elle soit pour vous un motif puissant d'amour pour vos devoirs, et d'obéissance aux lois.

L'assemblée nationale vous accorde les honneurs de la séance.

On introduit les 40 soldats dans l'intérieur de la salle, où ils sont accueillis par les applaudissemens d'une partie de l'assemblée, et par les acclamations des tribunes.

Les détachemens de la garde nationale de Versailles, qui les ont accompagnés, défilent dans la salle, au bruit des tambours et des cris de *vive la nation*, répétés par tous les spectateurs. —On remarque, dans les rangs, des gardes nationaux de Paris, sans armes, ainsi que des gardes suisses. — Ce détachement est suivi par un nombreux cortége de citoyens et de citoyennes, portant des drapeaux tricolores, des piques, et autres emblèmes de la liberté. — Des citoyens, représentant les différentes sociétés populaires de Versailles et de Paris, ferment la marche, et portent les drapeaux donnés aux Suisses de Château-Vieux, par les différens départemens qu'ils ont parcourus.

M. Gonchon portant la parole au nom du faubourg St.-Antoine, et tenant en main une pique surmontée du bonnet de la liberté. Les citoyens du faubourg St-Antoine, les vainqueurs de la Bastille, les hommes du 14 juillet, m'ont chargé de vous avertir qu'ils font fabriquer dix mille piques de plus, suivant le modèle que vous voyez. Elles seront toujours forgées pour soutenir la liberté, la

constitution, et pour vous défendre. Ils n'ont pas eu le temps de vous apporter des signatures ; mais ils vous prient de déterminer le jour où vous voudrez bien les recevoir. Nous vous en dirions bien davantage, car nous ne sommes jamais muets quand il s'agit d'exprimer nos sentimens et notre amour pour la liberté ; mais nous avons déjà tant crié : *Vive la liberté, vive la constitution, vive l'assemblée nationale,* que nous en sommes enroués.....
(On applaudit.)

(On demande l'impression du discours de M. Collot d'Herbois. Elle est décrétée.)

Le dernier mot des Feuillans, dans cette querelle, fut un Iambe d'André Chénier, intitulé : *Hymne.* Cette satire parut le jour même de la fête, dans le *Journal de Paris.* Elle n'est imprimée, dans les œuvres complètes d'André Chénier (Renduel, 1833), que jusqu'au vers : *et La Fayette à l'échafaud.* Les trois quarts au moins de la pièce manquent, ainsi que le post-scriptum en prose dont Chénier la fit suivre. Nous reproduisons ce morceau.

> Salut, divin Triomphe! entre dans nos murailles,
>   Rends-nous ces guerriers illustrés
> Par le sang de Désille, et par les funérailles
>   De tant de Français massacrés.
> Jamais rien de si grand n'embellit ton entrée,
>   Ni quand l'ombre de Mirabeau
> S'achemina jadis vers la voûte sacrée
>   Où la gloire donne un tombeau.
> Ni quand Voltaire mort et sa cendre bannie
>   Rentrèrent aux murs de Paris,
> Vainqueurs du fanatisme et de la calomnie
>   Prosternés devant ses écrits.
> Un seul jour peut atteindre à tant de renommée,
>   Et ce beau jour luira bientôt!
> C'est quand tu conduiras Jourdan à notre armée
>   Et La Fayette à l'échafaud.
> Quelle rage à Coblentz! quel deuil pour tous ces princes!
>   Qui, partout diffamant nos lois,
> Excitent contre nous et contre nos provinces
>   Et les esclaves et les rois!
> Ils voulaient nous voir tous à la folie en proie ;
>   Que leur front doit être abattu!
> Tandis que parmi nous, quel orgueil, quelle joie,
>   Pour les amis de la vertu!
> Pour vous tous, ô mortels, qui rougissez encore

Et qui savez baisser les yeux !
 De voir des échevins que la Rapée honore,
  Asseoir sur un char radieux
Ces héros, que jadis sur les bancs des galères
  Assit un arrêt outrageant,
Et qui n'ont égorgé que très-peu de nos frères,
  Et volé que très-peu d'argent !
Eh bien, que tardez-vous, harmonieux Orphées ?
  Si sur la tombe des Persans
Jadis Pindare, Eschyle, ont dressé des trophées ,
  Il faut de plus nobles accens.
Quarante meurtriers, chéris de Robespierre,
  Vont s'élever sur nos autels.
Beaux-arts, qui faites vivre et la toile et la pierre,
  Hâtez-vous, rendez immortels
Le grand Collot d'Herbois, ses cliens helvétiques,
  Ce front que donne à des héros
La vertu, la taverne, et le secours des piques ;
  Peuplez le ciel d'astres nouveaux.
O vous, enfans d'Eudoxe, et d'Hipparque, et d'Euclide,
  C'est par vous que les blonds cheveux,
Qui tombèrent du front d'une reine timide,
  Sont tressés en célestes feux ;
Par vous l'heureux vaisseau des premiers Argonautes
  Flotte encor dans l'azur des airs ;
Faites gémir Atlas sous de plus nobles hôtes,
  Comme eux dominateurs des mers.
Que la nuit de leurs noms embellisse les voiles,
  Et que le nocher aux abois
Invoque en leur galère, ornement des étoiles ,
  Les Suisses de Collot-d'Herbois.

P. S. « Au reste, puisque tous les magistrats de la capitale nous assurent que cette fête n'est rien qu'une fête privée et particulière, et qu'elle n'a *aucun des caractères d'une fête publique*, on ne peut rien faire de mieux que de les croire. Ainsi, il faut soigneusement prévenir tous les citoyens qui pourraient s'égarer en s'abandonnant imprudemment à un peu de logique, il faut, dis-je, les prévenir de ne point manquer de foi ; et que, malgré toutes les apparences, les ordres qui interrompent le cours habituel des choses, comme celui de ne point sortir en carrosse, de ne point porter d'armes, etc., ne sont point *des caractères de fête publique.*

» Les discussions au sujet de cette fête, outre quelques lettres d'un magistrat qui égaieront un jour les lecteurs par leur bon sens et leur dialectique, ont du moins produit ce bien-ci ; c'est de faire connaître, par la franchise et la vigueur avec lesquelles plusieurs citoyens ont défendu l'honnêteté publique, que des siècles d'esclavage, et les efforts sans nombre qu'on met tous les jours en œuvre pour corrompre et anéantir toutes les idées morales dans l'esprit de la nation, n'ont pas pu réussir à nous ôter le sentiment de ce qui est bon et vrai.

» Il est bien fâcheux que l'on ne se soit pas arrêté dès l'origine à une fête en l'honneur de la Liberté ; fête avec laquelle les Suisses de Château-Vieux n'auraient rien eu de commun. Alors cette fête n'aurait point dû être et n'aurait point été une fête privée, mais publique. L'allégresse générale, l'assentiment de tous les citoyens, le concours de toutes les autorités, les talens de David et des autres artistes, alors bien employés, lui auraient donné tout ce qu'elle devait avoir de grand et d'auguste ; et tous les bons Français, en adorant la statue de leur Déesse, n'auraient pas eu le chagrin de la voir en pareille compagnie.

> *André* CHÉNIER. »

Voici maintenant le récit de la fête d'après le *Journal universel*, n. 878.

« Je n'entreprendrai point de peindre la fête de la Liberté, pour Paris et ses environs, qui la connaissent aussi bien que moi ; mais je dirai à mes frères des départemens, que jamais spectacle plus imposant ne s'est offert à l'admiration d'un plus grand nombre de témoins. Les croisées dans les rues, les arbres sur le boulevard, les toits étaient autant d'amphithéâtres remplis de spectateurs. Les cris de vive la nation, vive la liberté, vivent les citoyens de Brest, vive Château-Vieux, vivent les gardes-françaises, retentissaient partout dans les airs.

» La marché de la fête était ouverte par une foule de citoyens portant des devises ; venaient ensuite les respectables invalides, les droits de l'homme gravés sur deux tables, et portés par quatre citoyens ; puis les bustes de Voltaire, de Rousseau, de Franklin et de Sidney, et les drapeaux anglais, américain et français. Deux sarcophages, l'un aux mânes des gardes nationaux, l'autre à ceux des soldats de Château-Vieux tués dans la malheureuse affaire de Nancy. Leurs noms étaient écrits sur les côtés des monumens. Ensuite des inscriptions portant les noms des quatre-vingt-trois départemens; puis une multitude innombrable de citoyens et de citoyennes de toutes les sections de Paris, et surtout du faubourg Saint-Antoine; les sociétés patriotiques; une grande quantité de gardes nationaux sans armes; le livre de la constitution; les citoyens des corps constitués; le modèle d'une galère avec des inscriptions analogues aux victimes qui y avaient été enchaînées; des femmes et des jeunes filles vêtues de blanc portaient les débris des chaînes de Château-Vieux, suspendus à quarante trophées surmontés de couronnes civiques, au milieu desquels on lisait les noms de chacun de ces honorables soldats. Le trophée qui portait le nom de l'infortuné qui n'a pu survivre à ses malheurs, était revêtu d'un crêpe : enfin arrivaient les braves soldats de Château-Vieux, mêlés avec dès ci-devant gardes-françaises qui portaient leur ancien uniforme, avec le drapeau et les clefs de la Bastille, des pierres de cette prison du despotisme. La marche était fermée par un char magnifique de vingt-quatre pieds de haut sur vingt-sept de long et onze de largeur, s'abaissant par degrés sur le devant, et se terminant en proue; il portait la statue de la Liberté assise, à l'extrémité supérieure, dans une chaise de forme antique; de la main gauche, elle tenait une massue; de la droite, elle montrait au peuple le bonnet de la Liberté; sous ses pieds était un joug brisé, et devant elle un autel d'où s'élevait une fumée de parfums. A l'autre extrémité du char, la renommée, portée sur le globe, semblait se précipiter avec rapidité pour dire à l'univers : LA FRANCE EST LIBRE....

» On s'est arrêté d'abord à la Bastille, sur les débris de laquelle on s'est livré avec enthousiasme au souvenir du jour de sa destruction. La musique, devant l'Opéra, a exécuté le chœur à la Liberté et la Ronde nationale. Il y a eu plusieurs stations en divers endroits, entre autres à la mairie, où le maire et les membres de la municipalité se sont joints à la marche comme simples particuliers. — Il y en a eu :

» A la place Louis XV, où plusieurs députés sont aussi venus augmenter le cortége. Cette place, garnie d'un peuple innombrable, offrait un coup d'œil vraiment enchanteur.

» Au Gros-Caillou, le bataillon s'est rangé sans armes devant le chef-lieu du poste, pour recevoir les citoyens. On a exécuté la Ronde nationale; et après la Ronde, le peuple et les gardes se sont pressés dans les bras les uns des autres. La ronde a été également chantée devant l'hôpital militaire. Comme il était fermé, les malades témoignaient leurs regrets de ne pouvoir participer à la fête, et en même temps l'intérêt qu'ils y prenaient en suspendant leurs bonnets à travers les grilles, et en les agitant. Dans toute la route, le peuple chantait et dansait avec enthousiasme. Mais c'est surtout au Champ-de-Mars que la fête a pris un caractère capable de faire éprouver à tous les patriotes les transports les plus vifs et les sensations les plus délicieuses.

» Le champ et l'autel de la patrie étaient couverts de citoyens et de citoyennes qui attendaient avec impatience l'arrivée du cortége. Bientôt de vifs applaudissemens, de nombreuses acclamations l'annoncèrent, et il s'avança majestueusement vers l'autel auguste, où fut juré le pacte fraternel qui unit tous les Français. La table de la Déclaration des droits y fut déposée; on rassembla à l'entour tous les signes, tous les emblèmes, tous les drapeaux qui ornaient la marche; des parfums furent brûlés. Le char de la Liberté fit le tour de l'autel, et les airs retentirent des louanges de cette unique divinité des Français. La nuit mit fin à cette cérémonie : alors commencèrent des danses et des farandoles, égayées encore par des chants civiques; puis chacun s'en retourna tranquillement chez soi.

» Pendant cette longue fête, l'on ne vit pas paraître une seule baïonnette : il ne se commit pas le moindre désordre; il y régna toujours la police de la liberté, et cet ordre qui résulte de l'harmonie des esprits et des cœurs.

» Ah! rien n'est plus beau qu'une grande masse d'hommes animés des mêmes sentimens de patriotisme et de fraternité; rien n'est plus beau que les élans de ces ames qui n'ont pas appris l'art de dissimuler ou de compasser leur joie ; rien n'est plus beau que le peuple abandonné à lui-même ; rien n'est plus beau que la modération de ce peuple, représenté par ses ennemis comme une canaille vile et féroce ; de ce peuple qui, contrarié pendant si long-temps pour la fête qu'il préparait, ne s'est vengé de ses calomniateurs que par le mépris le plus absolu. Ah ! cette fête qui a donné au peuple un nouveau sentiment de ses forces (l'aristocratie était morte) ; cette fête, célébrée avec une affluence, une allégresse, un ordre, une paix, une effusion franche de bienveillance et de joie populaire, doit laisser un souvenir bien doux dans l'ame de tous les patriotes, et un sentiment de confusion dans celle des ennemis impuissans du bien public, et un regret cuisant dans le cœur de ces écrivains qui ont opposé à cette fête une contradiction aussi absurde qu'opiniâtre et déshonorante. Amis de la liberté, amis du peuple soyez contens ; le peuple que vous aimez est digne d'être libre : livré à lui-même dans l'essor d'un triomphe qu'on lui a disputé, il a su tout à la fois s'y livrer et se contenir. Il était là dans toute sa force, et il n'en a point abusé. Pas une arme pour réprimer les excès, mais pas un excès à réprimer, pas une rixe, même particulière ; pas une désobéissance à la volonté générale, qui était la concorde et le bonheur de tous. Et vous, sages administrateurs, donnez souvent de ces fêtes au peuple : répétez celle-ci chaque année, le 15 avril ; que la fête de la liberté soit notre fête printannière ; que d'autres solennités civiques signalent le retour des autres saisons de l'année.

» Autrefois le peuple n'avait de fêtes que celles de ses maîtres : elles ne faisaient que le dépraver et l'avilir. Donnez-lui-en qui soient les siennes ; elles élèveront son ame ; elles adouciront ses mœurs, elles développeront sa sensibilité, en affermissant son courage, elles en feront, disons mieux, elles en ont déjà fait un peuple nouveau. Les fêtes populaires sont la meilleure éducation du peuple. »

CLUB DES JACOBINS.

Les présidens du mois sont Mailhe, Vergniaud et Lasource. — Un assez grand nombre de séances furent consacrées à l'affaire des Suisses de Château-Vieux. Nous avons transcrit plus haut celle que nous avons cru devoir conserver. Ici nous bornerons nos extraits aux attaques et aux dénonciations entre girondins et jacobins.

La querelle, commencée par Guadet, à l'occasion des doctrines morales émises par Robespierre, fut continuée en dehors du club. Plusieurs journaux, notamment le *Courrier de Gorsas*, prirent parti pour les girondins et hasardèrent des insinuations de ministérialisme contre le chef de l'opinion opposée. Robespierre s'en plaignit amèrement à la séance du 2 avril. Il termina son discours en disant : « Si quelqu'un a des reproches à me faire, je l'attends ici ; c'est ici qu'il doit m'accuser, et non dans des piques-niques, dans des sociétés particulières. Y a-t-il quelqu'un ? qu'il se lève ! »

M. Réal. « Oui, moi ! »

M. Robespierre. « Parlez ! »

M. Réal monte à la tribune au milieu des applaudissemens d'une partie de l'assemblée, des huées de l'autre et des tribunes. »

M. Réal. « Citoyens qui m'entendez, citoyens des tribunes, les improbations que reçoit en ce moment un homme libre, qui ne sait courber la tête que sous le despotisme de la loi, prouvent qu'il n'y a pas dans cette salle beaucoup d'hommes libres ou dignes de l'être. (Grands applaudissemens. Huées et murmures.)

» Je vous accuse, M. Robespierre, non de crimes ministériels, (*Une voix :* C'est bien heureux.) mais d'opiniâtreté, mais d'acharnement à avoir tenté tous les moyens possibles pour faire passer pour l'opinion de la société, dans la question de la guerre, l'opinion qu'elle s'était formée sur cette grande question. Je vous

accuse d'exercer dans cette société, peut-être sans le savoir et
sûrement sans le vouloir, un despotisme qui pèse sur tous les
hommes libres qui la composent. »

— (« Ici de nouvelles improbations, de nouveaux cris interrompent l'orateur, M. Robespierre monte à la tribune pour demander le silence en faveur de M. Réal. Plusieurs membres,
entre autres MM. Saint-Huruges et Santonax, impatiens d'une
dispute aussi oiseuse, demandent l'ordre du jour. M. Robespierre s'écrie à la perfidie sur cette demande, et commence ce
qu'il appelle sa justification. Enfin à neuf heures, M. Rabit, député extraordinaire de Brest, obtient la parole. ») (*Journal du
club du 4 avril.*)

Il nous faut omettre toutes les séances entre le 2 et le 17 avril
pour arriver au second fait de l'espèce de ceux dont nous nous
sommes proposés de composer notre analyse. Nous avertis-
sons le lecteur que cet intervalle est rempli d'accusations contre
La Fayette, soit à cause de ses menaces pour empêcher le cérémonie du 15, soit à cause de sa présence à Paris, lorsqu'il devrait être à son poste, soit au sujet de son buste et de celui de
Bailly, qu'on veut à tout prix faire disparaître de la salle des
séances du conseil communal. Les Jacobins adressèrent là-dessus
une pétition à la municipalité. Nous avons déjà dit qu'elle ne fut
pas accueillie ; nous avons mentionné les circonstances du débat
sur les bustes, qu'il était utile de ne pas négliger : nous n'y reviendrons pas.

Séance du 17 avril. « N... Je dénonce M. Rœderer pour avoir
dîné chez M. de Jaucourt. Hier je passais dans la rue du Théâtre-
Français, j'aperçois à une fenêtre M. Rœderer à côté de MM. Ramond et Lacretelle. Je m'informe, et on me dit qu'ils sont chez
M. de Jaucourt. Pour bien connaître tous les personnages et ne
garder aucun doute, je vins me placer à une fenêtre qui est en
face. Ces messieurs se retirèrent. Dans la persuasion que M. Brissot pouvait bien être de la partie, je me rends dans l'hôtel même,
je frappe et je demande M. Brissot. On me répond : Il n'est pas
ici ; et aussitôt les convives de M. de Jaucourt de se retirer par

une porte de derrière. C'est tout ce que j'ai pu apprendre. J'i-
gnore si M. Brissot était du nombre. »

M. *Collot d'Herbois*. « J'ai demandé la parole pour faire quelques observations qui me paraissent essentielles. Il nous importe
peu qu'une personne dîne là ou là, mais ce qu'il nous importe
c'est qu'un Jacobin ait un caractère uniforme; que d'un côté
M. Rœderer n'ait pas la figure d'un Jacobin, et de l'autre celle
d'un Feuillant. Pour moi, je ne sais où dîne M. Rœderer, mais
je sais que lorsque la municipalité a eu besoin d'être soutenue, elle
n'a trouvé aucun défenseur au département; car il faut que les
magistrats zélés du peuple soient soutenus, sans cela nos ennemis en triompheraient. Oui, messieurs, il y a des personnes
qui sont infiniment plus du côté des Feuillans que du côté des
Jacobins.

» Il est temps de tracer la ligne de démarcation entre les braves
citoyens et ceux qui ne veulent pas se ranger du côté des principes sévères et qui veulent avoir deux figures. Il est temps que
nous connaissions également et l'esprit et la figure de ceux qui
sont ici. Ne craignez rien d'une pareille désertion; il y a beaucoup de bons citoyens qui ne demandent qu'à entrer ici, qui occuperont les places vacantes. Je le dis hautement, M. Rœderer
n'a pas fait ce qu'il devait faire dans la discussion qui s'est élevée
entre le département et la municipalité. Je voulais garder le silence, mais la vérité l'emporte. Le préopinant qui a cité le nom
de M. Rœderer ne me permet pas de me taire.

» Dimanche, à cinq heures après-midi, au moment où M. Pétion allait se rendre à notre vœu et à celui de tous les bons citoyens, le département lui écrit une lettre; et je dois dire que
c'est malgré M. Pétion que l'on m'en a donné connaissance. On
lui écrit pour lui dire qu'on avait oublié de lui faire observer
que le lendemain du dimanche était le lundi; que les lundis à
Paris étaient fort critiques, que c'était toujours le lundi qu'on
avait vu arriver des événemens; qu'en conséquence la responsabilité qu'on lui avait imposée pour la fête continuait encore sur
ce qui pouvait arriver lundi.

» Cette observation nous apprend que nous devons encore plus à M. Pétion que nous ne croyions lui devoir, ou plutôt nous ne lui devons rien, car, quand M. Pétion s'est acquitté de son devoir avec courage, il pense avoir fait ce qu'il devait faire, et n'attend pas de remercîmens.

» Mais il n'en est pas moins vrai que cette circonstance devait lui donner de grandes inquiétudes. S'il avait un ami dans le département, il devait s'opposer à une pareille censure. Et qui aurait dû être cet ami ? M. Rœderer. Mais M. Rœderer a épousé les principes que vous avez condamnés. Il avait à choisir de convertir ou de se laisser corrompre, et il est corrompu. Il est temps qu'on cesse d'accorder de la considération aux personnes, pour la consacrer aux actions et aux principes. Il est temps de faire expliquer ceux qui ne se servent du titre de membres de cette société que pour se ménager des ressources dans l'occasion, lorsque souvent même ils prennent les mesures les plus contraires aux intentions de cette société.

» Quant à M. Rœderer, je demande que le comité de correspondance lui écrive pour lui demander des explications sur sa conduite, non pas comme fonctionnaire public, comme procureur-syndic du directoire du département de Paris, mais comme citoyen, comme Jacobin; pour lui dire qu'il n'a pas rempli, à l'égard de cette société, tout ce qu'elle avait droit d'attendre de lui à l'égard de la fête, et qu'il n'a pas fait, dans cette circonstance, ce qu'il devait faire même comme individu et membre de cette société. » (*Journal du Club*, numéro 179.)

A la séance du 22, le prince de Hesse, celui qui, avec Dubois de Crancé, avait dénoncé le mauvais état dans lequel se trouvait la frontière de Perpignan, par la négligence du ministre de la guerre, vint impliquer Brissot dans cette dénonciation. Il déclara que sa confiance en l'auteur du *Patriote Français* le lui avait fait prendre pour correspondant, et qu'il lui avait adressé plusieurs lettres relatives à la trahison présumée de Narbonne, sans que jamais Brissot en publiât aucune dans son journal.

Rœderer monta ensuite à la tribune. Sa justification fut très-applaudie. « On me fait un crime d'avoir dîné chez un membre du côté droit... Fallût-il dîner avec des aristocrates à Paris, à Coblentz, au fond même des enfers avec ceux déjà qui y sont descendus, devrais-je en être cru moins invariable dans mes principes? — Je passe aux imputations de M. Collot d'Herbois, et qui me sont d'autant plus sensibles qu'elles me viennent d'un des plus honnêtes hommes que je connaisse. Il avait à choisir, a-t-il dit en parlant de moi, de convertir ou de se laisser corrompre, et il est corrompu. Quoi! c'est donc être gagné par la corruption que d'avoir prêté le char de Voltaire pour la fête de Château-Vieux? C'est donc être corrompu que d'avoir devancé les propositions de M. Pétion auprès du directoire? C'est donc être corrompu que d'être toujours l'ami de M. Pétion, que de lui avoir dit que j'assisterais à la cérémonie de Château-Vieux? Oui, messieurs, je devais y assister : mes devoirs et vos intérêts m'appelaient à mon poste. Je sais que la matinée, une lettre a été écrite à M. Pétion, qui lui donnait une responsabilité beaucoup plus grande qu'il ne comptait, et qu'on m'accuse de n'avoir pas pris son parti comme je l'aurais dû. Mais, dans ce moment, je n'étais pas au directoire : des affaires, des obstacles me retenaient chez moi; plusieurs membres de cette société ont pu m'apercevoir à ma fenêtre, sur le boulevard du Temple, applaudissant, avec ma femme et mes enfans, au cortége qui passait devant nous. »

Collot d'Herbois était absent; il arriva au moment où l'on mettait aux voix l'impression du discours de Rœderer. Thuriot proposait, vu le grand nombre des dénonciations, que les apologies des inculpés fussent imprimées aux frais des dénonciateurs. En ce moment Collot d'Herbois parut à la tribune. (Applaudissemens.)

« Messieurs, j'ai demandé la parole pour appuyer la proposition de M. Thuriot, car l'impression du discours de M. Rœderer n'est plus nécessaire qu'à moi. Je monte à la tribune pour le déclarer, puisqu'il faut que l'accusateur en fasse les frais. Il est

bien malheureux que depuis trois mois que j'ai assisté assidue-
ment à l'ouverture de la séance, excepté à celle-ci, ce soit dans ce
moment que l'on ait agité en mon absence une question qui me
regarde si particulièrement. M. Rœderer est justifié aux yeux de
la société : je l'en félicite. Cependant j'attendrai que le discours
soit imprimé et que je l'aie lu; jusque-là il me restera une impression plus profonde, car j'ai bien examiné sa conduite... » —
(Il s'élève du tumulte dans plusieurs endroits de la salle. Je me
retire, dit l'orateur ; et en même temps il descend de la tribune :
puis il s'écrie : « MM. Barnave et Lameth aussi se sont justifiés ! »
On l'invite à remonter à la tribune : il se rend. — Tumulte prolongé.) — « Eh bien ! où est-il M. Rœderer ? Je vais me prosterner devant lui. Cette justification-là a été bien préparée, puisque
ni M. Robespierre, ni moi ne nous y sommes trouvés. Eh bien !
messieurs, il faut l'accepter cette justification, puisque l'on ne
veut entendre personne en sens contraire. — Je fais une motion
sage : que M. Rœderer me communique son discours. Je demande
la parole pour parler un quart d'heure, mais il sera important ce
quart d'heure ; car quelques menaces qu'on puisse me faire, rien
ne m'empêchera de dire la vérité. Je vous déclare que je vais vous
dévoiler des manœuvres sur lesquelles j'ai des doutes violens. Je
vous montrerai ceux qui, depuis quinze jours, cherchent à faire
tomber la société dans un précipice. » Après avoir fermé la discussion, la société ajourna la décision au lendemain, en invitant
Rœderer à communiquer son discours à Collot d'Herbois. (*Journ.
du club*, n° CLXXXII.)

Séance du 23 avril. — *M. Collot d'Herbois.* « Le discours de
M. Rœderer, sur lequel je dois parler à cette tribune, ne m'est
parvenu que cet après-midi. Je ne ferai là-dessus aucune réflexion ; je dois déplaire à un grand nombre de personnes de cette
société ; que ceux qui ne veulent pas entendre la vérité sortent :
c'est une espèce de scrutin épuratoire qui va se faire. » (Murmures
du côté gauche.) Collot d'Herbois réfute Rœderer très-briève-
ment : « Dis-moi qui tu fréquentes, je te dirai qui tu es. » Il termine ainsi son discours : « La séance dernière fournira beaucoup

à nos ennemis, mais M. Robespierre et moi nous nous en félicitons. Ce qui nous cause surtout une grande satisfaction, c'est d'apprendre ce matin, que dans un café, sur la terrasse des Feuillans, Mlle Théroïgne a arrêté qu'elle retirait son estime à M. Robespierre et à moi. » (Rires universels.)

En ce moment, Mlle Théroïgne était à gauche dans la tribune des dames: irritée de l'apostrophe, et de la rumeur qu'elle faisait naître, elle s'élance par-dessus la barrière qui la séparait de l'intérieur de la salle. Surmontant les efforts que l'on faisait pour la retenir, elle s'approche du bureau avec des gestes animés, et insiste à demander la parole; mais enfin elle est éconduite hors de la salle. Le tumulte continue : M. le président se couvre, et l'orage se dissipe.

Tallien monte à la tribune. Il commence par articuler de nouveaux griefs contre Rœderer, puis il ajoute : « Et moi aussi j'ai dénoncé MM. Brissot et Condorcet, dans un dîner où se trouvaient une foule de membres de cette société. Sans doute ils eussent désiré faire de nous les instrumens de leurs intrigues.........
Vous avez pris de très-bonnes mesures en suspendant les réceptions. Il faut chasser de notre sein tous les ambitieux, tous les cromwellistes : il faut qu'il n'y ait ici qu'un seul esprit, celui de l'amour de la patrie et de la Constitution. — Un abus encore très-grand s'est introduit dans la société; la correspondance n'est plus aussi active. Il serait bon cependant de répandre des circulaires, comme l'a proposé un député de Strasbourg: c'est la première mesure. La deuxième, tirée de votre réglement même, est de soumettre à un scrutin épuratoire tous les membres de cette société. (Bravo! bravo!) La troisième aurait pour objet le renouvellement de tous vos comités, surtout de correspondance : car, nous ne devons pas le dissimuler, la plupart de ceux qui le composent ont été nommés ou désignés par l'intrigue. »

M. Duperrey. « Déjà nous avons démasqué les Barnave, les Duport, les Lameth : on travaille à mettre dans la même évidence les intrigues des Brissot et des Condorcet : nous allons nous assurer qu'ils ne sont plus citoyens, et par conséquent indigues de cette société. On vous a dit que les membres composant les comités ont été nommés par la faction : j'étais sur le point de dénoncer les mêmes faits ; et comme je ne veux point être l'instrument des ambitieux, je donne ma démission de secrétaire et de membre du comité de correspondance. Cependant, j'observe que les propositions de M. Tallien sont prématurées. »

M. Robespierre. « Il est temps que la société adopte des mesures vigoureuses qui puissent la sauver. Je ne suis pas monté à la tribune pour développer ces mesures. Le moment de démasquer les traîtres arrivera : je ne veux pas qu'ils soient démasqués aujourd'hui ; du moins, pour ce qui me concerne, je remets cela à quelque temps ; mais qu'on n'aille pas dire alors que nous divisons les patriotes. Alors, on verra que c'est la véritable union que demandent les amis de la liberté. Une armée d'ennemis ne peut jamais se rallier ; et il y a toujours quelque chose d'ennemi entre la probité et la perfidie, entre le vice et la vertu. Alors on verra que ceux-là ne sont pas dégénérés, qui lèvent une partie du voile qui couvrait les plus affreux complots. Je remets à quelques jours les développemens de cette vérité. Il faut que les semences jetées aujourd'hui germent. Il faut que quand le coup sera frappé, il soit décisif ; qu'il n'y ait plus dans l'État que le parti de la liberté et celui des fripons. Il faut que tous ceux qui seront intéressés à la décision de cette grande cause soient présens à cette discussion. Je voudrais que la France entière l'entendît, et alors c'en serait fait de toutes les intrigues et de tous les ennemis de la Constitution. Je voudrais surtout que le chef coupable des factions et de tous les ennemis de la cause publique, que ce chef y assistât avec toute son armée. Je dirais à ses soldats, en leur présentant ma poitrine : Si vous êtes les soldats de La Fayette, frappez! si vous êtes les soldats de la patrie, écoutez-moi ; et ce moment serait le dernier de La Fayette. — Je n'en dirai pas davantage. J'ai peut-être un peu effrayé. Mon intention était d'éveiller les honnêtes gens, et de les convaincre qu'ils doivent en ce moment croire que la patrie est exposée aux plus grands dangers, sans le zèle indomptable des citoyens contre la faction des intrigans qui veulent s'élever sur les ruines de la liberté....

M. Saint-Huruges. « Nommez-les, et ils n'existeront pas huit jours. »

M. Robespierre. « Il faut que vous sachiez comment cette société a été gouvernée pendant un temps. Pour présenter ce tableau appuyé de pièces justificatives, je demande un jour de la semaine : qu'on me permette vendredi de développer un plan de guerre civile présenté à l'assemblée nationale par un de ses membres. Je demande que, conformément à un arrêté de cette société on imprime une liste de tous ses membres. »

M. le président. « M. Anacharsis Clootz demande à parler mercredi contre tous les tyrans. »

M. Chabot. « Je vais vous dire des faits, rien que des faits, mais dont le développement fait tomber les écailles des yeux. Je demande si ceux qui ont parlé pour M. de Narbonne sont dupes de son prétendu patriotisme. Si M. Condorcet y croit, peu importe que sa femme ait été ou n'ait pas été séduite, car un homme ne doit pas se laisser aveugler par une femelle. Au surplus, si nous avions des preuves, nous aurions conduit Narbonne, Fauchet son apologiste et toute la séquelle à la potence.

» Oui, ils seraient dignes de ce supplice, car apprenez que M. Narbonne visait au protectorat. M. Fauchet le secondait de toutes ses forces ; et lorsque le premier nous fut dénoncé, le second nous dit que c'était lui qui avait inspiré à M. de Narbonne ses idées de cromwellisme. Le panégyrique de celui-ci a sans doute été soufflé à M. Fauchet par madame Canon (madame de Staël); car aussi, comme beaucoup d'autres, il s'est laissé égarer par des femmes. Long-temps la faction a dit : qui chargerons-nous du rapport de l'affaire de M. Narbonne? Enfin elle s'est adressée à M. Fauchet, à cause de sa réputation d'enragé : et vite il s'est chargé de ce rapport.

» M. Vergniaud a pu y avoir part. Pour qu'on ne s'aveugle pas sur les talens de M. Fauchet, il faut vous dire que M. Daubeterre a fait la partie militaire de ce rapport : l'autre, pendant ce temps-là, c'est-à-dire sur les onze heures du soir, dormait chez madame Canon. Encore un mot : un membre de la coalition a dit : Eh! quand M. Narbonne serait un dilapaditeur, serait-ce un motif pour le dénoncer? N'aurait-il pas cela de commun avec tous les autres ministres ? » (*Journal du Club,* numéro CLXXXIII.)

Séance du 25 avril. — Ce jour même Rœderer avait écrit à Collot d'Herbois la lettre suivante : tous les journaux la publièrent.

« J'ai beaucoup dit, monsieur, en public . et en particulier, que vous étiez un honnête homme; vous avez dit et vous persistez à dire que je ne le suis pas. Comme je suis très-sûr de ma probité', vous m'avez réduit à douter de la vôtre; et comme le bien que j'ai dit de vous donne du crédit au mal que vous dites de moi, et que je me crois aussi bon à garder pour la chose publique que vous, je vous cite au tribunal, et je vous y accuse *d'être un calomniateur.* Vous recevrez demain l'exploit de citation. »   *Signé* RŒDERER.

M. Collot d'Herbois. « Un jacobin doit se trouver trop heureux de professer devant les tribunaux l'opinion qu'il a énoncée à cette tribune. C'est devant eux que me cite M. Rœderer; eh bien! je ne m'intimide pas, quoique mon adversaire ne soit que le prête-nom de la coalition que je méprise. Depuis six mois je marche au milieu des assassins; mais tous les bons citoyens se rallient autour de moi, et puisque j'ai été assez heureux pour me charger utilement de la défense des autres, peut-être me défendrai-je bien moi-même. »

M. Fauchet. « Ce n'est pas devant les tribunaux que je veux poursuivre mon dénonciateur. Ce n'est pas un homme comme M. Collot d'Herbois auquel j'ai affaire. Mon dénonciateur m'a accusé d'avoir été gagné par M. de Narbonne. Jamais je n'ai mis les pieds chez lui. Je me suis chargé avec répugnance du rapport de son affaire; il a été rédigé et présenté avec l'approbation de dix-huit, membres du comité. Il est vrai que M. Chabot n'y était pas, mais c'est sa faute. Cet homme unique par sa turpitude ose attaquer une femme respectable, une femme dont l'ame est la plus belle et la plus honnête que je connaisse, Il vient vous tenir des propos orduriers qui se disent à peine dans les Aavernes, et qui ne sortent que de la bouche des ivro- gnes. Je vous demande justice d'un tel homme qui déshonore la cause du patriotisme ; je vous le demande, non pas pour moi, mais pour la société. »

— (« M. Chabot demande à répondre. L'ordre de l'inscrip- tion pour la parole portait M. Brissot ; M. Rœderer insiste pour celui-ci. (*Plusieurs voix* : Aux tribunaux ! aux tribunaux !) L'é- preuve, répétée deux fois, paraît douteuse ; enfin M. Brissot cède la parole à M. Chabot. »)

M. Chabot. « Et moi aussi je demande que l'on fasse justice ; et si les faits que j'ai dénoncés sont faux, je veux que l'on m'ex- pulse de cette société : je n'ai pas dit que le complot dont j'ai parlé eût été concerté entre MM. Guadet et Brissot. J'ai dit que M. Guadet avait eu tort d'opiner pour que M. de Narbonne se ren- dit aux frontières avant l'apurement de ses comptes. Jai dit que M. Vergniaud avait dit que M. Grangeneuve était comme une belle dont on n'obtient pas facilement les faveurs. Quant à M. Fau- chet, qu'il dise que son projet de protectorat n'a pas été dénoncé au comité ; je lui prouverai le contraire quand il voudra » (1).

M. Fauchet. « J'ai dit que le département de la Gironde pour- rait se mettre à la tête de la chose publique ; mais que ces coa- litions ne valaient rien. Jamais il n'a été question ni de M. Gua- det ni de M. Vergniaud. Si vous citez d'autres faits, vous avez grand tort. » (Tumulte.)

M. Chabot. « Je parle d'une dénonciation qui fut faite avant la chute de M. de Narbonne : je parle de protectorat. Madame Canon a dit à M. de Narbonne qu'il n'était pas fait pour rester dans un ministère, et qu'il devait viser à de plus hautes destinées ; à quoi M. de Narbonne répondit par un sourire et une inclination de tête. J'en appelle à M. Merlin, ici présent. »

(1) Nous ne savons si Chabot rappelle ici son discours du 23, ou bien s'il fait allusion à quelques propos tenus par lui ailleurs qu'à la tribune. Nous avons donné son précédent discours tel qu'il est dans le journal des Jacobins ; or il n'y est pas question de Guadet. (*Note des auteurs.*)

M. Lecointre. « Je propose de renvoyer cette affaire à un comité. »

M. Merlin. « Je suis appelé en témoignage. Voici les faits dont j'ai connaissance. Nous étions au comité de surveillance : nous avions vu le matin M. Béthune-Charost, qui m'avait déclaré son projet d'exciter la guerre dans le Brabant. Je dis que M. Béthune-Charost n'aimait pas la liberté comme nous ; qu'il voulait conserver les prêtres et les nobles, et établir un protectorat. A cette occasion, M. Fauchet nous dit que M. de Narbonne l'avait fait pressentir par une certaine dame pour lui dire que, si la Constitution s'écroulait, il serait l'homme du peuple. Pour moi, j'opinerais pour une assemblée d'électeurs des quatre-vingt-trois départemens, si des circonstances critiques l'exigeaient. »

M. Fauchet. « Il n'a jamais été question d'élever M. Narbonne au protectorat : je voulais savoir quelles seraient ses dispositions ; nous lui avons demandé quel parti il prendrait si le roi s'en allait ; il a répondu, celui du peuple. Ce n'est qu'ensuite que nous avons vu qu'il portait ses vues plus loin. »

M. Brissot. « J'ai été dénoncé à cette tribune, je viens m'y défendre. En commençant ma justification, je n'éprouve qu'un embarras, c'est de bien connaître et de bien fixer les crimes dont on m'accuse. Si j'en crois les récits que l'on fait, je vois des déclamations, des injures, des fureurs, mais pas un fait, pas une preuve, pas même le plus léger indice.

« Quels sont mes crimes ? J'ai fait les ministres, dit-on ; j'entretiens une correspondance avec La Fayette et Condorcet ; je veux faire un protecteur du premier, et j'ai travaillé pour cela avec le second. Certes, ceux-là m'accordent un grand pouvoir, qui pensent que de mon quatrième j'ai pu dicter des lois au château des Tuileries. Mais quand il serait vrai que j'eusse fait les ministres actuels, depuis quand serait-ce un crime d'avoir confié aux mains des amis du peuple les intérêts du peuple. — Ce ministère va, dit-on, corrompre ; il va jeter toutes ses faveurs sur des jacobins. Est-ce bien dans cette tribune que ce langage s'est fait entendre ! ne conviendrait-il pas plutôt aux Feuillans ?

Ah! plût au Ciel que toutes les places ne fussent occupées que par des Jacobins! »

Un censeur. « Il est impossible d'assister à cette séance et d'entendre les propos infâmes que tient ici M. Desmoulins. Il est affreux, après avoir employé tous les moyens d'honnêteté pour le faire cesser, de lui entendre crier à tue-tête, que l'orateur qui est à la tribune est un coquin. » (Tumulte. — *Plusieurs voix* : A la porte Desmoulins (1).)

M. Brissot. « Le mal ici n'est donc pas que quelques places dans les bureaux soient remplies par des Jacobins, mais bien de ce qu'elles ne le sont pas encore toutes. Plût au Ciel que tout fût Jacobin, depuis le fonctionnaire assis sur le trône, jusqu'au dernier commis des bureaux des ministres.

» La dénonciation est l'arme du peuple : savez-vous quels sont ses plus cruels ennemis? ce sont ceux qui la prostituent. Voulez-vous la rendre utile, forcez les dénonciateurs de signer les dénonciations, et de ne point remettre leurs preuves au lendemain. Couvrez du plus profond mépris celui qui dénonce et ne prouve pas. Voilà le secret de condamner les dénonciateurs au silence, et de rassurer les bons citoyens : voilà ce que je ne cesse de demander à mes adversaires; des preuves! des preuves! Ils me prêtent des correspondances avec La Fayette et Narbonne: j'ai déclaré et je déclare que je n'ai pas vu M. La Fayette depuis le 23 juin 1791, et que je n'ai eu avec lui aucune liaison directe ni indirecte depuis cette époque. Que deviennent les historiettes de déjeuners et de soupers avec M. Narbonne que je ne connais point,

(1) Desmoulins raconte ainsi cette scène dans une note de la *Tribune des patriotes*, n. 1, p. 21 : « J'ai dit que Brissot était un écrivain médiocre; je lui dois une réparation d'honneur. Justifiant hier devant les Jacobins les ministres, à qui on faisait le reproche de se servir des emplois qu'ils avaient à distribuer pour se faire un parti dans la société. « Est-il possible s'écriait-il, que l'on fasse ici un reproche au ministère de donner des places aux Jacobins! Plût au Ciel, messieurs, qu'on pût vous en donner à tous! etc. » On juge de l'effet que dut faire ce souhait. Je ne pus m'empêcher d'admirer l'orateur, et, me penchant vers l'oreille de mon voisin Duhem : Je ne connais, lui dis-je, dans Cicéron ni dans Démosthènes, aucun morceau plus propre à exciter l'intérêt! Que d'art! le coquin! A ce mot, quoique le cri fût d'admiration, je vis le moment où j'allais être traité par mes frères les Brissotins comme Panthée le fut par les Ménades. » (*Note des auteurs.*)

et avec madame de Staël dont je ne connais pas même la figure, et dont je déteste les principes impurs ? Que deviennent ces calomnies soufflées par les amis du roi, réchauffées par les amis même de la Constitution, et entretenues par des hommes qui veulent se venger de ce que je n'épouse pas leurs fureurs où leurs vues personnelles ?

» Depuis quelques temps ils parlent de protecteur et de protectorat. Je dois déclarer que j'étais étranger à toute l'histoire de protectorat et de tribunat dont on vient de vous entretenir. Ils veulent effrayer les esprits par ces mots de protectorat, et les accoutumer à celui de tribunat; ils ne voient pas que jamais le tribunat n'existera. Qui oserait détrôner le roi constitutionnel ? Qui oserait se mettre la couronne sur la tête ? Qui peut s'imaginer que la race des Brutus est éteinte ? et qui ne sait pas qu'à défaut d'un Brutus, quand la nation serait assez lâche pour laisser long-temps la vie à un usurpateur, je vous le demande, où est l'homme qui ait dix fois le talent de Cromwell? Croyez-vous qu'il eût réussi dans une révolution comme la nôtre ! il avait pour lui deux avenues terribles qui n'existent plus, l'ignorance et le fanatisme.

» Vous qui croyez voir dans La Fayette un Cromwell, vous ne connaissez ni La Fayette, ni votre siècle, ni le peuple français. Cromwell avait du caractère; La Fayette n'en a pas. On ne devient point protecteur sans caractère. Quand même il aurait du caractère, cette société renferme une foule d'amis de la liberté qui périraient plutôt que de le soutenir. J'en fais le premier le serment : ou l'égalité régnera en France, ou je mourrai en combattant les protecteurs et les tribuns; car les tribuns, messieurs, sont une autre classe d'ennemis bien plus dangereux pour le peuple. Les tribuns sont des hommes qui flattent le peuple pour le subjuguer, qui tyrannisent les opinions sous le nom de liberté, et qui jettent des soupçons sur la vertu parce qu'elle ne veut point s'avilir. Rappelez-vous ce qu'étaient Aristide et Phocion: ils n'assiégeaient pas toujours la tribune, mais ils étaient à leur poste, au camp ou dans les tribunaux. Rappelez-vous qu'ils ne dédaignaient aucun emploi, quelque mince qu'il fût, quand il était donné par le peuple; qu'ils ne parlaient jamais d'eux-mêmes; qu'ils parlaient peu, mais qu'ils faisaient beaucoup. Rappelez-vous qu'ils ne flattaient jamais le peuple, mais qu'ils l'aimaient; rappelez-vous que s'ils étaient ardens à dénoncer, ils ne dénonçaient jamais sans preuves, parce qu'ils étaient justes et philosophes. Les calomniateurs n'épargnèrent pas Phocion : il fut victime d'un flatteur du peuple, lors même qu'il voulait le sauver. Ah! ce trait me rappelle l'horrible calomnie élevée contre M. Condorcet. C'est au moment même où ce respectable patriote, luttant contre une maladie cruelle, et se livrant aux travaux les plus opiniâtres pour terminer le plan d'instruction publique, c'est au moment où il apprend aux puissances étrangères à respecter les peuples libres, c'est au moment où il épuise sa santé dans des calculs immenses pour régler les finances de l'empire, c'est alors que vous calomniez ce grand homme. Qui êtes-vous, pour avoir ce droit? Qu'avez-vous fait? Où sont vos travaux, vos écrits? Pouvez-vous citer comme lui tant d'assauts livrés pendant trente ans, avec Voltaire et d'Alembert, au trône, à la superstition, au fanatisme parlementaire et ministériel? Croyez-vous que si le génie brûlant de ces grands hommes n'eût embrasé petit à petit leurs ames, et ne leur eût fait découvrir le secret de leur grandeur et de leur force, croyez-vous qu'aujourd'hui la tribune retentirait de vos discours sur la liberté? Ce sont vos maîtres, et vous les calomniez lorsqu'ils servent le peuple!

» Vous déchirez Condorcet lorsque sa vie révolutionnaire n'est qu'une suite de sacrifices pour le peuple! Philosophe, il s'est fait politique; académicien, il s'est fait journaliste; noble, il s'est fait jacobin; placé par la cour dans un poste éminent, il l'a quitté pour le peuple. Il a consacré au peuple ses travaux et ses veilles; il a ruiné sa santé pour le peuple; et cependant, qui le déchire au milieu de ses immortels travaux? ce sont des hommes qui disent aimer le peuple et la liberté. On a pu perdre un homme de génie, mais on ne perdra jamais ses talens patriotes. Il marche toujours sur la même ligne, et le peuple est juste enfin. Le monument le plus ferme de votre révolution c'est la philosophie. Voyez celles qui ont manqué, elles n'étaient pas fondées sur la philosophie. Le patriote par excellence est philosophe. Voilà comme le bon homme Richard et Franklin furent toujours les amis du peuple. On le taxe d'être froid parce qu'il travaille dans le silence ; d'être ennemi du peuple, parce qu'il n'obsède pas sans cesse la tribune du peuple.

» Prenez-y garde, vous suivez vous-mêmes les impulsions de la cour. Que veut en effet la cour ? faire rétrograder les lumières du peuple. Que veulent les philosophes ? ils veulent que le peuple s'éclaire, qu'il apprenne à se passer de protecteurs et de tribuns. C'est ce que craignent également et les aristocrates et les agitateurs. Leur conduite est la même. Comme les amis de la cour, les agitateurs dénoncent et cherchent à décrier les patriotes ; comme les amis de la cour, ils crient contre la guerre, lorsque la guerre est voulue par la majorité des patriotes. (Ah!... ah!... ah! Applaudissemens.)

» Certes je n'imiterai point la facilité de mes adversaires à calomnier ; je n'appuierai pas sur des on dit qu'ils sont payés par la liste civile ; je ne dénoncerai pas sur des on dit qu'ils ont un comité secret pour influencer cette société ; mais je dirai qu'ils tiennent la même marche que les partisans de la guerre civile. Je dirai que, sans le vouloir sans doute, ils font plus de mal aux patriotes. Dans quel moment viennent-ils jeter la division dans cette société ? dans le moment où nous avons la guerre extérieure, et ou la guerre intérieure nous menace. Ah ! messieurs, pourquoi cherche-t-on ici, depuis plusieurs mois, à détourner l'ordre du jour ? Les questions les plus importantes réclament votre attention : lorsque toutes les sociétés du royaume attendent que vous sollicitiez une foule de décrets favorables au peuple, et dont la sanction est facile dans l'état présent du ministère, vous laissez échapper une occasion qui peut-être ne se présentera jamais. Il est temps que vous vous occupiez de la discussion des objets qui intéressent l'assemblée nationale, que l'on veut vous faire perdre de vue. Je demande à la société de lui donner des explications là-

dessus, et je conclus à ce que, vouant au mépris les dénonciations que j'ai réfutées, on passe à l'ordre du jour. »

— (« M. Robespierre monte à la tribune, et comme il n'est
point inscrit dans l'ordre de la parole, il la demande pour une
motion d'ordre. M. Guadet la demande également pour une motion d'ordre et l'obtient. M. Robespierre descend de la tribune. »)

M. Guadet. « Il y a quarante huit heures que le besoin de me
justifier pèse sur mon cœur : il y a seulement quelques minutes
que ce besoin pèse sur le cœur de M. Robespierre ; je demande
à qui est due la priorité. (Applaudissemens. — La parole est
conservée à M Guadet.)

« Il ne me reste qu'un seul fait à éclaircir, et si l'on pouvait encore douter de mon aversion pour le protectorat, je déclare qu'un protecteur, un tribun et moi n'existeront jamais ensemble. Je suis accusé d'avoir demandé à l'assemblée nationale
que M. de Narbonne eût la faculté d'aller à son poste avant que
ses comptes fussent rendus : mais j'observe qu'un citoyen ne devait pas souffrir de retard de la négligence d'un comité ; ce serait
prononcer une peine contre l'intention de la loi. Au surplus, j'ai
pensé, comme M. Lecointre, que M. de Narbonne pouvait rejoindre l'armée, sauf sa responsabilité. Je combats la motion de
M. Brissot, et je demande que, sur toutes ces dénonciations, on
ne passe pas à l'ordre du jour. Je finis en vous observant que vous
devez vous tenir en garde contre ces orateurs empiriques qui
ont toujours à la bouche les mots, *liberté, tyrannie, conjuration,*
(huées des tribunes).... qui mêlent toujours à leur éloge personnel, des flagorneries pour le peuple : je demande que la société fasse justice de ces hommes. »

— (« M. Fréron demande la parole pour une motion d'ordre :
ne pouvant l'obtenir, il la reclame contre M. le président (Lasource) ; et sous ce prétexte, il fait la motion que M. Guadet
soit rappelé à l'ordre, pour avoir lancé un trait indirect, mais
satirique contre M. Robespierre, sous la dénomination *d'orateur
empirique.* — Le plus grand tumulte suit cette motion : des chapeaux se lèvent au bout des cannes, surtout dans les tribunes,

au milieu de très-vifs aplaudissemens et de fortes huées. »)

M. le président. « L'opinant m'ayant demandé la parole pour parler contre moi, en a abusé pour parler contre M. Guadet ; je maintiens la parole à ce dernier, et je rappelle à l'ordre M. Fréron. »

M. Guadet. « J'observerai qu'il y a quelques jours, ayant combattu à cette tribune l'opinion de M. Robespierre avec toute l'honnêteté qui convient à un citoyen dont on admire les sentimens, je fus, en sortant de cette séance, insulté et traité de scélérat. Je crois bien avoir le droit de dire que le peuple était égaré sur mon compte. (*Plusieurs voix des tribunes*: Non ! non ! Tumulte.)

« Je reviens à mon sujet, et je conclus à ce que la société ne passe pas à l'ordre du jour. M. Robespierre ayant promis de dénoncer un plan de guerre civile, formé au sein même de l'assemblée nationale, je le somme de le faire. Moi je lui dénonce un homme qui met sans cesse son orgueil avant la chose publique; un homme qui, parlant toujours de patriotisme, abandonne le poste où il était appelé (allusion à sa démission récente de la place d'accusateur public). Je lui dénonce un homme qui, soit ambition, soit malheur, est devenu l'idole du peuple. » (Grand tumulte.)

M. Robespierre. « Par ces interruptions, et le tumulte qu'elles excitent, on me met dans l'impossibilité d'entendre mon dénonciateur, et on m'ôte les moyens de me défendre. Oui, messieurs, je déclare que je regarde comme préparés et dirigés contre moi, tous ces murmures. Je prie donc d'écouter M. Guadet dans le plus profond silence ; c'est une grâce que je crois avoir le droit de demander. »

M. Guadet. « Je continue, et je dénonce à M. Robespierre un homme qui, par amour pour la liberté de sa patrie, devrait peut-être s'imposer à lui même la peine de l'ostracisme, car c'est servir le peuple que de se dérober à son idolâtrie.— Je lui dénonce un homme qui, ferme au poste où sa patrie l'aura placé, ne parlera jamais de lui, et y mourra plutôt que de l'abandonner. Ces deux hommes, c'est lui, c'est moi. »

M. Robespierre. « Le discours de M. Guadet a rempli tous mes vœux; il renferme à lui seul toutes les inculpations qu'accumulent contre moi les ennemis sans nombre dont je suis entouré; en répondant à M. Guadet seul, j'aurai réfuté tous mes adversaires.

« Sans doute il existe dans cette société, comme dans toute la France, des orateurs empiriques qui, sous le masque du patriotisme, cachent leur desir de parvenir aux places; qui, à défaut de vertus, ont sans cesse dans la bouche les noms de peuple, de liberté et de philosophie.

« Quant à l'ostracisme auquel M. Guadet m'invite à me soumettre, il y aurait sans doute un excès de vanité à moi de me l'imposer, car c'est la punition des grands hommes, et il y n'appartient qu'à M. Brissot de les classer.

« On me reproche d'assiéger sans cesse cette tribune; mais que la liberté soit assurée, que le règne de l'égalité soit affermi, que tous les intrigans disparaissent, et vous me verrez empressé à fuir cette tribune et même cette société. Alors, en effet, le plus cher de mes vœux serait rempli; heureux de la félicité de mes concitoyens, je passerais des jours paisibles dans les délices d'une douce et sainte intimité : serait-ce à moi qu'on reprocherait de briguer les places, les honneurs, moi qui ne suis passionné que pour la liberté. (Applaudissemens.)

« Les membres qui ont occupé cette tribune avant moi ont consumé tout le temps de la séance : les développemens que j'aurais à donner pour ma justification exigent plus de temps qu'il ne nous en reste, je vous prie, M. le président, de vouloir bien me conserver la parole pour la prochaine séance.

M. Albitte. « Il est temps que cette désolante discussion finisse. Je demande que MM. Brissot, Guadet, Robespierre et autres se rassemblent, et se fassent part de leurs griefs : s'il tombent d'accord, tout sera terminé; si quelques uns d'entre-eux ne donnent pas des explications satisfaisantes, alors ils seront démasqués. Je demande, de plus, que chaque partie s'adjoigne six patriotes, qui serviront pour ainsi dire de jurés dans cette affaire.

M. Boursault. « Ce choc d'opinions est très-utile pour nous qui sommes de muets spectateurs : il sert, au milieu des passions, à nous faire connaître l'esprit et les vues des différens individus. »

M. Robespierre. « Je développerai un système suivi de conspirations. C'est par des rapprochemens que j'y parviendrai ; car des discours, des phrases lâchées à propos, de sourdes intrigues, sont les moyens employés pour détruire l'opinion publique, et miner la liberté. Je vous ferai voir par quelles trames on me rend l'objet des plus affreuses persécutions.

M. Bazire « J'engage M. Robespierre à ne pas prolonger davantage une discussion dont il est très - difficile de suivre le fil dans une assemblée aussi nombreuse, du moment qu'il ne s'agit pas de faits à prouver, de pièces à déposer, mais d'un système qui, pour être développé, a dit M. Robespierre, a besoin d'un grand nombre de rapprochemens toujours difficiles à saisir au milieu du tumulte qui naît nécessairement du choc d'intérêts aussi violemment sentis, que nous avons pu nous en apercevoir dans cette séance. Je le répète, j'engage M. Robespierre à choisir quelques journaux pour l'arène de la lutte qu'il veut soutenir, ou à faire imprimer tous les reproches qu'il croit avoir à faire à ses adversaires. »

— Ici un membre de l'assemblée nationale s'élève contre la proposition de Bazire. Il dit que M. de Robespierre avait promis de dévoiler un plan de guerre civile conçu dans le sein de l'assemblée nationale, et il le somme de tenir parole.

M. Robespierre. « Le seul objet que j'ai proposé de traiter dans la séance de vendredi est de dévoiler des manœuvres qui tendent à faire de cette société un instrument d'intrigues et d'ambition ; et c'est là ce que j'appelle un plan de guerre civile : au surplus, ce plan est tracé dans un projet de décret présenté à l'assemblée nationale et je le dévoilerai.

« Mes plus ardents adversaires ne sont pas MM. Guadet et Brissot. Les opinions que j'ai énoncées contre M. La Fayette m'ont valu la haine d'un bataillon entier, qui m'écrit pour que je donne des preuves, ou me prévient qu'il me traduira devant les tribunaux comme calomniateur. Voilà le plan qu'adoptent mes ennemis. Je dénonce un système tendant à pervertir l'esprit public : je ne puis fournir pour preuves que des inductions, que des rapprochemens, et ils veulent que, sur les faits que j'ai imputés à La Fayette, je le poursuive devant les tribunaux, sous peine de passer pour un intrigant dangereux.

« *La Chronique*, dans l'article rédigé par M. Condorcet, *le Patriote, le Journal général*, imprimé chez M. Baudouin, presque tous les journaux me dénoncent comme payé par le comité autrichien : ils me disent d'accord avec les Lameth. Il ne me reste donc que cette tribune, et le peuple qui m'entend, pour me justifier. Cependant, rendant justice aux vues qu'a proposées M. Bazire, je les adopte, et je ferai imprimer, sans m'interdire pour cela la faculté de dévoiler tous les mystères. »

— (Les membres de la société se retirent en foule, l'heure étant fort avancée; cependant la voix de M. Simon de Strasbourg en retient un grand nombre dans la salle.)

M. Simon. « Dans les départemens des Haut et Bas-Rhin, les patriotes et les prêtres constitutionnels sont livrés aux persécutions les plus terribles. Déjà plus de cinquante d'entre eux ont été égorgés ; soixante de leurs maisons ont été pillées et renversées ; leurs champs sont ravagés, leurs jardins dévastés. Dans les endroits reculés, on attend les conformistes pour les assassiner : et quels sont ceux qui sont ainsi traités ? Ce ne sont pas des gens qui flagornent le roi, comme j'en ai vu dans cette assemblée, ce sont les amis les plus sincères de la révolution. Le Directoire du département refuse de faire exécuter la loi : la société du Miroir le dénonce. La motion est faite de suivre l'exemple des Marseillais, de faire marcher les corps constitués dans le sens de la révolution, et d'opposer une digue au fanatisme et aux efforts de nos cruels persécuteurs. Eh bien ! messieurs, un des auteurs de cette motion, Charles Lavaux, est décrété de prise de corps ; il est arrêté sans aucune des formalités prescrites par la loi. Deux autres membres ont aussi été décrétés; mais ils ont échappé aux poursuites de leurs ennemis.

» Je demande qu'il soit présenté à l'assemblée nationale une pétition tendante à obtenir la suspension des administrateurs de l'arrondissement où se commettent ces horreurs. Je dois vous observer qu'il ne renferme pas plus de huit à dix lieues carrées ; c'est sur ce petit espace que le fanatisme déploie toutes ses fureurs..... Je vous demande, messieurs, d'ajouter quelques observations.

» M. Guadet a énoncé une opinion indécente lorsqu'il a appelé peuple quelques polissons qui l'ont insulté dans la rue. J'appelle *peuple* tous ceux qui sont vertueux : ils valent mieux dans mon esprit que ceux qui ont du talent. Je passe à quelques faits.

» M. Brissot est allé chez M. Rœderer pour concerter avec lui les moyens d'opérer la réunion des sociétés de Strasbourg. Il a dit que les jacobins seraient toujours fort heureux de compter parmi eux un maire de Strasbourg (M. Diétrich).

» M. Brissot a tronqué la lettre feuillantine qui lui avait été écrite au sujet de la scission : je le défie de la produire telle qu'il l'a insérée dans un numéro de son journal. Il en a supprimé les grosses sottises contre les jacobins, et par ce retranchement il a servi la cause des Feuillans ; car le ton modéré qu'il est parvenu à donner à cet écrit ne le rend que plus dangereux.

» Je finis par demander aux tribunes si elles ne se croient pas bien unies aux jacobins, quoiqu'elles ne délibèrent pas dans leurs séances. (Oui ! oui ! oui !) Je demande que mes propositions soient présentées à la prochaine séance. » Accordé. (*Journal du Club*, n° 184, *et supplément*.)

Séance du 28 *avril*. La séance s'ouvre au milieu du tumulte. On réclame vivement l'ordre du jour pour Robespierre, à qui la parole a été réservée. Daubigny vient annoncer que le club électoral de la Sainte-Chapelle a triomphé dans l'élection du remplaçant de Robespierre. L'ex-ministre Duport-du-Tertre a été promu à la place d'accusateur public. Daubigny raconte que Duport, étant de garde aux Tuileries, le 15 avril, jour de la fête, avait été invité à dîner par le commandant du poste, et qu'il avait tenu ce propos : « Cette fête est fort belle, elle est très-nombreuse : eh bien ! qu'au milieu de cette canaille quelques polissons viennent seulement à se donner quelques coups de poings, vous verrez que tout est prêt pour les rappeler à l'ordre. » (Cris d'indignation. C'est, dit-on dans plusieurs parties de la salle, c'est à M. Robespierre que nous avons l'obligation d'avoir M. Duport pour accusateur public.)

M. Robespierre. « Au moment où le préopinant terminait son discours, j'ai entendu des voix s'élever avec véhémence, qui m'accusaient de la nomination de M. Duport-du-Tertre. Le choix de quelques fonctionnaires publics n'est pas ce qui doit le plus vous alarmer ; c'est le plan général de conspiration formé contre la liberté que vous devez surtout chercher à déjouer ; car à ce projet funeste tiennent toutes les nominations qui se font à présent. Je demande que sur cette dénonciation vous passiez à l'ordre du jour, et que la parole me soit accordée en vertu de l'un de vos précédens arrêtés : le salut public, mon honneur outragé, les considérations les plus importantes doivent me la faire obtenir. »

Le président annonce que les députés sont appelés à l'assemblée nationale ; il prie quelqu'un de le remplacer au fauteuil.

Un grand nombre de voix. « M. Danton, M. Danton. »

M. Legendre. « Un des soutiens de la liberté à l'assemblée constituante, M. Prieur, est ici. Je pense que M. Danton le verra comme nous avec plaisir à la présidence. » (Plusieurs voix : Oui, oui !)

M. Prieur. « Je suis venu dans cette capitale pour me pénétrer du véritable esprit de la liberté. Le premier jour que j'ai été à l'assemblée nationale, j'ai entendu les voûtes de la salle retentir du cri de la guerre. Je me suis dit : tous les despotes vont trembler, car c'est fait d'eux et de leurs suppôts. Déjà le fanatisme se trouble ; les citoyens égarés de tous les départemens commencent à se rallier contre nos ennemis communs sous les drapeaux de la patrie. (Des voix : A l'ordre du jour !) J'abuse, il est vrai, des momens de cette société ; mais si quelques-uns de ses membres ne m'eussent appelé par mon nom, je me serais condamné au silence. Cependant j'ai cru qu'il était toujours à l'ordre du jour de parler de la liberté.... L'ordre du jour c'est de rétablir la paix entre les patriotes. (Applaudisemens universels.) L'ordre du jour c'est que Robespierre soit moins entier dans ses opinions ; car je le connais, Robespierre ; c'est qu'on juge moins légèrement des députés, à l'assemblée nationale, qui se sont bien conduits jusqu'à présent. Je désire qu'il n'existe dans cette société que des amis de la constitution ; j'aime à croire qu'il n'en existe pas d'autres. »

Sur le refus de Prieur, Danton prend le fautèuil.

M. Robespierre. « Le véhément discours que vous venez d'entendre, ne change rien à ma détermination, messieurs, il ne doit pas m'empêcher de prononcer le mien, parce qu'il ne peut pas faire que les vérités utiles que j'avais à vous mettre sous les yeux, ne soient pas des vérités ; parce qu'il ne peut pas faire que je n'ai pas le droit de repousser les inculpations qui m'ont été faites dans cette tribune. Ce que j'ai à dire importe à l'intérêt public ; il importe à mon honneur personnel. Je réclame donc la parole qui m'a été accordée : je crois, monsieur le président, que vous ne pouvez pas vous dispenser de me la maintenir. (Applaudi.) Je commence :

« Je ne viens pas vous occuper ici, quoi qu'on en puisse dire, de l'intérêt de quelques individus ni du mien; c'est la cause publique qui est l'unique objet de toute cette contestation. Gardez-vous de penser que les destinées du peuple soient attachées à quelques hommes; gardez-vous de redouter le choc des opinions et les orages des discussions politiques, qui ne sont que les douleurs de l'enfantement de la liberté. Cette pusillanimité, reste honteux de nos anciennes mœurs, serait l'écueil de l'esprit public et la sauve-garde de tous les crimes. Élevons-nous, une fois pour toutes, à la hauteur des ames antiques, et songeons que le courage et la vérité peuvent seuls achever cette grande révolution.

» Au reste, vous ne me verrez pas abuser des avantages que me donne la manière dont j'ai été personnellement attaqué; et, si je parle avec énergie, je n'en contribuerai que plus puissamment à la véritable paix et à la seule union qui conviennent aux amis de la patrie.

» Ce n'est pas moi qui ai provoqué la dernière scène qui a eu lieu dans cette société; elle avait été précédée d'une diffamation révoltante dont tous les journaux étaient les instrumens, et répandue surtout par ceux qui sont entre les mains de mes adversaires. Deux députés à l'assemblée nationale, connus par leur civisme intrépide, et le défenseur de Château-Vieux, avaient articulé des faits contre plusieurs membres de cette société. Sans m'expliquer sur cet objet, et même sans y mettre autant d'importance que beaucoup d'autres, sans attaquer nommément qui que ce soit, j'ai cru devoir éclairer la société sur les manœuvres qui, dans ces derniers temps, avaient été employées pour la perdre ou la paralyser; j'ai demandé la permission de les dévoiler à cette séance; j'avais annoncé en même temps que je développerais dans un autre temps des vérités importantes au salut public; le lendemain, toutes les espèces de journaux possibles, sans en excepter la *Chronique* ni le *Patriote Français*, s'accordent à diriger contre moi et contre tous ceux qui avaient déplu à mes adversaires les plus absurdes et les plus atroces calomnies. Le lendemain, M. Brissot, prévenant le jour où je devais porter la parole, vient dans cette tribune, armé du volumineux discours que vous avez entendu.

» Il ne dit presque rien sur les faits allégués par les trois citoyens que j'ai nommés; il nous assure que nous ne devons pas craindre de voir une autorité trop grande entre les mains des patriciens; se livre à une longue dissertation sur le tribunat, qu'il présente comme la seule calamité qui menace la nation; nous garantit que le patriotisme règne partout, sans en excepter le lieu qui fut jusqu'ici le foyer de toutes les intrigues et de toutes les conspirations; loue la dénonciation en général, mais prétend que cette arme sacrée doit rester oisive, par la raison que nous sommes en guerre avec les ennemis du dehors : il va jusqu'à nous reprocher de crier contre la guerre, tandis qu'il n'est pas question de cela, et que nous n'en avons jamais parlé

que pour proposer les moyens ou de prévenir en même temps
la guerre étrangère et la guerre civile, ou au moins de tourner
la première au profit de la liberté. Enfin, au panégyrique le
plus pompeux de ses amis il oppose le portrait hideux de tous
les citoyens qui n'ont point suivi ses étendards; il présente tous
les dénonciateurs comme des hommes exagérés, comme des factieux et des agitateurs du peuple; et, dans ses éternelles et vagues déclamations, il m'impute l'ambition la plus extravagante
et la plus profonde perversité. M. Guadet, que je n'avais jamais
attaqué en aucune manière, trouva le moyen d'enchérir sur
M. Brissot, dans un discours dicté dans le même esprit.

» Le même jour, un autre membre de cette société, pour s'ê-
tre expliqué librement sur la conduite tenue par le procureur-
syndic du département, dans la fête de la liberté, reçoit de la
part de ce dernier l'assurance qu'il va le traduire devant les tribunaux, et devant quels juges ! Sera-ce devant les jurés, que le
procureur-syndic a lui-même choisis? Et ce procureur-syndic
est membre de cette société, et, après l'avoir prise pour arbitre
d'une discussion élevée dans son sein, il décline son jugement
pour la soumettre à celui des juges ! Il récuse le tribunal de
l'opinion publique, pour adopter le tribunal de quelques
hommes.

» Je n'ai eu aucune espèce de part, ni directement ni indirectement, aux dénonciations faites ici par MM. Collot, Merlin et
Chabot : je les en atteste eux-mêmes ; j'en atteste tous ceux qui
me connaissent ; et je le jure par la patrie et par la liberté ; mon
opinion sur tout ce qui tient à cet objet est indépendante, isolée,
ma cause ni mes principes n'ont jamais tenu ni ne tiennent à ceux
de personne. Mais j'ai cru que dans ce moment la justice, les
principes de la liberté publique et individuelle, m'imposaient la
loi de faire ces légères observations sur le procédé de M. Rœderer, avant de parler de ce qui me regarde personnellement.   .

» Avant d'avoir expliqué le véritable objet de mes griefs, avant
d'avoir nommé personne, c'est moi qui me trouve accusé par
des adversaires qui usent contre moi de l'avantage qu'ils ont de

parler tous les jours à la France entière dans des feuilles périodiques de tout le crédit, de tout le pouvoir qu'ils exercent dans le moment actuel. Je suis calomnié à l'envi par les journaux de tous les partis ligués contre moi. Je ne m'en plains pas ; je ne cabale point contre mes accusateurs ; j'aime bien que l'on m'accuse ; je regarde la liberté des dénonciations, dans tous les temps, comme la sauvegarde du peuple, comme le droit sacré de tout citoyen ; et je prends ici l'engagement formel de ne jamais porter mes plaintes à d'autre tribunal qu'à celui de l'opinion publique ; mais il est juste au moins que je rende un hommage à ce tribunal vraiment souverain, en répondant devant lui à mes adversaires. Je le dois d'autant plus que dans les temps où nous sommes, ces sortes d'attaques sont moins dirigées contre les personnes que contre la cause et les principes qu'elles défendent. *Chef de parti, agitateur du peuple, agent du comité autrichien, payé ou tout au moins égaré*, si l'absurdité de ces inculpations me défend de les réfuter, leur nature, l'influence et le caractère de leurs auteurs méritent au moins une réponse.

» Je ne ferai point celle de Scipion, ou de La Fayette, qui, accusé dans cette même tribune de plusieurs crimes de lèse-nation, ne répondit rien. Je répondrai sérieusement à cette question de M. Brissot : Qu'avez-vous fait pour avoir le droit de censurer ma conduite et celle de mes amis ? Il est vrai que, tout en m'interrogeant, il semble lui-même m'avoir fermé la bouche en répétant éternellement avec tous mes ennemis que je sacrifiais la chose publique à mon orgueil ; que je ne cessais de vanter mes services, quoiqu'il sache bien que je n'ai jamais parlé de moi que lorsqu'on m'a forcé de repousser la calomnie et de défendre mes principes. Mais enfin comme le droit d'interroger et de calomnier suppose celui de répondre, je vais lui dire franchement et sans orgueil ce que j'ai fait. Jamais personne ne m'accusa d'avoir exercé un métier lâche, ou flétri mon nom par des liaisons honteuses et par des procès scandaleux ; mais on m'accusa de défendre avec trop de chaleur la cause des faibles opprimés contre les oppresseurs puissans ; on m'accusa, avec raison, d'avoir violé le respect dû aux tribunaux tyranniques de l'ancien régime, pour les forcer à être justes par pudeur; d'avoir immolé à l'innocence outragée l'orgueil de l'aristocratie bourgeoise, municipale, nobiliaire, ecclésiastique.

» J'ai fait dès la première aurore de la révolution, au-delà de laquelle vous vous plaisez à remonter pour y chercher à vos amis des titres de confiance, ce que je n'ai jamais daigné dire, mais ce que tous mes compatriotes s'empresseraient de vous rappeler à ma place, dans ce moment où l'on met en question si je suis un ennemi de la patrie et s'il est utile à sa cause de me sacrifier : ils vous diraient que, membre d'un très-petit tribunal, je repoussais, par les principes de la souveraineté du peuple, ces édits de Lamoignon auxquels les tribunaux supérieurs n'opposaient que des formes. Ils vous diraient qu'à l'époque des premières assemblées, je les déterminai moi seul, non pas à réclamer, mais à exercer les droits du souverain. Ils vous diraient qu'ils ne voulurent pas être présidés par ceux que le despotisme avait désignés pour exercer cette fonction, mais par les citoyens qu'ils choisirent librement. Ils vous diraient que, tandis qu'ailleurs le tiers-état remerciait humblement les nobles de leur prétendue renonciation à des priviléges pécuniaires, je les engageais à déclarer pour toute réponse à la noblesse artésienne que nul n'avait droit de faire don au peuple de ce qui lui appartenait; ils vous rappelleraient avec quelle hauteur ils repoussèrent le lendemain un courtisan fameux, gouverneur de la province et président des trois ordres, qui les honora de sa visite pour les ramener à des procédés plus polis; ils vous diraient que je déterminai l'assemblée électorale, représentative d'une province importante, à annuler des actes illégaux et concussionnaires que les états de la province et l'intendant avaient osé se permettre; ils vous diraient qu'alors comme aujourd'hui, en butte à la rage de toutes les puissances conjurées contre moi, menacé d'un procès criminel, le peuple m'arracha à la persécution pour me porter dans le sein de l'assemblée nationale; tant la nature m'avait fait pour jouer le rôle d'un *tribun ambitieux et d'un dangereux agitateur du peuple !* Et moi j'ajouterai que le spectacle de ces grandes assemblées éveilla dans mon cœur un sentiment sublime et tendre, qui me lia pour jamais à la cause du peuple par des liens bien plus forts que toutes les froides formules de serment inventées par les lois ; je vous dirai que je compris dès-lors cette grande vérité morale et politique annoncée par Jean-Jacques, que les hommes n'aiment jamais sincèrement que ceux qui les aiment ; que le peuple seul est bon, juste, magnanime, et que la corruption et la tyrannie sont l'apanage exclusif de tous ceux qui le dédaignent. Je compris encore combien il eût été facile à des représentans vertueux d'élever tout d'un coup la nation française à toute la hauteur de la liberté. Si vous me demandez ce que j'ai fait à l'assemblée nationale, je vous répondrai que je n'ai point fait tout le bien que je désirais, que je n'ai pas même fait tout le bien que je pouvais. Dès ce moment, je n'ai plus eu affaire au peuple, à des hommes simples et purs, mais à une assemblée particulière, agitée par mille passions diverses, à des courtisans ambitieux, habiles dans l'art de tromper, qui, cachés sous le masque du patriotisme, se réunissaient souvent aux phalanges aristocratiques pour étouffer ma voix. Je ne pouvais prétendre qu'aux succès qu'obtiennent le courage et la fidélité à des devoirs rigoureux ; il n'était point en moi de rechercher ceux de l'intrigue et de la corruption : j'aurais rougi de sacrifier des principes sacrés au frivole honneur d'attacher mon nom à un grand nombre de lois. Ne pouvant faire adopter beaucoup de décrets favorables à la liberté, j'en ai repoussé beaucoup de désastreux, j'ai forcé du moins la tyrannie à parcourir un long circuit pour approcher du but fatal où elle tendait ; j'ai mieux aimé souvent exciter des murmures honorables que d'obtenir de honteux applaudissemens ; j'ai regardé comme un succès de faire retentir la voix de la vérité, lors même que j'étais sûr de la voir repoussée ; portant toujours mes regards au-delà de l'étroite enceinte du sanctuaire de la législation ; quand j'adressais la parole au corps représentatif, mon but était surtout de me faire entendre de la nation et de l'humanité : je voulais réveiller sans

cesse dans le cœur des citoyens ce sentiment de la dignité de
l'homme, et ces principes éternels qui défendent les droits des
peuples contre les erreurs ou contre les caprices du législateur
même. Si c'est un sujet de reproche, comme vous le dites, de
paraître souvent à la tribune; si Phocion et Aristide que vous
citez ne servaient leur patrie que dans les camps et dans les tribunaux, je conviens que leur exemple me condamne; mais voilà
mon excuse. Quoi qu'il en soit d'Aristide et de Phocion, j'a-
voue encore que cet orgueil intraitable, que vous me reprochez
éternellement, a constamment méprisé la cour et ses faveurs;
que toujours il s'est révolté contre toutes les factions, avec lesquelles j'ai pu partager la puissance et les dépouilles de la
nation; que, souvent redoutable aux tyrans et aux traîtres, il
ne respecta jamais que la vérité, la faiblesse et l'infortune.

» Vous demandez ce que j'ai fait. Oh! une grande chose, sans
doute. J'ai donné Brissot et Condorcet à la France: j'ai dit un
jour à l'assemblée constituante que, pour imprimer à son ouvrage un auguste caractère, elle devait donner au peuple un
grand exemple de désintéressement et de magnanimité, que les
vertus des législateurs devaient être la première leçon des citoyens, et je lui ai proposé de décréter qu'aucun de ses membres
ne pourrait être réélu à la seconde législature; cette proposition
fut accueillie avec enthousiasme. Sans cela, peut-être beaucoup
d'entre eux seraient restés dans la carrière, et qui peut répondre
que le choix du peuple de Paris ne m'eût pas moi-même appelé
à la place qu'occupent aujourd'hui Brissot ou Condorcet? Cette
action ne peut être comptée pour rien par M. Brissot, qui, dans
le panégyrique de son ami, rappelant ses liaisons avec d'Alembert
et sa gloire académique, nous a reproché la témérité avec laquelle
nous jugions des hommes qu'il a appelés *nos maîtres en patriotisme
et en liberté.* J'aurais cru, moi, que dans cet art nous n'avions
d'autres maîtres que la nature.

» Je pourrais observer que la révolution a rapetissé bien des
grands hommes de l'ancien régime, que si les académiciens et les
géomètres que M. Brissot nous propose pour modèles ont com-

battu et ridiculisé les prêtres, il n'en ont pas moins courtisé les grands et adoré les rois, dont ils ont tiré un assez bon parti ; et qui ne sait avec quel acharnement ils ont persécuté la vertu et le génie de la liberté dans la personne de ce Jean-Jacques, dont j'aperçois ici l'image sacrée, de ce vrai philosophe qui seul, à mon avis, entre tous les hommes célèbres de ce temps-là, mérita ces honneurs publics, prostitués depuis par l'intrigue à des charlatans politiques et à de méprisables héros.

» Quoi qu'il en soit, il n'est pas moins vrai que, dans le système de M. Brissot, il doit paraître étonnant que celui de mes services que je viens de rappeler ne m'ait pas mérité quelque indulgence de la part de mes adversaires.

» J'ai cru encore que pour conserver la vertu des membres de l'assemblée nationale pure de toute intrigue et de toute espérance corruptrice, il fallait élever une barrière entre eux et le ministère ; que leur devoir était de surveiller les ministres, et non de s'identifier avec eux, ou de le devenir eux-mêmes ; et l'assemblée constituante, consacrant ses principes, a décrété que les membres des législatures ne pourraient parvenir au ministère ni accepter aucun emploi du pouvoir exécutif pendant quatre ans après la fin de leur mission. Après avoir élevé cette double digue contre l'ambition des représentans, il fallut la défendre encore longtemps contre les efforts incroyables de tous les intrigans qu'elle mettait au désespoir, et l'on peut facilement conjecturer qu'il m'eût été facile de composer avec eux sur ce point au profit de mon intérêt personnel. Eh bien ! je l'ai constamment défendue, et je l'ai sauvée du naufrage de la révision. Comment le délire de la haine a-t-il donc pu vous aveugler au point d'imprimer dans vos petites feuilles, et de répandre partout dans vos petites coteries et même dans les lieux publics, que celui qui provoqua ces deux décrets aspire au ministère, pour lui et pour ses amis; que je veux renverser les nouveaux ministres pour m'élever sur leurs ruines. Je n'ai pas encore dit un seul mot contre les nouveaux ministres ; il en est même parmi eux que je préférerais, quant à présent, à tout autre, et que je pourrais défendre dans l'occasion;

je veux seulement qu'on les surveille et qu'on les éclaire comme
les autres ; que l'on ne substitue point les hommes aux principes,
et la personne du ministre au caractère des peuples ; je veux surtout que l'on démasque tous les factieux. Vous me demandez
ce que j'ai fait, et vous m'avez adressé cette question dans cette
tribune, dans cette société, dont l'existence même est un monument de ce que j'ai fait! Vous n'étiez pas ici lorsque, sous le
glaive de la proscription, environné de piéges et de baïonnettes,
je la défendais, et contre les fureurs de nos modernes Sylla, et
même contre toute la puissance de l'assemblée constituante. Interrogez donc ceux qui m'entendirent ; interrogez tous les amis
de la Constitution répandus sur toute la surface de l'empire ;
demandez-leur quels sont les noms auxquels ils se sont ralliés
dans ces temps orageux. Sans ce que j'ai fait vous ne m'auriez
point outragé dans cette tribune, car elle n'existerait plus, et ce
n'est pas vous qui l'auriez sauvée. Demandez-leur qui a consolé
les patriotes persécutés, ranimé l'esprit public, dénoncé à la France
entière une coalition perfide et toute puissante, arrêté le cours
de ses sinistres projets, et converti ses jours de triomphe en des
jours d'angoisses et d'ignominie. J'ai fait tout ce qu'à fait le magistrat
intègre que vous louez dans les mêmes feuilles où vous me déchirez. C'est en vain que vous vous efforcez de séparer des hommes
que l'opinion publique et l'amour de la patrie ont unis. Les outrages que vous me prodiguez sont dirigés contre lui-même, et les
calomniateurs sont les fléaux de tous les bons citoyens. Vous jetez
un nuage sur la conduite et sur les principes de mon compagnon
d'armes, et vous enchérissez sur les calomnies de nos ennemis
communs quand vous osez m'accuser de vouloir égarer et flatter
le peuple ! Et comment le pourrais-je ? je ne suis ni le courtisan,
ni le modérateur, ni le tribun, ni le défenseur du peuple ! je
suis peuple moi-même.

» Mais par quelle fatalité tous les reproches que vous me faites
sont-ils précisément les chefs d'accusation intentés contre moi et
contre Pétion, au mois de juillet dernier, par les André, les Barnave, les Duport, les La Fayette ? Comment se fait-il que, pour

répondre à vos inculpations, je n'aie rien autre chose à faire que
de vous renvoyer à l'adresse que nous fîmes à nos commettans pour
confondre leurs impostures et dévoiler leurs intrigues ? Alors ils
nous appelaient factieux, et vous n'avez sur eux d'autre avantage
que d'avoir inventé le terme *d'agitateur*, apparemment parce
que l'autre est usé. Suivant les gens que je viens de nommer,
c'était nous qui *semions la division parmi les patriotes*. C'était
nous qui soulevions le peuple contre les lois, contre l'assemblée
nationale, c'est-à-dire l'opinion publique contre l'intrigue et la
trahison. Au reste, je ne me suis jamais étonné que mes ennemis
n'aient point conçu qu'on pouvait être aimé du peuple sans intrigue, ou le servir sans intérêt. Comment l'aveugle-né peut-il
avoir l'idée des couleurs, et les ames viles deviner le sentiment de l'humanité et les passions vertueuses ! Comment croi-
raient-ils aussi que le peuple peut lui-même dispenser justement
son estime ou son mépris. Ils le jugent par eux-mêmes, ils le
méprisent et le craignent ; ils ne savent que le calomnier pour
l'asservir et pour l'opprimer.

» On me fait aujourd'hui un reproche d'un nouveau genre. Les
personnages dont j'ai parlé dans le temps où je fus nommé accusateur public du département de Paris, firent éclater hautement leur
dépit et leur fureur ; l'un d'eux abandonna même brusquement
la place de président du tribunal criminel ; aujourd'hui ils me font
un crime d'avoir abdiqué ces mêmes fonctions qu'ils s'indignaient
de voir entre mes mains ! C'est une chose digne d'attention de
voir ce concert de tous les calomniateurs à gages de l'aristocratie
et de la cour, pour chercher, dans une démarche de cette nature, des motifs lâches ou criminels ! Ce qui n'est pas moins remarquable, c'est de voir MM. Brissot et Guadet en faire un des
principaux chefs de l'accusation qu'ils ont dirigée contre moi.
Ainsi, quand on reproche aux autres de briguer les places avec
bassesse, on ne peut m'imputer que mon empressement à les
fuir ou à les quitter. Au reste, je dois sur ce point, à mes concitoyens, une explication, et je remercie mes adversaires de m'avoir
eux-mêmes présenté cette occasion de la donner publiquement.

Ils feignent d'ignorer les motifs de ma démission ; mais le grand
bruit qu'ils en ont fait me prouverait qu'ils les connaissent trop
bien ; quand je ne les aurais pas d'avance annoncés très-clairement à cette société et au public, il y a trois mois, le jour même
de l'installation du tribunal criminel ; je vais les rappeler. Après
avoir donné une idée exacte des fonctions qui m'étaient confiées,
après avoir observé que les crimes de lèse-nation n'étaient pas de
de la compétence de l'accusateur public, qu'il ne lui était pas
permis de dénoncer directement les délits ordinaires, et que son
ministère se bornait à donner son avis sur les affaires envoyées au
tribunal criminel, en vertu des décisions du jury d'accusation ;
qu'il renfermait encore la surveillance sur les officiers de police,
le droit de dénoncer leurs prévarications au tribunal civil, je suis
convenu que, renfermée dans ces limites, cette place était peut-
être la plus intéressante de la magistrature nouvelle. Mais j'ai déclaré que, dans la crise orageuse qui doit décider de la liberté de
la France et de l'univers, je connaissais un devoir encore plus
sacré que d'accuser le crime ou de défendre l'innocence et la liberté individuelle, avec un titre public, dans les causes particulières, devant un tribunal judiciaire ; ce devoir est celui de plaider
la cause de l'humanité et de la liberté, comme homme et comme
citoyen, au tribunal de l'univers et de la postérité ; j'ai déclaré
que je ferais tout ce qui serait en moi pour remplir à la fois ces
deux tâches, mais que si je m'apercevais qu'elles étaient au-dessus
de mes forces, je préférerais la plus utile et la plus périlleuse ;
que nulle puissance ne pouvait me détacher de cette grande cause
des nations que j'avais défendue, que les devoirs de chaque
homme étaient écrits dans son cœur et dans son caractère, et que,
s'il le fallait, je saurais sacrifier ma place à mes principes, et mon
intérêt particulier à l'intérêt général. J'ai conservé cette place
jusqu'au moment où je me suis assuré qu'elle ne me permettrait
pas de donner aucun moment au soin général de la chose publique ; alors je me suis déterminé à l'abdiquer. Je l'ai abdiquée,
comme on jette son bouclier pour combattre plus facilement les
ennemis du bien public ; je l'ai abandonnée, je l'ai *désertée*, comme

on déserte ses retranchemens pour monter à la brèche. J'aurais pu me livrer sans danger au soin paisible de poursuivre les auteurs des délits privés, et me faire pardonner, peut-être, par les ennemis de la révolution, une inflexibilité de principes qui subjuguait leur estime. J'aime mieux conserver la liberté de déjouer les complots tramés contre le salut public, et je dévoue ma tête aux fureurs des Sylla et des Clodius. J'ai usé du droit qui appartient à tout citoyen, et dont l'exercice est laissé à sa conscience ; je n'ai vu là qu'un acte de dévouement, qu'un nouvel hommage rendu par un magistrat aux principes de l'égalité et à la dignité du citoyen ; si c'est un crime, je fais des vœux pour que l'opinion publique n'en ait jamais de plus dangereux à punir.

» Ainsi donc, les actions les plus honnêtes ne sont que de nouveaux alimens de la calomnie ! Cependant par quelle étrange contradiction feignez-vous de me croire nécessaire à une place importante, lorsque vous me refusez toutes les qualités d'un bon citoyen. Que dis-je ? vous me faites un crime d'avoir abandonné des fonctions publiques, et vous prétendez que, pour me soustraire à ce que vous appelez l'idolâtrie du peuple, je devrais me condamner moi-même à l'ostracisme ! Qu'est-ce donc que cette idolâtrie prétendue, si ce n'est une nouvelle injure que vous faites au peuple ? N'est-ce pas être aussi trop défiant et trop soupçonneux à la fois de paraître tant redouter un simple citoyen qui a toujours servi la cause de l'égalité avec désintéressement, et de craindre si peu les chefs de factions entourés de la force publique, qui lui ont déjà porté tant de coups mortels.

» Mais quelle est donc cette espèce d'ostracisme dont vous parlez ? Est-ce la renonciation à toute espèce d'emplois publics, même pour l'avenir ? Si elle est nécessaire pour vous rassurer contre moi, parlez : je m'engage à en déposer dans vos mains l'acte authentique et solennel. Est-ce la défense d'élever désormais la voix pour défendre les principes de la Constitution et les droits du peuple ? De quel front oseriez-vous me le proposer ? Est-ce un exil volontaire, comme M. Guadet l'a annoncé en propres termes ? Ah ! ce sont les ambitieux et les tyrans qu'il faudrait bannir. Pour moi, où voulez-vous que je me retire? Quel est le peuple où je trouverai la liberté établie? et quel despote voudra me donner asile ? Ah ! on peut abandonner sa patrie heureuse et triomphante ; mais menacée, mais déchirée, mais opprimée ! on ne la fuit pas, on la sauve ou on meurt pour elle. Le Ciel, qui me donna une ame passionnée pour la liberté, et qui me fit naître sous la domination des tyrans, le Ciel qui prolongea mon existence jusqu'au règne des factions et des crimes, m'appelle peut-être à tracer de mon sang la route qui doit conduire mon pays au bonheur et à la liberté ; j'accepte avec transport cette douce et glorieuse destinée. Exigez-vous de moi un autre sacrifice ? Oui, il en est un que vous pouvez demander encore, je l'offre à ma patrie : c'est celui de ma réputation. Je vous la livre, réunissez-vous tous pour la déchirer, joignez-vous à la foule innombrable de tous les ennemis de la liberté ; unissez, multipliez vos libelles périodiques ; je ne voulais de réputation que pour le bien de mon pays : si, pour la conserver, il faut trahir par un coupable silence la cause de la vérité et du peuple, je vous l'abandonne ; je l'abandonne à tous les esprits faibles et versatiles que l'imposture peut égarer, à tous les méchans qui la répandent. J'aurai l'orgueil encore de préférer à leur frivoles applaudissemens le suffrage de ma conscience et l'estime de tous les hommes vertueux et éclairés ; appuyé sur elle et sur la vérité, j'attendrai le secours tardif du temps, qui doit venger l'humanité trahie et les peuples opprimés.

« Voilà mon apologie : c'est vous dire assez sans doute que je n'en avais pas besoin. Maintenant il me serait facile de vous prouver que je pourrais faire la guerre offensive avec autant d'avantage que la guerre défensive. Je ne veux que vous donner une preuve de modération. Je vous offre la paix aux seules conditions que les amis de la patrie puissent accepter. A ces conditions, je vous pardonne volontiers toutes vos calomnies ; j'oublierai même cette affectation cruelle avec laquelle vous ne cessez de défigurer ce que j'ai dit, pour m'accuser d'avoir fait contre l'assemblée nationale les réflexions qui s'adressaient à vous, cette artificieuse politique avec laquelle vous vous êtes toujours efforcés de vous identifier avec elle, d'inspirer de sinistres préventions contre moi à ceux de ses membres pour qui j'ai toujours marqué plus d'égards et d'estime. Ces conditions, les voici :

» Je ne transige point sur les principes de la justice et sur les droits de l'humanité. Vous me parlerez tant que vous voudrez du comité autrichien ; vous ajouterez même que je suis son agent involontaire, selon l'expression familière de quelques-uns de vos papiers. Moi qui ne suis point initié dans les secrets de la cour, et qui ne puis l'être, moi qui ignore jusqu'où s'étendent l'influence et les relations de ce comité, je ne connais qu'une seule règle de conduite, c'est la déclaration des droits de l'homme et les principes de notre Constitution. Partout où je vois un système qui les viole constamment, partout où j'aperçois l'ambition, l'intrigue la ruse et le machiavélisme, je reconnais une faction, et toute faction tend, de sa nature, à immoler l'intérêt général à l'intérêt particulier. Que l'on s'appelle Condé, Cazalès, La Fayette, Duport, Lameth ou autrement, peu m'importe : je crois que sur les ruines de toutes les factions doivent s'elever la prospérité publique et la souveraineté nationale ; et dans ce labyrinthe d'intrigues, de perfidies et de conspirations, je cherche la route qui conduit à ce but : voilà ma politique, voilà le seul fil qui puisse guider les pas des amis de la raison et de la liberté. Or, quel que soit le nombre et les nuances des différens partis, je les vois tous ligués contre l'égalité et la Constitution ; ce n'est qu'après les avoir anéantis qu'ils se disputeront la puissance publique et la substance du peuple. De tous ces partis, le plus dangereux, à mon avis, est celui qui a pour chef le héros qui, après avoir assisté à la révolution du Nouveau-Monde, ne s'est appliqué jusqu'ici qu'à arrêter les progrès de la liberté dans l'ancien, en opprimant ses concitoyens. Voilà, à mon avis, le plus grand des dangers qui menacent la liberté. Unissez-vous à nous pour le prévenir, dévoilez, comme députés et comme écrivains, et cette faction et ce chef ! Vous, Brissot, vous êtes convenu avec moi, et vous ne pouvez le nier, que ce chef était le plus dangereux ennemi de notre liberté; qu'il était le bourreau et l'assassin du peuple; je vous ai entendu dire, en présence de témoins, que la journée du Champ-de-Mars avait fait rétrograder la révolution de vingt années. Cet homme est-il moins redoutable parce qu'il est à la tête d'une armée? non.

» Hâtez-vous donc, vous et vos amis, d'éclairer la partie de la nation qu'il a abusée; déployez le caractère d'un véritable représentant; n'épargnez pas Narbonne plus que Delessart. Faites mouvoir horizontalement le glaive des lois pour frapper toutes les têtes des grands conspirateurs; si vous désirez de nouvelles preuves de leurs crimes, venez plus souvent dans nos séances, je m'engage à vous les fournir. Défendez la liberté individuelle attaquée sans cesse par cette faction; protégez les citoyens les plus éprouvés contre ses attentats journaliers; ne les calomniez pas; ne les persécutez pas vous-même; le costume des prêtres a été supprimé; effacez toutes ces distinctions impolitiques et funestes, par lesquelles votre général a voulu élever une barrière entre les gardes nationales et la généralité des citoyens; faites réformer cet état-major, qui lui est ouvertement dévoué et auquel on impute tous les désordres, toutes les violences qui oppriment le patriotisme. Il est temps de montrer un caractère décidé de civisme et d'énergie véritable; il est temps de prendre les mesures nécessaires pour rendre la guerre utile à la liberté; déjà les troubles du midi et de divers départemens se réveillent. Déjà on nous écrit de Metz que depuis cette époque tout s'incline devant le général; déjà le sang a coulé dans le département du Bas-Rhin. A Strasbourg, on vient d'emprisonner les meilleurs citoyens; Diétrich, l'ami de La Fayette, est dénoncé comme l'auteur de ces vexations; il faut que je vous le dise : vous êtes accusé de protéger ce Diétrich et sa faction, non par moi, mais par les amis de la Constitution, de Strasbourg. Effacez tous ces soupçons; venez discuter avec nous les grands objets qui intéressent le salut de la patrie; prenez toutes les mesures que la prudence exige pour éteindre la guerre civile et terminer heureusement la guerre étrangère; c'est à la manière dont vous accueillerez cette proposition, que les patriotes vous jugeront; mais si vous la rejetez, rappelez-vous que nulle considération, que nulle puissance ne peut empêcher les amis de la patrie de remplir leur devoir. » (*Défenseur de la Constitution*, n. 1.)

(*Un grand nombre de voix* : « L'impression! L'impression! » — Elle est arrêtée, ainsi que la distribution aux tribunes. (*Journal du club*. n. 185.)

A la Séance du 29, Pétion fit un discours dans le but d'opérer une réconciliation générale. Il s'appuya principalement sur les motifs tirés des circonstances difficiles où la France allait s'engager. Il parla longuement de concorde. Il termina en disant : « Soyons indulgens pour les hommes et inflexibles pour les choses. J'espère que la malignité n'empoisonnera pas ma démarche; qu'on ne pensera pas que j'ai eu en vue telle ou telle personne : des deux côtés je vois mes amis. Je demande qu'on passe à l'ordre du jour. » L'impression de ce discours fut arrêtée, ainsi que la proposition du maire de Paris.

Il allait s'ensuivre au moins une trève, sinon une paix durable entre les Girondins et les Montagnards, lorsque Brissot et Guadet firent imprimer leurs discours avec des préambules et des variantes où ils avaient étrangement augmenté le chapitre des injures contre Robespierre. Ces additions dénaturaient entièrement la polémique soutenue devant la société. De plus, les adversaires de Robespierre avaient profité du moment où l'influence de Pétion venait presque d'obtenir la paix, et de rendre le club difficile à l'égard d'une prolongation quelconque des débats antérieurs, pour insinuer de nouvelles inculpations auxquelles leur ennemi n'avait pas pu répondre, puisqu'elles étaient nouvelles, et auxquelles il ne pourrait pas répondre puisqu'on refuserait de l'entendre. En outre, Brissot avait inséré dans le *Patriote français* un article dont la calomnie sera matériellement constatée. A cause de cela, la séance du 30 avril fut plus orageuse encore que les précédentes; mais elle tourna à la confusion de Guadet et de Brissot.

Séance du 30 avril. Doppet, se fondant sur les scènes affigeantes auxquelles les dénonciations ont donné lieu, propose de former un comité qui recevrait les dénonciations, soit verbales, soit par écrit, et ne ferait part à la société que de celles qui seraient appuyées de preuves. »

M. Robespierre. « Je m'oppose à cette mesure. Il serait désormais impossible d'élever la voix en faveur de la liberté, s'il était permis à quelques individus de substituer l'intérêt particulier à l'intérêt public, et l'esprit d'intrigue à l'esprit général. (Applaudissemens.)

» Réfléchissez bien sur l'état où vous a placés l'influence qu'exerce sur vous une faction. Maintenant, vous dit-on, tout ce qui s'est passé doit être oublié; et pour empêcher de pareilles dénonciations à l'avenir, il faut établir un comité revêtu d'une dictature suprême. Et moi je vous dis maintenant, par la situation que l'on vous a faite, et que l'on veut aggraver, ceux qui témoigneront ici leurs craintes sur les dangers de la liberté seront traités de factieux et de tribuns. (Plusieurs voix : A l'ordre du jour.)

M. Robespierre. « Il n'y a que des scélérats qui puissent le demander. »

M. Merlin « Si c'est être tribun que de dénoncer les ennemis de la liberté, je déclare que je veux être tribun; car, moi aussi, j'aime le peuple. »

M. Robespierre. « Je déclare qu'à mon avis aussi, le zèle d'un bon citoyen doit avoir des bornes; mais si cette société doit arrêter qu'il me sera défendu de répondre à tous les libellistes conjurés contre moi, je déclare aussi que je la quitte pour me renfermer dans la retraite. (Murmure général. Quelques voix de femmes dans les tribunes : « Nous vous suivrons ! »)

» Je déclare encore que je veux m'en tenir aux limites fixées par M. Pétion; je demande seulement si la démarche de paix qu'il a faite ici, n'a pas été empoisonnée par des libelles dirigés contre lui, contre moi, contre cette société, contre le peuple.

On m'empêche d'établir les preuves de ce que j'avais avancé; et après avoir entendu les plus violentes dénonciations portées contre moi à cette tribune, on étouffe ma voix. Qui voudra désormais se charger de défendre la cause du peuple? C'est une chose déplorable que l'on soit parvenu à subjuguer la majorité de cette société pour la rendre l'instrument d'une cabale. Je déclare que j'approuve tout ce qui s'est passé, mais que je désapprouve qu'on tourne cette arme contre les amis de la liberté. Or, la démarche de M. Pétion a été aujourd'hui tournée contre nous et surtout contre moi. Je sais qu'il a horreur des trames ourdies pour me perdre; son cœur s'est répandu dans le mien. Il ne peut voir sans frémir les horribles calomnies qui m'assaillent de toutes parts. Eh bien! voici ce que dit un article inséré dans un journal (*le Patriote Français*) : « Nous l'invitons (M. Robespierre) surtout à détruire une impression qui devient chaque jour plus profonde; c'est d'apostropher, dans chacun de ses discours, le peuple; c'est ce que disent ses ennemis et même beaucoup de patriotes. » Oui, il faut se défendre de prononcer le nom du peuple sous peine de passer pour un factieux, pour un tribun. On me compare aux Gracques : on a raison de me comparer à eux; ce qu'il y aura de commun entre nous, peut-être, sera leur fin tragique. Mais continuons, car c'est ici qu'est tout le venin : « C'est que le libelle connu sous le nom de Marat, ce libelle qui ne prêche que cruauté, sang et carnage, c'est que ce libelle enfin désigne M. Robespierre pour tribun. » Oui, messieurs, ce libelle est dirigé contre moi. Ai-je jamais professé des principes pareils à ceux qui s'y remarquent? Dois-je être réputé coupable de l'extravagance d'un écrivain exalté? Mais, s'il était faux que Marat eût prononcé mon nom, s'il était faux qu'il eût tenu le langage qu'on lui prête! eh bien! tous ces illustres patriotes savent certainement qu'il n'y a pas un mot de tout cela dans le numéro de Marat que l'on cite. »

Plusieurs voix : « C'est vrai. » (Applaudissemens.)

M. Robespierre. « De ce que tout cela est absurde pour ceux de la capitale qui ne sont pas égarés par l'intrigue, s'ensuit-il que dans les départemens, ces bruits ne fassent pas un grand tort à la chose publique.

» Le jour où M. Pétion est venu ici, un de mes adversaires a répandu, avec profusion, un discours en tête duquel se trouve un avant-propos où il me déchire. »

— M. le président (Lasource) veut parler. (Tumulte.)

M. Robespierre. « Vous m'interrompez, monsieur le président, avant de savoir ce que je veux dire.

M. le président. « Je n'ai point interrompu M. Robespierre, quand il n'a parlé que d'objets postérieurs au discours de M. Pétion; mais quand il a voulu remonter au discours de M. Brissot... (D'un côté on applaudit.) Au reste, messieurs... (A l'ordre du jour!) au reste, messieurs... à présent, messieurs... maintenant, messieurs, si la société veut que M. Robespierre porte ses regards sur le passé, je vais le mettre aux voix. (Tumulte.)

M. Merlin. « Est-ce que la paix jurée hier ne doit lier qu'une des parties? Sera-t-il permis à l'autre de semer impunément la calomnie? Eh bien! messieurs, au moment où cette paix se jurait, le *Patriote Français* me plaçait au nombre des Feuillans. » (Tumulte.)

M. le président. « Il m'est permis aussi quelquefois de dire ce que j'ai fait. Ce qui prouve que je travaille à ramener la paix, c'est que je n'ai pas fait part à la société qu'un de ses membres a été entraîné avec violence hors de l'assemblée. »

(On passe à l'ordre du jour. Il s'élève beaucoup de tumulte : quelques membres s'emportent contre le président.)

M. le président « Je demande s'il est permis de m'insulter. »

M. Legendre. « Monsieur le président, je suis forcé de demander la parole contre vous. Je demande la parole contre le despotisme du président. »

(*M. Robespierre* quitte la tribune, s'approche du bureau, parle au président avec des gestes violens. Il règne un long tumulte : tout le monde se lève.)

M. le président. « M. Robespierre déclare qu'il avait à parler sur certain fait. Au moment où cela se passait, plus de douze membres demandaient l'ordre du jour : alors le réglement veut qu'il soit mis aux voix; c'est ce que j'ai fait. Maintenant je vais

savoir si M. Robespierre aura la parole. » — Il est arrêté que
M. Robespierre a la parole.

M. Robespierre. « Je le répète, ce n'est point pour moi que je
parle. Je le répète, j'adopte tout ce qui s'est fait. Ce dont je veux
vous entretenir est postérieur à ce qui s'est passé hier : c'en est
une violation, c'est une calomnie.

« Hier, au moment où M. Pétion parlait dans cette tribune,
on répandait contre moi la plus infâme calomnie, un écrit qui
doit circuler dans les départemens, un écrit revêtu des signatures d'hommes qui ont quelque réputation de patriotisme. »

Une voix. « Imprimez. »

M. Robespierre. « Je n'ai pas la liste civile, ni le couvert des
ministres. »

N..... « Des tribunes des femmes on vient de nous appeler
Coquins. » (tumulte.)

M. Tallien. « Je demande qu'aux termes du réglement, le
membre qui a interrompu M. Robespierre soit nominativement
rappelé à l'ordre. » — La société passe à l'ordre du jour.

M. Robespierre. « Voici quelques passages de l'avant-propos
dont j'ai parlé : « Il est évident pour tout homme qui a suivi cette
séance orageuse, que M. Robespierre a un parti, non pas dans
la société, car je crois que la majorité y est saine, mais dans les
tribunes que lui et ses aides-de-camp dirigeaient ouvertement. Il est
évident que la faction dont M. Robespierre sert les projets, cherche à semer les troubles et les divisions dans la société, etc. »
Ainsi, toutes les fois que celui qui a écrit ceci trouvera des impro-
bateurs, le peuple sera un ramas de brigands, de factieux ! Il
est certain que depuis trois ans je n'ai pas été exposé à des atrocités pareilles.

« Je me plains de ce que M. Brissot a imprimé son discours
d'une manière très-différente de celui qu'il a prononcé dans cette
tribune. Je me plains de ce qu'au discours de M. Guadet on a
ajouté ces mots : « Je lui dénonce un homme qui, après s'être
opposé à la guerre, etc. » Cela est faux : il ne l'a pas dit. D'ailleurs
jamais je ne me suis opposé à la guerre, mais j'ai dit qu'il fallait

la faire après nous être assurés de nos ennemis intérieurs. Plus loin, il est dit dans le discours de M. Guadet : « Je lui dénonce un homme qui cherche à affaiblir la confiance du peuple dans la majorité de ses représentans. » Jamais je n'ai insulté l'assemblée nationale. — Maintenant, messieurs ; je n'ai voulu qu'exposer les faits ; je laisse à votre probité, à votre loyauté, à prononcer entre mes calomniateurs et moi. » (Applaudissemens redoublés.) — Lasource va à l'assemblée nationale. Dufourny prend le fauteuil.

M. Simon. « Il circule chez les marchands de nouveautés des écrits calomnieux contre M. Robespierre : ils pèchent, ces écrits, par le fonds, en ce qu'ils sont si denués de toute vérité; par la forme, en ce qu'ils paraissent après la paix jurée.

» Mais pourquoi les intrigans s'acharnent-ils contré M. Robespierre? parce qu'il est le seul homme qui s'élevât contre leur parti, s'il venait à se former. Oui, messieurs, il faut dans les révolutions de ces hommes qui, faisant abnégation d'eux-mêmes ne s'occupent que des moyens de démasquer les factieux; qui s'occupent dans la retraite de la régénération des mœurs et de l'esprit public. Le peuple doit les soutenir dans leur pénible carrière. Vous les avez trouvés ces hommes ; ce sont MM. Pétion et Robespierre ; car il n'y a pas d'individus qui aient figuré comme eux dans vos fastes révolutionnaires. Pouvez-vous vous dissimuler que ceux qui les poursuivent sont des intrigans? (Non, non !) »

M. le président. « Je propose d'arrêter que la société ne reconnaît dans l'avant-propos du discours de M. Brissot aucun des sentimens proposés par M. Robespierre. » (Bravo ! bravo ! tous les chapeaux se lèvent en signe d'approbation.).

M. Fréron. « M. Brissot a dit plusieurs fois dans cette tribune qu'il a pour M. La Fayette le plus profond mépris ; mais quand on le met au pied du mur, jamais il ne s'explique franchement. Il a eu soin de faire disparaître ce mot de son discours imprimé. » (Journ. du club., n° CLXXXVII.)

— La proposition du président fut convertie en motion par un autre membre. Il s'ensuivit un arrêté de la société que ne donne

point *le Journal du club,* dirigé alors et rédigé dans l'esprit girondin ; il se contente de mentionner l'arrêté ; nous en empruntons le texte à *la Tribune des Patriotes,* n° I, p. 48.)

» Sur la motion d'un membre, qui a représenté que les calomnies répandues contre M. Robespierre, dans deux discours distribués hier et aujourd'hui, sous le nom de MM. Brissot et Guadet,
dans le sein de cette société, à l'assemblée nationale et dans le
public, commentés par les journaux, exigeraient que la société
démentît cette diffamation et rendît témoignage à la vérité, aux
principes et à la conduite de M. Robespierre.

» La société a arrêté de déclarer qu'elle regarde la manière
dont ces écrits rendent les faits qui se sont passés dans son sein,
comme contraire à la vérité, et les inculpations dirigées contre
M. Robespierre, comme démenties par la notoriété publique,
autant que par sa conduite constante. La société a arrêté également, à l'unanimité, que cette déclaration serait imprimée et envoyée à toutes les sociétés affiliées. » LASOURCE, *président,* CHOU-
DIEU, DUCOS, PÉREZ, PÉPIN, *secrétaires.*

PRESSE. — Les articles de journaux les plus importans sont
circonscrits aux querelles qu'on vient de lire. Nous transcrivons :
1° deux articles des *Révolutions de Paris,* le premier sur les débats
scandaleux des Jacobins et inséré dans le n° CXLVI ; le second
adressé à Robespierre dans le n° CXLVII ; 2° le n° DCXLVIII de
Marat, où il s'explique sur Robespiere ; 3° un article de la *Tribune des Patriotes,* n° II ; 4° le prospectus du *Défenseur de la Constitution,* par Robespierre.

Scandale donné par la société des Jacobins. « En 1791, une
scission s'est opérée dans le sein des amis de la Constitution ; une
scission les menace encore. Robespierre et Brissot sont les deux
chefs de partis. Voici les faits. La grande question de la guerre
a été, comme on le sait, discutée d'une manière profonde et
tout-à-fait extraordinaire. L'opinion s'est bien évidemment partagée ; aux opinions se sont mêlées des personnalités ; les personnalités ont blessé l'amour-propre, et l'amour-propre blessé a fait
quelques ennemis peut-être irréconciliables. La déclaration de

guerre semblait pourtant présager un rapprochement qui semblait nécessaire à ceux qui sont indifférens à tout parti; mais non, c'est au moment où la guerre vient de se déclarer, au moment où l'état a le plus besoin d'union, qu'une main empoisonnée porte la division parmi les amis de la liberté. Collot d'Herbois a commencé par dénoncer Rœderer, Brissot et Condorcet; Chabot a dénoncé l'évêque Fauchet et toute la députation de la Gironde, Grangeneuve seul excepté; Robespierre a promis qu'il dévoilerait une intrigue, une combinaison, un système ourdi dans le sein du corps législatif, et qui ne tend à rien moins qu'à faire rétrograder la révolution : or, voilà que presque toutes les têtes se sont exaltées, et les amis de la Constitution ont donné le spectacle bizarre, presque indécent, d'une lutte orageuse, de laquelle nous allons voir si quelqu'un est sorti vainqueur ou vaincu.

» Collot d'Herbois reproche à Rœderer d'avoir dîné chez Jaucourt, membre affectionné du côté du roi; il lui reproche de s'être opposé à la fête des soldats de Château-Vieux; il lui reproche d'avoir autrefois quitté les Jacobins pour aller à 89; il lui reproche enfin de n'être plus patriote, d'avoir prêté l'oreille à la corruption. Le premier de ces reproches est vrai. Rœderer a été vu dînant chez l'un des membres les plus tarés de l'assemblée nationale; on a vu un ami de la Constitution assis à la table de M. Jaucourt! Mais Rœderer s'y était préparé; depuis longtemps on ne le voit plus qu'avec les Ramond, les Pastoret. S'il va à l'assemblée nationale, il est entouré, caressé par eux; Rœderer a répondu à ces caresses, et leur a donné des signes d'amitié en présence de tous les représentans de la nation : on ne recule plus quand on s'est avancé jusqu'à ce point : du reste, M. le procureur-général-syndic du département de Paris est convenu de ce fait; mais il avait, dit-il, pour dîner avec M. Jaucourt, des raisons *qu'il est inutile de rendre publiques*. La belle justification !

» M. Rœderer ne convient pas de la vérité du deuxième reproche. Il ne s'est pas, dit-il, opposé à la fête de Château-Vieux;

Il l'a voulue, il avait promis de s'y rendre lui-même, et s'il ne s'y est pas rendu, c'est que ce jour-là le directoire du département a jugé à propos de tenir deux séances : du reste, ajoute-t-il, j'étais à ma fenêtre à une heure et demie, alors que le cortége est passé; j'y étais avec ma femme et mes enfants, et le public nous a vus applaudir avec un zèle non équivoque. On répond que les commissaires ordonnateurs de la fête, que M. Tallien lui-même, ont déposé que M. Rœderer avait voulu empêcher la fête ; or, le témoignage de vingt personnes vaut peut-être bien celui de M. le procureur-général-syndic; et si M. le procureur-général avait promis d'assister au cortége, s'il n'a manqué d'y assister qu'à cause qu'il y avait ce jour-là deux séances au département, pourquoi était-il à sa fenêtre, et non au département? Et comment se peut-il qu'une séance à laquelle il n'assistait pas, l'ait empêché d'assister à une autre cérémonie?

» Quand au club 89, oui, Rœderer y a été; mais je n'y ai été, dit-il, que pour fuir le despotisme des Lameth; et membre de 89, j'ai toujours opiné avec les Jacobins. Il est bon de savoir que M. l'abbé Syeyes, que MM. Chapelier, Duquesnoy, La Fayette, que Mirabeau lui-même, ont allégué cette excuse de leur retraite des Jacobins. M. le procureur-général-syndic est donc un patriote de la trempe de MM. Chapelier, Duquesnoy, La Fayette? Le bon Jacobin !

» Enfin, dit Collot d'Herbois, M. Rœderer n'est plus patriote, il est corrompu; M. Rœderer est corrompu... M. Antoine, de Metz, son collègue, prétend le connaître bien, et il assure que ce n'est pas là le mot. Au reste, M. Rœderer vient de s'avouer coupable; il vient de traduire M. Collot d'Herbois devant les tribunaux pour répondre de sa dénonciation. Les tribunaux pourront bien accueillir sa demande, mais il n'y aura pas moins contre lui un arrêt de l'opinion publique, et cela vaut bien une sentence judiciaire.

» Avant d'arriver à MM. Brissot et Robespierre, éclaircissons aussi la question entre MM. Chabot et Fauchet. L'ex-capucin a reproché à l'évêque du Calvados d'avoir fait sur la responsabilité

de Narbonne, un rapport tronqué, fallacieux, déshonorant : et
cela est vrai ; M. Fauchet ne se lavera jamais d'avoir prostitué
son éloquence à l'éloge d'un intrigant. Mais M. Chabot l'accuse
d'un autre fait ; il l'accuse d'avoir conseillé à Narbonne le *protectorat* de la France, en cas que le roi des Français vînt à abjurer
une seconde fois ; et si cela est vrai, il doit y avoir lieu à mettre
M. Fauchet en état d'accusation. M. Chabot parut tellement sûr
de son fait, qu'à la séance de mercredi dernier, il interpella
MM. Bazire, Lecointre et Merlin, d'attester cette vérité. M. Merlin monte à la tribune, et depose que M. Fauchet avait dit, au
comité de surveillance, qu'il avait fait sonder M. Narbonne, pour
savoir si, dans le cas du départ du roi, il resterait fidèle à la
cause du peuple. L'évêque du Calvados a invoqué ce fait à sa décharge. La société est passée à l'ordre du jour.

» C'est ici que M. Brissot va figurer, parce que c'est immédiatement après cette discussion qu'il obtint la parole. On a remarqué trois choses principales dans son discours : savoir, une di-
gression sur les dénonciations ; un aperçu de la marche du
ministère , et un éloge pompeux de M. Condorcet. M. Brissot a
dit que la dénonciation était le *palladium* de la liberté, la sauvegarde du peuple ; mais qu'on polluait souvent cette arme en s'en
servant inconsidérément, et qu'une assemblée devait exiger que
tout dénonciateur signât sa dénonciation, et rapportât les preuves des faits allégués. Ce principe est vrai ; mais la conséquence
est trop sèche et trop rigoureuse. Sans doute, il faut être avare
de dénonciations ; sans doute il faut réserver ce remède pour
les grandes circonstances ; sans doute une assemblée d'hommes
libres doit toujours être en garde contre l'imagination, l'enthousiasme, la fougueuse vertu même du dénonciateur ; mais pourtant il ne faut pas étouffer les dénonciations, et ce serait les
étouffer, que de soumettre rigoureusement les citoyens à les
signer.

» M. Brissot n'a vu, dans le zèle de M. Collot-d'Herbois quel'effervescence de l'ambition trompée ; M. Collot-d'Herbois avait
aspiré au ministère de l'intérieur ; il venait plus récemment d'as-

pirer à une place de commissaire civil des colonies, et il est en effet bien singulier que ce ne soit qu'après avoir échoué dans ces deux prétentions, que l'ardeur de la dénonciation s'empare de M. Collot d'Herbois.

» Nous voudrions, mais nous ne pouvons nous dissimuler qu'en effet l'ambition et la jalousie jouent un grand rôle dans cette querelle. On accuse Brissot d'avoir fait le ministère actuel, d'avoir des conférences avec les ministres, et de mener avec eux et la députation de Bordeaux toute la machine du gouvernement. Brissot a répondu qu'il n'avait pas fait les ministres; mais il a dit qu'il ne se repentirait pas de les avoir faits, parce que leur nomination est avantageuse à la cause de la liberté. Voici son argument : Ou les grands emplois seront desservis par des Jacobins, ou ils le seront par des aristocrates; ils l'étaient par des aristocrates avant la révolution arrivée dans le ministère. Les Jacobins désiraient alors qu'il le fussent par des patriotes; ce sont des Jacobins qui occupent ces premiers emplois. Comment donc se fait-il que les Jacobins n'en soient pas satisfaits?

» Avant de dire notre jugement entre Robespierre et Brissot, peut-être est-il nécessaire que nous fassions ici notre profession de foi politique. Nous croyons que la guerre doit au moins suspendre les spéculations civiques de ceux qui, comme nous, voudraient atteindre à la liberté indéfinie, et nous regardons momentanément comme des agitateurs dangereux ceux qui voudraient *aujourd'hui* changer la forme d'un gouvernement que nous n'aimons pas. Avant de chercher le mieux, occupons-nous du soin exclusif de conserver ce que nous avons. Ces principes posés, ou les ministres actuels veulent la Constitution, ou ils ne la veulent pas. S'ils ne la veulent pas, dénonçons-les, faisons-les traduire à la haute cour nationale, mais rapportons des preuves de nos imputations. S'ils veulent la Constitution, malgré qu'il en coûte à un patriote d'agir de concert avec les agens du pouvoir exécutif, il faut cependant que les patriotes se serrent à eux dans les circonstances présentes, pour imprimer à la force publique un tel mouvement qu'il effraie tous nos ennemis. Qui mieux que nous doit sentir l'amertume de louer un ministre, un homme nommé par le roi? Mais si les nominations actuelles sont bonnes, si l'on ne peut rien reprocher de grave an ministère actuel, faut-il, pour le plaisir de déclamer contre lui, s'exposer à le faire remplacer par un ministère qui mettrait peut-être la France en combustion?

» D'après cette explication, notre avis est qu'on n'a rien de *positif* à reprocher à Jean Pierre Brissot dans cette circonstance, et que Collot-d'Herbois, que Robespierre ont fait une faute en le dénonçant, sans preuves, comme un chef de conspiration. Nous ne connaissons pas J. P. Brissot, nous connaissons peu Maximilien Robespierre, et quand il s'agit de liberté, nous n'aimons que la liberté. S'il était vrai que Brissot conspirât, qu'il fût d'intelligence avec La Fayette, qu'il voulût élever Narbonne an protectorat, sans doute ce serait un monstre qu'il faudrait étouffer; mais Collot d'Herbois, mais Robespierre n'ont rien prouvé contre lui.

» Ceux qui sont restés impassibles an milieu de l'orage qui a agité les Jacobins dans la séance de mercredi, ont remarqué de très-grandes maladresses dans le discours de Brissot. Il a dit que le patriotisme régnait partout, dans l'assemblée nationale, dans l'armée, dans les sociétés populaires, dans le conseil du roi.... Ce mot a excité, et il était fait pour exciter de violens murmures. Tout le monde sait que le roi a deux conseils, et il était impossible que, dans une grande assemblée, beaucoup de personnes ne confondissent pas le ministère avec le conseil secret, ce qui sont deux choses très-distinctes. L'éloge immodéré de M. Condorcet n'était pas moins maladroit. Sans doute Condorcet a des talens; mais le comparer aux plus grands hommes de l'antiquité, c'est un sot enthousiasme; et louer son patriotisme alors qu'il s'obstine à défendre Narbonne, c'est en quelque sorte arborer les couleurs de Narbonne, et cette livrée ne sera jamais que celle des intrigans ou des esclaves.

» La députation de Bordeaux, notamment M. Guadet, s'est fort mal disculpée du reproche d'avoir plaidé la cause de l'ex-minis-

tre de la guerre. M. Guadet a été hué, et peut-être il devait l'être.
Si M. Guadet est de bonne foi, il aurait dû plutôt avouer sa
faute, que de chercher à la pallier : du reste, il y a eu de sa
part un courage qui n'a pas été justement apprécié, quand il a
attaqué Robespierre en face. Il a dit que Robespierre aspirait au
tribunat, qu'il était plus ambitieux que tout autre, et que sa très-
grande popularité pouvait faire beaucoup de mal à la chose publique. Robespierre a annoncé une réponse; il l'a annoncée
péremptoire.

Au résumé, nous croyons que tous les acteurs de cette scène
ont des torts; ceux de Collot d'Herbois sont de se croire immor-
talisé par son almanach, d'avoir pris de l'humeur parce qu'il a
manqué le ministère, et ensuite le commissariat des colonies.
Les torts de Rœderer sont.... Mais nous ne parlons ici que des
patriotes. Les torts de Fauchet sont d'avoir fait un rapport imposteur, de s'être séparé du parti qu'on veut appeler *enragé*,
et d'avoir laissé croire qu'il joue un peu dans ce moment le rôle
d'intrigant. Les torts de Chabot sont d'avoir fait une dénonciation sans preuves, et surtout d'avoir appelé en témoignage des
hommes qui ont déposé des choses contraires à ce qu'il avait
avancé. Les torts de Brissot sont d'être trop mystérieux; il ne
prétend pas qu'on le dénonce; mais il devrait dire ouvertement
quel est son système; il doit cette confidence au public. Nous ne
croirons jamais que les torts de Robespierre proviennent de son
cœur; mais l'agitation dont il est cause en ce moment, rend ses
torts si graves, qu'il faut tout le poids de sa réputation pour les
balancer. Il est d'autres hommes qui sont restés neutres dans
cette querelle, et c'est peut-être aussi un tort pour eux : la confiance dont ils jouissent, les persécutions qu'ils ont essuyées,
sont des titres qui leur mettent en main la massue de la vérité;
et s'il est des traîtres, c'est à eux qu'il est réservé de les terrasser.

» Il est bien à désirer de voir mettre fin à cet orage. Si Robespierre est un ambitieux, qu'on le précipite du roc tarpéien. Si
les autres sont des intrigans, qu'on les fasse rentrer dans la
poussière; mais que le peuple ne perde pas de vue que toute

agitation en ce moment est dangereuse, qu'elle peut devenir funeste, et qu'avec des généraux suspects, accostés d'une conspiration éternelle séante au Tuileries, le vrai peuple, le souverain, celui qui a fait la révolution, qui a juré la Constitution, doit, quant à présent, se borner à la maintenir. Flatter la royauté et le roi, vouloir ressusciter l'ancienne idolâtrie, caresser bassement l'ancienne idole: voilà le plus grand crime que puisse commettre un Français. Le second serait de prétendre à sa destruction entière dans le temps que tous les autres faux dieux de l'Europe sont ligués pour la maintenir. Peuples! son socle est ébranlé; laissez faire la main du temps, et bientôt la liberté seule aura un culte parmi vous. »

A Maximilien Robespierre. — « Robespierre, un homme que vous aimez, et que vous ne désavouerez pas sans doute, a dit :

« Le patriotisme.... sans concert.... s'agite péniblement et » sans fruit, ou seconde quelquefois, par une impétuosité aveu- » gle, les funestes projets des ennemis de notre liberté. » *Prospectus du* (nouveau) *défenseur de la Constitution*, p. 2 et 3.

» Robespierre, rappelez-vous que ce même homme, au sortir de la dernière séance de l'assemblée constituante, fut porté plutôt que reconduit en sa maison par le peuple.

» Rappelez-vous qu'au bas des images de ce même homme, le peuple écrivit en caractères informes, mais qui n'étaient pas mendiés : *L'incorruptible !*

» Rappelez-vous que d'une seule voix ce même homme fut appelé au ministère le plus redoutable de la justice.

» Et dites-nous comment il se fait que ce même homme, sur lequel il n'y avait qu'un sentiment, soit devenu un problème, même aux yeux d'un assez grand nombre de patriotes.

» La cour avait frissonné à votre nomination d'accusateur public, et le choix de celui qu'elle vient de désigner au club de la Sainte-Chapelle pour vous remplacer, peut vous donner de l'amour-propre, mais aussi doit exciter en vous des remords. Vous serez comptable envers la patrie de tout le mal qui se fera au

poste que vous quittez, avant d'avoir justifié l'attente de vos concitoyens.

» Incorruptible Robespierre, l'irréprochable Phocion compta
plus d'un ennemi, comme vous, et fit plus d'un ingrat ; mais il ne
quitta le fardeau de la chose publique que pour boire la ciguë.
Rends-nous Phocion tout entier, nous en avons besoin ; mais jusqu'à ce que tu en sois venu là, souffre qu'on te dise la vérité
avec le même courage que tu l'as dite aux ennemis puissans de
tou pays, avec la même âpreté que tu l'as dite à tes adversaires
dans la tribune des Jacobins.

» Robespierre, vous vous êtes vu pendant trop long-temps la
seule colonne de la liberté française. Inébranlable sur la base de
la déclaration des droits de l'homme, on a cherché à vous abattre. Le peuple, dont vous vous êtes déclaré le défenseur imperturbable, vous a défendu à son tour contre toutes les atteintes.
Votre nom était comme l'arche sainte ; on ne pouvait y toucher
sans être frappé de mort. Il n'est pas étonnant ni suspect que
vous invoquiez souvent le témoignage du peuple ; vous faites
cause commune. On croit voir dans ce sentiment de reconnaissance, de vanité si l'on veut, l'intention de devenir un jour
tribun : on a tort, vous devez vous connaître trop bien pour as-
pirer à ce titre qui n'a plus de sens ; quoique le talent de la parole puisse mener à tout dans un gouvernement démocratique, il
ne suffit pas ; et vous ne pouvez vous dissimuler que vous n'avez
point reçu de la nature en partage ces dons extérieurs qui donnent de l'éloquence aux paroles qui en sont le plus dénuées. Vous
savez bien que vous n'avez pas non plus assez de cette supériorité
de génie qui dispose des hommes à volonté ; et quoique vous parais-
siez vous en flatter, n'espérez pas avoir les mêmes succès *dans
la tribune de l'univers* (1) *que dans celle du sénat français* ou des
Jacobins.

» Votre présence assidue dans les clubs profita beaucoup à ces
établissemens dont ne peut plus se passer une nation qui s'est
faite et qui veut rester libre. Vous avez soufflé au citoyen qui

(1) Prospectus du *Défenseur de la Constitution*, p. 3.

les hante cet esprit de défiance qui met en garde contre les entreprises plus ou moins suspectes des hommes en place. Vous rendîtes peut-être plus de service à la chose publique dans l'assemblée des amis de la Constitution , qu'au sein même de l'aréopage : mais les clubs ne vous ont point été aussi profitables ; la vapeur de l'encens qu'on y brûla pour vous, vous pénétra par tous les pores ; le dieu du patriotisme devint homme, et partagea les faiblesses de l'humanité.

» Quand on eut le secret du défaut de votre cuirasse, on ne désespéra plus de vous entamer. Le patriote intact ne fut point inaccessible aux piéges tendus autour de lui , sous l'appât de la louange employée à forte dose. Estimable jusque dans vos chutes , ce n'est pas avec le vil motif de l'intérêt qu'on put vous amener à des démarches inconsidérées ; il fallut mettre en œuvre des moyens plus relevés. Le sentiment de ce que vous valez, exalté par vos ennemis plus fins que vous , servit à vous conseiller des écarts d'imagination qui firent quelquefois tort à votre judiciaire, et le guide du troupeau divagua lui-même.

» A l'époque du 17 juillet 1791 , votre gloire fut à son apogée ; et il faut bien vous en avertir, de ce moment la déclinaison de l'astre devint sensible. Que n'en êtes-vous resté à l'adresse à vos commettans , et à vos discours contre la guerre ! Que ne vous êtes-vous enveloppé de votre manteau, quand vous vîtes vos concitoyens, non pas ingrats, ils ne l'ont jamais été envers vous , mais entraînés par la force irrésistible des choses, rester sourds à vos conseils prophétiques ! C'était le moment de vous préparer à votre grande mission d'accusateur public ; mais vous persistez à vouloir être publiciste et législateur des nations. Vous avez cru, non pas indigne de vous (votre égoïsme serait du plus mauvais caractère), mais au-dessous de ce que vous êtes capable pour la patrie , de remplir le poste où le peuple vous avait établi sa sentinelle.

» Robespierre ! vous ne rendez pas justice au peuple ; il sait mieux vous apprécier que vous-même , et met plus de sagesse dans sa conduite envers vous que vous n'en mettez dans la vôtre

envers lui Votre véritable place était là où il vous avait nommé;
que ne vous y êtes-vous rendu à l'heure où commençait votre
consigne ! Nous ne serions pas aujourd'hui les spectateurs navrés
de combats que nos maîtres en patriotisme se livrent avec une dignité féroce, comme les gladiateurs à Rome, qui , en tombant,
conservaient encore assez de vanité pour affecter de tomber avec
grace.

» Robespierre! les patriotes n'aiment pas que vous vous donniez
en spectacle. Le peuple voit avec peine que vous ne faites point
assez de cas de l'estime qu'il vous porte. Quand il se presse en
foule autour de la tribune où vous montez, ce n'est pas pour entendre des personnalités qui l'affligent, et n'amusent que ses ennemis et les vôtres; ce n'est pas pour flatter votre orgueil qu'il
vous a environné de sa considération : c'est pour mieux le servir,
c'est pour plaider sa cause avec plus de confiance et de succès.
Il vous a dit : Puisque tu as refusé d'être l'homme de la cour, sois
celui du peuple ; nous te donnons en garde l'opinion publique ;
ne mets jamais la tienne à la place ; puisque tu ne t'es pas encore
laissé entamer, sois le bouclier du peuple : tu as soutenu le parti
de la guerre défensive, on ne te verra point agresseur.

» Robespierre, est-ce ainsi que vous répondez au vœu du peuple? Ce n'est pas tout de n'être point vénal ; il y a de l'amour-
propre à se laisser marchander, et à ne se vendre jamais; mais
il est plus beau d'être fidèle aux bons principes par amour de
l'ordre, par esprit de justice, et non pour la gloire qui peut en
revenir. Quelque bon patriote que vous vous soyez montré jusqu'ici, croyez qu'il en est de plus patriotes encore; ceux, par
exemple, qui le sont autant que vous, et qui ne s'en vantent
point.

» Eh quoi ! vous tenez dans les mains le fil d'une grande conjuration, il ne s'agit de rien moins que d'une guerre civile, et
vous nous entretenez de vous, de petites provocations dont vous
êtes l'objet! Vous n'appréhendez donc pas qu'on dise de vous:
Parce qu'il est menacé, il voit la patrie en péril ; il se croit le seul

palladium de la liberté? Les patriotes qui vous veulent le plus de bien, qui vous estiment, et qui vous aimeraient si votre orgueil n'opposait une barrière entre eux et vous, ne peuvent s'empêcher de dire : Quel dommage qu'il n'ait pas cette bonhomie antique, compagne ordinaire du génie et des vertus! Robespierre est parfois éloquent; il abonde en idées grandes et en beaux sentimens; il a d'heureux mouvemens. S'il pouvait s'oublier un peu davantage!... Qu'il est triste de l'entendre dénoncer depuis La Fayette jusqu'à la Chronique! Le défenseur de la liberté s'érige en inquisiteur de l'opinion, quand cette opinion s'exerce sur son compte. A l'en croire, il n'y a que lui, depuis le 14 juillet, qui ait marché constamment en ligne droite. Ne pas convenir avec lui que lui seul a fait tout ce qui s'est fait de bien dans tout le cours de la révolution, c'est ne pas être bon patriote. On a vu des citoyens s'identifier tellement avec la patrie qu'ils s'effaçaient pour la faire briller. Il est des momens où les ennemis de Maximilien se croiraient autorisés à dire qu'il se permet l'inverse.

» Robespierre, en juillet 1791, eût-on hasardé contre vous des calomnies de la force de celles qui ont circulé en avril 1792? N'a-t-on pas été jusqu'à dire (et, chose incroyable, des hommes dont on n'avait pas sujet de suspecter le témoignage en toute autre circonstance semblent le confirmer), n'a-t-on pas été jusqu'à dire que vous, Robespierre, vous êtes rendu à une conférence secrète qui s'est tenue naguère chez la Lambale, en présence de Médicis-Antoinette, et que c'est à l'issue de ce conciliabule que vous donnâtes la démission de votre place d'accusateur public, afin de la laisser occuper peu après par l'ex-ministre de la justice? On ne dit pas les clauses du marché; mais on ajoute que c'est depuis cette époque qu'on s'est aperçu de quelque changement dans vos mœurs domestiques, et que vous conçûtes le projet d'un journal.

» Se donner la peine de répondre à des imputations aussi monstrueuses, serait vous faire l'injure la plus grave et la plus

gratuite; et nous sommes loin d'avoir cette coupable pensée :
nous vous avons toujours reconnu pour un *homme probe*. »

Justum, et tenacem
Propositi virum.
HORAT.

» Vous avez fait vos preuves à cet égard. Jamais votre plume
n'a trempé dans les eaux du Pactole de la liste civile; et quoique
nous soyons en droit (1) à présent de vous demander compte de
vos moyens de subsister,, puisque vous n'aviez d'autre ressource
que le salaire attaché à la place à laquelle vous renoncez, nous
nous en reposons sur la fierté de votre ame, que nous ne confon-
dons pas avec la hauteur qu'on vous reproche.

» La rigidité de vos principes, qui malheureusement a gagné
votre caractère, est encore la même; nous aimons à vous rendre
cette justice, et nous ne doutons point que Robespierre journaliste ne contribue à mener notre révolution au port; vous n'aurez jamais autant de lecteurs que nous vous en souhaitons; mais
ce passage brusque du tribunal de l'accusateur public au cabinet
d'étude d'un folliculaire à la semaine, nous étonne, nous inquiète. Dans un gros temps, l'équipage d'un navire ne verrait
pas de bon œil le pilote abandonner le timon pour prendre la
rame, ou pour se faire l'écrivain du vaisseau. Sans doute vous
nous direz des vérités importantes; votre plume sera de fer contre les méchans, et personne ne vous enlèvera la parole; mais
la passion de tout dire sans être contredit, mais l'envie de répondre sur-le-champ au premier agresseur, mais le plaisir de
vous venger tout à votre aise de ceux qui ne pensent pas comme
vous, n'ont-ils pas été quelques-uns des motifs qui vous ont
porté à ce parti extrême? N'avez-vous pas consulté plutôt ce
que vous avez cru vous devoir à vous-même, que ce que vous
devez en effet à la patrie?

» Si pourtant vous croyez pouvoir, dans un journal, nous faire

« (1) Chez un ancien peuple libre, il y avait une loi qui autorisait à traduire par-
devant les tribunaux le citoyen dont on ignorait le moyen de subsistance. »

une justice plus expéditive des conspirateurs et des traîtres que dans la place d'accusateur public soumise à la lenteur des formes, Robespierre, écrivez. Depuis un an vos progrès dans l'art oratoire sont sensibles; écrivez! mais de grace, rendez-vous aux conseils de l'amitié et au vœu de vos concitoyens; promettez à Pétion, votre compagnon d'armes et votre médiateur, promettez à vos frères, les amis de la Constitution; promettez à toute la cité, à tout l'empire, à tous ceux qui ont prononcé jusqu'à ce jour votre nom en le bénissant; faites à la patrie, aux circonstances, à vous-même, le sacrifice de toutes vos animosités, de tous vos amours-propres, de toutes vos vengeances. Gourmandez les vices, tonnez contre les mauvaises actions et les crimes, mais que ce soit plutôt en haine des choses que des personnes. Continuez d'être le patron du peuple, mais ne laissez pas dire que vous voulez vous en faire une clientèle nombreuse et adulatrice. Nous ne vous accuserons pas d'imiter César, se faisant présenter le diadème par Antoine. Ce n'est pas vous sans doute qui avez soufflé à Marat de vous désigner au public *dictateur suprême*. Non! votre bonne foi, votre loyauté repoussent cette charlatanerie. Mais prenez-y garde; on vous a surpris plus d'une fois vous abandonnant, avec une sorte de complaisance, au plaisir de parler de vous, ou d'en entendre parler; et quand cela vous arrive, gardez-vous d'oublier que la patrie est tout, que c'est à elle à concentrer tous les intérêts, qu'on ne doit s'occuper uniquement que d'elle; et c'est parce qu'elle pourrait souffrir de vos débats, c'est parce que vous avez un moment détourné sur vous seul toute l'attention, que nous vous consacrons cet article, beaucoup trop long si vous le lisez sans fruit.

» Nous avons mis peut-être beaucoup trop d'importance aux travers d'esprit, aux erreurs de l'amour-propre d'un individu. Robespierre, c'est à vous à réparer le temps que vous faites perdre à vos concitoyens; mais le *Journal des Révolutions de Paris* ne pouvait demeurer tout-à-fait étranger aux violentes secousses qui agitent la société des Jacobins à votre sujet. Peut-être trouvera-t-on une règle de conduite utile à suivre en ces circon-

stances, dans le caractère d'impartialité (1) que nous avons su
conserver à votre égard, comme pour tout autre. Nous avons
dans le temps désigné la roche tarpéienne pour les Mirabeau,
les La Fayette et autres ambitieux qui firent tant de mal à leur
patrie et tant de tort à la révolution; Robespierre, prépare-toi
à l'ostracisme, si tu dédaignes les conseils que te donnent ici des
hommes libres, qui n'ont jamais consulté le chapitre des considérations avant d'écrire. »

*Raisons secrètes des divisions intestines qui agitent la société des
Jacobins.* (*L'Ami du peuple*, n. DXLVIII.) — « Les dissensions
qui agitent la société des Jacobins et la scission dont elle est menacée, sont le sujet de toutes les conversations de la capitale.

» Voici le principe de cette désunion, peu fait pour honorer les
meneurs jacobites et leurs lâches suppôts.

» Une cruelle expérience n'a que trop appris à la nation entière
que ses députés aux états-généraux ont trafiqué avec le monarque
de ses droits imprescriptibles, de ses intérêts les plus chers, et
que sept ou huit seulement sont sortis purs des tentations, tant
de fois offertes à leurs vertus pour trahir leur devoir. Rappelons
ici des noms chers à tous les vrais patriotes, ceux de Buzot, de
Grégoire, d'Antoine, de Pétion,

» A la tête desquels est celui de Robespierre. En quittant les
augustes fonctions de membre du corps législatif, le soin de sa
propre gloire l'appelait à servir la patrie dans la retraite, parti
que lui eût fait prendre à coup sûr une profonde connaissance des
hommes. Il n'écouta que le penchant de son cœur et il resta au
milieu des Jacobins, dans ce tourbillon (2) d'intrigans, qu'il avait

---

« (1) L'article de notre dernier numéro touchant les Jacobins n'a pas plu, dit-on,
à quelques membres de cette société, qui se plaignent de ce que nous ne ménageons
pas assez les bons citoyens. Mais ignorent-ils donc que le *Journal des Révolutions*,
tout entier aux principes, ne fait acception de personne? De bons citoyens se sont
absentés, ont fui pour se soustraire à l'inquisition civile des magistrats vendus
au parti de la cour. Le *Journal des Révolutions* n'a jamais dit moins que ce qu'il
fallait dire. »

« (2) J'excepte toujours de cette classe le public, c'est-à-dire les citoyens qui ne
s'y sont affiliés que pour s'instruire, et non pour jouer un rôle. »

la bonhomie de regarder comme de vrais amis de la liberté.

» Les hommes médiocres ne s'accoutument point aux éloges d'autrui ; les hommes suspects prennent toujours ombrage de la vertu austère ; le public lui-même aime à changer de héros. Ces sentimens sont trop naturels au cœur humain pour qu'il soit possible de les heurter impunément. C'est pour n'en avoir tenu aucun compte que Robespierre est en butte aujourd'hui à tous les traits de l'envie. La gloire dont il s'est couvert en défendant avec constance la cause du peuple, et la faveur populaire devenue le juste prix de ses vertus civiques, offusquèrent bientôt ceux de ses collègues qui avaient démérité de la patrie, de même que les nouveaux députés, prétendus patriotes, jaloux des applaudissemens qu'il recevait du public et qu'ils auraient voulu partager sans les avoir mérités.

» Ils commencèrent donc les uns et les autres à lui chercher des torts ; mais le plus grave reproche qu'ils lui fassent, est de parler souvent de lui, des services qu'il a rendus à la chose publique, et de ceux qu'il voulait lui rendre encore ; comme si un citoyen perpétuellement inculpé par les ennemis de la révolution, couverts du masque civique, n'était pas souvent réduit à la triste nécessité de se justifier. Et ce sont des députés du peuple, chargés d'acquitter sa dette envers tous ceux qui ont bien mérité de la patrie, qui s'attachent à de pareilles petitesses, pour traiter avec la plus noire ingratitude l'homme qui la servit si long-temps avec zèle, au péril même de ses jours.

« Du moins s'il n'était pas en butte aux lâches menées, aux coups des fripons et des traîtres ! Mais, qui ignore combien Robespierre a eu à souffrir, et combien il a à souffrir encore des perfidies de la faction Guadet, Brissot, pour avoir osé combattre le projet de guerre, que le sieur Mottié fit proposer au public par ces faux patriotes ?

« Le sieur Brissot, dans le discours qu'il débita le 25 du mois dernier aux Jacobins, oublie de se laver des inculpations les plus graves, telles que celle d'avoir été salarié comme espion par Le Noir, celle d'avoir été enchaîné au parti ministériel municipal,

par la crainte que Bailly ne fît voir son nom inscrit sur les registres de la police, celle d'avoir servi la cause du despotisme dans
son plan d'organisation de la municipalité, celle d'avoir caché les
malversations des accapareurs royaux du comité des subsistances,
sous cent contes à dormir debout, celle d'avoir été le vil apologiste des attentats de Mottié contre la liberté publique, celle
d'avoir eu des relations criminelles avec lui chez le compère Lamarque et la commère Lanxade; mais s'il oublie de se laver de
ces inculpations, c'est pour vanter son prétendu patriotisme,
ériger son complice Condorcet en grand homme, se défendre
sérieusement d'avoir fait les nouveaux ministres, et calomnier
Robespierre, en l'accusant d'être chef de parti et de diriger les
tribunes par ses aides-de-camp. Robespierre chef de parti! Il en
aurait un sans doute, s'il eût voulu s'avilir au rôle d'intrigant
comme son calomniateur; mais il n'a et n'eut jamais pour partisans que les citoyens amis de la liberté, qui se souviennent avec
reconnaissance de tout ce qu'il a fait pour elle. Comment Brissot
ne voit-il pas qu'en opposant la majorité de la société aux tribunes
publiques, qui ne sont point vendues et qui ne peuvent l'être,
surtout à un particulier presque seul de son bord aux Jacobins,
ayant à peine six cents livres de rente, et n'ayant pas un sou de la
liste civile, il fait retomber l'inculpation sur la société même
qu'il donne de la sorte pour une cabale d'intrigans?

» Mais ce qui est digne de remarque, c'est qu'en plaçant Robespierre à la tête d'une faction, il l'accuse de chercher à semer le
trouble et la division dans la société, à en écarter les hommes tels
que lui, qui professent la plus haute indépendance d'opinions,
qui ont combattu le plus énergiquement et la liste civile, et le
triumvirat passé, et les Feuillans. Quel est le but de cette faction, se demande-t-il ensuite à lui-même? Ne sachant que répondre, il se contente d'insinuer que la liste civile a les mêmes
opinions que le parti de Robespierre, qu'elle calomnie comme
lui les ministres, cherche à discréditer, comme lui, l'assemblée
nationale, et surtout s'acharne comme lui contre les mêmes patriotes. Insinuations sur lesquelles il invite les amis sincères de la

liberté à réfléchir. Je l'ai dit cent fois et je le répète, à s'en
tenir à des imputations vagues, rien ne ressemble plus à un véritable ami de la révolution, qu'un ennemi déclaré de la patrie :
tous deux ont à faire de graves reproches aux ministres actuels, à
l'assemblée nationale, et aux prétendus patriotes du jour. Mais
c'est dans les détails seuls qu'on aperçoit par la différence des
reproches, celles des principes et des motifs. Le roi reproche à
l'assemblée, à ses ministres actuels, et aux prétendus patriotes
du jour, de ne pas assez se prostituer à ses volontés ; mais Robespierre leur reproche de trahir les intérêts du peuple en se
couvrant d'un masque hypocrite, et de compromettre le salut
public en engageant la nation dans une guerre insensée.

» Que dirait le compère Brissot si, pour le dénigrer, Robespierre se bornait à lui reprocher qu'il tient à son égard le même
langage que les Gauthier, les Royou, les Mallet-du-Pan, c'est-à-
dire les plus vils folliculaires, les plus exécrables ennemis de la
liberté, et s'il se contentait de prier les amis de la patrie de réfléchir sur ce rapprochement? Mais, non, il ne s'enveloppera
point dans ces insinuations vagues et perfides ; et quand il voudra
faire de ce sycophante un portrait à faire horreur, les traits hideux ne manqueront point à sa plume.

» Tandis que Brissot calomnie et fait calomnier Robespierre
par cent plumes vénales, le compère Guadet, digne acolyte des
nouveaux tartuffes vendus à Mottié, se redresse sur ses ergots
pour lui décocher quelques ruades. Qui croirait que ce petit intrigant a eu la sottise de mettre au nombre des griefs qu'il allè-
güe contre Robespierre, « (1) celui d'être devenu, soit par am-
» bition, soit par malheur, l'idole du peuple, de chercher tous les
» jours à le devenir davantage ; d'avoir déserté son poste où la
» confiance et l'intérêt du peuple l'avaient appelé, et cependant de
» ne s'être pas imposé à lui-même la loi de l'ostracisme? » Comme si
un simple citoyen, sans fortune et sans parti, avait d'autres moyens
de gagner le peuple dont il défend les droits et les intérêts, que ses

« (1) Toute la députation de Paris et toute la députation de la Gironde, excepté
Grangeneuve. »

seules vertus civiques! Comme s'il pouvait servir la chose publique dans un tribunal où il ne se trouve pas deux hommes intègres! Comme s'il pouvait (1) rester à son poste, et s'imposer en même temps la loi de l'ostracisme! Comme si un individu, qui n'a pour toute puissance que sa faible voix, au milieu d'une société d'intrigans, d'hypocrites et de fourbes, toujours attentifs à le condamner au silence, et toujours prêts à le huer lorsqu'il entreprend de les démasquer, pouvait jamais devenir redoutable! Comme si un homme qui n'a d'autre empire sur un peuple ignorant, léger, inconstant et frivole, que celui de la raison, pouvait jamais mettre en danger la liberté publique par son crédit, et être appelé, pour l'assurer, à quitter sa patrie!

» Tant d'inepties ne décèlent que trop les motifs qui les ont suggérées. Qui ne voit que l'aspect d'un patriote intègre blesse la vue des fripons qui voudraient trafiquer impunément des intérêts de la patrie? Qui ne voit qu'un censeur incorruptible est un témoin importun qu'ils brûlent d'écarter? Qui ne voit qu'ils ne s'attachent à le dénigrer que pour le rendre suspect au peuple dont il a la confiance? Oui, la faction Guadet-Brissot est loin d'ajouter foi aux impostures que ses meneurs ne cessent de débiter contre Robespierre. Qui mieux qu'elle en connaît toute la fausseté? qu'il veuille simplement consentir à leur abandonner l'arène, ils sont prêts à désavouer leurs injures, et à faire son éloge; ils sont prêts à le préconiser.

» Admirez la perfidie : après avoir fait un crime à Robespierre de s'être opposé à la guerre et d'avoir prédit qu'elle entraînerait les plus grands malheurs, en assurant le triomphe de nos ennemis, Guadet l'accuse de chercher à réaliser ces malheurs, et en divisant les patriotes, et en semant au milieu d'eux les défiances et les soupçons. Mais quels sont, je vous prie, les patriotes qu'il chercherait à diviser? les intrigans des Jacobins. Et quels sont les patriotes contre lesquels il sèmerait la défiance et les soupçons?

« (1) Je suis loin d'approuver la démission de Robespierre : il devait garder sa place, ne fût-ce que pour empêcher qu'on y nommât un fripon contre-révolutionnaire, ce qui n'a pas manqué d'arriver. »

les députés de Paris et de la Gironde, nouveaux meneurs de
l'assemblée; ce sont bien là les fripons qu'il a démasqués, dira le
lecteur instruit. Mais à qui persuaderont-ils que ce sont là des
patriotes qu'il décrie?

» Enfin, et c'est le comble de la démence, Guadet accuse Robespierre « de faire écrire dans le *Journal de l'Ami du Peuple*,
» dont il dispose, que le moment est venu de donner un dictateur
» à la France, au moment même où il cherche à affaiblir, par
» les accusations les plus absurdes, la confiance du peuple dans
» la majorité de ses représentans. » Ce dictateur, c'est sans doute
Robespierre lui-même, comme un compère de Guadet vient
bétement d'accuser l'*Ami du Peuple* de l'avoir indiqué dans sa
feuille.

» Cette inculpation me regarde personnellement. Or, je dois
ici une réponse précise et catégorique aux citoyens trop peu
éclairés pour en sentir l'absurdité. Je déclare donc que non-seulement Robespierre ne dispose point de ma plume, quoiqu'elle
ait souvent servi à lui rendre justice; mais je proteste que je n'ai
jamais reçu aucune note de lui, que je n'ai jamais eu avec lui aucune relation directe ni indirecte, que je ne l'ai même jamais vu
de mes jours, qu'une seule fois; encore, cette fois-là, notre
entretien servit-il à me faire naître des idées, et à manifester
des sentimens diamétralement opposés à ceux que Guadet et sa
clique me prêtent.

« Le premier mot que Robespierre m'adressa fut le reproche
d'avoir en partie détruit moi-même la prodigieuse influence
qu'avait ma feuille sur la révolution, en trempant ma plume
dans le sang des ennemis de la liberté, en parlant de corde, de
poignards, sans doute contre mon cœur, car il aimait à se persuader que ce n'était là que des paroles en l'air dictées par les
circonstances. Apprenez, lui répondis-je à l'instant, que l'influence qu'a eue ma feuille sur la révolution ne tenait point,
comme vous le croyez, à ces discussions serrées, où je développais méthodiquement les vices des funestes décrets préparés par
les comités de l'assemblée constituante, mais à l'affreux scandale

qu'elle répandait dans le public, lorsque je déchirais sans ménagement le voile qui couvrait les éternels complots tramés contre la liberté publique par les ennemis de la patrie, conjurés
avec le monarque, le législateur et les principaux dépositaires
de l'autorité ; mais à l'audace avec laquelle je foulais aux pieds
tout préjugé détracteur ; mais à l'effusion de mon ame, aux
élans de mon cœur, à mes réclamations violentes contre l'oppression, à mes sorties impétueuses contre les oppresseurs, à mes
douloureux accens, à mes cris d'indignation, de fureur et de
désespoir contre les scélérats qui abusaient de la confiance et de
la puissance du peuple pour le tromper, le dépouiller, le charger de chaînes et le précipiter dans l'abîme : apprenez que jamais il ne sortit du sénat un décret attentatoire à la liberté, et
que jamais fonctionnaire public ne se permit un attentat contre
les faibles et les infortunés, sans que je ne m'empressasse de soulever le peuple contre ces indignes prévaricateurs. Les cris d'a-
larme et de fureur, que vous prenez pour des paroles en l'air,
étaient la plus naïve expression dont mon cœur était agité ; apprenez que si j'avais pu compter sur le peuple de la capitale,
après l'horrible décret contre la garnison de Nancy, j'aurais dé-
cimé les barbares députés qui l'avaient rendu. Apprenez qu'après
l'instruction du Châtelet sur les événemens des 5 et 6 octobre,
j'aurais fait périr dans un bûcher les juges iniques de cet infâme
tribunal. Apprenez qu'après le massacre du Champ-de-Mars,
si j'avais trouvé deux mille hommes animés des sentimens qui
déchiraient mon sein, j'aurais été à leur tête poignarder le général au milieu de ses bataillons de brigands, brûler le despote
dans son palais, et empaler nos atroces représentans sur leurs
siéges, comme je le leur déclarai dans le temps. Robespierre
m'écoutait avec effroi ; il pâlit, et garda quelque temps le silence.
Cette entrevue me confirma dans l'opinion que j'avais toujours
eue de lui, qu'il réunissait aux lumières d'un sage sénateur l'intégrité d'un véritable homme de bien et le zèle d'un vrai patriote,
mais qu'il manquait également et des vues et de l'audace d'un
homme d'état. »

Confession de François Robert. — « Un des notables rédacteurs du journal de Prudhomme, François Robert, vient de distribuer un écrit de huit pages, dans le genre des *Confessions* de saint Augustin. La *chronique de Paris* l'avait accusé de devoir 200,000l. Après avoir rabattu de cette supputation bénévole du sieur Millin 176,000 l. , il parle de son *déficit* avec une naïveté qui sent les bons temps de la république, ou plutôt les temps homériques, où chacun était tenu de dire ses moyens d'exister. Ensuite il fait cet aveu qui donne beaucoup à penser, est trop curieux pour ne pas trouver place dans les mémoires du temps, et doit en trouver une à la suite de mon numéro Ier, dont il est une excellente pièce justificative:

« Dans ces entrefaites, écoutons le patriote François Robert,
» des hommes que j'avais connus auparavant devinrent ministres ;
» je cédai à des instances réitérés, et j'écrivis, non pas à M. Du-
» mourier ministre, mais à Dumourier jacobin : j'eus une ré-
» ponse assez insignifiante. Mes amis crurent que je devais voir
» moi-même M. Dumourier, je le vis : et il me promit affirmati-
» vement que je serais employé dans la diplomatie. »

» François Robert avait bien vu le cardinal, mais on lui fit entendre que c'était le révérend père Joseph qu'il fallait voir. Il poursuit :

« C'est alors qu'on me fit demander un rendez-vous à J. P. Bris-
» sot que j'avais connu avant la législature. M. Brissot me dit qu'il
» avait demandé pour moi l'ambassade de Constantinople, de
» Pétersbourg ou de Varsovie et que, dans huit jours cela se-
» rait fait (1). Dix jours après je le revis à dîner chez Pétion ;
» et comme *cela n'était pas fait,* je lui en demandai des nouvel-

----

« (1) Ne serait-ce pas devers la date de ce rendez-vous que F. Robert inséra dans le n. CXLI de Prudhomme (le juste pèche sept fois par jour) ce premier morceau sur Robespierre ? La promesse de l'ambassade de Constantinople, et si près du sérail , peut bien faire trébucher un cordelier. On croit voir le patriote Robert présenter à Brissot le n. CXLI des *Révolutions de Paris,* en lui disant : Tenez, voilà tout ce que j'ai pu dire en conscience contre Robespierre. Mais ce n'était point là le compte de J. P. Brissot. Comment n'avez-vous pas vu, Ro-bert, qu'aux yeux des Brissotins vous ménagiez encore trop l'anti-pape Robes-pierre ? Voilà pourquoi *cela ne s'est pas fait.* Voilà pourquoi Brissot ne vous a

» les. M. Brissot me dit que le ministre était extrêmement oc-
» cupé, *que cela se ferait*, mais que, comme je pouvais avoir des
» besoins, M. Dumourier lui avait dit de me demander si je vou-
» lais quelque à-compte sur les appointemens de l'ambassade.

» M. Dumourier, ayant manifesté quelque inquiétude sur ce
» qu'on appelait l'exagération de mes principes, je donnai ma
» profession de foi publique par écrit : elle était patriotique, au-
» tant que possible. Depuis cette profession de foi, j'ai eu avec
» M. Dumourier une conférence particulière ; le ministre me
» parut animé du plus pur patriotisme. Mais il s'est trouvé qu'il
» n'y avait plus d'emploi à sa disposition, et l'on sent combien
» j'ai dû m'applaudir de n'avoir pas reçu les arrhes qu'on m'avait
» offertes sur une place qu'on ne m'a pas donnée. »

» Cette confession donnerait lieu à un beau commentaire ; mais
il me resterait peu de chose à y apprendre sur notre père *Joseph*,
à ceux qui ont lu mon premier numéro et la brochure que je
publiai il y a deux mois, et qui eut grand succès *dans les deux
mondes*, intitulée : *J. P. Brissot démasqué par Camille Desmoulins*.
Quand on a lu ce pamphlet, on sait son *Brissot* par cœur, et on
voit quelles plaies profondes le Patriote Français, par sa *fausse
politique*, pour me servir du terme le plus doux, a faites à la
France et au patriotisme. Aujourd'hui je veux envisager la confession de François Robert sous une autre face.

» En voyant *J. P. Brissot* proposer ainsi à table, à son voisin,
Varsovie, Pétersbourg ou Constantinople, pour y aller en ambassade, on sent quelle différence la révolution a mise entre les
rêves de fortune des auteurs du temps passé, et de ceux d'aujourd'hui. Alors le plus beau songe d'un poète, du poète admirable de la *Métromanie*, sa plus vaste ambition était d'accaparer
trois ou quatre médailles du poids de cent écus ou six cents livres :

> Que Paris paierait le loyer,
> Rouen le maître en droit, Toulouse le barbier,
> Marseille la lingère.

offert qu'un à-compte. Oh ! que celui qui a fait le second morceau contre Robespierre, dans le n. CXLVII de Prudhomme, était bien plus fin ! C'est celui-là qui
attrapera l'ambassade. »

» Et voici un journaliste, *J. P. Brissot*, qui n'est pas un *Piron*, non-seulement rêvant ; mais distribuant les ambassades, et disant comme *César* :

> Je donne à Marcellus la Grèce et la Lycie,
> A Décime le Pont, à Casca la Syrie.

» De tels exemples et l'écharpe de l'académicien *Bailly* auraient dû, ce semble, réconcilier les gens de lettres avec la révolution. Qu'ils se rappellent les murmures de tous les nobles, les cris des bureaux et la jalousie de tous les beaux esprits désespérant de faire une semblable fortune, lorsque la reine-mère, voulant faire un cadeau à *Christine*, reine de Suède, eut la pensée d'envoyer l'académicien *Benserade* ambassadeur à Stockolm. Les temps sont bien changés ; et néanmoins presque tous les écrivains qui ont le plus de mérite s'aigrissent de plus en plus contre le nouvel ordre de choses qui les a rapprochés des places que la nature, dans la distribution des talens, semble leur avoir assignées. Ils s'effraient des pas que le peuple fait vers la souveraineté, comme ils pourraient faire de l'approche des Goths et des Vandales. A les entendre, ils se liguent pour sauver les arts contre ce qu'ils appellent le faubourg Saint-Antoine, comme si les arts étaient menacés par une révolution dans une ville que la révolution semble avoir encore plus affamée de spectacles, dans une ville où dix-sept théâtres sont ouverts et pleins tous les jours. Le parti populaire est abandonné de tous les écrivains de quelque réputation. Les gens de lettres méprisent le peuple qui les a vengés des mépris de la cour. Presque tous écrivent contre la cause de la liberté et de l'égalité, et on ne peut comparer leur ingratitude qu'à celle de cette foule de boutiquiers que ces trois dernières ont enrichis, de ce grand nombre d'agioteurs, de commerçans, d'épauletiers, de raffineurs de sucre, dont la révolution a fait des millionnaires ou des personnages importans, et qui ont pour la révolution, pour le peuple et pour l'égalité, cent fois plus de haine que n'en avaient les patriciens de Rome pour les plébéiens. La plupart de ces bourgeois ne veulent pas la liberté s'il faut la partager avec le peuple, et leur conduite me fait admirer un vers de *Sertorius,* qui jusqu'ici avait été inintelligible pour moi, mais qui me montre aujourd'hui combien *Corneille* connaissait le cœur humain, quand il fait dire à *Viriate* :

> La liberté n'est rien quand tout le monde est libre. »

Fréron dit dans une note de ce numéro, page 97 :

Tout le monde a remarqué que ceux qui ont montré le plus de zèle à servir la faction, en combattant Robespierre, ont été pourvus des premières places dans le ministère, dans les bureaux, dans la diplomatie. On cite les sieurs Réal, Chépi fils, Boisguion, Mendouze, Noël, Clavière, Lanthenas, Santonax, Polverel, etc., sans compter ceux que je ne connais pas ; à ce sujet, je rapporterai un trait assez curieux.

» Un jeune homme, membre de la société, se plaignait de ce qu'il ne pouvait obtenir une place ; la personne à laquelle il s'adressait, lui dit : *Que ne faites-vous un bon discours contre Robespierre ? et avant huit jours je vous réponds que vous serez placé.*

» On m'a dit que M. Méchin venait d'être pourvu de la place de secrétaire de M. Brissot. »

Prospectus du Défenseur de la Constitution, *par Maximilien Robespierre, député de l'assemblée constituante.* — « La raison et l'intérêt public avaient commencé la révolution : l'intrigue et l'ambition l'ont arrêtée ; les vices des tyrans et les vices des esclaves l'ont changée en un état douloureux de trouble et de crise.

» La majorité de la nation veut se reposer, sous les auspices de la Constitution nouvelle, dans le sein de la liberté et de la paix ; quelles causes l'ont privée jusques ici de ce double avantage ? l'ignorance et la division. La majorité veut le bien, mais elle ne connaît ni les moyens de parvenir à ce but, ni les obstacles qui l'en éloignent ; les hommes bien intentionnés mêmes se partagent sur les questions qui tiennent le plus étroitement aux bases de la félicité générale. Tous les ennemis de la Constitution empruntent le nom et le langage du patriotisme pour semer l'erreur, la discorde et les faux principes ; des écrivains prostituent leur plume vénale à cette odieuse entreprise. Ainsi l'opinion publique s'énerve et se désorganise; la volonté générale devient impuissante et nulle, et le patriotisme, sans système, sans concert et sans objet déterminé, s'agite péniblement et sans fruit, ou seconde quelquefois, par une impétuosité aveugle, les funestes projets des ennemis de notre liberté.

» Dans cette situation un seul moyen nous reste de sauver la chose publique, c'est d'éclairer le zèle des bons citoyens pour le diriger vers un but commun. Les rallier tous aux principes de la Constitution et de l'intérêt général, mettre au grand jour les véritables causes de nos maux et en indiquer les remèdes, développer aux yeux de la nation les motifs, l'ensemble, les conséquences des opérations politiques qui influent sur le sort de l'état et de la liberté; analyser la conduite publique des personnages qui jouent les principaux rôles sur le théâtre de la révolution; citer au tribunal de l'opinion et de la vérité ceux qui échappent facilement au tribunal des lois, et qui peuvent décider de la destinée de la France et de l'univers; voilà sans doute le plus grand service qu'un citoyen puisse rendre à la cause publique.

» Un ouvrage périodique qui remplirait cet objet m'a paru l'occupation la plus digne des amis de la patrie et de l'humanité : j'ai osé l'entreprendre. L'esprit qui le dirige est annoncé par son titre : *Le Défenseur de la Constitution.*

» Placé, dès l'origine de notre révolution, au centre des événemens politiques, j'ai vu de près la marche tortueuse de la tyrannie; j'ai vu que les plus dangereux de nos ennemis ne sont pas ceux qui se sont ouvertement déclarés; et je tâcherai que ces connaissances ne soient point inutiles au salut de mon pays.

» Je n'ai pas besoin de dire que l'amour seul de la justice et de la vérité dirigera ma plume. C'est à cette condition seulement que descendu de la tribune du sénat français, on peut monter encore à celle de l'univers, et parler non à une assemblée, qui peut être agitée par le choc des intérêts divers, mais au genre humain, dont l'intérêt est celui de la raison et du bonheur général. Peut-être que lorsqu'on a quitté le théâtre pour se ranger parmi les spectateurs, on juge mieux la scène et les acteurs; il semble du moins qu'échappé au tourbillon des affaires, on respire dans une atmosphère plus paisible et plus pure, et que l'on porte sur les hommes et sur les choses un jugement plus certain, à peu près comme celui qui fuit le tumulte des cités, pour s'élever sur le sommet des montagnes, sent le calme de la nature pénétrer dans son ame, et ses idées s'agrandir avec l'horizon.

» J'ai vu des membres connus de la législature, réunissant deux fonctions presque également importantes, raconter et apprécier le lendemain dans leurs écrits les opérations auxquelles ils avaient concouru la veille dans l'assemblée nationale.

» Quoique ce dernier soin ait suffi pour m'occuper tout entier, au temps où il m'était confié, je n'en ai pas moins applaudi aux législateurs qui rendaient cet hommage éclatant à la nécessité et à la dignité du ministère des écrivains politiques et philosophes; je crois même qu'ils auront un double titre à l'estime de leurs commettans s'ils remplissent l'une et l'autre tâche avec la même intégrité. Celui qui se déclare le censeur du vice, l'apôtre de la raison et de la vérité, ne doit être ni moins pur ni moins courageux que le législateur lui-même. Les erreurs de ce dernier laissent une grande ressource dans l'opinion et dans l'esprit public; mais quand l'opinion est dégradée, quand l'esprit public est altéré, le dernier espoir de la liberté est anéanti : l'écrivain qui prostituant sa plume à la haine, au despotisme ou à la corruption, trahit la cause du patriotisme et de l'humanité, est plus vil que le magistrat prévaricateur, plus criminel que le représentant même qui vend les droits du peuple.

» Telle est ma profession de foi, tels seront l'esprit et l'objet de l'ouvrage que je consacre à la liberté de mon pays. »

Analyse des travaux de l'assemblée nationale étrangers à la
déclaration de guerre.

1ᵉʳ avril. — Le ministre Rolland annonce que des achats considérables de grains ont été faits à l'étranger.—Archier, Perrin, Payan, Comtart et Pierre Bayle, administrateurs des Bouches-du-Rhône ; rendent compte de leur conduite, et établissent leur justification. — Sur le rapport de Tardiveau, décret qui autorise le pouvoir exécutif à mettre en mouvement les gardes nationales de la Nièvre et de l'Yonne, pour apaiser les troubles.

2 avril. — Kersaint est admis député à la place de Monneron démissionnaire.

5 avril. — Le ministre Rolland annonce l'arrivée de six vaisseaux de grains dans nos ports. — Rapport de Cambon, d'où il résulte que les biens nationaux à vendre font face aux assignats, et que ceux réservés couvrent la dette exigible.

4 avril. — Rapport de Saladin sur les différens chefs d'accusation contre Duport, ministre de la justice, et les réponses de celui-ci. Il observe que le ministre n'a pu écarter l'accusation d'avoir attribué aux tribunaux le choix des juges-criminels, délégués par la loi aux départemens; accordé des provisions de notaire, depuis la sanction de la loi qui défend la création d'offices, sans un décret du corps législatif; donné des lettres de répit et de grace, au mépris des lois et du Code pénal ; sursis à l'exécution des jugemens criminels; inexécuté la loi d'amnistie et avili les autorités constituées : il conclut au décret d'accusation.

6 avril. — Discussion sur le projet présenté par Gaudin, portant suppression des congrégations séculières, ecclésiastiques ou laïques. Lecoz s'élève contre cette innovation; il réclame surtout en faveur des doctrines utiles à l'instruction des pauvres. Lagrévol demande qu'avant tout on pourvoie au service des hôpitaux. Albitte vote pour la suppression de toute espèce de pénitens et pénitentes. Torné attaque ces corporations : « Chaque esprit de corps en s'éteignant, dit-il, allume l'esprit public, et l'anéantissement de chaque société particulière est une conquête pour la société générale. Traitons favorablement les personnes, mais nulle grace aux costumes. » Il présente un projet de décret dans ce sens. (Applaudissemens multipliés.) La priorité est accordée au projet de Torné, et la suppression des corporations prononcée. Becquet s'oppose fortement à la suppression du costume religieux ; il trouve cette disposition impolitique, inconstitutionnelle et dangereuse. (Murmures.) D'après les avis de Merlin, Lagrévol, Dubayet, l'abbé Mulot et Vincent, la prohibition du costume ecclésiastique est prononcée presqu'à l'unanimité. (Applaudissemens.) Fauchet met sa calote dans sa poche ; Gaivernon, évêque de Limoges, fait hommage de sa croix d'or : « J'en porterai une d'ébène, dit-il, quand je serai en fonction. » (Applaudissemens réitérés.) Torné indique, par des signes, son regret de ne pas avoir la sienne, pour en faire autant.

7 *avril au soir.* — Granet annonce que le pavillon de la liberté flotte sur les remparts de la ville d'Arles. — Rapports sur les nouveaux griefs reprochés à Narbonne, relativement aux marchés de fusils faits en Angleterre, et projet tendant à rendre à l'ex-ministre la faculté de sortir de Paris. Lecointre demande qu'on examine son compte et le rapport du comité. Il soutient que, par ces marchés, l'ex-ministre a fait perdre plus de 8 millions à la nation. Véron remarque que si Narbonne eût commandé les fusils en France, et qu'ils n'eussent pas été prêts, on aurait proposé le décret d'accusation contre lui, pour ne les avoir pas commandés en Angleterre. Lagrévol, Rouyer, Ducos, Lasource et Lacroix parlent contre l'avis du comité. Jaucourt et Daverhoult l'appuient. Après de longs débats, l'assemblée charge les comités réunis de lui présenter un nouveau rapport, et renvoie au comité de l'ordinaire des finances une proposition de Lagrévol, concernant le mode des marchés à passer par les ministres.

15 *avril.* — Une lettre du ministre de l'intérieur annonce que 56 prisonniers, détenus à Avignon, dont 25 étaient décrétés de prise de corps, à raison des crimes commis les 16 et 17 octobre,

ont été enlevés par environ 80 personnes , revêtues de l'uniforme de gardes nationales, sans aucune résistance de la part de
la garde ; que le tribunal provisoire , établi à Avignon , s'est
dispersé , et que plusieurs autres personnes , détenues pour vol,
ont été relâchées. Gentil dit que Jourdan et ses complices ont été
portés en triomphe à Arles ; il demande que le ministre rende
compte des mesures qu'il a dû prendre. (Ordre du jour.)—Événemens désastreux dans le département du Gard ; démolition du
château de Plombet par 1500 séditieux; proclamation de la loi
martiale : vingt châteaux et plusieurs maisons du district de Som-
mières sont ravagés et incendiés.

16 *avril.* — Le directoire du département du Gard annonce
que les révoltés désolent ce département et incendient les châteaux ; il attribue ces désordres à des émissaires venus de Marseille , à l'impulsion donnée aux sociétés populaires, et à l'évasion
des prisonniers d'Avignon. Gentil rappelle que les ministres ont
annoncé avoir envoyé des forces dans le Midi , et il demande
compte de leur emploi. Pieyre insiste pour que l'assemblée , sur
laquelle tous les yeux sont fixés , s'occupe d'éclairer l'opinion publique. Merlet propose d'autoriser, par une loi générale , tous les
départemens à requérir mutuellement leurs forces. Vaublanc déclare que les maux qui menacent la patrie proviennent de ce que
l'assemblée et le roi ne sont pas seuls à gouverner l'empire ; il
s'élève contre les sociétés qui ne s'occupent que des moyens d'influencer l'assemblée nationale. « Je vais , poursuit-il , ajouter une
dernière vérité, et je la dirai sans ménagement. Lorsqu'on vous
a proposé ici de rendre un décret d'amnistie en faveur des brigands qui avaient souillé les rues d'Avignon (violens murmures),
sans doute vous ignoriez que, dans une société célèbre , on ne
cessait de s'occuper, depuis plusieurs jours, des moyens de l'obtenir. Et croyez-vous, en effet, que ce décret eût été accueilli
comme il l'a été, s'il n'avait été préparé par les discussions de
cette société?.... » (Les rumeurs éclatent avec plus de force.)
Après quelques débats, l'adresse du directoire du département
du Gard est renvoyée au comité des douze.

17 *avril.* — Goupilleau dénonce les prêtres de la Vendée comme auteurs des désordres actuels. Il sera fait un rapport général à cet égard. — Cambon présente l'état général de la dette et des ressources de la nation. A la séance du 19, il lut le résumé de son travail sur les finances. En voici le tableau :

---

tat comparatif des besoins et des ressources de la nation française, pr à l'Assemblée nationale, par M. Cambon, au nom des comités de l' et de l'extraordinaire des finances.

DETTES EN RENTES PERPÉTUELLES ET VIAGÈRES.

		Liv.	Liv.
P.			
1 Arrérages connus de la dette perpétuelle constituée.....		65,424,546	65,42
2 *Idem* estimés par aperçu de ladite dette...........		17,420,403	17,4
3 *Idem* connus des rentes, tontines et viagères.......		101,388,088	101,38
4 *Idem* estimés par aperçu des rentes viagères........		867,106	
5 *Idem* des rentes viagères pour pensions ecclésiastiques.		66,000,000	66,
6 *Idem* connus des rentes viagères accordées sous le titre de secours ou traitemens.....................		3,475,000	3,4
7 Secours viagers.......................		6,816,000	6,81
8 Pensions en secours, fonds, permanences............		12,000,000	

Nota. Les comités ont pensé que cet article devait être considéré comme dépense ordinaire ; ils ne le portent dans la dette que pour mémoire.

9 Secours particuliers pour l'année 1792 seulement.......		3,000,000	

Nota. Les comités ont pensé que cet article ne devait être considéré que comme une dépense particulière de 1792 ; ils ne le portent dans la dette que pour mémoire.

TOTAL.....		276,391,141	

Vos comités ne se sont point occupés à rechercher le montant du capital de ces puisque la nation ne s'est point imposé l'obligation de le rembourser.

Il n'est pas même nécessaire de leur affecter une hypothèque spéciale, puisque a toujours reposé sur la rentrée des contributions.

La constitution, en en garantissant la propriété, a imposé l'obligation en faire les fonds pour les paiemens annuels de ces rentes.

Tous les Français qui ont juré le maintien de la constitution sont paiement : leur garantie vaut bien la parole d'un ministre.

On pourrait parvenir à éteindre le capital des rentes perpétuelles en affectant paiement les extinctions annuelles des rentes viagères.

ASSIGNATS.

10 Coupons d'assignats, billets de la caisse d'escompte, servant de promesses d'assignats et intérêts desdits billets qui étaient en circulation au premier avril courant, déduction faite de ceux qui étaient rentrés provenant des paiemens des biens nationaux.................		1,56	
Excédant du produit des biens nationaux vendus ou dont la vente est ordonnée sur le montant des assignats qui étaient en circulation		19	
TOTAL.....			

Nota. Cet excédant est porté au chapitre des ressources du tableau suivant.

DETTES EXIGIBLES LIQUIDÉES ET A LIQUIDER ET A TERME, ensemble les besoins extraordinaires pour 1792.	DETTES échéantes en 1793 et suivantes.	DETTES échéantes en 1792.	o qu'il en ou en 94
Chap.			
11 Reconnaissances provisoires ou définitives susceptibles d'être données en payemens des biens nationaux	....	....	1
12 Dettes exigibles à présentation........	....	....	
13 Liquidations décrétées, et dont les rôles ne sont pas expédiés........		110,883,706	
14 Dettes liquidées, payables à époques déterminées........		55,584,168	
15 Idem........	63,343,828		
16 Dettes qui restent à liquider........		745,887,172	
17 Dettes exigibles dont la liquidation est présumée........		12,675,144	
18 Idem dont la liquidation n'est pas encore ordonnée........	38,600,000	39,821,349	
19 Dettes à terme........			
20 Idem........	386,296,740		
Nota. Si on remboursait cette somme en 1793, il y aurait une économie de 26,000,000 liv., sans y comprendre les intérêts.			
21 Dettes à terme qui peuvent être converties en rentes viagères........		5,000,000	
22 Idem........	32,000,000		
23 Débets arriérés........			
24 Prêts faits au trésor public........		3,026,000	
25 Indemnités aux princes possessionnés d'Alsace et au pape, ou secours pour les colonies........			4
26 Seizième des bénéfices dus aux municipalités........		60,609,934	
27 Frais de vente des biens nationaux et contributions foncières........	....	....	1
28 Supplément des sous additionnels en 1791, dus aux départemens........	....	....	
29 Fonds extraordin. pour le service de 1792.	....	....	
Récapitulation générale.....	520,240,568	1,023,487,473	
Objets qu'il faut payer en assignats ou domaines nationaux..............	406,495,374		
Dettes échéantes en 1792............	1,023,487,473		
Dettes échéantes en 1793 et suivantes....	520,240,568		
Excédant de..............	1,950,023,415 418,439,729	qui pourraient au les 26 millions d' la dette à terme.	
TOTAL..........	2,368,463,144		

DES RESSOURCES.

Chap.

1 Domaines nationaux qui étaient vendus au premier octobre dernier, auquel est joint le produit des fruits et revenus au premier avril courant 1,496,034,295 1,
                  Reçu à compte.................... 488,639,402

2 Intérêts qui étaient dus à la nation sur le produit des biens nationaux vendus ....

3 Biens nationaux dont la vente est ordonnée, et qui étaient invendus au premier novembre 1791............... 7

                 TOTAL.......... 1,7

Nota. On estime que les biens vendus depuis le premier novembre 1791 se montent à........ 360,000,000

De sorte que ceux qui restent à vendre, et qui sont connus, se montent à........... 365,678,456

Ce qui fait........ 725,678,456   ....

	A affecter au paiement de la dette en 1792 et 1793.
Excédant des biens nationaux dont la vente est ordonnée, compris dans le chapitre ci-devant................	....
4 Biens nationaux dont la vente est ordonnée, qui ont été omis dans les états d'estimation......................	....
5 Produit des argenteries des églises supprimées..........	....
6 Produit de la fonte des cloches	....
7 Parties des biens dont la vente est ajournée, que les comités ont estimés devoir être vendus................	
8 Droits incorporels dont le rachat est permis............	208,568,374
9 Bénéfice à espérer sur la revente des domaines engagés...	100,000,000
10 Domaines nationaux dont la valeur est estimée par aperçu.	1,400,000,000

Nota. Cet article comprend les bois et forêts, salins et salines.

11 Sommes dues par les Etats-Unis d'Amérique........... ....
12 Avances faites par la trésorerie nationale aux départemens....................... 33,329,208
13 Arriéré des contributions décrétées........332,113,771
14 *Idem* des impositions indirectes.......... 17,900,000

                      383,342,979

A déduire pour non valeur et fonds nécessaires pour faire face aux arriérés annuels...213,013,771

         Reste........170,329,208 | 170,329,208
        A reporter...........| 1,878,897,582

	À affecter au paiement de la dette en 1792 et 1793.	À affecter aux besoins assigna
Report......	1,878,897,582	428,565,
Arriéré de comptabilité...........................	31,000,000	
Créances du trésor public sur divers	30,000,000	
Produit de sels et tabacs restant à vendre. Mémoire.		

Cet article est porté pour dix millions dans l'état des recettes ordinaires de 1792.

Contributions patriotiques.   Mémoire.

Cet article est porté pour soixante millions dans l'état des recettes ordinaires de 1792.

| | 1,939,897,582 | |

Récapitulation générale.

Ressources à affecter aux besoins des assignats...........................	428,565,562	
Idem à affecter au paiement de la dette en 1792 et en 1793....................	1,939,897,582	
TOTAL........	2,368,463,144	

Nota. Il est possible quelques objets à en 1792 l'exigent en assign comme aussi les besoins en siguats peuvent n'être pas clamés.

Nota. Les intérêts de la dette à rembourser font partie de la dépense de 1792.

Les besoins pour l'établissement des colléges et des secours publics se monteront, d'après les renseignemens pris par vos comités, à une dépense annuelle d'environ 60 à 70 millions.

Si l'assemblée voulait ordonner la vente des domaines ajournée sur lesquels les comités ont cru ne devoir point statuer, il faudrait faire le fonds nécessaire à cette dépense, et décréter des indemnités aux titulaires actuels de l'ordre de Malte.

Parties des biens nationaux dont la vente est ajournée et qui sont jouis par l'ordre de Malte. Les colléges, et autres établissemens d'instructions et de secours qui, d'après l'avis de vos comités, ne doivent point être vendus jusqu'à ce que l'assemblée ait fixé définitivement l'organisation des colléges et des hôpitaux .... | 400,000,

21 *avril.* — Sur la demande de Narbonne, appuyée par Guadet, décret qui lui permet de rejoindre l'armée, sauf sa responsabilité. — 21 *au soir.* — Anacharsis Clootz, orateur du genre humain, fait l'offrande de douze mille francs, et présente en même temps son dernier ouvrage, dont le titre seul, dit-il, fait frisson-

ner les aristocrates ; *La République Universelle.* Mention honorable, impression et distribution du discours. — Nous recueillons
ce fait à cause de la célébrité de ce personnage. Quant au nombre
des dons patriotiques, nous prévenons nos lecteurs qu'il ne se
passe guère de séances où il n'en soit mentionné plusieurs, depuis surtout la déclaration de guerre.

22 avril. — Sur la proposition de Chaubry, et malgré l'opposition de Bazire, l'assemblée décrète, par acclamation, que le
tiers de l'indemnité de chacun de ses membres est consacré à la
patrie, pendant les mois de mai, juin et juillet (1). — Sur le rapport de Lafond-Ladebat, décret qui met à la disposition du ministre de la guerre une somme de vingt-cinq millions. — Gonchon,
au nom d'une députation du faubourg Antoine, demande une loi
sur les fêtes civiques. Impression.

23 avril. — Rapport du ministre Roland sur les troubles de
l'intérieur. Il donne lecture de quarante-deux arrêtés de divers
départemens, contre les prêtres insermentés. Merlin accuse l'ex-
ministre de l'intérieur d'avoir ordonné que les églises fussent ouvertes aux prêtres réfractaires ; il demande que tous les prêtres
perturbateurs soient chargés sur des vaisseaux et envoyés en
Amérique. Vergniaud désire que le comité des douze fasse un
rapport dans lequel il développera le principe de la déportation.
Cette proposition, appuyée par Mailhe, est adoptée.

26 avril. — Le ministre des affaires étrangères fait part de l'arrestation, par ordre du roi de Sardaigne, de Sémonville, envoyé
pour résider auprès de lui. — Sur la proposition de Vergniaud,
et après une vive discussion, l'assemblée accorde six millions demandés par le roi, pour les dépenses extraordinaires et secrètes
du département des affaires étrangères.

28 avril. — Gaudin soumet les articles non décrétés pour la
suppression des congrégations séculières. Torné pense qu'on ne
doit pas toucher aux confréries, ni à tout ce qui tient à la pratique religieuse, et demande qu'on raie les rassemblemens de pénitens de la nomenclature proposée. Tardiveau lui oppose les

_____

(1) Ce décret fut rapporté le lendemain. (*Note des auteurs.*)

vues lumineuses qu'il a présentées sur la suppression des costumes religieux, et les principes d'après lesquels il veut conserver des dominos et des mascarades publiques ; il conclut à la question préalable sur le projet de Torné, qui est écarté d'après l'observation de Couthon. Cambon parle en faveur des pénitens ; Merlet, contre. Ducos rappelle que ce sont des pénitens blancs de Toulouse qui ont conduit Calas à l'échafaud. Décret de suppression générale des corporations ecclésiastiques des deux sexes, même celles vouées au service des hôpitaux, ainsi que des pénitens et pélerins.

30 *avril.* — Pétion, maire de Paris, présente des bases de réintégration des Gardes-Françaises et des hommes du 14 juillet en un corps ; il demande de placer au rang de la dette nationale, l'arriéré de la commune ; un secours de 1,900,000 livres pour acquitter les rentes, et la fixation d'un terme de rigueur pour présenter les titres de créance. Malgré l'opposition de Tarbé et Marant, sur la demande de Vergniaud, le renvoi au comité est adopté.

Extérieur. « La nouvelle de l'assassinat de Gustave III, roi de Suède, fut apportée à la cour des Tuileries par un courrier extraordinaire, le 3 avril. Le 16 mars, il avait été frappé à la hanche d'un coup de pistolet au milieu d'un bal masqué. Le 19, au départ du courrier, Gustave donnait quelque espérance. — Sa mort fut confirmée officiellement le 18 avril ; afin de ne pas revenir sur cette affaire, nous dirons que son meurtrier Jean-Jacob Ankaarstrom, fut condamné à avoir la tête tranchée et le poing coupé. Il fut exposé trois jours sur un échafaud, et déchiré à coups de verge ; le quatrième jour 24 avril, la sentence de mort fut exécutée. Après la décollation et la mutilation, le corps du supplicié fut écartelé, et ses membres plantés sur des pieux. — Les feuilles royalistes attribuèrent l'assassinat de Gustave aux Jacobins, comme elles leur avaient attribué l'empoisonnement de Léopold.

» Ankaarstrom était capitaine et de famille noble. Il avait plusieurs complices, tous appartenant à la classe aristocratique. Les
motifs qui inspirèrent les conjurés étaient une haine personnelle contre Gustave , provenant de ses hauteurs habituelles,
et du despotisme qu'il avait montré , dans la dernière diète,
à l'égard de la noblesse. »

MAI 1792.

La guerre s'ouvrit le 28 avril. Avant de donner les premiers
bulletins de la longue lutte qui commençait entre la France et
l'Europe, nous transcrivons, des *Mémoires d'un homme d'état*, une
notice sur les deux hommes qui dirigèrent d'abord, de part et
d'autre, les hostilités , Dumourier et le duc de Brunswick.

L'auteur des mémoires cités s'explique ainsi sur Dumourier :

« Le ministère français de la fin de mars 1792 marque dans
l'histoire par cela seul qu'il eut pour chef le célèbre Dumourier,
militaire diplomate plein de capacité, de feu, d'impudence, d'audace et d'ambition. Fils d'un commissaire des guerres, Dumourier, sous le règne précédent, s'était fait remarquer de bonne
heure sur les champs de bataille en Allemagne, et dans quelques
missions diplomatiques ; car ses penchans le portaient tout autant
vers la politique que vers la guerre. Il avait nourri cette première
passion à l'école de la diplomatie immorale du publiciste Favier,
cheville ouvrière de la correspondance secrète du comte de Broglie, sous Louis XV. Favier était un homme de génie dans son
genre, un penseur profond, très-instruit, mais cynique et sans
principes, fertile en expédiens, en projets vastes, en combinaisons machiavéliques. Par ses saillies, par son cynisme à la fois
docte et effronté, il exaltait et tournait à son gré la tête des jeunes
adeptes qu'il initiait dans les mystères de la politique. C'était à
ses leçons mêmes, ou par la connaissance de ses écrits, qu'on
avait vu se former, dans la carrière diplomatique, les divers per-

sonnages qui ont successivement figuré comme explorateurs ou négociateurs sur l'avant-scène ou sur la scène même de la révolution.

» Dumourier, au milieu d'une crise sociale, nageait pour ainsi dire dans son élément. Il avait adopté avec ardeur et bonne foi les principes des constitutionnels ; mais il était toujours prêt néanmoins à servir le roi d'abord, comme Mirabeau, à l'ombre des libertés publiques, ou bien à se réunir à tel parti de la révolution qui offrirait à son ambition pétulante plus de chances et d'attraits : ses liaisons avec le député Gensonné, l'un des chefs de la faction de Brissot ou de la Gironde, ne furent pas stériles. C'était lui d'ailleurs qui, dans des mémoires rédigés de sa main et dans des conférences politiques, avait poussé ce parti à la guerre, en lui donnant pour règle d'exiger la dissolution du concert des puissances. Dumourier n'était pas non plus sans appui auprès de Louis XVI : l'intendant de la liste civile, de Laporte, son ancien condisciple, lui fraya aussi la route du ministère. Lumières acquises, expérience pratique, connaissance parfaite des hommes et des rouages qui constituent les divers gouvernemens, coup d'œil exercé, soit comme homme politique, soit comme homme de guerre, rien ne manquait à Dumourier que la prudence, qui mûrit et achève son ouvrage.

» Nommé ministre des affaires étrangères le 16 mars, il met à son acceptation une condition, *sine quâ non*; il veut un secours de six millions pour les dépenses secrètes de son département, et annonce au roi que si on le lui refuse, il ne prendra pas le portefeuille. Fort du parti qui l'a poussé au ministère, il obtient l'assurance qu'il aura les six millions à sa disposition, dont il ne sera tenu de rendre aucun compte. Il s'installe plein de confiance, organise ses bureaux, et s'entoure de ses créatures. » (T. 1, pages 265-268.)

Le même ouvrage nous peint le duc de Brunswick de la manière suivante :

« Charles-Guillaume-Ferdinand de Brunswick-Wolfenbuttel, naquit à Brunswick, le 9 octobre 1755, du duc Charles et de la

duchesse Philippe-Charlotte de Prusse, sœur de Frédéric II (1).
Il n'avait que sept ans lorsque son père confia sa première éducation au ministre protestant Jérusalem (2), aumônier de la cour,
et qui, par ses sermons, s'était acquis une assez grande réputation
dans cette partie de l'Allemagne; du reste sa foi en matière théologique était éclairée par une vaste érudition. Parmi quelques ouvrages estimés sortis de sa plume, on citait entre autres des *Lettres sur
la religion de Moïse*. On le regarde aussi comme le fondateur
de l'établissement, justement célèbre, connu à Brunswick sous le
nom de *Collegium Carolinum*. Gouverneur du jeune prince, le
conseiller de Walmoden présidait à son éducation. Ses progrès
furent rapides dans les sciences, et plus encore dans les langues
modernes et dans l'art de la guerre. Malheureusement il fut élevé
dans une cour dissolue où les maîtresses régnaient : il en prit de
bonne heure les goûts frivoles. Aussi le vit-on se jeter dans les
voluptés avec toute la fougue d'une jeunesse sans frein. La guerre
de sept ans lui ouvrant une carrière plus sérieuse, sous les auspices du prince Ferdinand, son oncle, il ne tarda pas à s'y distinguer par des actions d'éclat, qui bientôt le présentèrent à l'Europe comme l'élève du grand Frédéric, dont il devint même l'ami.
La paix le rendit aux occupations paisibles, et surtout aux plaisirs : les maîtresses se succédaient. Le 16 janvier 1764, il épousa
la princesse Auguste, sœur de Georges III, roi d'Angleterre; elle
lui apporta une dot considérable; mais elle ne put fixer un prince
volage chez qui l'amour des femmes s'alliait aux méditations les
plus graves: il entreprit en 1768 (ayant à peine trente-trois ans),
un voyage en France et en Italie. Le duc resta deux mois entiers
à Paris, sous le nom de comte de Blanckenbourg; là il vit tout
ce qu'il y avait de curieux, et étonna par l'étendue de ses connaissances. Il alla ensuite visiter les monumens de Rome avec

« (1) Il était l'aîné de douze enfans, et frère du duc Léopold, devenu si célèbre
en s'immolant pour sauver deux malheureux dans une inondation de l'Oder. »

« (2) Ce savant fut le père du jeune docteur dont le suicide, à Wetzlar, par
l'effet d'une passion amoureuse, donna lieu au célèbre roman de Goëthe intitulé
Werther. »

Winkelmann, et se montra passionné pour les arts et surtout pour
la musique. Partout précédé par sa réputation, il put s'enivrer
des louanges données à ses talens et à ses exploits militaires. Il
revint d'Italie avec une maîtresse nouvelle, qui fut élevée plus
tard au rang de comtesse Branconi.

« En 1770 et 1771, le duc accompagna Frédéric II dans ses
voyages en Silésie et en Westphalie pour visiter les établissemens
civils et militaires. En 1778, dans la guerre de la succession de
Bavière, il se maintint pendant l'hiver contre tous les efforts des
Autrichiens dans le poste difficile de Troppau, auquel Frédéric at-
tachait une grande importance. Quand Frédéric, à la suite de
cette guerre, forma le projet d'une confédération des princes ger-
maniques, le duc de Brunswick y prit une part active par son influence soit à Londres, soit à Hanovre, où il se rendit. Jusqu'en
1780, le duc n'avait été que prince héréditaire. A son avènement
à la souveraineté, il trouva les finances de ses états dans le plus
grand désordre : les prodigalités de son père les avaient endettés
de plus de vingt-cinq millions de francs. De graves abus régnaient
dans l'administration, et les subsides de l'Angleterre suffisaient
à peine pour payer les intérêts de la dette publique. Le duc signala son avènement par de grandes réformes, et en commençant l'économie par sa propre maison. Ce zèle réformateur, qui
gagna toute sa cour, ne fut pas toujours bien entendu. Le duc
prit enfin des mesures plus efficaces, en encourageant l'agriculture, l'industrie et le commerce, en embellissant sa résidence et
en perfectionnant l'éducation publique. Hardenberg, par des vues
utiles et par des principes éclairés d'administration, seconda le
duc dans l'exécution de ses projets d'amélioration, et concourut à
la prospérité de ses états. Le duc présidait aux séances de son
conseil intime, et s'instruisait de tout par lui-même. Il régnait
depuis six ou sept ans, quand Mirabeau, chargé d'une mission
secrète à la cour de Prusse, vint le voir, et l'étudier pour ainsi
dire dans sa capitale avant de se rendre à Berlin. Voici le portrait
qu'il fit alors du duc et de sa cour : « Sa figure annonce profon-
» deur et finesse. Il parle avec précision et élégance ; il est prodi-

» gieusement laborieux, instruit, perspicace. Ses correspon-
» dances sont immenses, ce qu'il ne peut devoir qu'à sa considé-
» ration personnelle, car il n'est pas assez riche pour payer tant
» de correspondans, et peu de cabinets sont aussi instruits que
» lui..... Religieusement soumis à son métier de souverain, il a
» senti que l'économie était sa première ressource. Sa maîtresse,
» mademoiselle de Hartfeld (1), est la femme la plus raisonnable
» de sa cour, et ce choix est tellement convenable, que le duc,
» ayant montré dernièrement quelque velléité pour une autre
» femme, la duchesse son épouse s'est liguée avec mademoiselle
» de Hartfeld pour l'écarter. Véritable Alcibiade, il aime les
» graces et les voluptés; mais elles ne prennent jamais sur son
» travail et sur ses devoirs même de convenance. Est-il à son rôle
» de général prussien? personne n'est aussi matinal, aussi actif,
» aussi minutieusement exact que lui. Ce prince n'a que cinquante
» ans. Son imagination brillante et sa verve ambitieuse se pren-
» nent facilement de premier mouvement, quoique les symptômes
» extérieurs en soient tranquilles; mais la longue réfrénation de
» lui-même qu'il s'est éternellement imposée, et dont il a la plus
» persévérante habitude, le ramène aux hésitations de l'expé-
» rience et à la circonspection, peut-être excessive, que sa grande

« (1) Le duc de Lauzun, dans ses *Mémoires*, parle de mademoiselle de Hart
feld, qu'il avait connue à Berlin avant l'époque où elle devint la maîtresse du duc
de Brunswick. Voici ce qu'il en dit :

« Je m'occupai avec application de l'administration militaire et de l'administra-
» tion intérieure de la Prusse. J'envoyai plusieurs mémoires à M. le maréchal du
» May et à M. de Vergennes, en l'absence de M. de Pons, ministre du roi à Berlin.
» Mademoiselle de Hartfeld, dame d'honneur de la reine de Prusse, qui avait eu
» précédemment une grande passion pour M. le comte de Guines, sachant que
» j'avais épousé sa nièce, se crut obligée aux plus grandes honnêtetés pour moi.
» La confiance s'établit bientôt; elle me confia tous les détails de son attachement
» pour M. de Guines... Dans cet intervalle, mademoiselle de Hartfeld, que je
» voyais souvent, se prit d'un goût très-vif pour moi; il s'en fallut bien que je
» le partageasse. Je ne lui cachai pas même que j'en aimais une autre. Un tel
» aveu ne diminua pas son attachement; j'en fus reconnaissant et touché: je crus
» lui devoir la plus grande amitié, je la consolai, je la plaignis, mais je ne devins
» pas son amant... Mademoiselle de Hartfeld est la seule femme pour qui j'ai
» eu de mauvais procédés, qu'elle ne méritait assurément pas; aussi me les suis-je
» souvent et sévèrement reprochés. »

» méfiance des hommes et son faible pour sa réputation ne ces-
» sent de lui commander. » Mirabeau représentait le duc comme
dominé par la crainte de voir entamer sa réputation, même par
le plus méprisable zoïle, et en même temps comme le plus habile
prince de l'Allemagne. Il était d'ailleurs persuadé que tout l'appellerait à la suprême influence dans les affaires de la Prusse
après la mort du grand roi (1), et que seul il déciderait de la paix
ou de la guerre, tant il était prévenu en sa faveur; enfin, selon
Mirabeau, il possédait au plus haut degré l'amour et même la
jalousie de la gloire. »

— L'entrée en campagne ne fut pas heureuse pour la France.
Les espérances des royalistes et les craintes des Jacobins furent
également justifiées par notre premier mouvement d'attaque,
changé aussitôt en fuite désordonnée sur les deux points principaux où il avait commencé.

Il y avait deux plans : l'un, concerté au conseil avec Rochambeau et La Fayette, était conçu dans le but d'une guerre défensive; l'autre, inspiré par les Girondins et improvisé à la hâte par
Dumourier, procédait tout entier du système offensif.

Celui-ci prévalut. Rochambeau disposait sur la frontière l'exécution du plan de défense, lorsque Dumourier, s'attribuant la
direction de l'armée, envoya au maréchal des ordres pressans,
tout-à-fait contraires aux instructions primitives; d'après lesquelles il avait opéré jusqu'à ce moment. Il résultait de ce changement que Rochambeau n'était plus qu'un simple général de
division, car le ministre lui adressait cachetée sa correspondance
avec les chefs de corps, et se bornait à lui prescrire de leur confier tel ou tel nombre de troupes pour un service immédiat,
pour un acte déterminé, se réservant le secret, la prévoyance et
la conduite de la guerre.

« (1) Frédéric vivait encore. Après sa mort, Frédéric-Guillaume II, qui ne
voulait pas qu'on pût croire qu'il se laissait diriger, éloigna les hommes supérieurs.
Il n'eut pour le duc de Brunswick que des égards de politesse, et le nomma grand-
maréchal, mais sans aucune autorité. Le duc se tint éloigné de Berlin jusqu'aux
troubles de Hollande. »

Rochambeau s'en exprime ainsi dans le bulletin de la première
journée.

*[Journal de l'armée du maréchal Rochambeau. — Valenciennes,
le 29 avril, à onze heures et demie du soir.*

« J'ai reçu les ordres du roi, en date du 15 avril, pour rassembler, du 1er au 10 mai, trois camps ; l'un de dix-huit mille hommes, à Valenciennes ; l'autre de quatre ou cinq mille hommes, à Maubeuge; et le troisième de trois ou quatre mille hommes, à Dunkerque.

» La guerre a été déclarée le 20; les ministres ont retardé mon départ jusqu'au 21, et je suis arrivé, le 22, à Valenciennes, porteur de ces ordres, à l'exécution desquels je n'ai pas perdu une minute. En arrivant, n'ayant pas encore reçu la proclamation officielle ni l'ordre pour les hostilités, j'ai écrit à Mons, pour convenir avec le commandant des troupes du roi de Hongrie, de laisser le cordon respectif dans l'état actuel, pour éviter de fouler le peuple des deux nations dans les communautés d'un territoire aussi mêlé, et de ne commettre d'hostilités que lorsque, de part ou d'autre, il conviendrait de commencer les opérations militaires, et de faire ce qu'on appelle une franche guerre ; cette proposition a été acceptée.

» Le surlendemain de mon arrivée, j'ai reçu un courrier avec une instruction du conseil, prise unanimement, et les ordres du roi, contenus dans les dépêches de MM. Degrave et Dumourier. Cette instruction m'ordonne « de remettre sous le commandement de M. de Biron un corps de troupes, sous le nom d'avantgarde ou de première ligne, composé de dix bataillons et de dix escadrons, pour se présenter, avant le 30, devant Mons; un pareil corps de dix escadrons doit se présenter, aux ordres d'un maréchal-de-camp, devant Tournay, à la même époque; et un détachement de douze cents hommes doit partir de même du camp ou du cantonnement de Dunkerque pour se présenter à Furnes. » On m'ordonne de rassembler, le plus tôt possible, à Valenciennes, le reste des troupes que je pourrai tirer des garnisons, et de me tenir prêt à marcher avec cette seconde ligne pour aller à l'appui de M. de Biron, du succès duquel, par les intelligences que le conseil a dans le pays, on est presque assuré.

» Arrivé seul, huit jours avant le commissaire-général faisant les fonctions d'intendant, sans aucun chef d'administration pour toutes les parties de subsistances, j'ai passé jour et nuit à presser l'exécution des ordres du roi, à vaincre tous les obstacles, et à faire ce que l'on appelle l'impossible. Les officiers-généraux, mon état-major, le peu de commissaires des guerres qui se trouvaient ici, et les corps administratifs de Valenciennes, m'ont secondé avec beaucoup de zèle.

» Le corps de M. de Biron a cantonné, le 27, aux environs de Valenciennes; celui de Lille s'y est rassemblé le même jour, et j'espère que celui de Dunkerque, d'après les ordres envoyés à M. Délbecq, en a fait autant.

» Le 28, M. de Biron s'est emparé de Quiévrain; il en est parti, le 29 au matin, pour se présenter devant *Mons*; *les ordres et instructions des ministres lui ayant été adressés directement.*

» M. Berthier, témoin oculaire et porteur, sans doute, de ces dépêches, m'a dit verbalement « qu'il comptait se retirer cette nuit derrière Quiévrain, ayant trouvé une force imposante de l'ennemi sur la hauteur en deçà de Mons. »

» M. d'Aumont, qui a également reçu une instruction et des *ordres directs* des ministres, rendra compte sans doute de ce qui est arrivé au détachement commandé par M. Théobald Dillon. Tout ce que je sais, par les nouvelles que j'ai reçues de Lille, c'est qu'il a été fort maltraité, sans en avoir des détails bien circonstanciés; je n'ai encore aucune nouvelle du détachement de M. de Carl, maréchal-de-camp, partant du camp de Dunkerque sur Furnes; j'espère qu'il aura trouvé moins d'opposition.

» Les gardes nationales et troupes de ligne ont marqué le plus grand zèle et la plus grande ardeur dans cette marche, quelque fatigante qu'elle ait été, et quoiqu'elles aient manqué de beaucoup d'objets par la précipitation d'un pareil mouvement, devancé de plus de quinze jours, et par le défaut de préparatifs qu'on

aurait pu faire si le temps l'avait permis, et qui avaient été ordonnés à mon arrivée.

» *P. S.* L'on apprend dans le moment que M. de Biron prend
le parti de rester dans la position qu'il a prise vis-à-vis de l'ennemi, à deux lieues au-delà de Quiévrain.

»Pour copie conforme au journal de M. le maréchal. *Signé* ; C.
Berthier, *adjudant-général de jour* de l'armée du Nord. »

Voici ce qui était arrivé aux troupes parties de Lille, sous le
commandement de Théobald Dillon. — Nous empruntons les
pièces suivantes au *Moniteur* ; elles furent communiquées par le
ministre de la guerre à la séance du 1er mai.

Le ministre de la guerre. « Un détachement de la garnison de
Lille en est sorti, le 28 au soir, pour se porter vers Tournay. Ce
détachement a rencontré les ennemis environ à trois lieues hors
de la ville ; et voici la triste issue du combat, tel que le compte
en est rendu dans la lettre de M. Chaumont, adjudant-général,
à M. Rochambeau. »

*Copie de la lettre de M. Chaumont, adjudant-général, datée de
Lille, le 29 avril 1792, à 11 heures du matin.*

« Les troupes de M. Dillon chassées dans Lille, dans la déroute
la plus horrible, la moitié des hommes et des chevaux morts et
blessés sur la route de fatigue et de coups. M. d'Aumont monte
à cheval pour rassembler ce qui reste des seconds bataillons et
la garde nationale, pour empêcher que l'ennemi ne poursuive
jusque sur la place d'armes ; on crie à la trahison ; je suis victime
de ces indignes calomnies. »

Pour copie, le maréchal ROCHAMBEAU.

Le ministre continue : « Le rapport verbal d'un officier envoyé
à M. Rochambeau évalue la perte de 260 à 500 hommes, tués ou
blessés. Tel est le fâcheux événement que les ennemis de la Constitution ne manqueront pas d'exagérer. Cependant il est du nombre
de ceux auxquels nous devons nous attendre, car la guerre n'est
qu'une suite de revers et de succès ; et c'est dans les momens de revers
où le courage doit le plus se développer : mais il est des malheurs

qu'on peut prévoir, dont le danger est éminent, et dont les conséquences seraient de désorganiser la force, si l'assemblée, par les mesures les plus fermes, ne se hâtait d'y remédier.

« Il paraît que M. Théobald Dillon, maréchal-de-camp, qui s'était jusqu'à ce moment montré aussi zélé pour le service qu'attaché au maintien de la Constitution, a trouvé la mort près de la ville qui devait protéger sa retraite, et qu'il a péri de la main des hommes pour lesquels et avec lesquels il venait de combattre. (L'assemblée frémit d'indignation.) Ce cruel événement m'est connu par la note de l'adjudant-général que j'avais envoyé auprès de M. le maréchal Rochambeau, et par la lettre de M. d'Aumont à ce général, dont voici les copies. »

Paris, le 30 avril 1792.

« J'adresse au ministre de la guerre la copie d'une lettre que M. le maréchal de Rochambeau a reçue de M. d'Aumont, aujourd'hui à une heure du matin, au moment de mon départ, et ses dépêches fermées.

» Cette lettre a été apportée par un officier du régiment des chasseurs de Languedoc, qui a eu les plus grandes peines à sortir de Lille, et qui a ajouté verbalement que M. Théobald Dillon, maréchal-de-camp, avait été massacré dans une grange où l'insurrection, manifestée pendant la déroute des troupes, l'avait forcé de se sauver; que M. Chaumont, son aide-de-camp, frère de l'adjudant-général; que M. Berthois, officier du génie, un curé et quelques chasseurs tyroliens, faits prisonniers, avaient été pendus à Lille (l'indignation de l'assemblée est manifestée par un mouvement plus violent que le premier); qu'au moment de son départ, l'insurrection était encore très-forte.

» Les plus grands éloges sont donnés aux chasseurs ci-devant Languedoc, tant pendant l'affaire que pendant l'insurrection. »

L'adjudant-général de l'armée.

Copie de la lettre de M. d'Aumont à M. le maréchal de Rochambeau, reçue à Valenciennes, le 30 avril, à une heure du matin.

« Monsieur le maréchal, M. Chaumont vous a déjà rendu compte de l'événement malheureux de ce matin; tout est ici dans la fermentation la plus cruelle; je fais tous mes efforts pour rétablir le calme; puissé-je être assez heureux pour y réussir! M. Berthois est mort. Nous n'avons pas encore l'aperçu net de la perte réelle, tant en hommes qu'en chevaux. Les bataillons et escadrons sont si fatigués, qu'il est impossible qu'ils partent demain ni après, peut-être, pour vous rejoindre. Envoyez-moi, monsieur le maréchal, des ordres qui puissent fixer ma conduite. Si mes succès et mes lumières égalaient mon patriotisme, je pourrais peut-être être utile; mais malheureusement le zèle ne suffit pas dans un pareil moment. Je suis avec respect, etc.

» J'apprends que Dillon est mort.

» Pour copie conforme à la lettre qui m'a été communiquée par M. le maréchal Rochambeau. *Signé*, ALIX BERTHIER. »

— Les opérations du général La Fayette sont consignées dans la lettre qu'il écrivit au ministre de la guerre. — Nous la transcrivons.

Lettre de M. La Fayette au ministre de la guerre. — Givet, le 2 mai l'an 4º de la liberté.

« Depuis mon départ de Metz, monsieur, vous avez reçu mes demandes; je vous dois un compte général de mes mouvemens. Les nouvelles instructions du conseil m'arrivèrent par l'aide-de-camp de M. Dumourier le 24 au soir; ce changement de lieu et d'époque nécessita des efforts d'autant plus difficiles, que nous manquions de beaucoup de moyens, et qu'il fallait transporter à 56 lieues ce que nous avions: le 25 fut employé à tenir prêtes 58 pièces de canon qui, graces à l'activité de M. Rissau, le furent dans vingt-quatre heures. Pendant ce temps, on réunit les chevaux indispensables pour lesquels le zèle des corps administratifs, de la municipalité et des citoyens de la ville et des environs, suppléèrent à nos besoins; nous nous procurâmes également des souliers et autres objets nécessaires.

» Le 26 je fis partir, sous les ordres de M. Narbonne, maréchal-de-camp, l'artillerie, avec trois compagnies et demie du régiment d'Auxonne, deux compagnies et demie des volontaires de la Moselle ; le 9° bataillon d'infanterie légère, les 2° compagnies de grenadiers du 17° et 71° régiment, auxquelles se joignirent à Damvilliers celle du 99° et celle du 2° bataillon des Ardennes ; le 3° régiment de chasseurs à cheval partit aussi par une plus longue route ; le 2° régiment de hussards, à Mouzon ; le 2° de dragons à Verdun, et le 12° à Stenay ; le 55° d'infanterie à Montmédy ; successivement, toutes les troupes les moins éloignées de Givet reçurent ordre de s'y rendre avec célérité. Vous m'aviez mandé, monsieur, d'être le 30 à Givet ; et la crainte de manquer à ce rendez-vous, sur lequel M. le maréchal de Rochambeau avait calculé ses mouvemens, m'y fit porter par des marches forcées. Il paraîtra extraordinaire que le convoi d'artillerie, et les troupes aux ordres de M. Narbonne, aient fait une route de cinquante-six lieues, souvent mauvaise, sur laquelle on n'avait pas eu le temps de prévoir leur passage, et par une chaleur excessive, dans le court espace de cinq jours.

» Il fallait la réunion de tous les moyens personnels de cet officier-général, du zèle de ses coopérateurs, et de l'ardeur des troupes, pour avoir pu arriver le 30. Le reste des troupes a été également exact au rendez-vous, et leurs fatigues ainsi que leurs privations n'ont paru affliger que moi. Il en est de même de notre situation au camp de Ranconnes, où nous manquons de beaucoup d'objets nécessaires, et où personne ne se plaint. Le 29 au matin, nos patrouilles ont poussé celle des ennemis ; le 30, M. Lallemand, colonel, avec le 11° régiment de chasseurs à cheval, s'est porté à Bouvines à moitié chemin de Namur, où deux ou trois hussards autrichiens ont été tués, et quatre pris. Le premier mai, M. Gouvion, maréchal-de-camp, a pris poste à Bouvines, avec un avant-garde de 3,000 hommes.

» La veille au soir, j'avais appris que M. le maréchal Rochambeau, que M. Dillon et M. Biron se repliaient. J'ai reçu depuis une lettre de M. Biron, m'annonçant sa rentrée à Valenciennes, et celle où vous m'apprenez les atrocités commises à Lille. L'infâme conduite qu'on a tenue envers les prisonniers de guerre,

exige une vengeance exemplaire ; ce n'est pas l'ennemi qui la demande, c'est l'armée française. L'indignation que nous avons tous
éprouvée m'autorise à dire que de braves soldats répugneraient
trop à combattre, si le sort de leurs ennemis vaincus devait être
livré à de lâches cannibales. D'après les nouvelles de l'armée du
Nord, j'ai attendu au camp de Raneennes les objets d'indispensable nécessité, dont nous manquons encore, soit pour faire
mouvoir les troupes, soit pour leur conservation ; mon avant-
garde est toujours à Bouvines.

> M. Delaunoy, que j'ai l'avantage d'avoir à la tête de mon état-
major, la partie de cet état-major qui a rejoint l'armée, et M. Pé-
liat, commissaire principal, m'ont rendu les plus grands services
dans le travail précipité que les instructions arrivées le 24 ont
nécessité non-seulement pour le corps que je commande en personne, mais pour la totalité de mon armée. Les citoyens se sont
partout empressés à seconder l'ardeur des troupes. »

Les journaux feuillans s'emparèrent des griefs que Rochambeau avait articulés contre le ministère dans la dépêche plus haut
citée ; ils les firent sortir du protocole officiel pour les développer et les justifier en des articles pleins d'aigreur et de colère.
On publia que le conseil girondin avait donné directement des
ordres à des officiers-généraux, sans en instruire le maréchal, et
que les malheurs de Lille et de Mons n'étaient imputables qu'à
ceux qui étaient venus substituer, avec une précipitation imprudente, leurs idées de la veille à un projet long-temps préparé,
et auquel se rapportaient toutes les mesures et toutes les dispositions militaires prises jusqu'au 24 avril. A l'occasion de ces reproches, Dumourier exposa, à la séance du 4 mai, le plan nouveau qui les provoquait, et fit connaître les instructions secrètes dont se plaignaient les Feuillans. Voici ses paroles :

« Le maréchal Lukner a eu ordre de s'emparer par sa droite des
dangereux défilés de Porentrui, qui ouvraient une entrée facile dans
plusieurs de nos départemens dégagés de places fortes, et par sa
gauche de former, sur la Sarre, un camp de huit mille hommes,
commandé par M. Kellerman, pour tenir en échec Luxembourg,

tourner sur cette ville importante les inquiétudes des Autrichiens, et les empêcher de se dégarnir dans cette partie pour aller renforcer les Pays-Bas. M. La Fayette a eu ordre d'assembler à Longwy un corps de six mille hommes de la partie de son armée qui avoisine Metz, et de se porter sur Arlon, pour menacer aussi Luxembourg, et couper la communication entre Namur et cette ville.

» M. La Fayette a eu ordre de rassembler au plutôt le reste de son armée, et de se porter sur Givet, d'où il partirait le 1ᵉʳ ou le 2 mai au plus tard pour attaquer Namur, et s'il l'emportait, comme cela était probable, en supposant qu'il y eût une insurrection dans le pays, de prendre une position avantageuse sur la Meuse. M. Rochambeau avait ordre de confier à M. Biron une avant-garde de dix mille hommes pour se porter rapidement sur Mons, et en cas de succès, marcher avec la même rapidité sur Bruxelles, où il devait se trouver, par le calcul des marches, à l'époque de l'attaque de Namur, ces deux villes se trouvant sur la même ligne. La consternation qu'aurait produite sa marche aurait assuré le succès de Namur, et aurait mis M. La Fayette dans le cas de ne plus trouver d'obstacles dans ses opérations ultérieures. M. Rochambeau a reçu copie des ordres de M. Biron et de ceux de M. d'Aumont, commandant à Lille. Ceux-ci ont été envoyés directement. Ceux de M. Delbecq, commandant à Dunkerque, ont passé par M. le maréchal Rochambeau. On a pris cette précaution pour accélérer l'expédition, et pour qu'il n'y eût pas de temps perdu.

» Les ordres donnés à M. d'Aumont ont été de rassembler neuf ou dix escadrons de cavalerie ou de dragons et de les faire marcher en avant sur le territoire autrichien, le même jour que M. Biron occuperait le camp de Quiévrain. L'objet de la marche de cette troupe était d'attirer l'attention de l'ennemi, et de lui faire croire que c'était un des points de débouché de l'armée française, afin que la nombreuse garnison de Tournay ne marchât point au secours de Mons. On avait exprès décidé que ce détachement serait entièrement composé de cavalerie, et ne se compromettrait pas, Sa retraite devait être plus légère, en ce que la garnison de Tournay marchât contre lui , lorsqu'il serait débarrassé de l'infanterie et de l'artillerie qui pourraient embarrasser sa retraite.

M. Delbecq avait ordre de porter un corps de douze cents hommes sur Furnes, pour inspirer la même terreur au gouvernement de Bruxelles et la même perplexité aux généraux autrichiens. Son mouvement avait en outre un autre objet ; c'était de sonder les dispositions de l'ennemi dans plusieurs provinces à la fois, et d'étendre partout celles de l'insurrection qui étaient apparentes , d'après divers détails dont on ne doutait pas.

Tout ce plan, ainsi concerté, a été exécuté avec la plus grande exactitude par les différens généraux. M. Rochambeau lui-même, quoique entièrement opposé à ce plan , en a arrangé tous les détails avec un zèle très-louable ; et c'est un mérite de plus pour ce général. Je ne vous retracerai point les détails des revers qui ont accompagné l'exécution de ce plan dans la seule armée du Nord. Ils sont affligeans , mais ils ne peuvent point décourager quatre millions d'hommes libres armés pour la défense de leur patrie. »

Dumourier annonça ensuite que le maréchal Rochambeau venait de demander au roi un congé illimité par raison de santé ; que ce congé lui avait été accordé , et qu'il serait remplacé par le maréchal Luckner. — Dumourier ne dissimula pas la satisfaction qu'il éprouvait de ce changement, pour le succès du système agressif. « Bientôt, dit-il, on jugera de tous les avantages que doivent nous donner l'activité et les talens supérieurs du maréchal Luckner. Son avis est pour la guerre offensive. Voici ce qu'il écrivait le 24 avril.

« Je ne doute pas, monsieur, que M. Degrave ne concoure, ainsi que vous, à la justice de mes demandes, à la nécessité d'y satisfaire, et de quitter ce rôle défensif aussi ruineux que peu assorti au caractère du Français et aux vrais intérêts nationaux.» — Telle est l'autorité qui a déterminé les plans du conseil du roi. »

Quant au prétexte dont il colorait le congé donné à Rochambeau, personne n'y ajouta foi, surtout lorsque, dans le même séance, Dumouriez lisant les dépêches du maréchal arriva à cette phrase de sa dernière lettre au Roi : « J'ai perdu, sire, par ce complot infernal, la confiance de l'armée : votre majesté sait si j'ai mérité de la perdre ; tous les généraux qui sont ici sont dans le même cas. »

Lorsque la nouvelle de nos deux échecs tomba entre les partis de la capitale, elle les trouva prêts à juger et à conclure. Chacun avait prévu ce qui arrivait ; chacun s'en autorisait pour affirmer l'avenir. Les royalistes étaient maintenant sûrs de vaincre ; les Feuillans accusaient les Girondins d'avoir préféré une guerre révolutionnaire à une guerre constitutionnelle ; ils accusaient les Jacobins d'avoir si bien réussi dans leurs prédications de méfiance, d'indiscipline, d'insubordination, qu'il était désormais impossible de rien faire des soldats ; les Girondins accusaient Rochambeau. Partisan de la guerre défensive, toujours dominé par l'esprit de l'ancien ministère, le maréchal, disaient-ils, avait compromis par son mauvais vouloir le début d'une guerre d'attaque. Les enfans perdus du girondinisme, Carra, par exemple, l'accusaient ouvertement de trahir. — Les Jacobins ne parlèrent pas de trahison avec autant de bruit que semblait les y exciter l'accomplissement de leurs continuels présages. Ils s'occupèrent fort peu des personnes, ne prononcèrent ni sur Dillon, ni sur Biron, ni sur Rochambeau, mais ils insistèrent plus que jamais sur les choses. Ils reprochèrent au ministère d'avoir agi, non-seulement avant d'avoir réparé les négligences contre-révolutionnaires des hommes dont il avait pris la place, mais encore d'avoir montré, en ce qui dépendait de lui-même, une coupable légèreté. Ils disaient que la lettre écrite par la municipalité de Valenciennes suffisait pour expliquer le désordre actuel de l'armée. Voici cette lettre ; elle fut lue à l'assemblée nationale, à la séance du 1er mai.

« Nous ne pouvons vous rendre la position critique et alarmante où se trouve notre ville. L'armée a dû subitement se replier sous nos murs, et prendre logement et nourriture chez nos concitoyens ; se trouvant tellement harassée de fatigue, qu'il lui

fut impossible de se rendre au camp d'observation, à une lieue de
la ville du côté de l'intérieur : notre courage, notre dévouement
à la chose publique nous a soutenus dans ce moment de crise. Il
est des faits que nous ne pouvons vous dissimuler ; c'est que les
vivres et les munitions ne se trouvaient pas à leur destination ;
c'est que des bataillons des gardes nationaux soldés, destinés à
attaquer, se trouvaient sans fusils, au moins la plus grande
partie sans être en état. Il devient de la plus grande importance
que notre armée soit promptement refortifiée; qu'il soit donné,
dans la partie des vivres et subsistances militaires, les ordres les
plus précis pour que le service s'en fasse avec la plus grande
exactitude. Valenciennes étant la première ville frontière, il
importe qu'elle soit soutenue et environnée d'une force imposante. Nous n'osons entrer dans le détail de tous les faits qu'on
nous rapporte : les dires, les mécontentemens de l'armée, tant des
troupes de ligne que des gardes nationaux volontaires, privés de
nourriture pendant deux ou trois jours, et les défiances qui en
sont résultées, les murmures que nous entendons de toute part,
exigeraient une grande étendue, et nous ne pouvons apprécier
la vérité de tout cela. Nous vous conjurons, messieurs, de vouloir bien envisager si ce ne serait pas le moment de décréter et
exécuter l'envoi des commissaires civils de l'assemblée nationale,
pour se concerter plus particulièrement avec les chefs de l'armée,
et pour s'assurer des troupes.

» Vous voudrez bien, messieurs, excuser le désordre de notre
lettre et la précipitation avec laquelle nous vous l'adressons,
de concert avec les membres composant le directoire du district,
qui sont encore ici assemblés avec nous, et qui ont également résisté aux fatigues et aux assauts de cette journée. »

> *Les officiers municipaux et les membres du*
> *directoire du district de Valenciennes.*

Les Jacobins reprochaient principalement aux Girondins de
n'être révolutionnaires qu'en apparence ; de confier une armée
patriote à des chefs qui ne l'étaient pas ; de s'obstiner à pour-

suivre un but émané de la souveraineté du peuple avec des généraux et des lieutenans-généraux, tous ex-nobles, tous feuillans,
tous élèves de l'ancienne cour, et tenant à la contre-révolution par
leurs antipathies si souvent manifestées envers la liberté et l'égalité. Ils disaient que pour diriger révolutionnairement la guerre il
fallait organiser révolutionnairement l'armée, et ils en indiquaient
les moyens, ainsi qu'on le verra dans notre compte-rendu de
leurs séances, séance du 1er mai.

C'était de ce point de vue qu'ils criaient à la trahison. Les Girondins se réunissaient aux Feuillans pour repousser ces accusations. Lorsqu'à la séance du 2 mai, Mommoro, Vincent et quelques autres Cordeliers se présentèrent à la barre de la législative pour dénoncer les généraux, voici l'accueil qui leur fut
fait.

[*L'orateur de la députation.* « Nous prions l'assemblée de vouloir
bien entendre des observations d'où dépendent peut-être, dans
les circonstances actuelles, le salut de la patrie et la conservation
de la liberté. Trois cents de nos frères ont péri; ils ont eu le sort
des Spartiates aux Thermopyles. La voix publique, toujours
plus sûre que la voix ministérielle, nous fait croire qu'ils ont été
victimes d'une trahison... » (*Cent voix s'élèvent* : Chassez ces coquins, chassez.)

» Les cris se prolongent; la très-grande majorité de l'assemblée
est indignée.

» Les individus admis à la barre sortent.

» MM. Albitte, Lecointre, Thuriot et quelques autres membres,
placés à leurs côtés, sollicitent la parole.

» L'assemblée passe à l'ordre du jour.] » *Moniteur* du 3 mai.

Le lendemain Beugnot dénonça Marat. Il lut à la tribune une
phrase de l'*Ami du Peuple*, ainsi conçue :

« Il y a plus de six mois que j'avais prédit que nos généraux,
tous bons valets de la cour, trahiraient la nation; qu'ils livreraient
les frontières. Mon espoir est que l'armée ouvrira les yeux, et
qu'elle sentira que la première chose qu'elle ait à faire, c'est de
massacrer ses généraux. »

Il avait aussi parlé de Carra, mais les Girondins couvrèrent ce nom qui ne fut prononcé que cette fois seulement durant la séance. Lasource proposa le décret d'accusation contre Marat et contre Royou ; Guadet l'appuya ; et il fut porté à une immense majorité.

Cependant Carra était autrement précis que l'*Ami du Peuple* ; mais il ne discutait que les actions d'un seul homme, de celui-là même auquel les Girondins imputaient les désastres de Lille et de Mons. Voici l'acte d'accusation de Rochambeau dressé par Carra dans le n° CXXVI des *Annales patriotiques*.

Observations et rapprochemens très-importans sur les premières
opérations de la guerre vers Mons et Tournai.

» Le 24 avril dernier, le maréchal Rochambeau, bien connu pour s'être constamment opposé à la guerre contre l'Autriche, et pour avoir témoigné son mécontentement de la nomination du ministère patriote actuel, envoie un aide-de-camp à Mons pour y déclarer la guerre. Cette déclaration, suivant l'usage de tous les pays et de tous les temps, devait se faire par une simple proclamation au-delà des frontières ; mais M. Rochambeau, *sous prétexte* qu'il ne fallait pas mettre aux prises les patrouilles dispersées des deux côtés le long de l'extrême frontière ; et pour épargner le sang, disait-il ; ajoute à la proclamation une lettre cachetée pour le général Beaulieu qui commande à Mons. Pourquoi cette lettre ? Quelles précautions et quels avis renfermait-elle pour le commandant autrichien ? c'est ce que l'expérience des faits paraît nous montrer assez clairement ; car le 29 du même mois, lorsque M. Biron s'est avancé du côté de Mons, avec dix mille hommes, les remparts de cette ville se trouvaient garnis d'une nombreuse artillerie, et de près de sept mille hommes de troupes de ligne rangés sur ses remparts ; tandis que les hauteurs, à une ou deux lieues de cette même ville ; étaient occupées par dix à douze autres mille hommes arrivés depuis l'avertissement du 21 avril. Le général Beaulieu avait donc su d'avance l'arrivée de Biron et le nombre des troupes de l'avant-

garde française ? Il avait donc eu tout le temps de se mettre dans
le meilleur état de défense ; et vraisemblablement de prévenir
et d'enchaîner les mouvemens d'insurrection (*c'était là principalement ce qu'on voulait empêcher*) prêts à éclater parmi les patriotes Montois, et qui auraient eu lieu, à coup sûr, sans l'avertissement direct du maréchal français, avertissement par lettre,
voilé du beau nom de franchise et de *loyauté*. O citoyens ! que
de réflexions sur cet avertissement !!! Et que pouvait faire alors
l'intrépide et vraiment loyal Biron avec dix mille hommes seulement, qui n'ont point été suivis du corps d'armée (*promis par le
maréchal Rochambeau*), contre dix-huit ou dix-neuf mille Autrichiens bien avertis et bien retranchés ? N'est-ce pas là une dérision atroce que d'exposer ainsi nos premières armes, et pour
ainsi dire le sort de la campagne, sans avoir fait au moins instruire M. Biron, par des vedettes ou des espions, des précautions du
général Beaulieu et du nombre de ses troupes ? Si ce n'était qu'un
coup de main qu'on voulait faire sur Mons, il ne fallait pas avoir
prévenu le général Beaulieu ; et si c'était une attaque sérieuse,
calculée sur les précautions prises nécessairement par ce général
ennemi, il fallait y envoyer, non pas dix mille, mais quarante
mille hommes ; ou du moins le maréchal Rochambeau devait sortir avec un corps d'armée, cinq ou six heures après le départ de
l'avant-garde ; ce qu'il n'a pas fait, puisqu'il n'est sorti de Valenciennes que lorsque les débris de notre avant-garde y arrivaient.
C'est donc ici le nœud de l'affaire, et ce qu'il faut bien remarquer pour caractériser la conduite du maréchal Rochambeau depuis la lettre du 24 avril, envoyée au général Beaulieu, jusqu'au
moment de la rentrée de M. Biron à Valenciennes.

 Mais ce n'était pas assez de s'être ainsi joué de la confiance
et du courage de nos troupes sur le chemin de Mons , il fallait
encore faire triompher le comité autrichien sur le chemin de Lille
à Tournai. Trois mille cinq cents hommes seulement sont commandés pour marcher sur Tournai, *sous prétexte* d'une fausse attaque ; et il se trouve que huit à dix mille Autrichiens, avertis sans
doute aussi d'avance, puisqu'ils étaient en embuscade dans un bois

au lieu d'être surpris et attaqués comme cela devait être, si le
secret avait été gardé, surprennent au contraire, attaquent, mas-
sacrent nos frères, forcent le reste du détachement, qui ne pouvait voir dans cette surprise autre chose qu'une trahison, à s'enfuir en désordre vers Lille. Ainsi les deux affaires ont, sous le
même rapport, la même marche, c'est-à-dire que les troupes
françaises, qui comptaient être en nombre supérieur et surprendre l'ennemi, sont surprises elles-mêmes par un ennemi deux
ou trois fois plus fort en nombre, en artillerie et en retranchemens. Et l'on appelle cela un accident tout naturel ! un malheur
occasioné par l'insubordination des soldats ! une chance de la
guerre ! Hommes crédules et stupides, qui prenez si facilement
le change, et qui ne savez point faire le tour des objets et des
événemens pour les considérer sous toutes leurs faces, avez-vous
les yeux ouverts maintenant ? ou faut-il que vous soyez trahis
dix ou douze fois pour vous donner le coup d'œil net et le jugement de l'expérience ? Lisez et comptez : n'est-ce pas quatorze
mille cinq cents hommes seulement qu'on a exposés contre vingt-
huit à trente mille Autrichiens retranchés jusqu'aux dents, et
bien *averti d'avance* de la marche et des opérations méditées des
Français, tandis que les commandans de nos détachemens vers
Mons et Tournai ne paraissent avoir été nullement prévenus des
opérations de l'ennemi ! Et, pour excuser ces événemens, le maréchal Rochambeau se hâte d'écrire au roi, et dit dans sa lettre
(chose incroyable, mais très-exactement vraie) « qu'on aurait
» *dû attendre au moins quinze jours de plus avant de commencer la*
» *guerre, pour que les armées autrichiennes fussent assez nombreu-*
» *ses et en mesure respective avec les nôtres.* » Quelle bonté d'ame
pour les armées autrichiennes ! et c'est là le général à qui le *pou-*
voir exécutif a confié le destin de notre sainte Constitution, la
gloire du premier peuple de l'univers et le sort de vingt-cinq
millions d'hommes ! Non ! non ! non ! la Constitution et la liberté
ne périront point, la France entière a ouvert enfin les yeux ;
elle va se lever, et les ennemis secrets ou publics de la patrie
périront seuls sous le glaive de la loi. »

— L'effet produit à l'extérieur par le début de notre attaque est ainsi raconté dans les *Mémoires d'un homme d'État* :

« On se fera aisément une idée de la sensation que firent ces honteux échecs de Mons et de Tournay, dans les principales cours de l'Europe, parmi les antagonistes et les adversaires de la révolution. On était tenté de ne plus considérer les troupes de France que comme un ramas de milices indisciplinables. Selon de spécieux calculs, c'était par l'anarchie et par l'indiscipline que ce royaume allait périr, déchiré par les factions. La supériorité des armées prussienne et autrichienne, qu'on prenait depuis si long-temps pour modèles, n'en paraissait que plus constatée et mieux établie. On jugera de l'égarement des opinions qui prévalaient alors, par celles que manifestèrent, à la revue de Magdebourg, les personnages qui, jouissant de toute la confiance de Frédéric-Guillaume, exerçaient la plus grande influence dans les affaires de la Prusse. C'était vers la fin de mai, et à Magdebourg même, où se rassemblait, sous les yeux du roi, le corps principal de l'armée prussienne qui allait se mettre en marche. « N'achetez » pas trop de chevaux, dit Bischoffswerder à plusieurs officiers » de marque ; la comédie ne durera pas long-temps. Les fumées » de la liberté se dissipent déjà à Paris. L'armée des avocats sera » bientôt anéantie en Belgique, et nous serons de retour dans » nos foyers vers l'automne. » Le duc de Brunswick, que ces événemens entraînèrent hors de sa circonspection accoutumée, oubliant sa manière de voir exprimée récemment à Bischoffswerder, tint à peu près le même langage. Après la revue, rassemblant les principaux officiers et parlant avec eux de la campagne qu'on allait ouvrir, il leur dit : « Messieurs, pas tant d'embarras, pas » trop de dépense, tout ceci ne sera qu'une promenade mili- » taire ! »

Ici l'auteur des Mémoires expose le plan de campagne de la coalition. Nous allons le laisser parler, afin que nos lecteurs puissent comparer le projet des ennemis de la France à celui plus haut mentionné du ministère girondin :

« On n'était cependant pas encore fixé sur le plan de campa-

gne, celui qu'avait donné le duc de Brunswick n'étant regardé
que comme une ébauche. Ce fut à cette même revue de Magdebourg qu'on en arrêta finalement les bases. Le roi avait mandé
le général marquis de Bouillé pour le 27 mai, désirant qu'il vînt
en personne lui communiquer ses vues, et lui donner des informations locales sur le plan d'opérations futures des armées combinées. M. de Bouillé arriva en toute hâte de Mayence à Magdebourg, et là eut avec le duc de Brunswick plusieurs conférences
en présence du roi. Il indiqua la Champagne comme la partie la
plus faible de la frontière, et proposa, comme étant la plus facile, l'attaque par Longwy, Sedan et Verdun; il donna même l'assurance que ces trois places étaient en très-mauvais état, et pourtant les seules qui couvrissent cette partie du royaume, d'où l'on
pouvait marcher rapidement à Paris, par Rhétel et Reims, en
traversant des plaines fertiles qui ne présentent aucun obstacle.
Dans les guerres civiles et étrangères que la France avait eu à
soutenir au milieu du dix-septième siècle, on avait toujours vu les
étrangers marcher sur Paris par les routes de Sedan, de Stenay
et de Rhétel. Là ils n'avaient trouvé d'autres obstacles que la valeur et le talent du grand Condé, qui deux fois les arrêta par
deux grandes victoires dans les plaines de Rocroy et de Lens. On
fut d'accord à Magdebourg qu'il n'y avait plus en France de héros sur ce modèle, ni d'armée en état de renouveler de tels prodiges.

» Dans ces conférences militaires, le duc de Brunswick décela
sa prédilection pour une guerre systématique et lente; mais il y
mit de la réserve à cause du roi qui désirait brusquer l'invasion :
tel était aussi l'avis du marquis de Bouillé, général expérimenté
et très au fait de la situation intérieure de la France. Il observa que
si l'on echouait dans le dessein de parvenir jusqu'à Paris, foyer
de la révolution, il serait très-facile, en s'emparant de Mézières
et de Montmédi, places qui ne pouvaient opposer une grande résistance, de prendre des quartiers d'hiver entre la Meuse et la
Chiers, le front couvert par cette première rivière, la gauche
par la Chiers, ainsi que par Montmédi et Longwy. Dans ce plan

Luxembourg servait de point d'appui et de place d'armes : ainsi l'irruption, tentée à propos et avec prudence, offrait d'autant moins de chances de revers qu'elle s'appuyait naturellement sur un autre système, qui pouvait devenir au besoin méthodique et défensif. Cet officier général indiqua aussi la Haute-Alsace comme une des parties les plus faibles de la frontière de l'Est. Le duc de Brunswick avoua que l'une et l'autre, c'est-à-dire les frontières d'Alsace et des Ardennes, étaient les plus susceptibles d'être attaquées avec avantage ; et, d'après le vœu du roi, il décida que la plus grande partie des forces combinées, sous ses ordres, serait portée sur la frontière de Champagne pour agir offensivement de ce côté, et qu'on ne laisserait en Flandre et sur le Haut-Rhin que des corps d'observation.

» On en vint à discuter le mode de coopération des émigrés. C'était une grande question : le cabinet de Vienne avait apporté constamment des obstacles à ce que les émigrés pussent s'armer dans aucune partie du territoire soumis à sa domination ; leur organisation militaire n'avait d'abord existé réellement que sur le papier. Non-seulement l'empereur Léopold, mais aussi l'électeur de Cologne, autre frère de la reine de France, n'avaient jamais consenti à leur accorder aucun cantonnement dans leurs états. Cette résistance unanime des deux cabinets de Vienne et de Cologne, c'est-à-dire de deux souverains, l'un allié du roi de France, tous les deux ses beaux-frères et frères de la reine, indiquait assez que Louis XVI improuvait les opérations et la politique des princes, ses frères, à Coblentz. Le cabinet des émigrés, effrayé de cette persévérante opposition, qui menaçait de les frapper de nullité, avait eu recours au cabinet de Berlin, et y avait trouvé un appui dans les dispositions personnelles du roi de Prusse. A la mort de Léopold, les princes français, ayant conçu l'espérance d'un changement prochain de politique en leur faveur, représentèrent à Frédéric-Guillaume, par leurs émissaires et dans leurs dépêches, qu'il n'y aurait pas de contre-révolution possible s les émigrés ne jouaient pas le premier rôle dans les opérations de la campagne qui leur paraissait imminente ; qu'il n'y avait d'ailleurs

qu'un seul moyen d'en assurer le succès, c'était d'enlever au cabinet de Vienne l'adoption des plans, le mouvement des armées
et la direction de la guerre. Cette adroite et opportune insinuation
eut son effet. Les embarras de tout genre qui assaillirent le jeune
roi de Hongrie à son avénement, le grand intérêt qu'il avait à
être promptement élu empereur, son extrême désir de se rendre
le roi de Prusse favorable, et de mettre à profit pour la cause
commune l'ancienne réputation de valeur de l'armée prussienne,
déterminèrent le jeune roi à se départir en faveur de Frédéric-
Guillaume du droit que s'était réservé Léopold de diriger la défense de la monarchie autrichienne dans une guerre qui allait être
exclusivement déclarée à son chef et à ses propres états. Cette
concession empressée valut au roi de Hongrie la certitude d'être
élu empereur, et couronné dans les premiers jours de juillet à
Francfort. Une entrevue à Mayence, entre les deux souverains,
fut convenue pour cette époque. Le roi de Prusse devait être
précédé par son armée qui allait prendre ses quartiers à Coblentz, pour de là marcher de suite sur la France.

 » D'après cette première impulsion, si favorable aux vues des
princes émigrés, leur parti avait d'abord prévalu à Vienne dans
les conférences qui eurent lieu vers la fin de mars entre l'envoyé
extraordinaire Bischoffswerder, le prince de Hohenlohe et le
prince de Colloredo, à l'effet de poser les bases d'un plan d'opérations combinées contre la France. On proposait d'en abandonner la direction politique aux princes frères de Louis XVI. Mais
le baron de Spielmann avait fait changer, depuis cette partie du
plan concerté avec le ministère prussien, en soutenant que les
opérations des émigrés devaient dépendre du mouvement des armées combinées, et qu'il fallait les subordonner et les soumettre
entièrement au plan général. Ces nouvelles et contrariantes dispositions avaient encore été suggérées au cabinet autrichien par
le baron de Breteuil : remplissant toujours les fonctions de ministre de Louis XVI au dehors, il avait inspiré de la défiance
même au roi et à la reine sur les intentions des princes, et s'était
fait autoriser à demander, au nom de Louis XVI, avec qui il

correspondait secrètement de Bruxelles, qu'on évitât surtout, à l'ouverture de la campagne, que la noblesse française, réunie en corps d'armée sous les ordres des princes, n'acquît de l'influence sur les opérations. Il alléguait que, pour rétablir l'autorité royale et la tranquillité dans le royaume, il fallait mettre le roi en état de traiter lui-même avec le parti qui, dans l'intérieur, désirait encore le gouvernement monarchique, et éviter par conséquent de mettre ce parti en contact avec les émigrés en armes, dont la seule présence soulèverait la nation. Ces motifs graves avaient prévalu même dans l'esprit du roi de Prusse, qui néanmoins montrait un intérêt très-vif pour les princes français, auxquels il venait d'envoyer une somme d'argent considérable pour leur entrée en campagne (1).

⸺ Ainsi en principe, les deux cours alliées se trouvaient d'accord que les émigrés ne seraient pas réunis à l'armée qui pénétrerait en France, et qu'on se bornerait à les rassembler sur la rive droite du Rhin ; là ils devaient former un corps de vingt mille hommes en y comprenant quelques régimens que les princes avaient levés ou levaient encore en Allemagne. Le marquis de Bouillé proposa au roi et au duc de Brunswick de les diviser en trois corps ; dont un de dix mille hommes, sous les princes frères de Louis, serait attaché à la grande armée ; et les deux autres de cinq mille hommes chacun, seraient employés sous le prince de Condé et sous le duc de Bourbon, avec les deux corps d'observation en Flandre et sur le Rhin. Le duc de Brunswick observa que ce serait donner aux émigrés une destination active, en opposition au principe arrêté entre les deux cours. Le marquis de Bouillé écarta cette objection, en expliquant qu'il avait seulement en vue de placer les corps émigrés en seconde ligne comme auxiliaires, afin d'attirer des différentes parties de la frontière les déserteurs français, et même des corps entiers, sur lesquels on pouvait compter, tels que certains régimens de cavalerie qu'on savait être restés fidèles au roi, et quelques régimens d'infanterie étrangère. Le roi de Prusse s'étant rangé de cet avis, on fit

(1) « On croit que cette somme montait à doux millions. »

de l'opinion du marquis de Bouillé l'une des dispositions du plan général de campagne. »

Nous passons maintenant à l'histoire du mois. Elle se composera du compte-rendu des séances de l'assemblée législative, d'une analyse des débats du club des Jacobins et des articles de journaux les plus intéressans.

ASSEMBLÉE LÉGISLATIVE.

Liste des présidens depuis le 29 avril jusqu'au 21 septembre.

Du 29 avril au 13 mai, M. Lacuée; du 13 au 27 mai, M. Muraire; du 27 mai au 18 juin, M. Français (de Nantes); du 24 juin au 8 juillet, M. Girardin; du 8 au 23 juillet, M. Aubert-Dubayet; du 23 juillet au 6 août, Lafond-Ladébat; du 19 août au 2 septembre, M. Merley; du 2 au 16 septembre, M. Hérault de Séchelles; du 16 au 21 septembre, M. Cambon.

La marche de la législative, pendant le mois de mai, est largement et clairement tracée. Les Girondins louvoient entre les Feuillans et la Montagne; ils avancent par des compromis alternatifs, calculant avec beaucoup de justesse sous quel angle la ligne ministérielle rencontrera de part et d'autre la majorité.

Ainsi, ils votent d'abord avec les Feuillans contre Marat, et ils lui associent Royou. Ils repoussent, avec les Feuillans, les pétitionnaires cordeliers qui viennent parler de trahison, et à l'aide de ce même côté de l'assemblée, ils lancent un projet de cour martiale qui aboutira bientôt à un décret, et ordonnent la poursuite des meurtriers de Dillon, dont l'un, le nommé Vasseur, sera condamné à mort. Immédiatement après, ils se tournent vers la Montagne, demandant un décret sévère contre les prêtres insermentés, et, avec elle, ils conduisent le débat à une loi de déportation.

Pendant que les Girondins mettent à profit les passions des Feuillans pour faire de la terreur contre les soldats, et les passions des Jacobins pour faire de la terreur contre les prêtres, ils exécutent la même manœuvre à l'égard des incidences parlementaires. On les voit tour à tour exciter les Feuillans en votant par acclamation la pompe décernée à Simonneau, comme une vengeance de celle du 15 avril; exciter la Montagne, en accordant une indemnité aux veuves des hommes tués à la Chapelle, le 24 janvier 1791, par les chasseurs soldés des barrières, connus dans la polémique de cette époque sous le nom de mouchards de La Fayette. Lorsque Carra dénonce le comité autrichien, lorsque Merlin, Bazire et Chabot, sont frappés à cette occasion d'un mandat d'amener par le juge de paix Larivière, ils s'emparent à grand bruit d'une querelle que leurs journaux avaient préparée, et s'efforcent d'acharner Feuillans et Montagnards contre le comité autrichien échaffaudé par Brissot sur de volumineuses probabilités. Le peuple croyait à l'existence de ce comité; mais les Girondins y croyaient-ils? Nous nous bornerons à une seule réflexion : Ils accusaient Robespierre d'en être.

Ce fut malgré les Feuillans que le juge de paix Larivière partit pour la haute cour nationale; mais aussi, ce fut contre le vœu de la Montagne que Lecointre, membre du comité de surveillance, alla passer trois jours en prison pour avoir fait arrêter neuf Cent-Suisses à Béfort.

Enfin, maîtres de toutes les questions au moyen de la tactique que nous venons de décrire, les Girondins fermèrent le mois par une séance permanente qui dura du 28 au 31 mai, et qui confondit un instant dans la même alarme et dans la même irritation les deux fractions révolutionnaires. Depuis long-temps la garde constitutionnelle du roi était suspecte aux patriotes. Les griefs sont renfermés dans le rapport qui en précéda la dissolution. Plusieurs circonstances favorisèrent cette mesure, et servirent à en augmenter la popularité. Douze suisses venaient d'arborer la cocarde blanche à Neuilly, et d'y blesser dans une rixe plusieurs citoyens; Laporte, intendant de la liste civile, avait fait brûler, dans la cour de la manufacture de Sèvres, deux voitures chargées de papier. Il se trouva que c'était les mémoires de

madame Lamotte ; mais on avait dit que ces papiers appartenaient au comité autrichien, et la rumeur s'en était accréditée.
Aussitôt on instruisit l'affaire de la garde constitutionnelle du
roi. Pendant la permanence de l'assemblée nationale, il y eut à
Paris une véritable alerte, dont se ressentit le club des Jacobins
lui-même. On s'attendait de moment en moment à entendre le
tocsin et la générale ; on disait que la garde constitutionnelle
s'armait, que les chevaux étaient sellés et bridés, etc. Il n'y eut
cependant qu'une légère émeute aux Tuileries. L'assemblée
s'exagérait si peu le danger qu'un membre ayant proposé le 28,
de déclarer par une proclamation, qu'attendu le péril de la république, les citoyens devaient prendre leurs armes et se tenir
sur leurs gardes, il fut unanimement passé à l'ordre du jour.
Elle chargea Pétion, par un décret, de rendre compte jour par
jour de l'état de la capitale, et prononça, après un débat que
nous transcrirons en entier, le licenciement de la garde du roi,
et l'acte d'accusation de son chef Brissac (de Cossé).

— Dès le commencement d'avril, le vocabulaire des partis
avait été surchargé de dénominations nouvelles. Les Girondins se
désignaient eux-mêmes sous le nom de *Patriotes* ; ils nommaient
les Feuillans, *Modérés*, et les Montagnards, *Enragés.* Brissot,
Patriote Français du 18 mai, définit ainsi ces trois expressions :

« *Patriote.* — Ami du peuple, ami de la Constitution.

» *Modéré.* — Faux ami de la Constitution, ennemi du peuple.

» *Enragé.* — Faux ami du peuple, ennemi de la Constitution. »

Dans la polémique, les Girondins appelaient *Comité Autrichien*,
les chefs des Modérés, et *Tribuns ou Factieux,* les chefs des Enragés. Les Feuillans et les Montagnards n'avaient qu'un ennemi et
qu'un nom de guerre pour l'attaquer ; les premiers combattaient
les *Anarchistes*, les seconds, les *Intrigans.*

Avant d'entrer dans l'exposé des actes parlementaires dont
nous avons rapidement esquissé les généralités, nous n'avons plus
qu'à mentionner la démission du ministre de la guerre, Degrave ;
il se retirait par raison de santé. Brissot, *Patriote Français* du

9 mai , fait les réflexions suivantes sur le démissionnaire et sur celui qui le remplaçait :

« M. Dégrave, ministre de la guerre, a donné sa démission ; il emporte avec lui, ce qui est rare dans un ministre, l'estime des patriotes. Il est remplacé par M. Servan, colonel du 104ᵉ régiment, frère du célèbre avocat-général de ce nom ; c'est un fervent ami de la révolution. »

SÉANCES DE L'ASSEMBLÉE.

Le 3 au soir, à la séance qui suivit celle où Marat avait été décrété d'accusation, le ministre de la justice fit savoir, par une lettre, qu'il avait dénoncé au commissaire du roi, près le tribunal criminel de Paris, le numéro DCXLV de l'*Ami du Peuple*. Voici le numéro dénoncé :

Preuves de trahison du ministre de la guerre. — *Machinations des officiers contre-révolutionnaires mis à la tête des bataillons nationaux, envoyés sur les frontières.* — « Flattez la vanité des Français, mettez en jeu leur amour-propre et soyez sûrs qu'il n'est point de sottises, d'extravagances, de démarches inconsidérées et désastreuses que vous ne leur fassiez faire à l'envi. Jugez-en par ces faits. Le cabinet des Tuileries ne voit pas de meilleur moyen de hâter la contre-révolution que de se cacher sous le manteau d'une faction de faux patriotes ; la guerre est enfin décrétée, et aussitôt l'aveugle multitude d'applaudir de toutes parts au funeste décret. Le cabinet des Tuileries forme le projet non-seulement de soutirer des mains du peuple le peu de numéraire qu'il tient en réserve, mais de faire payer aux seuls amis de la liberté la plus grande partie des frais de la guerre : quelques fripons mis en jeu avec l'émissaire prussien Anacharsis Clootz, renouvellent l'exemple des dons patriotiques que leur criminel emploi aurait dû proscrire sans retour : aussitôt la troupe mercenaire des amis de la patrie accourt, moins impatiente de consommer son dernier sacrifice, que jalouse de recueillir les premiers applaudissemens des pères conscrits qui veulent la dépouiller. Ce n'est pas mon dessein de relever ici ce que ces dons patrio-

tiques ont d'absurde et de dangereux. Les Français ne se corri-
gent de rien ; toujours ils furent les dupes et les victimes des
jongleurs qui les cajolent, et ils le seront toujours. Qu'un voile
obscur couvre donc à jamais les nouvelles offrandes des sots qui
ont quelque chose à perdre, comme il couvre déjà les anciennes
que commanda Necker de honteuse mémoire. Mais pour la honte
éternelle de nos législateurs, transmettons à la postérité les honteuses spoliations qui doivent les couvrir d'opprobre. Parmi les
offrandes qu'a reçues l'assemblée dans la séance du 27, les citoyens judicieux et honnêtes ont dû la voir avec indignation accepter trois pièces de quinze sous de trois pauvres femmes qui
n'avaient que ce mince salaire de leur travail pour substanter leurs
malheureuses familles.

» Voilà un trait révoltant qui seul suffirait pour caractériser ces
législateurs corrompus, comme il caractérise ces mères dénatu-
rées. En voici un qui peint nos législateurs sans pudeur, comme
il annonce des faiseurs imbéciles.

» Les enfans des écoles de charité de la paroisse de Saint-
Merry, admis à la barre, un enfant de sept ans présente un sac
de gros sous, et se met à débiter la sotte harangue de leur
magister.

» Nous regrettons bien, dit l'écolier, de ne pas donner davantage, mais nous nous priverons de toute récréation pour faire
encore quelques dons à la patrie. Nous sommes bien fâchés que
la faiblesse de notre âge ne nous permette pas de voler à l'ennemi,
mais il n'y gagnera rien, et nos cœurs formés à la liberté et nour-
ris dans l'amour de la Constitution, en auront plus d'énergie
dans la suite, COMME LE SALPÊTRE QUI, PLUS IL EST COMPRIMÉ,
PLUS IL ACQUIERT DE FORCE ; ainsi, plus long-temps nous serons
retenus, plus l'explosion de la foudre sera terrible. »

» Au milieu des applaudissemens, plusieurs membres se plaignent de la sévérité du décret qui empêche le président d'être
interprète d'une aussi douce émotion que celle dont l'assemblée est pénétrée ; on demande qu'il soit autorisé à manifester
au maître de ces enfans patriotes, la satisfaction de l'assemblée

de la manière dont il les élève, et des principes qu'il leur inculque.

» Comme ce décret n'a été fait que pour humilier les patriotes qui s'aviseront de dénoncer les ennemis de la patrie et d'inculper les infidèles représentans de la nation, aussitôt il est révoqué pour un moment, et le président témoigne au pédagogue et à ses disciples la satisfaction du sénat, et les invite à l'honneur de la séance.

Anecdote du sieur Duport, l'ex-ministre. — « Le jour de la fête populaire destinée à célébrer la délivrance des soldats de Château-Vieux, Duport montait la garde, comme simple soldat, à la porte d'Antoinette : le commandant du bataillon de l'Oratoire, qui était de service, invita tous les officiers à dîner, et avec eux l'ex-ministre. Rendus fort tard chez le traiteur qui devait les régaler, la conversation tomba sur la cérémonie qui avait mis tout Paris en l'air ; on parlait de la tranquillité du peuple. « Il est fâcheux, dit » Duport, que quelques sans-culottes ne se soient pas pris aux » cheveux ; tout était prêt pour remettre cette canaille dans l'or- » dre, elle n'en aurait pas été quitte à si bon marché que dans » l'affaire du Champ-de-Mars. » Après quoi il fit un roman sur les causes de sa retraite. Il déclama contre les Marseillais, dont l'insurrection avait forcé le gouvernement à temporiser. Il parla d'une certaine intrigue de Narbonne et de Mottié, qui avait engagé le cabinet à changer de batteries. Il se moqua de l'assemblée devant laquelle il avait été dénoncé vingt fois, sans qu'elle eût osé prendre un parti, et plus encore des patriotes qui l'avaient absous eux-mêmes. Il regrettait de n'avoir pas partagé le sort de Delessart, ne fût-ce que pour donner un grand exemple à ses successeurs ; car il aurait employé le temps de sa détention à Orléans, à publier, contre l'assemblée actuelle, un ouvrage sanglant, qui l'aurait couvert d'opprobre. Il a terminé ses sorties par assurer que ce qui était différé n'était pas perdu. Ces faits ont été certifiés par plusieurs officiers qui en avaient été témoins.

» L'un d'eux s'était avisé de trouver mauvais le dénigrement de

l'assemblée, par le sieur Duport, et sans raison assurément ; non
que l'ex-ministre ne soit un bas valet de la cour, et en cette qualité, un détestable citoyen. Mais l'ex-ministre connaît à fond l'infidèle assemblée et il lui rendait justice. Au demeurant, il ne faut
pas ajouter foi au regret qu'il a témoigné que quelques spectateurs n'en soient pas venus aux mains pour autoriser les ennemis
de la liberté à massacrer le peuple ; car si tout était arrangé pour
l'égorger, rien ne leur était plus facile que d'aposter quelques
brigands pour assaillir un patriote ; et provoquer le massacre.

» Venons à un sujet de réflexions plus sérieuses.

» C'est la destinée inévitable du parti populaire, depuis les
premiers jours de la révolution, que toutes ses entreprises pour
faire triompher la liberté ne tournent pas moins contre lui que
les complots des ennemis de la patrie, tant est grande son impré-
voyance et sa fatale sécurité ; lorsqu'il célébrait avec enthousiasme
la délivrance des soldats de Château-Vieux, en fêtant la déesse
de la liberté ; lorsque les patriotes faisaient éclater leur jubilation
en préconisant cette fête comme un triomphe éclatant, et que de
stupides écrivains (1) donnaient ces fêtes comme une école admirable de civisme, et qu'ils n'en voulaient plus que trois pour
assurer le salut public ; assurément, ils ne se doutaient pas que
cette fête si désirée, si prônée, tournerait bientôt contre eux.
Rien de plus vrai, toutefois ; la cour et ses créatures, la faction
des faux patriotes de l'assemblée et le club des Feuillans, l'état-
major parisien et tous les satellites mouchards vendus à Mottié,
écumant de rage de n'avoir pu empêcher la fête de Château-
Vieux, se sont agités pour prendre leur revanche en célébrant
une fête magnifique en l'honneur du royaliste Désilles, une autre
fête en l'honneur des bourreaux conduits par Bouillé contre les
patriotes de Nancy, et une autre fête en l'honneur de Simoneau,
accapareur ministériel et agent royal de famine.

» On assure que l'armée parisienne doit y assister en armes,
accompagnée de tout ce que Paris contient d'ennemis de la révo-

« (1) Entre autres le profond Audoin. »

lation, des calotins et des robins gangrénés; des agioteurs et des sangsues publiques, des courtisans, des valets armés du roi, de toutes les catins de la cour et de la ville abandonnées par les preux de l'armée de Coblentz, par les membres du défunt clergé et des défunts parlemens.

» Comme la haute police et le soin de pourvoir à la sûreté et à la tranquillité publique est confiée au maire de la capitale, il ne faut pas douter que M. Pétion aura soin de consigner ces jours-là toute la troupe soldée avec l'état-major, et de défendre aux volontaires de l'armée parisienne de paraître en armes. Ces fêtes ne devant être données que pour en imposer à la nation en faisant passer pour patriotes Simoneau, Désilles, les assassins de Château-Vieux, Bouillé et son parent Mottié. L'Ami du Peuple conjure tout ce que l'armée parisienne renferme de bons citoyens et d'amis de la patrie, de ne pas aider par leur présence les chenapans et les mouchards de bataillons, dévoués au perfide Mottié, à égarer l'opinion publique. L'Ami du peuple conjure pareillement le public de ne point honorer de sa présence des fêtes données pour l'humilier, pour le ravaler et peut-être pour le massacrer. Combien il serait beau qu'il eût assez de courage pour dédaigner d'assister à des parades où sa présence est déplacée. Mais l'Ami du peuple ne présume pas assez avantageusement du civisme de ses concitoyens pour se flatter de voir le sentiment de la bienséance et l'amour de la patrie triompher d'une vaine curiosité. Il craint trop de les voir s'abandonner à leur goût pour les spectacles, courir dès le point du jour retenir leur places au Champ-de-Mars, ou grossir le cortége impur des ennemis de la liberté, où l'on verra probablement figurer en corps les représentans infidèles de la nation, le département, le tribunal de cassation, la partie gangrénée de la municipalité, les juges de paix, les commissaires de sections, avec les coupe-jarrets et les mouchards de la police.

» Qui sait même si ces fêtes ont simplement pour but d'égarer l'opinion publique? Qui sait si elles ne serviront pas à voiler quelques affreux complots? Qui sait si elles ne sont pas destinées à détourner l'attention du peuple de l'abîme creusé sous ses pas ? »

— Le rapport de Français de Nantes, sur les prêtres insermentés, eut lieu à la séance du 5 mai ; Dumas, au nom du comité militaire, fit, dans la même séance, un rapport sur l'organisation des cours martiales. — Le décret sur les prêtres fut porté le 27 ; celui sur les tribunaux militaires, le 12. — Voici ces pièces.

Rapport de Français de Nantes sur les prêtres insermentés.
(*Séance du 5 mai.*)

« Le projet de loi que le comité vient soumettre à votre discussion renferme des dispositions, sur les prêtres dissidens, qui sont tellement importantes que le salut public dépend peut-être de la détermination que vous allez prendre.

» Il faut se dépouiller ici de toute passion, considérer avec froideur ces objets prétendus religieux, qui ne peuvent enflammer que des imaginations malades ; mesurer par la pensée le mal dans toute son étendue, mais le resserrer dans ses justes bornes ; examiner ce que la liberté peut tolérer et ce qu'elle doit défendre ; peser ce que la justice exige et ce que l'humanité ordonne, mais surtout écouter ce que le salut de la patrie commande ; il faut voir si la rigueur est ici tellement nécessaire que sans elle le salut public fût compromis : toute rigueur que la chose publique ne commande pas est une barbarie dans un état arbitraire ; elle est une infamie chez un peuple libre. Cherchons donc à jeter une grande lumière sur les intérêts, les principes et l'influence des ministres dissidens, afin que si nous sommes forcés d'employer la sévérité, il ne soit pas une ame juste qui ne l'approuve, pas une ame sensible qui ne la pardonne, et qui ne reconnaisse que, placés entre une poignée de séditieux et la patrie, nous n'avons pas dû hésiter un instant. Sauver la patrie, voilà notre vœu à tous ! Et si quelquefois nos esprits ont paru divisés, on a du moins vu toujours nos cœurs réunis dans ce sentiment.

» Le despotisme, dans tous les pays, s'est appuyé sur deux choses : sur une armée et sur une église. Lors de la révolution française les chefs de l'armée ont fui ; les soldats se sont souvenus qu'ils étaient citoyens, et le despotisme a manqué par cette base.

» L'église, toujours ambitieuse et adroite, toujours forte des grands intérêts dont elle sait couvrir le sien, toujours puissante par ce qu'elle promet et par ce dont elle menace, toujours active dans les souterrains mystérieux que sa politique a su lui ménager, a tenu plus ferme, et elle a continué de se conduire d'après ce système raisonné qu'on lui voit suivre depuis quinze siècles, et dont les combinaisons ont toujours été d'attirer à elle le pouvoir et les richesses dans les temps d'ignorance, sous le nom d'*Église triomphante*, et de se rattacher dans les temps de lumière les esprits faux et prévenus, sous le nom d'*Église persécutée*. Ses pontifes ont fui ; mais un grand nombre de ses ministres, au lieu de se rappeler qu'ils appartenaient à la patrie, ont feint de se souvenir qu'ils appartenaient à Dieu, nom sous lequel on a commis toutes sortes de crimes sur la terre.

» La Constitution nous a délégué deux pouvoirs, celui de conserver ce qu'elle a créé, celui d'empêcher que ce qu'elle a détruit ne renaisse, ou ne désorganise ce qu'elle a créé.

» La première question est donc celle-ci : Est-il vrai que l'ancien clergé cherche à renaître sous la forme de corporation, ou à désorganiser les institutions nouvelles ?

» La seconde : Les moyens ordinaires de suppression suffisent-ils pour empêcher les suites de ces efforts et de cette résistance ?

» La troisième : Quel pouvoir pouvons-nous déployer pour dissoudre, dans ses derniers élémens, cette corporation que la révolution semble avoir plutôt assoupie que détruite ?

» Je vais me livrer à l'examen rapide de ces questions, en ne perdant point de vue que la première économie est celle du temps, et que ce qu'il faut ici, ce ne sont pas des mots, mais des choses.

» Sur la première question il suffit de lire les bulles du pape, les mandemens, les pastorales, les protestations, les écrits de l'ancien clergé ; il suffit d'entendre ses prédications, d'examiner sa conduite et celle de ses sectaires pour s'assurer que ses membres, épars dans tout le royaume, forment un tout homogène qui se conduit sur le même intérêt et sur le même plan ; et pour se convaincre enfin que cette vieille corporation est encore debout, ayant un pied appuyé sur le Vatican et l'autre, qui se dérobe à la vue, semble appuyé sur les marches d'un grand trône.

» Quant à la seconde question, il est connu de tout le monde qu'un grand nombre de dissidens, depuis trente mois, ont écrit, prêché et confessé pour la cause de la contre-révolution, fanatisé et armé les villages, et que pas un seul n'a été puni.

» Il serait possible que la Constitution pérît de l'une de ces trois manières, ou par le dérangement des finances, ou par l'anarchie, ou par une grande coalition des ennemis du dedans avec les ennemis extérieurs. Quant aux finances, les recouvremens se font avec lenteur dans les campagnes; mais comment pourront-ils s'y faire tant que vous aurez quinze ou vingt mille prêtres qui diront à des hommes simples que former de nouveaux rôles *c'est offenser Dieu*, et que payer l'impôt *c'est se damner?* Tous nos ennemis (et nous en avons de plus d'un genre) veulent l'anarchie; et si, aux combinaisons de tant de causes simultanées, vous laissez encore se réunir une force puissante par elle-même, et par toutes celles dont elle dispose et qui se meuvent dans sa sphère d'activité, vous courez le risque d'une désorganisation totale. Je suppose que les quinze ou vingt mille dissidens aient dans leur faction une vingt-cinquième partie de la population, c'est-à-dire un million d'êtres, y compris les femmes, les enfans et les imbéciles par nature, et les imbéciles par art; voilà une cause toujours agissante d'anarchie; voilà un moyen de contre-révolution que vous laissez s'inoculer dans l'État, et qui provoquera des attaques, entretiendra l'espérance des ennemis du dedans et du dehors, fomentera une agitation intestine et continuelle, et qui finira, comme toutes les grandes fatigues, par le sommeil ou le marasme : de sorte qu'il s'agit peut-être, ou de dissoudre ce noyau, ou de laisser se dissoudre un jour la Constitution; et j'ose dire que si les actes des directoires envers les dissidens sont illégaux, ils sont du moins dictés par des vues pures, et rien ne prouve plus l'impuissance des moyens ordinaires que la nécessité où ils se sont trouvés de recourir à ces mesures qu'ils ont prises dans des temps de troubles, comme dans les incendies on est souvent forcé de violer la liberté individuelle pour sauver toute une ville. Et si les gardes nationales sont obligées de se porter aux frontières, que deviendra alors l'intérieur, abandonné par les patriotes et livré au fanatisme? Et quel est celui d'entre vous qui peut ne trembler pas lorsqu'il réfléchit que vous avez auprès de vos armées et le long des frontières des hommes qui peuvent en ouvrir les portes aux ennemis, en accroître le nombre de tous les simples dont ils ont la confiance, et qu'ils ont des bannières toutes prêtes pour les soldats de l'Église, et des absolutions pour tous les conspirateurs !

» Les maux étant grands, les périls graves, il faut ici une grande mesure, et je présenterai comme idée générale que dans les temps de grandes agitations les demi-mesures ont toujours le double danger d'irriter et d'enhardir les mécontens : les passions hardies et véhémentes, qu'on a vainement cherché à ramener par des moyens doux, ne peuvent plus se guérir que par des remèdes qui agissent avec une puissance supérieure à la leur. Ennemi des moyens extrêmes, ami de l'humanité, j'ai lutté contre toutes les mesures extraordinaires jusqu'à ce que j'aie été bien convaincu que le défaut de sévérité dans ces instans périlleux serait une indulgence tout en faveur d'une minorité rebelle contre une majorité fidèle : alors il n'a plus été question que de chercher cette mesure.

» Vous connaissez tous l'histoire du schisme de Sicile; vous savez le nombre prodigieux de bulles, toutes plus fulminantes les unes que les autres, que la cour de Rome lança au commencement de ce siècle sur cette île, déjà assez malheureuse par le volcan que la nature lui a donné, sans que le saint père cherchât encore à y en allumer un autre; vous savez enfin tout ce fracas d'explosions pontificales qui grondèrent durant cinq années au sujet d'un panier de légumes : le roi de Sicile ou ses fermiers

s'avisèrent de croire que l'évêque du pays devait à l'État sur ses
denrées les mêmes taxes que les autres citoyens. Ce fut en vain
qu'on offrit à l'Église les restitutions les plus complètes, les excuses les plus humbles : on avait soumis à des taxes civiles des
légumes sacrés; on avait porté une main sacrilége sur l'encensoir : rien ne put fléchir la sainte colère de l'évêque de Lipari. Il
alla conter sa peine à l'évêque de Rome, emmenant avec lui une
partie de sa milice, et laissant l'autre partie qui soulevait tous les
citoyens, et qui courait, comme autrefois les filles de Cérès, dans
les campagnes de Sicile, armée de flambeaux. Cet incendie s'accroissait tous les jours par des excommunications nouvelles, par
les mandemens et les protestations de l'évêque, lorsque le vice-roi
de Sicile, d'après les ordres de l'empereur, à qui cette île venait d'é-
choir, fit enlever les prêtres dissidens, et les fit embarquer sur
un vaisseau qui les laissa sur les terres du pape. Alors la paix se
rétablit en Sicile; toutes les bulles s'évanouirent comme de vains
météores, et l'on ne s'aperçut pas que l'Etna vomit plus de feux
et de laves sur la Sicile excommuniée que sur la Sicile orthodoxe.
Je suppose que l'empereur se fût abandonné aux conseils des
dissidens, ou qu'il n'eût pris qu'une demi-mesure; il est évident
que dans le premier cas il se constituait vassal et serf du pape en
reconnaissant dans ses états une puissance supérieure à celle du
peuple et à la sienne, et que dans le second il allumait la guerre
civile entre les sujets fidèles aux lois du pays et ceux fidèles aux
ordres du pape.

» Grande leçon pour les princes de ne jamais s'abandonner
aux conseils des ultramontains! Voyez ce qu'ils firent du faible
et pusillanime Charles IX! Toujours ces conseils italiens, dont on
empoisonne l'oreille des princes, aboutirent à faire assassiner les
peuples par les rois ou les rois par les peuples.

» Je suis loin cependant de vous conseiller de prendre, du premier
abord et contre tous les dissidens une mesure aussi violente que
celle qu'on a vue sans surprise adoptée par le despotisme, parce
que son essence à lui c'est le crime, mais qu'on ne pardonnerait
pas à la liberté qui ne peut marcher sans la justice. Il n'est pas impossible que dans cette masse de dissidens qui nous agite il y en ait

de paisibles ; il faut ici comme partout distinguer les innocens des coupables, car l'innocence punie est une calamité pour la patrie, une tache pour la liberté. Ne pourrait-on pas trouver un moyen extraordinaire de faire juger cette espèce de peuple extraordinaire, cette nation étrangère qui ne reconnaît pas les lois du pays et qui vit au milieu d'une autre nation ? Ne pouvez-vous pas soumettre les ministres dissidens à une police dont vous investirez les corps administratifs ? Les municipalités ont aussi des fonctions administratives, et cependant elles exercent des fonctions judiciaires : rien ne s'oppose à ce que la loi investisse les directoires de cette fonction sur les ministres non sermentés, et le salut public le commande. Déjà le corps constituant a soumis à la police correctionnelle et à une détention plus longue ceux qui ne jouissent pas des droits de citoyen actif ; déjà vous avez décrété, dans la loi des passeports, que les non domiciliés pouvaient être mis en état de détention lorsque personne ne voudrait les cautionner : ici il s'agit d'hommes qui ne jouissent pas des droits de citoyen, non parce qu'ils ne le peuvent, mais parce qu'ils ne le veulent ; d'hommes qui non-seulement ne jouissent pas d'un domicile légal dans une ville, mais qui n'en jouissent même pas dans l'État, puisqu'ils n'ont pas voulu en jurer les lois.

» Vous avez donc incontestablement le droit de créer une nouvelle police et de nouveaux juges pour une espèce d'hommes aussi nouvelle dans un État, non-seulement parce qu'elle a refusé le serment, mais parce qu'elle est intolérante par principe, et que nul État libre ne doit tolérer une religion intolérante, mais parce qu'elle reconnaît hors de l'État un souverain dans lequel les conformistes ne voient qu'un simple chef, un affilié, qui peut bien rompre avec eux, si tel est son intérêt ou sa fantaisie, sans que ceux-ci cherchent jamais à rompre avec les vrais principes du christianisme, auxquels lui, chef et pontife, est subordonné comme eux, quoiqu'il ne se pique pas d'y rester aussi fidèle.

» Il s'agirait donc de faire précéder la peine d'exil ou de déportation de trois mesures préliminaires qui protégeraient les dissidens paisibles, et concentreraient l'action de la peine sur les

perturbateurs, et ces mesures, vous les trouverez dans le projet
de décret.

» Nous ne devons pas seulement peser ici les considérations
politiques ; mais nous devons nous occuper aussi de rendre au
peuple la paix domestique, ce bonheur que la nature a placé pour
tous les hommes au sein de leur famille, et dont ils poursuivent
vainement l'image fausse et fugitive dans ce tourbillon appelé
monde, sur ce théâtre d'agitation et d'intrigue où l'esprit, au lieu
de bonheur, n'aperçoit que des ombres qui passent un instant sur
l'amour-propre, mais qui laissent l'ame sans émotion et le cœur
sans jouissance. Cette paix et ce bonheur se sont exilés des villages depuis le jour où le fanatisme y est entré. J'ai vu dans les
campagnes les liens les plus sacrés rompus, les flambeaux d'hy-
ménée ne jeter plus qu'une lueur pâle et sombre, ou changés en
torches des furies ; le squelette hideux de la superstition s'asseoir
jusque dans la couche nuptiale, et se placer entre la nature et les
époux ; le fils repoussé du sein de sa mère parce qu'il s'était consacré au service d'une autre mère non moins tendre, la patrie ;
les jeunes gens hésitant entre leur cœur et la superstition, ne sachant plus sur quel autel faire bénir une union désirée, ni quel
est le Dieu qui les appelle ou le Dieu qui les repousse ; l'agricul-
teur ne sillonner plus qu'avec effroi le champ abreuvé de ses
sueurs, et n'y voir, au lieu de la Providence qui le couvre de
moissons, que des démons qui le dévorent ; l'état civil des personnes, cette première propriété de l'homme civilisé, laissé à
l'abandon ; les morts laissés sans sépulture, et le fanatisme descendre jusque dans les tombeaux pour en arracher les tristes dépouilles de l'homme, que l'homme ne voit qu'avec horreur ; enfin j'ai vu le cours de la nature pour ainsi dire suspendu, une
sorte de bouleversement opéré dans les facultés humaines, depuis que le fanatisme a étendu sur les campagnes ses crêpes
ensanglantés ! O Rome, es-tu contente ? Te faut-il encore de plus
grands maux et de plus grandes discordes ? N'as-tu pas bu déjà
le sang des Montalbanais et des citoyens du Morbihan ? Quelle
page de l'histoire n'est pas souillée des maux que tu nous as faits !

Quelle partie de l'empire puis-je parcourir où je ne trouve les
traces de tes crimes passés, ou les agitations de tes manœuvres
présentes ! Es-tu donc comme Saturne à qui il faut tous les jours
des holocaustes nouveaux ? Reprends, reprends ta funeste milice,
instrument de tous nos maux, et qui s'est soustraite à nous pour
rester toute à toi ? »

» Partez, artisans de discorde ! Le sol de la liberté est fatigué
de vous porter ; laissez-nous jouir en paix chez nous des douceurs de la société et des sentimens de la nature. Partez ! Eh
quoi, s'est-il donc éteint tout à coup, ce beau zèle qui vous em-
porta tant de fois aux deux extrémités du monde pour y propager vos doctrines turbulentes ? Ne vous vit-on pas autrefois sur
les rives du Jéniscea et des Amazones, depuis ces froides contrées
où le Groënlandais vivait heureux avant de vous connaître, jusqu'à cette zône brûlante où, avides d'or et de sang, vous por-
tâtes au paisible Péruvien les vices de l'Europe et les poisons de
l'Italie ?

» Il est aisé de suivre les traces de votre passage sur ce globe;
elles sont toutes marquées en longs ruisseaux de sang ! Pourquoi
donc aujourd'hui nous donner la triste préférence de ces discordes dont vous embrasâtes autrefois tout le monde ? Partez ! l'armée noire vous attend ; elle présente à votre zèle apostolique une
vaste carrière : vous y trouverez tous les vices à convertir ou tous
les crimes à absoudre ; vous y verrez l'intempérance d'un***,
l'impudicité d'une***, la débauche d'un***, la férocité d'un***; tout
ce que la France renfermait de parricides, d'incestueux, de
banqueroutiers, d'empoisonneurs et d'assassins, elle les a tous
vomis dans ce cloaque ; il peut se vanter aujourd'hui de renfermer
tous les vices épars dans tout le monde. Partez ! Nos gardes nationales protégeront votre sortie sur les frontières; elles vous
garantiront des agitations que vous faites naître; nous vous nour-
rirons même s'il le faut chez l'étranger, trop heureux de nous
débarrasser de vous, à quelque prix que ce puisse être ! Partez !
Ou bien un penchant plus analogue à vos sentimens vous appelle-
t-il en Italie ? Voulez-vous aller respirer l'air du mont Aventin ?

Le vaisseau de la patrie est prêt : déjà j'entends sur le rivage les cris impatiens des matelots ; le vent de la liberté enflera les voiles, et les ondes, dociles à nos vœux, favorables à notre espoir, vous porteront doucement sur les rives du Tibre, auprès de votre cher souverain ! Vous irez comme Télémaque chercher votre père sur les mers ; mais vous n'aurez pas à craindre les écueils de Sicile ni les séductions d'une Eucharis. Le pontife vous protége ; et n'avez-vous pas pour vous vos vertus ? Partez ! Écoutez la voix de quatre millions de gardes nationales qui vous disent : faites cesser nos inquiétudes et nos alarmes ; rendez-nous les cœurs de nos mères, de nos épouses, de nos filles, que vos sinistres inspirations ont enlevés à nos cœurs ! Partez ! Mais dans quelque partie du monde que vous portiez vos pas, soit que vous passiez les monts ou traversiez un fleuve, mettez toujours entre vous et nous, s'il est possible, la plus haute des montagnes ou le plus large des fleuves.

» Oh ! quelle fête pour la liberté que le jour de votre départ ! Quel triomphe pour les patriotes ! Quel soulagement pour la patrie, lorsqu'elle aura vomi de ses entrailles le poison qui les dévore ! Je vois la paix reprendre son empire, les liens de la nature se resserrer plus touchans que jamais, la tranquillité de retour dans les hameaux, et les cris de douleur des villageois se changer en chants d'allégresse!

» Dis-moi, pontife de Rome, quels sentimens t'agiteront lorsque tu reverras tes dignes et fidèles coopérateurs ? Je vois tes doigts sacrés préparer aussitôt ces foudres pontificales, qui n'auront même pas le triste succès d'une vaine et stérile explosion ? Tu agis sur les ames ignorantes et faibles, mais la liberté remue les ames courageuses et fortes ; elle compte aussi dans ses fastes ses martyrs et ses apôtres, et si jamais chez nous elle était en danger nous trouverions des milliers de Barnevelt !

» Qu'on apporte ici le réchaud de Scévola, et, les mains tendues sur le brasier, nous prouverons qu'il n'est sorte de tourmens ni de supplices qui puisse faire froncer le sourcil de celui que l'amour de la patrie élève au-dessus de l'humanité ! »

M. Français donna lecture des articles du projet qui concernait les prêtres non sermentés. La discussion s'ouvrit après quelques jours, et se prolongea jusqu'au 26. Trente projets furent
présentés : celui du comité obtint d'abord la priorité ; bientôt il
parut insuffisant ; elle lui fut retirée, et l'Assemblée l'accorda au
projet de M. Benoiston. Cet orateur, s'étayant de l'aveu même
d'un prêtre, éloigna en peu de mots la mesure proposée du serment civique avant la déportation : « Je ne conçois pas, dit-il,
comment on a pu vous proposer ce serment comme un moyen
efficace, lorsque tant de raisons concourent pour vous en dénoncer l'inefficacité. Le sieur Lalaurenzi, ci-devant évêque de
Nantes, disait, à l'occasion d'un pareil serment, *chez les hommes
qui ont deux consciences, l'une pour le civil, l'autre pour le
spirituel ; l'une n'astreint jamais l'autre ; elles peuvent au contraire se dégager réciproquement.* Je ne pousserai pas plus loin
mes réflexions. Nous devons adopter la déportation ou la guerre
civile, point de milieu. » Le projet de M. Benoiston, vivement
combattu, mais plus fortement appuyé, fut décrété en ces
termes :

Décret concernant les prêtres non sermentés. (*Du 27 mai 1792.*)

« L'Assemblée nationale, après avoir entendu le rapport de
son comité des douze, considérant que les troubles excités dans
le royaume par les ecclésiastiques non sermentés exigent qu'elle
s'occupe sans délai des moyens de les réprimer, décrète qu'il y
a urgence.

» L'Assemblée nationale, considérant que les efforts auxquels
se livrent constamment les ecclésiastiques non sermentés pour
renverser la Constitution, ne permettent pas de supposer à ces
ecclésiastiques la volonté de s'unir au pacte social, et que ce serait compromettre le salut public que de regarder plus long-
temps comme membres de la société des hommes qui cherchent
évidemment à la dissoudre ; considérant que les lois pénales sont
sans force contre ces hommes qui, agissant sur les consciences
pour les égarer, dérobent presque toujours leurs manœuvres en

minelles aux regards de ceux qui pourraient les faire réprimer et punir ; après avoir décrété l'urgence, décrète ce qui suit :

» Art. Ier. La déportation des ecclésiastiques insermentés aura lieu comme mesure de sûreté publique et de police générale, dans les cas et suivant les formes énoncées ci-après :

» II. Seront considérés comme ecclésiastiques insermentés tous ceux qui, assujétis au serment prescrit par la loi du 26 décembre 1790, ne l'auraient pas prêté ; ceux aussi qui, n'étant pas soumis à cette loi, n'ont pas prêté le serment civique postérieurement au 3 septembre dernier, jour où la Constitution française fut déclarée achevée ; ceux enfin qui auront rétracté l'un ou l'autre serment.

» III. Lorsque vingt citoyens actifs d'un même canton se réuniront pour demander la déportation d'un ecclésiastique non sermenté, le directoire de département sera tenu de prononcer la déportation, si l'avis du directoire du district est conforme à la pétition.

» IV. Lorsque l'avis du directoire de district ne sera pas conforme à la pétition, le directoire de département sera tenu de faire vérifier par des commissaires si la présence de l'ecclésiastique ou des ecclésiastiques dénoncés nuit à la tranquillité publique ; et, sur l'avis de ces commissaires, s'il est conforme à la pétition, le directoire du département sera également tenu de prononcer la déportation.

» V. Dans le cas où un ecclésiastique non sermenté aurait par des actes extérieurs excité des troubles, les faits pourront être dénoncés au directoire du département par un ou plusieurs citoyens actifs, et après la vérification des faits la déportation sera pareillement prononcée.

» VI. La demande ou pétition dont il est parlé dans les précédens articles, devant être signée de ceux qui la formeront, sera remise par eux au directoire du district ; ils en affirmeront la vérité devant le même directoire, qui leur fera délivrer par son secrétaire, sur papier libre et sans frais, un certificat du dépôt de cette pétition.

» VII. Le directoire du district vérifiera, sur les tableaux qui doivent être déposés dans son secrétariat, ou par tout autre moyen, si les signataires de la pétition sont véritablement citoyens actifs; d'après cette vérification, il donnera son avis et le fera passer à l'administration du département dans les trois jours qui suivront celui de la date du dépôt.

» VIII. Dans le cas où les citoyens actifs qui auront à former la pétition prescrite ne sauraient écrire, elle sera reçue en présence du procureur-syndic par le secrétaire du district, qui, après l'avoir rédigée, en donnera lecture aux pétitionnaires, et relatera leur déclaration de ne savoir signer.

» IX. Lorsque les préalables prescrits par les articles précédens auront été remplis, tant de la part des pétitionnaires que de la part du directoire de district, le directoire de département sera tenu de statuer dans trois jours si l'avis du directoire de district est conforme à la pétition.

» X. Lorsque l'avis du directoire de district ne sera pas conforme à la pétition, le directoire de département aura quinze jours pour faire procéder aux vérifications prescrites en pareil cas, et pour statuer définitivement.

» XI. L'avis du directoire de district ou celui des commissaires-vérificateurs étant conforme à la pétition, il sera enjoint par l'arrêté du directoire de département aux ecclésiastiques sujets à la déportation de sortir et se retirer, dans vingt-quatre heures, hors des limites du district de leur résidence, dans trois jours hors des limites du département, et dans le mois hors du royaume. Ces différens délais courront du jour où la sommation leur en sera faite à la requête du procureur-général-syndic du département, suites et diligences du procureur-syndic du district.

» XII. Copie de l'arrêté du département sera notifiée à chacun des ecclésiastiques sujets à la déportation, ou à leur dernier domicile connu, avec sommation d'y obéir et de s'y conformer; cette notification se fera sur papier libre, sans autres frais que les vacations de l'huissier, modérés aux deux tiers des vacations ordinaires, et sera soumise à l'enregistrement gratuit.

» XIII. Sitôt après cette notification l'ecclésiastique sera tenu de déclarer devant la municipalité du lieu de sa résidence, ou devant le directoire du district, le pays étranger dans lequel il entend se retirer ; et il lui sera délivré sur-le-champ par la municipalité ou le directoire du district, un passeport qui contiendra son signalement, sa déclaration, la route qu'il doit tenir et le délai dans lequel il doit être sorti du royaume.

» XIV. Dans le cas où l'ecclésiastique n'obéirait pas à la sommation à lui faite, le procureur-syndic du district sera tenu de requérir la gendarmerie nationale pour le faire transférer de brigade en brigade au-delà des frontières les plus voisines du lieu de son départ, et les frais de cette translation, dont il sera dressé procès-verbal, seront retenus sur sa pension ou ses revenus.

» XV. Lorsque l'ecclésiastique contre lequel la déportation sera prononcée n'aura ni pension ni revenu, il recevra trois livres par journée de dix lieues jusqu'aux frontières, pour le faire subsister pendant la route ; ces frais seront supportés par le trésor public, et avancé par la caisse du district dans lequel résidait cet ecclésiastique.

» XVI. Ceux des ecclésiastiques, contre lesquels la déportation aura été prononcée, qui resteraient dans le royaume après avoir déclaré leur retraite, ou qui rentreraient après leur sortie, seront condamnés à la peine de détention pendant dix ans.

» XVII. Les directoires de département seront tenus d'envoyer chaque mois au pouvoir exécutif, qui en rendra compte à l'Assemblée nationale, l'état nominatif des ecclésiastiques dont il aura prononcé la déportation.

» XVIII. L'Assemblée nationale n'entend, par les précédentes dispositions, soustraire aux peines établies par le Code pénal les ecclésiastiques non sermentés qui les auraient encourues ou pourraient les encourir par la suite.

» XIX. Le présent décret sera porté dans le jour à la sanction. »

[*M. Dumas.* « Parmi les mesures qui vous ont été successivement soumises pour perfectionner l'organisation des armées et
le service militaire en campagne, une organisation des tribunaux militaires à l'armée, et une manière plus prompte de procéder vous ont été demandées, comme le seul moyen d'assurer
l'obéissance et la discipline sans laquelle la force armée, loin d'ê-
tre une institution salutaire, devient le fléau du corps social, et
peut en entraîner la destruction. Cette partie des travaux de votre Comité militaire se trouvait naturellement liée à la question
de responsabilité des généraux d'armée, que le ministre de la
guerre, d'après la demande expresse des généraux, vous avait
présentée, et que de sinistres augures de méfiance rendaient
utile à examiner ; et peut-être serait-il nécessaire aujourd'hui d'é-
clairer l'opinion publique sur la différente nature de fonctions,
et sur la responsabilité des divers agens du pouvoir exécutif pendant la guerre ; du ministre qui doit résoudre le plan général et
le système de guerre ; du général qui doit résoudre et diriger le
détail de toutes les opérations dont lui seul peut juger les avantages et l'opportunité.

« Ce n'est donc pas de la circonstance d'un grand désordre que
naît la loi que vous proposeront vos Comités réunis ; ils ont jugé
qu'elle était d'autant plus instante, que les événemens justifiaient
votre prévoyance. Vos Comités ont donc approfondi les motifs
qu'il importe à notre situation militaire et politique de développer. La fortune une fois a trahi nos espérances ; mais avions-
nous besoin de premiers et de rapides succès pour nous encourager à soutenir la cause de notre liberté ?

« Non , c'est à l'école du malheur que s'affermit le courage des
hommes libres. Nous retrouverons ces avantages de l'impétuosité
française. Les plus braves troupes valent mieux après avoir été
ainsi éprouvées. Les soldats timides , ne supportant pas le poids
de la honte , s'aguerrissent , et l'expérience d'un premier revers
vieillit et forme les bons capitaines.

» Écoutez l'immortelle leçon de celui qui sait deviner le secret de
la force des gouvernemens, leçon trop applicable aux circonstances où nous nous trouvons, mais qu'il est beau et consolant pour
des Français de recevoir de Montesquieu.

» Toutes les fois, dit-il, que les Romains se crurent en danger,
ou qu'ils voulurent réparer quelque perte, ce fut une pratique
constante chez eux de raffermir la discipline militaire. Ont-ils à
faire la guerre aux Latins, peuple aussi aguerri qu'eux-mêmes ?
Manlius songe à augmenter la force du commandement, et fait
mourir son fils qui avait vaincu sans son ordre. Sont-ils battus à
Numance ? Scipion Emilien les prive d'abord de tout ce qui les
avait amollis. Les légions romaines ont-elles passé sous le joug en
Numidie ? Métellus répare cette honte aussitôt qu'il leur a fait
reprendre leurs institutions anciennes. Marius, pour battre les
Cimbres et les Teutons, commence par détourner les fleuves; et
Sylla fait si bien travailler les soldats de son armée, effrayés de la
guerre contre Mithridate, qu'ils la lui demandent comme la fin
de leurs peines. Leurs troupes étant toujours les mieux discipli-
nées, il était difficile que, dans le combat le plus malheureux, ils
ne se ralliassent quelque part, ou que le désordre ne se mît quelque part chez les ennemis. » Ces exemples seront suivis, si, nous
montrant inaccessibles à la mauvaise fortune, nous prenons de la
force dans l'inépuisable source des lois. Si nous ne réprimons les
factions et leur avilissante influence sur nos fidèles soldats, il
faut changer celle-là. Si le roi, se montrant le fidèle gardien de
la Constitution, prouve en faisant exécuter les lois que ce n'est
point un vain titre que celui de chef suprême de l'armée, le salut
de la France, le sort de la guerre, le sort de la France est ici;
que chacun fasse son devoir, car nous sommes aussi devant les
ennemis de la patrie. (On applaudit.)

» Loin de nous la pensée que jamais les autorités constituées
puissent fléchir sous le poids des circonstances : qu'elles se réunissent et se fortifient par une mutuelle confiance, et la bonne
cause triomphera. Si vous n'établissez dans les armées une forme

de jugement militaire, qui prévienne le danger des délais dans la punition des délits, la force morale du général est détruite, et vainement les lois lui auront-elles confié le pouvoir de faire des réglemens, et d'attacher des peines aux délits qu'il aura prévus qui les fera exécuter, ou il n'y aura plus de subordination? dès lors le succès des opérations, le sort journalier des armes, seraient la mesure de l'obéissance des troupes. Songez que le génie du général de l'armée est une propriété nationale ; c'est un instrument auquel il faut laisser tout son ressort ; et dans ce métier difficile, où toutes les connaissances humaines, et toutes les vertus réunies seraient souvent encore au-dessous des circonstances, celui-là sert le mieux son pays qui commet le moins de faute, et profite le plus habilement de celles de son adversaire ; mais dans cette multiplicité de combinaisons que le moindre événement peut changer, sous prétexte d'une surveillance inutile, injurieuse et destructive, les soupçons erraient sans cesse dans nos camps. Quel général pourrait appliquer toutes ses facultés, et donner tous ses soins aux vastes conceptions de l'art des combats ?

» Le caractère de la défiance est de se fortifier par ses propres ravages ; elle vole avec rapidité, et parcourant les frontières, les armées, elle se grossit des bruits les plus vagues, des rumeurs les plus incertaines : un soupçon lancé par un ennemi secret, devient une probabilité au second rang ; au troisième, c'est une certitude. Après avoir accablé un général, après avoir détruit son successeur, la défiance cherche encore quelle est la victime qu'elle doit immoler. Je vous le demande ; où s'arrêtera-t-elle ? Est-ce la vertu, la probité, de longs et éclatans services qui pourront la faire reculer ? Eh ! n'a-t-elle pas à côté d'elle la calomnie pour noircir la vertu, pour supposer des crimes ? La calomnie à laquelle des écrivains pervers ont su donner, depuis quelque temps, une marche régulière et systématique ; voyez dans ce moment un général blanchi dans la carrière des armes, plus de cinquante ans de valeur et de fidélité, de nombreux exploits guerriers, l'armée sauvée par lui et rendue victorieuse à Clostercamp,

l'Amérique rendue indépendante et libre par ses talens et ses
succès ; eh bien ! le maréchal Rochambeau lui-même n'est pas
soustrait par sa vie entière aux attaques de la calomnie et aux désastreux effets de la défiance. (On applaudit.) Le génie de Turenne n'eût point soutenu de telles épreuves ; et l'opération la
mieux conçue et la mieux conduite peut toujours être interpré-
tée par d'artificieuses suppositions si facilement accueillies par
l'ignorance, d'une manière contraire à son but. Éloignons ces
fléaux de nos armées ; étouffons le sentiment épouvantable qui
tend toujours à charger la tête du général de tout le poids des
revers ; car, comme le dit Tacite : « Telle est la pire condition de
la guerre, que chacun s'attribue à lui seul les choses prospères,
et que les adverses sont imputées à un seul. »

« Cette austère discipline qui assure les succès, n'est chez nos
voisins qu'une obéissance servile ; mais elle doit parmi nous prendre sa source dans les sentimens les plus généreux, et produire
les plus mâles vertus. Si tous les peuples libres poussèrent cette
austérité à un point qui nous paraît rude jusqu'à la férocité,
combien, à plus forte raison, dans l'agitation de la plus entière
révolution morale qui soit arrivée parmi les hommes, devons-
nous nous prémunir contre les dangers de l'indiscipline ? Oui, c'est
à ce qui nous reste encore de l'esprit servile qui tourne si facilement à la licence, qu'il faut attribuer l'indiscipline qui a désolé
notre armée. — Il faut mûrir les fruits de cette régénération.
Il faut dévorer l'avenir ; et, pour nous empêcher de détruire notre ouvrage de nos propres mains ; il faut atteindre à cette discipline qui, sans doute, est une contradiction avec l'indépendance
primitive ; comme les plus belles et les meilleures fortifications
sont prisées et admirées, encore que leur dessein et leurs formes
choquent et contrarient les formes de la nature. Or, cette discipline ne peut être produite que par deux puissans ressorts, la
liberté et le despotisme ; mais il y a cette essentielle différence,
que la discipline du despotisme tend à le détruire ; que plus le
ressort en est comprimé, plus il est près de rompre et d'entraîner son agent ; tandis qu'au contraire la discipline des peuples

libres se fortifie à mesure que les principes du gouvernement s'épurent et s'affermissent,

» Rassurons-nous donc; il est impossible que dans le cours d'une guerre entreprise pour la liberté, dans l'exaltation des plus honorables sentimens, que l'armée connaisse les motifs qui nous déterminent à prononcer fortement la volonté nationale; elle recevra, je ne dis pas avec soumission, mais avec reconnaissance, les lois les plus sévères. Félicitons-nous de la bonne conduite qu'ont tenue les braves gardes nationales de Paris, le régiment ci-devant d'Estérasy, le 6ᵉ régiment des chasseurs, et le 40ᵉ, ci-devant Vintimille. (On applaudit.) Ils ont appris à leurs compagnons d'armes, que l'obéissance et la confiance dans les généraux sont en même-temps la sauvegarde de la vie et de l'honneur. Le soldat français n'avait ci-devant qu'une ombre de gloire dans le succès des batailles. Il a défendu la liberté et ses continuelles jouissances; il a un intérêt personnel à ce que la force de l'armée se conserve dans toute son intégrité; la soumission aux lois de discipline est la véritable preuve de son patriotisme; le soldat citoyen repoussera avec horreur tous ces germes de méfiance, de mécontentement, de discorde, que les ennemis de la Constitution ont semés dans notre armée. Ce sont ces valeureux défenseurs de la liberté qui demandent à leurs généraux une discipline sévère, parce qu'ils savent qu'elle seule peut promettre des succès, parce qu'ils sont sûrs que ces lois frapperont d'abord sur les ennemis secrets, toujours les premiers à troubler l'ordre dans l'armée. Montrons donc enfin à l'Europe attentive à nos efforts, que l'amour de la liberté est un lien plus fort entre les hommes, un gage plus sûr de la fidélité et de l'obéissance des troupes, que l'habitude servile dont les armées modernes ont déshonoré le nom de discipline.

» Vos comités réunis ont d'abord examiné la proposition faite par le ministre de la guerre, d'établir un jury permanente; et reconnaissant l'impossibilité d'accorder deux idées, deux institutions contradictoires, ils se sont uniquement attachés à l'intention exprimée dans le mémoire des généraux et dans la demande du ministre ; ils ont considéré qu'il n'était pas de circonstance si impérieuse qui pût faire dévier des principes. Vous trouverez donc , dans les mesures que vos Comités vous proposent, l'empreinte du respect pour la sainte institution des jurés, les amis de la liberté trembleraient d'y porter atteinte ; mais peut-être, en réfléchissant aux circonstances où nous sommes, en remarquant la différence nécessaire qui existe entre l'armée et le reste du corps social , peut-être penserez-vous (et telle est mon opinion particulière) qu'il faut dans l'armée, pour sa propre sûreté, pour celle de la nation entière, une forme de jugement qui, à la guerre, présentât moins de difficultés et affermît la subordination par la promptitude de la punition des délits. Satisfaits de n'avoir à vous proposer que des modifications qui n'atteignent pas l'intégrité de la loi, vos Comités ont trouvé, dans l'art. XIII du titre IV de la force publique, un appui, une justification suffisante des changemens qu'ils vous proposent. Cet article, qui prévient d'avance les objections que l'on pourrait faire contre les changemens, et prouve que la Constitution vous a donné le droit de les faire, est conçu en ces termes :

» L'armée de terre et de mer , et la troupe destinée à la sûreté intérieure, sont soumises à des lois particulières, soit pour le maintien de la discipline, soit pour la forme des jugemens, et la nature des peines en matière de délits militaires.» Je ne développerai pas d'avance les motifs particuliers de chaque article de la loi qui nous est proposée ; j'ai pensé que vous préféreriez d'en entendre d'abord une première lecture , et qu'il y aurait moins de confusion dans les idées, en suivant à une seconde lecture l'ordre des articles, expliquant les changemens, et discutant les objections à mesure qu'elles seront présentées. (Les applaudissemens recommencent.)

» L'assemblée nationale, après avoir décrété l'urgence, décrète ce qui suit...» — M. Dumas présente un projet dont l'assemblée ordonne l'impression. Ce projet, légèrement modifié par la discussion , fut adopté dans les termes suivans :

Décret sur les tribunaux militaires. — (Séance du 12 mai.)

TITRE PREMIER. — *Des tribunaux militaires à l'armée.*

ART. Iᵉʳ. « Tous les délits militaires ou communs, commis à l'armée par les individus qui la composent, sans distinction de grade, de métier ou de profession, seront jugés par des cours martiales ou par la police correctionnelle militaire, suivant la gravité du délit, conformément aux dispositions suivantes.

II. » Tout prévenu d'un délit militaire ou d'un délit commun, dont la peine, s'il est trouvé coupable par le juré, doit être la privation de la vie ou de son état, sera traduit devant la cour martiale.

III. » Tout prévenu d'un délit ou d'une faute excédant celles de pure discipline, dont la connaissance est réservée par les lois militaires au conseil de discipline, et dont la punition ne devra être ni la privation de la vie, ni celle de son état, sera traduit devant le tribunal de police correctionnelle militaire.

IV. » A l'armée, les cours martiales et les tribunaux de police correctionnelle militaire, appliqueront aux délits militaires les peines énoncées dans le code pénal militaire, ainsi que dans les réglemens que les généraux et commandans en chef sont auto-risés à faire par l'article II de la loi du 19 octobre; elles appli-queront aux délits civils les peines énoncées dans les lois pé-nales ordinaires. La disposition de l'article du titre 1ᵉʳ de la loi du 19 octobre 1791 , sera observée dans tous les cas. En conséquence, il n'y aura pas de recours au tribunal de cassa-tion. »

TITRE II. — *Des cours martiales.*

Art. 1ᵉʳ. « Conformément à ce qui est prescrit par l'article VII de la loi du 29 octobre 1790, il sera établi, dans chaque armée, le nombre de cours martiales que le général d'armée aura jugé nécessaire.

II. » La juridiction de chacune des cours martiales établies dans la même armée s'étendra, dans le royaume et hors du royaume, sur tous les militaires attachés à cette armée, et sur toutes les personnes attachées à son service ou qui la suivent.

III.» Le siége habituel de chacune de ces cours sera déterminé par le général, en sorte que de chacun des points qu'occupera l'armée, on puisse promptement recourir à l'une d'elles. Cependant il sera libre au grand juge d'ordonner le transport de la cour martiale hors du lieu où elle siége habituellement, toutes les fois que cette mesure pourra contribuer à la sûreté des prisonniers ; à la prompte expédition des affaires, ou pour toute autre considération importante.

» Les cours martiales à l'armée pourront tenir leurs séances partout, et même en plein air.

IV. » Les prévenus de délits qui devront être jugés par les cours martiales seront traduits devant la plus prochaine, sur la plainte du commissaire-auditeur qui en aura le plus tôt été averti, soit par une dénonciation expresse, ou par la clameur publique, ou de toute autre manière.

V. » La formation du tableau des jurés, établie par la loi du 29 octobre 1790, ne sera pas obligatoire à l'armée.

» Le service des deux jurés sera rempli alternativement par tous les individus qui composent ou suivent les armées, sans qu'aucune raison puisse les en dispenser, de quelque arme, de quelque grade, profession qu'ils soient, soit qu'ils servent en corps ou par détachemens, ou même hors de ligne.

» On sera appelé, pour le service des jurés, par le commandant militaire de la division. Lorsqu'il n'y aura qu'un seul régiment dans le lieu où les deux jurés devront être convoqués, le régiment fournira les jurés nécessaires, en prenant les plus anciens officiers, sous-officiers et soldats, qui seront soumis à cet égard à un tour de service, et en suivant l'ordre des colonnes.

» Lorsqu'il y aura deux régimens dans le lieu de la convocation, il sera nommé des jurés sur la totalité des deux régimens. Lorsqu'il y en aura trois, il en sera de même, jusques et compris le nombre de quatre régimens, nombre auquel on s'arrêtera, quel que soit celui des troupes comprises dans la même division;

mais quand les quatre premiers régimens auront satisfait à cette obligation, on recommencera à nommer des jurés dans les régimens qui suivront.

» Les officiers des états-majors des armées, les officiers et sous-officiers pris dans les détachemens envoyés aux armées, quelle que soit leur arme, seront, dans toute circonstance, nommés par l'officier qui se trouvera commandé; en les prenant, chacun à leur tour, dans la colonne de leur grade.

» Nul ne sera appelé pour les jurés, s'il n'a les qualités requises par l'article XIX de la loi du 29 octobre 1790.

VI. » Lorsque les prévenus seront militaires, quel que soit leur nombre et leur grade, le jury d'accusation sera formé par des militaires, à raison d'un par chacune des sept premières colonnes, et de deux du grade du prévenu. Lorsque les prévenus seront des personnes attachées au service de l'armée, ou étant à sa suite, quel que soit leur nombre, le juré d'accusation sera composé de neuf personnes, à raison d'une par chacune des sept colonnes militaires; et de deux, prises à tour de rôle parmi les personnes de la même condition que l'accusé; il en sera de même lorsque, dans le nombre des prévenus, il y aura des militaires, des personnes non militaires; dans tous les cas, la majorité absolue entre les jurés d'accusation fixera leur détermination, ainsi qu'il est prescrit par l'article XLI de la loi du 29 octobre 1790.

VII. » Lorsque les accusés seront militaires, quel que soit leur nombre et leur grade, le juré du jugement sera formé d'après l'article XXIII de la loi du 29 octobre. Lorsque les accusés seront des personnes attachées au service de l'armée, en étant à sa suite, quel que soit leur nombre, il sera présenté, pour le juré du jugement, vingt-huit militaires, à raison de quatre par chaque colonne, et huit personnes prises à tour de rôle, parmi celles attachées au service de l'armée, ou étant à sa suite; ce qui donne le nombre de trente-six, qui, au moyen des récusations, se réduit à neuf, dont deux de la condition de l'accusé attaché à l'armée. Il en sera de même lorsque, dans le nombre des accusés,

quel qu'il soit, il y aura des militaires et des personnes non
militaires. Dans tous les cas, les récusations seront proposées
sur chacune des sept colonnes, pour les réduire successivement
au quart, conformément à ce qui est prescrit par l'article XXIV
de la loi du 29 octobre 1790; et s'il y a plusieurs accusés, les
récusations seront proposées alternativement par chacun d'eux,
à commencer par le plus jeune, ainsi qu'il est prescrit par la
deuxième partie de l'article XXVI de la loi d'octobre 1790.

TITRE III. — *Des juges de paix et de la police correctionnelle
militaire.*

Art. 1er. « Les commissaires-auditeurs qui, dans les cours martiales, resteront toujours chargés de la poursuite de tous les délits militaires, rempliront encore dans les camps et armées, les
fonctions de juge de paix, envers les gens de guerre et autres
attachés à leur service, ou qui sont à leur suite.

II. » Ils jugeront toutes les contestations qui pourront naître,
d'après les principes de la police correctionnelle civile. Ils jugeront aussi tous les délits qui n'emporteront pas la peine de la
privation de la vie et de l'état des personnes. Ils seront en conséquence assistés, dans leurs jugemens, par deux commissaires
ordinaires des guerres, et à leur défaut, par les deux capitaines
qui, sur l'état de service, se trouveront être rentrés les derniers
au camp.

III. » Les généraux d'armée, dans les réglemens que la loi les
autorise à proclamer, pendant la durée de la guerre, y classe-
ront tous les objets qui doivent être soumis à la police correctionnelle, et jugés par les commissaires-auditeurs.

IV. » Le pouvoir exécutif fera publier une instruction détaillée,
tant sur le service des cours martiales que sur le tribunal de police correctionnelle militaire dans les armées. Ce réglement, uniquement relatif au service en campagne, devra être conforme
aux bases établies par le présent décret et aux lois antérieures,
tant sur la compétence des tribunaux militaires, que dans le

Code pénal, pour tout ce qui ne se trouve pas expressément abrogé. »

Le 11, sur le rapport de Dumas, l'assemblée avait rendu le décret suivant contre les auteurs des désordres devant Mons et Tournay, et contre leurs provocateurs :

ART. Ier. « Le pouvoir exécutif donnera des ordres pour qu'il soit assemblé, dans tel lieu que le général de l'armée du Nord désignera, une cour martiale, devant laquelle seront traduits les officiers, sous-officiers et dragons des 5e et 6e régimens, prévenus d'avoir abandonné le poste qui leur avait été confié dans l'ordre de bataille du corps de troupes commandé par le lieutenant-général Biron.

II. » Immédiatement après la publication du présent décret, le général de l'armée fera sommer les 5e et 6e régimens de dragons de déclarer et de faire connaître les officiers et sous-officiers ou dragons qui, soit en prononçant le cri de trahison, soit en excitant leurs compagnons à la défection, se seraient les premiers rendus coupables d'avoir quitté le poste de bataille.

III. » Dans le cas où les deux régimens de dragons, ne déclarant pas les coupables dans le délai prescrit par le général, se trouveraient par-là chargés collectivement du crime de l'abandon du poste devant l'ennemi, le pouvoir exécutif donnera les ordres nécessaires pour que ces deux régimens soient cassés, sans préjudice toutefois de l'information et poursuite qui pourront résulter des comptes déjà rendus et des dénonciations qui sont ou qui pourraient être faites contre les prévenus, comme aussi de l'examen et justification légale et authentique de la conduite des officiers, sous-officiers et dragons qui auront fait leur devoir.

IV. » Si, en conséquence des articles ci-dessus, il y a lieu à casser les 5e et 6e régimens de dragons, les guidons des deux régimens seront déchirés et brûlés à la tête du camp, et les numéros qui marquent leur rang dans l'armée, resteront à jamais vacans.

V. » Le ministre de la justice rendra compte, de huitaine en huitaine, des poursuites qui ont dû être faites par les accusateurs

publics, en vertu de l'article III du titre III du Code pénal, contre ceux qui, par leurs discours, imprimés ou affichés, auraient
pu porter les soldats de l'armée du Nord aux désordres et à
l'insubordination dont ils se sont rendus coupables. »

Affaire de la Chapelle. — A la séance du 11, Élie Lacoste rendit compte des violences exercées à la Chapelle-Saint-Denis, près
Paris, le 24 janvier 1791, par des chasseurs soldés, qui, sous
prétexte de faire une perquisition de tabac de contrebande,
avaient maltraité chez lui, Vinclair, en répondant que leurs ordres étaient dans le fourreau de leurs sabres, et par d'autres
chasseurs du même corps qui, ayant fait feu sur le maire,
tuèrent à ses côtés Julien et Auvry, sous les armes. — Décret
qui accorde une pension de 200 livres à chaque veuve, et la
somme de 1200 livres aux enfans.

Fête décernée à Simoneau. — A la séance du 12, sur le rapport
de Quatremère, l'assemblée décréta :

ART. Ier. « Une cérémonie nationale, consacrée au respect dû
à la loi, honorera la mémoire de Jacques-Henri Simoneau, maire
d'Étampes, mort le 3 mars 1792, victime de son dévouement à
la patrie.

II. » Les dépenses de cette cérémonie seront acquittées par le
trésor public.

III. » Le pouvoir exécutif donnera les ordres les plus prompts
pour l'ordonnance de cette cérémonie, qui aura lieu le 1er juin.
L'assemblée nationale y assistera par une députation de 72 de
ses membres.

IV. » Le cortége sera composé des magistrats nommés par
le peuple, des différens fonctionnaires publics et de la garde
nationale.

V. » L'écharpe du maire d'Étampes sera suspendue aux voûtes du Panthéon français. » — Lasource fit ajouter, par amendement, que la fête ne couterait que 6,000 livres.

Le peuple ne participa en rien à la pompe officielle que les
Feuillans célébrèrent fastueusement. Le *Moniteur* ne renferme
aucun détail sur cette cérémonie. Sans nous occuper ici de récits

èt de descriptions, nous nous contenterons de mentionner les circonstances révolutionnaires. — Brissot et les Girondins appuyèrent cette fête : pour eux, comme pour les Feuillans, Simoneau était un martyr de la loi. Robespierre la condamnait. Le n° IV du *Défenseur de la Constitution* renferme la-dessus un article que nous allons transcrire. Il le fit suivre d'une pétition adressée le 2 mai à l'assemblée législative, où les faits relatifs au meurtre de Simoneau sont présentés et prouvés contrairement à ce qui avait été raconté dans le premier moment. Comme nous avons recueilli les versions les plus accréditées à l'époque même de l'émeute, nous recommandons à nos lecteurs cette pièce nouvelle, sur laquelle le *Moniteur* garde un silence absolu.

Voici l'article de Robespierre, et la pétition :

« Les fêtes nationales et les honneurs publics portent l'empreinte du gouvernement qui les ordonne. Dans les états despotiques, les honneurs publics sont réservés à ceux qui ont mérité la faveur du prince, et par conséquent le mépris et la haine du peuple, les fêtes sont destinées à célébrer les événemens agréables à la cour ; il faut que le peuple se réjouisse de la naissance ou du mariage de ses tyrans ; on lui jette généreusement du pain et de la viande, comme à de vils animaux ; et, si des milliers d'hommes sont étouffés dans la foule, ou écrasés sous les roues des chars brillans où l'orgueil et le vice s'asseyent avec l'opulence, ces fêtes n'en sont que plus dignes de leur objet et de leurs héros. Dans les états aristocratiques, il est aussi dans l'ordre que toutes les cérémonies publiques soient destinées à cimenter la puissance, à relever la dignité des familles patriciennes, en abaissant le peuple.

» Dans les états libres où le peuple est le souverain, leur unique objet doit être de l'honorer, de former les ames des citoyens à la vertu, c'est-à-dire à l'amour de la patrie et de la liberté.

» Cependant, pour raisonner avec quelque justesse sur cet objet, il est une observation à faire avant tout : c'est qu'il n'est guère possible que les honneurs publics soient décernés avec justice que par le peuple lui-même ; ils ne doivent être que l'hommage libre de l'amour et de l'estime publique; or, ces sentimens ne peuvent être représentés. Si l'on conçoit que, dans un vaste empire, le pouvoir de faire des lois, au nom du peuple, doit être confié à des représentans, on ne conçoit pas sans doute que personne puisse estimer ou blâmer, aimer ou haïr, se réjouir ou s'affliger pour le peuple. Les honneurs publics, ainsi que les fêtes nationales, sont le luxe de la liberté : rien n'oblige le peuple à déléguer le soin de les décerner; rien n'empêche d'abandonner aux citoyens le soin d'exprimer à leur gré leur reconnaissance et leur joie. Il y a plus; entre les mains des magistrats, cette institution ne peut que dégénérer. Il est dans la nature des choses, que toute corporation, comme tout individu, ait un esprit particulier, par cela seul qu'elle a une existence particulière.

» Les hommes sont enclins à regarder le pouvoir qui leur est confié comme une distinction personnelle, comme une propriété honorifique qui les élève au-dessus du peuple. L'orgueil et l'amour de la domination seront toujours la maladie la plus dangereuse de tous les corps politiques qui ne sont pas la nation elle-même; ainsi l'a voulu la nature, et le chef-d'œuvre des lois est de guérir cette maladie. De là cette distance infinie que nous apercevons souvent entre l'opinion publique et celle des fonctionnaires que le peuple même a choisis. S'il est une occasion où cette différence doit naturellement se manifester, c'est la dispensation des honneurs publics, parce que c'est là surtout que l'esprit de corps et l'esprit de parti peuvent particulièrement se développer. S'il est des temps où ces abus peuvent être à craindre, ce sont sans doute les temps de révolution, où tous les préjugés, tous les intérêts et toutes les passions sont à la fois en mouvement.

» L'assemblée constituante des Français a reconnu au moins une partie de ces vérités, en décrétant formellement que les honneurs destinés aux grands hommes ne pourraient être décernés que deux ans au moins après leur mort. Peut-être aurait elle dû reconnaître encore que ce jugement solennel ne pouvait apparte-

nir au corps législatif ni à aucune autorité déléguée ; que la postérité ou la nation seule est juge compétent et souverain de ceux
qui l'ont bien ou mal servie ; que l'opinion publique ne peut être
représentée par celle d'un certain nombre d'individus que leurs
fonctions même séparent de la foule des citoyens. Le peuple est
infaillible dans cette matière , et tout autre que lui est sujet à de
grandes erreurs. L'exemple même de l'assemblée constituante
pouvait lui présenter à cet égard des leçons aussi frappantes que
multipliées. Jamais , par exemple , le peuple de la Moselle n'eût
décerné des couronnes civiques à Bouillé ; il n'eût point retiré aux
administrateurs de ce même département les témoignages indiscrets de satisfaction, qui étaient le prix de l'audace criminelle avec
laquelle ils avaient trompé les représentans de la nation , pour
précipiter un décret homicide contre les défenseurs de la liberté ;
car à coup sûr il ne les leur aurait jamais prostitués.

» Peut-être l'idée que je viens de développer paraîtra-t-elle un
paradoxe : la question est de savoir si elle est juste , et sans doute
un peuple dont toutes les idées, en matière de gouvernement n'é-
taient que des préjugés reçus sur la foi du despotisme, doit se familiariser avec les vérités nouvelles. Au reste, quelle que soit l'autorité qui dispense les témoignages de la reconnaissance nationale,
si elle les distribue avec partialité, elle déprave les mœurs et l'o-
pinion ; si elle les prodigue , elle use ce ressort utile de l'esprit
public.

» Si je voulais examiner l'usage qu'en a fait l'assemblée constituante elle-même, je dirais peut-être qu'elle les a trop prodigués,
et qu'elle a donné à ses successeurs plus d'un exemple ridicule
ou dangereux. Et sans parler de ces complimens éternels, de ces
remerciemens infinis prostitués par ses présidens à des hommes
nuls et quelquefois à des actions anti-civiques ; sans parler de ces
mentions honorables , plus dignes des académies auxquelles elle
emprunta cette formule, que convenables à la raison et à la gravité du corps législatif, j'oserais porter mes regards sur les premiers personnages auxquels elle ouvrit les portes du temple consacré aux grands hommes. Je ne craindrai pas au moins de dire

tout haut que les vertus utiles au bonheur des hommes doivent
seules prétendre à ces honneurs presque divins ; qu'au moins le
législateur qui pense que les talens seuls peuvent les remplacer,
donne au peuple qu'il doit instituer la plus funeste leçon d'immoralité et de corruption ; qu'il renverse de ses propres mains la
base sacrée sur laquelle repose l'édifice de la liberté ; qu'il avilit
en même temps et les signes les plus honorables de l'estime publique, et la patrie, et lui même. Pour moi, je pense, que celui
que Caton eût chassé du sénat, malgré ses talens littéraires et
quelques écrits utiles, pour son caractère immoral, et pour
une multitude d'ouvrages funestes aux bonnes mœurs ; je pense
que l'homme à qui, malgré son éloquence tant vantée, le peuple
reproche une foule de décrets attentatoires à sa liberté, ne devait
pas reposer dans le capitole, à côté des statues de nos dieux. O toi,
ami sublime et vrai de l'humanité, toi que persécutèrent l'envie,
l'intrigue et le despotisme, immortel Jean-Jacques, c'est à toi
que cet hommage était dû : ta cendre modeste ne repose pas dans
ce superbe monument, et je rends grace à l'amitié qui voulut la
conserver dans l'asile paisible de l'innocence et de la nature.
C'est là que nous irons quelquefois répandre des fleurs sur ta
tombe sacrée, et que la mémoire d'un homme vertueux nous
consolera des crimes de la tyrannie.

» Un premier abus en appelle mille autres. Déjà un législateur (1) a réclamé les honneurs du Panthéon pour deux rois de
France. Juste ciel ! une nation libre honorer des despotes ! Avez-
vous peur qu'il n'en reste pas assez sur la terre ? Voulez-vous encore évoquer les ombres de ceux qui ne sont plus ? Si Henri IV
et Louis XII avaient régné au commencement de votre révolution, en aurait-il moins fallu secouer leur joug ?

» Eh ! que nous importent quelques vertus exagérées ou inventées par des sujets qui écrivaient l'histoire sous les yeux de
leurs maîtres ? Ceux qui ont retenu un pouvoir usurpé sur l'humanité, et transmis à leurs descendans, comme un héritage
éternel, le droit de l'opprimer, peuvent-ils être nos héros ?

(1) M. Pastoret.

» Déjà un membre du corps législatif (1), qui, pour être un écrivain élégant, n'en était pas moins un homme médiocre et un législateur nul, qui, malgré une feuille périodique où il rendait justice aux prêtres fanatiques, ne s'était pas moins déclaré le champion du ministérialisme et le défenseur de la cour, a été célébré comme un grand homme, au sein de l'assemblée nationale, et quelques-uns de ses collègues (2) ont entrepris son oraison funèbre dans les journaux qu'ils publient chaque jour. Il ne leur reste plus qu'à demander qu'il soit introduit au Panthéon, avec les coryphées de la dynastie.

» Quelle décadence de l'esprit public ! Quel fatal oubli des principes ! Quel perfide système, inventé sans doute par l'intérêt personnel, de dénaturer toutes les idées du peuple, en mettant sur la même ligne le génie et la médiocrité, l'intrigue et la vertu, le faux civisme et le généreux amour de la patrie !

» Pour sentir combien le peuple est bon, combien il est grand, lorsqu'il est abandonné à lui-même, pour sentir à quel point sont simples et sublimes les fêtes dont il fait lui-même les apprêts, combien l'appareil de la force dont on affecte de l'environner est une injure gratuite et coupable, il suffit d'avoir une ame, et d'avoir vu le triomphe de la liberté et du patriotisme dans la fête des soldats de Château-Vieux et des gardes-françaises.

» Quelle était différente de celle qui vient d'être célébrée en l'honneur du maire Simoneau ! L'assemblée nationale, une partie du public même, avaient été bien cruellement trompées sur les circonstances de cette affaire trop fameuse, comme sur tous les faits que l'intrigue et l'esprit de parti s'attachent à dénaturer. Ainsi Bouillé, et tant d'autres mauvais citoyens furent long-temps vantés comme des modèles de civisme, ainsi le peuple fut toujours calomnié avec impudence ou accusé avec fureur.

« A entendre ce concert étourdissant des écrivains aristocrates ou ignorans, qui ne croirait que le maire d'Étampes était un héros ; que les citoyens de cette ville et de la contrée où elle est si-

(1) M. Cérutti.
(2) MM. Condorcet et Brissot.

tuée sont des brigands et des monstres? Ce double prodige n'est qu'une chimère enfantée par le délire aristocratique. Déjà cette affectation même avec laquelle on ne cessait d'occuper l'univers entier de cette affaire, décelait l'imposture et l'intrigue aux yeux des citoyens éclairés ; toutes les circonstances la dévoilent maintenant à tous ceux pour qui la calomnie et l'oppression ne sont pas un besoin. Rendons un hommage sincère et pur à la vérité, en dépit de toutes les préventions fanatiques, en dépit de toutes les manœuvres criminelles.

« Je suis loin de justifier aucune infraction à la loi ; mais le plus grand ennemi des lois, c'est le vil calomniateur qui ose s'en faire un prétexte pour accabler la faiblesse et écraser la liberté ; je connais un crime beaucoup plus grand que celui dont on accuse le peuple d'Étampes, c'est la lâcheté avec laquelle on a dénaturé toutes les circonstances de cette affaire, pour rendre le peuple odieux et répandre la consternation dans une contrée entière. Eh bien ! je le déclare, Simoneau n'était point un héros, c'était un citoyen regardé généralement dans son pays comme un avide spéculateur sur les subsistances publiques, ardent à déployer contre ses concitoyens une puissance terrible, que l'humanité, que la justice, et même la loi défendent d'exercer légèrement ; il fut coupable avant d'être victime ; et les maux de sa patrie et la violence que l'on reproche à ses compatriotes furent en grande partie son ouvrage ; et ces faits sont aujourd'hui le prétexe de la plus atroce comme de la plus arbitraire proscription.... Hommes justes, écoutez seulement la voix des patriotes de cette contrée? Lisez, entre autres, une pétition présentée le 2 mai à l'assemblée nationale par des citoyens estimables de quarante communes voisines d'Étampes, qui n'ont d'autre intérêt dans cette affaire que celui de la vérité et de la justice, au nombre desquels est un curé vénérable dont vous serez forcés de respecter le courage et la vertu ; lisez, reconnaissez le langage de la raison, de la probité, et prononcez.

« Mais les événemens arrivés à Étampes n'eussent-ils pas été dénaturés, il faut convenir que le sujet de la fête dont nous parlons n'en aurait pas été plus heureusement choisi. Le but des fêtes publiques n'est pas de flétrir le peuple, en perpétuant le souvenir de ses erreurs, de fournir des alimens aux perfides déclamations des ennemis de la liberté. Elles ne ressemblent pas à ces drames tragiques dont l'intérêt porte sur de grands attentats. La loi est là pour punir les délits ; quand elle est satisfaite, il faut les laisser s'ensevelir dans l'oubli. Un maire, déployant l'étendart de la mort contre les citoyens qui l'ont choisi, dans un de ces mouvemens dont l'inquiétude du peuple pour sa subsistance est la cause, est un citoyen estimable tout au plus peut-être, mais, quelque douleur que puisse inspirer une infraction à la loi, il sera toujours difficile d'en faire un héros intéressant. Même parmi les actions louables que l'on peut présenter à l'admiration publique, il en est qui le sont davantage ; il faut choisir celles qui portent un caractère plus noble et plus touchant aux yeux d'une nation magnanime et de l'humanité entière.

« Passant, va dire à Sparte que nous sommes morts ici pour ses saintes lois. » Cette inscription était sublime aux Thermopyles, mais appliquée au maire d'Étampes, peut-elle produire le même effet ? Léonidas est mort en combattant contre l'armée innombrable de Xercès, sous les coups des ennemis de la Grèce ; et Simoneau est tombé en ordonnant de faire feu sur ses concitoyens désarmés, assemblés pour arrêter des exportations de blé qui les alarmaient ; la différence est trop grande sans doute pour que nous puissions mettre ces deux hommes sur la même ligne. La distance est aussi immense entr'eux qu'entre les lois de Lycurge et la loi martiale.

« Combien de réflexions indépendantes de l'objet de cette cérémonie, les détails et l'ordonnance de la fête ne pourraient-ils pas fournir !

« Les juges, les administrateurs, les maires, les municipaux, les autorités constituées y figuraient presque seuls : ce n'était donc point une fête nationale ; c'était la fête des fonctionnaires publics. Le peuple n'était pour rien dans tout cela. Comme cette procession de corps municipaux, de corps administratifs et de corps judiciaires, retrace l'image de l'ancien régime ! Des baïonnettes, des glaives, des uniformes, quels ornemens pour les fêtes d'une nation libre ! Que dirons-nous de ces devises menaçantes qui présentaient partout la loi en colère? où les mots de liberté, de propriété, paraissent une fois seulement, pour qu'on ne puisse pas dire qu'ils avaient été formellement proscrits, mais seulement après le nom de la loi, comme si la loi était quelque chose sans la liberté, sans la propriété, pour qui elle est établie? Que dirons-nous de ce glaive qui, pour la cause du maire d'Étampes, semblait menacer un grand peuple qui, dans toutes les crises de la révolution, déploya une modération égale à sa force et à son courage ! Comme ce charlatanisme paraissait digne de pitié aux véritables amis des lois, lorsqu'ils réfléchissaient que jusqu'à ce moment, ce glaive, terrible seulement pour les faibles, avait toujours épargné la tête des grands coupables ! Aussi le silence imperturbable, la profonde indifférence du public annonçaient-ils qu'il se regardait comme absolument étranger à cette fête. Il est vrai que ceux qu'on appelle des aristocrates, qui, dans toute autre circonstance, auraient trouvé le nom de Simoneau bien *roturier* pour recevoir une telle illustration, paraissaient applaudir à son apothéose, qu'ils regardaient comme une représaille de la fête de la liberté et des soldats de Château-Vieux. »

Pétition de quarante citoyens des communes de Mauchamp, Saint-Sulpice de Favière, Breuillet, Saint-Yon, Chauffour et Breux, voisines d'Étampes, à l'assemblée nationale.

« LÉGISLATEURS,

» Vous voyez en nous des habitans de différentes communes qui avoisinent Étampes, et qui n'ont eu aucune part à la malheureuse affaire arrivée dans cette ville.

» Nous sommes assez heureux pour nous trouver innocens : nous nous en félicitons; mais il ne nous conviendrait pas de nous en prévaloir. Hélas! la cause pour laquelle nos voisins s'étaient épris d'un zèle inconsidéré et répréhensible est aussi la nôtre;

et, si nous abhorrons le crime qui en a été la suite, leur malheur d'y avoir donné lieu, contre leur gré, nous porte vivement à les plaindre. Une alarme générale sur les subsistances s'était répandue dans toute la contrée ; on parlait d'immenses enlèvemens de blé pour l'étranger : cette rumeur, qui allait en croissant, et sur laquelle on a toujours dédaigné de calmer nos esprits, nous aigrissait d'autant plus que nous croyions y voir le double complot de nous affamer et de faire passer nos subsistances à nos ennemis. C'était peut-être une terreur perfidement insinuée ; mais au milieu de tant de sujets de méfiance, que pouvions-nous nous figurer autre chose de ce zèle inquiétant à vider nos greniers ? De quel œil pouvions-nous envisager ces rapides enlèvemens de blé, dont on ne constatait publiquement ni le besoin ni la destination, et qui en faisaient hausser le prix à chaque marché d'une manière consternante ? Déjà il se vendait trente-deux, trente-trois livres à Étampes, et on voyait le moment où il allait venir à quarante. C'est dans ces circonstances, c'est excité par de tels motifs (1) que s'est fait le mouvement dont la fin a été si déplorable. Législateurs, nous gémissons amèrement avec vous sur le sort du magistrat qui y a péri victime ; *mais combien ne nous paraitrait-il pas plus digne d'éloges si, au lieu de s'en être tenu à une âpre et repoussante inflexibilité, il eût pris davantage conseil d'une salutaire et courageuse prudence !* Il eût conservé la vie et il eût épargné un crime au peuple. Cette dernière considération aurait bien

« (1) On a débité que cette émeute avait été excitée par une troupe de brigands dans le dessein de piller et de ravager. Je suis proche voisin du lieu où elle a pris naissance, et, d'après tous les renseignemens particuliers qui me sont parvenus, et qui portent en moi une pleine conviction, je puis certifier qu'elle n'a eu d'autre cause que l'alarme populaire sur les subsistances, et qu'on ne s'y proposait que de faire diminuer le prix du blé, démarche qui n'était envisagée que comme un moyen de mettre des bornes à la cupidité des vendeurs, et non pour leur faire aucune véritable injustice. Peut-être doit-on attribuer tous ces soulèvemens, dont l'explosion s'est manifestée en tant d'endroits, et qui avaient si bien l'air combinés avec les secrètes manœuvres de nos ennemis ; mais celui-ci n'est qu'une suite d'un mouvement donné ; c'est le renchérissement du blé, c'est la faim ou la crainte de la faim qui en ont été les seuls instigateurs. Du reste, je ne prétends pas justifier cette conduite, mais je la présente pour ce que je crois qu'elle est. Je signe cette note pour tout l'ouvrage ; il doit avoir un garant, et c'est moi qui le suis. Pierre DOLIVIER, *curé de Mauchamp et électeur.* »

dû au moins le toucher pour sa gloire (1). Au lieu de s'appliquer
à remener un peuple égaré; au lieu de chercher à calmer ses
alarmes sur les subsistances, il ne fit que l'aigrir, en repoussant
durement toute espèce de représentation; et, ce qui mérite surtout d'être pesé, en donnant précipitamment et à plusieurs reprises, comme on nous l'assure (2), le signal de l'exécution de la
loi martiale. Avant de recourir à cette loi meurtrière, avant même
d'oser l'envisager, combien un magistrat ne doit-il pas frémir!
combien ne doit-il pas avoir épuisé toute autre ressource, et combien ne doit-il pas voir la chose publique en péril! *La loi martiale, dans les mains d'un homme qui n'en sait pas redouter l'usage,
est un poignard dans les mains d'un assassin.*

» A Dieu ne plaise que nous ayons dessein d'affaiblir l'indignation que méritent les meurtriers du maire d'Étampes; mais quels

« (1) L'inflexibilité du maire doit-elle seule en faire un héros? Eh! quel autre
genre de mérite a-t-il déployé dans cette circonstance?... La gloire ne se décerne
pas, elle se mérite, et elle est surtout due au magistrat qui sauve son pays; non
à celui qui ne fait que le compromettre. J'allais dire ma pensée, et convenir que
le maire d'Étampes est en effet un héros pour les marchands de blé, puisqu'il
est mort victime de leurs inhumaines et égoïstes spéculations. Mais je m'arrête...
Les lâches! ils l'ont abandonné dans le péril, et en poursuivent aujourd'hui l'a-
pothéose. C'est surtout cette partie de la garde nationale d'Étampes qui mérite
le blâme de n'avoir pas soutenu son magistrat; aussi leur honte devrait-elle être
inscrite sur la pyramide qu'ils ont sollicitée. (*Note du curé de Mauchamp.*) »

(2) Il ne saurait s'élever aucun doute sur ce fait, que l'on a grand soin de
taire. Non-seulement il est attesté par la voix publique, mais je le tiens de la
propre bouche de l'un des cinq gardes nationaux qui s'étaient mis sous les armes
pour soutenir le maire. Il ne put s'empêcher de convenir, dans une société où je
me trouvai, qu'il était vrai que le maire avait ordonné de faire feu; mais, ajouta-t-il, son intention n'était pas d'être pris au mot. Voilà donc un ordre bien
formel; cependant ce n'est point à cette première fois, qui eut lieu à l'entrée de
la ville, que le peuple se porta à la violence; ce ne fut que dans le marché, et
après que le maire y eut réitéré le même ordre. Il faut observer que ces deux
ordres furent donnés sans avoir été précédés par aucune proclamation, aucune formalité en règle exigées par la loi; et, de plus, il faut observer que le maire n'é-
tait soutenu que par un petit nombre de troupes, qui même ne partageait pas son
courroux contre le peuple. Ainsi, de quelque manière qu'on l'envisage, sa conduite mérite au moins le reproche d'une blâmable témérité; et dans cette témérité
ne pourrait-il pas y être entré quelque motif particulier? M. Simoneau, riche au
moins de dix-huit à vingt mille livres de rente, à la tête d'un commerce immense
en tannerie, qu'il exerçait avec tout l'avantage que donne l'aisance, n'aurait-il
pas été aussi intéressé dans celui des grains? J'entends plusieurs personnes prétendre en être certaines; moi, je n'affirme rien. (*Note du curé de Mauchamp.*) »

sentimens le maire eût-il lui-même inspiré, si ces ordres eussent
été exécutés aussi brusquement qu'il les donna, et s'il eût fait périr deux ou trois cents citoyens qui ne demandaient qu'à aviser
aux moyens de maintenir le blé à un prix qui fût en mesure avec
leurs facultés ? Voilà ce qu'il faudrait examiner dans le jugement
qu'on en porte. Jusques à quand une impression seule détermi-
nera-t-elle nos décisions !

» Le maire avait la loi pour lui, dira-t-on, et le peuple agissait contre. La loi défend expressément de mettre aucun obstacle
à la liberté du commerce des grains (1). C'était donc un attentat
punissable de vouloir l'enfreindre. Nous n'avons garde, messieurs, de faire, sur l'étendue de cette loi, aucune observation
qui pourrait faire suspecter la droiture de nos intentions et la pureté de notre civisme. Nous sentons aujourd'hui plus que jamais
combien, au nom sacré de la loi, tout doit entrer dans un religieux respect ; cependant il est une considération qui a quelque
droit de vous frapper, c'est que, souffrir que la denrée alimen-
taire, celle de première nécessité, s'élève à un prix auquel le
pauvre ouvrier, le journalier ne puissent atteindre, c'est dire qu'il
n'y en a pas pour lui ; c'est dire qu'il n'y a que l'homme riche,
utile ou non, qui ait le droit de ne pas jeûner. Qu'ils sont heureux ces mortels qui naissent avec un si beau privilége ! Cependant, à ne consulter que le droit naturel, il semble bien qu'après
ceux qui, semblables à la Providence divine, dont la sagesse règle
l'ordre de cet univers, président par leurs lumières à l'ordre social, et cherchent à en établir les lois sur leurs vraies bases ; après
ceux qui exercent les importantes fonctions de les faire observer
dans leur exacte justice ; il semble bien, disons-nous, qu'après
ceux-là le bienfait de la société devrait principalement rejaillir
sur l'homme qui lui rend les services les plus pénibles et les plus
assidus ; et que la main qui devrait avoir la meilleure part aux
dons de la nature, est celle qui s'emploie le plus à la féconder.
Néanmoins le contraire arrive, et la multitude, déshéritée en nais

---

« (1) Cette loi n'aurait-elle pas plutôt pour objet la liberté du transport des
grains, que la liberté indéfinie du prix ? »

sant, se trouve condamnée à porter le poids du jour et de la chaleur, et à se voir sans cesse à la veille de manquer d'un pain qui
est le fruit de ses labeurs. Ce tort n'est assurément point un tort
de la nature, mais bien de la politique, qui a consacré une grande
erreur, sur laquelle posent toutes nos lois sociales, d'où résultent nécessairement et leur complication et leurs fréquentes contradictions; erreur qu'on est loin de sentir et sur laquelle même
il n'est peut-être pas bon encore de mieux s'expliquer, tant elle a
vicié toutes nos idées de primitive justice; mais erreur d'après
laquelle on a beau raisonner, il nous reste toujours un sentiment
profond que nous, hommes de peine, devons au moins pouvoir
manger du pain, à moins que la nature, parfois ingrate et fâcheuse, ne répande sur nos moissons le fléau de la stérilité; et
alors ce doit être un malheur commun supporté par tous, et non
pas uniquement par la classe laborieuse. Lors donc que d'avides
spéculateurs, qui n'ont d'autre savoir-faire que de profiter à propos des malheurs publics, saisissent les momens de calamité pour
élever la denrée la plus nécessaire à un prix qui nous force ou de
souffrir la faim, ou de nous dépouiller de toutes nos ressources
présentes et à venir (1), nos murmures, nos mouvemens mêmes,
pour mettre des bornes à l'homicide cupidité qui nous dévore,
sont-ils donc irrémissiblement criminels? O vous les élus du peuple pour en régler la destinée, entrez dans nos peines, représentez-vous nos femmes, nos enfans macérés par la faim, et nous
poignant l'ame de leurs gémissemens et de leurs sanglots; représentez-vous nos vieillards réduits à quitter leurs tristes chaumières
pour aller indignement mendier un pain qui fut si long-temps
le fruit de leurs sueurs et de leurs fatigues; enfin représentez-
vous nous-mêmes doublement déchirés par les besoins pressans
de tout ce qui nous est cher, et par les nôtres propres, sans autres

(1) Plus le blé renchérit, plus le salaire des travaux diminue, et cela parce que
d'un côté les travaux deviennent plus rares, et que d'un autre côté le nombre de
ceux que le besoin presse de louer leurs bras augmente; d'où il résulte que le
malheureux ouvrier, ne trouvant plus de proportion dans ses salaires et dans sa
consommation, est obligé de vendre tout ce qu'il a et de contracter des dettes
pour pouvoir subsister avec sa famille. »

moyens pour y subvenir que nos bras insuffisans , et sachez nous plaindre ; sachez nous pardonner, si l'excès de nos angoisses nous porte quelquefois à des mouvemens convulsifs que notre cœur, revenu à lui-même, désavoue et condamne.

» Équitables législateurs , en nous intéressant pour nos voisins, en vous sollicitant pour eux , nous ne demandons pas de grace qui doive coûter à votre justice ; nous ne vous demandons que d'adoucir la rigueur des recherches pour des torts que l'imprudence, l'égarement, et tant d'autres motifs peuvent rendre pardonnables. Au nom de l'humanité, si sujette à commettre des fautes , lors surtout qu'elle est abandonnée à elle-même et que le génie des lois ne la guide pas encore, laissez-vous toucher en leur faveur, et faites cesser leur consternation. *Hélas ! non-seulement on a répandu la terreur et l'effroi parmi eux , en leur enlevant des citoyens sur de simples paroles irréfléchies, ou sur des démarches dont ils n'avaient pas prévu les conséquences, mais il semble qu'on soit en droit d'user impunément contre eux d'atrocités.* Nous ne vous parlerons pas des malheurs involontaires auxquels a donné lieu , dans les communes inculpées, une descente nocturne de troupes ; ici une femme morte subitement de frayeur ; là une jeune fille qui s'est jetée par la fenêtre , et qui en a péri misérablement ; mais nous vous déférons un assassinat d'autant plus criant, qu'il a été méchamment commis sur un excellent homme , pauvre il est vrai , mais généralement aimé et estimé ; et qui, de l'aveu unanime de ses concitoyens, n'avait aucun tort personnel dans cette affaire (1). Cet infortuné dormait paisiblement, lorsque sa mère , toute éperdue, vint lui crier de se sauver bien vite, parce qu'on enlevait indistinctement tous les hommes du

« (1) Cet infortuné était tisserand , et s'appelait Jean-Pierre Petit. Je ne rapporte ce qui lui est arrivé que d'après le récit qu'il en a fait lui-même avant de mourir. Loin de venger ce meurtre gratuitement commis, on ne daigne pas même y faire attention ; toutes les lois se taisent pour lui, tandis qu'on les fait parler inexorablement pour le maire. La veuve et la mère de Jean-Pierre Petit, réduites à la misère, sont abandonnées à leur douleur, et la veuve Simoneau, riche de 20,000 livres de rente, a la gloire d'avoir refusé une pension : après cela qu'on dise que nous sommes égaux en droits. »

pays. A cet avis alarmant il saute de son lit, sans prendre même aucun vêtement, franchit quelques murs qu'il trouve sur son passage, et va se cacher, comme il le peut, derrière un tas de paille qu'il rencontre. C'est là qu'un des soldats l'ayant aperçu, et le prenant sans doute pour un de ceux qu'on était venu chercher, et qui avait échappé par la fuite, arrive sur lui, et dans le moment qu'il se lève pour demander qu'on ne le tue pas, lui lâche à bout portant un coup de feu qui le renverse mourant. Après cette action, un sentiment de pitié aurait bien dû au moins succéder à la fureur dans l'âme du meurtrier; mais le barbare prenait encore plaisir à le soulever par les cheveux et à le fouler aux pieds. Le malheureux respirait; il sentait toutes ses douleurs et entendait toute la cruauté des propos sans pouvoir rien dire. Laissé dans cet état, il n'a survécu huit jours que pour offrir le déchirant spectacle d'un sort cruel et immérité, et pour laisser dans le cœur de son infortunée mère et de sa veuve inconsolable de plus désolans souvenirs. Depuis ce jour, nos voisins effrayés n'osent plus habiter leurs foyers; à peine y paraissent-ils le jour pour prendre leur nécessaire; et le soir, au lieu d'y venir jouir de quelques repos, ils vont chercher un asile, comme ils peuvent, au milieu des bois et des rochers. Hommes sensibles et vertueux, c'est trop de malheurs l'un sur l'autre; faites-les cesser, et relevez par la douce consolation des cœurs abattus par l'épouvante et flétris par l'horreur de leur situation. Rendez à la patrie des citoyens zélés, et à la terre des bras utiles; aussi-bien il n'est pas bon de les réduire au désespoir et de leur rendre la patrie odieuse. Ne craignez pas qu'une trop grande indulgence les enhardisse.

» La commisération de votre part, nous osons vous en répondre, ne leur inspirera qu'un ardent désir de s'en montrer dignes, en même temps qu'elle sera pour nous un vif motif d'encouragement. Notre cœur, fiez-vous-y, non plus que le leur, n'est pas fait pour le crime : il ne demande qu'à en être garanti. Et pour cela, messieurs, hâtez-vous de nous rallier autour d'un génie puissant et impartial qui nous éclaire tous sur nos devoirs, et qui nous porte tous à de généreux sentimens de vertu.

» O législateurs! non, vous ne rejetterez pas notre pétition; nous vous promettons obéissance entière à la loi; mais serait-ce trop de vous prier d'inviter au moins ceux qui tiennent notre vie dans leurs mains, de ne pas nous la faire acheter trop cher, de ne pas chercher à trop s'enrichir de nos dépouilles, et de ne pas vouloir trop s'engraisser de notre sang?

Post scriptum du curé de Mauchamp. « — Ayant été obligé de me rendre à ma paroisse, le samedi 25 avril, pour y remplir, le dimanche, mes fonctions de curé, je ne fus pas peu étonné en arrivant de voir mes bons paroissiens s'empresser autour de moi, les uns me prenant la main, les autres me sautant au cou, et tous me témoignant combien ma présence les rassurait et les tirait d'une vive inquiétude. On avait répandu dans le canton, que j'avais été tué à Paris à cause de la pétition, et déjà on semait différens bruits propres à jeter la terreur parmi ceux qui avaient eu le courage d'y donner leur adhésion. Il est aisé de voir d'où cela partait; tout ce qui est marchand de blé s'indigne de notre démarche; peu leur importe que leurs voisins soient dans la consternation et le désespoir; peu leur importe qu'ils périssent tous misérablement; ce qui les intéresse uniquement, c'est que le blé n'éprouve aucun obstacle.

» Dans mon voyage, j'ai encore appris un nouveau malheur qui vient d'arriver dans une des communes inculpées. On annonce à un père de famille qu'il est décrété : à cette nouvelle, il entre chez lui, embrasse tendrement et avec un silence morne sa femme et ses enfans, et va se jeter dans la rivière, où il a été trouvé noyé le lendemain.

» Je comprime ici mes sentimens, et j'impose silence à mon cœur. Gens humains, philosophes amis du peuple, c'est à vous que je recommande notre pétition; en la faisant, j'ai rempli mon devoir. Mais qui suis-je pour lui assurer du succès? qui suis-je pour lutter contre l'opinion publique abusée par les manœuvres de l'intérêt particulier? C'est l'amour de la justice et de l'humanité; c'est mon zèle pour ma patrie, aujourd'hui si menacée, qui me l'ont inspirée? que de droits n'a-t-elle donc pas sur vous?

COMITÉ AUTRICHIEN.

Carra était le journaliste qui poursuivait avec le plus d'acharnement le comité autrichien. Chacune de ses feuilles renferme
quelque article où il dévoile les intrigues de ces ennemis mystérieux. Montmorin et Bertrand de Molleville, accusés directement
par Carra, dans les *Annales patriotiques* du 15 mai, le dénoncèrent
le lendemain, comme calomniateur, au juge de paix Larivière.
Voici l'article, objet de cette dénonciation :

Sur le complot d'une Saint-Barthélemi de patriotes.

« Ce complot, médité depuis si long-temps, et qui a toujours
échoué, soit par la faiblesse des conjurés, soit par la surveillance
et les précautions des bons citoyens, prend aujourd'hui une consistance vraiment effrayante dans ses combinaisons et dans l'ame
stupide et atroce des directeurs du comité autrichien, des principaux chefs de la garde du roi, du plus grand nombre des membres de l'état-major parisien, et des commandans de la gendarmerie nationale. Il en faut finir, disent-ils, et cela avant un mois
au plus tard. La veille ou l'avant-veille du jour ou de la nuit
convenu pour le massacre, les conjurés auront soin de laisser
leurs camarades reconnus pour patriotes, *sans aucune provision
de poudre et de balles*, tandis qu'ils en seront pleinement fournis
eux-mêmes ; on fera consigner, sous différens prétextes, les régimens de ligne dans lesquels il y a encore plusieurs centaines
d'anciens Gardes-Françaises ; on tâchera de disposer contre le
peuple les Gardes-Suisses. A l'imitation du tyran de Sardaigne,
on aura des matières combustibles toutes prêtes, de toutes parts,
pour mettre le feu partout. Enfin, le génie infernal d'une Médicis, qui dirige cet horrible complot, veut qu'il n'y manque
rien et que le succès soit complet. Pendant cette nouvelle Saint-
Barthélemi, un grand personnage prendra la fuite. Tel est le
résultat des avis que nous recevons depuis deux ou trois jours
de différentes personnes et de différens endroits.

» Patriotes, si nous ne connaissions pas toute la rage, toute l'atroce immoralité de nos ennemis, nous aurions peine à concevoir l'opiniâtreté d'un pareil complot ; mais, hélas ! l'expérience du passé et le coup d'œil des événemens présens, ne nous permettent pas d'en douter. Oui, la faction autrichienne veut se baigner, à Paris, dans le sang des vrais amis de la Constitution, des vrais défenseurs des droits du peuple, tandis qu'elle enchaînera sur nos frontières le courage de nos braves soldats, et qu'elle livrera nos places aux satellites des tyrans. Comment pourrait-il en être autrement ? Vous gardez parmi vous, je l'ai déjà dit, de trop grands amis du tyran à qui vous avez déclaré la guerre ; vous faites la guerre aux rois ou tyrans de l'Europe, et c'est le même roi sous lequel on voulait mettre à feu et à sang la ville de Paris, au 14 juillet 1789, que vous avez chargé de disposer de vos armées et de conduire cette guerre contre ses co-tyrans. On me dira que c'est la Constitution qui le veut ; mais la Constitution ne peut pas vouloir que nous nous laissions trahir et égorger comme des moutons au gré de nos ennemis. Vous faites la guerre aux ci-devant nobles, comtes, marquis, barons, etc., et ce sont des ci-devant nobles, dont quelques-uns à la vérité, mais très-peu, ont montré un vrai civisme, qui sont à la tête de vos troupes. Où en serions-nous donc si nous n'avions pas des ministres patriotes qui soutiennent nos espérances, et qui semblent avoir été placés là fort à propos par la Providence pour suppléer au défaut d'énergie et de lumières dont manquent la plupart des membres de l'assemblée nationale ? Que deviendrions-nous sans les nombreuses sociétés d'amis de la Constitution, qui éclairent journellement le peuple sur ses droits et ses devoirs, et qui surveillent sans cesse les fourbes et les traîtres ? Que ferions-nous enfin sans quelques journalistes patriotes, qui ont la sagacité de dévoiler tous les complots et le courage de publier toutes les vérités qui peuvent être utiles au salut public ? Eh bien ! si la faction autrichienne parvenait à renverser les ministres actuels, à détruire les sociétés patriotiques, à faire égorger vos journalistes patriotes, la contre-révolution tout entière ne serait-elle pas faite ? Peuples des quatre-vingt-trois départemens, demandez donc à grands cris qu'on chasse de cette terre de liberté les chefs de la faction autrichienne.

» Le fourbe gazetier universel demande, avec sa niaiserie ordinaire, où est le comité autrichien qu'il appelle un rêve. Mais ce comité n'est pas toujours au château ; il est tantôt chez Montmorin, tantôt chez Bertrand, tantôt chez d'autres membres de ce même comité ; et c'est tantôt d'un lieu, tantôt d'un autre que les courriers secrets portent la correspondance de ce comité. Que la police fasse épier les *conciliabules qui se tiennent tantôt à Auteuil, dans certaine maison* où va certaine dame, et tantôt dans quelques autres maisons de campagne des environs, et l'on saura parfaitement à quoi s'en tenir sur ces conciliabules. Le comité de surveillance est averti que des courriers, même de la poste, vendus à la faction autrichienne, sont chargés de paquets qu'ils prennent ailleurs qu'à la poste, et d'autres paquets en retour qu'ils reportent également ailleurs ; et le gazetier universel fait le nigaud sur l'existence de ce comité ! et il vient nous citer la lettre d'un courtisan en faveur de Marie-Antoinette ! et il vient imprimer la lettre du maréchal Rochambeau au général Beaulieu ! comme si nous étions des imbéciles incapables de comprendre la grossièreté de pareilles ruses et l'insignifiance de pareilles publications !

» Citoyens ! il y a long-temps que ce lâche gazetier vous en impose et vous trahit ; la preuve convaincante en est que sa feuille est accueillie par le gouvernement de Bruxelles, et qu'il y insère, comme dans son n° 134, *extrait du supplément de la Gazette des Pays-Bas*, toutes les insolences et les bravades qui pourraient le plus humilier la nation française, si l'honneur et la gloire de cette nation pouvaient dépendre de la méchanceté d'un pareil gredin.

» Revenons au complot d'une Saint-Barthélemi. Patriotes ! je vous en ai donné l'éveil ; surveillez plus que jamais, et ayez toujours dans la mémoire les indices qui vous annonceront cet infernal projet ; savoir : qu'on laissera une partie de la garde nationale *sans provision de poudre ni de balles*; qu'on fera consigner, sous différens prétextes, les régimens de ligne ; qu'on disposera les Gardes-Suisses contre nous, ainsi que la gendarmerie à cheval, et qu'on préparera partout des combustibles : vous voilà avertis.   CARRA. »

Carra, interrogé par le juge de paix, répondit qu'il tenait les détails, dont il avait fait usage, de MM. Merlin, Bazire et Chabot, députés à la législative, et membres du comité de surveillance. — Nous plaçons de suite les séances de l'assemblée relatives à cet objet.

Séance du 18 mai. — Le juge de paix Larivière demande la remise des pièces existantes au comité de surveillance du corps législatif, nécessaires pour l'instruction commencée sur la plainte en diffamation rendue par Bertrand et Montmorin, contre Carra, rédacteur des *Annales patriotiques*, qui les a accusés d'être membres d'un *comité autrichien*, d'après les déclarations de Chabot, Bazire et Merlin. Un membre convertit en motion la pétition. Saladin réclame l'ordre du jour, un juge de paix n'ayant pas droit de demander ces pièces. Fauchet fait sentir le danger de la remise de déclarations confidentielles de la part d'individus au service du roi. Goujon et Thuriot invoquent l'ordre du jour ; Calvet et Quatremère, la lecture des pièces ; Guadet, le renvoi de l'affaire au zèle du comité. Bazire observe que le comité a promis le secret aux personnes qui ont donné les renseignemens et qui approchent de très-près le roi, la reine et les principaux fonctionnaires. Dumolard veut qu'on laisse agir les tribunaux, et demande l'ordre du jour ; il est adopté.

Séance du 19 au soir. — Romme dénonce un mandat d'amener décerné par le juge de paix Larivière, contre Bazire, Chabot et Merlin, et demande l'examen de la conduite de cet officier public. Merlin déclare qu'à cinq heures du matin, trois gendarmes sont venus pour le conduire chez le juge de paix de la section de Henri IV ; que, par respect pour la Constitution, qui défend de faire aucune poursuite contre les membres de la représentation nationale, il a déclaré qu'il ne répondrait rien, et protesté contre la procédure. Chabot annonce qu'il a tenu la même conduite. (Applaudissemens.) On lit une lettre de Larivière, qui demande à être admis à la barre. Genssonné élève la question de savoir s'il sera entendu. Mazuyer déclare qu'il se porte son accusateur. Bigot est d'avis qu'il soit mandé. Guyton-Morveau veut qu'il soit interrogé. Vaublanc pense que l'assemblée est incompétente. Emmery fait décréter qu'il sera mandé séance tenante. Charlier veut qu'il attende ensuite les ordres de l'assemblée. Vergniaud veut qu'il s'explique sur cette infraction aux lois, et sur un outrage qui prouverait seul l'existence d'un comité autrichien. Le juge de paix comparaît à la barre et dit qu'il venait de lui-même déclarer que sa mission était finie, et que c'était à l'assemblée à statuer s'il y avait lieu à accusation ; qu'ayant reçu une plainte contre Carra, relativement à l'existence d'un comité autrichien, et à un plan d'enlèvement du roi, annoncé pour le 20, dans son journal, il avait entendu les témoins, madame de Lamballe et Regnaud-d'Angely ; que Carra interrogé a cité pour preuves les déclarations des trois députés, et qu'il les a cru dans le cas de lui fournir la preuve du plan de cette infernale conspiration. Renvoi au comité de législation.

Séance du 20 mai. — Discussion relative au juge de paix Étienne Larivière. Lacroix, Bréard, Guyton réclament le rapport séance tenante.

Guadet, rapporteur du comité de législation, critique ainsi la conduite du juge de paix : Il n'avait pas le droit de décerner le mandat d'amener ; il ne s'agissait pas d'un flagrant délit, ni d'une prévention de délit, seul cas où l'inviolabilité cesse : les trois députés n'étaient pas même accusés dans la plainte ; il ne pouvait décerner un mandat d'amener pour une affaire dans laquelle ils n'avaient agi que comme représentans du peuple. « Si vous ne prenez, dit-il, les mesures les plus fermes pour mettre, hors le cas de crimes, notre inviolabilité hors de toute attaque, l'existence du corps législatif tout entière est compromise. Dans le moment de crise où nous sommes, et lorsqu'une faction puissante annonce, avec une intention aussi scandaleuse, le projet d'avilir

le corps législatif , et de l'amener, par la force des choses, à une
médiation; dans cet état de crise, il suffirait à un juge de paix,
instrument de ses vengeances , du plus léger prétexte pour amener devant lui la représentation nationale. » Il conclut au décret
d'accusation contre lui. Hérault Séchelles appelle la sévérité,
même sur les porteurs des trois mandats d'amener. Le ministre
de la justice , Duranthon, fait part d'une lettre du roi, qui annonce qu'il a donné ordre à l'accusateur public de poursuivre les
calomnies sur l'existence d'un prétendu comité autrichien. Hébert
demande le rapport du comité de surveillance pour éclaircir ce
mystère; et, s'il y a inconvénient, qu'il soit fait en comité général. (Murmures.) Des membres se portent au bureau pour signer
cette demande. Robbecourt, pour le maintien des principes , vote
le renvoi au pouvoir exécutif. Lasource développe les motifs du
décret d'accusation. Quatremère invoque le renvoi au tribunal de
cassation. Le décret d'accusation est porté contre Henri Larivière
(Vifs applaudissemens). Gensonné et Brissot s'engagent à prouver l'existence du comité autrichien.

Gensonné et Brissot remplirent leur engagement à la séance du
23 mai. Le premier s'attacha aux généralités; il exposa plutôt
une tendance et un système que des griefs et des faits. Brissot
avait compulsé la correspondance ministérielle, et il y avait puisé
les matériaux de ses inculpations. L'assemblée ordonna l'impression des deux discours et celle des pièces citées. — Voici le discours de Brissot :

*Opinion de Brissot sur l'existence du comité autrichien, (Séance
du 23 mai.)*

« J'ai dénoncé l'existence du comité autrichien , je vais prouver
qu'il a existé, qu'il existe encore; je vais appeler la vengeance
des lois sur un coupable , la lumière sur ses complices. Il importe
de fixer d'abord le caractère de ce comité autrichien; ensuite je
vous lirai les pièces qui constatent son existence.

» Qu'entend-on par comité autrichien? C'est une faction d'ennemis de la liberté qui , tantôt gouvernant au nom du roi qu'ils

trompaient, tantôt dirigeant son ministère, ont constamment
trahi le peuple et sacrifié les intérêts de la nation à ceux d'une
famille. L'asservissement de ce comité à la maison d'Autriche est
son signe principal, et sous ce rapport il n'est qu'une branche
du parti qui domine la France. Les intrigues de ce parti datent
du funeste traité de 1756, traité que nous devons à la perfidie du
ministre Kaunitz. Esclaves de ce système autrichien, les Montmorin et Delessart n'ont été tour à tour que des mannequins dont
les fils étaient à Vienne; c'est M. Merci qui dirigeait le cabinet de
France, lorsque le peuple a renversé la Bastille; c'est lui qui le
dirige encore à présent. Voilà ce qu'on a appelé le comité autrichien; c'est, en d'autres termes, le conseil clandestin qui jusqu'ici a favorisé tous les projets des ennemis extérieurs de la
Constitution. Voulez-vous connaître les traits caractéristiques de
ce comité? les voici :

» 1° Dévouement absolu à ce qu'on appelle la prérogative
royale; 2° dévouement absolu aux intérêts de la maison d'Autriche; 3° point d'alliances avec la Prusse et l'Angleterre, quelque
faciles et quelque avantageuses qu'elles fussent; 4° indulgence
envers les émigrés rebelles, sans adhérer cependant à toutes
leurs vues; 5° opposition à la guerre contre la maison d'Autriche, après l'avoir provoquée; 6° enfin, projet d'établir les deux
chambres. Si je prouve que tous ces traits s'appliquent au ministère dont le règne vient d'être détruit; si je prouve qu'il a
constamment trahi les intérêts de la révolution, qu'il a tout sacrifié à la famille royale; si je prouve que, menacés d'une ligue
formidable, il nous en a caché l'existence; qu'il a laissé désor-
ganisées votre armée et votre marine; si je prouve que le projet
des ennemis de la révolution étant de nous diviser, il a contribué
plus puissamment que personne à fomenter ces divisions, j'aurai
prouvé, je crois, que l'on a eu raison d'accuser cet ancien ministère d'avoir formé, avec quelques députés de l'Assemblée
constituante, un comité que l'on peut appeler autrichien, puisqu'il servait si bien la maison d'Autriche.

» Des conspirations de ce genre ne s'écrivent pas; et quoiqu'on ne puisse douter de leur existence, il est quelquefois difficile d'en trouver les traces matérielles. Par exemple, personne n'ignore que lord Biout n'ait dirigé derrière la toile le cabinet de Saint-James; et cependant quel est l'Anglais qui ne rirait pas si on lui demandait des preuves légales? N'en était-il pas de même de la coalition du ministère avec le lord Filfox? Cependant je ne m'étendrai pas dans des généralités. Je vais dénoncer les ministres, leurs correspondances en main. C'est par M. Montmorin que je commencerai, et je ne dirai rien qui ne soit appuyé sur des pièces authentiques. Je les ai puisées dans les archives des affaires étrangères, où, malgré l'intelligence avec laquelle on a soustrait les pièces les plus importantes, malgré le peu de temps que j'ai eu pour visiter cinq à six cartons, dans la mission que m'en avait donnée le comité diplomatique, concurrement avec MM. Lasource et Lemontey, j'ai fait néanmoins des découvertes suffisantes pour suppléer aux pièces qui manquent, et pour suivre les traces que l'on avait cru soustraire à nos recherches. J'en userai même généreusement avec M. Montmorin. Je n'examinerai aucun des faits antérieurs à l'époque du 1ᵉʳ juin. Par exemple, je ne parlerai pas de la déclaration du 28 avril, dans laquelle il avait exagéré les principes démocratiques pour vous tromper sur les communications secrètes qu'il faisait aux cours étrangères; je ne vous parlerai pas des protestations contre deux lettres du *Moniteur*, qui décelaient les projets sinistres qui se tramaient alors, et qui ont éclaté depuis; ni du passeport qu'il donna, le 20 juin, à la reine, sous le nom de madame de Koff. Je vais examiner la conduite de M. Montmorin dans trois époques différentes, depuis le 21 juin jusqu'à l'ouverture de votre session, ensuite jusqu'au 10 mars, et enfin depuis le 10 mars jusqu'à ce jour.

» Ce fut à l'époque du retour du roi de Varennes que le ministère trouva le secret de s'assurer des membres qui avaient jusqu'alors défendu énergiquement la cause du peuple; ce fut alors que, fier de ce renfort, il déploya les plus savantes manœuvres, et qu'il eut la plus grande part dans les travaux de

l'Assemblée constittrante. Je pourrais ici citer le témoignage dé
la notoriété publique. Il serait difficile en effet, lorsque tant de
cris se sont fait entendre contre ces conciliabules, de croire que
les dénonciations multipliées faites contre lui aient été sans
réalité; mais, sans m'arrêter à des probabilités, je ne citerai
que M. Montmorin lui-même. Voici une note écrite de sa main;
elle se trouve insérée dans une lettre adressée à M. Noailles,
ambassadeur de France à la cour de Vienne, en date du 3
août 1791 :

« Les meilleurs esprits de l'assemblée nationale, ceux qui
jusqu'à présent y ont eu le plus d'influence, se sont réunis,
et se concertent avec les véritables serviteurs du roi, pour soutenir la monarchie, et rendre à sa majesté le pouvoir et l'autorité nécessaires pour gouverner. Il ne s'écoulera certainement
pas quinze jours avant que l'état affligeant où se trouve le roi et
la famille royale ait cessé. »

« Et plus bas on lit : « Depuis que ces députés se sont réunis
à nous, nous avons senti la nécessité de les ménager, pour les
maintenir dans le parti qu'ils viennent de prendre.... Des mesures sévères ont été prises avec eux pour réprimer les factieux
que nous avons à combattre. »

« Qui ne voit, qui ne reconnaît les *excellens esprits* dont parle
M. Montmorin? Qui ne nomme ces intrigans dont la conduite et
le langage changèrent à cette même époque, et qui, après avoir
défendu le peuple, se coalisèrent ensuite avec le ministère, contre lequel ils n'avaient cessé de déclamer? Analysez cette lettre,
et, à chaque mot, vous y reconnaîtrez la corruption de ce comité autrichien. Pourquoi s'est-il réuni avec les députés qui
exerçaient le plus d'influence sur l'assemblée? parce que si la
vérité n'attend la réunion des esprits que de la force des raisons,
la corruption ne l'attend que de l'influence des personnes. Ces
députés, dit-il ensuite, se sont réunis *aux serviteurs du roi.*
Tout est précieux dans cette phrase. Ne voyez-vous pas dans
cette réunion de serviteurs du roi la source des décrets qui ont
été rendus alors? Ne voyez-vous pas la tactique des ajournemens,

des motions d'ordre, du tumulte même, moyens employés tour
à tour pour écraser ces factieux dont on se méfiait. Ce mot de
serviteur du roi n'est-il pas le plus éloquent abrégé des principes de M. Montmorin et de son attachement, non pas à la
royauté constitutionnelle, mais au royalisme antique? Le visir
qui s'agenouille devant le sultan, et l'esclave qui embrasse la
poussière devant le visir, ont-ils un langage plus abject? Comme
il contraste avec ces paroles d'un ministre patriote: « La révolution a régénéré l'empire français; vingt-cinq millions d'hommes sont rendus à la liberté ! »

« Opposez à ces paroles celles qu'on trouve répandues dans
plusieurs des lettres de M. Montmorin.... « Le peuple a des fureurs...., Cet état est violent.... Le roi reprendra son autorité
avec le temps....» En un mot, vous verrez que jamais il ne parle
que du roi; que dans toute sa correspondance il ne voit que l'intérêt du roi. Dans une circulaire officielle, il dit : « La Constitution marchera; il ne faut plus *espérer* de la détruire. Ces espérances qu'avait conçues jusqu'alors M. Montmorin, ne s'accor-
daient-elles pas très-bien avec son expression *de véritable serviteur
du roi.*» Ces expressions ne feraient-elles pas croire que la bassesse a aussi ses nuances. Est-ce en se disant le vrai serviteur du
roi, que le ministre des affaires étrangères soutenait auprès des
différentes cours la dignité de la nation ? C'était aussi comme *serviteur du roi* que le ministre de la marine se concertait avec les
assemblées coloniales, pour mettre les colonies dans la dépendance du roi seul; c'est comme *serviteur du roi* que le ministre
de la justice délivrait des lettres de graces, lorsque la Constitution
le lui défendait; en un mot, qu'il *violait* toutes les lois pour augmenter l'autorité royale au préjudice de la souveraineté de la nation. Quel est le véritable sens de ces mots? le voici. La monarchie, selon eux, est une propriété du roi; car on ne rend à un
homme que ce qui lui appartient. Mais quoi! la nation et ses représentans n'étaient-ils donc que des usurpateurs, puisqu'ils voulaient le forcer à rendre l'autorité qu'ils avaient limitée...! Mais
c'est la dernière phrase de la note qui est un trait de lumière.

« Il ne s'écoulera pas quinze jours, dit le ministre, avant que l'é-
tat affligeant où se trouvent le roi et la famille royale ait cessé. »

« Qui lui avait donc donné cette certitude? Pouvait-il disposer
à son gré de la majorité de l'assemblée constituante? Y aurait-il
compté, s'il n'avait su l'influencer par la corruption? Il est donc
prouvé : 1° qu'à l'époque de la révision il existait une coalition ou
un comité secret ; 2° que ce comité était formé entre les membres influenciels de l'assemblée constituante et *les serviteurs du
roi*; 3° que son projet était d'augmenter l'autorité royale ; 4° qu'il
croyait disposer de la majorité des membres de l'assemblée constituante; 5° que M. Montmorin en était membre.

» Maintenant il faut prouver qu'il était dévoué à la maison
d'Autriche. Voici une lettre de M. Montmorin à M. Noailles, en
date du 30 avril : « Les meilleurs esprits de l'assemblée, et j'ose
même dire, sans craindre de me hasarder, la grande majorité de
l'assemblée, apprécient les avantages de cette alliance, et l'on
travaillera à en resserrer les liens aussitôt après le rétablissement
du roi dans son autorité. Je suis persuadé qu'on ne voudra pas
s'écarter des principes suivis jusqu'à présent, et qu'on s'en tiendra à l'alliance avec l'Autriche. *Cet objet me tient infiniment à cœur.*
Ne voyez-vous pas dans l'expression *les meilleurs esprits*, ces
membres influenciels qui formaient la coalition du comité autrichien ? » Ce n'est pas, dit-il plus bas, avec légèreté que je vous
parle de la majorité de l'assemblée nationale; j'y compte, et j'en
suis certain. »

« Comment un homme aussi prudent, aussi circonspect que
M. Montmorin, pouvait-il avancer qu'il était sûr de la décision de
l'assemblée nationale, à moins qu'il n'eût des moyens sûrs de
l'influencer? Il faut même observer que la grande majorité de
l'assemblée constituante ignorait encore alors les avantages ou les
inconvéniens de ce traité, puisqu'elle ne l'avait pas encore discuté. Il espérait sans doute que, fatiguée par trois années de travaux et tourmentée par la crainte, elle se laisserait aller aux suggestions de ces hommes à *excellens esprits*, qui préparaient, dans
des conciliabules secrets, toutes ses déterminations.

» Fidèle aux principes de ce comité, M. Montmorin a trahi la France, en sacrifiant ses intérêts à la maison d'Autriche, en lui faisant croire que le vœu de la France était de maintenir le traité de 1756. Ce traité, qui était fatal sous l'ancien régime, puisqu'il faisait couler gratuitement notre or et notre sang, nous convenait-il plus sous un régime libre? Certes, une alliance dans la maison d'Autriche avec un parent qu'elle croyait dépouiller, qui lui payait des subsides, et qui avait à sa disposition deux cent-cinquante mille hommes de troupes, pouvait être avantageuse à cette maison; mais elle est très-suspecte à la nation : cependant M. Montmorin a cru qu'elle pourrait servir son ambition; aussi écrivait-il à M. Noailles : « La saine partie de l'assemblée nationale est toute en faveur de la maison d'Autriche; elle désire que les liens qui l'unissent à la cour de France soient resserrés. »

» Ainsi, il nous mettait au pied de la maison d'Autriche, alors même que tout le peuple français était indigné contre elle. Il nous dissimulait les traités secrets et les préparatifs hostiles de cette cour. Cependant il savait que, par sa circulaire de Padoue, en date du 26 juillet, l'empereur soulevait toutes les puissances de l'Europe contre nous; que, par son traité de Pilnitz, de la même date, il s'était lié avec la Prusse; or, un tel traité était l'outrage le plus sanglant qui pût être fait à la nation française, et la violation la plus manifeste des traités. Au lieu de faire éclater son indignation, il continue de se prosterner aux pieds de la maison d'Autriche; et il écrit à l'ambassadeur, le 30 août, que, loin de vouloir rompre le traité de 1756, la nation désirait qu'il fût resserré de plus en plus. Nous le voulions! ministre abject. Non, les Français ne veulent pas resserrer des liens qui les attachaient avec des tyrans. Ils veulent traiter avec les Allemands, leurs frères; mais jamais leur or et leur sang ne couleront pour les hommes qui les dominent. Pourquoi Montmorin voulait-il conserver *invariablement* l'alliance avec la maison d'Autriche? Il s'explique un peu plus bas, en disant : qu'il importe au roi de conserver l'*appui* de la maison d'Autriche.

» Ce n'est pas tout. Et ce dernier point est prouvé par la correspondance de M. Noailles avec le ministre : ce dernier n'a cessé d'annoncer à M. Montmorin les traités secrets conclus par Léopold, les armemens, les mouvemens de troupes ordonnés par lui, et d'insister sur l'augmentation des garnisons du Brabant, et surtout sur la versatilité de l'empereur ; versatilité telle, disait-il, d'après un homme qui s'y connaissait bien, que si on le laissait suivre son intention, il armerait à la fois dix mille hommes pour les démocrates, et dix mille hommes pour les aristocrates. Enfin il prédisait, d'après une parole de M. Cobenzel, qu'on ne manquerait pas d'avoir la guerre au printemps. Il lui avait notifié les mêmes intentions de la part de la Russie et de la Suède, qui avaient demandé la permission de faire hiverner les troupes dans les Pays-Bas. Non-seulement il a enseveli ces nouvelles dans les plus profondes ténèbres, mais il a même rassuré la nation dans les communications qu'il faisait alors à l'assemblée nationale. Il nous représentait l'empereur comme un allié fidèle. J'avoue, disait-il, que l'on annonce des armemens, mais je me défends d'y ajouter foi. Quel a été l'effet de cette illusion volontaire ? Il n'a provoqué aucun armement, il n'a négocié aucune alliance, pas même la neutralité de l'Angleterre.

» Ses correspondances de Berlin lui annonçaient qu'un traité avec cette cour serait facile, et lui-même en convenait : « Je ne vous dissimulerai pas, écrivait-il dans le même temps à M. Noailles, qu'on trouverait à Berlin plus de disposition et de facilité qu'on n'en attendait d'abord. » Cependant, qu'a-t-il fait pour procurer à la France les avantages de cette alliance ? Instruit des préparatifs hostiles que faisaient les cours et les puissances étrangères, il aurait dû se concerter avec le ministre de la guerre et celui de la marine ; au contraire, c'est précisément alors que l'armée fut désorganisée, et que la marine dépérit.

» Ainsi, point de communication à l'assemblée, ni des traités nouveaux, ni de la rupture de la maison d'Autriche, ni des armemens de cette puissance ; il y a donc double trahison, et elle est d'autant plus grave qu'elle a été suivie d'un plein effet, et que c'est elle qui nous condamne à la funeste inactivité à laquelle nous sommes réduits. Il a gardé le silence sur les mouvemens des émigrés rebelles, sur les noms et les moyens de leurs chefs. Cependant M. Noailles lui dénonçait et les rendez-vous de Polignac et l'ambassade d'Esterhazy, et les mouvemens de M. Breteuil auprès de la cour de Vienne, et les millions que l'Allemagne, la Russie et la Prusse donnaient aux princes, et les lettres affreuses qu'ils envoyaient en France. Tous ces renseignemens, M. Montmorin les cachait soigneusement ; et Delessart les a enveloppés du même mystère : il en a même nié l'existence. Cette dissimulation en la séparant de toutes les autres circonstances, n'est-elle pas elle seule une trahison ? Voici, entre autres, une note de l'envoyé de Suède à la cour de Vienne, communiquée au ministre de France par M. Noailles.

« Le soussigné a l'honneur de déclarer à son éminence le prince de Kaunitz, en conséquence des ordres qui lui ont été donnés par sa cour, que le roi de Suède partage tous les sentimens de sa majesté impériale pour le rétablissement de la monarchie française ; que, comme elle, elle envisageait la situation du roi de France comme une captivité. Enfin, que ma cour est prête à prendre, de concert avec sa majesté impériale, les mesures que pourront exiger les circonstances. »

» Il avait envoyé à M. Montmorin une autre note, par laquelle les princes sommaient les puissances liées par le concert, de remplir leurs engagemens et de délivrer le roi. Le ministre a constamment tenu un profond silence sur tous ces faits.

» Il prenait donc part aux projets des émigrés, il les protégeait : c'est ce dont je trouve encore la preuve dans une lettre de l'envoyé de France à Genève. Elle est datée du 9 août 1790.

» Lorsque j'eus l'honneur de prendre congé de vous, l'année dernière, vous me permîtes de servir le comte d'Artois quand l'ocasion s'en présenterait. Depuis cette époque, le roi, par une note écrite de sa main, m'a autorisé à prendre service chez lui : c'est ce que j'ai fait, et je vous prie de me faire connaître vos intentions pour l'avenir. D'après votre silence, je n'ai pu me dis-

penser d'obéir à M. le comte d'Artois, et de faire, pour me
rendre auprès de lui, une absence dont il rendra compte au roi.
Si cette démarche, quoique contraire aux intentions que vous
m'aviez précédemment manifestées, ne vous paraissait pas convenable, je vous prierai de ne l'attribuer qu'à mon désir de faire
ce qui peut vous être agréable. Soyez persuadé de mon entier
dévouement. *Signé* GÉDÉON DE PUDIÈRES DE CASTELLON. »

» Qui de nous ne frémit pas à cette lecture! Ainsi donc, un
ministre ordonnait à un envoyé de France de se prêter aux projets des plus cruels ennemis de la nation ; ainsi il connaissait ces
projets. D'où il faut naturellement conclure qu'il en était nécessairement complice. Qui oserait soutenir qu'il n'est pas ici coupable d'une trahison manifeste ?

» On dira peut-être qu'il se trouve compris dans l'amnistie
du 14 septembre ; non, il ne faut pas confondre les prévarications
ministérielles avec les délits que de simples citoyens auraient
commis dans l'effervescence d'une révolution. Les premières
sont trop dangereuses pour qu'on doive jamais les comprendre
dans une amnistie. Ces pièces suffiront sans doute pour confondre
le ministre coupable qui osait naguère parler de son patriotisme
et vanter son honneur. Qu'on juge par ces pièces celles qui ont
échappé de nos mains ; qu'on en juge par son obstination à maintenir, auprès des cours étrangères, des agens voués à l'aristocratie, les Bombelles, les Dussault, les Dosmont, les Béranger,
les Montesson, les Castellanne, les Marigny, etc. En vain mille
voix s'élevaient contre eux ; il répondait froidement que ce
n'était pas le moment d'envoyer, dans les cours étrangères, des
hommes connus par leur attachement à la révolution ; et cependant la Russie souffrait alors le démocrate Genet. Mais tandis
que celui-ci faisait tous ses efforts pour rétablir, aux yeux de la
cour de Pétersbourg, la dignité de la nation française, les ministres semblaient l'avoir entièrement oubliée ; et il existait, il
y a peu de jours, soixante de ses lettres sans réponse, lui qui
n'avait cessé de donner des preuves de patriotisme, qui, non
content d'avoir envoyé 1,200 livres pour les frais de la guerre,

d'avoir depuis vendu sa montre, son épée, pour faire un nouveau don de 800 livres, joint à une médaille d'or, écrivait en dernier lieu à M. Montmorin : « Vous m'avez annoncé que l'on doit
me donner une gratification de 800 livres ; l'état ayant besoin
dans ce moment de la plus austère économie, je vous prie de me
dispenser de la recevoir. » (On applaudit.)

» Une pareille lettre était sans doute un crime aux yeux du
ministre Montmorin, puisqu'il avait complétement oublié ce
chargé d'affaires. Quel a été l'effet de cette obstination à ne
choisir les agens de la diplomatie que parmi les partisans de l'ancien régime ? Il en est résulté qu'on a regardé la révolution comme
un songe, et qu'on devait la regarder ainsi, puisqu'on voyait le
peuple qui triomphait, n'avoir pas la force de faire préférer, dans
la distribution de ces places, les amis de la révolution. De là, les
mauvais traitemens qu'ont éprouvés les Français dans les états
voisins ; de là la coalition de plusieurs cours, de là l'idée fausse
qu'elles ont conçue de nos moyens, et qui nous a privés de plusieurs alliances importantes.

» Est-il nécessaire d'ajouter à cette liste de crimes dont M. Montmorin, et surtout le comité dont il fait partie, se sont rendus coupables, les moyens qu'ils ont employés pour égarer l'opinion publique dans l'intérieur : les placards, les journaux, les libelles,
dont la profusion attestait la source ? Et c'est dans ce même temps
que ce ministre criait contre les libelles, lui qu'il serait si-facile
de convaincre d'avoir une foule de libellistes à ses gages, et qu'il
demandait une loi sur la liberté de la presse ! Si jamais un ministre a nui à la nation, c'est lui ; son crime est certain, et il est
plus coupable que M. Delessart. Il n'est aucun des griefs énoncés
contre ce dernier, qui ne lui soit applicable.

» Quels sont les autres serviteurs du roi ? Il ne les nomme pas,
mais leurs œuvres les désignent assez. Je ne citerai point M. Delessart qui était entièrement dévoué et à M. Montmorin et au système de la maison d'Autriche, car déjà vous avez prononcé contre
lui un décret d'accusation. Vous allez le prononcer contre M. Duport qui n'est pas l'agent le moins actif de cette faction. La lon-

gue liste des atteintes qu'il a portées à la Constitution, prouve
qu'il voulait la sacrifier au pouvoir exécutif. Et en effet, la profession de foi du comité autrichien est précisément d'employer
tous les moyens de relever l'autorité royale, parce qu'on espère
un jour la mettre au niveau de celle du roi d'Angleterre, la renforcer du système des deux chambres, parce que dans ce système
un roi peut disposer de l'or et du sang des citoyens, et que c'est
là le but des intrigues de la maison d'Autriche, c'est-à-dire, un
moyen de donner une nouvelle force au traité de 1756. Vous devez aussi prononcer incessamment contre M. Bertrand, ses mensonges, la désorganisation de la marine, qui est son ouvrage, sa
complaisance pour les officiers de Coblentz, qui annonce sa complicité avec les émigrés, ses adieux au ministère, qui semblent
annoncer de très-grandes espérances à la contre-révolution, enfin,
ce qui n'est pas assez connu, son projet de donner au roi la suprématie des colonies, concerté avec les assemblées coloniales, et
auquel se lient les troubles de Saint-Domingue.

» Je n'anticiperai point sur ce qui vous sera dit à cet égard
d'après le rapport des commissaires nouvellement arrivés. Il sera
facile de prouver que les secours dont vous avez ordonné l'envoi
ont été si mal combinés, qu'arrivant successivement, ils n'ont
pu servir à seconder en rien les efforts des commissaires civils,
et que les colons ont eu le temps de corrompre tous les soldats à
mesure qu'ils arrivaient. Voici le second grief, bien plus fort.
Vous vous rappelez l'invitation que vous fîtes au roi de ne point
faire tourner le fer des soldats contre les mulâtres. Non-seulement il n'eut aucun égard à cette invitation, mais il la couvrit du
plus profond silence. Il ne la communiqua point aux assemblées
coloniales, et les troubles s'accrurent, et la division se fomenta
de plus en plus; enfin, le parti des blancs surtout se souilla de
flots de sang qu'il fit couler pour assouvir ses vengeances. Tels
sont les maux de tout genre que l'on doit attribuer à la coalition
désignée sous le nom de comité autrichien.

» Je vous l'ai dit, le but de ce comité est et sera toujours d'élever
ce que l'on appelle la prérogative royale aux dépens de celle des

représentans du peuple ; de soutenir la maison d'Autriche, parce qu'elle devait soutenir à son tour l'autorité du roi et les préten-tions des émigrés. De là les *veto* qui protégèrent les conspira-teurs, et dont on se vantait. Lisez les proclamations par les-quelles on a prétendu en expliquer les motifs. Voyez avec quel art on y cherche à discréditer l'assemblée nationale et à relever les prérogatives royales. Voyez encore ce ministre dans ses rap-ports à l'assemblée, accumulant mille difficultés, se plaignant de son inactivité en même temps qu'il entravait ses opérations ; com-binant un message pour couper, intervertir une délibération ; in-tervenant dans les discussions ; donnant lieu à des séances ora-geuses pour en prendre occasion de faire des leçons à l'assemblée nationale. Voyez-le dans les journaux qu'il dirigeait : ils n'ont cessé de prêcher le mépris de l'assemblée nationale. Ne faudrait-il pas être aveugle pour ne pas voir le système de ce comité autri-chien ? Ce système était et est encore celui des intrigues pour influencer le roi, et des calomnies pour égarer l'opinion pu-blique.

» C'est celui que M. Montmorin disait être meilleur que les moyens violens ; et il s'écartait en cela des vues des princes. Des calomnies et des semences de division valent mieux, suivant lui, que des armées. Il est encore, ce comité, dans la nomination précipitée du gouverneur du fils du roi ; il se manifeste tous les jours, par les placards, par les mille et un supplémens de jour-naux ; il est dans cette procédure du juge Larivière, qui avait pour but de commencer la contre-révolution par un juge-de-paix ; enfin, il se montre dans la dénonciation ridicule de ses chefs, contre les écrivains qui ont eu le courage de dévoiler ses intri-gues. Qui n'a pas reconnu son influence dans la lenteur, dans le défaut total, dans l'hypocrisie des préparatifs de guerre confiés à des bureaux appartenant à ce comité ? Qui ne l'a pas reconnue dans la communication de nos plans de campagne à nos ennemis, même avant qu'ils fussent connus de nos généraux, dans les mé-contentemens simulés, dans les démissions combinées des offi-ciers ? Ces démissions, évidemment encouragées par une faction puissante, ne sont-elles pas un crime, quand elles ont pour but de réduire la France à un état d'impuissance qui la force de consentir à une médiation ?

» Ouvrez un registre d'information, et bientôt vous aurez porté la lumière sur toutes les manœuvres de ce comité. Chaque pièce vous dévoilera celles que l'on imagine chaque jour pour parvenir au but principal, celui des deux chambres. Toutes ces pièces, qui sont, soit au comité de surveillance, soit au comité diplomatique, ou celles qui m'ont été directement confiées, sont des dépositions faites par-devant des juges-de-paix, des municipalités, etc. ; des renseignemens fournis par des corps administratifs, des notes toutes signées, etc. Elles vous feront connaître enfin cette chaîne d'intrigues dont le premier anneau est tenu à Vienne par Breteuil, l'autre ici, à Paris, par le comité autrichien. Vous verrez qu'il propage sa doctrine dans les états-majors, les tribunaux ; qu'il existe, ce comité, dans les conciliabules et les rassemblemens de gens suspects, qui se font à Paris ; ouvrez ce registre, et vous y verrez le projet, tant de fois conçu et tant de fois abandonné, d'enlever le roi.

» Ouvrez ce registre, et vous apprendrez quel était l'objet de ce complot, qui devait soumettre l'assemblée nationale à la police d'un juge-de-paix ; ouvrez ce registre, et vous verrez ceux qui prêchent au jeune prince royal le mépris de la Constitution, qui ressuscitent aux yeux du roi les signes de la noblesse ; ouvrez ce registre, et vous verrez les manœuvres qu'on a employées dans la garde du roi pour se l'asservir ; enfin, ouvrez ce registre, et vous y trouverez des pièces que la prudence ne me permet pas de dévoiler, etc.

» M. Brissot, se résumant, propose un décret d'accusation contre M. Montmorin ; qu'il soit rendu compte incessamment, 1° de la conduite de M. Duport, ex-ministre de la justice ; 2° de celle de M. Bertrand, ex-ministre de la marine, et d'enjoindre à ce dernier de remettre les pièces de sa correspondance relative aux Colonies. »

Emprisonnement de Lecointre. (Séance du 21 mai.) — Lecointre

dénonce la déclaration qui lui a été faite, au comité de surveillance, par des Cent-Suisses, qui lui ont annoncé que dix-huit de
leurs camarades s'étaient munis de passeports, sous prétexte de
se retirer en Suisse, où ils n'avaient pas de propriétés ; que leur
départ était une fuite concertée, pour aller se joindre à l'armée
des émigrés, pour lesquels M. de Brissac leur avait donné une
lettre, et qu'ils disaient hautement qu'ils reviendraient, l'épée à
la main, reprendre leur poste et replacer le roi sur le trône. Il
ajoute que, d'après sa lettre, la municipalité de Béfort en a arrêté neuf. Merlet accuse Lecointre d'acte arbitraire et de violation du droit des gens ; il demande l'examen de sa conduite, l'appel à la barre de la municipalité de Béfort, et une indemnité
pour les victimes de la détention arbitraire. Lassource réclame la
liberté des détenus. Girardin insiste pour le décret d'accusation
contre Lecointre. Fauchet déclare que si les individus étaient
suspects, Lecointre, en avertissant, a fait son devoir. Lacroix
veut qu'il soit envoyé trois jours à l'Abbaye, pour avoir mis son
nom à la place de celui du comité. Cet avis est adopté. — Le ministre de la justice annonce que les presses de l'*Ami du Peuple*
ont été saisies, et que celles de l'*Ami du Roi* n'ont pu l'être ; les
auteurs sont en fuite.

SÉANCE PERMANENTE DES 28, 29, 30 ET 31 MAI. — LICENCIEMENT
DE LA GARDE CONSTITUTIONNELLE DU ROI.

[*M. Merlin.* La municipalité de Saint-Cloud, vient d'envoyer
au comité de surveillance une adresse qui intéresse éminemment
la sûreté publique. Je prie instamment l'assemblée d'en entendre
la lecture.

*Extrait de l'adresse des officiers municipaux de Saint-Cloud, en
date du 28 mai.*

« Les soussignés prennent la liberté de rendre compte à l'assemblée du fait suivant. Avant-hier, dans la matinée, M. Laporte,
administrateur de la liste civile, s'est rendu à la manufacture de
porcelaine de Sèvres, appartenant au roi. Les ouvriers, contre

l'ordinaire, n'ont pu savoir ce qu'il venait faire. L'après-midi, deux voitures chargées de cinquante-deux ballots carrés, bien liés, et renfermant du papier, ont été déchargées à la manufacture, et les ballots portés dans l'emplacement du four à peinture, qui avait cessé de cuire la veille. Il fut rallumé le lendemain, mais non pour cuire de la peinture; les ballots y furent jetés à l'aide de deux ouvriers, en présence de M. Régnier, directeur, et d'un abbé dont on ignore le nom, mais qui dirigeait ce brûlement. Le feu a duré cinq heures. Ce fait a été dénoncé par trois ouvriers, qui n'ont pas osé signer la déposition, par la crainte de perdre leur état. Les officiers municipaux de Saint-Cloud, se sont aussitôt rendus à Sèvres pour en instruire la municipalité. Ils ont vu une très-forte fumée sortir du four, etc. »

M. Merlin. Je demande que l'assemblée charge le ministre de la justice de faire informer sur ce fait; et si l'on n'en donne pas d'explication satisfaisante, je serai autorisé à croire que les papiers qu'on a brûlés, sont les archives du comité autrichien.

M. Isnard. Je demande que M. Laporte soit mandé à la barre, pour y être interrogé, séance tenante, sur les faits contenus dans le procès-verbal dont il a été fait lecture.

M. Guadet. J'appuie la proposition de M. Isnard. Il est de l'intérêt du roi, comme de la sûreté publique, que vous éclaircissiez ce mystère.

La proposition de M. Isnard est adoptée à l'unanimité.

M. Laporte est introduit à la barre. — M. le président lui notifie la cause de son appel, et lui fait donner lecture de l'adresse de la municipalité de Saint-Cloud.

M. le président. Allâtes-vous, avant-hier matin, à la municipalité de Sèvres?

M. Laporte. Oui, monsieur. — Y fîtes-vous porter cinquante-deux ballots carrés contenant des papiers? — Ils y ont été portés le même soir, mais j'observe qu'il n'y en avait que trente. — Avez-vous ordonné qu'ils fussent jetés dans le four à peinture? — Oui, monsieur; j'avais donné ordre qu'ils y fussent jetés, et ils l'ont été en effet, d'après le compte qu'on m'en a rendu, il y a quatre heures ; ils contenaient quelques imprimés d'une édition entière faite à Londres, et que j'ai retirée ici de chez le libraire. — Quel ouvrage était-ce? — Ce n'était aucun ouvrage qui pût intéresser la liberté ; c'étaient les Mémoires d'une femme qui a été trop célèbre ; chaque exemplaire devait être signé d'elle ; mais elle est morte à présent : cette femme est madame de la Mothe. Je n'ai point vu cet ouvrage, que j'avais chargé deux personnes d'acheter et de faire transporter ; et le libraire même est allé à la manufacture. — Quel est le nom de ce libraire? — C'est M. Gueffier, demeurant sur le quai des Augustins. — Quel est l'abbé qui était allé avec vous à Sèvres? — J'y suis allé seul.

M. le président. « Vous pouvez vous retirer.

M. Merlin. « Je demande que M. Régnier, directeur de la manufacture, soit mandé, afin qu'il soit interrogé sur-le-champ et sans prendre communication avec personne. (Il s'élève quelques murmures dans une partie de l'assemblée).

N.... « J'insiste pour que la motion de M. Merlin soit mise aux voix.

M. Girardin. « Je demande la parole.

M. Merlin. « Il ne s'agit pas d'invoquer ici toujours les principes, quand il s'agit du salut de la chose publique. Je demande que M. Girardin réserve à un autre moment une discussion qui ne peut que donner le temps aux personnes compromises de se concerter avec les machinateurs.

M. Girardin. « Il est aussi dans mes principes d'éclaircir tout mystère ; il est aussi dans les principes des gens honnêtes de dévoiler les calomnies ; enfin, il est dans mes principes de croire que la calomnie surtout ne doit pas rester impunie. Je demande donc que l'on appelle à la barre, non-seulement M. Régnier, directeur de la manufacture, mais M. Gueffier, libraire. Rien n'est plus contraire à la liberté que les soupçons dont on cherche à environner tous les hommes. Je demande, de plus, que demain M. Chabot nous fasse la lecture des pièces qu'il nous a annoncées, parce que si l'assemblée est sur un volcan, il n'y a pas un instant à perdre; et, dans quinze jours, il pourrait n'être plus temps de sauver la chose publique.

M. Mazurier. « Je propose de mander aussi les ouvriers qui ont aidé à brûler les ballots.

« L'assemblée adopte la proposition de M. Mazurier.

« Elle décrète ensuite, sur la proposition de deux autres membres, que MM. Gueffier, libraire, demeurant quai des Augustins, et Régnier, directeur de la manufacture de Sèvres, seront mandés pour rendre compte, le premier, séance tenante, le second, à la séance du soir.

M. Chabot. « Il existe un complot pour opérer la dissolution de l'assemblée nationale : vous en voyez au moins un commencement de preuve dans la distribution des cocardes blanches aux Suisses ; dans les cris : *Au diable la nation !* qu'on répète sous le portique des Tuileries, dans la distribution des libelles tendant à avilir l'assemblée nationale ; j'ai entre les mains 182 pièces probantes de ce complot. Je demande à en donner connaissance à l'assemblée, au moment où les deux comités lui feront un rapport sur cet objet. (On applaudit.)

M. Becquet. « Ce serait manquer à la confiance de la nation française, que de la laisser plus long-temps dans la pénible incertitude où elle se trouve; si M. Chabot a des preuves, il ne doit pas tarder à les faire connaître ; et je demande qu'il le fasse dans la séance la plus prochaine qu'il plaira à l'assemblée de déterminer.

M. Bazire. « Pour satisfaire à la juste impatience de M. Becquet, je demande à être entendu demain pour prouver qu'il est indispensable de dissoudre la garde du roi, afin de l'organiser constitutionnellement ; pour prouver qu'il y a dans cette garde des prêtres réfractaires, des hommes revenus de Coblentz, et des domestiques qui leur sont attachés ; qu'il y a une grande quantité d'Arlésiens, depuis que la ville d'Arles a été déclarée en état de contre-révolution ; que parmi ceux qui la composent, il n'y en a pas un cinquième d'éligibles constitutionnellement. Je dénoncerai l'esprit contre-révolutionnaire qu'on cherche à lui

inspirer; les orgies des officiers et de quelques cavaliers; les
santés de MM. de Condé, d'Artois, et Lambesc, qu'on a mêlées
à celles du roi et de la reine. Je vous dirai qu'un cavalier, qui se
trouvait à cet orgie, a pensé être étranglé pour avoir proposé la
santé du *prince royal*; je prouverai enfin qu'il existait un projet
d'enlever le roi le jour de la fête de Château-Vieux. (La salle retentit d'applaudissemens.)

M. Isnard. « J'ajoute à ce que vient de dire M. Bazire, qu'un
sieur Delâtre, que vous avez voulu mettre en état d'accusation,
parce qu'il avait été chargé d'aller à Coblentz porter une lettre
à M. de Calonne, est maintenant de la garde du roi.

M. Lacroix. « Vous ne pouvez vous dissimuler le danger de la
chose publique. Je demande que M. Bazire soit entendu ce soir,
et que l'assemblée prenne un parti sans désemparer. (On
applaudit.)

M. Bazire. « Il est impossible que d'ici à ce soir je réunisse toutes les pièces, et que je les mette en ordre. Je prie donc l'assemblée de vouloir bien différer à m'entendre jusqu'à demain; mais
comme les propositions que je viens d'énoncer pourraient mettre
de la fermentation dans la capitale, je propose de décréter que
la garde de Paris sera doublée.

« L'assemblée décrète que la garde sera doublée, et que le
maire viendra tous les matins rendre compte de l'état de la
capitale.

M. Carnot le jeune. « Comme l'assemblée est forcée de s'occuper
d'autre chose que d'arrêter les conspirateurs, et que ses travaux législatifs ne doivent pas souffrir d'interruption, je demande qu'elle se déclare permanente, dans la forme adoptée
par l'assemblée constituante, à l'époque du départ du roi. (La
salle retentit d'applaudissemens.)

« La proposition de M. Carnot le jeune est adoptée à la presque unanimité.

M. . . . . « A Rome, dans les temps orageux, les consuls faisaient
une proclamation en ces termes : « Citoyens, la république est
en péril; prenez les armes et tenez-vous sur vos gardes. » Je

propose à l'assemblée de rendre une pareille proclamation.

» L'assemblée passe unanimement à l'ordre du jour sur cette proposition.

M. Merlin. » Il existe dans la garde du roi de bons citoyens qui ont dénoncé les faits dont on vient de vous donner connaissance. Je demande qu'ils en puissent sortir, et que l'assemblée pourvoie à leur existence provisoire.

» La proposition de M. Merlin n'est pas appuyée.

» L'heure étant fort avancée, et M. Gueffier n'étant pas encore rendu à la barre, M. le président lève la séance. — Il est cinq heures.

6 HEURES DU SOIR.

On introduit à la barre M. Gueffier, libraire, qu'interrogé sur les balles d'imprimés brûlés à la manufacture de Sèvres, répond qu'il en a vendu à M. Delaporte trente balles qui venaient de Londres, adressées, par M. Robinson, à des négocians de Rouen, qui l'ont chargé, lui M. Gueffier, de les vendre par commission. Interrogé sur le titre de ces imprimés, répond que ce sont les *Mémoires de madame Lamotte.*

M. Régnier, directeur de la manufacture, est ensuite introduit à la barre.

M. le président. Avez-vous reçu quelque envoi de Paris?

M. Régnier. Trois voitures chargées de ballots. — Savez-vous ce que contenaient ces ballots? — Je l'ignore, et je n'ai rien su, parce que je ne me suis pas permis d'y regarder.

» On fait lecture d'une lettre de M. Montmorin, à M. le président. Elle est ainsi conçue: « J'apprends en ce moment qu'on a dit à l'assemblée que je m'étais embarqué à Boulogne-sur-mer avec madame Lamballe. Je démens cette assertion. Je n'ai jamais eu et n'aurai jamais le dessein de sortir de France. Il y a deux mois que je n'ai quitté Paris; je ne le quitterai point qu'on n'ait éclairci la dénonciation faite contre moi. Je viens de livrer à l'impression des observations que j'aurai l'honneur de remettre dans peu à l'assemblée.

» On demande, et l'assemblée décrète que le membre qui a dit avoir une lettre de la municipalité de Boulogne-sur-mer, soit tenu de la remettre sur le bureau.

M. le président annonce que les trois ouvriers de la manufacture de Sèvres sont présens.

On introduit le premier à la barre.

M. le président. Votre nom? — Claude-Charles Gérard. — Vous trouvâtes-vous samedi à la manufacture de Sèvres? — Oui, Monsieur. — Fûtes-vous employé comme à votre ordinaire? — Je fis faire des feux comme lorsqu'on commence les fournées. — Achevâtes-vous la fournée? — Non, Monsieur. — Que fîtes-vous? — Nous procédâmes à la brûlure de trente balles de papier. — Quels étaient ces papiers? — Je n'en sais rien. Tout ce que je puis dire, c'est que c'était du papier imprimé du format de brochures. — L'opération fut elle longue? — Depuis cinq heures et demie jusqu'à onze heures et demie. — Y avait-il d'autres personnes que vous? — Il y avait le directeur, M. Régnier; trois personnes que je ne connais pas, et deux ouvriers sous moi. — N'y avait-il que les trente balles? — Pas davantage. — N'avez-vous pas vu le titre de ces papiers? — Je ne l'ai point vu et n'ai point ambitionné de le voir. — Vous ne vîtes pas de manuscrits? — Non, Monsieur. — Le four avait-il déjà servi à de pareilles opérations? — Non, pas à ma connaissance.

M. le président. Vous pouvez vous retirer.

Le second est introduit. Il se nomme Louis Longué.

M. le président. Votre profession? — Journalier. — Vous travaillez à la manufacture de Sèvres? — Oui, Monsieur. — Y étiez-vous samedi dernier? — Oui, Monsieur. — Le four a-t-il servi ce jour là à autre chose qu'aux peintures? — Oui, Monsieur, on a brûlé du papier. — Quel papier? — Je ne sais pas lire, je ne l'ai pu voir. — En brûla-t-on beaucoup? — Je n'en saurais dire le nombre.

On introduit M. Garnier, le troisième de ces ouvriers.

M. le président. Que faites-vous? — Je travaille à la manufac-

ture de Sèvres. — Avez-vous connaissance de ce qui s'y fit samedi
dernier? — Oui, Monsieur; on y a brûlé du papier, j'y ai été employé, je l'ai fait, parce que je suis obligé d'obéir au chef. —
Savez-vous ce que c'était que ce papier ? — Je ne sais pas lire.
— Cela dura-t-il long-temps? Trois ou quatre heures. — Con-
naissez-vous les personnes qui étaient avec vous ? — Non, Monsieur. — Aviez-vous vu arriver les papiers à la manufacture? —
Non, Monsieur.

M. le président. L'Assemblée délibérera sur ce que vous venez
de lui dire. Vous pouvez vous retirer.

Sur le rapport de M. Isnard, au nom du comité de surveillance, concernant la dénonciation et la recherche faite
par M. Maillard, d'une fabrication de faux assignats à l'hôtel de la
Force, l'Assemblée décrète qu'il sera accordé à M. Maillard
1,200 l., à M. Biet, 1,200 liv. et à chacun des deux préposés de
police qui les ont accompagnés, 300 liv.

M. Chabot. J'étais à travailler au comité de surveillance, lorsqu'on m'a dit que M. Montmorin venait d'écrire qu'il n'était pas
parti pour Londres. Ce qu'il y a de certain, c'est que je n'ai rien
avancé que d'après un extrait de la lettre des municipaux de Boulogne-sur-mer, écrite à la municipalité de Paris, et adressée
par M. Pétion au comité de surveillance. Voici cet extrait :

» *Du 21 Mai.* Nous vous apprenons que tous les jours il s'em-
barque, pour l'Angleterre, des Français munis de passeports.
M. Montmorin, ex-ministre, madame la princesse Lambesc,
(je me suis trompé en disant madame Lamballe) et M. Caraman,
se sont embarqués le 8 de ce mois pour Londres.

» Signé, *les officiers municipaux de Boulogne-sur-mer.* »

M. Boulanger. M. Chabot aurait dû s'apercevoir dans le pre-
mier moment, que cette lettre est fausse, puisque depuis le 8,
M. Montmorin a fait une plainte contre lui chez le juge de paix
Larivière.

» On introduit successivement à la barre une députation de la
section du Théâtre-Français, et de deux autres sections de Paris

qui demande que l'assemblée les autorise à se constituer en état
de surveillance permanente.

L'assemblée renvoie la pétition au comité de législation, et
leur accorde les honneurs de la séance. — La séance est levée à
cinq heures du matin.

29 MAI, NEUF HEURES DU MATIN.

On annonce que le maire de Paris demande à être introduit à
la barre.

M. Pétion. Vous avez décrété que le maire de Paris vous rendrait compte chaque jour de l'état de cette grande cité; je m'empresse de satisfaire à cet acte émané de votre sollicitude et de
votre sagesse. Paris, depuis quelque temps, devient un objet
d'inquiétudes pour la France entière; c'est le rendez-vous des
gens sans aveu, des mécontens, des ennemis de la chose publique. Des lettres, des avis sans nombre, attestent cette vérité.
Connaissant l'influence de cette ville sur le reste du royaume,
et par son immensité, et par sa position, et par les dépôts précieux qu'elle renferme, il semble qu'on se soit fait un système
d'y dépraver l'opinion, d'y corrompre l'esprit public, pour en
répandre ensuite les poisons sur tout l'empire. Cet attentat moral, dont les suites funestes seraient incalculables, si toutefois
un succès en ce genre était possible, n'est pas le seul qu'ils aient
projeté. La fermentation prend chaque jour un nouveau degré
de malignité. Des faits de tous genres déposent sur ce point. Vous
avez vu qu'une crise violente se préparait, et vous n'avez pas cru
pouvoir fermer plus long-temps les yeux sur les dangers de la
patrie; vous avez parlé, et à l'instant le peuple s'est levé; vous
avez ordonné que la garde serait doublée, des patrouilles nombreuses ont veillé à la sûreté publique, la garde nationale a
montré le zèle le plus actif. (On applaudit.) On est sûr de la
trouver toujours dans le chemin de l'honneur et de la loi. (On
applaudit.) On est sûr, dans toutes les occasions importantes,
de lui voir déployer une grande énergie. La masse des citoyens
de Paris est excellente; elle aime la liberté et la Constitution,

elle les défendra jusqu'à la mort, et les hommes du 14 juillet existent encore. (Les applaudissemens continuent.) Qu'ils sont imprudens, les lâches qui conspirent contre notre repos ! ils aperçoivent quelques divisions entre des hommes qui veulent arriver au même but, mais qui ne prennent pas toujours la même route; et ils croient aussitôt que le moment est arrivé de réaliser leurs chimères odieuses ! Ils excitent des orages. Les insensés ! ils ne voient pas que si ces orages venaient à fondre, c'est sur eux qu'ils éclateraient.

Je pense qu'en désirant être instruits de l'état de Paris, vous n'avez pas voulu que je vous entretinsse de détails minutieux. Votre intention a été sans doute de connaître la disposition générale des esprits et les faits qui peuvent avoir quelque caractère d'importance. J'ai néanmoins pris des dispositions particulières pour être instruit avec plus d'exactitude que jamais de tout ce qui se passe. La nuit a été calme, et rien n'annonce un jour orageux. Il ne faudrait pas cependant qu'une fausse sécurité fût l'effet de cette tranquillité du moment; ce serait celle de la stupeur; elle ressemble au silence qui succède aux coups de foudre. Il n'en faut pas moins veiller, et intimider sans cesse les méchans; il faut les tenir courbés sous le joug de la loi. (On applaudit.) au moindre relâchement, ils relèveraient leur front audacieux. Montrez-vous constamment élevés à la hauteur de vos fonctions; déployez ce caractère auguste dont la nation vous a investis. Alors soyez sûrs, non pas seulement de la tranquillité de Paris, mais de celle de la France entière. (On applaudit.)

L'assemblée ordonne l'impression du discours de M. Pétion.

M. Jaucourt. Je demande que l'assemblée charge le maire de Paris de témoigner à la garde nationale la satisfaction qu'elle a éprouvée du zèle de la garde nationale.

Cette proposition est adoptée.

Des citoyens de la section de Paris, dite des Gobelins, se présentent à l'assemblée, et lui jurent de se sacrifier pour la défendre. — Ils défilent dans la salle, tambour battant, au nombre de quinze ou seize cents hommes armés de piques, et précédés des grenadiers du bataillon de cette section. Le cortége est orné par plusieurs piques surmontées du bonnet emblème de la liberté.— Ces citoyens se rangent ensuite autour du lieu des séances de l'assemblée.

M. le président. La parole est à M. Bazire, qui l'a demandée pour une dénonciation contre la garde du roi.

M. Bazire. Je vais présenter des faits qui sont parvenus à ma connaissance, dans toute leur simplicité. Je ne me permettrai pas de développemens oratoires à ce sujet. C'est lorsque j'accuse que mon imagination se dessèche, que ma voix s'éteint, et que l'aridité de mon style fait assez connaître combien il est douloureux pour moi de remplir un si pénible devoir.

A l'époque de la formation de la garde soldée du roi, la voix publique accusait déjà les courtisans de se servir de ce moyen pour armer et rallier autour d'eux une foule de mécontens, dans l'intention de former aux Tuileries un noyau de contre-révolutionnaires. Si l'on en excepte les jeunes citoyens envoyés des départemens, ou présentés par les divers bataillons de Paris, le choix des sujets n'avait rien que d'alarmant, et faisait naître de sinistres présages. Vous crûtes qu'il était de votre devoir de vous assurer de l'éligibilité de chàcun des membres de ce corps armé, aux termes de la Constitution, qui veut que toute personne admise dans la garde du roi ait servi pendant un an, soit dans l'armée de ligne, soit dans la garde nationale, et qu'elle ait prêté le serment civique antérieurement à sa nomination. Vous décrétâtes, en conséquence, que leur installation n'aurait lieu qu'après la vérification de leurs titres par les officiers municipaux de la commune de cette ville. Cette disposition rigoureusement conforme à la loi, et à laquelle on ne s'attendait pas, déconcerta pour quelque temps le plan de composition que l'on avait conçu, et il est à remarquer que la garde, que l'on disait à peu près complète, ne put pas se présenter tout entière à la cérémonie de l'installation. Il n'y en a qu'une très-petite portion d'assermentée, et l'on ignore encore à quel titre le surplus se permet d'en faire aujourd'hui le service.

Ce n'était pas assez pour ceux qui présidaient à la formation

de ce corps, de soustraire ainsi la majorité de ses membres aux
conditions d'éligibilité qui leur sont imposées par l'acte constitutionnel, et dont votre loi venait de leur rappeler formellement
l'exécution. Il fallait corrompre tous les patriotes adressés par les
départemens, ou les décourager et s'en défaire. L'on épuise, en
conséquence, tous les moyens d'ébranler les esprits faibles, d'a-
battre les hommes timides; bientôt on se félicite d'en avoir per-
verti un grand nombre; et quant à ceux que l'on trouve fermement attachés aux principes, on se hâte de les congédier, sans
daigner seulement en déguiser les motifs. Quelques-uns même,
indignés des propos aussi extravagans que criminels que l'on tient
autour d'eux, fatigués des persécutions qu'on leur fait éprouver,
n'attendent pas qu'on les renvoie; ils s'éloignent volontairement
de ce séjour habité par les plus odieux conspirateurs. De retour
dans le pays qui les a vus naître, au milieu de leurs concitoyens
qui les ont choisis, jaloux de conserver l'estime de leurs compatriotes, et ne pouvant faire valoir les cartouches insignifiantes,
et quelquefois même diffamantes, que l'on s'est permis de leur
donner, ces jeunes citoyens se présentent au directoire de leurs
départemens, pour y faire connaître les motifs de leur retraite.
Plusieurs d'entre eux s'empressent d'écrire aux membres de l'assemblée nationale élus dans leurs contrées, pour rendre leur justification plus complète. Tous veulent partir pour les frontières,
et demandent à être placés au poste le plus périlleux, pour manifester leur courage et leur dévouement à la chose publique.

C'est d'après les procès-verbaux rédigés sur leurs déclarations, c'est dans les lettres que je tiens de plusieurs de mes collègues, que l'on peut voir la vertu civique aux prises avec l'aristocratie la plus effrénée, et que la candeur des enfans de la patrie
sert de flambeau au milieu des épaisses ténèbres dont veulent
inutilement s'envelopper nos modernes Catilina. Et comment
a-t-on remplacé ces hommes estimables? par d'anciens gardes-
du-corps, par des jeunes gens sortant du séminaire, ou qui n'ont
quitté l'habit ecclésiastique que pour endosser l'uniforme, par
des chiffonistes de la ville d'Arles, par des individus nouvellement

arrivés de Coblentz, par un ancien caporal des Cent-Suisses qui avait été chassé de son corps d'après le vœu unanime de tous ses camarades, pour cause de lâcheté, de bassesse et de vol, et qui vient d'être non-seulement pourvu d'une place de lieutenant dans la garde du roi, mais encore décoré de la croix du mérite militaire, et enfin par un grand nombre de ces hommes connus pour tapageurs, qui provoquent perpétuellement les citoyens, et tour à tour assassinent ou sont assassinés. Me dira-t-on bien, par exemple, ce que peut signifier cette bizarre composition de la garde du roi, où l'on remarque actuellement des jeunes gens qui se qualifient encore de comtes ou de nobles, à côté de quelques hommes qui se trouvaient, il n'y a qu'un instant, aux gages de certains émigrés? Est-ce pour sceller, par cette fraternelle association, le principe de l'égalité qu'ils méconnaissent? ou n'est-il pas évident, au contraire, qu'ils se regardent là comme dans un attroupement prêt à frapper ceux qu'ils voudront indiquer, et que c'est la fureur de l'esprit de parti qui leur commande momentanément le sacrifice de leur amour-propre?

Si je voulais arguer ici de la conviction intime que nous avons nécessairement tous du mauvais esprit de la garde du roi, je n'aurais qu'à demander à chaque membre de l'assemblée s'il n'entend pas les cris qui s'élèvent contre ce foyer de rébellion, et s'il ne voit pas que le salut public exige impérieusement que le corps législatif adopte sans délai une grande mesure de police générale, le licenciement de la garde actuelle du roi. Mais l'impassible équité de l'assemblée nationale veut d'autres garans de ses décisions, et je vais déduire des faits articulés d'une manière précise dans les diverses déclarations que j'ai entre les mains, déclarations souscrites par des personnes fort éloignées, dans des situations très-différentes, et qui néanmoins s'accordent toutes sur les objets principaux de ma dénonciation.

Je commence d'abord par observer à l'assemblée que son comité militaire, alarmé des plaintes continuelles qui lui étaient adressées par des hommes dignes de confiance, sur ce qui se passait dans la garde du roi, a cru devoir, il y a quelques jours,

charger M. Lacuée , l'un de ses membres, de se transporter auprès du ministre de la guerre, pour l'inviter à présenter au roi
des observations à cet égard , et qu'il ne paraît pas que cette mesure ait produit l'effet que l'on devait en attendre. Je déclare que
les chefs de la garde du roi n'ont point complétement exécuté
la loi qui les obligeait à faire vérifier les titres de chacun des citoyens qui composent cette garde , avant de les admettre à en
exercer les fonctions ; et j'en atteste les officiers municipaux de
la commune de Paris. Je déclare qu'ils se sont permis d'incorpo-
rer dans la garde un très-grand nombre de citoyens qui n'avaient
pas les conditions requises par l'acte constitutionnel , et notamment d'anciens gardes-du-corps, des hommes qui ont quitté l'habit ecclésiastique pour endosser l'uniforme, et parmi lesquels se
trouvent les nommés *Pierre Remis*, de la compagnie de Salede, et
Lacaze; des ci-devant nobles nouvellement arrivés des pays étrangers; d'autres ci-devant nobles qui n'ont jamais servi ni dans la
troupe de ligne, ni dans la garde nationale , tels que les deux fils
du ci-devant comte de Béranger, dont l'aîné n'est âgé que de quinze
ans, et qui sortent l'un et l'autre du collége ; beaucoup d'Arlésiens,
membres de la société connue sous le nom de la Chiffonne, au
mépris du décret qui déclare la ville d'Arles en état manifeste de
rébellion , et parmi lesquels on distingue les nommés *Lezan cadet*,
Benot et *Gilbert*. Ces faits se trouvent tous consignés dans les déclarations que je vais déposer sur le bureau.

Je déclare que l'on a mis et que l'on met chaque jour tout
en œuvre pour pervertir le petit nombre de patriotes qui se trouvaient et se trouvent encore dans la garde du roi ; que les écrits
aristocratiques leur ont été distribués avec profusion , et notamment un ouvrage intitulé : « Bouquet au roi très-chrétien Louis
XVI, fait pour le jour de sa fête le 25 août 1791, lorsqu'il était
prisonnier avec sa famille aux Tuileries, et réservé en étrenne
douloureuse pour le premier janvier 1792; » écrit qui contient
la censure la plus amère et la plus astucieuse de nos lois nouvelles ; écrit que chacun des citoyens de la garde du roi a trouvé
sur son lit sans savoir comment il y avait été placé, et au sujet

duquel deux d'entre eux ont été maltraités et renvoyés pour l'avoir déchiré, en manifestant le mépris qu'ils en faisaient. Je dépose un exemplaire de ce libelle exécrable qui m'a été remis par M. *Tirot*, ci-devant garde du roi, lequel a déclaré les faits que je viens d'exposer, faits qui se trouvent également consignés dans la déclaration de *Claude Cabour* et de *Matthieu Tamisier*, aux citoyens composant le huitième bataillon de la première légion de Paris, qui ont fait imprimer l'extrait des délibérations de leur conseil de discipline à ce sujet, dont je dépose pareillement un exemplaire. Je déclare que ces insinuations perfides et ces écrits envenimés, prodigués aux gardes du roi, avaient pour objet de leur inspirer ce que leurs chefs appellent l'esprit du corps, et que cet esprit de corps n'est autre chose qu'un dévouement absolu à la personne du roi, aux intérêts duquel on se prépare à sacrifier la liberté publique.

De là les défenses souvent réitérées de communiquer avec la garde nationale, défenses que l'on ne craignait pas de motiver sur ce que des liaisons de cette nature empêchent nécessairement de prendre l'esprit du corps, et sur ce que les gardes nationales portent l'uniforme des révoltés; de là ces propos si souvent répétés que c'est le roi qui paie et non pas la nation, et que toute protestation de dévouement à la patrie dans la bouche d'un garde du roi annonce les plus mauvaises dispositions de sa part. C'est encore pour cela que la tête de leurs sabres représentant un coq avec une couronne royale, M. Brissac a cru devoir les prévenir que c'était l'emblème des premiers Gaulois, et que cet emblème leur indiquait un roi qu'ils devaient aider à reconquérir ses états. Tel est l'esprit que l'on inspire aux gardes du roi, et c'est ainsi que plusieurs d'entre eux ont été mis en prison ou renvoyés, soit pour avoir conversé avec des gardes nationales, soit pour avoir manifesté des sentimens patriotiques. Ces faits se trouvent consignés dans la déclaration du sieur Tirot, et fondus dans les déclarations souscrites par ses camarades, et que je vais également déposer sur le bureau. Je déclare que cet esprit de corps et ces principes anti-constitutionnels ont fait des progrès si prodigieux dans la garde du roi, que le peu de bons citoyens qu'un courage véritablement héroïque, et qu'un zèle au-dessus de tous les éloges y retient encore pour éclairer les démarches des malveillans, sont obligés de prendre le masque de l'aristocratie, afin de s'y maintenir en sûreté; que l'on y parle ouvertement et sans ménagement de la nation, de l'assemblée nationale et de toutes les autorités constituées, dans des termes si outrageans et si bas, que je croirais manquer à toutes les bienséances si je les rapportais ici; mais qui se trouvent consignés dans les pièces dont je suis dépositaire.

Ce que je ne puis passer sous silence, ce sont les démonstrations scandaleuses de joie avec lesquelles on applaudit sans pudeur aux pertes que nous avons essuyées sur les frontières. Le nommé Nercis, qui remplit actuellement les fonctions de sergent dans la garde du roi, et qui était autrefois garde-du-corps, disait hautement à plusieurs de ses camarades, que les trois cents patriotes qui ont péri dans l'affaire de Mons étaient autant de gueux, et qu'il y en avait bien d'autres à détruire. « La première fois que je montai la garde, dit l'un de nos vertueux déclarans, l'on vint crier au milieu de nous; Valenciennes est pris par les Allemands, sous quinze jours ils seront à Paris. *Bravo! bravo!* répétèrent plusieurs forcenés; nous irons au-devant d'eux à vingt lieues d'ici avec un drapeau blanc; et mille propos plus extravagans les uns que les autres suivirent cette proposition. » Ce que je ne dois pas passer sous silence, ce sont les détails monstrueux de ces orgies où l'on fait les imprécations les plus atroces contre les patriotes; c'est surtout ce qui se passa le jour de la fête de la liberté : « Il s'est tenu, disent sept gardes du roi dans leurs déclarations au comité de la section de Popincourt, dont le procès-verbal est entre mes mains; il s'est tenu une orgie entre les officiers de cavalerie de service au château, et leurs cavaliers casernés à l'hôtel de Brienne, où après beaucoup de propos injurieux à la nation, les officiers portèrent des santés à MM. Condé; d'Artois, Bouillé, Lambesc, et enfin à tous les émigrés. M. Cabrol, cavalier envoyé par le département de l'Aveyron, dit qu'il portait la santé du prince royal.

Au même instant, ce malheureux jeune homme, pour s'être servi d'une expression consacrée par la Constitution, plutôt que d'employer le terme de dauphin, que la garde du roi ne veut point abandonner, fut assailli, et allait être étranglé, si plusieurs de ses camarades ne l'eussent retiré des mains de ces forcenés. »

Ce fait se trouve encore consigné dans une déclaration remise par M. Cabrol lui-même à M. Musset, notre collègue, dont j'invoque ici le témoignage ; mais ajoutent les sept déposans de la section de Popincourt, « le nommé Sombreuil, officier de cavalerie, s'écrie : « Nous devrions être actuellement à plus de trente lieues avec le roi : sans de maudits relais qui nous ont manqué, le grand coup serait porté : au surplus, c'est partie remise ; j'ai là mon sabre, et j'aurai bientôt occasion de le plonger dans le ventre de tous ces misérables sans-culottes. » Ce fait se trouve encore consigné dans plusieurs autres déclarations, et notamment dans une lettre écrite à M. Bellegarde, notre collègue, par un jeune homme qui sort de la garde du roi, et que je vais déposer avec les autres pièces que j'ai à ma disposition. Si l'on voulait rapprocher ce propos de M. Sombreuil de tous les renseignemens qui ont été fournis, tant à la municipalité de Paris qu'au comité de surveillance, sur ce qui se préparait pour le jour de la fête de la liberté, l'on en sentirait vivement la profondeur, et l'on apercevrait toute l'étendue de ce serment si souvent exigé des gardes du roi, *d'accompagner Louis XVI partout où il lui plairait d'aller*; serment formellement contraire à la loi que vous avez rendue sur l'organisation de cette garde, dont se plaignent la plupart des déclarans, et qui a été particulièrement dénoncé par M. Rigal, dont le patriotisme ne pouvait sympathiser avec l'esprit du corps.

Je m'arrête à ces traits caractéristiques de la garde actuelle du roi ; il n'est peut-être pas un de vous qui ne se dise que j'en ai omis de très-importans, et qu'il en aurait beaucoup à y ajouter ; mais il me répugnerait de vous entretenir plus long-temps de ces détails véritablement honteux pour la quatrième année de notre régénération. Je ne me propose point de vous dévoiler ici toute la turpitude de ces hommes que la Constitution avait placés à un poste honorable, qu'elle avait armés pour la défense de la liberté, pour veiller à la conservation du roi constitutionnel, et qui n'ont pas rougi de se métamorphoser en méprisables satellites d'un despotisme abattu que des factieux cherchent vainement à rétablir. (On applaudit.) Parmi les faits nombreux que je pourrais vous présenter encore, je ne vous en citerai qu'un seul qui a été dénoncé à votre comité de surveillance par le département du Lot, et qui peut jeter quelque jour sur les intentions perfides des chefs de ce corps avili ; c'est la proposition faite par M. Descours, lieutenant-colonel de la garde à cheval, à M. Murat, au moment où ce citoyen donnait sa démission, de joindre les émigrés, en lui disant, pour le séduire, qu'il envoyait quarante louis au fils de M. Cholard, directeur des postes de la ville de Cahors, jeune homme qui venait de se rendre à Coblentz.

Je vous ai prouvé que les chefs de la garde du roi ne se sont point conformés à votre loi sur l'installation de ses membres ; qu'ils ont violé la Constitution en y incorporant un grand nombre de citoyens inéligibles ; qu'ils se sont efforcés de lui imprimer un esprit de corps qui tend au renversement du régime actuel ; que cet esprit de corps y est presque universellement adopté ; qu'il s'y manifeste d'une manière alarmante, et que tout annonce de sa part une explosion prompte, funeste à la tranquillité publique. Il est temps que vous préveniez de si grands maux ; il est temps que vous garantissiez le roi d'une entreprise d'un corps institué pour veiller à sa sûreté, et qui paraît déterminé à favoriser les projets de ceux qui méditent un enlèvement de sa personne. Il est temps que vous délivriez Paris de ce fléau qui ne cesse d'y produire des moyens inquiétans ; de ce corps qui fait naître à chaque instant des rixes particulières dont le dénoûment se trouve presque toujours ensanglanté, qui chaque jour deviennent plus générales, et qui se changeraient infailliblement en une guerre civile, si l'on ne s'empressait d'y mettre ordre. Certes les gardes-du-corps, dont les saillies aristocratiques, dans un moment d'ivresse, ont forcé le réveil du peuple, et provoqué la fameuse journée du 6 octobre, avaient bien moins abusé de la patience des bons citoyens. Je vous propose en conséquence le projet de décret suivant :

L'assemblée nationale, sur le compte qui lui a été rendu de la situation actuelle de la garde soldée du roi :

Considérant qu'elle n'a point été organisée conformément à l'article 12 de la section Ire du chapitre II du titre III de l'acte constitutionnel, et à la loi du........, et qu'il est notoire qu'elle n'est pas dans l'esprit et dans les principes de la Constitution, décrète que la garde soldée, tant à pied qu'à cheval, de la maison du roi, demeure licenciée ;

Charge son comité militaire de lui présenter incessamment le mode de sa prompte réorganisation conformément aux lois ;

Décrète en outre que les gardes suisses en feront provisoirement le service, conjointement avec la garde nationale.

M. Jean Debrie. Je demande qu'avant que la discussion soit ouverte, il nous soit donné lecture des pièces annoncées par M. Bazire.

L'assemblée décide que les pièces seront lues.

Des soldats invalides sont admis à la barre.

L'orateur. Il a été ordonné hier à tous les commandans des postes de l'hôtel des Invalides de céder les postes pendant la nuit à toutes les troupes qui se présenteraient, soit de la garde du roi, soit de la garde nationale. Surpris de cet ordre, nous avons consulté les décrets, et nous avons trouvé que la garde du roi ne faisait pas partie des forces de l'empire, et qu'en conséquence elle ne pouvait pas se trouver aux mains avec la garde nationale, sans être ennemie de la nation. C'est à l'assemblée à prendre un parti qui maintienne la loi, et soutienne notre patriotisme. Jusqu'à notre dernier mot, nous répéterons : vivent la nation, la loi et le roi ! vivre libre ou mourir ! (On applaudit.)

M. Lasource. Je demande que l'assemblée témoigne à ces vieux militaires la satisfaction de leur conduite.

M. le président. L'assemblée est satisfaite de votre zèle à veiller au maintien de la liberté publique ; elle vous accorde les honneurs de la séance.

M. Daverhoult. Je demande que M. le président invite ces messieurs à donner le nom de l'officier qui a donné l'ordre.

L'assemblée adopte la proposition de M. Daverhoult.

M. le président. Comment se nomment les officiers qui ont donné l'ordre?

Un invalide. Ce sont MM. Mougin et d'Argilliers.

L'assemblée mande à la barre MM. Mougin et d'Argilliers.

On fait lecture des pièces annoncées par M. Bazire. — Elles se trouvent conformes à son rapport.

M. Bazire. Je reçois à l'instant la dénonciation d'un nouveau fait. M. Merleval, ancien officier du régiment de la Sarre, après avoir fait imprimer son serment, l'a rétracté, et a même fait imprimer sa rétractation. Il est maintenant capitaine dans la garde du roi.

M. Couthon. Le moment est venu où l'assemblée doit déployer un grand caractère; il existe une grande conspiration, dont le centre est, nous le savons tous, au château des Tuileries. (Une partie de l'assemblée et les tribunes applaudissent.)

M. Navier. Je demande que l'assemblée ne soit interrompue par aucuns applaudissemens ni murmures.

M. le président. Au nom de l'assemblée, je rappelle aux tribunes que tous applaudissemens et murmures leur sont interdits.

M. Couthon. J'ajoute quelques faits à ceux qu'a présentés M. Bazire.

Un jeune citoyen du département du Cantal s'est présenté pour entrer dans la garde du roi, avec un certificat de civisme signé du département et de la société des amis de la Constitution; on lui a dit qu'on n'avait pas besoin de factieux de son espèce. On aime beaucoup mieux des valets de ci-devant nobles. Je sais qu'on y a admis notamment le valet de chambre de M. Clermont-Tonnerre. Un jeune homme, qui est encore dans cette garde, annonce qu'il y a environ huit jours, dans un comité de gardes du roi il était question de la dissolution de l'assemblée nationale; qu'un maréchal-des-logis dit : « Si l'on veut m'en confier l'exécution, je me charge, avant qu'il soit un mois, de faire sauter la salle. » Le jeune homme déclarera le fait à l'assemblée s'il est nécessaire. Je demande donc que l'assemblée, prenant une mesure de sûreté générale pour purger la capitale de cette troupe de brigands qui conspirent contre la liberté, prononce sans désemparer le licenciement de la garde du roi. (Une partie de l'assemblée et les tribunes applaudissent.)

M. Fournot. Je demande, monsieur le président, que vous mainteniez la défense que vous avez faite aux tribunes, d'applaudir. (Les tribunes applaudissent des pieds et des mains.)

M. le président. Tant que l'assemblée n'aura point rapporté son décret, je maintiendrai la défense que j'ai faite aux tribunes.

M. Couthon. J'ai proposé le licenciement comme mesure de police générale, exclusivement confiée au corps législatif, pour que son décret ne soit pas arrêté par le fatal *veto.*

M. Dumas. Je demande qu'on rappelle à l'ordre M. Couthon. Nous sommes faits pour faire respecter les autorités constituées et non pas des factieux.

M. Couthon. Je dis, monsieur le président, qu'il ne faut pas que notre décret soit arrêté par le fatal *veto*; je prie l'assemblée d'examiner si, d'après ce qui vient de se passer, il est prudent de faire faire le service par des Suisses, comme le propose M. Bazire.

M. Bazire. Je retire cette partie de mon projet de décret.

M. Mazurier. Les gardes du roi ne sont que des machines qui ont agi passivement dans les mains d'un chef; c'est ce chef qu'il faut atteindre, parce qu'il a violé les lois. Je propose donc de mettre en accusation M. Brissac, et tous ceux qui lui ressemblent.

M. Lagrevol. M. Brissac a non-seulement trahi la confiance de la nation, mais encore celle du roi, qui, comme il l'avoue lui-même, lui avait singulièrement recommandé d'entretenir la bonne intelligence entre la garde du roi et la garde nationale.

M. d'Argilliers, premier aide-major de l'Hôtel-des-Invalides, de service cette semaine, et M. Mougin, capitaine en second, sont admis à la barre.

Il résulte de leurs dépositions, qu'ils ont reçu, hier soir, de M. Sombreuil, gouverneur de l'hôtel, l'ordre de se replier, dans le cas où un corps armé, soit de la garde du roi ou de la garde nationale, viendrait se présenter.

L'assemblée décrète que M. Sombreuil, gouverneur de l'hôtel des Invalides, sera mandé.

Il est cinq heures. — La séance est levée jusqu'à sept.

SEPT HEURES DU SOIR.

Le gouverneur de l'hôtel des Invalides est introduit à la barre.

M. le président. L'assemblée vous a mandé pour lui rendre compte des faits qui vous sont personnels, consignés dans une dénonciation qui lui a été faite. Vous allez répondre aux questions que je vais vous faire. — Quel est votre nom? — Sombreuil. — Votre emploi? — Lieutenant-général, commandant les Invalides. — Étiez-vous la nuit dernière à l'hôtel des Invalides? — Oui, monsieur. — Quelle est la consigne que vous y avez donnée? — On avait volé la veille, dans la sacristie, les vases sacrés; on avait jeté les hosties sur l'autel. On m'informa en même temps qu'il y avait des troubles dans Paris. Je crus devoir prendre des précautions extraordinaires. Je dis aux officiers de garde qu'il fallait surveiller les gardes plus qu'à l'ordinaire, afin qu'ils veillassent et qu'il ne se commît aucun désordre; qu'au reste, s'il y avait des événemens, la maison devait être un asile pour tous, parce qu'on ne pouvait opposer de résistance à personne; que toute la nation devait être indifférente à nos yeux, gendarmerie, garde nationale, garde du roi, etc., que nous devions tout recevoir; voilà la consigne que j'ai donnée. Hier encore j'ai cru devoir donner plus de surveillance, de crainte qu'on ne volât encore l'hôtel, et qu'on ne profitât du changement dans l'administration pour exciter des troubles. — La consigne habituelle est-elle de laisser introduire une force armée? — La consigne habituelle est de fermer la grille; la force armée ne doit pas y entrer. Mais comme nous n'avons pas de moyens de résistance, nous ne pouvons nous empêcher d'ouvrir nos portes à une force armée qui se présenterait. — Avez-vous reçu l'ordre de changer de consigne ? — Je n'en ai pas reçu l'ordre. Mais sur le bruit qui se répandait qu'il pourrait y avoir du désordre dans la soirée, et d'après le malheur que j'avais éprouvé le matin, j'ai cru, comme je viens de le dire, devoir donner une consigne extraordinaire. — L'avez-vous donnée par écrit ? — Je l'ai donnée verbalement, pour que le bon ordre régnât dans la maison. — A qui avez-vous donné cette consigne? — Lorsque j'entrai à l'hôtel, on me dit qu'il pourrait y avoir du désordre. Je fis venir l'officier-major de la maison, et c'est à lui que je donnai ordre de recommander à tous les gardes la plus grande surveillance. Je dois ajouter que j'ai ordonné que dans chaque chambrée on prît douze hommes pour faire patrouille dans les corridors. A l'égard de l'entrée d'une troupe armée, je vous répète que, ne pouvant opposer aucune résistance au corps armé qui se serait présenté, nous ne devons être qu'un lieu de refuge et de bienfaisance pour tous ceux qui se présentent; notre maison est le palais de la nation. — Comment se fait-il que vous ayez changé la consigne sans ordres supérieurs ? — Je suis fait pour surveiller le bon ordre. Si ma consigne avait été exécutée tous les jours, le vol de ma sacristie ne serait pas arrivé.

M. Rouyer. M. le président, je n'y peux plus tenir, je demande la parole. Il est permis de relever la dignité de la nation et de réclamer ses droits ; M. Sombreuil répète depuis une heure : *Ma sacristie, mes vases sacrés*; or, M. Sombreuil doit savoir que la sacristie et les vases sacrés des Invalides appartiennent à la nation, et qu'au reste, ces vases sacrés, eussent-ils été volés, cela ne l'autorisait pas à faire entrer dans l'hôtel tous les corps armés qui se seraient présentés.

M. le président. Par qui a été constaté le vol qui a été fait dans la sacristie des Invalides ? — Aussitôt qu'il m'en fut fait rapport, je fis assembler le conseil d'administration ; on dressa procès-verbal du vol, qui fut envoyé au juge de paix de la section et à M. Pétion, maire de Paris, pour faire rechercher les auteurs de ce crime, et nous allons tâcher, de notre côté, de prendre tous les renseignemens possibles. Je puis dire que depuis quelque temps il se commet beaucoup de friponneries dans l'intérieur de la maison, attendu que la discipline n'a plus le même nerf qu'autrefois; voilà ce qui m'a fait prendre des précautions extraordinaires hier au soir.

M. le président. Vous pouvez vous retirer.

M. Merlin. Je ne crois pas qu'on veuille insulter à l'assemblée; je ne sais pourquoi on a souffert que M. Sombreuil vînt nous dire qu'il avait donné ordre de recevoir la garde du roi, parce qu'on avait volé la sacristie. (Il s'élève quelques murmures.)

L'assemblée passe à l'ordre du jour.

M. Lacroix. J'ai demandé, ce matin, le licenciement de la garde du roi : cette question a été appuyée et combattue; on a prétendu qu'il ne fallait pas examiner si le corps législatif a le droit de licencier, attendu qu'il existe une autre mesure équivalente, c'est celle qu'a proposée M. Lasource, qui consiste à décréter que la garde du roi ayant été formée contre les lois, elle est nulle et censée ne pas exister. Je crois que ce moyen n'est qu'un subterfuge indigne de l'assemblée nationale; c'est dans les grandes circonstances qu'il faut user de grands moyens. La proposition de M. Lasource ne peut être adoptée, parce que les motifs qu'il en a donnés ne sont pas conformes à la raison. Dire que, parce que quelques individus n'ont pas rempli les conditions prescrites, la garde du roi n'existe pas, c'est dire, selon moi, une absurdité; car le défaut d'éligibilité d'un citoyen, n'est pas solidaire sur les autres. Je propose donc, non pas d'anéantir la garde du roi sous le prétexte qu'elle est censée ne pas exister, mais de la licencier pour la recréer sur-le-champ, et je soutiens que l'assemblée a le droit de prononcer le licenciement. La Constitution est la base sur laquelle nous devons appuyer toutes nos décisions; elle distribue les différens pouvoirs aux autorités constituées; mais c'est la Constitution positive et non la Constitution négative que nous devons suivre. (Il s'élève quelques murmures, et des rires dans une partie de l'assemblée.)

Or, je demande à tous les membres de l'assemblée, même

à ceux qui rient, quel est l'article de la constitution qui défend au corps législatif de licencier la garde du roi, quand sa conduite nous en fait une loi impérieuse? Non-seulement elle ne le défend pas, mais elle lui en donne le droit; car le corps législatif ayant la police suprême de l'empire, doit nécessairement pouvoir dissoudre tous les corps militaires qui menacent la liberté publique. Voudrait-on arguer de l'article qui dit que le corps législatif ne peut disposer des armées que sur la proposition du roi; je réponds sur cet article, que la garde du roi ne fait pas partie de l'armée, que c'est un corps particulier qui existe en vertu d'une loi, mais qui doit être dissous dès qu'il trouble l'ordre public. Je demande donc que l'assemblée décrète le licenciement de la garde du roi, et qu'elle mette en état d'accusation les officiers supérieurs. (On applaudit.)

M. Ramond. Je suis convaincu que la question telle qu'elle est posée n'est point essentiellement nécessaire à la décision que l'assemblée doit prendre dans l'affaire qui l'occupe. Je répondrai cependant aux moyens qu'a employés M. Lacroix pour dire que le licenciement de la garde du roi est dans le nombre des droits que le corps législatif peut exercer, attendu que cette opinion, déjà énoncée à cette tribune, me paraît accréditée dans une partie de l'assemblée. Mais avant de discuter cette question, j'examinerai dans le rapport lui-même les moyens qu'il indique pour détruire l'esprit contre-révolutionnaire qui anime les officiers de la garde du roi et une partie de ses membres. Vous avez vu qu'un nombre d'individus plus ou moins grand, a été admis furtivement et illégalement dans cette garde; vous avez vu qu'un grand nombre des individus qui la composent manquent des conditions d'éligibilité prescrites par la constitution; que les chefs ont cherché à lui insinuer l'esprit contre-révolutionnaire. On a déposé sur le bureau des pièces et des déclarations qui ne laissent aucun doute sur ces faits. Qu'y a-t-il à faire? C'est de poursuivre les auteurs de ce délit national, de rejeter de la garde du roi ceux dont l'entrée est nécessairement nulle, et de vous faire faire un rapport circonstancié sur la nature des délits qu'il

faut poursuivre. Il est de justice commune que toutes les fois
qu'il existe dans un corps des coupables à punir et qu'on les connaît, on ne peut pas punir les corps entiers. Cette mesure simple
est entrée dans votre jurisprudence lorsque, voulant punir deux
corps qui avaient lâché pied dans l'affaire de Mons, vous vou-
lûtes, avant de le licencier, épuiser tous les moyens de découvrir
les coupables ; et le succès qu'a eu cette mesure, ajoute au principe une vérité de sentiment bien consolante.

» J'ajoute que ce que propose le comité ne s'accorde pas avec
un autre principe de justice non moins utile à suivre dans toutes
les circonstances. Car il en résulterait que les coupables, quelque place qu'ils occupent dans la garde du roi, ne seraient punis
que des mêmes peines. Or, vous ne pouvez placer sur la même
ligne et le moine défroqué et le noble de Coblentz qui ont été
admis dans cette garde, et les auteurs principaux de ce grand
délit national.

» Je passe à la démonstration que la mesure du licenciement
est contraire à la constitution. En matière de constitution et de
pacte social, il est certain que tout droit doit être positif. Il n'en
est pas de même des droits individuels : tout ce que la loi ne défend pas à un individu, il peut le faire en vertu du droit naturel.
Il n'en est pas de même de la conduite que peuvent tenir le pouvoir législatif et le pouvoir exécutif ; les autorités publiques,
appelées pouvoirs, ne sont autre chose que des personnes politiques, qui n'ont aucun droit dans l'état naturel ; où le droit
positif leur manque, là elles n'ont aucun droit ; tout ce que la
Constitution ne leur donne pas, ne leur commande pas, ne leur
est donné ni commandé. Pour peu que vous preniez cette observation en considération, il en résultera la conviction que si tous
les pouvoirs pouvaient s'arroger le droit de faire tout ce que la
Constitution ne leur a pas défendu, bientôt le pouvoir exécutif,
les corps administratifs, la haute cour nationale, enfin toutes les
autorités constituées se rendraient indépendantes ; vous tomberiez
dans des contestations interminables, et l'on ne peut prévoir jusqu'où ce choc et ce déchirement de pouvoirs nous conduiraient.

Cette belle division des pouvoirs, tracée par l'assemblée constituante et dont nous devons réaliser la théorie, s'évanouirait pour
jamais, et cette lutte qui s'établirait entre eux, qui prolongerait
tout ce que des prétentions de cette nature ont d'incitant et de
déterminant, opérerait bientôt la dissolution de l'empire.

Le premier des devoirs des différens pouvoirs constitués est
de se respecter mutuéllement ; chacun doit voir la limitation de
son autorité dans les termes de la Constitution, et non pas dans
son silence. Vous devez donc agir ici avec la plus grande circonspection, et n'exercer que les droits qui vous sont expressément
délégués.

Vous a-t-on proposé cette autre question bien importante ; de
savoir si le décret par lequel vous ordonneriez le licenciement de
la garde du roi serait sujet à la sanction ? Si la sanction est nécessaire, jugez vous-mêmes si vous devez en attendre beaucoup de
succès ; si elle n'est pas nécessaire, pourquoi est-ce que je ne
trouve pas dans la Constitution, de quelque manière que je l'interprète, cette exception au pouvoir royal. Je crois donc que les
principes et l'intérêt public exigent que l'assemblée prenne une
autre mesure qui ne dépende pas d'elle. On vous a déjà proposé
cette mesure plus que suffisante pour dissoudre toute agrégation
qui menacerait la sûreté publique. L'assemblée doit d'abord prévenir le roi de ce qu'il y a de vicieux dans la composition de sa
garde, et la conduite de ses chefs. Secondement, décréter que
dans le délai de trois jours il lui soit justifié des conditions d'éligibilité des différentes personnes qui la composent, pour les chefs
être ensuite poursuivis, et mis en état d'accusation, dans le cas de
violation des devoirs que la Constitution leur prescrit ; car je crois
que les délits, dont les pièces probantes ont été mises sous vos
yeux, ne peuvent être poursuivis qu'après l'examen fait par l'un
de vos comités, de la question de savoir si ce sont délits nationaux
ou des délits privés. Dans le premier cas, vous rendrez le décret
d'accusation ; dans le second, vous renverrez au pouvoir exécutif, pour qu'il les fasse poursuivre par l'accusateur public. (Il
s'élève des murmures.) Telle est, si je ne me trompe, la marche

régulière que vous prescrit la Constitution, et la seule qui ne confonde pas l'innocent et le coupable.

M. Guadet. Que la garde du roi soit illégalement organisée, c'est une vérité......

M. Froudières. Avant que M. Guadet continue, je le prie de parler en logicien, et non pas en déclamateur. (Il s'élève de violens murmures. — Un grand nombre de membres demandent qu'il soit rappelé à l'ordre ; d'autres, qu'il soit envoyé à l'Abbaye. — M. Guadet quitte la tribune.)

M. Lasource. J'invite M. Guadet à n'être pas dupe de cette astuce par laquelle on cherche à l'écarter de la tribune, comme on est déjà parvenu à le faire, et je l'invite à couvrir du mépris le plus profond les propos indécens de ces messieurs du côté droit.

M. Debry. Je demande que le membre qui s'est permis de troubler l'assemblée, en insultant nominativement l'orateur qui était à la tribune, et en le traitant de déclamateur, soit conduit à l'Abbaye. (On applaudit. — Les cris à *l'Abbaye* se reproduisent avec plus de force. — Quelques membres demandent que M. Froudières soit entendu.)

Il monte à la tribune. Quelques membres observent que M. Froudières parle en riant, et qu'il insulte de nouveau à l'assemblée.

M. le président. On vous prie, monsieur, de vous en tenir à la justification pour laquelle on vous accorde la parole.

M. Froudières. Dans une question extrêmement importante, quand il s'agit du droit sacré de se défendre... (*Plusieurs voix :* Au fait, donc.) Monsieur le président, je vous prie d'envoyer à l'Abbaye tous ceux qui m'interrompront.

M. Lacombe-Saint-Michel. Il est impossible que monsieur puisse justifier autrement le propos qu'il a tenu qu'en aggravant sa faute ; et, à moins qu'il soit déterminé à la rétracter, je demande qu'il soit envoyé à l'Abbaye.

M. Froudières. J'ai bien eu la patience, messieurs, de vous entendre pendant six mois, ayez au moins la patience de m'entendre pendant six minutes.

M. Ducos. Mirabeau étant à la tribune, M. Foucault-Lardimaure lui dit qu'il était un bavard. Mirabeau couvrit ce propos du plus profond mépris, et l'assemblée passa à l'ordre du jour.

M. Froudières. Mais, monsieur le parleur, vous n'avez pas la parole.

M. Girardin. J'appuie la proposition de M. Ducos, et je demande qu'on passe à l'ordre du jour.

L'assemblée décide qu'elle ne passera pas à l'ordre du jour.

Un grand nombre de membres insiste pour que M. Froudières soit condamné à trois jours de prison à l'Abbaye. L'assemblée décide qu'il sera entendu.

M. Froudières. Si en me rappelant à l'ordre on pouvait le rétablir dans les 83 départemens, je voterais avec vous pour être censuré. (*Les murmures de l'assemblée et des tribunes recommencent. — M. Froudières veut continuer. — Des cris à l'Abbaye l'interrompent encore. — Un second décret lui donne la parole.*)

M. Froudières. Dois-je être rappelé à l'ordre, ne dois-je pas y être rappelé? Quels sont les délits qu'on m'impute? Telles sont les questions que j'ai à examiner. M. Guadet était à la tribune. Je lui ai dit : parlez en logicien et non pas en déclamateur. Est-ce là un délit pour lequel je puisse être rappelé à l'ordre. Quel meilleur conseil pouvais-je donner à un membre qui montait à la tribune, que de lui dire ne perdez pas le temps en déclamations; ménagez le temps de l'assemblée, présentez-lui beaucoup de lumières en peu de paroles?

M. Reboul. Ce n'est pas cela que vous avez dit.

M. Froudières. Monsieur, l'assemblée m'a accordé la parole, votre devoir est de vous taire. C'est ainsi que nous vous parlerons désormais, je vous en donne ma parole. C'est un beau talent que celui de l'art oratoire, c'est un beau talent que celui de tromper le peuple. (*Le tumulte recommence.*) Il est de votre devoir d'entendre des vérités sévères, et du nôtre de vous les dire avec franchise. J'ai dit à M. Guadet : Depuis six mois je vous ai entendu, vous et vos pareils, déclamer à la tribune; j'ai vu les agitateurs du peuple... (On interrompt avec plus de violence,

et l'assemblée presque entière se soulève, en criant : *A l'Abbaye.*)
Oh ! vous m'entendrez plus d'une fois, je vous en réponds.

M. Paganel. Vous n'êtes qu'un perturbateur ; vous ne méritez
pas que nous ayons la patience de vous entendre.

M. Reboul. Je demande à faire une motion d'ordre.

M. Froudières. Il n'y a pas de motion d'ordre à faire ; votre
devoir, je vous le répète, est de vous taire, et vous n'en avez
pas d'autre.........Oh ! ne croyez pas m'interdire ; vous ne me
connaissez pas encore. (*Un grand nombre de voix* : Monsieur le
président, ôtez donc la parole à monsieur.) Vos murmures indécens pourront bien m'enrhumer ; mais ils ne m'empêcheront
pas de dire la vérité.

L'assemblée ôte la parole à M. Froudières, et ferme la discussion. (Les tribunes applaudissent.)

M. Léopold. Je vous prie, monsieur le président, de réprimer
les mouvemens des tribunes. Il est bien étonnant que l'on rappelle un membre à l'ordre pour avoir donné son opinion, et
que l'on n'y rappelle pas les étrangers qui insultent journellement l'assemblée.

M. le président. Je rappelle les citoyens qui sont dans les tribunes au respect qu'ils doivent aux représentans du peuple........
Messieurs, on a demandé contre M. Froudières, 1° le rappel à
l'ordre simple ; 2° le rappel à l'ordre avec censure ; enfin, l'envoi à l'Abbaye pour trois jours. Je vais mettre successivement
ces propositions aux voix, en commençant par la plus douce.

L'assemblée rejette, à une très-grande majorité, les deux premières propositions, et décrète que M. Froudières se rendra
pour trois jours dans les prisons de l'Abbaye.

M. Guadet. Que la garde du roi soit illégalement organisée,
que les chefs qui la commandent aient cherché à lui inspirer un
esprit de révolte à la loi ; que cette troupe soit, du moins en
majorité, disposée à favoriser une contre-révolution, ce sont des
faits sur lesquel tout le monde est d'accord ; mais ne pouvant
contester l'avantage qu'il y aurait en ce moment à licencier la
garde du roi, on vous en conteste le pouvoir ; M. Lacroix vous

a dit qu'aucun article de la Constitution ne vous empêchait de prononcer ce licenciement ; M. Ramond y a vu le renversement de tous les principes ; les corps administratifs, vous a-t-il dit, pourraient induire de votre démarche, qu'ils peuvent faire tout ce que la Constitution ne leur défend pas ; que de là il résulterait le choc et le déchirement de toutes les autorités constituées ; il me semble que M. Ramond a conçu là-dessus de bien fausses alarmes. La Constitution délègue aux représentans du peuple le pouvoir indéfini de faire des lois, avec la sanction du roi. Au roi est délégué le pouvoir exécutif, et aux juges temporairement le pouvoir judiciaire ; maintenant je demanderai si l'acte de licenciement dont il s'agit est du ressort du pouvoir exécutif, ou du pouvoir judiciaire, on ne l'a pas prétendu ; c'est donc aux législateurs seuls à prononcer le licenciement. Je sais que l'exercice du pouvoir législatif a quelques restrictions entre les mains des représentans temporaires du peuple ; par exemple, ils ne peuvent décréter la guerre que sur l'initiative du roi ; mais, hors les cas prévus par la Constitution, le pouvoir de faire des lois est sans bornes, ainsi donc il ne peut résulter du licenciement de la garde du roi un déchirement dans toutes les autorités constituées ; je n'y vois que l'exercice d'un pouvoir légitime.

Il est donc démontré que vous pouvez faire ce licenciement parce que la Constitution vous donne le pouvoir de faire, avec la sanction du roi, toutes les lois qui intéressent le salut du peuple français, et puisque personne ne conteste que dans la crise actuelle, et que d'après la manière dont la garde du roi est composée, elle ne soit pour les bons citoyens, pour tous ceux qui veulent la Constitution, un véritable sujet d'alarmes, il faut donc la licencier. (On applaudit.)

M. Ramond vous a proposé d'autres mesures, et vous a fait craindre de tomber dans le grand inconvénient de punir l'innocent avec le coupable. Je me plais à rendre hommage à quelques membres de la garde du roi, dont les sentimens me sont personnellement connus, et je n'en dis pas moins qu'il faut licencier le corps en entier, sauf en le recréant ensuite à y incor-

porer les bons citoyens qui peuvent s'y trouver. Rappelez-vous
les faits qui vous ont déterminés à vous occuper de la composition
de cette garde, ce n'est pas une corruption partielle de ce corps
qui a alarmé les citoyens, c'est l'esprit de corps qui s'y est
introduit, et qu'il importe de déraciner, si vous ne voulez
laisser des espérances et des moyens aux conspirateurs, et un
aliment aux factieux. Oui, si vous avez encore présens à la mémoire les faits qui vous ont été soumis ce matin, vous ne pouvez
pas douter qu'il existe dans la garde du roi un esprit de corps,
je dis plus, un esprit de contre-révolution qui rende son licenciement indispensable. J'observe, au reste, que cette mesure
tend au même but que celle de M. Ramond, en même temps
cependant qu'elle donne aux bons citoyens une garantie de plus
de la prompte exécution des lois. Après qu'elle aura été licenciée, rien n'empêchera que le roi ne rappelle dans sa nouvelle
garde ceux dont les intentions n'auront pas été suspectes ; ce ne
sera qu'un véritable épurement qui portera l'éponge sur des
crimes dont ce corps a pu se rendre coupable en secret, et certes
vous ne pouvez pas envoyer les dix-huit cents hommes qui la
composent à Orléans. Remarquez qu'il ne s'agit pas ici de détruire la garde du roi, la Constitution la lui donne, et nous la
lui maintiendrons ; il s'agit seulement de dissoudre un corps illégalement organisé, pour l'organiser de nouveau en conformité
des lois.

Maintenant j'arrive aux chefs de la garde du roi, contre lesquels M. Ramond a demandé lui-même qu'il fût porté un décret
d'accusation, d'après la vérification des pièces ; mais pourquoi
donc demander un nouveau rapport, puisque les pièces ont été
lues ? Quant à moi je ne sais ce qu'un rapport du comité de législation pourrait ajouter à la conviction dont mon ame a été
atteinte à la lecture de ces pièces ; j'y ai trouvé la preuve évidente du projet conçu par les chefs de la garde du roi, de faire
servir cette troupe à des projets contre-révolutionnaires ; j'ai suivi
les traces des manœuvres employées pour lui inspirer les sentimens dont on avait besoin ; j'ai vu dans sa composition une vio-

lation bien formelle de la Constitution ; j'y ai remarqué enfin cette affectation de renvoyer tous les soldats patriotes envoyés par les départemens, affectation portée au point que même les sujets renvoyés ont regardé comme un titre d'honneur les lettres d'exclusion ; enfin, j'ai remarqué, dans tous les faits qui vous ont été dénoncés et qui sont appuyés par une foule de pièces justificatives, les manœuvres les plus perfides pour mettre en horreur la Constitution ; des orgies où on a eu l'audace de porter des santés à l'honneur des Condé, des Bouillé, des Lambesc, etc. Je ne sais si ç'est une fatalité attachée à ce qui a composé et ce qui compose la garde du roi ; mais contre l'intention sans doute de son chef, il a été environné d'une coalition qui veut le faire regarder comme prêt à partir. Un seul témoin, à la vérité, a déclaré que si les relais n'avaient pas manqué, le projet d'enlèvement ou de fuite du roi se serait effectué ; mais j'observe que nous n'avons pas besoin qu'il existe le nombre de témoins suffisant pour établir un jugement, puisque nous ne faisons qu'accuser ; il nous suffit, à cet effet, d'avoir de fortes présomptions, la déposition d'un homme digne de foi, une réunion de faits probans qui portent dans nos ames la conviction morale du délit. Je demande donc, 1° qu'il soit rendu un décret d'accusation contre M. Brissac ; 2° que la garde du roi soit licenciée. Quant à cette dernière mesure, je ne m'arrêterai pas à examiner si le roi lui donnera ou non sa sanction ; j'espère, qu'éclairé par là discussion qui aura précédé ce grand acte de justice, il ne la lui refusera pas. Au reste, dans tous les cas vous aurez rempli votre devoir, et certainement, lorsque vous aurez à porter un décret juste en soi, vous ne serez point arrêtés par la crainte du veto.

M. Daverhouli. Je n'examinerai pas combien avec des lois de circonstances il est facile de dévier des principes, et combien elles peuvent entraîner d'abus. Je dis que le licenciement est inconstitutionnel, qu'il n'est au pouvoir ni de vous, ni du roi de le prononcer, par la raison que tout licenciement opérerait un intervalle entre l'existence de la garde actuelle et celle de la garde future, et que cet intervalle serait une violation de la Con-

stitution. Je demande donc, sur cet objet, la priorité pour les
mesures que vous a proposées M. Ramond. Quant à ce qui concerne M. Brissac en particulier, je ne vois contre lui que de simples soupçons. On vous dit que ce genre de soupçon suffit pour
décréter un citoyen d'accusation ; concevez-vous jusqu'où nous
conduirait ce système monstrueux de tyrannie ? Quiconque connaît l'organisation et les mouvemens naturels d'une grande assemblée, et qui a réfléchi sur l'histoire de tous les peuples gou-
vernés par des assemblées publiques, sait que dans toutes les
réunions d'hommes il se forme ce qu'on appelle des partis. Que
deviendrait donc la liberté individuelle des citoyens, si le parti
dominant pouvait, en alléguant de simples suspicions, décréter
d'accusation tous ceux qui lui déplairaient, et si les différens
partis, se dominant tour à tour, renversaient successivement, par
le moyen de ce droit illimité d'accusation, et les ministres, et tous
les fonctionnaires publics, par le torrent de leurs intrigues ? vous
verriez alors les proscriptions des Marius et des Sylla et, comme
à Rome, la décadence de l'empire être la suite de ces querelles
de partis... Ne jugeons donc pas d'après des dénonciations : c'est
au ministre de l'intérieur à vérifier les faits relatifs à la garde du
roi. Je demande donc l'ajournement des différentes propositions
qui ont été faites.

   M. Vergniaud. Si je ne voyais dans les faits qui vous ont été
dénoncés ce matin, qu'un complot contre la liberté, comme ce
complot n'aurait pas à mes yeux des caractères alarmans ; comme
on ne pourrait apercevoir dans les agitations convulsives d'une
poignée de factieux, que les efforts d'une rage impuissante, je ne
m'opposerais point à ce que l'assemblée se contentât des mesures
provisoires qu'on vient de lui proposer. Je pense qu'alors le roi,
averti par un message des dangers dont la tranquillité publique,
et même la liberté, serait menacée, s'empresserait de profiter des
avis qui lui seraient donnés, et de prendre des mesures dignes
de lui et des circonstances ; mais j'ai vu, dans les faits qui vous
ont été dénoncés, un autre complot dont le succès est plus probable et plus facile, et qu'il ne faut pas faire dépendre de la

générosité du roi. Ce complot est formé contre lui-même ; en effet, quel est le nom que l'on invoque sans cesse, ou plutôt que l'on profane continuellement dans les orgies scandaleuses dont on vous a parlé ? C'est le nom du roi. Quel est le nom que l'on invoque ou que l'on profane dans les manœuvres secrètes que l'on emploie pour troubler la tranquillité, pour répandre des alarmes ? c'est le nom du roi. Quel est le nom que l'on invoque, après avoir parlé avec mépris de la Constitution, lorsqu'on a assouvi sa haine contre la liberté, contre les lois ? Quel est le sentiment d'amour que l'on affecte de mettre en opposition ? c'est l'amour du roi. Lorsque l'on conspire contre la Constitution, quel est le nom que l'on invoque sous prétexte de vouloir rétablir le calme et faire cesser le désordre ? c'est encore le nom du roi ; c'est l'autorité du roi que l'on veut maintenir ; ce sont les ennemis de l'autorité royale que l'on veut faire punir.

Ainsi, messieurs, continuellement, dans toutes les occasions, partout où l'on conspire, à Paris, comme à Coblentz, on se sert du nom du roi : d'où je conclus que les conspirateurs qui savent bien que par leurs complots ils soulèvent l'indignation publique, cherchent audacieusement à s'associer en quelque sorte le roi, afin que la haine dont ils sont les objets, rejaillisse, s'il est possible, et s'étende jusque sur lui, afin, du moins, d'exciter des mouvemens d'inquiétude, de faire naître une fermentation de laquelle on argumente pour lui donner des frayeurs, pour lui persuader que sa sûreté commande son départ, et le forcer même, par la violence, à une démarche qui serait de sa part un véritable parjure : et voilà les factieux, voilà les agitateurs que je dénonce à l'assemblée, et contre lesquels elle doit déployer la plus grande, comme la plus juste sévérité.

Maintenant, messieurs, je passe à l'examen de la question qui vous occupe. Pouvez-vous licencier la garde soldée du roi ? Si elle faisait partie de la force armée, je ne crois pas qu'il s'élevât des doutes ; car, d'après la constitution, lorsqu'une guerre se termine c'est au corps législatif à licencier la portion de l'armée qui lui paraît inutile à la défense de l'Etat, et pouvoir être dangereuse pour la liberté; lorsqu'une partie de la force armée se conduit mal, c'est encore le corps législatif qui a le droit de licencier, de punir cette partie de l'armée. On vous en a cité des exemples récens. Si donc la garde du roi pouvait être considérée comme faisant partie de la force armée, la question serait résolue; mais la garde du roi ne fait pas partie de la force armée, car la force armée se compose uniquement, et de l'armée de ligne, et de la garde nationale.

Or, la garde du roi ne fait partie, ni de l'armée de ligne, ni de la garde nationale; elle ne peut être requise en aucun cas pour le service de l'une ou de l'autre. Cependant, quoiqu'elle ne fasse pas partie de la force publique, elle est un corps armé dans l'État. Doit-il être dans la dépendance de quelque autorité? A cet égard, il n'y a point d'explication dans la Constitution. Conclurai-je de ce silence, avec M. Lacroix, que le corps législatif ayant tous les pouvoirs que la Constitution ne lui refuse pas formellement, il a le droit de prononcer le licenciement proposé; ou, avec M. Ramond, que la Constitution ayant fixé les limites des pouvoirs des autorités constituées, et ne s'étant point expliquée sur le droit de licenciement de la garde du roi, le corps législatif ne peut se l'arroger sans se rendre coupable d'usurpation? Je crois que ces deux conséquences, à les considérer dans toute leur étendue, s'écartent de la vérité et pourraient nous induire également à erreur. Il faut ici distinguer : la Constitution a divisé et classé les pouvoirs; d'où je conclus que si l'un d'eux veut agir seul et indépendamment de l'autre, il doit y être expressément autorisé par la loi, qui a déterminé leurs bornes respectives; ainsi quand le corps législatif veut faire un acte qu'il juge indépendant de la sanction, il faut que son indépendance soit clairement prononcée par la Constitution, car il ne lui est pas permis de supposer ses décrets affranchis de la sanction, dans les cas qui n'ont pas été prévus. C'est alors qu'il franchirait la limite constitutionnelle. Et là, je me trouve d'accord avec M. Ramond.

Mais telle n'est point la question. Il est vrai qu'un membre a fait la motion, mais personne ne l'a appuyée, que le décret ne fût

pas soumis à la sanction. Il s'agit de savoir si un corps armé dans
l'État, devenant dangereux, peut être licencié par le corps législatif et le roi réunis. M. Daverhoult a soutenu la négative. Si le
principe qu'il a posé était vrai, il s'ensuivrait que la garde du
roi serait plus puissante que le corps législatif et le roi. Elle serait
au-dessus des lois, elle dominerait les autorités constituées, elle
serait bien plus puissante que n'ont été les janissaires, que n'ont
été les gardes prétoriennes qui environnaient les Caligula et les
Néron, et qui disposaient de l'empire romain au gré de leurs fureurs et de leurs passions. Il faut donc, aux yeux de la raison,
que la garde du roi, ce corps armé, soit dans une dépendance
quelconque. Or, quelle est cette dépendance? S'il s'agissait de
juger des délits individuels, ce serait aux tribunaux à en connaître; mais quand il s'agit d'un délit général, d'un délit de corps,
comme alors on ne peut renvoyer aux tribunaux judiciaires;
quelle sera l'autorité qui pourra réprimer le délit et arrêter l'influence du corps? Il ne peut y en avoir d'autre que le corps législatif et le roi, c'est-à-dire, le corps législatif par un décret, et le
roi par la sanction; et dans le concours de ces deux autorités
pour le maintien de la tranquillité publique, c'est méconnaître
et outrager tous les pouvoirs, que d'accuser l'un ou l'autre d'u-
surpation.

Je vous prierai de remarquer que, lorsqu'il a été question d'organiser la garde du roi, vous avez décrété qu'elle serait soumise
à un serment particulier. S'il était vrai que d'après la constitution
vous ne puissiez rien décider relativement à l'existence de cette
garde, vous n'auriez pas eu le droit de décréter ce serment; et
cependant il n'est aucun de nous qui n'eût voté de toutes ses forces
contre son organisation, si, au moment où elle fut formée, elle eût
refusé de prêter le serment que vous avez décrété. Vous auriez
donc eu le droit de l'empêcher de naître, si je peux m'exprimer
ainsi. Mais si vous aviez le droit de l'empêcher de venir à l'existence, dans le cas où elle ne se serait pas conformée à la loi,
comment peut-on vous contester celui de lui ôter l'existence,
lorsqu'elle enfreint la loi? Il s'agit, dans ces deux cas, d'assurer

à la loi la suprématie sur tous les individus ou tous les corps du
grand corps politique.

Au reste, peut-être est-ce improprement que l'on s'est servi du
mot *licenciement*; ce mot suppose, je crois, du moins dans l'opinion de plusieurs personnes, *suppression*, et les membres ne
combattent le licenciement qu'à cause de l'idée qu'ils y attachent.
Il est très-vrai que dans ce sens la proposition serait inconstitutionnelle. Nous n'avons pas plus le droit que l'intention de détruire
une garde que la constitution a donnée au roi ; mais en interprétant
les mots, je dis qu'il n'est ici question que de *renouveler* la garde,
et si le mot *licenciement* paraissait encore équivoque, je propose-
rais de substituer celui de renouvellement.

On a observé que par ce renouvellement il pourrait y avoir un
instant métaphysique où le roi n'aurait point de garde; on en a
conclu que la Constitution serait violée : mais quand la Constitution a accordé une garde au roi, il a fallu qu'il s'écoulât un certain temps pour sa formation, et on n'a pas dit alors que la Constitution était violée. Pourquoi ? parce qu'il fallait nécessairement
ce temps pour l'exécution de la loi. Si maintenant il faut la renouveler, il n'y aura pas non plus de violation de la Constitution,
parce que cet instant métaphysique où il n'y aura pas de garde,
sera consacré à la renouveler, de sorte que tandis que d'un côté
on la supprimera, de l'autre on la récréera. Il sera donc faux de
dire que le roi est resté sans garde. Au reste, on a observé que
si la garde du roi cessait son service, pendant le temps que se
ferait le renouvellement, la garde nationale s'empresserait de lui
fournir un rempart : et certes, messieurs, il a éprouvé depuis le
mois d'octobre 1790, jusqu'au moment où il a formé sa nouvelle
maison, qu'il n'avait pas de garde plus sûre, qu'il n'a jamais été
mieux, ni pour sa tranquillité, ni pour la splendeur du trône,
que lorsqu'il en a été environné; et sa confiance en elle, en donnant un témoignage de son attachement à la Constitution, ne
peut que lui mériter celui des bons citoyens. Je me résume, et je
vote pour le licenciement. (On applaudit à plusieurs reprises.)

Une grande partie se lève par un mouvement simultané, et demande à grands cris à aller aux voix.

Quelques débats s'élèvent sur la question de savoir si le mot de licenciement ou celui de renouvellement doit être appliqué à l'acte par lequel le corps législatif dissout un corps illégalement organisé, pour le faire rentrer conformément aux lois constitutionnelles.

Enfin, la priorité est accordée à un projet de décret de M. Guadet, qui est adopté ainsi qu'il suit :

« L'assemblée nationale, considérant que l'admission dans la garde du roi d'un grand nombre d'individus qui ne réunissent point les conditions exigées pour ce service par l'acte constitutionnel, que l'esprit d'incivisme dont ce corps est généralement animé, et la conduite de ses officiers supérieurs, excitent de justes alarmes, et pourraient compromettre la sûreté personnelle du roi et la tranquillité publique, décrète qu'il y a urgence.

» L'assemblée nationale, après avoir décrété l'urgence, décrète définitivement ce qui suit :

» Art. Ier. » La garde soldée actuelle du roi est licenciée, et sera, sans délai, renouvelée conformément aux lois.

II. » Jusqu'à la formation de la nouvelle garde du roi, la garde nationale de Paris fera le service auprès de sa personne, ainsi et de la même manière qu'il se faisait avant l'établissement de la garde du roi. »

M. Merlin. Je demande que l'assemblée ne désempare pas avant que d'avoir statué sur le décret d'accusation qui lui a été proposé contre M. Brissac.

M. Becquet. Je m'oppose à ce que le décret d'accusation soit rendu en ce moment. M. Bazire est le seul membre qui ait examiné les pièces. J'en fais l'observation d'autant plus raisonnablement; que l'expérience nous a déjà instruits qu'il est très-possible aux membres du comité de surveillance de se tromper sur les signatures : c'est ainsi que M. Chabot s'est trompé sur une prétendue lettre de la municipalité de Boulogne-sur-Mer; et que M. Bazire s'était trompé sur une prétendue lettre de M. Varnier,

par la lecture de laquelle il vous a entraînés à lancer un décret
d'accusation contre un homme que, dans huit jours d'ici, la haute
cour nationale déclarera probablement innocent.

M. Chabot. M. Becquet ne peut pas dire que M. Bazire seul a
examiné les pièces, lorsqu'elles ont été vérifiées par des comités
de sections, par des officiers municipaux, par des officiers de
police, enfin, par la majorité des membres du comité de surveillance; car si elles ne sont pas connues par les cinq membres qui
y sont entrés par le dernier scrutin, c'est que la confiance ne se
commande pas, et qu'ils ne l'ont pas encore inspirée aux citoyens
qui sont venus déposer.

M. Calvet. Nous sommes bien heureux de n'avoir pas la confiance de cette canaille-là. (Il s'élève un murmure général d'indignation contre M. Calvet.)

On demande qu'il soit rappelé à l'ordre. — D'autres qu'il soit
envoyé à l'Abbaye.

M. Calvet. Indigné des inculpations faites par M. Chabot,
contre une partie des membres du comité de surveillance, j'ai dit
qu'il n'y avait que des gredins qui pussent faire des dépositions
non signées.

M. Carreau. Il cherche, M. le président, à entretenir les divisions, à priver la nation des dépositions des bons citoyens : c'est
là le but des insultes de ces messieurs.

M. Calvet. Comment! ce ne sont pas des gredins ceux qui se
permettent de faire des dénonciations anonymes?

M. Lacroix. Je demande, M. le président, que vous rappeliez
à l'ordre, avec censure, M. Calvet. Les citoyens qu'il a insultés
doivent trouver des vengeurs dans l'assemblée nationale. (On
applaudit.) Ces injures ont pour objet d'éloigner du corps législatif tous les bons citoyens; en les traitant de canailles, propos
qui ne sortent jamais que de la bouche d'un ci-devant privilégié.
(On applaudit.) Quant à moi, je ne connais point de gredins,
mais des citoyens égaux en droits. Je demande donc que, pour
rendre une fois hommage dans le sein du corps législatif à l'é-
galité, à laquelle on ne peut s'accoutumer, l'assemblée fasse une

réparation éclatante aux citoyens qui ont été insultés (On applaudit.), et qu'elle rappelle à l'ordre, avec censure, le membre qui les a inculpés.

M. Calvet. Je n'ai pas le malheur d'être né privilégié; je ne sais pas non plus ce que signifie l'inculpation que vient de me faire M. Lacroix d'avoir insulté au peuple. Je suis peuple moi-même; je fais partie intégrante du peuple; je ne connais d'autres distinctions que celles que la Constitution a établies; elles étaient dans moi avant que la Constitution fût faite, et je n'ai jamais connu d'autres distinctions que celle des honnêtes gens et des coquins. D'après cela, je dis que je méprise souverainement un dénonciateur qui craint de signer sa dénonciation, et c'est pour cela qu'on distingue les dénonciateurs des délateurs; le premier est un homme vertueux qui se sacrifie pour le salut de sa patrie; c'est Caton qui fit dans le sénat trois cents dénonciations motivées; le délateur est un scélérat qui enfonce le poignard et qui ne se montre pas; et l'on n'a connu à Rome les délateurs que dans le temps des Tibère et des Séjan, temps, messieurs, que vous me rappelez souvent; car il faut être franc. (Il s'élève une violente rumeur. — Les cris : *A l'Abbaye!* s'élèvent de toutes parts, et étouffent la voix de M. Calvet qui demande à développer son opinion.)

M. Guadet. Je demande que M. Calvet soit envoyé à l'Abbaye pour trois jours, pour avoir osé dire que les représentans du peuple français lui rappelaient les Tibère et les Séjan de Rome. (On applaudit.)

M. Calvet. Messieurs, entendez-moi, et peut-être changerez-vous d'opinion. (*Un grand nombre de voix*: Non, non, à l'Abbaye!)

M. le Président. Je vais consulter l'assemblée pour savoir si elle veut entendre M. Calvet.

L'assemblée décide que M. Calvet ne sera pas entendu, et qu'il gardera pendant trois jours les prisons de l'Abbaye.

M. Chabot. Quoique M. Jaucourt vienne de me menacer de cent coups de bâton, je n'en continuerai pas moins mon opinion; car ni ses bâtons ni ses épées ne m'effraieront jamais.

N;.... Si M. Jaucourt a tenu le propos dont l'orateur se plaint, je demande qu'il soit envoyé avec ses deux collègues à l'Abbaye.

M. Jaucourt. J'ai honte d'être obligé de parler devant l'assemblée nationale d'une conversation fort ridicule tenue confidentiellement avec M. Chabot. J'ai trop de respect pour croire qu'elle regardera comme une insulte faite à un représentant de la nation le propos que j'ai tenu avec M. Chabot; lorsque je lui parlais à l'oreille, je ne parlais pas à un représentant de la nation, mais à un homme comme moi. (On demande à passer à l'ordre du jour.) Je ne prétends pas faire une apologie ni panégyrique de ma conduite; mais je dois observer que M. Chabot m'ayant dit deux ou trois mots assez équivoques, je lui ai répondu que je croyais bien qu'il n'avait rien à dire contre moi au comité de surveillance; il m'a dit que je pouvais bien me tromper, et là-dessus je lui ai répondu que.... (On murmure.)

M. Reboul. Je demande que l'ordre du jour termine enfin cette scène scandaleuse, que M. Chabot aurait bien pu nous épargner.

M. Chabot. J'aurais bien pu vous épargner cette scène; mais en vérité j'ai cru qu'il était bien lâche de la part d'un colonel de proposer des coups de canne à un capucin.

L'assemblée passe à l'ordre du jour. Après une légère discussion, elle décrète qu'il y a lieu à accusation contre M. Cossé, dit Brissac, commandant de la garde soldée du roi, et que les scellés seront à l'instant mis sur ses papiers.

30 MAI, A 10 HEURES DU MATIN.

On fait lecture d'une lettre de M. le maire de Paris, ainsi conçue:

« Je vous prie, monsieur le président, de présenter à l'assemblée le compte de ce qui s'est passé hier dans Paris. L'intérêt et la curiosité, le désir de présenter leurs hommages au corps législatif, ont réuni une foule de citoyens aux Tuileries, tout a retenti de cet air fameux qui réjouit les patriotes et fait trembler leurs ennemis. On semblait voir le tableau des premiers jours de la révolution. Le zèle de la garde nationale est infatigable ; les pa-

trouilles ont été nombreuses; les citoyens ont éclairé, et la nuit
a été tranquille. Vous remarquerez sans doute que, tandis que
les ennemis de la chose publique intriguent, font de pénibles
efforts, sèment l'or et l'argent, un seul jour suffit pour déjouer
leurs complots. Il faut espérer qu'ils se lasseront, et laisseront
la Constitution suivre son cours naturel. (On applaudit.)·

6 HEURES DU SOIR.

On introduit à la barre une députation des citoyens de la section des Lombards.

M. Louvet, orateur de la députation. L'orage grondait sur nos
têtes, il s'est attiré vos regards, et déjà la foudre est retombée
sur ceux qui nous la préparaient. Plusieurs de nos Catilina
sont partis ou vont partir pour Orléans, et déjà leurs gladiateurs sont dissous. Cependant il doit nécessairement se détacher de ce grand corps, maintenant en décomposition, plusieurs
de ses membres les plus corrompus, qui, disséminés sur tous
les points de cette immense cité, et se réunissant à la foule des
conjurés qui, depuis quelques semaines, y affluent de toutes
parts, vont attendre avec eux l'occasion de frapper un grand
coup. Ce n'est pas le péril qui nous étonne : Paris a prouvé devant l'Europe qu'il en savait braver de plus grands; hier on le
disait dans cette enceinte, et l'on disait vrai. Les hommes du
14 juillet sont autour de vous; mais à cette époque, et c'est là
principalement ce que nous venons vous représenter, à cette
époque nous avions contre nos ennemis des moyens qui maintenant nous manquent : nous avions une police active et puissante;
nos magistrats pouvaient efficacement surveiller la malveillance
et la réprimer : un complot leur était dénoncé, ils pouvaient
aller jusque dans son repaire surprendre le conspirateur, ou le
faire amener devant eux pour le forcer à découvrir la vérité.
Vous trouverez apparemment que la liberté ne peut être, en ces
momens de crise, bien défendue que par les mêmes moyens qui,
dans des circonstances à peu près semblables, l'ont conquise.
Sans doute il vaut mieux prévenir les crimes que d'avoir à les

punir ; surtout vous trouverez qu'il importe d'empêcher, par de sages précautions, qu'enfin il n'arrive un jour où nous soyons réduits à l'affreuse nécessité de faire ruisseler dans les rues de la capitale le sang des rebelles. Peut-être qu'aussi nous avons le droit d'espérer que vous voudrez bien réserver le nôtre pour des combats plus dignes de notre courage.

Enfin dès que le péril s'annonce, nous devons nous armer pour vous. Vous êtes en effet le dépôt le plus précieux que la confiance de tous les citoyens de ce vaste empire ait remis à notre garde. Nous devons nous armer pour vous, tel est notre devoir, et vous savez si nous mettons du zèle à le remplir. Mais vous, qu'il nous soit permis de le dire, vous avez aussi un grand devoir à remplir envers nous, celui que nous réclamons aujourd'hui, celui de ne nous refuser aucun des moyens propres à vous défendre.

Nous demandons que vous veuillez bien donner à notre police plus de force et plus d'action.

Il ne nous reste plus qu'à faire une déclaration qu'aucun des citoyens de la capitale ne désavouera.

Tant que les conspirateurs veilleront pour méditer, seulement pour méditer leurs complots ; tant qu'ils se borneront à nous préparer de nouveaux dangers, des alarmes nouvelles, nous veillerons, nous, toujours généreux, trop généreux peut-être, nous veillerons pour les défendre de leurs propres fureurs, pour les sauver d'eux-mêmes. Mais le jour où, dans leur sacrilége audace, ils oseraient tirer l'épée pour attaquer nos lois saintes, le jour où ils oseraient menacer ce temple de la liberté, ce jour-là, nous le jurons par la liberté même, leur race impie disparaîtrait. (On applaudit.)

Prévenez une catastrophe sanglante, qui, faute de précautions, deviendrait tôt ou tard inévitable ; donnez à nos magistrats qui ont notre confiance, parce qu'ils la méritent, donnez des moyens de surveillance et de répression ; veuillez aussi permettre qu'en ces jours de crise, et tant qu'ils dureront, les assemblées de nos sections soient permanentes. (Nouveaux applaudissemens.)

Cette pétition est renvoyée au comité de législation.

Les pétitionnaires obtiennent les honneurs de la séance.

— Discours de Gensonné, et projet à la suite, sur l'exercice de la police de sûreté générale pour les recherches des crimes qui compromettent la sûreté intérieure ou extérieure de l'état, et dont la connaissance est réservée à l'assemblée nationale. Impression, ajournement.

31 MAI, NEUF HEURES DU MATIN.

On lit une lettre de M. Pétion, maire de Paris, ainsi conçue :

Paris, le 31 mai 1792. « Monsieur le président, la tranquillité est parfaitement rétablie dans la capitale. La journée d'hier donnait quelques inquiétudes ; on craignait que l'exécution du décret que l'assemblée a porté contre la garde du roi ne fût pas aussi paisible qu'on pouvait le désirer ; mais les précautions de prudence qui ont été prises, ont assuré à la loi le respect qui lui est dû ; et je dois dire, à la louange des citoyens de Paris, que ce sentiment de respect pour la volonté générale exprimée par les représentans du peuple, commence à devenir pour lui un véritable besoin. Dans le même moment, se faisait le licenciement d'un autre corps précieux à la capitale, cependant ce licenciement a été paisible, vous avez adouci ses peines, et vous les adoucirez encore par votre justice. Quelques mouvemens ont eu lieu pour le pain ; mais il faut espérer qu'on ne parviendra pas à tromper long-temps le peuple à ce sujet. Paris est un des lieux où le pain se vend à meilleur marché ; mais il est toujours trop cher pour le pauvre. Nous avons cru qu'il suffisait d'instruire le peuple, et nous avons fait une proclamation à ce sujet. Le calme a régné dans la journée et pendant la nuit, et les magistrats du peuple ne négligeront rien pour le maintenir. »

— La permanence fut levée le 31 au soir.

— Le Nº CXI du *Défenseur de la Constitution* renferme, sur la permanence de l'assemblée, l'article suivant.

Coup d'œil sur la séance permanente.

« Des rassemblemens de conspirateurs étrangers et français,

que l'on avait laissé grossir, depuis plus d'un an, au sein de la
capitale, les manœuvres de tous les ennemis de la révolution dans
toute l'étendue de l'empire, combinées avec les attaques des despotes de l'Europe; la révolte ouverte de la garde du roi, composée de contre-révolutionnaires déclarés; l'expulsion des bons
citoyens qu'elle avait renfermés dans son sein; enfin, les symptômes menaçans d'une grande conjuration, prête à éclater, aver-
tissaient l'assemblée nationale qu'il était temps de pourvoir au
salut public, et peut-être à sa propre sûreté : elle se déclare permanente ; la conduite de la garde du roi fixe principalement son
attention : après un rapport de M. Bazire, fondé sur les faits les
plus graves et les plus multipliés, malgré les propos indécens
adressés à MM. Chabot et Guadet, par MM. Calvet et Foudières,
qu'elle envoie à l'Abbaye; malgré les sophismes grossièrement
anti-civiques de M. Ramond, elle décrète que la garde du roi sera
licenciée pour être recomposée suivant les règles constitutionnelles,
et met le colonel Brissac en état d'accusation. La nécessité de licencier cette garde prouve combien il était absurde de la créer;
et quand je me rappelle qu'il y a un an, je parus presque proposer une opinion insensée, lorsque je m'opposai seul au décret
qui l'institua, en présageant les événemens dont nous sommes les
témoins, je ne puis me dispenser de croire au moins que la destinée de la vérité ne peut être accueillie que lorsqu'elle ne peut plus
être utile aux hommes. Quoi qu'il en soit, la mesure sage et
indispensable que l'assemblée vient d'adopter ne suffit pas pour
terminer la crise où nous sommes. Ce n'est point par un acte isolé
que l'on sauve la liberté, mais par une conduite constamment ferme
et civique. La prudence, le bon sens peuvent prévenir les tempêtes
politiques; mais lorsqu'elles grondent, il n'est donné qu'au courage et à la vertu de leur résister. Celle que nous venons d'essuyer n'est point passée, l'affaire des gardes du roi n'était point
toute la conspiration. Brissac est traduit devant la haute-cour nationale : mais la haute-cour nationale ne juge pas. Aussi paraly-
tique que le tribunal auquel elle a succédé, elle semble attendre
la contre-révolution comme son prédécesseur attendait l'amnistie;

et d'ailleurs est-ce le sacrifice de quelques victimes qui fixerait le
sort des peuples et des tyrans? La garde du roi n'habite plus les
Tuileries, mais elle est cantonnée à l'Ecole-Militaire; elle est encore armée, et le lieu même où elle réside est devenu un arsenal.
Au surplus, rien n'est changé dans notre situation : nos ennemis
étrangers rassemblent leurs forces, et nos ennemis intérieurs
conspirent impunément. Le roi devait partir, et on assure que ce
projet n'est point abandonné. D'un côté, je vois la cour préparer
cet événement; d'un autre côté, je vois une faction perfide et
ambitieuse qui cherche à la hâter, pour décider la guerre civile,
et élever sa puissance sur les ruines de l'égalité constitutionnelle
qu'elle attaque à chaque instant. Cependant la nation se repaît de
dénonciations illusoires; des phrases lui font oublier des attentats et des calamités; lassé par le moindre acte d'énergie, on se
rendort; l'exemple de nos voisins ne peut nous instruire, notre
propre expérience est pour nous une leçon inutile. Un ministre
nous a dit : Il faut que la nation se lève tout entière. Ce serait la
première fois sans doute qu'une nation se serait levée à la voix
d'un ministre. Aussi tant de merveilles étonnent ma faible raison
dans le chaos des événemens extraordinaires qui m'environnent..... Je me borne à faire des vœux pour le bonheur et pour
la liberté de mon pays. »

En dehors de la ligne principale des actes parlementaires, nous
devons seulement recueillir deux décrets: l'un sur la désertion,
l'autre sur les étrangers.

Le premier fut porté à la séance du 17 mai, en voici la teneur :

« Art. Ier. Tout militaire, de quelque grade qu'il soit, qui se
sera absenté de son camp, de sa garnison, de son quartier, sans
congé, ordre ou démission acceptée, comme il sera dit ci-après,
sera réputé déserteur.

» II. Tout militaire, de quelque grade qu'il soit, déserteur à
l'ennemi, sera puni de mort.

» III. Tout militaire, de quelque grade qu'il soit, déserteur
n'allant pas à l'ennemi, sera puni de la peine des fers; savoir : le

soldat, pour dix ans; le sous-officier, pour quinze ans; et l'officier, pour vingt ans.

» IV. Sera réputé déserteur à l'ennemi, tout militaire, de quelque grade qu'il soit, qui aura passé, sans en avoir reçu l'ordre, les limites fixées par le commandant du corps de troupes dont il fait partie.

» V. Les congés, dont devra être porteur tout militaire, de quelque grade que ce soit, pour s'absenter de son camp, sa garnison ou son quartier, seront signés, pour les soldats, sous-officiers, par le commandant de leur compagnie et le commandant du corps.

» Pour les officiers d'un corps, de quelque grade qu'ils soient, par le commandant du corps et par le chef de division.

» Pour les chefs de corps et officiers généraux, par le général qui les commande. Lesdits congés continueront à être visés par les commissaires des guerres.

» VI. Tout chef de complot de désertion, quand même le complot ne serait pas exécuté, sera puni de mort.

» VII. Lorsque les militaires des différens grades auront déserté ensemble ou en auront formé le complot, le plus élevé en grade, ou, à grade égal, le plus ancien de service sera présumé chef du complot.

» VIII. Tout complice qui découvrira un complot de désertion, ne pourra être poursuivi ni puni, à raison du crime qu'il aura découvert.

» IX. Les généraux détermineront, suivant les circonstances, les récompenses à accorder à ceux qui ramèneraient les déserteurs échappés à la surveillance des postes avancés.

» X. Les officiers, de quelque grade qu'ils soient, qui donneront leur démission, né pourront pas occuper les emplois qu'ils occupent dans l'armée avant que cette démission ait été annoncée à l'ordre du camp, de la garnison ou du quartier, suivant ce qui sera dit ci-après; ceux qui s'absenteraient avant cette formalité, seront réputés déserteurs et punis comme tels, suivant les cas prévus par les articles précédens.

» XI. La démission d'un officier, de quelque grade qu'il soit, sera toujours remise au commandant du camp, de la garnison ou du quartier, qui sera tenu de le faire publier à l'ordre du lendemain.

» XII. Les officiers démissionnaires, même après la publication à l'ordre mentionnée en l'article précédent, n'en devront pas moins être porteurs d'un congé militaire, pour se rendre aux lieux qu'ils se proposent d'habiter; ce congé fera mention de la démission.

» XIII. Lesdits congés ne pourront être délivrés que lorsque les officiers démissionnaires auront remis tous les effets militaires, ainsi que les gratifications en avance qu'ils auraient touchées avant la campagne, sous peine de responsabilité réelle et pécuniaire contre les supérieurs signataires du congé.

» XIV. Tout officier qui, après la publication du présent décret et pendant la guerre, donnera sa démission sans cause légitime, jugés, pour les officiers des corps, par les conseils d'administration, et pour les autres officiers par les cours martiales, ne pourra plus à l'avenir occuper aucun grade dans l'armée, ni obtenir aucun traitement ou pension à raison de ses services militaires.

» XV. Dans les premiers jours de chaque mois, le pouvoir exécutif fera publier une liste de tous les militaires, de quelque grade qu'ils soient, qui auront déserté dans le mois précédent ; elle contiendra, outre les noms des déserteurs, leur signalement, la désignation de leur grade, et le lieu de leur naissance; elle sera adressée à l'assemblée nationale et aux procureurs-généraux-syndics de tous les départemens.

» XVI. Le pouvoir exécutif adressera dans la quinzaine à l'assemblée nationale et aux départemens, une liste de tous les officiers qui ont quitté leurs emplois sans démission depuis la loi d'amnistie. »

— Le décret sur les étrangers fut porté à la séance du 18 mai. Il faut principalement entendre ici par étrangers, les nationaux qui n'avaient pas leur domicile a Paris. C'était un décret de police locale, dirigé surtout contre les royalistes. Les Feuillans le combattirent au nom du principe de la liberté individuelle. La Gironde et la Montagne réunies triomphèrent des Feuillans, et la mesure de sûreté contre ceux que Carnot appelait les *chevaliers du poignard et les hommes revenus de Coblentz*, fut décrétée dans les termes suivans :

« L'assemblée nationale, considérant qu'il importe à la tranquillité publique de constater les noms, les qualités et demeures des Français non domiciliés, et des étrangers qui sont dans la ville de Paris; afin de prendre ensuite les mesures qui seront jugées convenables, décrète qu'il y a urgence.

» Art. 1er. Toute personne arrivée à Paris depuis le 1er janvier dernier, sans y avoir eu antérieurement son domicile, sera tenu, dans la huitaine qui suivra la publication du présent décret, de déclarer, devant le comité de la section qu'elle habite, son nom, son état, son domicile ordinaire et sa demeure à Paris, d'exhiber son passeport, si elle en a un.

» II. La disposition de l'article précédent n'aura lieu à l'égard des voyageurs qu'autant qu'ils seraient à Paris un séjour de plus de trois jours, et à l'égard de tous ceux qui viennent à Paris pour son approvisionnement, qu'autant qu'ils devront y séjourner plus de huit jours.

» III. Indépendamment de la déclaration ci-dessus ordonnée, tout propriétaire, locataire principal, concierge ou portier, sera tenu, dans le même délai, de déclarer également au comité de sa section, tout étranger logé dans la maison dont il est propriétaire, locataire principal, concierge ou portier.

» IV. Les personnes autres que celles ci-dessus exceptées, qui négligeront de faire cette déclaration dans ledit délai prescrit, seront condamnées, par voie de police correctionnelle, à une amende qui ne pourra excéder 300 liv. et à trois mois d'emprisonnement; celles qui auraient fait une déclaration fausse, seront condamnées à 1,000 liv. d'amende et à six mois d'emprisonnement.

» V. Il est défendu, sous les mêmes peines, de donner des

logemens à ceux qui devant avoir des passeports, n'en seraient
pas porteurs sans en prévenir à l'instant le comité de la section.

» VI. Chaque déclaration sera faite en double sur deux feuilles
séparées non sujettes au timbre, et signées par celui qui le présentera; dans le cas où il ne saurait signer, le commissaire de la
section en fera mention sur les deux actes, ainsi que de l'affir-
mation faite en sa présence par le déclarant de la vérité de sa
déclaration. L'un des doubles restera au comité de la section, et
l'autre, signé du commissaire de section, sera remis au déclarant.

» VII. Il sera procédé sans délai par la municipalité de Paris
aux vérifications, tant desdites déclarations que du recensement
qui a dû être fait en 1791, en exécution de la loi du 19 juillet de
la même année sur la police municipale.

» VIII. Les dispositions du présent décret ne sont aucunement
dérogatoires aux réglemens de police concernant les maîtres
d'hôtel, aubergistes et logeurs, qui seront exécutés selon leur
forme et teneur. »

—Aux actes parlementaires, nous joindrons trois actes officiels
explicatifs et complémentaires du mouvement qui précéda la
séance permanente de l'assemblée législative.

Pétion écrivit le 22 mai au commandant de la garde nationale,
pour le prévenir que divers rapports lui dénonçaient le départ
du roi pendant la nuit du 22 au 23, et pour lui recommander
une grande vigilance — Le roi écrivit le lendemain à Pétion. Il
adressa sa lettre au directoire qui en ordonna l'impression et l'affiche. La division entre le directoire et la municipalité, division
déjà signalée dans plusieurs circonstances antérieures, et que
nous verrons s'accroître de plus en plus, est la première raison
qui nous fait transcrire ces pièces. Suivent : les lettres du roi,
l'arrêté du directoire et la réponse de Pétion.

Lettre du roi au directoire du département de Paris, du 23 mai
1792.

» Je vous envoie, messieurs, la copie d'une lettre que j'écris à
la municipalité, sur une lettre que M. le maire a écrite au com-

mandant général de la garde nationale. Vous sentirez aisément
la méchanceté de ce bruit, répandu dans les circonstances où
nous nous trouvons. Je ne doute pas que le directoire ne redouble
de vigilance et de soins pour le maintien de la tranquillité publique.   *Signé* Louis. »

Lettre du roi à la municipalité de Paris, du 23 mai 1792.

« J'ai vu, messieurs, une lettre que M. le maire a écrite hier
au soir au commandant général de la garde nationale, où il le
prévient d'inquiétudes sur mon départ pendant la nuit, fondé,
dit-il, sur des probabilités et des indices. Il mêle cette nouvelle
avec des bruits de mouvemens et d'émeute, et il lui ordonne de
multiplier les patrouilles et de les rendre nombreuses. Pourquoi
M. le maire, sur de pareils bruits, donne-t-il des ordres à M. le
commandant général, et ne m'en fait-il rien dire, lui qui, par
la Constitution, doit faire exécuter, sous mes ordres, les lois pour
le maintien de la tranquillité publique? A-t-il oublié la lettre que
j'ai écrite à la municipalité au mois de février? Vous reconnaîtrez
aisément, messieurs, que ce bruit, dans les circonstances présentes, est une nouvelle et horrible calomnie à l'aide de laquelle on
espère soulever le peuple et l'égarer sur la cause des mouvemens
actuels. Je suis informé de toutes les manœuvres qu'on emploie
et de celles qu'on prépare pour échauffer les esprits, et pour
m'obliger à m'éloigner de la capitale; mais on le tentera vainement. Lorsque la France a des ennemis à combattre au dedans et au dehors, c'est dans la capitale que ma place est marquée; c'est là que j'espère parvenir toujours à tromper l'espérance
coupable des factieux. Je me fie sans réserve aux citoyens de
Paris, à cette garde nationale qui s'est toujours respectée, et
dont les détachemens employés sur nos frontières viennent de
donner une nouvelle preuve de leur excellent esprit. Elle sentira
que son honneur exige en ce moment qu'elle redouble de zèle et
de vigilance. Entouré d'elle, et fort de la pureté de mes intentions, je serai toujours tranquille sur tous les événemens qui
pourront arriver; et, quelque chose que l'on fasse, rien n'al-

térera ma sollicitude et mes soins pour le bien du royaume.

Signé Louis. »

« Le directoire, après avoir pris lecture de la lettre du roi,
en date de ce jour, ainsi que de la copie de la lettre de Sa Majesté
à la municipalité de Paris ; le procureur-général-syndic entendu,
arrête que les deux lettres de Sa Majesté seront imprimées et
affichées.

» Fait en directoire, le 25 mai 1792, l'an 4 de la liberté.

» *Signé*, LAROCHEFOUCAULT, *président* ; BLONDEL, *secrétaire.* »

*Lettre du maire de Paris à ses concitoyens, à l'occasion de celle
adressée par le roi à la municipalité de Paris.*

« CITOYENS, il m'était difficile de prévoir qu'une réquisition,
simple en elle-même, dictée par la prudence, confiée à celui à
qui la loi a remis le dépôt de la force armée de la capitale, deviendrait une affaire grave, portée au tribunal de l'opinion.

» Les circonstances dans lesquelles nous nous trouvons sont
difficiles ; les esprits sont agités ; des étrangers, dont la plupart
sont très-suspects, affluent à Paris ; la France entière en conçoit
des inquiétudes ; on parle hautement de contre-révolution ; l'on
parle d'exciter des mouvemens violens, au milieu desquels on
commettrait des attentats et on enlèverait le roi.

» Des lettres, des avis sans nombre, dénoncent ces faits, et
les environnent, les uns de vraisemblances, les autres de preuves.

» Le 25 mai était le jour fixé par l'Assemblée nationale, pour
une discussion importante ; ce jour était attendu avec une vive
impatience.

» Je vis, la veille, plusieurs citoyens qui me dirent qu'il y avait
des mouvemens extraordinaires au château. Je reçus une lettre
qui m'annonçait positivement que la scène des poignards devait se
renouveler. Le soir, à dix heures, une femme, très-digne de foi,
vint me faire part de quelques détails qui n'étaient pas à négliger.
Dans le même moment, différentes personnes m'assurèrent que
des rassemblemens commençaient à se former autour des Tuileries, et me pressèrent avec instance de prendre des mesures. M'é-

tait-il permis de rester dans l'inaction ? L'indifférence eût été un délit.

» J'écrivis la lettre suivante, le 22, à dix heures et demie du soir.

» Plusieurs personnes, M. le commandant-général, me font part d'inquiétudes sur le départ du roi pour cette nuit, de mouvemens et d'émeutes : on accompagne le tout de probabilités et d'indices. Je vous prie, en conséquence, de ne pas perdre un instant, et de prendre toutes les mesures d'observation et de prudence, de multiplier les patrouilles dans les environs, et de les rendre nombreuses.

» Il me semble que cette lettre est sage et conçue dans les termes les plus mesurés.

» Que j'aie eu le droit de l'adresser à M. le commandant-général, que j'aie eu le droit d'engager ce dernier à employer tous les moyens de prudence et à multiplier les patrouilles; c'est ce qui ne peut pas faire de doute. Il s'est glissé, à cet égard, une erreur très-remarquable dans la lettre du roi. Par la Constitution, le roi, comme chef suprême de l'administration, peut donner des ordres au département, qui les transmet aux municipalités, et voilà la chaîne descendante; mais pour toutes les fonctions qui sont dans l'essence des pouvoirs municipaux, comme la police qui leur est attribuée, les municipalités exercent ces fonctions immédiatement et sans recevoir d'ordres; les départemens les surveillent, et le roi domine sur le tout.: voilà la chaîne ascendante. Il n'est donc pas exact de dire que je devais prendre les ordres du roi; car alors ce serait lui qui ferait la police de Paris, qui communiquerait ses volontés au maire, lequel les ferait passer au chef de la garde. Le roi se trouverait même, par-là, commander la garde nationale, qui, par la loi, n'est pas entre ses mains.

» Je crois donc que ma lettre était prudente, et que j'avais caractère pour l'écrire. Je dirai plus, j'en avais l'obligation.

» Elle ne devait être connue que de M. le commandant et de moi, comme toutes celles que je lui écris pour l'ordre du service et le maintien de la tranquillité publique. Ici, je veux croire qu'il n'y a qu'indiscrétion de la part de M. le commandant, ou de celui à qui il a confié ma lettre ; mais l'intrigant qui l'a remise au roi, et qui a cherché, à quelque prix que ce fût, à lui donner de la publicité, a manifestement eu de mauvaises intentions..... celle, par exemple, de *faire croire* que le roi n'était pas libre, qu'on cherchait à l'enchaîner. On sait que c'est le système favori, et constamment suivi d'une classe d'hommes, ennemie implacable de notre révolution et de notre Constitution.

» Le roi regarde comme une horrible calomnie le bruit que l'on a répandu de son départ. Eh bien ! qui est-ce qui a accrédité ce bruit ? *ce sont ceux* qui ont donné de la publicité à une lettre confidentielle.

» Mais, puisqu'elle est sous les yeux de tout le monde, je demande qu'on la juge avec sévérité : tout homme impartial remarquera sans peine que si le roi, lui-même, avait eu des précautions à prendre pour la tranquillité publique et pour la sûreté de sa personne, il n'en eût pas imaginé d'autres.

» Eût-il voulu résister à un parti de factieux, qui eût tenté de le ravir à la nation, il aurait commandé *force* et *surveillance*.

» Eût-il voulu empêcher que des malveillans se précipitassent en foule dans le château, il aurait commandé *force* et *surveillance*

» Qu'ai-je requis ? *Force* et *surveillance*. Qu'ai-je fait ? J'ai veillé quand mes concitoyens dormaient. PÉTION. »

CLUB DES JACOBINS.

A la séance du 1ᵉʳ mai, Chabot donna des détails sur les désastres de Lille : « On devait, mandent les dépêches, se porter sur Mons, pour faire une diversion à la garnison de Tournai, on voulait faire une fausse attaque ; les quinze cents hommes de Théobald Dillon y ont été destinés ; mais, à trois lieues de Lille, ils ont trouvé sept mille hommes embusqués dans un bois, comme si un général ne devait pas savoir ce qui se passe à trois lieues de lui. Ils ont été massacrés, mis en déroute, et poursuivis jusqu'aux murs de Lille, sans qu'on ait fait sortir aucun dé-

tachement pour les secourir. Il est donc clair que le plus grand
traître n'est pas Dillon, ce sont les grands généraux qui ont fait
massacrer un petit traître, pour avoir l'occasion de solliciter la
commission militaire qu'ils demandent aujourd'hui. »

Robespierre, après un nouvel exposé des trahisons sans
nombre auxquelles on devait s'attendre dans cette guerre, proposa les moyens de les prévenir. Il développe son discours dans
le n° I du *Défenseur de la Constitution*, en un article que nous
transcrivons :

Sur les moyens de faire utilement la guerre.

« La guerre est commencée; il ne nous reste plus qu'à prendre
les précautions nécessaires, pour la faire tourner au profit de la
révolution. Faisons la guerre du peuple contre la tyrannie, et non
celle de la cour, des patriciens, des intrigans et des agioteurs
contre le peuple. Celle que nous venons d'entreprendre, a été
ouverte par un revers; il faut qu'elle finisse par le triomphe de
la liberté, ou que le dernier des Français ait disparu de la terre.
Mais pour exécuter ce grand dessein, il faut d'autres moyens que
les petits manéges de l'intrigue, et les vaines déclamations des
charlatans politiques; il faut toute la sagesse et toute l'énergie
d'un peuple libre; il faut même commencer par remonter aux
véritables causes de nos erreurs et de nos disgrâces, pour les réparer par des exploits dignes de notre cause.

» Quand les orateurs qui nous excitaient à la guerre, nous montraient les armées autrichiennes désertant les étendards du despotisme, pour voler sous le drapeau tricolore, et le Brabant, tout entier, s'ébranlant pour accourir au devant de nos lois, nous pouvions
nous attendre à un début plus heureux; nous devions croire qu'on
avait pris les mesures nécessaires pour réaliser ces magnifiques prédictions. D'après l'idée que nous nous sommes formés des dispositions des peuples Belgiques, ne semble-t-il pas au moins qu'il
était facile au gouvernement français d'y exciter des mouvemens,
heureusement combinés, avec les approches de nos troupes. Les
despotes ont bien su souvent préparer le succès de leurs armes,

par les opérations de la politique : pourquoi la cause de la liberté
n'est-elle pas servie avec le même zèle que celle de l'ambition et
du despotisme? Qu'a-t-on fait pour éveiller et pour seconder
l'ardeur des patriotes belges et, liégeois? Comment a-t-on répondu aux pressantes sollicitations de ceux que nous avons vus
au milieu de nous? S'il est vrai, comme on l'a dit emphatique-
ment, que pour abattre les tyrans, on comptait sur nos presses
autant que sur notre artillerie, pourquoi a-t-on laissé cette armée
oisive? Pourquoi des manifestes, destinés à développer les droits
du peuple et les principes de la liberté, n'ont-ils pas été traduits,
par les soins du gouvernement, en langues allemande et belgique,
et répandus d'avance parmi le peuple et dans l'armée autrichienne?
pourquoi ne leur a-t-on pas présenté une garantie formelle du
plan de conduite que nous nous proposions de suivre après la
conquête, à l'égard des affaires politiques de cette contrée.

Pour sentir l'importance de cette observation, il suffit de nous
rappeler quelle est la situation intérieure des provinces belgiques.
On sait que sans compter la faction autrichienne, qui est celle
du gouvernement actuel, elles sont divisées en deux partis, celui
des États, composé du clergé, de la noblesse et de la bourgeoisie
aristocratique, et le parti populaire; ce dernier est le seul que
les principes et l'intérêt de notre Constitution nous permettaient
de protéger : il fallait lui garantir cette protection par une déclaration nette et précise, pour le fortifier et l'encourager à une
insurrection favorable à la cause commune. Examinez si votre
silence, dans une occasion où tout vous invitait à parler, ne nous
a pas privés des ressources que nous pouvions trouver dans le
pays même que nous voulions attaquer. Dans ces circonstances,
quel parti aurait remué pour seconder nos efforts? Celui du
peuple, qui n'a pas plus de confiance que nous dans les vues de
notre cour et de notre gouvernement, voit encore à la tête de
nos armées, cette caste nobilière, ennemie naturelle de l'égalité,
dont les chefs n'ont pas dissimulé le projet de donner à notre
Constitution un caractère aristocratique; il sait que le système
des deux chambres est adopté, même par des Français qui pren-

nent le titre de patriotes, et qui se déclarent même les ennemis
de la royauté. Il fallait le rassurer contre la crainte que les victoires de nos généraux fissent pencher la balance en faveur de
la puissante faction de l'aristocratie, et que les ennemis de notre
Constitution ne fussent tentés de faire chez lui l'essai d'un gouvernement qu'ils désireraient nous donner.

Les aristocrates belges qui pourraient compter assez sur les
principes de ces derniers, peuvent avoir leurs sujets d'inquiétudes, fondés sur la nature de notre Constitution et sur le vœu
du peuple français. Dans cet état d'incertitude, cette faction se
réunirait plutôt aux armées autrichiennes qu'aux nôtres ; car,
dans les dissensions civiles les partis rivaux se détestent plus vivement entre eux, que l'ennemi commun contre lequel ils s'é-
taient d'abord armés. Enfin, j'ai vu des défenseurs de la liberté
belgique, désirer qu'on leur garantît que la France, maîtresse
de ce pays, ne le regarderait pas comme un moyen de faire avec
l'Autriche un accommodement, plus conforme aux vues des cabinets de Vienne et des Tuileries qu'aux intérêts des Belges. Il
fallait, dès l'origine, il faut encore aujourd'hui, déclarer solennellement que les Français n'useront de leurs forces et de leurs
avantages que pour laisser à ce peuple la liberté de se donner la
Constitution qui lui paraîtra la plus convenable. Que cette décla-
tion soit remise entre les mains de nos propres soldats, afin que
chacun d'eux connaisse la volonté nationale, dont il doit être
l'exécuteur. Ne perdez jamais de vue le grand intérêt qui nous
a mis les armes à la main. Il ne suffit point ici de prendre des
villes et de gagner des batailles : ce qui nous importe réellement,
ce sont les conséquences de cette guerre pour notre liberté politique. Or, soit que le Brabant conquis fût rendu à l'Autriche
comme une condition de la paix, soit que sur les ruines de la
domination de François, s'élevât, sous les auspices de nos chefs
triomphans, une Constitution contraire aux principes de l'égalité,
nous n'aurions fait que servir les desseins des ennemis de notre
liberté, et notre sang n'aurait coulé que pour la cause de la
tyrannie. Que cette pensée soit donc toujours présente à nos

esprits, durant tout le cours de cette guerre; que les noms sacrés de la liberté, de l'égalité, du peuple, brillent sur nos drapeaux; qu'ils soient gravés sur la poitrine de nos guerriers; que
tout annonce *de loin*, aux yeux de nos ennemis, le but de la
guerre sainte que nous avons entreprise; que nos prisonniers (si
quelques-uns des nôtres tombent entre leurs mains) leur portent
ces leçons salutaires; que les leurs viennent les puiser dans notre
camp, et deviennent les défenseurs ou les missionnaires de la
liberté universelle.

» Mais si négligeant tous les moyens que je viens d'indiquer,
on continue de suivre l'esprit qui a présidé aux commencemens
de cette guerre, en quoi différera-t-elle de celles qu'allumaient
les barbares caprices des despotes? Et quel succès pourra justifier les brillantes prophéties de ceux qui l'ont provoquée avec
tant d'empressement? Pour assurer le succès d'une pareille
guerre, il faut encore ranimer la confiance et élever les ames de
nos soldats, il faut partout exalter l'esprit public et l'amour de
la patrie.

» Mais, pour ranimer la confiance des soldats, suffit-il de
blâmer leur défiance? Non, il faut en faire cesser les justes causes. Pouvez-vous leur faire oublier que la révolution a été faite
contre la noblesse, et que c'est la noblesse qui est à leur tête?
Pouvez-vous effacer de leur esprit toutes les perfidies de la cour
et des ennemis de la Constitution? Donnez-leur donc des chefs
en qui ils aient confiance, des chefs dont les mains ne soient pas
teintes du sang des patriotes. Il en est un qui semble porté par
l'opinion publique: Lukner paraît n'avoir que l'ambition de vaincre, et personne ne lui en conteste le talent: si on le croit ignorant en politique et en constitution, s'il peut être trompé par
l'intrigue, on croit au moins à sa franchise, et si l'amour de la
patrie permettait, dans des circonstances si graves, de hasarder
un jugement sur un homme que l'on ne connaît point particulièrement, je dirais que, de tous les patriciens, il est peut-être
celui à qui on pourrait, avec moins d'inquiétude, remettre la
défense de l'état. Mais peut-on nier que l'opinion publique ne

soit au moins très-partagée sur d'autres? Que dis-je! S'il est
vrai que cette guerre doive décider de notre liberté ou de notre
servitude, n'est-ce pas trahir ouvertement la cause publique de
remettre sa destinée entre les mains d'un général dont l'ambition
fatale au patriotisme a déjà porté tant de coups mortels à notre
Constitution, et fait couler, au sein de la paix, le plus pur sang
des Français?

» Un chef de faction ne peut être celui de l'armée du peuple,
à moins qu'on ne veuille immoler le peuple à cette faction; et si
jamais nos soldats, indifférens sur le caractère moral et sur les
projets politiques de leurs chefs, n'étaient plus que les aveugles
instrumens de leurs volontés, ce vœu sacrilége ne serait-il pas
rempli?

» Pour élever le courage de nos soldats, il faut leur témoigner
de l'estime et de la confiance. Cependant que n'a-t-on pas fait
pour les avilir, depuis les premiers événemens de la campagne?
On a affecté d'imputer à leur discipline des échecs évidemment
préparés par la perfidie. Pourquoi feindre d'en douter encore?
n'est-il pas notoire que les ennemis, prévenus de notre attaque,
nous attendaient à Mons et à Tournai, avec des forces imposantes?
n'est-il pas notoire que nos troupes manquèrent de vivres, et
que la disette fut aussi fatale à nos soldats que le fer de nos ennemis. Eh bien! on oublie tout cela pour présenter les défenseurs de la patrie comme les assassins d'un officier fidèle et patriote, et dans ce premier désastre on ne semble apercevoir que
la mort de Dillon, innocent ou coupable, inepte ou perfide: je
ne m'oppose point à ce qu'on pleure son sort; mais, moi, mes
premières larmes couleront pour la patrie outragée depuis trop
long-temps. Qu'un autre Dillon, au milieu des maux qui nous
menacent, ne voyant que la perte de son cousin, vienne, au sein
de l'assemblée législative, intéresser la nation entière à la vengeance de son illustre famille, que des cris de douleur répondent à
ses discours; moi, c'est pour les plébéiens massacrés aux champs
de Mons et de Tournai, que mes entrailles s'émeuvent : c'est aux
cris des pères et des veuves de nos frères indignement livrés au

fer autrichien, que je mêle mes gémissemens ; que ces hommes si
tendres pour les grands, si durs pour le peuple, aillent répandre des fleurs sur la tombe d'un courtisan et d'un patricien :
pour nous, citoyens, allons rendre des honneurs funèbres aux
gardes nationales que nous vîmes partir naguère de nos murs
pour voler à notre défense, aux braves soldats, fidèles appuis
de nos droits ; allons jurer sur leurs tombeaux de venger leur
mort et de punir tous les tyrans.

» N'est-ce pas insulter à leurs mânes que de leur offrir pour
toute expiation de nouvelles calomnies contre le peuple de Lille,
qui fut le témoin de leur désastre et de leur zèle, et contre les
braves compagnons de leurs travaux et de leurs malheurs ? Niez-
vous qu'il y ait eu lieu aux plus justes soupçons ? Vous êtes démentis par les faits et par la notoriété publique. Et comment
pouvez-vous être mieux instruits de ces événemens que ceux
mêmes qui en furent les témoins et les victimes ? En convenez-
vous ? alors de quel front écartez-vous cette circonstance pour
présenter leur conduite comme un acte de révolte et de barbarie
gratuite, et pour ne voir, dans les fidèles défenseurs de notre
liberté, que des rebelles et des brigands ? Pourquoi ne fait-on
pas le procès aux traîtres, mais seulement aux soldats de la patrie ? Sans doute il ne faut pas croire aisément à la trahison ;
mais quand elle est réelle ! mais quand toutes les circonstances
l'annoncent !

» Voyez donc, je vous prie, à quel résultat ces principes nous
conduisent ? Si nous étions trahis en effet par la suite, dans le
cours de cette guerre, que ferait l'armée ? abandonnerait-elle
les traîtres ? alors on la poursuivrait comme un ramas de rebelles
et d'assassins ? continuerait-elle de leur obéir ? mais obéir à des
chefs perfides, qu'est-ce autre chose que courir à la boucherie
comme un troupeau, et trahir la patrie et la liberté ? Est-ce donc
là le but de toutes vos éternelles déclamations contre ce que vous
appelez l'iudiscipline de l'armée ? l'indiscipline, ce mot insidieu-
sement répété par l'aristocratie et par le machiavélisme, n'est
autre chose qu'une éternelle accusation contre le civisme des sol-

dats citoyens qui ont commencé la révolution. Ce mot a déjà fait égorger ceux qui lui avaient rendu les plus signalés services ; ce mot a déjà chassé de l'armée, par des ordres arbitraires, par les jugemens illégaux et monstrueux de la tyrannie patricienne et militaire, plus de soixante mille soldats, dont les lumières et l'énergie étaient la terreur du despotisme. Ce mot a déjà immolé à la liberté presque autant de victimes qu'elle eut de défenseurs. Ce mot ne fut jamais appliqué aux officiers de la caste éternellement privilégiée, qui n'a cessé de persécuter le patriotisme et d'insulter à la liberté ! Ils n'étaient point indisciplinés, tous ces chefs transfuges et rebelles qui conspiraient contre leur patrie, et qui tentèrent en vain la fidélité des soldats. Ils n'étaient point indisciplinés, ces corps qui, séduits par la fatale influence des ennemis de notre révolution, osèrent servir la cause de la cour, et tremper leurs mains dans le sang de leurs concitoyens ! du moins ils furent constamment impunis et protégés. L'indiscipline, dans l'idiome de nos patriciens, c'est le crime d'être à la fois soldat et patriote ; c'est le crime d'être autre chose qu'un automate disposé à égorger le peuple et à opprimer la liberté au signal des tyrans. Qu'à force d'artifices et de terreurs, ils parviennent à faire de l'armée le redoutable instrument de la cour, ou des projets d'un conspirateur perfide, alors vous entendrez vanter partout son respect pour les lois et son attachement à la discipline. Tel fut l'objet de tous les efforts qu'ont faits depuis si long-temps des ambitieux hypocrites pour conserver sous le voile imposteur de l'ordre et des lois, les préjugés les plus absurdes qu'ait enfantés le despotisme ; tel fut l'esprit de ce code militaire, digne en tout de l'ancien régime, qu'ils firent eux-mêmes pour eux contre l'armée et contre la nation.

» Ne semble-t-il pas que l'on attendait les événemens actuels pour mettre la dernière main à cet ouvrage en provoquant des lois de sang, en cherchant à ressusciter la tyrannie prévôtale ? comme si l'on n'avait pas déjà des lois de sang et des tribunaux à peu près arbitraires. Juste ciel ! Des prévôts, des supplices, pour enflammer le courage, pour aiguillonner le civisme des

courageux soldats qui ont brisé nos chaînes ! Quels ressorts sub-
stitués tout à coup à cet amour de la patrie, à ce dévouement
héroïque qui les précipitait vers nos frontières ! Ne sont-ils plus
maintenant que des machines armées pour la défense des rois ?
ne sont-ils plus des hommes libres combattant pour la cause des
peuples ? Avec quelle rapidité nous voilà déchus de cette hauteur
où nous avaient transportés les orateurs qui, pour exciter notre
enthousiasme, nous montraient déjà tous les trônes ébranlés, et
tous les peuples affranchis par nos mains ! « Si vous êtes trahis,
nous disaient-ils encore, lorsque nous leur objections la perfidie
connue des ennemis intérieurs de notre liberté, et les justes sujets de défiance fondés sur les principes et sur le caractère de
certains chefs ; si vous êtes trahis, reposez-vous sur le peuple ;
reposez-vous sur les soldats, ils sauront faire justice des traîtres.
Il sortira des rangs quelques héros plébéiens qui conduiront au
port la fortune publique. » Et aujourd'hui, c'est un crime de
soupçonner la trahison ! Et comment pourra-t-elle être réprimée
ou punie, si on la couvre d'un voile mystérieux ; si on ne présente aux soldats qui oseront s'en apercevoir, que la terreur des
supplices et le glaive de la vengeance remis entre les mains du
despotisme militaire ? Je crains plus que personne ces scènes
sanglantes, remède horrible et fatal du plus grand des maux
auxquels un peuple puisse être exposé : aussi le but de ces observations est-il de déterminer le gouvernement à les prévenir
par des moyens compatibles avec le salut de l'état, et à ne point
abandonner à la vengeance nationale et à l'impétuosité du patriotisme outragé, le soin de venger des désastres qu'il doit lui
épargner. Ce que je veux dire, c'est que, pour remplir cette
tâche, il faut, non pas assurer l'impunité des traîtres, mais
rendre la trahison impossible. Il faut faire cesser les motifs de la
défiance publique, et non la punir comme un crime, ce qui ne
ferait que la justifier et l'augmenter. Une vérité non moins évidente, c'est que de tous les partis le dernier est le plus absurde,
le plus funeste, et qu'il ne laisse aucune ressource à la patrie.
Les soldats du moins sont éprouvés et fidèles. Leur amour pour

la patrie, la loyauté qui est le caractère du peuple serait un garant certain qu'ils obéiraient avec transport à la voix des chefs vraiment dignes de leur confiance : ils ne sont même que trop portés à l'engouement par ceux qui les conduisent, lorsque ceux-ci ne repoussent point ce sentiment. Et quoi que l'on puisse dire, pour nous épouvanter sur le caractère indiscipliné qu'on leur prête, jamais on ne les verrait exercer des actes de violence gratuits ; le peuple est juste en général : sa colère, comme celle du ciel, ne frappe que les coupables. Mais si, sans daigner nous rassurer contre les conspirations qui peuvent être tramées contre nous, on se contente de nous fermer la bouche et les yeux; si nous sommes placés dans cette cruelle alternative, ou de nous laisser égorger, ou d'être traités comme des séditieux ; que nous reste-t-il ? que de tendre la gorge au fer des ennemis et au glaive de la tyrannie.

» Ah! n'est-il pas plus juste, plus conforme à l'intérêt de tous les partis, quelles que soient les passions qui les agitent, d'appliquer aux plaies de l'état les remèdes simples et puissans que le seul bon sens nous indique.

» Je les ai déjà présentés, je renouvellerai encore dans ce moment une proposition importante que j'ai déjà faite en vain plusieurs fois, et comme membre de l'assemblée constituante, et depuis comme citoyen. Je la soumets au jugement de tous les amis du bien public, dans des circonstances où le salut de l'état me fait une loi impérieuse de la rappeler. Il existe encore aujourd'hui en France peut-être soixante mille soldats congédiés arbitrairement par l'aristocratie militaire et ministérielle, depuis le commencement de la révolution, contre les lois anciennes et contre les lois nouvelles; ces soldats, dont les lumières et le civisme étaient redoutables à la cause des tyrans, pouvaient être regardés comme l'élite de l'armée. Depuis long-temps ils ont fait inutilement retentir leurs plaintes toujours étouffées par l'intrigue et par l'influence de la cour; ils les renouvellent aujourd'hui, avec une nouvelle force dans les dangers de la patrie : hâtez-vous d'en former une armée, qui sera le plus ferme rempart de la liberté. Que ces légions immortelles soient commandées par un chef digne de leur confiance, et pris dans leur sein : ce chef sera à coup sûr un héros. Qui défendra la cause des nations avec plus d'intrépidité que ceux qui en furent les martyrs ? Lorsqu'au dehors les satellites du despotisme et des factions se liguent contre la Constitution, pourquoi lui refuseriez-vous le secours d'une armée composée de ses plus intrépides amis? Animez leur courage en honorant leur infortune et leurs vertus civiques ; qu'ils reçoivent une solde double à titre de récompense et d'indemnité ; qu'ils portent une médaille avec cette inscription : *Le patriotisme vengé*; vous les verrez bientôt justifier la haine des despotes et l'estime de la nation. Cette seule institution suffirait pour réveiller l'esprit public, pour enflammer tous les cœurs du saint enthousiasme de la liberté ; et pour nous rassurer à la fois, et contre nos ennemis extérieurs et contre nos ennemis du dedans. La justice, l'humanité, la liberté, la reconnaissance publique, le salut de l'état, tout la réclame : quel serait le mandataire du peuple assez coupable pour la rejeter ?

» Mais, pour faire la guerre utilement aux ennemis du dehors, il est une mesure générale, absolument indispensable, c'est de faire la guerre aux ennemis du dedans, c'est-à-dire à l'injustice, à l'aristocratie, à la perfidie, à la tyrannie. Si ce dernier système est fidèlement suivi, vous pourrez regarder la guerre comme un bienfait ; mais si vous voyez régner dans l'intérieur le despotisme militaire et une tyrannie cruelle, déguisée sous le voile de la loi et sous les apparences de la sûreté publique, si vous voyez croître chaque jour la discorde et l'oppression, si le mépris des hommes, l'oubli de la déclaration des droits, l'empire du machiavélisme, de l'intrigue et de la corruption remplacent les principes régénérateurs sur lesquels la liberté repose, croyez que vous avez été trompés par les perfides conseillers qui vous ont tracé de si brillantes peintures.

» Enfin, puisque la guerre doit décider de nos intérêts les plus chers, rappelons-nous sans cesse son véritable objet, pour nous faire, sur les événemens qu'elle doit enfanter, des règles sûres

d'opinion et de conduite. Gardons-nous d'en considérer le cours
avec cette curiosité stupide qui se repaît du récit des siéges et des
combats, avec ce servile engouement qui érige en idoles des
officiers et des généraux ; ne voyons partout que la patrie et l'humanité. Portons toujours nos regards vers le dénouement et vers
le résultat; demandons-nous sans cesse quel sera le terme de la
guerre, et son influence sur le sort de la liberté?

» Français, combattez et veillez tout à la fois ; veillez dans vos
revers, veillez dans vos succès ; craignez votre penchant à l'enthousiasme, et mettez-vous en garde contre la gloire même de
vos généraux. Sachez découvrir toutes les routes que l'ambition
et l'intrigue peuvent se frayer pour parvenir à leur but ; veillez,
soit que nos ennemis intérieurs, d'intelligence avec ceux du dehors, méditent de nous livrer au glaive des despotes, soit qu'on
veuille nous faire acheter, par la perte des citoyens les plus
énergiques, une victoire funeste qui ne tournerait qu'au profit
de l'aristocratie. Songez à l'ascendant que peuvent usurper, au
milieu d'une révolution, ceux qui disposent des forces de l'état;
consultez l'expérience des nations, et représentez-vous quelle
serait la puissance d'un chef de parti, habile à capter la bienveillance des soldats, si, le peuple étant épuisé, affamé, fatigué,
les plus zélés patriotes égorgés, le roi même désertant encore
une fois son poste, au sein des horreurs de la guerre civile,
entouré de tous les corps militaires dont on a couvert la surface
de l'empire, il se montrait à la France avec l'air d'un libérateur,
et toute la force des partis réunis contre l'égalité. Veillez afin
qu'il ne s'élève point en France un citoyen assez redoutable pour
être un jour le maître, ou de vous livrer à la cour, pour régner
en son nom, ou d'écraser à la fois et le peuple et le monarque,
pour élever, sur leurs ruines communes, une tyrannie légale, le
pire de tous les despotismes. Voulez-vous vaincre, soyez patiens
et intrépides? voulez-vous vaincre pour vous-mêmes, soyez réflé-
chis, fiers, calmes et défians ? »

Collot d'Herbois fit un long discours. « Les voilà donc justifiés, s'écria-t-il, les craintes qu'on pouvait avoir, non pas sur la

guerre, car aucun citoyen, chez une nation libre et forte, ne peut la craindre, mais sur la manière dont on gouvernerait la guerre..... Où sont ceux qui riaient de nos défiances, et dont l'impatience a peut-être précipité, par une fâcheuse influence, ces premiers événemens? Où sont-ils ceux qui voulaient étouffer ici jusqu'aux soupirs de l'humanité; ceux qui nous demandaient des preuves? En voilà des preuves! elles sont tracées avec le sang de trois cents hommes inutilement sacrifiés. » (*Journal du club* , n° CLXXXVIII.)

Séance du 2 mai. — *M. Sillery.* « J'ai appris qu'hier on disait à la tribune : Où sont-ils donc ceux qui soutenaient le parti de la guerre? Hé bien, me voici : je vous déclare que j'ai cru et que je crois encore la guerre nécessaire, indispensable. (Tumulte.) Nous ne devons pas nous hâter de crier à la trahison. Au surplus craignez toujours les perfidies d'un certain comité (le comité autrichien); un courrier particulier lui apporte les nouvelles longtemps avant qu'elles ne nous parviennent : hier soir, à quatre heures, il était informé de ce qui ne nous a été connu qu'à neuf. »

M. Robespierre demande à parler. — *Plusieurs voix.* Vous n'avez pas la parole, elle est à M. le président.

M. Lasource. « Je parlerai après tous ces messieurs; mais avant tout je demande la lecture de la correspondance. »

M. Robespierre insiste pour la parole : il crie au milieu du tumulte; il parvient enfin à se faire entendre.

« Voici l'ordre, dit-il, que vous auriez dû suivre, monsieur le président : quand un membre demande la parole, fût-ce moi, que l'on accuse d'assiéger cette tribune, si la majorité veut l'entendre, ce n'est pas à un petit nombre d'intrigans et de perturbateurs à étouffer sa voix. Alors ce que doit faire le président, c'est d'imposer silence à ceux qui sèment le trouble et la discorde, pour l'imputer ensuite aux véritables amis de la liberté. (Applaudissemens.) C'est assez que partout ailleurs la patrie soit trahie; il faut qu'ici la liberté triomphe, et que la vérité soit entendue. — Maintenant je viens à l'objet dont vous a parlé M. Sillery. Je ne

puis approuver ce qu'il a dit contre ceux qui ne voulaient pas la
guerre, telle qu'on la demandait, et qui pensent encore qu'elle
est funeste. Je déclare que cette affectation à présenter notre opinion sous un point de vue désavantageux, est une insigne calomnie.

» Je ne prononce pas sur les faits qui nous ont été annoncés :
mon opinion ne manquerait pas d'être défigurée par *le Patriote
français, la Chronique*, etc. S'il faut le dire : Non, je ne me fie point
aux généraux ; et, faisant quelques exceptions honorables, je dis
que presque tous regrettent l'ancien ordre de choses, les faveurs
dont dispose la cour. Je ne me repose donc que sur le peuple,
sur le peuple seul. Mais, je vous prie, pourquoi saisit-on la
moindre occasion de tourner en ridicule et même de calomnier
ceux qui pensent d'une manière différente des partisans de la
guerre? Cette animosité est-elle bien naturelle? Au reste, je pense
comme M. Sillery, qu'il est bon de se défier de toutes les nouvelles qui nous seront données. Qui doit en être plus convaincu
que lui? car il a été trompé dans une affaire bien importante.
Faut-il lui rappeler l'affaire de Nanci? » (*Journal du club,*
n° CLXXXVIII.)

Séance du 3 mai. — N..... « La correspondance nous apprend
que M. La Fayette a fait effacer des casernes du 8ᵉ régiment,
à Sarre-Louis, des devises patriotiques. Je demande que la
lettre, où est consigné ce fait, soit envoyée au comité de surveillance. »

M. *Chabot.* « L'action de M. La Fayette est un délit national;
car, par notre manifeste, nous déclarons la guerre aux tyrans
et la paix aux chaumières, c'est donc aller contre un décret que
d'empêcher le soldat d'afficher cette devise. »

M. *Camille Desmoulins.* « Il y a tant de griefs à dénoncer
contre M. La Fayette, que ce serait s'arrêter à une vétille que de
faire de cet acte seul l'objet d'une dénonciation. (Murmures.)
Permettez, messieurs, que je vous développe mon idée : c'est
comme si on accusait un parricide d'avoir volé un gros sou. »
(Ah! ah!)

Il est arrêté que la lettre, qui dénonce le fait imputé à M. La Fayette, sera remise au comité de surveillance, et qu'invitation sera faite aux journalistes patriotes de l'insérer dans leurs feuilles.

M. Saint-Huruges. « J'invite les patriotes à se tenir sur leurs gardes... Aujourd'hui, à minuit trois quarts, je me retirais avec un ami ; je passais par la rue du Bouloi pour me rendre à l'hôtel d'Angleterre, où je demeure, lorsque tout à coup je fais rencontre de plusieurs personnes qui criaient : Gare les houlands ! — Attends, b......, je vais te donner des houlands ? — Ces messieurs n'osèrent avancer ; je continuai mon chemin. Ne voilà-t-il pas qu'un de ces gaillards, bien mis d'ailleurs et de haute stature, s'approche rapidement de moi, et manifeste l'intention de me renverser : je m'arrête, et pan, pan, avec mon bâton, je le fais tomber dans le ruisseau. J'allais me retirer lorsque je le vois ajuster un pistolet contre moi : Comment, b......, tu veux me tuer ! Allons, pan, pan, je le laisse hors d'état de me faire de nouvelles menaces. » — M. l'abbé d'Anjou propose ce qu'il appelle un *émétique* applicable seulement dans le cas où le roi déserterait son poste : ce serait l'extinction de la dynastie régnante, et son remplacement par un prince étranger de la maison d'Angleterre. (*Journal du club*, n° CLXXXIX.)

Séance du 4 mai. « Un député de Strasbourg fait part à la société de la situation du département du Bas-Rhin. Les prêtres, dit-il, y sont aussi nombreux, et font les mêmes ravages que les sauterelles en Égypte. Les assignats y perdent jusqu'à 70 pour 0/0 ; et, par les manœuvres des agioteurs combinées avec celles des marchands, les ouvriers trouvent à peine dans le produit de leur travail de quoi subsister.

« M. Tallien annonce avoir reçu, comme président de la société fraternelle du faubourg Saint-Antoine, une lettre contresignée Roland, contenant, avec plusieurs écrits patriotiques, le discours prononcé par M. Brissot. Il dénonce cette démarche comme contraire aux mesures de paix proposées par M. Pétion,

et demande que M. Roland soit invité à faire passer également
sous son couvert la réponse de M. Robespierre.

M. *Robespierre.* « Je m'oppose à cette mesure, elle est illusoire; seulement je propose que, lorsqu'on arrêtera l'impression
d'un ouvrage, l'auteur ait la faculté de nommer six commissaires
chargés d'y veiller ainsi qù'à leur envoi. »

« Une députation des Invalides vient se plaindre de M. de
Sombreuil qui n'accorde sa protection qu'à des aristocrates, et des
passe-droits qui leur sont faits. — M. Lefranc dénonce les manœuvres employées contre M. Pétion par les souteneurs de tripots. » (*Journal du club*, n° CLXXXIX.)

Séance du 5 mai. La séance s'ouvre par une discussion sur la
formation du comité de la défense officieuse. On arrête que
toutes les personnes qui s'inscriront sur la liste des défenseurs
officieux seront de droit membres de ce comité, sans qu'il soit
besoin de faire de scrutin, et que la liste sera proposée sur-le-
champ à l'inscription dans le secrétariat.

On lit le procès-verbal de la séance du 3. Lorsqu'on arrive à
la motion faite par l'abbé d'Anjou, il s'élève de toutes parts de
violens murmures.

M. *Robespierre.* « Si celui qui a fait cette proposition était un
de ceux qui portent le désordre dans cette société, qui ont tour
à tour passé d'ici aux Feuillans; si c'était un de ces intrigans qui,
par des motions insidieuses, cherchent à jeter de la défaveur sur
les amis de la Constitution; si c'était, enfin un émissaire de vos
ennemis ne devriez-vous pas donner un grand exemple en l'ex-
pulsant ignominieusement de votre sein? Or, quel est cet homme
dont le cerveau délirant s'est égaré jusqu'à ce point? C'est, dit-
on, M. l'abbé d'Anjou. Qu'on me dise que le portrait, dont j'ai
donné l'esquisse, n'est pas fait pour lui; et qu'il n'a pas été, lors
de la scission, un des premiers à passer dans la société des
Feuillans. »

Plusieurs voix. Oui! oui!

M. *Robespierre.* « Je demande que ce membre soit sur-le-
champ rayé de votre liste. » (Applaudissemens.)

M. d'Anjou. « C'est sans doute beaucoup de défaveur jetée sur moi que d'avoir à répondre aux inculpations qui me sont faites par un homme tel que M. Robespierre. Mais je ne suis pas Feuillant, je n'ai jamais été aux Feuillans; M. Robespierre a été trompé sur ce premier fait. Quant à ma motion, elle suppose la France tombée dans un état de crise; or, le remplacement que j'indique est consigné comme exemple dans l'histoire. Ce remède a été employé par les Anglais, par les Suédois, etc. Où sera donc la liberté des opinions si on n'a pas ici celle de dire ce qui est imprimé? »

Bazire et Chabot sont entendus. La société, sur leur proposition, arrête que l'abbé d'Anjou sera censuré.

M. Doppet lit la correspondance. Avant de communiquer une lettre écrite par la société de Cambrai, il croit devoir insister sur son authenticité. Il invite ceux qui en douteraient à passer au secrétariat, où ils verront l'enveloppe avec le timbre. « C'est vraiment, dit-il, un facteur qui l'a apportée. » Cette précaution de la part de Doppet venait de ce que la lettre, parlant sur la division des patriotes dans le sens girondin, on soupçonnait qu'elle avait été fabriquée à Paris par les intéressés. La lecture de cette lettre fut vivement applaudie.

M. Robespierre. « Il n'est rien de si important dans les circonstances que la correspondance avec les sociétés affiliées. C'est pour cela que je vais faire quelques observations. — Quoiqu'il semble qu'on veuille imposer silence aux défenseurs du peuple...

Plusieurs voix. « Non, non! à l'ordre du jour! »

M. Robespierre. « Je déclare que, pour mettre un frein à l'ambition de ceux qui nous agitent, je déclare que je n'abandonnerai jamais cette société. (Bravo, bravo! applaudissemens redoublés, etc.) Je déclare que, nonobstant toute motion d'ordre du jour, que nonobstant toutes calomnies que l'on se plaît à répandre contre moi; je déclare, dis-je, que je ne cesserai de combattre les intrigans jusqu'à ce que la société les ait ignominieusement chassés de son sein. (Applaudissemens.) Je vais donc me permettre quelques observations sur les abus qui se sont glissés dans la correspondance.

» Pour qu'elle devienne plus utile, il ne faut pas seulement de ces détails piquans, de ces bons mots qui ne prêtent qu'à rire; mais il faut que ceux qui s'y livrent s'attachent à dévoiler les manœuvres des fripons et les complots des traîtres. Il m'est parvenu quelques nouvelles intéressantes de ce genre : je m'étonne qu'on n'ait que des choses stériles à soumettre à notre attention.

» Je n'ai en vue personne de cette société; je déclare que je n'inculpe ici aucun individu, ni aucun comité; mais je dis qu'il est de graves objets dans la correspondance auxquels on pourrait donner le pas sur la lettre de Cambrai, par exemple. — Quoiqu'on semble vouloir m'imputer les divisions qui règnent dans cette société, et que ceux qui paraissent me désigner par leurs murmures veuillent me donner à penser que je me suis rendu coupable de perfides manœuvres; cependant je ne me lasserai pas de faire mon devoir, et de dévoiler les trames ourdies pour perdre cette société et ses plus fermes soutiens. Vous ne savez pas, messieurs, tous les moyens dirigés contre nous.

» Il faut donc vous avertir que c'est en entretenant les sociétés affiliées des détails sur les scènes que les menées des intrigans ont rendues nécessaires; que c'est en faisant passer, sous le couvert des ministres, par la voie de M. Lanthenas, les discours de MM. Guadet et Brissot, que l'on obtient des adresses concertées. En ne présentant les choses que sous une face, il est facile de donner le change aux esprits. Au surplus, il n'est pas besoin de dire que les promoteurs de lettres de cette espèce sont ceux qui me provoquent actuellement par leurs murmures. Que ne parlent-ils à nos correspondans des grands intérêts qui doivent nous occuper, au lieu de circonscrire leurs pensées aux débats qui ont agité plusieurs de nos séances? Pourquoi leur dire ce qu'il faudrait pouvoir nous cacher à nous-mêmes? Qu'ils aient plutôt le courage de leur apprendre que ce sont des gens couverts du manteau du patriotisme qui donnent lieu à ces discussions. Il faut que nos sociétés affiliées soient instruites que c'est en attaquant sourdement les principes les plus sacrés, que ces mêmes hommes espèrent parvenir aux places. Voilà les moyens d'empêcher des citoyens mal informés de tomber dans les piéges qui leur sont tendus. Voilà ce qui devrait faire l'objet d'une correspondance utile. » (*Journal du Club*, N: CXC.)

Séance extraordinaire du 10 mai. — M. *Saint-Huruge.* « Je vais vous entretenir d'un fait de la plus haute importance. J'ai l'honneur de prévenir la société et les tribunes que ce matin, dans un café, M. Becquet, mon ami, m'a dit qu'il existait dans la capitale, cinquante sociétés aristocratiques, qui toutes correspondent entre elles. Vous sentez, messieurs, quels dangers peuvent en résulter pour la tranquillité publique. Je demande en conséquence, d'aller, avec des forts de la halle, aux lieux de leurs séances, et à coup de nerfs de bœuf nous interromprons leurs discussions. A l'hôtel de Marigny, il existe un de ces horribles conciliabules. »

M. *le président.* « Il est permis dans cette société de dire tout ce qui tend au bien public; mais il n'est pas dans l'ordre de s'adresser plutôt aux tribunes qu'à la société même, parce que cette affectation a l'air d'une provocation. »

M. *Merlin.* « Je viens d'entendre M. de Saint-Huruge parler de dissoudre à coup de nerfs de bœuf... »

Quelques voix des tribunes. « C'est bien... c'est bien... »

M. *le président* « J'ai déjà eu l'honneur de prévenir les citoyens des tribunes que ces interruptions sont toujours déplacées. »

M. *Merlin.* « Je demande que, pour qu'on ne prenne pas sur nous l'initiative de ce qu'a dit M. Saint-Huruge, ce membre soit rappelé à l'ordre. » — (Arrêté.)

M. *Lenoble.* « Parmi les lettres de la correspondance, il en est une qui a un objet tout autre que celui de nos divisions. Je vous propose d'entendre la lecture de l'extrait de cette lettre : elle vous prouvera que nos frères de Douai qui nous l'ont adressée, sont mal informés.

Plusieurs voix. « Lisez ! lisez. »

M. Lenoble fait lecture de l'extrait de la lettre de Douai.
M. La Fayette y reçoit autant de louanges que M. Robespierre y
est indignement traité. Selon les auteurs de cette lettre, le premier est un héros, et le second un vil calomniateur : ils disent
que ce dernier a souillé la tribune des Jacobins par les injures
qu'il y a proférées contre M. La Fayette. — A ces mots il s'élève
dans la salle un violent tumulte.

Plusieurs voix. « Avez-vous la lettre ? »

M. Lenoble. « Oui ; messieurs. — Est-elle signée ? — Oui ;
messieurs ; elle est signée de M. Durandon, président, Dura
et....., secrétaires. — Cette lettre est-elle timbrée ? — Oui,
messieurs. — Lisez-la tout entière. » — M. Lenoble commence la
lecture de la lettre ; il est interrompu.

M. Robespierre. « Je demande pour l'intérêt public que l'orateur continue. Il est important de connaître l'esprit qui a dicté
cette lettre. » — La lecture s'achève. M. Robespierre vient
à la tribune prendre la lettre des mains de M. Lenoble.

M. Merlin demande que la société passe à l'ordre du jour, en
chargeant son comité de correspondance d'écrire à la société de
Douai, qu'elle est abusée.

M. Robespierre. « Voulez-vous bien m'accorder la parole, monsieur le président. (Tumulte.) Ceux qui m'interrompent ne connaissent pas l'état de la question : elle tient à la chose publique de plus
près qu'ils n'imaginent. Ils me font injure ; ceux qui pensent que
c'est d'individus que je veux les occuper. C'est bien de La Fayette
et de moi qu'il s'agit ici ! Mon objet est de vous développer
une trame ourdie par les ennemis de cette société. — Les principes de M. Merlin sont bons, les conséquences qu'il en tire
sont dignes de lui ; mais je ne dois pas me taire sur une lettre
écrite je ne sais par quels hommes, lue par je ne sais qui.... »

M. Collot-d'Herbois. « Oui, messieurs, j'ai été dernièrement
au comité de correspondance ; il était rempli ; je n'ai pas trouvé
de siége vacant. Eh bien ! de plus de dix-huit personnes qui y
étaient, à peine en ai-je reconnu deux ? »

M. Robespierre. « On ne cherche jamais qu'à faire naître des questions particulières, pour alimenter sans bruit nos discussions. Eh! messieurs, ne croyez donc pas que parce que je suis souvent nommé à cette tribune, ainsi que MM. Brissot et La Fayette, je veuille sans cesse vous occuper de moi. Ne me faites pas l'injure de croire que c'est parce que je suis en butte aux calomnies des malveillans, que je monte à cette tribune. Daignez être persuadés que c'est l'amour de la chose publique qui m'y amène. Ce n'est donc que cet objet-là seul que j'ai en vue dans l'examen de cette lettre.

» D'abord je m'aperçois, par la lettre même, qu'elle n'a pu être écrite que dans de mauvaises intentions. Les signatures sont de mains tremblantes; elles sont d'une écriture différente de celle du corps de la lettre. J'y vois donc au premier coup d'œil une double manœuvre. D'abord, qui sont ceux qui ont pu informer la société de Douai de ce qui se passe dans celle-ci? Ne sont-ce pas les mêmes qui ont dicté l'éloge d'un homme justement regardé comme l'ennemi le plus dangereux de la liberté? Quels autres auraient songé à nous donner pour un héros celui à qui tant de citoyens redemandent leurs pères, leurs femmes, leurs enfans, leurs parens, leurs amis! Lui, un héros! aurait-on oublié les trames continuelles qu'il a ourdies contre le peuple, ses liaisons avec la cour, et tous les maux qu'il a fait naître dans cette capitale? Est-il donc perdu le souvenir de ce jour où La Fayette, dans cette salle, demeura muet et interdit aux apostrophes qui lui ont été faites? (Par Danton. — *Histoire parlementaire*, 21 juin 1791.) Quoi! il serait un héros, ce chef qui inspirait aux citoyens un esprit militaire, pour semer la division parmi eux? Je ne tarirais pas si je passais en revue toutes les actions liberticides de cet homme exécrable. Je finis donc sur son panégyrique : je m'arrête à la lettre qui le contient et à ses auteurs, qui voudraient anéantir les sociétés patriotiques. Et qui sont-ils donc, ces auteurs? Un M. Durandon qui a signé d'une main tremblante? Un M. Dura que j'ai connu jadis. Mais leur voix ne prévaudra pas contre l'opinion publique. Les patriotes composent non-seulement la capitale, mais encore la France entière. (Applaudissemens.)

» Et ce sont trois noms flamands qu'on vient nous opposer !
Qui sont donc ceux qui ont si bien informé ces messieurs ? Ce
sont les partisans de La Fayette ; ce sont ceux qui troublent tous
les jours la société, et qui après l'avoir agitée pendant long-temps
demandent ensuite l'ordre du jour. Ne sont-ce pas les mêmes
qui viennent dénoncer afin qu'on ne les dénonce pas ? Eh bien !
voilà ce que j'appelle des manœuvres ourdies contre cette société ;
et certes, elles ne diffèrent pas beaucoup de celles employées
par les Lameth, les Barnave, les Cazalès, les Maury.

» Je crois en avoir dit assez ; je finis en invitant les membres du
comité de correspondance de. n'être pas assez maladroits pour
nous présenter des lettres évidemment concertées. Je les exhorte,
ceux qui les écrivent ou les font écrire, à ne plus nous faire perdre notre temps ; car ils sont connus de tout le peuple de Paris,
et bientôt ils le seront de toute la France. Je les invite à ne pas
imiter le côté droit. Aujourd'hui, tout est confondu ; la signification des mots est presque changée, et ceux qui se targuent du
nom de patriotes, à peine en ont-ils l'apparence, Tout en feignant
de défendre la cause du peuple, ils sont ses plus ardens persécuteurs. Je leur déclare que la nation, la liberté, l'égalité, triom-
pheront de l'hypocrisie, du crime et du mensonge. » (*Journal du
Club*, numéro CXCII.)

Séance du 10 mai. « M. Méchin propose, 1° d'écrire aux sociétés
affiliées une circulaire dans l'esprit de celle du ministre Clavière,
pour hâter le paiement des contributions ; 2° qu'aucun membre
ne puisse, au prochain trimestre, recevoir sa carte sans exhiber
la quittance du percepteur. — Tallien appuie surtout la deuxième
partie de cette proposition. — Robespierre monte à la tribune
et demande la parole.

M. Louvet. « Monsieur le président, on demande que la discussion soit fermée ; peut-être n'est-ce que la minorité qui le réclame ; mais, enfin, votre devoir est de mettre la proposition aux
voix. (Aux voix ! aux voix !) »

M. le président. « Le tumulte était si grand que je n'avais pas
entendu. »

(M. Louvet se lève. — Plusieurs voix : A bas ! à bas ! — Tumulte effroyable de son côté.)

M. Collot d'Herbois. « Si vous voulez maintenir votre société, il faut observer votre réglement. Sans doute, il faut censurer, lorsqu'il le mérite, le président; mais il faut aussi censurer un membre qui interrompt. M. Louvet n'a pas justifié sa provocation, et je demande qu'il soit rappelé à l'ordre. » (Applaudissemens.)

M. Tallien. « N'accusons ni l'un ni l'autre; nous devons, en présence des citoyens qui nous entendent, délibérer et faire voir si nous sommes de véritables citoyens; répondons aux Roucher et aux Chénier, en prêtant nos bras pour défendre la Constitution, et en donnant nôtre argent pour subvenir aux dépenses qu'exige la chose publique. »

(M. Robespierre insiste fortement pour avoir la parole. — Tumulte. Le président se couvre. — Silence.)

M. le président. « L'ordre du jour est arrivé depuis long-temps. La proposition de fermer la discussion est faite; on demande aussi l'ordre du jour. Je vais mettre aux voix la dernière proposition. »

Plusieurs voix. « Non, non. »

M. Mendouze. « Cette société n'est pas dans l'usage de fermer la discussion avant qu'elle soit entamée. Il ne s'exerce ici de despotisme que celui de la vertu. Au nom de la justice, M. Robespierre sera entendu. »

M. Robespierre. « Ce n'est pas s'écarter de l'ordre du jour que de dire qu'il a fallu combattre pendant trois quarts d'heure pour obtenir la parole; pourquoi se fait-il que, pour monter à cette tribune, il faille autant de courage que pour monter à la brèche? Ces hommes manquent à toutes les règles d'honnêteté, aux premiers principes de sociabilité, qui ne veulent souffrir aucune contradiction, qui cherchent à étouffer toutes les réclamations suggérées par la vérité et l'amour du bien public. Je suis obligé de m'élever contre la proposition qui a été faite, avec d'autant plus de force qu'elle se présente sous une apparence de patriotisme; je m'attends bien que je serai dénoncé par ses auteurs, par tous les ennemis de la liberté, comme le défenseur de l'anarchie, des sans-culottes, des perturbateurs ; mais rien ne m'effraie.

» Les propositions qui portent avec elles leur réfutation n'ont pas besoin d'être combattues ; mais celles qui sont décorées des vains dehors de patriotisme, doivent attirer toute la sagacité d'un zélé patriote. A-t-on espéré donner à entendre que je veuille attenter aux lois constitutionnelles, que je ne cesserai de soutenir ? a-t-on espéré faire croire que je prétende m'opposer à la perception des impôts ? On dira tout ce qu'on voudra, qu'importe ? ma conscience, la vérité que je défends, me suffisent. — Je vais vous prouver que les propositions qui vous ont été faites sont dangereuses, inutiles, fallacieuses et attentatoires aux principes de l'égalité : inutiles, en ce que les contribuables n'ont jamais attendu que la main du receveur public. (Bravo ! bravo !) Il n'est pas vrai que, actuellement, on manque de zèle pour l'acquittement des contributions : j'ai par devers moi des preuves de ce que j'avance : et quand je vois qu'on vient nous embarrasser de choses inutiles, tandis qu'il est si important de s'occuper des grands intérêts de la liberté ; quand je vois qu'on détourne l'attention des véritables citoyens des dangers que court la patrie, pour le porter sur des objets qui n'en ont nul besoin (ah ! ah ! applaudissemens.), quoi qu'en disent les calomniateurs , je m'indigne.

» On sait bien , messieurs, que les contributions sont nécessaires ; en cela on ne peut me prêter de mauvaises intentions, et les risées qui viennent de s'élever sont aussi déplacées qu'elles décèlent de méchanceté. Je le répète : cet objet est en ce moment inutile. S'occuper de ce qu'on a, et négliger ce qu'on n'a pas, c'est laisser aux maux politiques le temps de pousser de profondes racines ; je ne vois d'ailleurs, dans la proposition de M. Méchin (Méchin était secrétaire de Brissot), que l'intention du ministre d'avoir une lettre qui fasse l'éloge de son zèle (Ah ! ah !) ; j'y vois une affectation , qui des pamphlets se communique aux journaux prétendus patriotiques, d'avilir les citoyens : voilà ma première proposition. La seconde est beaucoup plus importante.

» Que signifie donc ce zèle de vouloir des quittances d'imposition pour assister à nos séances ? Ce titre suffit-il pour être garant

du patriotisme? (Ah! ah! applaudissemens.) Vous voyez combien
on redoute l'examen de cette question qui paraissait si facile. Il
serait commode sans doute de substituer cet espèce de scrutin
épuratoire à celui qui demande des certificats de patriotisme.
Certes, Messieurs, un homme gorgé du sang de la nation viendrait apporter sa quittance; et le premier qui l'aurait donnée serait
en droit d'assister à vos séances. (Ce n'est pas cela — Tumulte.)

» Je regarderai cette motion comme puisée dans l'esprit public, lorsqu'on m'aura prouvé que tout homme qui aura payé ses
impositions, ne sera pas un perturbateur; lorsqu'on m'aura
prouvé que ceux qui ont payé les impôts n'ont jamais vendu leurs
poumons, leur plume, soit à la cour des Tuileries, soit aux ennemis de la révolution. (Bravo! bravo! — Murmures.)

» Je regarderai cette motion comme faite pour obtenir la priorité, lorsqu'il me sera prouvé que ceux qui nous montreront ici
leur quittance, ne doivent pas être chassés pour d'autres motifs;
lorsqu'il me sera prouvé que ceux qui combattent mon opinion
sont les plus ardens soutiens de l'indigence, les plus fermes défenseurs de la liberté de la presse; lorsqu'il me sera prouvé qu'ils
sont évidemment les meilleurs citoyens. Jusque-là, je dirai qu'il
n'y a aucun mérite à payer les contributions; c'est un acte de
nécessité; il est absurde de s'en faire un mérite. (Bravo! bravo!)
Je dirai que c'est anéantir tous les principes, et dénaturer l'opinion publique, que de vouloir substituer un sacrifice apparent à
tous ceux qu'exige la liberté. Je dis que propager de pareilles
idées serait mettre à la place des actes de patriotisme, des actions
forcées par la loi. J'ajouterai qu'il me paraîtrait un meilleur citoyen,
celui qui pauvre, mais honnête homme, gagnerait sa vie, sans
pouvoir payer ses contributions, que celui-là qui, gorgé peut-être
de richesses, ferait des présens puisés à une source corrompue;
qui, engraissé de la substance du peuple, viendrait se faire un mérite des actions dont une société fondée sur la justice, aurait peut-
être à rechercher les moyens pour les punir comme des crimes. — Observez combien un pareil système tend à la subversion
de tous les principes de l'égalité. Que veulent ses auteurs? Écarter

des sociétés patriotiques quiconque ne paierait pas de contributions.

» Or, je soutiens que c'est faire un nouvel outrage à l'humanité ; car si les citoyens qui ne paient pas d'impôts sont exclus des sociétés politiques, ils doivent être accueillis dans celles qui ont pour objet de relever la nature humaine ; je dis que cette motion, civique en apparence, ne l'est point en effet ; je dis qu'elle est flagorneuse, puisqu'elle contiendrait nécessairement un éloge des ministres, et les ministres qui font le bien ne méritent point d'éloges ; ils ne font que leur devoir. — Elle est attentatoire aux principes de l'égalité, en ce qu'elle écarterait des sociétés patriotiques, les citoyens qui n'auraient pas payé de contributions ; elle est attentatoire aux droits de l'humanité, en ce qu'elle élève les riches, et abaisse les indigens ; elle est fallacieuse, en ce qu'elle érige en titre de patriotisme ce qui n'est qu'un devoir et une exécution de la loi ; et en ce qu'elle tend à donner le change à l'opinion publique et à la détourner de choses plus intéressantes, ainsi que beaucoup d'autres motions aristocratiques qu'on renouvelle tous les jours. (Ah! Ah! — Oui! Oui!) C'est par elle qu'on s'efforce d'étouffer la voix des bons patriotes. En me résumant, je dis que cette motion a été faite, surtout dans l'intention de calomnier ceux qui l'auraient combattue ; et certes on n'y manquera pas. (Ah! Ah! — Bravo! Bravo!) — On dira qu'elle a été combattue par ces hommes à principes exagérés, qui ne veulent point de constitution ; par des chefs de factieux, par des tribuns, par des agitateurs du peuple, qui se coalisent pour calomnier ses plus zélés défenseurs. (Murmures, applaudissemens.) On dira que la société des amis de la Constitution est tellement composée de sans-culottes, qu'elle a manifesté le désir de ne pas payer les contributions malgré les touchantes exhortations du patriote Clavière. Je suis exposé à toutes ces calomnies ; c'est pour cela que je suis venu à cette tribune énoncer hautement mon opinion ; c'est pour cela que je viens défendre les droits les plus sacrés du peuple.

» Je dirai que plus le zèle à soutenir sa cause deviendra dange-

reux, que plus il confondra les factieux, et plus je défendrai les
principes de la liberté, de l'égalité, de l'humanité. Perfides intrigans, vous vous acharnez à ma perte ; mais je vous déclare que
plus vous m'avez isolé des hommes......   •

M. *Tallien, vice-président.* « Réduisez vous monsieur l'orateur,
dans le véritable état de la question. »

Plusieurs voix. « Il y est. »

M. *Robespierre.* » Oui, plus vous m'aurez isolé des hommes,
plus vous m'aurez privé de toute communication avec eux, plus
je trouverai de consolation dans ma conscience et dans la justice
de ma cause. — Je conclus à ce qu'attendu que la société veut le
paiement des contributions, mais qu'elle veut en même temps le
maintien de la Constitution ; attendu que pour y parvenir, il n'est
pas utile d'avilir l'indigence, d'ouvrir une large porte à l'intrigue,
à la calomnie, au privilége de l'opulence, de denaturer toutes les
idées, je conclus à l'ordre du jour. »

(« On lève les chapeaux en signe d'approbation. — M. Méchin
paraît à la tribune ; de plusieurs côtés de la salle on crie : A bas !
Il se retire. — Une foule d'orateurs demandent la parole. »)

M. *Danton.* « J'ai demandé la parole pour une simple motion
d'ordre ; plus j'approuve la motion de M. Robespierre, plus j'en
crois la discussion utile. M. Robespierre n'a jamais exercé ici
que le despotisme de la raison. Ce n'est donc pas l'amour de la
patrie, mais une basse jalousie, mais toutes les passions les plus
nuisibles qu'excitent contre lui ses adversaires avec tant de
violence. Eh bien ! messieurs, il nous importe à tous de confondre complétement ceux qui vous proposent des arrêtés aussi
attentatoires à la majesté du peuple. (Applaudissemens.)

» Je ne suis pas un agitateur, j'observe depuis long-temps un
pénible silence ; je démasquerai ceux qui se vantent tant d'avoir
servi la chose publique ; je contribuerai autant que je pourrai au
triomphe de la liberté. Mais il sera peut-être un temps, et ce
temps n'est pas éloigné, où il faudra tonner contre ceux qui attaquent depuis trois mois une vertu consacrée par toute la révolution, une vertu que ses ennemis d'autrefois avaient bien trai-

tée d'entêtement et d'âpreté, mais que jamais ils n'avaient calomniée comme ceux d'aujourd'hui. »

M. *Collot d'Herbois.* « Je n'ai demandé la parole que pour un fait : j'avais des contributions à payer entre les mains de ceux qui étaient au pavillon de Morfontaine aux Champs-Élysées. Je voulais leur remettre les six derniers mois de 1791. Ils avaient quitté leur bureau sans laisser aucune adresse; les citoyens ignoraient où s'étaient retirés les percepteurs. Cependant les citoyens, qui tiennent ces bureaux à Paris, sont assidus et vigilans; je leur rends cette justice. Mais, dans les départemens, de bien plus graves inconvéniens retardent la perception; car le peuple est porté à payer les contributions; que le ministre envoie donc de préférence ses instructions à certains administrateurs qui, soit à dessein soit par négligence, ont retardé les entrées et ne vont pas recevoir. » (Applaudi.)

M. Méchin veut prendre la parole. M. Merlin s'y oppose. J'ai, dit-il, un arrêté de la société qui permet de faire rappeler à l'ordre le membre qui s'opposera à ce qu'on passe à l'ordre du jour.)

M. *Méchin.* « Vous avez entendu M. Robespierre; vous devez aussi m'écouter, il m'a inculpé. » (Tumulte prolongé.)

M. *Merlin.* « Il semble qu'il y ait un démon dans cette société qui vienne, tantôt sous une forme tantôt sous une autre, souffler le feu de la guerre civile. »

(Après avoir entendu M. Méchin, la société passe à l'ordre du jour. — On entend ensuite une députation du faubourg Saint-Antoine, qui fait sentir la nécessité d'éclairer le peuple par l'instruction publique faite dans les chaires des églises après le service divin.) — (*Journal du club*, n. CXCXIII.)

Séance du 9 mai. — Cette séance traitant d'un fait particulier, nous la plaçons après celles d'intérêt général. Nous en empruntons le compte rendu au n. II de la *Tribune des Patriotes.*

Une séance des Jacobins.

« Quand toute la France reprochait à Saint-Bernard d'avoir envoyé à la terre sainte cent mille hommes qui n'en revenaient

point, et qu'il n'y avait point de famille qui ne lui demandât un
parent ; saint Bernard monta en chaire, et prêcha que les péchés
des croisés avaient empêché l'accomplissement de ses prophéties.
Déjà des Brissotins prêchent aussi dans les cafés que si nous n'a-
vons pas réussi à municipaliser l'Allemagne, ce sont les divisions des Jacobins,et l'orgueil de Robespierre qui en sont la cause.
J'ai toujours pensé bien différemment sur ces bouillonnemens
épuratoires de la société ; on pouvait gémir sur les Jacobins lorsqu'il n'en coûtait à Dumourier que de prendre un bonnet rouge
pour obtenir des applaudissemens infinis, lorsqu'il ne fallait
qu'arborer le drapeau d'Angleterre pour fasciner les yeux et
faire croire à une alliance, comme si Pitt l'avait déjà signée ; lorsque Saint-Huruge, en se couvrant d'un large feutre enfariné,
se croyait le roi des halles et aussi puissant que le duc de Beau-
fort ; lorsqu'il nous entretenait de sa correspondance avec les
peuples d'Allemagne qui lui envoyaient des milliers de signatures
pour demander leur réunion comme les Avignonais ; lorsqu'on
louait Narbonne ; lorsqu'on parlait de la guerre comme d'une
promenade civique que nous allions faire dans le Brabant, lorsque le patriote Carra lui-même, ne se sentant pas de joie, le jour
de la déclaration de guerre, se pâmait à la tribune et s'écriait :
oui, c'est le plus beau jour de ma vie : c'est alors que les bons
esprits pouvaient gémir sur la société. Quant à la chaleur de nos
dissensions intestines, quoique j'en aie souffert autant que personne, quoique j'aie été insulté, menacé, ce n'est point par ces
tumultes que la société peut périr ; c'est à ces agitations des assemblées populaires qu'on reconnaît les peuples libres. Qu'on
lise les harangues de Cicéron et de Démosthène, on en verra
l'exemple. On verra que dans ces discours où on a trouvé tant
de fiel et d'amertume, Robespierre dit à Brissot des douceurs,
en comparaison de ce débordement extraordinaire d'injures que
Cicéron répand sur les consuls Pison, Gabinius, et sur tant d'autres pouvoirs constitués. J'aime cette inscription sur la tribune
des Jacobins : *vivre libre ou mourir.* Mais des vents qui soufflent
sur les flots de la mer avec ces mots : *Turbant, sed extollunt ;* ils

les agitent, mais ils les élèvent, voilà la vraie devise des assemblées populaires. L'effet de cette tempête est presque toujours salutaire à la chose publique : j'en vais citer un exemple. Je choisis la séance qui a été rendue le plus infidèlement dans le journal des débats de la société.

» Dans la précédente séance, j'avais dénoncé un fait qui n'était pas tellement d'un intérêt personnel qu'il ne fût plus encore d'un intérêt général, et de la compétence de là société, puisqu'il était question d'un attentat inouï envers la liberté de la presse, commis par M. Patris, un de ses membres, et la société avait arrêté que le membre inculpé viendrait se justifier. M. Patris monte à la tribune où il lit un libelle des plus virulens contre moi. Il me reproche, dit-il, de ne l'avoir pas prévenu de cette dénonciation ; il me reproche d'être un présomptueux qui croit que la publication d'un de mes écrits importe à la chose publique, un hypocrite de civisme et un homme vil, puisque malgré l'importance que j'affecte d'attacher à cet écrit, je lui ai offert le matin sur le Pont-Neuf, en présence de M. Baillio, d'étouffer cette affaire ; il m'accuse d'être un lâche qui me suis caché à fond de cale à l'époque du 17 juillet, un calomniateur qui réclame comme sien un ouvrage qui n'est plus à lui, et appartient à l'imprimeur puisque celui-ci l'a acheté. M. Patris ne voyait pas qu'il faisait le beau raisonnement de l'abbé Roquette :

> On dit que l'abbé Roquette
> Prêche les sermons d'autrui ;
> Moi qui sait qu'il les achète,
> Je soutiens qu'ils sont à lui.

» Il assaisonne ce raisonnement solide des plus grossières injures ; il dit que Camille Desmoulins (ce sont les propres paroles de cet officier municipal parlant d'un de ses collègues) est *un auteur famélique, faisant de sa plume mercenaire son seul moyen d'exister ; qu'il était obligé de remuer la boue et de fouiller l'ordure pour y trouver un morceau de pain ; que son nom seul était une injure ; qu'il était la plus vile des créatures et le plus infâme des calomniateurs ; et qu'ayant menti à la société et à lui-même, la société se devait à elle, et devait à M. Patris d'exclure Camille Desmoulins du nombre de ses membres.* Le sieur Patris ne savait pas qu'il pro-, nonçait, par ces derniers mots, son jugement de condamnation, et qu'il le motivait.

» Ceci se passait en présence de trois mille personnes, dont un bon nombre venu là pour me colaphiser, pour appuyer la demande de mon exclusion, ne manquaient pas d'applaudir à cette cataracte d'injure que le fleuve Patris faisait tomber sur moi du haut de la tribune.

» Qu'on juge de ma situation pénible! Patris avait débité ce discours avec un front ouvert, avec un ton d'assurance qui, joint à son titre d'officier municipal, faisait une grande impression: à mesure qu'il parlait, je distinguai les progrès de la calomnie; je devenais le scélérat et j'entendais grossir dans les tribunes le bruissement de l'indignation; mais patiencé : devant un jury de trois mille personnes, le triomphe de l'imposture ne peut pas être de longue durée.

» Lorsque je voulus parler à mon tour, la coalition des Brissotins, contente de m'avoir vu si bien calomnier, s'égosilla à crier que ces debats étaient étrangers à la société, que leur religion était suffisamment éclairée, et qu'il fallait nommer des commissaires. Quelle horreur! m'écriai-je, refuser de m'entendre à mon tour! C'est alors que ma situation devint violente. Enfin au bout d'une demi-heure d'agitation, notre digne député Merlin parvint à se faire entendre à la tribune: les faits allégués de part et d'autre contre un de vos membres sont trop graves, sont trop infamans, dit-il; il faut que la société prononce l'exclusion ou de M. Patris, ou de M. Camille Desmoulins. Le discours de Patris avait tellement prévenu contre moi qu'à ce vote de mon exclusion, mille applaudissemens s'élèvent. Mais, moi, je bénis Merlin, et ces applaudissemens qui m'envoyaient à la tribune où j'ai enfin la parole.

» De quoi s'agissait-il? J'avais accusé Patris d'avoir arrêté dans son imprimerie un ouvrage signé de moi, et d'en avoir confisqué le manuscrit. Comment se défend-il, messieurs? il ne nie point le fait; mais il dit avoir acheté l'ouvrage, et que c'est sa pro-

priété absolue. D'abord osez dire, monsieur Patris, que vous m'a-
viez acheté le manuscrit, que j'aie reçu une obole ! je vous en défie.
(Ce premier démenti, auquel il ne pouvait répondre, commença
à ramener le public.) Ce que j'ajoutai fut couvert d'applaudissemens universels ; ensuite, quand il serait vrai que vous m'eussiez
acheté mon manuscrit, comment osez-vous dire que c'était votre
propriété absolue ? Qu'est-ce que nous vendons au libraire ? c'est
le droit de revendre. Un journaliste, un auteur vend son ouvrage
à l'imprimeur , pour qu'il l'imprimé , et non pour qu'il le
supprime.

» A cet endroit, je lus à la société l'avertissement qui est en
tête de mon premier numéro. Ce ne sont point là des injures, et
on voit bien que c'est ainsi que là vérité parle ; aussi l'indignation
des tribunes et de la société croissait à chaque instant, en raison
même de ce que cet imposteur avait su d'abord tourner leur colère contre moi. Je fus interrompu plusieurs fois par des applaudissemens unanimes. Quand j'eus cessé, un membre de la société, M. Baumier, réduisit la question aux plus simples termes.
M. Patris a-t-il arrêté, dans son imprimerie, un écrit signé de
l'auteur ?

» Avait-il donné sa parole d'honneur, dimanche au soir, à
M. Legendre, que le lendemain cet écrit paraîtrait?

» A-t-il écrit aux souscripteurs que le journal ne paraîtrait
point?

» Patris monte à la tribune, balbutie, dit que je viens de lire
un écrit préparé avec art ; qu'il y répondra phrase par phrase ;
qu'il ne laissera aucun louche sur sa conduite ; qu'il interpelle
M. Legendre de déclarer s'il est vrai qu'il lui ait donné sa parole
d'honneur ; qu'il s'en rapportait à lui. — *M. Legendre.* A la
séance de dimanche, Camille Desmoulins vient me dire qu'il est
indigné contre Patris qui ne veut point faire paraître son numéro,
qu'il va le dénoncer. N'en fais rien, lui dis-je (car je tutoie tous
les amis de la liberté, tous ceux que je crois vraiment patriotes),
n'en fais rien, cela fera une scène ; on déclamera contre les rixes
de la société : je vais trouver Patris. Patris, lui dis-je, pourquoi

ne veux-tu pas faire paraître le numéro? je le tutoyais alors;
mais je déclare que je ne le tutoierai plus. M. Patris m'expose
que ce sont des raisons d'intérêt domestique qui l'en empéchent;
j'appelle M. Collot d'Herbois (*ah! je vous en prie, tutoyez-moi,*
s'écrie ce dernier à M. Legendre), qui combat ses raisons, et
qui lui donne un moyen de mettre à couvert son intérêt. Collot
d'Herbois se retire; je presse de nouveau M. Patris; il cède. Il
me donne sa parole d'honneur que le journal paraîtra. Je retourne
auprès de Desmoulins; je lui dis, et à tous mes voisins, que le
journal paraîtra; je reparle à M. Patris en sortant; il me réitère
sa parole d'honneur. Voilà les faits.

» M. Patris attéré défère alors le serment à Collot d'Herbois;
la déclaration de Collot d'Herbois le confond.

» Pour l'achever, Fréron lit ce billet de l'imprimeur Patris.
*Le numéro Ier de la Tribune des Patriotes est imprimé, mais il ne
paraîtra pas.*

» Patris remonte à la tribune, et fait une bonne contenance;
il s'efforce de commenter cette lettre. Ce billet, dit-il, que j'a-
dressais à M. Fréron, signifiait seulement qu'il ne paraîtrait pas
le lundi, mais non qu'il ne paraîtrait point du tout; mon intention était de le faire paraître quelques jours plus tard.

» Ici ce fut véritablement un quartier des Alpes qui se détacha
sur Patris, quand de différens endroits de la salle, des abonnés
se lèvent; et l'un d'eux, M. Nicolas, montant à la tribune, lut
cette lettre circulaire de Patris aux souscripteurs.

« Monsieur, le *Journal de la Tribune des patriotes* est imprimé,
» mais il ne paraîtra pas. Ainsi, vous voudriez bien envoyer cher-
» cher l'argent de votre souscription, en rapportant la quittance. »

» J'aurais eu pitié moi-même de la confusion dont mon calomniateur était chargé en ce moment; s'il eût pris enfin une contenance conforme à son attitude et à cet écriteau qui lui était mis
devant et derrière par tant de démentis; mais il continua de rester le nez haut, allant, venant, protestant. Ce courage de la
honte qu'il montrait au suprême degré, fit enfin fulminer l'ex-

communication. Son procès était fait et parfait. Après avoir demandé mon expulsion pour avoir menti, disait-il, à la société,
c'était lui qui se trouvait atteint et convaincu du plus impudent
mensonge par une signature circulaire. Un cri unanime demanda
son expulsion. Elle fut mise au voix, et il n'y eut, je crois,
que M. Méchin, secrétaire-aide-de-camp°de J.-P. Brissot, et
M. Girey Dupré, co-auteur du Patriote Français avec J. P.
Brissot, qui osèrent se lever contre.

» On chercherait vainement dans le journal des débats des
amis de la Constitution, les détails fidèles et intéressans de cette
séance. Le rédacteur, brissotin sans doute, glisse sur tout cela ;
je veille mieux à l'honneur de la société, et j'ai dû conserver précieusement à la nation toutes les circonstances d'un jugement qui
met la sagesse de la société à côté de la sagesse de Salomon ou
du savetier de Messine. Ce jugement n'est point écrit sur le parchemin ; mais le papier de notre greffe est plus durable que le
parchemin et le papier timbré, et l'expédition que je vous en dé-
livre, vous servira à jamais, monsieur Patris, de brevet d'un des
plus impudens menteurs, des plus infâmes libellistes et des plus
perfides imprimeurs qui existent.

» N. B. M. Patris a interjeté appel devant le public auquel il a
distribué gratis, avec une profusion ministérielle, le libelle qu'il
avait lu sur mon compte à la tribune des Jacobins.

» Cette profusion ministérielle ne m'étonne point. Deux citoyens
attestent que le samedi, à deux heures, avant-veille de l'émission de mon premier numéro, le sieur Patris a été vu chez le
ministre Dumourier avec Bonne-Carrère. Qu'alliez-vous y faire,
monsieur Patris ? Qui ne voit que, violant le dépôt de ma pensée
dans votre imprimerie, vous alliez montrer à Dumourier et Bonne-Carrère le numéro, et leur dire.: Vous voyez comme il vous
traite ! Que voulez-vous me donner sur les six millions de dépenses secrètes qu'on vous a alloués ? Quid vultis mihi dare, et
ego vobis eum tradam ?

» Cela me rappelle que vous aviez été vous offrir de même à
Marat, pour imprimer l'Ami du peuple ; il y a deux mois, que

vous en avez imprimé six numéros ; mais Marat a le nez fin ; il vous a planté là au septième.

» Cela me rappelle que cet imprimeur officieux est allé offrir de même ses presses à Robespierre ; que M. Patris le conjurait de ne pas imprimer son journal ailleurs. Vous faites-là un joli métier, monsieur Patris !

» A propos, monsieur Patris, ce que raconte Momoro est-il vrai ? il dit que vous observant l'autre jour, il était surprenant qu'après avoir fait tant d'avances pour l'impression du prospectus et du premier numéro, vous n'ayez pas voulu retirer le produit de ces avances ; à cette question vous avez eu peur qu'il ne vous prît pour un sot, et vous lui avez répondu : *Oh ! je n'ai pas été dupe.* Pour tant de mensonges, dites-nous une fois la vérité. Combien Dumourier et Bonne-Carrère vous ont-ils donné sur les six millions de dépenses secrètes pour vous désintéresser, même de votre expulsion des Jacobins ?

» Il faut que vous sachiez encore, monsieur Patris, que M. Baillio, que vous avez cité contre moi comme témoin, a dit au club de l'Évêché, en présence de deux mille personnes, le plus honnêtement qu'il a pu, que vous étiez un imposteur et un [calomniateur.

» Je suis plus modéré, et je finis en faisant voir seulement combien vous êtes un personnage ridicule et fat.

» Vous me reprochez de m'être caché à l'époque du 17 juillet, c'est-à-dire, de m'être caché des huissiers et de la sainte hermandad que M. Bernard mettait à mes trousses pour m'appréhender au corps. Cela n'est-il pas ridicule ? Voici la fatuité. Vous êtes maître de pension, et moi, homme de loi de mon métier, auteur par *interim.* Y a-t-il rien de plus risible que de voir un maître ès-arts et de pension, insultant à la profession d'un auteur, et lui reprochant d'être un écrivain famélique, obligé *de fouiller l'ordure pour y chercher un morceau de pain* ; reproche qui est un mensonge extravagant puisqu'on sait bien que j'ai l'avantage fortuit d'une fortune indépendante ; et d'avoir pignon sur rue, reproche qui, quand même il serait fondé, est le propos du plus

insolent aristocrate. Car c'est le dernier degré de l'aristocratie
d'insulter à la faim, et c'est le dernier degré de la sottise dans
un municipal qui s'affiche *le défenseur de l'égalité*, de se targuer
de la prétendue inégalité des conditions qu'il y a entre un maître
d'école et un auteur.   CAMILLE DESMOULINS. »

— Les séances des Jacobins, du 10 au 27 mai, furent consacrées
à suivre l'ordre du jour de l'Assemblée législative : on y traita longuement la question des prêtres réfractaires. Legendre se fit remarquer par la violence de ses conclusions. A la séance du 13 mai,
Legendre s'élevant contre les partisans de la déportation, disait :
« Que celui qui enfreindra la loi soit puni sévèrement ; qu'il porte
sa tête sur un échafaud, ou son corps aux galères. S'il y a chez
nous un insecte dont le venin soit dangereux, il ne faut pas l'envoyer chez nos voisins. — A Brest, il existe des bateaux qu'on appelle *marie-salopes;* ils sont construits de manière que lorsqu'ils
sont chargés d'immondices ils vont en pleine rade. Eh bien ! ar-
rangeons de même les prêtres, et au lieu de les envoyer en pleine
rade, envoyons-les en pleine mer ; qu'elle les submerge même,
s'il le faut. Quand un cultivateur trouve une chenille, il la met sous
son pied ; usons-en de même à l'égard de ceux qui veulent s'opposer à la volonté générale. » (*Journal du club*, n. CXCIV.)

— Les autres objets qui occupèrent la société des Jacobins pendant l'intervalle dont il s'agit, furent les nouvelles de l'armée,
des plaintes de soldats appartenant à la garde du roi, et persécutés à cause de leur patriotisme, le mandat d'amener lancé
contre Chabot, Bazire et Merlin par le juge de paix Larivière,
l'emprisonnement de Lecointre, et enfin la dénonciation, par
Guadet et Brissot, du comité autrichien.

A la séance du 27 mai, après une très-vive discussion où furent entendus Chabot, Robespierre, Lasource, Collot et Daubigny, la société arrêta, sur la proposition de Robespierre, que
les affiliations seraient suspendues. Au moment où les Girondins
et les Jacobins étaient en rupture, il arrivait ce que l'on avait
déjà vu à la naissance du feuillantisme. Une multitude de sociétés

de provinces étrangères aux Jacóbins demandaient maintenant l'affiliation, et se faisaient un titre de leur opinion sur la querelle entre Robespierre et Brissot. Il est digne de remarque que les sociétés favorables aux Girondins furent celles qui avaient pris parti, en juillet 1791, pour les Lameth, Barnave, Duport, etc.; bientôt elles se montrèrent les soutiens du fédéralisme. — L'esprit girondin leur venait de Paris, comme l'esprit feuillant leur en était venu. Le comité de correspondance de la société des Jacobins était acquis au parti de Brissot. Presque tous les membres qui le composaient avaient reçu des faveurs ministérielles. Robespierre leur disait en face, et pas un d'eux ne se leva pour le réfuter : « Je conçois bien que des hommes qui viennent dans une société, sans en retirer d'autre fruit que des persécutions, je conçois bien que la chose publique les occupe ; mais lorsque je vois des membres de nos comités parvenir tout à coup à des emplois lucratifs, je ne vois plus en eux que des ambitieux qui ne cherchent qu'à se séparer du peuple. Qu'est-il arrivé parmi nous? des membres qui composent le comité de correspondance, il en est à peine six qui n'aient pas recherché et obtenu des places : le patriotisme payé m'est toujours suspect. (Applaudissemens.) Je vois que ceux qui l'ont composé ont toujours eu entre les mains tous les moyens de capter les suffrages en leur faveur, et l'on veut que je ne croie pas à leur mauvaise intention ? non, ils ne parviendront pas à m'en imposer. » (*Journal du club*, n. CCII.)

PRESSE. Nous plaçons ici deux articles du *Défenseur de la Constitution*. Le premier est extrait du n. II, le second du n. III.

Sur la nécessité et la nature de la discipline militaire.

« La discipline est l'ame des armées ; la discipline supplée au nombre, et le nombre ne peut suppléer à la discipline. Sans la discipline, il n'est point d'armée ; il n'y a qu'un assemblage d'hommes, sans union, sans concert, qui ne peuvent diriger efficacement leurs forces vers un but commun, tel qu'un corps qu'a abandonné le principe de la vie, ou telle qu'une machine dont le ressort est brisé. Ces vérités sont aussi évidentes qu'aucune de celles que l'expérience et la raison peuvent démontrer.

» Il est une question moins clairement résolue pour tous les esprits, qui est intimement liée à ces vérités, et dont la solution est absolument nécessaire pour en déterminer la juste application, une question que personne encore ne s'est avisé d'approfondir, mais que beaucoup de gens se sont efforcés d'environner d'une obscurité presque religieuse, c'est celle-ci : quelle est la nature, quel est le véritable objet de la discipline militaire? quel est enfin le sens exact de ce mot? On ne l'a point encore expliqué jusqu'à ce moment.

» L'assemblée constituante a reconnu et proclamé solennellement de grands principes : mais il s'en faut bien qu'elle les ait fidèlement appliqués à toutes les parties de la législation : il semble même qu'elle les ait regardés comme absolument étrangers au code militaire. Personne n'ignore que ce code fut l'ouvrage d'un comité composé de nobles, officiers-généraux ou colonels, et des ministres de la guerre qui se succédèrent pendant ce période. Ils ne firent que le présenter par parties à la sanction de l'assemblée, qui l'adopta avec une confiance sans réserve, et qui croyait à peine avoir conservé le droit de *veto*. Tant était généralement répandu le préjugé, qu'il ne convenait qu'à des militaires de comprendre quelque chose aux lois qui concernaient l'armée! Tant on était loin de savoir que la portion la plus imposante de ces lois n'était pas celle qui tient à la science de la tactique, et qui exige des connaissances purement militaires! Tant on était loin de deviner qu'elles étaient liées de toutes parts aux principes et aux intérêts de la liberté civile et politique, et que les hommes les moins propres à combiner tous ces rapports, à concilier les devoirs du soldat avec ceux du citoyen, n'étaient point ceux que des préjugés d'état et de naissance, que l'intérêt personnel devait naturellement guider, plutôt que les maximes de la politique et de la philosophie.

» Aussi, malgré quelques modifications de détail, les bases et

l'esprit du nouveau code sont absolument dignes de l'ancien; et
le mot de discipline militaire ne présente pas encore aujourd'hui,
parmi nous, des idées plus précises et plus justes, que dans les
pays où l'armée n'est qu'un instrument entre les mains d'un despote pour enchaîner et pour égorger les peuples.

» Tâchons de les éclaircir, avec l'intérêt qu'inspire la nou-
veauté de cette question, et l'attention qu'exige le salut de la
liberté, à laquelle elle est liée.

» Qu'est-ce que la discipline militaire? c'est la fidélité à remplir les devoirs du service militaire; c'est l'obéissance aux lois
particulières qui règlent les fonctions du soldat. Les obligations
spéciales imposées au soldat pour les engagemens qu'il a contrac-
tés avec la patrie ne s'étendent pas plus loin; par une conséquence
nécessaire, l'autorité de ces chefs est circonscrite dans les mêmes
limites. Le soldat est un homme et un citoyen; il a sous ces trois
qualités des devoirs et des droits qui doivent et peuvent se concilier. Quand il a rempli ses devoirs de soldat, dont je viens d'indiquer la nature, il jouit des mêmes droits que les autres citoyens
et les autres hommes. La loi militaire est, pour le soldat, ce que
sont pour les citoyens les lois civiles et politiques; le citoyen a le
droit de faire tout ce que les lois civiles et politiques ne défendent
pas; le soldat a le droit de faire tout ce que la loi militaire ne lui
défend pas. La loi civile ne peut défendre que ce qui nuit à la société et aux droits d'autrui, la loi militaire ne peut défendre que
ce qui nuit au service militaire. Toute loi qui impose à l'homme
une privation ou un fardeau inutile est un acte tyrannique;
tout homme ou tout chef qui exige ce que la loi ne prescrit pas
est un despote et un tyran, c'est-à-dire un rebelle.

» Ainsi qu'un soldat manque à l'appel, à la revue, à quelque exercice; qu'il déserte son poste ou refuse d'obéir aux ordres
que ses chefs lui donnent dans l'ordre du service militaire, il viole
la discipline; il doit être puni suivant les lois. Mais si ces mêmes
chefs, étendant plus loin leur empire, veulent lui interdire l'exercice des droits qui appartiennent à tout citoyen; si un officier
par exemple, s'avisait de vouloir lui défendre de visiter ses amis,

de fréquenter des sociétés autorisées par la loi, s'il voulait se mêler de ses lectures, de sa correspondance, pourrait-il invoquer
la discipline et exiger l'obéissance? non. Suivant les idées de discipline reçues jusqu'aujourd'hui par les préjugés, sur la foi du
machiavélisme et de l'aristocratie, il n'y a aucune raison pour
qu'un officier ne puisse pas dire à un soldat qu'il rencontre dans
une maison ou sur une place publique : « Ta présence me déplaît ici, je t'ordonne de rentrer dans ta caserne; je te défends
de parler à cette femme; je me réserve à moi seul le plaisir de
converser avec elle. » Il n'y a pas de raison, du moins dans ce
système, pour que le soldat, qui dans ces occasions *ferait le mu-
tin et manquerait de respect à son officier*, ne fût pas envoyé en
prison, et puni comme insubordonné. Cependant, suivant les
règles de la véritable discipline, c'est l'officier qui serait ici indiscipliné; et le soldat devrait lui répondre : « Je ne connais point
d'officiers dans les cercles ni sur les places publiques, et hors du
service militaire; comme soldat, j'obéirai aux chefs qui me com-
manderont au nom de la loi, j'observerai toutes les lois qu'elle a
établies; comme citoyen libre, j'userai des droits qu'elle me garantit, et je ne me soumettrai point à l'empire d'un individu. »
Cette réponse est admissible dans tous les pays où la loi règne.
Car obéir à l'homme qui ne commande pas au nom de la loi,
c'est offenser la loi même, et se rendre complice de celui qui
usurpe son pouvoir. Celui qui la ferait, ne serait qu'un homme
libre et un citoyen éclairé, par conséquent un soldat fidèle et
courageux, plus redoutable aux ennemis de l'état, que ces automates meurtriers qui ne doivent leur bravoure qu'à la fureur ou
même à la crainte.

» Il résulte de tout ce que je viens de dire, que les principes
de la justice et de l'ordre social peuvent s'appliquer plus facilement qu'on ne le pense, aux citoyens armés pour la défense de
la patrie. On peut tirer de ces principes des conséquences aussi
simples qu'importantes.

» On peut en conclure, 1° que tout excès de sévérité, dans les
peines, est un crime social;

« 2° Que toute forme arbitraire et tyrannique, dans les jugemens, est un attentat contre l'innocence et contre la liberté publique et individuelle. Car, quoique des raisons particulières au
régime de l'armée puissent solliciter quelques modifications aux
règles générales, jamais elles ne peuvent exiger qu'on livre l'innocent, comme le coupable, à la discrétion d'un homme; dans
toutes les circonstances possibles, il est toujours vrai que le
glaive des lois ne doit frapper que le crime; et jamais la tyrannie
ne peut sauver ni l'état ni la liberté. Que faudrait-il donc penser
de la loi qui remettrait entre les mains d'un général le pouvoir
de vie et de mort sur les soldats? Celui qui en est revêtu est
maître absolu de l'armée : on est criminel ou innocent selon sa
fantaisie; la discipline entre ses mains est l'obligation de faire tout
ce qui convient à ses intérêts; elle n'est autre chose que la servitude la plus absolue. Quelque funestes que ses volontés puissent
être au salut de la patrie et aux droits du peuple, elles sont sacrées comme la loi, irrésistibles comme la foudre. Que sera-ce si
vous confiez au même homme le droit de faire des lois ou des réglemens, ce qui est la même chose? Juste ciel! la puissance judiciaire et législative, c'est-à-dire la puissance souveraine transmise
à un général d'armée! Que deviendra donc celle du véritable législateur sans armes, contre ce législateur factice, entouré de la
force militaire! De tous les moyens d'immoler la liberté au despotisme militaire, en est-il un aussi infaillible? Quel esprit de
terreur peut donc inspirer une telle résolution? N'apprendra-t-on
jamais à apprécier les vices et les vertus des hommes? Ne saura-
t-on jamais estimer le peuple, et se confier à la fois à son intérêt
et à son caractère? Craindra-t-on toujours la révolte des gouver-
nés, et jamais l'égoïsme et l'ambition des gouvernans? Une armée
de citoyens doit-elle donc être plus suspecte qu'un chef militaire?
Une armée n'est-elle pas plus que celui-ci intéressée au salut de
la patrie, plus attachée à la cause du peuple? Et la seule raison
de sa propre sûreté ne la porte-t-elle pas naturellement à suivre
les ordres d'un général digne de sa confiance? Vous trouverez
plus facilement cent mille généraux perfides ou ambitieux qu'une

armée gratuitement coupable et rebelle ; pourquoi donc agir directement contre la nature des choses en donnant aux chefs la confiance que mérite l'armée ? Rassurez-vous donc, ou plutôt ne craignez que nos véritables ennemis.

» Examinez maintenant cet objet important sous de nouveaux rapports ; transportez-vous dans des temps de révolutions. Supposez une révolution commencée par le peuple et pour le peuple, contre le despotisme royal et contre la noblesse, mais arrêtée par les manœuvres combinées de la noblesse et de la cour ; supposez qu'au sein d'une guerre suscitée par l'une et par l'autre, les chefs de l'armée soient des nobles choisis par la cour. Eh bien ! de quelle discipline voudriez-vous dans l'armée, de celle du despotisme ou de celle que j'ai définie ? Quelles dispositions exigeriez-vous des soldats, si ce n'est que, prêts à repousser les ennemis extérieurs, ils fussent assez vigilans, assez magnanimes, pour prévenir les perfidies tramées contre la nation ; si ce n'est que, dociles au commandement des officiers, lorsqu'il s'agit de battre les troupes étrangères, ils fussent toujours assez en garde contre la séduction, assez éclairés, assez pénétrés de l'esprit et des principes de la Constitution, pour refuser de servir leur ambition contre le peuple et contre la liberté ? Chercher à altérer sans cesse en eux ce caractère ; vouloir, à quelque prix que ce soit, les rendre à leur état d'automates ; les livrer à la merci de leurs chefs suspects, qu'est-ce autre chose que relever le despotisme et l'aristocratie sur les ruines de la liberté naissante ?

» Qu'il était loin du bons sens et de la vérité, ce représentant (1) qui, voulant investir les généraux de cette formidable

---

« (1) M. Dumolard dans la séance du 12 mai. Je n'aime pas les principes de M. Dumolard ; je n'aime pas davantage le civisme de M. Guadet, qui, dans la même discussion', ne repoussa avec une fausse véhémence, les phrases anti-civiques du premier, que pour arriver au même résultat et appuyer la même question. Ce ne sont pas des lieux communs que le peuple demande à un représentant, mais des actions. Ce ne sont point quelques traits rares et apparens de patriotisme, destinés à pallier une conduite équivoque et suspecte ; c'est un attachement invariable aux principes et à la cause de la liberté. Que m'importent les paroles dorées du médecin qui m'assassine, ou le jargon du charlatan politique qui me défend aujourd'hui, pour mieux m'enchaîner demain ? »

dictature, après une longue suite de blasphèmes contre le peuple
qui l'a créé, invoquait avec emphase la sévérité de la disci-
pline-chez les Romains et chez les peuples libres ! Nous ne lui
demanderons pas dans quels livres il a étudié le Code militaire
des Romains et des Grecs : mais où a-t-il vu que les généraux
de Rome et de Sparte oubliassent qu'ils commandaient à des citoyens, et étendissent leur empire au-delà des bornes de la discipline militaire proprement dite ?

» Comment d'ailleurs peut-il comparer notre situation actuelle
à celle de ces peuples anciens, où les généraux étaient les magistrats, où les soldats, après une courte campagne, rentraient
dans les murs de la cité, et n'étaient plus que des citoyens ; où
les chefs, l'armée, la république ne connaissaient qu'un seul intérêt, et n'avaient à combattre que l'ennemi étranger ? Les Grecs
marchaient-ils au combat sous les généraux de Xerxès, et les
Romains sous les drapeaux de Porsenna ? Ignore-t-on que ces
mêmes Romains, qui volèrent si souvent à la victoire sous les
ordres des Camille et des Fabricius, refusèrent de vaincre sous
la conduite des décemvirs ; que, rappelés à Rome par les cris
de l'innocence et de la liberté outragées, ils remirent la défaite
des Éques et des Sabins au temps où ils auraient fait tomber
sous le glaive des lois Appius et ses complices? ils le firent et
triomphèrent. Ignore-t-on que, dans la guerre d'Amérique, le
traître Arnold fut puni par ceux qu'il avait commandés ? Le sénat américain songea-t-il alors à traiter ceux-ci en coupables et
en brigands ? Si les Hollandais avaient prévenu la perfidie du
prince de Salm, et les Brabançons celle de Schomfeld, porte-
raient-ils aujourd'hui des chaînes ? Que dis-je ! quand, jusque
sous le despotisme, des généraux infâmes immolaient impudem-
ment nos soldats à une courtisane, croiriez-vous que l'univers et
la nation leur eussent fait un crime d'avoir sauvé l'armée et la
gloire du nom français, par une généreuse désobéissance au
perfide qui leur défendait de vaincre, et leur ordonnait de se
laisser égorger ? Il est des circonstances extraordinaires dans
l'histoire des nations, où la voix de la nature et de la nécessité

parle avec un empire irrésistible. C'est en vain que la fausse
prudence ou la perfide politique voudrait la démentir. On prévient les grandes crises par la sagesse et par l'énergie : lorsqu'une
fois elles sont nées, on ne les étouffe point par la violence, à
moins qu'on ne veuille tout renverser et tout perdre. Si nous ne
sommes pas absolument décidés à reprendre nos fers, ne forçons
pas la nature des choses et les ressorts du gouvernement; n'appelons point le despotisme au secours de la liberté; ne la défendons pas comme des esclaves que son ombre même épouvante.
Prenons garde qu'à force d'éblouir nos yeux de ses emblèmes,
d'assourdir nos oreilles de son langage, on ne parvienne à nous
la ravir elle-même, sans que nous nous en soyons aperçus. Défions-nous du civisme fastueux et de la politique dangereuse de
nos patriciens militaires; et craignons qu'avec ce seul mot de
discipline ils ne nous conduisent à notre perte. Déjà ils ont beaucoup avancé cet ouvrage : voulez-vous empêcher qu'ils ne l'achèvent promptement? mettons à profit notre propre expérience,
pour réparer les erreurs funestes où ils nous ont entraînés;
comparons les principes que nous venons de développer avec ce
qui s'est passé jusqu'ici au milieu de nous?

» En résumant notre système, on voit naître, pour ainsi dire,
deux espèces de disciplines militaires: l'une est le pouvoir absolu des chefs sur toutes les actions et sur la personne du soldat;
l'autre est leur autorité légitime circonscrite dans tout ce qui
touche au service militaire. La première est fondée sur les préjugés et sur la servitude; la seconde est puisée dans la nature
même des choses et dans la raison. La première fait des militaires autant de serfs destinés à seconder aveuglément les caprices
d'un homme; l'autre en fait les serviteurs dociles de la patrie et
de la loi : elle les laisse hommes et citoyens. La première convient aux despotes, la seconde aux peuples libres. Avec la première, on peut vaincre les ennemis de l'état; mais on enchaîne
et on opprime en même temps les citoyens; avec la seconde, on
triomphe plus sûrement des ennemis étrangers, et on défend la
liberté de son pays contre les ennemis intérieurs.

» Depuis le commencement de la révolution, vous n'avez cessé d'entendre accuser les soldats d'indiscipline. Mais examinez, je vous prie, quelle est celle de ces deux espèces de discipline qu'ils ont violée : est-ce celle qui consiste à remplir exactement les fonctions militaires ? Non, jamais on ne reprocha à notre armée de les avoir abandonnées. On a même remarqué, avec une juste admiration, que les corps qui avaient des différends civiques avec leurs chefs, montraient la noble fierté de confondre leurs calomnies, par une scrupuleuse exactitude à en observer tous les devoirs. La discipline qu'ils ont violée, c'était la soumission passive et aveugle à la volonté d'un maître, même en ce qui est parfaitement étranger aux relations du soldat avec le chef. Que dis-je ? en ce qui leur était impérieusement défendu par l'intérêt le plus sacré de la patrie. Leur premier crime contre cette discipline, ce fut le refus magnanime de servir la cause de nos anciens tyrans contre la nation, et de tremper leurs mains dans le sang du peuple et de ses premiers représentans ; les autres furent des actes ou légitimes ou louables, dignes de la nouvelle patrie qu'ils avaient créée. On leur faisait un crime, tantôt de porter le signe sacré de la liberté conquise ; tantôt de chanter le cantique si cher aux bons citoyens ; tantôt de se mêler à nos danses civiques, et de partager la joie du peuple dans les fêtes innocentes célébrées en l'honneur de la patrie ; on voulait qu'ils demeurassent isolés de la nation dont ils faisaient partie, étrangers aux sentimens et aux droits de la liberté qui était leur ouvrage. Telles étaient les véritables causes de ces démêlés des soldats avec leurs officiers. Le prétexte était le mot d'indiscipline. Le moindre manquement au service, personnel à quelques individus, qui aurait été à peine aperçu dans l'ancien régime, était exagéré, imputé à toute l'armée. Encore n'osa-t-on presque jamais articuler un fait précis de ce genre : que dis-je ? tels étaient l'incivisme et l'ignorance même de leurs accusateurs, que ceux-ci ne balançaient pas à avouer ouvertement qu'ils mettaient au rang des devoirs du soldat, celui de déposer le ruban tricolore, et de s'interdire toutes les expressions de leurs sentimens patriotiques, dès que leurs officiers l'ordonnaient. Tout ce grand procès entre les uns et les autres n'était autre chose que la guerre du despotisme et de l'aristocratie contre le peuple et la liberté naissante. Eh! qui le croirait, ce procès fut jugé en faveur des premiers. Et pourquoi non! Le despotisme et l'aristocratie étaient à la fois accusateurs, juges et parties. Combien de fois les représentans du peuple ne secondèrent-ils pas, sans le savoir, leurs funestes projets! J'ai vu un ministre conspirateur et des patriciens ennemis de la révolution accuser les premiers défenseurs de la liberté; et au même instant, sur leur parole, l'assemblée constituante lancer un décret de proscription comme la foudre; je l'ai vue, dans son erreur fatale, envoyer la mort à ceux qui l'avaient sauvée; je l'ai vu, et, au milieu des clameurs homicides de l'ignorance et de la calomnie, ma faible voix n'a pu se faire entendre! J'ai vu soixante mille héros de la patrie chassés ignominieusement par des ordres arbitraires et par des jugemens monstrueux, pour la cause de la révolution; j'ai vu, dans leurs personnes, le peuple outragé, la liberté persécutée, le patriotisme puni comme un crime, les lois nouvelles et celles même du despotisme violées; des représentans du peuple l'ont vu, et ils l'ont souffert! ils ont entendu les plaintes douloureuses de nos défenseurs, et ils les ont repoussées! Leurs accusateurs étaient des traîtres reconnus; ils ont déserté lâchement leurs drapeaux, cherché vainement à entraîner les soldats dans leur défection; ils ont levé l'étendard de la rébellion, se sont joints aux despotes de l'Autriche pour déchirer le sein de leur patrie; ceux qui sont restés parmi nous, n'en inspirent pas plus de confiance aux citoyens éclairés, et rien n'a pu encore nous ouvrir les yeux. Et ce sont les soldats que l'on a continué de calomnier et de poursuivre! Les soldats, fidèles à la discipline, fidèles à la patrie, sont traités de rebelles; les officiers rebelles et parjures ont été épargnés, presque respectés! O honte de la raison humaine! ô déshonneur de ma patrie! Nul conspirateur n'a encore expié le plus grand de tous les forfaits; et la faiblesse, la moindre erreur du peuple, que dis-je, le civisme le plus pur et le plus ardent a été puni par des

supplices et par des massacres. Et comme si ce n'était pas assez
d'avoir immolé cette foule de victimes intéressantes, on a encore
insulté à leurs mânes, par des couronnes civiques décernées à
leurs bourreaux : on a cherché à immortaliser la mémoire de ces
sanglantes tragédies par des monumens odieux et par des fêtes
sacriléges.

» O égalité! ô liberté! ô justice! n'êtes-vous donc que de vains
noms !

» Déjà je vous vois succomber partout sous le sceptre d'airain
du despotisme militaire. Toutes les autres puissances qui existaient avant la révolution, se sont écroulées, lui seul est resté
debout ; c'est pour lui seul qu'ont été conservées ces distinctions
dangereuses, proscrites par la Constitution nouvelle ; c'est pour lui
que, déjà, dans nos villages frontières, l'autorité des magistrats
populaires a été suspendue ; c'est pour lui que l'idolâtrie prépare
des triomphes ; que la patrie prodigue ses dernières ressources ;
que les lois et la Constitution même se taisent ; c'est lui qui déjà
est l'arbitre des destinées de l'état. Législateurs, il est temps de
songer à vous défendre vous-même contre son énorme puissance
que l'on ne cesse d'accroître ; que l'histoire des révolutions vous
instruise ; voyez-le chez nos voisins faire servir insolemment un
fantôme de sénat à proclamer ses volontés, et s'élever lui seul
partout sur les ruines de la souveraineté nationale. Jamais circonstances ne furent plus favorables à son ambition, que celles
qui vous environnent. Depuis long-temps vous semblez jouer
avec ce monstre ; le peuple, trop peu éclairé, le voit croître presque sans inquiétude ; il semble vous caresser aujourd'hui, mais
tremblez qu'il ne devienne bientôt assez fort pour vous dévorer, car dès ce moment vous ne serez plus. »

Considérations sur l'une des principales causes de nos maux.

« La reine du monde, c'est l'intrigue ; le droit de la force qui
régit l'espèce humaine, n'est autre chose que le droit de la ruse.
Des troupeaux robustes et nombreux sont conduits par un enfant, et les nations sont asservies par des hommes corrompus,

qui ne sont que des enfans malicieux. Quelle puissance ou quel
génie pourrait enchaîner un grand peuple, s'il connaissait sa
force, sa dignité, ses droits, et surtout les manœuvres que la
tyrannie emploie pour le dépouiller et pour l'opprimer ? D'une
part, l'ignorance, les préjugés, l'imbécile crédulité; de l'autre,
la perfidie, l'ambition, tous les vices et quelques talens; voilà
les élémens éternels dont se composent la servitude et la misère
du genre humain.

» Notre révolution a-t-elle démenti cette loi commune? Quels
étonnans contrastes elle présente aux yeux des observateurs philosophes! Qu'elle était sublime par ses principes et par son objet! Qu'elle est chétive par ses effets actuels, par le caractère
des hommes qui l'ont arrêtée, par celui même de la plupart des
hommes qui l'avaient préparée! Que la nation française fut grande
dans son réveil! qu'elle fut imprévoyante, faible, crédule dans
son repos et dans le choix de ses magistrats nouveaux; quelles
magnifiques promesses faites à l'humanité, et quelles infâmes trahisons envers la patrie! Quelle superbe morale et quelle profonde
perversité! Quelle carrière ouverte au génie et à la vertu, et
quelle multitude de lâches athlètes et de misérables charlatans !

» Français, devez-vous désespérer de vous-mêmes? Non, le
nombre des intrigans est infini; leur corruption est extrême; la
fureur et la perfidie des tyrans sont sans bornes; mais le peuple
est bon, la cause de l'humanité est sainte, et le ciel est juste. De
l'excès de nos maux naîtra le remède. Hâtons-nous en ce moment
d'en approfondir la cause.

» A quoi tenaient le bonheur et la liberté publiques? A l'une ou
à l'autre de ces deux choses.

» Si la cour avait pu remplir les premiers sermens qu'elle fit à
la nation, si elle avait fait exécuter loyalement les lois nouvelles,
et secondé les progrès de l'esprit public, la révolution était terminée presque aussitôt que commencée, par le règne de la paix et
de la Constitution.

» Si la cour, violant ces devoirs sacrés, avait été sans cesse rappelée aux principes de la Constitution par la probité incorruptible

et par la fermeté inexorable de ceux en qui le peuple semblait avoir mis le plus de confiance, la cause du peuple eût encore facilement triomphé.

» La cour n'a voulu, ni respecter la souveraineté nationale, ni osé l'attaquer ouvertement. Le despotisme épouvanté, mais non renversé par la révolution, mit à profit cette terrible leçon; il sentit la nécessité de composer avec l'opinion publique, et vit qu'il ne pouvait désormais asservir la nation qu'en la trompant. Il consentit à emprunter les formes et le langage de la Constitution nouvelle, comme les premiers tyrans de l'empire romain conservèrent le nom des anciennes magistratures et l'ombre de la liberté, pour familiariser la postérité des Caton et des Brutus avec le monstre du despotisme. Il divisa tout pour dominer tout ; il créa les divers partis qui agitent aujourd'hui la France; mais il s'appliqua surtout à chercher des appuis parmi les magistrats et les représentans mêmes du peuple; dès ce moment, tous les ambitieux, tous les intrigans qui ne voient, dans une révolution, que l'heureuse occasion de monter à la fortune et au pouvoir, deviennent à la fois ses protecteurs et ses valets; il leur communique ses trésors et sa puissance, ils l'aident chaque jour à les augmenter; peut-être même en est-il qui n'accroissent son pouvoir que pour s'en emparer, et osent déjà entrevoir dans l'avenir la possibilité de se substituer à sa place? Tous servent la même cause, mais non de la même manière, ni par le même motif.

Tandis que les uns défendent ouvertement les maximes de la tyrannie, d'autres semblent tenir le milieu entre elle et la liberté; une troisième classe colore ses opinions d'une teinte de patriotisme plus prononcée, et se dit la protectrice des droits du peuple, mais elle marche insensiblement, par des routes détournées, au but commun de tous les ennemis de la Constitution; elle étale de beaux principes pour arriver à une fausse conséquence, elle abuse de la confiance du peuple, pour le tenir endormi, jusqu'à ce qu'on ait eu le temps de lui forger de nouvelles chaînes. C'est cette dernière classe, qui est le plus doux espoir de l'ambition et le plus ferme soutien du despotisme. Les deux autres partis ne font que de fausses attaques : ce sont ceux-ci qui entrent dans la citadelle, et qui s'emparent du *palladium*. A quels prix les tyrans ne doivent-ils pas acheter leurs services? Le bien le plus fertile, dans ces temps-là, c'est sans doute une haute réputation de civisme, acquise par l'hypocrisie et mise en valeur par l'intrigue et par l'audace. Lorsque ces hommes concluent avec la cour le traité qui lui livre le bonheur de la nation, et l'espérance de tous les peuples et des siècles futurs, il est stipulé qu'ils garderont, le plus long-temps possible, le masque de patriotisme qu'ils lui vendent; qu'ils déclameront quelquefois contre elle, pour mieux la servir; qu'ils livreront des combats très-animés à ses champions déclarés sur des points d'une médiocre importance, pour pouvoir s'accorder impunément avec eux dans les occasions décisives. Ce sont ceux-là qui veulent diviser les assemblées représentatives en *côté droit* et en *côté gauche*; et qui insistent éternellement sur cette distinction dans leurs discours et dans leurs écrits, afin que le public égaré juge de leur patriotisme et de la sagesse de leurs opérations, non par les principes de la justice et du bien public, mais par la place où siégent ceux qui les proposent ou qui les adoptent. Méthode commode pour les perfides déserteurs de la cause publique, qui abandonnent le peuple, sans abandonner les bancs où ils avaient d'abord paru le défendre! Ce sont ceux-là qui abusent de leur ascendant sur les patriotes peu éclairés, pour les entraîner à de fausses mesures; qui sèment partout la terreur et la prévention; pour les déterminer à immoler, à chaque instant, les principes aux circonstances, et la liberté à la politique; ce sont ceux-là qui, dans les comités secrets et dans leurs conversations particulières, répandent sans cesse la division, la défiance, l'imposture; qui insinuent avec art le poison de leurs opinions insidieuses, pour assurer d'avance le succès des funestes résolutions qu'ils proposent dans la tribune; ce sont ceux-là qui, s'éloignant chaque jour davantage des principes de la liberté qu'ils avaient professés, cherchent à les effacer de l'esprit des hommes; qui voudraient faire oublier la déclaration des Droits et obscurcir cette éclatante lumière qui doit guider tous les pas des légis-

lateurs. Ce sont ceux-là à qui est principalement confié l'infernal
emploi de calomnier ceux des représentans du peuple que l'or
n'a pu corrompre, que l'ambition n'a pu égarer ; parce que l'éclat
du véritable patriotisme est le flambeau qui éclaire leur turpitude
et trahit leur corruption. Ce sont eux qui épuisent toutes les ressources de l'intrigue, pour diviser les patriotes, pour tromper
l'opinion, pour altérer l'esprit public et le préparer insensiblement à l'exécution de leurs coupables projets. Ce sont ceux-là qui
veulent allier la bienveillance du peuple avec les faveurs du pouvoir exécutif, la gloire avec l'infamie, les jouissances du vice avec
les plaisirs de la vertu. De toutes les espèces d'ennemis conjurés
contre la liberté, ce sont sans doute les plus dangereux et les plus
méprisables. Le peuple le sent si bien, que, lorsque après avoir
été long-temps leur victime, il a enfin reconnu leur perfidie ; il
estime presque auprès d'eux les champions les plus audacieux du
despotisme et de l'aristocratie. Tant il est naturel aux hommes de
pardonner plutôt à un ennemi déclaré qu'à un traître !

» Ce ne sont point les Cazalès et les Maury qui, dans l'assemblée constituante, ont porté des coups mortels à la liberté ; ils
contribuèrent même quelquefois à son triomphe. Elle ne fut véritablement en danger, qu'au moment où presque tous les orateurs qui l'avaient défendue long-temps contre ces derniers, se
réunirent pour la sacrifier au despotisme et à l'ambition, au moment où deux factions rivales se confondirent pour conspirer
contre elle. C'est cette coupable défection qui nous fit parcourir,
en rétrogadant, l'espace immense qui se trouve entre le mois de
juillet 1789 et les derniers temps de l'assemblée constituante.

» Quelques soins qu'ils aient pris de mutiler notre Constitution,
ils ne nous auraient point laissé les grandes ressources qu'elle offre encore à la liberté, s'ils avaient pu alors en renverser toutes
les bases et en dénaturer absolument le caractère, s'ils n'avaient
senti que, dans ce moment, l'opinion publique n'aurait pu souffrir plus d'attentats contre les droits du peuple. Pour mettre la
dernière main à ce système, il fallait que le temps eût muri les
conspirations et développé les germes de troubles, de discorde et

de tyrannie que l'on avait jetés de toutes parts. Il n'y avait aucune raison pour que la cour et les factions, qui déjà avaient acquis une grande force, ne cherchassent point à continuer, dans
la nouvelle législature, les trames qu'elles avaient commencées
dans l'assemblée constituante ; pour que les mêmes passions et les
mêmes intérêts ne produisissent pas, dans son sein et autour
d'elle, à peu près les mêmes intrigues qui avaient agité la première.

» Il est donc nécessaire de présenter à l'assemblée nationale
actuelle le fruit de l'expérience de ses devanciers, pour prémunir la majorité incorrompue contre les mêmes erreurs, et lui
épargner les mêmes regrets. Déjà s'est élevée, dans son sein, une
faction trop semblable à celle dont j'ai déjà parlé, qui marche
sur ses traces, après l'avoir combattue ; beaucoup plus dangereuse dans la crise redoutable où nous sommes. Ce ne sont point
ceux qui ne se cachent pas qu'il s'agit de démasquer, ce sont
ceux qui sont encore à demi-cachés sous le voile du patriotisme,
et qui, avant qu'il tombe de lui-même, auraient le temps de perdre
la liberté, si elle pouvait périr, et nous forceraient du moins à
la payer au prix des plus horribles calamités et du plus pur sang
des Français. Ceux qui sont connus ne sont plus à craindre ; il
n'appartient qu'aux lâches et aux extravagans de battre des cadavres et de combattre des fantômes ; les ennemis qui vivent et
qui portent le poignard dans notre sein, voilà ceux dont il faut
nous défendre.

» Il est dur sans doute de paraître attaquer des individus dont on
n'aurait jamais voulu s'occuper un moment, s'il était possible de
séparer leurs personnes des événemens qui intéressent le salut
public. Ceux que j'ai ici en vue semblent s'être attachés à aggraver
pour moi cette sorte d'inconvénient, en présentant comme des
personnalités gratuites toutes les réclamations dont leurs actes publics sont les seuls objets, et en cherchant à flétrir jusqu'au mot
de dénonciation. Mais comment dévoiler les factions sans nommer Clodius, ou Pison, ou César ? Comment combattre les
Triumvirs sans attaquer Octave, ou Antoine ou Lépide ?

» Une autre raison qui me rend plus désagréable encore une
tâche pénible en elle-même, c'est que, diffamé déjà moi-même
d'une manière aussi atroce qu'indécente par les mêmes hommes
dont je vais parler, on pourrait attribuer à un sentiment personnel, ou même au désir naturel de punir la calomnie, une démarche que m'inspire l'amour de la patrie et de la liberté : mais
deux circonstances me rassurent contre ce soupçon ; la première,
c'est qu'ils ne se sont permis contre moi cette diffamation qu'au
moment où j'avais déjà commencé a combattre leur système, et
dans l'intention d'affaiblir le poids de mes raisons ; la seconde,
c'est l'intérêt évident du salut public qui me défend de me taire,
et la nature même des témoins qui attesteront tout ce que je vais
dire. Ces témoins seront les hommes même que j'accuserai ; mes
preuves seront leurs propres œuvres. Quel fonctionnaire public,
quel mandataire du peuple pourrait se plaindre de ce qu'on l'oppose à lui-même, et de ce qu'on le juge par ses actions ? Sont-
elles bonnes ? elles l'honorent ; sont-elles mauvaises ? les publier
est le devoir de tout citoyen ; c'est la seule sauve-garde de la liberté. Quels despotes seraient ceux qui, dépositaires des grands
intérêts de la nation, ne devant aucun compte de leur conduite
politique aux tribunaux de la loi, prétendraient encore au privilége de se soustraire au tribunal de l'opinion publique ?

Les chefs les plus connus de la faction dont je vais parler, sont
MM. Brissot et Condorcet. Après ces noms on cite les noms de
plusieurs députés de Bordeaux, tels que ceux de MM. Guadet, Ver-
gniaux, Gensonné... Je vais tracer l'histoire fidèle de leur conduite publique. Je ne chercherai point à approfondir leurs intentions. J'examinerai les faits. Je prétends que de cet examen il
ressorte trois vérités dont la connaissance importe plus que jamais
au salut public.

La première, que, comme membres du corps législatif, ils ont
violé les droits de la nation, et travaillé puissamment à mettre la
liberté en péril ; la seconde, qu'ils ont employé des manœuvres
pernicieuses pour dépraver l'esprit public et le faire dévier vers
les principes du despotisme et de l'aristocratie ; la troisième, qu'ils

ont mis tout en œuvre pour corrompre les sociétés patriotiques, et faire de ces canaux nécessaires de l'instruction publique, des instrumens d'intrigue et de faction.

Je les examine d'abord au sein de l'assemblée nationale ; et je commence cette discussion impartiale par les choses mêmes que l'on peut louer en eux.

Je leur reuds grace, au nom de l'humanité, d'avoir défendu les droits des hommes libres de couleur de nos colonies. Loin d'imiter l'injustice de ceux qui leur ont cherché des torts jusque dans cette action louable en elle-même, je me croirais coupable d'ingratitude, si je refusais cet hommage à ceux qui ont fait triompher la cause que j'avais plusieurs fois plaidée dans la même tribune. Peu m'importent les motifs, quand les faits sont utiles au bien général. Sans examiner s'il est vrai que les uns défendent, même la cause de l'humanité, comme des hommes d'affaires, et les autres comme des défenseurs officieux ; je me borne à rechercher si les malheurs d'Europe vous ont aussi vivement occupés que les infortunes américaines ; et si le peuple français a trouvé en vous le même zèle que celui de Saint-Domingue. Non, il faut en convenir, je vous vois violer, à chaque instant, les principes sacrés que vous aviez vous-mêmes réclamés.

» Vous aviez abandonné les gardes-françaises, les premiers défenseurs et les premiers martyrs de la liberté, persécutés avec tant d'acharnement par un général, votre ami ; vous avez fermé l'oreille au vœu de la capitale, qui, pour sa propre sûreté, désirait de les conserver dans son sein. .

» Vous avez abandonné cette multitude de soldats patriotes arbitrairement congédiés, dépouillés, vexés par l'aristocratie militaire. Vous avez repoussé constamment le projet d'en former des légions qui devaient être les plus fermes appuis de la liberté ; vous avez été sourds aux cris de leur douleur, aux vœux de leur civisme et à la voix impérieuse du salut public.

» Vous avez abandonné la cause de la liberté avignonnaise, en souffrant qu'elle fût opprimée depuis le commencement de votre législature par des commissaires civils conspirateurs. Vous n'avez rien fait pour vous opposer à la révocation du décret qui comprenait ses premiers défenseurs dans une amnistie qui a couvert tous les attentats de ses ennemis. Vous saviez particulièrement que les actes de violence, reprochés aux prisonniers n'étaient que les funestes représailles des lâches assassinats commis par les défenseurs de l'aristocratie et du despotisme papal, dans la personne des auteurs de la révolution, de leurs frères, de leurs parens, de leurs amis : vous connaissiez les manœuvres employées pour les présenter aux yeux de la France entière comme des brigands ; vous saviez qu'un ministre dénoncé par vous-mêmes les avait livrés à une commission tyrannique, dont les jugemens arbitraires n'étaient que des listes de proscription contre tous les bons citoyens. Vous ne pouviez ignorer, enfin, que tous les événemens arrivés dans le Comtat et à Avignon ne pouvaient être soumis au jugement des tribunaux français, puisqu'ils avaient eu lieu dans un temps où la nation ne les avait point encore réunis à elle, et où les habitans de cette contrée jouissaient de tous les droits d'un peuple indépendant ; vous saviez qu'ils ne pouvaient être imputés qu'à la perfidie des commissaires qui avaient fomenté leurs divisions, au gouvernement français, à tous ceux qui avaient retardé l'époque de la réunion qu'ils demandaient depuis trois ans. Vous pouviez facilement éclairer l'assemblée nationale sur ces faits. Vous ne l'avez point voulu ; et cependant vous avez fait grace aux commissaires coupables, dont l'un était votre collègue, à tous les ennemis de la révolution, souillés du sang des patriotes ; vous n'avez excepté que ceux-ci de votre barbare indulgence. C'est-à-dire que vous avez sacrifié, autant qu'il était en vous, dans un pays qui fait maintenant partie de la France, l'humanité, la justice et le patriotisme, à la vengeance et à l'ambition de la cour et de l'aristocratie.

» Vous avez abandonné les Marseillais, les sauveurs du midi, les plus fermes colonnes de la révolution. Car c'était les abandonner que de ne pas les défendre lorsqu'ils étaient en guerre avec l'aristocratie, qui avait levé l'étendart de la rébellion dans ces contrées. Que dis-je! vous les avez combattus de tout votre pouvoir. N'était-ce pas les combattre, que de se déclarer les protecteurs du ministre Narbonne, qui osa les traiter en rebelles, et déclarer à l'assemblée nationale qu'il avait envoyé des troupes pour les châtier? M. Brissot ne leur faisait-il pas une espèce de guerre, lorsque, dans un temps où toute la France connaissait les complots des aristocrates de la ville d'Arles et des provinces méridionales, il affectait, dans le journal dont il est l'auteur, de douter encore de ces faits, il gardait la neutralité entre les Arlésiens et les Marseillais, au moment où ceux-ci étaient en butte aux calomnies des ennemis les plus déclarés de la révolution? N'était-ce pas les combattre, que de chercher à excuser la conduite des commissaires envoyés à Aix; de présenter les crimes dont ils s'étaient rendus coupables comme des actes de *sévérité?* N'était-ce pas là trahir leur cause, qui n'était que la cause publique, de ne point repousser les calomnies prodiguées au sein de l'assemblée nationale contre les commissaires de Marseille (MM. Rebecqui et Bertin), envoyés à Avignon, traités comme des coupables, pour avoir défendu dans cette contrée la Constitution et les droits du peuple avec le zèle le plus magnanime (1)? Que dis-je? Vous avez hautement applaudi à leur disgrace. Témoin, entre autres, le principal écrivain de votre parti, M. Condorcet. Qui ne serait révolté de le voir (2), dans le récit de la séance du 10 mai, reproduire avec complaisance toutes les impostures atroces des ennemis de notre liberté contre les patriotes d'Avignon, et parler exactement sur les affaires de cette contrée comme les Maury, les Cazalès et les Clermont-Tonnerre, dans l'assemblée constituante.

» Vous avez encore persécuté le patriotisme à Strasbourg, lorsque vous défendiez, dans le Patriote Français, la faction de Diétrich et de Victor Broglie contre la société des Amis de la Constitution de cette ville; lorsque vous insériez dans ce pam-

« (1) Ceci regarde particulièrement M. Brissot. Il faut lire à cet égard le *Patriote Français* et les écrits de M. Antonelle sur la conduite du sieur Debourges, où la morale politique plus que relâchée de M. Brissot est victorieusement réfutée. »

« (2) *Chronique du 11 mai.* »

phlet périodique toutes les diatribes de la coalition qui s'était séparée d'elle contre les meilleurs citoyens ; lorsque, dans la société de Paris, vos amis et vos émissaires s'efforçaient inutilement à la déterminer à favoriser le parti qui depuis, dans cette ville, a persécuté la liberté de la presse, dans la personne d'un patriote éclairé et d'un écrivain estimable. (M. Lavaux), en lui suscitant un procès-criminel, où l'innocence et la vérité ont triomphé de tous les efforts de la tyrannie. Le patriotisme pur et courageux n'est pas celui qui convient à vos projets, et il est toujours sûr de trouver en vous des adversaires implacables. Votre plan paraît être de l'opprimer partout, et d'éteindre le vrai sentiment de la liberté.

» Vous connaissez cet art des tyrans de provoquer un peuple toujours juste et bon à des mouvemens irréguliers, dont le motif est légitime, et qui lui paraissent ou innocens, ou louables, pour l'immoler ensuite et l'avilir au nom des lois. Vous a-t-il manqué des occasions de vous opposer à ce système funeste ; soit lorsque l'on voulait profiter d'un rassemblement occasioné par des accaparemens de grains, pour vouer une contrée au despotisme persécuteur des tribunaux contre-révolutionnaires, soit lorsque la défense légitime des patriotes contre les insultes de l'aristocratie révoltée devenait le prétexte de provoquer la violence militaire contre les meilleurs citoyens ? non. Cependant quand vous est-il arrivé d'éclairer la bonne foi des honnêtes gens trompés sur ces trames perfides ? Quand avez-vous élevé la voix contre quelques-unes de ces mesures précipitées, qui plongent dans le deuil une multitude de familles innocentes, qui répandent la consternation parmi des citoyens que la plus simple instruction aurait pu diriger, et qui font triompher la cause des ennemis de la liberté? jamais. Citez-moi un seul patriote persécuté, que vous ayez secouru ; un seul innocent opprimé, que vous ayez sauvé? Cependant voilà le véritable caractère du patriotisme. Le bien public, le bonheur de tous, voilà son unique objet ; l'amour de la justice et de l'égalité, voilà sa passion. Quiconque ne la sent pas, quiconque est alternativement froid ou ardent, juste ou injuste, sensible ou barbare ; quiconque a pu

laisser crier en vain le sang innocent, n'est qu'un intrigant
hypocrite, un vil ambitieux, qui spécule sur les révolutions,
comme un empirique sur les maladies humaines, ou comme un
brigand sur les incendies.

» Passons en revue vos autres exploits, et voyons d'abord
ceux qui vous ont donné un air de civisme.

» Vous avez accusé Lessart, et Lessart est parti pour Orléans;
cet acte isolé est digne d'éloges; car Lessart était un ennemi du
peuple. Vous avez ensuite accusé Duport; mais lassé du premier effort, vous l'avez abandonné pendant plus d'un mois :
on dit que vous allez le reprendre, parce que vous sentez le
besoin de vous repopulariser; déjà vous avez réaccusé Bertrand
et dénoncé Montmorin. Je ne veux point atténuer votre mérite :
mais c'est l'ensemble de votre conduite et le résultat de votre
système qu'il s'agit d'apprécier; et lorsque je voudrais vous
donner ici des louanges sans restriction, il est bien fâcheux
que je sois forcé à ne voir dans vos dénonciations, même contre
certains coupables, que votre indulgence pour le crime, et peut-
être votre connivence avec des chefs de factions.

» Lessart, Duport, Montmorin et Bertrand sont précisément
la même chose. Votre dénonciation du comité autrichien, annoncé
avec tant de fracas, n'a fait qu'ajouter le nom de Montmorin à
vos dénonciations antérieures contre les trois premiers de ces
ex-ministres.

» On a été étrangement étonné de voir cette grande accusation
se borner à deux ex-ministres déjà jugés depuis long-temps par
l'opinion publique; on a admiré cette adresse avec laquelle vous
lui disiez à peine la moitié de ce qu'elle savait déjà. On a vu,
avec un extrême intérêt, que vous nommiez deux complices,
sans découvrir le complot, et sans toucher les principaux coupables; on a été frappé de ce silence circonspect sur des personnages plus importans aux yeux de la servitude et peut-être aux
vôtres mêmes, que le seul mot de comité autrichien présentait
d'abord à tous les esprits. Les citoyens les plus défians et peut-
être simplement les plus clairvoyans ont cru apercevoir que

vous ne vous saisissiez de cette dénonciation , que pour ôter aux
députés patriotes le pouvoir de présenter la vérité tout entière.
Ils ont remarqué que vous en écartiez les noms de certains intrigans plus adroits que vous aviez vous-mêmes désignés, dans
vos écrits, comme membres de ce même comité, et surtout
celui d'un chef de parti redoutable, à qui vous êtes restés constamment attachés, au milieu de toutes les oscillations apparentes de votre conduite politique. Enfin on a vu que vous ne pa-
raissiez attaquer une faction dévoilée depuis long-temps, que
pour empêcher les regards du public d'en apercevoir une autre
moins généralement connue, et par là même plus dangereuse à la
liberté. Eh ! quel service plus signalé de faux amis de la Constitution pourraient-ils rendre à ses ennemis, que d'amuser le
peuple fatigué par la dénonciation éclatante et illusoire d'un ou
plusieurs ministres, pour leur laisser les moyens d'atteindre le
moment où la conspiration doit éclater ? Quel stratagème plus
heureux, une faction différente de la première, ou confondue
avec elle, pourrait-elle imaginer , pour parvenir au but de ses
projets ambitieux ? Qu'avez-vous fait après tout, pour prévenir
tous les complots dont nous sommes environnés ? Qu'avez-vous
fait pour nous garantir de l'éruption du volcan qui fume, et qui
mugit sur nos têtes ? Vous aviez envoyé à Orléans un ministre
qui, après deux mois, n'est pas encore jugé; vous rajeunissiez
deux vieilles dénonciations contre deux de ses amis, et les mesures ont été tellement prises, que c'est encore pour nous un
problème, si Montmorin est parti pour l'Angleterre, ou s'il est
à Paris; que déjà il écrit à l'assemblée nationale , avec une assurance qui insulte à la nation. C'est ainsi que vous savez pourvoir
au salut de la patrie et de la liberté; eh ! quelles autres précautions nos ennemis mêmes auraient-ils donc pu adopter ?

» En général, toute guerre déclarée au ministère est une
preuve de civisme essentiellement équivoque; elle peut être dirigée ou par le zèle désintéressé ou par l'esprit d'intrigue. Nous
avons vu, dans l'assemblée constituante, de prétendus patriotes,
plus séduisans que vous ne le fûtes jamais , aujourd'hui démas-

qués, livrer une attaque générale aux ministres, excepté au
plus dangereux de tous, précisément à ce même Montmorin
auquel ils expédiaient libéralement le plus brillant certificat de
patriotisme ; ils voulaient les remplacer, et les remplacèrent en
effet par leurs créatures, dont ils vantaient singulièrement les
vertus civiques, telles que M. Duportail, par exemple. Vous
avez chassé quelques ministres, mais vous les avez remplacés
par vos amis ; vous avez confié à l'un le trésor public ; à l'autre
le département de l'intérieur ; à un troisième celui de la justice.
Il faut convenir que votre patriotisme n'est pas du moins resté
sans consolation. Vous avez beaucoup vanté ces choix, et sans
doute vous aviez vos raisons. Mon intention n'est pas de décrier
ces choix en eux-mêmes. J'ai déjà déclaré que j'aimais ces mi-
nistres-là tout autant que beaucoup d'autres, quoique celui de la
justice ait déjà excité les plaintes de tous les amis de la liberté, et
encouru une disgrace pareille à celle de son devancier, en signant
un acte contraire aux premiers principes de la Constitution ;
quoique le ministre de l'intérieur ait commencé son ministère
par un acte apologétique du *veto*, lancé contre le premier décret
sur les prêtres ; quoiqu'il ait déjà été dénoncé par la municipalité
et par la commune de Marseille, pour avoir favorisé, sans
doute sans le vouloir, les aristocrates des départemens méridionaux ; quoique sa maison soit le rendez-vous des intrigans qui
s'assemblent régulièrement, pour arranger les intérêts de la
nouvelle faction et le système de calomnie dirigée contre les patriotes qui les méprisent toutes ; enfin, quoique les titres du ministre des contributions à la confiance publique ne soient pas supérieurs à ceux de Necker, son ami, son compatriote et son modèle.
Mais il n'en est pas moins vrai que cette ostentation ridicule avec
laquelle M. Brissot dispose publiquement de tous les emplois,
en faveur de ses créatures, est un scandale aux yeux de tous les
honnêtes gens. Ils savent que tout représentant du peuple doit
respecter l'esprit de la loi constitutionnelle, qui lui défend d'as-
pirer aux faveurs du pouvoir exécutif. N'est-ce pas la violer que
de rechercher pour ses amis ce qu'elle ne lui permet pas d'ac-

cepter pour lui-même, et de franchir ainsi la barrière sacrée que son ambition ne peut briser? Tout est perdu dès le moment où nos représentans, oubliant que leur devoir est de surveiller avec sévérité les démarches du pouvoir exécutif, s'identifieront avec lui, et ne s'occuperont plus qu'à exercer eux-mêmes son autorité, sous le nom des ministres qu'ils auront faits. La nation peut se reposer sur l'austérité des principes et sur la pureté des mœurs de ses représentans; mais elle ne peut mettre sa confiance dans leurs talens pour l'intrigue. Quel garant pourraient-ils alors lui offrir de leur intégrité? Quel mérite y a-t-il à résister aux charmes de la liste civile royale, lorsqu'on tient entre ses mains celle de la nation; lorsqu'on a pris possession du ministère des contributions par les mains de ses intimes amis, dans un temps surtout où notre système financier est si propice à l'agiotage et à la cupidité? Ce n'est pas que l'on ne puisse habiter sur les rives du Pactole sans être jamais tenté d'y puiser; mais il faut que les représentans de la nation soient inaccessibles même aux soupçons, pour le moins autant que la femme de César.

» Et d'ailleurs, qui ne voit pas que cette puissance de disposer du ministère suppose des ressources absolument étrangères aux principes qui doivent les diriger? Qui ne sent que la vertu sévère ne peut avoir cette influence à la cour; que même l'ancien ami et l'associé de Morande; que le secrétaire de l'académie des sciences; que quelques avocats, arrivés de Bordeaux à la législature, n'auraient pas eu ce crédit, s'ils n'avaient été eux-mêmes protégés par des personnages puissans, dans ce séjour de l'intrigue et de l'aristocratie; et lorsqu'en suivant le fil de cette trame, on arrive à un triumvirat féminin, à M. Narbonne qui, frappé alors d'une apparente disgrace, n'en nommait pas moins les ministres; à M. La Fayette, arrivé dans ce temps de l'armée à Paris, et qui assista à des rendez-vous secrets avec les députés de la Gironde, à quelles vastes conjectures ne peut-on pas se livrer? L'imagination se perd dans ce dédale d'intrigues, et quand il serait bien prouvé que vos dénonciations même ne sont point un jeu concerté avec les ennemis de la révolution, il serait toujours impossible de les attribuer à l'amour du bien public.

» J'admire Caton tonnant contre les factieux de Rome ; mais Caton, à qui vous vous comparez, n'était point l'instrument d'une cabale, il ne combattait pas César pour servir Clodius, et son parti, c'était celui de la patrie.

» Vous avez fait l'effort unique de dénoncer un ministre ; mais dans le même moment vous avez dérobé à la justice des lois un ministre non moins coupable. La France entière accusait Narbonne d'avoir trahi la cause publique, en laissant une grande partie de nos défenseurs sans armes, et de nos frontières sans défense ; ce crime est prouvé même par la conduite et par le témoignage du ministre actuel, dont les premiers actes semblent contraster heureusement avec la conduite de votre ex-ministre et de vos créatures (1) ; il s'est accusé lui-même en accusant Marseille ; il a usurpé le pouvoir du corps législatif, en donnant de son autorité privée à l'armée un réglement perfide et tyrannique, qui a excité ses réclamations, également fait pour l'avilir, pour la révolter et pour la soumettre à la volonté arbitraire des patriciens ; il a refusé constamment de remplacer les officiers transfuges ; il a confié les postes les plus importans à des chefs suspects, et conspirateurs déclarés ; il s'est obstiné à les conserver, malgré les réclamations pressantes des départemens où ils commandaient ; il a trompé la nation, et trahi la sûreté publique ; vous ne l'avez point accusé ; vous l'avez défendu ; vous l'avez célébré ; vous vous êtes accordés pour le présenter à la France entière comme un ministre nécessaire, comme le plus ferme soutien de la patrie et de la Constitution. Il paraît devant l'assemblée nationale, où il avait été dénoncé pour les faits les plus graves par plusieurs de vos collègues ; vous commencez par

« (1) C'est du moins le jugement que les vrais patriotes semblent avoir porté sur la dernière démarche de M. Servan à l'assemblée nationale ; c'est lui peut-être qui a donné aux esprits l'impulsion énergique, qui a suspendu les complots de nos ennemis. Nous sentons néanmoins combien il est dangereux de précipiter son opinion sur le caractère d'un ministre et des hommes en général, dans les circonstances où nous sommes. Aussi, si les actes postérieurs de M. Servan la démentent, nous nous ferons un devoir de la rétracter. »

l'applaudir avec transport, à sa seule apparition, vous, ses
juges, vous, représentans de la nation française. A peine a-t-il
ouvert la bouche, vous l'interrompez par de nouveaux applaudissemens; vous ne voulez point qu'il s'abaisse à se justifier; vous
demandez qu'il soit dispensé de ce devoir. Un de vos collègues (1) veut élever la voix pour annoncer des faits importans
qui le concernent, vous l'étouffez par un tumulte scandaleux ;
vous l'insultez dans la tribune ; le lendemain, les deux fidèles
organes de votre cabale, le *Patriote Français* et la *Chronique*,
le calomnient sans pudeur, comme si vous vouliez rejeter sur le
courage et sur la probité l'opprobre qui était dû à votre injustice
et à votre lâcheté ; la liberté des suffrages, le droit le plus sacré
du souverain que vous représentez, la vérité, l'honneur, vous
immolez tout à un courtisan, à un coupable. Peu de jours après,
vous demandez pour lui, par l'organe de M. Guadet, la permission d'aller commander sur nos frontières une division de notre
armée, avant qu'il ait rendu compte ; un autre de vos collègues,
qui l'avait déjà convaincu des plus coupables prévarications (2),
demande en vain que vous attendiez jusqu'au lendemain, jour où
il promet d'en révéler de nouvelles ; vous lui imposez silence,
et vous l'insultez le lendemain dans les mêmes pamphlets périodiques où vous célébrez régulièrement vos propres exploits, en
même temps que vous calomniez le plus pur civisme. Voilà la
conduite que vous avez tenue à la face de la nation ; qu'elle vous
juge.

» Défendre les ennemis de la liberté, faire une étroite alliance
avec eux, persécuter ses plus chauds amis, en renverser les premières bases, sont des actes qui tiennent aux mêmes principes ;
il ne faut donc pas s'étonner si c'est vous qui avez porté les premiers coups à la liberté de la presse. Ce que l'assemblée constituante avait toujours repoussé avec horreur, ce que les défenseurs les plus ardens du despotisme avaient à peine osé lui proposer, vous l'avez fait. Vous avez érigé des écrits en crimes de

« (1) M. Duhen. »
« (2) M. le Cointre. »

lèze-nation; vous en avez constitué juge une assemblée nombreuse, dont les jugemens souverains ne sont ni assujettis aux formes judiciaires, ni susceptibles de révision; vous avez, dans cette même affaire, posé formellement en principe que, pour lancer un décret d'accusation contre un écrit, il n'était pas nécessaire de le connaître; et vous n'avez pas rougi de repousser par cette maxime impie (1) les justes réclamations des députés patriotes qui en demandaient la lecture. La justice, le bon sens, la liberté civile et politique, vous avez tout sacrifié à l'intérêt de votre ambition et à une lâche vengeance; vous aviez à vous plaindre de l'un des écrits dénoncés, et vous n'avez pas rougi d'être à la fois accusateurs, juges et parties. Le cœur plein de passions, cruelles et viles, vous invoquiez le bien public et le nom sacré des lois. On dit même que cette dénonciation n'était qu'un complot tramé depuis quelque temps, par vous, contre les défenseurs imperturbables de la Constitution que vous haïssez; pour de très-fortes raisons; on dit que, réveillant les calomnies inventées dans un temps de proscription, par les ennemis le plus décriés de la patrie, vous avez osé lier leurs noms et leur cause à celle des écrivains accusés, méditer même des crimes nouveaux dans vos conciliabules secrets..... On le dit, et ce délit est prouvé par vos propres écrits, par les libelles extravagans dont vous avez, à cette époque, inondé dans un moment toutes les parties de l'empire..... Et vous vous dites patriotes! Le patriotisme ne suppose donc aucune moralité! Et vous êtes assis au rang des législateurs! Il est donc des législateurs qui ne connaissent pas même les lois de l'équité et de l'honneur!

» N'est-ce pas vous encore qui défendez le système honteux et corrupteur des dépenses secrètes? N'est-ce pas vous qui faites donner au ministre six millions, et aux généraux 1,500,000 l., avec dispense d'en rendre aucun compte?

» N'est-ce pas vous qui, à la place de toutes les précautions, depuis long-temps nécessaires pour constater l'état et assurer

« (1) Ce dernier trait appartient à M. Guadet; lisez le récit de la séance de ce jour. »

le fidèle emploi de nos finances, venez nous proposer de dévorer nos forêts nationales ?

» N'est-ce pas vous enfin qui, après avoir rejeté tous les moyens
proposés pour faire heureusement la guerre, *de réprimer tous nos*
ennemis intérieurs, même de pourvoir à l'armement complet de
nos troupes et de nos gardes nationales, en remplacement de nos
officiers, et à la défense de toutes nos frontières, vous êtes appliqués chaque jour à introduire au milieu de nous le despotisme
militaire dans toute son étendue ? N'est-ce pas vous qui remplissez
sans cesse l'assemblée de terreurs, pour la pousser à des mesures
extraordinaires, dangereuses pour la liberté, et dangereuses pour
elle-même ? N'est-ce pas vous qui ne cessiez de réclamer une
estime sans bornes pour les officiers qui désertaient nos drapeaux,
pour les chefs qui abandonnaient leurs fonctions ? N'est-ce pas
vous qui faisiez censurer les plus estimables de vos collègues,
lorsqu'ils dirigeaient contre eux la défiance des législateurs ?
N'est-ce pas vous qui rejetiez tout le blâme sur des soldats fidèles,
qui les livriez à une procédure terrible, et qui adoriez les généraux (1) ! Qui, plus souvent que vous, a répété ce reproche calomnieux d'indiscipline ? N'est-ce pas vous qui avez voulu qu'on
les investît du pouvoir arbitraire de vie et de mort, et du droit
de faire des lois pour l'armée ? Ignorez-vous que ce sont ceux qui
disposent de la force armée qui fixent le sort des révolutions ?
Ignorez-vous quel est l'ascendant que des généraux habiles et
victorieux peuvent prendre sur leurs soldats ? Existe-t-il en
France, aujourd'hui, une puissance égale de fait à celle dont les
vôtres sont revêtus ? L'histoire des autres peuples, l'expérience
de la faiblesse et des passions des hommes ne devraient-elles pas
vous éclairer sur des dangers si pressans ? Le plus redoutable
ennemi de la liberté des peuples, et surtout de la nôtre, c'est le
despotisme militaire ; et vous l'avez remis entre les mains de nos
patriciens, dans celles du plus adroit, du plus ambitieux de tous !
La Constitution, l'assemblée nationale, vous-mêmes, vous avez

« (1) On se rappellera que M. Merlin fut censuré le jour où M. Guadet demanda
la dictature pour les généraux. »

tout livré, en quelque sorte à sa merci ; attendez, et vous verrez
si vous pourrez opposer une digue à ce torrent que vous vous plaisez à grossir. Veuille au moins la Providence nous défendre encore contre lui et contre nous-mêmes ! Puissiez-vous vous-
mêmes changer de principes et vous hâter de prévenir les maux
que vous nous avez préparés ! A ce prix je consens à vous louer.

» Je ne pousserai pas maintenant plus loin mes recherches sur
votre vie politique. Il est même deux propositions que j'avais annoncées, et que les bornes du temps ne me permettent pas d'é-
tablir aujourd'hui. Mais il me semble qu'il est prouvé, quant à
présent, que votre patriotisme n'a été ni soutenu, ni vrai ; que
les traits épars, par lesquels il a paru s'annoncer, peuvent bien
pallier aux yeux des hommes irréfléchis, mais non racheter les
grandes fautes que vous avez commises contre la nation ; qu'en
général, ils ne se rapportent point au bien public et à la cause du
peuple ; mais à un système d'intrigues et à l'intérêt d'un parti.
Je n'ai pas besoin de savoir si c'est la cour ou une autre faction
que vous servez ; il suffit de voir que ce n'est point la liberté. Il
est clair même que votre conduite ne peut que favoriser le triomphe de la cour, et qu'il ne tient qu'à elle d'en tirer avantage. Si
vous lui êtes étrangers, vous ne l'êtes point à un autre parti ; or,
tout parti est funeste à la chose publique, et il est de l'intérêt de
la nation de l'étouffer, comme il est du devoir de chaque citoyen
de le dévoiler. »

JUIN 1792.

Le sytème girondin arriva promptement au terme où s'étaient
brisés tous les compromis antérieurs entre la révolution et la
contre-révolution. Les questions préliminaires une fois enlevées,
il fallut agir directement contre l'obstacle sur lequel prenaient
appui les résistances qu'on venait de rompre ou d'éluder. Fortement pressée par les Montagnards et par les Feuillans, la Gironde

se félicitait presque de glisser avec tant de bonheur au milieu de ces deux écueils, lorsqu'elle fut arrêtée par le *veto*. Qu'on voulût, comme elle, s'emparer du présent, ou, comme les Jacobins, conquérir l'avenir, l'esprit du passé fermait la route. L'intérêt royal, borné à sa prérogative, avait encore de quoi se défendre; car il avait le droit absolu de tout nier, de résister à tout et de s'affermir indéfiniment lui-même.

. L'assemblée avait décidé que la sanction n'était pas nécessaire pour rendre exécutoire le décret de licenciement de la garde constitutionnelle. Le roi ne laissa pas que de le sanctionner, témoignant ainsi sa bonne volonté par une concession plus grave en apparence qu'en réalité, et réservant le *veto* contre les mesures capitales dans lesquelles il frapperait et paralyserait à la fois tous les détails révolutionnaires.

Les luttes qui avaient signalé la fin du mois de mai, annoncent de la part des Girondins des intentions entièrement disproportionnées avec le résultat. L'attaque, ouverte sur cinq points, ne fut victorieuse que sur un seul. Le comité autrichien dénoncé; l'intendant de la liste civile traduit à la barre au sujet des papiers brûlés à Sèvres; Sombreuil mandé pour avoir ordonné que de jour ou de nuit les portes des Invalides cédassent l'entrée à toute troupe armée qui se présenterait, soit de la garde nationale, soit de la garde du roi; la fuite probable de Louis XVI, annoncée par Pétion, démentie aussitôt par une lettre du roi lui-même, pleine d'amertume, lettre que le directoire revêtit à l'instant de sa caution, furent autant de démarches, ou fausses, ou stériles pour ceux qui les avaient tentées. L'ajournement répondit à la dénonciation du comité autrichien; l'ordre du jour pur et simple déclara innocens LaPorte et Sombreuil; les lettres échangées entre Pétion et le roi, et l'arrêté du directoire, laissèrent indécise la vérité du projet d'enlèvement, sujet de cette querelle.

. Tout prouve que ces moyens étaient destinés à un autre but que celui du licenciement de la garde constitutionnelle, et que cet acte était aussi un moyen. Les Feuillans, et aux Jacobins, les

partisans de Robespierre, s'attendaient à une extrémité redoutable. Il courut à cette époque un bruit que nous devons recueillir,
et qui servira à faire voir quelles résolutions on supposait à des
hommes dont on n'hésitait pas à croire ce qu'on va lire.

« .... Ce fut alors que trois députés, Chabot, Bazire et
Guadet, tirèrent entre eux au sort à qui serait tué par les deux
autres, afin que sa tête, montrée au peuple et promenée au bout
d'une pique, pût servir contre la cour de preuve à une accusation d'assassinat; le sort tomba à Chabot. Cet étrange complot
devait s'exécuter au bout de la rue de l'Échelle, le long du mur
de la demeure du roi, et près du lieu des séances de l'assemblée
nationale; aucune vraisemblance et aucun moyen d'effet n'avaient
été omis. Chabot, fidèle au serment, s'y rendit vers les neuf heures du soir, au temps de la sortie de la séance; mais, soit que
l'exemple parût aussi dangereux à suivre qu'à donner, soit que
la force d'exécution manquât aux deux complices, ils manquèrent au rendez-vous. Quel que fût le but que de tels hommes
se fussent proposés, ils devaient finir par l'atteindre. Chabot
avait quitté depuis peu son frac de capucin, et s'était déjà signalé à Blois par des actes de cette violence hardie qu'on appelait
alors patriotisme. Dans la ville de Blois, à la tête du premier bataillon d'un régiment, aidé du peuple, il avait tenu assiégé l'autre
bataillon, avec tous les officiers, dans leur caserne, et il avait
fallu un décret pour ramener l'ordre. Bazire n'avait paru qu'au
moment de la révolution; jusqu'alors inconnu, agité par des
passions vives, peu de jugement, se jetant en avant sans aucune
direction, et par conséquent facile à diriger. Guadet, né dans
les climats du midi, avait d'abord exercé les fonctions d'avocat;
doué de beaucoup d'imagination, avec des mouvemens oratoires,
remuant, actif, prévoyant, et sachant intéresser une grande assemblée. » (*Toulongeon*, t. 1, p. 254.)

Cette légende n'a certainement de réalité, ni de valeur historique, que par la foi qu'on y ajouta; du moins aucune pièce justificative ne rend-elle témoignage du dessein de ces trois modernes Zopires. Mais dans l'alliance de ces noms, les deux partis

que nous avons cités virent une menace sérieuse. Les Feuillans ne doutèrent plus que les Girondins et les Montagnards ne se fussent unis pour la ruine de la monarchie constitutionnelle ; Robespierre et ses amis se confirmèrent dans la pensée que les intrigans de toutes les fractions révolutionnaires complotaient pour changer la forme du gouvernement et détruire la Constitution, seul signe de ralliement offert aux véritables patriotes.

Bientôt cette crainte devint légitime. Chabot avait promis de déchirer, jusqu'au dernier, les voiles dont s'enveloppait le comité autrichien. A la séance du 4 juin, il prononça en effet un discours véhément, qui démontra plutôt l'audace des entreprises prochaines méditées par les chefs girondins, qu'il ne fortifia de preuves nouvelles le réquisitoire de Brissot. A cette séance même, le ministre de la guerre, Servan, vint proposer à la législative de lier de nouveau la nation française par un serment fédératif, et d'employer les députés à cette fédération, à la formation d'un camp de vingt mille hommes, destiné à couvrir Paris.

Cette proposition, connue seulement de Rolland et de Clavières, n'avait pas été communiquée au conseil, de telle sorte qu'elle eut tout l'air d'une surprise. L'imprévu d'une si grave mesure suscita des méfiances extrêmes. Un effet sans cause apparente décelait nécessairement une conspiration ; il fallait, ajoutait-on, qu'elle fût prête, puisque les auteurs démasquaient leur première batterie.

Ainsi en jugèrent, de leur point de vue respectif, les Feuillans et Robespierre. Les uns disaient que la société des Jacobins allait consommer ses usurpations ; qu'elle n'avait plus d'ailleurs qu'à prendre le titre, car partout elle avait saisi le fait ; qu'après avoir licencié la garde du pouvoir exécutif, depuis long-temps annulé par ses empiétemens, elle voulait s'environner de prétoriens avant de se mettre de ses propres mains la couronne sur la tête. Robespierre s'éleva avec une grande énergie contre la proposition de Servan. Les intrigans étaient à ses yeux les ennemis intérieurs les plus redoutables, et il se livra à tous les soupçons que lui inspirait la politique de Brissot demandant pour ses fins un camp de vingt mille hommes. Le *Patriote Français* eut alors un prétexte plus spécieux que tous ceux à l'aide desquels il avait insinué que Robespierre appartenait au comité autrichien. Le projet de Servan avait obtenu une prompte popularité, parce que les Feuillans de l'assemblée et ceux de la garde nationale s'étaient empressés de l'attaquer, parce que le roi y avait apposé son *veto*, et que l'auteur lui-même y avait gagné une disgrace subite. Aussi Girey-Dupré, le collaborateur de Brissot, crut que le moment était venu d'écraser le seul antagoniste incommode aux Girondins. Il n'insinua plus, il affirma et signa. Chaque jour, pendant le mois de juin, les feuilles du *Patriote Français* dénoncèrent à tout propos le transfuge Robespierre. C'était peut-être la seule réputation en état de résister à de si persévérantes calomnies et à de telles apparences. Les départemens, inondés d'écrits girondins, et ne sachant que très-imparfaitement la question qui divisait la société des Jacobins, hésitèrent toutefois à se ranger du côté de Brissot; ils gardèrent le silence. A Paris, la conduite de Robespierre lui attira de nouveaux partisans, et exalta la confiance de ceux qui le suivaient depuis la Constituante. Et cependant il s'opposa opiniâtrément aux Girondins, malgré la faveur publique dont les entoura successivement la destitution de Servan, la retraite de Rolland et celle de Clavières, la part qu'ils prirent à la journée du 20 juin et aux autres manifestations du sentiment des masses. Ses convictions inébranlables étaient que les intrigans préparaient un coup d'état, et qu'il en résulterait ou une république fédérative et aristocratique sous la présidence de La Fayette, ou la restauration de l'ancien régime. Il ne cessait de répéter que La Fayette était le centre direct ou indirect de toutes les intrigues qui menaçaient la révolution, et il appelait sur ce personnage la verve accusatrice que Brissot et ses amis dépensaient fort inutilement contre des hommes sans influence, contre des obstacles qui n'avaient qu'une force d'emprunt. Brissot répond (*Patriote Français* du 6 juin) à ces continuelles interpellations. Il transcrit un passage de l'article du *Défenseur de la Constitution* rapporté intégralement par nous à la fin du dernier mois. Il s'arrête au

milieu d'une phrase où Robespierre l'accuse de n'avoir pas associé
à Montmorin et à Bertrand *des personnages plus importans*, et ne
va pas jusqu'à la ligne où son adversaire déclare que, par ces
personnages importans, il entend « surtout un chef de parti redoutable, à qui Brissot est resté fidèle malgré toutes les oscillations de sa conduite politique. » C'était donc de ne pas avoir dénoncé La Fayette que Brissot avait à se disculper. Au lieu de cela,
il feint de croire qu'il s'agit ici du roi et de la reine, et s'amuse
à dire qu'il n'a pas eu de preuves et à en demander à M. Robespierre, en l'avertissant « que la logique ordinaire de ses dénonciations ne serait admise, ni à l'assemblée nationale, ni dans
aucun tribunal. »

L'obstination de Brissot et de son parti à ne pas répudier hautement La Fayette, était le motif immédiat qui le rendait suspect
aux patriotes ralliés à Robespierre. Pour la première fois il en
avait parlé sévèrement aux Jacobins, à la séance du 25 avril 1792,
lorsqu'il y était venu se défendre et défendre Condorcet. On re-
marqua que, parmi les modifications qu'il avait fait subir à son
discours en le livrant à l'impression, le préambule injurieux à Robespiere, et condamné par un arrêté du club, n'était pas la seule.
Il n'avait imprimé aucune des expressions un peu dures adressées
à La Fayette, et sur lesquelles il avait affecté d'insister en lisant
son manuscrit.

Lorsque, par sa lettre du 16 juin à l'assemblée, et par l'espèce
de sommation qu'il lui signifia, en personne à la séance du 29,
La Fayette fut entièrement compromis, Brissot et Fauchet s'en
séparèrent avec éclat. Quelque tardive que fût cette rupture,
quelques soupçons qu'autorisât un acte si évidemment commandé
par la nécessité, Robespierre ne l'accepta pas moins comme un
gage de réconciliation. La paix fut signée aux Jacobins le jour
même où il n'y eut plus qu'une voix pour accuser La Fayette.

Il est vrai que de nouvelles intrigues troublèrent presque aussitôt cette paix d'un moment. Nous la constatons ici pour nous
dispenser d'enregistrer une polémique que sa conclusion annu-
lait. Brissot demanda qu'on oubliât le passé ; il reconnut que me-

surer sa conduite, ses conjectures, ses opinions sur les méfiances inspirées par La Fayette, avaient été le fait d'un patriote clairvoyant. Quant à Robespierre, à peine put-il espérer que les vingt mille fédérés seraient une force révolutionnaire et non pas un instrument livré à des factieux, qu'il les appela de tous ses vœux; et plus tard, à l'époque de leur arrivée à Paris, il fut souvent leur écrivain et leur conseil.

Ces explications étaient indispensables pour établir nettement les termes d'hostilité dans lesquels continuaient de se maintenir les partisans de Robespierre contre ceux de Brissot : il nous reste à exposer la lutte entre les Girondins et les Feuillans. De-là sortirent tous les grands événemens du mois qui nous occupe. Les matériaux historiques dont le sommaire va suivre, prouvent que la cour jouait, à l'égard de l'étranger et à l'égard des Feuillans, le double rôle des Girondins envers les Feuillans et envers les Montagnards. Lorsque les Feuillans n'eurent plus d'autre moyen de résister à leurs adversaires, que celui de la prérogative royale, ils en sollicitèrent et en appuyèrent très-énergiquement l'exercice. Mais si Louis XVI acceptait d'une main l'aide des royalistes constitutionnels, il tendait l'autre à l'invasion, et il se trouvait ainsi le nœud par lequel le feuillantisme tenait à la trahison. Les Girondins, au contraire, aboutissaient au peuple par les Montagnards, de sorte qu'au fond des querelles, et indépendamment des noms et des intérêts de partis qui apparaissent à la surface, la révolution et la contre-révolution étaient continuellement présentes.

Nous avons dit que le roi appelait l'invasion. Dès la déclaration de guerre, il avait chargé Mallet du Pan d'une mission secrète pour les puissances étrangères. Il lui avait remis les instructions suivantes rédigées de sa main, et rapportées par Bertrand de Molleville, t. vIII, p. 39.

« 1° Le roi joint ses prières à ses exhortations, pour engager les princes et les Français émigrés à ne point faire prendre à la guerre actuelle, par un concours hostile et offensif de leur part, le caractère de guerre étrangère faite de puissance à puissance;

» 2° Il leur recommande expressément de s'en remettre à lui et aux cours intervenantes, de la discussion et de la sûreté de leurs intérêts, lorsque le moment d'en traiter sera venu;

» 3° Il faut qu'ils paraissent seulement parties et non arbitres dans le différend, cet arbitrage devant être réservé à sa majesté, lorsque la liberté lui sera rendue, et aux puissances qui l'exigeront;

» 4° Toute autre conduite produirait une guerre civile dans l'intérieur, mettrait en danger les jours du roi et de sa famille, renverserait le trône, ferait égorger les royalistes, rallierait aux Jacobins tous les révolutionnaires qui s'en sont détachés et qui s'en détachent chaque jour, ranimerait une exaltation qui tend à s'éteindre, et rendrait plus opiniâtre une résistance qui fléchira devant les premiers succès, lorsque le sort de la révolution ne paraîtra pas exclusivement remis à ceux contre qui elle a été dirigée, et qui en ont été les victimes;

» 5° Représenter aux cours de Vienne et de Berlin l'utilité d'un manifeste qui leur serait commun avec les autres états qui ont formé le concert; l'importance de rédiger ce manifeste, de manière à séparer les Jacobins du reste de la nation, à rassurer tous ceux qui sont susceptibles de revenir de leur égarement, ou qui, sans vouloir la Constitution actuelle, désirent la suppression des abus et le règne de la liberté modérée, sous un monarque à l'autorité duquel la loi mette des limites;

» 6° Faire entrer dans cette rédaction la vérité fondamentale, qu'on fait la guerre à une faction anti-sociale, et non pas à la nation française; que l'on prend la défense des gouvernemens légitimes et des peuples contre une anarchie furieuse qui brise parmi les hommes tous les liens de la sociabilité, toutes les conventions à l'abri desquelles reposent la liberté, la paix, la sûreté publique au-dedans et au-dehors; rassurer contre toute crainte de démembrement; ne point imposer des lois, mais déclarer énergiquement à l'assemblée, aux corps administratifs, aux municipalités, aux ministres, qu'on les rendra personnellement et individuellement responsables, dans leurs corps et biens, de tous attentats commis contre la personne sacrée du roi, contre celle de la reine et de la famille royale, contre les personnes ou les propriétés de tous citoyens quelconques ;

» 7° Exprimer le vœu du roi, qu'en entrant dans le royaume les puissances déclarent qu'elles sont prêtes à donner la paix, mais qu'elles ne traiteront ni ne peuvent traiter qu'avec le roi; qu'en conséquence elles requièrent que la plus entière liberté lui soit rendue, et qu'ensuite on assemble un congrès où les divers intérêts seront discutés sur les bases déjà arrêtées, où les émigrés seront admis comme parties plaignantes, et où le plan général des réclamations sera négocié sous les auspices et sous la garantie des puissances. »

Nous aborderons maintenant la série des actes par lesquels se manifestèrent les dissensions entre les Feuillans et les Girondins. Les uns se rapprochent du peuple, à mesure que les autres resserrent leur liens avec la cour.

« La fête célébrée le 3 juin en l'honneur de Simoneau, et appelée « fête de la loi » par opposition à « la fête de la liberté » dédiée le 15 d'avril aux Suisses de Château-Vieux, fut le seul acte commun aux deux partis dont il s'agit. Dans tout le reste ils procédèrent par des chocs de plus en plus violens. Un arrêté de la commune, du vendredi 1er juin, ouvrit les scènes orageuses que nous avons à raconter. Voici cet arrêté :

« Le corps municipal, plein de respect pour les principes consacrés par la Constitution', qui garantit *à tout homme le droit d'exercer le culte religieux auquel il est attaché* ;

» Sur le réquisitoire du procureur de la commune, arrête :

» 1° Que ne pouvant, aux termes de la Constitution, établir aucune imposition directe ni indirecte, parce que ce droit est exclusivement reservé au corps législatif ; il ne peut forcer les citoyens A TENDRE NI TAPISSER en aucuns temps l'extérieur de leurs maisons, cette dépense devant être purement volontaire, et ne devant gêner en aucune manière la liberté des opinions religieuses ;

» 2° Que les citoyens soldats ne devant se mettre sous les armes que pour l'exécution de la loi et la sûreté publique, la garde nationale ne peut être requise pour assister aux cérémonies d'un culte quelconque ;

» 5° Que la prospérité publique et l'intérêt individuel ne permettant pas de suspendre la liberté et l'activité du commerce , les citoyens ont le droit d'exercer en tout temps les facultés industrielles qui leur sont garanties par le paiement de leurs contributions et patentes.

» Le corps municipal enjoint aux commissaires de section , de police, et au commandant de la garde nationale de veiller au maintien de l'ordre public, conformément aux dispositions du présent arrêté. »

Une partie de la garde nationale protesta vivement contre cet arrêté. Brissot y avait applaudi en ces termes ; « Les progrès de la philosophie sont rapides et consolent les vrais patriotes des tracasseries de l'esprit de parti, des intrigues de courtisans ambitieux, et des fureurs des faux amis du peuple. La municipalité de Paris vient de prendre un arrêté extrêmement philosophique, et que les vœux de tous les bons citoyens sollicitaient ardemment. » (*Patriote Français du 4 juin.*) — Si nous jugeons de l'opinion des Jacobins à cet égard par celle qu'exprime Camille Desmoulins dans son III° numéro de *la Tribune des Patriotes*, ils improuvèrent cette mesure. « Je crains, dit-il, que Manuel n'ait fait une grande faute, en provoquant l'arrêté contre la procession de la Fête-Dieu. Mon cher Manuel, les rois sont mûrs, mais le bon Dieu ne l'est pas encore. » Desmoulins ajoute en note : « notez que je dis, le bon Dieu et non pas Dieu, ce qui est fort différent. Oh ! que le comité autrichien a eu plus d'esprit cette fois ! voyez le magnifique reposoir qu'il fait construire *ad gloriam Dei*. Quant à moi, je dépose aux archives nationales, et ce numéro, et ceux des révolutions de France et de Brabant qui l'ont précédé, comme un monument de mon bon sens quelquefois, et une sorte de protestation que je n'ai pris aucune part à tant de bévues des patriotes ; que je ne puis être responsable de leurs suites et de tant de plaies, déjà faites à la France, dont je demande pardon à la nation, à Dieu, aux colonies, aux Avignonnais, aux Jacobins de

la capitale fusillés au Champ-de-Mars, à ceux de l'armée fusillés à Nancy, licenciés partout, trahis évidemment à Mons,
Tournay, etc., etc., tous événemens, dont je prie la postérité de
ne pas charger ma mémoire, comme celle du pouvoir exécutif
malévole, des généraux toujours comtes ou marquis, et de Brissot
et des Brissotins, tout au moins sots et orgueilleux. » — Deux
fois l'assemblée constituante avait assisté en corps à la procession de St-Germain-l'Auxerrois. Le curé de cette paroisse renouvela à l'assemblée législative son invitation accoutumée, le 5
juin, à la séance du soir. Nous empruntons au compte-rendu de
Brissot, *Patriote Français du 8 juin*, le détail sur cette démarche. « La religion du législateur, c'est le culte de l'humanité;
ses bonnes œuvres, ce sont de bonnes lois; son paradis, c'est sa
patrie, s'il la rend heureuse; il est sûr de faire son salut, s'il
sauve l'État. Vouloir qu'une assemblée nationale prenne part aux
cérémonies d'un culte, c'est déclarer, ou que ce culte est le culte
de la nation, ou que cette assemblée n'appartient qu'à une partie de la nation; et ce fut un spectacle étonnant pour un philosophe que de voir, l'année passée, la troisième année de la liberté
française, à la fin du dix-huitième siècle, dans la patrie de
Voltaire et de Rousseau; de voir, dis-je, le corps des représentans du peuple assister à la procession d'une paroisse. Cependant
nous avons été sur le point de voir renouveler ce scandale, et
déjà il avait été décrété, sur l'*initiative* du curé de St-Germain
l'Auxerrois, que l'assemblée irait à la procession; mais il a suffi
de montrer l'inconséquence dans laquelle on tombait, pour faire
rapporter ce décret imphilosophique; on s'est contenté d'ordonner qu'il n'y aurait pas de séance jeudi matin, pour procurer aux
bonnes ames le plaisir d'aller à la procession; ce qui est encore
une inconséquence. »

Plusieurs pétitions contre l'arrêté de la commune furent
adressées au département. Rœderer en écrivit le 6 juin à Manuel,
l'informant que le Directoire se rangeait aux principes de la municipalité. Il lui recommandait seulement « de renforcer les postes
de manière à prévenir les tentatives des malveillans. » Dans l'ar-

ticle plus haut cité, Desmoulins disait : « Si j'avais été membre
du comité municipal, j'aurais combattu cette mesure avec autant de chaleur qu'eût pu faire un marguillier. Par la raison contraire, notre directoire feuillant n'a pas manqué cette fois d'adhérer à l'arrêté municipal. » Cette opinion de Desmoulins, sur
le laisser-faire du directoire, était partagée par un grand nombre
des patriotes. Les débats des Jacobins font foi que les membres du
département s'attendaient à des collisions, et qu'ils n'étaient pas
fâchés de voir la garde nationale y mesurer ses forces, au moment
même où elle allait être obligée de s'en servir sérieusement. Ces
conjectures se réalisèrent. Quoique non requis par l'autorité, une
foule de gardes nationaux vinrent en armes faire cortège aux processions. Quelques citoyens en bien petit nombre avaient profité
de l'arrêté de la commune pour ne pas tendre le devant de leurs
maisons. Il en naquit de vifs démêlés; mais les désordres les plus
graves eurent lieu à l'occasion de certains spectateurs qui s'ob-
stinèrent à garder leur chapeau sur la tête, ou à manquer de toute
autre manière au respect de la solennité religieuse qui traversait
les rues. Or, les commissaires de police connus pour appartenir à
l'opinion des Feuillans, prêtèrent un zèle très-actif au zèle pro-
vocateur des gardes nationaux qui accompagnaient les processions.
Il en résulta sur plusieurs points des mêlées, des arrestations, et
le peuple n'étant pas encore à la hauteur, comme parlaient les
Girondins, ou approuva les répressions, ou y mit la main lui-même.
Les deux faits suivants caractérisent ces agitations.

Extrait du Patriote Français du 12 juin. « Ce que nous avons
dit sur les processions semblera bien modéré à quiconque connaît les excès, les horreurs même dont celle de jeudi dernier
(7 juin) a été accompagnée. Des fenêtres brisées, des maisons en-
foncées, des citoyens insultés, arrêtés, meurtris de coups, traînés
en prison par des gens apostés, et, ce qui doit exciter surtout une
profonde indignation, par des gardes nationaux armés, qui, au
mépris de toutes les lois, suivaient les processions, sans être de
service, sans avoir été requis. De tous ces traits nous n'en citerons qu'un, parce qu'il réunit tous les caractères d'une conjura-

tion formée contre la liberté des opinions et la sûreté des patriotes.
Le citoyen qui en a été l'objet, est Fourcade, fédéré de Pau, et
rédacteur des belles adresses présentées à l'assemblée nationale
par le faubourg St-Antoine. C'est lui-même qui va parler :

> Je suis sorti vers les dix heures du matin, avec un de mes
> amis. Sous unes de portes du Louvre, à l'entrée de la rue du
> Coq, nous sommes arrêtés par la procession de St-Germain.
> La crainte de troubler un culte public nous empêcha de tra-
> verser le cortége. L'habitude, le mauvais temps et la pré-
> sence des valets de pied du roi, qui défilaient au moment que
> nous arrivions, me firent oublier que j'avais la tête couverte....
> Un seul homme veut bien s'apercevoir de mon erreur.... Cha-
> peau bas ! s'écrie-t-il d'une voix menaçante. Je me retourne, et
> au même instant je me sens frappé et jeté dans la foule par
> un particulier habillé de rouge, criant de toutes ses forces :
> *arrêtez-moi cet homme-là ! c'est un mauvais citoyen !*..... Une
> foule de personnages muets m'environnent; des sabres, des bâ-
> tons sont levés sur ma tête. J'aperçois des gardes nationales. Je
> demande moi-même à être conduit au comité de la section. Des
> soldats citoyens m'arrachent au danger le plus imminent, et
> j'ai la douleur de voir traîner à mes côtés un homme meurtri
> de coups, auquel on venait d'arracher sa montre et son cha-
> peau. On nous jette dans un violon, en attendant M. le com-
> missaire. J'apprends que mon compagnon d'infortune est un
> bon citoyen de la rue des Orfèvres, appelé M. Noudiot; ayant
> vu que j'avais mon chapeau sur la tête au moment où les per-
> ruques marguillières et la livrée du château passaient, il avait
> eu l'imprudence de dire que je n'avais pas commis un si grand
> crime. Enfin des commissaires arrivent. L'un d'eux, à ce qu'on
> m'a dit, avait confié à des mains étrangères le ruban du dais,
> pour vénir interroger des profanes et des *aristocrates* (1). Tous
> les citoyens présens me regardaient comme coupable, ou du
> moins comme très-imprudent. Les auteurs de la scène avaient

« (1) C'est avec de tels mots qu'on ameutait le peuple contre les bons citoyens.
(*Note de Brissot.*) »

» eu le soin de publier que j'avais insulté le bon Dieu, et même
» nos seigneurs les marguilliers. Je voulus parler raison, tolé-
» rance, philosophie...... je m'aperçus bientôt qu'il fallait tenir
» un langage moins étranger, et procéder en forme. » Ce fut
Gorsas qui, vers six heures du soir, obtint l'élargissement de
Fourcade et celui de Noudiot.

Nous trouvons dans le numéro CCX du *Journal des Jacobins*,
le récit suivant :

M. Legendre. « Les faits que je vais vous raconter ne me sont
pas si personnels qu'ils ne puissent servir à éclairer mes concitoyens. Jeudi matin, j'allais au marché de Poissy avec un de mes
amis; nous étions dans un cabriolet. Arrivés à la rue du Vieux-
Colombier, nous apercevons la procession qui venait de l'Abbaye de Saint-Germain; nous nous arrêtons à cinquante pas environ, pour la laisser passer; il n'est donc pas vrai, comme mes
ennemis se sont plû à le répandre, que nous l'ayons traversée; car,
messieurs, je respecte la liberté des cultes. — Nous restions fort
tranquillement à l'écart, lorsque des grenadiers, quittant la procession, s'approchent de notre voiture, et m'appliquent leurs
baïonnettes sur la poitrine, en me disant qu'il faut ôter mon chapeau; je découvris mon sein sans pâlir, et je leur dis : « Frappez
donc si vous désirez mon sang; êtes-vous des défenseurs de la liberté ou des brigands? » ces messieurs font un mouvement comme
s'ils eussent voulu me frapper. « Hé bien ! leur criai-je, en tirant
de ma poche le livre de la Constitution que je mets sur ma poitrine, ensanglantez donc les droits de l'homme. » Ma fermeté leur
en a imposé, et ils se sont retirés.

» Cependant une foule de gens entouraient ma voiture : leur figure respirait le carnage; ils disaient : « Ah ! c'est Legendre; il faut le pendre. « Alors, sautant hors de ma voiture : « Eh
bien oui ! ai-je dit, c'est Legendre, votre meilleur ami, celui
qui, depuis la révolution, s'est dévoué à la cause du peuple. »
Néanmoins, les cris *à la lanterne* devenaient plus furieux, sans
que les grenadiers se missent en devoir de les arrêter. Mais, ô
comble d'horreur! dirai-je une femme? non, ce n'en était pas

une, c'était une furie; elle s'est approchée de moi. « Grand Dieu!
s'est-elle écriée, en proférant des blasphèmes contre la divinité,
ne trouverai-je donc pas une pierre pour briser la boîte qui renferme la corde du réverbère? Quel plaisir de pendre ce coquin-
là! « M. Baron, juge de paix de la section de la Halle-aux-Blés,
s'est mis entre mes assassins et moi, en leur disant qu'il périrait
plutôt que de souffrir que la loi fût violée. « Si M. Legendre est
coupable, ajouta-t-il, il faut qu'il subisse un jugement. » Ces paroles n'ont pas empêché un homme de me mettre la main au collet, en répétant les mots : « il faut le pendre. » — La suite de la
narration de Legendre nous apprend qu'il fut conduit au comité
de l'Abbaye, où l'ex-ministre Duportail pourvut à sa mise en
liberté.

L'esprit qui dirigea les Feuillans à l'égard de ces disputes religieuses, provenait, disent les journaux révolutionnaires, du même
motif qui les avait fait s'opposer, en toute circonstance, à des
mesures de rigueur contre le clergé séditieux. En cela, ils prélu-
daient aujourd'hui à bien accueillir le *veto* qui allait frapper le dernier décret sur les prêtres, *veto* excité par leur opposition au décret, sollicité depuis par leur presse et par les hommes de leur
parti en relation constante avec la cour, *veto* prononcé le 19 juin
au milieu des plus sinistres conjectures.

La proposition de Servan fut l'objet de discordes bien autrement sérieuses. La garde nationale adressa aussitôt au corps législatif des pétitions menaçantes, dont l'une était couvert de huit
mille signatures. Nous devons faire remarquer que des femmes
et même des enfans y avaient inscrit leurs noms; que, d'ailleurs,
des réclamations continuelles contre des signatures apposés d'office, diminuèrent beaucoup le chiffre dont les Feuillans arguaient.
L'assemblée passa outre et décréta la formation du camp de
vingt mille hommes; la destitution de Servan, la retraite de Rolland et celle de Clavière, suivirent immédiatement. Alors le ministère que Dumourier fut aussi obligé de quitter par des raisons exposées plus bas, fut remis aux Feuillans. La lettre de La Fayette
à l'assemblée vint résumer et juger la question, rejetant sur la

faction jacobite tous les malheurs présens, toutes les fautes passées, et la signalant comme un germe pernicieux en qui il fallait étouffer un avenir de scandales et de désordres. A la séance du 19, le lendemain de la lecture de ce manifeste, Duranthon annonça que le roi opposait son *veto* aux décrets relatifs à la déportation des prêtres perturbateurs et à l'établissement du camp des vingt mille fédérés. La journée du 20 juin répondit à la réaction feuillantine. Une expression si énergique de la volonté révolutionnaire exaspéra le parti de La Fayette et décida à le renforcer, et les monarchiens qui hésitaient sur la limite constitutionnelle la plus rapprochée du système des deux chambres, et les constitutionnels qui hésitaient sur celle où le girondinisme commençait; toutes ces nuances se groupèrent, et ce fut à titre de chef avoué et reconnu par elles, que La Fayette se présenta le 29 à l'assemblée législative. — Tel est le sommaire des faits dont nous allons recueillir les matériaux historiques. Nous nous conformerons, pour leur succession, à l'ordre des séances de l'assemblée. Ce cadre comprendra les actes qui pourront faire connaître l'esprit des départemens. Nous terminerons le mois par une analyse des débats du club des Jacobins; et par un tableau des opérations militaires.

Avant d'entrer dans les pièces, nous transcrirons un article du IV° numéro du défenseur de la Constitution, intitulé :

Observations sur les causes morales de notre situation actuelle.

« Au milieu de toutes les divisions qui nous agitent, des calomnies éternelles par lesquelles les différens partis se déchirent mutuellement, au milieu de ce qu'on appelle la diversité des opinions politiques, il n'est pas difficile, quoiqu'on puisse dire, de reconnaître le principe qui doit rallier tous les hommes de bonne foi ; et, parmi la multitude des petits sentiers frayés en tous sens par l'intrigue et l'imposture, on retrouve aisément le large chemin de la vérité.

» Réfléchissez-y un moment dans le silence des préjugés et des passions : vous verrez que toutes ces grandes questions, agitées depuis si long-temps avec tant d'appareil et d'animosité, trouvent

leur solution dans les premières règles de la probité et dans les
plus simples notions de la morale. Toutes nos querelles ne sont
que la lutte des intérêts privés contre l'intérêt général, de la cupidité et de l'ambition contre la justice et contre l'humanité;
pour savoir ce que chacun doit penser et faire dans notre révolution, il suffit d'adopter, dans les affaires publiques, les principes d'équité et d'honneur que tout homme probe suit dans les
affaires privées et domestiques.

» Considérez en effet quel est le véritable caractère, quel doit
être le véritable objet de notre révolution. Est-ce pour changer
de joug qu'un grand peuple s'agite et brave tous les périls attachés à ces violentes secousses qui agitent les empires? Quand il
ébranle où qu'il renverse le trône du despotisme, est-ce pour élever sur ses ruines la fortune et la puissance de quelques ambitieux ou d'une classe privilégiée? Si les noms sont changés et
non les abus, si la forme du gouvernement est autre, mais non
meilleure, si la servitude et l'oppression doivent être son éternel
apanage, que lui importe un dictateur, un roi, un parlement, un
sénat, des tribuns, des consuls?

» Comme l'unique objet de la société est la conservation des
droits imprescriptibles de l'homme, le seul motif légitime des révolutions doit être de la ramener vers ce but sacré, et de rétablir
ces mêmes droits usurpés par la force et par la tyrannie : j'en
atteste la nature, l'éternelle justice et cette déclaration solennelle
que la nation française a elle-même promulguée par l'organe de
ses premiers représentans.

» Le devoir de tout homme et de tout citoyen est donc de
concourir, autant qu'il est en lui, au succès de cette sublime entreprise, en sacrifiant son intérêt particulier à l'intérêt général. Il doit, pour ainsi dire, rapporter à la masse commune la
portion de la puissance publique et de la souveraineté du peuple
qu'il détenait; ou bien il doit être exclus, par cela même, du
pacte social. Quiconque veut conserver des priviléges injustes,
des distinctions incompatibles avec le bien général, quiconque
veut attirer à lui une puissance nouvelle aux dépens de la liberté

publique, est également l'ennemi de la nation et de l'humanité.
Telle est la règle unique sur laquelle il faut juger nos différends
politiques et la conduite des acteurs qui peuvent figurer sur le
théâtre de la révolution française.

» Ainsi les lois justes, les lois sages, ce sont celles qui s'accordent avec les principes de justice et de morale qui sont la
base de la société humaine; les lois funestes, les lois insensées,
les lois destructives de l'ordre publique, ce sont celles qui s'en
éloignent. Or, pour connaître, pour sentir ces principes gravés
par la nature dans le cœur de tous les hommes, que faut-il? une
ame droite et un caractère moral. Cette seule vérité explique
tous les phénomènes de notre révolution. Pourquoi déguiser les
choses les plus simples sous des noms pompeux? Pourquoi sem-
blons-nous adopter deux mesures différentes dans le jugement que
nous portons des hommes, l'une pour les fonctions de leur vie
publique, et l'autre pour les devoirs de leur vie privée? Ceux
qu'on nomme les défenseurs de la liberté ne sont ni des hommes
exagérés, ni des héros, ni de grands hommes, ni des perturbateurs du repos public; ce ne sont que des honnêtes gens en révolution, des hommes qui ne sont point assez dépravés pour
immoler le genre humain à leur propre intérêt. Ceux qui en-
chaînent les peuples à force d'art et d'hypocrisie ne sont pas
de grands politiques ni des législateurs habiles; et pourquoi ne
les appellerai-je pas simplement des fripons, des brigands?
Qu'elle est pleine de sens, et à combien de choses elle s'applique, cette réponse d'un corsaire à un conquérant! « Parce que
je fais mon métier avec un navire, tu m'appelles brigand; et
parce que tu le fais avec une flotte, on te nomme conquérant!

» Quel avantage aurait donc à mes yeux, sur le malheureux qui
dérobe un peu d'or, l'administrateur infidèle qui s'engraisse de la
substance du peuple, le ministre déprédateur qui dévore la fortune
publique? Mépriserai-je plus celui qui touche au dépôt que je lui
ai confié, que l'homme qui livre aux tyrans le dépôt du bonheur
de l'univers; le procureur qui dépouille l'orphelin, que le mandataire qui trahit les nations. Celui qui séduirait la fille de son

ami paraîtrait un monstre digne de tous les supplices, et celui qui empoisonne les mœurs publiques dans leur source, par des lois injustes et tyranniques, celui qui s'oppose, autant qu'il est en lui, à la régénération de l'espèce humaine, serait désigné par des qualifications plus douces! Vous appelez, je crois, un *filou*, celui qui, par adresse, s'approprie un bijou, quelques pièces de monnaie : quel nom donneriez-vous à celui qui, à la faveur d'un masque de civisme, trompe une nation entière par des conseils perfides, ou surprend au sénat des décrets qui recèlent les germes funestes de la tyrannie et de toutes les calamités? Mandataire infidèle, comment veux-tu que je te sache gré de n'avoir pas été convaincu d'un vol ou d'un assassinat particulier, quand je te vois assassiner tous les jours la génération présente et les races futures ? Mettons un des coupables que les tribunaux punissent en présence des grands criminels à qui ils pardonnent; de quelles terribles vérités ne pourra-t-il pas les foudroyer, s'il veut imiter le langage sincère du pirate à Alexandre. « Parce que je n'ai dérobé, dirait-il, qu'un meuble chétif, on m'appelle un voleur; mais toi, parce que tu entasses tous les jours dans tes coffres avides les trésors de l'État, on t'appelle un ministre adroit; toi, parce que tu as assassiné non pas un homme, mais mille à la fois; parce qu'à la tête de ton armée tu menaces la liberté de ta patrie, tandis que tu fais égorger ses défenseurs en détail, tu es un général habile, et toi, plus coupable qu'eux, parce que tu n'as commis d'autre crime que d'immoler à ta lâche cupidité le peuple qui t'a choisi ; parce que tu sais envelopper dans des phrases insidieuses le poison de tes opinions perfides, peu s'en faut qu'on ne t'appelle encore un député patriote ; tu peux encore impunément invoquer dans la tribune française le nom sacré des lois que tu profanes, pour insulter au patriotisme, pour égorger l'innocence et opprimer la liberté.

» Telle est l'inconséquence de l'esprit humain. Il semble que le crime perde de son horreur, en proportion de l'éclat qui l'environne, et de l'étendue des maux qu'il peut causer aux hommes : il en est de même, en sens contraire, de la vertu. Dès le moment

où elle vient à embrasser l'humanité entière, elle devient suspecte.
Qu'un homme arrache un autre homme à la misère ou à la mort,
on ne lui conteste pas le tribut d'estime qui-lui est dû ; mais qu'il
veuille délivrer un grand peuple de la servitude et de l'oppression, on le persécute et on le déclare séditieux. C'est que la
vertu privée n'alarme point les hommes puissans, et que la
vertu publique attaque directement leur faiblesse, leur orgueil
et leur despotisme.

» O hommes stupides et pervers, que votre justice est barbare ! que votre sagesse est absurde ! que votre probité est perfide et lâche ! Pour être innocent à vos yeux, il suffit donc de
monter au dernier degré de la scélératesse ; et ce que vous méprisez dans le crime, c'est moins sa turpitude naturelle, que la
misère de celui qui le commet; qu'il se montre à vous, environné
de la force et de la puissance, vous vous prosternez devant lui,
et vous l'adorez comme la vertu. Tel est l'intérêt du despotisme,
telle est aussi son influence, qu'il anéantit, pour ainsi dire, la
justice et la raison humaine, pour leur substituer une raison et
une justice faites pour lui seul, dont le code n'est que le mélange
monstrueux de la vérité et de l'imposture ; qui ne parlent que
pour consacrer ses forfaits ; qui n'agissent que pour cimenter sa
puissance. Le despotisme corrompt jusqu'aux pensées, jusqu'aux sentimens les plus intimes des hommes qu'il opprime.
Comme Polyphème, il dévore ses esclaves; comme Circé, il les
change en bêtes immondes et stupides.

» Quand on est si éloigné des routes de la nature, comment
est-il possible d'y rentrer ? Lorsqu'on a joui long-temps des abus
qui désolaient la société ; lorsqu'on s'est accoutumé à regarder
comme un patrimoine précieux le droit d'avilir ses semblables,
comment renoncer aux préjugés qui autorisent ces odieuses prétentions ?

» Depuis le boutiquier aisé jusqu'au superbe patricien ; depuis l'avocat jusqu'à l'ancien duc et pair, presque tous semblent
vouloir conserver le privilége de mépriser l'humanité, sous le
nom de peuple. Ils aiment mieux avoir des maîtres, que de voir

multiplier leurs égaux ; servir, pour opprimer en sous-ordre, leur paraît une plus belle destinée que la liberté partagée avec leurs concitoyens. Que leur importent, et la dignité de l'homme, et la gloire de la patrie, et le bonheur des races futures ? Que l'univers périsse, ou que le genre humain soit avili et malheureux pendant la durée des siècles, pourvu qu'ils puissent être honorés sans vertus, illustres sans talens, et que, chaque jour, leurs richesses puissent croître avec leur corruption et avec la misère publique. Allez prêcher le culte de la liberté à ces spéculateurs avides qui ne connaissent que les autels de Plutus. Tout ce qui les intéresse, c'est de savoir en quelle proportion le système actuel de nos finances peut accroître à chaque instant du jour les intérêts de leurs capitaux. Ce service même, que la révolution a rendu à leur cupidité, ne peut les réconcilier avec elle : il fallait qu'elle se bornât précisément à augmenter leur fortune ; ils ne lui pardonnent pas d'avoir répandu parmi nous quelques principes de philosophie, et donné quelque élan aux caractères généreux. Tout ce qu'ils connaissent de la politique nouvelle, c'est que tout était perdu dès le moment où Paris eut renversé la Bastille, quoique le peuple tout-puissant eût au même instant repris une attitude paisible, si un marquis n'était venu instituer un état-major et une corporation militaire brillante d'épaulettes, à la place de la garde innombrable des citoyens armés ; c'est que c'est à ce héros qu'ils doivent la paix de leurs comptoirs, et la France son salut ; c'est que le plus glorieux jour de notre histoire fut celui où il immola, sur l'autel de la patrie, quinze cents citoyens paisibles, hommes, femmes, enfans, vieillards ; bien pénétrés d'ailleurs de cette maxime antique : que le peuple est un monstre indompté, toujours prêt à dévorer *les honnêtes gens*, si on ne le tient à la chaîne et si on n'a l'attention de le fusiller de temps en temps ; que par conséquent, tous ceux qui réclament ses droits ne sont que des factieux et des artisans de séditions. Ils croient que le ciel créa le genre humain pour les menus plaisirs des rois, des nobles, des gens de loi et des agioteurs ; ils croient que de toute éternité, Dieu courba le dos

des uns pour porter des fardeaux, et forma les épaules des autres
pour recevoir des épaulettes d'or.

» La situation d'un peuple est bien critique, lorsqu'il passe
subitement de la servitude à la liberté ; lorsque ses mœurs et ses
habitudes se trouvent en contradiction avec les principes de son
nouveau gouvernement. Alors tous les hommes vils qui, sous
l'ancien régime, épiaient l'occasion de s'enrichir et de s'élever à
force de bassesses et de fourberies, empruntent les formes que
les circonstances exigent, et s'emparent de la confiance du peuple pour le trahir. Avez-vous un prince excessivement riche et
puissant, pour défenseur de la Constitution nouvelle, pour exécuteur de la volonté générale, alors ils se liguent pour rétablir
son autorité absolue ; le nom de la liberté retentit encore de
toutes parts ; ses emblèmes brillent à tous les yeux ; mais déjà la
proscription lève sa tête ensanglantée ; déjà la tyrannie règne en
effet ; bientôt peut-être les mots et les signes qui rappelleront l'i-
dée de la révolution seront punis comme des crimes. On déses-
pérerait de la liberté, si ses vrais défenseurs étaient accessibles
au désespoir ; on abandonnerait sa cause, si ce n'était un triomphe de périr pour la défendre ; on croirait que les hommes ne
méritent point ce dévouement, si on jugeait l'humanité par les
hommes corrompus qui l'oppriment, par cette horde d'intrigans
qui s'élèvent dans les révolutions, comme l'écume monte à la
surface des liqueurs qui fermentent ; c'est-à-dire, si on retran-
chait de la nation la portion la plus nombreuse et la plus pure
des citoyens. Mais la masse de la nation est bonne et digne de la
liberté ; son véritable vœu est toujours l'oracle de la justice et
l'expression de l'intérêt général. On peut corrompre une corporation particulière, de quelque nom imposant qu'elle soit déco-
rée, comme on peut empoisonner une eau croupissante : mais
on ne peut corrompre une nation, par la raison que l'on ne saurait empoisonner l'Océan. Le peuple, cette classe immense et laborieuse, à qui l'orgueil réserve ce nom auguste qu'il croit avilir,
le peuple n'est point atteint par les causes de dépravation qui perdent ce qu'on appelle les conditions supérieures. L'intérêt des

faibles, c'est la justice; c'est pour eux que les lois humaines et impartiales sont une sauvegarde nécessaire; elles ne sont un frein incommode que pour les hommes puissans qui les bravent si facilement. Le peuple ne connaît ni la mollesse, ni l'ambition, qui sont les deux sources les plus fécondes de nos maux et de nos vices. Il est plus près de la nature, et moins dépravé, précisément parce qu'il n'a point reçu cette fausse éducation, qui sous les gouvernemens despotiques, n'est qu'une leçon perpétuelle de fausseté, de bassesse et de servitude : témoins les gens de cour et les artisans qui, à cet égard, se trouvent dans les deux extrémités opposées, témoin notre révolution tout entière, dont chaque époque est marquée par le courage, par le désintéressement, par la modération, par la générosité du peuple, et par la lâcheté, par les trahisons, par les parjures, par la vénalité de tous ceux qui veulent s'élever au-dessus de lui. Ils feignent de n'en rien croire, ces vils égoïstes, ces infâmes conspirateurs. Ils s'obstinent à le calomnier, ils s'efforcent à l'avilir; non contens de s'enrichir de ses dépouilles, ils regardent comme un jour fortuné celui où ils peuvent se baigner dans son sang; ils rassemblent contre lui les satellites des tyrans étrangers; ils l'égorgent, lorsqu'ils le peuvent, par le fer des citoyens; ils rendent des honneurs divins à ses bourreaux; ils forcent la loi elle-même à devenir complice de ces horribles assassinats...... ils ont pour eux la puissance, les trésors, la force, les armes : le peuple n'a que sa misère et la justice céleste.... Voilà l'état de ce grand procès que nous plaidons à la face de l'univers.

» Qu'il juge entre nous et nos ennemis, qu'il juge entre l'humanité et ses oppresseurs. Tantôt ils feignent de croire que nous n'agitons que des questions abstraites, que de vains systèmes politiques; comme si les premiers principes de la morale, et les plus chers intérêts des peuples n'étaient que des chimères absurdes et de frivoles sujets de dispute; tantôt ils veulent persuader que la liberté est le bouleversement de la société entière; ne les a-t-on pas vus, dès le commencement de cette révolution, chercher à effrayer tous les riches par l'idée d'une loi agraire;

absurde épouvantail, présenté à des hommes stupides, par des hommes pervers?.Plus l'expérience a démenti cette extravagante imposture, plus ils se sont obstinés à la reproduire. comme si les défenseurs de la liberté étaient des insensés capables de concevoir un projet également dangereux, injuste et impraticable; comme s'ils ignoraient que l'égalité des biens est essentiellement impossible dans la société civile, qu'elle suppose nécessairement la communauté, qui est encore plus visiblement chimérique parmi nous; comme s'il était un seul homme doué de quelque industrie, dont l'intérêt personnel ne fût pas contrarié par ce projet extravagant. Nous voulons l'égalité des droits, parce que sans elle il n'est ni liberté ni bonheur social : quant à la fortune, dès qu'une fois la société a rempli l'obligation d'assurer à ses membres le nécessaire et la subsistance par le travail, ce ne sont pas des citoyens que l'opulence n'a pas déjà corrompus, ce ne sont pas les amis de la liberté qui la désirent : Aristide n'aurait point envié les trésors de Crassus. Il est pour les ames pures ou élevées des biens plus précieux que ceux-là. Les richesses qui conduisent à tant de corruption, sont plus nuisibles à ceux qui les possèdent qu'à ceux qui en sont privés.

» Quelquefois aussi on nous accuse d'ambition. Lâches calomniateurs ! qui feignez d'être stupides pour paraître moins scélérats, vous connaissez les routes où marchent les hommes avides de fortune et de pouvoir; vous savez aussi bien que nous à quel point on s'en éloigne, lorsqu'on suit celle de la probité et des principes! Que l'on compare seulement leur vie publique et la nôtre !

» Nous les avons repoussés loin de nous; nous nous sommes fermé la porte du ministère, où nos adversaires placent leurs amis, où ils aspirent même; nous nous sommes interdit l'entrée de cette seconde législature où ils trafiquent des droits du peuple; nous avons abandonné cette tribune même où ils nous calomnient; nous avons combattu toutes les factions, et ils ne sont que les chefs et les instrumens d'une faction. Ils caressent, ils servent nos patriciens militaires; nous les avons démasqués dès

long-temps , nous ne les flatterons jamais, quelle que soit leur
puissance. Ils possèdent tout, ils aspirent à tout, nous avons renoncé à tout, excepté au droit de périr pour la liberté.

» Eh ! de quel prix peuvent être à nos yeux ces vains honneurs que vous partagez ? En faut-il donc d'autres aux amis de
l'humanité, que le bonheur et la liberté de leur pays qu'ils ont
défendu ? On ne nous reprochera pas du moins sa perte. Toutes
les funestes lois qui l'ont mis en danger, nous les avons combattues ; parmi le petit nombre de celles que l'opinion de l'univers
avoue, il n'en est aucune à laquelle nous n'ayons concouru ; tous
les dangers qui nous menacent , nous les avons prédits ; toutes
les mesures utiles que vous adoptez trop tard , soit dans les momens de terreur, soit dans ceux où vous voulez tromper la nation , nous les avons proposées une ou deux années d'avance :
nous en attestons l'histoire de la révolution.

» Après avoir désiré de meilleures lois, nous nous sommes bornés à défendre celles que nous avons pu obtenir, comme un
rempart nécessaire contre la fureur des factions qui s'élevaient
et contre de nouvelles attaques du despotisme. Vain espoir ! Il
ne peut souffrir aucun frein ; la seule image de la liberté l'épouvante et l'irrite. C'est contre cette Constitution qui lui a laissé
trop d'avantages qu'il rassemble les armées des tyrans de l'Europe, et déjà une cour parjure se prépare à voler sous leurs drapeaux ; et vous-mêmes vous secondez ses affreux projets par votre lâcheté , par votre corruption , par votre ineptie. Voilà la
situation où vous nous avez mis ; voilà notre cause : que les peuples de la terre la jugent ; ou si la terre n'est que le patrimoine
de quelques despotes, que le ciel lui-même la juge. Dieu puissant !
cette cause est la tienne ; défends toi-même ces lois éternelles que
tu gravas dans nos cœurs ; absous ta justice accusée par le triomphe du crime et par les malheurs du genre humain, et que les
nations se réveillent du moins au bruit du tonnerre dont tu frap-
peras les tyrans et les traîtres. »

LISTE DES MEMBRES

DE LA SOCIÉTÉ

DES

AMIS DE LA CONSTITUTION,

SÉANTE A PARIS,

A LA MAISON DITE DES JACOBINS-SAINT-HONORÉ.

Adet, rue de Paradis, au Marais.

Agier, rue des Maçons.

Aigremont, rue Saintonge, n. 5.

Alexandre, Anglais, hôtel du Roi, place du Carrousel.

Allard, rue de Richelieu, cour Saint-Guillaume.

Allard Thévenin, rue d'Argenteuil, n. 39.

Alquier, hôtel d'Espagne, rue de Richelieu.

André, rue Montmartre, vis-à-vis l'hôtel d'Uzès.

André, rue Richelieu, n. 91.

André, rue de l'Échelle, n. 11.

Andrieux, rue de la Coutellerie, n. 29.

Andrieux, rue Mazarine, n. 89.

Anthoine, hôtel de Portugal, rue du Mail.

Aoust, rue du Faubourg-Montmartre, n. 17.

Armand, rue Saint-Honoré, n. 339.

Armand, rue de la Vrillière, n. 8.

Arrault, rue Mazarine, n. 28.

Arthur, rue Louis-le-Grand.

Astruc, rue des Grands-Augustins.

Aubrémé, Palais-Royal, hôtel de la Reine.

Aubriet, rue Saint-Honoré, café Militaire.

Audibert Caille, rue Richelieu, n. 46.

Audiffred, rue Quincampoix, n. 40.

Audier-Massillon, rue Saint-Honoré, n. 343.

Augier, rue des Jeûneurs.

Babaud , rue des Grands-Augustins, n. 24.

Babey, rue Caumartin , n. 30.

Bache, rue de la Monnaie, n. 22.

Bachelier d'Agis , rue de la Feuillade , n. 2.

Bacon, rue Coq-Héron, hôtel du roi.

Bacon, rue Notre-Dame-des-Victoires , n. 2.

Bacon (fils), rue Notre-Dame-des-Victoires , n. 2.

Bagge, rue de la Feuillade , n. 1.

Bagneris, rue Saint-Benoît, hôtel de Couci.

Baille de Presle, rue Richelieu, n. 143.

Baillot, rue Richelieu, hôtel des États-Généraux.

Bailly (Philibert), rue de Condé, en face de celle des Fossés-Monsieur-le-Prince.

Bancal (Henri), rue du Petit-Bourbon, maison du notaire.

Bar, rue Sainte-Anne, butte Saint-Roch, n. 78.

Barbier, rue Meslay.

Barbier, rue Bergère, n. 9.

Barabé (le jeune), place du Pont-Neuf, vis-à-vis Henri IV.

Barbon, rue Vivienne, n. 24.

Barneville, rue Bourbon-Villeneuve, n. 41.

Barnave, hôtel Lameth, cul-de-sac Notre-Dame-des-Champs.

Barré de Saint-Venant, rue Ville-l'Évêque.

Barrère, rue Vivienne.

Bart, rue de la Sourdière, n. 36.

Barrabé, rue du Monceau-Saint-Gervais, hôtel de Bourgogne.

Baronat, rue des Poulies, n. 18.

Basquiat, rue du Colombier, hôtel d'Angleterre.

Baudart, à Gravelines.

Barbantaone, au Palais-Royal , cour des Fontaines.

Baudouin de Maison-Blanche, rue Traversière.

Baudouin, rue du Foin-Saint-Jacques.

Baudrais, rue de Marivaux, près le Théâtre-Italien.

Baux , rue Richelieu, au coin de celle de Villedot, n. 40.

Bazin, rue Sainte-Anne, butte Saint-Roch, hôtel de Genève.

Beaugrand, rue Neuve-des-Petits-Champs, n. 87.

Beauharnois (Alexandre).

Béchet, rue de Charenton, n. 196.

Becourt, rue et hôtel des Deux-Écus.

Belbace, rue Grange-Batelière , n. 37.

Belin , rue Neuve-des-Mathurins , n. 59.

Bellier, rue Montmartre, n. 142.

Belmont, rue du Temple, n. 47.

Benoît, rue et Porte-Saint-Honoré, au café du Garde-Meubles.

Berger, rue de l'Échelle, n. 3.

Berger, rue des Vieux-Augustins, n. 15.

Bermond, rue des Maçons, n. 34.

Berthelin, vis-à-vis Saint-Honoré.

Berthon, place Saint-Michel, n. 9.

Berthelin, rue et vis-à-vis Saint-Honoré.

Bertout, rue de la Harpe, n. 215.

Bertrand, rue Thévenot, n. 31.

Bervic, aux galeries du Louvre.

Besse, rue de Beaune, n. 45.

Bessin, rue Saint-Merry, n. 38.

Besson (l'aîné), rue du Bac, hôtel National.

Besson, rue du Bac, hôtel National.

Biauzat, rue de l'Université, n. 26.

Biderman, rue des Jeûneurs, n. 3.

Billaud, rue Saint-André-des-Arts, n. 42.

Billecoc, rue Ventadour, n. 13.

Billette, rue Saint-Honoré, n. 261.

Billon, rue de Montpensier, n. 59.

Bitaubé, rue Sainte-Anne, n. 62.

Blacque, rue de la Mortellerie, n. 30.

Blandin, rue Aubry-le-Boucher, n. 22.

Blancart, rue Richelieu, n. 159.

Blanchet, rue de Tournon, n. 47.

Blano, rue de la Harpe.

Blot, rue Favart, n. 3.

Bochet, rue Saint-Germain-l'Auxerrois.

Boisgnon, rue Notre-Dame-des-Victoires, n. 2.

Boislandri, rue Saint-Honoré, n. 343.

Boissel, rue Neuve-des-Petits-Champs, n. 99.

Boissi-d'Anglas, rue Neuve-de-l'Université, n. 10.

Bolts (Guillaume), rue Neuve-des-Capucins, n. 6.

Bonen, rue des Lavandières-Sainte-Opportune.

Bonnard, rue Montmartre, hôtel d'Artois.

Bonnecarrère, rue Saint-Georges, n. 8.

Bonnemer, passage de Lesdiguières.

Bonnemet, rue Chabannais, n. 13.

Bontems, rue Saint-Honoré, au Lycée.

Borel, rue et hôtel Coq-Héron.

Bori, quai-Conti, n. 6.

Boric, quai et place de Conti.

Bosse, rue des Prouvaires, n. 52.

Bossut, rue de l'Arbre-Sec, n. 11.

Bouche, rue de Richelieu, hôtel Valois.

Bouche (fils), rue de Richelieu, hôtel Valois.

Bouciant, rue Poissonnière.

Boulanger, rue des Deux-Portes-Saint-Sauveur.

Boullée, rue Saint-Honoré, n. 319.

Boullenger.

Boullerot, rue des Poulies, hôtel du Poitou.

Boulogne, Palais-Royal, n. 9.

Bourdier, rue de Bourbon, faubourg Saint-Germain, n. 61.

Bourdon, faubourg-Saint-Denis, n. 25.

Bourdon, rue Neuve-des-Plâtres-Saint-Avoye, n. 7.

Bourgeois (fils), rue du Chantre, hôtel la Source.

Bourgeois, Montagne-Sainte-Geneviève, n. 2.

Bourguin, rue de Seine, n. 97.

Boussaton, place du Théâtre-Italien.

Boussion, rue des Vieux-Augustins, n. 23.

Boutaric, rue Traversière.

Boutidoux, rue d'Anjou-Saint-Honoré.

Bouton, Place-Royale, n. 14.

Brancas, rue Neuve-Sainte-Croix, n. 1.

Brancas, rue Bourbon, faubourg Saint-Germain, n. 26.

Branche, rue Saint-Honoré, n. 366.

Branthôme, cul-de-sac Notre-Dame-des-Champs.

Breguet, quai des Morfondus, n. 65.

Bresson, hôtel de Chartres, rue Richelieu, n. 31.

Breteuil, rue des Rosiers, au Marais, n. 37.

Brevet de Beaujour, rue Richelieu, hôtel d'Espagne.

Brizard, rue des Grands-Augustins.

Broglie, rue de Varenne.

Brougnard (fils), aux Invalides.

Brousse, rue des Quatre-Fils, n. 27.

Broussonet, rue des Blancs-Manteaux, n. 30.

Brostaret, rue Saint-Thomas-du-Louvre, hôtel de l'Union.

Bru, rue du Coq-Saint-Honoré.

Brune, rue du Théâtre-Français, n. 1.

Brunet, rue Quincampoix, n. 25.

Brunet Latuque, rue Saint-Thomas-du-Louvre, n. 23.

Bunel, rue Comtesse-d'Artois, n. 81.

Buschey, hôtel Charot, rue Saint-Honoré.

Buteau, rue Grenéta, n. 38.

Buxot, hôtel de Bouillon, quai des Théatins.

Buy, hôtel du Palais-Royal, cour des Fontaines.

Byon, rue de Seine, faubourg Saint-Germain.

Bonjour, rue Royale, place Louis XV, n. 17.

Cabarrus, hôtel d'Empire, rue Vivienne.

Cailhava, Palais-Royal, n. 18.

Caffin, rue Saint-Jacques, vis-à-vis le collége Louis-le-Grand.

Cailly, rue Neuve-Saint-Eustache, n. 19.

Caire, rue Montmartre, n. 181.

Cattet, rue des Vieux-Augustins, n. 68.

Canchois, rue de la Harpe, n. 51.

Cannat, rue du Cimetière-Saint-André-des-Arts.

Carlet, rue Poissonnière, n. 22.

Carné, rue Neuve-Saint-Roch, n. 55.

Carondelet, rue de Bourbon, n. 12.

Carra, rue de la Michodière, n. 7.

Carra, rue de la Féronnerie, n. 10.

Carrel, rue de la Sourdière, n. 16.

Carrey, rue du Bac.

Castelanet, rue Favart, n. 2.

Cattey, rue des-Petits-Augustins, au coin de celle des Marais.

Cavalcanti, hôtel Lameth, cul-de-sac Notre-Dame-des-Champs.

Cazaux, hôtel de Bourbon, rue Croix-des-Petits-Champs.

Cazin, rue Chantereine.

Cellier (Louis), rue Saint-Honoré, vis-à-vis celle des Bons-Enfans.

Chabroud, rue Sainte-Anne, n. 9.

Chaillon, rue Traversière-Saint-Honoré.

Chaillon, rue d'Orléans-Saint-Martin, n. 19.

Chambon, rue Guénégaud.

Chambon, rue de Grenelle-Saint-Honoré, n. 65.

Chamel, hôtel d'Espagne, rue Richelieu.

Champaux, rue Taranne, n. 33.

Champelle, rue Sainte-Anne, n. 56.

Champfort, arcade du Palais-Royal, n. 18.

Chamseru, rue du Hasard, n. 12.

Chanchat, vieille rue du Temple, n. 45.

Chanlin, rue du Doyenné, n. 4.

Chapelle, au Louvre.

Charfoulot, rue Saint-Dominique, au Gros-Caillou.

Charlar, hôtel d'Anjou, rue Serpente.

Chartres, Palais-Royal.

Chauveau, à Passy, à côté des Eaux.

Chauveau (fils).

Chauvet, aux Invalides.

Chaveau, rue Jacob, n. 12.

Chavet, rue Saint-Martin, n. 243.

Chaviche, rue du Petit-Lion, n. 7.

Chazot.

Chedeville, rue des Petits-Pères, n. 9.

Chénaux, rue Saint-Honoré, près la rue Tirechappe.

Chendret, au Louvre, pavillon de l'Infante.

Chénier, rue de Cléry, n. 73.

Chépi (père), rue Boucher, n. 29.

Chépi (fils), rue Boucher, n. 29.

Cheret, rue Saint-Germain-l'Auxerrois.

Chevalier, rue Coquillière, n. 104.

Choderlos Laclos, cour des Fontaines, Palais-Royal.

Choderlos, hôtel d'Angleterre, rue des Filles-Saint-Thomas.

Chol, rue du Cimetière-Saint-Nicolas-des-Champs.

Cholet, rue Royale, porte Saint-Honoré.

Choron, rue Saint-Dominique, faubourg Saint-Germain, n. 27.

Girodde, rue de la Coutellerie, n. 9.

Charke, cour des Fontaines, Palais-Royal.

Clausse, rue Chantereine, au coin de celle des Trois-Frères.

Clavières, rue d'Amboise, n. 10.

Clérambourg, rue Saint-Honoré, n. 359.

Clerget, rue Meslay, n. 78.

Cloots, rue Jacob, hôtel de Modène.

Cochon, rue de Grenelle, hôtel de Nîme.

Cocquéreau, quai de l'École, n. 15.

Coitam, rue d'Argenteuil.

Colin, rue Montmartre, n. 151.

Collard, rue de la Monnaie, n. 41.

Collet, rue Simon-le-Franc, n. 8.

Collignon, rue d'Argenteuil, n. 62.

Colot, rue du Mail, n. 38.

Combert, rue Saint-Honoré, n. 344.

Combette, grande rue Verte, n. 15.

Comeyras, rue Saint-Marc, n. 26.

Constantin, rue Saint-Benoît, hôtel de Couci.

Constantini, chez M. Pape, maître en chirurgie, cour du Dragon-Saint-Germain.

Corder, hôtel de Choiseul, rue Neuve-Saint-Marc.

Cossigny, rue de la Cháussée-d'Antin, n. 77.

Cossin, rue de la Parcheminerie, n. 36.

Cottin, rue de Ménars, n. 8.

Couillerot, rue de Verneuil, n. 95.

Cournand, au Collége-Royal.

Courrejolles, Palais-Royal, n. 129.

Couseseyte, rue de Rohan, n. 16.

Coussand (de Lechaux), hôtel du Roi, place du Carrousel.

Coutouly, rue des Poulies, n. 18.

Cramaïl, rue des Moulins, butte Saint-Roch, n. 55.

Cressent, rue du Monceau-Saint-Gervais, n. 3.

Cresson, rue des Deux-Écus, n. 74.

Cressy, rue Neuve-Saint-Roch, n, 41.

Cretin, hôtel du Cirque-Royal, rue Richelieu.

Creuzé, rue Saint-Honoré, n. 324.

Creuzet (De la Touche), rue Dauphine, hôtel des Armes de l'Empire.

Crevel, rue Poultier, n. 1.

Curt, rue Neuve-Saint-Augustin, n. 27.

Cussac, Palais-Royal, n. 7 et n. 8.

Cabanes.

Chevalier, hôtel de Malthe, rue Richelieu.

Chachet, rue Saint-Florentin, n. 2.

Condeval, rue Vivienne, n. 30.

Daboville, cloître Notre-Dame.

Daiguillon, rue de l'Université.

Dalbarade, rue Neuve-Saint-Marc, hôtel des Ambassadeurs.

Dameuve, rue du Mouton, n. 8.

Damourt, rue d'Enfer, n. 149.

Damoye, place de la porte Saint-Antoine.

Daujon, rue du Coq-Saint-Jean.

Daujon, rue Saint-Martin.

Darche, rue d'Angevilliers, hôtel de Conti.

Darçon, hôtel Sainte-Anne, rue Sainte-Anne.

Darimajou, place de l'Estrapade.

Daubert, hôtel de Bearn, cour de Saint-Guillaume.

Daudignac, rue Grenelle-Saint-Honoré, n. 50.

David, au Louvre.

Davost, rue du Bac, n. 10.

Davrigny, hôtel de Munster, rue des Jeûneurs.

Debline, rue des Petits-Augustins, n. 18.

Dechapt, rue Neuve-Saint-Médéric, hôtel d'Abbeville.

Decle, rue de l'Échelle, n. 3.

Decomps, rue d'Antin, n. 69.

Decretot, rue Neuve-des-Bons-Enfans, n. 7.

Decroix (Charles), rue Neuve-Saint-Augustin.

Deforgue, rue Dauphine, n. 84.

Defrasne, rue Saint-Martin.

Delarbre, rue Montholon.

Delastre, rue Poissonnière, n. 154.

Delçloches, rue Saint-Thomas-du-Louvre.

Delon, rue Saint-Séverin, n. 16.

Delplanques, rue d'Argenteuil, passage Saint-Roch.

Demeaux, rue et Ile Saint-Louis.

Denisot, à Passy, n. 16.

Deperay, rue du Sépulcre, n. 30.

Depont, rue des Filles-Saint-Thomas, n. 11.

Dergny.

Desaubier Vasar, rue Saint-Athanase, n. 6.

Desandrouin, rue Chantereine, Chaussée-d'Antin.

Descemet, rue St-Jacques, collége Louis-le-Grand.

Descloseaux, rue d'Anjou, faubourg Saint-Eustache, n. 106.

Desenne, Palais-Royal, n. 1 et n. 2.

Desenne, rue Richelieu, n. 130.

Desfieux, rue Notre-Dame-des-Victoires, n. 29.

Desfondis, rue Chabannais, n. 44.

Desmoulins, rue du Théâtre-Français, n. 1.

Desodoars, rue Saint-André-des-Arts.

Desouche, rue de la Mortellerie, n. 126.

Despierres, rue du Colombier, n. 56.

Despréaux, rue du Sentier, n. 20.

Després, place de l'École, n. 1.

Desroches, rue Saint-Martin, n. 245.

Desjardins, rue des Poulies, n. 18.

Dessources, rue des Deux-Écus, hôtel de Rouen.

Destournelles, rue Chabannais, n. 8.

Deudon, à l'Estrapade.

Devaux.

Dinocheau.

Doraison, rue Grenelle-St-Germain, n. 55.

Doutrepont, rue Grenéta, au Roi David.

Dubarquier, rue du Hasard-Richelieu, n. 4.

Dubignon, rue Notre-Dame-des-Victoires, n. 29.

Dublec, rue Croix-des-Petits-Champs, n. 59.

Dubloi, hôtel du Roi, rue du Carrousel.

Dubois de Crancé, rue Charlot, n. 37.

Dubourg-Lancelot, rue dè la Madeleine, Ville-l'Évêque, hôtel Bourbon, n. 26.

Duchamps, rue Favart, lettre H.

Duclos Dufresnoy, rue Vivienne.

Dudoyer, rue du Colombier, n. 20.

Dufan, rue Saint-Roch, n. 48.

Dufay (de la Tour), rue Chapon, n. 21.

Dufourny, rue des Mathurins.

Dugas, rue Vivienne, n. 40.

Dugason, hôtel de Bullion, quai des Théatins.

Dujonquay, rue du Chaume, n. 55.

Dulaure, rue du Jardinet.

Dumaine, rue de la Boucherie, n. 8.

Dumas, rue Thévenot, n. 37.

Dumas, rue Croix-des-Petits-Champs, n. 26.

Dumez, rue des Deux-Anges, faubourg Saint-Germain.

Dumouchet, rue Saint-Honoré, n. 706.

Duplain, cour du Commerce, rue de l'ancienne Comédie-Française.

Duplan, rue de Bourbon, faubourg Saint-Germain, n. 113.

Dupleix (père), rue Saint-Honoré, n. 336.

Dupleix (fils), rue Saint-Honoré, n. 336.

Duport, rue du Grand-Chantier, au Marais.

Durand (de Saint-André), rue Bretonvilliers, île St-Louis, n. 5.

Durand (de Maillane) rue Saint-Honoré, n. 254.

Durand-Sallé, rue de Montmorency, n. 11, au Marais.

Durand, rue Mélée, n. 68.

Durouzeau, rue des Noyers, n. 24.

Dutour, rue du faubourg Saint-Martin, n. 57.

Duval, rue Saint-Honoré, n. 261.

Duval (de Grandpré), rue de Richelieu, n. 116.

Duvergier l'aîné, quai de l'École, n. 14.

Duvernay, rue Sainte-Anne, butte Saint-Roch, n. 60.

Duvernet, rue du Four-Saint-Honoré.

Duveyrier, rue Saint-Jacques.

Duvilliers, rue Sainte-Anne, hôtel d'Orléans.

Dubuisson, rue Saint-Guillaume, hôtel de Berlin, Saint-Honoré.

Delbecq, Hôtel de Chartres, rue de Richelieu.

Delourgs, rue des Filles-du-Calvaire, n. 14.

Devaux, rue Perdue, n. 12.

Ely, rue de la Harpe, n. 10.

Enfantin, rue Saint-Martin, n. 219.

Erdmann, hôtel de Choiseul, rue Neuve-Saint-Marc.

Escouriac.

Esmonin, rue des Deux-Boules, n. 4.

Espagnac, rue d'Anjou-Saint-Honoré.

Epaulart, rue Vivienne, n. 30.

Essertant, rue de Grenelle-Saint-Honoré, n. 48.

Esselin, rue Poissonnière.

Étienne, rue Coquillière, n. 60.

Evrard, rue Traversière, n. 8.

Fabre d'Églantine, rue du Théâtre-Français.

Faguet, grande rue du Faubourg-Saint-Martin, n. 18.

Fargier, rue Favart, n. 2.

Fauvel, rue Saint-Jacques, n. 41.

Favier, rue Dauphine, n. 18.

Favre d'Olivet, rue du Renard-Saint-Sauveur, n. 1.

Feuillant, rue de Chartres.

Fénis, rue de Ménars.

Fenouillot-Falbaire, rue Favart, n. 3.

Fergusson, rue de Grammont, n. 9.

Fermont, rue Saint-Nicaise, n. 39.

Ferrières, rue des Bons-Enfans, n. 44.

Ferrier, rue Montorgueil, n. 108.

Févelat, rue des Fossés-Montmartre, n. 7.

Feydel, rue Saint-Honoré, vis-à-vis la petite écurie du roi.

Fitz-Gérald, rue Saint-Dominique-d'Enfer.

Fléchier, rue Sainte-Anne, butte Saint-Roch, n. 20.

Flexainville, rue Royale, près la place Louis XV, n. 17.

Florent Guiot, rue Traversière-Saint-Honoré, n. 55.

Focard, rue Grenelle-Saint-Honoré.

Fockedey, rue Saint-Louis, au Marais, hôtel d'Ecquevilly.

Follox, rue et Porte-Saint-Honoré, n. 401.

Fontenoy, rue du Colombier, n. 5.

Fortin, rue Mauconseil, n. 63.

Fosters, pavillon de l'Infante, au Louvre.

Forest, rue Sainte-Anne, butte Saint-Roch.

Fougolss, rue Saint-Thomas-du-Louvre, n. 36.

Foucault, rue de la Chanverrerie.

Fournier, rue Chabannais, n. 18.

Forestier, rue Saint-Honoré, au coin de celle du Champ-Fleury, n. 576.

Fouilloux, rue d'Orléans-Saint-Honoré, n. 8.

Foacier, rue de Grenelle-Saint-Honoré, n. 30.

Fontenay, rue et Isle Saint-Louis, n. 89.

Fréron, rue du Théâtre-Français, n. 1.

Frétel, rue Saint-Honoré, vis-à-vis celle des Bons-Enfans.

Fricautd de Charolles, rue des Moineaux, n. 35.

Frignet, rue de Ménars.

Froidure, rue Boucher, n. 29.

Froment, Quai des Théatins, n. 11.

Foi, rue des Fossés-Montmartre, n. 3.

Fouquier, rue Saint-Marc, n. 35.

Fulcran-Fabre, rue de Seine, n. 29.

Faucher (César), appartement d'Héloïse, maison du chanoine Fulbert.

Faucher (Constantin), *idem*.

Frochot, rue de Richelieu.

Gachel, rue Bergère, n. 5.

Gaillard, rue de l'Hirondelle.

Gaillard (de Luly).

Gaigne, rue du Doyenné-Saint-Louis-du-Louvre, n. 26.

Galimard, rue de la Chanverrerie, n. 26.

Gallois, rue Saint-Jacques, n. 229.

Gallot, hôtel d'Anjou, rue Dauphine.

Gamas, hôtel d'Aiguillon, rue de l'Université.

Garran, rue des Grands-Augustins, n. 12.

Garrido, rue d'Antchri, n. 15.

Garrignon, rue Croix-des-Petits-Champs, hôtel du Perron.

Garron, rue Sainte-Apolline, n. 31.

Gateau, rue Saint-Sauveur, n. 51.

Gautherot, rue Neuve-des-Petits-Champs, n. 104.

Gauthier, hôtel de Valois, rue de Richelieu.

Gautier, rue de Richelieu, hôtel d'Espagne.

Gavet, rue du Four-Saint-Honoré.

Geneté, rue des Moulins, butte Saint-Roch.

Genette, rue de Grammont, n. 9.

Geoffroy, rue Saint-Honoré, vis-à-vis celle de Richelieu.

Gérard, rue de Grenelle-Saint-Honoré.

Gerbet (le jeune), rue de Tournon, n. 6.

Gerbert, rue de l'Arbre-Sec, n. 17.

Gerdret (le jeune), rue Saint-Florentin, n. 6.

Gerdret.

Gerle, rue Saint-Honoré, n. 366.

Gide (Étienne), quai des Morfondus, n. 65.

Gide (Xavier), quai des Morfondus, n. 65.

Gide (Pierre Xavier), même demeure.

Gilibert, hôtel-des-Invalides.

Gilli, rue d'Angeviliers, hôtel-Conti.

Gillon, rue l'Evêque, n. 1.

Gineste, passage du Saumon, n. 22.

Ginistry, rue Dauphine, n. 110.

Girand, rue Saint-Florentin, n. 2.

Girand (de Cherry), rue de Choiseul, n. 15.

Girerd, rue Saint-Martin, n. 207.

Giraud, rue des Prouvaires, n. 32.

Giroult, rue Platrière, hôtel de Bouillon.

Giroult (cadet), rue des Bourdonnais, n. 4.

Ginaud, rue Saint-Florentin, n. 2.

Gobert, rue des Rats, n. 12.

Godard, rue Notre-Dame-des-Victoires, n. 20.

Godefroy, rue des Filles-Saint-Thomas.

Godel, rue du Bac, n. 282.

Goetz, rue de la Sourdière, n. 55.

Gondouin, rue de Beauvais, place du Vieux-Louvre.

Gorsas, rue Ticquetonne, n. 7.

Goudard, rue Saint-Honoré, n. 545.

Goudrand, rue Saint-Honoré.

Goranni, hôtel d'Angleterre, rue Montmartre.

Gorguereau, rue Bar-du-Becq, n° 7.

Gouillard, hôpital des Quinze-Vingts.

Goupilleau, rue de Grenelle-Saint-Honoré, hôtel-de-Nîmes.

Gourdon, hôtel ****, rue de Richelieu.

Gournai, rue des Poulies, n. 8.

Gouvion, aux Tuileries, cour des Princes.

Gouget des Landes, hôtel-des-États-Généraux, rue Richelieu.

Gougé, paroisse Saint-Roch.

Gougenot, cul-de-sac de Saint-Hyacinthe.

Goupy, hôtel de Genève, rue Neuve-Saint-Marc.

Grandmaison, hôtel de Genève, rue Saint-Thomas-du-Louvre.

Grandmaison, rue Saint-Honoré, bâtiment des Feuillans.

Granger, rue Sainte-Anne, n. 100.

Grandpré, rue du Mail, n. 29 bis.

Grave, rue Saint-Dominique, à Saint-Joseph.

Grégoin, rue du Colombier, n. 16.

Grenot, rue de la Michodière, n. 4.

Grisson, à Bordeaux.

Grivet, rue Saint-Jacques, n. 25.

Gros, rue Saint-Honoré, près le Lycée.

Grout, rue du Cherche-Midi, n. 117.

Grouvel, rue Croix-des-Petits-Champs, vis-à-vis celle de Gaillon.

Guéroult, rue du Four-Saint-Germain, n. 40.

Guéroult (aîné), rue de la Harpe, n. 118.

Guéroult (jeune) rue des Amandiers.

Guérin, quai des Augustins, n. 44.

Guesnon, rue Boucher, n. 17.

Guidou, hôtel de Penthièvre, place des Victoires.

Guibourg, rue du Monceau-Saint-Gervais, n. 6.

Guihard (Jean) rue Galande, place Maubert, n. 79.

Guillaume, rue du Battoir-Saint-André-des-Arcs, n. 10.

Guinot, rue du Four-St-Germain, hôtel de la Pomme-d'Orange.

Guirodet, rue de Tournon, n. 2.

Guittard, hôtel d'Antin, rue Gaillon.

Gumband (de Nantes), rue des Petites-Écuries.

Gandon, rue du Bouloi, n. 35.

Halem, hôtel de Choiseul, rue Neuve-Saint-Marc.

Hanker, hôtel du Perron, Palais-Royal.

Haquins, café de la Régence, place du Palais-Royal.

Hautier, rue Saint-Honoré, n. 372.

Helvis père, rue Traversière-Saint-Honoré, n. 65.

Hermille, cour Saint-Guillaume, rue de Richelieu.

Hernoux, rue Saint-Honoré, n. 315.

Hesse, rue Feydeau, n. 29.

Hévrard, rue Basse-du-Rempart, n. 14.

Hiard, rue Saint-Jacques-de-la-Boucherie.

Hillerin, cour des Suisses, aux Tuileries.

Hocquet, rue de l'Hirondelle, n. 30.

Hombron, rue du Petit-Pont, n. 22.

Hombron fils, rue du Petit-Pont, maison du commissaire.

Hom, rue de Savoie, n. 12.

Honoré, rue Grenéta, n. 37.

Housez, rue Saint-Victor, n. 9.

Houssemaine, rue des Mauvaises-Paroles, n. 5.

Hovelt, hôtel du Parlement d'Angleterre, rue Coq-Héron.

Hoversenie, rue Grenéta, au roi David, n. 20.

Hubert, boulevart du Mont-Parnasse.

Hugnier, rue de la Feuillade, n. 2.

Humbert, rue Saintonge, n. 8.

Hunoult cadet, rue Saint-Victor, n. 9.

Hunoult, rue des Boulangers, n. 29.

Huot-Goncourt, hôtel de Boulanger, rue du Bac.

Hyon, rue Saint-Honoré, n. 238.

Hurel, rue Sainte-Avoie, n. 20.

Jacob, rue Saint-Dominique, au Gros-Caillou, à l'hôpital mili
taire.

Jemet, rue Saint-Honoré, au coin de la rue de l'Échelle.

Janme, rue Traversière, n. 21.

Janvier-Cantade, rue Poissonnière, n. 151.

Jagri, petit hôtel de Vendôme, rue Saint-Honoré.

Jarry, rue des Grands, n. 22.

Jaucourt, rue de Varenne, n. 81.

Jeannet, rue Sainte-Croix-de-la-Bretonnerie, n. 49.

Jeanson, cour abbatiale de Saint-Germain-des-Prés.

Jeanson, rue Neuve-Saint-Eustache, n. 59.

Jensoul, rue Ferrent, n. 10.

Jenneson, rue de Bondi, n. 45.

Jolly, rue de l'Observance, n. 6.

Joly, place Dauphine, n. 11.

Jousselin, rue du Four, n. 12, faubourg Saint-Germain.

Isambert, rue du faubourg Saint-Martin, n. 58.
Isnard, hôtel de Versailles, rue de Valois.
Jublin, rue du Coq-Saint-Jean.
Julien, rue Simon-le-Franc.
Julien de l'Isle, rue de la Michodière, n. 7.
Jumelin, rue Guénégaud, n. 22.
Jourdan, rue de Richelieu, hôtel de la Chine.

Kauffman, chez M. Thuet, rue de Duras-Saint-Honoré.
Keith, à Passy, rue Basse, n. 12.
Kersaint, boulevart des Italiens, n. 17.|
Kervelegan.
Klispich, rue Saint-Louis, au Palais, n. 68.
Klot, rue Richelieu, n. 92.
Knapen, fils, rue Saint-André-des-Arts.

Labarthe, rue Sainte-Marguerite, n. 57, foire Saint-Germain.
Labene, rue Greneta, n. 12.
Labenne, hôtel du Parlement d'Angleterre, rue Coq-Heron.
Laborde de Méreville, rue d'Artois.
Laborde (de Laurenscen), rue Traversière, n. 21.
Laborne, rue des Petits-Augustins, n. 21.
Laboreix, rue Saint-Antoine, n. 95.
Labotte, rue de Richelieu, n. 84.
Labouloy, rue des Tournelles, n. 47.
Labour (Laurent), rue Saint-Honoré, près l'Oratoire.
Labour (cadet), rue Saint-Honoré, près l'Oratoire.
Lacharemie, rue de Seine, maison de M. Lancher.
Lachasse, rue Montmartre, n. 272.
Lacoste, rue Saint-Honoré, n. 501.
Lacour, rue Coquillière.
Lacépède, Jardin du Roi.
Ladainte, rue Saint-Martin, vis-à-vis Saint-Nicolas.
Ladmiral, rue Bellefond, faubourg Montmartre, maison de
    M. Cordier.
Ladmiral, rue de la Sourdière, n. 9.
Lafargue, rue de l'Échelle, n. 11.
Laferrière, rue de Richelieu.
Lafisse, rue Traversière-Saint-Honoré, n. 24.
Lafitte, hôtel d'Angleterre, rue des Filles-Saint-Thomas.
Lafois, boulevart de la Madeleine.

Laforgue, rue de l'Ancienne-Comédie.

Lafosse, rue Saint-Méry, hôtel Jabac.

Laignelot, au Louvre, chez M. David.

Lagarde, rue du Chevalier-du-Guet.

Lahaye, passage du Bois-de-Boulogne, porte Saint-Denis.

Lajarriette, rue Montmartre, n. 151.

Lalanne, rue Vivienne, n. 26.

Laharpe, rue Guénégaud, n. 20.

Lallemand, rue de Bourbon-Saint-Germain, n. 96.

Lamende, rue de Richelieu, n. 91.

Lamarque, rue Traversière, hôtel d'Angleterre.

Lambert, rue du Cherche-Midi.

Lameth (Alexandre) cul-de-sac Notre-Dame-des-Champs.

Lameth (Charles), cul-de-sac Notre-Dame-des-Champs.

Lametherie.

Lametherie (aîné).

Laguette, rue de la Vieille-Draperie, n. 7.

Lamotte, rue du Petit-Bourbon, faubourg Saint-Germain,
n. 15.

Lanier de Voscelay, hôtel du Roi, rue du Carrousel.

Laneuville, rue Croix-des-Petits-Champs, n. 47.

Lanjuinais, rue Saint-Nicaise, n. 39.

Laplanche, rue du Roule, n. 17.

Laplanche, rue de la Jussienne, n. 22.

Lapointe, rue Traversière, hôtel d'Autriche, n. 25.

Lapoipe, rue du Théâtre-Français, n. 1.

Laporte, rue de Langlade.

Laqmante, passage des Petits-Pères, n. 5.

Larevellière, hôtel de Picardie, rue des Orties.

Larive, rue Saint-Dominique, au Gros-Caillou.

Larue, rue Thévenot, n. 37.

Larüe, rue de Provence, au coin de la Chaussée-d'Antin.

Lasouchière, hôtel de Bretagne, rue du Bouloi.

Latouche, Palais-Royal.

Latyl, au bureau des voitures de la cour.

Launai-Allin, à Carhaix, département du Finistère.

Launoy, rue du Colombier, n. 33.

Laurent, rue des Fossoyeurs, n. 30.

Laurent, rue du Fouare, n. 7.

Lauzin, rue Croix-des-Petits-Champs, n. 39.

Lavalette, place Vendôme.

Lavalette, rue Montmartre.

Laverne.

Lavigne des Champs, rue Saint-Nicaise, n. 8.

Leblanc, rue du Coq-Saint-Honoré.

Leboucher, rue de la Calandre, n. 1.

Lebouteux du Monceau, rue Saint-Omer, n. 11.

Lebreton, rue Neuve-des-Capucins, hôtel du Lys.

Lebrun, Palais-Royal.

Lecarlier, rue Saint-Honoré, n. 339.

Leclerc, hôtel de Picardie, rue des Orties.

Lecoq, aux Archives de l'assemblée nationale.

Lecointre, quai des Célestins.

Lecointre, rue Saint-Martin, n. 170.

Lecours de Villière, rue d'Antin, n. 9.

Lecouturier, rue des Deux-Boules-Sainte-Opportune, n. 4.

Ledoyen, rue Feydeau, hôtel de Danemarck.

Lefebre, rue Saint-Marc, n. 55.

Lefebre, rue Saint-Honoré.

Lefebre (Charles), aux Capucins.

Legendre, rue du Faubourg-Saint-Honoré, n. 39.

Legendre, rue de la Monnaie, n. 22.

Legendre, rue des Boucheries, faubourg Saint-Germain.

Leger, rue de Grenelle-Saint-Honoré, hôtel des Fermes.

Legrand, quai de la Mégisserie, n. 45.

Legrand (de Laleu), rue Hyacinthe, n. 19.

Legras, rue du Temple, n. 22.

Legros, rue de Bourgogne, faubourg Saint-Germain, n. 8.

Leguieu, petite rue Saint-Louis-Saint-Honoré, n. 7.

Lehodey, rue de la Vieille-Monnaie.

Lelegard, rue des Champs-Élysées, n. 5.

Leleu, rue Saint-Denis, n. 500.

Leleu (de la Ville-aux-Bois), rue Saint-Honoré, n. 339.

Lemaire, rue Saint-André-des-Arts, n. 44.

Lemaire, rue Traversière-Saint-Honoré.

Lemaire, rue Guénégaud, n. 20.

Lemaréchal, hôtel de Bouillon.

Lemonnier, rue du Bac, n. 244.

Lemonnier, rue Neuve-Saint-Eustache, n. 12.

Lemort (le jeune), rue de la Chaussée-d'Antin, n. 90.

Lemoyne, rue du Faubourg-Saint-Denis.

Ledeau, rue Gaillon, hôtel de la Marine.

Lenorman, rue Saint-Honoré, au coin de celle des Frondeurs.

Lepage (aîné), rue Favart, n. 5.

Lepage (le jeune), rue Favart, n. 5.

Lépidor (fils), rue de l'Observance, n. 2.

Lépidor (père), rue Saint-Dominique, au Gros-Caillou, n. 24.

Lépicier, rue Saint-Roch, n. 7.

Lepoutre, rue des Moineaux, n. 7.

Lepreux, rue du Perche, n. 11.

Lerolle, rue Saint-Honoré, n. 44.

Leroy, rue Bertin-Poirée, n. 19.

Leseure, hôtel d'Artois, rue du Coq.

Lesfilles, rue de la Poterie, n. 16.

Lespine, rue d'Argenteuil, n. 95.

Lesserres, rue Coq-Héron, n. 58.

Lesterph (aîné), rue de la Limace, n. 21.

Lesterph (Benoît), rue des Saints-Pères, n. 12.

Lesuire, hôtel d'Espagne, rue Dauphine.

Levacher (Duplessis), rue du Temple, n. 128.

Levacher, rue Mauconseil, n. 67.

Levesque, rue Mercière, Halle-Neuve, n. 40.

Lhéritier, rue du Roule.

Lhéritier, rue Montpensier, n. 59.

Lherminat, rue des Petites-Écuries-du-Roi, n. 16.

Legovie, rue Montmartre, n. 108.

Limbourg, rue Villedot, n. 13.

Livré, rue Saint-Honoré, n. 324.

Lœn, hôtel des Princes, rue de Richelieu.

L'Official, rue Dauphine, hôtel d'Anjou.

Lohier, rue Saint-André-des-Arts.

Lourmand, rue du Coq-Saint-Jean.

Loyer, rue des Deux-Portes-Saint-Sauveur.

Loyseau, rue du Mail, n. 39.

Lucas de Bourgerelles, rue du Chantre, hôtel Warwick.

Lullier, rue Saint-Martin.

Lullier, rue du Petit-Lion-Saint-Sauveur.

Lunel, rue Saint-Honoré.

Machat, rue Mazarine, n. 26.

Magol, rue Feydeau, n. 18.

Maison, rue Saint-Germain-l'Auxerrois, n. 167.

Mallardeau, hôtel de Cherbourg, rue du Four-Saint-Honoré.

Malboissière, rue Chabannais, n. 44.

Manuel, actuellement à Montargis.

Maupassant, rue Traversière.

Mazaurac, rue Saint-Dominique-d'Enfer.

Maréchal, rue Chantereine, n. 12.

Maréchal fils, rue Chantereine, n. 13.

Marignier, place Vendôme, n° 3.

Marneville, rue des Fossés-Montmartre, n. 42.

Marsilly, Chaussée-d'Antin, n. 54.

Martin.

Martinet, rue Froidmanteau, n. 5.

Marquis, rue de Touraine, n. 9, faubourg Saint-Germain.

Martini, rue de la Harpe, n. 132.

Massieu, cul-de-sac Notre-Dame-des-Champs.

Mathieu (J.-B.-Charles), rue de la Harpe, n. 51.

Mauriet, rue du Chantre, hôtel du Saint-Esprit.

Maurize, rue Bertin-Poirée, n° 8.

Melcot, cloître Saint-Louis-du-Louvre.

Melan, rue des Marais, au Wauxhall d'été.

Menard, rue Sainte-Anne, n. 1.

Menager, rue Saint-Claude, au Marais, n. 21.

Mendosa, rue d'Angevilliers.

Mendouze, rue Galande, n. 79.

Mengin, rue du Faubourg-Saint-Denis, en face des petites écuries du roi.

Menou (Jacques), rue des Filles-Saint-Thomas, n. 19.

Menrizet, rue Grenéta, n. 37.

Mérard, rue Sainte-Anne, n. 14.

Méchin, rue des Vieux-Augustins, hôtel de Beauvais.

Magon, hôtel de Malte , rue Traversière.

Mercier, rue Saint-Germain-l'Auxerrois, maison de M. Devert.

Merlin, rue Saint-Honoré, n. 510.

Merlins, rue des Filles-Saint-Thomas.

Mernelliod, rue Phelippeaux, n. 15.

Mermilliod, rue Saint-Louis, au Palais, n. 83.

Mesemaker , Palais-Royal, hôtel de la Reine.

Metman, rue de Seine, faubourg Saint-Germain, n. 112.

Meurinne, rue Saint-Honoré, n. 443.

Meusnier, place Saint-Sulpice, maison de l'ancien curé.

Michaux, rue Dauphine, n. 84.

Michaux, rue Saint-Honoré, n. 108.

Midi, rue des Cordeliers.

Milanois, hôtel de Charost, rue Saint-Honoré, n. 343.

Miles, rue du Faubourg-Saint-Honoré, n. 113.

Millet, rue de la Monnaie, au coin de la rue Boucher.

Milly, rue de la Michodière, n. 4.

Minée, à Saint-Denis.

Mirabeau (l'aîné), Chaussée-d'Antin, n. 69.

Miré, rue de l'Arbre-Sec, n. 33.

Mirys, au Palais-Royal.

Mittié (père), rue de l'Arbre-Sec, n. 11.

Mittié (fils) rue de l'Arbre-Sec, n. 11.

Mittié, rue des Jeûneurs, n. 14.

Moignon, place Royale, n. 24.

Moignon, rue des Saints-Pères, n. 5.

Moitté, rue du Four-Saint-Denis, maison des Annonciades.

Monestier, rue Saint-Simon-le-Franc.

Moreau (de Saint-Méry), rue Gaumartin, n. 31.

Moirtier, rue des Moineaux.

Morel, rue Neuve-Saint-Denis, n. 17.

Montlouis, rue des Tournelles, n. 45.

Morel, rue Bar-du-Bec, n. 9.

Mosneroy (Alexis), rue Sainte-Anne, hôtel de Gênes.

Marainville, rue Jacob, n. 14.

Morellet, rue Vivienne, n. 26.

Moreton, rue du Cherche-Midi, n. 59.

Mouneron (Alexis), rue Sainte-Anne, hôtel de Gênes.

Mouge, rue des-Petits-Augustins, n. 28.

Moulin, rue Saint-Honoré, n. 463.

Moulnier, rue du Hasard, n. 6.

Mottet, rue Meslay, n. 82.

Mouret, rue des Vieux-Augustins, n. 56.

Moutront, rue du Faubourg-Montmartre, n. 3.

Muguet, rue Saint-Honoré, vis-à-vis les Jacobins.

Muguet (de Mouron'), rue Bergère, n. 16.

Musson, rue Saint-Nicaise.

Naigeon, rue de Verneuil, n. 100.

Naudeville, quai de la Mégisserie, vis-à-vis le Pont-Neuf.

Naury, rue Sainte-Croix-de-la-Bretonnerie, n. 40.

Navarre, rue Saint-Honoré, près l'hôtel d'Aligre.

Noailles, rue de l'Université, faubourg Saint-Germain.

Noël, rue Saint-Jacques, près du collège Louis-le-Grand.
Nolland, rue Thibautodé.
Nolf.

Obry fils, rue de l'Échiquier, n. 24.
Œlsner, hôtel de Choiseul, rue Neuve-Saint-Marc.
Odiot, rue Saint-Honoré, n. 251.
Ollivault, rue Mazarine, n. 92.
Orillard, rue Saint-Denis, n. 247.
Oudart (Nicolas), rue des Ballets-Saint-Antoine.
Oudard, rue de la Cordonnerie.
Oudot, rue de Verneuil, faubourg Saint-Germain, n. 85.

Peniet, Cour des fontaines, au Palais-Royal.
Pagnier, rue Chaussée-d'Antin, n. 92.
Pampelone, rue Saint-Thomas-du-Louvre, écuries d'Orléans.
Panis, rue Saint-Paul, n. 41.
Papin, rue Neuve de Petits-Champs, n. 26.
Papion, rue des Fossés-Saint-Germain-des-Prés.
Papion, rue de l'Ancienne comédie Française, n. 42.
Pares, rue des Cordeliers, passage du Commerce.
Paris, rue de Richelieu, n. 155.
Paris, à l'hôpital Sainte-Anne, à côté de la glacière.
Paris, rue de la Harpe, n. 156.
Parisot, rue Saint-Honoré, n. 590.
Parrard, rue de Richelieu, n. 62.
Pasquier, galeries du Louvre.
Pascal, rue des Deux-Écus, hôtel de Cumberland.
Patris, place de l'Estrapade.
Paultre, rue Saint-Martin, n. 129.
Paupctin, rue Saint-Honoré, n. 544.
Payen (l'ainé), cloître Saint-Méry.
Payen (Jean-Baptiste), cloître Saint-Méry.
Péan de Saint-Gilles, rue de Bussy, n. 85.
Pécoul, cul-de-sac du Doyenné, n. 7.
Pechevin, passage des Petits-Pères, n. 4.
Pelletin de la Bussière, rue du Bouloi.
Pemartin, rue Saint-Honoré, n. 325.
Perdrix, cour des Jacobins Saint-Honoré.
Perisse du Luc, rue Neuve-Saint-Marc, hôtel d'Orléans.
Perret, hôtel des Prouvaires.

Pelletier, rue Jacob, n. 45.

Perrier, rue Neuve des Capucins, n. 70.

Perrond, rue de l'Arbre-Sec, n. 16.

Pervinquière, rue de Grenelle-Saint-Honoré, hôtel de Nîmes.

Perruquet, rue Vivienne, hôtel de l'Empire, n. 19.

Pesteturenne-Laval, rue Hautefeuille, collège des Prémontrés.

Pescheloche, rue Neuve-des-Petits-Champs, n. 127.

Petion, rue du Faubourg-Saint-Honoré, n. 6.

Petiot, rue du Colombier, vis-à-vis le n. 36.

Petit, rue de la Grande-Truanderie.

Petitmangin, rue Feydeau.

Peyré, hôtel de Picardie, rue de Seine, faubourg Saint-Germain.

Peyrard, place de la Croix-Rouge, n. 102.

Pflieger, rue des Bons-Enfans, n. 44.

Philippe, passage du Saumon, n. 48.

Pichon, rue du Four-Saint-Honoré, n. 88.

Pillard, rue de l'Arbre-Sec, paroisse Saint-Germain-l'Auxerrois.

Pieyre, au Palais-Royal.

Pilastre, hôtel de Picardie, rue des Orties.

Pincepré, rue de la Madeleine, n. 7.

Pinchinat, rue Traversière, n. 32.

Pincemaille, rue Saint-Florentin, n. 2.

Pinon, rue de Cléry, n. 64.

Pio, rue de Condé, au-dessus du café du Rendez-Vous.

Pluvinet, rue des Lombards.

Pluvinet, rue Sainte-Croix-de-la-Bretonnerie, n. 44.

Poisson, rue Neuve-Saint-Marc, n. 10.

Poissenet, rue de la Ferronnerie, n. 13.

Poissonnier, rue Neuve-Saint-Roch, n. 14.

Polverel, rue de Vaugirard, n. 81.

Polverel, fils, rue de Vaugirard, n. 81.

Pomaret, fils, rue de Richelieu, 34.

Poncet, rue Thévenot, 37.

Populus, bâtimens des Feuillans, rue Saint-Honoré, n. 488.

Porcher, rue Croix-des-Petits-Champs, n. 15.

Porcher, rue Saint-Denis vis-à-vis le Sépulcre.

Porel, rue de l'Echelle, n. 18.

Porte (de la), rue des Martyrs, faubourg Montmartre.

Poulain de Bouttancourt, rue Charlot, n. 37.

Poulain de Corbion, rue du Chantre, hôtel de Warvick.

Poulain de Beauchêne, rue Saint-Honoré, n. 273.

Prévost, rue du Faubourg-Saint-Martin, n. 232.
Prévost-de-Saint-Lucien, rue Sainte-Apolline, n. 8 ou 34.
Prévost, place Vendôme, n. 8.
Prieur, rue Notre-Dame-des-Victoires, n. 20.
Provost, rue Baillif, n. 8.
Procter, rue Basse-du-Rempart, n. 15.
Prudhomme, rue de Grammont, n. 25.
Pulcherberg.
Puget, vis-à-vis la grille Saint-Martin.
Pujo, rue Neuve-des-Petits-Champs, n. 44.
Pujo, rue des Moulins, n. 8.

Quertin, rue des Bourdonnais, n. 11.
Quanvilliers, rue des Arcis, n. 61.

Rack, rue Saint-Nicaise, n. 8.
Raffard, rue de la Ferronnerie.
Ragon, rue Mâcon-Saint-André-des-Arts.
Raillon, rue Caumartin, n. 18.
Raimond, rue Meslay, n. 33.
Raimond (Jean-Baptiste), rue de Ménilmontant, n. 7.
Raisson, rue de Bourbon-Saint-Germain, n. 52.
Rapeau, rue de l'Ancienne-Comédie-Française, n. 56.
Ravault, rue Sainte-Avoye, n. 75.
Réal, rue des Bons-Enfans, n. 32.
Rebout, rue Chabanais, n. 42.
Regley, rue Oblin.
Regner, rue des Filles-Saint-Thomas, n. 15.
Regner, rue Saint-Martin, n. 254.
Regnard, rue Neuve-des-Petits-Champs, n. 113.
Renard, rue des Chargeurs, près l'ancienne poste.
Renaud, rue Saint-Honoré, n. 454.
Renaut, de Saint-Domingue, rue Meslay, n. 30.
Renaudin, rue Saint-Honoré, au coin de celle de Jean-Saint-
    Denis.
Renouard fils, rue Sainte-Apolline, n. 25.
Restout, galerie du Louvre.
Rets, rue Saint-Honoré, n. 298.
Renfflet, du Hameau, rue Neuve-Saint-Augustin au coin de celle
    de Choiseul.
Reynier, rue Saint-Benoît, n. 28.

Reynier, hôtel de Louis-le-Grand, rue de la Jussienne.

Rewbel, rue des Bons-Enfans, n. 44.

Ricard, rue de Richelieu, hôtel de Valois.

Riberolles, rue Saint-Florentin, n. 2.

Ricée, rue d'Aguesseau, n. 21.

Riot, rue de Bondy, n. 25.

Riqueur, hôtel des Messageries.

Robert, rue de Grammont, n. 17.

Robespierre, rue Saintonge, n. 8.

Robespierre, rue Jacques.

Robil (le jeune), place des Trois-Maries.

Roche, rue Sainte-Avoye, n. 71.

Roger, rue de l'Arbre-Sec, n. 57.

Rochambeau, rue du Cherche-Midi.

Rochejean.

Royer, rue du Petit-Bourbon, hôtel de Monsieur.

Romery, rue et faubourg Saint-Martin, n. 228.

Rosey, rue de Grenelle Saint-Honoré, n. 60.

Routtand, rue de Bourbon.

Rousse, rue de la Limace, au coin de celle des Déchargeurs.

Ropiquet, rue Montmartre, n. 189.

Rousseau, rue de Bourbon-Saint-Germain, au coin de la rue des Saint-Pères.

Rouval.

Rouziers, cloître-Saint-Méry.

Ruault, rue des Poitevins, hôtel de Bouthiliers.

Ruelle, rue de la Chaussée-d'Antin, n. 81.

Russilly, rue du Faubourg-Montmartre, n. 16.

Robin, (Léonard), rue Beaubourg, hôtel de Fer.

Sabatier, père, hôtel des Invalides.

Sabatier, fils, hôtel des Invalides.

Sahuguet, rue d'Anjou St-Honoré, maison d'Espagnac, n. 14.

Saissert, arcade du Palais-Royal, n. 156.

Saint-Aubin, rue du Mail, n. 17.

Saint-Martin, rue Maucouseil, n. 21.

Saint-Martin, rue de l'Université, n. 40.

Saint-Remi, rue Grenelle-Saint-Honoré.

Saint-Victor, rue de Ménars, n. 9.

Salleron, fils, rue Lovaunerie, n. 18.

Salmon, rue Dauphine, n. 26.

Samnar, rue Thérèse, n. 1.

Sandelin, rue Neuve-des-Bons-Enfans, hôtel de la Reine.

Sarrasin, rue Meslay, n. 31.

Sary, rue de Richelieu.

Saurine, rue Saint-Etienne-des-Grés, n. 5.

Saurin, rue Phélippeaux, n. 36.

Satins, rue du Renard Saint-Sauveur, n. 11.

Sautereau, rue Sainte-Croix de la Bretonnerie, n. 28.

Sauthonay, rue des Deux-Ecus.

Savard, rue Gaillon, n. 2.

Sauzay, hôtel de Bullion, rue Plâtrière.

Schlabrendorf, hôtel des Deux-Siciles, rue de Richelieu.

Schluter, à **** Palais-Royal, cour des Fontaines.

Schnutz, quai d'Orléans, n. 6.

Schsvatv, rue Neuve-Grange-Batelière.

Seconds, rue Caumartin, n. 31.

Sedaine.

Sedittot, rue Bertin-Poirée.

Segny, hôtel de Gênes, rue Sainte-Anne.

Segny, rue d'Artois, n. 3.

Semezies, rue Feydeau, n. 2.

Sergent, rue Mauconseil, n. 62.

Serres, rue Saint-Germain-L'Auxerrois, n. 110.

Sicard, place Victoire, n. 17.

Signi, rue des Vieux-Augustins, n. 38.

Sillery, rue des Mathurins, n. 53.

Simon, rue Richelieu, hôtel Louis XVI.

Simon, rue Traversière, n. 68.

Simonnot, marché des Enfans-Rouges.

Simonet, rue Salanconete, n. 14.

Sivinian, à Brest.

Six, rue d'Anjou-Dauphine, n. 6.

Sorean, rue des Barres-Saint-Gervais, n, 10.

Soulès, rue de l'Oseille, n. 3.

Soustelle, rue du Bac, n. 8.

Souville, rue du Battoir, n. 8.

Sainte-Phanapoly, rue des Deux-Portes-Saint-Sauveur.

Stourm, rue Neuve-Saint-Etienne, hôtel Saint-Etienne.

Sutières, rue Plâtrière, n. 37.

Serisiat, rue des Rosiers, n. 15.

Tachoires, aux Jacobins Saint-Honoré.

Tallien, rue de la Perle, n. 17.

Talma, rue Chantereine.

Tandon, rue de Seine, n. 112.

Tariot, rue Saint-Thomas-du-Louvre, vis-à-vis la trésorerie de M. d'Orléans.

Taveau, rue Quincampoix.

Tavernier, rue de Richelieu.

Tessier, rue de Grenelle, n. 217.

Thermes, rue Croix-des-Petits-Champs, n. 12.

Theurel, rue des Deux-Écus.

Thevenard, rue des Fossés-Montmartre, n. 37.

Thevenin, rue l'Évêque, butte Saint-Roch, n. 1.

Thevenin fils, rue de l'Évêque, n. 1.

Thibaut, rue de la Michodière, n. 7.

Thierri, rue Saint-Honoré.

Thierry de Bussy, rue Saint-Dominique, n. 27, faubourg Saint-Germain.

Thierry (de Franqueville), rue Saint-Honoré, au coin de celle de l'Échelle.

Thierry, hôtel d'Y; boulevard Italien.

Thion (de la Chaune), rue Sainte-Avoye, n. 41.

Thirion, chez M. Honoré, rue Grenéta.

Thirot (Claude), maison du curé de Saint-Eusta che.

Thillaye, à Lisieux.

Thomas, rue Saint-Denis, n. 204.

Thomassin, rue Saint-Honoré, n. 165.

Thomassin, rue Bethizy,

Thomeret (Athanase), rue de Seine, hôtel Duguesclin.

Thouin l'aîné, jardin du Roi.

Tiege, hôtel des Princes, rue de Richelieu.

Tilly, rue des Bons-Enfans, n. 29.

Tourmelière, rue Feydeau, n. 21.

Tournon, rue Guénégaud, n. 22.

Tréhot, rue Neuve-du-Luxembourg, n. 225.

Trémouiles, rue de Valois, faubourg Saint-Honoré.

Trévilliers, rue des Bourdonnais, n. 22.

Tribert, à Poitiers.

Trouillon, rue Comtesse-d'Artois.

Troutot-Cherbert, rue de la Sourdière, n. 55.

Truffes, collége d'Harcourt.

Turlin, rue Basse-Porte-Saint-Denis, n. 14.

Turin, chez M. Hopey, place du Palais-Royal.

Turrel, rue de Poitou, n° 21.

Vadier.

Vaillant, rue de Seine, n. 27.

Valin, rue d'Angivilliers, hôtel de Conti.

Valsduvalz, rue de la Saunerie.

Vanhoenaker, rue du Bout-du-Monde, n. 35.

Vandermonde, rue Charonne, n. 22.

Vancher, rue Neuve-Saint-Marc, hôtel Royal.

Vanglen, rue Neuve des Petits-Champs, n. 26.

Vanzon, rue de la Sourdière, hôtel National.

Varin, rue Montorgueil.

Vautier, rue Saint-Martin, n. 32.

Velly, rue d'Enfer en la Cité, n. 5.

Verchire, hôtel d'Abbeville, rue Neuve-Saint-Méry.

Verdina, rue Notre-Dame-des-Victoires, n. 8.

Vergès, rue Croix-des-Petits-Champs, n. 65.

Vergès (Jean), rue Croix-des-Petits-Champs, n. 65.

Venard, rue des Deux-Portes-Saint-Sauveur, n. 6.

Vernet (Charles), au Louvre.

Vesset fils, quai de la Mégisserie.

Verminac, rue des Blancs-Manteaux, n. 13.

Verteuil, rue Saint-Pierre-Montmartre, n. 15.

Veyrier, rue de Richelieu, cour Saint-Guillaume.

Viallard, rue et Porte Saint-Honoré, n. 394.

Viand, rue Hautefeuille, n. 22.

Viellard de Coutance, hôtel de l'Empire.

Viellart, rue des Saints-Pères, n. 124.

Vigogne, rue des Petites-Ecuries du Roi, faub. St-Denis, n. 47.

Villars, rue Neuve-des-Petits-Pères.

Villeminot.

Villers, porte et rue Montmartre.

Villette, quai des Théatins.

Vincent, au Louvre.

Vinal Stouvat, rue de l'Echelle, hôtel d'Arras.

Vitry, rue Neuve des Petits-Champs, n. 24.

Voulland, rue Guénégaud, n. 6.

Vozelle, rue du Bouloi, n. 36.

Wœstiene, rue des Filles-Saint-Thomas.

Walne, rue Saint-Pierre-Pont-aux-Choux, n. 15.
Walwein, rue Saint-Louis, au Marais, hôtel d'Ecqvilly.
Weis, rue Neuve-Saint-Marc, hôtel Choiseul.

Imprimé par ordre de la société. Paris, 21 décembre, l'an deuxième de la liberté.

Signé, Mirabeau l'aîné, *Président;* — G. Feydel; Villars; H. Fr. Verchere; Alex. Beauharnais, *secrétaires.*

SUPPLÉMENT.

Alyon, rue Bourbon, faubourg Saint-Germain, n. 97.

Bertaud, rue de Bourgogne, n. 5.
Bacoffe, rue du Temple, n. 124.
Boussogne (Martial), rue du Sépulcre, n. 16.
Brunau, rue du Mail, n. 30.
Buisson, rue Saint-Honoré, n. 23.
Bailly, hôtel de la Mairie.
Brichard, rue Saint-André-des-Arts.
Barbantanne, Palais-Royal, cour des Fontaines.
Bonjour, rue Royale, place Louis XV, n. 17.
Boyer, hôtel de Penthièvre.
Benezet, rue Greneta.
Barrère de Vieuzac, rue des Filles-Saint-Thomas.

Cabanis.
Chevalier, hôtel de Malte, rue de Richelieu.
Coudeval, rue Vivienne, n. 30.
Chachet, rue Saint-Florentin, n. 2.
Coustard, de Saint-Lo (Gui), rue Notre-Dame-des-Victoires, n. 31.
Corroler, rue Boucher, n. 2.

Conard, cour des Fontaines, Palais-Royal.
Castagnede, hôtel Necker, rue de Richelieu.
Cornu, rue des Maçons-Sorbonne, n. 34.

Delbecq, hôtel de Chartres, rue Richelieu.
Debourgs, rue des Filles-du-Calvaire, n. 14.
Devaux, rue Perdue, n. 12.
Dauberval.
Duvivier, rue Saint-Nicaise, n. 21.

Escorbiac, rue du Chêne-Vert, n. 13.
Fayotte, rue du Mail, n. 48.

Gandon, rue du Bouloi, n. 35.
Genais, rue de l'Université, n. 133.
Girardin (Amable), rue Chabanais, n. 53.
Guillaume, rue Saint-Denis.

Jourdan, rue de Richelieu, hôtel de la Chine.
Jacot (Henri), place Dauphine, n. 2.

Issaurat, Palais-Royal, n. 148.

Lacoste le jeune, rue Neuve-du-Luxembourg, n. 4.
Lefèvre d'Arles, rue de Bourbon, faubourg Saint-Germain.
Leprince, rue Poissonnière, n. 18.
Lameth (Théodore), cul-de-sac Notre-Dame-des-Champs.
Loque (Charles) rue de Richelieu, n. 110.
Lavie, hôtel de la Marine, rue de Gaillon.
Legros, rue de l'Oratoire, n. 5.
Liébault, cour de Rouen, près Saint-André-des-Arcs.

Meynier, rue des Jeûneurs, n. 6.

Pourrat, place Vendôme.
Perrier, Chaussée-d'Antin, n. 72.
Perez, petit hôtel de Vauban, rue de Richelieu.

Robin (Léonard), rue Beaubourg, hôtel de Fer.
Rabaud de Saint-Étienne, rue Saint-Honoré, n. 377.
Regnier, rue Faydeau, hôtel des États-de-Bearn.

Seriziat, rue des Rosiers, n. 15.
Salicetti, hôtel de Strasbourg, rue Neuve-Saint-Eustache.

Thomerel, rue de Seine, hôtel du Guesclin.
Vaillant, rue de Seine, n. 27.
Vanpraet, à la Bibliothéque du roi.
Voydel, rue du Colombier.
Wendenyver, fils, rue Vivienne.
Vernier, rue Traversière.

N. B. Cette liste est antérieure à toutes les épurations que subit plus tard la société. Le supplément est des premiers mois de 1791.

FIN DU QUATORZIÈME VOLUME.

TABLE DES MATIÈRES

DU QUATORZIÈME VOLUME.

FIN DE LA TABLE DES MATIÈRES.

Lightning Source UK Ltd.
Milton Keynes UK
UKHW051135050219

336576UK00019B/189/P